Teplitzky   Wettbewerbsrechtliche Ansprüche

Wettbewerbs- und Wettbewerbsverfahrensrecht

Systematische Gesamtdarstellung für die Praxis

Band 2

Wettbewerbsrechtliche Ansprüche

Carl Heymanns Verlag KG · Köln · Berlin · Bonn · München

Wettbewerbsrechtliche Ansprüche

Unterlassung – Beseitigung – Schadensersatz

Anspruchsdurchsetzung und Anspruchsabwehr

Von Dr. iur. Otto Teplitzky
Richter am Bundesgerichtshof

6., vollständig überarbeitete und wesentlich erweiterte Auflage

Carl Heymanns Verlag KG · Köln · Berlin · Bonn · München

Die Deutsche Bibliothek - CIP-Einheitsaufnahme

Wettbewerbs- und Wettbewerbsverfahrensrecht :
system. Gesamtdarst. für d. Praxis. - Köln ; Berlin ; Bonn ; München : Heymann
  Früher u. d. T.: Wettbewerbs- und Warenzeichenrecht
Bd. 2. Teplitzky, Otto: Wettbewerbsrechtliche Ansprüche. - 6., vollständig überarb. u. wesentl. erw. Aufl. - 1992.

Teplitzky, Otto:
Wettbewerbsrechtliche Ansprüche : Unterlassung - Beseitigung - Schadensersatz ; Anspruchsdurchsetzung u. Anspruchsabwehr / von Otto Teplitzky. - 6., vollständig überarb. u. wesentl. erw. Aufl. - Köln ; Berlin ; Bonn ; München : Heymann, 1992.
  (Wettbewerbs- und Wettbewerbsverfahrensrecht ; Bd. 2)
  4. Aufl. u. d. T.: Pastor, Wilhelm L.: Das wettbewerbsrechtliche Unterlassungs- und Schadensersatzrecht
  ISBN 3-452-22011-7

Das Werk ist urheberrechtlich geschützt. Die dadurch begründeten Rechte, insbesondere die der Übersetzung, des Nachdruckes, der Entnahme von Abbildungen, der Funksendung, der Wiedergabe auf photomechanischem oder ähnlichem Wege und der Speicherung in Datenverarbeitungsanlagen bleiben vorbehalten.

Das Werk ist aus dem von Dr. iur. Eduard Reimer unter dem Titel „Wettbewerbs- und Warenzeichenrecht" begründeten und in 4. Auflage von Dr. iur. Wilhelm L. Pastor unter dem Titel »Das wettbewerbliche Unterlassungs- und Schadensersatzrecht« (Band 3) fortgeführten Handbuch entwickelt und als dessen 5. Auflage 1986 unter dem Titel »Wettbewerbsrechtliche Ansprüche« völlig neu vorgelegt worden.

© Carl Heymanns Verlag KG · Köln · Berlin · Bonn · München 1992
ISBN 3-452-22011-7
Gedruckt von der Verlagsdruckerei E. Rieder, Schrobenhausen

Vorwort

Das wettbewerbliche Anspruchs- und Verfahrensrecht hat sich in den sechs Jahren, die seit der Vorauflage vergangen sind, außergewöhnlich schnell weiterentwickelt. Schon die – zwar seit längerem gewohnte, aber ebenfalls eher beständig anwachsende – Fülle der gerichtlichen Entscheidungen (allein aus der Rechtsprechung des I. Zivilsenats des Bundesgerichtshofes sind es jährlich 60 bis 70 Urteile, dazu kommen einschlägige beachtliche Entscheidungen des VI., IX. und X. Zivilsenats sowie die kaum noch übersehbare Zahl der Entscheidungen der Oberlandesgerichte) nötigt nicht nur zu umfangreichen Anpassungen der Belege, sondern auch zu Neuorientierungen und zu – gelegentlich auch kritischen – Auseinandersetzungen. Nichts anderes gilt für die große Zahl neuer Veröffentlichungen in der Literatur – mit teils beachtlichen, teils auch bedenklichen neuen Gedanken und Tendenzen; unter diesen Neuerscheinungen gibt es insbesondere ganz neue Werke wie den Großkommentar zum UWG, aber auch die Handbücher von *Gloy* und von *Melullis* sowie die beiden hier einschlägigen Arbeiten von *Ahrens/Spätgens*, die sämtlich – ebenso wie mittlerweile zwei Neuauflagen des Kommentars von *Baumbach/Hefermehl* zum Wettbewerbsrecht – in der Vorauflage noch nicht berücksichtigt werden konnten. Vom Großkommentar zum UWG sind außer den erschienenen Teilen, darunter besonders die Abschnitte Vor § 13, A–C und E; §§ 13, 13 a sowie §§ 16–24, auch bereits die Kommentierungen der §§ 27 und 27 a von *Köhler* sowie der von *Jacobs* bearbeitete Teil D vor § 13 UWG (Verfahrensrecht) voll berücksichtigt und eingearbeitet, obwohl sie voraussichtlich erst teils kurz, teils sogar einige Monate nach diesem Buch erscheinen werden. (Umgekehrt wird von *Jacobs* bereits die Neuauflage dieses Buches mit ihren neuen Fundstellen berücksichtigt und zitiert.) Die Fülle des neuen Materials, aber auch eigene neue Erkenntnisse und Erfahrungen bei der Arbeit mit der Vorauflage machten insgesamt erhebliche Änderungen und Erweiterungen unerläßlich, durch die der Umfang des Werks beträchtlich angewachsen ist.

Die Zahl der Kapitel konnte allerdings reduziert werden; denn die in der Vorauflage in den fünf Anhang-Kapiteln (59 bis 63) behandelte UWG-Novelle 1986 ist nun in den Text der anderen 58 Kapitel eingearbeitet worden. Um die gewohnte Kapitelstruktur so weit wie möglich beizubehalten, sind zum Ausgleich des unerläßlichen neuen Kapitels über § 13 a UWG (hervorgegangen aus Kapitel 60, jetzt Kapitel 37) die früheren kurzen Kapitel 31 und 32 zusammengefaßt worden. Dadurch haben sich lediglich die Nummern der alten Kapitel 33 bis 37 um eine Zahl nach unten (jetzt Kapitel 32 bis 36) verschoben. Alle anderen Kapitel (1 bis 31, 38 bis 58) sind in ihrer Stellung unverändert geblieben.

Weniger erfolgreich war das Bestreben, auch innerhalb der Kapitel nicht nur die systematische Gliederung, sondern auch die bisherigen Randnummern so weit wie möglich beizubehalten. Es gelang teilweise; meist erzwang das Ausmaß der inhaltlichen

Vorwort

Änderungen und Erweiterungen jedoch Änderungen mindestens der Randnummernfolge, gelegentlich auch eine solche der Systematik.

Allerdings bedurften die ersten fünf Kapitel, ferner weite Teile der Darstellung des Beseitigungs- und Schadensersatzanspruchs sowie die Kapitel 44, 48 und 53 lediglich der Überarbeitung und – mitunter allerdings nicht unbeträchtlicher – Aktualisierungen und Ergänzungen, und in anderen Kapiteln (etwa 6 bis 12, 14 bis 16, 18, 36 bis 40, 45, 52 und 57 f.) erscheinen neben solchen (zahlreichen) Ergänzungen und Aktualisierungen größere und wichtige inhaltliche Änderungen auch eher punktuell, wenngleich in einigen Kapiteln gleich mehrfach. Dagegen mußten große Teile des Werkes – darunter die für den Praktiker wohl wichtigsten Kapitel – weitgehend, teilweise fast vollständig neugefaßt und dabei ganz erheblich erweitert werden.

In erster Linie gilt dies für die Kapitel 41 »Abmahnung« (nun auf 97 Randnummern mit 212 Fußnoten angewachsen), 42 »Einigungsstellen« und 43 »Abschlußverfahren« (in der Vorauflage noch zu knapp, erst jetzt angemessen behandelt) sowie für das in der Vorauflage ebenfalls nicht eingehend genug behandelte Kapitel 47 »Tatsachenfeststellung« (jetzt u.a. auch unter Berücksichtigung der umfangreich gewordenen BGH-Rechtsprechung zu Meinungsforschungsgutachten erweitert und ergänzt).

Nicht völlig, aber sehr weitgehend geändert und erweitert sind Kapitel 13 (mit neuem Abschnitt IV zu § 13 Abs. 5 UWG), 17 (mit der Einarbeitung wichtiger neuer Rechtsprechung des Bundesgerichtshofes), 19 (mit neuen Abschnitten III bis V), 37 (hervorgegangen aus dem früheren Kapitel 60), 49 f. »Streitwert und Streitwertbegünstigung« (unter Einarbeitung und erheblicher Erweiterung des früheren Kapitels 61), 51 »Unterlassungsklage« sowie 54 bis 56 »Einstweilige Verfügung«.

Ebenfalls vollständig überarbeitet und (zwangsläufig) in umfangreicher Weise ergänzt sind die Entscheidungsübersichten im Anhang. Als Ergebnis eines Meinungsaustauschs mit Benutzern der Vorauflage ist die Zusammenstellung der Kennwort-Entscheidungen unmittelbar auf deren alphabetische Ordnung umgestellt worden, um dem an Kennwörter gewöhnten und sich regelmäßig an diesen orientierenden Praktiker eine Alternative zu den ohnehin bereits existierenden Tabellen zeitlicher Ordnung (GRUR-Jahrgangsbände; *Baumbach/Hefermehl*, Wettbewerbsrecht; *v. Gamm*, Wettbewerbsrecht) zu bieten und damit den Zugriff zu erleichtern und zu beschleunigen.

Die Textbearbeitung ist Anfang Juni 1992 abgeschlossen worden. Bis dahin sind Rechtsprechung und Literatur voll ausgewertet. Später Erschienenes konnte noch ausnahmsweise und sehr begrenzt (in einzelnen Fußnoten) berücksichtigt werden.

Karlsruhe, im Juli 1992　　　　　　　　　　　　　　　　　　　　　　　*Otto Teplitzky*

Inhalt

Vorwort zur 6. Auflage VII

Abkürzungen XIX

Literatur XXV

Erstes Buch   Die wettbewerbsrechtlichen Ansprüche und Einwendungen

A.   Das wettbewerbsrechtliche Unterlassungsrecht 1

1. Teil   Einführung in das Recht der Unterlassung 1

1. Kapitel: Der materiell-rechtliche Anspruch auf Unterlassung 1

    I. Zum Begriff der Unterlassung 2
    II. Die Unterlassung als Anspruchsgegenstand 2
    III. Der Inhalt des Unterlassungsanspruchs 4
    IV. Entstehungshindernisse und Erlöschen des Unterlassungsanspruchs .. 7
    V. Die Anwendbarkeit bestimmter allgemeiner Vorschriften des BGB auf den Unterlassungsanspruch 7
    VI. Unterlassungsanspruch und Ordnungsmittel 10

2. Kapitel: Die wettbewerblichen Unterlassungsansprüche 11

    I. Geschichtlicher Überblick 11
    II. Die Einteilung der wettbewerblichen Unterlassungsansprüche 13
    III. Die Bedeutung der wettbewerblichen Unterlassungsansprüche 15

2. Teil   Die objektiven Unterlassungsansprüche 17

3. Kapitel: Allgemeines 17

1. Abschnitt   Der Verletzungsunterlassungsanspruch 19

4. Kapitel: Die Anspruchsgrundlagen der Verletzungsunterlassung 19

    I. Die direkten Unterlassungsansprüche 19
    II. Die indirekten Unterlassungsansprüche 19

III. Unterlassungsanspruch und Strafrechtsnorm 20
IV. Anspruchskonkurrenzen 21
V. Der Ausschluß des Unterlassungsanspruchs 23

5. Kapitel: Voraussetzungen des Verletzungsunterlassungsanspruchs 24

I. Allgemeines 24
II. Die konkrete Verletzungshandlung 25
III. Die Rechtswidrigkeit 28
IV. Was braucht nicht vorzuliegen? 30

6. Kapitel: Die Wiederholungsgefahr 31

I. Begriffsbestimmung 31
II. Die Rechtsnatur der Wiederholungsgefahr 33
III. Wann liegt Wiederholungsgefahr vor? 34
IV. Besonderheiten der Wiederholungsgefahr bei § 13 Abs. 4 UWG 35
V. Das anfängliche Fehlen der Wiederholungsgefahr 36

7. Kapitel: Der Fortfall der Wiederholungsgefahr 37

I. Das Problem 37
II. Die Voraussetzungen im allgemeinen 38

8. Kapitel: Die Beseitigung der Wiederholungsgefahr durch Unterwerfung . 44

I. Die Bedeutung der Unterwerfung 45
II. Begriff und Inhalt der Unterwerfung 45
III. Die Frage weiterer Anforderungen an die Unterwerfung 58
IV. Die Auswirkungen der Unterwerfungserklärung auf die Wiederholungsgefahr 59

2. Abschnitt   Der vorbeugende Unterlassungsanspruch 70

9. Kapitel: Wesen und Rechtsgrundlage des vorbeugenden Unterlassungsanspruchs 70

I. Wesen und Abgrenzung 70
II. Die Grundlagen des vorbeugenden Unterlassungsanspruchs 71

10. Kapitel: Die Erstbegehungsgefahr 73

I. Begriffsbestimmung 73
II. Wann liegt (Erst-)Begehungsgefahr vor? 75
III. Der Fortfall der Begehungsgefahr 79

3. Teil Der vertragliche Unterlassungsanspruch 81

11. Kapitel: Rechtsgrundlage, Form und Bedeutung des vertraglichen
Unterlassungsanspruchs 81
 I. Rechtsgrundlagen des vertraglichen Unterlassungsanspruchs 81
 II. Formen und Bedeutung des vertraglichen Unterlassungsanspruchs ... 82

12. Kapitel: Voraussetzungen, Inhalt, Abgrenzung und Erlöschen des
vertraglichen Unterlassungsanspruchs 83
 I. Die Voraussetzungen des vertraglichen Unterlassungsanspruchs 83
 II. Der Inhalt des vertraglichen Unterlassungsanspruchs 84
 III. Die Verletzung der vertraglichen Unterlassungspflicht 85
 IV. Das Verhältnis des vertraglichen zum gesetzlichen Unterlassungsanspruch 85
 V. Das Erlöschen des vertraglichen Unterlassungsanspruchs 87

4. Teil Gläubiger und Schuldner des Unterlassungsanspruchs sowie deren Rechtsnachfolge 88

13. Kapitel: Der Gläubiger des Unterlassungsanspruchs 88
 I. Der Verletzte 90
 II. Der Mitbewerber 91
 III. Verbände 94
 IV. Der Mißbrauchstatbestand des § 13 Abs. 5 UWG 104

14. Kapitel: Der Schuldner des Unterlassungsanspruchs 112
 I. Begriff 112
 II. Die Haftung für eigenes Verhalten 113
 III. Die Haftung für das Verhalten Dritter 117
 IV. Die Haftung mehrerer Schuldner 121

15. Kapitel: Die Rechtsnachfolge beim Unterlassungsanspruch 122
 I. Die Rechtsnachfolge auf der Gläubigerseite 122
 II. Die Rechtsnachfolge auf der Schuldnerseite 124

5. Teil Hindernisse für die Entstehung oder Durchsetzung von Unterlassungsansprüchen 126

16. Kapitel: Die Verjährung des Unterlassungsanspruchs 126
 I. Allgemeines 127
 II. Der Beginn der Verjährung 128

Inhalt

    III. Die Dauer der Verjährung 131
    IV. Die Wirkung der Verjährung 134
    V. Die Unterbrechung der Verjährung 136
    VI. Die Hemmung der Verjährung 140

17. Kapitel: Die Verwirkung des Unterlassungsanspruchs 142

    I. Wesen und Rechtsgrundlage 142
    II. Die Voraussetzungen der Verwirkung 143
    III. Die Grenzen der Verwirkung 150

18. Kapitel: Der Abwehreinwand gegen den Unterlassungsanspruch 154

    I. Der Begriff der Abwehr 154
    II. Die Rechtsgrundlage des Abwehreinwands 155
    III. Die Voraussetzungen der Abwehr 155

19. Kapitel: Andere Einwände gegen den Unterlassungsanspruch 159

    I. Der Einwand der Üblichkeit 160
    II. Der Einwand des Rechtsmißbrauchs 161
    III. Der Einwand der Rechtsverteidigung in gerichtlichen oder behördlichen Verfahren 164
    IV. Der Einwand der Einwilligung 166
    V. Der Einwand der Aufbrauch- oder Umstellungsfrist 166

6. Teil   Weitere Rechtsfragen im Zusammenhang mit dem Unterlassungsanspruch 168

20. Kapitel: Die Vertragsstrafe als Sanktionsmittel 168

    I. Allgemeines 168
    II. Begriffsbestimmung 169
    III. Zustandekommen und Inhalt des Vertragsstrafeversprechens 170
    IV. Der Verfall der Vertragsstrafe 173
    V. Die Konkurrenz des Vertragsstrafeanspruchs mit gesetzlichen Ansprüchen und/oder mit der Ordnungsmittelfestsetzung nach § 890 ZPO .. 175
    VI. Das Erlöschen der Vertragsstrafeverpflichtung 175

21. Kapitel: Der wettbewerbliche Unterlassungsanspruch und das Recht der Europäischen Gemeinschaften 178

    I. Allgemeines 179
    II. EG-Normen als Anspruchsgrundlage 180
    III. EG-Normen als Hindernis für die Anspruchsentstehung 180

B. Das wettbewerbliche Beseitigungsrecht 191

22. Kapitel: Wesen und Voraussetzungen des Beseitigungsanspruchs 191

    I. Wesen und Rechtsgrundlage des Beseitigungsanspruchs, Abgrenzung vom Unterlassungsanspruch 191
    II. Die Voraussetzungen des Beseitigungsanspruchs 195

23. Kapitel: Gläubiger und Schuldner des Beseitigungsanspruchs 197

    I. Der Gläubiger des Beseitigungsanspruchs 197
    II. Der Schuldner des Beseitigungsanspruchs 198

24. Kapitel: Inhalt und Systematik des Beseitigungsanspruchs 199

    I. Der Inhalt des Beseitigungsanspruchs 199
    II. Die Systematik des Beseitigungsanspruchs 202

25. Kapitel: Die Ansprüche auf Beseitigung körperlicher Störungen 203

    I. Die Beseitigung unmittelbar störender körperlicher Zustände 203
    II. Die Beseitigung latent störungsträchtiger körperlicher Zustände 205
    III. Die Beseitigung von als Ergebnis einer Verletzungshandlung entstandenen Objekten 206

26. Kapitel: Die Ansprüche auf Beseitigung unkörperlicher Störungen 207

    I. Allgemeines 208
    II. Der Anspruch auf Widerruf 208
    III. Der eingeschränkte Widerruf 213
    IV. Die Gegendarstellung 214
    V. Die Urteilsveröffentlichung 215
    VI. Der Anspruch auf Duldung anderer Beseitigungsmaßnahmen des Verletzten 220
    VII. Der Kontrahierungszwang als Beseitigungsmaßnahme 222

27. Kapitel: Einwendungen und Einreden gegen den Beseitigungsanspruch . 224

    I. Allgemeines 224
    II. Die Bedeutung des Verwirkungseinwands und anderer Einwände aus Treu und Glauben beim Beseitigungsanspruch 224
    III. Die Bedeutung der Anspruchsentstehungshindernisse aus dem Recht der Europäischen Gemeinschaften und der Verjährungseinrede beim Beseitigungsanspruch 225
    IV. Die Selbständigkeit der Einwendungen und Einreden gegen den Beseitigungsanspruch 225

Inhalt

C. Das wettbewerbliche Schadensersatzrecht 227

1. Teil Der Schadensersatzanspruch 227

28. Kapitel: Die Bedeutung des wettbewerblichen Schadensersatzanspruchs . 227

29. Kapitel: Die Grundlagen des wettbewerblichen Schadensersatzanspruchs 228

    I. Die gesetzlichen Normen 228
    II. Ansprüche aus Vertrag 229
    III. Die Konkurrenz der Ansprüche 229

30. Kapitel: Die Voraussetzungen des Schadensersatzanspruchs 231

    I. Die Verletzungshandlung 231
    II. Schaden und Kausalität 232
    III. Verschulden 233
    IV. Mitwirkendes Verschulden des Verletzten 239

31. Kapitel: Gläubiger und Schuldner des Schadensersatzanspruchs 242

    I. Der Gläubiger bei Verletzung absoluter Rechte 242
    II. Der Gläubiger bei sonstigen Verstößen 242
    III. Verbände als Gläubiger von Schadensersatzansprüchen 243
    IV. Der Schuldner des Schadensersatzanspruchs 244

32. Kapitel: Einwendungen und Einreden gegen den wettbewerbsrechtlichen Schadensersatzanspruch 245

    I. Die Verwirkung und andere Einwendungen beim Schadensersatzanspruch 245
    II. Die Verjährung des wettbewerblichen Schadensersatzanspruchs 246

2. Teil Der Schaden im Wettbewerb 249

33. Kapitel: Der wettbewerbsrechtlich bedeutsame Schaden und sein Ersatz . 249

    I. Die Problematik des Schadens 249
    II. Die Schadensformen 250
    III. Die Ersatzleistung 251

34. Kapitel: Die Schadensberechnung 254

    I. Die konkrete Schadensberechnung 255
    II. Die »objektive« Schadensberechnung 260

3. Teil Besondere Formen des Schadensersatzes ... 270

35. Kapitel: Die Vertragsstrafe als Schadensersatz ... 270
   I. Die Schadensausgleichsfunktion der Vertragsstrafe und ihre Folgen ... 270
   II. Verweisung auf Kapitel 20 ... 271

36. Kapitel: Der Schadensersatz gemäß § 945 ZPO ... 272
   I. Die Kehrseite wettbewerblicher einstweiliger Verfügungen ... 273
   II. Die Schadensersatzansprüche aus § 945 ZPO ... 274
   III. Der Schadensersatzanspruch wegen ungerechtfertigter einstweiliger Verfügung ... 274
   IV. Der Schadensersatz wegen Fristversäumnis ... 281
   V. Das Verhältnis des § 945 ZPO zu § 717 ZPO ... 282
   VI. Das Verhältnis des § 945 ZPO zum Schadensersatz nach BGB-Vorschriften ... 283
   VII. Der nach § 945 ZPO zu ersetzende Schaden ... 283
   VIII. Einzelfragen ... 288

D. Die neuen Rechte gemäß § 13 a UWG ... 290

37. Kapitel: Die Rechte und Ansprüche aus § 13 a UWG ... 290
   I. Entstehung und Bedeutung der Vorschrift ... 290
   II. Die beiden Tatbestände des § 13 a UWG ... 291
   III. Die Regelung des § 13 a Abs. 2 UWG ... 294
   IV. Die Rechtsfolgen (§ 13 a Abs. 3 UWG) ... 295
   V. Das Verhältnis zu sonstigen Regelungen zugunsten des Abnehmers ... 297

E. Die übrigen wettbewerblichen Ansprüche ... 299

38. Kapitel: Der Auskunftsanspruch ... 299
   I. Wesen und Rechtsgrundlagen des Anspruchs ... 299
   II. Der akzessorische Auskunftsanspruch ... 301
   III. Der selbständige Auskunftsanspruch ... 310
   IV. Einzelfragen ... 311

39. Kapitel: Der Anspruch auf Rechnungslegung ... 313
   I. Wesen und Rechtsgrundlagen des Anspruchs ... 313
   II. Voraussetzungen und Anwendungsbereich des Anspruchs ... 314
   III. Der Inhalt des Anspruchs ... 315
   IV. Die Durchsetzung des Anspruchs (Verweisung) ... 315

40. Kapitel: Der Bereicherungsanspruch ... 316
   I. Die Möglichkeiten bereicherungsrechtlicher Haftung im gewerblichen Rechtsschutz ... 316

Inhalt

    II. Der Umfang des Bereicherungsanspruchs 318
   III. Die Herausgabe der Bereicherung bei unerlaubter Handlung 320
   IV. Sonstiges (Mitverschulden, Gesamtschuld) 320

Zweites Buch   Die Durchsetzung der wettbewerbsrechtlichen Ansprüche

A.   Die Durchsetzung ohne Prozeß 323

41. Kapitel: Die Abmahnung 323

     I. Wesen, Bedeutung und Rechtsnatur der Abmahnung 324
    II. Der Zweck der Abmahnung 326
   III. Form und Inhalt der Abmahnung 328
   IV. Die Notwendigkeit der Abmahnung 333
    V. Die Reaktion des Verwarnten auf die Abmahnung 342
   VI. Die Rechtsfolgen unbegründeter Abmahnungen 351
  VII. Die Erstattung von Abmahnkosten 356

42. Kapitel: Das Verfahren vor den Einigungsstellen 362

      I. Rechtsgrundlagen des Einigungsverfahrens 362
     II. Zielsetzung des Einigungsverfahrens 363
    III. Die Zuständigkeit der Einigungsstellen 364
    IV. Das Verfahren vor den Einigungsstellen 366
     V. Gerichtliche Entscheidungen im Einigungsverfahren 371
    VI. Die Wirkungen des Einigungsverfahrens 373
   VII. Die Errichtung und Besetzung der Einigungsstellen 375
  VIII. Amtshaftung 376

43. Kapitel: Das Abschlußverfahren
                 (Abschlußschreiben und Abschlußerklärung) 377

    I. Entstehungsgründe und Funktionen des Abschlußverfahrens 378
   II. Die Abschlußerklärung 379
  III. Das Abschlußschreiben 386
  IV. Das Verhältnis des Abschlußverfahrens zur Unterwerfung 392

B.   Die Durchsetzung im Prozeß 395

1. Teil   Das Erkenntnisverfahren 395

44. Kapitel: Einführung 395

    I. Die Verfahrensarten 395
   II. Wettbewerbsprozeß und allgemeiner Zivilprozeß 396
  III. Gegenstand der Untersuchung 397

1. Abschnitt Allgemeine Grundzüge des Wettbewerbsverfahrens 398

45. Kapitel: Rechtsweg und Zuständigkeit 398
I. Der Rechtsweg 398
II. Die Zuständigkeit 401

46. Kapitel: Die Klage 407
I. Klageantrag und Streitgegenstand 408
II. Die Klagehäufung 410
III. Die Klageänderung 411
IV. Die Klagerücknahme 418
V. Die Erledigung der Hauptsache 418

47. Kapitel: Tatsachenfeststellung ohne Beweis, Beweisführung und Beweislast 425
I. Die Bedeutung der Tatsachenfeststellung 426
II. Die Tatsachenfeststellung ohne Beweisverfahren 427
III. Die Beweiserhebung über die Verkehrsauffassung 430
IV. Besonderheiten der Darlegungs- und Beweislast 436

48. Kapitel: Verfahrensunterbrechungen 440
I. Die Unterbrechung durch Konkurs 441
II. Die Aussetzung des Verfahrens 445

49. Kapitel: Der Streitwert des Wettbewerbsverfahrens 450

A. Der normale Streitwert 450
I. Allgemeines 451
II. Die Arten des Streitwerts 452
III. Die Streitwertschätzung 453
IV. Der Streitwert nach Erledigung der Hauptsache 463
V. Die Streitwertfestsetzung 466

B. Der ermäßigte Streitwert (§ 23 a UWG) 467
I. Ziel und Vorgeschichte der Vorschrift des § 23 a UWG n. F. 467
II. Die Auslegung der Vorschrift 467
III. Das Verhältnis des § 23 a UWG zu § 23 b UWG 473
IV. Der für die Streitwertminderung maßgebliche Zeitpunkt ... 474
V. Die Entscheidung und die Rechtsmittel 475

50. Kapitel: Beratungshilfe, Prozeßkostenhilfe und Streitwertbegünstigung . 476
I. Beratungs- und Prozeßkostenhilfe 476
II. Die Streitwertbegünstigung 477

2. Abschnitt Rechtsfragen bei einzelnen Klageverfahren 484

51. Kapitel: Die Unterlassungsklage 484

I. Der Unterlassungsklageantrag 484
II. Rechtshängigkeit und Rechtskraft 501
III. Das Rechtsschutzbedürfnis 502
IV. Die (notwendige) richtige Kostenverteilung 504

52. Kapitel: Die sonstigen Klageformen im Wettbewerbsprozeß 506

I. Die Beseitigungsklage 506
II. Die Klage auf Auskunft und/oder Rechnungslegung 507
III. Die Feststellungsklage 509
IV. Die Zahlungsklage 516

3. Abschnitt Die einstweilige Verfügung im Wettbewerbsrecht 521

53. Kapitel: Einführung 521

I. Die Bedeutung der einstweiligen Verfügung 521
II. Die Risiken der einstweiligen Verfügung 522
III. Die gesetzlichen Grundlagen der einstweiligen Verfügung .. 523
IV. Besonderheiten der Rechtsprechung zur wettbewerbsrechtlichen einstweiligen Verfügung 523

54. Kapitel: Die besonderen Voraussetzungen der (wettbewerbsrechtlichen) einstweiligen Verfügung 525

I. Abgrenzung 526
II. Die Zuständigkeit 526
III. Der Verfügungsanspruch als Verfügungsvoraussetzung 529
IV. Die Postulationsfähigkeit 530
V. Der Verfügungsgrund 530
VI. Der Verfügungsantrag 539
VII. Darlegung und Glaubhaftmachung 540

55. Kapitel: Das summarische Verfahren und seine Entscheidung 543

I. Die Rechtshängigkeit 544
II. Die Beschlußentscheidung 545
III. Der Widerspruch 547
IV. Das Verfahren und die Entscheidung nach mündlicher Verhandlung .. 551
V. Die Vollziehung 557
VI. Die Schutzschrift 563

56. Kapitel: Die Behelfe und Verfahren gemäß §§ 926, 927 ZPO 567

I. Einleitung 567
II. Die Anordnung der Klageerhebung nach § 926 ZPO 568

III. Die Aufhebung der einstweiligen Verfügung gemäß § 927 ZPO 575
IV. Das Verhältnis der Behelfe der §§ 926, 927 ZPO zueinander sowie zu anderen Rechtsbehelfen des Schuldners 581

2. Teil   Der wettbewerbsrechtliche Titel und seine Vollstreckung 583

Vorbemerkung 583

57. Kapitel: Der Unterlassungstitel und seine Vollstreckung 584
    I. Die Grundlagen und Voraussetzungen der Unterlassungsvollstreckung   585
    II. Der Unterlassungstitel 586
    III. Die Vollstreckung des Unterlassungstitels 595
    IV. Die Änderung oder Beseitigung von Vollstreckungstiteln 607
    V. Die Verjährung der Ordnungsmittelvollstreckung 609

58. Kapitel: Der Beseitigungstitel und seine Vollstreckung 610
    I. Allgemeines 610
    II. Der Beseitigungstitel 611
    III. Die Vollstreckung des Beseitigungstitels 611
    IV. Der Angriff gegen einen rechtskräftigen Beseitigungstitel 614

Verzeichnis der BGH-Entscheidungen mit Kennwort in alphabetischer Reihenfolge 615

Verzeichnis der BGH-Entscheidungen ohne Kennwort 683

Sachregister 701

Abkürzungen

aA.	Anderer Ansicht
aaO.	Am angegebenen Ort
abw.	Abweichend
AcP	Archiv für die civilistische Praxis, Band, (Jahrgang) und Seite
a. E.	Am Ende
a. F.	Alte Fassung
AfP	Archiv für Presserecht, Jahrgang und Seite
AGBG	Gesetz zur Regelung des Rechts der Allgemeinen Geschäftsbedingungen vom 9. 12. 1976, BGBl I 3317, geändert durch Gesetz vom 29. 3. 1983, BGBl I 377 und vom 25. 7. 1986, BGBl I 1142
Ahrens	*Ahrens*, Wettbewerbsverfahrensrecht, 1983
Ahrens/Spätgens	*Ahrens/Spätgens*, Einstweiliger Rechtsschutz und Vollstreckung in UWG-Sachen, 2. Auflage, 1987
Ahrens/Spätgens, Streiterledigung	*Ahrens/Spätgens*, Die gütliche Streiterledigung in UWG-Sachen, 2. Auflage, 1987
AktG	Aktiengesetz
allg.	Allgemein
a. M.	Anderer Meinung
AMG	Gesetz über den Verkehr mit Arzneimitteln (Arzneimittelgesetz) vom 24. 8. 1976, BGBl I 2445
Anm.	Anmerkung
AO	Anordnung
AP	Arbeitsrechtliche Praxis
AT	Allgemeiner Teil
Aufl.	Auflage
BAG	Bundesarbeitsgericht; Sammlung der Entscheidungen des Bundesarbeitsgerichts, Band und Seite
Baumbach/Hefermehl	*Baumbach/Hefermehl*, Wettbewerbsrecht, 16. Auflage
Baumbach/Hefermehl, WZG	*Baumbach-Hefermehl*, Warenzeichengesetz, 12. Auflage
Baumbach/Lauterbach/ (Bearbeiter)	*Baumbach-Lauterbach-Albers-Hartmann*, Zivilprozeßordnung, Kommentar zur ZPO, 50. Auflage
Baumgärtel/Ulrich	Handbuch der Beweislast im Privatrecht, Bd.3 UWG, 1986
BayObLG	Bayerisches Oberstes Landesgericht
BB	Der Betriebsberater
Bd.	Band
betr.	Betreffend
BGB	Bürgerliches Gesetzbuch
BGBl	Bundesgesetzblatt
BGH	Bundesgerichtshof
BGHZ	Entscheidungen des Bundesgerichtshofs in Zivilsachen, Band und Seite
BierstG	Biersteuergesetz in der Fassung vom 14. 3. 1952, BGBl I 149
Bl	Blatt für Patent-, Muster- und Zeichenwesen, Jahrgang und Seite

XIX

Abkürzungen

BM	Bundesminister
BPatG	Bundespatentgericht
BT	Besonderer Teil
BT-Drucksache	Drucksache des Deutschen Bundestags
BVerfG	Bundesverfassungsgericht
BVerfGE	Entscheidungen des Bundesverfassungsgerichts, Band und Seite
BVerwG	Bundesverwaltungsgericht
BVerwGE	Entscheidungen des Bundesverwaltungsgerichts, Band und Seite
CR, CuR	Computer und Recht (Jahr und Seite)
DB	Der Betrieb, Jahrgang und Seite
ders.	Derselbe
DIHT	Deutscher Industrie- und Handelstag
DJ	Deutsche Justiz, Jahrgang und Seite
DÖV	Die Öffentliche Verwaltung, Jahrgang und Seite
DR	Deutsches Recht, Jahrgang und Seite
DRiZ	Deutsche Richterzeitung, Jahrgang und Seite
DVO	Durchführungsverordnung
EG	Europäische Gemeinschaft
Einl.	Einleitung
Emmerich	*Emmerich*, Das Recht des unlauteren Wettbewerbs, 2. Aufl., 1987
Entsch.	Entscheidung
entspr.	Entsprechend
EuGH	Gerichtshof der Europäischen Gemeinschaften
EuGHSlg.	Sammlung der Rechtsprechung des Gerichtshofs der Europäischen Gemeinschaften, Band und Seite
EuGÜbk	Übereinkommen der Europäischen Gemeinschaft über die gerichtliche Zuständigkeit und die Vollstreckung gerichtlicher Entscheidungen in Zivil- und Handelssachen vom 27. 9. 1968, BGBl 1972 II 774
EuR	Europarecht, Jahrgang und Seite
EWG	Europäische Wirtschaftsgemeinschaft
EWGV	Vertrag zur Gründung der Europäischen Wirtschaftsgemeinschaft vom 25. 3. 1957, BGBl II 753
EWiR	Entscheidungen zum Wirtschaftsrecht, Gesetz, Paragraph, Entscheidungsnummer, Seite
EWS	Europäisches Wirtschafts- & Steuerrecht (Jahr und Seite)
FamRZ	Zeitschrift für das gesamte Familienrecht, Jahrgang und Seite
f.	folgend (Einzahl)
ff.	folgende (Mehrzahl)
Fn.	Fußnote
Formularkommentar	siehe Jacobs
FUR	Film und Recht, Jahrgang und Seite
v. *Gamm*	von *Gamm*, Wettbewerbsrecht, 5. Auflage, 1987
v. *Gamm*, UWG	von *Gamm*, Gesetz gegen unlauteren Wettbewerb, 2. Auflage, 1981
v. *Gamm*, WZG	von *Gamm*, Warenzeichengesetz, Kommentar, 1965, Nachtrag 1968
GEMA	Gesellschaft für musikalische Aufführungs- und mechanische Vervielfältigungsrechte
GeschmMG	Geschmacksmustergesetz vom 11. 1. 1876, RGBl 11, in der Fassung des Gesetzes vom 18. 12. 1986, BGBl I 2501
GG	Grundgesetz der Bundesrepublik Deutschland

v. Godin	*von Godin*, Wettbewerbsrecht, Kommentar zum Gesetz gegen den unlauteren Wettbewerb nebst Warenzeichenverletzungen, Zugabeverordnung und Rabattgesetz, 2. Auflage, 1974
Großkomm/*Bearbeiter*	UWG, Großkommentar, Herausgegeben von *R. Jacobs, W. F. Lindacher, O. Teplitzky*
GRUR	Gewerblicher Rechtsschutz und Urheberrecht, Zeitschrift der Deutschen Vereinigung für gewerblichen Rechtsschutz und Urheberrecht, Jahrgang und Seite
GRUR Int.	Gewerblicher Rechtsschutz und Urheberrecht, Zeitschrift der Deutschen Vereinigung für gewerblichen Rechtsschutz und Urheberrecht, Auslands- und internationaler Teil, Jahrgang und Seite
GrSZ	Großer Senat für Zivilsachen des BGH
GVBl	Gesetz- und Verordnungsblatt
GVG	Gerichtsverfassungsgesetz in der Fassung vom 12. 9. 1950, BGBl I 513
GWB	Gesetz gegen Wettbewerbsbeschränkungen in der Fassung vom 20. 2. 1990, BGBl I 235
HdbWR/*Bearbeiter*	*Gloy*, Handbuch des Wettbewerbsrechts, 1986
HGB	Handelsgesetzbuch
h. M.	Herrschende Meinung
HRR	Höchstrichterliche Rechtsprechung, Band und Nummer der Entscheidung
HWG	Gesetz über die Werbung auf dem Gebiet des Heilwesens vom 18. 10. 1978, BGBl I 1678
HWiG	Gesetz über den Widerruf von Haustürgeschäften und ähnlichen Geschäften in der Fassung vom 17. 12. 1990, BGBl. I 2840
i. d. F.	in der Fassung
IHK	Industrie- und Handelskammer
Immenga/Mestmäcker	*Immenga/Mestmäcker*, GWB, Kommentar zum Kartellgesetz, 2. Auflage, 1992
Iprax	Praxis des internationalen Privat- und Verfahrensrechts, (Jahr und Seite)
i. S.	im Sinne
i. V.	in Verbindung
Jacobs	Formular-Kommentar, Band 3, Handels- und Wirtschaftsrecht III, 1979, bearbeitet von *R. Jacobs*
Jauernig, ZPR	*Jauernig*, Zivilprozeßrecht, 23. Auflage, 1991
Jauernig, ZwVR	*Jauernig*, Zwangsvollstreckungs- und Konkursrecht, 19. Auflage, 1990
JR	Juristische Rundschau, Jahrgang und Seite
JurA	Juristische Analysen, Jahrgang und Seite
JurBüro	Das Juristische Büro, Jahrgang und Spalte
JuS	Juristische Schulung, Jahrgang und Seite
JW	Juristische Wochenschrift, Jahrgang und Seite
JZ	Juristenzeitung, Jahrgang und Seite
Kap.	Kapitel
KG	Kammergericht
KGJ	Jahrbuch der Entscheidungen des Kammergerichts, Jahrgang und Seite
KO	Konkursordnung
Komm.	Kommentar

Abkürzungen

Larenz	*Larenz*, Lehrbuch des Schuldrechts, 1. Band, Allgemeiner Teil, 14. Auflage, 1987; 2. Band, Besonderer Teil, 12. Auflage, 1981
LG	Landgericht
LM	*Lindenmaier-Möhring*, Lose-Blatt-Sammlung von BGH-Entscheidungen, Gesetz, Paragraph und Nummer der Entscheidung
Ls.	Leitsatz
LUG	Gesetz betr. das Urheberrecht an Werken der Literatur und Tonkunst vom 19. 6. 1901, RGBl 227
MA	Der Markenartikel, Jahrgang und Seite
MDR	Monatsschrift für Deutsches Recht, Jahrgang und Seite
MD VSW	Magazindienst des Verbandes Sozialer Wettbewerb, Jahrgang und Seite
Melullis, Hdb.,	*Melullis*, Handbuch des Wettbewerbsprozesses, 1991
M. E.	Meines Erachtens
Mitt.	Mitteilungen des Verbands der Patentanwälte, Jahrgang und Seite
Möschel	*Möschel*, Recht der Wettbewerbsbeschränkungen, 1983
MünchKomm/*(Bearbeiter)*	Münchener Kommentar zum BGB, seit 1980, und zur ZPO, 1992
m. w. N.	mit weiteren Nachweisen
n. F.	neue Fassung
Nirk/Kurtze	*Nirk/Kurtze*, Wettbewerbsstreitigkeiten, 1980
NJW	Neue Juristische Wochenschrift, Jahrgang und Seite
Nordemann	*Nordemann*, Wettbewerbsrecht, 6. Auflage, 1989
NRW	Nordrhein-Westfalen
ÖBl	Österreichische Blätter für gewerblichen Rechtsschutz, Jahrgang und Seite
OGHZ	Sammlung der Entscheidungen des Obersten Gerichtshofs für die britische Zone in Zivilsachen
OHG	Offene Handelsgesellschaft
OLG	Oberlandesgericht
OLGE oder OLGZ	Entscheidungen der Oberlandesgerichte in Zivilsachen einschließlich der freiwilligen Gerichtsbarkeit
OVG	Oberverwaltungsgericht
Palandt/*(Bearbeiter)*	*Palandt*, Kurzkommentar zum BGB, 51. Auflage 1992
Pastor	*Pastor*, Der Wettbewerbsprozeß, 3. Auflage, 1980
Pastor, in *Reimer*	*Reimer/Pastor*, Wettbewerbs- und Warenzeichenrecht, 3. Band, Das wettbewerbsrechtliche Unterlassungs- und Schadensersatzrecht, 4. Auflage, 1971
Pastor, Unterlassungsvollstreckung oder UV	*Pastor*, Die Unterlassungsvollstreckung nach § 890 ZPO. Die Zwangsvollstreckung von Unterlassungstiteln. Systematische Darstellung für die Praxis, 3. Auflage, 1982
PatG	Patentgesetz in der Fassung vom 16. 12. 1980, BGBl 1982, I 1
PVÜ	Pariser Verbandsübereinkunft vom 20. 3. 1883 zum Schutz des gewerblichen Eigentums
RabattG	Rabattgesetz vom 25. 11. 1933, RGBl I 1011
RdA	Recht der Arbeit, Jahrgang und Seite
Rdn.	Randnummer
Reimer/v. Gamm	*Reimer/von Gamm*, Wettbewerbs- und Warenzeichenrecht, 2. Band, Wettbewerbsrecht, 4. Auflage, 1972
RG	Reichsgericht
RGBl	Reichsgesetzblatt

Abkürzungen

RGRK/*(Bearbeiter)*	Das Bürgerliche Gesetzbuch mit besonderer Berücksichtigung der Rechtsprechung des Reichsgerichts und des Bundesgerichtshofs, 12. Auflage, seit 1974
RGZ	Entscheidungen des Reichsgerichts, Band und Seite
RIW/AWD	Recht der internationalen Wirtschaft; Außenwirtschaftsdienst des Betriebsberaters
RJM	Reichsjustizminister
RMBl	Reichsministerialblatt
Rosenberg/Schwab	*Rosenberg/Schwab*, Zivilprozeßrecht, 14. Auflage, 1986
Rosenthal	*Rosenthal*, Kommentar zum UWG, 8. Auflage, 1930
RPfleger	Der Deutsche Rechtspfleger, Jahrgang und Seite
Rspr.	Rechtsprechung
RWM	Reichswirtschaftsminister
Rz.	Randziffer
S.	Seite
SJZ	Süddeutsche Juristenzeitung
Slg.	Siehe EuGHSlg.
Staudinger/Bearbeiter	*Staudinger*, Kommentar zum Bürgerlichen Gesetzbuch, 12. Auflage, seit 1978
SteuerBerG	Gesetz über die Rechtsverhältnisse der Steuerberater und Steuerbevollmächtigten (Steuerberatungsgesetz) vom 4. 11. 1975, BGBl I 2735
Stein/Jonas/(Bearbeiter)	*Stein/Jonas*, Kommentar zur Zivilprozeßordnung, 20. Auflage, 1977 bis 1991
str.	Streitig
st. Rspr.	Ständige Rechtsprechung
Tetzner	*Tetzner*, Kommentar zum UWG, 2. Auflage, 1957
Thomas/Putzo	*Thomas/Putzo*, Zivilprozeßordnung, 17. Auflage, 1991
Traub	*Traub*, Wettbewerbsrechtliche Verfahrenspraxis, Örtliche Besonderheiten in der Rechtsprechung der Oberlandesgerichte, 2. Auflage, 1991
UFiTA	Archiv für Urheber-, Film-, Funk- und Theaterrecht, Band und Seite
UrhG	Gesetz über Urheberschutz und verwandte Schutzrechte vom 9. 9. 1965, BGBl I 1273
u. U.	Unter Umständen
UWG	Gesetz gegen den unlauteren Wettbewerb vom 7. 6. 1909, RGBl 499, in der Fassung des Gesetzes vom 21. 7. 1965, BGBl I 625 und des Gesetzes vom 26. 6. 1969, BGBl I 633, des Gesetzes vom 25. 6. 1969, BGBl I 645, 671, des Gesetzes vom 23. 6. 1970, BGBl I 805, des Gesetzes vom 2. 3. 1974, BGBl I 469, 573, des Gesetzes vom 10. 3. 1975, BGBl I 685, des Gesetzes vom 25. 7. 1986, BGBl I 1169 und des Gesetzes vom 22. 10. 1987, BGBl I 2294
v.	von
Verf.	Verfasser
VersR	Versicherungsrecht, Jahrgang und Seite
VG	Verwaltungsgericht
vgl.	Vergleiche
VO	Verordnung
VSW	Siehe MD VSW
Wettbewerbszentrale	Siehe Zentrale

Abkürzungen

Wieczorek/Bearbeiter	*Wieczorek*, Kommentar zur ZPO, 2. Auflage, bearbeitet von *Wieczorek, Rössler* und *Schütze*
WM	Wertpapiermitteilungen, Jahrgang und Seite
WRP	Wettbewerb in Recht und Praxis, Jahrgang und Seite
WuW	Wirtschaft und Wettbewerb, Jahrgang und Seite
WuW/E	WuW-Entscheidungssammlung zum Kartellrecht
WZ	Warenzeichen
WZG	Warenzeichengesetz in der Fassung vom 2. 1. 1968, BGBl I 1, 29 mit nachfolgenden Änderungen
z. B.	Zum Beispiel
Zentrale	Zentrale zur Bekämpfung unlauteren Wettbewerbs
ZHR	Zeitschrift für das gesamte Handels- und Wirtschaftsrecht, Band, (Jahrgang) Seite
ZIP	Zeitschrift für Wirtschaftsrecht und Insolvenzpraxis, Jahrgang und Seite
ZLR	Zeitschrift für das gesamte Lebensmittelrecht, Jahrgang und Seite
ZPO	Zivilprozeßordnung
Zs.	Zivilsenat
ZugabeVO	Zugabeverordnung vom 9. 3. 1932, RGBl I 121 in der Fassung der Gesetze vom 12. 5. 1933, RGBl I 264, vom 20. 8. 1953, BGBl I 939, vom 15. 11. 1955, BGBl I 719, vom 25. 6. 1969, BGBl I 645, vom 2. 3. 1974, BGBl I 469, vom 25. 7. 1986, BGBl I 1169 und vom 22. 10. 1987, BGBl I 2294
ZUM	Zeitschrift für Urheber- und Medienrecht/Film und Recht, Jahrgang und Seite
ZwV	Zwangsvollstreckung
ZwVR	Zwangsvollstreckungsrecht
ZZP	Zeitschrift für Zivilprozeß, Band, (Jahrgang) und Seite
Zöller/(Bearbeiter)	*Zöller*, Zivilprozeßordnung, 17. Auflage, 1991

Literatur

Ahrens	Wettbewerbsverfahrensrecht, 1983
Ahrens/Spätgens	Die gütliche Streiterledigung in UWG-Sachen, 2. Auflage, 1987
Ahrens/Spätgens	Einstweiliger Rechtsschutz und Vollstreckung in UWG-Sachen, 2. Auflage, 1990
Baumbach/Hefermehl	Wettbewerbsrecht, 16. Auflage, 1990
Baumbach/Hefermehl	Warenzeichengesetz, 12. Auflage, 1985
Baumbach/Lauterbach-Albers/Hartmann	Zivilprozeßordnung, Kommentar zur ZPO, 50. Auflage, 1992
Emmerich	Das Recht des unlauteren Wettbewerbs, 2. Auflage, 1987
–	Formular-Kommentar, Band 3, Handels- und Wirtschaftsrecht III, 1979, bearbeitet von Jacobs
von Gamm	Gesetz gegen unlauteren Wettbewerb, 2. Auflage 1981
von Gamm	Warenzeichengesetz, Kommentar, 1965, Nachtrag 1968
von Godin	Wettbewerbsrecht, Kommentar zum Gesetz gegen den unlauteren Wettbewerb nebst Warenzeichenverletzungen, Zugabeverordnung und Rabattgesetz, 2. Auflage, 1974
Immenga/Mestmäcker	GWB, Kommentar zum Kartellgesetz, 2. Auflage, 1992
Jacobs/Lindacher/Teplitzky	UWG, Großkommentar, Vor § 13, A–E; §§ 13, 13a; Vor § 16; §§ 16–24, 27, 27a, 28, 1991/92
Jauernig	Zivilprozeßrecht, 23. Auflage, 1991
Jauernig	Zwangsvollstreckungs- und Konkursrecht, 19. Auflage, 1990
Jauernig/Schlechtriem/Stürner/Teichmann/Vollkommer	BGB, 6. Auflage, 1991
Larenz	Lehrbuch des Schuldrechts, 1. Band, Allgemeiner Teil, 14. Auflage, 1987; 2. Band, Besonderer Teil, 12. Auflage, 1981
Lüke/Walchshöfer	Münchener Kommentar zur Zivilprozeßordnung, Bd 1, 1992
Melullis	Handbuch des Wettbewerbsprozesses, 1991
Möschel	Recht der Wettbewerbsbeschränkungen, 1983
–	Münchener Kommentar zum BGB, seit 1980
Nirk/Kurtze	Wettbewerbsstreitigkeiten, 1980
Nordemann	Wettbewerbsrecht, 6. Auflage, 1989
Palandt	Kurzkommentar zum BBG, 51. Auflage, 1992
Pastor	Der Wettbewerbsprozeß, 3. Auflage, 1980
Pastor	Die Unterlassungsvollstreckung nach § 890 ZPO. Die Zwangsvollstreckung von Unterlassungstiteln. Systematische Darstellung für die Praxis, 3. Auflage, 1982
Reimer/von Gamm	Wettbewerbs- und Warenzeichenrecht, 2. Band, Wettbewerbsrecht, 4. Auflage, 1972
Reimer/Pastor	Wettbewerbs- und Warenzeichenrecht, 3. Band, Das wettbewerbsrechtliche Unterlassungs- und Schadensersatzrecht, 4. Auflage, 1971

Literatur

RGRK	Das Bürgerliche Gesetzbuch mit besonderer Berücksichtigung der Rechtsprechung des Reichsgerichts und des Bundesgerichtshofs, 12. Auflage, seit 1974
Rosenberg/Schwab	Zivilprozeßrecht, 14. Auflage, 1986
Rosenthal	Kommentar zum UWG, 8. Auflage, 1930
Staudinger	Kommentar zum Bürgerlichen Gesetzbuch, 12. Auflage, seit 1978
Stein/Jonas	Kommentar zur Zivilprozeßordnung, 20. Auflage, 1977 bis 1991
Tetzner	Kommentar zum UWG, 2. Auflage, 1957
Thomas/Putzo	Zivilprozeßordnung, 17. Auflage, 1991
Traub	Wettbewerbsrechtliche Verfahrenspraxis. Örtliche Besonderheiten in der Rechtsprechung der Oberlandesgerichte, 2. Auflage, 1991
Wieczorek	Kommentar zur ZPO, 2. Auflage, bearbeitet von Wieczorek, Rössler und Schütze
Zöller	Zivilprozeßordnung, 17. Auflage, 1991

Erstes Buch

Die wettbewerbsrechtlichen Ansprüche und Einwendungen

A. Das wettbewerbliche Unterlassungsrecht

1. Teil Einführung in das Recht der Unterlassung

1. Kapitel Der materiell-rechtliche Anspruch auf Unterlassung

Literatur: *Beuthien,* Zweckerreichung und Zweckstörung im Schuldverhältnis, 1969; *v. Caemmerer,* Wandlungen des Deliktsrechts, in 100 Jahre Deutsches Rechtsleben, Festschrift zum 100jährigen Bestehen des Deutschen Juristentages, Bd. 2, 1960, S. 53 ff.; *Esser/Schmidt,* Schuldrecht, Bd. 1, 1984; *Hadding,* Die Klagebefugnis der Mitbewerber und der Verbände nach § 13 Abs. 1 UWG im System des Zivilprozeßrechts, JZ 1970, 305; *Henckel,* Vorbeugender Rechtsschutz im Zivilrecht, AcP 175 (1974), 97; *Köhler,* Vertragliche Unterlassungspflichten, AcP 190 (1990), S. 496; *Kugelberg,* Das Verhältnis des gesetzlichen zum vertraglichen Unterlassungsanspruch, 1989; *Larenz,* Lehrbuch des Schuldrechts, Bd. 2, 1981; *Lehmann,* Die Unterlassungspflicht im bürgerlichen Recht, 1906; *Lindacher,* Unterlassungs- und Beseitigungsanspruch, GRUR 1985, 423; *Münzberg,* Bemerkungen zum Haftungsgrund der Unterlassungsklage, JZ 1967, 689; *Pastor,* Die einmalige Zuwiderhandlung, GRUR 1968, 343; *Rödig,* Rechtstheorie, 1972; *Stephan,* Die Unterlassungsklage, 1908; *Staudinger,* BGB, 2. Buch, Recht der Schuldverhältnisse, 1983; *Stürner,* Der Anspruch auf Erfüllung von Treue- und Sorgfaltspflichten, JZ 1976, 384; *Teplitzky,* Das Verhältnis des objektiven Beseitigungsanspruchs zum Unterlassungsanspruch im Wettbewerbsrecht, WRP 1984, 365; *Wesel,* Zur Frage des materiellen Anspruchs bei Unterlassungsklagen, Festschrift für von Lübtow, 1970, S. 295; *E. Wolf,* Die Lehre von der Handlung, AcP 170 (1970), 181; *Zeuner,* Gedanken zur Unterlassungs- und negativen Feststellungsklage, in Festschrift für Hans Dölle, 1963.

Inhaltsübersicht	Rdn.		Rdn.
I. Zum Begriff der Unterlassung	1–3	1. Unmöglichkeit, Unvermögen	16, 17
II. Die Unterlassung als Anspruchsgegenstand	4–6	2. Verzug	18
III. Der Inhalt des Unterlassungsanspruchs	7–11	3. Positive Forderungsverletzung	19
1. Positives Tun und Unterlassung	8	4. Fehlerhafte Geschäftsgrundlage	20
2. Zusätze zur Unterlassung	9	5. Erfüllung, Nichterfüllung	21
3. Unterlassung und Beseitigung	10, 11	6. Teilleistungen (§§ 266, 420 BGB)	22
IV. Entstehungshindernisse und Erlöschen des Unterlassungsanspruchs	12–14	7. Weitere Fragen	23
V. Die Anwendbarkeit bestimmter allgemeiner Vorschriften des BGB auf den Unterlassungsanspruch	15–21	VI. Unterlassungsanspruch und Ordnungsmittel	24

I. Zum Begriff der Unterlassung

1   1. Der Begriff »Unterlassung« oder synonym »Unterlassen« wird im Gesetz an vielen Stellen verwendet (vgl. z. B. §§ 12, 194, 198, 241, 862, 1004 BGB; §§ 1, 3, 6 a, 6 b, 13, 16, 21 UWG), aber nirgends definiert.

2   Er bezeichnet dem Sprachsinn nach das Gegenteil von »Tun«. Als kontradiktorische Begriffe menschlichen Verhaltens sind Tun und Unterlassung wesensverschieden und somit grundsätzlich unterscheidbar. Die viel diskutierten Abgrenzungsprobleme[1] ergeben sich nicht hier, sondern allein bei der Bestimmung der Handlung im Rechtssinne[2]. Im Wettbewerbsrecht werden sie für den Anspruchsinhalt – und damit für die Abgrenzung zum Anspruch auf positives Tun – relevant, wo sie näher erörtert werden sollen (vgl. u. a. nachfolgend Rdn. 8, 10 und 11).

3   2. Ob Unterlassung als Gegenstand eines Rechtsschutzbegehrens mehr als ein bloßes Nichtstun erfordert, nämlich gewillkürtes Verhalten, gewollte Nichtvornahme einer konkreten Handlung durch ein Subjekt, das sein Verhalten nach eigenem Entschluß einzurichten vermag, ist streitig[3], für das Wettbewerbsrecht jedoch – abgesehen von gewissen Auswirkungen auf die Frage der Erfüllungsmöglichkeit bei Unterlassungsansprüchen, von denen noch die Rede sein wird – von nur akademischer Bedeutung und daher hier zu vernachlässigen.

II. Die Unterlassung als Anspruchsgegenstand

4   1. Gemäß § 241 S. 2 BGB kann die Leistung, die ein Gläubiger »kraft des Schuldverhältnisses« fordern kann, auch in einem Unterlassen bestehen. Der Anspruchscharakter des Unterlassungsbegehrens ergibt sich somit für diejenigen Fälle, in denen die Unterlassungsverpflichtung aus einem konkreten Leistungsschuldverhältnis erwächst – also jedenfalls für die Fälle der vertraglichen Unterlassungspflichten – (positiv) aus dem Gesetzeswortlaut.

5   2. Eine Unterlassungspflicht kann sich jedoch als Nebenleistungspflicht (Sekundärpflicht[4]) aus einem Schuldverhältnis ergeben, dessen Primärleistung eine andere ist. Wie weit auch eine solche Unterlassungspflicht Gegenstand eines selbständigen und gesondert einklagbaren Anspruchs sein kann, ist streitig. Meist wird danach unterschieden,

---

1 Vgl. zu diesen z. B. einerseits *Pastor*, in *Reimer*, S. 6, andererseits *v. Caemmerer*, Festschrift Dt. Juristentag, S. 75; MünchKomm/*Kramer*, § 241 BGB, Rdn. 7 m. w. N.; ferner *Rödig*, S. 1 ff. u. Großkomm/*Köhler*, Vor § 13 UWG, B, Rdn. 9.
2 Zur Verdeutlichung: Mag zweifelhaft sein, ob, wer einen anderen bewußt mit Vollgas überfährt, kausal durch den weiteren Druck auf das Gaspedal oder durch das Unterlassen rechtzeitigen Zurücknehmens des Fußes vom Gaspedal »handelt«, so bleibt doch unzweifelhaft, daß der Druck auf das Pedal positives Tun, das andere dagegen Unterlassen eines anderen Tuns, nämlich der Wegnahme des Fußes, ist; weitere Beispiele bei Großkomm/*Köhler*, Vor § 13 UWG, B, Rdn. 9 u. *Köhler*, AcP 190 (1990), S. 496, 499.
3 Verneinend *Stephan*, S. 145; bejahend *Pastor*, in *Reimer*, S. 5 f.; *Lehmann*, S. 23; *Larenz* § 71 a und *E. Wolf*, AcP 170 (1970), 182, 222.
4 Vgl. MünchKomm/*Kramer*, § 241 BGB, Rdn. 12.

1. Kapitel   Der materiell-rechtliche Anspruch auf Unterlassung

ob es sich um eine »selbständige« oder »unselbständige« Nebenpflicht[5] handelt, und für letztere die – sonst angenommene – Klagbarkeit verneint[6]. Dies erscheint jedoch zu undifferenziert; treffender dürfte es sein, den Anspruchscharakter und damit die Möglichkeit der Leistungsklage auch bei unselbständigen Leistungspflichten nicht pauschal zu verneinen, sondern von Fall zu Fall unter Berücksichtigung des Grades der Schutzwürdigkeit des Gläubigers zu beurteilen[7].

3. Ebenfalls – und zwar grundsätzlich – umstritten ist der materielle Anspruchscharakter bei der Durchsetzung der praktisch wichtigsten Kategorie der Unterlassungspflichten, nämlich derer, die sich unmittelbar oder mittelbar aus gesetzlichen Gebots- oder Verbotsnormen ergeben. Teils wird vertreten, daß es sich bei der Klage zu ihrer Durchsetzung nicht um die Verwirklichung eines Leistungsanspruchs, sondern um ein rein prozessuales, vom Bestehen materieller Ansprüche unabhängiges Rechtsschutzmittel handele[8].

Der Streit, der schon für das allgemeine Unterlassungsrecht überwiegend theoretischen Charakter hat[9], ist für das wettbewerbliche Unterlassungsrecht ohne Auswirkungen geblieben. Hier geht die Praxis in der Tat – wie es *von Caemmerer*, aaO., S. 54, vorhergesagt hat – nahezu einheitlich davon aus, daß die Unterlassungsklage eine Leistungsklage zur Verwirklichung eines materiell-rechtlichen Anspruchs ist[10]. Der Gesetzgeber hat sich diese Auffassung zumindest zu eigen gemacht, da in § 13 Abs. 2

---

5 Vgl. zur Unterscheidung MünchKomm/*Kramer*, § 241 BGB, Rdn. 12–16; *Palandt*/*Heinrichs*, § 242 BGB, Rdn. 23–26; *Stürner*, JZ 1976, 384, 388; vgl. auch *Köhler*, AcP 190 (1990), 496, 515.

6 Vgl. die Beispiele RGZ 72, 393, 394; 133, 51, 62.

7 So MünchKomm/*Kramer*, § 241 BGB, Rdn. 12 und 16; RGRK/*Alff*, § 241 BGB, Rdn. 7; vgl. näher *Köhler*, AcP 190 (1990), 496, 509 f.

8 So z. B. *v. Caemmerer*, Festschrift Dt. Juristentag, S. 53 f.; weitere Nachweise bei *Larenz*, § 76 in Fn. 2 auf S. 696, bei *Zeuner*, Festschrift für Dölle, I, S. 302 in Fn. 21, und *Münzberg*, JZ 1967, 689, 692.

9 Mit Recht weist *Zeuner* (Festschrift für Dölle, S. 307) darauf hin, daß auch die Leugnung des Anspruchscharakters nichts daran ändere, daß Unterlassungsklagen nicht weniger als gewöhnliche Leistungsklagen der Klärung und Durchsetzung materiell-rechtlicher Rechtslagen dienten, und auch *v. Caemmerer* (Festschrift Dt. Juristentag, S. 54) sieht in der Frage »weitgehend ein terminologisches Problem«; ihm insoweit zustimmend auch *Henckel*, AcP 174, 97, 138, jedoch mit eingehender Erörterung und Revision der dogmatischen Ansatzpunkte des Problems auf S. 134 ff.

10 BGH GRUR 1973, 208, 209 = WRP 1973, 23 – Neues aus der Medizin; BGH GRUR 1980, 241, 242 = WRP 1980, 253 – Rechtsschutzbedürfnis; Großkomm/*Köhler*, Vor § 13 UWG, B, Rdn. 8 (anders jedoch in Rdn. 12, wo von der Funktion eines bloßen »Rechtsbehelfs« oder »Schutzmittels« die Rede ist); *Baumbach*/*Hefermehl*, Einl. UWG, Rdn. 257; *v. Gamm*, UWG, § 1, Rdn. 296; *Pastor* in *Reimer*, S. 7–9. Auch außerhalb des Wettbewerbsrechts wird diese Auffassung jetzt ganz überwiegend vertreten; vgl. *Larenz*, § 76; *Palandt*/*Bassenge*, § 1004 BGB, Rdn. 27 m. w. N.; *Reimer Schmidt*, Unterlassungsanspruch, Unterlassungsklage und deliktischer Ersatzanspruch im Konkurs, ZZP 90 (1977), 38, 41; weitere Nachweise hierzu auch bei *Baumbach*/*Hefermehl* aaO. und bei *Zeuner*, Festschrift für *Dölle*, S. 302 in Fn. 20. Zur Problematik der Anspruchskonstruktion bei der Rechtsverfolgungskompetenz der Verbände (§§ 13 Abs. 2 Nr. 2 u. 3 UWG) vgl. *Hadding*, JZ 1970, 305 ff., und *Henckel*, AcP 174 (1974), 97, 137 f.

UWG sowie in § 2 Abs. 3 u. 4 ZugabeVO auch in den novellierten Fassungen – ungeachtet des Meinungsstreits – der Begriff des »Anspruchs« verwendet wird.

III. Der Inhalt des Unterlassungsanspruchs

7   Der Unterlassungsanspruch richtet sich darauf, eine in angemessener Weise bestimmte Verletzungshandlung nicht zu begehen. Diese wird im Wettbewerbsrecht allgemein als »konkrete Verletzungshandlung« bezeichnet; ihrer Besonderheit und Bedeutung wegen ist sie später (Kap. 5, Rdn. 4 ff.) Gegenstand einer eigenen näheren Erörterung.

Auf einige allgemeine Fragen und Abgrenzungsschwierigkeiten bei der Bestimmung des Inhalts von Unterlassungsansprüchen soll jedoch bereits hier eingegangen werden.

1. Positives Tun und Unterlassung

8   Ein Unterlassungsanspruch kann unmittelbar immer nur auf das Unterlassen, nicht aber auf die Vornahme einer Handlung oder Zusatzhandlung gerichtet sein. Jedoch kann die Verpflichtung zu positivem Tun sich aufgrund desselben Verletzungstatbestandes mittelbar als zusätzliche Pflicht ergeben. Als solche kann sie eine unselbständige Nebenpflicht[11], also eine reine Kontrastpflicht sein[12]; dann ist sie in der Regel – wenngleich nicht ausnahmslos[13] – nicht gesondert einklagbar. Sie kann jedoch auch eine selbständige Verpflichtung oder eine solche sein, die sich zwar einerseits mit Notwendigkeit als Nebenpflicht aus der Unterlassungspflicht ergibt, andererseits aber ebenfalls selbständig durchgesetzt werden kann. Beispiel: Die Beseitigung eines Störungszustandes (etwa der Reklametafel mit anstößiger Werbung), durch dessen Andauer dem Gebot zur Unterlassung der Störung laufend zuwidergehandelt wird. Hier kann die Erfüllung unmittelbar durch Klage auf positives Tun und durch anschließende Vollstreckung nach § 887 f. ZPO durchgesetzt werden; im Ergebnis kann sie aber auch mit einer Unterlassungsklage und nachfolgender Vollstreckung nach § 890 ZPO erreicht werden (vgl. BayObLG MDR 1991, 547 u. Großkomm/*Köhler*, Vor § 13 UWG, B, Rdn. 10; näheres dazu nachfolgend Rdn. 11).

2. Zusätze zur Unterlassung

9   Ein Unterlassungsanspruch ist auf das Verbot der konkreten Verletzungshandlung gerichtet. Er hat mithin zum Inhalt nur dasjenige, was ein Verletzer nicht tun darf. Dementsprechend ist es grundsätzlich nicht Sache des Verletzten zu sagen, was der Verletzer tun darf, damit kein Verstoß vorliegt. Es ist vielmehr ausschließlich Sache des Verletzers, seine Handlungen zu bestimmen und zu entscheiden, wie er in Zukunft vorgehen

---

11 Zur Unterscheidung selbständiger und unselbständiger Nebenpflichten vgl. MünchKomm/*Kramer*, § 241 BGB, Rdn. 12–16, und *Stürner*, JZ 1976, 384, 388.
12 Vgl. das Beispiel bei *Pastor* in Reimer, S. 14: Die Pflicht des zur Unterlassung verpflichteten Betriebsinhabers (§ 13 Abs. 4 UWG), dafür (positiv handelnd) Sorge zu tragen, daß Angestellte und Beauftragte nicht zuwiderhandeln.
13 Vgl. dazu die in Fn. 11 genannten Belege.

muß, um nicht gegen das Verbot oder eine andere Vorschrift zu verstoßen[14]. Nur in Ausnahmefällen können Zusätze zum Unterlassungsgebot zulässig sein, wenn sie zu echten Einschränkungen des Verbots führen und die eingeschränkte Verbotsform zur Zielerreichung ausreicht[15] und wenn sie den Verletzer nicht in unzumutbarer Weise in eigenen Wahlmöglichkeiten beschränken (vgl. dazu näher Kap. 51, Rdn. 24–28).

3. Unterlassung und Beseitigung

a) Die unmittelbare Zielsetzung der Ansprüche auf Unterlassung einerseits und auf Beseitigung andererseits ist verschieden. Erstere geht auf das Verbot, letztere auf das Gebot eines Tuns. Dementsprechend unterfallen Unterlassung und Beseitigung in der Zwangsvollstreckung auch unterschiedlichen Vollstreckungsvorschriften, nämlich die Unterlassung der Vorschrift des § 890 ZPO, Beseitigungshandlungen dagegen den §§ 887, 888 ZPO[16].

Daher ist es in sich widersprüchlich, jedenfalls aber ungenau ausgedrückt, wenn Literatur und Rechtsprechung – wie bisher häufig – die Wendungen gebrauchen, daß der Unterlassungsanspruch auch den Beseitigungsanspruch einschließe (oder umgekehrt – so *Nordemann*, Rdn. 557 – der Beseitigungsanspruch den Unterlassungsanspruch) oder daß der Beseitigungsanspruch im Unterlassungsanspruch enthalten sei bzw. sich mit diesem decke[17].

b) Im Ergebnis verlieren die an sich klaren Unterschiede jedoch häufig – wenn auch genau genommen nur scheinbar – ihre Schärfe, und zwar im Wettbewerbsrecht insbesondere dann, wenn die Verletzungshandlung einen andauernden rechtswidrigen Verletzungszustand hervorgerufen hat, der für sich genommen jeweils die ständige Wiederholung der Verletzungshandlung darstellt, also bei sogenannten Dauerhandlungen.

---

14 BGH GRUR 1963, 539, 541 = WRP 1963, 276 – Echt Skai; GRUR 1967, 30, 34 = WRP 1966, 375 – Rum-Verschnitt; GRUR 1970, 609, 611 = WRP 1970, 267 – Regulärer Preis; GRUR 1972, 132, 133 = WRP 1971, 525 – Spezialzucker; GRUR 1983, 512, 514 = WRP 1983, 489 – Heilpraktikerkolleg; BGH GRUR 1989, 445, 446 = WRP 1989, 491 – Professorenbezeichnung in der Arztwerbung I; BGH, Urt. v. 9. 4. 1992 – I ZR 240/90 – Professorenbezeichnung in der Arztwerbung II.
15 Vgl. BGH GRUR 1965, 676, 679 = WRP 1965, 331 – Nevada-Skibindung; GRUR 1968, 200, 203 = WRP 1967, 440 – Acryl-Glas;
16 Vgl. Großkomm/*Köhler*, Vor § 13 UWG, B, Rdn. 9 u. Rdn. 127 f.; bedenklich daher *Henckel*, AcP 174 (1974), 97, 101 f. in Fn. 7 sowie *Lindacher*, GRUR 1985, 423, 426, soweit sie in bestimmten Fällen die Zwangsvollstreckung sowohl aus § 890 ZPO als auch aus §§ 887, 888 ZPO zulassen wollen. Vgl. zur Abgrenzung auch *Böhm*, Pflichtwidriges Unterlassen als Zuwiderhandlung gegen ein gesetzliches Gebot, WRP 1973, 72 ff.
17 RGZ 148, 114, 123 – Gummi-Waren; BGH GRUR 1962, 315, 318 = WRP 1962, 128 – Deutsche Miederwoche. Nach BGH GRUR 1955, 487, 488 = WRP 1955, 162 – Alpha-Sterilisator und *v. Gamm*, UWG, § 1, Rdn. 300 kann sich der Unterlassungsanspruch zum Beseitigungsanspruch »steigern«; vgl. ferner auch BGH GRUR 1958, 30, 31 = WRP 1957, 330 – Außenleuchte (»der Unterlassungsanspruch umfaßt den Beseitigungsanspruch«); ähnlich auch BGHZ 14, 163, 176 – Constanze II; BGHZ 29, 344, 352 = GRUR 1959, 340 = WRP 1959, 154 – Sanifa sowie BGH GRUR 1977, 614, 616 – Gebäudefassade (»deckt sich mit dem Unterlassungsanspruch«). – Kritisch dazu *Henckel*, AcP 174 (1974), 97, 99 in Fn. 3 sowie *Jauernig*, Einstweilige Verfügung gegen ein Bezugsverbot?, NJW 1973, 1671, 1672 f. unter 2.

(Beispiele: Eintragung der unzulässigen Firma im Handelsregister[18] oder das angebrachte Ladenschild mit rechtsverletzender Firma; rechtswidrige Verweigerung der Aufnahme in einen Wirtschaftsverband[19]). In diesen Fällen erwachsen aus ein- und demselben Tatbestand zwei verschiedene, selbständige und auch hier klar unterscheidbare[20] Ansprüche – Unterlassung einerseits, Beseitigung andererseits –, zwischen denen jedoch eine Beziehung dadurch hergestellt wird, daß die Erfüllung des Unterlassungsanspruchs ohne gleichzeitige Erfüllung des Beseitigungsanspruchs nicht möglich ist: Solange die von einem Zustand (Firmeneintragung, Werbetafel, Gebäudefassade[21] o. ä.) ausgehende Beeinträchtigung fortdauert, ist die Unterlassung dieser Beeinträchtigung auch in der Zukunft ausgeschlossen[22]. Hier liegt der – von *Pastor* teilweise vernachlässigte[23] – richtige Kern der zitierten Wendungen in Literatur und Rechtsprechung: Tatsächlich kann der Erfolg der Beseitigung u. U. auch mit der Unterlassungsklage – allerdings ohne Möglichkeit der Konkretisierung auf die Vornahme bestimmter Handlungen[24] – mit verfolgt (und auch im Wege der Vollstreckung des Unterlassungstitels nach § 890 ZPO mit erreicht) werden[25], weil er notwendige Voraussetzung einer ordnungsgemäßen Erfüllung der Unterlassungspflicht ist[26]. Die Selbständigkeit – und grundsätzlich andere Zielrichtung – beider Ansprüche wird dadurch jedoch nicht berührt[27].

Seinem Wesen nach ist der Beseitigungsanspruch somit etwas anderes als der Unterlassungsanspruch. Seine nähere Behandlung bleibt daher dem Teil B dieses Buches vorbehalten.

---

18 Dagegen sieht der BGH im Gebrauchmachen von einer unzulässigen Firma fortgesetzte Einzelakte; vgl. BGH GRUR 1984, 820, 822 = WRP 1984, 678 – Intermarkt II.
19 Vgl. BGHZ 29, 344, 352 = GRUR 1959, 34 = WRP 1959, 154 – Sanifa.
20 So zutreffend *Jauernig*, NJW 1973, 1671, 1672 unter 2 a; vgl. auch *Baumbach/Hefermehl*, Einl. UWG, Rdn. 307: »Parallele Ansprüche«; im speziellen dazu *Teplitzky*, WRP 1984, 365 ff.; a. A. *Lindacher*, GRUR 1985, 423 ff.; zweifelnd Großkomm/*Köhler*, Vor § 13 UWG, B, Rdn. 9.
21 Vgl. BGH GRUR 1977, 614, 616 – Gebäudefassade.
22 Vgl. BGHZ 110, 156, 173 = BGH GRUR 1990, 522, 528 – HBV-Familien- u. Wohnungsrechtsschutz: »Nichtbeseitigung gleichbedeutend mit der Fortsetzung der Verletzungshandlung«.
23 In *Reimer*, S. 15; die dort gezogene Summe, daß der in die Zukunft gerichtete Unterlassungsanspruch mit dem aus der Vergangenheit herrührende Störungszustand und damit mit dem Beseitigungszustand »nichts« zu tun habe, ist daher überspitzt und mindestens im ersten, den Störungszustand betreffenden Teil nicht ganz zutreffend; auf S. 347 f. aaO. stellt *Pastor* den Gegensatz dann selbst moderierter dar.
24 So mit Recht *Jauernig*, NJW 1973, 1671 f.; vgl. auch Großkomm/*Köhler*, Vor § 13 UWG, B, Rdn. 10, u. BayObLG MDR 1991, 547.
25 Die abweichenden Meinungen der OLG München (GRUR 1972, 502 und WRP 1972, 540) sowie Hamm (OLGZ 1974, 63 ff.) sind vereinzelt geblieben und beruhen auf einer Verkennung des Zuwiderhandlungsbegriffs; vgl. dazu *Teplitzky*, WRP 1984, 365, 367, insbesondere in Fn. 31; zutreffend jetzt BayObLG MDR 1991, 547.
26 Der zusätzlichen Vollstreckungsmöglichkeit aus § 887 f., die *Henckel*, AcP 174 (1974), 97, 108 in Fn. 7 a. E.) befürwortet, bedarf es daher nicht; zu ihrer Bedenklichkeit *Jauernig* aaO.
27 Großkomm/*Köhler*, Vor § 16 UWG, B, Rdn. 127; näheres dazu nachfolgend in Kap. 22, Rdn. 4 ff., sowie bei *Teplitzky*, WRP 1984, 365 ff.

IV. Entstehungshindernisse und Erlöschen des Unterlassungsanspruchs

1. Gesetzliche Ansprüche aus absoluten oder diesen gleichgestellten Rechten können nicht mehr entstehen, wenn das die Grundlage bildende Recht erloschen ist. Bei zeitlicher Begrenzung des zugrunde liegenden Rechts (z. B. bei einem Filmverleihvertrag) entfällt die Entstehungsmöglichkeit mit dem Zeitablauf. Auch nach dem Untergang des Rechtsträgers (Geschäftsunternehmens) oder nach dem Tod des Gläubigers ohne Übergang des zugrunde liegenden Rechtes auf die Erben können keine weiteren Ansprüche mehr entstehen.

2. Der Hauptfall des Erlöschens eines (entstandenen) gesetzlichen Unterlassungsanspruchs ist der Fortfall der Begehungsgefahr; hierzu siehe Kap. 7, 8 u. 10.

Weitere Fälle des Erlöschens sind: Die vertragliche Aufhebung (Verzichtsvertrag; meist dadurch, daß der Gläubiger eine Unterlassungsverpflichtungserklärung annimmt, obwohl sie nicht mit einer Vertragsstrafe bewehrt ist und deshalb allein die Wiederholungsgefahr und den Anspruch nicht entfallen lassen könnte); der Tod oder bei Unternehmen das Erlöschen des Rechtsträgers (Gläubigers); der Untergang oder das Erlöschen des zugehörigen Rechts, da damit dem Verletzer die Wiederholung der Verletzungshandlung unmöglich wird; der Tod des Schuldners, falls nicht die Verpflichtung auf die Erben übergeht; der zeitliche Ablauf, denn auch der gesetzliche Unterlassungsanspruch kann zeitlich befristet sein[28], aber notwendig ist, daß der zeitliche Ablauf von vornherein und objektiv feststeht und nicht von einem nicht feststellbaren Ereignis abhängt[29].

V. Die Anwendbarkeit bestimmter allgemeiner Vorschriften des BGB auf den Unterlassungsanspruch

Grundsätzlich unterfallen die Unterlassungsansprüche als Leistungsansprüche den auf solche anwendbaren Bestimmungen des allgemeinen bürgerlichen Rechts. *Köhler* (in Großkomm UWG Vor § 13, B, Rdn. 12) will dies allerdings nur für vertragliche Unterlassungsansprüche gelten lassen. Dabei vernachlässigt er jedoch den von ihm selbst (aaO., Rdn. 8) zugrunde gelegten (materiellen) Anspruchscharakter, der einen Leistungsinhalt voraussetzt und zumindest die entsprechende Anwendung der (primär natürlich auf vertragliche Ansprüche ausgerichteten) BGB-Regelungen über Leistungsstörungen rechtfertigt, teils sogar gebietet. Da diese jedoch auf positive Leistungen zugeschnitten sind und deshalb auf den Unterlassungsanspruch nicht immer ohne weiteres angewandt werden können[30], ergeben sich einige Besonderheiten, auf die hinzuweisen notwendig erscheint.

---

28 BGH GRUR 1961, 482, 483 = WRP 1961, 212 – Spritzgußmaschine; BGHZ 60, 168, 171 – Modeneuheit; BGH GRUR 1984, 453, 454 = WRP 1954, 259 – Hemdblusenkleid.
29 BGH GRUR 1964, 215, 217 = WRP 1964, 49 – Milchfahrer; vgl. aber auch (insoweit modifizierend) BGH GRUR 1970, 182, 184 = WRP 1970, 220 – Bierfahrer.
30 Vgl. Großkomm/*Köhler,* Vor § 13, B, Rdn. 12.

1. Unmöglichkeit, Unvermögen

16 Die einschlägigen Vorschriften des BGB finden grundsätzlich Anwendung[31].

Unmöglichkeit und Unvermögen bedeuten im Unterlassungsrecht, daß die Handlung, die unterlassen werden soll, entweder objektiv (Unmöglichkeit) oder aus subjektiven, in der Person des Schuldners liegenden Gründen (Unvermögen) nicht mehr vorgenommen werden kann; sie liegen also vor, wenn der Schuldner »nicht kann, wenn er wollte«[32].

Ist ein Unterlassungsvertrag auf eine von vornherein unmögliche Leistung gerichtet (z. B. Unterlassen eines Angebots auf einer Versteigerung, die zur Zeit der Verpflichtung schon stattgefunden hatte), so ist die Verpflichtung unwirksam (§ 306 BGB).

Die Erfüllung einer einmaligen Verpflichtung (z. B. auf einer bestimmten Versteigerung nicht zu bieten[33]) wird durch die Zuwiderhandlung unmöglich[34].

Bei Dauerpflichten tritt Unmöglichkeit im Umfang der begangenen Verstöße ein[35]; für die Zukunft bleibt die Verpflichtung unberührt, soweit sie noch erfüllbar ist. Dies ist grundsätzlich auch dann der Fall, wenn Zuwiderhandlungen nicht ausschließbar sind, da letzteres die Anwendung des § 306 BGB nicht rechtfertigt (BGH GRUR 1956, 238, 239 = WRP 1956, 229 – Westfalen-Zeitung).

17 Ob bei Verstößen gegen Unterlassungspflichten, deren Folgen noch rückgängig zu machen sind, Unmöglichkeit oder eine positive Forderungsverletzung mit der Folge eines Anspruchs auf Rückgängigmachung vorliegt, ist streitig[36]; der Bundesgerichtshof (BGHZ 37, 147, 151) hat letzteres angenommen; *Köhler* (in Großkomm, Vor § 13 UWG, B, Rdn. 14) stimmt dem mit überzeugender Begründung zu. Für die Praxis des Wettbewerbsrechts ist der Streit aber noch weniger bedeutsam, als es schon für das allgemeine Unterlassungsrecht angenommen wird[37].

2. Verzug

18 Von einem Teil der Lehre[38] und vom Bundesgerichtshof (BGHZ 52, 393, 398 – Fotowettbewerb) wird Verzug bei Unterlassungspflichten für begrifflich ausgeschlossen an-

---

31 Vgl. MünchKomm/*Emmerich*, § 275 BGB, Rdn. 38 m. N. in Fn. 125 f.; einschränkend Großkomm/*Köhler*, aaO.; ausführlich dazu letzterer in AcP 190 (1990), 496, 515 ff.
32 *Pastor*, in *Reimer*, S. 11; zu einzelnen Fallgestaltungen vgl. *Köhler*, AcP 190 (1990), 496, 515–522.
33 RGZ 70, 439, 441; BGHZ 37, 147, 151.
34 Vgl. zur »einmaligen Zuwiderhandlung« und ihren Folgen *Pastor*, GRUR 1968, 343 ff. und ders. in *Reimer*, S. 13, ferner besonders in Unterlassungsvollstreckung, S. 228 ff.; außerdem neuerdings *Köhler*, AcP 190 (1990), 496, 516, mit gewissen Modifikationen für den Fall, daß die Zuwiderhandlung rückgängig zu machen ist; vgl. dazu auch Rdn. 17.
35 Vgl. Großkomm/*Köhler*, Vor § 13 UWG, B, Rdn. 13 u. AcP 190 (1990), 496, 518; zu allem auch MünchKomm/*Walchshöfer*, § 284 BGB, Rdn. 27.
36 Vgl. MünchKomm/*Emmerich*, § 275 BGB, Rdn. 38 m. w. N.
37 Vgl. zum allgemeinen Recht MünchKomm/*Emmerich*, § 275 BGB, Rdn. 38.
38 Vgl. *Pastor*, in *Reimer*, S. 10 m. w. N. in Fn. 24.

gesehen. Ein Teil der Literatur[39] will dagegen bei Dauerverpflichtungen (Konkurrenzverbot, Unterlassung von Lärmbelästigungen u. s. w.) Verzug hinsichtlich künftiger Erfüllung zulassen, da (und soweit) ein Gläubigerinteresse weiter besteht.

Für die Praxis des Wettbewerbsrechts ist der Meinungsstreit wohl nur dort bedeutsam, wo auch die einzige (ablehnende) Stellungnahme des Bundesgerichtshofs (aaO.) erfolgt ist, nämlich bei der Frage der Erstattungsfähigkeit von Abmahnkosten.

3. Positive Forderungsverletzung

Sie ist gegeben, wenn durch Zuwiderhandlungen, die der Schuldner zu vertreten hat, gegen eine Pflicht zu dauerndem Unterlassen verstoßen wird[40].

4. Fehlerhafte Geschäftsgrundlage

Sie kommt ausschließlich bei vertraglichen Unterlassungspflichten in Betracht. Hier kann die Geschäftsgrundlage entweder von Anfang an fehlen oder nachträglich wegfallen.[41] Für die Frage, ob dies der Fall ist, sowie hinsichtlich der Rechtsfolgen gelten die allgemeinen Rechtsgrundsätze, die für die Beachtlichkeit der Veränderung der Geschäftsgrundlage entwickelt worden sind.

5. Erfüllung, Nichterfüllung

Ob die Erfüllung eines Unterlassungsanspruchs auch im bloßen Nichtstun gesehen werden kann[42] oder ob sie ein bewußtes, willentliches Unterlassen erfordert[43], ist streitig.[44] Zutreffen dürfte, daß die Erfüllungslehre des BGB (§ 362) auf Unterlassungspflichten nicht paßt.[45] Bei der Unterlassungspflicht befindet sich der Schuldner von der Begründung der Verpflichtung an im Zustand der »Erfüllung«, und zwar so lange, bis

---

39 Vgl. MünchKomm/*Walchshöfer*, § 284 BGB, Rdn. 27; Großkomm/*Köhler,* Vor § 13 UWG, B, Rdn. 15, jeweils m. w. N.; zum Gläubigerverzug vgl. Großkomm/*Köhler* aaO., Rdn. 16; zu beiden Verzugsformen auch *Köhler,* AcP 190 (1990), 496, 522 f.
40 Vgl. BGH GRUR 1983, 602, 603 = WRP 1983, 609 – Vertragsstrafenrückzahlung; Großkomm/*Köhler,* Vor § 13 UWG, B, Rdn. 17, u. *Köhler* AcP 190 (1990), 496, 523 f.
41 Vgl. Großkomm/*Köhler,* Vor § 13 UWG, B, Rdn. 18, u. *Köhler,* AcP 190 (1990), 496, 523 f.
42 Teilweise wird in diesen Fällen nicht Erfüllung, sondern Erlöschen des Anspruchs durch Zweckerreichung angenommen; so *Lehmann,* S. 209; vgl. ferner auch *Beuthien,* S. 45 und S. 259 ff.; zu anderen (umstrittenen) Fällen der Zweckerreichung vgl. Großkomm/*Köhler,* Vor § 14 UWG, B, Rdn. 13.
43 So *Pastor,* in Reimer, S. 12 m. w. N.
44 Vgl. außer *Pastor,* in Reimer, aaO. auch Staudinger/Schmidt, § 241 BGB, Rdn. 87 m. w. N.
45 *Esser/Schmidt,* § 6 I 4; Staudinger-Schmidt, § 241 BGB, Rdn. 87; aA. Großkomm/*Köhler,* Vor § 13 UWG, B, Rdn. 11, allerdings ohne nähere Begründung.

er zuwiderhandelt[46], ohne daß es dabei auf seinen Leistungswillen ankommen kann.[47]

6. Teilleistungen (§§ 266, 420 BGB)

22 Nach Inkrafttreten des BGB wurde zunächst erörtert, ob Unterlassungsverpflichtungen teilbar sind und welche rechtlichen Folgen die Erbringung einer Teilleistung hat, die dann vorliegt, wenn der Schuldner zuwiderhandelt. Für das wettbewerbliche Unterlassungsrecht haben diese Fragen jedoch keine praktische Bedeutung. Geschuldet wird in der Regel die Unterlassung einer konkreten Handlung als eine andauernde Verpflichtung (sog. Dauerverpflichtung), sofern nicht bei vertraglichen Unterlassungsansprüchen aus den getroffenen Vereinbarungen etwas anderes folgt. Alle gesetzlichen Unterlassungsansprüche stellen eine Dauerverpflichtung dar, sofern sich nicht aus ihrem sachlichen Inhalt eine zeitliche Begrenzung ergibt (Beispiele: Das absolute Recht, z. B. eine Filmlizenz, läuft nach 2 Jahren ab; ein Ausschließungsrecht ist seinem Wesen nach auf eine bestimmte Zeit begrenzt[48].) Eine Zuwiderhandlung gegen eine vertragliche Unterlassungsverpflichtung oder unter Mißachtung des durch den Wettbewerbsverstoß zur Entstehung gelangten gesetzlichen Unterlassungsanspruchs berührt den Unterlassungsanspruch nicht. Für die Vergangenheit wird dieser Anspruch zwar durch die Zuwiderhandlung teilweise unmöglich, für die Zukunft wird die Unterlassung jedoch in gleicher Weise geschuldet wie vor der Zuwiderhandlung. Nur in Fällen der einmaligen Zuwiderhandlung beendet der Verstoß den Anspruch.

7. Weitere Fragen

23 Die Anwendbarkeit der BGB-Regeln bei der Rechtsübertragung und Fragen der Gesamtschuldnerschaft sollen später in einem eigenen Kapitel bzw. in anderem Zusammenhang behandelt werden.

VI. Unterlassungsanspruch und Ordnungsmittel

24 Ein Unterlassungsanspruch hat noch nichts mit einer Ordnungsmittelandrohung i. S. des § 890 Abs. 2 ZPO zu tun. Sie ist weder für die Entstehung noch für die Durchsetzung eines Unterlassungsanspruchs erforderlich, sondern wird erst bedeutsam, wenn es sich um die Zwangsvollstreckung eines titulierten gesetzlichen oder vertraglichen Unterlassungsanspruchs handelt.

---

46 So – in diesem Ausgangspunkt zutreffend – *Pastor*, in *Reimer*, S. 12; vgl. auch BGHZ 59, 72, 75.
47 So eingehend und weithin überzeugend auch *Henckel*, AcP 174 (1974), 97 ff.; 122 ff., insbesondere auch Fn. 45; bei der Begründung differenziert er allerdings zwischen gesetzlichen und vertraglichen Unterlassungsansprüchen; ferner *Köhler*, AcP 190 (1990), 496, 503.
48 Vgl. BGHZ 60, 168, 171 – Modeneuheit.

2. Kapitel   Die wettbewerblichen Unterlassungsansprüche

Literatur: *Ahrens,* Die Entstehung der zivilrechtlichen Sanktionen des UWG, WRP 1980, 129; *Dernburg,* Pandekten, 1. Bd., 1892; *Hadding,* Die Klagebefugnis der Mitbewerber und der Verbände nach § 13 Abs. 1 UWG im System des Zivilprozeßrechts, JZ 1970, 305; *Kohler,* Der unlautere Wettbewerb, 1914; *Kraßer,* Die Entwicklung der Ordnung des Wettbewerbsrechts in der französischen und deutschen Rechtsprechung des 19. Jahrhunderts, in *Coing/Wilhelm* (Hrsg.), Wissenschaft und Kodifikation des Privatrechts im 19. Jahrhundert, Bd. IV, 1979, S. 145; *Stephan,* Die Unterlassungsklage, 1908; *Windscheid/Kipp,* Pandekten, 1. Bd., 1906.

Inhaltsübersicht	Rdn.		Rdn.
I. Geschichtlicher Überblick	1–10	III. Die Bedeutung der wettbewerblichen Unterlassungsansprüche	14, 15
II. Die Einteilung der wettbewerblichen Unterlassungsansprüche	11–13		

I. Geschichtlicher Überblick

1. Im Gegensatz zu anderen Rechtsgebieten hat das Unterlassungsrecht seinen Ursprung nicht im römischen Recht; diesem war eine Unterlassungsklage unbekannt. Die actio negatoria war weder ihrer Bezeichnung[1] noch ihrem Inhalt nach das, was heute unter einem Unterlassungsanspruch bzw. seiner Durchsetzung verstanden wird. Sie war eine reine Beseitigungsklage, betraf nur das Eigentum und richtete sich gegen Beeinträchtigungen, die ihrer Art nach Servituten entsprachen[2]. Im übrigen gab es entsprechend dem römisch-rechtlichen Grundsatz, daß eine Verurteilung auf Geld zu lauten hatte, nur eine Verurteilung zu Geldleistungen, und zwar einmal für den bereits entstandenen Schaden, zum anderen gegen eine Wiederholung der eingetretenen Beeinträchtigung. Letzteres wurde durch die Verurteilung zu einer Sicherheitsleistung, der cautio de non amplius turbando, erreicht.

Der Gesetzgeber des BGB fand allerdings schon eine – aus dem Gemeinen Recht übernommene – Form eines Unterlassungsurteils vor. Solche Urteile waren jedoch, weil nicht auf eine Geldleistung gerichtet, selbst nicht vollstreckbar, sondern erforderten wiederum eine Verurteilung zur Sicherheitsleistung[3].

---

[1] Unterlassungsklage heißt »actio ad non faciendum«, im Gemeinen Recht »actio ad omittendum«.
[2] *Dernburg,* § 256; *Windscheid/Kipp,* § 198, insbesondere Fn. 8.
[3] *Stephan,* S. 18, m. N.

3 Der Unterlassungsanspruch in seiner heutigen Form findet seinen Ursprung bereits im Deutschen Recht[4]. Lediglich seine Durchsetzung ist vom deutsch-rechtlichen privaten Strafversprechen (Vertragsstrafe) über das römisch-rechtliche Kautionsversprechen bis zur Einführung einer Beugestrafe in § 890 Abs. 1 ZPO weiter entwickelt worden. Daß im Laufe der Jahrhunderte der Unterlassungsanspruch kaum hervorgetreten ist, mag darauf beruhen, daß bis zum Aufkommen des modernen Wirtschaftslebens außer für das Eigentum und die dinglichen Rechte keine Notwendigkeit einer Weiterentwicklung bestand. Wettbewerb und Geschäftsgebaren waren (bis zu deren Aufhebung durch die Gewerbeordnung von 1869) durch die Zünfte überwacht worden, die nicht nur als Berufszwangsverbände ihre Mitglieder streng kontrollierten, sondern auch kraft ihrer Autonomie in Zunft- und Gewerbesachen befugt waren, unlautere Konkurrenz der Nichtzünftigen auszuschalten[5].

4 Auch die Gesetzgeber des BGB haben die Unterlassung im grundsätzlichen nur in dem Satz geregelt, daß sie der Leistung auf ein positives Tun gleichsteht (§ 241 Satz 2 BGB), was zusätzlich auch in der Definition des »Anspruchs« in § 194 BGB ausgedrückt worden ist. Im übrigen haben sie nur einen einzigen Grundtatbestand geschaffen, die Vorschrift des § 1004 BGB, der in seinem Absatz 1, Satz 1 dem Beseitigungsanspruch der römisch-rechtlichen actio negatoria entspricht und in seinem Absatz 1, Satz 2 eine Unterlassungsklage gegen weitere Beeinträchtigungen vorsieht. Dieser Grundtatbestand ist in § 12 BGB und bei den dinglichen Rechten[6], nicht aber im Deliktsrecht der §§ 823 ff. BGB, wiederholt. Derartig mangelhaft mit einschlägigen materiell-rechtlichen Vorschriften ausgerüstet trat das BGB am 1. Januar 1900 zu einer Zeit in Kraft, als die Entwicklung des deutschen Reichs zu einem Industriestaat längst weit fortgeschritten war.

5 Vorher hatten allerdings eine Reihe von Gesetzen zusätzliche, wirtschaftlich bedeutsame absolute Rechte geschaffen. So waren bereits Patente, Warenzeichen, Gebrauchsmuster, Ausstattungen, aber auch das Urheberrecht durch Schadensersatzansprüche der Inhaber für den Verletzungsfall sowie durch Bestrafungsmöglichkeiten gesichert. Diesen Schutz erweiterte die Rechtsprechung, indem sie in analoger Anwendung des § 1004 BGB dessen actio negatoria als actio quasinegatoria gewährte, und zwar zunächst beschränkt auf Fälle schuldhafter Verletzungen solcher absolut geschützter Rechte.

6 Der entscheidende Schritt zum »objektiven« Unterlassungsanspruch in seiner heute gültigen Form erfolgte aber bereits in der Entscheidung des Reichsgerichts vom 5. Januar 1905 (RGZ 60, 6, 7), in der erstmalig (und, wie sich herausstellen sollte, endgültig) vom Erfordernis des Verschuldens für die Gewährung eines Unterlassungsanspruchs abgesehen wurde, und zwar mit der Begründung, daß dies ein »Gebot der Gerechtigkeit« sei.

---

4 Näheres s. *Stephan*, S. 11 ff.
5 Vgl. *Hadding*, JZ 1970, 305, 309; Großkomm/*Köhler*, Vor § 13 UWG, B, Rdn. 1; letzterer erwähnt (m. N.) auch erste, durch RGZ 3, 67 dann unterbundene, Ansätze der Rechtsprechung zwischen 1860 und 1880, den unlauteren Wettbewerb – teils auf der Grundlage der Generalklausel des Art. 1382 Code civil – zu bekämpfen.
6 §§ 862, 1017, 1027, 1029, 1053, 1065, 1069, 1090, 1134, 1192 und 1227 BGB.

Im Verlauf der weiteren Entwicklung wurde die Unterlassungsklage nicht mehr nur bei Verletzung absoluter Rechte, sondern bei rechtswidriger Verletzung aller vom Recht geschützter Rechtsgüter und Interessen gewährt[7].

Dieser durch Richterrecht geschaffene objektive Unterlassungsanspruch ist seither in ständiger Rechtsanwendung bestätigt und im Laufe der Zeit vom Gesetzgeber stillschweigend und wie selbstverständlich auch in die Gesetze aufgenommen worden; (so z. B. in §§ 1, 3, 13, 16 UWG, § 12 RabattG, § 15 Abs. 1 GebrMG, § 139 Abs. 1 PatG, § 24 Abs. 1 WZG u. a.).

Die Rechtsprechung ist aber bei diesem Ergebnis nicht stehengeblieben. Sie hat auf der Grundlage der Entscheidung RGZ 60, 6 darüber hinaus den ebenfalls objektiven vorbeugenden Unterlassungsanspruch entwickelt, der ohne vorherige Verletzung bei ernsthafter Befürchtung der erstmaligen Begehung eines nur objektiv-rechtswidrigen Verstoßes begründet ist (RGZ 101, 136, 138; 151, 239, 246; BGHZ 2, 394, 395 f. – Widia/Ardia). Auch diese Rechtsprechung ist in das Wettbewerbsrecht übernommen worden.

Schließlich hat der Gesetzgeber den von der Rechtsprechung entwickelten objektiven Unterlassungsanspruch in eine Reihe von Wettbewerbsrecht regelnden Gesetzen aufgenommen (vgl. z. B. §§ 1, 3, 13, 14 Abs. 2, 16 UWG, § 2 ZugabeVO, § 12 RabattG, § 24 WZG).

2. Parallel zu dieser materiell-rechtlichen Entwicklung des wettbewerblichen Unterlassungsrechts hat eine gleich bedeutsame auf prozeßrechtlichem Gebiete stattgefunden. Sie hat im Verwarnungsrecht, im einstweiligen Verfügungsverfahren, in den Fragen des Antragsrechts, des Unterlassungstenors, der Streitwertbegünstigung, der Aufbrauchfristen, der wettbewerblichen Unterlassungsvollstreckung und vielem anderen zu einer Ausgestaltung des Verfahrensrechts geführt, die zunächst charakteristisch für den Wettbewerbsprozeß war, jedoch mehr und mehr auch Auswirkungen auf das allgemeine Prozeßrecht zeitigt. Dies wird im 2. Buch dieses Werkes noch näher aufzuzeigen sein.

II. Die Einteilung der wettbewerblichen Unterlassungsansprüche

1. Verwirrend und für die Praxis unergiebig ist die Beschäftigung mit den vielfach umstrittenen, aber immer noch nicht überwundenen Einteilungen der wettbewerblichen Unterlassungsansprüche in abwehrende, wiederherstellende, vorbeugende, negatorische, quasi-negatorische, deliktische und quasi-deliktische Ansprüche oder mit der Einteilung nach äußeren oder inneren Verschiedenheiten[8]. Vereinfacht, aber für eine praktische Einteilung zureichend, gibt es gesetzliche Unterlassungsansprüche (nachst. Kap. 4 ff.) und vertragliche Unterlassungsansprüche (nachst. Kap. 11 f.). Die gesetzlichen Unterlassungsansprüche können ihrerseits in direkte und indirekte Ansprüche unterteilt werden. Direkte Unterlassungsansprüche, die *Lehmann* (S. 3 ff., insbesondere S. 5 f.) die »echten Unterlassungsansprüche« nennt, sind diejenigen, die kraft ausdrücklicher Gesetzesbestimmung für das Vorliegen eines bestimmten Verletzungstat-

---

[7] RGZ 61, 366, 369; 116, 151, 153; st. Rspr.
[8] Vgl. *Pastor*, in *Reimer*, S. 22 ff., aber auch nach *Baumbach/Hefermehl*, Einl. UWG, Rdn. 254.

bestandes vorgesehen sind. Ein direkter Unterlassungsanspruch kann zum Schutz absoluter Rechte gegeben sein (z. B. § 139 PatG, § 24 GebrMG, § 14 a GeschmMG, § 12 BGB) oder nur ein bestimmtes Handeln verbieten (z. B. eine irreführende Werbung nach § 3 UWG).

Die indirekten Unterlassungsansprüche sind diejenigen Ansprüche, die sich erst auf der Grundlage eines anderen Anspruchs, hier in erster Linie eines Schadensersatzanspruchs, ergeben. Hierher gehören nicht nur die aus den Deliktsvorschriften des BGB abgeleiteten Unterlassungsansprüche, sondern auch manche Ansprüche aus wettbewerblichen Spezialgesetzen wie z. B. der aus den Straf- und Schadensersatzvorschriften der §§ 17, 18 und 19 UWG entwickelte Unterlassungsanspruch.

12 2. Die Entwicklung der Unterlassungsansprüche wurde darüber hinaus von einigen Bezeichnungen begleitet, deren Bedeutungsgehalt keineswegs immer einheitlich verstanden wurde und sich obendrein im Laufe der Entwicklung auch mehrfach geändert hat[9]. Dazu gehören namentlich die Begriffe der »negatorischen« und der »quasi-negatorischen« Ansprüche bzw. Klagen und der Begriff des »deliktischen« Unterlassungsanspruchs. Letzterer ist zwar inhaltlich eindeutig, aber für das Wettbewerbsrecht bedeutungslos, da hier auch der aus Deliktsvorschriften abgeleitete (indirekte) Unterlassungsanspruch mittlerweile als objektiver, von jeglicher Verschuldensvoraussetzung freier Anspruch gewährt wird. Mit den Begriffen »negatorische« und »quasi-negatorische« Ansprüche sind zuletzt teils einerseits die Unterlassungsansprüche aus dem Eigentum und andererseits Ansprüche aus der Verletzung anderer absoluter Rechte und sonstiger geschützter Rechtsgüter, teils auch einerseits Unterlassungsansprüche aus den absoluten Rechten generell und andererseits aus anderen vom Recht geschützten Gütern und Interessen[10] bezeichnet worden. In der neueren wettbewerblichen Literatur werden die Bezeichnungen jedoch kaum noch verwendet[11]. Sie sind hier auch unergiebig und entbehrlich. Sinnvoll erscheint allein die heute auch allgemein gebräuchliche Zweiteilung der gesetzlichen wettbewerblichen Unterlassungsansprüche in Ansprüche auf Grund einer Verletzungshandlung (Verletzungsunterlassung)[12] einerseits und vorbeugende Unterlassungsansprüche andererseits[13]. *Pastor*, der gleichfalls von dieser Zweiteilung ausgeht, bezeichnet den ersten Anspruch als »objektiven Unterlassungsanspruch«[14]; dies ist deshalb ungenau und irreführend, weil auch der vorbeugen-

---

9 Zum wechselnden Bedeutungsgehalt dieser Begriffe im Verlauf der Rechtsentwicklung vgl. *Pastor*, in *Reimer*, S. 23 f.
10 Vgl. *Nirk/Kurtze*, Rdn. 18 m. w. N., sowie im einzelnen *Pastor*, in *Reimer*, S. 24.
11 *v. Gamm* und *v. Gramm*, UWG, sowie *Nordemann* erwähnen sie nicht; *Baumbach/Hefermehl* verwendet (Einl. UWG, Rdn. 254) nur noch den Begriff »negatorisch« zur Kennzeichnung des Gegensatzes aller objektiven zu den verschuldensabhängigen deliktischen Ansprüchen; *Nirk/Kurtze* erwähnen die Bezeichnungen (Rdn. 18), betonen aber gleichzeitig, daß sie auf wettbewerbliche Ansprüche nicht anwendbar seien.
12 *Nordemann* (Rdn. 559) nennt diese Ansprüche »wiederherstellende Unterlassungsansprüche«; der Begriff erscheint mir jedoch ebensowenig zutreffend wie die seiner Verwendung in diesem Sinn zugrundeliegende Prämisse (Rdn. 557), Unterlassungsansprüche seien »Unterfälle des Beseitigungsanspruchs«; vgl. dazu Kap. 1 Rdn. 10 und 11 sowie *Pastor*, in *Reimer*, S. 25 f.
13 A. A. *Baumbach/Hefermehl*, Einl. UWG, Rdn. 254, der Bedenken gegen den Begriff »vorbeugend« hegt, auf die im nächsten Kapitel kurz einzugehen sein wird (vgl. dort Rdn. 4 u. 5).
14 S. 513 und in *Reimer*, S. 27.

de Unterlassungsanspruch unzweifelhaft[15] ein »objektiver« Unterlassungsanspruch ist.

3. Wettbewerbsrechtliche Unterlassungsansprüche sind vermögensrechtliche Ansprüche. Dies steht gänzlich außer Frage, kann jedoch im Einzelfall Abgrenzungsschwierigkeiten bereiten, wenn – beispielsweise – durch Angriffe gegen die Berufsehre auch wirtschaftliche Belange tangiert werden. Nach der Rechtsprechung[16] kommt es für die Abgrenzung darauf an, ob das Rechtsschutzbegehren »in wesentlicher Weise« auch der Wahrung wirtschaftlicher Belange dienen soll; bloße vermögensrechtliche Reflexwirkungen von Ansprüchen, die im wesentlichen die persönliche Ehre oder den sozialen Geltungsbereich schützen sollen, bleiben außer Betracht.

III. Die Bedeutung der wettbewerblichen Unterlassungsansprüche

1. Die wettbewerblichen gesetzlichen Unterlassungsansprüche sowie ihre Durchsetzungsmöglichkeiten weisen eine Reihe ihnen teils durch das Gesetz, teils durch die Rechtsprechung verliehener rechtlicher Besonderheiten auf, die sie von ähnlichen Ansprüchen des allgemeinen Zivilrechts unterscheiden, so die Klagebefugnis aller branchengleichen und branchenverwandten Konkurrenten, die Klagebefugnis der Verbände, die Möglichkeit, aus einer einzigen Zuwiderhandlung fast beliebig viele Ansprüche und Prozesse gleichen Inhalts herzuleiten, ferner die Urteilsveröffentlichungen, Aufbrauchfristen und dergleichen. Ihre hervorragende Bedeutung erhalten die Ansprüche jedoch weniger durch diese Besonderheiten, als dadurch, daß sie schon beim Vorliegen des objektiv-rechtswidrigen Tatbestandes – ohne Verschulden des Verletzers – begründet sind, wenn Behebungsgefahr besteht. Soweit in § 1 UWG die subjektive Kenntnis der Sittenwidrigkeit gefordert wird, genügt das Kennen der Tatumstände, die die Sittenwidrigkeit begründen. Das Risiko, das bei anderen aus Verletzungshandlungen eines Schuldners erwachsenden zivilrechtlichen Ansprüchen für den Gläubiger aus der Frage erwächst, ob Verschulden vorliegt und nachweisbar ist, scheidet somit aus. Beim wettbewerblichen Unterlassungsanspruch zählt regelmäßig nur dasjenige, was ins Auge fällt und objektiv greifbar ist; die subjektive (innere) Seite spielt keine Rolle. Dies rechtfertigt sich – abgesehen davon, daß es geltendes (Gewohnheits-)Recht ist – daraus, daß der Unterlassungsanspruch nichts anderes bezweckt als die Titulierung der Pflicht zum Nichthandeln in einem Falle, wo dieses ohnehin kraft gesetzlicher Bestimmung vorgeschrieben ist. Mit der Titulierung des Anspruchs endet aber die Privilegierung: Die Sanktion gem. § 890 ZPO setzt Verschulden des Titelschuldners voraus.

2. Die gesetzlichen wettbewerblichen Unterlassungsansprüche sind in der Praxis von größter wirtschaftlicher Bedeutung[17]. Unlauterem Wettbewerb kann zivilrechtlich im wesentlichen durch zwei Ansprüche begegnet werden: durch den Unterlassungsanspruch und durch den Schadensersatzanspruch. Im Wettbewerb kommt es in erster Linie darauf an, Verstöße abzustellen und ihre Wiederholung oder erstmalige Begehung

---

15 So auch *Pastor* selbst, in *Reimer*, S. 22.
16 Vgl. etwa BGH NJW 1974, 1470 u. jüngst BGH GRUR 1990, 1055 f. – Medizinjournalist; BGH LM ZPO § 546 Nr. 133.
17 Vgl. auch Großkomm/*Köhler*, Vor § 13 UWG, B, Rdn. 22: »das Kernstück des Schutzes der Wirtschaft vor unlauterem Wettbewerb« (unter Hinweis auf *Ahrens*, S. 17).

zu verhindern. Schadensverhütung geht vor Schadensvergütung. Dem wird der objektive Unterlassungsanspruch besser gerecht als der Schadensersatzanspruch; dies umso mehr, als er nicht nur – wie letzterer – jedem zusteht, der in seinen Rechten oder einem von der Rechtsordnung geschützten Rechtsgut oder Interesse beeinträchtigt wird, sondern allen branchengleichen und branchenverwandten Konkurrenten und den Interessen- und Verbraucherverbänden. Der objektive Unterlassungsanspruch steht daher im Wirtschaftsleben weitaus an erster Stelle, wenn es darum geht, unlauterem Wettbewerb entgegenzutreten. Hinzu kommt, daß der objektive Unterlassungsanspruch durch die Möglichkeit seiner Durchsetzung im einstweiligen Verfügungsverfahren und durch die Entwicklung von Beweisvermutungen auch verfahrensrechtlich eine große Durchschlagskraft erlangt hat, die den Bedürfnissen der Wirtschaft entgegenkommt.

2. Teil Die objektiven Unterlassungsansprüche

3. Kapitel Allgemeines

1. Der Gesetzgeber hat in den Gesetzen, die dem vorbeugenden Schutz dienen, eine nach einheitlichen Gesichtspunkten ausgerichtete Regelung des Unterlassungsanspruchs nicht getroffen. Dies gilt in erster Linie für das BGB, aber auch für andere Rechtsgebiete, z. B. für das Arbeitsrecht, in dem Fragen der Unterlassung ebenfalls eine große Rolle spielen. Es gibt im Zivilrecht keine – etwa aus dem allgemeinen Persönlichkeitsrecht abgeleitete – absolut wirkende Befugnis, die jedermann gegen jede auch unverschuldete Verletzung eines Rechts oder gesetzlich geschützten Rechtsgutes schützt, erst recht aber keinen allgemeinen Anspruch auf rechtmäßiges Verhalten.

2. Im Ergebnis weicht hiervon die Lage im Wettbewerbsrecht erheblich ab: Hier sind »objektive«, verschuldensunabhängige Unterlassungsansprüche teils durch Gesetz, teils durch die Rechtsprechung in einem Umfang geschaffen worden, der heute eine sehr umfassende Abwehr von Rechtsverletzungen ermöglicht.

3. Diese Unterlassungsansprüche können sowohl aus einer begangenen Verletzungshandlung erwachsen als auch unabhängig von einer vorangegangenen Begehung als – im engeren Sinne – »vorbeugend« entstehen.

4. *Pastor* hat in der 4. Auflage dieses Werkes (in Reimer S. 31) in beiden Formen sogar grundsätzlich verschiedene Ansprüche gesehen, die er deshalb in getrennten Abschnitten behandelt hat[1]. An dieser Unterscheidung ist manches überspitzt, einzelnes, wie etwa die These von den unterschiedlichen Gefährdungsgraden als Anspruchsvoraussetzungen (aaO., S. 105) auch – wie noch näher darzulegen sein wird – unzutreffend. Beide Unterlassungsansprüche sind »objektive«, d. h. verschuldensunabhängige Ansprüche; beide richten sich in die Zukunft, dienen also der Vorbeugung[2], und haben die Gefahr der Begehung einer konkreten, den Tatbestand einer Gebots- oder Verbotsnorm erfüllenden Verletzungshandlung zur Voraussetzung[3]. Sie sind daher in dieser Bearbeitung in einem gemeinsamen Teil unter dem einheitlichen Begriff der objektiven Unterlassungsansprüche – als Gegensatz zu den im nächsten Teil folgenden vertraglichen Ansprüchen – zusammengefaßt.

Bei der Erörterung der Anspruchsvoraussetzungen, insbesondere der der begangenen Handlung beim Verletzungsunterlassungsanspruch, desgleichen bei den (Darlegungs-)Anforderungen für die Wiederholungsgefahr sowie deren Beseitigung einerseits und für die Erstbegehungsgefahr beim vorbeugenden Unterlassungsanspruch und deren Beseitigung andererseits sind jedoch erhebliche Unterschiede zu beachten. Daher erscheint es auch weiterhin – wie bereits in der Vorauflage praktiziert – zweckmäßig,

---

[1] Vgl. zu seiner Unterscheidung besonders S. 99–102 aaO.
[2] So zutreffend *Baumbach/Hefermehl*, Einl. UWG, Rdn. 254, 256 u. 260.
[3] *von Gamm*, UWG, § 1, Rdn. 296 auf S. 191; *Baumbach/Hefermehl*, Einl. UWG, Rdn. 260.

zwar nicht die weitgehende begriffliche Unterscheidung der 4. Auflage, wohl aber die dort als deren Folge getrennte Behandlung der Verletzungsansprüche einerseits (nachfolgend 1. Abschnitt, Kap. 4 bis 8) und der »vorbeugenden Unterlassungsansprüche« andererseits (nachfolgend 2. Abschnitt, Kap. 9 und 10) beizubehalten.

1. Abschnitt Die Verletzungsunterlassung

4. Kapitel Die Anspruchsgrundlagen der Verletzungsunterlassung

Literatur: *v. Caemmerer*, Wandlungen des Deliktsrechts, in 100 Jahre Deutsches Rechtsleben, Festschrift zum 100jährigen Bestehen des Deutschen Juristentages, 2. Bd., 1960, S. 49 ff. 3 *Köhler*, Die wettbewerbsrechtlichen Abwehransprüche (Unterlassung, Beseitigung, Widerruf), NJW 1992, 137; *Stoll*, Kausalzusammenhang und Normzweck im Deliktsrecht, 1968.

Inhaltsübersicht	Rdn.		Rdn.
I. Die direkten Unterlassungsansprüche	1	2. Wettbewerbsansprüche und Unterlassungsansprüche aus §§ 823 ff. BGB	11–13
II. Die indirekten Unterlassungsansprüche	2–7	3. Das Verhältnis der Deliktsansprüche des BGB zueinander	14
III. Unterlassungsanspruch und Strafrechtsnorm	8, 9	V. Der Ausschluß von Unterlassungsansprüchen	15
IV. Anspruchskonkurrenzen	10–14		
1. Anspruchskonkurrenz von Wettbewerbsvorschriften	10		

I. Die direkten Unterlassungsansprüche

Anspruchsgrundlagen sind hier alle Normen, die ausdrücklich einen Unterlassungsanspruch gewähren (wie z. B. §§ 1, 3, 14 Abs. 2, 16 UWG, § 2 ZugabeVO, § 12 RabattG; vgl. auch *Köhler*, NJW 1992, 137). **1**

II. Die indirekten Unterlassungsansprüche

1. Zu den indirekten Unterlassungsansprüchen zählen zunächst diejenigen Ansprüche, die aus Normen abgeleitet werden, welche zwar ihrerseits einen anderen Anspruch – regelmäßig einen Schadensersatzanspruch –, aber nicht ausdrücklich einen Unterlassungsanspruch gewähren. Wo das Gesetz an die Vornahme einer rechtswidrigen Handlung eine Schadensersatzverpflichtung knüpft, ist damit indirekt gesagt, daß die Handlung unzulässig ist. Dies bedeutet, daß insoweit auch ein Anspruch auf Nichtvornahme (= Unterlassung) der unrechtmäßigen Handlung besteht. **2**

   a) Danach ergeben insbesondere die Bestimmungen der §§ 823 ff. BGB, soweit sie eine Schadensersatzpflicht normieren, ungeschrieben auch einen Unterlassungsanspruch. Dies gilt für jeden einzelnen Tatbestand der §§ 823 ff. BGB, also auch für § 824 BGB **3** und für den aus § 823 Abs. 1 BGB entwickelten Fall des Eingriffs in den eingerichteten und ausgeübten Gewerbebetrieb[1]. Anspruchsgrundlage ist stets der objektiv rechtswidrige Tatbestand. Auf den Schadenseintritt – oder auch nur dessen Wahrscheinlichkeit – kommt es nicht an, weil der Unterlassungsanspruch gerade der Verhinderung eines Schadens dienen soll. Die Verletzung, der vorgebeugt werden soll, muß aber bei dem Rechtsgut drohen, dessen Schutz die Vorschrift bezweckt[2].

b) Für Ansprüche aus anderen Schadensersatzvorschriften, so z. B. aus § 35 GWB, gelten die gleichen Grundsätze wie für die aus § 823 ff. BGB (vgl. BGHZ 64, 232 – Krankenhauszuschußversicherung).

2. Die zweite große Gruppe nicht ausdrücklich gewährter, aber unbestritten anerkannter Unterlassungsansprüche resultiert aus der Verletzung absoluter Rechte, insbesondere wettbewerblicher Schutzrechte, Kennzeichnungsrechte u. ä. Wo ein absolutes Recht besteht, ist bei Verletzungen immer – auch wo das Gesetz selbst ihn nicht ausdrücklich gewährt – ein Unterlassungsanspruch gegeben, ohne daß erst noch auf § 1004 BGB oder auf die Analogie zu §§ 12, 862, 1004 BGB zurückgegriffen werden muß.

3. Ein Unterlassungsanspruch kann sich schließlich auch aus solchen Vorschriften ergeben, in denen direkt oder indirekt nur das Verbot eines bestimmten Handelns ausgesprochen und dadurch ein Rechtsgut oder Interesse als schutzwürdig anerkannt ist. Immer muß es sich hierbei jedoch um eine zivilrechtliche Bestimmung handeln. Strafrechtsnormen – auch solche in Wettbewerbsgesetzen[3] – können einen Unterlassungsanspruch nicht begründen (vgl. nachfolgend Rdn. 8 f.). Die praktische Bedeutung der Unterlassungsansprüche aus anderen Verbotsvorschriften als solchen des Schadensersatzrechts ist im Wettbewerbsrecht jedoch gering. Denn die Überschreitung von Vorschriften, die ein Handlungsverbot enthalten, wird, soweit sie im Wettbewerb erfolgt, in aller Regel unlauterer Wettbewerb i. S. des § 1 UWG sein und damit bereits einen direkten Anspruch aus dieser Vorschrift begründen.

4. Eine Pflicht zu positivem Tun ist keine Rechtsgrundlage für einen Unterlassungsanspruch. Zwar trägt jede Verpflichtung zu einem positiven Tun zugleich auch die Pflicht in sich, alles mit dem positiven Tun Unvereinbare zu unterlassen. Eine solche dem Anspruch auf positive Leistung innewohnende bloße Kontrastpflicht gewährt jedoch keinen selbständigen Anspruch auf Unterlassung.

III. Unterlassungsanspruch und Strafrechtsnormen

Nach anfänglich schwankender Rechtsprechung des Reichsgerichts ist heute allgemein anerkannt, daß Strafrecht und ziviles Unterlassungsrecht nichts miteinander zu tun ha-

---

1 Zur Entwicklung dieses von der Rechtsprechung geschaffenen, oft und hart (u. a. als »Normenerschleichung«) kritisierten, heute aber weithin anerkannten und in der höchstrichterlichen Rechtsprechung nicht mehr umstrittenen (und meist vereinfachend »Recht am Unternehmen« genannten) Tatbestandes vgl. *v. Caemmerer*, Festschrift Dt. Juristentag, S. 49, 84 ff.; Rechtsprechung und Literatur dazu in MünchKomm/*Mertens*, § 823 BGB, Rdn. 484 in Fn. 821–823.
2 BGH GRUR 1958, 86, 88 = WRP 1957, 361 – Ei-fein; *Stoll*, S. 15.
3 So sind Grundlage der gegen Verstöße aus den Strafnormen der §§ 17 und 18 UWG gerichteten Unterlassungsansprüche nicht unmittelbar diese Bestimmungen, sondern die Vorschrift des § 19 UWG; vgl. zu dieser Differenzierung einerseits Großkomm/*Otto*, §§ 17 u. 18 UWG, andererseits Großkomm/*Köhler*, § 19 UWG.

4. Kapitel   Die Anspruchsgrundlagen der Verletzungsunterlassung

ben[4]. Für den wettbewerblichen Unterlassungsanspruch und seine Geltendmachung, die Unterlassungsklage, ist es deshalb ohne Bedeutung, ob die Handlung unter Strafe gestellt ist und ob zugleich ein Strafverfahren durchgeführt wird oder ob gar bereits ein Strafurteil vorliegt.

Aus der Trennung folgt umgekehrt, daß Strafvorschriften allein nicht Anspruchsgrundlage für einen wettbewerblichen Unterlassungsanspruch sein können. Anspruchsbegründende Bedeutung erlangen sie auch im Wettbewerbsrecht nur über die Vorschrift des § 823 Abs. 2 BGB: Es muß sich dafür um ein Schutzgesetz handeln; und entweder muß der Unterlassungsgläubiger zu dem nach dem Strafgesetz geschützten Personenkreis oder das verletzte Rechtsgut zu den geschützten Rechtsgütern gehören. Ganz ausnahmsweise kann allerdings eine Strafbestimmung ein Rechtsgut oder Interesse so konkret als schutzwürdig kennzeichnen, daß der allgemeine, gewohnheitsrechtliche wettbewerbliche Unterlassungsanspruch gegeben ist. Ein solcher Fall ist beispielsweise in § 15 UWG gegeben[5].

IV. Anspruchskonkurrenzen[6]

1. Anspruchskonkurrenz von Wettbewerbsvorschriften

Die Konkurrenzmöglichkeiten sind infolge der Systematik der Wettbewerbsgesetze – Regelung durch Generalklauseln wie §§ 1, 3 UWG einerseits und durch Spezialnormen des UWG und dessen Nebengesetzen andererseits – so vielfältig, daß wegen der Einzelheiten ergänzend auf die Kommentierungen der Gesetze verwiesen werden muß. Grundsätzlich gilt jedoch, daß die Spezialtatbestände den Generalklauseln vorgehen, daß letztere aber subsidiär – und auch im Verhältnis zueinander ergänzend – anwendbar bleiben[7]; die zahlreichen Täuschungsverbote im Lebensmittel- und Arzneimittelrecht sowie § 17 a des Eichgesetzes stellen im Verhältnis zu § 3 UWG keine Spezialnormen, sondern Konkretisierungen des dieser Vorschrift zugrunde liegenden Rechtsgedankens dar (BGHZ 82, 138, 142 – Kippdeckeldose; BGHZ 106, 101, 102 f. – Dresdner Stollen I).

2. Wettbewerbsansprüche und Unterlassungsansprüche aus §§ 823 ff. BGB

Das Verhältnis der – ihrer Natur nach ebenfalls deliktischen[8] – Tatbestände der Wettbewerbsgesetze zu den Deliktsvorschriften des BGB ist differenziert zu sehen. Erstere

---

4 RGZ 115, 74, 84 f.; 116, 151, 155; st. Rspr.; (schwankend vorher noch RGZ 71, 217, 222; 82, 59, 64).
5 *Baumbach/Hefermehl,* § 15, Rdn. 9; a. A. *Pastor* (in *Reimer*) S. 35 f.
6 Die von *Pastor,* in *Reimer,* S. 36, unter diesem Begriff mit erörterten Fragen des Umfangs richterlicher Prüfungspflichten und eines Dispositionsrechts des Gläubigers sind prozessualer Natur und werden daher im 2. Buch behandelt.
7 BGHZ 34, 264, 269 f. – Ein-Pfennig-Süßwaren; BGHZ 38, 391, 396 – Industrieböden; BGH GRUR 1967, 596, 597 = WRP 1977, 311 – Kuppelmuffenverbindung; BGHZ 65, 68, 73 – Vorspannangebot; BGH GRUR 1975, 203, 204 – Buchbeteiligungszertifikat; BGH GRUR 1977, 257, 259 = WRP 1977, 177 – Schaufensteraktion; *v. Gamm,* UWG, Einf. A., Rdn. 15.
8 Vgl. *v. Gamm,* UWG, Einf. A, Rdn. 13 und 29 m. w. N.; allg. Meinung.

schließen – was schon das Reichsgericht (RGZ 74, 434, 435) klargestellt hat – letztere nicht etwa unter dem Gesichtspunkt der Spezialität schlechthin aus; vielmehr ist jeweils zu prüfen, ob eine der Regelungen als erschöpfende und deshalb die anderen ausschließende Regelung der jeweiligen Teilfrage anzusehen ist[9].

12 Danach besteht Anspruchskonkurrenz der Wettbewerbsansprüche – mit der wichtigen Folge, daß neben der kurzen Verjährungsfrist des § 21 UWG auch die längere Frist des § 852 BGB anwendbar bleibt – zu Ansprüchen aus §§ 824, 826 BGB[10]; desgleichen zu § 823 Abs. 1 BGB, soweit die wettbewerblichen Ansprüche aus der Verletzung absoluter Rechte erwachsen, die – wie etwa das Warenzeichenrecht oder das Namens- bzw. Firmenrecht – als »sonstige« absolute Rechte i. S. des § 823 Abs. 1 BGB anzusehen sind[11].

13 Dagegen schließen wettbewerbliche Ansprüche den von der Rechtsprechung nur als Auffangtatbestand[12] entwickelten Anspruch wegen Verletzung des Rechts am Unternehmen (früher »am eingerichteten und ausgeübten Gewerbebetrieb« genannt) schlechthin aus. Hier gilt – anders als bei anderen Ansprüchen aus § 823 BGB – der Grundsatz der Subsidiarität, der jede Berücksichtigung des § 823 Abs. 1 BGB (und der BGB-Folgeregelungen wie z. B. die Verjährung des § 852 BGB) ausschließt[13] und das Gericht nötigt, vor Bejahung eines Anspruchs wegen Verletzung des Rechts am Unternehmen alle in Betracht kommenden wettbewerbsrechtlichen Anspruchsnormen zu prüfen und auszuschließen[14].

3. Das Verhältnis der Deliktsansprüche des BGB zueinander

14 Die Unterlassungsansprüche aus den Deliktsvorschriften stehen – bis auf die Ausnahme der alle übrigen verdrängenden Spezialnorm des § 839 BGB, die wettbewerbsrechtlich keine Rolle spielt – sämtlich in Anspruchskonkurrenz zu einander; allerdings wird auch hier wieder überwiegend Subsidiarität des Anspruchs aus der Verletzung des Rechts am Unternehmen gegenüber anderen Ansprüchen aus § 823 BGB und aus sol-

---

9 BGHZ 36, 252, 254 ff. – Gründerbildnis; BGH GRUR 1984, 820, 822 f. = WRP 1984, 678 – Intermarkt II; *Baumbach/Hefermehl*, Allg., Rdn. 129.
10 RGZ 74, 434, 435 f.; BGH GRUR 1964, 218, 220 = WRP 1964, 128 – Düngekalkhandel; vgl. auch *Baumbach/Hefermehl*, vor §§ 14, 15 UWG, Rdn. 29; MünchKomm/*Mertens*, § 824, Rdn. 7.
11 Vgl. BGH GRUR 1968, 367, 370 = WRP 1968, 193 – Corrida; GRUR 1984, 820, 823 = WRP 1984, 678 – Intermarkt II; a. A. *Baumbach/Hefermehl*, Allg., Rdn. 130, der jede zusätzliche Heranziehung des § 823 Abs. 1 BGB als – durch Gesetzeskonkurrenz i. S. von Subsidiarität – ausgeschlossen ansieht, sofern Handeln im Wettbewerb vorliegt.
12 Vgl. BGH GRUR 1966, 633, 635 = WRP 1966, 380 – Teppichkehrmaschine; BGHZ 69, 128, 138 – Fluglotsenstreik.
13 BGHZ 36, 252, 256 f. = GRUR 1962, 310 = WRP 1962, 331 – Gründerbildnis; BGHZ 38, 200, 204 = GRUR 1963, 255 – Kindernähmaschine; BGHZ 43, 359, 341 = GRUR 1965, 612 = WRP 1965, 253 – Warnschild; BGH GRUR 1974, 99, 100 = WRP 1974, 30 – Brünova; *Baumbach/Hefermehl*, Allg., Rdn. 130; *v. Gamm*, UWG, Einf. A, Rdn. 29; MünchKomm/*Mertens*, § 823 BGB, Rdn. 487; a. A. *Pastor*, in *Reimer*, S. 37 f.
14 Vgl. BGH GRUR 1983, 467, 468 = WRP 1983, 398 – Photokina.

4. Kapitel *Die Anspruchsgrundlagen der Verletzungsunterlassung*   15–18 **4**

chen aus § 824 BGB – nicht jedoch gegenüber den Ansprüchen aus der »Generalklausel« des § 826 BGB – angenommen[15].

V. Der Ausschluß von Unterlassungsansprüchen

1. In der Vorauflage ist an dieser Stelle geprüft worden, ob Unterlassungsansprüche ausgeschlossen sind, soweit sie sich gegen Äußerungen tatsächlicher Art richten, die in einem schwebenden Verfahren oder in dessen Vorfeld zum Zwecke der Rechtsverfolgung bzw. -verteidigung gemacht werden. Die eindeutige Klarstellung der Rechtsfolgen eines solchen Verfahrensverhaltens in der jüngsten Rechtsprechung des BGH[16] läßt es geboten erscheinen, diesen Fragenkomplex in anderem Zusammenhang (Kap. 19 unter III) zu erörtern.

2. Nach der – allerdings bestrittenen – Auffassung des Bundesgerichtshofs entsteht ein Unterlassungsanspruch weiter auch dann nicht, wenn eine Wettbewerbshandlung, die normalerweise den Tatbestand einer wettbewerblichen Verbotsnorm erfüllen würde, in berechtigter Abwehr eines wettbewerbswidrigen Verhaltens des von ihr Betroffenen erfolgt; dies ist nach Meinung des Bundesgerichtshofs kein Rechtfertigungsgrund; vielmehr entfällt schon die Tatbestandsmäßigkeit der Handlung[17].

Näheres zur »Abwehr« in Kap. 18.

3. Dagegen wird die Entstehung eines Unterlassungsanspruchs eines bestimmten Mitbewerbers nicht dadurch ausgeschlossen, daß er selbst sich gleichermaßen wettbewerbswidrig verhalten hat. Zur davon zu unterscheidenden Frage, ob und wann der Einwand der »unclean hands« ausnahmsweise der Geltendmachung eines solchen Anspruchs entgegenstehen kann, vgl. Kap. 19, Rdn. 5–7.

4. Einen Sonderfall des Ausschlusses von Unterlassungsansprüchen stellt § 33 Abs. 1 PatG dar[18].

---

15 Vgl. MünchKomm/*Mertens*, § 823 BGB, Rdn. 487, und § 826, Rdn. 90 m. w. N.
16 Vgl. BGH GRUR 1987, 568, 569 = WRP 1987, 627 – Gegenangriff: Frage des Rechtsschutzbedürfnisses.
17 Vgl. dazu BGH GRUR 1971, 804 = WRP 1971, 222 – WAZ m. w. N.; BGH GRUR 1988, 916, 918 = WRP 1988, 734 – Pkw-Schleichbezug; *Baumbach/Hefermehl*, Einl. UWG, Rdn. 359; a. A. *Pastor*, in *Reimer*, S. 376 m. w. N.
18 Hierzu (im Zusammenhang mit dem ähnlich lautenden § 24 Abs. 5 PatG a. F.) näher *A. Krieger*, § 24 Abs. 5 des Patentgesetzes – Eine Erwiderung, GRUR 1968, 228; *Ohl*, Zur Rechtsnatur des einstweiligen Patentschutzes nach § 24 Abs. 5 PatG, GRUR 1976, 557.

5. Kapitel: Die Voraussetzungen des Verletzungsunterlassungsanspruchs, insbesondere die konkrete Verletzungshandlung

Literatur: *Borck,* Bestimmtheitsgebot und Kern der Verletzung, WRP 1979, 180; *Lindacher,* Die Haftung wegen unberechtigter Schutzrechtsverwarnung oder Schutzrechtsklage, ZHR 144 (1980), 350; *Mees,* Normwidrigkeit und § 1 UWG, WRP 1985, 373; *Münzberg,* Verhalten und Erfolg als Grundlagen der Rechtswidrigkeit und Haftung, 1966; *Nirk/Kurtze,* Verletzungshandlung und Verletzungsform bei Wettbewerbsverstößen, GRUR 1980, 645; *Köhler,* Die wettbewerbsrechtlichen Abwehransprüche (Unterlassung, Beseitigung, Widerruf), NJW 1992, 137; *Sack,* Sittenwidrigkeit, Sozialwidrigkeit und Interessenabwägung, GRUR 1970, 493; *Sack,* Die lückenfüllende Funktion der Sittenwidrigkeitsklauseln, WRP 1985, 1; *Sack,* Das Anstandsgefühl aller billig und gerecht Denkenden und die Moral als Bestimmungsfaktoren der guten Sitten, NJW 1985, 761; *Schricker,* Gesetzesverletzung und Sittenverstoß, 1970.

Inhaltsübersicht

	Rdn.		Rdn.
I. Allgemeines	1, 2	III. Die Rechtswidrigkeit	12–19
II. Die konkrete Verletzungshandlung	3–10	IV. Was braucht nicht vorzuliegen?	20, 21
1. Tatsächliche Begehung	4	1. Verschulden	20
2. Konkrete Verletzungshandlung und Umfang des Anspruchs	5–9	2. Schaden	21
3. Konkrete Verletzungshandlung und vorbeugender Unterlassungsanspruch	10, 11		

I. Allgemeines

1 Der wettbewerbliche Verletzungsunterlassungsanspruch hat zwei materiell-rechtliche Voraussetzungen: Die objektiv-rechtswidrige (Wettbewerbs-)Handlung (wettbewerbsrechtlich »konkrete Verletzungshandlung« genannt) und die Wiederholungsgefahr. Beide Voraussetzungen müssen vorliegen, damit ein materiell-rechtlicher Anspruch auf Unterlassung besteht. Fehlt es an der Wiederholungsgefahr, ist ein Anspruch trotz konkreter Verletzungshandlung nicht entstanden, fällt sie nachträglich fort, erlischt der Unterlassungsanspruch. Die Wiederholungsgefahr ist – ihrer Bedeutung wegen – Gegenstand einer ausführlichen Darstellung in den Kapiteln 6–8.

2 Das Handeln in Wettbewerbsabsicht (oder zu Zwecken des Wettbewerbs), das in der wettbewerbsrechtlichen Literatur und Rechtsprechung (mit Recht) breiten Raum ein-

5. Kapitel: Die Voraussetzungen des Verletzungsunterlassungsanspruchs. 3–5

nimmt, ist keine selbständige Voraussetzung des wettbewerbsrechtlichen Unterlassungsanspruchs; es gehört vielmehr, wo es für eine wettbewerbsrechtliche Verletzungshandlung gefordert wird, zum Verletzungstatbestand. Dieser ist, wenn – wie beispielsweise in den §§ 1, 3, 12, 14 UWG – Handeln zu Zwecken des Wettbewerbs gefordert wird, nur verwirklicht, wenn die Voraussetzung eines solchen Handelns erfüllt ist. Die Wettbewerbsabsicht gehört daher zu den (subjektiven) Elementen einzelner materiell-rechtlicher Tatbestände, deren Behandlung nicht Gegenstand dieser Darstellung, sondern derjenigen *v. Gamms* (vgl. dort in der 5. Aufl. Kap. 17 Rdn. 29 ff.) ist.

II. Die konkrete Verletzungshandlung

Die Bezeichnung »konkrete Verletzungshandlung« ist im Wettbewerbsrecht zu einem viel gebrauchten und ganz wesentlichen Begriff geworden[1], der bei richtiger Verwendung eine bestimmte, sich als einheitlich darstellende Handlung bezeichnet, die im ganzen oder durch einzelne ihrer Elemente den Tatbestand einer oder mehrerer wettbewerbsrechtlicher Verbotsnormen erfüllt. Sie ist nicht nur Voraussetzung des Unterlassungsanspruchs, sondern maßgebend auch für seinen Inhalt und Umfang. Der oft (und fälschlich) als Synonym verwendete Begriff der »konkreten Verletzungsform« umschreibt dagegen das »Wie«, eben die »Form« der eigentlichen Tatbestandsverwirklichung durch die Handlung[2].

1. Tatsächliche Begehung

Ausgangspunkt und Grundlage des Verletzungsunterlassungsanspruchs ist eine Zuwiderhandlung, die tatsächlich stattgefunden hat. In der vollendeten Verletzung unterscheiden sich diese Ansprüche von dem sog. vorbeugenden Unterlassungsanspruch, bei dem es gerade an einer vorangegangenen Verletzungshandlung fehlt.

2. Konkrete Verletzungshandlung und Umfang des Anspruchs

Die konkrete Verletzungshandlung bestimmt – zwar nicht immer allein, aber in erster Linie – Inhalt und Umfang des Unterlassungsanspruchs. Jeder Anspruchsberechtigte kann nach Maßgabe der Anspruchsgrundlage grundsätzlich immer – gewissermaßen unbesehen – Unterlassung der Verletzungshandlung verlangen, wenn Wiederholungsgefahr besteht (OLG Celle WRP 1991, 315 mit ausführl. Anm. von *Borck* S. 316 ff.).

---

1 Die von *Pastor,* in Reimer S. 40, vorgenommene Qualifizierung als »fester Begriff« verdient sie jedoch nicht ganz; dies haben in der Zwischenzeit *Borck* (WRP 1979, 180 ff.) und *Nirk/Kurtze,* (GRUR 1980, 645 ff.) überzeugend nachgewiesen.
2 *Nirk/Kurtze,* Rdn. 75 ff., sowie in GRUR 1980, 645, 646 ff. Zu einer etwas anderen Abgrenzung der Begriffe kommt Borck, WRP 1979, 180, 182. Der BGH ist zunächst in Einzelfällen der Unterscheidung *Nirk/Kurtzes* gefolgt; vgl. z. B. BGHZ 89, 78, 80 – Heilpraktikerwerbung; BGH GRUR 1984, 593, 594 = WRP 1984, 394 – adidas – Sportartikel (dort: »Verletzungsform der konkreten Verletzungshandlung«); in jüngerer Zeit scheint er sie sich weitergehend zu eigen zu machen; vgl. z. B. wieder BGH GRUR 1989, 445, 446 = WRP 1989, 491 – Professorenbezeichnung in der Arztwerbung I.

6   Dies entspricht zwar einem allgemein anerkannten und in zahllosen Entscheidungen des Bundesgerichtshofs ausgesprochenen Grundsatz[3]; es erweist sich jedoch nicht immer als zweckmäßig, oft auch als unzureichend. Einerseits verstößt bei komplexen Handlungen oft nur ein Handlungsteil gegen eine Verbotsnorm, so daß das Herausarbeiten der konkreten Verletzungsform notwendig sein, mindestens aber der Vereinfachung und Verkürzung des Antrags dienen kann (*Nirk/Kurtze*, Rdn. 205; Großkomm/*Jacobs*, Vor § 13 UWG, D, Rdn. 128); und zum anderen geht der durch die konkrete Verletzungshandlung bestimmte Inhalt des Unterlassungsanspruchs zunächst nur dahin, daß die ganz identische oder jedenfalls vom Sinn des Unterlassungsgebots eindeutig mit umfaßte Handlung unterbleibt (BGHZ 5, 189, 193 – Zwilling), was den praktischen Bedürfnissen nicht immer genügt (*Nirk/Kurtze*, Rdn. 180, Großkomm/*Jacobs*, aaO., Rdn. 129).

Ein Beispiel: In einem Möbelgeschäft, das entsprechend dem Urteil des Bundesgerichtshofs »Tag der offenen Tür I« (BGHZ 66, 159 ff.) an Sonn- und Feiertagen zu Besichtigungszwecken geöffnet ist, erwirbt ein Testkäufer an einem Sonntag ein Schlafzimmer. Verletzungshandlung ist hier der Verkauf eines Schlafzimmers an einem Sonntag. Tatbestandsverwirklichung der zu Wettbewerbszwecken erfolgte Verstoß gegen das Ladenschlußgesetz. Dem Charakteristischen dieses Verstoßes wird hier, da nichts für eine Beschränkung der unerlaubten Verkäufe allein auf Schlafzimmer und allein auf Sonntage (statt auch an anderen Feiertagen) spricht, eine etwas erweiterte, die Verletzungshandlung ebenfalls noch treffend erfassende Begriffswahl besser gerecht: Der Anspruch geht auf Unterlassung des Verkaufs von Möbeln an Sonn- und Feiertagen.

7   In einer solchen – geringfügigen – Verallgemeinerung durch Wahl eines nahen Oberbegriffs liegt noch keine Erweiterung des Klagegrundes (vgl. KG MD VSW 1988, 560, 564). Die Rechtsprechung läßt grundsätzlich gewisse Verallgemeinerungen dann zu, wenn dabei »das Charakteristische des festgestellten konkreten Verletzungstatbestandes zum Ausdruck kommt«[4]. Instruktiv ist dazu ein Beispiel aus der BGH-Rechtsprechung[5]: Ein Verbrauchermarkt hatte eine im konkreten Fall unzulässige Lockvogelwerbung mit bestimmten adidas-Sportartikelangeboten getrieben. Der BGH hat einen Anspruch des Klägers, daraufhin eine entsprechende Werbung mit »Sportartikeln« schlechthin zu verbieten, als zu weitgehend beurteilt; er hat »Sportartikel« zwar als eine zulässige Verallgemeinerung einzelner Sportartikel angesehen, das »Charakteristische« der konkreten Verletzungsform aber darin gesehen, daß mit Sportartikeln eines be-

---

3 Vgl. z. B. BGH GRUR 1957, 606, 608 = WRP 1957, 291 – Heilmittelvertrieb; BGH GRUR 1960, 384, 385 – Mampe Halb und Halb I; BGHZ 34, 1, 13 – Mon Cheri; BGH GRUR 1975, 75, 77 = WRP 1974, 394 – Wirtschaftsanzeigen – public relations; BGH GRUR 1983, 512, 514 = WRP 1983, 489 – Heilpraktikerkolleg; BGH GRUR 1989, 110, 113 = WRP 1989, 155 – Synthesizer; BGH GRUR 1989, 445, 446 = WRP 1989, 491 – Professorenbezeichnung in der Arztwerbung I; BGH GRUR 1991, 550, 552 = WRP 1991, 159 – Zaunlasur; BGH GRUR 1991, 860, 862 = WRP 1992, – Katovit; vgl. ferner auch *v. Gramm*, UWG, § 1, Rdn. 299.

4 BGH GRUR 1979, 859, 860 = WRP 1979, 784 – Hausverbot II m. w. N.; st. Rspr.; vgl. etwa wieder BGH GRUR 1989, 445, 446 = WRP 1989, 491 – Professorenbezeichnung in der Arztwerbung I; BGH GRUR 1991, 254, 257 = WRP 1991, 216 – Unbestimmter Unterlassungsantrag I; ferner Großkomm/*Köhler*, Vor § 13 UWG, B, Rdn. 25, 27, 2. Absatz; Großkomm/*Jacobs*, Vor § 13 UWG, D, Rdn. 130.

5 BGH GRUR 1984, 593, 594 = WRP 1984, 394 – adidas-Sportartikel; das Beispiel ist jetzt auch von *Köhler*, NJW 1992, 137, übernommen worden.

5. Kapitel: Die Voraussetzungen des Verletzungsunterlassungsanspruchs.

kannten Markenartikelherstellers geworben worden war, da nur solche den im konkreten Fall gewünschten Anlockeffekt auf das Publikum ausüben konnten; für Sportartikel beliebiger, auch unbekannter Hersteller konnte aus der Verletzungshandlung keine Begehungsgefahr hergeleitet werden; als Verletzungsform war eine solche Formulierung zu weit.

Eine weitere Durchbrechung des Prinzips der konkreten Fassung wird dort zugelassen, wo letztere praktisch nicht möglich ist – wie beispielsweise bei manchen Verstößen gegen das Rabattgesetz oder bei Verstößen gegen § 49 Abs. 4 Satz 3 PBefG[6] – oder wenn etwa bei einer Firmenbenutzung oder bei einem Werbehinweis über die konkrete Form hinaus eine einwandfreie Verwendungsform überhaupt nicht denkbar oder zumindest vom Verletzer nicht zu erwarten ist[7]. Großkomm/*Jacobs* (Vor § 13 UWG, D, Rdn. 113) will eine weitere Durchbrechung für Unterlassungsanträge aus § 17 Abs. 2 UWG gelten lassen, was nur in der dort vertretenen allgemeinen Form bedenklich scheint; (zum »Dilemma« vgl. auch Großkomm/*Köhler*, § 19 UWG, Rdn. 28).

Von den zulässigen Verallgemeinerungen der engen Verletzungsform zu unterscheiden sind die Verallgemeinerungen, die deshalb zugelassen werden, weil sie neben der konkreten Verletzungsform einschließlich ihrer zulässigen, weil den »Kern« betreffenden Erweiterungen auch drohend bevorstehende andere Verletzungsformen erfassen (*v. Gamm*, UWG, § 1 Rdn. 299); denn ihre Zulässigkeit beruht auf einem zusätzlichen, selbständigen Klagegrund: Ein solcher erweiterter Anspruch richtet sich nur teilweise auf eine aus der Verletzungshandlung resultierende Unterlassung (Wiederholungsunterlassung), in der echten Erweiterung dagegen auf Unterlassung einer drohenden Erstbegehung (vorbeugender Unterlassungsanspruch; näher dazu Großkomm/*Jacobs*, Vor § 13 UWG, D, Rdn. 137–139).

3. Konkrete Verletzungshandlung und vorbeugender Unterlassungsanspruch

Ein Unterlassungsgläubiger, der einen über den Folgeumfang der konkreten Verletzungshandlung hinausgehenden Unterlassungsanspruch geltend machen will, muß dazu eine weitergehende Anspruchsgrundlage aus dem Gesichtspunkt des vorbeugenden Unterlassungsanspruchs haben. Die Geltendmachung eines vorbeugenden Unterlassungsanspruchs setzt eine selbständige, von der konkreten Verletzungshandlung unabhängige Begehungsgefahr voraus, die Gegenstand einer eigenen Darstellung (Kap. 10) sein wird. Die begangene konkrete Verletzungshandlung hat hier keine unmittelbar und allein gefahrbegründende Wirkung, jedoch u. U. eine gewisse indizielle Bedeutung für das Bestehen einer Begehungsgefahr[8].

Häufig ergibt sich ein Zusammenhang der Begehungsgefahr mit einer vorangegangenen Verletzungshandlung dadurch, daß der Verletzer bei der Verteidigung dieser

---

6 Vgl. etwa BGH GRUR 1989, 115, 116 = WRP 1989, 480, 481 f. = Mietwagen-Mitfahrt; vgl. ferner Großkomm/*Jacobs*, Vor § 13 UWG, D, Rdn. 111 f.
7 BGHZ 4, 96, 105 f. – Farina Urkölsch; BGH GRUR 1974, 225, 226 = WRP 1974, 27 – Lager-Hinweiswerbung; *Ahrens*, S. 166 f. m. w. N. sowie eingehend (auch zum mehr theoretischen Charakter dieser Ausnahme) Großkomm/*Teplitzky*, § 16 UWG, Rdn. 539. – Zur Möglichkeit und Problematik von Verallgemeinerungen vgl. besonders *Nirk/Kurtze*, Rdn. 180–199, und Großkomm/*Jacobs* aaO., Rdn. 104–107.
8 Vgl. auch *Baumbach/Hefermehl*, Einl. UWG, Rdn. 459.

Handlung sich eines Rechts zu noch weitergehendem Handeln berühmt[9]. In solchen Fällen kann der vorbeugende Unterlassungsanspruch mit dem auf Unterlassung der konkreten Verletzungsform zu einem einheitlichen, dann oft umfassenden, auf Unterlassung »schlechthin« gerichteten Anspruch verbunden werden, der aber auf zwei selbständig bleibenden Klagegründen beruht. (Näheres dazu in Kap. 9).

III. Die Rechtswidrigkeit

12 1. Anspruchsvoraussetzung ist weiter die Rechtswidrigkeit der konkreten Verletzungshandlung. Sie ist für den Bereich des gewerblichen Rechtsschutzes grundsätzlich nach objektiven Gesichtspunkten zu bestimmen (BGHZ 38, 200, 206 = GRUR 1963, 255 – Kindernähmaschine). Die neuere Lehre, die – ausgehend von der finalen Handlungs- und Schuldauffassung des Strafrechts – eine Rechts- oder Rechtsgutverletzung erst als rechtswidrig ansieht, wenn die sie bewirkende Handlung gegen eine Norm des Sollens verstößt, also mindestens fahrlässig begangen wird[10], hat im Wettbewerbsrecht bislang keine praktische Auswirkung gezeitigt. Für die Sondertatbestände gilt weiterhin der Grundsatz, daß die Rechtswidrigkeit durch den Tatbestand indiziert wird; sie ist danach immer dann gegeben, wenn der gesetzliche objektive Tatbestand – zu dem allerdings auch subjektive Elemente wie etwa die Wettbewerbsabsicht gehören können – erfüllt ist, also diejenigen objektiven und subjektiven Tatumstände vorliegen, durch die das positive Tun[11] des Verletzers zu einer konkreten Verletzungshandlung im wettbewerblichen Sinn wird, und wenn ein Rechtfertigungsgrund fehlt.

13 Bei Ansprüchen wegen Verletzung eines »Rechts am Unternehmen« oder eines »allgemeinen Persönlichkeitsrechts« läßt sich in Ermangelung eines konkreten gesetzlichen Tatbestands die Rechtswidrigkeit nicht aus diesem entnehmen; hier kann sie nur aufgrund einer Interessen- und Güterabwägung im Einzelfall festgestellt werden (*Baumbach/Hefermehl*, Einl. UWG, Rdn. 355).

14 Beim Deliktanspruch aus § 823 Abs. 2 BGB wird die Rechtswidrigkeit durch den Tatbestand des Schutzgesetzes indiziert (*Baumbach/Hefermehl*, Einl. UWG, Rdn. 357).

15 Sittenwidriges Handeln ist immer zugleich rechtswidrig – ein Schluß, der jedoch auch bei Wettbewerbshandlungen keine Umkehrung erlaubt, da die herrschende Meinung auch bei diesen Handlungen an der Unterscheidung zwischen Sittenwidrigkeit und Gesetzwidrigkeit festhält[12].

---

9 Vgl. dazu BGH GRUR 1963, 218, 220 = WRP 1963, 28 – Mampe Halb und Halb II.
10 Vgl. im einzelnen dazu *Baumbach/Hefermehl*, Einl. UWG, Rdn. 354 (auch zur Kritik der Auffassung); *Palandt/Thomas*, § 823 BGH, Rdn. 33, beide m. w. N.
11 Für Unterlassen gilt etwas anderes; es interessiert hier jedoch nicht, da eine Verletzung durch Unterlassen ihrerseits nicht Gegenstand eines Unterlassungsanspruchs sein kann.
12 So RG und BGH in st. Rspr. ab RGZ 77, 217; vgl. zur Entwicklung *Schricker*, S. 21 ff., und die umfangreichen Nachweise bei *Mees*, WRP 1985, 373 ff.; *Baumbach/Hefermehl*, Einl. UWG Rdn. 146 und 155, sowie *Mees*, aaO., S. 375. A. A. *Sack*, GRUR 1970, 493; vgl. auch ders. WRP 1985, 1 und NJW 1985, 761.

5. Kapitel: Die Voraussetzungen des Verletzungsunterlassungsanspruchs.

Unbestritten ist, daß das objektive Merkmal der Sittenwidrigkeit gewisse subjektive Elemente einschließt[13].

Einigkeit besteht auch darüber, daß sittenwidriges Handeln jedenfalls dann vorliegt, wenn der Verletzer positive Kenntnis von den äußeren Umständen hat, die seinem Verhalten das Gepräge des Sittenwidrigen geben; selbst braucht er sich dieses Charakters seines Handelns nicht bewußt zu sein[14]. Ob umgekehrt das Verdikt wettbewerblichen Unrechts, also etwa der Sittenwidrigkeit i. S. des § 1 UWG, die Kenntnis aller Tatumstände notwendig voraussetzt, ist streitig. Während die Rechtsprechung dies – abgesehen von den nachfolgend in Rdn. 16 erwähnten Ausnahmefällen – annimmt, wird es in der Literatur teilweise in Frage gestellt (vgl. Großkomm/*Köhler*, Vor § 13 UWG, B, Rdn. 26; *Baumbach/Hefermehl*, Einl. UWG, Rdn. 128, jeweils m. w. N.).

Umstritten ist, ob auch schon sittenwidrig handeln kann, wer sich der positiven Kenntnis der sittenwidrigkeitsbegründenden Umstände bewußt verschließt. Die herrschende Meinung, insbesondere die Rechtsprechung, bejaht dies[15], während eine Literaturmeinung es mit beachtlichen Argumenten in Frage stellt[16].

Die praktische Bedeutung des Streits für den Unterlassungsanspruch wird jedoch wesentlich dadurch gemildert, daß dieser in die Zukunft gerichtet ist und es deshalb für seine Entstehung jedenfalls als vorbeugender Anspruch regelmäßig genügen wird, wenn ein Verletzer die positive Kenntnis – wie meist – auf Abmahnung hin oder im Rechtsstreit erlangt und sich dann nicht unterwirft[17].

2. Rechtfertigungsgründe kommen theoretisch auch im Wettbewerbsrecht in Betracht (vgl. *Baumbach/Hefermehl*, Einl. UWG, Rdn. 352). Praktisch spielen sie jedoch keine nennenswerte Rolle, da Gründe, die hierfür in Frage kämen, wegen der Art der wichtigsten wettbewerblichen Tatbestände entweder – wie berechtigtes »Abwehr«-Verhalten gegenüber Verletzungshandlungen des § 1 UWG – schon die Tatbestandsmäßigkeit des Handelns, nämlich dessen Sitten- bzw. Wettbewerbswidrigkeit, ausschließen[18] oder – wie etwa Gründe aus der Inter-partes-Beziehung (Einwilligung) bei Tatbeständen, die auch Belange Dritter schützen (etwa § 3 UWG) – für die Beseitigung der Rechtswidrigkeit nicht ausreichen. Allenfalls bei individuellen Schutzrechten

---

13 Vgl. zuletzt BGH GRUR 1991, 914, 915 – Kastanienmuster m. w. N.; ferner *v. Gamm*, Kap. 18, Rdn. 7; *Baumbach/Hefermehl,* Einl. UWG, Rdn. 148; *Lindacher,* ZHR 144 (1980), 350, 356.
14 Vgl. BGH GRUR 1960, 200, 201 – Abitz II; BGHZ 37, 30, 37 – Selbstbedienungsgroßhandel; BGH GRUR 1975, 555, 556 f.; BGH GRUR 1987, 532, 533 = WRP 1987, 606 – Zollabfertigung; BGH ZIP 1992, 642, 643 – Pullovermuster.
15 Vgl. BGH GRUR 1955, 411, 414 = WRP 1955, 43 – Zahl 55; BGH GRUR 1967, 596, 597 – Kuppelmuffenverbindung; BGH GRUR 1991, 914, 915 – Kastanienmuster; BGH aaO. – Pullovermuster; *v. Gamm,* § 1 UWG, Rdn. 50 m. w. N.; weitere Nachweise bei *Baumbach/Hefermehl,* Einl. UWG, Rdn. 127 f.
16 Vgl. *Lindacher,* ZHR 144 (1980), 350, 356, sowie die weiteren Nachweise bei *v. Gamm,* Kap. 18, Rdn. 36 mit Fn. 144.
17 Vgl. aus der Rspr. BGHZ 37, 30, 37 – Selbstbedienungsgroßhandel; BGH GRUR 1973, 203, 204 = WRP 1973, 19 – Badische Rundschau; BGH GRUR 1977, 614, 615 – Gebäudefassade; BGH, Urt. v. 30. 1. 1992 – I Z RZ 113/90 – Pullovermuster; ferner *v. Gamm,* Kap. 18, Rdn. 36 a. E. und Rdn. 40 (m. w. N. in Fn. 159) sowie Großkomm/*Köhler,* Vor § 13 UWG, B, Rdn. 26 m. w. N.
18 Vgl. dazu näher Kapitel 19 unter III m. w. N.

wird man – wie etwa bei der Einwilligung des Inhabers in die eine Verwechslungsgefahr i. S. des § 16 UWG oder der §§ 24, 31 WZG begründenden Benutzungshandlungen – der Rechtfertigung eine gewisse Bedeutung beimessen können.

19 Dagegen gehört der Umstand, daß eine verletzende Handlung im Rahmen der eigenen Rechtsverfolgung oder Rechtsverteidigung – durch verletzenden Sachvortrag o. ä. – im Rahmen eines gerichtlichen oder behördlichen Verfahrens begangen worden ist, nach der neueren Rechtsprechung des BGH[19] – jedenfalls im Regelfalle – nicht zu den Rechtfertigungsgründen; er schließt vielmehr das (prozessuale) Rechtsschutzinteresse aus. (Näheres dazu in Kapitel 19 unter III.)

IV. Was braucht nicht vorzuliegen?

20 Verschulden spielt beim objektiven wettbewerblichen Unterlassungsanspruch keine Rolle[20]. Die subjektive Seite hat nur für subjektive Tatbestandsmerkmale Bedeutung, wenn sie, wie z. B. bei § 1 UWG, zum objektiven Tatbestand gehört (vgl. vorstehend Rdn. 15 f.). Allenfalls dann, wenn es im Rahmen des objektiven Unterlassungsanspruchs zu einer Interessenabwägung oder Billigkeitsentscheidung kommt, kann Verschulden als Abwägungs- bzw. Gewichtungsfaktor eine gewisse Rolle spielen. Ansonsten ist es auch für einen Anspruch gegen den Betriebsinhaber nach § 13 Abs. 4 UWG unerheblich. Der gegen den Angestellten oder Beauftragten begründete objektive Unterlassungsanspruch ist auch als objektiver Anspruch gegen den Betriebsinhaber begründet, ohne daß dieser sich auf Unkenntnis oder Bemühungen zur Verhinderung von Verstößen berufen kann.

2. Schaden

21 Der objektive Unterlassungsanspruch setzt die Entstehung eines schädigenden Erfolges nicht voraus, und zwar auch dann nicht, wenn die Anspruchsgrundlage sich aus §§ 823 ff. BGB ergibt.

---

19 Vgl. BGH GRUR 1987, 568, 569 = WRP 1987, 627 – Gegenangriff m. w. N.
20 Vgl. BGHZ 8, 387, 399 – Fernsprechnummer; BGHZ 37, 30, 37 – Selbstbedienungsgroßhandel; st. Rspr. und einhellige Meinung.

6. Kapitel   Die Wiederholungsgefahr

Literatur: *Borck,* Wieso erledigt die Unterwerfungserklärung den Unterlassungsanspruch?, WRP 1974, 372; *Gruber,* Die tatsächliche Vermutung der Wiederholungsgefahr als Beweiserleichterung, WRP 1991, 368; *Hirtz,* Der Nachweis der Wiederholungsgefahr bei Unterlassungsansprüchen oder: Was vermögen Erfahrungssätze bei der Beweiswürdigung?, MDR 1988, 182; *Pastor,* Die einmalige Zuwiderhandlung, GRUR 1968, 343; *Pastor,* Die Wiederholungsgefahr beim wettbewerblichen Unterlassungsanspruch, GRUR 1969, 331; *Soergel,* Kommentar zum Bürgerlichen Gesetzbuch, 12. Aufl., 1990. Vgl. auch die Literatur zum 8. Kapitel.

Inhaltsübersicht

	Rdn.		Rdn.
I. Begriffsbestimmung	1–5	IV. Besonderheiten der Wiederholungsgefahr bei § 13 Abs. 3 UWG und bei mehreren Tatbeteiligten	11, 12
1. Die Gefahr	2		
2. Die »Wiederholung«	3		
3. Die Rechtswidrigkeit der Wiederholung	4, 5		
II. Die Rechtsnatur der Wiederholungsgefahr	6–8	V. Das anfängliche Fehlen der Wiederholungsgefahr	13, 14
III. Wann liegt Wiederholungsgefahr vor?	9, 10		

I. Begriffsbestimmung

»Wiederholungsgefahr« bezeichnet die Gefahr der erneuten Begehung einer konkreten Verletzungshandlung, die der Verletzer in gleicher Form bereits rechtswidrig begangen hat.   1

Der Begriff ist in keinem zivilrechtlichen oder wettbewerbsrechtlichen Gesetz zu finden, erst in § 97 Abs. 1 Satz 1 des UrhG von 1965 hat der Gesetzgeber ihn erstmalig verwendet. Die Wiederholungsgefahr ist nicht mit der »ernstlichen Befürchtung« i. S. des § 259 ZPO gleichzusetzen. Über die Unanwendbarkeit dieser Bestimmung auf gesetzliche Unterlassungsansprüche besteht nämlich – anders als beim vertraglichen Unterlassungsanspruch, bei dem dies nicht ganz unproblematisch ist[1] – weithin Einigkeit. Wiederholungsgefahr ist vielmehr der von Literatur und Rechtsprechung für die Praxis geschaffene handliche Begriff für dasjenige, was in § 1004 BGB mit der Formel: »Sind weitere Beeinträchtigungen zu befürchten« ausgedrückt ist. Der Begriff »Wiederholungsgefahr« ist verhältnismäßig spät geprägt worden, heute aber allgemein gebräuchlich und in seiner Bedeutung fest umrissen.

---

1 Vgl. dazu *Baumbach/Hefermehl,* Einl. UWG, Rdn. 298; *Pastor,* in Reimer, S. 115 f.

1. Die »Gefahr«

2   Die »Gefahr« der Wiederholung setzt zunächst die Möglichkeit voraus, daß die konkrete Verletzungshandlung wiederholt werden kann, also eine Zuwiderhandlung möglich ist. Die Ausführung einer möglichen Wiederholung hängt vom Willensentschluß des Verletzers ab; dies ist für den Unterlassungsgläubiger daher ungewiß. Weder diese Ungewißheit noch die theoretisch stets – außer bei Unmöglichkeit – gegebene Möglichkeit der Wiederholung einer Tat kann jedoch schon als »Gefahr« angesehen werden. Um diese entstehen zu lassen, muß vielmehr eine gewisse Wahrscheinlichkeit einer weiteren Begehung bestehen (ebenso jetzt Großkomm/*Köhler*, Vor § 13 UWG, B, Rdn. 28 f.), und die Begehungsmöglichkeit darf zeitlich nicht so fern liegen, daß von einer »Gefahr« bevorstehender Wiederholungen nicht mehr die Rede sein kann (vgl. BGH GRUR 1992, 318 = WRP 1992, 314, 316 – Jubiläumsverkauf). Die Gefahr der Wiederholung muß objektiv, nicht nur in der Vorstellung des Gefährdeten, gegeben sein[2]; sie muß sich, obwohl auf subjektiven Voraussetzungen (Willensrichtung des Verletzers) beruhend, aus äußerlich erkennbaren Umständen erschließen (*Baumbach/Hefermehl*, Einl. UWG, Rdn. 262).

3   Wiederholung bedeutet, daß diejenige konkrete Verletzungshandlung, die begangen worden ist, wiederholt wird, und zwar von demselben Verletzer oder einer Person, für die er einzustehen hat.

Aus dem Begriff »Beeinträchtigungen« in § 1004 BGB und aus dem Fehlen des Hinweises, daß es sich um die gleiche Beeinträchtigung handeln müsse, ist nicht zu folgern, daß auch die Befürchtung der Wiederholung von Handlungen anderer oder ähnlicher Art genügt. »Wiederholung« ist vielmehr – jedenfalls im Wettbewerbsrecht – die gleiche konkrete Verletzungshandlung. »Gleiche« Handlung bedeutet jedoch nicht »identische«. Es gilt auch hier das bereits zur Möglichkeit der Erweiterung der konkreten Verletzungsform Gesagte entsprechend. Soweit eine Handlung gewisse Erweiterungen der konkreten Verletzungsform erlaubt, weil deren Spezifisches durch die erweiterte Form gleichermaßen oder sogar besser zum Ausdruck kommt[3], kann sie auch eine Wiederholungsgefahr für Handlungen der erweiterten, also mit der Ersthandlung nicht identischen Form begründen[4]. Die Grenze, an der bei solchen Erweiterungen die Gefahr der »Wiederholung« endet und der Bereich beginnt, in dem der begangenen Hand-

---

[2] Vgl. BGH GRUR 1957, 348, 349 f. – Klasen-Möbel; Großkomm/*Köhler*, aaO., Rdn. 29.

[3] Vgl. Kap. 5, Rdn. 7.

[4] Vgl. BGH GRUR 1989, 445, 446 = WRP 1989, 491 – Professorenbezeichnung in der Arztwerbung I; BGH GRUR 1991, 672, 674 – Anzeigenrubrik I; a. A. Großkomm/*Köhler*, Vor § 13 UWG, B, Rdn. 29, der die Erstreckung der Vermutungswirkung durch den BGH aaO. nicht durch eine Erweiterung der objektiven Wahrscheinlichkeit begründet sieht, weil eine solche »rechtsethisch und ökonomisch angreifbar« wäre, sondern in ihr nur eine Beweislastregel i. S. der Sphärentheorie sehen will. Dies mag für manche (Grenz-)Fälle gerechtfertigt sein. Grundsätzlich dürfte jedoch auch die Annahme der Wahrscheinlichkeit »kerngleicher« Begehungen durch die allgemeine Lebenserfahrung hinreichend zu rechtfertigen sein; vgl. ferner auch *Pastor*, in *Reimer*, S. 50, wo das gleiche Ergebnis mit der Notwendigkeit der Übereinstimmung des Schutzumfangs eines Unterlassungstitels – Erstreckung auf alle Handlungen, die den »Kern der Verletzungshandlung« unberührt lassen (vgl. *Pastor*, Unterlassungsvollstreckung, S. 170 ff.) – mit dem Umfang dessen, was als Wiederholung zu begründen ist, begründet wird; näheres zum Titelumfang Kap. 57, Rdn. 11–16).

lung nur noch eine Indizwirkung für die Gefahr der Erstbegehung einer nur noch ähnlichen Handlung zukommt[5], ist fließend und in der Praxis nicht immer leicht zu ziehen.

3. Die Rechtswidrigkeit der Wiederholung

Da rechtmäßige Handlungen begangen, also auch wiederholt werden dürfen, geht eine »Gefahr« im hier interessierenden Sinne nur von drohenden rechtswidrigen Handlungen aus. Objektive Rechtswidrigkeit genügt; auf Verschulden kommt es bei der Wiederholung ebensowenig an wie bei der Verletzungshandlung selbst. Besteht für die Wiederholung ein rechtfertigender Grund, kann sie nicht untersagt werden (vgl. *Baumbach/Hefermehl*, Einl. UWG, Rdn. 268).

Hiervon ist der umgekehrte Fall zu unterscheiden, in dem die Rechtswidrigkeit der begangenen Handlung aus besonderem Grunde, z. B. wegen Wahrnehmung berechtigter Interessen, ausgeschlossen war, dies aber bei der befürchteten Wiederholung nicht mehr der Fall wäre. Dann handelt es sich in Ermangelung einer rechtswidrigen Verletzungshandlung um die Befürchtung einer Erstbegehung, nicht um einen Wiederholungsfall[6].

II. Die Rechtsnatur der Wiederholungsgefahr

Die Rechtsnatur der Wiederholungsgefahr war früher sehr umstritten[7]. Die Literatur sah darin lange überwiegend eine Prozeßvoraussetzung, bei deren Fehlen die Klage mangels Rechtsschutzbedürfnisses als unzulässig abgewiesen werden mußte[8], und auch in der Rechtsprechung ist in vereinzelten Entscheidungen des Reichsgerichts und des Bundesgerichtshofs sowie in zahlreichen Entscheidungen der Instanzgerichte die Wiederholungsgefahr als Prozeßvoraussetzung, insbesondere als Element des Rechtsschutzbedürfnisses, beurteilt worden[9].

Der für das Wettbewerbsrecht zuständige I. Zivilsenat des Bundesgerichtshofs sieht jedoch – seit dem klarstellenden Urteil vom 22. 9. 1972 in ständiger Rechtsprechung – in der Wiederholungsgefahr eine Voraussetzung der materiellen Begründetheit des Anspruchs[10]. Diese Auffassung, die auch schon zahlreichen Entscheidungen des Reichsge-

---

5 Vgl. BGH GRUR 1957, 281, 285 = WRP 1957, 180 – karo as.
6 BGH GRUR 1957, 84, 86 = WRP 1957, 156 – Einbrandflaschen –; GRUR1960, 500, 504 – Plagiatsvorwurf I; GRUR 1962, 34, 35 – Torsana; GRUR 1986, 248, 251 – Sporthosen; Großkomm/*Köhler*, Vor § 13 UWG, B, Rdn. 30.
7 Vgl. *Pastor*, GRUR 1969, 331, und in *Reimer*, S. 51 f.
8 Vgl. zur älteren Literatur die Nachweise bei *Pastor*, GRUR 1969, 331 in Fn. 2; auch heute wird in der Literatur teilweise die Wiederholungsgefahr noch als Prozeßvoraussetzung angesehen, so z. B. von *Soergel/Mühl*, § 1004 BGB, Rdn. 166, u. *Pawlowski*, Zum Verhältnis von Feststellungs- und Leistungsklage, MDR 1988, 830, 831 f. mit Fn. 19.
9 Z. B. RGZ 114, 119; BGH GRUR 1955, 390, 392 – Schraubenmutterpresse; BGH GRUR 1964, 82, 86, 87 – Lesering; BGH GRUR 1966, 157, 159 – Wo ist mein Kind?; OLG Hamburg MDR 1971, 1016; GRUR 1974, 108, 109.
10 BGH GRUR 1973, 208, 209 = WRP 1973, 23 – Neues aus der Medizin m. w. N.; BGH GRUR 1980, 241, 242 = WRP 1980, 253 – Rechtsschutzbedürfnis; BGH GRUR 1983, 127,

richts zugrunde gelegen hatte, wird inzwischen auch von anderen Senaten des Bundesgerichtshofes, vom Bayerischen Obersten Landesgericht, einer Vielzahl von Instanzgerichten und weitgehend auch in der wettbewerblichen Literatur vertreten[11], so daß keine Bedenken bestehen, sie als − jedenfalls im hier interessierenden Wettbewerbsrecht − absolut herrschend zu bezeichnen[12].

8   Die Wiederholungsgefahr ist somit ihrer Rechtsnatur nach materielle Anspruchsvoraussetzung (BGH aaO. − Vertragsstrafeversprechen m. w. N.); sie stellt ein (regelmäßig ungeschriebenes) Tatbestandsmerkmal jedes Unterlassungsanspruchs dar, das vorliegen muß, um einen Anspruch zu begründen, und dessen Fehlen zur Klageabweisung als unbegründet führt[13] (ebenso Großkomm/*Köhler*, Vor § 13 UWG, B, Rdn. 27).

III. Wann liegt Wiederholungsgefahr vor?

9   Als materiell-rechtliches Tatbestandsmerkmal muß die Wiederholungsgefahr objektiv vorliegen. Die Frage, unter welchen Voraussetzungen dies zutrifft, wird in der Praxis meist mit der Feststellung umgangen, daß sie »im wesentlichen eine Tatfrage« sei bzw. »im Tatsächlichen liege«[14], oder sie wird damit beantwortet, daß dann, wenn der Verletzer eine objektiv-rechtswidrige Verletzungshandlung zu Wettbewerbszwecken begangen habe, zu vermuten sei, daß er sie wiederholen werde[15]. Dies vermengt zwar die Frage, wann Wiederholungsgefahr vorliegt, mit der Frage, wie ihr Vorliegen bewiesen werden kann (zu Fragen des Nachweises vgl. *Hirtz*, MDR 1988, 182, 183 ff.), besagt aber dennoch das für die Praxis Entscheidende und trifft im Kern sogar auch als Antwort auf die gestellte Frage zu. Denn die erwähnte, in der Rechtsprechung und Litera-

---

128 = WRP 1983, 91 − Vertragsstrafeversprechen; BGH GRUR 1983, 186 = WRP 1983, 264 − Wiederholte Unterwerfung; BGH GRUR 1992, 318 = WRP 1992, 314, 315 − Jubiläumsverkauf.

11 Vgl. RG GRUR 1936, 236; GRUR 1936, 885, 891; GRUR 1936, 986; 1938, 53; GRUR 1939, 867 und RGZ 142, 39, 43; BGHZ 81, 222, 225; BGH NJW 1982, 178 und 2311; BayObLGE 80, 21; Großkomm/*Köhler*, Vor § 13 UWG, B, Rdn. 27; *Baumbach/Hefermehl*, Einl. UWG, Rdn. 262; *Pastor*, S. 523, und in GRUR 1969, 331, 335; *Borck*, WRP 1974, 372, 376; außerhalb des Wettbewerbs z. B. *Palandt/Bassenge*, § 1004 BGB, Rdn. 28.

12 Soweit in den Fällen, in denen der Verletzte eine Unterwerfungserklärung ohne zureichenden Grund abgelehnt hat, diese also »einseitig« geblieben ist, früher das Rechtsschutzbedürfnis des Verletzten verneint worden ist − vgl. z. B. BGH GRUR 1967, 362, 366 = WRP 1967, 216 − Spezialsalz I, insoweit nicht in BGHZ 46, 305 abgedruckt, und kritisch dazu *Borck*, aaO., in Fn. 74 − beruht dies darauf, daß dort die Wiederholungsgefahr nicht als beseitigt angesehen wurde. Das wird später (Kap. 8, Rdn. 35) näher behandelt.

13 Übrigens sind auch die im Zusammenhang mit dem neuesten gesetzlichen Unterlassungsanspruch, dem gem. § 13 AGBG, aufgetretenen Zweifel an der Notwendigkeit einer Wiederholungsgefahr als materiell-rechtlicher Voraussetzung inzwischen ausgeräumt; vgl. BGHZ 79, 117, 122; 81, 222, 225; BGH NJW 1982, 178 und 2311.

14 RGZ 96, 242; RGZ 148, 114; RG GRUR 1934, 68; BGH GRUR 1955, 390, 392 − Schraubenmutterpresse; BGH GRUR 1969, 236, 237 − Ostflüchtlinge; vgl. auch *Pastor*, in *Reimer*, S. 57.

15 Vgl. BGH GRUR 1955, 342, 345 − Holländische Obstbäume; BGH GRUR 1973, 208, 210 = WRP 1973, 23 − Neues aus der Medizin; BGH GRUR 1987, 640, 641 = WRP 1987, 557 − Wiederholte Unterwerfung II.

6. Kapitel Die Wiederholungsgefahr

tur ganz einhellig angenommene und heute bereits gewohnheitsrechtlich, also normativ, gefestigte[16] Vermutung für die Wiederholung einer zu Wettbewerbszwecken vorgenommenen wettbewerbswidrigen Handlung geht ja gerade auf die – von *Pastor* (in *Reimer,* S. 57) näher ausgeführte – Erkenntnis zurück, daß regelmäßig schon die einmalige Begehung einer – zur Wiederholung geeigneten – wettbewerblichen Verletzungshandlung genügt, um eine Wiederholungsgefahr zu begründen, und daß nur ausnahmsweise die innere Willensrichtung des Verletzers, von der Wiederholungen als gewillkürte Handlungen abhängen, oder andere Umstände des Falles die Wiederholungsgefahr ausschließen können (*Pastor,* in *Reimer,* S. 58; vgl. auch *Baumbach/Hefermehl,* Einl. UWG, Rdn. 263).

Da diese Ausschließungsgründe nach der Vermutungsregel vom Verletzer darzutun sind[17] und der Verletzte grundsätzlich mit der Verletzungshandlung selbst auch die Wiederholungsgefahr schlüssig vorgetragen hat, kann die Suche nach anderen »positiven« Kriterien für das Vorliegen einer Wiederholungsgefahr – die von *Pastor* (in Reimer, S. 58–61) noch eingehend erörtert worden sind – hier mehr verwirren als nützen; sie wird erst später bei der Prüfung der Erstbegehungsgefahr als Voraussetzung der vorbeugenden Unterlassungsklage bedeutsam werden.

IV. Besonderheiten der Wiederholungsgefahr bei § 13 Abs. 4 UWG und bei mehreren Tatbeteiligten

1. Durch § 13 Abs. 4 UWG wird ein wettbewerbswidriges Verhalten eines Angestellten bzw. Beauftragten im Rahmen des geschäftlichen Betriebs des Geschäftsherrn diesem gleichsam als eigenes Verhalten zugerechnet[18]. Der Grund seiner Haftung liegt dabei in den Verstößen der Angestellten oder Beauftragten selbst, nicht etwa nur in der Versäumung einer sorgfältigen Auswahl, Belehrung und/oder Überwachung der letzteren durch den Geschäftsherrn; daraus folgt, daß in diesen Verletzungsfällen die Wiederholungsgefahr nicht nur aus der Person des Handelnden oder anderer in gleicher Weise in Betracht kommender Angestellten oder Beauftragten zu beurteilen ist, sondern auch geprüft werden muß, ob das eigene Verhalten des Geschäftsherrn weitere Rechtsverletzungen besorgen läßt[19]. So kann beispielsweise auch nach sofortiger Entlassung des Angestellten, der die wettbewerbswidrige Handlung begangen hat, die Wiederholungsgefahr fortbestehen, wenn – insoweit allerdings zu beweisende – Indizien dafür sprechen, daß der Geschäftsherr nicht genug tun wird, um Wiederholungen durch andere Angestellte oder Beauftragte zu unterbinden (BGH aaO. – Werbefahrer).

---

16 Vgl. *Hirtz,* MDR 1988, 182, 183 m. w. N.; ablehnend allerdings neuerdings – jedoch ohne überzeugende Begründung – *Gruber,* WRP 1991, 368, 371, der den Rechtsgrund des Gewohnheitsrechts vernachlässigt.
17 Vgl. auch Großkomm/*Köhler,* Vor § 13 UWG, B, Rdn. 27; zum gewohnheitsrechtlichen Charakter dieser – die Notwendigkeit beweisrechtlich voller Widerlegung durch den Verletzer begründenden – Vermutungsregel vgl. *Hirtz,* MDR 1988, 182, 183 m. w. N.
18 Näheres dazu Kap. 14, Rdn. 16 ff.
19 RGZ 116, 28, 33; 151, 287, 295; BGH GRUR 1964, 263, 269 = WRP 1964, 171 – Unterkunde; BGH GRUR 1965, 155 = WRP 1965, 110 – Werbefahrer; BGH GRUR 1973, 208, 210 = WRP 1973, 23 – Neues aus der Medizin; vgl. auch Großkomm/*Köhler,* Vor § 13 UWG, B, Rdn. 31.

12 2. Ähnliche Grundsätze gelten auch bei mehreren Tatbeteiligten. Auch hier ist die Wiederholungsgefahr nicht aus der Person eines Handelnden allein zu beurteilen[20].

V. Das anfängliche Fehlen der Wiederholungsgefahr

13 Die Unmöglichkeit einer Wiederholung schließt deren Gefahr (selbstverständlich) aus. Ihrer Natur nach nur einmalig mögliche Handlungen – etwa die Vernichtung eines bestimmten Gegenstandes – begründen, wenn sie begangen sind, keine Wiederholungsgefahr[21]; desgleichen eine zeitlich allzu fernliegende Wiederholungsmöglichkeit[22].

14 Auch hierbei spielt jedoch eine Rolle, daß der wettbewerbliche Unterlassungsanspruch sich gegen eine konkrete Verletzungsform wendet, die nicht in allen Einzelheiten der begangenen Handlung entsprechen muß, sondern – in Grenzen (s. Kap. 5, Rdn. 7 f.) – auch Verallgemeinerungen erlaubt: Entsprechend dieser Verallgemeinerungsmöglichkeit kann eine Handlung den an sich – auf Grund einzelner Handlungselemente – gegebenen Charakter der Einmaligkeit und Unwiederholbarkeit verlieren. Beispiel: Eine Werbeanzeige in der »Frankfurter Allgemeinen Zeitung« vom 1. 7. 1991 ist nicht wiederholbar; sie begründet aber die Gefahr der Wiederholung der gleichen Anzeige in einer anderen Tagesausgabe dieser Zeitung, evtl. auch in Tageszeitungen schlechthin. Auch hier ist die Grenze, an der bei solchen Erweiterungen die (vermutete) Gefahr der Wiederholung (vgl. Rdn. 3 mit Fn. 4) endet und der Bereich beginnt, in dem nur eine nicht mehr zu vermutende, sondern allenfalls durch die vorangegangene ähnliche Handlung indizierte Erstbegehungsgefahr in Betracht kommen kann, wiederum (wie schon Rdn. 3) fließend.

---

20 BGH GRUR 1976, 256, 259 = WRP 1976, 162 – Rechenscheibe.
21 Weitere Beispiele bei *Pastor*, in Reimer, S. 13 und in GRUR 1968, 343, 344; vgl. auch *Pastor*, Unterlassungsvollstreckung, S. 228–230.
22 Vgl. BGH GRUR 1992, 318 = WRP 1992, 314, 316 – Jubiläumsverkauf (Möglichkeit einer gleichartigen Jubiläumsveranstaltung erst 25 Jahre nach begangener Verletzungshandlung).

7. Kapitel Der Fortfall der Wiederholungsgefahr

Literatur: *Gruber,* Grundsatz des Wegfalls der Wiederholungsgefahr durch Unterwerfung, WRP 1992, 71; *Henssler,* Anmerkung zu BGH GRUR 1965, 198 – Küchenmaschine, S. 202; *Köhler,* Zum »Wiederaufleben der Wiederholungsgefahr« beim wettbewerblichen Unterlassungsanspruch, GRUR 1989, 804; *Kroitzsch,* Die Unterlassungsverpflichtungserklärung und das Vertragsstrafeversprechen aus kartellrechtlicher Sicht, WRP 1984, 117; *Kugelberg,* Das Verhältnis des gesetzlichen zum vertraglichen Unterlassungsanspruch, 1989; *Lindacher,* Gesicherte Unterlassungserklärung, Wiederholungsgefahr und Rechtsschutzbedürfnis, GRUR 1975, 413; *Mes,* Unterwerfungserklärung und Kostenerstattung, GRUR 1978, 345; *Steines,* Die strafbewehrte Unterlassungserklärung: Einziges Mittel zur Beseitigung der Wiederholungsgefahr?, NJW 1988, 1359. Vgl. ferner auch die Literatur zum 8. Kapitel.

Inhaltsübersicht

	Rdn.		Rdn.
I. Das Problem	1, 2	3. Fortfall durch Erlaß eines gerichtlichen Unterlassungstitels	13–17
II. Die Voraussetzungen im allgemeinen	3–14		
1. Anforderungen, Tatfrage	3–6		
2. Was bewirkt keinen Fortfall?	7–12		

I. Das Problem

Eine aufgrund begangener konkreter Verletzungshandlung positiv vorhandene oder vermutete Wiederholungsgefahr kann wieder entfallen. Dann fehlt es an einem Tatbestandsmerkmal des Unterlassungsanspruchs. Dies hat materiell-rechtlich die Folge, daß der Unterlassungsanspruch erlischt[1]. 1

Eine Mindermeinung[2] will im Fehlen der Wiederholungsgefahr keinen rechtsvernichtenden, sondern einen nur rechtshemmenden Umstand sehen; man meint, dies werde dem Zukunftsbezug des Unterlassungsanspruchs eher gerecht und sei auch mit dem Wortlaut des § 1004 BGB, aus dem der wettbewerbliche Unterlassungsanspruch entwickelt worden sei, vereinbar. Dabei – insbesondere bei der Beurteilung der Wiederholungsgefahr als »rechtshemmende Einwendung« *(Köhler,* aaO.) – werden jedoch 2

---

1 H.M., vgl. BGH GRUR 1987, 640, 642 = WRP 1987, 557 – Wiederholte Unterwerfung II; BGH GRUR 1990, 534 = WRP 1990, 622 – Abruf-Coupon; *Baumbach/Hefermehl,* Einl. UWG, Rdn. 287; vgl. schon Vorauflage, Kap. 7, Rdn. 1, und Kap. 8, Rdn. 53 f. und 60.
2 OLG Hamburg WRP 1986, 560, 561; *Köhler,* GRUR 1989, 804 ff. und in Großkomm. Vor § 13 UWG, B, Rdn. 69; *Emmerich,* § 17, 2, a, bb; *Ahrens* in Bespr. des Großkommentars zum UWG, JZ 1992, 242, 243.

der Charakter der Wiederholungsgefahr als Anspruchsvoraussetzung (vgl. Großkomm/*Köhler,* Vor § 13 UWG, B, Rdn. 24) sowie der notwendige Zusammenhang der beiden Anspruchsvoraussetzungen Verletzungshandlung und Wiederholungsgefahr für die Entstehung des Verletzungsunterlassungsanspruchs vernachlässigt. Wird eine Handlung begangen, die keine Wiederholungsgefahr begründet, so entsteht kein Unterlassungsanspruch. Treten später Umstände auf, die eine Wiederholung befürchten lassen, so entsteht dadurch eine Erstbegehungsgefahr. Ein Verletzungsunterlassungsanspruch kann dadurch nicht begründet werden; seine Konstruktion für solche Fälle würde eine Art Anspruchs-»Anwartschaft« aufgrund einer – keine Wiederholungsgefahr begründenden – Verletzungshandlung voraussetzen, die aufgrund einer nachträglichen Wiederholungsgefahr erst zum Anspruch erstarkt. Die geringe Überzeugungskraft einer solchen – von der Mindermeinung dank ihrer Beschränkung des zwischenzeitlichen Fortfalls der Wiederholungsgefahr auch mit Recht vermiedenen – Konstruktion dürfte auf der Hand liegen. Meines Erachtens muß der Begriff der Wiederholungsgefahr aber rechtlich einheitlich definiert werden. Ist sie für die Entstehung eines Unterlassungsanspruchs aufgrund einer Verletzungshandlung (in unmittelbarem Zusammenhang mit dieser) unerläßlich, so kann sie für den Fortbestand nicht anders beurteilt werden. Anspruchsvoraussetzung bleibt – insoweit erweist sich der Vergleich *Köhlers* (GRUR 1989, 804, 805) mit der rechtlich ganz anders konstruierten und andere Funktionen erfüllenden Verwirkung als unbehelflich – Anspruchsvoraussetzung. Ihr Fortfall führt – anders als die aus Treu und Glauben entwickelte Ausübungssperre der Verwirkung (vgl. dazu Kap. 17, Rdn. 1) – nicht zur Hemmung, sondern zum Untergang des Anspruchs.

II. Die Voraussetzungen im allgemeinen

3   1. Die Frage, wann eine entstandene Wiederholungsgefahr entfallen ist, ist Tatfrage, die sich objektiv nach den Umständen des Einzelfalls beantwortet[3]. Darüber besteht ebenso Einigkeit wie über den – schon früh entwickelten – Rechtsgrundsatz, daß bei der Beantwortung strenge Anforderungen zu stellen sind[4].

4   2. Darüber, in welcher Weise diesen Anforderungen genügt werden kann, bestanden ursprünglich erhebliche Meinungsverschiedenheiten[5], die heute einen großen Teil der Bedeutung dadurch verloren haben, daß ein weiterer hierzu in der Rechtsprechung aufgestellter Grundsatz in einer Weise weiterentwickelt und zum Gewohnheitsrecht verfestigt worden ist, die kaum noch Raum für Durchbrechungen und Ausnahmen läßt: Der Grundsatz nämlich, daß die Wiederholungsgefahr nur dann entfällt, wenn der Verlet-

---

3 Vgl. BGH GRUR 1964, 274, 275 = WRP 1964, 248 – Möbelrabatt; BGH GRUR 1983, 186, 187 = WRP 1983, 264 – Wiederholte Unterwerfung I.
4 Vgl. RG GRUR 1939, 494, 499; BGH GRUR 1965, 198, 202 – Küchenmaschine und BGH GRUR 1957, 342, 347 – Underberg (jeweils sogar »strengste Anforderungen«); BGH GRUR 1970, 558, 559 = WRP 1970, 391 – Sanatorium; BGH GRUR 1972, 558, 559 = WRP 1972, 198 – Teerspritzmaschinen; OLG Köln GRUR 1989, 705; Großkomm/*Köhler,* Vor § 13 UWG, B, Rdn. 32 und 34; vgl. auch *Baumbach/Hefermehl,* Einl. UWG, Rdn. 263–265, m. w. N; HdbWR/*Spätgens,* § 83 Rdn. 55, ebenfalls m. w. N.
5 Vgl. dazu die ausführliche Darstellung *Pastors* in *Reimer,* S. 83 ff. mit Fallübersicht S. 89 ff.

7. Kapitel   Der Fortfall der Wiederholungsgefahr

zer dem Verletzten oder einem gemäß § 13 UWG zur Rechtsverfolgung Befugten[6] gegenüber eine strafbewehrte Unterlassungsverpflichtungserklärung (sog. Unterwerfungserklärung) abgibt. In jüngerer Zeit ist dieser Grundsatz (*Baumbach/Hefermehl*, Einl. UWG, Rdn. 263, spricht von »festem Brauch«) in der Rechtsprechung des Bundesgerichtshofs so häufig und ausnahmslos praktiziert worden[7], daß Durchbrechungen kaum noch zu erwarten sein dürften. Der Hinweis *Hefermehls* (*Baumbach/Hefermehl*, Einl. UWG, Rdn. 266 a. E.), daß das Schutzbedürfnis des Verletzten nicht überspannt werden dürfe; »besondere Tatumstände könnten nach Lage des Falles die Wiederholungsgefahr ausschließen«, krankt daran, daß gerade solche Umstände nur schwer vorstellbar sind und auch von *Hefermehl* selbst nicht konkretisiert werden.

Je mehr und regelmäßiger der allgemeine Grundsatz aber angewandt und auch anerkannt wird, desto weniger greifen auch die Argumente, mit denen früher noch Ausnahmefälle, d. h. die Möglichkeiten der Beseitigung der Wiederholungsgefahr in anderer Weise als durch Unterwerfung, diskutiert und verfochten worden sind[8]. Denn je üblicher und selbstverständlicher die durch Vertragsstrafe gesicherte Unterlassungsverpflichtung als Rechtsinstitut zur Beseitigung der Wiederholungsgefahr wird, desto mehr wird sich in allen Fällen, in denen der Verletzer andere Wegfallgründe geltend machen will, die Frage stellen, warum er eine so einfache, klare und beim heutigen Verbreitungs- und Durchsetzungsstand auch nicht mehr diskriminierende[9] oder aus anderen Gründen unzumutbare Klarstellung verweigert; und als Antwort darauf wird jedenfalls seitens der Gerichte der Schluß naheliegen, daß nicht hinreichend unterlassungswillig ist, wer entgegen der gewohnheitsrechtlich verfestigten Übung dem

---

6 Daß auch im Verhältnis zu Verbänden i. S. des § 13 Abs. 2 Nr. 2 und 3 UWG die Wiederholungsgefahr grundsätzlich nur durch Abgabe einer mit angemessener Vertragsstrafe gesicherten Unterwerfungserklärung ausgeräumt werden kann, ist gefestigte (und weithin anerkannte) Rechtsprechung des Bundesgerichtshofs; vgl. BGH GRUR 1964, 274, 275 = WRP 1964, 248 – Möbelrabatt; BGH GRUR 1965, 198, 209 – Küchenmaschine; BGH GRUR 1966, 92, 95 = WRP 1966, 24 – Bleistiftabsätze; BGH GRUR 1970, 558, 559 = WRP 1970, 391 –Sanatorium; BGH GRUR 1980, 241, 242 = WRP 1980, 253 – Rechtsschutzbedürfnis; BGH GRUR 1983, 127, 128 =WRP 1983, 91 – Vertragsstrafeversprechen; BGH GRUR 1988, 716 = WRP 1989, 90 – Aufklärungspflicht gegenüber Verbänden.
7 Vgl. z. B. BGH GRUR 1988, 699, 700 = WRP 1988, 652 – qm-Preisangaben II; BGH GRUR 1990, 367, 369 – alpi/Alba Moda; BGH GRUR 1990, 617, 624 = WRP 1990, 488, 497 – Metro III (»Unerläßliche Form«); BGH GRUR 1992, 318 = WRP 1992, 314, 316 – Jubiläumsverkauf; die Kritik von *Steines*, NJW 1988, 1359 ff., erscheint wenig geeignet, eine Änderung dieser Rechtsprechung zu bewirken, die im übrigen in der Literatur auch weitgehend akzeptiert wird (vgl. etwa HdbWR/*Seibt*, § 67, Rdn. 2, u. HdbWR/*Spätgens*, § 83, Rdn. 57, u. jetzt eingehend auch Großkomm/*Köhler*, Vor § 13 UWG, B, Rdn. 32 ff.). Auf die Meinung *Grubers* (WRP 1992, 71, 82), der der Unterwerfung neuerdings die Eignung zur Beseitigung der Wiederholungsgefahr absprechen will, wird in Kap. 8, Rdn. 49 noch einzugehen sein.
8 Vgl. *Pastor*, in *Reimer*, S. 68, 75 und 84; teils auch noch *Baumbach/Hefermehl*, Einl. UWG, Rdn. 264 f.; vgl. auch HdbWR/*Spätgens*, § 83, Rdn. 56.
9 OLG Frankfurt WRP 1969, 495 nannte ein Vertragsstrafeversprechen noch »demütigend«. Davon kann heute keine Rede mehr sein; vgl. dazu KG MD VSW 1989, 169, 172; *Nirk/Kurtze*, Rdn. 112 und insbesondere die treffende Interessenanalyse *Lindachers*, GRUR 1975, 413, 414.

Anspruchsberechtigten keine Vertragsstrafesicherung für ein Unterlassungsversprechen gewähren will[10].

6   3. Ohne Unterwerfung ist ein Fortfall der Wiederholungsgefahr heute somit allenfalls noch in ganz ungewöhnlichen Ausnahmefällen denkbar, beispielsweise dann, wenn der Verletzer schon vor seiner Inanspruchnahme von sich aus alles getan hatte, um neue Verletzungshandlungen zu verhüten und dem Verletzten Genugtuung zu gewähren[11], oder wenn ein Verletzer jede (oder mindestens jede dem Verletzungsbereich ähnliche) Geschäftsbetätigung aufgegeben hat und außerdem eine Wiederaufnahme ganz unwahrscheinlich ist; (zu den strengen Anforderungen hierfür vgl. KG MD VSW 1989, 169, 172 f.).

7   Feste Regeln lassen sich allerdings kaum aufstellen. Dagegen läßt sich deutlicher sagen, welche – früher oft noch als Fortfallgründe erwogenen und teilweise auch anerkannten – Umstände regelmäßig keinen Fortfall der Wiederholungsgefahr bewirken:

8   a) Das bloße Versprechen künftiger Unterlassung, und zwar auch dann nicht, wenn es von einem honorigen Kaufmann[12], einem besonders großen und/oder angesehenen Unternehmen[13], einer öffentlich-rechtlichen Körperschaft (vgl. dazu jüngst BGH GRUR 1991, 769, 771 – Honoraranfrage) o. ä. gegeben worden ist.

9   Die höchstrichterliche Rechtsprechung hat solche Kriterien zuweilen auch früher schon als fragwürdig angesehen[14]. Heute haben sie kaum noch praktisches Gewicht; denn auch dem honorigen Kaufmann kann es vernünftigerweise nicht ungehörig erscheinen, wenn ihm die allgemein üblich gewordene Form der Reaktion auf eine begangene Verletzungshandlung abverlangt wird[15]. Weigert er sich trotzdem, so liegt der Zweifel am guten Willen (und vielleicht sogar an der in Anspruch genommenen Honorigkeit) in der Regel näher als die Überzeugung vom Fortfall der Wiederholungsgefahr.

10   b) Auch ein mit dem Anspruchsberechtigten ohne Vereinbarung einer Vertragsstrafe geschlossener Unterlassungsvertrag beseitigt die Wiederholungsgefahr nicht. Letztere ist objektiv zu beurteilen; darauf, ob der Anspruchsberechtigte sie aufgrund einer unbewehrten Verpflichtung als beseitigt ansieht, kommt es nicht an. Begnügt er sich mit einer ungesicherten Verpflichtung, so entfällt zwar sein gesetzlicher Unterlassungsanspruch, aber nicht als Folge des Fortfalls der Wiederholungsgefahr[16], sondern als Folge eines Verzichts, dessen Wirkung (meist in der Form der Ersetzung des gesetzlichen Anspruchs durch einen vertraglichen Anspruch auf Unterlassung) ausschließlich inter partes eintritt[17]. In diesen Fällen kann also ein Dritter aufgrund derselben Verletzungs-

---

10 Dem entspricht die heutige gerichtliche Praxis; vgl. die Nachweise in Fn. 7.
11 Vgl. RGZ 84, 147.
12 Anders noch *Pastor*, in *Reimer*, S. 68, 75 und 84 f.
13 Anders *Pastor*, in Reimer, aaO.; *Henssler*, GRUR 1965, 202, 204; OLG Köln GRUR 1964, 560; OLG Frankfurt WRP 1969, 495 und als Vorinstanz im Fall BGH GRUR 1965, 198 – Küchenmaschine; (der BGH ist der Ansicht des OLG Frankfurt in diesem Fall nicht gefolgt).
14 BGH GRUR 1965, 198, 202 – Küchenmaschine; kritisch dazu *Henssler*, aaO., S. 202, 203, und *Pastor*, in *Reimer*, S. 75 und 85; eher zustimmend *Lindacher*, GRUR 1975, 413, 416 in Fn. 20.
15 Vgl. *Nirk/Kurtze*, Rdn. 112: »kein Makel«; *Lindacher*, GRUR 1975, 413, 414: kein »Sich-etwas-Vergeben«.
16 Insoweit unzutreffend *Pastor*, S. 152, und *Nirk/Kurtze*, Rdn. 117; vgl. auch Kap. 8, Rdn. 2.
17 Vgl. Kap. 11, Rdn. 5.

handlung weiter erfolgreich gegen den Verletzer vorgehen, während dies nach dem Fortfall der Wiederholungsgefahr durch eine strafbewehrte Unterlassungsverpflichtung ausgeschlossen ist[18].

c) Geschäftsaufgabe oder Aufgabe der Betätigung, in deren Rahmen die Verletzungshandlung erfolgt ist[19], Eintritt des Unternehmens in das Liquidationsstadium oder Übergang in andere Hände beseitigen die Wiederholungsgefahr nicht, solange nicht auch jede Wahrscheinlichkeit für eine Wiederaufnahme ähnlicher Tätigkeiten durch den Verletzer beseitigt ist[20]. Das gleiche gilt für die Einstellung der Produktion einer wegen unzulässiger Nachahmung beanstandeten Ware oder für ihre Ersetzung durch ein neueres Produkt und für Abänderungen der Werbung, der Firmenbezeichnung, Warenkennzeichnung oder andere Änderungen tatsächlicher Umstände[21].

d) Auch eine strafbewehrte Unterlassungsverpflichtung läßt die Wiederholungsgefahr dann nicht entfallen, wenn Zweifel an ihrer Ernstlichkeit begründet sind – etwa, weil sie zwischen zwei Partnern zum Schein erfolgt ist oder weil der Schuldner schon bei der Eingehung der Verpflichtung erkennen läßt, daß er sich nicht daran halten werde, oder weil das Strafgedinge zu niedrig ist o. ä.; näheres dazu im nachfolgenden Kapitel.

4. Als zunehmend problematisch stellt sich neuerdings die – höchstrichterlich noch nicht abschließend geklärte – Frage dar, ob und wie weit die Wiederholungsgefahr durch den Erlaß eines gerichtlichen Unterlassungstitels beseitigt werden kann. In der Vorauflage (Kap. 7, Rdn. 12) ist die Frage noch glatt verneint worden. Eine zwischenzeitlich ergangene Gerichtsentscheidung[22] sowie Meinungsäußerungen in der neueren Literatur[23] erfordern jetzt jedoch ein näheres – und etwas differenzierendes – Eingehen auf das Problem.

a) Kein Zweifel kann daran bestehen, daß weder der Erlaß noch die gerichtliche Bestätigung einer einstweiligen Verfügung – sei letztere auch formell rechtskräftig – einen Fortfall der Wiederholungsgefahr begründen kann; dies folgt schon zwangsläufig aus dem nur vorläufigen Charakter einer Verfügungsentscheidung und ihrer jederzeit möglichen Infragestellung (und Aufhebung) durch eine Entscheidung im Hauptsachever-

---

18 BGH GRUR 1983, 186, 187 = WRP 1983, 264 – Wiederholte Unterwerfung; seither st. Rspr.
19 Vgl. BGH GRUR 1989, 673, 674 = WRP 1989, 568 – Zahnpasta; näher auch *Baumbach/Hefermehl,* Einl. UWG, Rdn. 266.
20 Vgl. BGHZ 14, 163, 169 – Constanze II; BGH GRUR 1972, 550, 551 = WRP 1972, 252 – Spezialsalz II; *v. Gamm,* UWG, § 1, Rdn. 298.
21 Vgl. BGH GRUR 1961, 356 = WRP 1961, 158 – Pressedienst; BGH GRUR 1965, 198, 202 – Küchenmaschine; BGH GRUR 1974, 225, 227 = WRP 1974, 24 – Lager-Hinweiswerbung; BGH GRUR 1988, 38, 39 – Leichenaufbewahrung; *v. Gamm,* UWG, § 1, Rdn. 298; *Baumbach/Hefermehl,* Einl. UWG, Rdn. 266.
22 OLG Karlsruhe WRP 1986, 563, 564.
23 Vgl. schon *Marotzke,* Rechtsnatur und Streitgegenstand der Unterlassungsklage aus § 13 UWG, ZZP 98 (1985), 160, 177, u. *Traub* in Anm. zu OLG Frankfurt WRP 1987, 255, 257 f., sowie *Lindacher* in Anm. zu BGH GRUR 1987, 55; neuerdings namentlich Großkomm/*Köhler,* Vor § 13 UWG, B, Rdn. 72-74, u. Großkomm/*Kreft,* Vor § 13 UWG, C, Rdn. 105.

fahren[24]. Die gegenteilige Auffassung des OLG Karlsruhe (WRP 1986, 563, 564) erscheint mir insoweit unhaltbar.

15 Grundsätzlich wird auch einem rechtskräftigen Unterlassungstitel im Hauptsacheverfahren die Wirkung der Beseitigung der Wiederholungsgefahr (auch im Verhältnis zu Dritten) abzusprechen sein[25]; denn das streitige Urteil ergeht zwangsweise gegen den Verletzer und bietet deshalb regelmäßig nicht wie die Willensentscheidung der Unterwerfung die Gewähr, daß ein Wiederholungswille nicht mehr besteht.

16 Der Gegenmeinung ist jedoch zuzugeben, daß dies nicht ausnahmslos zu gelten braucht, vielmehr konkrete Umstände des Einzelfalls, auf die namentlich *Köhler* (Großkomm, Vor § 13 UWG, B, Rdn. 73) abheben will, auch – ausnahmsweise – eine andere Beurteilung gebieten können. So kann etwa dann, wenn es sich um ein auffälliges, starke Aufmerksamkeit auf sich ziehendes Verletzerverhalten handelt und dessen Verbot durch einen Verband oder Mitbewerber erstritten worden ist, dessen Interesse an dauerhafter Unterbindung nicht zweifelhaft ist, oder dann, wenn Person und/oder Verhalten des Verletzers die Respektierung eines gerichtlichen Gebots – sei es aus Überzeugung oder aus Furcht vor Sanktion – erwarten lassen, die Annahme des Fortfalls der Wiederholungsgefahr gerechtfertigt sein. Wegen der Schwierigkeiten der Abgrenzung einerseits sowie – insbesondere – der in der Regel begründeten Zweifel am ernstlichen Unterlassungswillen bei jemandem, der sich (sei es auch unter Berufung auf seine bereits erfolgte Verurteilung) weigert, wenigstens einmal einem am Verfahren Beteiligten gegenüber seine Unterlassungsbereitschaft durch eine Verpflichtung zu bekräftigen, andererseits, sollte die Rechtsprechung jedoch größte Zurückhaltung bei der Anerkennung solcher Ausnahmen üben und am Grundsatz des Unterwerfungserfordernisses auch hier mit der aus Gründen der Rechtssicherheit gebotenen Rigorosität festhalten.

17 Grundsätzlich sollte auch nichts anderes gelten, wenn ein Verletzer eine gegen ihn erlassene einstweilige Verfügung durch eine sogenannte Abschlußerklärung (vgl. dazu Kapitel 43) anerkennt. Auch hier liegt eine der Unterwerfung vergleichbare Äußerung eines künftigen Unterlassungswillens nicht vor, weil lediglich ein Verbot des Gerichts erklärtermaßen hingenommen wird. Der Fall liegt damit kaum anders als der, in dem ein erstinstanzliches Urteil dadurch hingenommen wird, daß kein Rechtsmittel eingelegt wird. Ein solches Verhalten kann mancherlei Gründe – etwa solche der Prozeßopportunität, der Hoffnung auf fehlendes Vollstreckungsinteresse des Gläubigers o. a. – haben. Als Ausdruck eines Unterlassungswillens mit Verpflichtungscharakter kann es

---

24 OLG Hamm GRUR 1984, 588 f. – Mehrfache einstweilige Verfügung; Großkomm/*Köhler*, Vor § 13 UWG, B, Rdn. 74; Großkomm/*Kreft*, Vor § 16, C, Rdn. 104.

25 So zutreffend KG GRUR 1984, 154, 156 = WRP 1984, 68, 69; OLG Hamm GRUR 1991, 706, 707 u. WRP 1992, 397, 398; *Baumbach/Hefermehl*, Einl. UWG, Rdn. 288; *Traub* in Anm. WRP 1987, 256 r. sp.; *Rödding*, Die Rechtsprechung zur Drittunterwerfung – Ein Irrweg?, WRP 1988, 514, 515; *Kugelberg*, S. 49–52; a. A. wiederum OLG Karlsruhe, MD VSW 1991, 354, 356 f.; ferner Großkomm/*Köhler*, Vor § 13 UWG, B, Rdn. 73; Großkomm/*Kreft*, Vor § 13 UWG, C, Rdn. 105; *Schotthöfer*, Rechtsprobleme bei mehrfachem Vorgehen gegen ein und denselben Rechtsverstoß, WRP 1979, 529 r. Sp.; *Marotzke*, aaO. (Fn. 23) sowie *Lindacher* in Anm. GRUR 1987, 55, der (wie *Kugelberg*, S. 48) – wohl fälschlich – diese Auffassung sogar als herrschend bezeichnet. – Der BGH (GRUR 1960, 379, 381 – Zentrale) hat den Wegfall der Wiederholungsgefahr zwar einmal als (»vielfach«) möglich bezeichnet, dies jedoch als Frage des Einzelfalls gesehen; dem folgt Großkomm/*Köhler*, aaO.

7. Kapitel   Der Fortfall der Wiederholungsgefahr

jedenfalls nicht ohne weiteres verstanden werden. Daher scheint es auch hier – vielleicht abgesehen von besonders gelagerten Ausnahmefällen[26] – nicht gerechtfertigt, den Fortfall der Wiederholungsgefahr anzunehmen[27] und damit auch ein Vorgehen Dritter gegen den Verletzer – für den Adressaten der (wirksamen) Abschlußerklärung entfällt mit deren Abgabe schon das Rechtsschutzinteresse an der Weiterverfolgung seines Anspruchs[28] – auszuschließen.

---

[26] Differenzierend auch, allerdings mit umgekehrtem Regel-Ausnahmeverhältnis, Großkomm/*Köhler*, Vor § 13 UWG, B, Rdn. 74 a. E.
[27] Anders aber OLG Hamburg GRUR 1984, 889, 890 = WRP 1984, 704; OLG Hamm NJW-RR 1991, 236, 237; Großkomm/*Kreft*, Vor § 13 UWG, C, Rdn. 104; noch offengelassen von OLG Hamm GRUR 1984, 598 – Mehrfache einstweilige Verfügung.
[28] Vgl. BGH GRUR 1989, 115, 116 = WRP 1989, 480, 481 – Mietwagenmitfahrt; BGH WRP 1989, 572, 573 – Bioäquivalenzwerbung (insoweit weder in BGHZ 107, 136 noch in NJW 1989, 2327 mit abgedruckt); näher dazu Kap. 43, Rdn. 8 mit Fn. 30, sowie Kap. 43, Rdn. 11.

8. Kapitel Die Beseitigung der Wiederholungsgefahr durch Unterwerfung

Literatur: *Bandt,* Verzicht auf die Einrede des Fortsetzungszusammenhangs in vertragsstrafebewehrten Unterlassungsverpflichtungen, WRP 1982, 5; *Baumgärtel,* Die Klage auf Vornahme, Widerruf oder Unterlassung einer Prozeßhandlung im bereits anhängigen Prozeß, Festschrift für Hans Schima, 1969, S. 41; *Borck,* Wieso erledigt die Unterwerfungserklärung den Unterlassungsanspruch?, WRP 1974, 372; *Borck,* Erledigung der Hauptsache durch Unterwerfung zugunsten Dritter?, WRP 1978, 7; *Borck,* Über Schwierigkeiten im Gefolge von Mehrfachabmahnungen, WRP 1985, 311; *Gruber,* Der wettbewerbsrechtliche Unterlassungsanspruch nach einem »Zweitverstoß«, WRP 1991, 279; *Gruber,* Drittwirkung (vor-)gerichtlicher Unterwerfungen?, GRUR 1991, 354; *Gruber,* Grundsatz des Wegfalls der Wiederholungsgefahr durch Unterwerfung, WRP 1992, 71; *Heinz/Stillner,* Übernahme einer an einen Dritten zu zahlenden Vertragsstrafe als ausreichendes Strafgedinge bei Wettbewerbsverstößen?, WRP 1976, 657; *Heinz/Stillner,* Noch einmal zur Problematik eines Vertragsstrafeversprechens zugunsten eines Dritten, WRP 1977, 248; *Kiethe,* Der wettbewerbsrechtliche Handlungsbegriff beim Vertragsstrafeversprechen, WRP 1986, 644; *Kisseler,* Die Aufbrauchsfrist im vorprozessualen Abmahnverfahren, WRP 1991, 691; *Köhler,* Der wettbewerbsrechtliche Unterlassungsvertrag: Rechtsnatur und Grenzen der Wirksamkeit, Festschrift für *v. Gamm,* 1990, S. 57; *Köhler,* Zum »Wiederaufleben« der Wiederholungsgefahr« beim wettbewerblichen Unterlassungsanspruch, GRUR 1989, 804; *Körner,* Natürliche Handlungseinheit und fortgesetzte Handlung bei der Unterlassungsvollstreckung und bei Vertragsstrafeversprechen, WRP 1982, 75; *Kohlhaas,* Übernahme einer an einen Dritten zu zahlenden Vertragsstrafe als ausreichendes Strafgedinge bei Wettbewerbsverstößen, WRP 1977, 91; *Kroitzsch,* Die Unterlassungsverpflichtungserklärung und das Vertragsstrafeversprechen aus kartellrechtlicher Sicht, WRP 1985, 117; *Krüger,* Wiederholungsgefahr – unteilbar?, GRUR 1984, 785; *Kues,* Mehrfachabmahnungen und Aufklärungspflicht, WRP 1985, 196; *Külper,* Probleme der Unterwerfungserklärung, WRP 1974, 131; *Kugelberg,* Das Verhältnis des gesetzlichen zum vertraglichen Unterlassungsanspruch, 1989; *Lachmann,* Verzicht auf die »Einrede des Fortsetzungszusammenhangs« in vorformulierten Unterwerfungserklärungen, BB 1982, 1634; *Lindacher,* Gesicherte Unterlassungserklärung, Wiederholungsgefahr und Rechtsschutzbedürfnis, GRUR 1975, 413; *Loewenheim,* Probleme der vorprozessualen Abmahnung bei der Verfolgung von Wettbewerbsverstößen durch Verbände, WRP 1979, 839; *Nees,* Die angemessene Vertragsstrafe, WRP 1983, 200; *Nieder,* Aufbrauchsfrist via Unterwerfungserklärung?, WRP 1976, 289; *Pastor,* Das Rechtsschutzbedürfnis bei Verstößen gegen eine gesicherte Unterwerfungserklärung, GRUR 1974, 423; *Petersen,* Probleme des wettbewerbsrechtlichen Unterlassungsvertrags, GRUR 1978, 156; *Pietzcker,* Unterlassungsverpflichtung mit Bedingung?, GRUR 1973, 257; *Rödding,* Die Rechtsprechung zur Drittunterwerfung – Ein Irrweg?, WRP 1988, 514; *Schimmelpfennig,* Unterlassungsklage bei Wettbewerbsverstößen trotz vorliegender strafbewehrter Unterlassungsverpflichtung, GRUR 1974, 201; *Tack,* Zur »Wiederholten Unterwerfung« in Wettbewerbsstreitigkeiten, WRP 1984, 455; *Teplitzky,* Die Rechtsfolgen der unbegründeten Ablehnung einer strafbewehrten Unterlassungserklärung, GRUR 1983, 609; *Teplitzky,* Unterwerfung und »konkrete Verletzungsform«, WRP 1990, 26; *Tetzner,* Klagenhäufung im Wettbewerbsrecht, GRUR 1981, 803; *Völp,* Änderung der Rechts- und Sachlage bei Unterlassungstiteln, GRUR 1984, 486.

8. Kapitel Die Beseitigung der Wiederholungsgefahr durch Unterwerfung

Inhaltsübersicht

	Rdn.
I. Die Bedeutung der Unterwerfung	1
II. Begriff und Inhalt der Unterwerfung	2–33
1. Vorbemerkung	2
2. Willenserklärung	3
3. Form	4–7
4. Erklärung unter einer Bedingung oder einem Vorbehalt	8–12
5. Befristung	13
6. Auslegung	14
7. Die beiden Verpflichtungsangebote	15–33
a) Die Unterlassungsverpflichtung	16
b) Das Vertragsstrafeversprechen	17–33
III. Die Frage weiterer Anforderungen an die Unterwerfung	34, 35
IV. Die Auswirkungen der Unterwerfungserklärung auf die Wiederholungsgefahr	36–38
1. Fortfall bei ernsthaftem Unterlassungswillen	36
2. Wirkungen der einseitig bleibenden Unterwerfungserklärung	37–50
a) Herkömmliche Auffassung	38–40
b) Kritik und neuere Auffassung	41–50
3. Wirkung inter partes oder gegen jedermann?	51-58
4. Endgültige Wirkung oder »Wiederaufleben« bei Zuwiderhandlungen	59–65
5. Aufhebung oder anderweitige Beendigung der Wirkung	66–68

I. Die Bedeutung der Unterwerfung

1 Aus dem Ergebnis des vorangegangenen Kapitels ist die praktische Bedeutung der Unterwerfung unschwer erkennbar. Sie ist eines der wichtigsten Institute des Wettbewerbsrechts, durch das mit Sicherheit weitaus mehr Rechtsstreitigkeiten vor oder im gerichtlichen Verfahren beigelegt werden als durch Gerichtsentscheidungen und ohne das die Aufrechterhaltung der – bekanntermaßen strengen – deutschen Wettbewerbsordnung in Anbetracht der begrenzten und nicht beliebig ausweitbaren Rechtsprechungskapazität kaum noch vorstellbar erscheint[1].

II. Begriff und Inhalt der Unterwerfung

2 1. Da es in diesem Kapitel um die Beseitigung der Wiederholungsgefahr durch Unterwerfung geht, wird der Begriff der Unterwerfung hier ausschließlich in einem Sinne verstanden und verwendet, der nach Sprachbedeutung und -gebrauch nicht notwendigerweise seine einzige ist: nämlich i. S. einer zur Beseitigung der Wiederholungsgefahr geeigneten »Unterwerfung«.

Es gibt – was zuweilen bei der Behandlung der Unterwerfungsfragen in der Literatur nicht genügend beachtet bzw. klargestellt wird – natürlich Unterwerfungshandlungen, die den im folgenden erörterten Voraussetzungen nicht zu genügen brauchen und dennoch rechtswirksam sind; so kann selbstverständlich eine Unterlassungsverpflichtung

---

[1] Vgl. zur Bedeutung der Unterwerfung auch (ausführlich) *Pastor*, S. 133–135, und *Lindacher*, GRUR 1975, 413 f.; zu Gefährdungen durch zu weitherzige Auslegungen *Teplitzky*, WRP 1990, 26, 28; zu anderen Gefährdungen vgl. Kap. 41, Rdn. 45.

rechtswirksam ganz ohne oder mit unangemessen niedrigem Strafversprechen und/oder unter einer beliebigen Bedingung angeboten und angenommen werden, und auch die Annahme einer solchen Verpflichtung erzeugt durchaus erhebliche Rechtswirkungen inter partes (Anspruchsverzicht, Vertragsverpflichtung o. ä.). Ihr fehlt aber gerade die Wirkung, auf die es in diesem Kapitel ausschließlich ankommt, die der Beseitigung der Wiederholungsgefahr[2].

3 2. Die Unterwerfungserklärung ist eine einseitige, empfangsbedürftige Willenserklärung[3]. Ihren Zugang hat der Absender sicherzustellen und gegebenenfalls zu beweisen (KG aaO.). Sie kann – und wird nach h. M. in der Regel – auf den Abschluß eines Vertrages gerichtet sein, der durch ihre Annahme seitens des Adressaten erst zustande kommt. Ihre Annahme kann dann ausdrücklich oder konkludent erfolgen; der Zugang der Annahmeerklärung ist unter den in § 151 BGB normierten Voraussetzungen nicht erforderlich[4]. Es gelten auch die Regeln der §§ 146, 147 ff. BGB, sofern die Erklärung nicht – was zulässig und aus noch zu erörternden Gründen sehr ratsam ist – ausdrücklich als unwiderruflich abgegeben wird. Nach neuerdings vordringender Auffassung kann in der Unterwerfungserklärung jedoch in nicht seltenen Fällen auch die Annahme eines Vertragsangebots liegen, nämlich dann, wenn man in der Abmahnung ihrer Rechtsnatur nach ebenfalls bereits eine Willenserklärung sieht und diese – regelmäßig in Form einer vorformulierten Unterwerfungserklärung – inhaltlich so bestimmt ist, daß sie nur noch einer Annahmeerklärung bedarf[5], und wenn der Unterwerfungsschuldner entweder nur diese Annahme erklärt oder, wie es in der Praxis üblich und auch zur Klarstellung der Verpflichtung wünschenswert ist, die im Vertragsangebot vorgeschlagene Verpflichtung als seine eigene Erklärung wörtlich oder im wesentlichen übernimmt. Nach jetzt h. M. setzt jedoch eine Unterwerfungserklärung eine vorherige Abmahnung nicht voraus; sie kann auch unaufgefordert abgegeben werden (*Baumbach/Hefermehl*, Einl. UWG, Rdn. 270; Großkomm/*Köhler*, Vor § 13 UWG, B, Rdn. 29; a. A. noch *Pastor*, S. 132).

4 3. Bei der Form der Erklärung muß – jedenfalls zunächst – unterschieden werden:
Soweit sie den – in diesem Kapitel im Vordergrund stehenden – Zweck der Beseitigung der Wiederholungsgefahr erfüllen soll, bedarf sie nach noch herrschender Ansicht

---

2 Dies verkennen *Pastor*, S. 152, und *Nirk/Kurtze*, Rdn. 117, wenn sie die Wirkung der Annahme einer ungesicherten Erklärung der einer gesicherten gleichsetzen. Da die Wiederholungsgefahr objektiv zu bestimmen ist, kann es für ihr Bestehen oder Nichtbestehen nicht darauf ankommen, ob der Vertragspartner sie (subjektiv) als ausgeräumt ansieht; vgl. auch schon Kap. 7, Rdn. 10.
3 Vgl. KG WRP 1982, 467, 468 und WRP 1990, 415, 417; Großkomm/*Köhler*, Vor § 13 UWG, B, Rdn. 37; unzutreffend *Pastor*, S. 132, und in *Reimer*, S. 66, der – aufgrund eines angeblich eingerissenen Sprachgebrauchs, den es in dieser Allgemeinheit aber nicht gibt – das ganze Institut der »Unterwerfung« als »Unterlassungserklärung« bezeichnet wissen wollte, ungeachtet seines auch von ihm richtig gesehenen Charakters als einer – jedenfalls auch – zweiseitigen Vereinbarung.
4 Vgl. etwa KG WRP 1986, 680, 683; ferner Großkomm/*Köhler*, Vor § 13 UWG, B, Rdn. 93, und *Baumbach/Hefermehl*, Einl. UWG, Rdn. 289; *Ahrens/Spätgens*, Streiterledigung, S. 51.
5 KG WRP 1986, 680, 682; OLG Köln GRUR 1985, 148, 149 = WRP 1985, 175, 176; Großkomm/*Köhler*, Vor § 13 UWG, B, Rdn. 93; Großkomm/*Kreft*, Vor § 13 UWG, C, Rdn. 69 u. 74; *Ahrens/Spätgens*, Streiterledigung, S. 51 m. w. N.; *Gruber*, WRP 1992, 71 in Fn. 1; ferner Kap. 12 Rdn. 1 u. Kap. 41 Rdn. 6–8.

8. Kapitel   Die Beseitigung der Wiederholungsgefahr durch Unterwerfung

in Literatur und Rechtsprechung keiner bestimmten Form[6]; jedoch verlangt der BGH (aaO.) bei einer nicht schriftlich, sondern in anderer Form – in concreto durch Fernschreiben – abgegebenen Erklärung als Ausdruck bzw. Bestätigung der erforderlichen Ernstlichkeit des Unterwerfungswillens die Bereitschaft des Unterlassungsschuldners, die Erklärung auf Verlangen des Gläubigers unverzüglich schriftlich zu bestätigen.

Soweit dagegen die Wirksamkeit als vertragliche Erklärung – und damit insbesondere die Wirksamkeit als Grundlage einer Vertragsstrafeverpflichtung – in Frage steht, hängt die Form von der Rechtsnatur ab, die man dem Unterwerfungsvertrag beilegt. Letztere ist umstritten[7] und in der höchstrichterlichen Rechtsprechung noch nicht behandelt.

Der Konstruktion eines vergleichsähnlichen Vertragstyps, bei dem ein formloser Abschluß grundsätzlich genügen könnte, ist m. E. weitgehend der Boden entzogen worden, seitdem der BGH zur Beseitigung der Wiederholungsgefahr und damit zur Anspruchsvernichtung[8] bereits eine einseitige Unterwerfungserklärung genügen läßt[9]; denn irgendein »Nachgeben« des Gläubigers kann seither in seiner Annahme der Unterwerfungserklärung nicht mehr gesehen werden. Den Auffassungen, die in der Unterwerfung dominant vergleichsähnliche Züge sehen und deshalb die Formlosigkeit des Abschlusses genügen lassen, fehlt somit eine tragfähige Grundlage. Die Annahme eines nur kausalen, deklaratorischen Anerkenntnisses scheitert m. E. daran, daß der BGH der Beseitigung der Wiederholungsgefahr (auch und gerade durch eine einseitige Unterlassungserklärung s. o.) anspruchsvernichtende Wirkung beimißt und deshalb mit der Abgabe einer Unterwerfungserklärung eben der gesetzliche Unterlassungsanspruch entfällt, der kausal oder deklaratorisch bekräftigt werden soll. Es spricht daher vieles, wenn nicht gar alles, für die – eingehend und recht überzeugend begründete – Auffassung *Köhlers*[10], nach der der Unterwerfungsvertrag, soweit kein anderer Wille der Vertragsschließenden zum Ausdruck kommt und nicht besondere Gegebenheiten für einen Vergleichsabschluß sprechen, regelmäßig als Ersetzung der gesetzlichen Schuld durch eine vertragliche und damit als abstraktes Schuldversprechen anzusehen ist. Dann muß

---

6 Vgl. BGH GRUR 1990, 530, 532 = WRP 1990, 685 – Unterwerfung durch Fernschreiben; Großkomm/*Köhler*, Vor § 13 UWG, B, Rdn. 36.
7 Vgl. schon *Ahrens*, S. 42 f. und neuerdings besonders Großkomm/*Köhler*, Vor § 13 UWG, B, Rdn. 89; letzterer verweist auch auf die divergierenden Auffassungen von *Nirk/Kurtze*, Rdn. 112, *Petersen*, GRUR 1978, 156 und *Tetzner*, GRUR 1981, 803, 806 (sämtlich für Vertrag sui generis mit Elementen aus Vergleich und Anerkenntnis), von OLG Frankfurt GRUR 1986, 626, OLG Köln GRUR 1984, 674 – Unterlassungsvertrag, *Lindacher*, GRUR 1975, 413, 415 und *Mes*, GRUR 1978, 345 (kausales Anerkenntnis) sowie von *Kugelberg*, S. 78 (kausales Feststellungsgeschäft in Form eines Vergleichs), bevor er im folgenden (aaO, Rdn. 90) seine eigene Auffassung entwickelt, die er eingehender auch schon in »Der wettbewerbliche Unterlassungsvertrag; Rechtsnatur und Grenzen der Wirksamkeit«, Festschrift für *v. Gamm*, S. 57, 58 ff., ausformuliert hat.
8 Vgl. Kap. 7, Rdn .1.
9 Vgl. dazu nachfolgend Rdn. 49 und zur Begründung die davorliegenden Rdn. 37–48.
10 Vgl. schon in Festschrift für *v. Gamm* (wie vorstehend Fn. 7), S. 57, 64 und nun auch Großkomm/*Köhler*, Vor § 13, B, Rdn. 90; insoweit übereinstimmend und zutreffend auch *Gruber*, WRP 1992, 71, 86.

die Verpflichtungserklärung aber – soweit sie nicht von einem Vollkaufmann abgegeben wird (§§ 350, 351 HGB) – schriftlich abgegeben werden (§ 780 BGB)[11].

6 Dies hat zwangsläufig Rückwirkungen auf – bzw. gegen – die These, daß zur Beseitigung der Wiederholungsgefahr grundsätzlich auch eine formlose Unterwerfungserklärung genügen könne. Wird nämlich die Unterwerfungserklärung in einer Form abgegeben, auf deren Grundlage die – als Ausdruck des Unterlassungswillens – angebotene (sanktionierte) vertragliche Verpflichtung nicht wirksam zustandekommen kann, so kann man ihr auch nicht die Wirkung der (endgültigen) Beseitigung der Wiederholungsgefahr und damit der Anspruchsvernichtung beimessen. Dies bedeutet, daß die im Urteil »Unterwerfung durch Fernschreiben« (aaO.) zum Ausdruck gekommene Auffassung ungeachtet des zutreffenden (und rechtspolitisch wünschenswerten) Ergebnisses, zu dem sie im konkreten Fall geführt hat, einer – allerdings geringfügigen – Modifizierung bedarf: Zwar ist auch auf der dogmatischen Grundlage *Köhlers* (abstrakte Schuldverpflichtung, Schriftformerfordernis) an der Auffassung des BGH festzuhalten, daß eine nicht in schriftlicher Form abgegebene Unterwerfungserklärung grundsätzlich geeignet sein kann, einen ernsthaften Unterlassungswillen auszudrücken; da sie jedoch nicht geeignet ist, tatsächlich eine Vertragsverpflichtung und damit eine Sanktionsgrundlage zu schaffen, kann dies jedoch nur dann gelten, wenn a) triftige Gründe – etwa Zeitmangel und/oder technische Schwierigkeiten – für eine (vorläufige) Abgabe in anderer als schriftlicher Form sprechen *und* b) die Abgabe in dieser Form von vornherein als nur vorläufig zu verstehen ist, was dem Adressaten gegenüber auch deutlich zum Ausdruck zu bringen ist. Der Schuldner muß also bei der – durch besondere Umstände veranlaßten – Abgabe der Erklärung in anderer als schriftlicher Form bereits zur schriftlichen Wiederholung bereit sein und diese Wiederholung auch tatsächlich vornehmen, und zwar nicht nur – hier liegt die einzige wesentliche Abweichung von der bisherigen Meinung des BGH – auf Aufforderung des Gläubigers hin, sondern schlechthin, weil dem Gläubiger sonst kein wirksames *Vertrags*angebot unterbreitet ist.

Der praktische Unterschied zur Auffassung des BGH ist gering und kann von der Praxis aus einem weiteren Grunde vernachlässigt werden: Vernünftigerweise wird der Gläubiger sowieso – wie vom BGH gefordert – die zusätzliche schriftliche Erklärung anfordern; denn wenn er es nicht tut, läuft er zumindest nach der hier vertretenen Meinung Gefahr, ohne Sanktionsmöglichkeit zu bleiben, und setzt sich außerdem dem Verdacht der Kollusion mit dem Schuldner (Anforderung einer Scheinerklärung zum Zweck der Drittwirkung) aus (hierauf weist Großkomm/*Köhler* in anderem Zusammenhang, aaO., Rdn. 36, hin).

7 Als Ergebnis ist somit festzuhalten: Die Unterwerfungserklärung ist grundsätzlich – außer bei Abgabe durch einen Vollkaufmann, zweckmäßigerweise aber auch von diesem – schriftlich abzugeben. Soweit sie in anderer Form abgegeben wird, kann sie zur Beseitigung der Wiederholungsgefahr genügen, wenn Gründe für eine vorläufige formlose Erklärung und der nur vorläufig gemeinte Charakter erkennbar sind, am besten in der Erklärung selbst zum Ausdruck gebracht werden, und wenn eine schriftliche Verpflichtungserklärung in angemessener Frist nachfolgt.

8 4. Problematisch ist die Frage der Wirksamkeit bedingter oder unter andere Vorbehalte gestellter Unterwerfungserklärungen. Völlige Einigkeit besteht nur darüber, daß

---

11 Großkomm/*Köhler*, Vor § 13 UWG, B, Rdn. 91.

8. Kapitel Die Beseitigung der Wiederholungsgefahr durch Unterwerfung

eine aufschiebend bedingte Erklärung unwirksam ist[12]. Dagegen wird die in mehreren BGH-Urteilen verwendete Formulierung, die Erklärung müsse »bedingungslos«[13] oder »unbedingt«[14] sein, heute in der Literatur mit Recht nicht mehr auch auf jede Form einer auflösenden Bedingung bezogen[15]. Solche Bedingungen hat nämlich der BGH selbst in bestimmten Ausnahmefällen als zulässig angesehen, nämlich dann, wenn einer Partei nicht zugemutet werden kann, eine Unterwerfungserklärung unabhängig vom Ausgang eines anderen Prozesses abzugeben[16]. Über diese Einzelfälle hinaus wird heute in der Literatur bereits überwiegend und mit Recht gefordert, auch solche Unterwerfungserklärungen als ausreichend und annahmebedürftig anzuerkennen, die unter der auflösenden Bedingung einer Änderung der Rechtslage abgegeben werden, wobei als Änderung auch die verbindliche Klärung einer umstrittenen Rechtsfrage dahin genügen soll, daß die den Anlaß der Unterwerfung bildende gesetzliche Unterlassungspflicht nicht besteht[17]. Es wäre zu begrüßen, wenn die Rechtsprechung sich dieser den Parteiinteressen wie der Funktion der Unterwerfung förderlichen[18] Auffassung anschlösse: Wer sich verpflichtet, eine Handlung (nur) so lange zu unterlassen, wie sie gesetzwidrig ist, bekundet einen im Rechtssinne ausreichenden Unterlassungswillen; die Gefahr der Wiederholung einer *rechtswidrigen* Handlung – nur an deren Unterlassung kann der Gläubiger ein schutzwürdiges Interesse haben – ist damit endgültig ausgeräumt. Dem Schuldner auch die Unterlassung rechtmäßigen Verhaltens abzuverlangen kann nicht Sinn des Instituts der Unterwerfung sein. Allerdings können auflösend bedingte Unterwerfungserklärungen die Praxis vor schwierige Probleme praktischer Art (vgl. schon nachfolgend Rdn. 13) stellen, die bislang wenig durchdacht sind und auf die in Kap. 52, Rdn. 11 näher eingegangen werden soll.

Vorbehalte bei Abgabe einer Unterwerfungserklärung machen letztere regelmäßig ebenso unwirksam wie eine aufschiebende Bedingung. So darf der Schuldner sich nicht

---

12 Vgl. BGH GRUR 1957, 352, 354 – Pertussin II; Großkomm/*Köhler,* Vor § 13 UWG, B, Rdn. 37; *Baumbach/Hefermehl,* Einl. UWG, Rdn. 273; *Pastor,* S. 153 f.
13 Vgl. BGH GRUR 1967, 362, 366 = WRP 1967, 216 – Spezialsalz I (insoweit nicht in BGHZ 46, 305).
14 Vgl. BGH GRUR 1983, 127, 128 = WRP 1983, 91 – Vertragsstrafeversprechen.
15 Vgl. Großkomm/*Köhler,* Vor § 13 UWG, B, Rdn. 37; *Baumbach/Hefermehl,* Einl. UWG, Rdn. 273; a. A. allerdings weiter *v. Gamm,* Kap. 32, Rdn. 8.
16 Vgl. BGH GRUR 1957, 352, 354 – Pertussin II; BGH GRUR 1957, 342, 348 – Underberg; BGH GRUR 1964, 82, 86 – Lesering; einschränkend BGH GRUR 1965, 368, 370 = WRP 1965, 148 – Kaffee C; BGH GRUR 1973, 208, 209 = WRP 1973, 23 – Neues aus der Medizin; näher dazu auch *Baumbach/Hefermehl,* aaO.
17 Vgl. Großkomm/*Köhler,* Vor § 13 UWG, B, Rdn. 37 und 109; *Baumbach/Hefermehl,* Einl. UWG, Rdn. 273 und 294; *Pietzcker,* GRUR 1973, 257, 259; *Külper,* WRP 1974, 131, 131 f; *Borck,* WRP 1974, 372, 377; *Petersen,* GRUR 1978, 156, 157; *Klaka* in Anm. zu BGH GRUR 1983, 602 – Vertragsstraferückzahlung auf S. 604 und *Völp,* GRUR 1984, 486, 490.
18 In der Regel wird zwar die Anwendung der Grundsätze über den Wegfall der Geschäftsgrundlage zu einem ähnlichen Interessenausgleich führen können. Einmal ist dies jedoch bestritten (vgl. OLG Hamburg WRP 1975, 532; *Klaka* aaO.), zum anderen würde eine auflösende Bedingung von vornherein klarere – und billigenswerte – Verhältnisse schaffen (ähnlich Großkomm/*Köhler* und *Völp,* aaO.) und etwaigen kartellrechtlichen Restbedenken gegen eine (wettbewerbsbeschränkende) Unterwerfungserklärung wirksam vorbeugen (vgl. zum kartellrechtlichen Aspekt BGH GRUR 1983, 602 = WRP 1983, 609 – Vertragsstraferückzahlung, Großkomm/*Köhler,* Vor § 13 UWG, B, Rdn. 107 und *Kroitzsch,* WRP 1984, 117, 118 f.)

den Widerruf der Erklärung[19] (etwa nach näherer Sachprüfung oder nach Nichteingang geforderter Nachweise für die Prozeßführungsbefugnis des Gläubigers) vorbehalten.

10   Rechtlich noch ungeklärt ist, ob dies auch für den Vorbehalt einer Aufbrauchfrist[20] gelten muß. Während dies in der Vorauflage[21] noch kurz und knapp bejaht worden ist, wird neuerdings in der Literatur zunehmend[22] die Auffassung vertreten, daß ein solcher Vorbehalt in den Grenzen zulässig sein müsse, in denen eine Aufbrauchfrist im Streitfall von den Gerichten gewährt werden würde; denn der Schuldner müsse sich grundsätzlich nicht zu mehr verpflichten, als er kraft Gesetzes schulde. Mit dieser Begründung werden – so billigenswert sie klingt – zwei wesentliche Problemaspekte vernachlässigt: Ihre Vertretbarkeit hängt zunächst – was HdbWR/*Samwer*, aaO., allerdings beachtet – davon ab, ob man in der Aufbrauchfrist mit der älteren eindeutigen Rechtsprechung des BGH[23] und einer starken Literaturmeinung[24] eine prozessuale Maßnahme (Hinderung der Vollstreckung aus dem Unterlassungsurteil) sieht oder ob man mit der wohl zutreffenden Gegenmeinung[25] die Aufbrauchfrist als materiell-rechtlich wirkende Beschränkung des Unterlassungsanspruchs (ungeachtet bestehenbleibender und schadensersatzbegründender Rechtswidrigkeit, vgl. BGH aaO. – Pharmamedan) ansieht. Im ersteren Falle entfiele jede Grundlage für die Auffassung *Köhlers, Krefts* und *Kisselers* aaO.; denn dem Schuldner kann kraft Gesetzes eine Gestaltungsmöglichkeit, die prozessualer Natur ist und nur dem Gericht vorbehalten bleiben muß, nicht zustehen. (Unrichtig insoweit Großkomm/*Kreft*, aaO.). Im zweiten Falle bestünde zwar nicht dieses, jedoch das andere Bedenken, daß einer Erklärung, die dem Schuldner bestimmte Formen der Verletzungshandlung vorbehält, schon ihrem Wesen nach keine die Wiederholungsgefahr (uneingeschränkt) beseitigende Wirkung zukommen kann, weil der Schuldner ja ausdrücklich Wiederholungshandlungen ankündigt. Dies braucht allerdings – insofern enthält die These *Köhlers, Krefts* und *Kisselers* einen richtigen Kern – nicht zwingend auszuschließen, daß der Erklärung eine Wirkung beigemessen werden kann; jedoch ausschließlich so weit, als sie tatsächlich einen ernstlichen Unterlassungswillen erkennen läßt. Wer sich beispielsweise den Aufbrauch bestimmter Verpackungen vorbehält, sonst aber jede Verletzungsform strafbewehrt zu unterlassen verspricht, kann damit unter Umständen die Wiederholungsgefahr für alle Verletzungsformen au-

---

19 KG WRP 1987, 322, 323; *Baumbach/Hefermehl*, Einl. UWG, Rdn. 273.
20 Vgl. zum Begriff näher Kap. 19, Rdn. 20 und Kap. 57, Rdn. 17.
21 Kap. 8, Rdn. 29.
22 Großkomm/*Köhler*, Vor § 13 UWG, B, Rdn. 37; Großkomm/*Kreft*, Vor § 13 UWG, C, Rdn. 126; HdbWR/*Samwer*, Nachtrag 1989, § 73, Anm. 1; *Kisseler*, WRP 1991, 691, 696 ff.
23 Vgl. BGH GRUR 1960, 563, 567 = WRP 1960, 238 – Sektwerbung.
24 Vgl. eingehend *Pastor*, S. 882–885, sowie in »Die Aufbrauchfrist bei Unterlassungsverurteilungen«, GRUR 1964, 245 ff; ferner *v. Gamm*, UWG, § 1, Rdn. 363; Vorauflage Kap. 57 Rdn. 17; Großkomm/*Jestaedt*, Vor § 13 UWG, E, Rdn. 83; *Tetzner*, Die Aufbrauchfrist bei Unterlassungsurteilen, NJW 1966, 1545, 1547.
25 Wohl, wenngleich nicht mit letzter Eindeutigkeit BGH GRUR 1974, 735, 737 – Pharmamedan; BGH GRUR 1990, 522, 528 – HBV-Familien- und Wohnungsrechtsschutz (insoweit nicht in BGHZ 110, 156 ff); ferner (eindeutig) OLG Karlsruhe, MD VSW 1991, 354, 356; *Baumbach/Hefermehl*, Einl. UWG, Rdn. 487 m. w. N.; Großkomm/*Teplitzky*, § 16 UWG, Rdn. 542; HdbWR/*Samwer*, § 73, Rdn. 23; *Ulrich*, Die Aufbrauchfrist im Verfahren der einstweiligen Verfügung, GRUR 1991, 26 f; vgl. *Kisseler*, WRP 1991, 691, 693; jetzt auch Kap. 19, Rdn. 20, und Kap. 57, Rdn. 18.

ßer dem Packungsgebrauch beseitigen. Der Unterlassungsanspruch bezüglich des letzteren Gebrauchs wird jedoch keinesfalls berührt, was zur Folge hat, daß der Gläubiger insoweit jedenfalls – aber unter Umständen nur noch beschränkt auf diese Verletzungsform – klagen kann, wenn er eine Aufbrauchfrist als unberechtigt ansieht (so auch OLG Hamburg, Beschl. v. 11. 10. 1990 – 3 U 92/90, MD VSW 1991, 110).

Bei hinreichender Konkretisierung dessen, was zum »Aufbrauch« oder zur Abwicklung vorbehalten wird, erscheint eine solche Lösung – für die *Kisseler,* WRP 1991, 691, 697 f. mit Nachdruck eintritt – diskutabel und möglich, ohne die Praktikabilität der Unterwerfung allzu sehr einzuschränken. Auf seiten des Schuldners erhöht die Vorbehaltmöglichkeit die Bereitschaft, sich im übrigen ernsthaft zur Unterlassung zu verpflichten. Der Streitgegenstand wird jedenfalls – zum Vorteil auch der Gerichte – erheblich eingeschränkt (nämlich allein auf die vorbehaltenen Aufbrauchshandlungen); und der Gläubiger hat die Möglichkeit, entweder die Aufbrauchsmaßnahmen hinzunehmen – in der Gewißheit, im übrigen obsiegt zu haben – oder aber zu versuchen, sie durch eine einstweilige Verfügung unterbinden zu lassen. Erledigt sich dieses Verfahren, weil in seinem Laufe die Aufbrauchfrist abläuft oder alles abgewickelt ist, erhält der Gläubiger über § 91 a ZPO eine ihm günstige Kostenentscheidung, wenn der Aufbrauchsvorbehalt unberechtigt war. War er berechtigt, trägt der Gläubiger zu Recht die – jedenfalls wegen der Streitbegrenzung relativ geringen – Kosten selbst (vgl. OLG Hamburg, Beschl. v. 11. 10. 1990 – 3 U 92/90, MD VSW 1991, 110).

Ihre Grenze muß eine solche Lösung aber jedenfalls dort finden, wo eine scharfe Abgrenzung des Vorbehaltenen auf Schwierigkeiten und Zweifel stoßen kann oder der Vorbehalt inhaltlich und zeitlich von vornherein als unverhältnismäßig weitgehend erscheint. In solchen Fällen dürften regelmäßig schon Zweifel an der Ernstlichkeit des Unterwerfungswillens berechtigt sein; mindestens aber erfordern Sinn und Zweck der Unterwerfung als eines praktisch und einfach handhabbaren Mittels zur Streitbereinigung, Erklärungen mit solchen allgemeineren und zu weitgehenden Vorbehalten grundsätzlich und schlechthin die Wirkung einer Beseitigung der Wiederholungsgefahr abzusprechen.

5. Erklärungen mit zeitlicher Befristung beseitigen die Wiederholungsgefahr nur in den Fällen, in denen sie entweder nichts anderes sind als verkappte *zulässige* auflösende Bedingungen (Beispiel: Unterwerfung bis zur rechtskräftigen Feststellung der Zulässigkeit des Verhaltens im laufenden Prozeß, bei der nicht übersehen werden darf, daß sie – sieht man sie als wirksam an – eine erfolgreiche Fortsetzung des Leistungsprozesses ausschließt, da sie die Anspruchsvoraussetzung der Wiederholungsgefahr beseitigt; näher dazu Kap. 52 Rdn. 11) oder in denen der Unterlassungsanspruch selbst befristet ist[26] und deshalb auch durch eine gleichermaßen befristete Unterwerfungserklärung in vollem Umfang vernichtet wird. Dagegen machen alle anderen Arten von aufschiebenden (Unterlassung erst ab dem . . .) oder beendigenden Befristungen die Erklärung unwirksam, weil sie die Gefahr der Wiederholung einer rechtswidrigen Handlung nicht vollständig beseitigen. Ob ein vernünftiger Grund für die Befristung vorliegt – etwa

---

26 Vgl. das Beispiel einer zeitlichen Begrenzung des Anspruchs in BGHZ 60, 168 – Modeneuheit und den Hinweis am Ende des Urteils BGH GRUR 1983, 179, 181 = WRP 1983, 20 – Stapelautomat.

das Abwartenwollen, wie ein anderer Prozeß ausgeht, um dann erst endgültig zu entscheiden, ob man sich auf Dauer unterwerfen wolle – ist unerheblich[27].

14 6. Die Unterwerfungserklärung ist – wie alle Willenserklärungen – auslegungsfähig[28]. Die gegenteilige Auffassung *Pastors* (in *Reimer*, S. 156) ist mit Recht auf völlige Ablehnung gestoßen[29]. Jedoch muß die Erklärung so klar und eindeutig sein, daß ernsthafte Auslegungszweifel, aber auch Zweifel an ihrer Verbindlichkeit und Durchsetzbarkeit nicht aufkommen können (vgl. BGH GRUR 1990, 530, 532 = WRP 1990, 685 – Unterwerfung durch Fernschreiben; Großkomm/*Köhler*, Vor § 13 UWG, B, Rdn. 36 f).

15 7. Die Erklärung enthält notwendigerweise zwei Verpflichtungsangebote: das zur Unterlassung und das weitere zur Leistung einer Vertragsstrafe für – dies ist die übliche und wünschenswerte Formulierung[30] – jeden Fall der Zuwiderhandlung gegen die angebotene Unterlassungspflicht.

Beide Angebote müssen den Verpflichtungswillen deutlich – am besten durch Verwendung auch des Wortes »verpflichten« (*Pastor*, S. 135) – erkennen lassen.

16 a) Die Unterlassungsverpflichtung muß sich auf die konkrete Verletzungsform beziehen und diese unzweideutig charakterisieren[31]. Hinsichtlich der Zulässigkeit, u. U. auch Notwendigkeit[32] gewisser Verallgemeinerungen gilt hier das gleiche wie beim Anspruchsumfang und beim Urteilstenor. Die Unterwerfungserklärung muß nach Inhalt und Umfang dem entsprechen, was auch Inhalt des entsprechenden Unterlassungsantrags und der Urteilsformel wäre[33]. Einschränkungen der Unterlassungsverpflichtung gegenüber der konkreten Verletzungsform machen das Verpflichtungsangebot grundsätzlich ungeeignet zur Beseitigung der Wiederholungsgefahr, es sei denn, sie liegen innerhalb der von der Rechtsprechung bei der Verbotsformulierung eng gezogenen Ausnahmegrenzen[34] oder sie beziehen sich auf einen eindeutig ausgrenzbaren Teil des

---

27 Anders – aber unzutreffend – noch die Vorauflage Kap. 8, Rdn. 7 und OLG Frankfurt WRP 1982, 34; im Ergebnis zutreffend (wenngleich mit überholter Begründung) OLG München GRUR 1980, 1017, 1018 – Contact-Linsen sowie KG, Urt. v. 18. 4. 1988 – 25 U 125/88, MD VSW 1988, 958, 961 f.; wie hier jetzt Großkomm/*Köhler*, Vor § 13 UWG, B, Rdn. 37.
28 BGHZ 33, 163, 164 ff – Krankenwagen II; BGH GRUR 1978, 192, 193 = WRP 1978, 38 – Hamburger Brauch; BGH GRUR 1992, 61, 62 = WRP 1991, 654, 656 – Preisvergleichsliste; vgl. auch *Teplitzky*, WRP 1990, 26, 27 f.
29 Vgl. schon *Tetzner*, GRUR 1981, 803, 806 f; heute wird sie wohl nirgends mehr vertreten.
30 Sie folgt dem Wortlaut des § 890 ZPO, was sinnvoll und zweckmäßig ist.
31 Dies gilt jedoch, was gelegentlich nicht genug beachtet wird, nur soweit die Funktion der Beseitigung der Wiederholungsgefahr in Frage steht; außerhalb dieser Funktion – also als Grundlage eines Vertragsstrafeversprechens – können Erklärungen auch beliebige andere Inhalte haben. Vgl. dazu *Teplitzky*, WRP 1990, 26 m. w. N.; die dort in Fn. 7 ohne Fundstelle zitierte Entscheidung des KG findet sich in GRUR 1990, 143 und in WRP 1990, 39.
32 Sehr streng hinsichtlich solcher Notwendigkeit, Verallgemeinerungen schon in der Erklärung selbst zu formulieren, und eng bei der Auslegung sehr konkret abgegebener Erklärungen OLG Hamm WRP 1989, 260, 261 f.; kritisch dazu *Oppermann*, Unterlassungsantrag und zukünftige Verletzungshandlung, WRP 1989, 713, 715.
33 OLG Hamburg GRUR 1988, 240 (Ls.); *v. Gamm*, Kap. 32, Rdn. 7; Großkomm/*Köhler*, Vor § 13 UWG, B, Rdn. 36; *Baumbach/Hefermehl*, Einl. UWG, Rdn. 485 a. E.. Näheres dazu in Kap. 51, Rdn. 4 ff. (Antrag) und Kap. 57, Rdn. 5 ff. (Tenor).
34 Vgl. z. B. BGH GRUR 1965, 676, 679 = WRP 1965, 331 – Nevada-Skibindung; BGH GRUR 1968, 200, 203 = WRP 1967, 440 – Acrylglas.

Unterlassungsanspruchs; im letzteren Fall beseitigen sie die Wiederholungsgefahr in diesem begrenzten Umfang und lassen sie im übrigen unberührt.

b) Das Vertragsstrafeversprechen kann in verschiedenen Formen abgegeben werden:

aa) Regelfall (und angebracht) ist die Verpflichtung zur Leistung eines bestimmten Geldbetrags für den (bzw. »jeden« oder auch »jeden einzelnen«) Fall der Zuwiderhandlung. Der genannte Betrag muß angemessen sein, d. h. er muß hoch genug angesetzt werden, um durch die damit angedrohte Sanktion die Ernsthaftigkeit des Unterlassungswillens kenntlich zu machen. Was angemessen ist, bestimmt sich nach den Umständen des Einzelfalles, und zwar objektiv, nicht nach den Vorstellungen des Gläubigers[35]. Dabei kann es auf die Art des Wettbewerbsverstoßes und seines Zustandekommens, auf die Größe des verletzenden Unternehmens (und zwar sowohl im Hinblick auf die Wirkungsbreite etwaiger erneuter Verstöße als auch auf die Finanzkraft, durch die die Auswirkungen einer Vertragsstrafe relativiert werden können), aber auch auf das übrige im Zusammenhang mit dem Verstoß – auch nachträglich – an den Tag gelegte Verhalten des Verletzers ankommen[36].

Wichtig ist, daß die Angemessenheit einer zur Beseitigung der Wiederholungsgefahr geeigneten Vertragsstrafe nur unter dem Funktionsaspekt der »Sanktion« beurteilt werden darf. Die zweite Funktion der Vertragsstrafe, die Deckung eines (pauschalierten) Schadensersatzes[37], muß in *diesem* Zusammenhang (vgl. zu anderen Zusammenhängen Kap. 20, Rdn. 9) außer Betracht bleiben[38]. Dies kann in den Fällen praktisch werden, in denen der Wettbewerbsverstoß für den Verletzer wenig ergiebig und unbedeutend ist, dem Verletzten jedoch einen erheblichen Schaden zufügen kann. Reicht in einem solchen Falle die Abschreckungswirkung einer Vertragsstrafesanktion von – beispielsweise – 5 000,– DM aus, so wird durch ein den übrigen Voraussetzungen genügendes Angebot in dieser Höhe die Wiederholungsgefahr beseitigt, ohne daß es darauf ankommen kann, daß dem Gläubiger im Falle der (durch eine Vertragsstrafe von 5 000,– DM ja wirksam ausgeschlossenen) Wiederholung ein Schaden von – wiederum beispielsweise – weit über 100 000,– DM entstehen könnte. Die Sicherung eines solchen Schadens hat mit dem Zweck der strafbewehrten Unterlassungsverpflichtungserklärung, der Unterlassung künftiger Verstöße, nichts zu tun (vgl. BGH aaO – Getarnte Werbung II) und kann deshalb auch keinen Einfluß auf die Angemessenheitsfrage in diesem Zusammenhang haben. Dagegen hat die Schadensfrage – u. U. nicht unerhebliche – Bedeutung dann, wenn einer Unterwerfung zuwidergehandelt wird, in der (zulässigerweise,

---

35 BGH GRUR 1983, 127, 128 = WRP 1983, 91 – Vertragsstrafeversprechen; in der Entscheidung ist auch klargestellt, daß (deshalb) auch ein weit überhöhtes Vertragsstrafeverlangen des Gläubigers den Schuldner nicht der Notwendigkeit enthebt, auf die Abmahnung mit einem Unterwerfungsangebot – allerdings mit einem Vertragsstrafeversprechen in angemessener Höhe – zu reagieren.
36 BGH aaO. m. w. N.; kritisch dazu, aber wenig überzeugend, weil von unzutreffenden Ansätzen ausgehend, *Nees*, WRP 1983, 200, 201 f; eingehend zu Bemessungskriterien Großkomm/*Köhler*, Vor § 13 UWG, B, Rdn. 38 f.
37 Vgl. dazu Näheres in Kap. 35, Rdn. 1 ff..
38 Vgl. BGH GRUR 1987, 748, 750 (li. Sp.) = WRP 1987, 724 – Getarnte Werbung II; Großkomm/*Köhler*, Vor § 13 UWG, B, Rdn. 38; ähnlich, wenngleich weniger dezidiert, auch schon BGH GRUR 1970, 558, 559 f = WRP 1970, 391 – Sanatorium; BGH GRUR 1983, 127 = WRP 1983, 91 – Vertragsstrafeversprechen.

vgl. Rdn. 22) dem Gläubiger oder einem Dritten das Recht zur Bestimmung der für den Zuwiderhandlungsfall angemessenen Vertragsstrafe eingeräumt worden ist. Bei dieser Bestimmung ist selbstverständlich die Zweitfunktion der Vertragsstrafe (vgl. Kap. 20, Rdn. 1 u. Kap. 35, Rdn. 1) mit zu berücksichtigen.

20 Konkreten Beispielen für Vertragsstrafevereinbarungen in bestimmten Fällen, wie sie in der Literatur angeführt werden, hat der Bundesgerichtshof nur einen »ganz begrenzten allgemeinen Informationswert«, nicht aber eine – auch nur indizielle – Bedeutung für die jeweils zur Beurteilung stehenden Fälle beigemessen, und zwar unter Hinweis darauf, daß nähere Angaben über die jeweiligen Gestaltungen der beispielhaft aufgeführten Fälle in den Zusammenstellungen fehlten[39].

21 Ist Adressat der Unterwerfungserklärung ein Verband i. S. des § 13 UWG und fehlt deshalb der Vertragsstrafe ihre normale Zweitfunktion als pauschalierter Schadensersatz gänzlich, so ist nicht etwa deshalb die Höhe grundsätzlich niedriger zu bemessen, und zwar wiederum deshalb, weil – wie bereits ausgeführt – für die Sicherung der wettbewerblichen Unterlassungsverpflichtung eindeutig der Zweck der Vertragsstrafe, künftige Verstöße zu verhindern, im Vordergrund steht[40] und die Zweitfunktion der Sicherung von Schadensersatzansprüchen hierfür nicht nur – wie der BGH es früher ausgedrückt hat – »weitgehend vernachlässigt werden kann« (vgl. noch BGH aaO – Sanatorium und aaO – Vertragsstrafeversprechen), sondern gänzlich außer Betracht zu bleiben hat[41].

22 bb) Zulässig ist jedoch auch das Versprechen eines der Höhe nach durch den Gläubiger (§ 315 Abs. 1 BGB) oder einen Dritten (§ 317 BGB) nach billigem Ermessen – also auch angemessen, hier gilt das vorstehend unter aa) Ausgeführte entsprechend, jedoch mit der wichtigen Erweiterung, daß hier bei der ex-post-Beurteilung (Festsetzung *nach* begangener Zuwiderhandlung, Berücksichtigung von deren Schwere *und* Folgen) auch die Schadensersatzfunktion der Vertragsstrafe berücksichtigt werden muß (vgl. schon Rdn. 19 a. E.) – zu bestimmenden Betrages, wobei jedoch – entgegen früherem Hamburger Brauch[42] – nicht ein staatliches Gericht als »Dritter«, wohl aber von vornherein ein Höchstrahmen (». . . bis zu einem Betrag von höchstens . . .«) vorgesehen werden

---

39 BGH GRUR 1983, 127, 128 f = WRP 1983, 91 – Vertragsstrafeversprechen; vgl. aber auch Großkomm/*Köhler*, Vor § 13 UWG, B, Rdn. 39.
40 BGH GRUR 1970, 558, 559 = WRP 1970, 391 – Sanatorium; BGH GRUR 1983, 127, 128 = WRP 1983, 91 – Vertragsstrafeversprechen; BGH GRUR 1987, 748, 750 (li. Sp.) = WRP 1987, 724 – Getarnte Werbung II; Großkomm/*Köhler*, Vor § 13 UWG, B, Rdn. 38; *Pastor*, S. 140.
41 Vgl. dazu vorstehend Rdn. 19.
42 Vgl. OLG Hamburg WRP 1968, 302; zustimmend u. a. *Lindacher*, WRP 1975, 7, 8; vgl. dazu näher *Pastor*, S. 145; der BGH hat *diesen* (älteren) »Hamburger Brauch« im Urteil GRUR 1978, 192, 193 = WRP 1978, 38 – Hamburger Brauch für unzulässig erklärt. Der sog. neue Hamburger Brauch, bei dem dem Gläubiger das Bestimmungsrecht eingeräumt und gleichzeitig die Möglichkeit der Überprüfung der Ermessensausübung durch ein *bestimmtes* Gericht (meist das LG Hamburg) vereinbart wird, steht im Einklang mit § 315 Abs. 3 BGB; für die Frage, ob die mitgetroffene Gerichtsstandsvereinbarung wirksam ist, muß jedoch § 38 ZPO beachtet werden, der – was gelegentlich vergessen wird – auch im Wettbewerbsrecht gilt.

8. Kapitel   Die Beseitigung der Wiederholungsgefahr durch Unterwerfung

kann[43] (keineswegs aber auch vorgesehen werden muß[44]). Im letzteren Fall muß die Obergrenze des Rahmens jedoch höher – in der Regel ca. doppelt so hoch – angesetzt werden, als ein für die konkrete Verletzung angemessener Festbetrag angesetzt werden dürfte[45]. Eine Untergrenze festzulegen ist nicht erforderlich (KG MD VSW 1991, 511).

cc) Weitgehend ungeklärt sind die Fragen, die das Vertragsstrafeversprechen eines Schuldners aufwirft, dessen Zahlungsfähigkeit zweifelhaft ist[46].

Die Lösung kann in diesen Fällen ebenfalls nur über die Beurteilung der Ernstlichkeit der Unterwerfungserklärung gesucht werden, an der Zweifel um so mehr gerechtfertigt sein werden, je geringer die Fähigkeit zur Erfüllung einer übernommenen Vertragsstrafepflicht einzuschätzen ist.

Die Unterwerfung eines zahlungsunfähigen oder erweislich (etwa aus Präzedenzfällen oder aus anderen Schuldverhältnissen beweisbar) zahlungsunwilligen Schuldners wird regelmäßig nicht ausreichen, um die Wiederholungsgefahr auszuräumen – es sei denn, der Schuldner bietet zugleich die Leistung einer angemessenen Sicherheit an und ist zu dieser auch tatsächlich imstande (so auch Großkomm/*Köhler*, aaO.).

Über diese relativ eindeutige Fallgruppe hinaus dürften sich andere Fallgestaltungen kaum schematisieren lassen. Hier gilt in weitem Umfang eine der Standardregeln des Wettbewerbsrechts: Die Entscheidung hängt von den Umständen des Einzelfalles ab.

dd) Sehr umstritten ist die Frage, ob auch dann ein den Anforderungen an die Beseitigung der Wiederholungsgefahr entsprechendes Vertragsstrafeangebot vorliegt, wenn dem Unterlassungsgläubiger die Zahlung des (bestimmten oder zu bestimmenden) Geldbetrags nicht an ihn selbst, sondern an einen Dritten – meist an eine wohltätige Organisation wie das Deutsche Rote Kreuz o. ä. – versprochen wird.

Überwiegend wird dies verneint[47], wenngleich mit unterschiedlicher Begründung: *Heinz/Stillner* (aaO.), die sich erstmalig eingehend mit dem Problem befaßt haben, sehen den Grund hauptsächlich in der Vernachlässigung der Gläubigerinteressen, die sich nach ihrer Meinung daraus ergibt, daß ein solches Versprechen der Zweitfunktion der Vertragsstrafe – Schadensersatzsicherung – nicht gerecht wird. *Baumbach/Hefermehl*

---

43 BGH GRUR 1978, 192, 193 = WRP 1978, 38 – Hamburger Brauch; BGH GRUR 1985, 155, 157 = WRP 1985, 22 – Vertragsstrafe bis zu ... I; BGH GRUR 1985, 937 = WRP 1985, 404 – Vertragsstrafe bis zu ... II; *Baumbach/Hefermehl*, Einl. UWG, Rdn. 275; *Nirk/Kurtze*, Rdn. 99; dagegen *Pastor*, S. 145 f.
44 Vgl. BGH GRUR 1990, 1051, 1052 = WRP 1991, 27 – Vertragsstrafe ohne Obergrenze.
45 BGH aaO – Vertragsstrafe bis zu ... I und II; Großkomm/*Köhler*, Vor § 13 UWG, B, Rdn. 42; *Baumbach/Hefermehl*, Einl. UWG, Rdn. 275.
46 Das Problem wird in zwei Entscheidungen des OLG Hamburg in MDR 1971, 1016 und GRUR 1974, 108 nur beiläufig angesprochen, jetzt aber bei Großkomm/*Köhler*, Vor § 13 UWG, B, Rdn. 43 behandelt.
47 BGH GRUR 1987, 748, 749 = WRP 1987, 724 – Getarnte Werbung II; OLG München WRP 1977, 510, 511; KG WRP 1977, 716 und WRP 1978, 51; OLG Stuttgart GRUR 1978, 539, 540 = WRP 1978, 232; OLG Hamburg WRP 1980, 274, 276; OLG Hamm WRP 1982, 105 f.; OLG Oldenburg GRUR 1983, 195, 196; OLG Köln GRUR 1986, 194; Großkomm/*Köhler*, Vor § 13 UWG, B, Rdn. 48; *Baumbach/Hefermehl*, Einl. UWG Rdn. 276; *Heinz/Stillner*, WRP 1976, 657 ff; dies., WRP 1977, 248 ff; *Loewenheim*, WRP 1979, 839, 840.

(aaO.) folgt ihnen darin insoweit, als es um anspruchsberechtigte Wettbewerber geht, denen ein eigener Schaden entstehen kann. Diesen Begründungsansatz haben *Kohlhaas* (WRP 1979, 91 f) und *Borck* (WRP 1978, 7, 8) – letzterer m. E. überzeugend – kritisiert, und auch die bereits zitierte OLG-Rechtsprechung hatte ihn sich nicht – jedenfalls nicht nachhaltig – zu eigen gemacht. Der BGH (aaO. – Getarnte Werbung II) hat ihn jetzt mit Recht gänzlich verworfen, und zwar aus den bereits in Rdn. 19 in anderem Zusammenhang genannten Gründen. Er sieht den Grund für die Unbeachtlichkeit eines solchen Vertragsstrafeangebots in der mangelnden Ernstlichkeit des Unterlassungsversprechens, das der Versprechende entgegen dem Willen des Gläubigers und entgegen der Regel und Übung nur durch ein Zahlungsversprechen zugunsten eines Dritten sichern will; der Mangel der Ernstlichkeit werde durch ein solches Verhalten indiziert.

28 Dies hat grundsätzlich – abgesehen von ganz extremen Ausnahmegestaltungen[48] – zu gelten[49]. Die Gegenmeinung[50], die keinen gravierenden Unterschied zwischen einem Versprechen der Zahlung an den Gläubiger selbst oder an einen Dritten jedenfalls dann sehen will, wenn Versprechensempfänger ein Verband ohne eigenes Schadensersatzinteresse und die Höhe der versprochenen Zahlungen hoch genug sind, vernachlässigt diese Indizwirkung und ist deshalb – ganz abgesehen von ihrer rechtspolitischen Fragwürdigkeit[51] – abzulehnen.

29 ee) Nicht mehr ernstlich umstritten ist die Frage, ob die Unterwerfungserklärung ihre Eignung zur Beseitigung der Wiederholungsgefahr dadurch verliert, daß der Schuldner die Zahlung der Vertragsstrafe ausdrücklich nur für schuldhafte Zuwiderhandlungen verspricht. Ein Teil der Literatur und der OLG-Rechtsprechung hatte früher einer solchen vermeintlichen Einschränkung die Bedeutung einer Beweislastumkehr beigemessen[52]: Während normalerweise – insoweit bestand Einhelligkeit[53] – im Falle eines Verstoßes gegen eine übernommene Unterlassungspflicht der Schuldner den Beweis zu führen hat, daß er schuldlos gehandelt und daher die Vertragsstrafe, die stets Verschulden voraussetzt (BGH aaO. – K-Rabatt-Sparmarken), nicht verwirkt habe, sollte dies nach der genannten Auffassung durch die ausdrückliche Beschränkung der Verpflichtung auf schuldhafte Verstöße sich dahin ändern, daß in diesen Fällen der Gläubiger das Verschulden zu beweisen hätte. Eine solche Beweislastumkehr brauche – insoweit war der Meinung in der Tat auch zuzustimmen – der Gläubiger nicht hinzunehmen, so daß solchermaßen formulierte Unterwerfungserklärungen unwirksam sei-

---

48 Nur auf solche bezieht sich der – etwas irreführende – Leitsatz der BGH-Entscheidung »Getarnte Werbung II« aaO.; vgl. dazu schon die Anm. von *Jacobs*, GRUR 1987, 750 f und *Teplitzky* in der Rechtsprechungsübersicht GRUR 1989, 461, 464 li. Sp. unter I 5 b.
49 So auch Großkomm/*Köhler*, Vor § 13 UWG, B, Rdn. 48.
50 *Pastor*, S. 141; *Kohlhaas*, WRP 1977, 51; *Borck*, WRP 1978, 7 ff., und OLG Frankfurt WRP 1976, 699, letzteres aber auch nicht grundsätzlich, vgl. *Loewenheim*, WRP 1979, 839, 840.
51 Sie würde, falls man ihr folgte, eine beträchtliche Minderung der Effizienz des Rechtsinstituts der Unterwerfung mit sich bringen.
52 Vgl. *Baumbach/Hefermehl* bis 13. Aufl., dort Einl. UWG, Rdn. 257; *Pastor*, S. 143; OLG Frankfurt WRP 1979, 656.
53 Vgl. BGH LM BGB § 339 Nr. 16 = NJW 1972, 1893, 1895 – K-Rabatt-Sparmarken; BGH GRUR 1982, 691 = WRP 1982, 634 – Seniorenpaß; *Baumgärtel/Strieder*, Handbuch der Beweislast, 2. Aufl., Bd. 1, § 339, Rdn. 4 m. w. N. in Fn. 12.

en. Nachdem der Bundesgerichtshof dieser Meinung mit der Begründung entgegengetreten ist, daß in Anbetracht der unstreitig ohnehin nur bei Verschulden eintretenden Strafverwirkung die Beschränkung auf diese auch im Wortlaut der Erklärung rein deklaratorisch sei und eine solche Bekräftigung und Klarstellung der Rechtslage keine Beweislastumkehr bewirken könne[54], ist letzteres zur ganz herrschenden Meinung geworden[55].

ff) Ungeklärt dagegen ist noch die – in jüngerer Zeit wieder aktualisierte[56] – Frage, ob eine Unterwerfungserklärung auch dann als zur Beseitigung der Wiederholungsgefahr geeignet anzusehen ist, wenn der Schuldner sie entgegen dem ausdrücklichen Verlangen des Gläubigers nicht unter Ausschluß eines eventuellen Fortsetzungszusammenhangs für mehrere Zuwiderhandlungen abgibt.

Grundsätzlich wird man einen solchen Ausschluß für zulässig und wirksam ansehen müssen[57]. Er hat auch eine mehr als nur deklaratorische Bedeutung. Entgegen der Meinung *Körners* (aaO. S. 78) kann nämlich nicht angenommen werden, daß die Rechtsfigur des Fortsetzungszusammenhangs bei Vertragsstrafevereinbarungen nur anwendbar sei, wenn die Parteien diese Anwendbarkeit ausdrücklich vereinbart haben. Eine solche Folgerung mögen zwar die Ausführungen des Bundesgerichtshofs in der Krankenwagen-II-Entscheidung (BGHZ 33, 163, 168) auf den ersten Blick nahelegen. Bei deren Bewertung muß jedoch berücksichtigt werden, daß es in dem Fall erstmalig um die grundsätzliche Übertragbarkeit der fortgesetzten Handlung in das Vertragsstrafrecht ging und daß die dafür notwendige Grundlage im Vertrag damals naturgemäß einer deutlichen, also eben ausdrücklichen Willensäußerung bedurfte. Heute wird sie sich dagegen im Wege der Auslegung regelmäßig aus dem (seit der und durch die Krankenwagen-II-Entscheidung veränderten) Bedeutungsgehalt des Begriffs der Zuwiderhandlung gewinnen lassen; denn unter dieser wird seither zunehmend eine »Handlung« verstanden, die bereits durch die aus dem Strafrecht übernommenen Grenzen der natürlichen Handlungseinheit bzw. des Fortsetzungszusammenhangs bestimmt wird, so daß ein Haftungswille sich von vornherein, sofern nicht das Gegenteil ausdrücklich vereinbart wird, nur – und zwar erkennbar, weil dem Regelverständnis entsprechend – auf diese Form der »Handlung« beziehen wird.

Ist somit einer »normalen« Unterlassungsverpflichtungserklärung regelmäßig der Sinn zu entnehmen, daß für Handlungen in Fortsetzungszusammenhang die Vertrags-

---

[54] BGH GRUR 1982, 688, 691 = WRP 1982, 634 – Seniorenpaß; bestätigt in BGH GRUR 1985, 155, 156 = WRP 1985, 22 – Vertragsstrafe bis zu ... I.
[55] Vgl. schon Voraufl., Kap. 8, Rdn. 24; ferner *Baumbach/Hefermehl*, Einl. UWG, Rdn. 274; *v. Gamm*, Kap. 32, Rdn. 8.
[56] Vgl. *Bandt*, WRP 1982, 5; *Körner*, WRP 1982, 75, 77 f; *Lachmann*, BB 1982, 1634; auch – mit ganz anderem Lösungsansatz – *Kiethe*, Der wettbewerbsrechtliche Handlungsbegriff beim Vertragsstrafeversprechen, WRP 1986, 644.
[57] Vgl. *Bandt* und *Körner* aaO.; ebenso OLG Köln WRP 1985, 108, 110 und *Baumbach/Hefermehl*, Einl. UWG, Rdn. 290; a. A. *Pastor*, in *Reimer*, S. 161, dessen Argumentation – »fortgesetzte Handlung« sei als Begriff der Rechtsanwendung der Parteidisposition entzogen – zu sehr am Begriff haftet, die Grundsätze der Krankenwagen-II-Entscheidung (BGHZ 33, 163, 167 f.) zur nur entsprechend übertragbaren Rechtsfigur der »fortgesetzten Handlung« nicht genügend beachtet und durch *Bandt*, aaO., m. E. überzeugend widerlegt wird. Anders natürlich von seinem Ausgangspunkt eines anderen Handlungsbegriffs aus *Kiethe*, Der wettbewerbsrechtliche Handlungsbegriff beim Vertragsstrafeversprechen, WRP 1986, 644, 646.

strafe nur einheitlich – mit *einer* Vertragsstrafeleistung – gehaftet werden soll, so ist die Antwort auf die Frage, ob der Gläubiger diesen eingeschränkten Sinn hinnehmen muß oder den ausdrücklichen Ausschluß des Fortsetzungszusammenhangs fordern kann, nicht zu umgehen.

33 Sie ergibt sich m. E. wiederum aus dem Zweck der strafbewehrten Unterlassungserklärung: Sie soll Wiederholungen der Handlung ausschließen, nicht aber auch dazu dienen, daß – was beim Ausschluß des Fortsetzungszusammenhangs im Vordergrund steht – auch ein etwaiger hoher Schaden abgesichert wird, der bei mehreren (in Fortsetzungszusammenhang) begangenen Taten entstehen kann. Wie bereits ausgeführt (Rdn. 19), hat letztere Funktion mit dem Zweck der Unterwerfung als Mittel zur Beseitigung der Wiederholungsgefahr nichts zu tun. Die Wiederholungsgefahr kann aber grundsätzlich auch durch eine Strafbewehrung ohne Ausschluß des Fortsetzungszusammenhangs beseitigt werden. Ein solcher Ausschluß ist also nicht condicio sine qua non einer wirksamen Unterwerfung[58]. Wohl kann er aber Einfluß auf die Angemessenheit der Höhe des Strafgedinges gewinnen: Verweigert der Schuldner den verlangten Ausschluß und stellt eine im Fortsetzungszusammenhang denkbare Begehung von Einzelhandlungen einen höheren Anreiz für eine neue Begehung dar, so wird der zur Beseitigung dieses größeren Anreizes erforderliche Sanktionsbetrag höher ausfallen müssen als in den Fällen, in denen entweder die Gefahr einer fortgesetzten Handlung aus anderen Gründen ausgeschlossen ist oder der Schuldner bereit ist, den Fortsetzungszusammenhang für mehrere Zuwiderhandlungen auszuschließen, oder in denen die Gefahr einer Fortsetzungstat aus anderen Gründen gar nicht besteht. Das ganze ist somit letztlich ein Problem der Angemessenheit des Vertragsstrafeversprechens – mit der auch hier gültigen Einschränkung, daß diese sich allein am Zweck des Wiederholungsausschlusses, nicht dem der Schadensdeckung, zu orientieren hat (ähnlich jetzt auch Großkomm/*Köhler*, aaO.).

III. Die Frage weiterer Anforderungen an die Unterwerfung

34 1. Heute besteht – im Gegensatz zu früher teilweise vertretenen Meinungen[59] – weitgehend Einigkeit darüber, daß die Wirksamkeit einer ernst gemeinten und hinreichend strafbewehrten Unterlassungsverpflichtung nicht bessere Einsicht oder Gesinnungswandel[60] oder gar die Anerkennung der Berechtigung des Unterlassungsanspruchs[61] und/oder eines Schadensersatzanspruches voraussetzt, daß sie keinerlei zusätzliche Beseitigungshandlungen des Schuldners – etwa Zurückrufen von Ware aus dem Verkehr, Abgabe einer Widerrufserklärung oder Erteilung von Auskünften etc. – erfordert und daß es insbesondere auch nicht schadet, wenn die Unterwerfung nur unter dem

---

58 So Großkomm/*Köhler*, Vor § 13 UWG, B, Rdn. 45; *Baumbach/Hefermehl*, Einl. UWG, Rdn. 290; *Lachmann*, BB 1982, 1634, 1637.
59 Vgl. dazu die Darstellung *Pastors*, in *Reimer*, S. 68–71.
60 BGH GRUR 1962, 650, 651 = WRP 1962, 330 – Weinetikettierung; zustimmend *Heydt*, GRUR 1962, 651; anders aber früher RGZ 98, 269; 148, 114, 118 – Primeros; BGH GRUR 1953, 37, 40 – Schlachtergenossenschaft.
61 BGH GRUR 1972, 558, 559 = WRP 1972, 198 – Teerspritzmaschinen; Großkomm/*Köhler*, Vor § 13 UWG, B, Rdn. 36.

8. Kapitel Die Beseitigung der Wiederholungsgefahr durch Unterwerfung

Druck eines Prozesses[62] und/oder unter ausdrücklicher Aufrechterhaltung des Rechtsstandpunktes und/oder Verweigerung der Übernahme der Abmahnkosten[63] abgegeben worden ist. In besonderen Einzelfällen können solche Umstände und Vorbehalte ausnahmsweise begründete Zweifel an der Ernstlichkeit des Unterlassungswillens begründen; regelmäßig genügt aber als dessen Ausdruck die Bereitschaft zur Zahlung eines hinreichend hohen Vertragsstrafebetrages für den Fall der Zuwiderhandlung.

2. Auf den Zeitpunkt der Abgabe der Unterwerfungserklärung – ob unverzüglich nach Abmahnung oder erst im Laufe eines Prozesses – kommt es für die Wiederholungsgefahr ebenfalls nicht an[64]. Die Gründe dafür werden – weil erst dort ohne weiteres verständlich – bei der Darstellung der verschiedenen Meinungen zur Wirkung der Unterwerfungserklärungen erörtert werden.

IV. Die Auswirkungen der Unterwerfungserklärung auf die Wiederholungsgefahr

1. Einigkeit besteht darüber, daß die hier allein interessierende Wirkung der Beseitigung der Wiederholungsgefahr nur eintritt, wenn die Unterwerfung als Folge und als Ausdruck eines ernsthaften Unterlassungswillens des Schuldners erfolgt. Lassen besondere Umstände (Erklärungen oder Handlungen des Schuldners, aber auch des Gläubigers dann, wenn sie den Schluß auf ein Scheingeschäft zulassen, u. U. auch andere objektive Gegebenheiten wie Zahlungsunfähigkeit des Schuldners, seine bekannte Eigenschaft als Wiederholungstäter wettbewerbswidriger Handlungen o. ä.) den Schluß zu, daß dieser Wille nicht besteht, so kann auch die Unterwerfung die Wiederholungsgefahr nicht ausräumen.

2. Welche Wirkungen einerseits bereits die einseitige, vom Adressaten ohne triftigen Grund nicht angenommene Unterwerfungserklärung und andererseits das Zustandekommen eines rechtswirksamen Unterwerfungsvertrags zeitigen, war zunächst sehr umstritten.

a) Nach einer lange Zeit herrschend gewesenen Auffassung beruhte der Grund für den Wegfall der Wiederholungsgefahr allein auf der Sanktionsdrohung, die von der Vertragsstrafe ausgeht, bzw. in der Sicherung, die diese Sanktionsmöglichkeit dem Gläubiger gewährt. Da diese Sanktion aber einen Vertrag voraussetzt, wurde folgerichtig angenommen, daß erst und nur das Zustandekommen des Unterwerfungsvertrages durch Annahme der Verpflichtungserklärung seitens des Gläubigers die Wiederho-

---

62 Dies haben das RG (RGZ 158, 378) und früher auch der BGH (BGH 1, 241, 248 – Piek Fein und BGH GRUR 1952, 582, 584 – Sprechstunden) noch als schädlich angesehen; vgl. jetzt *Baumbach/Hefermehl*, Einl. UWG, Rdn. 272, u. BGH GRUR 1955, 390, 392 – Spezialpresse.
63 Vgl. dazu näher Kap. 41, Rdn. 46; ferner OLG Hamm WRP 1982, 233, 234; *Baumbach/Hefermehl*, Einl.UWG, Rdn. 273 a. E., und *Mes*, GRUR 1978, 345, 348.
64 H. M.; vgl. *Baumbach/Hefermehl*, Einl. UWG, Rdn. 270; kritisch jedoch *Nieder*, WRP 1976, 289 ff.; gegen die Zulassung von Unterwerfungen nach Prozeßbeginn auch *Ahrens*, S. 46 und in Anmerkung zu BGH GRUR 1985, 155 – Vertragsstrafe bis zu ... I, auf S. 158; ferner *Ahrens/Spätgens*, S. 134 f., u. *Ahrens/Spätgens*, Streiterledigung, S. 59 f.

lungsgefahr entfallen läßt[65]. Der naheliegenden Gefahr, daß der Gläubiger, dem nach dieser Auffassung – merkwürdigerweise – die Entscheidung über Fortdauer oder Wegfall der Wiederholungsgefahr zufiel, rechtsmißbräuchlich auch vollauf zureichende Unterwerfungserklärungen ablehnen könnte, um seinen damit materiell begründet bleibenden Anspruch im Prozeßwege durchsetzen zu können, sollte dadurch begegnet werden, daß dem Gläubiger für diese Fälle das Rechtsschutzbedürfnis für eine Klage abgesprochen wurde[66]. Es sollte jedoch dann weiterbestehen, wenn für die Ablehnung des Unterwerfungsangebots triftige Gründe vorlagen. Solche Gründe wurden zunächst – insoweit bestand weitgehend Übereinstimmung – im Fehlen einer oder mehrerer der Voraussetzungen gesehen, die unter II dieses Kapitels als unabdingbar für eine wirksame Unterlassungserklärung aufgeführt sind.

39 Weniger einmütig wurde beurteilt, ob und wann der Gläubiger auch eine alle diese Voraussetzungen erfüllende Unterwerfungserklärung ablehnen und dennoch im Prozeßwege vorgehen durfte.

40 In diesen Fragenbereich gehören die in anderem Zusammenhang (Rdn. 36) bereits erwähnten Auffassungen, die die Unzumutbarkeit der Annahme aus bestimmten vermeintlich vorrangigen Gläubigerinteressen herleiten wollen, also insbesondere die Meinungen von *Heinz/Stillner* (WRP 1976, 657 ff.) zur Unzumutbarkeit der Annahme eines Zahlungsversprechens lediglich zugunsten eines Dritten (Vernachlässigung der Schadensersatzinteressen des Gläubigers) sowie von *Nieder* (WRP 1976, 289) und *Ahrens* (S. 46) zur Unzumutbarkeit der Annahme einer erst im Laufe des Gerichtsverfahrens erklärten Unterwerfung (Vernachlässigung des Interesses an einer *sofortigen* Unterbindung des wettbewerbswidrigen Verhaltens).

41 b) Die lange Zeit herrschende Auffassung wies zwei fundamentale Schwachpunkte auf[67].

42 aa) Der erste ist prozessualer Natur:
Die Hilfskonstruktion des fehlenden Rechtsschutzbedürfnisses, auf die zur Vermeidung eines anderenfalls wohl unerträglichen Ergebnisses zurückgegriffen wurde, ist mit dem gewöhnlichen und auch im Wettbewerbsprozeß spätestens seit der klarstellenden Entscheidung des Bundesgerichtshofs vom 22. 9. 1972[68] herrschenden Verständnis vom Wesen des Rechtsschutzbedürfnisses schwerlich vereinbar. Letzteres setzt danach bei der Leistungsklage nur voraus, daß ein Anspruch schlüssig behauptet wird und daß kein einfacherer Weg zum selben oder gleichwertigen Ergebnis wie der Prozeß führt[69].

---

65 BGH GRUR 1967, 362, 366 (insoweit nicht in BGHZ 46, 305) – Spezialsalz I; BGH GRUR 1972, 558, 559 f. = WRP 1972, 198 – Teerspritzmaschinen; OLG Hamm WRP 1985, 436, 437; OLG Karlsruhe WRP 1985, 437, 438 f.; *Pastor*, S. 132, 160, 163; Borck, WRP 1974, 372, 376 (jedoch mit Zweifeln in Fn. 74); *Schimmelpfennig*, GRUR 1974, 201, 202; *Nieder*, WRP 1976, 289; *Heinz/Stillner*, WRP 1976, 657 in Fn. 3.
66 Vgl. die Belege in der letzten Fußnote
67 Vgl. dazu auch *Teplitzky*, GRUR 1983, 609 ff.
68 GRUR 1973, 208 = WRP 1973, 23 – Neues aus der Medizin; ebenso BGH GRUR 1987, 45, 46 = WRP 1987, 603 – Sommerpreiswerbung; BGH GRUR 1987, 568, 569 = WRP 1987, 627 – Gegenangriff.
69 BGHZ 55, 201, 206; BGH GRUR 1980, 241, 241 = WRP 1980, 253 – Rechtsschutzbedürfnis; st. Rspr.; vgl. näher Kap. 51, Rdn. 52–59, dort besonders Rdn. 57.

8. Kapitel Die Beseitigung der Wiederholungsgefahr durch Unterwerfung

Daran, daß eine vertragliche Unterwerfung einem im Prozeßwege erstrittenen Titel nicht in diesem Sinne gleichzusetzen ist[70], konnten auch die Vertreter der in Frage stehenden Meinung nicht zweifeln, da sie sonst zu der früher zwar vertretenen[71], inzwischen aber weitgehend aufgegebenen Rechtsmeinung hätten zurückkehren müssen, daß auch – und sogar erst recht – nach dem Zustandekommen eines ausreichenden Unterwerfungsvertrages – und nicht nur nach seiner Ablehnung durch den Gläubiger – das Rechtsschutzbedürfnis für eine Klage fehle. Die Widersprüchlichkeit, die darin lag, demjenigen, der in Form einer zustandegekommenen Vertragsstrafenvereinbarung bereits den weitergehenden Schutz hat, das Rechtsschutzbedürfnis für die Klage zu gewähren, es aber demjenigen zu versagen, der – wenngleich selbst verschuldet – sogar über weniger als diesen Schutz verfügt, war lange Zeit wenig aufgefallen.

Das Rechtsschutzbedürfnis mußte in der Hilfskonstruktion der kritisierten Meinung also wieder einmal nur die in der Literatur bereits wiederholt erwähnte und mit Recht beanstandete Rolle des Nothelfers, des »Sammelbeckens für ungelöste Probleme«[72] spielen. Einer kritischen Nachprüfung konnte seine Verwendung hier kaum standhalten.

Allerdings ergab sich daraus noch nicht zwingend, daß die kritisierte Meinung auch im übrigen nicht haltbar war. Die fehlerhafte prozessuale Hilfskonstruktion sollte ersichtlich nur dem Zweck dienen, unbefriedigende Ergebnisse der angenommenen materiellen Rechtslage zu korrigieren, und in dieser Funktion konnte sie ohne große Bedenken durch andere, besser geeignete Behelfe ersetzt werden – etwa, indem entweder schon gegen die Klage oder wenigstens gegen den Anspruch desjenigen, der eine Unterwerfung grundlos nicht angenommen hat, der Einwand der exceptio doli oder des venire contra factum propium zugelassen wurde.

bb) Gewichtiger erscheint daher der zweite, der materiell-rechtliche Einwand:

Die Wiederholungsgefahr ist, da sie sich auf gewillkürte Handlungen des Schuldners bezieht, von dessen Willen abhängig (*Pastor*, in *Reimer*, S. 49). Steht objektiv fest, daß der Schuldner ernsthaft entschlossen ist, keine entsprechende Handlung mehr zu begehen, so liegt keine Wiederholungsgefahr vor. Hängt letztere aber vom Willen des Schuldners ab, so erscheint es wenig folgerichtig, ihr Vorliegen statt vom Verhalten des Schuldners (Angebot der Unterwerfung) von dem des Gläubigers (Annahme der Erklärung) abhängig zu machen und damit das Dispositionsrecht über Vorliegen oder Nichtvorliegen der – ausschließlich vom Schuldnerwillen abhängigen – Wiederholungsgefahr dem Gläubiger einzuräumen.

Dem konnte zwar noch entgegengehalten werden, daß der maßgebliche Wille des Schuldners eben erst durch das rechtswirksame Zustandekommen der Vertragsstrafe (und die dann erst wirklich drohende) Sanktion gebildet oder entscheidend verfestigt werde. Die Künstlichkeit eines solchen – gewissermaßen aufschiebend »bedingten« – Unterlassungswillens dürfte jedoch mindestens für die weit überwiegende Zahl der Un-

---

70 BGH aaO. – Rechtsschutzbedürfnis; *Baumbach/Hefermehl*, Einl. UWG, Rdn. 277; *Schimmelpfennig*, GRUR 1974, 201, 203; eingehend (und insoweit mit gleichem Ergebnis) *Lindacher* GRUR 1975, 413, 416 ff..
71 Vgl. z. B. OLG Hamburg GRUR 1974, 108, 109; gegen diese Entscheidung mit Recht kritisch *Pastor*, GRUR 1974, 423 ff..
72 Vgl. *Baumgärtel*, Festschrift für *Hans Schima*, Wien 1969, S. 41, 43 m. w. N.; *ders.* auch in MDR 1968, 970 mit Nachw. in Fn. 4 (»Lückenbüßer«-Funktion).

terlassungserklärungen auf der Hand liegen. Wer die Verpflichtungserklärung abgibt, muß und wird von diesem Augenblick an mit ihrer Annahme und dem Zustandekommen der Sanktionsvereinbarung rechnen. Er wird daher regelmäßig schon in diesem Zeitpunkt den gleichen ernsthaften Unterlassungswillen haben wie nach dem Zustandekommen des Vertrags.

48   In Einzelfällen mag einem normalen, d. h. nach den Regeln des § 147 BGB annahmebedürftigen Unterwerfungsangebot ein durch die Annahme des Angebots »bedingter« oder bis zur endgültigen Ablehnung befristeter Unterlassungswille zugrunde liegen. Diese Möglichkeit braucht jedoch dann nicht mehr ernsthaft in Betracht gezogen zu werden, wenn der Schuldner – was zulässig und in der Regel höchst zweckmäßig ist[73] – das Angebot mit der zusätzlichen Erklärung abgibt, daß er sich in jedem Falle – auch einseitig – und unbefristet daran gebunden halte.

49   Die neuere Rechtsentwicklung hat diesen Bedenken Rechnung getragen. Nachdem schon früher in Rechtsprechung und Literatur vereinzelt auch der einseitigen Unterwerfungserklärung Wirkungen auf die Wiederholungsgefahr zuerkannt worden waren[74], hat der Bundesgerichtshof – zunächst in mehreren obiter dicta[75], sodann auch entscheidungstragend[76] – den Standpunkt eingenommen, daß es für die Beseitigung der Wiederholungsgefahr allein auf die Ernsthaftigkeit der unter Strafversprechen abgegebenen Unterlassungserklärung, nicht auch auf die Annahme der Erklärung ankommt[77]. Dem haben sich inzwischen die meisten Oberlandesgerichte[78] und die Literatur[79] angeschlossen. Nach dieser Auffassung erlischt der gesetzliche Unterlassungsanspruch also mit der Abgabe der Erklärung; für Vereinbarungen der Parteien über diesen (erloschenen) Anspruch – mit denen *Gruber*, aaO., sich eingehend befaßt – ist daher überhaupt kein Raum mehr.

---

73 Großkomm/*Köhler* (aaO) hält es – m. E. zu Recht – sogar für erforderlich.
74 OLG Frankfurt WRP 1976, 699, 700 sowie später als Vorinstanz des BGH zum Urteil Copy-Charge (GRUR 1984, 214 = WRP 1984, 199); LG Düsseldorf GRUR 1965, 103 f und 444; *v. Gamm*, UWG, § 1, Rdn. 224; *Schramm*, Mitt. 1959, 260, 262; *Borck*, WRP 1978, 7, 9.
75 BGH GRUR 1982, 688, 691 = WRP 1982, 634 – Seniorenpaß; BGH GRUR 1983, 186 = WRP 1983, 264 – Wiederholte Unterwerfung I.
76 BGH GRUR 1984, 214, 216 = WRP 1984, 199 – Copy-Charge; BGH GRUR 1984, 593, 595 = WRP 1984, 394 – adidas-Sportartikel; BGH GRUR 1985, 155, 156 = WRP 1985, 22 – Vertragsstrafe bis zu ... I; BGH GRUR 1985, 937, 938 = WRP 1985, 404 – Vertragsstrafe bis zu ... II; BGH GRUR 1986, 814, 815 – Whisky-Mischgetränk; BGH GRUR 1988, 459, 460 = WRP 1988, 368 – Teilzahlungsankündigung; BGH GRUR 1990, 1051, 1052 = WRP 1991, 27 – Vertragsstrafe ohne Obergrenze.
77 Den Beginn dieser Entwicklung habe ich in GRUR 1983, 609 dargestellt und sowohl zu fördern als auch dogmatisch abzustützen gesucht, später in der Vorauflage (Kap. 8, Rdn. 41 ff) wieder eingehend begründet.
78 Beginnend mit OLG Stuttgart WRP 1986, 177, 178 und OLG Köln WRP 1986, 506; vgl. neuerdings auch wieder OLG Hamburg WRP 1989, 28, 30.
79 Vgl. Großkomm/*Köhler*, Vor § 13 UWG, B, Rdn. 50–52; *Baumbach/Hefermehl*, Einl. UWG, Rdn. 270, 277; anders allerdings jetzt *Gruber*, WRP 1992, 71, 82 f, von dessen abweichendem Vorschlag jedoch im Interesse der – gerade erst wieder eingetretenen – Rechtssicherheit gehofft werden muß, daß er in der Instanzrechtsprechung ungehört verhallt.

Der Bundesgerichtshof hat eine nach meiner Ansicht gebotene[80] Differenzierung zwar mehrfach als möglich – vorerst wohl nur warnend – anklingen, aber bislang noch nicht entscheidend zum Tragen kommen lassen[81].

Es könnten berechtigte Zweifel an der Ernstlichkeit einer strafbewehrten Unterlassungserklärung auftreten, wenn und solange diese nur als einfache, gem. § 147 BGB nur zeitlich begrenzt verbindliche, Erklärung abgegeben wird; denn in diesem Fall liegt die Möglichkeit eines nur befristeten oder durch Annahme der Erklärung bedingten Verpflichtungswillens nicht ganz fern, so daß in solchen Fällen die Wiederholungsgefahr – abweichend allerdings von der bisherigen Praxis des Bundesgerichtshofs (aaO.) – regelmäßig erst (und nur) mit der Annahme der Erklärung sicher beseitigt sein dürfte. Wer die Wiederholungsgefahr ohne Rücksicht auf die Annahme oder Nichtannahme seiner Verpflichtungserklärung zweifelsfrei beseitigen will, wird daher – worauf auch die obiter dicta in den BGH-Urteilen adidas-Sportartikel und Vertragsstrafe bis zu ... I und II hinweisen – gut daran tun, die Erklärung ausdrücklich mit dem Zusatz abzugeben, daß er sich unbefristet und unbeschadet ihrer etwaigen Nichtannahme an die Erklärung gebunden halte[82]. Geschieht dies, so ist die (materielle) Anspruchsvoraussetzung der Wiederholungsgefahr beseitigt, ohne daß es auf die Annahmeerklärung des Gläubigers ankommt.

3. Wirkung inter partes oder gegen jedermann?

In der Literatur[83] war lange überwiegend die Meinung vertreten worden, daß eine wirksame Unterwerfung gegenüber einem Gläubiger regelmäßig nicht ausreichen könne, um die Wiederholungsgefahr auch gegenüber anderen Verletzten zu beseitigen. Diese Auffassung ist mit Verständnis und Funktion der Unterwerfung sowie – ausgehend hiervon – mit den Denkgesetzen unvereinbar: Wird durch eine Unterwerfung die Wiederholungsgefahr beseitigt, so kann diese Wirkung dem Wesen dieser »Gefahr« nach nicht auf die Parteien beschränkt sein; denn es ist undenkbar, daß ein und dieselbe Verletzungshandlung gegenüber einem Gläubiger unterlassen, anderen gegenüber aber erneut begangen werden könnte[84]. Ob eine einem anderen gegenüber abgegebene Unterwerfungserklärung die Wirkung der Ausräumung der Wiederholungsgefahr hat und somit auch einem anderen Gläubiger wirksam entgegengehalten werden kann, hängt

---

80 So auch Großkomm/*Köhler*, Vor § 13 UWG, B, Rdn. 52; *Baumbach/Hefermehl*, Einl. UWG, Rdn. 270; wohl auch *Ahrens* in seiner Anm. GRUR 1985, 938, 939.
81 Vgl. BGH aaO – adidas Sportartikel und Vertragsstrafe bis zu ... I und II.
82 So auch schon *Teplitzky*, GRUR 1983, 609, 610 und jetzt Großkomm/*Köhler* und *Baumbach/Hefermehl*, aaO..
83 *Baumbach/Hefermehl* bis zur 13. Aufl., dort Einl. UWG, Rdn. 257; *Pastor*, S. 112; *Nirk/Kurtze*, Rdn. 284; *Ahrens*, WRP 1983, 1, 2; ebenso aber auch OLG München WRP 1975, 683 und 1980, 285 sowie OLG Koblenz WRP 1981, 479, 480 f.
84 BGH GRUR 1983, 186 = WRP 1983, 264 (mit zustimmender Anm. von *Borck*, S. 265) – Wiederholte Unterwerfung I; BGH GRUR 1987, 640, 641 = WRP 1987, 557 – Wiederholte Unterwerfung II; BGH GRUR 1989, 758, 759 – Gruppenprofil; KG WRP 1981, 389, 390; OLG Hamburg WRP 1984, 563 f.; OLG Frankfurt WRP 1984, 413, 414 = GRUR 1984, 669 (mit Einschränkungen); *Tack*, WRP 1984, 455 (teils kritisch); *Borck*, WRP 1985, 311; *Kues*, WRP 1985, 196; scharf ablehnend dagegen *Krüger*, GRUR 1984, 785 ff., u. *Gruber*, GRUR 1991, 354, 361 ff; kritisch auch *Rödding*, WRP 1988, 514 ff.

von den Umständen des Einzelfalls ab[85], zu denen u. a. auch Person und Eigenschaften des Adressaten der ersten Unterwerfungserklärung, aber auch Besonderheiten des Verhältnisses des Schuldners zu letzterem gehören können (im einzelnen dazu – sehr eingehend – Großkomm/*Köhler,* aaO, Rdn. 56–59).

52 Die Praxis ist dadurch allerdings vor eine Reihe von schwierigen Problemen gestellt worden. Sie muß Möglichkeiten des Mißbrauchs und anderen Risiken begegnen, denen abmahnende Gläubiger oder Verbände nunmehr in stärkerem Maße als bisher ausgesetzt sind: Mißbrauch besonders in der Weise, daß der Verletzer entweder gleich nach begangener Verletzungshandlung »vorsorglich« oder sogleich auf eine ihm zugehende Abmahnung hin eine – ja auch einseitig wirksame – Unterwerfungserklärung gegenüber einem anderen – nicht dem abmahnenden – Verband oder Gläubiger abgibt, dies dem Abmahnenden gegenüber verschweigt und diesen dann mit dem Prozeß gewissermaßen in das bereitstehende offene Kostenmesser laufen läßt: Denn im Prozeß – meist im einstweiligen Verfügungsverfahren[86] – wird dann die bereits erfolgte Unterwerfung präsentiert mit der Folge, daß der Verfügungsantrag mangels Wiederholungsgefahr zurückgewiesen werden muß (vgl. zu solchen Möglichkeiten im einzelnen besonders *Tack* und *Krüger,* aaO).

53 Die Rechtsprechung ist unter Mitwirkung der Literatur bemüht, diese Probleme zu bewältigen, wobei der Ansatz zu Recht meist beim Erfordernis der Ernsthaftigkeit der Unterwerfung gesucht und zusätzlich – m. E. ebenfalls zu Recht – eine Aufklärungspflicht postuliert wird, die gegenüber einem abmahnenden Gläubiger dann besteht, wenn der Abgemahnte eine Unterwerfungserklärung gegenüber einem Dritten abgegeben hat[87].

54 Soweit dabei in einzelnen Entscheidungen der Instanzgerichte (vgl. neuerdings etwa – allerdings schon mit gewissen Einschränkungen – KG Berlin MD VSW 1991, 566, 567) eine Schematisierung dahin versucht wird, daß eine unaufgefordert einem Dritten gegenüber abgegebene Unterlassungserklärung schlechthin nicht ernsthaft sein könne und deshalb die Wiederholungsgefahr nicht beseitige, sind allerdings Bedenken anzumelden. Es ist dabei darauf abzustellen, wer Adressat dieser Unterwerfung ist. Handelt es sich um einen Dritten, bei dem Kollusionsverdacht nicht aufkommen kann und außerdem sicher ist, daß er im Zuwiderhandlungsfall die Sanktion mit gebotener Schärfe einfordern wird – als Beispiel sei die Wettbewerbszentrale genannt –, so werden Bedenken gegen die Ernsthaftigkeit des Unterwerfungswillens regelmäßig nicht zu erheben sein.

---

[85] Vgl. BGH GRUR 1983, 186, 187 = WRP 1983, 264 – Wiederholte Unterwerfung I; ferner auch schon BGH GRUR 1960, 379, 381 = WRP 1960, 161 – Zentrale; ferner BGH GRUR 1987, 640, 641 = WRP 1987, 557 – Wiederholte Unterwerfung II; BGH GRUR 1989, 758, 759 – Gruppenprofil; Großkomm/*Köhler,* Vor § 13 UWG, B, Rdn. 56 ff.; *v. Gamm,* Kap. 32, Rdn. 10; ab 14. Aufl. auch *Baumbach/Hefermehl,* Einl. UWG, Rdn. 278 ff., und § 13 UWG, Rdn. 8 b; eingehend auch *Kues,* WRP 1985, 196, 197 f; außerdem *Lindacher* in Anm. zu BGH GRUR 1987, 5

[86] Vgl. den Fall BGH GRUR 1987, 640 = WRP 1987, 557 – Wiederholte Unterwerfung II.

[87] Vgl. BGH GRUR 1987, 54, 55 = WRP 1986, 672 – Aufklärungspflicht des Abgemahnten; BGH GRUR 1987, 640, 641 = WRP 1987, 557 – Wiederholte Unterwerfung II; BGH GRUR 1988, 716, 717 = WRP 1989, 90 – Aufklärungspflicht gegenüber Verbänden.

8. Kapitel Die Beseitigung der Wiederholungsgefahr durch Unterwerfung

Problematisch erscheint auch ein weiterer Versuch einzelner Oberlandesgerichte[88], dem Abgemahnten das böswillige Verschweigen der Abmahnung gegenüber einem Zweitabmahner zu verleiden: Die Annahme, wer so etwas tue, wecke grundsätzlich Zweifel daran, ob die erste Abmahnung ernst gemeint war, läßt sich in dieser Allgemeinheit wohl kaum durch die Lebenserfahrung stützen, nach der es keineswegs fern liegt, daß ein Schuldner sich einem seriösen Mitbewerber oder Verband gegenüber ernsthaft unterwirft, dann aber – sei es aus aufkommendem Ärger über eine Zweitabmahnung oder aus persönlicher Abneigung gegenüber dem (möglicherweise zu Recht als wenig seriös angesehenen) Zweitabmahner beschließt, diesen zu ignorieren oder gar bewußt dem Kostenrisiko auszusetzen. Aus einem solchen Verhalten den Rückschluß darauf zu ziehen, daß schon die erste Abmahnung nicht ernst gemeint war, scheint mir ebensowenig angängig wie der Lösungsversuch, darin wenigstens die Begründung einer neuen Erstbegehungsgefahr zu sehen[89]. Der BGH hat daher zu Recht gegenüber solchen Lösungsversuchen große Zurückhaltung erkennen lassen, ohne sie jedoch bereits gänzlich zu verwerfen[90].

Als hilfreicher gegen Mißbräuche erweisen sich zwei andere Grundsätze, die in der Rechtsprechung des Bundesgerichtshofs entwickelt worden sind und auf die deshalb – obgleich nur der erste von beiden eine Wirkung auf die Wiederholungsgefahr betrifft – hier zusammenhängend eingegangen werden soll.

Zum einen trifft den Abgemahnten gegenüber dem Zweitabmahner die volle Darlegungs- und Beweislast dafür, daß die erste Unterwerfung geeignet war, die Wiederholungsgefahr zu beseitigen[91]. Dies schließt ein, daß er zunächst den vollen Wortlaut (vgl. BGH aaO.) der ersten Unterwerfung mitteilen muß, weil nur danach beurteilt werden kann, ob das Unterlassungsversprechen tatsächlich die konkrete Verletzungsform in vollem Umfang und auch treffsicher genug erfaßt und ob die zugesicherte Vertragsstrafe ausreichend ist; darüber hinaus muß er auch den Adressaten der Erklärung (vgl. BGH aaO.) nennen um etwaige Zweifel an dessen Seriosität und Bereitschaft zur ernsthaften Verfolgung etwaiger Verstöße gegen die Verpflichtung auszuräumen. Solange dem Zweitabmahner entsprechende Feststellungen nicht möglich sind, kann von einer ernsthaften Unterwerfung und damit von einer wirksamen Beseitigung der Wiederholungsgefahr nicht ausgegangen werden[92].

Zum anderen hat der Bundesgerichtshof entschieden, daß den Abgemahnten eine – aus dem durch die Verletzungshandlung begründeten und durch die Erstabmahnung konkretisierten gesetzlichen Schuldverhältnis nach Treu und Glauben erwachsende – Pflicht zur Aufklärung des Zweitabmahners (der auch ein Verband sein darf) über einen bereits eingetretenen Wegfall der Wiederholungsgefahr (durch Unterwerfung gegenüber dem Erstabmahner) trifft, bei deren schuldhafter Verletzung er sich schadenser-

---

[88] OLG Frankfurt WRP 1984, 413, 414; KG WRP 1986, 678, 680; ebenso auch *Kues*, WRP 1985, 196, 200 f; wohl zustimmend auch *Baumbach/Hefermehl*, Einl. UWG, Rdn. 283.
[89] Vgl. Voraufl. Kap. 8, Rdn. 50 a. E.
[90] Vgl. BGH GRUR 1987, 640, 641 f = WRP 1987, 557 – Wiederholte Unterwerfung II.
[91] BGH GRUR 1987, 640, 641 li. Sp. = WRP 1987, 557 – Wiederholte Unterwerfung II; vgl. auch Großkomm/*Köhler*, Vor § 13 UWG, B, Rdn. 60; *Baumbach/Hefermehl*, Einl. UWG, Rdn. 284.
[92] Vgl. zum Erfordernis genauer Kenntnis der einem anderen gegenüber abgegebenen Unterwerfungserklärung auch BGH GRUR 1989, 758, 759 re. Sp. – Gruppenprofil.

satzpflichtig macht[93]. Für eine etwaige Behauptung, der Schaden wäre auch bei ordnungsmäßiger Erfüllung eingetreten, hat der BGH in Anwendung eines allgemeinen für Aufklärungspflichtverletzungen entwickelten Rechtsgrundsatzes[94] die Darlegungs- und Beweislast dem Verletzer auferlegt (BGH aaO – Aufklärungspflicht gegenüber Verbänden).

58   In der wettbewerbsrechtlichen Literatur hat die Rechtsprechung des BGH zur Schadensersatzpflicht bei Aufklärungspflichtverletzungen weitgehend Zustimmung gefunden[95]; die OLG-Rechtsprechung, die früher schon selbst Versuche zur Begründung einer Aufklärungspflicht unternommen hatte[96], ist dem BGH bislang gefolgt[97]. Im einzelnen vgl. dazu Kap. 41, Rdn. 50–54.

4. Endgültige Wirkung oder »Wiederaufleben« bei Zuwiderhandlungen

59   a) Neue – auch unverschuldete – Verletzungshandlungen begründen wiederum eine Wiederholungsgefahr, die den Betroffenen zum erneuten Vorgehen gegen den Verletzer berechtigen[98]. Welcher Art diese Wiederholungsgefahr ist, wird meist nicht näher definiert; oft ist von »Wiederaufleben« der Wiederholungsgefahr die Rede.
    In Betracht kommt dreierlei.

60   aa) Man kann in der Zuwiderhandlung den Beweis dafür sehen, daß die Wiederholungsgefahr in Wahrheit nie entfallen war (*Borck*, WRP 1978, 7, 9); dann handelt es sich um die alte, unveränderte und keines Wiederauflebens bedürftige Wiederholungsgefahr.
    Diese Ansicht hat auf den ersten Blick den Anschein der Schlüssigkeit und Folgerichtigkeit für sich, geht jedoch von einem fragwürdigen und für die Rechtspraxis unbrauchbaren Begriff der Wiederholungsgefahr und ihrer Beseitigung aus: Wie früher bereits ausgeführt, setzt die Wiederholungsgefahr eine Begehungswahrscheinlichkeit voraus. Entfällt diese, so entfällt auch die Wiederholungsgefahr. Für die Beurteilung kann, da der wirkliche innere Wille des Schuldners sich ihr stets entziehen wird, nur auf äußere Kriterien, auf wahrnehmbare Willensmanifestationen abgestellt werden, wobei

---

93 BGH GRUR 1987, 54, 55 = WRP 1986, 672 – Aufklärungspflicht des Abgemahnten; BGH GRUR 1987, 340, 341 = WRP 1987, 557 – Wiederholte Unterwerfung II; BGH GRUR 1988, 313, 314 = WRP 1988, 359 – Auto F. GmbH; BGH GRUR 1988, 716, 717 = WRP 1989, 90 – Aufklärungspflicht gegenüber Verbänden; vgl. auch Kap. 41, Rdn. 50–54.
94 Vgl. BGHZ 61, 118, 123 f; 64, 46, 51; 72, 93, 106 und BGH NJW 1984, 1688, 1689.
95 Vgl. schon Voraufl. Kap. 8, Rdn. 50 und Kap. 41, Rdn. 36 f; jetzt auch Großkomm/*Köhler*, Vor § 13 UWG, B, Rdn. 63; Großkomm/*Kreft*, Vor § 13 UWG, C, Rdn. 47 ff; *Baumbach/Hefermehl*, Einl. UWG, Rdn. 285 und Rdn. 550; *v. Gamm*, Kap. 32, Rdn. 10.
96 Vgl. dazu und zu entsprechenden Versuchen auch in der älteren Literatur die Übersicht im Urteil BGH GRUR 1986, 54, 55 li. Sp. = WRP 1986, 672 – Aufklärungspflicht des Abgemahnten.
97 Vgl. OLG Hamburg WRP 1989, 28, 31; OLG Frankfurt WRP 1989, 391, 392 mit Anm. *Traub*; KG WRP 1989, 659, 660; OLG Köln GRUR 1991, 74, 75.
98 Jedenfalls dann, wenn sie nicht ihrer Art nach – etwa als nicht mehr vermeidbare Nachwirkungen oder Ausläufer der den Anlaß der Unterwerfung bildenden Handlung – belanglos oder ohne hinreichendes Gewicht sind; vgl. dazu die Weisungen an das Berufungsgericht in BGH GRUR 1982, 688, 690, 691 = WRP 1982, 634 – Seniorenpaß; zu sog. Auslauffällen näher und zutreffend *Gruber*, WRP 1991, 279, 283 f.

8. Kapitel Die Beseitigung der Wiederholungsgefahr durch Unterwerfung

es – da anderenfalls die für die Praxis unerläßliche zeitliche Fixierbarkeit des Bestehens des Tatbestandsmerkmals Wiederholungsgefahr entfiele – auf den Zeitpunkt dieser Manifestation bzw. ihrer Wahrnehmbarkeit ankommen muß. Daraus folgt, daß mit dem maßgeblichen Verhalten – der empfangsfähigen Abgabe einer ausreichenden Unterwerfungserklärung – die Wiederholungsgefahr als entfallen angesehen werden muß, und zwar einheitlich und für alle Fälle unabhängig von einer unerkennbaren wirklichen inneren Willensrichtung des Verletzers und somit auch von etwaigen späteren »Beweisen« für eine gegenteilige innere Willensrichtung des Schuldners.

bb) Ein »Wiederaufleben der Wiederholungsgefahr« von dem zuweilen die Rede ist[99] und für das neuerdings *Köhler*[100] nachdrücklich eintritt, kann es vom Standpunkt der h. M.[101] nicht geben. Ist die durch eine bestimmte Verletzungshandlung begründete Wiederholungsgefahr einmal beseitigt, so ist damit der aus dieser Verletzungshandlung resultierende Unterlassungsanspruch erloschen. Die Verletzungshandlung selbst hat damit ihre Fähigkeit, einen Anspruch zu begründen, endgültig verloren. Für eine »wiederaufgelebte« Wiederholungsgefahr fehlt es somit am unabdingbaren Tatbestandselement einer rechtlich (noch) relevanten Verletzungshandlung. Demgegenüber will *Köhler* (aaO.) in der Wiederholungsgefahr ein Tatbestandsmerkmal sehen, dessen Wegfall den Anspruch nicht erlöschen läßt, sondern – ähnlich der Verwirkung – nur eine rechtshemmende Einwendung, gewissermaßen eine Rechtsausübungssperre begründen soll. Von diesem – konstruktiv vertretbaren – Ansatzpunkt wäre in der Tat ein »Wiederaufleben« der Wiederholungsgefahr möglich. Der andere Ansatzpunkt erscheint mir aber trotz gewisser von *Köhler* aufgezeigter Vorteile dem der h. M. nicht so überlegen, daß deren Infragestellung (mit der Folge neuer Meinungsdifferenzen und Rechtsunsicherheiten in der Praxis) sinnvoll erscheinen könnte. (Zu – m. E. durchgreifenden – Bedenken auch schon gegen den gedanklichen Ansatz *Köhlers* vgl. *Gruber*, WRP 1991, 279, 283).

cc) Zutreffend kann daher nur sein, eine durch den Verstoß gegen die vertragliche Unterlassungspflicht als neue Verletzungshandlung begründete neue Wiederholungsgefahr (= Gefahr der Wiederholung dieser *neuen* Handlung) zu sehen[102].

b) Das Vorgehen aufgrund einer solchen neuen Verletzungshandlung wirft für Dritte, die von ihr betroffen werden, keine rechtlichen Fragen auf.

Dagegen ist früher dem Gläubiger des Vertragsstrafeversprechens selbst zuweilen der Einwand mangelnden Rechtsschutzinteresses für ein neues Vorgehen gegen den

---

99 Vgl. OLG Hamburg WRP 1986, 560, 561; KG MD VSW 1992, 296, 298; LG Frankfurt WRP 1962, 205, 206; *Emmerich,* § 17, 2, a, bb.
100 Vgl. schon GRUR 1989, 804 ff und jetzt Großkomm/*Köhler,* Vor § 13 UWG, B, Rdn. 66 ff, besonders Rdn. 69; ihm zustimmend *Ahrens* in der Bespr. des UWG-Großkommentars JZ 1992, 242, 243.
101 Vgl. BGH GRUR 1987, 640, 642 = WRP 1987, 557 – Wiederholte Unterwerfung II; BGH GRUR 1990, 534 = WRP 1990, 622 – Abruf-Coupon; *Baumbach/Hefermehl,* Einl. UWG, Rdn. 287; Voraufl. Kap. 8, Rdn. 53; *Lindacher,* Anm. GRUR 1987, 55 und – nachdrücklich und mit zutreffender Argumentation gegen die Begründung *Köhlers* (aaO) – *Gruber,* WRP 1991, 279, 282 f.
102 Vgl. BGH Fn. 101 – Abruf-Coupon; KG MD VSW 1989, 23, 26 f.; *Gruber,* aaO.

Schuldner entgegengehalten worden, und zwar unter Verweisung auf die Möglichkeit der Verfolgung seiner Rechte aufgrund des Vertragsstrafeversprechens[103].
Nachdem der Bundesgerichtshof dieser Meinung in seinem Urteil vom 9. 11. 1979[104] mit überzeugenden Gründen entgegengetreten ist, wird sie jedoch – soweit ersichtlich – nirgends mehr weiter verfochten.

65   Auch dem Gläubiger der Unterwerfung ist es daher unbenommen, bei Verstößen gegen die vereinbarte Unterlassungspflicht statt oder neben der Forderung der Vertragsstrafe auch im Klagewege oder – bei im übrigen gegebenen Voraussetzungen – durch Antrag auf Erlaß einer einstweiligen Verfügung gegen den Verletzer vorzugehen. Eine erneute Unterwerfung mit nunmehr erhöhtem Vertragsstrafeversprechen, für deren grundsätzliche Beachtlichkeit und Verbindlichkeit sich *Pastor* (GRUR 1974, 423, 430 f) ausgesprochen hat, wird in Wiederholungsfällen nicht mehr ohne weiteres als ausreichend zur Beseitigung der neuerlichen Wiederholungsgefahr angesehen werden können; gegen ihre Ernstlichkeit spricht zunächst die mit der ersten Unterwerfung gemachte negative Erfahrung. Der BGH (aaO., Fn. 101, – Abruf-Coupon) scheint allerdings – wenngleich ohne nähere Erörterung der Frage und etwaiger Bedenken – dazu zu neigen, daß die Wiederholungsgefahr auch nach einem erneuten Verstoß wiederum durch eine Unterwerfung beseitigt werden kann, jedoch nur dann, wenn sie eine gegenüber der ersten erheblich höhere Strafbewehrung enthält. Dies sollte m. E. jedoch auf die Fälle beschränkt bleiben, in denen sich der Verstoß gegen die erste Verpflichtung nach den gegebenen Umständen mehr als leichtes Versehen denn als Zeichen der Renitenz darstellt; (vgl. – sinngemäß wohl entsprechend – OLG Nürnberg GRUR 1983, 399, 400; deutlich ablehnend *Gruber,* WRP 1991, 279, 284).

5. Aufhebung oder anderweitige Beendigung der Wirkung

66   Die hier wieder allein interessierende Wirkung der Ausräumung der Wiederholungsgefahr ist, wenn sie einmal eingetreten ist, nach h. M. nicht mehr rückgängig zu machen[105].

67   Sagt der aus der Unterwerfung Verpflichtete sich nachträglich – ausdrücklich oder konkludent – auch nur einseitig von seiner Verpflichtung los, so kann dies selbstverständlich – und zwar gleichgültig, ob es rechtlich zulässig ist und irgendwelche Rechtswirkungen erzeugt – erneut eine Gefahr für den Gläubiger bedeuten, da (und soweit) es die Aufkündigung des Unterlassungswillens bedeutet. Die vorstehend (in Rdn. 60–62) behandelte erneute Zuwiderhandlung ist nur ein denkbarer Fall einer solchen (hier kon-

---

103 So OLG Hamburg GRUR 1974, 108, 109 = WRP 1973, 653; dazu kritisch bereits *Schimmelpfennig,* GRUR 1974, 201 ff., und *Pastor,* GRUR 1974, 423 ff.
104 GRUR 1980, 241, 242 = WRP 1980, 253 – Rechtsschutzbedürfnis; ebenso auch früher schon KG WRP 1976, 376; im Urteil »Abruf-Coupon« (Fn. 101) sieht der BGH im Rechtsschutzbedürfnis schon kein erörterungswürdiges Problem mehr. Ein der Entscheidung BGH aaO – Rechtsschutzbedürfnis etwa zu entnehmender Zusammenhang zwischen Rechtsschutzbedürfnis und Wiederholungsgefahr (vgl. dazu Großkomm/*Jacobs,* Vor § 13 UWG, D, Rdn. 77 f., und *Gruber,* WRP 1991, 279, 280) wird danach heute auch vom BGH nicht mehr gefordert; (gegen einen solchen Zusammenhang zutreffend *Gruber,* aaO., S. 281 und im einzelnen Großkomm/*Jacobs* aaO., Rdn. 78 f.
105 Vgl. vorstehend Rdn. 61 f. und *Pastor* in *Reimer,* S. 118, dort besonders in Fn. 1; a. A. *Köhler,* aaO. (Fn. 100).

8. Kapitel Die Beseitigung der Wiederholungsgefahr durch Unterwerfung

kludenten) Aufkündigung bzw. Widerlegung der erklärten Unterlassungsbereitschaft. Andere Formen – Widerruf, Kündigung, Anfechtung, Behauptung des Wegfalls der Geschäftsgrundlage oder schlichtes Erklären, sich nicht mehr an die Verpflichtung gebunden zu fühlen, – müssen in gleicher Weise zur Gefahrbegründung genügen, ohne daß es dazu auf die rechtlichen Auswirkungen solcher Erklärungen auf den geschlossenen Vertrag[106] ankommen kann.

Diese Gefahr kann aus den dargelegten Gründen rechtlich aber nicht als »wiederaufgelebte Wiederholungsgefahr«, sondern nur mit der Kategorie der durch ein solches Verhalten des Schuldners regelmäßig – wenngleich nicht ausnahmslos – hinreichend begründeten Erstbegehungsgefahr erfaßt werden, was allerdings zur Folge hat – und hier liegt eine gewisse Bedeutung des in erster Linie rechtsdogmatisch interessanten Problems auch für die Praxis –, daß hier grundsätzlich auch die strengeren Beweisanforderungen an die Annahme einer Erstbegehungsgefahr zu stellen sind[107] und die geringeren Anforderungen gelten müssen, die die Rechtsprechung an die Beseitigung einer Erstbegehungsgefahr (gegenüber der der Wiederholungsgefahr) stellt[108].

---

106 Von solchen Auswirkungen wird später bei der Behandlung des Unterlassungsvertrags und des Vertragsstrafevertrags noch die Rede sein.
107 Vgl. Kap. 10, Rdn. 8.
108 Vgl. BGH GRUR 1987, 125, 126 = WRP 1987, 169 – Berühmung; BGH GRUR 1992, 116, 117 = WRP 1991, 719 – Topfgucker-Scheck; vgl. ferner nachfolgend Kap. 10, Rdn. 20.

2. Abschnitt Der vorbeugende Unterlassungsanspruch

9. Kapitel Wesen und Rechtsgrundlage des vorbeugenden Unterlassungsanspruchs

Inhaltsübersicht

	Rdn.		Rdn.
I. Wesen und Abgrenzung	1–5	II. Die Grundlagen des vorbeugenden Unterlassungsanspruchs	6–8

I. Wesen und Abgrenzung

1 1. Der vorbeugende Unterlassungsanspruch erfaßt diejenigen Fälle, in denen ein objektiver Eingriff noch nicht vorliegt, aber nach den Umständen des Falles drohend bevorsteht. Er besteht, wenn die Gegebenheiten des Einzelfalles die ernstliche Befürchtung begründen, der »Verletzer« werde einen Verstoß begehen, etwa weil er die bevorstehende Verletzungshandlung selbst ankündigt oder sich berühmt, sie begehen zu dürfen. Der Anspruch stellt eine Weiterentwicklung des in RGZ 60, 6 niedergelegten Rechtsgedankens dar: So wie beim Vorliegen eines objektiv rechtswidrigen Eingriffs nicht abgewartet zu werden braucht, bis die Wiederholung vorgenommen ist, braucht bei einer drohenden Gefährdung nicht erst abgewartet zu werden, bis der erste Eingriff in ein Rechtsgut oder ein vom Recht geschütztes Interesse geschehen und der erste Schaden entstanden ist. Damit kann im Wettbewerbsrecht jedem objektiv rechtswidrigen Eingriff entgegengetreten werden, gleichviel, ob er nun der erste oder eine Wiederholung ist.

2 Heute wird – nachdem früher zuweilen seines gleichfalls vorbeugenden (in die Zukunft gerichteten) Rechtsschutzcharakters wegen auch der Verletzungsunterlassungsanspruch als »vorbeugend« bezeichnet worden war[1] – die Bezeichnung »vorbeugender Unterlassungsanspruch« regelmäßig nur dem Anspruch vorbehalten, der eine Erstbegehung der Verletzungshandlung verhindern soll.

3 2. Bei dem vorbeugenden Unterlassungsanspruch handelt es sich um einen von dem Verletzungsunterlassungsgrund zwar nicht nach seinem Inhalt[2], wohl aber nach seinen Voraussetzungen zu trennenden selbständigen Anspruch, nicht etwa um einen nur

---

1 Vgl. dazu *Pastor*, in *Reimer*, S. 98 f. unter zutreffendem Hinweis auf – u. a. – die Terminologie im Leitsatz von BGHZ 14, 286 = GRUR 1955, 150 – Farina Belgien; kritisch zur jetzt üblich gewordenen (und auch hier verwendeten) Terminologie *Ahrens*, S. 17.
2 Anders *Pastor*, in *Reimer*, S. 99.

9. Kapitel Wesen und Rechtsgrundlage des vorbeugenden Unterlassungsanspruchs 4–7

noch nicht fälligen Anspruch[3]. Das Gesetz behandelt ihn nicht; er ist im Wettbewerbsrecht durch die Rechtsprechung zum Gewohnheitsrecht entwickelt worden. Wegen seiner unterschiedlichen Voraussetzungen ist er jeweils ohne Rücksicht auf das Bestehen oder Nichtbestehen eines Verletzungsunterlassungsanspruchs zu prüfen[4].

Beide Ansprüche überschneiden sich nicht, können sich aber ergänzen, wenn der Unterlassungsgläubiger über die konkrete Verletzungshandlung hinaus einen Unterlassungsanspruch weiterer Art (maius) stellen will, auf den sich die Wiederholungsvermutung aufgrund der begangenen Verletzungshandlung auch in ihrem weiteren Sinn (vgl. Kap. 6, Rdn. 3 mit Fn. 4) nicht mehr erstreckt. In diesen Fällen reihen sich beide Ansprüche aneinander mit der Folge, daß der vorbeugende Unterlassungsanspruch den Umfang der Verletzungsunterlassung erweitert.

Von großer praktischer Bedeutung ist der vorbeugende Unterlassungsanspruch dann, wenn im Verletzungsprozeß eine konkrete Verletzungshandlung nicht nachweisbar ist, gleichwohl aber Begehungsgefahr besteht. Dann ist der eingeklagte Unterlassungsanspruch auch unter dem Gesichtspunkt des vorbeugenden Unterlassungsanspruchs, und zwar von Amts wegen, zu prüfen (BGH aaO – Sternbild; im einzelnen auch Großkomm/*Köhler,* Vor § 13 UWG, B, Rdn. 85, sowie Großkomm/*Jacobs,* Vor § 13 UWG, D, Rdn. 134–139).

II. Die Grundlagen des vorbeugenden Unterlassungsanspruchs

Als Anspruchsgrundlagen kommen sämtliche Rechtsgrundlagen einer Verletzungsunterlassung in Betracht. Im Einzelfall ist jeweils diejenige Anspruchsgrundlage maßgebend, die bei Ausführung der (erst noch) befürchteten Handlung einen Verletzungsunterlassungsanspruch begründen würde. Der vorbeugende Unterlassungsanspruch ist damit nicht auf besondere Fälle, etwa absolute oder diesen gleichgestellte Rechte, beschränkt, sondern überall gegeben, wo auch ein Verletzungsunterlassungsanspruch gegeben sein kann.

Der vorbeugende Unterlassungsanspruch ist auch nicht etwa nur dann gegeben, wenn der drohende Eingriff aller Wahrscheinlichkeit nach auch einen Schaden verursachen würde[5]. Soweit in Entscheidungen besonders hervorgehoben wird, daß ein Schaden noch nicht entstanden zu sein brauche[6], besagt dies etwas Selbstverständliches, weil sonst eine Verletzungsunterlassung begründet wäre. Der Gesichtspunkt der Schadensverhinderung ist ohne wesentliche Bedeutung[7]. Es ist allein der gesetzliche Unterlassungstatbestand maßgebend[8].

---

3 Vgl. BGH GRUR 1990, 687, 689 = WRP 1991, 16 – Anzeigenpreis II; Großkomm/*Köhler,* Vor § 13 UWG, B, Rdn. 76.
4 BGH GRUR 1960, 126, 127 = WRP 1959, 351 – Sternbild; st. Rspr.
5 Großkomm/*Köhler,* Vor § 13 UWG, B, Rdn. 75; *Baumbach/Hefermehl,* Einl. UWG, Rdn. 299.
6 BGHZ 2, 394, 395 f – Widia/Ardia; BGH GRUR 1958, 86, 88 = WRP 1957, 361 – Ei-fein.
7 Abweichend BGH aaO. – Ei-fein; differenzierend *Baumbach/Hefermehl,* Einl. UWG, Rdn. 299, und Voraufl., Kap. 9, Rdn. 7.
8 Großkomm/*Köhler,* Vor § 13 UWG, B, Rdn. 75.

Ein vorbeugender Unterlassungsanspruch ist somit immer dann gegeben, wenn eine Verletzungshandlung befürchtet wird, deren Begehung einen Verletzungsunterlassungsanspruch zur Entstehung bringen würde.

8 Ebenso wie der – ebenfalls in die Zukunft gerichtete – Verletzungsunterlassungsanspruch setzt auch der vorbeugende Unterlassungsanspruch kein besonderes Rechtsschutzbedürfnis nach § 259 ZPO voraus; es handelt sich nicht um einen erst künftig entstehenden, sondern um einen bereits gegenwärtig bestehenden Leistungsanspruch[9], für den – wie grundsätzlich für jeden Leistungsanspruch – ein Rechtsschutzbedürfnis ohne weiteres besteht.

---

9 BGH aaO. (Fn. 3) – Anzeigenpreis II

10. Kapitel Die Erstbegehungsgefahr

Literatur: *Baur*, Zu der Terminologie und einigen Sachproblemen der »vorbeugenden Unterlassungsklage«, JZ 1966, 381; *Borck*, Die Erstbegehungsgefahr im Unterlassungsprozeß, WRP 1984, 583.

Inhaltsübersicht

	Rdn.		Rdn.
I. Begriffsbestimmung	1–7	6. Verletzungshandlungen gegen ein als verfassungswidrig außer kraft gesetztes und durch gleichartige Bestimmungen ersetztes Gesetz	18
1. Die Begehungsgefahr	2–5		
2. Der Inhalt der Begehungsgefahr	6, 7		
II. Wann liegt (Erst-)Begehungsgefahr vor?	8–17		
1. Berührung	9–12	III. Der Fortfall der Begehungsgefahr	19, 20
2. Vorbereitungshandlungen	13, 14	1. Erlöschen des Anspruchs	19
3. Wegfall berechtigter Interessen	15	2. Voraussetzungen des Fortfalls	20
4. Verletzungsähnliche Handlungen	16		
5. Verjährte Verletzungshandlungen	17		

I. Begriffsbestimmung

Erstbegehungsgefahr ist ein Zustand, bei dem aus tatsächlichen Gründen ernsthaft zu besorgen ist, daß ein rechtswidriger Eingriff in ein absolutes Recht oder ein sonst vom Recht geschütztes Gut oder Interesse unmittelbar (»drohend«) bevorsteht. Wie beim gesetzlichen Verletzungsunterlassungsanspruch die Wiederholungsgefahr ist beim vorbeugenden Unterlassungsanspruch die Erstbegehungsgefahr materiell-rechtliches Tatbestandsmerkmal[1]. Die Begehungsgefahr ist – neben der Tatbestandsmäßigkeit und der Rechtswidrigkeit des drohenden Handelns – die einzige sachliche Voraussetzung des vorbeugenden Unterlassungsanspruchs.

1

---

1 Jetzt ganz h. M.; vgl. BGH GRUR 1973, 208, 209 = WRP 1973, 23 – Neues aus der Medizin; *v. Gamm*, UWG, § 1, Rdn. 296; Großkomm/*Köhler*, Vor § 13 UWG, B, Rdn. 76; *Baumbach/Hefermehl*, Einl. UWG, Rdn. 300 i. V. mit Rdn. 260.

1. Die Begehungsgefahr

2   Die Erstbegehungsgefahr (manchmal auch Beeinträchtigungsgefahr, im folgenden der Einfachheit halber nur »Begehungsgefahr« genannt) entspricht in ihrem Inhalt dem, was bei der Verletzungsunterlassung die Wiederholungsgefahr darstellt[2]. Die Begehungsgefahr unterscheidet sich von der Wiederholungsgefahr nicht dem Wesen und den Folgen[3] nach, sondern lediglich in den Anforderungen an den Beweis und – in gewissem Umfang – an ihre Beseitigung (vgl. zu letzterem näheres nachfolgend in Rdn. 20 f.). Als die aufgrund ernsthafter Befürchtungen angesetzte »drohende« Gefahr bedeutet sie, daß weder eine bloße Möglichkeit der Begehung noch die bloße Besorgnis eines Eingriffs ausreicht. Vielmehr muß der Eingriff »greifbar nahe« sein, die Umstände müssen seine Vorbereitung und/oder die Absicht seiner Verwirklichung erkennen lassen[4].

3   Ob dies der Fall ist, muß nach objektiven Maßstäben, nicht etwa aus dem subjektiven Blickwinkel des gegen die (vermeintliche) Gefahr Vorgehenden bestimmt werden, wobei in der Regel vom Standpunkt eines verständigen Durchschnittsbetrachters auszugehen sein wird, spezielles Wissen des Beurteilenden im maßgeblichen Beurteilungszeitpunkt aber zu berücksichtigen ist.

4   Welcher Zeitpunkt für die Beurteilung maßgeblich ist, beantwortet sich unterschiedlich: Für die gerichtliche Entscheidung über das Bestehen des Anspruchs kommt es ausschließlich auf den Zeitpunkt der mündlichen Verhandlung an[5], für die Prüfung der ursprünglichen Berechtigung des Vorgehens – etwa im Streit über die Erledigung der Hauptsache oder über die Berechtigung von Abmahnkosten – kommt es auf die Zeit des zu beurteilenden Vorgehens an, die im Wege einer ex-ante-Beurteilung vom Zeitpunkt der letzten mündlichen Verhandlung über den Streit aus zu bestimmen ist.

5   Bildet die Anspruchsgrundlage des vorbeugenden Unterlassungsanspruchs eine Vorschrift, die nur einen Schadensersatzanspruch statuiert (z. B. §§ 823 ff. BGB), bezieht sich die Begehungsgefahr ebenfalls auf die Verletzungshandlung. Auf die Wahrscheinlichkeit eines Schadens kann es – entgegen BGH GRUR 1958, 86, 88 = WRP 1957, 361 – Ei-fein – nicht entscheidend ankommen, da anderenfalls bevorstehende Rechtsgutbeeinträchtigungen ohne Schadensfolgen, etwa Ehrkränkungen, nicht vorbeugend unterbunden werden könnten[6].

---

2   Heute h. M.; vgl. BGH GRUR 1990, 687, 689 = WRP 1991, 16 – Anzeigenpreis II; Großkomm/*Köhler*, Vor § 13 UWG, B, Rdn. 76; *Baumbach/Hefermehl*, Einl. UWG, Rdn. 300 i. V. mit Rdn. 260; a. A. noch *Pastor*, in *Reimer*, S. 105.
3   So ist auch bei Fehlen der Erstbegehungsgefahr die Unterlassungsklage als unbegründet – und nicht etwa als »z. Zt. unbegründet« – abzuweisen; BGH GRUR 1990, 687, 689 = WRP 1991, 16 – Anzeigenpreis II.
4   BGHZ 2, 394, 395 – Widia/Ardia; BGH GRUR 1962, 34, 35 – Torsana; BGH GRUR 1990, 687, 689 = WRP 1991, 16 – Anzeigenpreis II; BGH GRUR 1991, 764, 765 f. = WRP 1991, 470 – Telefonwerbung IV; BGH GRUR 1992, 318 = WRP 1992, 314, 316 – Jubiläumsverkauf; vgl. im einzelnen Großkomm/*Köhler*, Vor § 13 UWG, B, Rdn. 76.
5   BGH GRUR 1973, 203, 204 = WRP 1973, 19 – Badische Rundschau; BGH GRUR 1986, 248, 251 – Sporthosen.
6   Ebenso Großkomm/*Köhler*, Vor § 13 UWG, B, Rdn. 75.

2. Der Inhalt der Begehungsgefahr

Auch die Begehungsgefahr muß sich auf eine *konkrete* Verletzungshandlung beziehen, die wiederum die in Betracht kommende Anspruchsgrundlage bestimmt. Die die Begehungsgefahr begründenden Tatsachen müssen die befürchtete Handlung so konkret abzeichnen, daß eine zuverlässige Beurteilung möglich ist[7]. Immer handelt es sich auch hier um die Gefahr einer objektiven Begehung, die subjektive Seite spielt auch beim vorbeugenden Unterlassungsanspruch keine Rolle. Wo zum gesetzlichen Tatbestand auch ein subjektives Tatbestandsmerkmal gehört, wie z. B. bei § 1 UWG, genügt es für den vorbeugenden Unterlassungsanspruch, daß die drohende konkrete Verletzungshandlung jedenfalls nur in Kenntnis der äußeren Umstände begangen werden kann[8].

Der konkrete Inhalt der Begehungsgefahr bestimmt den konkreten Inhalt des Anspruchs. Damit entspricht der vorbeugende Unterlassungsanspruch sowohl nach seinem Anspruchsinhalt (Klageantrag) als auch in seiner gerichtlichen Fixierung (Urteilstenor) dem Anspruch auf Unterlassung bei der Verletzungshandlung[9]. Aus Antrag und Urteilstenor ist mithin nicht zu entnehmen, daß dasjenige, was unterbleiben soll, überhaupt noch nicht begangen worden ist.

II. Wann liegt (Erst-)Begehungsgefahr vor?

Ebenso wie bei der Wiederholungsgefahr ist auch die Beurteilung der Erstbegehungsgefahr Tatfrage. Sie hängt von einer umfassenden Würdigung der jeweiligen tatsächlichen Umstände des konkreten Einzelfalles ab[10]. Anders als bei der Wiederholungsgefahr – dies ist der wesentlichste Unterschied der beiden Formen der Begehungsgefahr – spricht für ihr Vorliegen keine Vermutung, so daß derjenige, der sie geltend macht, alle Umstände darlegen und beweisen muß, aus denen sie sich im konkreten Fall ergeben soll[11].

Die Vielfalt dieser denkbaren Umstände läßt sich schwerlich in ein bestimmtes Schema pressen. Trotzdem lassen sich einige Fallgruppen bestimmen, in denen eine Erstbegehungsgefahr typischerweise naheliegt und in der Praxis auch häufig angenommen wird.

1. Der wichtigste Fall der Begründung einer Begehungsgefahr ist die Berühmung. Sie liegt dann vor, wenn der Beklagte für sich das Recht in Anspruch nimmt, jederzeit so handeln zu dürfen, und zwar gegenüber jedermann, insbesondere aber gegenüber dem Kläger[12]. Von jemandem, der sich berühmt, eine bestimmte Handlung vornehmen zu

---

7 BGHZ 11, 260, 277 f. – Kunststoff-Figuren; BGH GRUR 1970, 305, 306 = WRP 1970, 178 – Löscafé; ebenso jetzt auch Großkomm/*Köhler*, aaO.
8 BGH GRUR 1960, 193, 196 = WRP 1960, 13 – Frachtenrückvergütung.
9 BGH GRUR 1990, 687, 689 = WRP 1991, 16 – Anzeigenpreis II; vgl. auch Großkomm/*Jacobs*, Vor § 13 UWG, D, Rdn. 134–136.
10 Vgl. BGH GRUR 1987, 45, 46 = WRP 1987, 603 – Sommerpreiswerbung; Großkomm/*Köhler*, Vor § 13 UWG, B, Rdn. 76.
11 OLG Hamburg WRP 1973, 165; Großkomm/*Köhler* Vor § 13 UWG, B, Rdn. 77.
12 BGHZ 3, 270, 276 – Constanze I; BGH GRUR 1955, 411, 413 = WRP 1955, 43 – Zahl 55; GRUR 1957, 342, 345 – Underberg; GRUR 1963, 218, 220 = WRP 1963, 28 – Mampe Halb und Halb II mit insoweit kritischer Anmerkung von Heydt, GRUR 1963, 222, der eine be-

dürfen, kann man im Wirtschaftsleben erwarten, daß er sie auch vornehmen wird, sei es jetzt, sei es zu einem späteren, seinen Dispositionen angepaßten Zeitpunkt.

10 Die Äußerung der Auffassung, zu dem beanstandeten Verhalten berechtigt zu sein, stellt für sich genommen jedoch keine Berühmung dar[13]. Maßgebend ist vielmehr, daß damit zugleich ein Recht, so handeln zu dürfen, in Anspruch genommen wird. Berühmung bedeutet immer, daß der Beklagte sich darauf beruft, das kontradiktorische Gegenteil des vom Kläger verlangten konkreten[14] Unterlassens vornehmen zu dürfen. Hiervon zu unterscheiden sind diejenigen Fälle, in denen der Beklagte sich dem geltend gemachten Unterlassungsanspruch gegenüber lediglich zur Rechtsverteidigung auf ein materielles Recht beruft. In solchen Fällen muß jedoch vom Verletzer unzweideutig zum Ausdruck gebracht werden, daß er sich zwar – etwa im laufenden Prozeß – auf sein Recht zum Handeln berufen, daß er aber die Handlungen selbst nicht begehen wolle[15].

Umgekehrt kann eine nur zu Prozeßzwecken vorgetäuschte Begehungsgefahr (mit dem Ziel, in einem Musterprozeß eine höchstrichterliche Entscheidung einer Rechtsfrage zu erreichen) keine Erstbegehungsgefahr im Rechtssinne begründen[16].

11 Die Inanspruchnahme eines uneingeschränkten Rechts gegenüber jedermann ist von denjenigen Fällen zu unterscheiden, in denen der Beklagte ein Recht nur für bestimmte Fälle in Anspruch nimmt, in denen er zur Vornahme einer ansonsten unerlaubten Handlung berechtigt ist. (Z.B.: Ein Wirtschaftsverband für den Fall der aus dem Gesichtspunkt der Wahrnehmung berechtigter Interessen gerechtfertigten Unterrichtung seiner Mitglieder; ein Wettbewerber für den Fall einer berechtigten Abwehrhandlung.)

12 Eine Berühmung kann jederzeit erfolgen, sowohl im vorprozessualen Verfahren auf Abmahnung hin als auch im Verlauf des Wettbewerbsprozesses[17]; sie braucht nicht ausdrücklich erklärt zu werden, sondern kann auch in einem konkludenten Verhalten gesehen werden[18]. Soweit sie im Prozeß ausdrücklich erfolgt, wird sie als Prozeßerklärung zweckmäßigerweise in das Sitzungsprotokoll aufgenommen. Denn die

---

stimmte Art der Berühmung fordert, nämlich eine solche, die eine sofortige Begehung nahelegt; BGH GRUR 1973, 203, 205 = WRP 1973, 19 – Badische Rundschau; BGH GRUR 1987, 125, 126 = WRP 1987, 169 – Berühmung; BGH GRUR 1988, 313 = WRP 1988, 359 – Auto F. GmbH; BGH GRUR 1990, 678, 679 r. Sp. – Herstellerkennzeichen auf Unfallwagen; KG AfP 1990, 40.

13 BGH GRUR 1968, 49, 50 = WRP 1968, 54 – Zentralschloßanlagen; BGH WM 1990, 1839 = BB 1990, 2068 – Kreishandwerkerschaft II.

14 BGH GRUR 1959, 87, 90 = WRP 1959, 58 – Fischl.

15 BGH GRUR 1968, 49, 50 = WRP 1968, 54 – Zentralschloßanlagen; BGH aaO. (Fn. 12) – Auto F. GmbH u. – Herstellerkennzeichen auf Unfallwagen; BGH WRP 1992, 311, 312 f. – Systemunterschiede; BGH, Urt. v. 7. 5. 1992 – I ZR 119/90 – Pressehaftung II; Großkomm/*Köhler*, Vor § 13 UWG, B, Rdn. 80; dagegen sollen nach einer neueren Entscheidung des BGH (Urt. v. 19. 3. 1992 – I ZR 122/90 – Pajero) an Äußerungen, die in Vergleichsgesprächen gemacht werden, andere Maßstäbe angelegt werden; sie sollen weniger leicht als echte Bemühungen anzusehen sein, weil sie oft nur dem Aufbau einer im Vergleich »verkaufbaren« Position dienen.

16 Vgl. BGH GRUR 1987, 45, 46 = WRP 1987, 603 – Sommerpreiswerbung.

17 BGH GRUR 1963, 218, 220 = WRP 1963, 28 – Mampe Halb und Halb II; BGH aaO. – Auto-F. GmbH; Großkomm/*Köhler*, Vor § 13 UWG, B, Rdn. 79 m. w. N.

18 BGH aaO. (Fn. 15) – Auto F. GmbH u. – Herstellerkennzeichen auf Unfallwagen.

10. Kapitel Die Erstbegehungsgefahr

Berühmung stellt einen selbständigen Klagegrund dar, der einen vorbeugenden Unterlassungsanspruch ohne Rücksicht auf den rechtshängigen Verletzungsunterlassungsanspruch und seinen Streitgegenstand begründet[19]. Auf diesen Klagegrund kann der Verletzer jederzeit zusätzlich oder allein seine Unterlassungsklage stützen. Dies ist besonders wichtig, wenn ihm der Nachweis der objektiven Verletzungshandlung nicht gelingt oder der Verletzungsunterlassungsanspruch bereits verjährt ist[20], die Unterlassungsklage deshalb ohne Berühmung abgewiesen werden müßte.

2. Praktisch bedeutsam sind weiter die Fälle, in denen sich eine Begehungsgefahr aus erkennbaren Vorbereitungshandlungen ergibt[21]. Da solche Vorbereitungen im Wirtschaftsleben kaum grundlos erfolgen, begründen sie regelmäßig eine tatsächliche Vermutung für die bevorstehende Begehung der Verletzungshandlung. Dies gilt beispielsweise für die Eintragung eines verwechslungsfähigen Warenzeichens oder eines solchen Zeichens, durch das ein bereits eingetragenes Zeichen in wettbewerbswidriger Weise beeinträchtigt wird; hier ist zu vermuten, daß eine Benutzung bevorsteht, sofern nicht im Einzelfall konkrete Umstände gegen eine Benutzungsabsicht sprechen[22]. Ähnliches gilt für die Eintragung eines verwechslungsfähigen Filmtitels in das Spio-Titelregister[23] oder die Anmeldung eines Titels in einer Titelschutzanzeige (OLG Köln AfP 1991, 440), für letzteres jedenfalls dann, wenn ein baldiges Erscheinen angekündigt und eine Unterlassungserklärung abgelehnt wird[24]. Relevante Vorbereitungshandlungen können weiter Ankündigungen wettbewerbswidrigen Verhaltens[25] oder auf ein solches bezogene Werbemaßnahmen[26] u. v. a.[27] sein.

Davon zu unterscheiden sind die Fälle, in denen die Ankündigung selbst bereits einen vollendeten Verstoß (etwa die unerlaubte Benutzung eines Warenzeichens) enthält; hier ergibt sich der Unterlassungsanspruch in der Regel schon aus dem Gesichtspunkt der Wiederholungsgefahr, während für den vorbeugenden Unterlassungsanspruch allenfalls überschießende, von der Verletzungshandlung nicht abgedeckte Verletzungsformen übrigbleiben.

---

19 BGH GRUR 1955, 411, 413 = WRP 1955, 43 – Zahl 55; BGH GRUR 1957, 342, 345 – Underberg; BGH GRUR 1963, 210, 220 = WRP 1963, 28 – Mampe Halb und Halb II; BGH GRUR 1987, 125, 126 = WRP 1987, 169 – Berühmung; BGH GRUR 1990, 687, 689 = WRP 1991, 16 – Anzeigenpreis II.
20 Vgl. BGH aaO. (Fn. 12) – Berühmung und – Auto F. GmbH; Großkomm/*Köhler*, Vor § 13 UWG, B, Rdn. 85.
21 Vgl. BGH GRUR 1992, 116, 117 = WRP 1991, 719 – Topfgucker-Scheck mit Anm. *Köhler* zu dieser Entscheidung in LM UWG § 1 Nr. 584; ferner im einzelnen Großkomm/*Köhler*, Vor § 13 UWG, B, Rdn. 81; *Baumbach/Hefermehl*, Einl. UWG, Rdn. 302–304.
22 Vgl. zu solchen Umständen etwa die Fälle BGH GRUR 1985, 550, 553 = WRP 1985, 399 – DIMPLE (insoweit nicht in BGHZ 93, 96) u. BGH aaO. – Topfgucker-Scheck; ferner Großkomm/*Köhler*, Vor § 13 UWG, B, Rdn. 82.
23 Vgl. KG GRUR 1976, 253, 254.
24 Vgl. OLG Frankfurt MD VSW 1990, 866.
25 BGH GRUR 1974, 477, 478 = WRP 1974, 271 – Hausagentur.
26 BGHZ 2, 394, 395 – Widia/Ardia; BGH aaO. (Fn. 20) – Topfgucker-Scheck; OLG Karlsruhe WRP 1982, 568.
27 Weitere Beispiele mit Nachw. bei Großkomm/*Köhler*, Vor § 13 UWG, B, Rdn. 82, und *Baumbach/Hefermehl*, Einl. UWG, Rdn. 302–304.

15 3. Verletzungshandlungen, die in Wahrnehmung berechtigter Interessen erfolgten und deshalb – oder aus dem Gesichtspunkt berechtigter Abwehr – rechtmäßig waren, begründen keine Wiederholungsgefahr im rechtlichen Sinne. Sie legen nach Wegfall der rechtfertigenden Interessen- oder Abwehrlage jedoch die Gefahr der Wiederholung in nunmehr rechtswidriger Form nahe, sofern nicht die Art und Weise der Rechtsverteidigung oder des sonstigen Verhaltens diese Gefahr ausschließen[28]. Erstbegehungsgefahr besteht auch, wenn jemand am Wettbewerbsverstoß nicht mitgewirkt hat, jedoch nach Kenntniserlangung aufgrund besonderer Umstände zur Unterbindung bzw. Unterlassung verpflichtet ist und die Gefahr besteht, daß er dieser Pflicht nicht nachkommt[29].

16 4. In ähnlicher Weise können bestimmte Verletzungshandlungen die Gefahr nahe legen, daß der Verletzer nicht (oder nicht nur) gleichartige, das Charakteristische der Verletzungsform bzw. deren »Kern« treffende Handlungen, sondern ähnliche – mit ähnlichen, aber anderen Verletzungsformen – begehen wird. Beispiele: Der Verstoß gegen eine Vertriebsbindung durch Verkauf eines bestimmten gebundenen Artikels eines Herstellers kann weitere Verstöße durch Vertrieb anderer, eventuell ähnlicher gebundener Waren desselben Herstellers nahe legen, desgleichen eine umfangreiche überregionale Werbekampagne auf Litfaßsäulen und in Zeitschriften eine Erstreckung auch auf Fernsehen und Tageszeitungen u. ä. Hiervon zu unterscheiden sind jedoch die Fälle, in denen eine bestimmte Verletzungshandlung den Anspruch auf Unterlassung nicht nur der ganz konkreten Handlungsform, sondern einer Verletzungsform gewährt, die gewisse, das Charakteristische gerade der Handlungsform, den »Kern« der Verletzungsform, treffende Erweiterungen einschließt. Denn ein solcher Anspruch ist, wie ich schon in der Vorauflage[30] zu verdeutlichen gesucht hatte und was jetzt auch der BGH[31] klargestellt hat, ein Verletzungsunterlassungsanspruch; er beruht auf einer Erstreckung der Wiederholungsvermutung auf die einbezogenen Formen, nicht auf einer Erstbegehungsgefahr.

17 5. Verjährte Verletzungshandlungen können dagegen allein – ohne hinzutreten besonderer Umstände – keine Begehungsgefahr begründen, da sonst die Verjährungsvorschriften weitgehend ihren Sinn verlieren müßten[32]. Näheres dazu später bei der Behandlung der Verjährungswirkungen (Kap. 16, Rdn. 31 f.).

18 6. Keine Erstbegehungsgefahr für die Verletzung neuer gesetzlicher Regelungen wird durch Verstöße gegen die entsprechenden Regelungen eines älteren Gesetzes begrün-

---

28 Vgl. BGH GRUR 1957, 84, 86 = WRP 1957, 156 – Einbrandflaschen; BGH GRUR 1960, 500, 502 – Plagiatsvorwurf; BGH GRUR 1962, 34, 35 – Torsana; Großkomm/*Köhler,* Vor § 13 UWG, B, Rdn. 83.
29 BGH GRUR 1986, 248, 251 – Sporthosen; Großkomm/*Köhler,* aaO.; vgl. auch BGH GRUR 1973, 203 = WRP 1973, 19 – Badische Rundschau u. BGH aaO. (Fn. 15) – Pressehaftung II.
30 Vgl. dort Kap. 5, Rdn. 6 und 8, Kap. 6, Rdn. 3, Kap. 51, Rdn. 15 f. m. w. N.; vgl. jetzt näher Kap. 6, Rdn. 3.
31 Vgl. BGH GRUR 1989, 445, 446 = WRP 1989, 491 – Professorenbezeichnung in der Arztwerbung I; BGH GRUR 1991, 772, 774 – Anzeigenrubrik I.
32 BGH aaO. (Fn. 12) – Berühmung und – Auto-F. GmbH; OLG München GRUR 1988, 715; Großkomm/*Köhler,* Vor § 13 UWG, B, Rdn. 85; *Rogge,* Zur Frage der Verjährung von Unterlassungsansprüchen gemäß § 21 UWG, GRUR 1963, 345, 346.

det, wenn letzteres durch das Bundesverfassungsgericht außer Kraft gesetzt worden ist[33].

III. Der Fortfall der Begehungsgefahr

1. Da die Begehungsgefahr materiellrechtliche Anspruchsvoraussetzung ist, erlischt der vorbeugende Unterlassungsanspruch, wenn die Begehungsgefahr nachträglich entfällt. Insoweit gilt nichts anderes als bei der Wiederholungsgefahr.

2. Dagegen bestehen bei den Voraussetzungen, unter denen die Begehungsgefahr entfallen kann, gewisse Unterschiede: Während die Widerlegung der aus einer begangenen Verletzungshandlung resultierenden Wiederholungsvermutung heute praktisch nur noch durch Abgabe einer strafbewehrten Unterlassungserklärung möglich ist, sind an die Beseitigung einer Erstbegehungsgefahr nicht die gleichen strengen Anforderungen zu stellen. Wer beispielsweise in Abgrenzungsverhandlungen das Recht in Anspruch nimmt, eine bestimmte Kennzeichnung auch zeichenmäßig zu benutzen (Berühmung = Begründung der Erstbegehungsgefahr), dann aber dem Verhandlungspartner alsbald mitteilt, er habe nach Rücksprache mit einem fachkundigen Rechtsanwalt nunmehr einsehen müssen, daß er zur zeichenmäßigen Verwendung nicht berechtigt sei, er werde von einer solchen folglich absehen, dürfte genug getan haben, um die von ihm zunächst – auch nur verbal – begründete Begehungsgefahr wieder zu beseitigen. Desgleichen kann die durch Anmeldung eines verwechslungsfähigen Warenzeichens mit umfangreichem Warenverzeichnis begründete Begehungsgefahr für eine Verwendung des Zeichens in diesem Umfang durch Rücknahme der Zeichenanmeldung oder – dann teilweise – durch nachträgliche Beschränkung des Warenverzeichnisses wieder beseitigt werden, ohne daß es in solchen Fällen unbedingt einer zusätzlichen strafbewehrten Unterwerfung bedürfte. Der Unterschied rechtfertigt sich daraus, daß in diesen Fällen die Umstände, die die (Vermutung der) Begehungsgefahr begründen, noch in anderer Weise – regelmäßig durch kontradiktorisches Verhalten – zu beseitigen sind, während eine begangene Verletzungshandlung als Grundlage der Wiederholungsgefahr selbst irreversibel ist. Wer bereits einmal rechtsverletzend gehandelt hat, muß demzufolge, da er die Handlung selbst nicht mehr ungeschehen machen kann, in anderer Weise – eben durch Unterwerfung – überzeugend dartun, daß er eine entsprechende Handlung nicht wiederholen werde, während bei einer noch nicht in die Tat umgesetzten Drohung oder Gefährdung auch deren anderweitige Beseitigung genügen kann, nicht allerdings in jedem Falle auch muß; weitgehend wird dies von den Umständen des Einzelfalles abhängen.

Dem wird nun – nachdem in der Vorauflage (Kap. 10, Rdn. 19) noch die weitgehende Nichtbeachtung dieses Unterschieds konstatiert werden mußte – allgemein Rechnung getragen. Der BGH läßt heute den »actus contrarius«[34] der Begründungshandlung (etwa durch verbale oder konkludente Rücknahme einer Berühmung oder durch

---

33 Vgl. zum Verhältnis von Verletzungshandlungen nach der alten Preisangabenverordnung zu solchen nach der neuen BGH NJW-RR 1989, 101 = MDR 1989, 141 – Brillenpreise.
34 Vgl. Großkomm/*Köhler*, Vor § 13 UWG, B, Rdn. 84; Beispiele in den beiden nachfolgenden Fn.

Aufgabe einer bestimmten Werbung, die für bevorstehende Verstöße sprach) im Regelfalle zu[35], und die Literatur ist dem zustimmend gefolgt[36].

---

[35] Vgl. BGH GRUR 1987, 125, 126 = WRP 1987, 169 – Berühmung; BGH GRUR 1989, 430, 432 – Kachelofenbauer; BGH GRUR 1992, 116, 117 = WRP 1991, 719 – Topfgucker-Scheck mit Anm. (speziell zum Gesichtspunkt der Begehungsgefahr) von *Köhler,* LM UWG § 1 Nr. 584; vgl. auch OLG München GRUR 1988, 628, 629.

[36] Vgl. *Baumbach/Hefermehl,* Einl. UWG, Rdn. 603; Großkomm/*Köhler,* Vor § 13 UWG, B, Rdn. 84 und in Anm. zu BGH LM UWG § 1 Nr. 584 – Topfgucker-Scheck.

3. Teil Der vertragliche Unterlassungsanspruch

11. Kapitel Rechtsgrundlage, Formen und Bedeutung des vertraglichen Unterlassungsanspruchs

Literatur: Siehe Kapitel 12.

Inhaltsübersicht

	Rdn.		Rdn.
I. Rechtsgrundlagen des vertraglichen Unterlassungsanspruchs	1, 2	II. Formen und Bedeutung des vertraglichen Unterlassungsanspruchs	3–6

I. Rechtsgrundlagen des vertraglichen Unterlassungsanspruchs

Wettbewerbliche Unterlassungsansprüche können sich nicht nur aus dem Gesetz, sondern auch aus vertraglichen Vereinbarungen ergeben. Verträge, die Unterlassungspflichten zum Inhalt haben, sind nach dem Grundsatz der Vertragsfreiheit (§ 305 BGB) zulässig; sie sind im Gesetz auch an mehreren Stellen (§§ 241 Satz 2 und 339 Abs. 2 BGB) ausdrücklich berücksichtigt. 1

Einschränkungen können sich allerdings aus § 1 GWB ergeben, wenn und soweit die Unterlassungsvereinbarung einer Einschränkung des Wettbewerbs dient[1]. In der wichtigsten Form des vertraglichen Unterlassungsanspruchs, des Anspruchs aus dem Unterwerfungsvertrag, sieht die Rechtsprechung jedoch dann keine unzulässige Wettbewerbsbeschränkung, wenn die Unterlassungspflicht zur Ersetzung oder Sicherung eines gesetzlichen Unterlassungsanspruchs dient oder wenn bei Vertragsabschluß »ein ernsthafter, objektiv begründeter Anlaß zu der Annahme besteht, der begünstigte Vertragspartner habe einen Anspruch auf Unterlassung der (durch den Vertrag) untersagten Handlung«[2]. Entfällt dieser Anlaß nachträglich – etwa, weil gerichtlich geklärt worden ist, daß ein Unterlassungsanspruch nicht besteht –, kann die vertragliche Beschränkung – vorausgesetzt die übrigen Voraussetzungen eines Kartellverstoßes sind erfüllt – nunmehr kartellrechtlich nicht mehr hingenommen werden. Die Verpflichtung wird ex nunc unwirksam[3]. 2

---

1 Vgl. Großkomm/*Köhler,* Vor § 13 UWG, B, Rdn. 101.
2 BGHZ 65, 147, 151, 152 – Thermalquelle; BGH GRUR 1983, 602, 603 = WRP 1983, 609 – Vertragsstrafenrückzahlung; Großkomm/*Köhler,* aaO., Rdn. 102.
3 Vgl. Großkomm/*Köhler,* Vor § 13 UWG, B, Rdn. 102; zur Frage der Bestimmung des maßgeblichen Zeitpunkts sowie zur Frage etwaiger Rückzahlungen bei bereits geleisteten Vertragsstrafezahlungen vgl. aaO., Rdn. 103 u. 104.

II. Formen und Bedeutung des vertraglichen Unterlassungsanspruchs

3   Im Wettbewerbsrecht spielen vertragliche Unterlassungsansprüche trotz des umfassend gegebenen objektiven Rechtsschutzes durch gesetzliche Ansprüche keine geringe Rolle.

4   Zwar stehen Ansprüche, die sich von vornherein und nur aus einem geschlossenen Vertrag ergeben, an Bedeutung weit hinter gesetzlichen Ansprüchen zurück. Sie können in der Praxis etwa aus Vereinbarungen von Wettbewerbsverboten in Mitarbeiter- oder Gesellschafterverträgen, aus Abgrenzungsvereinbarungen über Waren- oder Firmenkennzeichnungen o. ä. erwachsen.

5   Dagegen sind vertragliche Ansprüche, die der Ersetzung eines gesetzlichen Unterlassungsanspruchs dienen, in der wettbewerblichen Praxis von ganz wesentlicher Bedeutung, da sie sich aus einer Form rechtlicher Vereinbarungen ergeben, ohne die – wie in den Kapiteln 7 u. 8 näher ausgeführt – die Wettbewerbsrechtsordnung kaum noch denkbar, jedenfalls kaum funktionsfähig wäre, nämlich aus der Unterwerfungsvereinbarung. Bei der Unterwerfung wird als Grundlage der regelmäßig zugleich übernommenen Vertragsstrafeverpflichtung eine Hauptpflicht i. S. des § 339 BGB benötigt und zu diesem Zweck eine vertragliche Unterlassungspflicht begründet. Der hieraus resultierende Unterlassungsanspruch löst den (im Regelfall aufgrund einer vorangegangenen Verletzungshandlung) bestehenden gesetzlichen Unterlassungsanspruch ab, da letzterer im Regelfall wegen des durch die Unterwerfung bewirkten Fortfalls der Wiederholungsgefahr erlischt oder, falls die Wiederholungsgefahr – etwa wegen unzureichender Strafbewehrung – nicht erlischt, kraft vertraglichen (konkludenten) Verzichts aufgehoben ist. Er ermöglicht bei schuldhafter[4] Zuwiderhandlung die Verwirkung der wettbewerblichen Vertragsstrafe.

6   Soweit sich der vertragliche Unterlassungsanspruch der Unterwerfungserklärung mit dem gesetzlichen Unterlassungsanspruch, der Anlaß der Eingehung der Unterwerfungsvereinbarung ist, deckt, enthebt er den Unterlassungsgläubiger in Zukunft der Verpflichtung, die Unzulässigkeit der Wettbewerbshandlung nachzuweisen. Für spätere gleichartige Verstöße stellt der vertragliche Unterlassungsanspruch eine Anspruchsgrundlage dar, aber nicht die ausschließliche. Die eingegangene vertragliche Unterlassungspflicht läßt spätere gesetzliche Ansprüche unberührt. Die wesentliche Bedeutung des vertraglichen Unterlassungsanspruchs liegt darin, daß er auf einer zusätzlichen Grundlage beruht und vor allem eine Hauptverpflichtung für die Vertragsstrafe schafft, die den Gläubiger künftig verstärkt sichern soll; (zur Vertragsstrafe selbst vgl. Kapitel 20).

---

4 BGH LM BGB § 339 Nr. 16 = NJW 1972, 1893, 1895 – K-Rabatt-Sparmarken – unter Aufgabe der früher (vgl. RGZ 147, 228, 232; BGH LM BGB § 407 Nr. 3) vertretenen Ansicht, daß bei Unterlassungen auch schuldloses Handeln ausreiche; jetzt h. M.; vgl. weiter BGH GRUR 1982, 688, 691 = WRP 1982, 634 – Seniorenpaß; vgl. auch Kap. 20, Rdn. 15; zur Frage der Unterbindung schuldloser Verstöße gegen eine vertragliche Unterlassungspflicht vgl. Kap. 12, Rdn. 10.

12. Kapitel Voraussetzungen, Inhalt, Abgrenzung und Erlöschen des vertraglichen Unterlassungsanspruchs

Literatur: *Baumgärtel,* Handbuch der Beweislast, Bd. 1, 2. Aufl., 1991; *Köhler,* Der wettbewerbliche Unterlassungsvertrag: Rechtsnatur und Grenzen der Wirksamkeit, Festschrift für *v. Gamm,* 1990, S. 57; *Köhler,* Vertragliche Unterlassungspflichten, AcP 190 (1990), S. 496; *Kugelberg,* Das Verhältnis des gesetzlichen zum vertraglichen Unterlassungsanspruchs im Wettbewerbsrecht, 1989; *Petersen,* Probleme des wettbewerbsrechtlichen Unterlassungsvertrags, GRUR 1978, 156; *Schimmelpfennig,* Unterlassungsklage bei Wettbewerbsverstößen trotz vorliegender strafbewehrter Unterlassungsverpflichtung?, GRUR 1974, 201.

Inhaltsübersicht	Rdn.		Rdn.
I. Die Voraussetzungen des vertraglichen Unterlassungsanspruchs	1–5	IV. Das Verhältnis des vertraglichen zum gesetzlichen Unterlassungsanspruch	11–13
II. Der Inhalt des vertraglichen Unterlassungsanspruchs	6–8	V. Das Erlöschen des vertraglichen Unterlassungsanspruchs	14
III. Die Verletzung der vertraglichen Unterlassungspflicht	9–10		

I. Die Voraussetzungen des vertraglichen Unterlassungsanspruchs

1. Vertragliche Unterlassungsansprüche setzen – was schon der Name besagt – einen Vertrag voraus; einseitig können sie nicht begründet werden. Die notwendigen übereinstimmenden Willenserklärungen liegen bei der in der Praxis häufigsten Form des Unterlassungsvertrags, der Unterwerfung, entweder schon in der Abmahnung, sofern diese im Wege der Auslegung bereits als Angebot zum Abschluß eines Unterlassungsvertrags verstanden werden kann[1], und der nachfolgenden entsprechenden Unterwerfungserklärung oder aber in letzterer als Vertragsangebot, das dann der Annahme bedarf, ohne daß diese allerdings in jedem Fall ausdrücklich erklärt zu werden braucht (§ 151 BGB). Die Form, in der die Verpflichtung erklärt werden muß, ist streitig. Dazu kann auf Kap. 8, Rdn. 4–7 m. w. N. (besonders in Fn. 7) verwiesen werden.

2. Ob eine Unterwerfungserklärung tatsächlich einen vertraglichen Unterlassungsanspruch begründen soll, ist zwar Auslegungsfrage[2]; bei den heute weithin gebräuchlichen und auch ratsamen Formulierungen der Erklärung als Verpflichtung wird daran jedoch in der Regel kaum ein Zweifel aufkommen.

Ausnahmsweise sind allerdings auch Gestaltungen denkbar, in denen lediglich deklaratorisch die bestehende gesetzliche Unterlassungspflicht anerkannt und für deren Verletzung die Vertragsstrafe versprochen wird. Derartige Erklärungen begründen keinen

---

[1] Vgl. dazu Kap. 8, Rdn. 3 und Kap. 41, Rdn. 6 sowie im einzelnen auch Großkomm/*Köhler,* Vor § 13 UWG, B, Rdn. 93 und Großkomm/*Kreft,* Vor § 13 UWG, C, Rdn. 69 und 74.
[2] Vgl. BGH GRUR 1957, 433, 434 = WRP 1957, 241 – Hubertus.

vertraglichen Unterlassungsanspruch und sind in hohem Maße problematisch, weil sie entweder die Wiederholungsgefahr nicht beseitigen oder, wenn sie sie beseitigen, zugleich den deklaratorisch anerkannten Unterlassungsanspruch – als Folge der Beseitigung der Wiederholungsgefahr – zum Erlöschen bringen. Im Hinblick auf diese Problematik muß eine etwaige Beschränkung – Fehlen eines Verpflichtungswillens – der Erklärung im Auslegungswege klar und eindeutig entnehmbar sein. Die Umschreibung der Verpflichtung mit Formulierungen, die schon im gesetzlichen Verbotstext enthalten sind, genügt dafür nicht, sofern der Erklärende erkennbar oder gar ausdrücklich eine Verpflichtung zu dem gesetzlich umschriebenen Verhalten eingeht[3] und letzteres im Auslegungswege hinreichend bestimmbar ist (*Teplitzky* aaO.).

4   3. Wird die Unterwerfungsvereinbarung während des Wettbewerbsprozesses getroffen, ist sie auch dann, wenn sie in das Sitzungsprotokoll aufgenommen worden ist, nicht ohne weiteres ein Prozeßvergleich, sondern nur eine außergerichtliche zivilrechtliche Vereinbarung der Parteien, die lediglich zu Beweiszwecken protokollarisch festgehalten ist.

5   Eine vertragliche Unterlassungsvereinbarung kann aber auch förmlich in einen Prozeßvergleich aufgenommen werden. Dann ist sie zugleich ein Unterlassungstitel (§ 794 ZPO), der, nach Erlaß einer Ordnungsmittelandrohung, nach § 890 ZPO vollstreckt werden kann[4].

II. Der Inhalt des vertraglichen Unterlassungsanspruchs

6   Ein vertraglicher Unterlassungsanspruch muß unmittelbar auf eine negative Leistung gerichtet sein. Diese muß sich aus dem Vertrag ergeben. In Betracht kommt jede Unterlassung, deren freie Vereinbarung erlaubt ist. Ein Zusammenhang mit der konkreten Verletzungsform einer begangenen Verletzungshandlung ist nicht erforderlich[5]; entspricht die Verpflichtung nicht der konkreten Verletzungsform, so kann sie zwar die Wiederholungsgefahr nicht beseitigen. Die Wirksamkeit der Begründung einer (anderen) vertraglichen Unterlassungspflicht wird davon aber nicht berührt; als Grundlage einer Vertragsstrafevereinbarung ist die Vertragspflicht im Falle ihrer Verletzung geeignet[6].

7   Ist vertraglich nur die Pflicht zu einer positiven Leistung eingegangen worden, so begründet eine dieser positiven Pflicht innewohnende Kontrastpflicht, alles zu unterlassen, was die vertragliche Leistung beeinträchtigt, keinen vertraglichen Unterlassungsanspruch; sie ist als abgeleitete sekundäre Pflicht regelmäßig nicht einklagbar.

---

3 Anders zwar, aber unzutreffend, OLG Frankfurt GRUR 1988, 563, 564 = WRP 1988, 460; dagegen schon *Teplitzky*, WRP 1990, 26, 27 li. Sp.
4 Vgl. Großkomm/*Jestaedt*, Vor § 13 UWG, E, Rdn. 14–16; *Pastor*, S. 168; *Pastor*, Unterlassungsvollstreckung, S. 36.
5 BGH GRUR 1992, 61 = WRP 1991, 654, 656 – Preisvergleichsliste; *Teplitzky*, WRP 1990, 26 f.; Großkomm/*Köhler*, Vor § 13 UWG, B, Rdn. 95.
6 Vgl. BGH aaO. (Fn. 5); OLG Koblenz WRP 1986, 694 r. Sp. unten; KG WRP 1990, 39, 41; OLG Karlsruhe WRP 1991, 51, 53 (Revision dagegen vom BGH nicht angenommen, Beschl. v. 5. 10. 1989 – I ZR 33/89); Großkomm/*Köhler*, Vor § 13 UWG, B, Rdn. 95; *Teplitzky*, WRP 1990, 26 f.; a.A. OLG Frankfurt GRUR 1988, 563, 564 = WRP 1990, 460.

Die vertragliche Unterlassungsverpflichtung gilt nur vom Zeitpunkt ihrer Entstehung ab für die Zukunft. Für die Vergangenheit hat sie keinerlei präjudizielle Bedeutung hinsichtlich einer etwaigen Schadensersatzpflicht. Ein Anwalt braucht daher nicht zu befürchten, durch die Abgabe einer Unterwerfungserklärung die Stellung seines Mandanten hinsichtlich etwaiger Schadensersatzansprüche des Gegners zu verschlechtern.

III. Die Verletzung der vertraglichen Unterlassungspflicht

Für die Verletzung einer vertraglichen Unterlassungspflicht haftet der Schuldner nur bei eigenem Verschulden sowie nach § 278 BGB für das Verschulden seiner Erfüllungsgehilfen. Zur Frage der Verschuldensmaßstäbe, der Beweislast und zum Ausschluß der Anwendbarkeit des § 13 Abs. 4 UWG kann auf die Ausführungen zum Verfall der Vertragsstrafe in Kap. 20, Rdn. 15 (mit Nachweisen in Fn. 24–29) verwiesen werden[7].

Von der Frage der Haftung für Verletzungsfolgen, insbesondere der Frage der Auslösung einer Schadensersatz oder Vertragsstrafepflicht, ist jedoch die Frage zu trennen, ob der Unterlassungsanspruch selbst sich ebenfalls nur gegen schuldhaftes Verhalten richtet. Dies hat der Bundesgerichtshof wiederholt verneint und dementsprechend die auf Vertrag gestützte Klage auf Unterlassung auch dann zugelassen, wenn die (erforderliche) Gefahr irgendwelcher – sei es auch unverschuldeter – Zuwiderhandlungen drohte, wobei auch letzteres selbst sich aus vorangegangenen unverschuldeten Handlungen ergeben konnte[8].

IV. Das Verhältnis des vertraglichen zum gesetzlichen Unterlassungsanspruch

Die Zuwiderhandlung gegen die vertragliche Unterlassungsvereinbarung kann zugleich die konkrete Verletzungshandlung für einen neuen gesetzlichen Unterlassungsanspruch darstellen. Der ursprüngliche gesetzliche Unterlassungsanspruch war durch die gesicherte Unterwerfungserklärung inter partes erloschen, der neue ist durch die (neue) Zuwiderhandlung primär zur Entstehung gelangt. Dieselbe Zuwiderhandlung ist einerseits Nichterfüllung des Vertrags und andererseits konkrete Verletzungshandlung eines mit dem Vertragsanspruch zusammenfallenden gesetzlichen Unterlassungsanspruchs. Kommt es zu einem (neuen) Rechtsstreit, hat das Gericht neben der vertraglichen auch die gesetzliche Anspruchsgrundlage zu prüfen, da ein Anspruch stets unter allen denkbaren rechtlichen Gesichtspunkten zu prüfen ist.

Ob dem Gläubiger für die Einleitung eines solchen Rechtsstreits ohne weiteres auch dann ein Rechtsschutzbedürfnis zuzubilligen ist, wenn er aufgrund einer strafbewehrten Unterlassungsverpflichtung vom Schuldner die Zahlung einer Vertragsstrafe for-

---

7 Eingehend dazu auch Großkomm/*Köhler,* Vor § 13 UWG, B, Rdn. 97–100.
8 Vgl. BGH GRUR 1956, 238, 240 = WRP 1956, 229 – Westfalenzeitung; BGH GRUR 1960, 307, 309 = WRP 1960, 52 – Bierbezugsvertrag; *Baumbach/Hefermehl,* Einl. UWG, Rdn. 298.

dern kann, war früher umstritten[9]; es wird jetzt vom Bundesgerichtshof und von der h. M. in der wettbewerbsrechtlichen Literatur uneingeschränkt bejaht[10].

13   Nicht selten kommt es zu Rechtsstreitigkeiten darüber, ob eine neue Verletzungsform unter die vertragliche Unterlassungspflicht fällt. Der Schuldner beruft sich in diesen Fällen darauf, den Vertrag durch die »neue Form« nicht verletzt zu haben. Diese Streitigkeiten über den Schutzumfang der vertraglichen Unterlassungsverpflichtung sind in ähnlicher Weise wie Titelstreitigkeiten zu klären. Ungeachtet des vertraglichen Charakters der Unterlassungspflicht und ihrer Unterschiede zu einer titulierten gesetzlichen Verpflichtung wendet die Rechtsprechung der Oberlandesgerichte weitgehend die Grundsätze an, die im Wettbewerbsrecht für den Fall entwickelt worden sind, daß eine Handlung nicht exakt der in einem Titel umschriebenen bzw. konkretisierten Verletzungsform entspricht, sondern von ihr abweicht[11]. Jedoch sind zwei wichtige Einschränkungen zu beachten: Einerseits unterliegt die vertragliche Unterwerfungsverpflichtung nicht den restriktiven Auslegungsgrundsätzen, die für einen Vollstreckungstitel wegen seines Normcharakters zu gelten haben[12]. Andererseits steht einer allzu großzügigen Erstreckung der Verpflichtung auf im Kernbereich gleiche andere Verletzungsformen neben rechtspolitischen Erwägungen[13] auch der Gedanke entgegen, daß es bei der freien vertraglichen Ausgestaltung einer Verpflichtung den Parteien ja von vornherein möglich ist, deutlich zu sagen, welchen Umfang die Verpflichtung haben soll, so daß Ausdehnungen über das eigentlich zum Gegenstand der Verpflichtung Gemachte hinaus häufig nicht dem Parteiwillen entsprechen werden[14].

Verstößt die »neue Form« für sich genommen gegen keinerlei gesetzliche Vorschriften, so kommt es allein darauf an, ob sie unter den Vertrag fällt. Verstößt sie dagegen auch in der veränderten Form gegen gesetzliche Bestimmungen und gegen die Vertragsverpflichtung, so stehen dem Gläubiger zwei Ansprüche (nebeneinander) zu.

---

9 Vgl. dazu im einzelnen *Schimmelpfennig*, GRUR 1974, 201.
10 BGH GRUR 1980, 241, 242 = WRP 1980, 253 – Rechtsschutzbedürfnis; OLG Köln GRUR 1988, 241 (Ls.); Großkomm/*Köhler,* Vor § 13 UWG, B, Rdn. 110 und Rdn. 124; *Baumbach/Hefermehl,* Einl. UWG, Rdn. 293; Voraufl., Kap. 12, Rdn. 10; *v. Gamm,* UWG, § 1, Rdn. 226.
11 Zu diesen Grundsätzen vgl. z. B. BGHZ 5, 189, 193 f. – Zwilling; BGH GRUR 1961, 288, 290 = WRP 1961, 113 – Zahnbürsten m. w. N.; BGH GRUR 1979, 859, 860 = WRP 1979, 784 – Hausverbot II m. w. N.; OLG Stuttgart WRP 1989, 276, 277; Großkomm/*Jestaedt,* Vor § 13 UWG, E, Rdn. 23–25. Zur Anwendbarkeit dieser Grundsätze auf die vertragliche Unterwerfung vgl. OLG Düsseldorf WRP 1979, 552, 553; OLG Stuttgart WRP 1987, 200, 203; OLG Hamburg GRUR 1988, 240 (Ls.); OLG Hamm WRP 1989, 460, 462; *Oppermann,* Unterlassungsantrag und zukünftige Verletzungshandlung, WRP 1989, 713, 714 f.
12 BGH GRUR 1992, 61, 62 = WRP 1991, 654, 656 – Preisvergleichsliste; *Teplitzky,* WRP 1990, 26, 27 f.
13 Vgl. dazu im einzelnen *Teplitzky,* WRP 1990, 26, 28.
14 Zu diesen Auslegungsfragen im einzelnen *Teplitzky,* WRP 1990, 26, 27 f. unter III.; vgl. aber auch – etwas abweichend – Großkomm/*Köhler,* Vor § 13 UWG, B, Rdn. 96.

V. Das Erlöschen des vertraglichen Unterlassungsanspruchs

Der vertragliche Unterlassungsanspruch erlischt mit der Beendigung des Verpflichtungsvertrages, sei es durch dessen Aufhebung, durch Eintritt einer auflösenden Bedingung[15], einer wirksamen Kündigung oder Anfechtung. Die vertragliche Leistungspflicht kann aber auch als Folge einer Leistungsstörung entfallen, etwa wegen Unmöglichkeit der Leistung oder als Folge des Fortfalls der Geschäftsgrundlage. Letzterer ist, da die Hauptform des wettbewerblichen Unterlassungsvertrags die Unterwerfung wegen einer begangenen Verletzungshandlung ist und deren rechtliche Beurteilung sich nachträglich ändern kann, die praktisch wichtigste und problematischste Form einer Beendigung des vertraglichen Unterlassungsanspruchs. Er ist in anderem Zusammenhang näher behandelt. Daher kann auf Kap. 20, Rdn. 24–28 verwiesen werden[16].

---

15 Vgl. dazu etwa Großkomm/*Köhler*, Vor § 13 UWG, B, Rdn. 109.
16 Eingehend dazu auch Großkomm/*Köhler*, Vor § 13 UWG, B, Rdn. 105–108.

4. Teil Gläubiger und Schuldner des Unterlassungsanspruchs sowie deren Rechtsnachfolge

13. Kapitel Der Gläubiger des Unterlassungsanspruchs

Literatur: *Ahrens,* Die Mehrfachverfolgung desselben Wettbewerbsverstoßes, WRP 1983, 1; *Albrecht,* Das Vereinspolizeirecht als wirksame Waffe gegen »Gebühreneinspielvereine«, WRP 1983, 540; *Bettermann,* Zur Verbandsklage, ZZP 85 (1972), 133; *Borck,* Zum Anspruch auf Unterlassung unlauteren Wettbewerbs, WRP 1966, 1; *Borck,* Verbandsklage im Zwielicht, WRP 1969, 465; *Borck,* Die »Grundsätze für Tätigkeit von Wettbewerbsvereinigungen«, WRP 1982, 70; *Bußmann,* Aktivlegitimation im Wettbewerbsrecht, Mitt. 1969, 312; *v. Falckenstein,* Die Bekämpfung unlauterer Geschäftspraktiken durch Verbraucherverbände, 1977; *Fricke,* Verbraucherschutz – Klagerecht des Verbrauchers und der Verbraucherverbände aus UWG und BGB, 1976, 680; *Gilles,* Prozeßrechtliche Probleme von verbraucherpolitischer Bedeutung bei den neuen Verbraucherverbandsklagen im deutschen Zivilrecht, ZZP 98 (1985), 1; *Hadding,* Die Klagebefugnis der Mitbewerber und der Verbände nach § 13 Abs. 1 UWG im System des Zivilprozeßrechts, JZ 1970, 305; *Hefermehl,* Die Klagebefugnis der Verbände zur Wahrung der Interessen der Verbraucher, GRUR 1969, 653; *Hefermehl,* Grenzen der Klagebefugnis der Gewerbetreibenden und Verbände im Recht gegen den unlauteren Wettbewerb, WRP 1987, 281; *Henning-Bodewig,* Das »Presseprivileg« in § 13 Abs. 2 Nr. 1 UWG, GRUR 1985, 258; *Hinz/Weyhenmeyer,* Ziel und Anwendung der »Grundsätze für die Tätigkeit von Wettbewerbsvereinigungen«, WRP 1982, 308; *Hirtz,* Die Bedeutung des Wettbewerbsverhältnisses für die Anwendung des UWG, GRUR 1988, 173; *Jahn/Pirrwitz,* Abschied vom Allgemeininteresse im Wettbewerbsrecht oder die Verletzung von Mitgliederrechten als neue Voraussetzung der Klagebefugnis von Vereinen zur Förderung gewerblicher Interessen nach § 13 Abs. 2, Nr. 2 UWG?, GRUR 1988, 884; *Kisseler,* Gebührenvereine im Zwielicht, WRP 1982, 123; *Kur,* Der Mißbrauch der Verbandsklagebefugnis, GRUR 1981, 558; *Köhler,* Grenzen der Mehrfachklage und Mehrfachvollstreckung im Wettbewerbsrecht, WRP 1992, 359; *Lindacher,* Grundfragen des Wettbewerbsrechts, BB 1975, 1311; *Loewenheim,* Die Erstattung von Abmahnkosten der Verbände in der neueren Rechtsentwicklung, WRP 1987, 286; *Marotzke,* Rechtsnatur und Streitgegenstand der Unterlassungsklage aus § 13 UWG, ZZP 98 (1985), 160; *Melullis,* Zur Problematik der sog. Gebühreneinspielvereine in Wettbewerbssachen, WRP 1981, 357; *Pastor,* Verbraucherverbände i. S. des § 13 Abs. 1a UWG, GRUR 1969, 571; *Pietzcker,* Standesaufsicht durch Wettbewerbsklagen? NJW 1982, 1840; *Prelinger,* Klagebefugnis der Abmahnvereine? NJW 1982, 211; *Sack,* Der wettbewerbsrechtliche Schutz gegen den Gebrauch des Namens verstorbener Persönlichkeiten zu Wettbewerbszwecken, WRP 1982, 615; *Sack,* Wer erschoß Boro?, WRP 1990, 791; *Sack,* Der Schutzzweck des UWG und die Klagebefugnis des »unmittelbar Verletzten«, Festschrift für *v. Gamm,* 1990, S. 161; *Säcker,* Zur Problematik wettbewerblicher Verbandsklagen durch Spitzenorganisationen der Wirtschaft, DB 1986, 1504; *K. Schmidt,* Wettbewerbsrechtliche und vereinsrechtliche Instrumente gegen die Tätigkeit der Abmahnvereine, NJW 1983, 1520; *Schricker,* Territoriale Probleme und Klagerecht bei unlauterem Wettbewerb, GRUR Int. 1973, 453; *Schricker,* Entwicklungstendenzen im Recht des unlauteren Wettbewerbs, GRUR 1974, 579; *Schricker,* Grenzen des Verbraucherschutzes, GRUR 1975, 349; *Tetzner,* Klagehäufung im Wettbewerbsrecht, GRUR 1981, 803; *Tilmann,* Das Haftungsrisiko der Verbraucherverbände, NJW 1975, 1913; *Ulrich,* Verhinderung des Mißbrauchs der Verbandsklagebefugnis durch Verbot außergerichtlichen Aufwendungsersatzes? WRP 1982, 378; *Ulrich,* Der Mißbrauch der Verbandsklagebefugnis – Ein Rückblick, WRP 1984, 368; *Ulrich,* Der Mißbrauch

13. Kapitel Gläubiger und Schuldner; Rechtsnachfolge

prozessualer Befugnisse in Wettbewerbssachen, Festschrift für *v. Gamm*, 1990, S. 223; *v. Ungern-Sternberg*, Verbandsklagebefugnis für Abmahnvereine? NJW 1981, 2328; *Urbanczyk*, Zur Verbandsklage im Zivilprozeß, 1981; *Virneburg*, Anwaltskostenerstattung bei Mehrfachabmahnung durch einen Mitbewerber, WRP 1986, 315; *Weyhenmeyer*, Verbandsklage durch die Spitzenorganisationen der Wirtschaft, DB 1986, 2317; *Wilke*, Zur Gründung von Verbänden zur Förderung gewerblicher Interessen durch Letztverbraucher, GRUR 1969, 468; *M. Wolf*, Die Klagebefugnis der Verbände, Ausnahme oder allgemeines Prinzip, 1971.

Inhaltsübersicht

	Rdn.		Rdn.
Vorbemerkung	1	b) Abmahnvereine	37, 38
I. Der Verletzte	2–5	c) Grauzonen des Bedenklichen	39–44
II. Der Mitbewerber	6–13		
III. Verbände	14–45	d) Bekämpfungsmöglichkeiten	45
1. Allgemeines	14–17		
2. Die Arten der Verbände	18–32	IV. Der Mißbrauchstatbestand des § 13 Abs. 5 UWG	46–62
a) Verbände zur Förderung gewerblicher Interessen	20–30	1. Inhalt und Zweck der Bestimmung	46
b) Verbraucherverbände	31	2. Die Rechtsnatur der Vorschrift	47–52
c) Industrie- u. Handelskammern sowie Handwerkskammern	32	3. Die Wirkungen der Vorschrift	53–55
3. Rechtsmißbrauch von Verbänden	33–45	4. Die Prüfung der Vorschrift	56, 57
a) Anwaltsgebührenvereine	36	5. Die Fallgruppen des Mißbrauchstatbestands	58–62

Vorbemerkung

Zu den charakteristischen Besonderheiten des Wettbewerbsrechts gehört es, daß Gläubiger eines wettbewerblichen Unterlassungsanspruchs neben dem Verletzten verschiedene andere, dem sonstigen bürgerlichen Recht unbekannte Berechtigte sein können, nämlich Konkurrenten (oder Mitbewerber) und Verbände der verschiedensten Art. Dies folgt aus einer Reihe von gesetzlichen Bestimmungen (vgl. § 13 Abs. 1 bis 3 UWG; § 12 RabattG; § 2 Abs. 1 ZugabeVO), die ihre heutige Fassung durch Art. 1 Nr. 6 des Gesetzes zur Änderung wirtschafts-, verbraucher- und sozialrechtlicher Vorschriften vom 25. 7. 1986 (BGBl. I 1169), kurz UWG-Novelle, erhalten haben, ohne daß diese Neufassung hinsichtlich der Gläubigerschaft sachliche Änderungen gegenüber dem früheren Rechtszustand (insbesondere § 13 Abs. 1 und 1 a[1] UWG) brachten[2]. Lediglich die neu eingefügte Vorschrift des § 13 Abs. 5 UWG stellt eine neue – praktisch wenig bedeutsame – Einschränkung der Prozeßführungsbefugnis dar[3]. Die Er- 1

---

[1] Zur geschichtlichen Entwicklung dieser Vorschriften vgl. Großkomm/*Erdmann*, § 13 UWG, Rdn. 1–4.

[2] Vgl. Voraufl., Kap. 59, Rdn. 1–5; zur Bedeutung des § 13 Abs. 2 Nr. 4 UWG im Verhältnis zu § 13 Abs. 2 Nr. 2 a. F. dort insbesondere Rdn. 4 f. sowie BGH GRUR 1987, 444, 445 = WRP 1987, 463 – Laufende Buchführung; Großkomm/*Erdmann*, § 13 UWG, Rdn. 53 m. w. N.; *Baumbach/Hefermehl*, § 13 UWG, Rdn. 31.

[3] Vgl. Voraufl., Kap. 59, Rdn. 16 f. sowie Großkomm/*Erdmann*, § 13 UWG, Rdn. 3 und Rdn. 121 ff.

weiterung des Gläubigerkreises durch das Gesetz hat die – von den Grundsätzen des sonstigen Rechts abweichende – Folge, daß ein und derselbe Tatbestand des unlauteren Wettbewerbs, die konkrete Verletzungshandlung, mehrere gleiche Unterlassungsansprüche zur Entstehung bringt, die unabhängige voneinander bestehen und durchgesetzt werden können[4].

I. Der Verletzte

2 Verletzter ist derjenige, in dessen Rechte die Verletzungshandlung eingreift oder eingegriffen hat und der zu denjenigen gehört, die § 13 UWG schützen will (vgl. zu dieser notwendigen Einschränkung Großkomm/*Köhler,* Vor § 13 UWG, B, Rdn. 233). Der Begriff kommt in § 14 UWG sowie in einzelnen anderen Gesetzen, z. B. in § 15 Abs. 3 GebrMG, § 24 WZG, als Bezeichnung für den Gläubiger eines Unterlassungsanspruchs vor. Die meisten Bestimmungen, insbesondere die wichtigen Vorschriften der §§ 1 bis 12 UWG, kennen keinen Verletzten als Gläubiger, sondern sagen nur, wann jemand zur Unterlassung verpflichtet ist. Daraus wird in der Literatur teilweise gefolgert, daß sich allein aus § 13 Abs. 1 bis 3 UWG ergebe, wer bei Verstößen gegen diese Vorschriften Unterlassungsgläubiger sein könne[5]. Dagegen sieht die h. M. in § 13 Abs. 1 bis 3 UWG lediglich eine Erweiterung der Klageberechtigung über den Kreis derjenigen hinaus, die durch Verstöße gegen Wettbewerbsbestimmungen (insbesondere §§ 1 und 3 UWG) unmittelbar betroffen – und damit unmittelbar auch anspruchsberechtigte – »Verletzte« sind[6]. Diese Auffassung mag zwar auf dogmatische Bedenken stoßen[7]; sie ist jedoch nicht nur – als Folge der teilweise unklaren Regelung des § 13 UWG[8] – vertretbar, sondern gut praktikabel und mittlerweile wohl auch gewohnheitsrechtlich so gefestigt, daß sie für die Praxis des Wettbewerbsrechts jedenfalls vorerst maßgeblich bleiben wird[9].

3 Als »Verletzter« ist somit jeder anspruchsberechtigt, der durch eine nach den §§ 1 bis 12 UWG oder nach anderen Bestimmungen unzulässige Handlung in nach § 13 UWG relevanter Weise (Großkomm/*Köhler,* Vor § 13 UWG, B, Rdn. 223 f.) unmittelbar betroffen wird. Für ihn ist unerheblich, ob er – im Sinne des § 13 Abs. 2 UWG – »Waren

---

4 Vgl. RGZ 120, 47, 49 – Markenpreise; BGH GRUR 1960, 379, 381 = WRP 1960, 161 – Zentrale; BGHZ 41, 314, 318 – Lavamat I; st. Rspr.; ferner *v. Gamm,* UWG, § 1, Rdn. 280; *Baumbach/Hefermehl,* § 13 UWG, Rdn. 7. Kritisch dazu (mit beachtlichen rechtsgrundsätzlichen Einwänden) *Hadding,* JZ 1970, 305 ff., u. *Marotzke,* ZZP 98 (1985), 160, 163 ff.
5 So etwa *Pastor,* in Reimer, S. 124; *Borck,* WRP 1966, 1, 2 f.; *Hadding,* aaO., S. 311 unter III, sowie m. w. N. zur älteren Literatur S. 307 in Fn. 13.
6 BGH GRUR 1960, 144, 146 = WRP 1960, 17 – Bambi; BGH GRUR 1966, 445, 446 = WRP 1966, 340 – Glutamal; BGH GRUR 1988, 620, 621 = WRP 1988, 654 – Vespa-Roller; *v. Gamm,* UWG, § 13, Rdn. 3, und § 1, Rdn. 280; *Baumbach/Hefermehl,* Einl. UWG, Rdn. 225, und § 13 UWG, Rdn. 2; *Nirk/Kurtze,* Rdn. 46 und 49; *Sack,* WRP 1982, 615, 620 und 623 m. Nachw. in Fn. 71 und 72; vgl. zur älteren Rechtsprechung und Literatur auch *Hadding,* aaO., S. 307 in Fn. 12.
7 Vgl. die beachtlichen Gründe von *Borck* und *Hadding,* aaO.
8 So zu Recht und insoweit übereinstimmend *Hadding,* aaO., S. 309.
9 Vgl. dazu bereits im Jahre 1969 die stattliche Zusammenstellung der Vertreter dieser Meinung bei *Hadding,* aaO., S. 307 in Fn. 12 sowie zur derzeitigen Lage vorstehend Fn. 6.

oder Leistungen gleicher oder verwandter Art herstellt oder in den Verkehr bringt«[10].

Allerdings setzt die Anspruchsberechtigung aufgrund wettbewerbsrechtlicher Bestimmungen – mit wenigen Ausnahmen wie z. B. § 16 und, teilweise, § 17 UWG – ihrerseits nach zwar neuerdings bestrittener[11], jedoch ganz herrschender Meinung[12] ein Handeln des Verletzers zu Wettbewerbszwecken und damit das Bestehen eines Wettbewerbsverhältnisses voraus, das von der Rechtsprechung jedoch in einem sehr weiten Sinne verstanden wird[13] und auch nicht notwendigerweise zwischen den Parteien selbst bestehen muß; vielmehr kann es auch zwischen dem durch die Handlung Geförderten und dem Verletzten bestehen[14].

Wer als Verletzter anspruchsberechtigt ist, ist schon aufgrund dieses Umstands prozeßführungsbefugt.

II. Der Mitbewerber

Neben dem Verletzten stehen – nunmehr gemäß § 13 Abs. 2 Nr. 1 UWG – auch demjenigen die Unterlassungsansprüche der §§ 1 bis 12 UWG als Gläubiger zu, der »Waren oder Leistungen gleicher oder verwandter Art herstellt oder in den geschäftlichen Verkehr bringt«, meist und auch im folgenden »Mitbewerber« genannt.

Gleiche Vorschriften enthalten – durch Verweisung auf § 13 Abs. 2 Nr. 1 UWG – § 12 RabattG und § 12 Abs. 1 ZugabeVO für Verstöße gegen diese Gesetze.

---

10 BGH GRUR 1960, 144, 146 = WRP 1960, 17 – Bambi; BGH GRUR 1964, 389, 390 f. = WRP 1964, 125 – Fußbekleidung; BGH GRUR 1966, 445, 446 = WRP 1966, 340 – Glutamal; Großkomm/*Erdmann*, § 13 UWG, Rdn. 13; *Baumbach/Hefermehl*, § 13 UWG, Rdn. 19; beide m. w. N.; ferner *Sack*, Festschrift für *v. Gamm*, S. 161 ff.
11 *Baumbach/Hefermehl*, Einl. UWG, Rdn. 247 f.; *Lindacher*, BB 1975, 1311, 1313; *Sack*, WRP 1982, 615, 623 ff. und in Festschrift für *v. Gamm*, S. 161, 164 ff., jeweils m. w. N.. Zur Problematik auch *Schricker*, GRUR 1974, 579, 581 f. (vorsichtig warnend) und in GRUR 1975, 349, 352 (schon – so selbst wörtlich – »beherzter«); kritisch neuerdings auch Großkomm/*Köhler*, Vor § 13 UWG, B, Rdn. 226; vgl. ferner auch *Hirtz*, GRUR 1988, 173 f.
12 BGH GRUR 1982, 431, 433 = WRP 1982, 407 – Pointi, st. Rspr., vgl. zuletzt BGHZ 86, 90, 96 – Rolls Royce; BGHZ 93, 96, 97 f. – DIMPLE (m. w. N.); BGH GRUR 1990, 373, 374 = WRP 1990, 270 – Schönheits-Chirurgie m. w. N.; BGH GRUR 1990, 375, 376 = WRP 1990, 624 – Steuersparmodell; Großkomm/*Erdmann*, § 13 UWG, Rdn. 14; *v. Gamm*, Kap. 17, Rdn. 32 ff.
13 Vgl. BGHZ 18, 175, 182 – Werbeidee; BGH GRUR 1957, 342, 347 – Underberg; BGH GRUR 1967, 138, 141 = WRP 1967, 26 – Streckenwerbung; BGH GRUR 1972, 553 = WRP 1972, 195 – Statt Blumen ONKO-Kaffee; BGH GRUR 1983, 582, 583 = WRP 1983, 553 – Tonbandgerät; BGHZ 86, 90, 96 – Rolls Royce; BGHZ 93, 96, 97 – DIMPLE; BGH GRUR 1990, 375, 376 = WRP 1990, 624 – Steuersparmodell; Großkomm/*Erdmann*, § 13 UWG, Rdn. 14; *v. Gamm*, Kap. 17, Rdn. 34; *Baumbach/Hefermehl*, Einl. UWG, Rdn. 216–218; *Schricker*, GRUR 1974, 579, 582 und *Sack*, WRP 1982, 615, 620, sowie in Festschrift für *v. Gamm*, S. 161, 164, jeweils m. w. N..
14 H. M.; vgl. Großkomm/*Erdmann*, § 13 UWG, Rdn. 14 und 38; *v. Gamm*, Kap. 17, Rdn. 41; *Baumbach/Hefermehl*, Einl. UWG, Rdn. 215, 232 m. w. N.; *v. Gamm*, UWG, § 1, Rdn. 23.

7   Aus der Formulierung des § 13 Abs. 2 Nr. 1 UWG geht hervor, daß es sich sowohl bei dem Mitbewerber als auch bei dem Unterlassungsschuldner immer um einen Gewerbetreibenden handeln muß. Allerdings hat die Rechtsprechung den Begriff »Gewerbetreibender« sehr weit ausgelegt (vgl. schon RGZ 99, 189, 100); sie hat dabei in einer rein wirtschaftlichen, nicht etwa rechtlich, etwa durch die Gewerbeordnung oder durch Rechtsformen bestimmten, Betrachtungsweise auch Angehörige freier Berufe und Vereine sowie andere juristische Personen (RGZ 116, 30) einbezogen[15]. Auf die Kaufmannseigenschaft im Sinne der §§ 1 ff. HGB kommt es nicht an. Maßgeblich ist die tatsächliche Stellung im Wettbewerb. Erforderlich ist, daß das Gewerbe aktiv ausgeübt wird; Vorbereitungen dazu genügen noch nicht (Großkomm/*Erdmann*, § 13 UWG, Rdn. 29). So hat das Kammergericht (WRP 1981, 461, 462) Vorbereitungen in Verbindung mit einem Antrag auf eine (noch nicht erteilte) behördliche Genehmigung noch nicht genügen lassen (zustimmend *Baumbach/Hefermehl*, § 13 UWG, Rdn. 12). Dagegen hat das OLG Hamm (GRUR 1988, 241, Ls.) als ausreichend angesehen, daß eine Geschäftseröffnung ernsthaft betrieben wird.

8   Wird das »Gewerbe« nicht von einer Einzelperson, sondern von einem Unternehmen betrieben, so ist dessen Inhaber anspruchsberechtigt; das ist bei einer Handelsgesellschaft diese, nicht der einzelne Gesellschafter[16].

9   Das Tatbestandsmerkmal der »Waren oder Leistungen gleicher oder verwandter Art« ist ebenfalls weit auszulegen[17]. Es genügt, daß die Waren oder gewerblichen Leistungen des Verletzers nach der Verkehrsanschauung geeignet sind, diejenigen des potentiellen Klägers im Absatz zu behindern[18]. Das kann in erster Linie durch echte Substitution geschehen, wobei es weder auf die Unmittelbarkeit der Beeinträchtigung (etwa auf derselben Vertriebsstufe, vgl. BGH aaO. – Warnschild und BGH aaO. – Tonbandgerät) noch auf den gleichen Abnehmerkreis (BGHZ 18, 175, 182 – Werbeidee) ankommt. Eine Behinderungsmöglichkeit kann darüber hinaus auch bei ganz und gar branchenverschiedenen Waren oder Leistungen vorliegen: Etwa wenn die Werbung für eine Ware oder Leistung darauf abzielt, eine zwar ganz andere, aber ähnliche Bedürf-

---

15 BGH GRUR 1969, 479, 480 = WRP 1969, 280 – Colle de Cologne; BGH GRUR 1976, 370, 371 = WRP 1976, 235 – Lohnsteuerhilfeverein I; Großkomm/*Erdmann*, § 13 UWG, Rdn. 28 m. w. N.; *Baumbach/Hefermehl*, § 13 UWG, Rdn. 12; *v. Gamm*, UWG, § 13, Rdn. 6; HdbWR/*Gloy*, § 19, Rdn. 4.

16 Vgl. Großkomm/*Erdmann*, § 13 UWG, Rdn. 28; die von *Pastor*, in *Reimer*, S. 125, Fn. 3, kritisierte analoge Anwendung des § 1011 BGB durch *Baumbach/Hefermehl* (vgl. jetzt Einl. UWG, Rdn. 323) kann sich nicht auf eine Anspruchsberechtigung einzelner, lediglich (durch Bestehen der Trägergesellschaft) mittelbarer Eigentümer beziehen, sondern nur auf den seltenen und kaum praktisch werdenden Fall, daß ein Unternehmen mehrere rechtlich selbständige, aber eine Eigentümergemeinschaft bildende Inhaber hat.

17 Vgl. dazu im einzelnen Großkomm/*Erdmann*, § 13 UWG, Rdn. 31–40, und *Baumbach/Hefermehl*, Einl. UWG, Rdn. 203 f., sowie zu § 13 UWG, Rdn. 14; HdbWR/*Gloy*, § 19, Rdn. 5.

18 Vgl. BGHZ 18, 175, 182 – Werbeidee; BGH GRUR 1965, 612, 615 = WRP 1965, 253 – Warnschild (insoweit nicht in BGHZ 43, 359); BGH GRUR 1966, 445, 446 f. = WRP 1966, 340 – Glutamal; BGH GRUR 1983, 582, 583 = WRP 1983, 553 – Tonbandgerät; *v. Gamm*, UWG, § 13, Rdn. 8; *Baumbach/Hefermehl*, § 13 UWG, Rdn. 14, und Einl. UWG Rdn. 198 f., jeweils m. w. N.

13. Kapitel Gläubiger und Schuldner; Rechtsnachfolge 10–12 **13**

nisse befriedigende Ware oder Leistung zu verdrängen[19] oder wenn es um die Ausbeutung des Rufs einer Ware (oder eines Herstellers) für eine andere, ungleichartige Ware geht[20].

Schließlich kann eine Absatzbehinderung auch durch die Erweckung des Anscheins **10** eines gleichartigen Waren- oder Leistungsangebots erfolgen. Bei derartigen Pseudo-Wettbewerbsverhältnissen kann jedoch nicht schon jede denkbare, rein abstrakte Beeinträchtigungsmöglichkeit, sondern nur eine solche die Klageberechtigung begründen, die infolge einer gewissen Wahrscheinlichkeit ihres Eintretens nicht gänzlich ohne wirtschaftliche Bedeutung ist[21].

In keiner der Fallgestaltungen ist es unerläßlich, daß es sich um eine gegenwärtige **11** Absatzbehinderung handelt; vielmehr genügt es, daß nach dem Gegenstand der Geschäftsbetriebe jederzeit – etwa durch naheliegende Ausweitung der Produktpalette – ein Behinderungsverhältnis entstehen kann[22].

Immer setzt die Anspruchsberechtigung des »Mitbewerbers« aber voraus, daß ein echtes Wettbewerbsaußenverhältnis besteht. Beliefert eine konzerneigene Einkaufsgesellschaft ausschließlich andere konzerneigene Unternehmen, so hat sie allein aufgrund dieser Art von Vertrieb kein Klagerecht gegen Außenstehende[23], es sei denn, diese treten mit ihr beim konzerninternen Vertrieb in Wettbewerb[24].

Ansprüche des Mitbewerbers ergeben sich bei einer Verletzung der §§ 1, 3, 4, 6 bis **12** 6 e, 7 und 8 UWG, einschließlich solcher Verletzungen des § 1 UWG, die aus wettbewerbsrelevanten Verstößen gegen andere gesetzliche Normen erwachsen[25], jedoch aus-

---

19 BGH GRUR 1972, 553 = WRP 1972, 195 – Statt Blumen ONKO-Kaffee; *v. Gamm,* UWG, § 13, Rdn. 8 nennt dies »unechte Substitution«.
20 Vgl. BGHZ 86, 90, 96 – Rolls Royce; BGHZ 93, 96, 97 f. – DIMPLE; BGH GRUR 1988, 453, 454 = WRP 1988, 25 – Ein Champagner unter den Mineralwässern; BGHZ 113, 82, 85 = GRUR 1991, 464 = WRP 1991, 228 – Salomon, jeweils m. w. N.
21 BGH GRUR 1981, 529, 530 = WRP 1981, 385 – Rechtsberatungsanschein: Verneint die Klageberechtigung eines Rechtsanwalts gegen eine Zeitschrift, die in einer (zulässigen) abstrakten Rechtsberatungsrubrik durch Darstellung fingierter Leseranfragen den (irrigen) Eindruck unzulässiger individueller Rechtsberatung erweckt; vgl. auch Großkomm/*Erdmann,* § 13 UWG, Rdn. 36; *v. Gamm,* Kap. 17, Rdn. 39 und UWG, § 13, Rdn. 8 und 9; *Baumbach/Hefermehl,* § 13 UWG, Rdn. 15.
22 BGHZ 13, 244, 249 – Cupresa-Kunstseide; Großkomm/*Erdmann,* § 13 UWG, Rdn. 37; *v. Gamm,* Kap. 37, Rdn. 38; *Baumbach/Hefermehl,* § 13 UWG, Rdn. 14 und 16; HdbWR/*Gloy,* § 19, Rdn. 5.
23 BGH GRUR 1969, 479, 480 = WRP 1969, 280 – Colle de Cologne; Großkomm/*Erdmann,* § 13 UWG, Rdn. 41; *Baumbach/Hefermehl,* § 13 UWG, Rdn. 13.
24 Dies folgert *v. Gamm,* UWG, § 13, Rdn. 7, wohl mit Recht aus BGH GRUR 1958, 544 = WRP 1958, 221 – Colonia, obwohl es dort primär um Fragen der Zeichenbenutzung und der Zeichenschutzfähigkeit ging; denn nebenbei wurde dort (GRUR S. 546) der Charakter eines regelrechten Handelsgeschäfts (und implizit damit auch ein echtes Wettbewerbsverhältnis) insoweit bejaht, als Dritte gleiche Waren wie die konzerneigene Einkaufsgesellschaft an den Konzernbetrieb liefern; vgl. jetzt für das UrhG ausdrücklich BGH GRUR 1982, 100, 102 – Schallplattenexport und BGH GRUR 1986, 668, 669 f. – Gebührendifferenz IV; ferner Großkomm/*Erdmann* und *Baumbach/Hefermehl,* aaO.
25 Vgl. dazu aus der umfangreich gewordenen Judikatur, in der dies heute meist schon als selbstverständlich vorausgesetzt und nicht mehr erörtert wird, BGH GRUR 1971, 585, 586 = WRP 1971, 469 – Spezialklinik; ferner Großkomm/*Erdmann,* § 13 UWG, Rdn. 11 und 44.

schließlich solcher Verletzungen des § 1 UWG, die – wie etwa manche (nicht alle) Fälle des ergänzenden Leistungsschutzes[26] – allein Individualinteressen eines bestimmten Verletzten berühren[27]; außerdem haben Mitbewerber eigene Ansprüche bei Verletzung des Rabattgesetzes und der Zugabeverordnung. Eine (entsprechende) Anwendung des § 13 Abs. 2 UWG (einschließlich seiner Nr. 1) in anderen Fällen von Verstößen gegen das UWG (§§ 14 ff.) oder bei Rechtsverletzungen außerhalb dieses Gesetzes (etwa beim allgemeinen Deliktsanspruch aus §§ 823 ff. BGB oder aus dem Warenzeichengesetz) kommt nicht in Betracht[28].

13 Auch beim Mitbewerber folgt die Prozeßführungsbefugnis aus der Rechtsverletzung[29]. Liegen die Voraussetzungen der Vorschrift des § 13 Abs. 2 Nr. 1 UWG nicht vor, so ist die Klage nicht als mangels Prozeßführungsbefugnis unzulässig, sondern als materiell unbegründet abzuweisen (Großkomm/*Erdmann*, § 13 UWG, Rdn. 17).

III. Verbände

1. Allgemeines

14 Neben den unmittelbar Verletzten und neben den Mitbewerbern hat der Gesetzgeber einen dritten Gläubigertyp geschaffen, nämlich die – soweit für das wettbewerbliche Unterlassungsrecht von Belang – in § 13 Abs. 2 Nr. 2–4 UWG, in § 2 Abs. 1 ZugabeVO, § 12 RabattG und § 35 Abs. 2 GWB genannten Verbände. Ihnen steht im Falle der Verletzung bestimmter Rechtsnormen ein eigener materiellrechtlicher – seiner Natur nach deliktsrechtlicher[30] – Anspruch aus eigenem Recht zu. Dies entspricht der heute ganz herrschenden Meinung; der Versuch *Marotzkes* (ZZP 98 (1985), 160, 188), den Anspruch dem Staat zuzuordnen und in den Verbänden (wie übrigens auch in den Mitbewerbern) lediglich eine Art von Prozeßstandschaftern zu sehen, hat in Rechtsprechung und Literatur keine Resonanz gefunden. Gewissen Begrenzungen dieses

---

26 Vgl. BGH GRUR 1988, 620, 621 = WRP 1988, 654 – Vespa-Roller; BGH GRUR 1991, 223, 224 f. – Finnischer Schmuck; Großkomm/*Erdmann*, § 13 UWG, Rdn. 10 und 44; kritisch im Hinblick auf Abgrenzungsschwierigkeiten *Baumbach/Hefermehl*, § 13 UWG, Rdn. 6.
27 Großkomm/*Erdmann*, § 13 UWG, Rdn. 10; vgl. aber auch *Baumbach/Hefermehl*, § 13 UWG, Rdn. 6 m. w. N.
28 BGHZ 41, 314, 317 f. – Lavamat I m. w. N.; BGHZ 48, 12, 14 – Wirtschaftsprüfer; BGH GRUR 1983, 379, 381 = WRP 1982, 395 – Geldmafiosi; vgl. Großkomm/*Erdmann*, § 13 UWG, Rdn. 11 m. w. N.; teils abweichend – für Analogie, falls das andere Gesetz sich im Rahmen der Zweckrichtung des UWG hält – *Baumbach/Hefermehl*, § 13 UWG, Rdn. 3.
29 So zutreffend Großkomm/*Erdmann*, § 13 UWG, Rdn. 16; *Ulrich,* Festschrift für *v. Gamm,* S. 223, 229; dagegen prüft die höchstrichterliche Rechtsprechung die Voraussetzungen des § 13 Abs. 2 Nr. 1 UWG meist unter dem Gesichtspunkt der Prozeßführungsbefugnis, mit denen sie – anders als die Voraussetzungen des § 13 Abs. 2 Nr. 2–4 UWG – vgl. Rdn. 17 – unmittelbar nichts zu tun haben.
30 BGH GRUR 1956, 279, 280 – Olivin; Großkomm/*Erdmann*, § 13 UWG, Rdn. 19; dies setzt voraus, daß der Verband z. Zt. der Begehung der Handlung bereits bestanden und eine i. S. des § 13 Abs. 2 UWG schützenswerte Position bereits besessen hat (OLG Hamm GRUR 1991, 692, 693 – Dollar-Preisliste).

Anspruchs gemäß dem Normzweck (vgl. dazu *Köhler,* WRP 1992, 359, 360) wird man jedoch zustimmen können.

Seine Einführung beruht auf der Erfahrung, daß Kaufleute sowohl in der Rolle des unmittelbar Betroffenen als auch in der des Mitbewerbers ungern Prozesse führen, sei es, weil sie die oft erheblichen Kostenrisiken scheuen, sei es, weil sie es unkaufmännisch finden, Konkurrenten im Prozeßwege anzugreifen, oder sei es auch nur, weil sie den Zeit- und Kraftaufwand scheuen und meinen, ihn ihrem Geschäft anderweitig nutzbringender zukommen lassen zu können[31]. Das hierdurch sowie durch das weitgehende Versagen der strafrechtlichen Sanktionen gegen Wettbewerbsverstöße bedingte Verfolgungsdefizit hat den Gesetzgeber bewogen, zunächst gewerblichen Interessenverbänden und später, als der Verbraucherschutz als zusätzliches Ziel des Wettbewerbsrechts stärker in den Vordergrund trat, auch sog. Verbraucherverbänden die Möglichkeit eigenen Vorgehens gegen bestimmte Wettbewerbsverstöße einzuräumen[32].

Die gesetzlichen Bestimmungen, mit denen dies geschehen ist, haben – was in der Rechtsprechung lange zu wenig beachtet worden ist[33] – eine doppelte Funktion. Sie schaffen nicht nur den materiellen Anspruch, sondern auch ein eigenes Prozeßführungsrecht, das bei Verbänden nicht allein aus der Rechtsverletzung, sondern aus der Erfüllung gewisser prozessualer Grundvoraussetzungen[34] folgt[35]. Darauf wird bei der Darstellung der Arten der Verbände und der von ihnen zu erfüllenden Anforderungen näher einzugehen sein.

Eigene Ansprüche (und das Recht zu deren Durchsetzung) stehen auch den Verbänden – ähnlich wie den Mitbewerbern, vgl. Rdn. 13 – nur bei Verletzung ganz bestimmter Rechtsnormen zu. Im UWG sind dies für Verbände i. S. des § 13 Abs. 2 Nr. 2 und 4 UWG dieselben Normen wie bei den Mitbewerbern (Rdn. 13), mit denselben Erweiterungen und Einschränkungen wie bei diesen (Rdn. 13). Für Verbände i. S. des § 13 Abs. 2 Nr. 3 UWG ergeben sich weitere Einschränkungen teils aus Satz 2 dieser Norm (Ansprüche aus § 1 UWG nur insoweit, als die Verletzungshandlung wesentliche Verbraucherbelange betrifft), teils aus § 13 Abs. 3 UWG (kein Recht zur Verfolgung von Verstößen gegen § 12 UWG), teils aus § 35 GWB, wo die Verbraucherverbände – anders als in § 12 RabattG und § 2 Abs. 1 ZugabeVO – nicht mitaufgeführt sind[36]. Hinsichtlich einer erweiternden Anwendung des § 13 Abs. 2 UWG auf andere Bestimmungen innerhalb oder außerhalb des UWG gilt das bereits (in Rdn. 13) Gesagte.

---

31 Näher dazu *Pastor,* S. 597 f..
32 Zur geschichtlichen Entwicklung vgl. *Pastor,* GRUR 1969, 571, 572 f., und Großkomm/*Erdmann,* § 13 UWG, Rdn. 1–4.
33 Vgl. die Beispiele in Großkomm/*Erdmann,* § 13 UWG, Rdn. 15 m. w. N.; zutreffend jetzt BGH GRUR 1991, 684 – Verbandsausstattung sowie *Spätgens* in seiner Besprechung dieses Urteils in EWiR 1991, 823, 824; OLG München WRP 1992, 409, 410.
34 Vgl. zu diesen eingehend Großkomm/*Erdmann,* § 13 UWG, Rdn. 55 ff. und 85 ff.
35 So zutreffend Großkomm/*Erdmann,* § 13 UWG, Rdn. 16; ähnlich *Baumbach/Hefermehl,* § 13, Rdn. 20.
36 Zwar haben sich *M. Wolf,* S. 38 ff., und *Fricke,* GRUR 1976, 680, 684 für eine erweiternde Analogie ausgesprochen; dagegen jedoch (überzeugend) *Bettermann,* ZZP 85 (1972), 133, 139 und 144, sowie Großkomm/*Erdmann,* § 13 UWG, Rdn. 11.

2. Die Arten der Verbände

18 Das Gesetz unterscheidet zwischen den Verbänden zur Förderung gewerblicher Interessen (§ 13 Abs. 2 Nr. 2 UWG, § 2 Abs. 1 ZugabeVO, § 12 Abs. 1 RabattG und § 35 Abs. 2 GWB) und Verbraucherverbänden i. S. des § 13 Abs. 2 Nr. 3 UWG. Außerdem führt es seit dem 1. 1. 1987, dem Zeitpunkt, in dem auch die beiden UWG-Paragraphen-Absätze ihre derzeitige Numerierung erhielten, in § 13 Abs. 2 Nr. 4 UWG die Industrie- und Handelskammern und die Handwerkskammern, die früher zu den Verbänden i. S. des § 13 Abs. 1 UWG a. F. gezählt worden waren (vgl. Voraufl., Kap. 13, Rdn. 18), als besondere Kategorie auf.

19 Mischverbände, die ihrer Zielsetzung und/oder Mitgliederzusammensetzung nach sowohl gewerblichen Interessen als auch den Verbraucherinteressen dienen sollten, waren zwar zeitweilig in der Praxis üblich geworden[37]; sie erfüllen jedoch – wie der Bundesgerichtshof klargestellt hat[38] – weder dem Wortlaut noch dem Sinn des Gesetzes nach (letzteres insbesondere wegen des dadurch begründeten Interessenkonflikts) die Voraussetzungen eines anspruchs- bzw. klageberechtigten Verbandes.

a) Verbände zur Förderung gewerblicher Interessen

20 Zu ihnen gehören zunächst die Interessenverbände in engerem Sinne, d. h. solche, die die Interessen eines bestimmten Wirtschafts- oder Gewerbezweiges, einer (i. S. des Wettbewerbsrechts gewerblichen) Berufsgruppe o. ä. wahrnehmen, also beispielsweise vereinsrechtlich organisierte Berufsvertretungen wie Brauereiverbände[39], ein Buch- und Zeitschriftenhändlerverband[40] oder Verlegerverband[41], ferner öffentlich-rechtlich organisierte Kammern freier Berufe wie Rechtsanwaltskammern[42], Kammern der Steuerbevollmächtigten[43], Steuerberaterkammern[44], Architektenkammern[45]; ferner Kreditverbände, Innungen, vereinsrechtlich organisierte Berufsvertretungen usw.[46]

21 Ob diese Rechtsprechung zu § 13 Abs. 1 UWG a. F. auch insoweit weiter gelten sollte, als sie öffentlich-rechtlich organisierte Berufskammern betraf, war im Hinblick auf die ab 1. 1. 1987 geltende Neuregelung ganz kurz zweifelhaft geworden, weil der

---

[37] Dagegen aber schon *Pastor*, in *Reimer*, S. 129, 130 f. und 134.
[38] BGH GRUR 1983, 129 = WRP 1983, 207 – Mischverband I und GRUR 1985, 58 = WRP 1985, 19 – Mischverband II; anders als *Pastor*, aaO., und *Wilke*, GRUR 1969, 468 ff., schließt der BGH es aaO. jedoch nicht grundsätzlich aus, daß einem Interessenverband auch eine Minderheit von Verbrauchern bzw. einem Verbraucherverein entsprechend eine Minderheit von Gewerbetreibenden angehören kann, sofern diese Minderheiten keinen bestimmenden Einfluß im Verband haben; ebenso jetzt auch KG NJW-RR 1991, 1007, das den Verband der Postbenutzer e. V. als klagebefugten Gewerbeverband angesehen hat, obwohl ihm – zum kleinen Teil – auch private Postbenutzer angehören; vgl. auch OLG München WRP 1992, 409, 410.
[39] BGH GRUR 1954, 163, 164 – Bierlieferungsverträge.
[40] BGHZ 11, 286, 287 – Kundenzeitschrift.
[41] BGH GRUR 1975, 377, 378 = WRP 1975, 215 – Verleger von Tonträgern.
[42] BGH GRUR 1957, 425, 426 – Ratgeber.
[43] BGH GRUR 1972, 607 = WRP 1972, 431 – Steuerbevollmächtigter.
[44] BGHZ 79, 390 – Apotheken-Steuerberatungsgesellschaft.
[45] BGH GRUR 1980, 855, 856 – Innenarchitektur = BGHZ 81, 230 ff.
[46] Weitere Beispiele und Nachweise bei *Baumbach/Hefermehl*, § 13 UWG, Rdn. 30, sowie in Großkomm/*Erdmann*, § 13 UWG, Rdn. 48–54.

Gesetzgeber die im Novellierungsentwurf noch vorgesehene ausdrückliche Erwähnung solcher Kammern neben den Industrie- und Handelskammern und Handwerkskammern in § 13 Abs. 2 Nr. 4 UWG n. F. im Gesetz unterlassen hat[47]. Dies hatte jedoch – wie bereits in der Vorauflage (Kap. 59, Rdn. 4 f.) ausgeführt – lediglich den Grund, daß bei diesen Berufsverbänden – anders als bei den Industrie- und Handelskammern und den Handwerkskammern – unzweifelhaft war, daß sie bestimmte wirtschaftliche Interessen einer Berufsgruppe wahrnehmen und deshalb unter § 13 Abs. 2 Nr. 2 UWG n. F. fallen. Der Bundesgerichtshof ist den aufgetretenen Zweifeln auch sofort begegnet[48] und vertritt seither in ständiger Rechtsprechung den Standpunkt, daß auch die Kammern freier Berufe weiterhin unter § 13 Abs. 2 Nr. 2 UWG fallen[49], und zwar mittlerweile als so selbstverständlich, daß er Erörterungen dazu teils schon nicht mehr für erforderlich hält[50]. Voraussetzung ist, daß die Verbände – wovon regelmäßig auszugehen ist – mit den beruflichen auch wirtschaftliche Interessen ihrer Mitglieder fördern. Daß die öffentlich-rechtlich organisierten Berufsvertretungen daneben meist auch im Wege der Berufsgerichtsbarkeit vorgehen können, wenn ihre Mitglieder Gesetzesverstöße begehen, ist für den zivilrechtlichen Anspruch unerheblich[51].

Streitig ist, ob auch Spitzenverbände, also Verbandszusammenschlüsse, i. S. des § 13 Abs. 2 Nr. 2 UWG berechtigt sein können. In der Literatur wird dies zwar durch eine vereinzelte Meinung[52] in Frage gestellt, ganz überwiegend[53] jedoch – mit Recht – ebenso bejaht wie in der Rechtsprechung[54].

Neben den berufs- oder branchenspezifischen Verbänden gibt es die heute besonders wichtig gewordenen Zusammenschlüsse von Gewerbetreibenden unterschiedlicher Bereiche zum Zwecke der Bekämpfung unlauteren Wettbewerbs[55], unter denen die Zentrale zur Bekämpfung unlauteren Wettbewerbs der bekannteste und bedeutendste geworden ist, mittlerweile aber auch eine Reihe anderer sog. Wettbewerbsvereine eine größere, überregionale Rolle spielen.

Auch ausländische Interessenverbände können als Gläubiger eines Unterlassungsanspruchs – mit Verfolgungsrecht in Deutschland – in Betracht kommen, und zwar nicht

---

47 Vgl. etwa *Sack*, BB 1986, 2205, 2216 f.
48 BGH GRUR 1987, 444, 445 = WRP 1987, 463 – Laufende Buchführung.
49 Vgl. BGH GRUR 1987, 834 – Data-Tax-Control; BGH WRP 1990, 282, 283 – Anwaltswahl durch Mieterverein; vgl. auch Großkomm/*Erdmann*, § 13 UWG, Rdn. 53; *Baumbach/Hefermehl*, § 13 UWG, Rdn. 31.
50 Vgl. z. B. BGH GRUR 1989, 624 = WRP 1989, 579 – Kuranstalt.
51 BGHZ 79, 390, 393 ff. = GRUR 1981, 596 – Apotheken-Steuerberatungsgesellschaft; *v. Gamm*, UWG, § 13, Rdn. 13; Großkomm/*Erdmann*, § 13, Rdn. 52.
52 Vgl. *Säcker*, DB 1986, 1504, 1510 ff.
53 Vgl. Großkomm/*Erdmann*, § 13 UWG, Rdn. 51; *Baumbach/Hefermehl*, § 13 UWG, Rdn. 32; Voraufl., Kap. 13, Rdn. 19; *Weyhenmeyer*, DB 1986, 2317 ff.
54 Vgl. BGH GRUR 1965, 485, 486 = WRP 1965, 140 – Versehrtenbetrieb; BGH GRUR 1974, 729, 730 = WRP 1974, 200 – Sweepstake; BGH GRUR 1983, 245 = WRP 1983, 260 – naturrot; BGH GRUR 1990, 617, 618 = WRP 1990, 488 – Metro III; BGH GRUR 1992, 175 = WRP 1992, 307 – Ausübung der Heilkunde.
55 Die Trennung dieser Verbände von anderen Interessenverbänden bei *Pastor*, in *Reimer*, S. 127–131, sowie bei *Ahrens*, S. 111 f. findet im Gesetz keine Stütze und scheint mir – jedenfalls heute, da die damals noch akuten Streitfragen über Zusammensetzung und Zielsetzung weitgehend geklärt sind – auch nicht (mehr) zweckmäßig.

nur aufgrund besonderer Regelungen in bi- oder multilateralen Abkommen[56], sondern auch unmittelbar gemäß § 13 Abs. 2 Nr. 2 UWG[57]. Jedoch gilt letzteres nur hinsichtlich der Prozeßführungsbefugnis, die sich nach der lex fori bestimmt. Die materielle Anspruchsberechtigung (Sachlegitimation) des Verbandes dürfte sich dagegen nach den Regeln des IPR (Wettbewerbs- bzw. Vertragsstatut) regeln (vgl. dazu *Koch* in Anm. zu BGH JZ 1991, 1038 – Kauf im Ausland auf S. 1041.)

25   Die Anspruchsberechtigung von Interessenverbänden setzt voraus, daß diese einer Reihe von Anforderungen genügen; jedoch spielen letztere sämtlich für die materielle Berechtigung deshalb keine unmittelbare Rolle, weil sie zugleich Voraussetzungen der (logisch vorrangigen) Prozeßvoraussetzungen sind, bei deren Fehlen die Klage bereits als unzulässig abzuweisen ist, ohne daß es auf den Anspruch noch ankommt.

26   Zu diesen Voraussetzungen mit rechtlicher Doppelnatur (vgl. BGH in Fn. 33 – Verbandsausstattung u. Großkomm/*Erdmann*, § 13 UWG, Rdn. 15) gehört – außer der Rechtsfähigkeit –, daß die Förderung gewerblicher Interessen sowohl ein aus der Satzung (oder u. U., bei Körperschaften öffentlichen Rechts, unmittelbar aus dem Gesetz als Begleitwirkung der Förderung beruflicher Belange) ersichtlicher[58] als auch ein vom Verband tatsächlich verfolgter[59] Zweck ist. Gewerblichen Interessen dient auch die Bekämpfung unlauteren Wettbewerbs; sie genügt sowohl als Satzungszweck[60] als auch als alleinige Tätigkeit eines gerade mit dieser Zweckbestimmung gegründeten und geführten Vereins[61], braucht andererseits aber aus demselben Grunde nicht ausdrücklich zusätzlich als Satzungszweck erwähnt zu sein, wo dieser ohnehin in der Förderung gewerblicher Interessen besteht[62].

27   Für die tatsächliche Zweckverfolgung spricht bei einem ordnungsgemäß gegründeten und aktiv tätigen Verband eine tatsächliche Vermutung[63], die der Gegner zu widerlegen

---

56 Vgl. z. B. BGH GRUR 1969, 611 = WRP 1970, 64 – Champagner-Weizenbier; BGH GRUR 1969, 615 = WRP 1969, 486 – Champi-Krone.
57 *v.Gamm*, UWG, § 13, Rdn. 12; Großkomm/*Erdmann*, § 13 UWG, Rdn. 54.
58 Die Regelung braucht nicht ausdrücklich getroffen zu sein; sie muß sich aber sinngemäß deutlich ergeben (vgl. BGH GRUR 1965, 485, 486 = WRP 1965, 140 – Versehrtenbetrieb; BGH GRUR 1983, 129, 130 = WRP 1983, 207 – Mischverband I; *Baumbach/Hefermehl*, § 13 UWG, Rdn. 21 a; Großkomm/*Erdmann*, § 13 UWG, Rdn. 59).
59 St. Rspr. u. h. M.; vgl. schon BGH GRUR 1958, 544 = WRP 1958, 221 – Colonia und neuestens BGH GRUR 1990, 282, 284 = WRP 1990, 255 – Wettbewerbsverein IV m. w. N.; Großkomm/*Erdmann*, § 13 UWG, Rdn. 59, 62; *Baumbach/Hefermehl*, § 13 UWG, Rdn. 24 ff.; *v. Gamm*, UWG, § 13 Rdn. 11; *Ahrens*, S. 112.
60 BGH GRUR 1971, 585, 586 = WRP 1971, 469 – Spezialklinik; BGH aaO. – Wettbewerbsverein IV.
61 BGH GRUR 1986, 320, 321 = WRP 1986, 201 – Wettbewerbsverein I; BGH aaO. – Wettbewerbsverein IV; Großkomm/*Erdmann*, § 13 UWG, Rdn. 59; a. A. *v. Ungern-Sternberg*, NJW 1981, 2328, 2329 f.; *Schreiner*, GRUR 1988, 919 in Anm. zu BGH GRUR 1988, 918 = WRP 1988, 662 – Wettbewerbsverein III.
62 Großkomm/*Erdmann*, § 13 UWG, Rdn. 59; *Baumbach/Hefermehl*, § 13 UWG, Rdn. 21 a.
63 BGH GRUR 1975, 377, 378 – Verleger von Tonträgern; BGH GRUR 1986, 320, 321 = WRP 1986, 201 – Wettbewerbsverein I; Großkomm/*Erdmann*, § 13 UWG, Rdn. 63; *v. Gamm*, UWG, § 13, Rdn. 11; *Baumbach/Hefermehl*, § 13 UWG, Rdn. 24.

hat[64]. Befindet sich der Verband noch in der Anlaufphase[65], so sind zunächst an die aktive Betätigung geringere Anforderungen zu stellen, sofern der Verband seiner Struktur nach auf Verwirklichung des Satzungszwecks angelegt und um Verwirklichung der Voraussetzungen für die Betätigung bemüht ist[66].

Das Erfordernis der tatsächlichen Zweckverfolgung setzt die Eignung des Verbands hierfür, also entsprechende persönliche und sachliche Mittel voraus[67]. Seiner persönlichen Ausstattung nach muß der Verein imstande sein, das Wettbewerbsverhalten anderer zu beobachten und rechtlich zu beurteilen. Typische und durchschnittlich schwierige Wettbewerbsverstöße muß er selbst erkennen und abmahnen können[68]; dies schließt jedoch nicht aus, daß er, sofern er selbst die Herrschaft über die Tätigkeit behält[69], ein Rechtsanwaltsbüro (gegen Vergütung) damit betraut, seine (sämtlichen) Aufgaben zu erledigen[70]. Gibt es im Verein niemanden, der sich um Maßnahmen zur Verfolgung von Wettbewerbsverstößen kümmert, werden diese vielmehr einzelnen Anwaltsbüros nach deren Belieben überlassen und bestehen außerdem Unklarheiten über Finanzierung und Abrechnung der Prozeßkosten, so fehlen dem Verein notwendige Voraussetzungen für die Prozeßführungsbefugnis (BGH aaO. – Verbandsausstattung). Die sachliche Ausstattung muß in erster Linie finanzieller Art sein; es müssen – durch Beiträge, Spenden u. a. Leistungen der Mitglieder, aber auch durch beigetriebene Vertragsstrafen – hinreichend Mittel zur Erfüllung des Satzungszwecks, insbesondere zur Erfüllung von Prozeßkostenverpflichtungen, vorhanden sein[71]. Abmahnpauschalen sind keine Einnahmen, können Eigenmittel daher nicht ersetzen. Ob sie zur (Mit-)Deckung der Fixkosten heranzuziehen sind, ist zweifelhaft[72]. M. E. kann dies allenfalls in begrenztem Umfang anerkannt werden, nämlich insoweit, als durch eine besonders umfangreiche Abmahntätigkeit zusätzliche sachliche und persönliche Mittel erforderlich werden. Die Grundausstattung, die der Verband für seine Existenz und Normaltätig-

---

64 Vgl. BGH aaO. – Wettbewerbsverein I, wo eine Entkräftung der Vermutung für den Fall angenommen worden ist, daß der Verein nach seiner persönlichen und sachlichen Ausstattung zur Ausübung der Vereinstätigkeit nicht imstande ist und lediglich Prozeßaufträge erteilt.
65 Diese wird im Regelfall auf einen Zeitraum von sechs Monaten zu begrenzen sein; vgl. Großkomm/*Erdmann*, § 13 UWG, Rdn. 64.
66 BGH GRUR 1973, 78, 79 f. – Verbraucherverband; Großkomm/*Erdmann*, aaO. m. w. N. in Fn. 176.
67 BGH aaO. – Wettbewerbsverein I; BGH GRUR 1986, 676, 677 = WRP 1986, 467 – Bekleidungswerk; BGH GRUR 1990, 282, 285 = WRP 1990, 255 – Wettbewerbsverein IV; BGH GRUR 1991, 684 f. – Verbandsausstattung; OLG München WRP 1992, 409, 410.
68 BGH GRUR 1984, 691, 692 = WRP 1984, 405 – Anwaltsabmahnung; BGH aaO. – Verbandsausstattung.
69 BGH aaO. – Verbandssaustattung; Großkomm/*Erdmann*, § 13 UWG, Rdn. 66; *Hefermehl*, WRP 1987, 281, 283 f..
70 Vgl. BGH aaO. – Bekleidungswerk; OLG Koblenz WRP 1989, 749; Großkomm/*Erdmann* aaO..
71 BGH GRUR 1990, 282, 285 = WRP 1990, 255 – Wettbewerbsverein IV m. w. N.; OLG München WRP 1992, 409, 410 f. Großkomm/*Erdmann*, § 13 UWG, Rdn. 67; dagegen will *Baumbach/Hefermehl*, § 13 UWG, Rdn. 25, Einnahmen aus Vertragsstrafen wohl ebensowenig wie solche aus Abmahnpauschalen genügen lassen.
72 Bejahend Großkomm/*Erdmann*, § 13 UWG, Rdn. 67; verneinend KG in seiner im BGH-Urteil Wettbewerbsverein IV aaO. erwähnten Entscheidung vom 19. 12. 1988 – 25 U 2645/88; offengelassen von BGH aaO. – Wettbewerbsverein IV.

keit benötigt, hat er allein vorzuhalten. Für ihre Finanzierung dürfen Abmahnpauschalen nicht – auch nicht anteilig – mit herangezogen werden.

29 Der Umfang der erforderlichen Tätigkeit richtet sich nach dem Satzungszweck. Bei Fachverbänden gehört die Wahrung aller branchen- bzw. berufsspezifischen Belange[73] zu den zu erfüllenden Aufgaben; hierbei kann der Verfolgung von Wettbewerbsverstößen u. U. auch eine untergeordnete Rolle zukommen[74]. Dagegen muß bei reinen Wettbewerbsvereinen die Bekämpfung unlauteren Wettbewerbs als alleiniger Verbandszweck alle diesem Ziel dienende Tätigkeiten einschließen. Reine Abmahn- oder Prozeßtätigkeit genügt nicht; hinzutreten muß etwa die Beobachtung des Wettbewerbsgeschehens, Testkäufe, u. U. auch eine Teilnahme an wettbewerbspolitischen oder informativen Veranstaltungen, ein Rundschreibendienst o. ä.[75]

30 Voraussetzung eines eigenen Anspruchs[76] des Verbands ist weiter, daß in seinen satzungsgemäßen Aufgaben- und Interessenbereich eingegriffen wird[77]. Dieser Bereich ist im Hinblick auf die im öffentlichen Interesse liegende Verfolgung unlauteren Wettbewerbs räumlich und sachlich weit zu verstehen[78]. Einzelinteressen der Mitglieder brauchen überhaupt nicht, das gemeinsame »zusammengefaßte« Interesse seiner Mitglieder nicht in jedem Fall berührt zu sein (BGH aaO. – Wettbewerbsverein IV). Im einzelnen kann auf die eingehende Darstellung *Erdmanns* im Großkommentar (§ 13 UWG, Rdn. 72–75) verwiesen werden.

b) Verbraucherverbände

31 Verbraucherverbände sind rechtsfähige Verbände, die nach Satzungs- (Haupt-)zweck und Tätigkeitsinteressen der Verbraucher (über den Kreis der Mitglieder[79] hinaus) fördern, also insbesondere durch Aufklärungs- und Beratungstätigkeit[80], aber auch – al-

---

73 Großkomm/*Erdmann*, § 13 UWG, Rdn. 68.
74 BGH GRUR 1990, 1038, 1039 – Haustürgeschäft.
75 BGH GRUR 1990, 282, 283 f. = WRP 1990, 255 – Wettbewerbsverein IV; Großkomm/*Erdmann*, § 13 UWG, Rdn. 68 f., jeweils m. w. N..
76 Insoweit handelt es sich nun, wie Großkomm/*Erdmann*, § 13 UWG, Rdn. 71, deutlich klarstellt, allein um eine materielle Anspruchsvoraussetzung, nicht um eine Voraussetzung der Prozeßführungsbefugnis.
77 BGH GRUR 1983, 129, 130 = WRP 1983, 207 – Mischverband I; *Baumbach/Hefermehl*, § 13 UWG, Rdn. 27; Großkomm/*Erdmann*, § 13 UWG, Rdn. 71.
78 Vgl. BGH GRUR 1964, 397, 398 = WRP 1964, 239 – Damenmäntel m. w. N.; BGH GRUR 1975, 75, 76 = WRP 1974, 394 – Wirtschaftsanzeigen-Public relations; BGH GRUR 1990, 282, 284 = WRP 1990, 255 – Wettbewerbsverein IV; *Baumbach/Hefermehl*, § 13 UWG, Rdn. 27; HdbWR/*Gloy*, § 19, Rdn. 14; eingehend dazu Großkomm/*Erdmann*, § 13 UWG, Rdn. 72–75.
79 Der allerdings nicht so klein wie – u. U. – der der wirtschaftlichen Interessenverbände sein darf; regelmäßig wird eine Zahl von mindestens mehreren hundert Mitgliedern erforderlich sein (vgl. Großkomm/*Erdmann*, § 13 UWG, Rdn. 94; *Baumbach/Hefermehl*, § 13 UWG, Rdn. 38).
80 Beide Satzungszwecke und Tätigkeiten müssen kumulativ gegeben sein; Aufklärung oder Beratung genügt nicht; vgl. Großkomm/*Erdmann*, § 13 UWG, Rdn. 88; *Baumbach/Hefermehl*, § 13 UWG, Rdn. 36; a. A. *Tetzner*, NJW 1965, 1944 f.

lerdings nicht ausschließlich – durch Rechtsverfolgung von Verbraucherbelangen[81]. Erforderlich ist, daß es sich um Interessen handelt, die einen Zusammenhang mit dem Marktgeschehen aufweisen; denn der BGH hat aus der wettbewerbsrechtlichen Funktion des § 13 UWG geschlossen, daß die Tätigkeit der Verbände im Sinne dieser Vorschrift ebenfalls einen wettbewerbsrechtlichen Bezug haben muß, was es bei Verbraucherverbänden notwendig erscheinen läßt, daß die Erfüllung ihrer Aufgaben der Markttransparenz, d. h. der Marktübersicht und Warenkenntnis der Verbraucher, dienen und speziell richtige Kaufentscheidungen der letzteren fördern soll[82].

c) Industrie- und Handelskammern sowie Handwerkskammern

Industrie- und Handelskammern sowie Handwerkskammern waren früher von der Rechtsprechung und h. M.[83] zu den Interessenverbänden i. S. des § 13 Abs. 1 a. F. (= § 13 Abs. 2 Nr. 2 n. F.) UWG gezählt worden. Der Gesetzgeber hat sie nun in der seit dem 1. 1. 1987 gültigen Fassung des § 13 UWG – überflüssigerweise, aber dem Vorbild des § 13 Abs. 2 Nr. 3 AGBG folgend und wohl auch zur vermeintlich notwendigen Klarstellung – in § 13 Abs. 2 Nr. 4 UWG ausdrücklich als eigene Kategorie anspruchs- und klageberechtigter Institutionen aufgeführt. Sachlich deckt sich ihre Berechtigung mit der der Verbände zur Förderung gewerblicher Interessen. Der Aufgabenbereich, der durch die Verletzungshandlung berührt werden muß, ergibt sich für Industrie- und Handelskammern aus § 1 des Gesetzes vom 18. 12. 1956 (BGBl. I 920), für die Handwerkskammern aus § 91 der Handwerksordnung; er ist auch hier wegen des in Frage stehenden öffentlichen Interesses weit auszulegen[84].

3. *Rechtsmißbrauch von Verbänden*

Die eigene Anspruchsberechtigung von gewerblichen Interessenverbänden, insbesondere auch in der Form der Vereine zur Bekämpfung unlauteren Wettbewerbs, in gewissem Umfang zusätzlich auch die im Jahre 1965 hinzugetretene Anspruchsberechtigung von Verbraucherverbänden, haben Mißbrauchsmöglichkeiten eröffnet, die alsbald auch in verschiedenen Formen ausgenutzt wurden und weiter werden.

Die Literatur, in der die wichtigsten dieser Mißbrauchsformen dargestellt und zumeist scharf kritisiert und in der immer wieder auch Verhinderungsmöglichkeiten gesucht und vorgeschlagen worden sind, ist kaum noch übersehbar[85]; auch die Wettbe-

---

81 Zur Entwicklung der Anspruchs- und Klageberechtigung solcher Verbände vgl. Großkomm/*Erdmann*, § 13 UWG, Rdn. 83 f.; *v. Ungern-Sternberg*, Festschrift für *Klaka*, S. 72, 74 ff.
82 Vgl. besonders BGH GRUR 1983, 775, 776 = WRP 1983, 667 – Ärztlicher Arbeitskreis: Nicht ausreichend, daß ein Verein seine Aufgabe darin sieht, die Gesundheit der Verbraucher (durch Kampf gegen das Rauchen) zu fördern; ferner BGH GRUR 1973, 78, 79 – Verbraucherverband; BGH GRUR 1983, 129 = WRP 1983, 207 – Mischverband I; BGH WRP 1992, 380, 381 – Beitragsrechnung; Großkomm/*Erdmann*, § 13 UWG, Rdn. 88.
83 Vgl. RGSt 44, 47; BGHSt 2, 396, 400; Großkomm/*Erdmann*, § 13 UWG, Rdn. 108; *Baumbach/Hefermehl*, § 13 UWG, Rdn. 45.
84 Großkomm/*Erdmann*, § 13 UWG, Rdn. 108.
85 Vgl. die bereits in der Vorauﬂ. (Kap. 13, Rdn. 27 in Fn. 46 erwähnten) ausgewogenen Darstellungen von *Kur*, GRUR 1981, 558 ff. und von *Ulrich*, WRP 1983, 378 ff. und WRP 1984, 368, sowie die damals erschöpfenden Nachweise bei *Albrecht*, WRP 1983, 540 in den Fn. 6 und 7;

werbsrechtsprechung hatte sich immer wieder mit Fragen aus dem Problemkreis zu befassen[86].

35 Im wesentlichen geht es um zwei Fallgruppen eindeutigen Mißbrauchs sowie um einige Formen der Ausnutzung des § 13 Abs. 2 Nr. 2 und 3 UWG, die im Grenzbereich des Legalen bzw. mindestens des Billigenswerten angesiedelt sind.

a) Anwaltsgebührenvereine[87]

36 Die früheste Form eines Mißbrauchs war die Veranlassung der Gründung von Vereinen durch Rechtsanwälte, die sich willfähriger Helfer in dem von ihnen aus dem Hintergrund beherrschten Verein bedienten, um an Mandate für (wegen der traditionell hohen Streitwerte besondere lukrative) Wettbewerbsprozesse zu kommen. Der Verein (bzw. oft sogar der Anwalt selbst) forschte in der Werbung nach Verletzungshandlungen, mahnte – ursprünglich, bevor die Gebührenrechtsprechung dies weitgehend unterband[88], sogar dabei schon vertreten durch den Anwalt – den Verletzer ab und erteilte in den erfolglosen Fällen dem »Gründer«-Anwalt den Prozeßauftrag. Hatte der Prozeß Erfolg, trug der Gegner die Kosten; ob und wie weit der Anwalt im Hintergrund des Vereins seine Gebühren von diesem erstattet verlangte, wenn der Prozeß verlorengegangen war, blieb oft im Dunkeln (vgl. etwa das Beispiel des in Fn. 86 zitierten Falls BGH-Verbandsausstattung)

b) Abmahnvereine[89]

37 Hier dient die Verfolgungsbefugnis unmittelbar den Erwerbsinteressen des Vereins selbst bzw. seiner Mitglieder. Unter Ausnutzung der Rechtsprechung, nach der die begründete Abmahnung eine Geschäftsführung ohne Auftrag im Interesse des Abgemahnten darstellt[90] und Vereinen und Verbänden als Aufwendungsersatz eine Kosten-

---

ferner neuerdings wieder *v. Ungern-Sternberg,* Festschrift für *Klaka,* S. 72 ff. und *Ulrich,* Festschrift für *v. Gamm,* S. 223, 225 ff. sowie – sehr eingehend – Großkomm/*Erdmann,* § 13 UWG, Rdn. 109–122; zu Vorschlägen, wie Mißbräuche außerhalb der wettbewerbsrechtlichen Möglichkeiten verhindert werden könnten, vgl. die »Grundsätze für die Tätigkeit von Wettbewerbsvereinigungen«, WRP 1982, 79, deren Unterzeichner bei *Borck,* WRP 1982, 70 in Fn. 2 genannt sind, sowie die Erläuterungen ihrer Zielsetzung durch *Hinz/Weyhenmeyer,* WRP 1982, 308 (kritisch dazu *Borck* aaO.); ferner besonders *Kisseler,* WRP 1982, 123, 130 ff.; *Albrecht,* aaO., S. 542 ff., und (ähnlich wie letzterer) *Uedelhoven,* WRP 1982, 564, 565 f.; *K. Schmidt,* NJW 1983, 1520. Vgl. dazu ferner die nachfolgende Darstellung des § 13 Abs. 5 (Rdn. 46 ff.)

86 Vgl. aus der Voraufl. (Kap. 13, Rdn. 27, Fn. 47) BGH GRUR 1983, 129 – Mischverband I; BGH GRUR 1985, 58 = WRP 1985, 19 – Mischverband II und die Nachweise bei *Albrecht* aaO. in Fn. 5; aus neuerer Zeit besonders BGH GRUR 1988, 918 = WRP 1988, 662 – Wettbewerbsverein III und GRUR 1990, 282 = WRP 1990, 255 – Wettbewerbsverein IV; BGH GRUR 1991, 684 f. – Verbandsausstattung.

87 Vgl. dazu besonders *Pastor,* GRUR 1969, 571 ff.

88 Vgl. BGH GRUR 1984, 691, 692 = WRP 1984, 405 – Anwaltsabmahnung sowie *Baumbach/Hefermehl,* Einl. UWG, Rdn. 556.

89 Vgl. dazu mit Beispielen besonders *Kisseler,* WRP 1982, 123 ff. und WRP 1989, 623 ff.; *Albrecht,* WRP 1983, 540 ff., beide m. w. N..

90 BGHZ 82, 393 f. = GRUR 1970, 189 = WRP 1970, 20 – Fotowettbewerb; BGH GRUR 1984, 691, 692 = WRP 1984, 405 – Anwaltsabmahnung; näher dazu Kap. 41, Rdn. 84 ff.

pauschale zuerkannt werden kann[91], versenden diese Vereine serienweise[92] Abmahnschreiben mit gleichzeitiger Aufforderung zur Zahlung einer Unkostenpauschale (meist bereits über 150,-- DM). Aus den Fällen, in denen die Aufforderung Erfolg hat, ziehen sie Einkünfte in oft – jedenfalls zeitweilig – erheblicher Höhe; in anderen Fällen geschieht in der Regel nichts, da nicht ein ernsthaftes Verfolgen von Wettbewerbsverstößen, sondern die Gewinnerzielung durch Abmahngebühren der eigentliche (und in krassen Fällen einzige) Vereinszweck ist.

Je mehr allerdings der letzte Umstand in das Blickfeld der Kritik gerückt und zum Ziel von Bekämpfungsmaßnahmen wird, desto größer wird die Gefahr der Weiterentwicklung bloßer Abmahnvereine zu einer Mischform von Abmahn- und Gebührenvereinen; es kann dann um so leichter zur Interessengemeinschaft zwischen dem Verein und einem oder mehreren Anwälten kommen, die im Namen des Vereins die weitere Verfolgung der Fälle übernehmen, in denen die Abmahnung noch nicht zum (Gebühren-)Erfolg geführt hat (vgl. etwa den ähnlich gelagerten Fall BGH GRUR 1991, 684 f. – Verbandsausstattung).

c) Grauzonen des Bedenklichen
Zwischen legalem Gebrauch und eindeutigem Mißbrauch von Verbandsrechten gibt es eine Grauzone von Verbandsaktivitäten, die zumindest nicht unbedenklich sind, im Gegensatz zu den immer wieder – und oft übergrell[93] – angeleuchteten Mißständen der Abmahn- und Gebührenvereine jedoch in der Literatur lange Zeit wenig Beachtung und Erörterung gefunden haben.

aa) Es ist heute nichts Ungewöhnliches, daß einzelne Gewerbetreibende sich eines Interessenverbands oder Vereins zur Bekämpfung unlauteren Wettbewerbs dergestalt bedienen, daß sie ihn zur Verfolgung von Wettbewerbsverstößen veranlassen, die sie nicht selbst verfolgen wollen oder können, und daß sie dabei auch durch gänzliche oder teilweise Übernahme des Kostenrisikos der Veranlassung Nachdruck verleihen.

Soweit dadurch nur ein echtes Verbandsinteresse geweckt, d. h. der Verband auf einen von ihm vorher nicht erkannten Verstoß aufmerksam gemacht wird, den er ohnehin verfolgt hätte, ist gegen diese Praxis nichts einzuwenden. Als Mißbrauch der Verbandsklagebefugnis stellen sich jedoch die nicht seltenen Fälle dar, in denen der Verein mangels eigenen (bzw. öffentlichen) Interesses gar nicht vorgehen würde, sondern die Verfolgung ausschließlich auf Drängen und im Interesse des betroffenen Konkurrenten aufnimmt. Hier handelt es sich nämlich nur scheinbar um die Wahrnehmung eines eigenen »Anspruchs«; in Wahrheit wird die eigene Anspruchsberechtigung als rein formale Position ausgenutzt, um den eigentlichen Tatbestand zu verschleiern: daß in Wahrheit nur das Interesse eines bestimmten Einzelkonkurrenten verfolgt wird und daß somit eigentlich eine (verkappte) Prozeßstandschaft vorliegt.

Dieser Mißbrauch einer formalen Position braucht als solcher noch nicht verwerflich zu sein; denn der Bundesgerichtshof läßt ja auch ein Vorgehen von gewerblichen Vereinen im Wege der Prozeßstandschaft in relativ weitem Umfang zu[94]. Er wird aber dann

---

91 Vgl. BGH GRUR 1990, 282, 285 = WRP 1990, 255 – Wettbewerbsverein IV; st. Rspr.
92 Zum Umfang vgl. z. B. *Ulrich*, WRP 1982, 378, 384 in Fn. 61 f.; *Uedelhoven*, WRP 1982, 564 in Fn. 6; *Albrecht*, WRP 1983, 540.
93 So sinngemäß auch *Kur*, GRUR 1981, 558.
94 Vgl. BGH GRUR 1983, 379, 381 = WRP 1983, 395 – Geldmafiosi.

bedenklich, wenn er zur Verfolgung eines Ziels erfolgt, das rechtlich nicht zu billigen und in anderer, korrekter Weise nicht zu erreichen ist. Dies ist der Fall, wenn der Betroffene den Verein dann vorschiebt (und dieser sich auch dann vorschieben läßt), wenn der Konkurrent selbst nicht mehr (wegen Verwirkung des eigenen Anspruchs) oder nicht mehr im Wege der einstweiligen Verfügung (wegen Verlustes der Dringlichkeit infolge eigener Säumnis[95]) vorgehen kann. Hier wird das Vorgehen des Vereins zur auch rechtlich fragwürdigen Kollusion mit dem nicht (mehr) verfolgungsberechtigten Einzelinteressenten[96].

43 Grundsätzlich dürfte völlige Kostendeckung durch einen Dritten die Vermutung begründen, daß der Verein ausschließlich im Interesse dieses Dritten vorgeht. Ist letzterer selbst (wegen Anspruchsverwirkung oder mangels Dringlichkeit eines Verfügungsantrags) nicht zu einem gleichartigen Vorgehen befugt, so ist in den Fällen völliger Kostendeckung ein mißbräuchliches Vorgehen des Vereins indiziert.

44 bb) Ebenfalls im Grauzonenbereich liegen die Fälle, in denen ein Verein oder Verband Verstöße verfolgt, die zwar in seinen satzungsmäßigen Aufgabenbereich, jedoch nicht in sein eigentlich vorgesehenes Betätigungsgebiet fallen. So muß es auf Bedenken stoßen, wenn ein von ausschließlich regional tätigen Gewerbetreibenden im süddeutschen Raum zur Bekämpfung unlauteren Wettbewerbs gegründeter Verein – zwar im Sinne der uneingeschränkten Satzung, aber kaum im Sinne der ursprünglichen Gründerintention und im Interesse der allein regional interessierten Mitglieder – seine Verfolgung auf Wettbewerbsverstöße beispielsweise in Hamburg oder Schleswig-Holstein erstreckt, die auch dort ausschließlich regionale Wirkungen haben. Allerdings begegnen die Vereine solchen etwaigen Bedenklichkeiten meist schon dadurch, daß sie spätestens nach ihrer Gründung bestrebt sind, ihren Mitgliederbestand überregional gestreut auszuweiten, womit dann auch überregionale Interessen in der Regel hinreichend belegt sind.

d) Bekämpfungsmöglichkeiten

45 Die Möglichkeiten, Mißbräuchen allein mit den Grundregeln über die Klagebefugnis von Verbänden (§ 13 Abs. 2 Nr. 2 und 3 UWG) zu begegnen, waren und sind – ungeachtet sehr detaillierter Anforderungen in Rechtsprechung und Literatur[97] – relativ begrenzt und auf krasse Ausnahmefälle[98] beschränkt. Daher wurde der Ruf nach dem Gesetzgeber laut und – nach langer Anlaufzeit, in der besonders die schließlich zu Recht verworfene Abschaffung der Erstattung von Kosten für die erste Abmahnung beabsichtigt war – schließlich (mit Wirkung ab 1. 1. 1987) mit dem neuen § 13 Abs. 5 UWG in bescheidenem Umfang erhört.

---

95 Die OLG Hamburg (GRUR 1987, 721, 722 = WRP 1987, 682, 683) und Frankfurt (GRUR 1989, 375 Ls., vollständig abgedruckt MD VSW 1989, 576 ff.) haben in einem solchen Fall auch für den Verein die Dringlichkeit verneint; das OLG Frankfurt hat diesen Standpunkt in einer weiteren Entscheidung (WRP 1991, 590) bestätigt.
96 Ähnlich Großkomm/*Erdmann*, § 13 UWG, Rdn. 139; *Baumbach/Hefermehl*, § 13 UWG, Rdn. 54 a; *Hefermehl*, WRP 1987, 281, 285; vgl. auch nachfolgend Rdn. 63.
97 Vgl. dazu Rdn. 25 ff. m. w. N.
98 Vgl. BGH GRUR 1988, 918 = WRP 1988, 662 – Wettbewerbsverein III, einschränkend dazu aber schon wieder BGH GRUR 1990, 282 ff. = WRP 1990, 255 – Wettbewerbsverein IV; BGH GRUR 1991, 684, 685 – Verbandsausstattung.

IV. Der Mißbrauchstatbestand des § 13 Abs. 5 UWG[99]

1. Inhalt und Zweck der Bestimmung

Die Vorschrift bestimmt, daß der Anspruch auf Unterlassung nicht geltend gemacht werden kann, wenn die Geltendmachung unter Berücksichtigung der gesamten Umstände mißbräuchlich ist, insbesondere wenn sie vorwiegend dazu dient, gegen den Zuwiderhandelnden einen Anspruch auf Ersatz von Aufwendungen oder Kosten der Rechtsverfolgung entstehen zu lassen.

Ihr Zweck ist erklärtermaßen[100], »die in Rechtsprechung vermehrt festzustellende Tendenz zu fördern, Mißbräuchen bei der Geltendmachung von Unterlassungsansprüchen durch Verbände und Mitbewerber dadurch zu begegnen, daß die Klagebefugnis und damit auch die Abmahnbefugnis in bestimmten Fällen verneint wird«. Welche »Mißbräuche« damit – jedenfalls in erster Linie – gemeint sind bzw. zumindest den Anlaß auch für die jetzige Regelung geboten haben, wird durch den mit »insbesondere« eingeleiteten Teil der Vorschrift verdeutlicht, der die Zielrichtung auf Unterbindung von Abmahnungen und Prozeßführungen zu Erwerbszwecken eines Beteiligten oder zum Zweck bloßer Schädigung des Zuwiderhandelnden erkennen läßt. Jedoch wird allgemein und zu Recht angenommen, daß sich der Zweck der Vorschrift hierin nicht erschöpft; wie weit er geht, ist allerdings im einzelnen streitig und soll nachfolgend bei der Frage der Rechtsnatur der Vorschrift geprüft werden.

2. Die Rechtsnatur der Vorschrift

Einigkeit besteht heute darüber, daß es sich bei § 13 Abs. 5 UWG um einen besonderen Mißbrauchstatbestand handelt[101]. Jedoch ist streitig, ob es sich um einen relativ engen Sonderfall des institutionellen Rechtsmißbrauchs (so Großkomm/*Erdmann* und *Baumbach/Hefermehl*, aaO.,) oder um den Fall einer ausdrücklichen Übernahme eines allgemeinen Mißbrauchsverbots in das UWG (so sinngemäß *Borck*, aaO.,) handelt.

Der Wortlaut ist nicht eindeutig. Nach ihrem ersten Satz könnte jede Art einer mißbräuchlichen Geltendmachung eines Unterlassungsanspruchs als ausgeschlossen angesehen werden; denn auf den ersten Blick stellt das nachfolgende »insbesondere« seinem Sprachsinn nach zunächst ja keine einengende Präzisierung, sondern lediglich die Heraushebung eines besonderen Beispiels dar. Da nach herrschender Rechtsmeinung auch eine Reihe von Einwendungstatbeständen (vgl. Kap. 17 und 19) aus dem Gedanken des Rechtsmißbrauchs abgeleitet werden, stellt sich in derartigen Fällen die Frage der Abgrenzung: Soll jetzt die Geltendmachung eines – beispielsweise – verwirkten Anspruchs, weil rechtsmißbräuchlich, schon an § 13 Abs. 5 UWG n. F., also mangels Klagebefugnis, scheitern? Oder kann über diese Vorschrift der Einwand der »unclean hands«, den die Rechtsprechung als materielles Anspruchshindernis bislang nahezu

---

99 Zur Vorgeschichte und Entstehungsweise der Vorschrift vgl. Voraufl., Kap. 59, Rdn. 8; Großkomm/*Erdmann*, § 13 UWG, Rdn. 121; *Borck*, GRUR 1990, 249.
100 Vgl. die amtl. Begründung des Rechtsausschusses in BT-Drucks. 10/5771 v. 25. Juni 1986, S. 22.
101 Vgl. Großkomm/*Erdmann*, § 13 UWG, Rdn. 124; *Baumbach/Hefermehl*, § 13 UWG, Rdn. 46; *Hefermehl*, WRP 1987, 281, 282; *Borck*, GRUR 1990, 249, 250 ff.

unbeachtet gelassen hat (vgl. Kap. 19) eine ganz neue prozessuale Bedeutung erlangen[102]?

49 Beide Fragen sind m. E. zu verneinen[103]. Die genauere Auslegung des Gesetzestextes unter Berücksichtigung des mit ihm vom Gesetzgeber verfolgten Zwecks ergibt nämlich einen wesentlich engeren Sinn der Vorschrift. Wie ihre Entstehungsgeschichte und ihr Entstehungsgrund erkennen lassen, wollte der Gesetzgeber mit dem durch »insbesondere« eingeleiteten Satz nicht nur ein beliebiges Beispiel eines Mißbrauchs besonders nennen, sondern zugleich die Art von Mißbräuchen näher charakterisieren, die mit dem vorangegangenen allgemeinen Obersatz gemeint sind, nämlich (nur) solche, die im Akt der Geltendmachung des Anspruchs selbst und deren Umständen begründet sind. Unter den »gesamten Umständen«, die zu berücksichtigen sind, ist demgemäß nicht etwa die Gesamtheit der für die Anspruchsverwirklichung maßgeblichen Umstände zu verstehen; vielmehr geht es nur um die Umstände der vorprozessualen oder prozessualen Geltendmachung[104].

50 Nicht erfaßt werden somit diejenigen Fälle, in denen die Berufung auf einen Unterlassungsanspruch unter materiell-rechtlichen Aspekten treuwidrig und mißbräuchlich erscheint (vgl. Kap. 17 und 19). Erfaßt werden dagegen alle Fälle, in denen das Vorgehen selbst oder die Art dieses Vorgehens gegen den Verletzer mit einem Makel behaftet ist, der es mißbräuchlich erscheinen läßt.

51 Zu den letzteren Fällen gehören zunächst diejenigen, die der zweite Halbsatz (»insbesondere«) unmittelbar anspricht; also die Abmahnung zu Erwerbszwecken, sei es durch einen Verein, sei es durch einen Mitbewerber, der sich damit eine zusätzliche oder gar überwiegende Einnahmequelle verschafft; ferner die Abmahnung und insbesondere die Prozeßführung im Gebühreninteresse des mit dem klagenden Verband oder dem klagenden Gewerbetreibenden eng verbundenen Prozeßbevollmächtigten; und schließlich die Fälle abgesprochenen Vorgehens mehrerer Kläger in getrennten Prozessen oder eines Klägers in mehreren Teilverfahren (bei verschiedenen Gerichten und/oder vertreten durch verschiedene Prozeßbevollmächtigte) jeweils zu dem Zweck, beim Verletzer möglichst hohe Kosten entstehen zu lassen (vgl. im einzelnen Rdn. 58–60).

52 Darüber hinaus kann jedoch durch den allgemein formulierten Obersatz der Vorschrift auch anderen Formen mißbräuchlichen Vorgehens begegnet werden, die entweder noch nicht erfunden worden sind oder gegen die es bislang an einer gesetzlichen Handhabe fehlte, wie etwa einzelnen Erscheinungsformen, die vorstehend in Rdn. 39–44 dem – nach bisherigem Recht – Grauzonenbereich zugeordnet worden sind.

3. Die Wirkungen der Vorschrift

53 Durch § 13 Abs. 5 UWG wird der Unterlassungsanspruch selbst nicht berührt; er bleibt – wie die Formulierung m. E. eindeutig ergibt – bestehen; nur seine Geltendma-

---

102 Letzteres wird von *Borck*, GRUR 1990, 249, 253 r. Sp. ernstlich zur Diskussion gestellt, wenngleich nicht abschließend beantwortet.
103 Ebenso Großkomm/*Erdmann*, § 13 UWG, Rdn. 124; *Baumbach/Hefermehl*, § 13 UWG, Rdn. 46; *Ulrich*, Festschrift für *v. Gamm*, S. 223 ff.
104 Kritisch insoweit *Borck*, GRUR 1990, 249, 253, li. Sp. unten, r. Sp. oben.

13. Kapitel Gläubiger und Schuldner; Rechtsnachfolge

chung (in der mißbräuchlichen Weise) ist unzulässig. Ob dies bedeutet, daß der Geltendmachung bereits ein prozessuales Hindernis – und gegebenenfalls welches – entgegensteht oder ob die Vorschrift einen materiellen Einwand gewährt[105], ist umstritten. Die h. M. sieht in ihr ein prozessuales Hindernis, und zwar nicht – wie teilweise vertreten wird[106] – als normierter Fall fehlenden Rechtsschutzinteresses[107], sondern als Ausschluß der Prozeßführungsbefugnis[108]. Die Klageberechtigung des § 13 Abs. 2 UWG hat eine Doppelnatur, die sowohl eine prozessuale als auch eine materiell-rechtliche Befugnis einschließt[109]. Die Bestimmung des § 13 Abs. 5 UWG betrifft bereits die prozessuale Befugnis. Dies gilt nicht nur aus der in Rdn. 46 wiedergegebenen Formulierung der Zweckbestimmung in den Materialien (Ziel der häufigeren Verneinung der »Klagebefugnis«), sondern auch aus der erkennbaren Tendenz des Gesetzgebers, in Fällen eines Mißbrauchs der (jedenfalls auch) prozessualen Möglichkeiten, die § 13 UWG einräumt, wegen der allgemeinen (nicht, wie bei materiell-rechtlichen Einwendungen meist, parteibeziehungsbezogenen) Verwerflichkeit den frühestmöglichen Riegel vorzuschieben und schon die Inanspruchnahme der Gerichte auszuschließen. M. E. liegt hier durchaus – insoweit weiche ich in der Begründung von Großkomm/*Erdmann*, § 13 UWG, Rdn. 126, ab –, ja sogar gerade, einer der besonderen Fälle vor, in denen der Streit gar nicht erst in das Stadium der Prüfung der Begründetheit gelangen soll[110], aber nicht – wie im zitierten BGH-Fall – deshalb, weil ein Rechtsschutzbedürfnis fehlt, sondern weil das Mißbräuchlichkeits- (= Verwerflichkeits-)Verdikt dies erfordert. Wollte man mit der Mindermeinung im Mißbrauchseinwand lediglich ein den materiellen Anspruch berührendes Element sehen, so hätte dies eine doppelte mißliche und vom Gesetzgeber mit Sicherheit nicht gewollte Konsequenz: Einmal wäre eine Berücksichtigung von neu aufgetretenen oder neu erkannten Umständen in der Revisionsinstanz (und damit der vom Gesetzgeber ersichtlich gewollte weitestgehende Ausschluß von mißbräuchlichen Verfahren) nicht möglich; und zum anderen könnten ein und dieselben Mißbrauchstatbestände zu unterschiedlichen Konsequenzen führen, je nach dem, ob Kläger ein Verband oder ein Mitbewerber ist. Denn beim Verband können nach bisherigen Rechtsprechungsgrundsätzen auch Mißbrauchselemente bereits zum Verlust der Prozeßführungsbefugnis und damit zur Abweisung der Klage als unzulässig führen, während bei Mitbewerbern die gleichen Elemente prozessual unberücksichtigt bleiben müßten. Solche Konsequenzen sollte die Rechtsprechung nicht

---

105 Dafür – mit teils durchaus beachtlichen Gründen – *v. Ungern-Sternberg*, Festschrift für *Klaka*, S. 72, 96 f.; *Borck*, GRUR 1990, 249, 255.
106 Vgl. *Scholz*, WRP 1987, 433, 436; ähnlich – allerdings noch zu Mißbrauchsfällen nach § 13 UWG a. F. – OLG Hamburg WRP 1981, 589; OLG Düsseldorf WRP 1983, 159, 160 und GRUR 1984, 217, 218; OLG Stuttgart WRP 1987, 710; HdbWR/*Seibt*, § 66, Rdn. 5.
107 Zur Widerlegung dieses Gedankens überzeugend *Borck*, GRUR 1990, 249, 255 unter B 4.
108 Vgl. OLG München WRP 1992, 270, 272 f.; Voraufl., Kap. 59, Rdn. 16; Großkomm/*Erdmann*, § 13 UWG, Rdn. 126 f.; *Baumbach/Hefermehl*, § 13 UWG, Rdn. 46; *Hefermehl*, WRP 1987, 281, 287; *Baumgärtel/Ulrich*, § 13 UWG, Rdn. 51; *Ulrich*, Festschrift für *v. Gamm*, S. 223, 229 (soweit es um die Klagebefugnis von Verbänden geht); zu Mißbrauchsfällen nach § 13 UWG a. F. auch schon OLG Koblenz WRP 1979, 387, 388; OLG München WRP 1986, 304 f.; OLG Karlsruhe WRP 1986, 45.
109 BGH GRUR 1991, 684 – Verbandsausstattung; OLG München aaO.; vgl. näher Großkomm/*Erdmann*, § 13 UWG, Rdn. 127 i. V. mit Rdn. 15.
110 Vgl. BGH GRUR 1987, 568, 570 = WRP 1987, 627 – Gegenangriff.

herbeiführen, auch nicht um des pragmatischen Eigenvorteils der Revisionsinstanz willen, mit der Einstufung als materielle Voraussetzung die Durchführung eigener Beweisaufnahmen (in extremen Einzelfällen) vermeiden zu können.

54 Im Verfahren fehlt es somit an einer Prozeßvoraussetzung; die Klage ist als unzulässig abzuweisen bzw. ein Antrag auf Erlaß einer einstweiligen Verfügung aus demselben Grunde zurückzuweisen. Es handelt sich um Entscheidungen rein prozessualen Charakters, die über den Bestand des Unterlassungsanspruchs nichts besagen.

Vor dem Prozeß sind (mißbräuchliche) Maßnahmen der Geltendmachung gegen den Verletzer, also im wesentlichen die Abmahnung, ebenfalls unzulässig mit der Folge, daß ein Anspruch auf Ersatz von Aufwendungen für solche Maßnahmen nicht in Betracht kommt.

55 Allerdings sollte – wegen der unter Hinweis auf die Gegenangriff-Entscheidung (Fn. 110) aufgezeigten Berührungspunkte der Begründung dafür, weshalb auch vorliegend bereits die (zeitlich und grundsätzlich auch logisch vorrangige) prozessuale Schranke gezogen werden sollte – ein in der Rechtsprechung und Literatur entwickelter Gedanke zur ausnahmsweisen Vernachlässigung einer solchen Schranke[111] auch hier angewendet werden: Bei qualifizierten Prozeßvoraussetzungen wie dem Rechtsschutzinteresse und dem Feststellungsinteresse kann ausnahmsweise von ihrer Prüfung und Feststellung abgesehen werden, wenn diese nicht ohne Schwierigkeiten erfolgen könnte, andererseits aber bereits feststeht, daß die Klage in jedem Falle – aus materiellen Gründen – abweisungsreif ist (vgl. die Nachweise in Fn. 111). Dem liegt der Gedanke zugrunde, daß es untunlich wäre, in Fällen, in denen das Erfordernis einer bestimmten Prozeßvoraussetzung (wie das Rechtsschutz- oder Feststellungsinteresses) gerade zum Ziel hat, die Gerichte vor unerwünschten Prüfungstätigkeiten zu bewahren, letztere nun gerade dadurch zu erzwingen, daß man auf dem »logischen Vorrang« der Prozeßfrage besteht. Daß dieser Rechtsgedanke auch und gerade für den Fall des Ausschlusses des Klagerechts als mißbräuchlich gelten kann und auch sollte, liegt auf der Hand. M. E. sollte daher auch hier die Möglichkeit eröffnet bleiben, die Frage des Mißbrauchs ausnahmsweise dann offenzulassen, wenn sie einerseits näherer Klärung bedürfte und andererseits feststeht, daß die Klage ohnedies aus materiellen Gründen erfolglos bleiben muß[112].

4. Die Prüfung der Vorschrift

56 Wie bei allen Prozeßvoraussetzungen ist das Vorliegen der Tatbestandsvoraussetzung von Amts wegen zu prüfen[113]. Die Folgen eines non liquet treffen den Beklagten, der daher gut daran tut, dem Gericht die erforderlichen Grundlagen für die Amtsprüfung zu verschaffen[114]. Gelingt es damit jedoch, die grundsätzlich für die Klagebefugnis

---

111 Vgl. RGZ 158, 145, 152; BGHZ 12, 308, 316; BGH LM ZPO § 256 Nr. 46; *Stein/Jonas/Schumann/Leipold*, Vor § 253 ZPO, Anm. III 5, und § 256 ZPO, Anm. III m. w. N.
112 So auch schon – als Hilfserwägung zu seiner von der h. M. abweichenden Auffassung – *Borck*, GRUR 1990, 249, 256.
113 OLG München WRP 1992, 270, 273; Großkomm/*Erdmann*, § 13 UWG, Rdn. 128; *Baumbach/Hefermehl*, § 13 UWG, Rdn. 46.
114 Großkomm/*Erdmann*, § 13 UWG, Rdn. 128: *Baumbach/Hefermehl*, § 13 UWG, Rdn. 47; *Baumgärtel/Ulrich*, § 13 UWG, Rdn. 6; *Ulrich*, Festschrift für *v. Gamm*, S. 213, 227.

sprechende Vermutung zu erschüttern, so hat der Kläger seinerseits substantiiert die aufgekommenen Verdachtsgründe zu widerlegen (Großkomm/*Erdmann*, aaO., m. w. N.).

Die Frage der Beweisbarkeit oder Aufklärung ist der Schwachpunkt der neuen Vorschrift, der ihre praktische Effizienz gering erscheinen läßt. Denn wie soll ein Verletzer – etwa, so die Mehrzahl der Fälle in der Praxis, ein kleiner Gewerbetreibender – einer ihm zugehenden Abmahnung mit Zahlungsaufforderung ansehen, daß sie ihrer Motivation nach mißbräuchlich ist? Hier wird ein gewisser Erfolg der Neuregelung nur durch sorgfältige Überwachung der Szene durch die Verbände der gewerblichen Wirtschaft, die Industrie- und Handelskammern und Handwerkskammern, aber auch durch Gewerbetreibende selbst oder seriöse Wettbewerbsvereine sowie durch Organisierung eines möglichst weitgehenden Informationsaustausches zu erreichen sein, also etwa durch sofortige Unterrichtung des zuständigen Interessenverbandes oder der zuständigen Kammer vom Erhalt einer dubios erscheinenden Abmahnung unter Nennung ihres Absenders, Sammlung und Vergleich solcher Meldungen durch den Verband oder die Kammer unter Weitergabe an andere Verbände und Kammern, eventuell Einrichtung zentraler Sammelstellen für solche Informationen o. ä.

5. Die Fallgruppen des Mißbrauchstatbestands

Das Gesetz nennt selbst (beispielhaft) einen – und mutmaßlich den wichtigsten – Mißbrauchsfall: Die Rechtsverfolgung mit dem Ziel, einen Kostenerstattungsanspruch gegen den Verletzer entstehen zu lassen. Die Motivation hierfür kann in zwei Varianten vorliegen: Im Streben, sich oder einem Anwalt durch das Vorgehen materielle Vorteile zu verschaffen[115], oder in der Absicht, den Verletzer durch das Vorgehen zu schädigen[116]. Gegen beide Motivationen ist nichts einzuwenden, wenn sie neben dem Hauptzweck der Unterbindung von Wettbewerbsverstößen eine untergeordnete (Neben-)Rolle spielen; nur wenn die Rechtsverfolgung vorwiegend oder »beherrschend« (*Baumbach/Hefermehl*, aaO., Rdn. 49) durch sie bestimmt wird, ist sie rechtsmißbräuchlich[117].

Vorherrschende Gewinnerzielungsabsicht wird bei Verbänden im Sinne des § 13 Abs. 2 Nr. 2 und 3 allenfalls in seltenen Ausnahmefällen nach § 13 Abs. 5 UWG relevant werden, weil eine solche Absicht, falls sie nachweisbar ist[118], nicht nur im Einzelfall, sondern generell vorhanden sein und dann dem Verband schon die Prozeßführungsbefugnis nehmen wird. Dagegen bietet die Vorschrift eine Handhabe gegen eine Form des Mißbrauchs der Abmahnbefugnis durch Mitbewerber, die namentlich in

---

115 Vgl. dazu näher Großkomm/*Erdmann*, § 13 UWG, Rdn. 133–136; *Baumbach/Hefermehl*, § 13 UWG, Rdn. 48–51.
116 Vgl. dazu näher Großkomm/*Erdmann*, § 13 UWG, Rdn. 137 und *Baumbach/Hefermehl*, § 13 UWG, Rdn. 53 f.
117 Großkomm/*Erdmann*, § 13 UWG, Rdn. 133; *Baumbach/Hefermehl*, § 13 UWG, Rdn. 49 und 53; *Hefermehl*, WRP 1987, 281, 284 f.
118 Eine Zusammenstellung von Indiztatsachen, die für mißbräuchliche Rechtsverfolgungen sprechen können, bringt Großkomm/*Erdmann*, § 13 UWG, Rdn. 134.

Maklerkreisen in Erscheinung getreten ist[119], nämlich die der Ausnutzung der Mitbewerberstellung zu einer geschäftsmäßigen Abmahntätigkeit, bei der Gebühren so bemessen waren, daß sie dem Abmahner Gewinn brachten, und außerdem meist mit einem bestimmten Rechtsanwalt eng zusammengearbeitet wurde, der dann an den Prozessen verdiente[120].

60 Eine vorherrschende Schädigungsabsicht liegt nahe, wenn die Prozeßführung in besonders kostenverursachender Weise gestaltet wird, etwa durch Aufspaltung der Rechtsverfolgung nach verschiedenen Verletzungsformen ein und derselben Verletzungshandlung (Verfügungsanträge oder Klagen nach- oder nebeneinander wegen derselben Handlung)[121] oder durch abgesprochenes gleichzeitiges Vorgehen mehrerer Gläubiger – etwa eines Spitzenverbands gleichzeitig mit mehreren ihm angeschlossenen Verbänden[122] – wegen derselben Verletzungshandlung[123].

61 In Ausnahmefällen kann es sich als mißbräuchlich erweisen, wenn ein Verband bei seinen Mitgliedern ein bestimmtes Verhalten, das er kennt, toleriert und nur bei nicht dem Verband angehörigen Mitbewerbern verfolgt[124]. Hier sind die Abgrenzungen jedoch schwierig, da nach der Rechtsprechung des BGH der Gläubiger – auch als Verband – grundsätzlich frei entscheiden kann, ob er gegen einen Verletzer vorgehen will, und sich darauf beschränken kann, gegen bestimmte Verletzer vorzugehen[125]. Jedoch kann der Mißbrauch sich aus bestimmten Begleitumständen ergeben, etwa wenn ein solches Verhalten Methode erkennen läßt oder gar in Verbindung mit Bemühungen oder Druck des Verbandes steht, bestimmte Wettbewerber als Mitglieder des eigenen Vereins zu gewinnen, wo sie dann vor einem Vorgehen gegen sie bewahrt wären, oder wenn sonstige sachfremde Gründe für die Auswahl eines bestimmten Mitbewerbers sprechen[126].

62 Als mißbräuchlich kann sich ferner ein Vorgehen darstellen, zu dem ein Verband oder ein Mitbewerber ohne jedes eigene Verfolgungsinteresse lediglich durch einen Drit-

---

119 Vgl. dazu OLG Karlsruhe WRP 1986, 49 f.; LG Mannheim WRP 1986, 56 und den von *Kisseler*, WRP 1985, 623, 634 wiedergegebenen Fall LG München, Urt. v. 7. 3. 1989 – 21 S 18263/88, sowie *Hefermehl*, WRP 1987, 281, 285.
120 Solche Fallgestaltungen erwähnt OLG München WRP 1987, 56; vgl. ferner OLG Karlsruhe und LG Mannheim aaO.; OLG München WRP 1986, 304 f.; *Baumbach/Hefermehl*, § 13 UWG, Rdn. 51, und Großkomm/*Erdmann*, § 13 UWG, Rdn. 136.
121 Vgl. OLG Hamburg GRUR 1984, 826 f. = WRP 1985, 223 – Gewinnzahlen II; einschränkend dazu aber – für einen besonderen Fall – OLG Hamburg GRUR 1989, 133 u. – m. E. zu eng – OLG Hamm GRUR 1991, 694 – Konzernsalve.
122 Vgl. OLG Hamburg MDR 1975, 321; vgl. auch *Köhler*, WRP 1992, 359, 361.
123 Vgl. außer OLG Hamburg aaO. auch OLG Düsseldorf GRUR 1973, 51 – Fahrlehrer und OLG Hamburg WRP 1981, 401; diese damals noch unter dem Gesichtspunkt des Rechtsschutzbedürfnisses geprüften Fälle würden heute nach § 13 Abs. 5 UWG als mißbräuchlich zu beurteilen sein; so auch Großkomm/*Erdmann*, § 13 UWG, Rdn. 137; *Baumbach/Hefermehl*, § 13 UWG, Rdn. 53 sowie *Köhler*, aaO. Auch im Fall GRUR 1991, 694 – Konzernsalve hätte das OLG Hamm besser einen Mißbrauchsfall angenommen.
124 Vgl. Großkomm/*Erdmann*, § 13 UWG, Rdn. 138; *Baumbach/Hefermehl*, § 13 UWG, Rdn. 54.
125 Vgl. BGH GRUR 1967, 430, 432 – Grabsteinaufträge; BGH, Urt. v. 20. 6. 1984 – I ZR 37/82; BGH GRUR 1985, 58, 59 = WRP 1985, 19 – Mischverband II.
126 Vgl. OLG Stuttgart WRP 1974, 351 f.; Großkomm/*Erdmann* und *Baumbach/Hefermehl*, aaO.

ten bestimmt wird, weil dieser seinerseits seine eigenen Möglichkeiten eines Vorgehens (durch Verwirkung des Anspruchs oder Verlust der Dringlichkeit für eine einstweilige Verfügung) verloren hat, wenn also der Verband oder Mitbewerber sich lediglich als fremdbestimmtes Werkzeug eines Dritten benutzen läßt, dem die Rechtsordnung ein eigenes Vorgehen aus bestimmten Gründen versagt[127]. Das gleiche muß gelten, wenn eine zur Inanspruchnahme entweder von Prozeßkostenhilfe oder der Vergünstigung der §§ 23 a, 23 b UWG berechtigte Partei vom eigentlich Interessierten zur Prozeßführung vorgeschoben wird, damit letzterer eigene Prozeßkosten oder -risiken mindern kann[128].

---

[127] Vgl. Großkomm/*Erdmann*, § 13 UWG, Rdn. 139; *Baumbach/Hefermehl*, § 13 UWG, Rdn. 54 a; *Hefermehl*, WRP 1987, 281, 285.
[128] OLG Frankfurt GRUR 1989, 858 (Ls.) = BB 1988, 2062 f.; Großkomm/*Erdmann*, § 13 UWG, Rdn. 36 a. E.; *Baumbach/Hefermehl*, § 13 UWG, Rdn. 51 a. E.

14. Kapitel   Der Schuldner des Unterlassungsanspruchs

Literatur: *Bülow,* Haftung der Werbeagentur gegenüber Dritten bei Verstößen gegen das Gesetz gegen den unlauteren Wettbewerb, BB 1975, 538; *Fritze,* Grenzen der Haftung des Warenherstellers für Wettbewerbsverstöße selbständiger Händler, GRUR 1973, 352; *Gaertner,* Die Haftung der Verlage für den wettbewerbswidrigen Inhalt von Anzeigen, AfP 1990, 269; *Henning-Bodewig,* Die wettbewerbsrechtliche Haftung von Werbeagenturen, GRUR 1981, 164; *Henning-Bodewig,* Die wettbewerbsrechtliche Haftung von Massenmedien, GRUR 1981, 867; *Henning-Bodewig,* Leitbildwerbung – haftet der »Star« für Wettbewerbsverstöße?, GRUR 1982, 202; *Henning-Bodewig,* Das »Presseprivileg« in § 13 Abs. 2 Nr. 1 UWG, GRUR 1985, 258; *Jahn/Pirrwitz,* Die wettbewerbsrechtliche Verantwortlichkeit eines Unternehmens für Presseveröffentlichungen, insbesondere redaktionelle Werbung, WRP 1990, 372; *Klaka,* Persönliche Haftung des gesetzlichen Vertreters für die im Geschäftsbetrieb der Gesellschaft begangenen Wettbewerbsverstöße und Verletzungen von Immaterialgüterrechten, GRUR 1988, 729; *Köhler,* Die Haftung des Betriebsinhabers für Wettbewerbsverstöße seiner Angestellten und Beauftragten (§ 13 IV UWG), GRUR 1991, 344; *Köhler,* Pressehaftung für wettbewerbswidrige Anzeigen, JuS 1991, 719; *Maier,* Die Haftung des GmbH-Geschäftsführers für Wettbewerbsverstöße im Unternehmen, WRP 1986, 71; *Pastor,* Der Unterlassungsanspruch gegen den Betriebsinhaber aus § 13 Abs. 3 UWG, NJW 1964, 896; *Schricker,* Schadensersatzansprüche der Abnehmer wegen täuschender Werbung?, GRUR 1975, 111; *Teplitzky,* Die jüngste Rechtsprechung des Bundesgerichtshofs zum wettbewerblichen Anspruchs- und Verfahrensrecht (II), GRUR 1990, 393.

Inhaltsübersicht

	Rdn.		Rdn.
I. Begriff	1	1. §§ 278, 831 BGB	14
II. Die Haftung für eigenes Verhalten	2–13	2. Die wettbewerbsrechtlichen Vorschriften	15–27
1. Täter, Mittäter	2	a) § 13 Abs. 4 UWG	16–26
2. Teilnehmer	3	b) § 2 ZugabeVO; § 12 RabattG	27
3. Störer	4–13		
III. Die Haftung für das Verhalten Dritter	14–27	IV. Die Haftung mehrerer Schuldner	28–32

I. Begriff

1   Schuldner des Unterlassungsanspruchs ist, wer in Zukunft die unzulässige Handlung als persönliche Leistung i. S. des § 241 Satz 2 BGB unterlassen muß. Der dafür in Betracht kommende Kreis ist im wettbewerblichen Unterlassungsrecht sehr weit gezogen, da als Schuldner (= Passivlegitimierter) hier nicht nur der Verletzer im engeren Sinn, also der (Mit-)Täter, Anstifter oder Gehilfe, in Betracht kommt, sondern auch der bloße Verursacher eines wettbewerblichen Störungszustandes, und da auch die Verantwort-

lichkeit für das Handeln Dritter durch § 13 Abs. 4 UWG und eine Reihe hierauf verweisender oder ähnlicher Bestimmungen weit über den sonst durch die §§ 278 und 831 BGB gezogenen Rahmen hinaus erweitert ist.

II. Die Haftung für eigenes Verhalten

1. Als Täter bzw. Mittäter haftet, wer allein oder in bewußtem oder gewolltem Zusammenwirken mit einem anderen den Tatbestand einer Verletzungshandlung entweder selbst (unmittelbare Täterschaft) oder vorsätzlich durch einen schuldlos oder lediglich mit Gehilfenvorsatz handelnden Dritten als Werkzeug (mittelbare Täterschaft[1]) objektiv verwirklicht hat bzw. – für den vorbeugenden Unterlassungsanspruch – zu verwirklichen droht (*v. Gamm*, UWG, § 1 Rdn. 282).

2. Als Teilnehmer an fremder Tat haftet der Anstifter, also derjenige, der den Täter auf irgendeine Weise zu dessen vorsätzlich begangener Tat bewegt, sowie der Gehilfe, d. h. derjenige, der dem Täter einer vorsätzlich begangenen rechtswidrigen Tat vorsätzlich Hilfe leistet (*v. Gamm*, aaO.).

3. Als Störer haftet darüber hinaus – dies ist eine im Wettbewerbsrecht besondere und wichtige Haftungsform –, wer willentlich und adäquat kausal an der Herbeiführung eines Zustandes mitgewirkt hat, der die rechtswidrige Beeinträchtigung eines Dritten zur Folge hat[2]. Als Mitwirkung kann auch die bloße (auch gutgläubige) Unterstützung des eigenverantwortlich handelnden Störers mit Mitteln des eigenen Betriebs genügen, sofern die rechtliche Möglichkeit besteht, die Störungshandlung des Dritten zu verhindern[3]. Hierher gehören besonders die Fälle, in denen Zeitungsverleger oder Sendeunternehmen selbstverantwortlichen Redakteuren die Möglichkeit zu Störungen einräumen[4].

Mittelbare Verursachung genügt (BGH aaO. – Verona-Gerät; *Baumbach/Hefermehl*, Einl. UWG, Rdn. 326).

---

1 Der Begriff wird beispielsweise in BGHZ 11, 286, 297 – Kundenzeitschrift und in BGH GRUR 1964, 88, 89 = WRP 1963, 306 – Verona-Gerät verwendet.
2 RGZ 155, 316, 319; BGHZ 14, 163, 174 – Constanze II; BGH GRUR 1988, 829, 830 = WRP 1988, 668, 669 – Verkaufsfahrten II; BGH GRUR 1990, 463, 464 = WRP 1990, 254, 255 – Firmenrufnummer; BGH GRUR 1990, 373, 374 = WRP 1990, 270, 272 – Schönheits-Chirurgie; BGH GRUR 1991, 769, 770 – Honoraranfrage; *Baumbach/Hefermehl*, Einl. UWG, Rdn. 325 f., und § 13 UWG, Rdn. 75; *v. Gamm*, UWG, § 1 Rdn. 285.
3 BGH GRUR 1958, 86, 88 = WRP 1963, 306 – Verona-Gerät; BGH GRUR 1976, 256 = WRP 1976, 162 – Rechenscheibe; BGH GRUR 1988, 829, 830 = WRP 1988, 668 – Verkaufsfahrten II; BGH GRUR 1990, 373, 374 = WRP 1990, 270 – Schönheits-Chirurgie; BGH GRUR 1990, 1039, 1041 = WRP 1991, 79 – Anzeigenauftrag. Vgl. dazu auch OLG Frankfurt WRP 1985, 425, das bei wettbewerbswidrigem Verhalten der Vorgesellschaft einer Einmann-GmbH nicht nur diese selbst, sondern auch den Geschäftsführer und den Alleingesellschafter als Störer angesehen hat; zur einschlägigen Frage, wie weit die Störungshandlung einer bestehenden Gesellschaft auch eine solche (persönlich) ihres Geschäftsführers sein kann (entscheidend: seine Kenntnis und Eingriffsmöglichkeit) vgl. BGH GRUR 1986, 248, 250 – Sporthosen und BGH GRUR 1986, 252, 253 – Sportschuhe; dazu näher *Klaka*, GRUR 1988, 729, 730 ff. und *Maier*, WRP 1986, 71 ff.
4 Vgl. BGHZ 3, 270, 275 – Constanze I; BGHZ 14, 163, 174 – Constanze II; BGHZ 66, 182, 187 f. – Der Fall Bittenbinder.

6 Auch die Aufrechterhaltung eines Zustandes, den ein Dritter rechtswidrig[5] geschaffen hat oder der erst nachträglich rechtswidrig geworden ist, kann eine Störerhaftung begründen, sofern die Beseitigung des Zustandes – und damit die Unterlassung weiterer davon ausgehender Beeinträchtigungen – vom Willen des in Anspruch Genommenen abhängt[6].

7 Der Begriff des Störers wird von der Rechtsprechung im Interesse eines umfassenden Schutzes vor rechtswidrigem Handeln sehr weit verstanden. So haftet beispielsweise auch die im Auftrage eines Kunden handelnde Werbeagentur[7]; ferner kann der Hersteller einer Ware auf Unterlassung eines Verhaltens gegenüber seinem unmittelbaren Abnehmer in Anspruch genommen werden, das zwar diesem gegenüber zulässig ist, jedoch die Gefahr mit sich bringt, daß es den Abnehmer seinerseits zu einem dadurch nahegelegten wettbewerbswidrigen Verhalten im Verhältnis zu dessen Kunden verleitet (Beispiele: Produkt- oder Designbezeichnungen des Herstellers, die nicht den unmittelbaren Abnehmer, sondern nur den Endverbraucher irritieren, deren Verwendung durch den Abnehmer auch beim Weitervertrieb aber entweder unvermeidlich oder naheliegend ist[8]; Werbeaussagen des Herstellers gegenüber seinen (Zwischen-)Abnehmern, die ebenfalls nur den Endverbrauchern gegenüber unzulässig vergleichend oder irreführend wirken, wenn nach der Lebenserfahrung – wie etwa bei Herstellerprospekten – mit ihrer Weitergabe an den Endverbraucher gerechnet werden muß[9].

8 Störer ist nach der Rechtsprechung auch, wer als Spediteur oder Frachtführer beim Vertrieb einer rechtsverletzend gekennzeichneten Ware mitwirkt[10], wer ausländische Zeitungen mit ehrverletzendem Inhalt importiert[11], wer die Zugabegewährung eines ausländischen Unternehmens im Inland dadurch ermöglicht, daß er seine eigene Adresse zur Verfügung stellt und den Postverkehr vermittelt[12], wer als Omnibusunternehmer eine irreführende Werbung des Veranstalters der von ihm durchzuführenden Verkaufsfahrt zuläßt, obwohl er sie – durch entsprechende Vertragsgestaltung – hätte verhindern können[13], wer Benzin unter falscher DIN-Plakette verkauft, selbst wenn er nicht weiß, daß das Benzin nicht der DIN-Norm entspricht[14], wer eine rechtswidrige (weil

---

5 Zu diesem – unerläßlichen – Erfordernis vgl. neuerdings BGH GRUR 1990, 373, 374 = WRP 1990, 270 – Schönheits-Chirurgie; BGH GRUR 1991, 540, 541 = WRP 1991, 157, 158 – Gebührenausschreibung.
6 BGH LM BGB § 1004 Nr. 14; BGH GRUR 1957, 84, 86 = WRP 1957, 156 – Einbrandflaschen; BGH GRUR 1960, 500, 503 – Plagiatsvorwurf I; BGH GRUR 1962, 34, 35 – Torsana (Wegfall eines ursprünglich gegebenen Rechtfertigungsgrundes); BGH GRUR 1988, 829, 830 = WRP 1988, 668 – Verkaufsfahrten II; *v. Gamm*, UWG, § 1 Rdn. 285).
7 Vgl. BGH GRUR 1973, 208, 210 = WRP 1973, 23 – Neues aus der Medizin; BGH GRUR 1991, 772, 774 – Anzeigenrubrik I; Großkomm/*Erdmann*, § 13 UWG, Rdn. 141; *Henning-Bodewig*, GRUR 1981, 164, 165.
8 Vgl. BGH GRUR 1961, 545 = WRP 1961, 240 – Plastic-Folien; BGH GRUR 1968, 200 = WRP 1967, 440 – Acrylglas; vgl. auch *Fritze*, GRUR 1973, 352 f.
9 BGH GRUR 1974, 666, 669 = WRP 1974, 400 – Reparaturversicherung; BGH GRUR 1983, 356 = WRP 1983, 389 – Sauerteig.
10 Vgl. BGH GRUR 1957, 352, 354 – Pertussin II.
11 BGH GRUR 1977, 114, 115 = WRP 1976, 240 – VUS.
12 BGH GRUR 1976, 256, 258 = WRP 1976, 162 – Rechenscheibe; vgl. ferner *v. Gamm*, UWG, § 1, Rdn. 285 (mit weiteren Beispielen, auch in Rdn. 283).
13 BGH GRUR 1988, 829, 830 = WRP 1988, 668 – Verkaufsfahrten II.
14 BGH GRUR 1988, 832, 834 = WRP 1988, 663 – Benzinwerbung.

standeswidrige) Werbung eines Arztes in einem redaktionellen Beitrag verbreitet[15] oder Architekten oder Ingenieure durch eine entsprechend formulierte Honoraranfrage zur rechtswidrigen Unterschreitung der Sätze ihrer Gebührenordnung veranlaßt (BGH GRUR 1991, 769, 770 – Honoraranfrage).

Zeitungsverleger haften als Störer nicht nur für den wettbewerbswidrigen Inhalt von redaktionellen Beiträgen[16], sondern grundsätzlich auch für den Inhalt der von ihnen veröffentlichten Anzeigen[17]. Jedoch ist diese Prüfungspflicht nach der Rechtsprechung und h. M. in der Regel auf grobe Verstöße beschränkt, weil die Verantwortlichen überfordert wären, wenn sie jeweils eine sorgfältige nähere wettbewerbsrechtliche Prüfung vornehmen müßten[18]. Etwas anderes gilt jedoch dann, wenn besondere Gründe Anlaß zu einer näheren Prüfung im Einzelfall geben (*Baumbach/Hefermehl*, Einl. UWG, Rdn. 322); ein solcher Grund liegt nicht schon dann vor, wenn die Anzeige aus dem Ausland aufgegeben und deshalb ein wirksames Vorgehen gegen den Inserenten im Inland nicht möglich ist[19]. Weiß der Verleger, daß eine Anzeige wettbewerbswidrig ist, so haftet er für ihren Inhalt in jedem Fall[20]. Dies gilt auch, wenn er sich im Prozeßverlauf oder in Vorprozessen über eine Art – auch einfacher – Verstöße kundig machen und sich oder seine Rechtsabteilung darauf einstellen konnte (vgl. OLG Hamburg aaO. m. w. N. und neuestens vor allem BGH aaO. – Pressehaftung II wie Fn. 19).

Auf eine eigene Wettbewerbsförderungsabsicht des Störers kommt es nicht an[21]. Auch die Frage seines Verschuldens ist – wie stets beim Abwehranspruch – an sich bedeutungslos[22]. Jedoch ist nicht zu verkennen, daß bei der in Rdn. 9 behandelten Einschränkung der Verlegerhaftung verschuldensähnliche Elemente eine gewisse Rolle spielen.

Durch die außerordentlich weitgehende Störerhaftung werden die Begriffe der Täterschaft und Teilnahme für das Unterlassungsrecht weitgehend bedeutungslos[23], auf ihre exakte Bestimmung und Abgrenzung kommt es selten an. Art und Umfang des Tatbeitrags sind für die Haftung bedeutungslos[24]. Sie spielen – außer für die richtige Formu-

---

15 Argument aus der selbst einen abweichenden Sachverhalt betreffenden Entscheidung BGH GRUR 1990, 373, 374 = WRP 1990, 270 – Schönheits-Chirurgie.
16 BGHZ 59, 76 ff. = BGH GRUR 1972, 722 f. = WRP 1973, 327 – Geschäftsaufgabe; KG NJW-RR 1990, 1325, 1326; vgl. auch BVerfGE NJW 1988, 1838 f.; ferner *Baumbach/Hefermehl*, Einl. UWG, Rdn. 322.
17 BGH GRUR 1973, 203, 204 f. = WRP 1973, 19 – Badische Rundschau; BGH (Fn. 19) – Pressehaftung II; OLG Hamburg AfP 1990, 318, 319; KG und *Baumbach/Hefermehl*, aaO. (Fn. 16); eingehend dazu *Gaertner*, AfP 1990, 269 ff.
18 BGH aaO. – Badische Rundschau u. aaO. – Pressehaftung II; OLG Düsseldorf GRUR 1982, 622, 626; OLG Hamm GRUR 1984, 538; KG GRUR 1988, 223 und NJW-RR 1990, 1325, 1326; OLG Koblenz GRUR 1988, 552; OLG Hamburg aaO.; *Baumbach/Hefermehl*, Einl. UWG Rdn. 332; kritisch *Henning/Bodewig*, GRUR 1981, 867, 871.
19 BGH, Urt. v. 7. 5. 1992, I ZR 119/90 – Pressehaftung II gegen KG NJW-RR 1990, 1325, 1326 f.
20 Vgl. OLG Frankfurt WRP 1985, 81; *Baumbach/Hefermehl*, Einl. UWG, Rdn. 332.
21 BGH GRUR 1990, 373, 374 = WRP 1990, 270 – Schönheits-Chirurgie.
22 Vgl. *Baumbach/Hefermehl*, Einl. UWG, Rdn. 327.
23 *Baumbach/Hefermehl*, Einl. UWG, Rdn. 326, bezeichnet sie sogar als »unbrauchbar«.
24 BGH GRUR 1957, 352, 353 f. – Pertussin II; BGH GRUR 1976, 256, 257 = WRP 1976, 162 – Rechenscheibe; BGH GRUR 1980, 373, 374 = WRP 1980, 270 – Schönheits-Chirurgie.

lierung des Unterlassungsgebots[25] – allenfalls dann eine Rolle, wenn eine strafbewehrte Unterlassungsverpflichtung eines Störers vom endgültigen Bestand des gegenüber einem Mitstörer angestrebten Unterlassungsangebots abhängig gemacht wird: Die Wiederholungsgefahr ist durch eine solche bedingte Verpflichtung in der Regel nur dann beseitigt, wenn der Verursachungsbeitrag desjenigen, der sich in dieser Weise verpflichten will, sekundär, d. h. vom Handeln des Hauptverursachers abhängig ist, wie etwa im Verhältnis des Gehilfen zum Haupttäter[26] oder im Falle des Weiterverkaufs einer vom Primärverletzer rechtswidrig gekennzeichneten Ware (BGH GRUR 1957, 342, 348 – Underberg).

12   Auch für eine etwaige Reihenfolge der Inanspruchnahme sind Art und Umfang des Tatbeitrags ohne Bedeutung. Jeder Handelnde kann jederzeit allein oder neben anderen auf Unterlassung in Anspruch genommen werden[27].

13   *Baumbach/Hefermehl* (Einl. UWG, Rdn. 327) und einzelne Oberlandesgerichte[28] schränken diesen Grundsatz allerdings dahin ein, daß Angestellte und Arbeiter nur haften sollen, soweit ihr Wille mitbestimmend in Betracht kommt, nicht aber, soweit sie in untergeordneter Stellung nur fremde Anordnungen – ohne eigenen Entschließungsraum – ausgeführt hatten[29]. Dogmatisch stößt eine solche Beschränkung auf den »verantwortlichen« Störer auf erhebliche Bedenken[30]; sie führt jedoch – jedenfalls in Extremfällen – sicher zu billigeren Ergebnissen als die uneingeschränkte Anwendung der Störerhaftung. Für denkbare Extremfälle ist sie bisher auch vom Bundesgerichtshof noch nicht abgelehnt worden. Im Rechenscheibe-Urteil[31] hat der I. Zivilsenat nur ausgesprochen, daß erstens der Sachverhalt keine hinreichende Veranlassung biete, über die Frage einer etwaigen Einschränkung des Grundsatzes zu entscheiden, und daß zweitens (gegebenenfalls) eine solche Einschränkung nicht über die Verneinung des Rechtsschutzinteresses, sondern allenfalls über die Beschränkung des materiellen Anspruchs selbst erfolgen könnte. Dagegen hat der VI. Zivilsenat in der VUS-Entscheidung[32] die Frage der Einschränkung auch unter dem Blickwinkel des Rechtsschutzbedürfnisses geprüft, für den konkreten Fall aber ebenfalls schon deswegen unentschieden gelassen, weil es an einer »untergeordneten« Form des Tatbeitrags fehlte.

---

25 Vgl. BGH GRUR 1977, 114, 115 = WRP 1976, 240 – VUS.
26 BGH GRUR 1973, 208, 210 = WRP 1973, 23 – Neues aus der Medizin (Werbeagentur im Verhältnis zum Auftraggeber); BGH GRUR 1957, 352, 354 – Pertussin II (Spediteur im Verhältnis zum Schutzrechtsverletzer).
27 BGH GRUR 1973, 370, 371 = WRP 1973, 91 – Tabac; BGH GRUR 1976, 286, 287 = WRP 1976, 162 – Rechenscheibe; BGH GRUR 1977, 114, 115 = WRP 1976, 240 – VUS; v. *Gamm*, UWG, § 1, Rdn. 286; Großkomm/*Erdmann*, § 13 UWG, Rdn. 142, 148.
28 OLG Hamm MDR 1963, 600; OLG Nürnberg WRP 1981, 166.
29 Ähnlich *Pastor*, in *Reimer*, S. 144, der die Inanspruchnahme solcher ungeordneter Helfer als »wirtschaftlichen Unsinn« bezeichnet und sie am Rechtsschutzinteressenmangel scheitern lassen will.
30 So auch *Henning-Bodewig*, GRUR 1981, 164, 165.
31 GRUR 1976, 256, 257 = WRP 1976, 162.
32 GRUR 1977, 114, 115 = WRP 1976, 420.

14. Kapitel Der Schuldner des Unterlassungsanspruchs 14–17 **14**

III. Die Haftung für das Verhalten Dritter

1. Grundsätzlich – und soweit nicht spezielle Regeln im Wettbewerbsrecht eine weitergehende Haftung begründen – gelten die Regelungen der §§ 278 und 831 BGB³³.   14

2. Darüber hinaus wird im Wettbewerbsrecht durch eine Reihe von Vorschriften eine von den Voraussetzungen der §§ 278, 831 BGB unabhängige Haftung des Betriebs- bzw. Unternehmensinhabers für das Handeln seiner Angestellten oder Beauftragten begründet.   15

a) Die wichtigste dieser Vorschriften ist die des § 13 Abs. 4 UWG, die gem. §§ 14 Abs. 3 und 16 Abs. 3 UWG über die unmittelbar in ihr genannten Bestimmungen hinaus auch auf die Tatbestände der §§ 14 u. 16 UWG anwendbar ist, und zwar auch insoweit unter Beschränkung auf den Abwehranspruch, nicht auch unter Einschluß des Schadensersatzanspruchs³⁴. Dagegen beschränkt § 15 Abs. 2 UWG die Haftung des Betriebsinhabers nach Abs. 1 dieser Vorschrift auf solche Handlungen eines Angestellten oder Beauftragten, die »mit seinem Wissen« geschehen sind.   16

aa) Anspruchsgrundlage

§ 13 Abs. 4 UWG ist – damals als § 13 Abs. 3 a. F. – im 2. Wettbewerbsgesetz von 1909 eingeführt worden, um eine Lücke zu schließen, die durch den Barmer Schuhwarenfall³⁵ besonders kraß in Erscheinung getreten war. Sinn und Zweck dieser Vorschrift ist es, wie der amtliche Entwurf es ausgedrückt hat und man es bis heute fast wörtlich in Entscheidungen wiederholt liest, »unter allen Umständen (zu) verhindern, daß der Prinzipal sich hinter seine Angestellten verkrieche«³⁶. Kein Unternehmer, der am Wirtschaftsleben teilnimmt, soll die Verantwortung für Handlungen, die im ge-   17

---

33 Zu den Voraussetzungen der Anwendbarkeit des § 831 BGB vgl. beispielsweise BGH GRUR 1980, 116, 117 = WRP 1979, 857 – Textildrucke m. w. N.
34 Vgl. dazu besonders BGH GRUR 1980, 116, 117 = WRP 1979, 857 – Textildrucke; ferner BGH GRUR 1987, 524, 525 – Chanel No. 5 II; Großkomm/*Erdmann*, § 13 UWG, Rdn. 145.
35 Ein Kaufhaus erließ in den örtlichen Tageszeitungen Anzeigen folgenden Inhalts: »2 Waggons Schuhwaren, erstklassige Fabrikate, unerreichte Qualität«. Diese Anzeigen erschienen am Nachmittag, am nächsten Morgen war »leider nichts mehr da«.
Ein Verein zur Bekämpfung unlauteren Wettbewerbs erließ eine Warnung in den Lokalblättern, die vorher von dem Syndikus eines großen Schuhhändlerverbandes geprüft und korrigiert worden war. Der Verein stellte ferner Strafantrag, und zwar gegen den Geschäftsführer, weil sich der Betriebsinhaber in früheren Fällen wiederholt auf diesen berufen hatte. Der Geschäftsführer wurde jedoch in zwei Instanzen freigesprochen, weil er nur Manufakturist und kein Schuhfachmann sei (I. Instanz) und weil er kein Kaufmann sei (II. Instanz). Anschließend wurde der Verein zur Bekämpfung unlauteren Wettbewerbs auf Klage des Betriebsinhabers hin rechtskräftig zur »Unterlassung weiterer Behinderung des Wettbewerbs« verurteilt. Ferner wurde in einem Strafverfahren wegen der erlassenen öffentlichen Warnung auf eine Geldstrafe erkannt.
Dieser Fall erregte die Öffentlichkeit und wurde Gegenstand eingehender Reichstagsdebatten (Verhandlungen des Reichstags XII. Legislaturperiode, 1. Session, Bd. 252 Nr. 1109; s. auch GRUR 1909, 39 ff.).
36 Bericht der 35. Reichstagskommission zur Vorbereitung des Entwurfs eines Gesetzes gegen den unlauteren Wettbewerb, Bd. 252, Nr. 1390, S. 8438; vgl. auch RGZ 151, 287, 292 – Alpina-Uhren; BGHZ 28, 1, 10 – Buchgemeinschaft II; BGH GRUR 1963, 434, 435 = WRP 1963, 240 – Reiseverkäufer; BGH GRUR 1980, 116, 117 = WRP 1979, 857 – Textildrucke.

schäftlichen Betrieb des Unternehmens begangen wurden, auf jemanden abwälzen können, der zu seiner Betriebsorganisation gehört.

18 Dieser Zielsetzung entsprechend ist das Merkmal »in einem geschäftlichen Betrieb« weit auszulegen[37]. Es erfordert insbesondere nicht eine räumliche Beziehung zum Betriebe, sondern nur, daß die Handlung in den Rahmen der Tätigkeit fallen muß, die an sich dem Inhaber des Betriebes obliegt[38]. Dazu gehören alle Tätigkeiten, die der Handelnde als Glied des gesamten Betriebsorganismus, insbesondere auch der Vertriebsorganisation, verrichtet (BGH aaO. – Fotorabatt), sofern sie in irgendeiner Weise dem Betriebsinhaber zugute kommen, d. h. nicht rein privater (oder drittbezogener) Natur sind.

19 § 13 Abs. 4 UWG gibt gegen den Betriebsinhaber einen unmittelbaren eigenen materiellen Unterlassungsanspruch, jeweils in Verbindung mit der verletzten Vorschrift. Die Möglichkeit eines Entlastungsbeweises jeglicher Art ist ausgeschlossen. Der Betriebsinhaber kann sich weder auf Sorgfalt der Auswahl oder Überwachung noch auf eigene Unkenntnis oder gar Schuldlosigkeit berufen. Unter der Voraussetzung, daß der Verstoß im geschäftlichen Betriebe[39] begangen wurde, wird der Unterlassungsanspruch dadurch begründet, daß die Handlung dem Betriebsinhaber zugerechnet wird (RGZ 116, 28, 33). Unter »Handlung« sind die den Verstoß begründenden Tatbestandsmerkmale zu verstehen, also der gesamte objektive rechtswidrige Tatbestand.

20 Nach dem eindeutigen Gesetzestext (»auch«) ist Voraussetzung des Unterlassungsanspruchs gegen den Betriebsinhaber, daß zugleich der Anspruch gegen die »Angestellten und Beauftragten« gegeben ist. Der Betriebsinhaber tritt nicht an die Stelle seiner Betriebsangehörigen, es muß vielmehr daneben ein Unterlassungsanspruch gegen einen der Angestellten oder Beauftragten gegeben sein, der dann »auch« gegen den Betriebsinhaber begründet ist. Es sind daher zwei Personen zu unterscheiden: der Angestellte bzw. Beauftragte, der im Rahmen des § 13 Abs. 4 UWG handelt, und der Betriebsinhaber, dem das Handeln zugerechnet wird. Der Unterlassungsgläubiger hat hiernach jeweils zwei voneinander unabhängige Unterlassungsansprüche nebeneinander: den Anspruch gegen den eigentlichen »Täter« und den nach § 13 Abs. 4 UWG begründeten (Zwillings-)Anspruch gegen den Betriebsinhaber, der grundsätzlich durch die Existenz des Anspruchs gem. § 13 Abs. 4 UWG nicht berührt wird, also jederzeit und ohne Rücksicht auf den Umfang des Tatbeitrags daneben verfolgt werden kann[40].

21 Besteht gegen den Angestellten oder Beauftragten ein Unterlassungsanspruch, so geht der gegen den Betriebsinhaber begründete Unterlassungsanspruch ebenfalls *un-*

---

[37] BGHZ 28, 1, 10 – Buchgemeinschaft II; BGH GRUR 1964, 263, 266 = WRP 1964, 171 – Unterkunde; BGH GRUR 1990, 1039, 1040 = WRP 1991, 79 – Anzeigenauftrag; Großkomm/*Erdmann*, § 13 UWG, Rdn. 150; *Baumbach/Hefermehl*, § 13 UWG, Rdn. 69; *Köhler*, GRUR 1991, 344, 352.

[38] BGH GRUR 1963, 438, 439 = WRP 1963, 242 – Fotorabatt; *v. Gamm*, UWG, § 13, Rdn. 24; gegen die (schiefe) Formulierung »dem Inhaber . . . obliegt« jedoch mit Recht *Seydel* in der Anm. zum Fotorabatt-Urteil in GRUR 1963, 441; vgl. neuestens BGH GRUR 1990, 1039, 1040 = WRP 1991, 79 – Anzeigenauftrag.

[39] BGHZ 28, 1, 10 – Buchgemeinschaft II; BGH GRUR 1963, 434, 435 = WRP 1963, 240 – Reiseverkäufer; BGH GRUR 1963, 438 = WRP 1963, 242 – Fotorabatt; BGH GRUR 1964, 263 = WRP 1964, 171 – Unterkunde.

[40] Vgl. Rdn. 12 sowie Großkomm/*Erdmann*, § 13 UWG, Rdn. 148; anders *Pastor*, in *Reimer*, S. 144; vgl. im übrigen zum Problem die auch hier geltende Darstellung vorstehend Rdn. 13.

14. Kapitel Der Schuldner des Unterlassungsanspruchs

mittelbar auf Unterlassung, nicht aber darauf, (positiv) dafür zu sorgen, daß seine Angestellten oder Beauftragten in Zukunft keine Verstöße mehr begehen (*Pastor*, NJW 1964, 896, 899; Großkomm/*Erdmann*, § 13 UWG, Rdn. 149 m. w. N.).

Keine Anwendung findet § 13 Abs. 4 UWG auf das Vollstreckungsverfahren nach § 890 ZPO. Die Vorschrift setzt eigenes Verschulden des Vollstreckungsschuldners bzw. – bei juristischen Personen – des gesetzlichen Vertreters voraus; bloße Verantwortlichkeit gem. § 13 Abs. 4 UWG genügt nicht für die Verhängung eines Ordnungsmittels[41]. 22

bb) Der Betriebsinhaber
Schuldner des Unterlassungsanspruchs aus § 13 Abs. 4 UWG ist der »Inhaber des Betriebes«, also derjenige, unter dessen Namen der Betrieb geführt wird und der dadurch nach außen die Verantwortung für den Betrieb übernommen hat[42]. Dies ist beim Einzelkaufmann dieser selbst, bei den durch Handelsgesellschaften (oHG, KG) und juristischen Personen (GmbH, AG, Gen.) betriebenen Unternehmen die Gesellschaft oder die juristische Person selbst, nicht aber bei Gesellschaften die Gesamtheit der Gesellschafter oder jeder einzelne oder bei den juristischen Personen deren Organe[43]. 23

Letztere haften somit nie nach § 13 Abs. 4 UWG, sie können jedoch u. U. selbst als Handelnde oder Störer in Betracht kommen[44], etwa wenn sie veranlassende Anweisungen gegeben oder in Kenntnis der zur Verhinderung notwendigen Weisungen solche unterlassen haben[45].

cc) Angestellte und Beauftragte
Um den Zweck der Vorschrift zu erreichen, sind auch die Begriffe »Angestellte« und »Beauftragte« weit auszulegen[46]. Für die Annahme dieser Eigenschaften genügt es nach feststehender Rechtsprechung, wenn der Betreffende ein Glied der gesamten Betriebsorganisation ist und seine Tätigkeit nicht eine rein persönliche (private) ist (BGH GRUR 1963, 438 = WRP 1963, 242 – Fotorabatt). 24

»Beauftragter« ist derjenige, der, ohne Angestellter zu sein, aufgrund von Verträgen oder Absprachen für das Unternehmen tätig ist, in dem er Funktionen wahrnimmt, die nach Zielsetzung, Struktur und Aufgabenbereich des Unternehmens im weitesten Sinne 25

---

41 Herrschende Meinung; vgl. z. B. die Nachweise bei OLG Frankfurt WRP 1981, 29 f.; ferner Großkomm/*Erdmann*, § 13 UWG, Rdn. 147, und *Baumbach/Hefermehl*, Einl. UWG, Rdn. 584, und § 13 UWG, Rdn. 69.
42 RG MuW XIV, 18; *Baumbach/Hefermehl*, § 13 UWG, Rdn. 70; Großkomm/*Erdmann*, § 13 UWG, Rdn. 151; zur Haftung bei Betriebsübergang vgl. *Köhler*, GRUR 1991, 344, 353.
43 BGH GRUR 1964, 88, 89 = WRP 1963, 306 – Verona-Gerät; Großkomm/*Erdmann*, § 13 UWG, Rdn. 151; näheres bei *Pastor*, NJW 1964, 896, 900; vgl. auch OLG Karlsruhe WRP 1986, 296, 297 und *Maier*, WRP 1986, 71.
44 Vgl. z. B. BGH GRUR 1964, 88, 89 = WRP 1963, 306 – Verona-Gerät; *Baumbach/Hefermehl*, § 13 UWG, Rdn. 71.
45 Vgl. dazu näher BGH GRUR 1986, 248, 250 – Sporthosen und GRUR 1986, 252, 253 – Sportschuhe.
46 RG GRUR 1939, 557; BGHZ 28, 1, 10 – Buchgemeinschaft II; BGH GRUR 1964, 263, 266 = WRP 1964, 171 – Unterkunde; BGH GRUR 1990, 1039, 1040 = WRP 1991, 79 – Anzeigenauftrag; *Baumbach/Hefermehl*, § 13 UWG, Rdn. 64; *Köhler*, GRUR 1991, 344, 346 ff.

zu dessen Tätigkeitsbereich gehören[47]. Auf die Rechtsform solcher Rechtsbeziehungen kommt es nicht an[48]. In erweiternder Auslegung des Begriffs können darunter auch solche Personen[49] fallen, deren Arbeitsergebnis nur dem Betriebsorganismus zugute kommt, sofern die Betriebsleitung »kraft eines die Zugehörigkeit des einzelnen Gliedes zu dem Organismus begründenden Vertrages« bestimmenden Einfluß auf den Handelnden und die Macht hat, diesen Einfluß durchzusetzen[50]. Diese Voraussetzungen sind im Verhältnis eines normalen Anzeigenkunden zu dem Verlagsunternehmen, dem er den Anzeigenauftrag (unmittelbar oder über einen Agenten) erteilt, nicht erfüllt[51], desgleichen nicht im Verhältnis selbständiger Händler zum Hersteller beim Vertrieb und bei der Anpreisung der Erzeugnisse des letzteren auf Jahrmärkten (OLG Frankfurt WRP 1987, 738, 739).

26   Ist Angestellter oder Beauftragter i. S. des § 13 Abs. 4 UWG ein selbständiges Unternehmen, also beispielsweise eine Werbeagentur[52], die Betreuungsfirma eines Buchklubs (BGHZ 28, 1 ff. – Buchgemeinschaft II; weitere Beispiele bei *v. Gamm*, UWG, § 13, Rdn. 23 und Großkomm/*Erdmann*, § 13 UWG, Rdn. 156), so gilt für dieses wiederum diese Vorschrift gesondert, so daß z. B. das Handeln eines Vertreters dieses Unternehmens diesem und alsdann das Handeln des Subunternehmens dem Hauptunternehmen zugerechnet wird und eine Schuldnerkette entsteht. Sind die Beziehungen mehrerer selbständiger Unternehmen nach den Umständen des Einzelfalles so eng, daß sie über den Rahmen des in § 13 Abs. 4 UWG geregelten Abhängigkeitsverhältnisses hinausgehen, kann dies wiederum in eine primäre Begehungsform, z. B. Mittäterschaft, übergehen[53].

27   b) Auf § 13 Abs. 4 UWG verweisen die Bestimmungen des § 2 Abs. 1 Satz 2 ZugabeVO und des § 12 Satz 2 RabattG. Für sie gelten dieselben Grundsätze wie für § 13 Abs. 4 UWG[54].

---

47 BGH GRUR 1990, 1039, 1040 = WRP 1991, 79 – Anzeigenauftrag; vgl. im einzelnen – teils kritisch gegen diese Entscheidung – *Köhler,* GRUR 1991, 344, 347 ff.
48 BGH GRUR 1964, 263, 266 f. = WRP 1964, 171 – Unterkunde; BGH aaO. – Anzeigenauftrag.
49 Gemeint sind »Personen« im Rechtssinne, nicht etwa nur natürliche Personen; also auch selbständige Unternehmen; vgl. BGH aaO. – Anzeigenauftrag und (mit weiteren Beispielen und Rechtsprechungsnachweisen) *v. Gamm*, UWG, § 13 Rdn. 23, sowie OLG Köln WRP 1984, 166, 168 – Alcantara.
50 RGZ 151, 287, 292 – Alpina; BGH GRUR 1963, 438, 440 = WRP 1963, 242 – Fotorabatt m. w. N.; weitere Nachweise – sowie eine erste de-facto-Einschränkung dieses Grundsatzes – enthält OLG Köln WRP 1984, 166, 168 – Alcantara; vgl. jetzt auch – ebenfalls mit leicht einschränkender Tendenz – BGH aaO. – Anzeigenauftrag sowie vorher schon OLG Frankfurt WRP 1987, 738, 739 und GRUR 1987, 732, 733.
51 BGH aaO. – Anzeigenauftrag; OLG Stuttgart WRP 1982, 432, 433; OLG Frankfurt GRUR 1987, 732, 733; OLG Oldenburg WRP 1972, 153, 154 und GRUR 1985, 388 f.; Großkomm/*Erdmann*, § 13 UWG, Rdn. 157 m. w. N.; str.; a. A. OLG München AfP 1980, 212; KG AfP 1980, 222; OLG Oldenburg NJW-RR 1991, 236; *Baumbach/Hefermehl*, § 13 UWG, Rdn. 67; *Köhler* (eingehend und kritisch zu BGH aaO.), GRUR 1991, 344, 351.
52 BGH GRUR 1973, 208 = WRP 1973, 23 – Neues aus der Medizin; BGH GRUR 1990, 1039, 1040 = WRP 1991, 79 – Anzeigenauftrag; BGH GRUR 1991, 772, 774 – Anzeigenrubrik I;
53 BGH GRUR 1964, 88 = WRP 1963, 306 – Verona-Gerät.
54 Vgl. für das Rabattrecht die Fälle BGH GRUR 1963, 438 = WRP 1963, 242 – Fotorabatt und BGH GRUR 1964, 263 = WRP 1964, 171 – Unterkunde; in den bisher bei Zugabeverstößen

IV. Die Haftung mehrerer Schuldner

Aus den vorangegangenen Ausführungen ist ersichtlich, daß die Haftung mehrerer Schuldner aufgrund eines Verletzungstatbestandes im Wettbewerbsrecht keine seltene Ausnahme ist, sondern im Gegenteil häufig vorkommt.

Jeder Schuldner haftet dabei selbständig auf die volle Leistung seiner Unterlassung. Eine gesamtschuldnerische Haftung mehrerer Verpflichteter kann bei Unterlassungsansprüchen grundsätzlich nicht in Betracht kommen[55]. Sie ist durch den Wortlaut des § 421 BGB ausgeschlossen, da es dem Wesen des Unterlassungsanspruchs nach stets an dem Merkmal fehlen wird, daß der Gläubiger »die Leistung nur einmal zu fordern berechtigt« ist: Die Unterlassung seitens des Mittäters A ist nicht gleichbedeutend mit der Unterlassung des Mittäters B und stellt folglich keine Erfüllung der dem letzteren obliegenden Pflicht im Sinne des § 422 BGB dar; denn dem Gläubiger nützt es nichts, daß A seiner Unterlassungspflicht nachkommt, wenn B die zu unterlassende Handlung begeht. Er kann die Erfüllung der Leistung daher von jedem der Schuldner gesondert, nicht aber nur einmal von einem der Schuldner fordern.

Aus den §§ 840, 830 BGB ergibt sich hierzu nichts anderes. Sie handeln nicht vom Unterlassungsanspruch, sondern von der Verantwortlichkeit für den in der Vergangenheit entstandenen Schaden. Daß für diesen mehrere als Gesamtschuldner haften, entspricht der Regelung des § 421 BGB. Einer Übertragung auf den Unterlassungsanspruch steht jedoch das Wesen dieses Anspruchs (s. o.) zwingend entgegen.

Daraus folgt, daß die in Verpflichtungserklärungen mehrerer Schuldner – insbesondere in strafbewehrten Unterwerfungserklärungen – zuweilen zu findende Formulierung »als Gesamtschuldner« rechtlich bedeutungslos ist, soweit sie sich auf die Unterlassungsverpflichtung bezieht; denn was begrifflich bzw. – richtiger – wesensmäßig nicht möglich ist, kann auch vertraglich nicht eingeführt werden (*Pastor*, in *Reimer*, S. 168).

Allerdings will eine in der Literatur vordringende Meinung[56] die Regeln der Gesamtschuld entsprechend anwenden, wenn zwischen den Schuldnern eine Mithaftungsgemeinschaft dergestalt besteht, daß jeder der Schuldner für das Unterlassen des anderen einstehen muß. Sie will eine solche Mithaftungs- oder Mitverantwortungsgemeinschaft nicht nur – was noch akzeptabel erscheint – für den Fall der Haftung einer juristischen Person und ihres Organs[57], sondern – über §§ 840, 830 BGB – allgemein bei deliktischen Verhältnissen im Sinne dieser Vorschriften als gegeben ansehen, was m. E. deutlich zu weit geht.

---

entschiedenen Fällen (zitiert bei *Baumbach/Hefermehl*, § 2 ZugabeVO, Rdn. 3) wurde stets ein eigenes verletzendes Handeln der Beklagten angenommen; es besteht jedoch kaum ein Zweifel, daß gegebenenfalls auch hier die zu § 13 Abs. 4 UWG entwickelten Auslegungsgrundsätze zur Anwendung kommen würden.

55 OLG Koblenz WRP 1985, 45; *Baumbach/Hefermehl*, Einl. UWG, Rdn. 325; *Pastor*, in Reimer, S. 166 f.; zu abweichenden Meinungen vgl. Rdn. 32.
56 Vgl. besonders *Tilmann*, GRUR 1986, 691, 694 m. w. N.; ihm folgend *Baumbach/Hefermehl*, aaO., und *Klaka*, GRUR 1988, 729, 732.
57 *Tilmann*, aaO., S. 695; *Klaka*, aaO.

15. Kapitel   Die Rechtsnachfolge beim Unterlassungsanspruch

Literatur: *v. Gamm*, Treuhänderschaft bei vertikalen Preis- und Vertriebsbindungen, NJW 1962, 273; *Köhler*, Vertragliche Unterlassungspflichten, AcP 190 (1990), S. 496; *H. Lehmann*, Der Einfluß des Konkurses auf Unterlassungsansprüche, ZZP 38 (1909), 68; *Pinzger*, Die Übertragung von Unterlassungsansprüchen, GRUR 1934, 497.

Inhaltsübersicht

	Rdn.		Rdn.
I. Die Rechtsnachfolge auf der Gläubigerseite	1–7	1. Die befreiende Schuldübernahme	8, 9
1. Die Abtretung	1–5	2. Der Schuldbeitritt	10, 11
2. Die Veräußerung und Verpfändung	6	3. Die Schuldnernachfolge bei Universalsukzession	12
3. Die Gesamtrechtsnachfolge	7		
II. Die Rechtsnachfolge auf der Schuldnerseite	8–12		

I. Die Rechtsnachfolge auf der Gläubigerseite

1. Die Abtretung

1   a) Die Abtretung hat im Wettbewerbsrecht keine große Bedeutung gewonnen[1]. Dank der weitgehenden Anspruchsberechtigung verschiedener Gläubiger durch § 13 UWG, § 2 Abs. 1 ZugabeVO, § 12 RabattG, § 22 WZG, § 35 Abs. 3 GWB und § 13 Abs. 3 AGBG besteht kaum ein praktisches Bedürfnis, wettbewerbliche Unterlassungsansprüche abzutreten. Lediglich bei Ansprüchen aus der Verletzung absoluter Schutzrechte und von Vertriebsbindungssystemen – hier in Form treuhänderischer Übertragung zum Zwecke der Überwachung[2] – sowie für die Frage der Übertragung bürgerlich-rechtlichen Unternehmensschutzes auf Verbände[3] spielten Zessionen zeitweilig eine gewisse Rolle.

---

1 Bezeichnenderweise kam das Stichwort »Abtretung« in den Sachregistern der Kommentare von *Baumbach/Hefermehl*, *v. Gamm* und *Nordemann* bis zum Erscheinen der Voraufl. dieses Werks nicht vor; lediglich *Pastor*, in *Reimer*, S. 170 hatte ihr bereits ein ganzes Kapitel gewidmet. Jetzt wird sie allerdings von *Baumbach/Hefermehl* (Einl. UWG, Rdn. 323, und § 13 Rdn. 5) sowie in Großkomm/*Köhler*, Vor § 13 UWG, B, Rdn. 234–236 behandelt.
2 Vgl. *v. Gamm*, NJW 1962, 273, damals allerdings noch weitgehend zu Preisbindungssystemen.
3 Vgl. *Pinzger*, GRUR 1934, 497 ff.; seinem Lösungsvorschlag, den Verbänden ohne Einräumung der Zessionarsstellung weitgehend die Prozeßführung in gewillkürter Prozeßstandschaft zu ermöglichen, entspricht jetzt die Auffassung des BGH (GRUR 1983, 379, 381 = WRP 1983, 395 – Geldmafiosi).

b) Die Frage, ob gesetzliche Unterlassungsansprüche überhaupt abtretbar sind, war lange Zeit streitig[4]. Das Reichsgericht hat sie von vornherein in dem begrenzten Umfang bejaht, in dem die Abtretbarkeit auch heute noch angenommen wird: Nämlich dann, wenn die Abtretung zusammen mit der Übertragung des Rechts oder des Unternehmens erfolgt, aus dessen Verletzung der Unterlassungsanspruch resultiert[5].

Isolierte Abtretungen werden heute einhellig als unzulässig angesehen, wobei die Begründung von der h. M. in § 399 BGB (Veränderung des Leistungsinhalts durch Abtretung) gesehen wird[6]. Hiervon abweichend sieht eine andere Meinung den Grund der Unabtretbarkeit darin, daß die Abspaltung des abzutretenden Anspruchs nicht eine selbständige Forderung, sondern einen begriffsnotwendigen Teil des Rechts darstellte, d. h. mit diesem untrennbar verbunden sei, somit bei dessen Übertragung zwangsläufig – auch ohne Abtretung – mit übergehe[7].

Pastor (in *Reimer*, S. 172) hält den gesetzlichen Unterlassungsanspruch deshalb für schlechthin unabtretbar, weil die Wiederholungsgefahr in bezug auf den konkreten Gläubiger zu sehen sei; sie sei deshalb für einen neuen Gläubiger nicht existent und für den alten mit der Abtretung beendet, mit dem Ergebnis, daß die Abtretung den Anspruch zum Erlöschen bringe. Die Schwäche dieses Lösungsvorschlags ist ihr Ausgangspunkt: Die Wiederholungsgefahr ist zwar an einen bestimmten Schuldner gebunden[8], nicht aber an einen bestimmten Gläubiger. Droht die Wiederholung beispielsweise eines Rabattverstoßes aufgrund einer konkreten Verletzungshandlung, so droht sie nicht nur einem (als Zedent in Betracht kommenden) Gläubiger, sondern schlechthin.

c) Ein vertraglicher Unterlassungsanspruch soll dagegen abtretbar oder vererblich sein[9]. Dem wird man zwar im Grundsatz beitreten können; jedoch wird es auch beim vertraglichen Anspruch sehr von den jeweiligen Gegebenheiten abhängen, ob seine Abtretung zu einer Veränderung des Leistungsinhalts führt und deshalb unter § 399, 1. Alternative, BGB fällt.

---

4 Vgl. zum früheren Meinungsstand *Pastor,* in *Reimer,* S. 171 und *Pinzger,* aaO., S. 498; der BGH hat die Frage wiederholt ausdrücklich offen gelassen; vgl. BGH GRUR 1956, 279, 280 = WRP 1956, 167 – Olivin; BGH GRUR 1960, 240 = WRP 1960, 127 – Süßbier.
5 RGZ 86, 252, 254; 148, 146, 147; RG GRUR 1937, 48, 49; OLG Hamburg WRP 1963, 372; wohl auch (implizit) BGH GRUR 1983, 379, 281 = WRP 1983, 395 – Geldmafiosi; BGH GRUR 1986, 325, 328 = WRP 1985, 548 – Peters; BAG NJW 1985, 65, 67; OLG Koblenz GRUR 1988, 43, 46; OLG Koblenz WRP 1988, 258, 260; OLG Köln WRP 1987, 55 f.; *Baumbach/Hefermehl,* Einl. UWG, Rdn. 323 und § 13 UWG, Rdn. 5; Großkomm/*Erdmann,* § 13 UWG, Rdn. 21; im Ergebnis auch Großkomm/*Köhler,* Vor § 13 UWG, B, Rdn. 234, u. *Köhler,* AcP 190 (1990), 496, 527; ferner *H. Lehmann,* ZZP 38 (1909), 68, 81 und MünchKomm/*Roth,* § 399 BGB, Rdn. 18.
6 RG, *Lehmann* und MünchKomm/*Roth,* aaO.; vgl. auch OLG Köln WRP 1987, 55 f.
7 BGHZ 60, 235, 240; Großkomm/*Köhler,* Vor § 13 UWG, B, Rdn. 234 m. w. N. in Fn. 137; *v. Gamm,* NJW 1962, 273, 274.
8 So schon *Lehmann,* ZZP 38 (1909), 68, 93.
9 So Großkomm/*Köhler,* Vor § 13 UWG, B, Rdn. 236; *Köhler,* AcP 190 (1990), 496, 528.

2. Die Veräußerung und Pfändung

6 Unterlassungsansprüche, die aus einem seinerseits veräußerlichen bzw. pfändbaren absoluten Recht erwachsen sind, können mit diesem zusammen – aber wiederum nicht isoliert von diesem – übertragen oder gepfändet werden[10]. Bei wettbewerblichen Ansprüchen, die aus einer Unternehmensverletzung resultieren, kommt zwar eine Veräußerung, nicht aber eine Pfändung zusammen mit dem Unternehmen in Betracht, da das Unternehmen als Vermögensinbegriff auch seinerseits nicht der Pfändung unterliegt[11].

3. Die Gesamtrechtsnachfolge

7 Auch für die Gesamtrechtsnachfolge (Vererbung, Fusion) gelten die gleichen Grundsätze wie bei der Abtretung: Zusammen mit dem Recht oder dem Unternehmen, aus dessen Verletzung die Ansprüche resultieren, sind sie übergangsfähig, isoliert davon nicht. Voraussetzung des Übergangs ist jedoch, daß auch in der Person des Rechtsnachfolgers noch die Voraussetzungen für einen wettbewerblichen Unterlassungsanspruch vorliegen[12].

II. Die Rechtsnachfolge auf der Schuldnerseite

1. Die befreiende Schuldübernahme

8 Nach dem heutigen Verständnis der befreienden Schuldübernahme als Sonderrechtsnachfolge unter Identitätswahrung der Schuld[13] kommt sie zwar bei vertraglichen, nicht aber bei gesetzlichen Unterlassungsverpflichtungen in Betracht; denn bei letzteren ist eine Rechtsnachfolge unter Identitätswahrung der Schuld ausgeschlossen. Letztere schließt beim gesetzlichen Unterlassungsanspruch nämlich als wesentliches Element die Wiederholungsgefahr ein; diese aber ist wesensmäßig an die Person des Verletzers gebunden (*Lehmann*, S. 93).

9 Vereinbaren daher Gläubiger und Dritter (§ 414 BGB) oder Schuldner und Dritter mit Genehmigung des Gläubigers (§ 415 BGB), daß anstelle des Schuldners der Dritte auf Unterlassung haften soll – ein Vorgang, der bei Übertragung des Unternehmens des Schuldners auf einen Dritten sehr sinnvoll sein kann –, so liegt darin keine Schuldübernahme im gesetzestechnischen Sinne; vielmehr handelt es sich um die Begründung einer eigenen vertraglichen Unterlassungspflicht des Dritten unter gleichzeitigem Verzicht

---

10 Hier kommen die Vertreter der Meinung, nach der der Anspruch dem Recht untrennbar immanent ist, zwangsläufig zu einem abweichenden Ergebnis, weil danach allein die Pfändung oder Verpfändung der vollen Rechtsposition möglich ist; vgl. Großkomm/*Köhler*, Vor § 13 UWG, B, Rdn. 240.
11 RGZ 68, 49, 54; 95, 235, 236; BGH GRUR 1968, 329, 331 – Der kleine Tierfreund; *v. Gamm*, Kap. 56, 61; *Lehmann*, aaO., S. 82.
12 Vgl. Großkomm/*Köhler*, Vor § 13 UWG, B, Rdn. 241.
13 MünchKomm/*Möschel*, Vor § 414 BGB, Rdn. 2.

auf den Unterlassungsanspruch gegen den Schuldner (so auch *Köhler,* AcP 190 (1990), 496, 529).

2. Der Schuldbeitritt

Auch ein Schuldbeitritt im technischen Sinne kommt beim gesetzlichen Unterlassungsanspruch nicht in Betracht. Der Schuldbeitritt hat normalerweise Sicherungsfunktion und stellt eine Form freiwillig begründeter Gesamtschuldnerschaft dar[14], die bei der Unterlassungspflicht sinnlos ist; denn hier kann nicht mit der Erfüllung der Verpflichtung eines der Schuldner auch die des anderen mit erfüllt werden[15].

Das Hinzutreten eines weiteren Unterlassungsschuldners bedeutet daher stets die Begründung einer eigenen selbständigen Unterlassungsschuld, die neben der alten zu erfüllen ist. Auch hierbei handelt es sich um eine durch Vertrag begründete eigene, nicht um die originäre, auf der Verletzungshandlung des anderen beruhende gesetzliche Schuld[16].

3. Die Schuldnachfolge bei Universalsukzession

Der Universalnachfolger des Unterlassungsschuldners – sei er es aufgrund Erbgangs oder Rechtsgeschäfts – haftet nicht auch für die Unterlassungsschuld. Dies beruht darauf, daß letztere tatbestandsmäßig die Wiederholungs- bzw. Erstbegehungsgefahr voraussetzt; diese kann aufgrund der begangenen Verletzung ausschließlich in der Person des Rechtsvorgängers als begründet angesehen werden. Gleiche Verletzungshandlungen auch vom Rechtsnachfolger (Erben pp) zu erwarten, ist nicht gerechtfertigt, sofern dieser nicht in irgendeiner Weise selbst eine – neue, in seiner Person begründete – Begehungsgefahr schafft (*H. Lehmann,* aaO., S. 93). Tut er dies, so begründet er eine eigene Unterlassungspflicht; die des Rechtsvorgängers ist entweder (bei Tod) erloschen oder (bei Veräußerung) in seiner Person bestehen geblieben.

---

14 MünchKomm/*Möschel,* Vor § 414 BGB, Rdn. 9.
15 So auch *Köhler,* AcP 190 (1990), 496, 529 f.
16 So ebenfalls *Köhler,* aaO..

5. Teil Hindernisse für die Entstehung oder Durchsetzung des Unterlassungsanspruchs

16. Kapitel Die Verjährung des Unterlassungsanspruchs

Literatur: *Addicks,* Rechtshängigkeit und Verjährungsunterbrechung, MDR 1992, 331; *Borck,* Über die Vollziehung von Unterlassungsverfügungen, WRP 1977, 556; *Borck,* Die Zeit und ihr Vergehen im Hinblick auf die Vorschriften der §§ 21, 25 UWG und 935 ff. ZPO, WRP 1978, 519; *Borck,* Zur Verjährung wettbewerbsrechtlicher Unterlassungsansprüche, WRP 1979, 341; *Borck,* Vom Spiel mit der Verjährung, WRP 1979, 347; *Dittmar,* Die Verjährungsunterbrechung wettbewerblicher Unterlassungsansprüche durch Urteil und einstweilige Verfügung, GRUR 1979, 288; *Faber,* Die Verjährung des Anspruchs auf Erstattung der Verwarnungskosten in Wettbewerbssachen, WRP 1986, 371; *Fabricius,* Zur Frage der Verjährung rechtskräftig festgestellter Unterlassungsansprüche, JR 1972, 452; *Henckel,* Die Grenzen der Verjährungsunterbrechung, JZ 1962, 325; *Hillinger,* Nochmals zur Verjährung von Unterlassungsansprüchen, GRUR 1973, 254; *U. Krieger,* Zur Verjährung von Unterlassungsansprüchen auf dem Gebiete des gewerblichen Rechtsschutzes, GRUR 1972, 696; *Neu,* Die Verjährung der gesetzlichen Unterlassungs-, Beseitigungs- und Schadensersatzansprüche des Wettbewerbs- und Warenzeichenrechts, GRUR 1985, 335; *Oßenbrügge,* Die Verjährung von rechtskräftig festgestellten Unterlassungsansprüchen, WRP 1973, 320; *Rogge,* Zur Frage der Verjährung von Unterlassungsansprüchen, GRUR 1963, 345; *Teplitzky,* Zur Unterbrechung und Hemmung der Verjährung wettbewerbsrechtlicher Ansprüche, GRUR 1984, 307; *Traub,* Eilverfahren und Verjährung nach § 21 UWG, WRP 1979, 186; *Traumann,* Zum Einfluß des Vortrags von Rechtsansichten auf die Verjährung wettbewerblicher Unterlassungsansprüche, DB 1986, 262; *Zimmermann,* Die Verjährung, JuS 1984, 409, 410.

Inhaltsübersicht	Rdn.		Rdn.
I. Allgemeines	1–6	IV. Die Wirkung der Verjährung	23–32
II. Der Beginn der Verjährung	7–14	V. Die Unterbrechung der Verjährung	33–47
III. Die Dauer der Verjährung	15–22		
1. Allgemeines	15	1. Die Vorschrift des § 208 BGB	34, 35
2. Das Verhältnis des § 21 UWG zu § 852 BGB	16–21	2. Abmahnung und Anrufung der Einigungsstelle	36
3. Die Frage der Anwendbarkeit des § 21 UWG auf den Unterwerfungsunterlassungsanspruch	22	3. Die Vorschrift des § 209 BGB	37–47
		VI. Die Hemmung der Verjährung	48–56

16. Kapitel Die Verjährung des Unterlassungsanspruchs 1–5 **16**

I. Allgemeines

1. Die früher sehr umstrittene Frage, ob Unterlassungsansprüche ihrem Wesen nach überhaupt verjähren können[1], ist heute akademisch geworden. Die Praxis geht jetzt ganz einheitlich davon aus, daß auch Unterlassungsansprüche grundsätzlich (§§ 194, 198 S. 2 BGB) und im Wettbewerbsrecht nach den ausdrücklichen gesetzlichen Regelungen sogar überwiegend in sehr kurzer Zeit verjähren[2].

2. Nicht verjähren können Ansprüche aus einmaligen Zuwiderhandlungen und Unterlassungen zu einem bestimmten Zeitpunkt. Im ersten Falle ist mit der Zuwiderhandlung, im zweiten mit Zeitablauf der Unterlassungsanspruch erloschen.

Die Ansprüche aus Dauerhandlungen können dagegen zwar ihrem Wesen nach durchaus – nach Abschluß der Handlung – verjähren; jedoch beginnt während der Dauer der Handlung die Verjährungsfrist nicht zu laufen, so daß insoweit faktisch Unverjährbarkeit besteht[3].

3. Sehr umstritten ist die Frage, ob vorbeugende Unterlassungsansprüche verjähren können.

Von der überwiegenden Meinung wird sie verneint[4], und zwar zu Recht: Solange die ernstliche Befürchtung einer unmittelbar bevorstehenden Verletzungshandlung besteht, liegt ein der Dauerhandlung ähnlicher Zustand vor, so daß die Verjährungsfrist nicht ablaufen kann[5]; besteht die Begehungsgefahr dagegen nicht mehr, ist der Unterlassungsanspruch erloschen[6].

Eine starke Gegenmeinung[7] hält dem zwar entgegen, daß die Lage beim Wiederholungsunterlassungsanspruch nicht anders sei, dort aber nach der herrschenden Meinung trotz Fortdauer der Wiederholungsvermutung die Verjährungsfrist laufe. Sie beachtet dabei aber nicht hinreichend die unterschiedlichen Voraussetzungen der beiden Begehungsgefahren. Während die Vermutung der Wiederholungsgefahr ausschließlich auf der (einmaligen, abgeschlossenen) Begehungshandlung beruht, also keine *andauernden* Voraussetzungen hat, setzt die Erstbegehungsgefahr einen *andauernden* ernsthaften

---

1 Vgl. dazu – mit überzeugenden Antworten – *Rogge,* GRUR 1963, 345 ff.; *U. Krieger,* GRUR 1972, 696 ff. m. w. N.; *Borck,* WRP 1979, 341, 343; *Neu,* GRUR 1985, 335, 336 mit Nachw. zur älteren, die Verjährbarkeit verneinenden Literatur in Fn. 4; ferner Großkomm/*Messer,* § 21 UWG, Rdn. 5–7.
2 Vgl. aus neuerer Zeit z. B. BGH GRUR 1979, 121, 122 = WRP 1979, 883 – Verjährungsunterbrechung; GRUR 1984, 820 = WRP 1984, 678 – Intermarkt II; BGHZ 115, 210 = GRUR 1992, 176 = WRP 1992, 93 – Abmahnkostenverjährung; Großkomm/*Messer,* aaO., Rdn. 8;*Baumbach/Hefermehl,* § 21 UWG, Rdn. 11; HdbWR/*Samwer,* § 75 Rdn. 10 f.
3 *Baumbach/Hefermehl,* § 21 UWG, Rdn. 12; *Pastor,* in *Reimer,* S. 183; HdbWR/*Samwer,* § 75, Rdn. 11; der BGH schränkt jedoch die Möglichkeit solcher Dauerhandlungen im Verjährungssinne stark ein; vgl. BGH GRUR 1984, 820, 822 = WRP 1984, 678 – Intermarkt II sowie nachfolgend Rdn. 13.
4 BGH GRUR 1979, 121 li. Sp. unten = WRP 1978, 883 – Verjährungsunterbrechung; OLG Koblenz WRP 1988, 557, 558; *Baumbach/Hefermehl,* § 21 UWG, Rdn. 11, jedoch mit etwas abweichender Begründung; ferner *Pastor,* in *Reimer,* S. 179.
5 So auch OLG München GRUR 1988, 715.
6 Letzteres verkennt das OLG München aaO., weil es meint, daß ab Wegfall der Berührung die Verjährungsfrist zu laufen beginne.
7 *Ahrens,* S. 31 in Fn. 81 m. w. N.; Großkomm/*Messer,* § 21 UWG, Rdn. 13.

Gefährdungszustand voraus, der die Rechtsähnlichkeit mit der Dauerhandlung hier – und nur hier – begründet.

Das schließt allerdings keineswegs aus, daß der Zeitpunkt der eine Erstbegehungsgefahr begründenden Handlung – etwa einer ausdrücklichen Berühmung – berücksichtigt wird, jedoch – entgegen dem Vorschlag *Messers* aaO. – nicht durch ein schematisches Beginnenlassen der Verjährungsfrist, sondern bei der Beurteilung der Frage, ob die Erstbegehungsgefahr trotz des Ablaufs einer normalerweise schon für die Verjährung ausreichenden Zeitspanne tatsächlich noch fortdauert. Dabei wird man häufig zum gleichen Ergebnis kommen. Den Unterschied aber mag ein – didaktisch zugespitztes – Beispiel verdeutlichen: Nach *Ahrens* (aaO.) und *Messer* (aaO.) müßte die Sechsmonatsfrist auch dann beginnen, wenn jemand sich berühmt, er werde eine unzulässige Handlung begehen, sobald die entsprechenden Vorbereitungen für Werbung und Produktion abgeschlossen seien; letzteres dauert ein halbes Jahr. Soll dann, obwohl überhaupt jetzt erst die sechs Monate vorher geschaffene »Gefahr« aktualisiert worden ist, bereits Verjährung eintreten, ein vorbeugender Unterlassungsanspruch aufgrund der damaligen Äußerung nicht mehr möglich sein?

6 4. Entfällt beim Verletzungsunterlassungsanspruch die Wiederholungsgefahr, so ist kein Raum für Verjährung, da der Anspruch auch hier wegen Fehlens einer notwendigen Voraussetzung erloschen ist.

II. Der Beginn der Verjährung

7 1. Die Grundregel des § 198 Satz 2 BGB paßt, da sie dem Wortlaut nach das Bestehen eines Anspruchs voraussetzt, nur auf den vertraglichen Unterlassungsanspruch (*Pastor*, in *Reimer*, S. 179) sowie auf den Anspruch, der durch rechtskräftige Feststellung eines allgemein, gegen jedermann wirkenden und allein noch keinen »Anspruch« begründenden gesetzlichen Verbots mit Bezug auf den verurteilten Schuldner begründet wird[8]. Bei beiden Ansprüchen beginnt in der Tat die Verjährung – auch die dreißigjährige Frist des § 218 BGB im Fall der rechtskräftigen Anspruchsfeststellung – mit der (im Fall des Titels: erneuten) Zuwiderhandlung[9]. Auf den (häufigsten) gesetzlichen Unterlassungsanspruch, den (nicht titulierten) Verletzungsunterlassungsanspruch, paßt die Vorschrift nicht, da er erst durch die Zuwiderhandlung entsteht, bei der (ersten) Zuwiderhandlung also noch gar nicht existiert. Für ihn ergibt sich der Verjährungsbeginn nicht aus § 198 Satz 2 BGB, sondern aus den einschlägigen Anspruchsnormen (*Neu*, aaO., S. 336), die ihn für den Regelfall auf den Zeitpunkt der Kenntnis des Berechtigten

---

[8] Vgl. BGHZ 59, 72, 75 – Kaffeewerbung: »Umwandlung« des allgemeinen Verbots in einen »von dem früheren Verhalten nunmehr unabhängigen materiell-rechtlichen Anspruch gegen den Schuldner«; dem folgend die h. M.; vgl. Großkomm/*Messer*, § 21 UWG, Rdn. 62–64; *v. Gamm*, UWG, § 21, Rdn. 4, und die Nachweise bei *Baumbach/Hefermehl*, § 21 UWG, Rdn. 14, und bei Großkomm/*Messer*, § 21 UWG, Rdn. 18.

[9] Vgl. BGH aaO. – Kaffeewerbung: kein Verjährungsbeginn, solange der titulierte Anspruch sich im Zustand der Erfüllung befindet; erst die Zuwiderhandlung löst den Lauf der dreißigjährigen Frist aus, auf deren geringe praktische Bedeutung im Wettbewerbsrecht Großkomm/*Messer*, § 21 UWG, Rdn. 62, zu Recht hinweist. Gegen die Auffassung des BGH und für Verjährung dreißig Jahre nach Titulierung *U. Krieger*, GRUR 1972, 696.

von der Verletzungshandlung[10] (vgl. nachfolgend a) und von der Person des Verletzers (nachfolgend b) festlegen[11], für den Beginn einer unabhängig von dieser Kenntnis vorgesehenen jeweils längeren Frist – 3 Jahre in den zitierten Wettbewerbsgesetzen, 30 Jahre bei § 852 BGB – dagegen auf den Zeitpunkt der Begehung der Verletzungshandlung. In den letzteren Fällen fallen somit die Entstehung des Anspruchs und der Beginn seiner Verjährung zeitlich zusammen.

a) Die Kenntnis von der Verletzungshandlung
»Kenntnis« bedeutet positives Wissen; Kennenmüssen steht hier, ebenso wie in § 852 BGB, dem Kennen nicht gleich[12]. Das Wissen muß in der Person des Anspruchsberechtigten vorliegen. Bei mehreren Inhabern eines Unternehmens oder bei juristischen Personen brauchen nicht sämtliche Inhaber oder gesetzlichen Vertreter Kenntnis zu haben; es genügt vielmehr, daß der maßgebliche Sachbearbeiter, z. B. der Leiter der Werbeabteilung, diese Kenntnis hat. Insoweit sind die Angestellten eines Unternehmens »Wissensvertreter«[13].

Die Handlung, deren Kenntnis erforderlich ist, ist die konkrete Verletzungshandlung. Handlung i. S. der Verjährungsvorschriften ist die beendete Handlung[14], also das Vorliegen aller Tatbestandsmerkmale, die zusammen erst die konkrete Verletzungshandlung bilden. Die Kenntnis muß sich auf sämtliche wesentliche Tatumstände der Handlung erstrecken. Soweit hierbei innere Tatumstände bedeutsam sind, ist die Kenntnis der äußeren Umstände maßgebend, aus denen die inneren Tatsachen herzuleiten sind[15]. Die Kenntnis muß so vollständig und so weit gesichert sein, daß ein Vorgehen im Klagewege einigermaßen sicher (und damit zumutbar) erscheint (BGH GRUR 1988, 832, 834 = WRP 1988, 663 – Benzinwerbung).

b) Die Kenntnis von der Person des Verletzers
Die »Person des Verpflichteten« (§ 21 Abs. 1 UWG) bzw. des »Ersatzpflichtigen« (§ 852 Abs. 1 BGB) ist der Unterlassungsschuldner. Auch insoweit ist positive Kenntnis aller zur Klageerhebung erforderlichen wesentlichen Umstände grundsätzlich erforderlich[16]. Jedoch haben der III. und IV. Zivilsenat des Bundesgerichtshofs in mehreren Fällen der Kenntnis gleichgesetzt, daß der Gläubiger den ihm unbekannten Namen nebst Anschrift des Verletzers in zumutbarer Weise ohne besondere Mühe habe be-

---

10 § 21 UWG; § 2 Abs. 4 ZugabeVO; § 14 DVO RabattG; bei § 852 BGB, der den Unterlassungsanspruch nicht ausdrücklich regelt, wird das gleiche Ergebnis im Auslegungswege gewonnen.
11 Anders *Neu*, aaO. S. 337, dem aber lediglich insoweit zuzustimmen ist, als er (S. 343 f.) einen Beginn der Verjährungsfrist vor der Begehung – bei vorheriger Kenntnis des Verletzten vom Bevorstehen der Handlung – ausschließt.
12 RGZ 76, 61; BGH GRUR 1964, 218, 220 = WRP 1964, 128 – Düngekalkhandel.
13 Zum Begriff sowie zur Zurechenbarkeit der Kenntnis solcher Vertreter – die rechtsgeschäftlicher Vertreter genügt nicht – allgemein vgl. Großkomm/*Messer*, § 21 UWG, Rdn. 37 m. N. in Fn. 46.
14 Vgl. dazu die eingehende Prüfung mit gleichen Ergebnissen bei *Neu*, aaO., S. 338 f.
15 BGH GRUR 1964, 218, 220 = WRP 1964, 128 – Düngekalkhandel.
16 BGH aaO. – Düngekalkhandel; OLG Stuttgart NJW 1984, 182; *v. Gamm*, UWG, § 21, Rdn. 4.

schaffen können[17], was – worauf *Harmsen* in seiner Anmerkung zu BGH aaO. – Düngekalkhandel zutreffend hingewiesen hat – im Ergebnis darauf hinausläuft, daß insoweit grob fahrlässige Unkenntnis doch der Kenntnis gleichstehen kann. Einer solchen Auslegung ist der VI. Zivilsenat des Bundesgerichtshofs jedoch in mehreren neueren Urteilen entgegengetreten[18]. Er hat klargestellt, daß nicht eine fahrlässig verschuldete, sondern nur eine »mißbräuchliche Nichtkenntnis« der Person des Schädigers der für den Verjährungsbeginn verlangten Kenntnis gleichstehe.

11 Soweit die konkrete Verletzungshandlung von mehreren begangen worden ist, sind die Voraussetzungen der Kenntnis für jeden einzelnen besonders zu prüfen. Bei unterschiedlicher Kenntniserlangung können daher gegen mehrere Verletzer unterschiedliche Verjährungsfristen bestehen (vgl. auch Großkomm/*Messer*, § 21 UWG, Rdn. 36).

12 2. Bei in sich abgeschlossenen Einzelhandlungen wird der Verjährungsbeginn durch Fortwirkungen (oder Nachwirkungen) der Handlung nicht aufgeschoben[19], also beispielsweise nicht dadurch, daß eine wettbewerbswidrige Werbung in Zeitschriften, die in Lesemappen ausliegen oder zirkulieren, teilweise erst Wochen nach ihrem Erscheinen zur Kenntnis genommen wird (vgl. OLG Köln MD VSW 1987, 586, 588).

13 Davon zu unterscheiden sind echte Dauerhandlungen – etwa die andauernde Eintragung einer wettbewerbswidrigen Firmenbezeichnung[20] oder Werbung auf einem Ladenschild oder einer Reklametafel – sowie die Fälle, in denen es sich nicht nur um Nachwirkungen einer Verletzungshandlung, sondern um die Fortdauer eines durch sie geschaffenen Störungszustandes handelt (vgl. dazu *Neu*, aaO., S. 339 f.). Beispiele: Versendung eines Rundschreibens mit dem Hinweis, von gleichzeitig übersandten Kopien eines diskriminierenden Zeitungsartikels könne zur Ausschaltung der Konkurrenz Gebrauch gemacht werden[21], oder die Auswechslung von Herkunftshinweisen auf Maschinen[22]. In diesen Fällen ist der Verjährungsbeginn so lange aufgeschoben, bis die Dauerhandlung selbst oder der geschaffene Störungszustand aufgehoben ist.

---

17 BGH VersR 1962, 86, 87; 1973, 841, 842; 1976, 166, 167 und 1976, 859, 860.
18 Vgl. BGH NJW 1985, 2022, 2023; BGH NJW 1987, 3120; BGH NJW-RR 1988, 411, 412 = BB 1988, 437.
19 BGH GRUR 1974, 99, 100 = WRP 1974, 30 – Brünova; *Baumbach/Hefermehl*, § 21 UWG, Rdn. 12; *v. Gamm*, UWG, § 21, Rdn. 4; eingehend *Rogge*, GRUR 1963, 345, 348 f., und – auch zu Abgrenzungsschwierigkeiten – *Neu*, aaO., S. 341 f., sowie Großkomm/*Messer*, § 21 UWG, Rdn. 26.
20 In deren Gebrauch werden dagegen fortgesetzte Handlungen entweder in Fortsetzungszusammenhang (so RGZ 80, 436, 438 und *Neu*, aaO., S. 341) oder sogar als wiederkehrende Einzelakte (so BGH GRUR 1984, 820, 822 = WRP 1984, 678 – Intermarkt II) gesehen. *Baumbach/Hefermehl* (§ 21 UWG, Rdn. 12) und *Rogge* (GRUR 1963, 345, 347) halten allerdings auch ihn für eine typische Dauerhandlung; eingehend auch hierzu Großkomm/*Messer*, § 21 UWG, Rdn. 20 u. 22–25.
21 RG MuW 1938, 63; zum Unterschied dieser Fallgestaltung von einer bloßen Nachwirkung in Form späterer eigenmächtiger Verwendung oder Kenntnisnahme vom Zeitungsartikel vgl. *Rogge*, GRUR 1963, 345, 348.
22 BGH GRUR 1972, 558 = WRP 1972, 198 – Teerspritzmaschinen.

Bei forgesetzten Handlungen läuft für jeden Einzelakt eine besondere Verjährungsfrist[23]. 14

III. Die Dauer der Verjährung

1. Allgemeines

Die Verjährungsfrist des UWG ist unter Berücksichtigung der besonderen Bedürfnisse des Wettbewerbsrechts in § 21 UWG auf nur 6 Monate bemessen. Die gleiche kurze Dauer gilt für Zugabeverstöße (§ 2 Abs. 4 Satz 1 ZugabeVO) und für Verstöße gegen das RabattG (§ 14 DVO), während für Wettbewerbsgesetze, die keine Verjährungsvorschriften enthalten – wie z. B. das WZG und das GWB[24] – § 852 BGB gilt. Die Fristberechnung richtet sich nach §§ 187 Abs. 1, 188 Abs. 2 BGB. Ist ein Unterlassungsanspruch durch Urteil rechtskräftig festgestellt, beträgt die Verjährungsfrist ohne Rücksicht auf die nach den Spezialgesetzen gegebene kürzere Verjährungsfrist einheitlich 30 Jahre (§ 218 Abs. 1 Satz 1 BGB), jedoch nicht ab Titulierung, sondern erst ab erster Zuwiderhandlung gegen den Titel (vgl. BGHZ 59, 72, 75 – Kaffeewerbung). Rechtskräftig festgestellt ist ein Unterlassungsanspruch nur durch ein Urteil in der Hauptsache, nicht auch durch ein eine einstweilige Verfügung erlassendes oder bestätigendes Urteil, weil durch dieses nicht der Anspruch als solcher »festgestellt«, sondern nur (vorläufig) sichergestellt wird[25]. 15

2. Das Verhältnis des § 21 UWG zu § 852 BGB

a) Da die Tatbestände des UWG vom Begriff der unerlaubten Handlung i. S. des § 852 BGB mit umfaßt werden, bringt jeder UWG-Verstoß, der zugleich einen Verstoß gegen die §§ 823, 824, 826 BGB darstellt, mehrere gesetzliche Unterlassungsansprüche zur Entstehung, von denen grundsätzlich jeder der für ihn geltenden besonderen Verjährung nach § 21 UWG (6 Monate) und § 852 BGB (3 Jahre) unterliegt[26]. Die Vorschriften des UWG verdrängen nicht schlechthin – unter dem Gesichtspunkt der Spezialität – die des BGB, wenn ein Handeln zu Zwecken des Wettbewerbs vorliegt; vielmehr ist jeweils zu prüfen, ob eine der Regelungen als erschöpfende und die anderen ausschließende Regelung der jeweiligen Teilfrage anzusehen ist (BGH aaO.). 16

b) Im Verhältnis des § 21 UWG zu § 823 Abs. 2 BGB ist dies bislang lediglich für zwei Fallgruppen bejaht worden: 17

---

23 RGZ 134, 335, 341; BGH GRUR 1974, 99, 100 = WRP 1974, 30 – Brünova; BGHZ 98, 77, 83; eingehend zur Verjährung fortgesetzter Handlungen Großkomm/*Messer*, § 21 UWG, Rdn. 21 u. 27–29.
24 Vgl. zum WZG BGH GRUR 1968, 367, 370 = WRP 1968, 193 – Corrida und *Baumbach/Hefermehl*, WZG, § 24 Rdn. 34; zum GWB BGH GRUR 1966, 344, 345 = WRP 1966, 270 – Glühlampenkartell.
25 Näher dazu Großkomm/*Messer*, § 21 UWG, Rdn. 38.
26 RGZ 149, 114, 117; BGHZ 36, 252, 254 f. – Gründerbildnis; BGH GRUR 1984, 820, 822 = WRP 1984, 678 f. – Intermarkt II.

aa) Wenn § 823 Abs. 2 BGB neben einer UWG-Norm nur deshalb anwendbar ist, weil diese zugleich ein Schutzgesetz im Sinne des § 823 Abs. 2 BGB darstellt[27];

bb) wenn § 823 Abs. 1 BGB neben einer UWG-Norm nur deshalb anwendbar ist, weil der Verstoß gegen diese zugleich einen Eingriff in den eingerichteten und ausgeübten Gewerbebetrieb (bzw. das Unternehmen) des Verletzten darstellt[28].

In beiden Fällen kommt nur die kurze Verjährungsfrist des § 21 UWG, nicht auch die längere des § 852 BGB in Betracht.

18   c) Dagegen werden die Vorschriften der §§ 824 und 826 BGB wegen ihrer besonderen, über die mehr objektiven Tatbestandsvoraussetzungen der Wettbewerbsregelungen hinausgehenden Unlauterkeitskriterien als selbständig neben den Wettbewerbsnormen anwendbar angesehen mit der Folge, daß Verstöße gegen diese Bestimmungen weiterhin auch die längere Verjährungsfrist des § 852 BGB in Gang setzen[29]. Begründet wird dies u. a. damit, daß der Verletzer bei Verstößen gegen diese Normen, die dem Schutz vor besonders verwerflichen Verhaltensweisen dienen, nicht deshalb privilegiert werden darf, weil er dabei in Wettbewerbsabsicht gehandelt hat (BGH aaO. – Gründerbildnis).

19   d) Bei Verstößen gegen das Warenzeichengesetz, für die in Ermangelung einer besonderen Regelung die deliktische Verjährungsfrist von 3 Jahren gilt, wird diese auch dann nicht durch § 21 UWG ausgeschlossen, wenn die Handlung zugleich gegen das UWG verstößt[30].

20   e) Im Urteil Intermarkt II hat der Bundesgerichtshof nun auch – und wiederum unter weitgehender Berufung auf das Corrida-Urteil aaO. – entschieden, daß § 21 UWG die längere Verjährungsfrist des § 852 BGB auch dann nicht ausschließt, wenn ein Anspruch außer aus § 16 UWG auch aus §§ 12, 823 BGB begründet ist[31].

21   f) Für die Frage, welche Verjährungsfrist eingreift, kommt es in keinem Falle darauf an, auf welche Rechtsnorm der Kläger seinen Anspruch stützt. Das Gericht hat unabhängig davon und von sich aus die in Betracht kommende Verjährungsvorschrift zu suchen und anzuwenden[32]. Der Kläger kann auch durch die ausdrückliche Erklärung,

---

27 RGZ 109, 272, 279; BGH GRUR 1959, 31, 34 = WRP 1958, 307 – Feuerzeug als Werbegeschenk m. w. N. zum Schrifttum; BGHZ 36, 252, 256 – Gründerbildnis; BGH GRUR 1974, 99, 100 = WRP 1974, 30 – Brünova; *Pastor,* in *Reimer,* S. 186, ebenfalls m. w. N. in Fn. 24; *Lindacher,* Grundfragen des Wettbewerbsrechts, BB 1975, 1311, 1312.

28 BGHZ 36, 252, 256 f. – Gründerbildnis; BGH GRUR 1964, 218, 219 = WRP 1964, 128 – Düngekalkhandel; GRUR 1974, 99, 100 = WRP 1974, 30 – Brünova; *Baumbach/Hefermehl,* § 21 UWG, Rdn. 6; Münchkomm/*Mertens,* § 852 BGB, Rdn. 53; ablehnend dagegen noch *Pastor,* in *Reimer,* S. 186 f.

29 RGZ 74, 434, 436; BGHZ 36, 252, 256 – Gründerbildnis; BGH GRUR 1964, 218, 220 = WRP 1964, 128 – Düngekalkhandel; GRUR 1974, 99, 100 = WRP 1974, 30 – Brünova; GRUR 1977, 539, 543 = WRP 1977, 332 – Prozeßrechner; MünchKomm/*Mertens,* § 852 BGB, Rdn. 53, will dies allerdings dann nicht gelten lassen, wenn der Verstoß »durch die Wettbewerbswidrigkeit geprägt« ist und nicht andere Sittenwidrigkeitselemente im Vordergrund stehen.

30 H. M.; vgl. BGH GRUR 1968, 367, 370 – Corrida; *Baumbach/Hefermehl,* WZG, § 11, Rdn. 34; aA. *Baumbach/Hefermehl,* § 21 UWG, Rdn. 9.

31 BGH GRUR 1984, 820, 822 f. = WRP 1984, 678 – Intermarkt II; Großkomm/*Messer,* § 21 UWG, Rdn. 44 f.; vgl. hierzu (näher) auch Großkomm/*Teplitzky,* § 16 UWG, Rdn. 525.

32 BGH GRUR 1974, 99, 100 = WRP 1974, 30 – Brünova; *Baumbach/Hefermehl,* § 21 UWG, Rdn. 6.

sich auf bestimmte Normen nicht stützen zu wollen, nicht bestimmen, welche Verjährungsfrist gegen ihn anzuwenden ist.

3. Die Frage der Anwendbarkeit des § 21 UWG auf den Unterwerfungsunterlassungsanspruch und auf den Anspruch auf Erstattung von Abmahnkosten.

Die Frage, welche Verjährungsfrist für den durch Unterwerfung begründeten Unterlassungsanspruch gelten soll, ist weitgehend ungeklärt. Seinem Wesen als vertraglicher Anspruch nach müßte er nach 30 Jahren – gerechnet ab erster Zuwiderhandlung – verjähren (so HdbWR/*Samwer*, § 75, Rdn. 15). Das LG Mannheim (GRUR 1987, 743, 744) hat dies – letztlich aber ohne Entscheidung – infrage gestellt, und zwar mit dem Hinweis darauf, daß es bei zusätzlichen Vereinbarungen über ein schon bestehendes Schuldverhältnis (wie bestätigenden Anerkenntnissen oder außergerichtlichen Vergleichen) nach h. M. bei der ursprünglichen Verjährungsfrist bleibe. Diese Erwägung kann hier schon deshalb nicht durchgreifen, weil die Unterwerfung jedenfalls durch Beseitigung der Wiederholungsgefahr den alten Unterlassungsanspruch (und damit die Grundlage für den ursprünglichen Verjährungstatbestand) untergehen läßt. Jedoch ist nach Sinn und Zweck der Unterwerfungsvereinbarung – Ersetzung eines gesetzlichen wettbewerblichen Anspruchs mit bekannt kurzer Verjährung – § 21 UWG wohl analog anwendbar. Der Normzweck dieser Vorschrift und die Interessenlage der Parteien rechtfertigen eine solche – verjährungsverkürzende und damit auch mit dem Rechtsgedanken des § 225 BGB vereinbare – Analogie. M. E. müssen hier weitgehend die gleichen Gesichtspunkte gelten, die die h. M. bewogen haben, den Anspruch auf Erstattung von Abmahnkosten – ungeachtet seiner Ableitung aus GoA und der für diese an sich geltenden 30jährigen Verjährungsfrist – analog § 21 UWG in sechs Monaten (bzw., wo § 21 UWG nicht eingreift, in drei Jahren) verjähren zu lassen (vgl. jetzt BGHZ 115, 210 = GRUR 1992, 176 = WRP 1992, 93, 94 f. – Abmahnkostenverjährung; KG NJW-RR 1991, 1520, 1521; Großkomm/*Messer*, § 21 Rdn. 14; Großkomm/*Kreft*, Vor § 13 UWG, C, Rdn. 189 f.; *Baumbach/Hefermehl*, § 21 UWG, Rdn. 9 u. 19; MünchKomm/*Seiler*, § 683 BGB, Rdn. 28; HdbWR/*Gloy*, § 63 Rdn. 41 u. HdbWR/*Samwer*, Nachtrag 1989, § 75 Anm. 2 auf S. 109; Ahrens/*Spätgens*, Streiterledigung, 2. Aufl., S. 185; *Wilke*, Abmahnung und Schutzschrift im gewerblichen Rechtsschutz, S. 78; *Faber*, WRP 1986, 371; AG Wiesloch BB 1983, 2071 mit zust. Anm. von *Schibel*).

Die danach auch für den vertraglichen Unterlassungsanspruch geltende kurze Verjährung läßt die dreißigjährige Frist, die für die Verjährung der verwirkten Vertragsstrafe gilt (vgl. BGH GRUR 1992, 61, 63 = WRP 1991, 654, 657 – Preisvergleichsliste u. Kap. 20, Rdn. 21), unberührt; ungeachtet der Akzessorietät der Vertragsstrafe sind unterschiedliche Verjährungsfristen möglich (insoweit zutreffend LG Mannheim GRUR 1987, 743, 744; vgl. auch RGRK/*Ballhaus*, § 339 BGB, Rdn. 14: wenn – wie dort ausgeführt – die bereits verwirkte Vertragsstrafe sogar vom nachträglichen Untergang der Hauptverbindlichkeit nicht mehr berührt wird, so muß das erst recht für die nachträglich eintretende Verjährung dieser Hauptverbindlichkeit gelten; denn die Verjährung läßt die Forderung selbst ja sogar bestehen).

IV. Die Wirkung der Verjährung

23 1. Die Frage der Verjährungswirkung wirft beim wettbewerblichen Unterlassungsanspruch dogmatische Probleme auf[33], über die sich die Praxis jedoch bislang – zugegebenermaßen ohne ganz überzeugenden Lösungsansatz, aber zum Wohle des Wettbewerbsschutzes – hinweggesetzt hat.

24 2. Nach § 222 BGB ist der Verpflichtete nach der Vollendung der Verjährung berechtigt, die Leistung zu verweigern.

Aus dieser Bestimmung wird zunächst ganz einhellig gefolgert, daß der Anspruch selbst bestehen bleibt, aber gegen die Einrede des Schuldners nicht mehr durchgesetzt werden kann[34].

25 Im übrigen würde ihre vorbehaltlose Anwendung auf den gesetzlichen Unterlassungsanspruch jedoch zu merkwürdigen Konsequenzen führen:

»Leistung« ist hier ein Unterlassen; ist der Schuldner nach § 222 Abs. 1 BGB aber berechtigt, dieses Unterlassen zu verweigern, so heißt das nichts anderes, als daß er in einer der ersten, den verjährten Anspruch begründenden Handlung entsprechenden Form weiter (zuwider-)handeln darf[35]. Dies verstößt jedoch gegen das allgemein verbindliche Verbot rechtswidriger Handlungen in den maßgeblichen Verbotsnormen, das durch § 222 Abs. 1 BGB nicht außer Kraft gesetzt werden soll und kann.

26 *Neu* (aaO.) sieht daher die Konsequenz des § 222 Abs. 1 BGB auch nur darin, daß die – an sich weiter unerlaubten – weiteren gleichartigen Zuwiderhandlungen ohne Sanktion bleiben, soweit der Verletzer sich auf die Verjährung beruft. Dem liegt die Vorstellung eines einzigen einheitlichen in die Zukunft gerichteten Unterlassungsanspruchs zugrunde, der durch die erste Handlung begründet wird und sich gegen alle nachfolgenden gleichartigen Handlungen richtet.

27 Dogmatisch mag dieser Ansatz vielleicht vertretbar sein[36], obwohl er im Widerspruch zum erklärten Willen des historischen Gesetzgebers steht[37]; seine praktischen Folgen wären – entgegen der durch ein verharmlosendes Beispiel unzureichend belegten Meinung von *Neu*, aaO., – unerträglich[38].

---

33 Vgl. dazu *Neu*, aaO., S. 347 ff.; vgl. auch Großkomm/*Messer*, § 21 UWG, Rdn. 72.
34 BGH LM BGB § 222 Nr. 8; BGH NJW 1983, 392; Großkomm/*Messer*, § 21 UWG, Rdn. 71; *Jauernig*, BGB, § 194, Anm. 1 c.
35 *Pastor*, in *Reimer*, S. 187 f.; *Neu*, aaO., S. 349, beide jedoch mit ganz unterschiedlichen Schlußfolgerungen.
36 Zustimmend – allerdings modifizierend und die nachteiligen Konsequenzen begrenzend – auch Großkomm/*Messer*, § 21 UWG, Rdn. 72.
37 Bereits in der Begründung zu § 11 des Entwurfs des UWG a. F. heißt es (zitiert nach RGZ 80, 436, 438): »Es bedarf nicht des besonderen Ausdrucks, daß jede wiederholte Zuwiderhandlung einen neuen Anspruch erzeugt, der einer besonderen Verjährung unterliegt.«
38 Seine Auswirkungen würden sich – was *Neu* nicht erörtert – keineswegs auf Verletzungsfälle nach Verjährungseintritt beschränken, sondern auch dazu führen, daß Wiederholungshandlungen in unverjährter Zeit nicht anspruchsbegründend wirken könnten; denn ein bestehender Anspruch kann nicht erneut zur Entstehung gebracht werden. Das hätte die Konsequenz, daß alle gleichartigen Folgehandlungen ebenfalls keine selbständigen Verjährungsfristen begründen könnten und maßgeblich allein der Lauf der durch die erste Handlung in Gang gesetzten Frist bleiben müßte. – Dem Beispiel von *Neu*, aaO., lassen sich auch ganz andere Fallgestaltungen gegenüberstellen, die die möglichen Ergebnisse deutlicher werden lassen: Eine die Allgemein-

Mit Recht geht die wettbewerbliche Praxis daher durchweg – wenngleich teils ohne, teils mit unterschiedlichen[39] Begründungen – davon aus, daß jede selbständige Verletzungshandlung – mag sie auch die identische Wiederholung vorangegangener Handlungen darstellen – einen neuen eigenständigen Tatbestand mit entsprechenden Anspruchsfolgen, insbesondere einer eigenen Verjährungsfrist, schafft, und zwar sowohl dann, wenn sie begangen wird, als auch dann, wenn sie in einer Weise drohend bevorsteht, die – über die Erstbegehungsgefahr – einen vorbeugenden Unterlassungsanspruch begründen kann[40]. Nach dieser – ganz herrschenden – Meinung berechtigen auch Zuwiderhandlungen oder Begehungsdrohungen nach Verjährungseintritt den Unterlassungsgläubiger, gegen den Verletzer aus diesem neuen unverjährten Verstoß vorzugehen.

4. Die praktische Bedeutung der Verjährungswirkung liegt daher auf anderen Gebieten:

a) Der Verjährungseintritt schließt ein erfolgreiches Vorgehen gegen den Schuldner aufgrund des verjährten Anspruchs für den Regelfall aus[41]. Der Gläubiger kann gegen die Einrede[42] des Schuldners über den verjährten Anspruch keinen Titel erwirken und einen bereits titulierten Anspruch nach Ablauf der Verjährungsfrist des § 218 BGB (vgl. dazu Rdn. 4 mit Fn. 9) nicht mehr vollstrecken.

---

heit irreführende, breit angelegte und weithin Aufsehen erregende Werbung wird durch einen Verband sofort durch einstweilige Verfügung unterbunden, worüber die Presse berichtet. Die Mitbewerber und anderen Verbände halten die Angelegenheit damit für erledigt. Der Verfügungsgläubiger versäumt es – was aus vielen Gründen vorkommen kann, insbesondere, wenn der Verletzer während dieser Zeit stillhält –, innerhalb der 6-Monats-Frist des § 21 UWG entweder den Verfügungstitel unangreifbar zu machen oder Hauptsacheklage zu erheben, mit der Folge, daß der aus der ersten Handlung resultierende Unterlassungsanspruch verjährt, und zwar nicht nur – was *Neu* vernachlässigt – gegenüber dem Verfügungsgläubiger, sondern gegenüber der Gesamtheit der (durch Presse u. a.) über die erste Verletzungshandlung und über ihre Unterbindung informierten Kreise. Nach *Neu* darf nun der Verletzer seine irreführenden Handlungen ungehindert fortsetzen, sofern sich nicht doch noch mit Mühe irgendein zufällig uninformiert gebliebener Konkurrent oder Wettbewerbsverein finden und zum Vorgehen motivieren läßt. Daß ein solches Ergebnis praktischen Bedürfnissen und den Rechtsschutzzielen des UWG in keiner Weise entspricht, dürfte auf der Hand liegen.

39 Vgl. einerseits *Rogge,* GRUR 1963, 345, 346, andererseits *Borck,* WRP 1978, 519 ff. und WRP 1979, 341, 344. Das Reichsgericht (RGZ 49, 20, 22 und 80, 436, 438) stützt sich auf die bereits in Fn. 37 zitierte Begründung zum Entwurf des UWG a. F.
40 RGZ 49, 20, 22; 80, 436, 438; BGH in st. Rspr., vgl. zuletzt GRUR 1984, 820, 822 = WRP 1984, 678 – Intermarkt II und BGH GRUR 1987, 125, 126 = WRP 1987, 169 – Berührung; OLG Düsseldorf WRP 1978, 727, 729; OLG Hamburg WRP 1980, 629, 630; Großkomm/*Messer,* § 21 UWG, Rdn. 72; *Baumbach/Hefermehl,* § 21 UWG, Rdn. 11; *Ahrens,* S. 30 f. mit Fn. 80, 81; *Rogge* und *Borck,* aaO.
41 *Borck,* WRP 1979, 341, 343; Ausnahmen können sich nur aus dem Schuldnerverhalten ergeben: Der Schuldner übersieht z. B. die eingetretene Verjährung oder beruft sich aus anderen Gründen nicht darauf.
42 Eine entsprechende Einrede muß allerdings erhoben werden, jedoch – wie der BGH jüngst (NJW 1990, 326) bekräftigt hat – nur ein einziges Mal; Wiederholungen – etwa in der Rechtsmittelinstanz – sind nicht erforderlich. Ist die Einrede bis zum Ende der Tatsacheninstanzen erhoben, so kann ein Verjährungseintritt, dessen tatsächliche Voraussetzungen festgestellt oder unstreitig sind, auch dann berücksichtigt werden, wenn er erst im Laufe des Revisionsverfahrens erfolgt (BGH NJW 1990, 2754, 2755).

31 b) Als weitere Wirkung des Verjährungseintritts wird angesehen, daß die dem verjährten Anspruch zugrunde liegende Verletzungshandlung nicht ausreicht, um eine Begehungsgefahr für gleichartige Verstöße und damit einen vorbeugenden Unterlassungsanspruch zu begründen[43]. Dem ist zuzustimmen, da § 21 UWG weitgehend gegenstandslos würde, wenn man die im Wettbewerbsrecht sonst grundsätzlich geltende Vermutungswirkung (Wiederholungsgefahr aufgrund begangener Handlung) auch einer verjährten Tat zuschriebe. Bestünde bei einer von der verjährten Tat ausgehenden Wiederholungsgefahr stets zugleich eine Begehungsgefahr für eine vorbeugende Unterlassungsklage, so wäre § 21 UWG damit seiner Schutzfunktion weitgehend entkleidet.

32 Daher muß, wer gegen den Schuldner eines verjährten Anspruchs (bei erhobener Verjährungseinrede) vorgehen will, entweder einen neuen Verstoß oder – unabhängig von der dem verjährten Anspruch zugrunde liegenden Handlung – Voraussetzungen einer Erstbegehungsgefahr (also Berühmung o. ä.[44]) dartun. Auf die (verjährte) Tat allein kann er sich zur Begründung der Begehungsgefahr nicht berufen (so auch die in Fn. 43 belegten Gerichte u. Autoren).

V. Die Unterbrechung der Verjährung

33 Die Unterbrechung der Verjährung eines wettbewerblichen Unterlassungsanspruchs richtet sich nach den Vorschriften der §§ 208 ff. BGB.

34 1. Nach § 208 BGB wird die Verjährung unterbrochen, wenn der Verpflichtete (Verletzer) dem Berechtigten (Unterlassungsgläubiger) gegenüber den Unterlassungsanspruch »durch Abschlagszahlungen ... oder in anderer Weise anerkennt«.

35 Die Besonderheiten des Unterlassungsanspruchs führen nicht zu einer erweiterten Anwendung dieser Vorschrift. Zwar wird dann, wenn einer (gesetzlichen oder vertraglichen) Unterlassungsverpflichtung nicht zuwider gehandelt wird, der Anspruch erfüllt. Darin liegt aber noch kein »Anerkenntnis« i. S. des § 208 BGB oder im Hinblick auf § 362 BGB etwa ein »vertragliches Anerkenntnis« (§ 222 Abs. 2 BGB). Auch stellt die Erfüllung in Vergangenheit und Gegenwart keine »Abschlagszahlung« auf die in die Zukunft andauernde Verpflichtung dar. Ein die Verjährung unterbrechendes Anerkenntnis kann dementsprechend nicht bereits beim Fehlen einer Zuwiderhandlung, sondern nur beim Vorliegen einer nach außen in Erscheinung tretenden und ausdrücklich auf eine Anerkennung gerichteten Willenserklärung angenommen werden[45].

---

43 BGH GRUR 1987, 125, 126 = WRP 1987, 169 – Berühmung; BGH GRUR 1988, 313 = WRP 1988, 359 – Auto F. GmbH; OLG Hamburg WRP 1979, 140, 141 und 1981, 469, 470; OLG Frankfurt WRP 1979, 469, 471; OLG Karlsruhe WRP 1984, 634 f.; OLG Koblenz WRP 1986, 114, 115; *Baumbach/Hefermehl*, § 21 UWG, Rdn. 11; ebenso auch *Rogge*, GRUR 1963, 345, 346; die Ablehnung seiner Meinung durch *Baumbach/Hefermehl* aaO. kann nur auf einem Mißverständnis beruhen; im Ergebnis sagen beide Autoren das gleiche.

44 OLG Frankfurt WRP 1979, 469, 471; vgl. auch die weiteren Rechtsprechungsnachweise vorstehend in Fn. 34; bedenklich weitgehend dazu *Traub*, WRP 1979, 186, 187; gegen ihn auch *Traumann*, DB 1986, 262 f.

45 Etwa durch eine Unterwerfungserklärung, deren Strafgeldbewehrung für die Beseitigung der Wiederholungsgefahr nicht hoch genug ist (vgl. KG GRUR 1990, 546, 547 – Verjährungsunterbrechung); jedoch stets nur bei Anerkennung des Anspruchs im ganzen; so genügt z. B. die

2. Im vorprozessualen Verfahren wird ein wettbewerblicher Unterlassungsanspruch 36
durch eine Abmahnung noch nicht unterbrochen, wohl aber kraft ausdrücklicher Gesetzesbestimmung durch die Anrufung einer Einigungsstelle (§ 27 a Abs. 9 UWG), jedoch entgegen h. M. (vgl. Kap. 42, Rdn. 47 mit Fn. 71) nur dann, wenn diese durch den Gläubiger erfolgt (dazu näher m. w. N. Kap. 42, Rdn. 47). Anrufung einer unzuständigen Einigungsstelle hindert die Unterbrechung (jedenfalls zunächst) nicht (vgl. Kap. 42 aaO. mit Fn. 70). Wird der Antrag wieder zurückgenommen, wird die Unterbrechung hinfällig (§ 27 a Abs. 9 Satz 5 UWG; näher dazu und zu anderen Gründen für das Ende der Unterbrechung Kap. 42, Rdn. 48).

3. a) Gemäß § 209 Abs. 1 BGB wird die Verjährung durch Erhebung der dort ge- 37
nannten Klagen unterbrochen. Klageerhebung bedeutet nicht nur Einreichung (Anhängigmachen) der Klage, sondern auch deren Zustellung an den Beklagten (Rechtshängigkeit; aA. insoweit allerdings neuestens *Addicks*, MDR 1992, 331 f.) Die §§ 207 Abs. 1, 270 Abs. 3 ZPO (Rückwirkung bei »demnächst« erfolgender Zustellung[46]) sind ebenso anwendbar wie die allgemeinen Grundsätze über die Wirkung bzw. Heilung von Zustellungsmängeln[47]. Auch eine unzulässige Klage – etwa die statt der gebotenen Unterlassungsklage ohne Rechtsschutzbedürfnis erhobene Klage auf Feststellung des Bestehens eines Unterlassungsanspruchs oder eine beim unzuständigen Gericht erhobene Klage – unterbricht – entsprechend dem in § 212 Abs. 1, 2. Alternat. BGB zum Ausdruck gebrachten Rechtsgedanken die Verjährung. Dagegen genügt die Einreichung eines Gesuchs um Prozeßkostenhilfe ohne gleichzeitige Klageerhebung nicht zur Unterbrechung[48]. Bei gleichzeitiger Einreichung einer Klage kann jedoch die Zustellung bis nach der Entscheidung über das Prozeßkostenhilfegesuch aufgeschoben werden, ohne daß sie den Charakter einer »demnächst« erfolgten Zustellung i. S. der §§ 207, 270 ZPO verliert[49].

b) Die Unterbrechung tritt nur hinsichtlich des rechtshängig gemachten An- 38
spruchs(-teils) ein[50]. Für den Unterlassungsanspruch bedeutet dies, daß die gegen eine konkrete Verletzungsform allein gerichtete Klage die Verjährung weitergehender Verbotsansprüche, die aufgrund der Verletzungshandlung geltend gemacht werden könnten, nicht unterbricht. Die Unterlassungsklage unterbricht auch nicht die Verjährung der aus derselben Verletzungshandlung erwachsenen Beseitigungs-, Auskunfts-, Rech-

---

Anerkennung der Zuwiderhandlung nicht, wenn gleichzeitig die (Anspruchsvoraussetzung) Wiederholungsgefahr bestritten wird (OLG Koblenz GRUR 1985, 388).
46 Zu den hierfür geltenden Maßstäben vgl. BGHZ 69, 361, 363; 86, 314, 323 und BGH NJW 1986, 1347 sowie die Ausführungen und umfangreichen weiteren Nachweise bei *Baumbach/Lauterbach/Hartmann*, § 270 ZPO, Anm. 4 D; für strengere (als die normalen) Maßstäbe im Wettbewerbsrecht OLG Düsseldorf WRP 1987, 113; ablehnend dazu (zutreffend) *Müller* in Anm. WRP 1987, 470 f.
47 Vgl. *Baumbach/Lauterbach/Hartmann*, § 253 ZPO, Anm. 2 C m. w. N.
48 Wohl aber für eine Fristhemmung; vgl. BGHZ 75, 235 ff. und nachfolgend Rdn. 50.
49 BGH VersR 1977, 666; vgl. weiter *Baumbach/Lauterbach/Hartmann*, § 270 ZPO, Anm. 4 B.
50 H. M.; vgl. BGH GRUR 1990, 221, 223 – Forschungskosten, insoweit in BGHZ 107, 117 nicht abgedruckt; Großkomm/*Messer*, § 21 UWG, Rdn. 55; *Palandt/Heinrichs*, § 209 BGB, Rdn. 13 m. w. N.

nungslegungs- und Schadensersatzansprüche[51], ebenso wie umgekehrt Klagen zur Durchsetzung dieser Ansprüche keine Unterbrechung der Verjährung des Unterlassungsanspruchs bewirken können.

39   c) Keine Unterbrechungswirkung zeitigt auch die Verteidigung gegen eine negative Feststellungsklage[52].

40   d) Eine analoge Anwendung des § 209 Abs. 1 BGB auf die im Wettbewerbsrecht außerordentlich häufigen Anträge auf Erlaß einstweiliger (Unterlassungs-)Verfügungen wird von der herrschenden Meinung abgelehnt[53]. Entgegen einer Mindermeinung[54] erscheint dies nach dem Sinn der Verjährung berechtigt: Sie soll den Schuldner vor der durch Zeitablauf zu befürchtenden Beweisnot bewahren. Damit ist eine Unterbrechung durch ein Klageverfahren vereinbar, weil es zur Klärung und (endgültigen) Festlegung der maßgeblichen Tatsachen führt. Dagegen bringt das Verfügungsverfahren wegen der geringeren Beweisanforderungen keine endgültige tatsächliche Klärung. Wollte man ihm eine Unterbrechungswirkung beimessen, bliebe der Schuldner länger als nach den Fristvorstellungen des Gesetzgebers einer – im Tatsächlichen ungeklärten – Anspruchsdrohung ausgesetzt; der Zweck der Verjährungsfrist würde also verfehlt[55].

41   Der Hinweis *Pastors* (S. 289) auf die Unterbrechungswirkung des Verfahrens vor der Einigungsstelle[56] verfängt demgegenüber nicht, weil die unterschiedliche Zielsetzung des Einigungsverfahrens – gütliche Einigung statt Unterlassungserzwingung – sowie insbesondere die hier viel weitergehende Möglichkeit des Schuldners, auf die Verfahrensdauer Einfluß zu nehmen (es endet, sobald er den Einigungsvorschlag nicht annimmt), einer Gleichsetzung mit dem Verfügungsverfahren entgegenstehen.

42   4. Von den in § 209 Abs. 2 BGB genannten weiteren Unterbrechungsgründen kommt im wettbewerblichen Unterlassungsrecht – abgesehen von der weitgehend theoretischen Anwendungsmöglichkeit der Nr. 2 (Anspruchsanmeldung im Konkurs) und Nr. 4 (Streitverkündung) – ernstlich nur der Fall der Nr. 5 (Unterbrechung durch Vollstreckungshandlungen) in Betracht. Maßnahmen der Zwangsvollstreckung gem. § 890 ZPO – also beispielsweise der Antrag auf Festsetzung eines Ordnungsgeldes – unterbrechen nach dieser Vorschrift die Verjährung, und zwar gleichgültig, aufgrund welchen Titels sie erfolgen.

---

51 BGH GRUR 1974, 99, 101 = WRP 1974, 30 – Brünova; GRUR 1984, 820, 822 = WRP 1984, 678 – Intermarkt II; Großkomm/*Messer*, § 21 UWG, Rdn. 56.
52 RGZ 153, 375, 380; BGHZ 72, 23; BGH NJW 1983, 392.
53 OLG Düsseldorf WRP 1974, 481; OLG Hamm WRP 1977, 39 und 345; *Baumbach/Hefermehl*, § 21 UWG, Rdn. 1; *Palandt/Heinrichs*, § 209 BGB, Rdn. 23. Der BGH (GRUR 1979, 121 = WRP 1979, 883 – Verjährungsunterbrechung) sowie *v. Gamm*, UWG, § 21, Rdn. 9, gehen stillschweigend von der Unzulässigkeit einer solchen Analogie aus; vgl. im einzelnen *Teplitzky*, GRUR 1984, 307 f.
54 *Pastor*, S. 289 und in Reimer, S. 189 f.; *Dittmar*, GRUR 1979, 288, 289.
55 Dies vernachlässigt *Neu*, der es (aaO., S. 346) »als de lege ferenda wünschenswert« bezeichnet, der Unterlassungsverfügung verjährungsunterbrechende Wirkung beizulegen.
56 Vgl. dazu Kap. 42; zur Unterbrechungswirkung nachfolgend Rdn. 48 und Großkomm/*Messer*, § 21 UWG, Rdn. 51.

16. Kapitel Die Verjährung des Unterlassungsanspruchs

Bei der einstweiligen Verfügung, die hier unstreitig auch als Vollstreckungstitel in Betracht kommt[57], besteht jedoch Streit darüber, was bereits als »Vornahme einer Vollstreckungshandlung« i. S. des § 209 Abs. 2 Nr. 5 BGB anzusehen ist.

Im Hinblick darauf, daß echte Vollstreckungshandlungen bei Unterlassungstiteln vor Begehung einer Zuwiderhandlung nicht in Betracht kommen und daher bei der einstweiligen Verfügung die für den Bestand unerläßliche »Vollziehung« (§ 929 Abs. 2 ZPO) von der herrschenden Meinung bereits in der Parteizustellung des Unterlassungstitels gesehen wird[58], soll nach einer Mindermeinung diese Zustellung einem Vollstreckungsakt i. S. des § 209 Abs. 2 BGB – in analoger Anwendung – jedenfalls dann gleichzusetzen sein, wenn die zugestellte Verfügung schon eine Ordnungsmittelandrohung enthält[59]. *Horn* (aaO.) sieht einen wesentlichen Grund für diese Gleichsetzung darin, daß gem. § 945 ZPO die dem Gläubiger nachteilige Schadensersatzfolge ebenfalls bereits aus der Vollziehung erwachsen könne; er hält es für unbillig, bei der Verjährungsunterbrechung zugunsten des Gläubigers den gleichen Anknüpfungspunkt nicht als ausreichend anzusehen.

Der Bundesgerichtshof hat die entsprechende Anwendung des § 209 Abs. 2 Nr. 5 BGB mehrfach abgelehnt[60]. Die unerfreulichen Konsequenzen dieser Entscheidung sind bereits eingehend aufgezeigt worden[61]. Trotzdem wird man den Urteilen jedenfalls im Ergebnis zustimmen können[62]. Zwar erscheinen die Ausführungen in der Verjährungsunterbrechungs-Entscheidung zum angeblichen Unterschied zwischen einer Ordnungsmittelandrohung zugleich mit dem Verfügungsbeschluß einerseits und einer nachträglichen Androhung auf einen gesonderten Antrag hin auf den ersten Blick recht formal und wenig überzeugend, da ein Übergang der Praxis vom gleichzeitigen Androhungsantrag zu einem unmittelbar auf den Verfügungserlaß nachfolgenden Antrag[63] die Künstlichkeit der Unterscheidung schnell offenbar werden ließe; (ähnlich *Traub*, aaO., S. 186).

Die Begründung des Bundesgerichtshofs findet ihre Rechtfertigung m. E. jedoch darin, daß schon die Anerkennung einer nachträglichen Ordnungsmittelandrohung als Vollstreckungsmaßnahme i. S. des § 209 Abs. 2 Nr. 5 BGB nicht unproblematisch ist, weil sie über die ratio legis hinausgeht: Normalerweise bietet der Schuldner eines An-

---

57 Vgl. BGH GRUR 1981, 447, 448 – Abschlußschreiben; *Jauernig*, BGB, §§ 208–217, Anm. 3 g).
58 Vgl. dazu (eingehend) Kap. 55, Rdn. 37 ff. sowie zum Meinungsstand OLG Koblenz GRUR 1980, 70 und 1022; OLG Karlsruhe WRP 1982, 44; eingehend dazu auch *Pastor*, S. 429 ff. und *Borck*, WRP 1977, 556, 559 ff.
59 OLG Hamm, NJW 1977, 2319; *Horn* in Anm. zu BGH GRUR 1979, 121 – Verjährungsunterbrechung – auf S. 122 m. w. N.; *Palandt/Heinrichs*, § 209 BGB, Rdn. 22.
60 BGH GRUR 1979, 121 = WRP 1979, 883 – Verjährungsunterbrechung; BGH GRUR 1981, 447, 448 – Abschlußschreiben.
61 Vgl. *Horn*, GRUR 1979, 122; *Traub*, WRP 1979, 186 und *Dittmar*, GRUR 1979, 288.
62 Vgl. im einzelnen dazu *Teplitzky*, GRUR 1984, 307 f.; unabhängig davon wird die Praxis sich – worauf *Traub*, aaO., u. *Nordemann*, Rdn. 592, mit Recht hinweisen – auf die Entscheidung einstellen müssen.
63 Ob einem solchen generell und erfolgreich damit begegnet werden könnte, daß man einen Verfügungsantrag ohne Ordnungsmittelandrohung als nicht hinreichend dringlich (oder zumindest nicht als »besonders« dringlich i. S. des § 937 Abs. 2 ZPO) ansähe, erscheint zumindest zweifelhaft.

spruchs (durch Nichterfüllung) Anlaß zu Vollstreckungsmaßnahmen; dies rechtfertigt es, diesen Maßnahmen eine Unterbrechungswirkung beizumessen. Bei Unterlassungsansprüchen erfüllt der Schuldner jedoch, solange er nichts tut, er provoziert also – abgesehen von den Fällen, in denen der Gläubiger von einer unmittelbar bevorstehenden Zuwiderhandlung erfährt – keine Vollstreckungsmaßnahme, eigentlich also auch keine Ordnungsmittelandrohung. Erscheint danach letztere generell schon als fragwürdiges, weil normzweckwidriges Unterbrechungsmittel, so erst recht dann – und dies rechtfertigt m. E. die Entscheidung des Bundesgerichtshofes –, wenn sie ganz schematisch und generell schon beim Erlaß der Verfügung ausgesprochen wird.

47 Auch die negativen Konsequenzen, die von den Kritikern aufgezeigt worden sind, dürften bei verständigem Parteiverhalten (etwa durch Verjährungshemmungsvereinbarungen für die Dauer des Verfügungsverfahrens in geeigneten Fällen, durch Abschlußschreiben o. ä.) in Grenzen zu halten sein[64].

VI. Die Hemmung der Verjährung

48 Auch für den Unterlassungsanspruch gelten die §§ 202–207 BGB.
49 1. Von größerer praktischer Bedeutung ist davon zunächst § 202 Abs. 1 BGB, der die Möglichkeit eröffnet, über die Vereinbarung eines vorübergehenden Leistungsverweigerungsrechts des Schuldners (pactum de non petendo) den Verjährungsablauf zu hemmen[65].
50 2. Eine weitere für die allgemeine Rechtspraxis wichtige Hemmungsmöglichkeit hat die Rechtsprechung aus § 203 Abs. 2 BGB für arme Prozeßparteien entwickelt: Durch einen vollständigen, mit allen Unterlagen versehenen und nicht etwa mutwillig von einer erkennbar wohlhabenden Partei gestellten Prozeßkostenhilfeantrag wird die Verjährungsfrist bis nach Entscheidung über das Gesuch gehemmt, und zwar seit einem am 19. 1. 1978 verkündeten Urteil des Bundesgerichtshofs, in dem die früher vertretene engere Auffassung aufgegeben worden ist, selbst dann, wenn der Antrag erst am letzten Tag der Frist eingereicht wird[66].

Für den wettbewerblichen Unterlassungsanspruch wird dies jedoch deswegen selten unmittelbar praktisch werden, weil i. S. der Prozeßkostenhilfevorschriften arme Parteien hier selten als Kläger auftreten.

51 3. Es könnte sich jedoch die Frage stellen, ob die Grundsätze der zitierten BGH-Entscheidung nicht entsprechend auf den Streitwertermäßigungsantrag gem. § 23 b UWG anzuwenden sind. Dies scheidet m. E. jedoch schon deshalb aus, weil der Streitwertermäßigungsantrag i. S. dieser Vorschrift – anders als der Prozeßkostenhilfeantrag –

---

64 Darauf weist *Traub,* aaO., S. 187, mit Recht hin; dagegen dürften seine an gleicher Stelle angestellten Erwägungen zur Gefahr einer erneuten (Erst-)Begehung nur in den echten Berühmungsfällen greifen; vgl. vorstehend Rdn. 31, 32. Im einzelnen dazu – auch zu den Bedenken *Borcks* (WRP 1979, 347, 349) gegen die Wirksamkeit von Hemmungsvereinbarungen (§ 225 BGB) – *Teplitzky,* GRUR 1984, 307, 308.
65 Vgl. dazu näher Großkomm/*Messer,* § 21 UWG, Rdn. 46 mit Nachw. in Fn. 58 u. Rdn. 47.
66 BGHZ 70, 235 ff.; zur Notwendigkeit der zügigen Förderung des Prozeßkostenhilfeverfahrens (unverzügliche Rechtsmitteleinlegung gegen eine die Klage abweisende Entscheidung) vgl. BGH NJW-RR 1991, 573, 574.

16. Kapitel Die Verjährung des Unterlassungsanspruchs 52–56 **16**

überhaupt nicht vor Klageerhebung gestellt werden kann (*Teplitzky,* aaO., S. 309). Die Rechtsprechung hat hierüber – soweit ersichtlich – noch nicht entschieden.

4. Fragen, zu denen die Rechtsprechung ebenfalls noch nicht Stellung genommen 52 hat, wirft auch die seit dem 1. 1. 1978 gültige Vorschrift des § 852 Abs. 2 BGB (Hemmung durch Vergleichsverhandlung) auf.

Daß die Bestimmung – entgegen ihrem Wortlaut ebenso wie § 852 BGB im übri- 53 gen – nicht nur für die deliktischen Schadensersatzansprüche, sondern auch für Unterlassungsansprüche gilt, dürfte allerdings kaum zweifelhaft sein. Dagegen ist fragwürdig, ob sie nicht unmittelbar (oder zumindest analog) auch im Rahmen des § 21 UWG (und der Parallelvorschriften der Zugabeverordnung und des Rabattgesetzes) anwendbar ist, die ihrerseits keine entsprechende Regelung enthalten.

Die Frage hat nicht nur akademische Bedeutung. Zwar kann dem Schuldner, der sich 54 auf einen durch Vergleichsverhandlungen erreichten Verjährungsablauf beruft, meist die exceptio doli entgegengesetzt werden. Der Erfolg eines solchen Treu- und Glaubenseinwands ist jedoch wegen der damit verbundenen abwägenden Wertungen oft schwer vorhersehbar, und außerdem ist arglistig sicher nur die Verjährungseinrede gegenüber einer unmittelbar nach Abschluß von Vergleichsverhandlungen erhobenen Klage, während bei einer echten Hemmung der Gläubiger nach dem Ende der Vergleichsverhandlungen in Ruhe noch den Ablauf der gesamten Restfrist, u. U. also mehrere Monate, abwarten könnte.

M. E. ist die Frage auch bereits i. S. einer unmittelbaren Gültigkeit der Vorschrift 55 auch für die wettbewerbsrechtliche Verjährung zu bejahen[67]. Denn die Spezialnormen des Wettbewerbsrechts verdrängen die für Delikte generell – also grundsätzlich auch für die gleichfalls deliktischen Wettbewerbsverstöße – geltende Vorschrift des § 852 BGB nur insoweit, als sie eigene Regelungen treffen, also insbesondere hinsichtlich des Beginns und der Dauer der Verjährungsfrist. Außerhalb ihres besonderen Regelungsbereichs bleibt es bei der Anwendbarkeit der Grundnorm[68], so daß § 852 Abs. 2 BGB auch im Wettbewerbsrecht uneingeschränkt gilt (vgl. *Teplitzky,* GRUR 1984, 307, 308).

Zur Anwendung der Vorschrift für die Dauer eines Einigungsverfahrens nach § 27 a 56 UWG, wenn dieses als Folge der Anrufung durch den Schuldner die Verjährung nicht unterbrochen hat (dazu näher Kap. 42, Rdn. 46), vgl. Kap. 42, Rdn. 48.

---

67 So jetzt auch Großkomm/*Messer,* § 21 UWG, Rdn. 49, u. *Baumbach/Hefermehl,* § 21 UWG, Rdn. 2.
68 Dies wird beispielsweise auch hinsichtlich der Wirksamkeit der Bestimmung des § 852 Abs. 3 BGB (Herausgabe des Erlangten auch nach Verjährungseintritt) im Wettbewerbsrecht nicht in Frage gestellt (vgl. *Baumbach/Hefermehl,* § 21 UWG, Rdn. 2).

17. Kapitel   Die Verwirkung des Unterlassungsanspruchs

Literatur: *v. Gamm,* Die Unterlassungsklage gegen Firmenmißbrauch, Festschrift für *W. Stimpel,* 1985, S. 1007; *Harmsen,* Der Besitzstand im Wettbewerbs- und Warenzeichenrecht in seinen verschiedenen Erscheinungsformen und Anforderungen an den Bekanntheitsgrad, GRUR 1968, 503; *Kisch,* Besitzstand und Verwirkung, 1941; *Klaka,* Zur Verwirkung im gewerblichen Rechtsschutz, GRUR 1970, 265; *Kleine,* Zum Einwand der Verwirkung, insbesondere im Wettbewerbs- und im Urheberrecht, JZ 1951, 9; *Lehmann, H.,* Zur Lehre von der Verwirkung, JW 1936, 21, 93; *Neu,* Die neuere Rechtsprechung zur Verwirkung im Wettbewerbs- und Warenzeichenrecht, 1984; *Schütz,* Zur Verwirkung von Unterlassungsansprüchen aus § 3 UWG, GRUR 1982, 526; *Siebert,* Verwirkung und Unzulässigkeit der Rechtsausübung, 1934; *Tegtmeyer,* Geltungsbereich des Verwirkungsgedankens, AcP 142 (1936), S. 203; *Teplitzky,* Die jüngste Rechtsprechung des Bundesgerichtshofs zum wettbewerblichen Anspruchs- und Verfahrensrecht, GRUR 1989, 461.

Inhaltsübersicht

	Rdn.		Rdn.
I. Wesen und Rechtsgrundlage	1, 2	III. Die Grenzen der Verwirkung	18–25
II. Die Voraussetzungen der Verwirkung	3–17	1. Wirkung inter partes	18
1. Die Dauer der Untätigkeit und der Duldungsanschein	4–8	2. Belange der Öffentlichkeit und Interessenabwägung	19–25
2. Der schutzwürdige Besitzstand	9–17		

I. Wesen und Rechtsgrundlage

1   Die Verwirkung – nach herrschender Meinung eine (u. U. nur zeitweilige) Ausübungssperre oder inhaltliche Begrenzung eines (weiter) bestehenden Anspruchs[1] – hat im

---

[1] So BGHZ 67, 56, 68 – Schmalfilmrechte; Großkomm/*Köhler,* Vor § 13 UWG, B, Rdn. 456; *Schütz,* GRUR 1982, 526, 528 jeweils m. w. N. u. *Teplitzky,* GRUR 1989, 461, 462. Die von *Schütz* geäußerten Bedenken gegen die »vorübergehende Wirkung« sind unbegründet, da Voraussetzungen des Verwirkungseinwands – etwa ein zwischenzeitlich gewonnener, aber wieder verlorengegangener Besitzstand, vgl. RG GRUR 1935, 577 – Venezia, – nachträglich entfallen können und der Anspruch dann wieder voll durchsetzbar sein muß. Dies läßt auch deutlich werden, daß die Konstruktion des Verwirkungseinwands als rechtsvernichtend (vgl. die Nachweise bei *Schütz,* aaO.,) der Interessenlage nicht gerecht werden kann.

Wettbewerbsrecht erhebliche Bedeutung gewonnen[2]. Sie wird auch hier – wie auf allen anderen Rechtsgebieten (vgl. RGZ 155, 148, 151 f.) – aus Treu und Glauben (§ 242 BGB) abgeleitet; die h. M. sieht in ihr mit Recht einen Fall der unzulässigen Rechtsausübung in der Form des »venire contra factum proprium«[3]. Die (Wieder-)»Ansiedlung«[4] unmittelbar bei § 1 UWG brächte mehr Probleme als Vorteile und erscheint mir daher nicht nur – was auch ihr Befürworter *Neu* (S. 40) erkennt – aussichtslos, sondern überflüssig.

Als Rechtsfolge aus § 242 BGB ist die Verwirkung in jeder Lage des Verfahrens vom Gericht zu beachten, ohne daß der Anspruchsgegner sich auf ihr Vorliegen zu berufen braucht[5]; die Voraussetzungstatsachen müssen aber selbstverständlich von den Parteien vorgetragen sein.

II. Die Voraussetzungen der Verwirkung

Die Verwirkung setzt ein längeres Untätigbleiben des Anspruchsberechtigten, ein dadurch verursachtes Vertrauen des Anspruchsgegners sowie einen als Folge dieser Voraussetzungen entstandenen schutzwürdigen Besitzstand des Anspruchsgegners voraus. Dabei handelt es sich nicht um isoliert zu betrachtende, scharf voneinander abgrenzbare Tatbestandsmerkmale; vielmehr sind nach heute gefestigter Rechtsprechung und herrschender Meinung alle Voraussetzungen in einer Gesamtwürdigung – unter Berücksichtigung auch aller sonstigen für eine Bewertung verspäteter Verletzungsansprüche als unzulässige Rechtsausübung in Betracht kommender Umstände und unter Abwägung der infrage stehenden Interessen der Beteiligten – zu prüfen[6], wobei vielfältige Beziehungen und Wechselwirkungen zwischen den Einzelelementen jeder der genannten Voraussetzungen eine Rolle spielen können.

---

2 Vgl. *Baumbach/Hefermehl*, Einl. UWG, Rdn. 428; Großkomm/*Köhler*, Vor § 13 UWG, B, Rdn. 456–484; *Teplitzky*, GRUR 1989, 461, 462 f. u. im Großkommentar, § 16 UWG, Rdn. 516–522. *Neu*, S. 45 in Fn. 4, spricht von etwa 60 veröffentlichten Entscheidungen allein des Bundesgerichtshofs; da seine Auflistung – soweit nach den Zitaten erkennbar – bis etwa 1981 geht, dürften inzwischen rund ein Dutzend weitere Urteile des BGH zur Verwirkung im Wettbewerbs- und Warenzeichenrecht hinzuzuzählen sein.
3 BGHZ 1, 31, 32 – Störche; 21, 66, 78 – Hausbücherei; BGH GRUR 1975, 69, 70 = WRP 1974, 675 – Marbon; BGH GRUR 1981, 60, 61 – Sitex; st. Rspr.; *Baumbach/Hefermehl*, Einl. UWG, Rdn. 428; *v. Gamm*, UWG, § 1, Rdn. 329; *Schütz*, GRUR 1982, 526, 527.
4 Vgl. *Neu* S. 212 sowie seine Ausführungen S. 38–40.
5 BGH GRUR 1966, 623, 625 = WRP 1966, 30 – Kupferberg; Großkomm/*Köhler*, Vor § 13 UWG, B, Rdn. 456; *Baumbach/Hefermehl*, Einl. UWG, Rdn. 442.
6 BGHZ 21, 66, 79 – Hausbücherei; BGH GRUR 1966, 427, 429 = WRP 1966, 270 – Prince Albert (»Abwägung der beiderseitigen Interessen«); BGH GRUR 1975, 69, 70 = WRP 1974, 675 – Marbon; BGH GRUR 1981, 60, 63 – Sitex; BGH GRUR 1985, 389, 390 = WRP 1985, 210 – Familienname; BGH GRUR 1988, 776, 778 = WRP 1988, 665 – PPC; Großkomm/*Köhler*, Vor § 13 UWG, B, Rdn. 459; *v. Gamm*, UWG, § 1, Rdn. 329; *Baumbach/Hefermehl*, WZG, § 24, Rdn. 53.

1. Die Dauer der Untätigkeit und der Duldungsanschein

4 a) Zeitablauf allein genügt für die Verwirkung nicht; die Zeitspanne, in der der Anspruchsberechtigte untätig geblieben ist, wird daher nur im Zusammenhang mit der Frage bedeutsam, ob der Verletzer aus dem Untätigbleiben den Schluß ziehen durfte, der Berechtigte dulde sein Verhalten bzw. werde nicht mehr gegen ihn vorgehen (Vertrauenstatbestand).

5 b) Ein solcher Schluß aus der Untätigkeit setzt zunächst voraus, daß dem Berechtigten ein Tätigwerden überhaupt möglich war. Der Bundesgerichtshof hat daher die Zeitspannen als für die Verwirkung unbeachtlich angesehen, in denen ein Vorgehen des Anspruchsberechtigten entweder aufgrund der tatsächlichen oder rechtlichen Verhältnisse[7] oder aber deswegen unmöglich war, weil er – für den Verletzer erkennbar – von den Verletzungshandlungen keine Kenntnis hatte[8]. Hierbei ist jedoch zu beachten, daß nach der neueren Rechtsprechung den Inhaber eines Rechts eine Marktbeobachtungslast trifft[9], die – innerhalb der Grenzen des Zumutbaren – so weit geht, wie der Rechtsinhaber den Schutz seines Rechts in Anspruch nehmen will, also auch angrenzende oder gar fernerliegende Branchen betrifft, sofern der Schutz – etwa eines Kennzeichenrechts – auch auf diese erstreckt werden soll (BGH aaO. – Maritim). Arbeiten zwei Träger verwechslungsfähiger Bezeichnungen – etwa in Form eines gemeinsamen Vertriebs[10] oder in anderer Weise[11] – zusammen oder sind sie gar rechtlich verbunden, so soll diese Zeit nicht als vertrauensbildend dafür angesehen werden können, daß die Weiterbenutzung auch nach der Trennung toleriert werde[12]. Dies ist mit Recht auf Kritik[13] gestoßen und mit Grundsätzen aus anderen Entscheidungen des BGH[14] allenfalls

---

7 Vgl. BGH GRUR 1956, 558, 562 = WRP 1957, 24 – Regensburger Karmelitengeist: Berechtigte Furcht kirchlicher Einrichtungen vor NS-Repression im Falle des Vorgehens; BGH GRUR 1960, 137, 141 = WRP 1968, 23 – Astra: »Wirtschaftliche Ohnmacht« eines durch Demontage und Enteignung zerschlagenen und nur allmählich wieder aufgebauten ostdeutschen Unternehmens; BGH GRUR 1969, 615, 616 = WRP 1969, 486 – Champi-Krone: Abwartenmüssen einer in einem internationalen Abkommen vereinbarten Aufbrauchfrist; vgl. auch BGH GRUR 1960, 183, 186 = WRP 1960, 163 – Kosaken-Kaffee; vgl. ferner Großkomm/*Köhler*, Vor § 13 UWG, B, Rdn. 460, und *v. Gamm*, UWG, § 1, Rdn. 330; *Baumbach/Hefermehl*, Einl. UWG, Rdn. 435.

8 Vgl. BGHZ 1, 31, 34 – Störche (ausschließlicher Vertrieb und Werbung im Ausland, keine Kennzeichnung der Ware selbst); BGH GRUR 1963, 430, 433 – Erdener Treppchen (heimliche Kennzeichenverletzung); BGH GRUR 1966, 623, 626 = WRP 1966, 30 – Kupferberg (Beschränkung des Vertriebs auf kleinen, exklusiven, teils ausländischen Abnehmerkreis); BGH GRUR 1975, 434, 437 – BOUCHET (Beschränkung auf spezielle Vertriebsweg, ausschließlich über Aldi-Läden); vgl. auch *Baumbach/Hefermehl*, Einl. UWG, Rdn. 435.

9 BGH GRUR 1985, 72, 73 = WRP 1985, 21 – Consilia; BGH GRUR 1989, 449, 452 = WRP 1989, 717 – Maritim; vgl. auch Großkomm/*Köhler*, Vor § 13 UWG, B, Rdn. 461 u. Großkomm/*Teplitzky*, § 16 UWG, Rdn. 518.

10 Vgl. BGH GRUR 1985, 389, 390 = WRP 1985, 210 – Familienname.

11 Vgl. BGH GRUR 1988, 776, 777 = WRP 1988, 665 – PPC.

12 Vgl. BGH aaO. – Familienname.

13 Vgl. Großkomm/*Köhler*, Vor § 13 UWG, B, Rdn. 466.

14 Vgl. BGH GRUR 1970, 308, 310 – Duraflex; BGH aaO. – PPC.

17. Kapitel Die Verwirkung des Unterlassungsanspruchs

mit Mühe in Einklang zu bringen. Mindestens ist zu fordern, daß nach der Trennung dann jedenfalls unverzüglich – ohne weiteres Zuwarten – vorgegangen wird[15].

c) Erleichtert und/oder beschleunigt kann die Schlußfolgerung dagegen dann werden, wenn bestimmte Umstände sie – auch bei relativ kurzfristiger Untätigkeit – besonders nahelegen. So darf ein Verletzer, der einen Anspruch ausdrücklich zurückgewiesen hat oder dem eine Unterlassungsklage angedroht wird, in der Regel ebenso mit einem alsbaldigen Vorgehen des Berechtigten rechnen[16] wie der Obsiegende im Widerspruchsverfahren für den Fall, daß der dort Unterlegene seine Rechte nunmehr im Löschungsverfahren verfolgen will[17]. Gleiches soll auch gelten, wenn Berechtigter und Verletzer in engen Geschäftsbeziehungen stehen[18], wenn der Berechtigte es versäumt, aus einer berühmten Marke[19] oder trotz einer massiven Werbekampagne des Verletzers[20] gegen diesen vorzugehen, oder wenn er auch schon gegenüber ähnlichen Verletzungshandlungen Dritter untätig geblieben ist[21]. Erleichtert soll der Duldungsanschein schließlich auch dann sein, wenn das Zeichen, aus dem vorgegangen werden könnte, durch andere Zeichen geschwächt erscheint und deshalb die Annahme naheliegt, der Berechtigte scheue das Vorgehen daraus[22], oder wenn gegen die Eintragung eines Zeichens, dessen Löschung nun verlangt wird, kein Widerspruch eingelegt worden ist[23].

d) Geht der Berechtigte noch vor Eintritt der Verwirkung gegen den Verletzer vor – sei es durch Abmahnung, durch Widerspruch gegen eine Zeichenanmeldung, durch Klageerhebung –, so wird damit zunächst die Wirkung des vorangegangenen Zeitablaufs beseitigt. Sie bleibt jedoch nicht gänzlich außer Betracht, sondern gewinnt wieder zunehmend an Bedeutung, wenn und je länger der Berechtigte danach wieder untätig bleibt[24], wobei aus den bereits erwähnten Gründen nach vorangegangenem (leerem) Drohverhalten u. U. schon sehr kurze Spannen erneuter Untätigkeit relevant werden können.

Anders ist es allerdings, wenn der Berechtigte den Anspruch, um den es geht, schon im Klagewege geltend gemacht oder gar einen Titel darüber erwirkt hat. Auch dann ist zwar eine Verwirkung nicht grundsätzlich ausgeschlossen[25]; sie setzt in diesen Fällen

---

15 Vgl. BGH in Fn. 14; Großkomm/*Teplitzky,* § 16 UWG, Rdn. 520.
16 Vgl. BGHZ 26, 52, 66 = GRUR 1958, 354 – Sherlock Holmes; BGH WM 1976, 620, 621 f. – Globetrotter.
17 BGH GRUR 1963, 478, 481 = WRP 1963, 247 – Bleiarbeiter; Großkomm/*Köhler,* Vor § 13 UWG, B, Rdn. 466.
18 BGH GRUR 1970, 308, 310 – Duraflex; BGH GRUR 1988, 776, 777 f. = WRP 1988, 665 – PPC; vgl. auch Rdn. 5.
19 BGH aaO. – Bleiarbeiter.
20 BGH GRUR 1967, 490, 495 = WRP 1967, 444 – Pudelzeichen; Großkomm/*Köhler,* Vor § 13 UWG, B, Rdn. 466.
21 BGHZ 26, 52, 66 – Sherlock Holmes; vgl. auch BGH GRUR 1989, 449, 452 f. = WRP 1989, 717 – Maritim.
22 BGH GRUR 1970, 315, 319 – Napoleon III.
23 BGH GRUR 1966, 427, 431 = WRP 1966, 270 – Prince Albert.
24 BGH GRUR 1963, 478, 481 = WRP 1963, 247 – Bleiarbeiter; vgl. dazu auch Großkomm/*Köhler,* Vor § 13 UWG, B, Rdn. 467 und *Neu,* S. 90.
25 BGHZ 5, 189, 195 = GRUR 1952, 577 – Zwilling (im Gegensatz zu RG MuW XXXI, 96).

aber schon gewichtige Umstände, darunter insbesondere auch erneut eine lange Zeit der Untätigkeit, voraus[26].

2. *Der schutzwürdige Besitzstand*

9   a) Zu Zeitablauf und Duldungsanschein muß – dies ist weitgehend eine Besonderheit des Wettbewerbsrechts[27] – als weiteres Erfordernis ein schutzwürdiger Besitzstand treten. Entwickelt im Zeichenrecht[28], wo im Hinblick auf den Ausschließlichkeitscharakter der in Frage stehenden Rechte in der früheren Rechtsprechung des Reichsgerichts[29] als Voraussetzung eines Verwirkungseinwands zunächst sogar Verkehrsgeltung der verletzenden Kennzeichnung gefordert worden war und erst vom Bundesgerichtshof der Begriff »Besitzstand« in ständiger Rechtsprechung als ausreichend durchgesetzt worden ist[30], gilt das Erfordernis heute auch – wenngleich mit Modifikationen – gegenüber wettbewerblichen Unterlassungsansprüchen auch außerhalb des Warenzeichenrechts, so insbesondere für die Verwirkung der (auch dem Kennzeichenrecht zuzuordnenden) Ansprüche aus § 16 UWG[31], aber auch solchen aus dem Bereich des durch § 1 UWG gewährleisteten ergänzenden Leistungsschutzes, u. U. auch aus §§ 17, 18 UWG, § 12 BGB oder § 823 Abs. 1 BGB, hier namentlich bei der Verteidigung gegen Ansprüche wegen Verwässerung einer berühmten Kennzeichnung. Nicht erforderlich ist ein Besitzstand für die Verwirkung von Schadensersatzansprüchen[32] und Bereicherungsansprüchen[33] sowie von (akzessorischen) Auskunftsansprüchen, die der Durchsetzung von Schadensersatz- oder Bereicherungsansprüchen dienen sollen[34]. Streitig ist das Besitzstandserfordernis beim Verwirkungseinwand gegen einen waren-

---

26 BGH aaO. – Zwilling; BGHZ 26, 52, 67 = GRUR 1958, 354 – Sherlock Holmes (Verwirkung nach jahrelanger Prozeßunterbrechung) und BGH GRUR 1977, 503, 506 = WRP 1977, 180 – Datenzentrale (nur zeitweiliges Nichtbetreiben des Unterlassungsprozesses genügt noch nicht); vgl. im einzelnen dazu auch Großkomm/*Köhler*, Vor § 13 UWG, B, Rdn. 467.
27 Vgl. *Baumbach/Hefermehl*, Einl. UWG, Rdn. 428; MünchKomm/*Roth*, § 242 BGB, Rdn. 361; *Neu*, S. 193.
28 Bezeichnenderweise behandelt *Baumbach/Hefermehl* selbst heute noch das ganze Rechtsinstitut der Verwirkung weitgehend als zeichenrechtlich (vgl. Einl. UWG, ab Rdn. 430); die Verwirkung im sonstigen Wettbewerbsrecht ist auf einen Anhang (Rdn. 445 f.) beschränkt.
29 Aufgegeben erst in Entscheidungen der Vierzigerjahre; vgl. Nachweise in BGHZ 1, 31, 33 – Störche und bei *Klaka*, GRUR 1970, 265, 268 in Fn. 19; kritisch dazu noch heute *Baumbach/Hefermehl*, Einl. UWG, Rdn. 431 und WZG, § 24, Rdn. 44.
30 Zur Begründung vgl. BGHZ 21, 66, 79 – Hausbücherei und Großkomm/*Köhler*, Vor § 13 UWG, B, Rdn. 471.
31 St. Rspr. u. h. M.; vgl. zuletzt wieder BGH GRUR 1989, 449, 452 = WRP 1989, 717 – Maritim; BGH GRUR 1990, 1042, 1046 – Datacolor; *Baumbach/Hefermehl*, Einl. UWG, Rdn. 446 m. w. N.; *Teplitzky*, GRUR 1989, 461, 463 u. in Großkomm., § 16 UWG, Rdn. 521 f.
32 BGHZ 26, 52, 67 = GRUR 1958, 354 – Sherlock Holmes; BGH GRUR 1988, 776, 778 = WRP 1988, 665 – PPC; Großkomm/*Köhler*, Vor § 13 UWG, B, Rdn. 469; Großkomm/*Teplitzky*, § 16 UWG, Rdn. 517; *Baumbach/Hefermehl*, Einl. UWG, Rdn. 447; *Neu*, S. 193.
33 Großkomm/*Köhler* und *Baumbach/Hefermehl*, aaO..
34 BGH aaO. – PPC; Großkomm/*Köhler* und *Baumbach/Hefermehl*, aaO..

17. Kapitel Die Verwirkung des Unterlassungsanspruchs 10–11 **17**

zeichenrechtlichen Löschungsanspruch. Die Rechtsprechung hat es bisher verneint[35] und ein schutzwürdiges Interesse des Verletzers an der Aufrechterhaltung der Eintragung genügen lassen (vgl. – zustimmend – *Baumbach/Hefermehl,* Einl. UWG, Rdn. 443); dagegen hält eine neuere Meinung in der Literatur[36] einen schutzwürdigen Besitzstand für notwendig. Erforderlich – und regelmäßig zu verneinen[37] – ist ein solcher Besitzstand für die Verwirkung des Klagerechts aus § 37 Abs. 2 HGB, sofern man dieses überhaupt als verwirkbar ansieht[38].

b) Definiert wird der Besitzstand in der Rechtsprechung als Zustand oder wettbewerbsrechtliche Stellung von beachtlichem oder beträchtlichem Wert[39]. **10**

Besteht – wie in den weitaus meisten Fällen des Verwirkungseinwands – das angegriffene Verhalten im Gebrauch einer wettbewerbswidrigen Waren-, Dienstleistungs- oder Unternehmensbezeichnung, so kommt als Besitzstand der durch den Gebrauch geschaffene wirtschaftliche Wert (Bekanntheit, darauf beruhender Umsatz respektive Gewinn, sonstige Vermögensvorteile) in Betracht. In anderen Verletzungsfällen ist ein Besitzstand schwerer vorstellbar, aber nicht ohne weiteres auszuschließen. So hat der Bundesgerichtshof die Frage, ob eine bestimmte Werbebehauptung überhaupt einen Besitzstand begründen könne, zunächst zwar offengelassen[40], später aber wohl im Grundsatz bejaht[41], jedoch im Gründerbildnis-Fall (aaO.) erkennen lassen, daß einem solchen Besitzstand regelmäßig die Schutzwürdigkeit fehlen dürfte. Ob aber aus den wenigen zu diesem Problemkreis vorliegenden Entscheidungen schon – wie *Neu,* S. 111 und 185, es tut – gefolgert werden darf, die Rechtsprechung sei einseitig auf die Fragestellung fixiert, ob der Verletzer sich mit einer Waren-, Dienstleistungs- oder Unternehmensbezeichnung einen Goodwill, eine Verkehrsgeltung geschaffen habe, und nicht bereit, darüber hinaus jede vom Verletzer getätigte Investition als Besitzstand anzuerkennen, wenn sie nur einen gewissen Wert habe[42], scheint mir zweifelhaft. Meist wurde die Schutzwürdigkeit bisher in solchen Fällen (jedenfalls auch) wegen des in Frage stehenden Irreführungsverbots und der Berührung öffentlicher Interessen verneint. In einem Fall, in dem der Verletzer unter langjähriger Tolerierung durch den Anspruchsberechtigten einen nicht irreführenden, sondern lediglich im Verhältnis zum **11**

---

35 Vgl. BGH GRUR 1956, 558, 562 = WRP 1957, 24 – Regensburger Karmelitengeist; BGH GRUR 1970, 315, 319 – Napoleon III.
36 Großkomm/*Köhler,* Vor § 13 UWG, B, Rdn. 469; *Neu,* GRUR 1987, 681, 692 f.
37 Vgl. Großkomm/*Teplitzky,* § 16 UWG, Rdn. 477.
38 Die Frage ist streitig. Während das RG (RGZ 167, 184, 190 – Webwarengeschäft) Verwirkbarkeit angenommen hat, wird letztere in der neuen Literatur teilweise – im Ergebnis zu Recht – abgelehnt; (vgl. *v. Gamm,* Kap. 55 Rdn. 18 und in Festschrift für *Stimpel,* S. 1013 f.; *Weber,* S. 136 f. sowie Großkomm/*Teplitzky,* § 16 UWG, Rdn. 476 m. w. N.).
39 BGHZ 21, 66, 80 – Hausbücherei; BGH GRUR 1957, 228, 231 = WRP 1957, 175 – Astrawolle; BGH GRUR 1960, 137, 141 = WRP 1960, 23 – Astra; BGH GRUR 1975, 69, 70 = WRP 1974, 675 – Marbon; BGH GRUR 1981, 66, 68 – MAN/G-man; BGH GRUR 1989, 449, 452 = WRP 1989, 717 – Maritim.
40 BGH GRUR 1960, 563, 566 = WRP 1960, 238 – Sektwerbung.
41 Vgl. BGH GRUR 1962, 310, 313 = WRP 1962, 331 – Gründerbildnis (insoweit nicht in BGHZ 36, 252 ff.); BGH GRUR 1983, 32, 34 = WRP 1983, 203 – Stangenglas I; BGH GRUR 1985, 140, 141 = WRP 1985, 72 – Größtes Teppichhaus der Welt.
42 Dies befürwortet *Neu,* S. 186; für gewisse grundsätzliche Ausweitungsmöglichkeiten – wie hier – auch Großkomm/*Köhler,* Vor § 13 UWG, B, Rdn. 471.

Verletzten zu beanstandenden Werbeslogan mit hohem Kostenaufwand »aufgebaut« hat (man denke z. B. an ein Versicherungsunternehmen, das in allen größeren Städten entsprechende Leuchtreklame installiert hat), kann ich mir durchaus die Bejahung eines auch schutzwürdigen Besitzstandes vorstellen, und auch für die von *Neu* (S. 186) gebildeten weiteren Beispielsfälle dürfte – nach meiner persönlichen Überzeugung – nichts anderes gelte. Daß die Rechtsprechung solche Fälle – soweit ersichtlich – bislang noch nicht zu entscheiden hatte, kann ihr nicht vorgeworfen werden.

12   c) Der Besitzstand muß schutzwürdig sein. Ob dies der Fall ist, kann von einer Vielzahl von Voraussetzungen abhängen, die sich teilweise mit denen des Duldungsanscheins decken oder überschneiden[43], aber auch ihrerseits wieder in vielfältige Wechselwirkungen treten können.

13   aa) Der Besitzstand muß für den Verletzer – nicht etwa auch absolut gesehen, weil dies einseitig »kleine« Verletzer benachteiligen würde[44] – nach Art und Umfang wertvoll sein, dies allerdings nicht nur subjektiv, sondern in objektiv meßbarer Weise[45], seine Entziehung muß eine spürbare Einbuße bedeuten[46]. Ein wertvoller Besitzstand an einer Bezeichnung erfordert deren nicht unerhebliche Bekanntheit im Verkehr. Verkehrsgeltung ist nicht erforderlich[47], desgleichen nicht die Eintragung der verletzenden Kennzeichnung als Warenzeichen[48]. Maßgeblich ist weniger die Bekanntheit im allgemeinen Verkehr als die in den für den Benutzer der Bezeichnung wirtschaftlich interessanten Abnehmerkreisen[49]. Notwendig ist eine gewisse Beständigkeit (Dauer) des Besitzstands bzw. der Bekanntheit[50]. Neben der Bekanntheit selbst können deren Erfolgsauswirkungen von wesentlicher Bedeutung für den Wert des Besitzstands sein, d. h. der Umfang des Umsatzes bzw. Gewinns, der gerade auf die Bekanntheit der Bezeichnung zurückgeführt werden kann[51].

Anhaltspunkte für die Bekanntheit wie ihre Erfolgsauswirkungen lassen sich regelmäßig aus dem unter Verwendung der Kennzeichnung erzielten Umsatz, aber auch aus Art und Umfang der unter Kennzeichenverwendung betriebenen Werbung gewin-

---

43 Dies ist wohl auch eine der Ursachen dafür, daß – was *Neu*, S. 46, mit Recht hervorhebt – sachlich gleichartige Umstände in der Rechtsprechung nicht immer unter dasselbe Tatbestandsmerkmal subsumiert werden.
44 BGH GRUR 1988, 776, 778 = WRP 1988, 665 – PPC; BGH GRUR 1989, 449, 451 = WRP 1989, 717 – Maritim; BGH GRUR 1990, 1042, 1046 – Datacolor; Großkomm/*Köhler*, Vor § 13 UWG, B, Rdn. 470; *Neu*, S. 112; *Klaka*, GRUR 1970, 265, 269 m. w. N.
45 Vgl. BGH und Großkomm/*Köhler* aaO. (Fn. 44); zur Quantifizierung näher *Neu*, S. 111 f.
46 *Baumbach/Hefermehl*, Einl. UWG, Rdn. 431; *Klaka*, aaO., S. 269.
47 Seit BGHZ 21, 66, 78 f. – Hausbücherei st. Rspr. des BGH und h. M.; vgl. Großkomm/*Köhler*, Vor § 13 UWG, B, Rdn. 471; ablehnend allerdings *Baumbach/Hefermehl*, Einl. UWG, Rdn. 431.
48 BGH GRUR 1962, 522, 525 – Ribana.
49 BGH GRUR 1963, 478, 481 = WRP 1963, 247 – Bleiarbeiter; BGH GRUR 1989, 449, 451 = WRP 1989, 717 – Maritim; BGH GRUR 1990, 1042, 1046 – Datacolor; Großkomm/*Köhler*, Vor § 13 UWG, B, Rdn. 471; Großkomm/*Teplitzky*, § 16 UWG, Rdn. 521.
50 Vgl. BGH GRUR 1975, 69, 71 = WRP 1974, 675 – Marbon mit Anm. *Droste:* feste und dauerhafte Vorstellung in Kreisen des Handels und der Verbraucher; Großkomm/*Köhler*, Vor § 13 UWG, B, Rdn. 471; *Klaka*, GRUR 1970, 265, 268.
51 Vgl. BGH GRUR 1989, 449, 451 = WRP 1989, 717 – Maritim; Großkomm/*Teplitzky*, § 16 UWG, Rdn. 521.

nen[52]. Die Entstehung eines Besitzstands erfordert naturgemäß in der Regel längere Zeit; ausnahmsweise ist sie jedoch auch in kurzer Zeit denkbar (vgl. BGH GRUR 1991, 401, 402 unter III. – Erneute Vernehmung).

bb) Vor allem setzt die Schutzwürdigkeit eines Besitzstandes seine Entstehung – zumindest zum wesentlichen Teil – in einer Zeit voraus, in der der Verletzer gutgläubig oder »redlich« war.

Grundsätzlich setzt der Verwirkungseinwand weder anfängliche Gutgläubigkeit[53] noch einen im späteren Verlauf gewonnenen Glauben an die eigene (wirkliche) Berechtigung voraus; vielmehr genügt es (als bona fides superveniens[54]), wenn der Verletzer als Folge des bereits behandelten Duldungsanscheins[55] im Laufe der Zeit auch den Eindruck gewinnt, der Berechtigte werde nicht mehr gegen ihn vorgehen; von diesem Zeitpunkt ab werden sein Handeln und der daraus fortan resultierende Besitzstand einem »redlichen« weitgehend angeglichen[56]. Naturgemäß erfordert aber der Übergang von einem bewußt rechtswidrigen Handeln in einen schutzwürdigen Besitzstand eine ganz andere Zeitdauer als bei einem von Anfang an gutgläubig geschaffenen Besitzstand[57], so daß die (anfängliche) Gutgläubigkeit doch erhebliche praktische Bedeutung gewinnen kann. An ihr fehlt es nicht nur, wenn der Verletzer in Kenntnis eines fremden Rechts diesem bewußt zuwiderhandelt, sondern auch dann, wenn er entweder das fremde Recht infolge fahrlässig mangelhafter Recherchen nicht gekannt hat[58] oder wenn er bei erkennbarer Verwechslungsgefahr diese irrig für nicht gegeben gehalten hat[59].

Für die nachträgliche Bösgläubigkeit (Beispiel: Ein gutgläubiger Verletzer wird nach längerer Zeit abgemahnt und verliert dadurch den guten Glauben) gilt das zur Unter-

---

52 Vgl. BGH GRUR 1963, 478, 481 = WRP 1963, 247 – Bleiarbeiter; BGH GRUR 1975, 69, 70 f. = WRP 1974, 675 – Marbon; BGH GRUR 1988, 776, 778 = WRP 1988, 665 – PPC; BGH GRUR 1989, 449, 451 = WRP 1989, 717 – Maritim; BGH WRP 1990, 613 = GRUR 1992, 329 – AjS-Schriftenreihe; BGH GRUR 1990, 1042, 1046 – Datacolor; Großkomm/*Köhler*, Vor § 13 UWG, B, Rdn. 471 f.; Großkomm/*Teplitzky*, § 16 UWG, Rdn. 521.
53 Vgl. BGH 21, 66, 83 – Hausbücherei; BGH GRUR 1963, 478, 480 f. = WRP 1963, 247 – Bleiarbeiter; BGH GRUR 1969, 694, 696 = WRP 1969, 408 – Brillant; BGH GRUR 1989, 449, 453 = WRP 1989, 717 – Maritim m. w. N.; Großkomm/*Köhler*, Vor § 13 UWG, B, Rdn. 473; Großkomm/*Teplitzky*, § 16 UWG, Rdn. 522.
54 BGH GRUR 1960, 183, 186 = WRP 1960, 163 – Kosaken Kaffee; BGH GRUR 1989, 449, 453 = WRP 1989, 717 – Maritim; Großkomm/*Köhler*, Vor § 13 UWG, B, Rdn. 473; *Pastor*, in Reimer, S. 394.
55 Dessen enge Verzahnung mit der Schutzwürdigkeit des Besitzstands hier ebenso deutlich wird wie die Abhängigkeit des letzteren vom Zeitfaktor (als eines Elements auch des Duldungsanscheins).
56 BGH aaO. – Kosaken-Kaffee; BGH GRUR 1967, 490, 494 = WRP 1967, 444 – Pudelzeichen; BGH aaO. – Maritim.
57 BGHZ 21, 66, 83 – Hausbücherei; BGH GRUR 1969, 694, 696 = WRP 1969, 408 – Brillant; BGH GRUR 1970, 308, 310 – Duraflex; BGH GRUR 1975, 434, 437 – BOUCHET; BGH GRUR 1981, 60, 62 – Sitex; vgl. auch Großkomm/*Köhler*, Vor § 13 UWG, B, Rdn. 473.
58 BGH GRUR 1960, 183, 186 = WRP 1960, 163 – Kosaken-Kaffee; BGH GRUR 1967, 490, 494 = WRP 1967, 444 – Pudelzeichen; BGH GRUR 1975, 434, 437 – BOUCHET; BGH GRUR 1981, 60, 62 – Sitex.
59 BGH GRUR 1970, 308, 310 – Duraflex.

brechung des Duldungsanscheins Ausgeführte entsprechend; auch hier überschneiden sich die Voraussetzungen wieder weitgehend.

17   Zusammenfassend gilt hinsichtlich der Bedeutung von Redlichkeit und Verschulden für die Verwirkung nach wie vor, was der Bundesgerichtshof im Bleiarbeiter-Fall[60] formuliert hat: »Aus der Natur des Verwirkungseinwands folgt (aber), daß in bezug auf Schuldformen des Verletzers keine starren Regeln aufgestellt werden dürfen; es läßt sich nur allgemein sagen, daß die Anforderungen an die Verwirkung umso strenger sein müssen, je weniger der Benutzer redlich gehandelt hat, d. h. je weniger sein Eingriff in das fremde Zeichenrecht entschuldbar oder verständlich erscheint.«

III. Die Grenzen der Verwirkung

18   1. Die Verwirkung ergibt sich – wie dargelegt – aus den konkreten Umständen einer Beziehung zwischen dem Anspruchsinhaber und dem Verletzer (bzw. zwischen deren Rechtsvorgängern und/oder Rechtsnachfolgern[61]. Auf diese Beziehung – also primär inter partes – beschränken sich demgemäß auch ihre Wirkungen. Auf Belange Dritter, insbesondere auf die im Wettbewerbsrecht oft wesentlichen Interessen der Öffentlichkeit, darf sie sich – dies folgt aus der Rechtsnatur des Einwands – nicht einschränkend auswirken. Dies ist der Grund, weshalb der Bundesgerichtshof in ständiger Rechtsprechung alle Ansprüche, deren Durchsetzung nicht nur den Individualinteressen des Anspruchsberechtigten, sondern zugleich Interessen der Allgemeinheit dient, als grundsätzlich unverwirkbar ansieht[62]. Dies gilt namentlich für Ansprüche gem. § 3 UWG[63], bei denen es stets auch um das schutzwürdige Interesse der Allgemeinheit, vor Irreführung bewahrt zu werden, geht, sowie aus den gleichen Gründen für den Löschungsanspruch gem. § 11 Abs. 1 Nr. 3 WZG[64], aber auch für Ansprüche aufgrund anderer Gesetze, soweit sie die Voraussetzung einer (sei es auch vom Berechtigten ungewollten) Mitverfolgung öffentlicher Belange erfüllen, also etwa Ansprüche aus § 1 UWG, die sich gegen eine die Allgemeinheit gefährdende Werbung (Gesundheitswerbung[65], Werbung mit berufsordnungswidriger Bezeichnung[66]), richten, oder Ansprüche, deren Durchsetzung der Verwirklichung einer im Allgemeininteresse aufgestellten Wettbe-

---

60 GRUR 1963, 478, 481 = WRP 1963, 247; sinngemäß ähnlich schon BGHZ 21, 66, 83 – Hausbücherei; später auch BGH GRUR 1969, 694, 696 = WRP 1969, 408 – Brillant; vgl. jetzt auch BGH aaO. (Fn. 59) – Maritim.
61 Vgl. dazu sowie zur Frage der Erstreckung auf Mittäter bzw. Mithaftende *Neu*, S. 158 ff.
62 Vgl. aus jüngster Zeit – auch den verwirkungsunabhängigen Charakter der scheinbaren Ausnahmen klarstellend – BGH GRUR 1985, 930, 931 – JUS-Steuerberatungsgesellschaft m. w. N.; ferner BGH GRUR 1990, 604, 605 f. = WRP 1990, 752 – Dr. S.-Arzneimittel; gleicher Ansicht war auch schon das RG; vgl. z. B. RG GRUR 1937, 939, 941.
63 Vgl. in jüngerer Zeit außer den vorgenannten Entscheidungen auch BGH GRUR 1985, 140, 141 = WRP 1985, 72 – Größtes Teppichhaus der Welt m. w. N.; ferner *Baumbach/Hefermehl*, Einl. UWG, Rdn. 441, und WZG, § 24, Rdn. 54.
64 BGH GRUR 1952, 577, 582 – Zwilling (insoweit nicht in BGHZ 5, 189 ff.); BGH GRUR 1960, 563, 566 = WRP 1960, 238 – Sektwerbung.
65 BGH GRUR 1980, 797, 799 f. = WRP 1980, 541 – topfit-Boonekamp.
66 BGH aaO. – JUS-Steuerberatungsgesellschaft (Fn. 62).

17. Kapitel Die Verwirkung des Unterlassungsanspruchs 19–21 **17**

werbsregel (§ 15 GWB[67], Art. 85 Abs. 1 EWGV[68]) dient und deren Blockierung durch den Verwirkungseinwand die gewollten Wirkungen dieser Regelung unterlaufen würde[69].

2. Soweit die Rechtsprechung ausnahmsweise auch solchen Ansprüchen die Durchsetzbarkeit versagt hat, mit denen auch Belange der Öffentlichkeit verfolgt werden, handelt es sich – trotz gewisser Übereinstimmungen der dabei genannten Voraussetzungen und gelegentlicher Ungenauigkeiten in der Terminologie[70] – streng genommen nicht um Verwirkungsfälle im eigentlichen Sinne[71]. Als solche können am ehesten noch diejenigen Fälle angesehen werden, in denen angebliche Interessen der Allgemeinheit – die in Wahrheit gar nicht oder allenfalls in einem zu vernachlässigenden Umfang bestehen – nur vorgeschoben, tatsächlich aber ausschließlich Individualinteressen des Anspruchsberechtigten verfolgt werden[72]. 19

Auch hier kann die Rechtsprechung jedoch bereits nicht mehr ganz auf ein Bewertungskriterium verzichten, das außerhalb der Parteienbeziehung liegt und einem reinen Treu- und Glaubenseinwand aus dieser daher wesensfremd ist[73], nämlich die Abwägung des Interesses des Verletzers an der Erhaltung eines wertvollen Besitzstands gegen die der Allgemeinheit. Diese Interessenabwägung bzw. ihr Ergebnis ist der eigentlich maßgebliche Gesichtspunkt für die gelegentliche Anerkennung einer Wirkungssperre auch gegenüber solchen Ansprüchen, bei denen auch öffentliche Belange infrage stehen[74]. 20

Dafür werden in der Rechtsprechung zwei unabdingbare Voraussetzungen zwar häufig genannt[75], aber nur sehr selten[76] als erfüllt angesehen: Die Belange der Allge- 21

---

67 BGH GRUR 1973, 97, 99 = WRP 1972, 522 – Eiskonfekt.
68 BGH WuW/E BGH 1867 – Levi's Jeans.
69 Vgl. dazu auch *Schütz*, GRUR 1982, 526, 529, der auf S. 530 f. dann die h. M. von der Unverwirkbarkeit aller aus § 3 UWG resultierenden Ansprüche teilweise – m. E. zu Unrecht und nicht überzeugend – infrage stellt.
70 Z. B. in den Fällen BGH GRUR 1977, 159, 161 – Ostfriesische Teegesellschaft; BGH GRUR 1983, 32, 34 = WRP 1983, 203 – Stangenglas I; BGH GRUR 1985, 140, 141 = WRP 1985, 72 – Größtes Teppichhaus der Welt.
71 Dies wurde in der Literatur (teilweise) lange zu wenig beachtet; vgl. z. B. *Neu*, S. 142 ff.; zutreffend jetzt Großkomm/*Köhler*, Vor § 13 UWG, B, Rdn. 478; *Baumbach/Hefermehl*, Einl. UWG, Rdn. 441; vgl. auch *Teplitzky*, GRUR 1989, 461, 462 f.
72 So der Fall BGH GRUR 1957, 285, 287 = WRP 1957, 173 – Erstes Kulmbacher; vgl. auch BGH aaO. – Ostfriesische Teegesellschaft (Fn. 70).
73 So jetzt deutlich BGH GRUR 1985, 930, 931 – JUS-Steuerberatungsgesellschaft; vgl. auch *Teplitzky*, GRUR 1989, 461, 462 f.
74 Dies machen die Fälle deutlich, in denen auf die normalen Verwirkungskriterien überhaupt nicht abgestellt werden konnte, vgl. z. B. BGH GRUR 1966, 444, 449 = WRP 1966, 340 – Glutamal; BGH GRUR 1983, 595, 597 = WRP 1983, 551 – Grippewerbung III.
75 Vgl. z. B. BGH aaO. – Ostfriesische Teegesellschaft, topfit-Boonekamp, Stangenglas, Grippewerbung III, Größtes Teppichhaus der Welt, JUS-Steuerberatungsgesellschaft, Dr. S.-Arzneimittel.
76 So z. B. in BGH GRUR 1966, 444, 449 f. = WRP 1966, 340 – Glutamal; BGH aaO. – Ostfriesische Teegesellschaft; BGH GRUR 1979, 415, 416 = WRP 1979, 448 – Cantil-Flasche; der Tendenz nach wohl auch – trotz Zurückverweisung – BGH GRUR 1986, 903, 904 = WRP 1986, 674 – Küchen-Center.

meinheit dürfen nur unerheblich und nicht ernstlich in Mitleidenschaft gezogen sein[77] – etwa weil eine Irreführungsgefahr nur gering ist –, und auf der Seite des Anspruchsgegners muß ein Besitzstand vorliegen, der so überragend wertvoll ist, daß er auch trotz des verbleibenden Restinteresses der Allgemeinheit schutzwürdig erscheint. – Bei der letztgenannten Voraussetzung ist die Überschneidung mit dem Verwirkungstatbestand offensichtlich; denn selbstverständlich gelten für die Schutzwürdigkeit des Besitzstandes auch hier die für den Besitzstand des Verwirkungstatbestandes schon genannten Erfordernisse mindestens gleichermaßen, teilweise sogar verschärft[78].

22   Zweifelhaft ist, ob eine Interessenabwägung ausnahmsweise auch einem Löschungsanspruch gem. § 11 Abs. 1 Nr. 3 WZG entgegensteht. *Neu* (S. 147) meint aus den beiden bislang einzigen einschlägigen Entscheidungen[79] folgern zu müssen, daß die Rechtsprechung dies schlechterdings ablehne, was er im folgenden als widersprüchlich und befremdlich kritisiert. Zwingend erscheint mir diese Folgerung nicht. Zwar wird der Anspruch gem. § 11 Abs. 1 Nr. 3 WZG in diesen Entscheidungen als – aus Rechtsgründen – unverwirkbar bezeichnet; die Terminologie des Bundesgerichtshofs ist jedoch bei Ansprüchen aus § 3 UWG nicht viel anders[80], und da es sich – wie dargelegt – bei den hier vom »Grundsatz« gemachten »Ausnahmen« nicht eigentlich um Verwirkung, sondern eine andere, gleichfalls auf Billigkeitserwägungen beruhende Sonderform der Anspruchssperre handelt, muß die apodiktische Bezeichnung des Löschungsanspruchs aus § 11 Abs. 1 Nr. 3 WZG[81] als »unverwirkbar« einer *solchen* Billigkeitssperre nicht entgegenstehen. Mit Recht hält die neuere Literatur daher die Grundsätze der Interessenabwägung auch hier für anwendbar.

23   3. Weitere Beschränkungen der Verwirkung ergeben sich – dem Umfang nach – aus dem Besitzstandserfordernis: Nur soweit der Besitzstand tatsächlich besteht, kann der Verwirkungseinwand greifen[82]. Wer beispielsweise unter langjähriger Tolerierung des Berechtigten bestimmte Waren oder Wareneinheiten zeichenverletzend gekennzeichnet hat und deshalb einen Unterlassungsanspruch gegen diese Art der Kennzeichnung erfolgreich (als verwirkt) abwehren darf, kann daraus nicht das Recht herleiten, nun andere Waren oder andere Verpackungseinheiten derselben Ware in gleicher Weise zu kennzeichnen[83] oder gar die verletzende Kennzeichnung als Warenzeichen eintragen zu lassen[84]. Wer eine Kennzeichnung bislang nur warenzeichenmäßig gebraucht hat, darf nicht zum firmenmäßigen Gebrauch übergehen[85]. Ob und wieweit geringfügige Erwei-

---

77 Vgl. dazu insbesondere die Ausführungen in Glutamal-Fall aaO.
78 Vgl. im einzelnen *Baumbach/Hefermehl,* Einl. UWG, Rdn. 441, und WZG, § 24, Rdn. 54; ferner Großkomm/*Köhler,* Vor § 13 UWG, B, Rdn. 479.
79 BGH GRUR 1952, 577, 582 – Zwilling (insoweit nicht in BGHZ 5, 189 ff.); BGH GRUR 1960, 563, 566 = WRP 1960, 238 – Sektwerbung.
80 Vgl. z. B. aaO. – Größtes Teppichhaus der Welt und JUS-Steuerberatungsgesellschaft.
81 Vgl. Großkomm/*Köhler,* Vor § 13 UWG, B, Rdn. 481; *Baumbach/Hefermehl,* Einl. UWG, Rdn. 443 (in WZG, § 11, Rdn. 22, ist die Frage noch unerörtert); *Neu,* S. 148.
82 Vgl. Großkomm/*Köhler,* Vor § 13 UWG, B, Rdn. 483; *Baumbach/Hefermehl,* Einl. UWG, Rdn. 444.
83 BGH GRUR 1970, 315, 319 – Napoleon III; *Baumbach/Hefermehl,* Einl. UWG, Rdn. 444.
84 BGH GRUR 1969, 694, 697 = WRP 1969, 408 – Brillant; BGH GRUR 1992, 45, 47 = WRP 1992, 29 – Cranpool.
85 Vgl. BGH GRUR 1981, 66, 68 – MAN/G-man.

17. Kapitel Die Verwirkung des Unterlassungsanspruchs 24–25 **17**

terungen zulässig sind, ist streitig. In einer älteren Entscheidung[86] hat der BGH die Anbringung eines zuvor nur in Katalogen benutzten Zeichens auch auf der Ware selbst als gedeckt angesehen. Dies dürfte ebenso zu weit gehen wie die Auffassung *Kriegers*[87], Anpassungen an geänderte wirtschaftliche Verhältnisse seien generell zulässig[88]. Dagegen wird man die Anbringung der als Firmen- und Warenkennzeichnung gebrauchten Bezeichnung auch auf dem LKW des Unternehmens als hinreichend geringfügig und daher zulässig ansehen können[89].

Auch räumliche Ausdehnungen über die gegebenen Besitzstandsgrenzen hinaus werden durch den Verwirkungseinwand nicht gedeckt[90]. 24

4. Die Verwirkung muß sich jeweils auf einen bestimmten Anspruch beziehen. Werden mehrere Ansprüche – wie im Wettbewerbsprozeß meist Unterlassung, Auskunft und Schadensersatzfeststellung, oft auch zusätzlich Löschungsbewilligung – zugleich oder nacheinander geltend gemacht, so ist die Frage der Verwirkung für jeden einzelnen der Ansprüche gesondert zu prüfen. Da die Voraussetzungen sich nicht decken müssen, können diese Prüfungen auch zu unterschiedlichen Ergebnissen führen[91]. 25

---

86 BGH GRUR 1958, 610, 611 – Zahnrad.
87 GRUR 1970, 319, 320.
88 Gleichermaßen ablehnend auch Großkomm/*Köhler*, Vor § 13 UWG, B, Rdn. 483.
89 So BGH GRUR 1963, 478, 481 = WRP 1963, 247 – Bleiarbeiter; zustimmend insoweit auch Großkomm/*Köhler*, aaO.
90 Vgl. BGHZ 16, 82 = GRUR 1955, 406, 408 – Wickelsterne; Großkomm/*Köhler*, Vor § 13 UWG, B, Rdn. 483; *Baumbach/Hefermehl*, Einl. UWG, Rdn. 444; im einzelnen zu allem *Neu*, S. 153–157 und GRUR 1987, 681, 695 f. m. w. N.
91 Vgl. BGH GRUR 1988, 776, 778 = WRP 1988, 665 – PPC; Großkomm/*Köhler*, Vor § 13 UWG, B, Rdn. 482; Großkomm/*Teplitzky*, § 16 UWG, Rdn. 517; *Baumbach/Hefermehl*, Einl. UWG, Rdn. 443 u. 447.

18. Kapitel   Der Abwehreinwand gegen den Unterlassungsanspruch

Literatur: *Droste,* Abwehr im Wettbewerb, WuW 1954, 507; *Erichsen,* Rechtsgrundlage des Abwehreinwands im Wettbewerb, GRUR 1958, 425; *Teplitzky,* Die jüngste Rechtsprechung des Bundesgerichtshofs zum wettbewerblichen Anspruchs- und Verfahrensrecht, GRUR 1989, 461 u. 1990, 393; *J. Walter,* Das Institut der wettbewerblichen Abwehr, 1986; *Willemer,* GWB-Einwendungen gegen UWG-Ansprüche, WRP 1976, 16 und 77.

Inhaltsübersicht

	Rdn.		Rdn.
I. Der Begriff der Abwehr	1–3	1. Der Angriff	5,6
II. Die Rechtsgrundlage des Abwehreinwands	4	2. Die Abwehrmaßnahmen	7–10
III. Die Voraussetzungen der Abwehr	5–13	3. Die Notwendigkeit der Abwehr	11–13

I. Der Begriff der »Abwehr«

1   »Abwehr« im wettbewerbsrechtlichen Sinne ist ein Verhalten, das einem wettbewerbswidrigen Angriff eines anderen entgegenwirken soll. Zwischen Angriff und Abwehr muß daher – auch in der subjektiven Zielsetzung des »Abwehrenden« – ein Zusammenhang bestehen. Die Angriffshandlung muß rechtswidrig sein; gegen rechtmäßiges Verhalten – mag es einem Konkurrenten auch noch so lästig sein – gibt es keine »Abwehr«[1].

2   Die Rechtswidrigkeit des Angriffs kann sich aus beliebigen Normen des Deliktsrechts im weiteren Sinne ergeben; von praktischer Bedeutung für die wettbewerbliche Abwehr sind jedoch – wegen des erforderlichen Zusammenhangs zwischen Angriff und Abwehr – hauptsächlich die Normen der Wettbewerbsgesetze einschließlich des GWB[2].

3   Als Beispiele zulässiger Abwehr aus der bisherigen Rechtsprechung seien genannt: Abwehrvergleiche bzw. kritische Auseinandersetzungen mit fremden Waren oder

---

1 Vgl. BGHZ 107, 136, 141 f. = WRP 1989, 572 – Bioäquivalenzwerbung; Großkomm/*Köhler,* Vor § 13 UWG, B, Rdn. 446; *Teplitzky,* GRUR 1990, 393,
2 Vgl. zu letzteren die ausführliche Darstellung von *Willemer,* WRP 1976, 16 und insbesondere 77 ff.

Werbemethoden oder die Rückwerbung unlauter abgeworbener Mitarbeiter oder die Warnung in Zeitungsanzeigen vor betrügerischen Machenschaften³.

II. Die Rechtsgrundlage des Abwehreinwands

Die herrschende Meinung sieht in der berechtigten Abwehr keinen Rechtfertigungsgrund für wettbewerbswidriges Handeln, sondern einen Umstand, der schon die Wettbewerbswidrigkeit der Handlung, also deren Tatbestandsmäßigkeit i. S. der Verbotsvorschriften, ausschließt⁴. Die Vorschrift des § 227 BGB, in der früher teilweise die Grundlage für gerechtfertigtes Abwehrverhalten gesehen worden war, findet keine unmittelbare Anwendung⁵.

III. Die Voraussetzungen der Abwehr

1. Der Angriff

Abwehr setzt begrifflich einen Angriff voraus. Dafür kommt jede rechtswidrige Verletzungshandlung in Betracht, die einen Unterlassungsanspruch des Betroffenen begründet. Verschulden des Angreifers ist nicht erforderlich. Notwendig ist jedoch, daß der Angriff selbst oder seine unmittelbaren (Angriffs-) Wirkungen – nicht nur ein eventueller Folgezustand oder Schaden – zur Zeit der Abwehrhandlung noch andauern⁶. Zweifelhaft ist, ob der Angriff auch in dem Sinne »gegenwärtig« sein muß, daß er bereits erfolgt ist⁷, oder ob auch ein unmittelbar bevorstehender, für die Begründung eines vorbeugenden Unterlassungsanspruchs ausreichender Angriff Anlaß für ein die Sittenwidrigkeit ausschließendes Abwehrverhalten sein kann.

---

3 BGH GRUR 1957, 123, 125 = WRP 1957, 9 – Lowitz; BGH GRUR 1961, 237, 241 – TOK-Band; BGH GRUR 1962, 45, 48 = WRP 1961, 307 – Betonzusatzmittel; BGH GRUR 1967, 308, 311 f. = WRP 1967, 126 – Backhilfsmittel; BGH GRUR 1967, 428, 429 – Anwaltsberatung I; BGH GRUR 1968, 382, 385 = WRP 1967, 363 – Favorit II; BGH GRUR 1971, 259, 260 = WRP 1971, 222 – WAZ; BGH GRUR 1989, 516, 518 = WRP 1989, 488 – Vermögensberater; zu weiteren Fällen vgl. *Baumbach/Hefermehl*, Einl. UWG, Rdn. 359, und insbesondere Großkomm/*Köhler*, Vor § 13 UWG, B, Rdn. 445.
4 BGH aaO. – WAZ; vgl. auch schon BGH GRUR 1960, 193 = WRP 1960, 13 – Frachtenrückvergütung; BGH GRUR 1967, 138, 140 = WRP 1967, 26 – Streckenwerbung; OLG Köln WRP 1975, 375, 377; *Baumbach/Hefermehl*, Einl. UWG, Rdn. 359; *v.Gamm*, UWG, § 1, Rdn. 326, und – zur Begründung der h. M. – § 1, Rdn. 37; ferner Großkomm/*Köhler*, Vor § 13 UWG, B, Rdn. 442; *Teplitzky*, GRUR 1989, 461,
5 BGH aaO.; *v. Gamm*, aaO.; anders früher RG GRUR 1944, 34, 35 – Stahlsaitenbeton; *Erichsen*, GRUR 1958, 425; *Pastor*, in *Reimer*, S. 376.
6 *Baumbach/Hefermehl*, Einl. UWG, Rdn. 360; Großkomm/*Köhler*, Vor § 13 UWG, B, Rdn. 446.
7 So *Pastor*, in *Reimer*, S. 377; wohl auch *Droste* in Anm. zu BGH GRUR 1967, 138 – Streckenwerbung auf S. 142, beide gestützt auf das für Notwehr erforderliche Element der »Gegenwärtigkeit« des Angriffs; jetzt auch noch *Baumbach/Hefermehl*, Einl. UWG, Rdn. 360.

6   Die Frage dürfte zwar grundsätzlich im letzteren Sinne zu beantworten sein, da der Gesichtspunkt der wettbewerblichen Abwehr weiter reicht als der Notwehreinwand[8] und da es immerhin denkbar erscheint, daß unter bestimmten Voraussetzungen auch eine nur vorbeugend gegenüber einem unmittelbar drohenden massiven Angriff vorgenommene – an sich die Grenzen des sonst Erlaubten überschreitende – Maßnahme nicht mehr das Verdikt der Sittenwidrigkeit verdient. Praktische Bedeutung wird dieser Grundsatzstreit jedoch kaum erlangen, weil die Berechtigung eines Abwehrverhaltens gegen erst bevorstehende Angriffe regelmäßig auch am Erfordernis der besonderen Notwendigkeit der Abwehr (vgl. nachfolgend Rdn. 11 ff.) scheitern wird.

2. Die Abwehrmaßnahmen

7   Aus dem Begriff »Abwehr« ergibt sich, daß nur Handlungen in Frage kommen, die mit dem Angriff in Zusammenhang stehen[9]. Daran fehlt es z. B., wenn A das Warenzeichen des B verletzt und dieser daraufhin eine kreditschädigende Behauptung über A aufstellt. Damit von »Abwehr« gesprochen werden kann, muß es sich um eine gezielte Maßnahme handeln. Sie muß dementsprechend zur Zeit ihrer Vornahme ein subjektives Element enthalten; die nachträgliche Darstellung des Verhaltens als »Abwehr« kann einem Handeln ohne entsprechende Zielrichtung den Charakter der Wettbewerbswidrigkeit nicht nehmen (ebenso Großkomm/*Köhler*, aaO.).

8   Die Abwehrmaßnahme darf nur gegen den Angreifer selbst gerichtet sein. Wird dadurch gleichzeitig in Rechte Dritter eingegriffen, so bleibt die Handlung wettbewerbswidrig[10]. Dies gilt besonders, wenn die Abwehr nicht nur – wie im genannten Suwa-Fall – Belange anderer Mitbewerber, sondern das Interesse der Allgemeinheit, vor Irreführung bewahrt zu werden, verletzt; daher kann ein gegen § 3 UWG verstoßendes Verhalten niemals als berechtigte Abwehr angesehen werden[11].

9   Dagegen ist die früher vom Reichsgericht und in der Literatur vertretene Auffassung, daß bei einer wettbewerblichen Abwehr an sich unlautere Mittel überhaupt nicht angewandt werden dürften[12], vom Bundesgerichtshof ausdrücklich aufgegeben worden[13]. Damit ist jedoch die Berücksichtigungsfähigkeit bestimmter Verhaltensweisen – wie z. B. beleidigender oder unsachlicher oder unsachlich herabsetzender Äußerungen

---

8   Vgl. BGH GRUR 1967, 138 = WRP 1967, 26 – Streckenwerbung, und zwar einerseits S. 139, andererseits S. 140, zitiert nach GRUR; wie hier jetzt auch Großkomm/*Köhler*, Vor § 13 UWG, B, Rdn. 446.
9   BGH GRUR 1954, 337, 341 – Radschutz; BGH GRUR 1957, 23, 24 = WRP 1956, 244 – Bünder Glas; Großkomm/*Köhler*, Vor § 13 UWG, B, Rdn. 447.
10 BGHZ 23, 365, 376 – Suwa; BGH GRUR 1984, 461, 463 = WRP 1984, 321 – Kundenboykott; BGH GRUR 1990, 371, 373 = WRP 1989, 468 – Preiskampf; BGH GRUR 1990, 685, 686 f. = WRP 1990, 830 – Anzeigenpreis I; Großkomm/*Köhler*, Vor § 13 UWG, B, Rdn. 450; *Baumbach/Hefermehl*, Einl. UWG, Rdn. 364; ausnahmsweise abweichend – und abzulehnen – BGH GRUR 1979, 157, 159 = WRP 1979, 117 – Kindergarten-Malwettbewerb.
11 BGH GRUR 1983, 335, 336 – Trainingsgerät; Großkomm/*Köhler* u. *Baumbach/Hefermehl*, aaO.; *Willemer*, WRP 1976, 16, 21 f.
12 RG GRUR 1931, 1154, 1155 – Linokitt; GRUR 1932, 86, 88 – Doppelklappenumschläge; *Pastor*, in *Reimer*, S. 379.
13 BGH GRUR 1971, 259, 260 = WRP 1971, 222 – WAZ; vgl. auch *Baumbach/Hefermehl*, Einl. UWG, Rdn. 363.

oder unwahrer Behauptungen[14] – bei der Ablehnung einer berechtigten Abwehr nicht aufgehoben, sondern lediglich in den Bereich der Verhältnismäßigkeitsprüfung (nachfolgend Rdn. 12) verlagert. Hinsichtlich eines bewußt und planmäßig täuschenden Verhaltens im Rechtsverkehr hat der BGH jedoch auch in jüngerer Zeit ausgesprochen, daß es als Abwehrverhalten grundsätzlich untauglich sei, sofern nicht ausnahmsweise zwingende Gründe für seine Anwendung sprächen[15]. Bei dieser Ausnahme für Fälle der zwingenden Notwendigkeit dürfte der Gedanke an (notwendige) Testkäufe im Hintergrund gestanden haben, bei denen oft gewisse Täuschungshandlungen erforderlich sein können.

Unschädlich ist es, wenn der Abwehrende neben dem Abwehrzweck noch andere Wettbewerbszwecke verfolgt hat; dies allein macht die Abwehr als solche nicht unzulässig[16].

3. Die Notwendigkeit der Abwehr

a) Begründeter Anlaß für ein Abwehrverhalten besteht nur dann, wenn dem wettbewerbswidrigen Angriff durch Inanspruchnahme gerichtlicher Hilfe nicht ausreichend gewehrt werden kann[17]; dies ist der Fall, wenn zu erwarten ist, daß sich der Verletzer nicht an ein gerichtliches Verbot halten wird, oder wenn mit dem gerichtlichen Verbot einer (zur Zeit seines Erlasses) bereits eingetretenen und noch fortdauernden Schadensentwicklung nicht hinreichend begegnet werden kann (BGH aaO. – WAZ). Für den Fall einer rechtswidrigen Liefersperre ist dies beispielsweise verneint (vgl. BGH aaO. – PKW-Schleichbezug) und dementsprechend eine Warenbeschaffung unter Ausnutzung fremden Vertragsbruchs nicht als zulässige Abwehrmaßnahme angesehen worden (BGHZ 37, 30, 36 – Selbstbedienungsgroßhandel); desgleichen für Fälle, in denen gerichtliche Maßnahmen wegen des unbestimmten Kreises der Verletzer nicht zum Erfolg führen könnten[18]. Dagegen hat der BGH den Eintritt in einen Preisunterbietungskampf als zulässiges Abwehrverhalten u. a. auch deshalb nicht angesehen, weil der zunächst Angegriffene gleich gegen die erste wettbewerbswidrige Aktion des Gegners gerichtliche Hilfe hätte in Anspruch nehmen können (vgl. BGH Fn. 17 – Preiskampf).

b) Für Art und Umfang der Abwehrmaßnahmen gilt der Grundsatz der Verhältnismäßigkeit. Sie richten sich nach der Abwehrlage und dem Zweck der Abwehr. Ein

---

14 Vgl. zu deren Unzulässigkeit BGH GRUR 1954, 337, 341 – Radschutz.
15 BGH GRUR 1988, 916, 918 = WRP 1988, 734 – PKW-Schleichbezug; zustimmend Großkomm/*Köhler,* aaO.
16 BGH GRUR 1962, 45, 48 = WRP 1961, 307 – Betonzusatzmittel; BGH GRUR 1971, 259, 261 = WRP 1971, 222 – WAZ; Großkomm/*Köhler,* aaO.
17 RG GRUR 1933, 249, 251 – Paraphinkerzen; BGH GRUR 1968, 382, 385 = WRP 1967, 363 – Favorit II; BGH GRUR 1971, 259, 260 = WRP 1971, 222 – WAZ; BGH GRUR 1988, 916, 918 = WRP 1988, 734 – PKW-Schleichbezug; BGH GRUR 1990, 371, 373 = WRP 1989, 468 – Preiskampf; BGH GRUR 1989, 516, 518 = WRP 1989, 488 – Vermögensberater; BGH GRUR 1990, 685, 686 = WRP 1990, 830 – Anzeigenpreis I; Großkomm/*Köhler,* Vor § 13 UWG, B, Rdn. 448; *Baumbach/Hefermehl,* Einl. UWG, Rdn. 361.
18 Vgl. BGH GRUR 1989, 516, 518 = WRP 1989, 488 – Vermögensberater; im Urteil ist allerdings – wohl fälschlich ausgedrückt – vom unbestimmten Kreis der durch die täuschende Berufsbezeichnung Angesprochenen die Rede, auf den es für die Notwendigkeit außergerichtlichen Abwehrverhaltens kaum entscheidend ankommen kann.

schwerwiegender oder drastischer unlauterer Angriff kann auch eine scharfe Abwehr rechtfertigen[19]; jedoch muß die Abwehr sich stets in den Grenzen des Notwendigen und Zumutbaren halten[20]. Gibt es mehrere Möglichkeiten eines den Abwehrzweck erreichenden Verhaltens, so ist im Rahmen der gebotenen Interessenabwägung regelmäßig das den Angreifer am wenigsten belastende zu wählen[21]. Maßnahmen, die über den Zweck der Abwehr – beispielsweise die Aufklärung über einen bestimmten Vorgang[22] – hinausgehen, werden vom Begriff der »Abwehr« nicht gedeckt. Unschädlich ist es jedoch, daß eine Abwehräußerung einen größeren Empfängerkreis anspricht als die Angriffsäußerung, wenn nach der Lebenserfahrung eine Weiterverbreitung der letzteren bezweckt ist oder mindestens naheliegt[23].

c) Die Notwendigkeit der Abwehr muß objektiv gegeben sein. Ihre irrige Annahme (Putativabwehr) beseitigt die Wettbewerbswidrigkeit des vermeintlichen Abwehrverhaltens nicht[24] und setzt den Handelnden der Unterlassungsklage aus, da die Berufung auf Putativabwehr auch nicht ohne weiteres die Vermutung der Wiederholungsgefahr beseitigen kann. Denn für den vorgeblich irrig ein fremdes Recht Verletzenden ist die Abgabe einer strafbewehrten Unterlassungsverpflichtungserklärung durchaus zumutbar; verweigert er sie, so besteht die durch die Handlung begründete Vermutung fort (so jetzt auch Großkomm/*Köhler,* aaO.).

---

19 RG GRUR 1933, 249, 251 – Paraphinkerzen; BGH GRUR 1968, 382, 385 = WRP 1967, 363 – Favorit II; BGH GRUR 1971, 259, 260 = WRP 1971, 222 – WAZ; BGH aaO. – Vermögensberater.
20 BGH GRUR 1979, 157, 159 = WRP 1979, 117 – Kindergarten-Malwettbewerb; Großkomm/*Köhler,* Vor § 13 UWG, B, Rdn. 449.
21 BGH aaO. – Kindergarten-Malwettbewerb; Großkomm/*Köhler,* aaO.; *Baumbach/Hefermehl,* Einl. UWG, Rdn. 362; vgl. auch schon BGHZ 24, 201, 206 – Spätheimkehrer; BGH GRUR 1959, 244, 247 = WRP 1959, 83 – Versandbuchhandlung.
22 Vgl. BGH GRUR 1961, 288, 289 = WRP 1961, 113 – Zahnbürsten.
23 Vgl. BGH GRUR 1967, 308, 312 = WRP 1967, 126 – Backhilfsmittel; Großkomm/*Köhler,* aaO.
24 BGH GRUR 1960, 193, 196 = WRP 1960, 13 – Frachtenrückvergütung; Großkomm/*Köhler,* Vor § 13 UWG, B, Rdn. 453; *Baumbach/Hefermehl,* Einl. UWG, Rdn. 365.

19. Kapitel Andere Einwände gegen den Unterlassungsanspruch (Üblichkeit, Rechtsmißbrauch, notwendige Rechtsverteidigung, Aufbrauchfrist)

Literatur: *Baumgärtel,* Die Klage auf Vornahme, Widerruf oder Unterlassung einer Prozeßhandlung in einem bereits anhängigen Prozeß, in Festschrift für *H. Schima,* 1969, S. 41 ff.; *Borck,* Abschied von der Aufbrauchfrist, WRP 1967, 7; *Ehlers,* Die Aufbrauchfrist und ihre Rechtsgrundlage, GRUR 1967, 77; *Friehe,* »unclean hands« und lauterer Wettbewerb, WRP 1987, 439; *Fritze,* Der Einwand des Selbstwiderspruchs, insbesondere i. S. der »unclean hands«, und das allgemeine Interesse im Wettbewerb; *E. Helle,* Der Schutz der Persönlichkeit, der Ehre und des wirtschaftlichen Rufes im Privatrecht, 1969; *J. Helle,* Die Begrenzung des zivilrechtlichen Schutzes der Persönlichkeit und der Ehre gegenüber Äußerungen in rechtlich geordneten Verfahren, GRUR 1982, 207; *Kisseler,* Die Aufbrauchsfrist im vorprozessualen Abmahnverfahren, WRP 1991, 691; *Klaka,* Ehrverletzende Äußerungen im Zivilprozeß, GRUR 1973, 515; *Prölss,* Der Einwand der »unclean hands« im Bürgerlichen Recht; *Teplitzky,* Die jüngste Rechtsprechung des Bundesgerichtshofs zum wettbewerblichen Anspruchs- und Verfahrensrecht, GRUR 1989, 461; *Traub,* Der Einwand der »unclean hands« gegenüber Folgenbeseitigungsansprüchen, Festschrift für *v. Gamm,* 1990, S. 213 ff.; *Ulrich,* Der Mißbrauch prozessualer Befugnisse in Wettbewerbssachen, Festschrift *v. Gamm,* 1990, S. 223; *Ulrich,* Die Aufbrauchsfrist im Verfahren der einstweiligen Verfügung, GRUR 1991, 26; *Walchshöfer,* Ehrverletzende Äußerungen in Schriftsätzen, MDR 1975, 11; *Walter,* Ehrenschutz gegenüber Parteivorbringen im Zivilprozeß, JZ 1986, 614; *Willemer,* GWB-Einwendungen gegen UWG-Ansprüche, WRP 1976, 16 u. 77; *Zeiss,* Schadensersatzpflichten aus zivilprozessualem Verhalten, NJW 1967, 703.

Inhaltsübersicht	Rdn.		Rdn.
I. Der Einwand der Üblichkeit	1–4	b) Mißbräuchliche Ausnutzung formaler Rechtspositionen	11, 12
II. Der Einwand des Rechtsmißbrauchs	5–14	c) Andere Mißbrauchstatbestände	13–15
1. Unclean hands	5–7	III. Der Einwand der Rechtsverteidigung in gerichtlichen oder behördlichen Verfahren	16–18
2. Benachteiligung im Verhältnis zu anderen Verletzern	8	IV. Der Einwand der Einwilligung	19
3. Rechtsgrundsätze aus § 242 BGB	9–14	V. Der Einwand der Aufbrauch- oder Umstellungsfrist	20
a) Venire contra factum proprium	10		

I. Der Einwand der Üblichkeit

1 Nicht selten verteidigt der Verletzer sein Verhalten mit der Behauptung, es entspreche einer allgemeinen Verkehrssitte oder einem Handelsbrauch oder zumindest einer weitverbreiteten Übung entweder generell im Handel (Handelsüblichkeit) oder in seiner Branche (Branchenüblichkeit) oder in einem örtlich begrenzten Gebiet (Ortsüblichkeit).

Bei dieser Verteidigung sind zwei Aspekte zu unterscheiden:

2 1. Sie ist – vor allem in ihrer stärksten Form, der Berufung auf einen Handelsbrauch, – beachtlich, soweit die Üblichkeit eines Verhaltens im Wettbewerb ein vom Gesetz oder von der Rechtsprechung entwickeltes Kriterium für die Beurteilung der Wettbewerbsgemäßheit darstellt. Typische Beispiele dafür sind:

a) im Gesetz: § 1 Abs. 2 lit. d ZugabeVO (handelsübliches Zubehör), § 7 Abs. 1 und § 9 Nr. 1 RabattG (»handelsüblich«), § 13 Abs. 1 DVO RabattG (»Verhältnisse in dem Geschäfts- oder Warenzweig«);

b) aus der Rechtsprechung: Die Bedeutung der Branchenübung für die Beurteilung von Sonderveranstaltungen i. S. des § 7 UWG bzw. früher des entsprechenden § 1 der AO des RWM betr. Sonderveranstaltungen v. 4. 7. 1935[1].

3 Darüber hinaus kann die »Üblichkeit« generell gewisse Anhaltspunkte für die Wertung ergeben, ob die Handlung wettbewerbsgemäß oder wettbewerbswidrig ist. Zu beachten ist dabei aber, daß es für diese Wertung nicht allein auf die – für eine »Übung« regelmäßig ursächlichen – Anschauungen der beteiligten Fachkreise bzw. der »anständigen Durchschnittsgewerbetreibenden«, sondern auf die Anschauungen derjenigen Verkehrskreise ankommt, auf die sich die Handlung auswirkt[2].

4 2. Unbeachtlich ist die Verteidigung, soweit sie sich auf die Üblichkeit eines Verhaltens bezieht, das für sich genommen wettbewerbswidrig ist. Ein unzulässiges Handeln wird nicht dadurch zulässig, daß andere – und seien es auch viele oder gar alle in derselben Branche oder im gesamten Handelsbereich – in gleicher Weise gesetzwidrig handeln. Übungen sind ebenso wie Handelsbräuche und Verkehrssitten[3] nur dort zu beachten, wo sie nicht gesetzwidrig oder mißbräuchlich sind. Erweist sich eine Gepflogenheit als Mißbrauch, so kann sie von der Rechtsprechung nicht hingenommen werden[4]. In Zweifelsfällen kann die Handels-, Branchen- oder Ortsüblichkeit jedoch eine gewisse Indizwirkung für die Zulässigkeit haben (Großkomm/*Köhler*, aaO.).

---

[1] BGH GRUR 1972, 125, 126 = WRP 1971, 517 – Sonderveranstaltung III; BGH GRUR 1973, 658, 659 = WRP 1973, 470 – Probierpreis; BGH GRUR 1979, 402, 404 = WRP 1979, 357 – Direkt ab LKW; BGHZ 103, 349, 352 – Kfz-Versteigerung; st. Rspr.

[2] BGH GRUR 1955, 541, 542 = WRP 1955, 206 – Bestattungswerbung; BGH GRUR 1961, 588, 592 = WRP 1961, 162 – Einpfennig-Süßwaren.

[3] Vgl. RGZ 114, 9, 14.

[4] RG aaO. S. 15; vgl. auch RG GRUR 1914, 122 u. RG GRUR 1944, 88, 89 – Gelonida; BGH LM HGB § 377 Nr. 16 = NJW 1976, 625; BGH GRUR 1982, 242, 243 = WRP 1982, 270 – Anforderungsscheck für Barauszahlung; Großkomm/*Köhler*, Vor § 13 UWG, B, Rdn. 441.

II. Der Einwand des Rechtsmißbrauchs

1. Die häufigste Form dieses Einwands ist die des »tu quoque« bzw. die Berufung auf »unclean hands«, das ist die Verteidigung mit dem Vorwurf, der Angreifer begehe die gleichen oder sehr ähnliche Wettbewerbsverstöße, sein Vorgehen sei somit rechtsmißbräuchlich.

Diesen Einwand erachtet die deutsche Rechtsprechung jedenfalls dann nicht als durchgreifend, wenn durch das wettbewerbswidrige Verhalten außer den Interessen des angreifenden Wettbewerbers auch solche Dritter, insbesondere auch der Allgemeinheit, berührt werden[5]. Dies ist zwar auf Kritik gestoßen, wird aber von der herrschenden Meinung zu Recht gebilligt[6]. Schon das Reichsgericht (GRUR 1944, 88, 89 – Gewinde) hatte darauf hingewiesen, daß die entgegengesetzte Auffassung dazu führen würde, unlautere Wettbewerbsmethoden nur deshalb bestehen zu lassen, weil mehrere Mitbewerber sich ihrer in gleicher Weise bedienen. Der Bundesgerichtshof hat diese Begründung übernommen[7].

Demnach kann der Einwand des Rechtsmißbrauchs wegen »unclean hands« des Angreifers allenfalls dann mit Aussicht auf Erfolg erhoben werden, wenn die angegriffenen Handlungen ausschließlich Interessen des angreifenden Wettbewerbspartners selbst – nicht auch die Dritter[8] – berühren und außerdem zu dessen wettbewerbswidrigem Verhalten in einem so engen Verhältnis wechselseitiger Abhängigkeit stehen, daß der Angreifer sich mit seinem Vorgehen dagegen in Widerspruch zu seinem eigenen Verhalten setzen würde[9]. Auch gegen eine dergestalt begrenzte Anwendbarkeit wendet sich *Köhler* (Großkomm, Vor § 13, B, Rdn. 488), und zwar mit überzeugenden Gründen. Er weist zu recht darauf hin, daß der Gesichtspunkt der »wechselseitigen Abhängigkeit« bereits bei der Abwehr hinreichende Berücksichtigung erfahren kann und jede Ausweitung der wechselseitigen Hinnahme von Wettbewerbsunrecht mit der über den Schutz des Gegners hin ausweisenden Funktion des Wettbewerbsrechts unvereinbar wäre. Auch hier muß der Grundsatz, daß unlautere Wettbewerbsmaßnahmen nicht deshalb Bestand haben dürfen, weil mehrere Mitbewerber sich ihrer in gleicher Weise

---

5 BGH GRUR 1967, 430, 432 – Grabsteinaufträge m. w. N.; BGH GRUR 1971, 582, 584 = WRP 1971, 369 – Kopplung im Kaffeehandel; BGH GRUR 1977, 494, 497 = WRP 1977, 173 – Dermatex.
6 Kritisch *Pröls,* ZHR 132 (1969), 36, 73; *Fritze,* WRP 1966, 158 ff.; zur h. M. vgl. *Willemer,* WRP 1976, 16, 22 sowie die umfangreichen Nachweise bei *Prölss* aaO., S. 73 in Fn. 112; ferner *Baumbach/Hefermehl,* Einl. UWG, Rdn. 448 und – ebenfalls mit zahlreichen weiteren Nachweisen – Rdn. 449.
7 BGH GRUR 1967, 430, 432 – Grabsteinaufträge; BGH GRUR 1971, 582, 584 = WRP 1971, 369 – Kopplung im Kaffeehandel; (eingehend) zustimmend Großkomm/*Köhler,* Vor § 13 UWG, B, Rdn. 486–489.
8 So auch sinngemäß für Einwände aus Treu und Glauben schlechthin BGH GRUR 1984, 457, 460 = WRP 1984, 382 – Deutsche Heilpraktikerschaft m. w. N.; vgl. auch schon BGHZ 10, 196, 202, 203 – DUN-Europa sowie *Willemer,* WRP 1976, 16, 22 u. Großkomm/*Köhler,* Vor § 13 UWG, B, Rdn. 487
9 BGH GRUR 1957, 23, 24 = WRP 1956, 244 – Bünder Glas; BGH GRUR 1971, 582, 584 = WRP 1971, 369 – Kopplung im Kaffeehandel; *Baumbach/Hefermehl,* Einl. UWG, Rdn. 448 ff.; *Willemer,* WRP 1976, 16, 22 f.

bedienen (RG GRUR 1944, 88, 89 – Gewinde; Großkomm/*Köhler*, aaO.; weitere Nachweise vorstehend in Fn. 4).

8   2. Als rechtsmißbräuchlich wurde es von Betroffenen zuweilen auch beanstandet, wenn allein sie durch einen Verband auf Unterlassung eines Verhaltens in Anspruch genommen wurden, das in gleicher Weise von anderen Wettbewerbern, insbesondere Mitgliedern des angreifenden Verbandes, begangen wurde, ohne daß der Verband auch gegen diese vorging. Einen solchen Einwand hat der Bundesgerichtshof mit der Begründung verworfen, daß es dem Verband grundsätzlich freistehe, gegen wen er bestehende Ansprüche durchsetzen wolle, und daß es dem von diesem Vorgehen Betroffenen freistehe, seinerseits gegen das gleichartige Verhalten der anderen Mitbewerber vorzugehen[10].

9   3. Im übrigen sind auch bei der Prüfung wettbewerblicher Unterlassungsansprüche die allgemein aus § 242 BGB hergeleiteten Rechtsgrundsätze zu beachten, und zwar nicht etwa nur auf Einrede, sondern von Amts wegen. Auch hier gilt jedoch wiederum die Einschränkung, daß die Berufung auf Treu und Glauben gegenüber dem Gegner dann – jedenfalls grundsätzlich – versagen muß, wenn das damit verteidigte Verhalten nicht nur rechtlich geschützte Interessen dieses Gegners selbst, sondern auch solche Dritter, insbesondere auch der Allgemeinheit, verletzt[11]. Nur ganz ausnahmsweise kann auch hier – wie schon bei der Verwirkung, vgl. Kap. 17, Rdn. 21 – die gebotene Interessenabwägung dazu führen, daß unbedeutende, wenig gewichtige Drittinteressen gegenüber erheblichen Interessen des Angegriffenen zurücktreten müssen[12].

a) Venire contra factum proprium

10 Auch über den bereits gesondert behandelten Anwendungsfall der Verwirkung hinaus kann rechtsmißbräuchlich handeln, wer sich mit eigenem früheren Verhalten in Widerspruch setzt. Ein solches Verhalten braucht nicht zu einem schützenswerten Besitzstand geführt zu haben; es muß jedoch geeignet gewesen sein, beim anderen Teil das Vertrauen auf eine gleichbleibende Einstellung und demgemäß auf eine bestimmte Rechtslage, auf die er sich eingerichtet hat, zu begründen[13]. Dafür reicht die Äußerung einer Rechtsmeinung in einem Verfahren in der Regel nicht aus; mit einer Änderung muß der Gegner – auch hinsichtlich der Beurteilung der Verwechslungsgefahr – rechnen[14]. Dagegen handelt rechtsmißbräuchlich, wer gegen die Benutzung einer Waren- oder Firmenkennzeichnung – als verwechslungsfähig mit einer prioritätsälteren eigenen Kennzeichnung – vorgeht, obwohl er die angegriffene Form in vorangegangenen Abgrenzungsgesprächen gebilligt oder gar selbst vorgeschlagen hat. Auch hier versagt jedoch der Mißbrauchseinwand in der Regel dann, wenn die zunächst gemeinsam gewählte Kennzeichnung für den Verkehr irreführend ist und deshalb gegen § 3 UWG verstößt[15].

---

10 BGH GRUR 1967, 430, 432 – Grabsteinaufträge; BGH Urt. v. 20. 6. 1984 – I ZR 37/82.
11 BGH GRUR 1984, 457, 460 = WRP 1984, 382 – Deutsche Heilpraktikerschaft.
12 Zu den Kriterien vgl. die in Kap. 17, Fn. 75 f. zitierte Rechtsprechung zum Einwand der Verwirkung.
13 BGH GRUR 1957, 499, 503 – Wipp.
14 BGH aaO.; *Baumbach/Hefermehl*, Einl. UWG, Rdn. 425.
15 So BGH GRUR 1984, 457, 460 = WRP 1984, 382 – Deutsche Heilpraktikerschaft für den Fall eines täuschenden Vereinsnamens.

b) Mißbräuchliche Ausnutzung formaler Rechtspositionen.
Im Wettbewerb spielen Ansprüche aus sehr formal gestalteten Rechten – Leistungsschutzrechte, Warenzeichenrecht – eine erhebliche Rolle. Solche Ansprüche kollidieren naturgemäß leicht mit anderen sachlichen Rechten (Firmenrecht, Ausstattungsrecht)[16] oder mit gleichfalls schützenswert erscheinenden Interessen Dritter (z. B. mit dem aufgrund einer nicht eingetragenen und nicht als Ausstattung durchgesetzten Warenkennzeichnung gewonnenen Besitzstand[17] oder mit dem Interesse an freier Benutzung bestimmter Warenkennzeichnungen[18]). In solchen Kollisionsfällen kann sich die Ausnutzung der formal stärkeren Position als mißbräuchlich erweisen, wenn bestimmte Umstände wie Zielsetzung oder Motivation sie als mit guten wettbewerblichen Sitten unvereinbar erscheinen lassen. Allerdings hat die Rechtsprechung derartige Kollisionsfälle bislang regelmäßig nicht über Treu und Glauben allein, sondern in unmittelbarer Anwendung des § 1 UWG als Fälle rechtswidriger Behinderung beurteilt (vgl. dazu auch *Klaka*, Vor- (Weiter-)Benutzung im Kennzeichnungsrecht, Festschrift für *v. Gamm*, 1990, S. 271 ff., sowie, allerdings ohne den Hinweis auf die Rechtsprebeurteilung über § 1 UWG, Großkomm/*Köhler*, Vor § 13 UWG, B, Rdn. 493).

So hat der Bundesgerichtshof beispielsweise das Vorgehen aus einem Warenzeichen als wettbewerbswidrig beurteilt, wenn das Zeichen nur eingetragen worden ist, um die Grundlage für die Zerstörung eines schutzwürdigen Besitzstandes des Vorbenutzers der gleichen oder einer verwechslungsfähigen, nicht als Warenzeichen eingetragenen Kennzeichnung zu schaffen[19] oder um Mitbewerber an der inländischen Mitbenutzung einer ausländischen Herstellermarke für auch von ihm importierte Waren zu hindern[20]. Der Rechtsmißbrauchsgedanke kann hier sogar u. U. über die Verteidigung gegen das Vorgehen aus der Formalposition hinaus zu deren Beseitigung – etwa durch Klage auf Löschung eines auf mißbräuchlichen Antrag eingetragenen Warenzeichens – führen[21].

c) Andere Mißbrauchstatbestände
aa) Unzulässig ist die Berücksichtigung von Rechtsfolgen aus tatsächlichen Verhältnissen, die ein Beteiligter unter Verletzung von Rechten des anderen herbeigeführt hat. So kann beispielsweise der Wegfall der Verkehrsgeltung einer Bezeichnung dann nicht berücksichtigt werden, wenn er nur darauf beruht, daß derjenige, der sich auf ihn beruft,

---

16 *Baumbach/Hefermehl*, Einl. UWG, Rdn. 424.
17 BGH GRUR 1984, 210, 211 = WRP 1984, 194 – AROSTAR; BGH GRUR 1986, 74, 77 – Shamrock III.
18 BGH GRUR 1980, 110, 112 = WRP 1980, 74 – Torch.
19 BGH GRUR 1961, 413, 416 – Dolex; BGHZ 46, 130, 133 – Modess; BGH GRUR 1967, 304, 306 = WRP 1967, 90 – Siroset; BGH GRUR 1984, 210, 211 = WRP 1984, 194 – AROSTAR; BGH GRUR 1986, 74, 76 – Shamrock III.
20 BGH GRUR 1980, 110, 112 = WRP 1980, 74 – Torch.
21 BGH GRUR 1986, 74, 77 – Shamrock III; ferner BGH aaO. – Siroset und – AROSTAR; im letzteren Fall hat der BGH den Mißbrauchseinwand gegen eine Warenzeichenanmeldung für nicht durchgreifend erachtet, wenn der Anmelder das mit ihr verfolgte Ziel der Besitzstandsvernichtung auf anderem Wege, nämlich durch Vorgehen gegen die uneingetragene Kennzeichnung des Vorbenutzers aufgrund eines eigenen prioritätsälteren und verwechslungsfähigen Warenzeichens, ohnehin in zulässiger Weise erreichen könnte, er also nur den weniger korrekt erscheinenden Weg zu seinem Ziel gewählt hat.

eine gleiche oder ähnliche Bezeichnung unter Verletzung des Kennzeichnungsrechts des Gegners benutzt hat[22].

14 bb) Mißbräuchlich kann das Vorgehen – beispielsweise aus einem Warenzeichen – sein, wenn es absichtlich längere Zeit hinausgezögert worden ist, damit beim Verletzer durch das angestrebte Verbot ein hoher, bei früherem Vorgehen vermeidbarer Schaden erwächst[23].

d) Der besondere Mißbrauchstatbestand des § 13 Abs. 5 UWG

15 Die Vorschrift des § 13 Abs. 5 UWG berührt – entgegen einer in der Literatur geäußerten Mindermeinung[24] – nicht die Begründetheit des Anspruchs, sondern nur die Zulässigkeit seiner Durchsetzung[25]. Sie ist näher bereits in Kap. 13 unter IV. behandelt.

III. Der Einwand der Rechtsverteidigung (in gerichtlichen oder behördlichen Verfahren)

16 1. Nach der neueren Rechtsprechung, die in der Literatur überwiegend Zustimmung gefunden hat, können gegen verletzende Äußerungen in schwebenden Prozeß- oder Verwaltungsverfahren oder im Vorfeld solcher Verfahren – gleichgültig, ob in Form von Tatsachenbehauptungen oder von Werturteilen – grundsätzlich Unterlassungsansprüche nicht mit Erfolg geltend gemacht werden[26].

(Beispiele: Ein Zeuge macht bei seiner gerichtlichen Vernehmung diskriminierende oder irreführende Äußerungen über einen Konkurrenten; der Anwalt einer Prozeßpartei tut das Gleiche oder Ähnliches über den Gegner der Prozeßpartei oder über einen Dritten).

---

22 BGH, Urt. v. 27. März 1956 – I ZR 73/54 – Union Verlag, Urteilsabdruck S. 9; BGHZ 21, 66, 78 – Hausbücherei; BGH GRUR 1957, 428, 430 – Bücherdienst; Großkomm/*Teplitzky*, § 16 UWG, Rdn. 135 u. 234.
23 RG JW 1936, 188; *Baumbach/Hefermehl* (Einl. UWG, Rdn. 425) mahnt beim Zitat dieser Entscheidung mit Recht zur Vorsicht, da der Nachweis einer für diesen Einwand hinreichend deutlichen Absicht auf erhebliche Schwierigkeiten stoßen dürfte und regelmäßig wohl rechtfertigende zusätzliche Gründe für die Verzögerung bei der Hand sein werden.
24 Vgl. *v. Ungern-Sternberg*, Festschrift für *Klaka*, 1987, S. 72, 95 ff.
25 Vgl. Vorauflage, Kap. 59 Rdn. 16 u. jetzt Kap. 13, Rdn. 48 ff.; *Baumbach/Hefermehl*, § 13 UWG, Rdn. 46.
26 BGH JZ 1962, 486 m. Anm. *Weitnauer* = NJW 1962, 243; BGH GRUR 1965, 381, 385 – Weinbrand; BGH GRUR 1969, 236, 237 – Ostflüchtlinge (m. w. N.); BGH NJW 1971, 175; BGH GRUR 1971, 176 – Steuerhinterziehung; BGH GRUR 1973, 550, 551 – halbseiden; BGH GRUR 1977, 745, 747 – Heimstättengemeinschaft (insoweit nicht in BGHZ 69, 181); BGH GRUR 1981, 616 – Abgeordnetenprivileg; BGH GRUR 1984, 301, 304 = WRP 1984, 377 – Aktionärsversammlung (insoweit nicht in BGHZ 89, 198); BGH GRUR 1987, 568 f. = WRP 1987, 627 – Gegenangriff; OLG Köln MDR 1965, 134; OLG Hamburg MDR 1969, 142 und 1972, 1033; OLG Frankfurt WRP 1985, 162, 163; *Baumbach/Hefermehl*, Einl. UWG, Rdn. 320; MünchKomm/*Schwerdtner*, § 12 BGB, Rdn. 356 f. m. w. N.; *Klaka*, GRUR 1973, 515; *Walchshöfer*, MDR 1975, 11, 14 f.; *J. Helle*, GRUR 1982, 207, 209 ff.; einschränkend *Zeiss*, NJW 1967, 703 ff.; kritisch *Pastor*, in *Reimer*, S. 38 f. sowie *Erman/Weitnauer*, § 12 BGB, Anm. 41 b; vgl. auch *Weitnauer* in Anm. zu BGH JZ 1962, 486, 489).

19. Kapitel Andere Einwände gegen den Unterlassungsanspruch

Hiervon gibt es – wenn überhaupt, was die BGH-Rechtsprechung bislang ausdrücklich offengelassen hat –, nur zwei eng begrenzte Ausnahmen: Wenn die Behauptung ehrverletzend ist und offensichtlich keinerlei inneren Zusammenhang mit der Ausführung oder Verteidigung von Rechten, der sie dienen soll, hat; oder wenn bewußt unwahre oder mindestens leichtfertige Behauptungen aufgestellt werden, deren Unhaltbarkeit ohne weiteres auf der Hand liegt. In der Literatur wird teilweise (MünchKomm/*Schwerdtner*, § 12 BGB, Rdn. 358) selbst diese Einschränkung wegen der mit ihr verbundenen Unsicherheiten abgelehnt.

Die dogmatische Einordnung der herrschenden Rechtsmeinung bereitet allerdings Schwierigkeiten[27]; desgleichen die Auswertung der früheren Urteilsbegründungen des Bundesgerichtshofs. Nachdem dieser zunächst Sachvortrag, der zur Rechtsverfolgung oder -verteidigung diente, in einem zwar in Anlehnung an § 193 StGB entwickelten, aber über den Rechtfertigungsgrund der Wahrnehmung berechtigter Interessen hinausgehenden Umfang als materiell gerechtfertigt angesehen hatte[28], hat er seit der Entscheidung vom 13. 7. 1965 (NJW 1965, 1803) in ständiger Rechtsprechung die Auffassung vertreten, daß für das gerichtliche Vorgehen gegen solchen Sachvortrag schon das Rechtsschutzinteresse fehle[29]. Dieser – durchweg vom VI. Zivilsenat stammenden – Rechtsprechung hat sich der I. Zivilsenat nunmehr[30] mit eingehender Begründung angeschlossen, dabei jedoch klargestellt, daß diese Auffassung die Abweisung der Klage als unzulässig zur Folge haben müsse, was in den genannten Urteilen des VI. Zivilsenats nicht zum Ausdruck gekommen war. Dem ist – aus den überzeugenden Gründen des letztgenannten Urteils[30] – beizutreten.

Problematisch – und von der Rechtsprechung bisher nicht entschieden – ist die Frage, ob der Ausschluß eines Unterlassungsanspruchs lediglich für die Dauer des schwebenden Verfahrens gilt und bei dessen Beendigung – als Folge des Wegfalls des besonderen Rechtfertigungsgrundes und in Anwendung von Gedanken aus den Urteilen »Plagiatsvorwurf« I (BGH GRUR 1960, 500, 502) und »Torsana« (GRUR 1962, 34, 35) – auch ohne neuen Tatbeitrag des Verletzers ein Zustand entstehen kann, der einen Unterlassungsanspruch nunmehr begründet. Die Frage dürfte für den Normalfall zu verneinen sein, da eine Wiederholungsvermutung in Ermangelung einer rechtswidrigen Verletzungshandlung ausscheidet und eine Erstbegehungsgefahr regelmäßig – ohne Hinzutreten besonderer Umstände – ebenfalls nicht anzunehmen sein wird[31].

---

27 Vgl. *Erman/Weitnauer*, § 12 BGB, Rdn. 41 b; ferner die Versuche von *Baumgärtel* in Festschrift für *Schima*, S. 41, 54 f. und von *J. Helle*, GRUR 1982, 207, 211 ff.; neuestens dazu eingehend *Walter*, JZ 1986, 614 ff.
28 Vgl. BGH JZ 1962, 486, 487 = NJW 1962, 243; BGH GRUR 1965, 381, 385 – Weinbrand.
29 Vgl. BGH GRUR 1969, 236, 237 – Ostflüchtlinge; BGH GRUR 1971, 175, 176 – Steuerhinterziehung; BGH GRUR 1977, 745, 747 – Heimstättengemeinschaft (insoweit nicht in BGHZ 69, 181).
30 BGH GRUR 1987, 568 f. = WRP 1987, 627 – Gegenangriff; *G. Walter* hat die Entscheidung in seiner Anmerkung NJW 1987, 3138 zwar insoweit als »falsch« bezeichnet, als wegen Fehlens des Rechtsschutzinteresses statt wegen (angeblicher) »Rechtshängigkeit« desselben Anspruchs abgewiesen worden ist; er hat dabei jedoch den für die Rechtsprechung maßgeblichen Streitgegenstandsbegriff verkannt (vgl. dazu schon *Teplitzky*, GRUR 1989, 461, 468 unter 2. und jetzt auch *Baumbach/Hefermehl*, Einl. UWG, Rdn. 320).
31 So *Klaka*, GRUR 1973, 515, 517.

IV. Der Einwand der Einwilligung

19 Die Einwilligung schließt auch im Wettbewerbsrecht die Rechtswidrigkeit aus, jedoch nur in den – zahlenmäßig sehr begrenzten – Fällen, in denen der Einwilligende über das geschützte Rechtsgut verfügen kann, also keinerlei Interessen Dritter oder der Allgemeinheit berührt werden. Der Hauptanwendungsfall liegt im Bereich der Schutzrechte, insbesondere im Kennzeichnungsrecht, wo Fälle der Einwilligung in den Gebrauch geschützter Bezeichnungen (meist gegen Lizenz) nicht selten sind. Im übrigen finden auf die Einwilligung die allgemeinen Regeln (§§ 182 ff. BGB) Anwendung[32].

V. Der Einwand der Aufbrauch- oder Umstellungsfrist

20 Der BGH hat in dem einzigen Urteil, in dem die Frage der Zubilligung einer Aufbrauchfrist im Mittelpunkt der Entscheidung stand[33], die Geltendmachung einer solchen Frist als »Einwand« der beklagten Partei bezeichnet. Ob damit ein materiell-rechtlicher, den Unterlassungsanspruch selbst beschränkender Einwand gemeint war, der die Behandlung der Aufbrauchfrist im Zusammenhang dieses Kapitels gebieten würde, ist in hohem Maße zweifelhaft, da der BGH in einer kurz vorher erlassenen und im Mon Chéri II-Urteil auch zitierten Entscheidung[34] die Aufbrauchfrist noch ausdrücklich als eine »prozessuale Maßnahme« bezeichnet hatte. Zwar hätte die konsequente Einordnung als materiell-rechtliche Anspruchsbeschränkung den Vorzug der dogmatischen Richtigkeit[35], und neuere Entscheidungen des BGH erwecken den Anschein, als ob auch letzterer jetzt mehr dem Gesichtspunkt einer solchen Beschränkung zuneigen könnte[36]. Jedoch ist letzteres – entgegen meiner Einschätzung an anderer Stelle[37] – nicht sicher, weil der BGH die für diesen Fall eigentlich gebotene Konsequenz der Teilabweisung der Klage und der Anwendung des § 92 ZPO bei der Kostenentscheidung bisher nicht gezogen hat[38], und auch in der Literatur wird teilweise weiter die Auffassung vertreten, daß es sich – ungeachtet der vom BGH stets auf § 242 BGB

---

32 Vgl. auch Großkomm/*Köhler*, Vor § 13 UWG, B, Rdn. 440.
33 BGH GRUR 1961, 283 = WRP 1961, 229 – Mon Chéri II.
34 BGH GRUR 1960, 563, 567 = WRP 1960, 238 – Alterswerbung Sekt; dem folgend Voraufl., Kap. 57, Rdn. 17.
35 Vgl. schon die überzeugende Kritik der prozessualen Auffassung durch *Borck*, WRP 1967, 7 ff., und *Ehlers*, GRUR 1967, 77 ff.; für einen materiell-rechtlichen Charakter auch *Baumbach/Hefermehl*, Einl. UWG, Rdn. 487; Großkomm/*Teplitzky*, § 16 UWG, Rdn. 542; HdbWR/*Samwer*, § 73, Rdn. 23 (wohl i. V. mit Rdn. 10 zu verstehen); *Ulrich*, GRUR 1991, 26 f.; *Kisseler*, WRP 1991, 691, 693.
36 Vgl. BGH GRUR 1974, 735, 737 = WRP 1974, 403 – Pharmamedan (»Rechtswohltat, die den Unterlassungsanspruch beschränkt«) und BGH GRUR 1990, 522, 528 – HBV-Familien- und Wohnungsrechtsschutz, insoweit nicht in BGHZ 110, 156 (»Einschränkung des Klagebegehrens«). Auch OLG Karlsruhe WRP 1991, 595, 597 spricht von »Beschränkung des Unterlassungsanspruchs«.
37 Großkomm/*Teplitzky*, § 16 UWG, Rdn. 542.
38 Vgl. z. B. BGH GRUR 1982, 425, 431 – Brillen-Selbstabgabestellen (insoweit nicht in BGHZ 82, 375).

19. Kapitel Andere Einwände gegen den Unterlassungsanspruch

gestützten Ableitung[39] – um eine prozessuale Maßnahme handele[40], mindestens aber ihre Auswirkungen prozeß- bzw. vollstreckungsrechtlicher Natur seien[41]. Angesichts dieser Unklarheiten in dogmatischer Hinsicht sowie im Hinblick auf ihre weitgehende praktische Bedeutungslosigkeit (Institut und Anwendung erscheinen im wesentlichen jedenfalls gewohnheitsrechtlich gefestigt[42]) erscheint es zweckmäßig, die Behandlung der Aufbrauchfrist – ungeachtet ihres etwaigen materiell-rechtlichen Einwendungscharakters – dort zu belassen, wo sie in der Vorauflage erfolgt ist und wo der hieran gewöhnte Benutzer dieses Werks sie demgemäß auch wieder suchen wird: Im Kap. 57 ab Rdn. 17[43].

---

39 Diese allein besagt wenig, weil der Treu- und Glaubensgrundsatz auch insoweit, als er im Prozeßrecht Anwendung findet, in der Regel aus der Generalnorm des § 242 BGB hergeleitet wird, ohne daß er dadurch im Verfahrensrecht materiell-rechtlichen Charakter erhält.
40 Vgl. jetzt wieder Großkomm/*Jestaedt,* Vor § 13 UWG, E, Rdn. 83; ferner *v. Gamm,* Kap. 18, Rdn. 63, und Kap. 57, Rdn. 12.
41 Vgl. *Melullis,* Hdb., Rdn. 452; HdbWR/*Samwer,* § 73, Rdn. 23.
42 So auch schon HdbWR/*Samwer,* § 73, Rdn. 10.
43 Die Rolle der Aufbrauchfrist bei der Unterwerfung ist dagegen in Kap. 8, Rdn. 10–12, erörtert.

6. Teil Weitere Rechtsfragen im Zusammenhang mit dem Unterlassungsanspruch

20. Kapitel Die Vertragsstrafe als Sanktionsmittel

Literatur: *Baumgärtel*, Handbuch der Beweislast, Bd. 1, 1991; *Canaris*, Zivilrechtliche Probleme beim Warenhausdiebstahl, NJW 1974, 521; *Horschitz*, Atypische Vertragsstrafen, NJW 1973, 1958; *Kiethe*, Der wettbewerbsrechtliche Handlungsbegriff beim Vertragsstrafeversprechen, WRP 1986, 644; *Knütel*, Verfallsbereinigung, nachträglicher Verfall und Unmöglichkeit bei der Vertragsstrafe, AcP 175 (1975), 44; *Körner*, Natürliche Handlungseinheit und fortgesetzte Handlung bei der Unterlassungsvollstreckung und bei Vertragsstrafeversprechen, WRP 1982, 75; *Kroitzsch*, Die Unterlassungsverpflichtungserklärung und das Vertragsstrafeversprechen aus kartellrechtlicher Sicht, WRP 1984, 117; *Lindacher*, Phänomenologie der Vertragsstrafe, 1972; *Lindacher*, Gesicherte Unterlassungserklärung, Wiederholungsgefahr und Rechtsschutzbedürfnis, GRUR 1975, 413; *Teplitzky*, Unterwerfung und konkrete Verletzungsform, WRP 1990, 26.

Inhaltsübersicht

	Rdn.		Rdn.
I. Allgemeines	1–3	strafeanspruchs mit gesetzlichen Ansprüchen und/oder mit der Ordnungsmittelfestsetzung nach § 890 ZPO	22
II. Begriffsbestimmung	4–6		
III. Zustandekommen und Inhalt des Vertragsstrafeversprechens	7–14		
IV. Der Verfall der Vertragsstrafe	15–21	VI. Das Erlöschen der Vertragsstrafeverpflichtung	
1. Schuldhafte Zuwiderhandlung	15	1. Vertragsbeseitigung und Fortfall der Hauptleistungspflicht, Unmöglichkeit der Erfüllung dieser Pflicht	23
2. Mehrere Zuwiderhandlungen	16,17		
3. Mehrere Schuldner	18–20		
4. Abtretbarkeit und Vererblichkeit des Anspruchs, Verjährung	21	2. Veränderung der Rechtslage	24–28
V. Die Konkurrenz des Vertrags-			

I. Allgemeines

1 Die Vertragsstrafe hat nach herrschender Auffassung zwei Funktionen. Einerseits soll sie Druck auf den Schuldner ausüben und dadurch den Leistungsvollzug, die Erfüllung des Anspruchs sichern; andererseits soll sie durch die fest vereinbarte Summe den Gläubiger im Fall der Zuwiderhandlung durch den Schuldner auch der Notwendigkeit des Schadensnachweises entheben, also die Durchsetzung des Schadensausgleichsinteresses erleichtern[1].

1 RGZ 103, 99; BGH GRUR 1953, 262 – Vertragsstrafe; BGHZ 33, 163 – Krankenwagen II; BGHZ 63, 256, 259; Großkomm/*Köhler*, Vor § 13 UWG, B, Rdn. 111; RGRK/*Ballhaus*, Vor-

Im wettbewerblichen Unterlassungsrecht kommt dem Institut eine weitere, zwar eng mit den genannten Zwecken zusammenhängende, aber über sie hinausgehende dritte Funktion zu, nämlich die der Beseitigung der Wiederholungs- oder Erstbegehungsgefahr und damit der Vernichtung des aufgrund einer Verletzungshandlung oder wegen einer drohend bevorstehenden Verletzung entstandenen Unterlassungsanspruchs.

Die dritte Funktion war Gegenstand der Erörterung in Kapitel 8. Die Funktion des Schadensausgleichs gehört zum Schadensersatzrecht und wird dort zu behandeln sein. Dagegen gehört die Sanktionsfunktion, soweit sie der Durchsetzung eines Unterlassungsanspruchs dient, in den Bereich des Unterlassungsrechts im weiteren Sinne.

II. Begriffsbestimmung

1. Vertragsstrafe – zuweilen auch noch in Anlehnung an einen altgermanischen Begriff »Strafgedinge« genannt[2] – ist eine bestimmte, von vornherein bezifferte oder durch den Gläubiger oder einen Dritten (§§ 315 ff. BGB) bei Verfall bestimmbare Geldsumme[3], deren Leistung ein Schuldner dem Gläubiger für den Fall einer Zuwiderhandlung gegen eine bestehende Leistungspflicht verspricht. Sie ist ihrem Wesen nach – was ebenso wie die gegebene Begriffsbestimmung aus dem Wortlaut des § 339 BGB abzuleiten ist – akzessorisch[4], setzt also eine Leistungspflicht voraus. Besteht eine solche nicht, d. h. ist sie entweder nicht zustandegekommen oder wieder erloschen, nichtig oder durch Anfechtung vernichtet, so ist das Strafversprechen unwirksam[5]. Entfällt die zu sichernde Verbindlichkeit jedoch erst nach Eintritt eines Verwirkungsfalls, so bleibt der Anspruch auf die damit verwirkte Strafe in der Regel unberührt[6].

2. Von wenigen Ausnahmen abgesehen[7] kommt grundsätzlich jede Leistungspflicht als Sicherungsobjekt in Betracht, insbesondere also auch – hier liegt die Bedeutung des Rechtsinstituts für das Wettbewerbsrecht – jede Unterlassungspflicht. Im Gegensatz zur Meinung *Pastors*, in *Reimer*, S. 155, der nur vertragliche Verpflichtungen als sicherungsfähig ansehen will, können auch gesetzliche Pflichten als sicherungsfähige Ver-

---

bem. zu §§ 339–345 BGB, Rdn. 1; MünchKomm/*Söllner*, § 339 BGB, Rdn. 3; *Knütel*, AcP 175 (1975), S. 44, 54; a. A. (mit weiteren umfangreichen Nachweisen zur h. M. auf S. 13 in Fn. 7) *Lindacher*, Phänomenologie, der das Institut monofunktional, d. h. als allein zur Sicherung des Realerfüllungsinteresses bestimmt ansehen will (vgl. aaO. bes. S. 57 ff.); ihm zustimmend *Eggert*, NJW 1974, 242.

2 Zur geschichtlichen Entwicklung des Instituts vgl. *Lindacher*, aaO., S. 51–54, kritisch zur Verwendung des Begriffs *Pastor*, in Reimer, S. 154.

3 Nach § 342 BGB kann zwar die Vertragsstrafe auch in einer anderen Leistung als der einer Geldsumme bestehen; diese Möglichkeit kann jedoch für das wettbewerbliche Unterlassungsrecht als praktisch bedeutungslos außer Betracht bleiben.

4 Vgl. Großkomm/*Köhler*, Vor § 13 UWG, B, Rdn. 113; zu dogmatischen Fragen im Zusammenhang hiermit vgl. *Lindacher*, aaO., S. 66 ff.

5 BGH GRUR 1953, 262, 264 – Vertragsstrafe; NJW 1962, 1340, 1341; OLG München, BB 1984, 630; h. M.; vgl. auch RGRK/*Ballhaus*, § 339 BGB, Rdn. 12 f.; *Palandt/Heinrichs*, Vorbem. vor § 339 BGB, Rdn. 2.

6 RGRK/*Ballhaus*, § 339 BGB, Rdn. 14 – auch zu den Ausnahmen von dieser Regel; zu diesen vgl. auch *Knütel*, AcP 175, 44, 72 ff.

7 Vgl. dazu im einzelnen *Lindacher*, Phänomenologie, S. 70–75.

bindlichkeiten in Betracht kommen[8]. Da auch in diesen Fällen die Konkretisierung der Pflicht notwendig ist – nicht ausreichend wäre selbstverständlich ein Strafversprechen »für jeden Fall der Zuwiderhandlung gegen die Unterlassungspflichten gem. § 1 UWG« –, sind Strafversprechen für die Verletzung gesetzlicher Unterlassungspflichten aber wenig praktisch. Sie sind auch nicht ohne Risiko, da teilweise auch vertreten wird[9], daß der »Verbindlichkeit« des Schuldners ein (klagbarer) »Anspruch« des Gläubigers entsprechen müsse. Ein solcher würde aber eine begangene oder drohende konkrete Verletzungshandlung erfordern, also die Begehungsgefahr, ohne die ein gesetzlicher Unterlassungsanspruch nicht existiert. Da die Vertragsstrafe aber in der Regel diese Begehungsgefahr – und damit den Anspruch – beseitigt, ginge eine Vertragsstrafesicherung nach dieser Auffassung meistens ins Leere[10]. Ausgenommen wären nur noch die Fälle, in denen sich die Vertragsstrafesicherung als zur Beseitigung der Begehungsgefahr unzureichend erwiese.

6 In der Regel und im Zweifel[10] dient die Vertragsstrafe im wettbewerblichen Unterlassungsrecht daher der Sicherung einer konkreten vertraglichen Unterlassungspflicht[11].

III. Zustandekommen und Inhalt des Vertragsstrafeversprechens

7 1. Die Pflicht zur Zahlung der Vertragsstrafe für den Fall ihrer Verwirkung wird durch Vertrag zwischen dem Schuldner und dem Gläubiger begründet[12]. Gläubiger kann – das ist heute für die Vertragsstrafe als Sanktion unbestritten – auch ein Verband i. S. des § 13 Abs. 2 Nr. 2–4 UWG sein.

8 2. Für das Zustandekommen des Vertrages gelten die allgemeinen Regeln[13] ohne die im Zusammenhang mit der strafbewehrten Unterwerfungserklärung (in Kap. 8, Rdn. 5 ff.) erörterten Einschränkungen. Letztere haben nur für die Frage Bedeutung, ob ein Vertragsstrafeversprechen geeignet ist, die Wiederholungsgefahr auszuräumen.

---

8 Vgl. Großkomm/*Köhler*, Vor § 13 UWG, B, Rdn. 112; MünchKomm/*Söllner*, § 339 BGB, Rdn. 7; näheres bei *Lindacher*, aaO., S. 66 ff.

9 Vgl. die Nachweise bei *Lindacher,* aaO., S. 68, Fn. 13; a. A. Großkomm/*Köhler*, Vor § 13 UWG, B, Rdn. 114, der auch ein selbständiges, also anspruchsunabhängiges Strafversprechen für möglich hält und (mit *Tetzner*, Klagenhäufung im Wettbewerbsrecht, GRUR 1981, 803, 807) meint, daß dann, wenn die Parteien einen vertraglichen Unterlassungsanspruch nicht begründet haben, ein wettbewerbsrechtlicher Unterwerfungsvertrag in Zweifel als selbständiges Strafversprechen zu verstehen sei.

10 Vgl. auch Großkomm/*Köhler,* Vor § 13 UWG, B, Rdn. 113.

11 Ob die Unterwerfungserklärung wirklich eine vertragliche Unterlassungspflicht begründen (und diese an die Stelle des durch eine Verletzungshandlung begründeten Unterlassungsanspruchs setzen) soll, ist jedoch im Einzelfall Auslegungsfrage; vgl. *Baumbach/Hefermehl*, Einl. UWG, Rdn. 298 m. w. N.). Es empfiehlt sich daher im Hinblick auf das erwähnte Risiko eine klare und eindeutige Verpflichtungsvereinbarung.

12 BGHZ 21, 370, 372; *Baumbach/Hefermehl*, Einl. UWG, Rdn. 289 u. 298; zu den denkbaren, aber problematischen Fällen einer Entstehung durch einseitiges Versprechen vgl. RGRK/*Ballhaus*, § 339 BGB, Rdn. 2 m. w. N.

13 BGH, GRUR 1992, 61, 62 = WRP 1991, 654, 656 – Preisvergleichsliste; die Streitfrage, ob und wieweit eine Vertragsstrafe auch in allgemeinen Geschäftsbedingungen ausbedungen werden kann (vgl. *Canaris*, NJW 1974, 521, 526; auch BGHZ 60, 377, 384 und *Lindacher*, Phänomenologie, S. 203 ff.) spielt im Wettbewerbsrecht praktisch keine Rolle.

Für die Frage des wirksamen Zustandekommens sind sie ohne Belang. Dies gilt namentlich für die – in der Rechtsprechung der Oberlandesgerichte allerdings noch umstrittene[14] – Frage, ob die zu sichernde Unterlassungsverpflichtung die konkrete Verletzungsform genau und bestimmt treffen muß, die auch nur für die Frage der Wiederholungsgefahr bedeutsam sein kann[15]. Die Wirksamkeit eines Vertragsstrafevertrages wird auch weder durch Bedingungen noch dadurch infrage gestellt, daß die Zahlung eines unangemessen niedrigen Betrages oder die Zahlung des Betrages an einen Dritten vereinbart wird. Ist der vereinbarte Betrag zu hoch, so bleibt die Verpflichtung als solche gleichfalls unberührt, sofern nicht zusätzlich Momente für eine Sittenwidrigkeit der Vereinbarung sprechen[16]. Es besteht jedoch, sofern es sich bei den Beteiligten nicht um Vollkaufleute (im hierfür maßgeblichen Zeitpunkt der Versprechensabgabe[17]) handelt (§§ 348, 351 HGB), die Möglichkeit der Herabsetzung nach § 343 BGB, die nicht abbedungen werden kann (BGHZ 5, 133, 136 – Tauchpumpe). Daneben oder – bei Vollkaufleuten – auch stattdessen kann eine Herabsetzung nach § 242 BGB, insbesondere, wenngleich nicht ausschließlich, bei Wegfall oder Veränderung der Geschäftsgrundlage[18], in Betracht kommen, die sich aber – jedenfalls außerhalb der Grenzen der Veränderung der Geschäftsgrundlage – auf besonders krasse Fälle beschränken muß[19].

3. Der »angemessene Betrag«, von dem in § 343 BGB – und mitunter auch bei der Herabsetzung gem. § 242 BGB – die Rede ist, ist nicht mit dem im Zusammenhang mit der Beseitigung der Wiederholungsgefahr erörterten Begriff der Angemessenheit der Strafbewehrung einer Unterwerfungserklärung gleichzusetzen oder zu verwechseln. Während dort – entsprechend dem Zweck der Unterlassungsverpflichtung, künftige Verstöße auszuschließen, – die Angemessenheit ausschließlich danach zu beurteilen ist, ob die Sanktionsdrohung dem Abschreckungszweck genügt, ist hier die Angemessen-

---

14 Vgl. einerseits – zutreffend verneinend – OLG Koblenz WRP 1986, 694; OLG Karlsruhe WRP 1990, 51, 53 (Revision dagegen abgelehnt durch BGH, Beschl. v. 5. 10. 1989 – I ZR 33/89); KG WRP 1990, 39, 41; andererseits – unzutreffend bejahend – OLG Frankfurt GRUR 1988, 563 = WRP 1988, 460 f.
15 Vgl. jetzt BGH aaO. – Preisvergleichsliste sowie näher *Teplitzky*, WRP 1990, 26 f.; ferner *Baumbach/Hefermehl*, Einl. UWG, Rdn. 289.
16 H. M.; RGZ 114, 307; BGH GRUR 1952, 141, 142 – Tauchpumpe (insoweit nicht in BGHZ 3, 193); BGH WM 1977, 641, 643; RGRK/*Ballhaus*, § 343 BGB, Rdn. 7; kritisch dazu *Lindacher*, aaO., S. 101–107, der die §§ 138 und 343 BGB nicht – wie die h. M. – antithetisch, sondern im Assimilationsverhältnis sieht.
17 BGH GRUR 1952, 141, 143 – Tauchpumpe (insoweit nicht in BGHZ 3, 193); BGHZ 5, 133, 136; Großkomm/*Köhler*, Vor § 13 UWG, B, Rdn. 123; str., vgl. MünchKomm/*Söllner*, § 343 BGB, Rdn. 18, m. w. N. zu den überwiegend abweichenden Literaturmeinungen dort in Fn. 29.
18 BGH NJW 1954, 998; vgl. aber auch BGH GRUR 1983, 602, 603 = WRP 1983, 609 – Vertragsstraferückzahlung; Großkomm/*Köhler*, Vor § 13 UWG, B, Rdn. 123; *Baumbach/Hefermehl*, Einl. UWG, Rdn. 295.
19 Vgl. dazu sowie zu den insoweit besonders strengen Anforderungen bei großer Begehungsgefahr BGH GRUR 1984, 72 = WRP 1984, 14 – Vertragsstrafe für versuchte Vertreterabwerbung; ferner zur Anwendbarkeit des § 138 BGB bei Unangemessenheit (verneinend) BGH GRUR 1952, 141, 142 – Tauchpumpe (insoweit nicht in BGHZ 3, 193); differenzierend Großkomm/*Köhler*, aaO. i. V. mit aaO. Rdn. 120.

heit umfassender, nämlich auch im Hinblick auf die Schadenssicherungsfunktion der Vertragsstrafe zu prüfen[20].

10   4. Abgesehen von diesen Einschränkungen hinsichtlich der Höhe ist der Inhalt von Vertragsstrafevereinbarungen weitgehend der Parteidisposition überlassen. Für die Auffassung *Pastors* (in *Reimer*, S. 156 f.), die Vertragsstrafe der Unterwerfungserklärung sei inhaltlich und in ihrer Bedeutung formelhaft festgelegt, fehlt eine rechtliche Grundlage.

11   5. Zu beachten ist allerdings, daß strafbewehrte Unterlassungspflichten den Wettbewerb beschränken und ihre Vereinbarung daher gegen § 1 GWB verstoßen kann. Ein solcher Verstoß liegt jedoch stets dann nicht vor, wenn die Vereinbarung der Durchsetzung oder Sicherung eines bestehenden gesetzlichen Unterlassungsanspruchs dient oder wenn bei ihrem Abschluß ein ernsthafter, objektiv begründeter Anlaß zu der Annahme besteht, der begünstigte Vertragspartner habe einen Anspruch auf Unterlassung der durch den Vergleich (bzw., was dem hier gleichzuerachten ist, durch die Vereinbarung) untersagten Handlung[21].

12   6. Einschränkungen im Wege der Vereinbarung, etwa dahin, daß die Strafe bei mehrfacher Verletzungshandlung nur einmal verwirkt sein soll oder daß sie nur für vollendete oder persönlich begangene Handlungen vereinbart wird oder daß der Verschuldensmaßstab – etwa auf Vorsatz – erhöht wird, sind uneingeschränkt zulässig, jedoch kaum praktisch.

13   7. In der Praxis häufiger und im Prinzip gleichfalls zulässig sind Haftungserweiterungen, etwa durch (ausdrücklichen) Ausschluß des Verschuldenserfordernisses oder des Fortsetzungszusammenhangs[22] oder durch Ausdehnung auf (auch erfolglose[23]) Versuchs- oder Vorbereitungshandlungen oder auf Handlungen solcher Dritter, für deren Handlungen der Vertragsstrafeschuldner nach den gesetzlichen Bestimmungen (§§ 278, 831 BGB, 13 Abs. 4 UWG) nicht einzutreten hätte.

14   8. Auch Vereinbarungen zugunsten Dritter sind uneingeschränkt zulässig. Ob dabei der Dritte im Falle der Verwirkung der Vertragsstrafe einen eigenen Zahlungsanspruch erhalten soll oder ob nur der Versprechensempfänger die Zahlung an den Dritten geltend machen kann, ist Auslegungsfrage. Insoweit gelten die §§ 328 ff. BGB.

---

20 Vgl. dazu beispielsweise BGH GRUR 1984, 72 = WRP 1984, 14 – Vertragsstrafe für versuchte Vertreterabwerbung.
21 BGH (Kartellsenat) in BGHZ 65, 147, 151, 152 – Thermalquelle; BGH (I. ZS) GRUR 1983, 602, 603 = WRP 1983, 60 – Vertragsstraferückzahlung; vgl. im einzelnen *Kroitzsch*, WRP 1984, 117.
22 Vgl. OLG Köln WRP 1985, 508; Großkomm/*Köhler*, Vor § 13 UWG, B, Rdn. 116, 117; *Baumbach/Hefermehl*, Einl. UWG, Rdn. 290; a. A. *Pastor*, S. 142, der einen Ausschluß des Fortsetzungszusammenhangs für rechtlich ausgeschlossen hält. Dagegen zutreffend *Körner*, WRP 1982, 75.
23 Vgl. BGH GRUR 1984, 72 = WRP 1984, 14 – Vertragsstrafe für versuchte Vertreterabwerbung.

IV. Der Verfall der Vertragsstrafe

1. Wenn nicht ausdrücklich etwas anderes (etwa verschuldensfreie Garantiehaftung) vereinbart ist, verfällt die Vertragsstrafe nur bei schuldhafter Zuwiderhandlung[24]. Immer muß es sich um eigenes Verschulden oder das diesem durch § 278 BGB gleichgestellte Verschulden von Erfüllungsgehilfen oder gesetzlichen Vertretern handeln[25].

Verschulden der Angestellten und Beauftragten i. S. des § 13 Abs. 4 UWG, soweit sie nicht Erfüllungsgehilfen sind, genügt nicht. Jedoch reicht ein Auswahl- oder Überwachungsverschulden i. S. des § 831 BGB sowie jedes für die Zuwiderhandlung ursächliche Organisationsverschulden[26]. Ein Verschuldensnachweis seitens des Gläubigers ist in keinem Fall erforderlich. Er braucht nur die Zuwiderhandlung zu beweisen; der Nachweis der Schuldlosigkeit obliegt dem Schuldner[27]. An die Exkulpation sind strenge Anforderungen zu stellen[28]. Insbesondere hat der Schuldner zu beachten, ob das Unterlassungsversprechen nicht die Erfüllung gewisser Garantenpflichten beinhaltet, die ihn auch zu positivem Handeln nötigen können, wie etwa die Pflicht, Störungsquellen zu beseitigen, die – wie z. B. ein bereits erteilter Anzeigenauftrag – zwar vor Abgabe der Verpflichtungserklärung geschaffen wurden, der Erfüllung dieser Verpflichtung aber ohne Beseitigungshandlung (Widerruf des Anzeigenauftrags oder anderweite Unterbindung des Erscheinens der Anzeige) zwingend entgegenstehen[29].

2. Bei mehreren Zuwiderhandlungen wird die Vertragsstrafe für jede der Handlungen fällig, sofern diese nicht eine sog. natürliche Handlungseinheit bilden[30]. Der Meinung *Lindachers* (Phänomenologie, S. 134 f.), eine einfache Kumulierung sei abzulehnen, ist die Rechtsprechung nicht gefolgt. Die von ihm für weitere Zuwiderhandlungen geforderte Prüfung, ob die Einfachstrafe unter dem Aspekt der Erfüllungswahrscheinlichkeitsmaximierung auch und gerade dann noch erforderlich oder bereits übersetzt ist, wenn man sie in ihrem konkreten Stellenwert, d. h. in der Reihe der Zuwiderhandlungen erfaßt, ist zu kompliziert, um dem für die Praxis wesentlichen Erfordernis der

---

24 BGH NJW 1972, 1893 – K-Rabatt-Sparmarken; BGH GRUR 1982, 688, 691 = WRP 1982, 634 – Seniorenpaß; Großkomm/*Köhler,* Vor § 13 UWG, B, Rdn. 115; *Baumbach/Hefermehl,* Einl. UWG, Rdn. 291.
25 BGH GRUR 1985, 1065, 1066 = WRP 1986, 141 – Erfüllungsgehilfe; BGH GRUR 1987, 648, 649 = WRP 1987, 555 – Anwaltseilbrief; BGH GRUR 1988, 561, 562 = WRP 1988, 608 – Verlagsverschulden; Großkomm/*Köhler,* Vor § 13 UWG, B, Rdn. 115 i. V. mit Rdn. 98; *Baumbach/Hefermehl,* Einl. UWG, Rdn. 292; kritisch *Lindacher,* S. 183 u. GRUR 1975, 413, 415 (m. w. N.).
26 *Lindacher,* GRUR 1975, 413, 415; h. M.
27 BGH NJW 1972, 1893, 1895 – K-Rabatt-Sparmarken; BGH GRUR 1982, 688, 691 = WRP 1982, 634 – Seniorenpaß; Großkomm/*Köhler,* Vor § 13 UWG, B, Rdn. 115; *Baumgärtel/Strieder,* § 339 BGB, Rdn. 4 m. w. N. in Fn. 11 u. 12.
28 Vgl. etwa OLG Köln GRUR 1986, 195 f., aber auch BGH aaO. (Fn. 25) – Verlagsverschulden u. *Baumbach/Hefermehl,* Einl. UWG, Rdn. 291.
29 Vgl. OLG Hamm NJW RR 1990, 1197 unter Hinweis auf OLG Köln WRP 1983, 452; OLG Düsseldorf WRP 1985, 30 u. KG WRP 1986, 680; ferner *Kiethe,* WRP 1986, 644 mit Fn. 3.
30 BGHZ 33, 163, 168 – Krankenwagen II; BGH GRUR 1984, 72, 74 = WRP 1984, 14 – Vertragsstrafe für versuchte Vertreterabwerbung; OLG Hamburg GRUR 1987, 561 f. – Chelat-Therapie; OLG Hamm NJW-RR 1990, 1197; Großkomm/*Köhler,* Vor § 13 UWG, B, Rdn. 116 f.; *Baumbach/Hefermehl,* Einl. UWG, Rdn. 290; im einzelnen vgl. *Kiethe,* WRP 1986, 644 ff.

Klarheit und Berechenbarkeit der Sanktionsdrohung zu genügen und deren Effizienz auch und gerade für wiederholte Verletzungsakte zu gewährleisten.

17 Ob eine Zusammenfassung von echten Fortsetzungstaten zu einer Handlung, für die die Vertragsstrafe nur einmal anfällt, gewollt ist, ist Auslegungsfrage[31], im Zweifel aber für den Normalfall der wettbewerblichen Unterlassungsverpflichtung anzunehmen[32].

18 3. Haften mehrere Schuldner auf Unterlassung und für den Verletzungsfall auf Vertragsstrafe, so stehen ihre Verpflichtungen grundsätzlich selbständig nebeneinander. Ist nicht ausdrücklich etwas anderes vereinbart, so hat jeder für seine eigene (oder von ihm zu vertretende) Zuwiderhandlung die versprochene Vertragsstrafe in voller Höhe zu leisten; eine gesamtschuldnerische Verpflichtung scheidet auch hier – als Folge der Akzessorietät der Vertragsstrafe im Verhältnis zur Hauptverpflichtung – grundsätzlich aus. Jedoch sind bei klarer und ausdrücklicher Vereinbarung andere Gestaltungen möglich:

19 So könnte einerseits – sogar als durchaus sinnvoll – vorgesehen werden, daß bei Verletzungshandlungen, die von mehreren Unterlassungsverpflichteten einheitlich (Beispiel: die verpflichtete GmbH handelt durch ihren selbständig mitverpflichteten Geschäftsführer) oder gemeinschaftlich (Beispiel: mehrere Verpflichtete geben zusammen ein- und dieselbe Werbeanzeige auf) begangen werden, die Vertragsstrafe nur einmal zu leisten ist[33]; eine solche Leistung wäre ihrem Wesen nach (teilbar, nur einmal zu fordern, Erfüllungswirkung zugunsten aller Verpflichteten) als Gesamtschuld i. S. des § 421 BGB anzusehen.

20 Andererseits kann auch eine Erweiterung der Haftung mehrerer Verpflichteter in der Form vereinbart werden, daß jeder Einzelne die Garantie für die Erfüllung der Vertragsstrafeverpflichtungen der anderen Schuldner übernimmt. In diesen Fällen einer vom eigenen Verhalten und Verschulden unabhängigen Garantiehaftung für die Zahlungsverpflichtung eines Dritten kann wiederum – dem Wesen dieser nur einmal zu erfüllenden Obligation entsprechend – eine Gesamtschuld in Betracht kommen, sofern sie ausdrücklich und zusätzlich zu einer solchen Garantievereinbarung vorgesehen wird. Für sich genommen kann die Vereinbarung einer gesamtschuldnerischen Verpflichtung weder eine Garantiehaftung noch eine Gesamtschuld begründen, da sie allein nicht klar genug erkennen läßt, was die Parteien wirklich vereinbaren wollten[34].

21 4. Der Anspruch auf Zahlung der bereits verwirkten Vertragsstrafe ist abtretbar und vererblich; dagegen sind die sonstigen Rechte aus dem Vertragsstrafeversprechen wegen dessen Akzessorietät nicht selbständig, sondern nur in Verbindung mit der zu sichernden Verpflichtung übertragbar[35]. Die Verjährung des Anspruchs auf die verwirkte Vertragsstrafe richtet sich nach § 195 BGB; sie beträgt – unabhängig von der Länge

---

31 BGH wie Fn. 27; Großkomm/*Köhler*, Vor § 13 UWG, B, Rdn. 116; beide auch näher zu den geltenden Auslegungsgrundsätzen; anders – mit abweichendem Lösungsansatz über einen anderen Handlungsbegriff – *Kiethe*, WRP 1986, 644, 645.

32 Großkomm/*Köhler*, aaO.; im Ergebnis – wenngleich auf anderen Wegen – auch OLG Hamm NJW–RR 1990, 1197; anders dagegen *Körner*, WRP 1982, 75, 78; näheres vgl. auch in Kap. 8 ff.

33 So jetzt auch Großkomm/*Köhler*, Vor § 13 UWG, B, Rdn. 118.

34 *Pastor*, in *Reimer*, S. 169; insoweit abweichend Großkomm/*Köhler*, aaO., der Erkennbarkeit schon diesen Umständen nach genügen lassen will.

35 BGH NJW 1990, 832; Großkomm/*Köhler*, Vor § 13 UWG, B, Rdn. 119 m. w. N.; *Pastor*, in *Reimer*, S. 163; *Palandt/Heinrichs*, Vorbem. vor § 339 BGB, Rdn. 2.

der Verjährungsfrist des zu sichernden Anspruchs (vgl. dazu Kap. 16, Rdn. 22) – dreißig Jahre (BGH GRUR 1992, 61, 63 = WRP 1991, 654, 657 – Preisvergleichsliste).

V. Die Konkurrenz des Vertragsstrafeanspruchs mit gesetzlichen Ansprüchen und/oder mit der Ordnungsmittelfestsetzung nach § 890 ZPO

Wie bereits in anderem Zusammenhang (Kap. 8, Rdn. 64 f., u. Kap. 12, Rdn. 12) erwähnt, läßt die Vertragsstrafevereinbarung das Recht des Gläubigers unberührt, im Falle eines Verstoßes gegen die gesicherte Verpflichtung statt oder neben der Geltendmachung der Vertragsstrafe auch im Wege der Unterlassungsklage oder der einstweiligen Verfügung gegen den Schuldner vorzugehen[36]. Desgleichen bleibt der Gläubiger bei Verletzungshandlungen, die außer gegen die gesicherte Verpflichtung zugleich auch gegen einen Verbotstitel verstoßen, berechtigt, neben der Beitreibung der verwirkten Vertragsstrafe auch das Ordnungsmittelfestsetzungsverfahren gem. § 890 ZPO zu betreiben oder – umgekehrt – neben dem Vorgehen im Ordnungsmittelverfahren auch die Vertragsstrafe zu fordern. Für das Ordnungsmittelverfahren fehlt es nicht am Rechtsschutzbedürfnis[37], und der vertragliche Anspruch auf Vertragsstrafe wird durch die staatliche Vollstreckungssanktion nicht berührt[38].

VI. Das Erlöschen der Vertragsstrafeverpflichtung

1. Die Vertragsstrafeverpflichtung entfällt mit der jederzeit möglichen Aufhebung des sie begründenden Vertrages[39] oder mit dessen anderweitiger Beseitigung (Anfechtung, Kündigung[40]). Wegen ihres akzessorischen Charakters entfällt sie aber auch mit dem Fortfall der zu sichernden Leistungspflicht (vgl. § 344 BGB), sowie dann, wenn deren Erfüllung dem Schuldner ohne dessen Verschulden unmöglich wird[41]. Jedoch wird der Anspruch auf eine bereits verwirkte Vertragsstrafe weder durch den nachträglichen Fortfall des Vertragsstrafevertrags selbst – sofern dieser nicht (wie bei der Anfechtung) ex tunc wirkt – noch durch den Wegfall der gesicherten Verpflichtung berührt.

---

36 BGH GRUR 1980, 241, 242 = WRP 1980, 253 – Rechtsschutzbedürfnis; Großkomm/*Köhler*, Vor § 13 UWG, B, Rdn. 124 m. w. N.
37 OLG Saarbrücken NJW 1980, 461 u. GRUR 1986, 688; OLG Köln NJW RR 1987, 360; Großkomm/*Köhler*, aaO.; Großkomm/*Jestaedt*, Vor § 13 UWG, E, Rdn. 78; *Pastor*, S. 139 f.; aber streitig; a. A. – für bloßes Wahlrecht – u. a. OLG Köln NJW 1969, 756; OLG Hamm GRUR 1985, 82; MünchKomm/*Söllner*, vor § 339 BGB, Rdn. 21, sowie *Palandt/Heinrichs*, § 339 BGB, Rdn. 1, beide m. w. N.; vgl. auch weiter die Nachweise bei *Baumbach/Lauterbach/Hartmann*, § 890 ZPO, Anm. 5 B und *Zöller/Stöber*, § 890 ZPO, Rdn. 7.
38 BGH GRUR 1952, 141, 142 – Tauchpumpe (insoweit nicht in BGHZ 3, 193); Großkomm/*Köhler*, aaO.; *Pastor*, in *Reimer*, S. 163 f.; a. A. *Lindacher*, Phänomenologie, S. 187 f.
39 BGH GRUR 1962, 545, 546 = WRP 1962, 341 – Kurzschrift; Großkomm/*Köhler*, Vor § 13 UWG, B, Rdn. 120.
40 Zur Kündigung vgl. *Völp*, GRUR 1984, 486, 491 f. m. w. N. auf S. 492.
41 BGH GRUR 1953, 262, 264 – Vertragsstrafe.

24 2. Problematisch ist, ob und wieweit die zu sichernde Leistungspflicht auch durch eine Veränderung der von den Parteien bei Begründung der Pflicht angenommenen Rechtslage entfallen kann.

25 a) In der Rechtsprechung ist bisher anerkannt, daß die Geschäftsgrundlage einer vertragsstrafebewehrten Unterlassungspflicht dann entfällt, wenn nachträglich zugunsten des Verpflichteten eine Änderung entweder der Gesetzeslage oder der höchstrichterlichen Rechtsprechung eintritt, von der die Parteien bei Begründung der Verpflichtung ausgegangen waren[42]. Zweifelhaft ist dagegen, ob die Geschäftsgrundlage auch dann entfallen kann, wenn die Unterwerfungsverpflichtung eingegangen worden ist, obwohl die Frage einer gesetzlichen Unterlassungspflicht zur Zeit des Vertragsabschlusses vom Bundesgerichtshof noch nicht entschieden und von der Instanzrechtsprechung (und/oder in der Literatur) kontrovers beantwortet worden war. Soweit dies pauschal verneint wird[43], wird nicht hinreichend auf denkbare und rechtlich relevante Unterschiede der Sachverhaltsgestaltungen abgestellt:

26 Schließen die Parteien die Unterwerfungsvereinbarung wegen und in Kenntnis der rechtlichen Ungewißheit tatsächlich – jedenfalls dem Wesen nach, auf die Bezeichnung kommt es nicht an – als Vergleich ab, so ist die spätere Beseitigung dieser Ungewißheit durch eine verbindliche höchstrichterliche Entscheidung in der Tat (nach dem Rechtsgedanken des § 779 BGB) unbeachtlich. Für diese Fälle ist der erwähnten Meinung zuzustimmen (a. A. allerdings Großkomm/*Köhler*, Vor § 13 UWG, B, Rdn. 108).

27 b) Eine Unterwerfungserklärung ist jedoch einem Vergleich nicht ohne weiteres gleichzusetzen, da es meist an dem für diesen konstitutiven Element des beiderseitigen Nachgebens fehlen wird (vgl. dazu auch schon Kap. 8, Rdn. 5). Wer sich einseitig, d. h. ohne korrespondierendes Nachgeben des Gläubigers, diesem unterwirft, tut dies in der Regel, weil er entweder dessen Rechtsauffassung für zutreffend (oder zumindest für stärker) hält – dann ist die Richtigkeit bzw. die übereinstimmend zugrundegelegte Rechtsauffassung die Geschäftsgrundlage[44] – oder weil er das Risiko einer Ablehnung der Unterwerfung wegen der bestehenden Unklarheit für so groß hält, daß er sich sogar zur einseitigen, gegenleistungslosen Unterwerfung bereitfindet. In diesem Fall, in dem der Rechtsgedanke des § 779 BGB mangels Nachgebens der Gegenseite unanwendbar ist, wird man billigerweise auch die Risikolage, d. h. die angenommene Möglichkeit, daß der Schuldner den Streit verlieren würde, als – ebenfalls gemeinsame – Geschäftsgrundlage der eingegangenen Verpflichtung ausreichen lassen müssen[45]. Ein triftiger Grund dafür, den Schuldner auch in solchen Fällen an einer Unterlassungspflicht festzuhalten, deren von den Parteien übereinstimmend angenommene gesetzliche Grundlage inzwischen verbindlich als nicht tragfähig beurteilt worden ist, ist im Gegensatz

---

42 BGHZ 58, 355, 362; Großkomm/*Köhler*, Vor § 13 UWG, B, Rdn. 107; *Baumbach/Hefermehl*, Einl. UWG, Rdn. 295; vgl. auch die weiteren Nachweise bei *Klaka*, Anm. zu BGH GRUR 1983, 602, 604 (= WRP 1983, 609) – Vertragsstraferückzahlung, und OLG Köln WRP 1984, 433. Auch das OLG Frankfurt (GRUR 1991, 232, 234 – Jill Sander-Kosmetika) geht hiervon aus, obwohl es im konkreten Fall den Wegfall der Geschäftsgrundlage in der – von der Rechtsprechung festgestellten – Änderung tatsächlicher Verhältnisse sieht.
43 OLG Hamburg, WRP 1975, 532, 533; *Klaka*, aaO.
44 Ähnlich BGH GRUR 1983, 602, 603 = WRP 1983, 609 – Vertragsstraferückzahlung.
45 Etwas anders, aber sinngemäß ähnlich BGH aaO. – Vertragsstraferückzahlung: Geschäftsgrundlage der Unterwerfung sei die übereinstimmende Annahme, daß die zu unterlassende Handlung »jedenfalls nicht vom BGH ausdrücklich als zulässig angesehen werde«.

zur Meinung *Klaka*[46] nicht einsichtig. Denn der Grundsatz der Vertragstreue, den *Klaka* zur Begründung seiner strengen Auffassung anführt, ist m. E. im Bereich einseitiger Verpflichtungsverträge, zu dem die Unterwerfung regelmäßig zu zählen ist, der Einschränkung und Korrektur durch Treu und Glauben stärker zu unterwerfen als bei normalen Leistungsaustauschverträgen; und das Festhalten des Gegners an einer ihm unter rechtlich fehlsamen Voraussetzungen oktroyierten einseitigen Pflicht wird selten mit Treu und Glauben in Einklang zu bringen sein[47].

c) Eine solche Beurteilung, d. h. die Möglichkeit der Berücksichtigung nachträglicher Klärungen einer ungewissen Rechtslage[48], wird auch der Funktion der Unterwerfung als Mittel der Prozeßverhinderung eher gerecht als eine zu starre Anwendung des »pacta sunt servanda«-Prinzips, da sie die Bereitschaft zur Unterwerfung auch ohne vorherige höchstrichterliche Klärung fördert und problematische Ersatzlösungen wie die von *Klaka*[49] und *Völp*[50] zwar m. E. zu Recht gefordete, aber in der Praxis weithin noch nicht als – zur Beseitigung der Wiederholungsgefahr geeignet – akzeptierte auflösende Bedingung ersetzen und damit weitgehend erübrigen kann; (zur Zweckmäßigkeit der Zulassung entsprechender auflösender Bedingungen, aber auch zu deren mitunter problematischen Konsequenzen, vgl. Kapitel 8, Rdn. 8 u. 13 sowie Kap. 52, Rdn. 11; zur Zweckmäßigkeit neuerdings auch Großkomm/*Köhler*, Vor § 13 UWG, B, Rdn. 109 u. *Baumbach/Hefermehl*, Einl. UWG, Rdn. 294 i. V. mit Rdn. 269).

---

46 AaO. Fn. 42; vgl. dazu auch *Kroitzsch*, WRP 1984, 117 ff.
47 Im Ergebnis ähnlich wohl auch *Baumbach/Hefermehl*, Einl. UWG, Rdn. 295; vgl. auch eingehend, wenngleich mit etwas abweichender Begründung, Großkomm/*Köhler*, Vor § 13 UWG, B, Rdn. 108.
48 Von der auch der BGH (aaO. Fn. 27 – Vertragsstraferückzahlung) ausgeht.
49 GRUR 1983, 604 f.
50 GRUR 1984, 686, 690.

21. Kapitel Der wettbewerbliche Unterlassungsanspruch und das Recht der Europäischen Gemeinschaften

Literatur: *Axster,* Die Maissaatgut-Entscheidung des Europäischen Gerichtshofs, GRUR Int. 1982, 646; *Bach,* Direkte Anwendung der EG-Richtlinien, JZ 1990, 1108; *Beier,* Entwicklung und gegenwärtiger Stand des Wettbewerbsrechts in der Europäischen Wirtschaftsgemeinschaft, GRUR Int. 1984, 61; *Bleckmann,* Zur unmittelbaren Anwendbarkeit der EG-Richtlinien, RIW/AWD 1984, 774; *Bleckmann,* Zur Problematik der Cassis de Dijon-Rechtsprechung des Europäischen Gerichtshofs, GRUR Int. 1986, 172; *Chrocziel,* Die eingeschränkte Geltung des Gesetzes gegen Unlauteren Wettbewerb für EG-Ausländer, EWS 1991, 173; *Clausnitzer,* Die Vorlagepflicht an den EuGH – Zum (mangelnden) Rechtsschutz gegen Verstöße letztinstanzlicher Gerichte, NJW 1989, 641; *Deringer/Sedemund,* Europäisches Gemeinschaftsrecht, NJW 1977, 988; 1977, 1997; 1978, 1087; 1978, 2429; 1979, 1075; 1979, 2435; 1980, 1196; 1981, 1125; 1982, 1189; *Deringer/Sedemund,* Gewerbliche Schutzrechte und freier Warenverkehr im Gemeinsamen Markt, NJW 1977, 469; *Ebenroth/Parche,* Markenaufspaltung und nationale Markenrechte im Spannungsverhältnis zum Grundsatz des freien Warenverkehrs, GRUR Int. 1989, 738; *Everling,* Zur direkten innerstaatlichen Wirkung der EG-Richtlinien: Ein Beispiel richterlicher Rechtsfortbildung auf der Basis gemeinsamer Rechtsgrundsätze, Festschrift für *Karl Carstens,* 1984, Bd. 1, S. 95; *Everling,* Das Vorabentscheidungsverfahren vor dem EuGH, 1986; *v. Gamm,* Urheberrechtliche Verwertungsverträge und Einschränkungen durch den EWG-Vertrag, GRUR Int. 1983, 403; *Gotzen,* Gewerbliche Schutzrechte und Urheberrecht in der Rechtsprechung des Europäischen Gerichtshofs zu Art. 30–36 des EWG-Vertrags, GRUR Int. 1984, 146; *Grabitz,* Kommentar zum EWG-Vertrag, Stand 1990; *Groeben/Thiesing/Ehlermann,* Kommentar zum EWG-Vertrag, Bd. 1 und 2, 1991; *Joerges,* Selektiver Vertrieb und Wettbewerbspolitik: Eine konzeptionelle Analyse der Entscheidungspraxis von Kommission und Gerichtshof zu Art. 85 EG-Vertrag, GRUR Int. 1984, 222 und 279; *Joliet,* Markenrecht und freier Warenverkehr: Abkehr von HAG I, GRUR Int. 1991, 177; *Keilholz,* Die mißlungene Harmonisierung des Verbots der irreführenden Werbung in der EG und ihre Konsequenzen für die deutsche Rechtsprechung, GRUR Int. 1983, 319; *Lorenz-Wolf,* Der Schutz des Handelsnamens und der freie Warenverkehr, GRUR 1981, 644; *G. Meier,* Die Auswirkungen von Art. 30 EWGV auf das nationale Kennzeichnungsrecht, WRP 1985, 15; *G. Meier,* Einschränkung des deutschen Wettbewerbsrechts durch das Europäische Gemeinschaftsrecht, GRUR Int. 1990, 817; *G. Meier,* Art. 30 EWGV und bilaterale Abkommen zum Schutz von Herkunftsangaben, WRP 1992, 299; *Möllering,* Das Recht des unlauteren Wettbewerbs in Europa: Eine neue Dimension, WRP 1990, 1; *Riegel,* Auslegungsfragen zum Vorrang des Gemeinschaftsrechts und zum Art. 177 EWGV, RIW/AWD 1980, 695; *Röttger,* Das Vibramyzin-Urteil des Europäischen Gerichtshofs und die »verschleierte Beschränkung« im Sinne des Art. 36 Satz 3 EWG-Vertrag, GRUR Int. 1982, 512; *Schricker,* Werbeverbote in der EG, GRUR Int. 1991, 185; *Sedemund,* Europäisches Gemeinschaftsrecht, NJW 1983, 2739; 1984, 1268; 1985, 526; *Sedemund/Montag,* Europäisches Gemeinschaftsrecht, NJW 1987, 546; 1988, 601; 1989, 1409; 1991, 3065; *Seidel,* Die sogenannte Cassis de Dijon-Rechtsprechung des Europäischen Gerichtshofs und der Schutz von Herkunftsangaben in der Europäischen Gemeinschaft, GRUR Int. 1984, 80; *Seidel,* Die Direkt- oder Drittwirkung von Richtlinien des Gemeinschaftsrechts, NJW 1985, 517; *Steindorff,* Vorlagepflicht nach Art. 177 Abs. 3 EWGV und Europäisches Gesellschaftsrecht, ZHR 156 (1992), 1; *Tilmann,* Die Rechtsprechung des Europäischen Gerichtshofs und ihre Auswirkung auf das künftige EWG-Markenrecht, GRUR 1977, 446; *Tilmann,* Irreführende Werbung in Europa – Möglichkeiten und Grenzen der Rechtsentwicklung, GRUR 1990, 87; *Vedder,* Ein neuer gesetzlicher Richter, NJW 1987, 526; *Vollmer,* Anwendbarkeit des deutschen Lebensmittelrechts auf Importerzeugnisse aus der EG, GRUR 1986, 286; *v. Winterfeld,* Zur Durchsetzung der Wettbewerbsregeln des EWG-Vertrags durch den EuGH, EuR 1987, 68; *Zimmer,* Nationales Warenzeichenrecht versus EG-Warenverkehrsfreiheit: Das Problem kollidierender Schutzrechte nach dem HAG II-Urteil des Europäischen Gerichtshofes, NJW 1991, 3057.

Inhaltsübersicht

	Rdn.		Rdn.
I. Allgemeines	1	3. Artikel 85, 86 EWGV als Hindernisse für die Entstehung wettbewerblicher Ansprüche	21–24
II. EG-Normen als Anspruchsgrundlage	2		
III. EG-Normen als Hindernis für die Anspruchsentstehung	3–30	4. Andere EG-Normen als Hindernisse für die Entstehung wettbewerblicher Ansprüche	25–30
1. Die Berücksichtigung durch die Gerichte	3–7	a) Richtlinien	25–29
2. Artikel 30 EWGV als Hindernis für die Entstehung wettbewerblicher Ansprüche	8–20	b) Entscheidungen der Kommission	30

I. Allgemeines

Spätestens seit der Cassis de Dijon-Entscheidung des Europäischen Gerichtshofs vom 20. 2. 1979[1] und der ihr nachfolgenden Rechtsprechung[2] dürfte es auch der breiteren juristischen Öffentlichkeit deutlich geworden sein, welch tiefgreifende Veränderungen der innerstaatlichen Rechtsordnungen vom Gemeinschaftsrecht bereits ausgehen und in Zukunft sicher in noch zunehmendem Maße ausgehen werden. Daß auch das deutsche Wettbewerbsrecht von diesen Entwicklungen nicht unbeeinflußt bleibt, liegt schon der Sache nach nahe und wird auch aus bereits ergangenen Entscheidungen sowohl des EuGH als auch der nationalen Rechtsprechung sehr deutlich[3].

1

---

1 GRUR Int. 1949, 468 (= Rs 120/78, Slg. 1979, 649).
2 Vgl. dazu zunächst schon die Nachweise bei *Seidel,* GRUR Int. 1984, 80 in Fn. 1 und besonders das in der deutschen Öffentlichkeit wohl meist diskutierte Urteil des EuGH NJW 1987, 1133 = EuR 1987, 244 zur Zulässigkeit des Imports und Vertriebs von Bier, das nicht nach dem deutschen Reinheitsgebot gebraut ist, sowie dazu im einzelnen *Rabe,* Freier Warenverkehr für Lebensmittel nach dem Bier-Urteil des EuGH, EuR 1987, 253.
3 Zur Entwicklung der EuGH-Rechtsprechung vgl. zunächst allgemein die im Literaturverzeichnis genannten Übersichten von *Deringer/Sedemund, Sedemund* und *Sedemund/Montag.* Zu Wirkungen in der nationalen deutschen Rechtsprechung vgl. etwa BGHZ 94, 218, 223 f. – Shamrock I mit Anm. von *Meier* in WRP 1985, 621, 626 und neuestens den Vorlagebeschluß BGH GRUR 1991, 556 = WRP 1991, 486 – Yves Rocher sowie *Chrocziel,* EWS 1991, 169 ff.

II. EG-Normen als Anspruchsgrundlage

2   Als selbständige Grundlage von Unterlassungsansprüchen im hier erörterten Sinne haben Vorschriften des Gemeinschaftsrechts – jedenfalls bisher – keine praktische Bedeutung erlangt. Allerdings können sie mittelbar zur Erweiterung bisheriger Anspruchsmöglichkeiten führen, etwa durch die sowohl für nationale Marken[4] als auch für die geplante EG-Gemeinschaftsmarke[5] vorgesehene Möglichkeit der dinglichen Lizenzierung mit der Folge eigener Ansprüche auch der Lizenznehmer neben denen des Zeicheninhabers. Ob im Laufe der weiteren Entwicklung auch Anspruchsnormen des EG-Rechts mit praktischer Bedeutung für das Wettbewerbsrecht geschaffen werden, bleibt abzuwarten.

III. EG-Normen als Hindernis für die Anspruchsentstehung

3   Die maßgebliche Bedeutung der EG-Normen für den wettbewerblichen Unterlassungsanspruch liegt – jedenfalls vorerst – in ihrer Eignung, die Entstehung von Ansprüchen nach dem deutschen Recht zu verhindern. Die deutschen Anspruchsnormen finden ihre Grenze, wo sie mit übergeordnetem Gemeinschaftsrecht kollidieren, wobei als Kollisionsnormen heute in erster Linie die Art. 30 und 85, 86 des EWG-Vertrags, aber auch einzelne Richtlinien und Entscheidungen der Gemeinschaft in Betracht kommen.

4   Verstößt eine anspruchsbegründende Norm des deutschen Wettbewerbsrechts gegen eine dieser Vorschriften, so ist sie insoweit unwirksam; der in Anspruch Genommene kann sich auf diese Unwirksamkeit berufen und, soweit das deutsche Gericht seine Beurteilungskompetenz und den Verstoß gegen Gemeinschaftsrecht bejaht (vgl. Art. 177 Abs. 2 EWGV), den Anspruch schon vor diesem Gericht zu Fall bringen, anderenfalls die Vorlage an den EuGH gemäß Art. 177 Abs. 2 und 3 EWGV erreichen.

5   Die Vorlage ist für letztinstanzliche Gerichte[6] Pflicht. Die Verpflichtung ist umfassend und in strengem Sinne zu verstehen[7]. Ein willkürlicher Verstoß stellt nach der neueren Rechtsprechung des Bundesverfassungsgerichts eine zur Aufhebung der Entscheidung nötigende Mißachtung des gesetzlichen Richters dar[8]. Dies wird zwar in der

---

4 Vgl. Art. 8 der Ersten Richtlinie des Rates vom 21. 12. 1988 zur Angleichung der Rechtsvorschriften der Mitgliedsstaaten über die Marken (89/104 EWG, GRUR Int. 1989, 294).

5 Vgl. Art. 21 des geänderten Vorschlags für eine Verordnung des Rates über die Gemeinschaftsmarke – Konsolidierter Text (5865/88 EG-Ministerrat vom 11. 5. 1988), GRUR Int. 1989, 388.

6 Das sind alle Gerichte, die im konkreten Falle letztinstanzlich zu entscheiden haben, also auch Oberlandesgerichte in nicht revisiblen Sachen, Landgerichte als Berufungsgerichte und Amtsgerichte in Sachen, in denen keine Berufungsmöglichkeit eröffnet ist; vgl. im einzelnen *Dauses,* S. 70 ff.; Großkomm/*Jacobs,* Vor § 13 UWG, D, Rdn. 318.

7 Vgl. EuGH NJW 1983, 1257 (= Slg. 1982, 3415); BVerfG NJW 1988, 1456 = EuR 1988, 190; *Dauses,* S. 61 ff.; *Vedder,* NJW 1987, 526, 527.

8 Vgl. dazu im Anschluß an die Solange-II-Entscheidung (BVerfGE 73, 339, 366 ff. = NJW 1987, 577) weiter BVerfGE 75, 223 = NJW 1988, 1459 (dazu näher *Hilf,* Der Justizkonflikt um EG-Richtlinien – gelöst, EuR 1988, 1); BVerfG NJW 1988, 1456 = EuR 1988, 190 sowie aus der Literatur weiter *Scholz,* Wie lange bis Solange III?, NJW 1990, 941; *Everling,* Brauchen wir So-

Literatur (aaO.) wegen der Beschränkung auf Willkür teilweise als unzureichend kritisiert, verbessert die bis dahin auf ein Vorgehen der Kommission gegen die Bundesrepublik Deutschland wegen Verletzung des EWG-Vertrags[9] beschränkten Sanktionsmöglichkeiten nicht unerheblich und dürfte vor allem wegen der nun in die Waagschale geworfenen Autorität des deutschen Verfassungsgerichts die Beachtung der Verpflichtung durch die deutschen Gerichte auch ohne Blick auf Sanktionsfolgen sehr fördern[10].

Zur Verdeutlichung sowohl des Nachdrucks, mit dem das Bundesverfassungsgericht sich hinter die Vorlagepflicht gestellt hat, als auch des in diesem Zusammenhang gültigen modifizierten (und präzisierten) Willkürbegriffs, seien hier – außer nochmaliger Hervorhebung des Beschlusses BVerfGE 75, 223 ff. – besonders die aus dem Beschluß einer Kammer des 2. Senats des BVerfG (abgedr. auch NJW 1988, 1456) durch die Redaktion gebildeten nicht amtlichen und in EuR 1988, 190–192 abgedruckten einschlägigen Leitsätze im Wortlaut wiedergegeben:

»1. Für die Feststellung einer Verletzung des Art. 101 Abs. 1 Satz 2 GG ist auch im Falle des Art. 177 EWGV an dem grundsätzlichen Erfordernis einer willkürlichen Unterlassung der Erfüllung der Vorlagepflicht festzuhalten. Das Bundesverfassungsgericht kann nicht entgegen seiner eigentlichen Aufgabe in die Rolle eines nationalen obersten »Vorlagen-Kontroll-Gerichts« versetzt werden.
2. Indes ist der Willkürmaßstab auch an den Besonderheiten des Art. 177 EWGV und des Gemeinschaftsrechts im übrigen mit auszurichten und für die konkrete inhaltliche Bestimmung dessen, was im Einzelfall Willkür ist, auch das Gemeinschaftsrecht und die völkervertragliche Verpflichtung der Bundesrepublik Deutschland aus Art. 177 Abs. 2 und 3 EWGV zu beachten.
3. Ein Element des Willkürmaßstabes ist nicht zuletzt die Gleichheit der Rechtsanwendung (vgl. BVerfGE 54, 277, 291, 296). Die teilweise funktionale Eingliederung des EuGH in die Gerichtsbarkeit der Mitgliedstaaten insbesondere durch Art. 177 EWGV ist erfolgt, um im Interesse der Rechtssicherheit und der Rechtsanwendungsgleichheit eine möglichst einheitliche Auslegung und Anwendung des Gemeinschaftsrechts zu gewährleisten (BVerfGE 73, 339, 368 m. w. N. a. d. Rspr. des EuGH = EuR 1987, 51 ff.).
4. Hinzu kommt, daß die beste Gewähr dafür, nach Möglichkeit nicht die Gefahr einer vertragsrechtlichen Verantwortlichkeit der Bundesrepublik Deutschland herbeizuführen (vgl. BVerfGE 58, 1, 34), in der strikten Beachtung der Vorlagepflicht durch die deutschen Gerichte nach Maßgabe der vom EuGH hierzu entwickelten Maßstäbe besteht.
5. Auch zufolge des Art. 101 Abs. 1 Satz 2 GG hat somit ein Gericht der Bundesrepublik Deutschland, gegen dessen Entscheidungen Rechtsmittel des innerstaatlichen Rechts nicht mehr statthaft sind, die sich in einem bei ihm anhängigen Verfahren zur Hauptsache

---

lange III – Zu den Forderungen nach Revision der Rechtsprechung des Bundesverfassungsgerichts, EuR 1990, 195; *Tomuschat*, Aller guten Dinge sind III? Zur Diskussion um die Solange-Rechtsprechung des BVerfG, EuR 1990, 340; *Vedder*, NJW 1987, 526 f., und *Clausnitzer*, NJW 1989, 641 ff.
9 Vgl. dazu im einzelnen *Dauses*, S. 76 f., und insbesondere *Ehlermann*, Die Verfolgung von Vertragsverletzungen der Mitgliedstaaten durch die Kommission, in Festschrift für *H. Kutscher*, 1981, S. 135.
10 Dies erscheint wünschenswert, nachdem unglückliche Formulierungen des OLG Köln im viel diskutierten Frischgeflügel-Fall (vgl. GRUR 1989, 694 = ZLR 1988, 667 mit krit. Anm. *Meier*) und die Nichtannahme der Revision gegen dieses Urteil durch den BGH die deutsche Wettbewerbsrechtsprechung bei der Kommission arg in Mißkredit gebracht haben.

stellenden, entscheidungserheblichen Fragen im Sinne des Art. 177 Abs. 1 EWGV, auf die es für jeden erfahrenen und kundigen Juristen offensichtlich und vernünftigerweise nicht lediglich *eine* zweifelsfreie Antwort gibt, dem EuGH vorzulegen. Dies entspricht der vom EuGH (Urteil vom 6. 10. 1982, *C. I. L. F. I. T.*, Rs. 283/81, Slg. 1982, 3415 ff. = EuR 1983, 161 ff.) gegebenen Auslegung des Art. 177 EWGV, wonach die Vorlage die Regel, ihr Unterbleiben die Ausnahme zu sein hat.

6. Als hauptsächliche Falltypen einer willkürlichen Verkennung der Vorlagepflicht aus Art. 177 Abs. 3 EWGV kommen in Betracht
- Fälle, in denen ein letztinstanzliches Hauptsachegericht eine Vorlage nach Art. 177 Abs. 3 EWGV trotz der – seiner Auffassung nach bestehenden – Entscheidungserheblichkeit der gemeinschaftsrechtlichen Frage überhaupt nicht in Erwägung zieht, obwohl es selbst Zweifel hinsichtlich der richtigen Beantwortung der Frage hegt (grundsätzliche Verkennung der Vorlagepflicht);
- Fälle, in denen das letztinstanzliche Hauptsachegericht in seiner Entscheidung bewußt von der Rechtsprechung des EuGH zu in Rede stehenden, entscheidungserheblichen Fragen abweicht und gleichwohl nicht oder nicht neuerlich vorlegt (per se-Willkürtatbestand – vgl. auch den BVerfG-Beschluß vom 8. 4. 1987, 2 BvR 687/ 85, EuR 1987, 333, 346);
- Fälle, in denen
    - entweder zu einer entscheidungserheblichen Frage des Gemeinschaftsrechts einschlägige Rechtsprechung des EuGH noch nicht vorliegt
    - oder solche Rechtsprechung zwar ergangen ist, aber möglicherweise die entscheidungserhebliche Frage noch nicht erschöpfend beantwortet hat
    - oder eine Fortentwicklung der Rechtsprechung des EuGH nicht nur als entfernte Möglichkeit erscheint.

    In diesen Fällen ist eine willkürliche Verkennung der Vorlagepflicht aus Art. 177 Abs. 3 EWGV und somit eine Verletzung des Art. 101 Abs. 1 Satz 2 GG nur dann gegeben, wenn das letztinstanzliche Hauptsachegericht den ihm in solchen Fällen notwendig zukommenden Beurteilungsrahmen in unvertretbarer Weise überschritten hat; dies ist dann der Fall, wenn mögliche Gegenauffassungen zu der entscheidungserheblichen Frage des Gemeinschaftsrechts gegenüber der vom Gericht vertretenen Meinung *eindeutig* vorzuziehen sind.

7. Bei Überprüfung einer nach § 554 b ZPO getroffenen Entscheidung, die Revision mangels grundsätzlicher Bedeutung der aufgeworfenen gemeinschaftsrechtlichen Frage nicht zur Entscheidung anzunehmen, am Maßstab des Art. 3 Abs. 1 GG ist – im Gegensatz zur Prüfung unter dem Gesichtspunkt des Entzugs des gesetzlichen Richters im Sinne des Art. 101 Abs. 1 Satz 2 GG – am herkömmlichen Willkürbegriff festzuhalten.

8. Bei einer Nichtannahmeentscheidung gemäß § 554 b ZPO ist der Bundesgerichtshof nach Art. 3 Abs. 1 GG zwar gehalten, die Frage seiner Vorlagepflicht nach Art. 177 Abs. 2 und 3 EWGV voll durchzuprüfen, sofern davon abhängt, ob die Revision im Ergebnis Aussicht auf Erfolg hat, und muß seine Entscheidung ggf. diese Prüfung auch erkennen lassen; indes stellt es weder einen Verstoß gegen Art. 101 Abs. 1 Satz 2 noch gegen Art. 3 Abs. 1 GG dar, wenn er zur Begründung der Nichtvorlage an den EuGH auf die insoweit einschlägige Begründung des Berufungsgerichts erkennbar Bezug nimmt und sie sich zu eigen macht.

9. Bei einer nur summarischen Prüfung des Bestehens objektiv vernünftiger Zweifel hinsichtlich der Anwendung und Auslegung entscheidungserheblichen Gemeinschaftsrechts durch den Bundesgerichtshof im Rahmen des § 554 b ZPO wäre ein über den Schutzbereich des Art. 101 Abs. 1 Satz 2 GG möglicherweise hinausgehender, den im Rechtsstaatsprinzip enthaltenen Anspruch auf ein faires Verfahren betreffender Verfahrensverstoß nur dann in Betracht zu ziehen, wenn der BGH solche Zweifel zwar bejahen, von der dann notwendigen Anrufung des EuGH aber mit der Begründung absehen würde,

der EuGH werde im Ergebnis hinsichtlich der Beantwortung dieser objektiv vernünftigen Zweifelsfragen zum gleichen Ergebnis wie der BGH kommen.«

Stellt der EuGH in einem konkreten Vorlageverfahren[11] die Unvereinbarkeit einer Anspruchsnorm mit dem Gemeinschaftsrecht fest, so hat dies nicht nur Bedeutung für den konkreten Fall. Die Feststellung wirkt erga omnes, so daß sich auch Dritte in anderen Verfahren auf sie berufen können; eine gegenteilige Entscheidung des nationalen Gerichts ist dann ausgeschlossen; letzteres bleibt jedoch zur erneuten Vorlage der gleichen Rechtsfrage an den EuGH berechtigt[12].

2. Artikel 30 EWG als Hindernis für die Entstehung wettbewerbsrechtlicher Ansprüche

a) Der EuGH hat in der Dassonville-Entscheidung (GRUR Int. 1974, 467, Rs 8/74, Slg. 1974, 837) die »Maßnahmen gleicher Wirkung« i. S. des Art. 30 EWG-Vertrag in weitem Sinne definiert als »jede Handelsregelung der Mitgliedstaaten, die geeignet ist, den innergemeinschaftlichen Handel unmittelbar oder mittelbar, tatsächlich oder potentiell zu behindern«. Danach können auch zahlreiche Regelungen des deutschen Wettbewerbsrechts als solche Maßnahmen in Betracht kommen; denn innerstaatlichen Handel können sowohl Schutzrechte, insbesondere Kennzeichnungsrechte, und deren Ausübung einschränkend berühren als auch alle wettbewerbsbeschränkenden Regelungen des deutschen Rechts, soweit sie – was fast regelmäßig der Fall sein wird – strengere Anforderungen stellen als entsprechende Regelungen anderer Gemeinschaftsstaaten.

b) Einer uferlosen Anwendung i. S. seiner ursprünglichen – und nominell stets aufrechterhaltenen – Definition ist der EuGH jedoch selbst in einer Reihe von Entscheidungen entgegengetreten, mit denen er – teils in Anwendung der Ausnahmevorschrift des Art. 36 EWGV, überwiegend in unmittelbarer sinngerechter Auslegung des Art. 30 EWGV – Eingrenzungen vorgenommen hat[13].

aa) So hat der EuGH bei Schutzrechten und deren Ausübung die davon ausgehende Beschränkung der Handelsfreiheit insoweit als zulässig angesehen, als sie zur Wahrung derjenigen Interessen angemessen ist, die den spezifischen Gegenstand des jeweiligen Rechts ausmachen. Was als »spezifischer Gegenstand« anzusehen ist, hat der EuGH in

---

11 Zu diesem Verfahren näher *Dauses* und *Everling* in ihren im Literaturverzeichnis genannten Werken über das Vorab-Entscheidungsverfahren des EuGH; zur Einleitung des Verfahrens sind nur die staatlichen Gerichte, nicht auch Schiedsgerichte berechtigt (vgl. im einzelnen *Hepting*, Artikel 177 EWG-Vertrag und die private Schiedsgerichtsbarkeit, EuR 1982, 315; dazu und zum Vorlageverfahren generell auch Großkomm/*Jacobs*, Vor § 13 UWG, D, Rdn. 316–322, besonders Rdn. 317).
12 EuGH NJW 1982, 1205.
13 Vgl. z. B. schon EuGH GRUR Int. 1976, 402 (Terrapin/Terranova, zum Verständnis dieser Entscheidung auch BGH GRUR 1987, 292 = GRUR Int. 1987, 702 – KLINT); EuGH GRUR Int. 1978, 291, 298 (Hoffmann-La Roche/Centrafarm); EuGH GRUR Int. 1990, 960 (HAG II) und zu diesem Urteil eingehend *Joliet*, GRUR Int. 1991, 177 ff.; vgl. ferner *Grabitz/Matthies*, Art. 30 Rdn. 18 ff., und die umfangreichen Nachweise bei *Deringer/Sedemund*, *Sedemund* und *Sedemund/Montag*, aaO. (Literaturverzeichnis), und *Gotzen*, GRUR Int. 1984, 146, 147 in Fn. 7.

einzelnen Entscheidungen ebenfalls – teils grundsätzlich – zu bestimmen gesucht[14]. Dies im einzelnen auszuführen, würde hier, weil es ein Eingehen auf materiell-rechtliche Elemente der Schutzrechte erfordern würde, zu weit führen, so daß auf die (in Fn. 14) zitierten Belegstellen verwiesen werden muß.

11 Beachtenswert erscheint jedoch, daß – wie *Gotzen* (aaO.) m. E. überzeugend nachgewiesen hat – der EuGH bei seiner Bestimmung des jeweils »spezifischen Gegenstands« der Immaterialgüterrechte nicht in erster Linie die in den Einzelstaaten gültigen Vorstellungen von deren Wesen und Charakteristiken als entscheidend erachtet und daß er auch den von ihm selbst gebrauchten Begriffsbestimmungen nur eine untergeordnete Bedeutung beimißt (*Gotzen* aaO., S. 150); vielmehr erscheint als sein Anliegen, den »harten Kern« des freien Warenverkehrs zu erhalten, mit der Folge, daß er die einzelnen Immaterialgüterrechte und ihre Ausübungsformen nach dem jeweiligen Schädlichkeitsgrad in dieser Beziehung beurteilt (*Gotzen*, aaO., S. 151–152 unter Berufung insbesondere auf das Urteil Keurkoop/Nancy Kean, EuGH Slg. 1982, 2853, Erwägung 24). Die HAG II-Entscheidung (Fn. 13) fügt sich in diese Beurteilung der Vorgehensweise des EuGH ohne weiteres ein; sie läßt darüber hinaus erkennen, daß der EuGH vor notwendig werdenden Berichtigungen eines als verfehlt erkannten Kurses (HAG I) nicht zurückscheut.

12 bb) Bei der Kollision von anderen wettbewerbsrechtlichen Vorschriften (insbesondere des UWG) mit Art. 30 EWGV hält der EuGH die Ausnahmevorschrift des Art. 36 EWGV für – jedenfalls weitgehend – unanwendbar, weil der Begriff der öffentlichen Ordnung i. S. dieser Vorschrift »Erwägungen des Verbraucherschutzes« nicht einschließe[15]. Hier wird das Korrektiv einer sonst uferlosen Ausweitung des Art. 30 EWGV in dessen Auslegung selbst gesucht, wobei der EuGH nach dem Verhältnismäßigkeitsprinzip verfährt und darauf abstellt, ob die einschränkende innerstaatliche Vorschrift (bzw. deren Anwendung im konkreten Fall) angemessen erscheint[16].

13 In einem jüngst entschiedenen Fall (GRUR Int. 1991, 215 – Pale Corp./P. J. Dahlhausen & Co., aaO. auf S. 216) hat der EuGH seine gültigen Auslegungsgrundsätze selbst wie folgt formuliert: »Nach ständiger Rechtsprechung (des Gerichtshofs) müssen Hemmnisse für den Binnenhandel der Gemeinschaft, die sich aus den Unterschieden der nationalen Rechtsvorschriften ergeben, hingenommen werden, soweit solche – unterschiedslos für inländische wie für ausländische Waren geltenden – Bestimmungen notwendig sind, um zwingenden Erfordernissen, u. a. solchen des Verbraucherschutzes und der Lauterkeit des Handelsverkehrs, gerecht zu werden. Derartige Bestimmungen sind jedoch nur zulässig, wenn sie in einem angemessenen Verhältnis zum verfolgten Zweck stehen und wenn dieser Zweck nicht durch Maßnahmen erreicht werden kann, die den innergemeinschaftlichen Handelsverkehr weniger beschränken.«

---

14 Vgl. zur Entwicklung ausführlich und mit umfangreichen Nachweisen *Gotzen*, GRUR Int. 1984, 146, 147 ff.; zu Zweifelsfragen auch *Röttger*, GRUR Int. 1982, 512 ff.
15 So EuGH GRUR Int. 1982, 117, 120 – Irische Souvenirs unter Betonung des Ausnahmecharakters des Art. 36 und der dadurch gebotenen engen Auslegung; EuGH (Rs 177/83, Slg. 1984, 3654) GRUR Int. 1985, 110 = WRP 1985, 141 (mit Anm. *Meier*) – r + r; vgl. auch schon *Gotzen*, GRUR Int. 1984, 146, 151 (krit.) und jetzt – ihrerseits krit. gegen die von einzelnen Mitgliedstaaten dennoch immer wieder auf Art. 36 EWGV gestützte Argumentation – *Hakenberg/Herles* in ihrer Anm. zu EuGH GRUR Int. 1990, 955 – GB-Inno auf S. 959 m. w. N.
16 *Grabitz/Matthies*, Art. 30, Rdn. 21; *Gotzen*, GRUR 1984, 146, 151.

Im einzelnen gilt zu den verschiedenen Elementen diese Auslegungsformel: 14
Diskriminiert die Anwendung einer Vorschrift einseitig ausländische Waren, so ist 15
sie in jedem Falle ausgeschlossen, weil unangemessen[17].

In anderen Fällen kommt es maßgeblich darauf an, ob für die anzuwendende Rege- 16
lung zwingende Erfordernisse bestehen, die bislang im Verbraucherschutz (einschließlich des Schutzes der öffentlichen Gesundheit) und im lauteren Wettbewerb – vgl. zu
beidem schon die zitierte Formel –, außerdem aber auch im Umweltschutz[18] gesehen
worden sind.

Solche Erfordernisse hat der EuGH bisher beispielsweise bejaht: Im Falle des (nie- 17
derländischen) Verbots einer sklavischen Nachahmung[19]; im Falle eines (niederländischen) Zugabeverbots[20]; im Falle eines (französischen) Verbots bestimmter Haustür-
geschäfte[21]; im Falle eines (deutschen) Nachtbackverbots[22]; im Falle eines (britischen)
Verbots der Ladenöffnung am Sonntag[23].

Diese Beispiele dürfen jedoch nicht den Blick darauf verstellen, daß der EuGH die 18
Anwendbarkeit nationaler Regeln bereits wiederholt ausgeschlossen hat, und zwar mit
Begründungen, die namentlich in der deutschen Rechtsprechung Beachtung verdienen,
weil sie erkennen lassen, daß der EuGH Grundsätze des Verbraucherschutzes und der
Lauterkeit des Wettbewerbs nicht nur dann nicht gelten läßt, wenn sie erkennbar nur
vorgeschoben werden, um anderen handels- oder rechtspolitischen Zielsetzungen zu
dienen[24], sondern auch dann, wenn sie nach Maßstäben angewendet werden, die der
EuGH für überzogen hält[25].

Das jüngste, bislang spektakulärste Beispiel einer einschneidenden Rechtsprechung 19
des EuGH ist die Entscheidung Inno BM (Fn. 24), in der eine Regelung des Luxembur-
gischen Rechts für unanwendbar erklärt worden ist, aufgrund deren einer im Grenz-
land ansässigen belgischen Firma die Werbung[26] in Luxemburg mit befristeten Sonder-
angeboten und Preisherabsetzungen verboten werden sollte. Daß diese Entscheidung
Auswirkungen auf die entsprechenden deutschen Bestimmungen – §§ 6 e und 7

---

17 Vgl. den Fall EuGH GRUR Int. 1985, 110 – r + r (Rs. 177/83, Slg. 1984, 3651) = WRP 1985, 141 mit Anm. *Meier*, in dem erstmalig die Anwendbarkeit des deutschen § 3 UWG verneint worden ist; derselbe Grundsatz findet sich auch schon im Urteil EuGH GRUR Int. 1981, 390 (Slg. 1980, 2299, Kommission gegen Frankreich).
18 Vgl. EuGH, Urt. v. 20. 9. 1988, Rs 302/86, Slg. 1988, 4607 (Getränkeflaschen).
19 EuGH GRUR Int. 1982, 439 – Multi Cable Transit (= Rs 6/81, Slg. 1982, 707 – Beele).
20 EuGH GRUR Int. 1983, 648 – Oosthoeks (= Rs 286/81, Slg. 1982, 4575).
21 EuGH GRUR Int. 1990, 459 – Buet (= Rs 382/87).
22 EuGH, Urt. v. 14. 7. 1981, Rs 155/80, Slg. 1981, 1983 (Oebel).
23 EuGH GRUR Int. 1991, 41 (= Rs C 145/88) – Torfaen Borough Council/B + Q PLC.
24 Vgl. dazu außer der bekannten Cassis de Dijon-Rechtsprechung mit Folgeurteilen (Fn. 1 und 2) etwa auch EuGH GRUR Int. 1981, 390 (Rs 152/78, Slg. 1980, 2299 – Kommission gegen Frankreich) und als neuesten Fall EuGH GRUR Int. 1990, 955 (Rs C 362/88 – GB-Inno BM).
25 Vgl. dazu eingehend, wenngleich teils überspitzt und nicht frei von Fehlinterpretierungen, *Meier*, GRUR Int. 1990, 817 ff.; ferner *Keilholz*, GRUR Int. 1987, 390, 393. Sehr instruktiv zur Frage der Maßstabveränderung *Tilmann*, GRUR 1990, 87, 90 ff.
26 Daß auch Werbeverbote den zwischenstaatlichen Handel beeinträchtigen können, hatte der EuGH schon früher (GRUR Int. 1983, 648, 649 = Rs 286/81, Slg. 1982, 4575 – Oosthoek) er-
kennen lassen, als er (in Erwägungen 10 und 11) den mittelbaren Einfluß etwa erzwungener unterschiedlicher Systeme der »Absatzförderung« erwähnte.

UWG – gewinnen wird, liegt auf der Hand. Der BGH hat sie zum Anlaß genommen, dem EuGH die Frage vorzulegen, ob § 6 e anwendbar ist, wenn ein in Frankreich ansässiges Unternehmen in Deutschland eine unter diese Bestimmung fallende Katalogwerbung betreibt, die ihr nach deutschem Recht verboten werden müßte[27]. Die Antwort ist vorhersehbar und wird den Gesetzgeber wohl auch hier – in Luxemburg ist er schon tätig geworden – dazu veranlassen müssen, einer »umgekehrten Diskriminierung« der Inländer zu begegnen[28].

20 Mit der Anwendbarkeit von Irreführungsverboten des deutschen Wettbewerbsrechts hat der EuGH sich bisher dreimal befaßt. Im ersten Fall[29] hat er ein Verbot der Einfuhr von Wein aus Südtirol in Bocksbeuteln für unzulässig erklärt und den Einwand einer Irreführung des Verbrauchers (§ 7 Weingesetz) mit der Erwägung als ausgeräumt angesehen, daß die Etikettierungsvorschriften eine hinreichende Verbraucheraufklärung ermöglichten. Aus der Entscheidung wird man folgern können, daß dem EuGH als schützenswerter Verbraucher ein etwas mündigerer Bürger vorschwebt als (bisher) den deutschen Wettbewerbsgerichten. Sie enthält auch den Satz, der seither in Kommentaren (vgl. *Grabitz/Matthies*, Art. 30, Rdn. 39 a) als über den Einzelfall hinaus bedeutsam zitiert wird: Ob unlauterer Wettbewerb vorliegt, ist unter allseitiger Achtung lauterer Praktiken und herkömmlicher Übungen in den verschiedenen Mitgliedstaaten zu beurteilen. Die zweite Entscheidung[30] ist deswegen von geringerer Bedeutung für die weitere Entwicklung, weil dort die Anwendbarkeit des deutschen § 3 UWG einfach deswegen verneint werden konnte, weil sie zu einer einseitigen Diskriminierung ausländischer Erzeugnisse führen konnte. Im dritten, jüngsten Fall[31] ist die Anwendbarkeit des § 3 UWG wegen zu geringen Gewichts einer etwaigen (vom EuGH unterstellten) Irreführung im Verhältnis zur Erheblichkeit des Handelshemmnisses verneint worden. Es ging um das Verbot des Vertriebs einer ausländischen Ware in Deutschland unter ihrer durch Hinzufügung des Signets »R« gebildeten Bezeichnung, die beanstandet wurde, weil die Marke zwar in einem anderen Mitgliedstaat der Gemeinschaft, nicht aber in Deutschland registriert war. Der EuGH hat ein Verbot nach § 3 UWG nicht zugelassen.

3. Artikel 85, 86 EWGV als Hindernisse für die Anspruchsentstehung

21 Verstöße gegen die EG-Kartellverbote sind im Wettbewerbsrecht bislang meist im Zusammenhang mit selektiven Vertriebssystemen (nachfolgend a) sowie mit Vereinbarungen über gewerbliche Schutzrechte (nachfolgend b) geltend gemacht worden.

---

27 Vgl. BGH GRUR 1991, 556 – Yves Rocher; vgl. dazu auch *Chrocziel*, EWS 1991, 173, 178 f.
28 Daß die Lösung der Probleme einer Inländerdiskriminierung durch Verbot der Anwendung einer inländischen Bestimmung (nur) auf Ausländer nicht Sache des EuGH, sondern die des nationalen Gesetzgebers ist, hat der EuGH wiederholt erkennen lassen; vgl. Urt. v. 23. 10. 1986, Rs 350/85, Slg. 1986, 3238 und v. 13. 11. 1986, Rs 80 und 159/85, Slg. 1986, 3376; im einzelnen dazu *Rabe*, ZLR 1989, 363, 378 ff.
29 EuGH GRUR 1984, 291 (Rs 16/83, Slg. 1984, 1299 – Bocksbeutelflasche).
30 EuGH GRUR Int. 1985, 110 (Rs 177/83, Slg. 1984, 3651) = WRP 1985, 141 mit Anm. *Meier*; vgl. dazu auch *Chrocziel*, EWS 1991, 173, 176 f.
31 EuGH GRUR Int. 1991, 215 (Rs C 238/89, Pall Corp./P. J. Dahlhausen & Co.).

a) Selektive Vertriebssysteme (Vertriebsbindungssysteme) fallen, soweit sie Beschränkungen des Weiterverkaufs enthalten, grundsätzlich unter das Verbot des Art. 85 EWGV, wenn nicht die Selektion ausschließlich nach objektiven qualitativen – nicht etwa quantitativen – Kriterien erfolgt[32]. Die Gerichte haben daher in Unterlassungsverfahren gegen Verletzer von Vertriebsbindungen grundsätzlich – solange keine Freistellung durch die Kommission erfolgt ist[33] – sorgfältig zu prüfen, ob die in Frage stehende Bindungsvereinbarung »entweder einzeln oder gemeinsam mit anderen in dem wirtschaftlichen und rechtlichen Zusammenhang, in dem sie zustande gekommen sind, mit Rücksicht auf die Gesamtheit aller objektiven rechtlichen und tatsächlichen Umstände geeignet sind, den Handel zwischen den Mitgliedstaaten zu beeinträchtigen und eine Hinderung, Einschränkung oder Verfälschung des Wettbewerbs zu bezwecken oder zu bewirken[34].

b) Unter das Verbot des Art. 85 EWGV können auch Vereinbarungen über gewerbliche Schutzrechte fallen, mit der Folge, daß einem aus solchen Vereinbarungen erwachsenden Unterlassungsanspruch gleichfalls ein Einwand entgegenstehen kann.

Das gewerbliche Schutzrecht selbst erfüllt zwar nicht die Tatbestandsmerkmale des Art. 85 EWGV; seine Ausübung kann jedoch von der Vorschrift erfaßt werden, wenn sie Gegenstand, Mittel oder Folge einer Kartellabsprache ist[35]. Hinsichtlich der schwierigen Einzelfragen, die diese Voraussetzung und ihre Erfüllung aufwerfen, muß auf die Spezialliteratur verwiesen werden[36].

4. Andere EG-Normen als Hindernisse für die Entstehung wettbewerbsrechtlicher Ansprüche

a) Richtlinien
Richtlinien der EG richten sich zwar an die Mitgliedstaaten der Gemeinschaft, Art. 189 EWGV. Sie zeitigen aber nach der Rechtsprechung des EuGH und nach heute wohl h. M.[37] auch unmittelbare Drittwirkungen. Deshalb – und da insbesondere die Gerich-

---

32 Zu Einzelheiten *Groeben/Jakob-Siebert*, Art. 85 – Fallgruppen, Rdn. 203–368, hier bes. Rdn. 320 ff. sowie *Deringer/Sedemund*, NJW 1981, 1125, 1128, jeweils m. w. N.
33 Zu Einzelheiten vgl. *Groeben/Jakob-Siebert*, aaO.; *Deringer/Sedemund*, aaO., S. 1129; zur Ratsamkeit der Verfahrensaussetzung bei noch laufenden Freistellungsverfahren vgl. BGH GRUR 1985, 1059 = WRP 1985, 555 – Vertriebsbindung.
34 *Deringer/Sedemund*, aaO., S. 1128 unter Berufung auf die damals gerade ergangenen Entscheidungen des EuGH über Parfümerie-Bindungssysteme, abgedr. in Slg. 1980, 2481 (Lauder); Slg. 1980, 2511 (Lancôme); Slg. 1980, 3775 (L'Oreal); vgl. auch EuGH GRUR Int. 1978, 254, 256 f. (SABA II); 1984, 28, 29 ff. (AEG). Zum Umfang der Prüfungspflicht – insbesondere nach Einleitung eines Kommissionsverfahrens – vgl. BGH GRUR 1985, 1059, 1060 f. = WRP 1985, 555 – Vertriebsbindung.
35 Vgl. *Groeben/Sucker*, Art. 85 – Fallgruppen, Rdn. 439 m. w. N.
36 Vgl. *Groeben/Sucker*, Art. 85 – Fallgruppen, Rdn. 431–542, und die Kommentierung der §§ 85–87 bei *Grabitz*; ferner *Deringer/Sedemund, Sedemund* und *Sedemund/Montag* in den eingangs im Literaturverzeichnis zitierten Übersichten; *Axster*, GRUR Int. 1982, 646; *Joerges*, GRUR Int. 1984, 222 und 279; zur Parallelproblematik beim urheberrechtlichen Vertrag auch *v. Gamm*, GRUR Int. 1983, 403.
37 Vgl. zur Entwicklung *Seidel*, NJW 1985, 517 m. w. N.; ferner *Bach*, JZ 1990, 1108 und *Hilf* (Fn. 8), EuR 1988, 1.

te Richtlinien auch schon zur europarechtskonformen Auslegung nationaler Gesetze heranziehen und ihre Auslegung zum Gegenstand der Vorlage beim EuGH machen dürfen[38] – können einschränkende Einflüsse auf das deutsche Wettbewerbsrecht auch von ihnen ausgehen.

26 Diese Möglichkeit ist jedoch bisher weitgehend theoretisch geblieben.

27 Die Richtlinie 84/450/EWG des Rates vom 10. 9. 1984 zur Angleichung der Rechts- und Verwaltungsvorschriften der Mitglieder über irreführende Werbung[39] beschränkt sich auf eine Teilharmonisierung der nationalen Rechtsvorschriften durch Festsetzung von objektiven Mindestkriterien[40]. Sie läßt höhere Norm-Standards in den Mitgliedstaaten zu (Art. 7) und braucht daher – entgegen einer gelegentlich vertretenen Auffassung[41] – nicht zwingend dazu zu führen, daß das deutsche Irreführungsrecht auf das niedrigere Richtlinienniveau abgesenkt werden muß[42].

28 Erhebliche praktische Bedeutung für die deutsche Wettbewerbsrechtsprechung kann jedoch einer vorgesehenen Änderung der Richtlinie über irreführende Werbung zukommen. Nach Art. 4 a der geänderten Richtlinie soll vergleichende Werbung unter der Voraussetzung erlaubt sein, daß wesentliche und verifizierbare Details verglichen werden und die Werbung nicht unfair ist[43]. Insoweit soll Art. 7, der strengere Standards der Mitgliedstaaten bisher erlaubt, nicht anwendbar sein, also eine Harmonisierung auf dem Richtlinienstandard erzwungen werden. Dies wird die Rechtsprechung des BGH, der – nach gewissen Lockerungsanzeichen im Bereich der diskriminierenden vergleichenden Werbung[44] – im Bereich der anlehnenden vergleichenden Werbung in jüngerer Zeit wieder einen deutlichen Schritt in die – europarechtlich falsche – strengere Richtung unternommen hat[45], voraussichtlich zu neuer Kursbestimmung nötigen.

29 Die Richtlinie des Rates vom 18. 12. 1978 zur Angleichung der Rechtsvorschriften der Mitgliedstaaten über die Etikettierung und Aufmachung von Lebensmitteln sowie die Werbung hierfür[46] ist – worauf in der Literatur zutreffend hingewiesen worden ist[47] – grundsätzlich geeignet, deutsches Wettbewerbsrecht einzuschränken, da sie weitergehende Kennzeichnungsanforderungen zwingend ausschließt. Zu Unrecht aber

---

38 Vgl. dazu etwa EuGH Rs 32/74, Slg. 1974, 1201 (Haaga); Rs 270/81, Slg. 1982, 2771 (Rickmers Linie) u. neuestens Rs. C 373/90. ZIP 1992, 719, 720 (Nissan).
39 ABl. EG 1984 Nr. L 250, S. 17, abgedr. auch GRUR Int. 1984, 688 und bei *Baumbach/Hefermehl*, S. 16–19.
40 So EuGH GRUR Int. 1991, 215, 216; kaum vereinbar damit aber EuGH ZIP 1992, 719, 720 (Nissan).
41 Vgl. *Keilholz*, GRUR Int. 1987, 390, 393 und *Everling*, auf dem ZAW-Symposion über »irreführende Werbung in Europa« am 26. 10. 1989 in Köln, zitiert nach *Möllering*, WRP 1990, 1, 10 in Fn. 103; *Heinemann* ZIP 1992, 720, 721 f.
42 Ebenso *Möllering*, WRP 1990, 1, 10; bedenklich aber EuGH ZIP 1992, 719, 720 (Nissan).
43 Vgl. als Quelle *Kloepfer/Michael*, Vergleichende Werbung und Verfassung, GRUR 1991, 170; dort auch nähere Details der vorgesehenen Regelung.
44 Vgl. BGH GRUR 1986, 548 = WRP 1986, 854 – Dachsteinwerbung; BGH GRUR 1986, 618 = WRP 1986, 465 – Vorsatz-Fensterflügel; BGH GRUR 1987, 49 = WRP 1987, 166 – Cola Test.
45 Vgl. BGHZ 107, 136 = WRP 1989, 572 – Bioaequivalenzwerbung; (vorsichtig) einschränkend dazu aber neuestens BGH, Urt. v. 11. 6. 1992 – I ZR 226/90 – Therapeutische Äquivalenz.
46 ABl. EG 1979 Nr. L 33; Letztfassung in der Richtlinie vom 14. 6. 1989 (89/395 EWG).
47 Vgl. *Meier*, GRUR Int. 1990, 817; *Schüler* in Anm. zu OLG Köln WRP 1990, 406, 408.

schließen die in Fn. 47 genannten Autoren hieraus, daß das OLG Köln (WRP 1990, 406) gegen die Richtlinie und der Bundesgerichtshof bei seiner Nichtannahmeentscheidung über die Revision gegen Art. 177 Abs. 3 EWGV verstoßen hätten, indem sie als irreführend bewertet haben, daß ein Verkäufer von Kondensmilch in Weichpackungen, bei der das Verfalldatum überschritten war, die Käufer hierauf nicht hinwies. Die Kritik hat übersehen, daß die Etikettierungsrichtlinie sich auf verkehrsfähige Waren bezieht. Selbstverständlich muß es dem nationalen Gesetzgeber aus Gründen der Volksgesundheit unbenommen bleiben, zwar ordnungsgemäß etikettierte, aber verdorbene oder gesundheitlich bedenkliche Ware aus dem Verkehr zu ziehen. Darf er dies aber, so dürfen nach nationalem Recht auch die Gerichte verlangen, daß – mindestens – auf den verdorbenen bzw. bedenklichen Zustand einer zum Verkauf angebotenen Ware hingewiesen wird. Mit der Begrenzung der Etikettierungsanforderungen der Richtlinie hat dies überhaupt nichts zu tun.

4. Entscheidungen der Kommission als Hindernisse für die Entstehung wettbewerbsrechtlicher Ansprüche

In bestimmten Fällen können sich – wie die Kommissionsentscheidung vom 25. 2. 1985 über »Berlinbutter« deutlich gemacht hat – Einschränkungen der Anwendung des deutschen Wettbewerbsrechts auch unmittelbar aus Kommissionsentscheidungen ergeben, da nach den im Zusammenhang mit der Berlin-Butter-Aktion ergangenen Urteilen des EuGH[48] auch Kommissionsentscheidungen, die sich an Mitgliedstaaten wenden, nationales Wettbewerbsrecht für den Einzelfall – mit bindender Wirkung für die Gerichte – außer Kraft setzen können.

---

48 Urt. v. 21. 5. 1987, Rs 249/85 und Rs 113–136/85 GRUR Int. 1987, 583 u. 585 = WRP 1987, 542 ff. mit Anm. *Meier;* vgl. auch *Meier,* GRUR Int. 1990, 817, 820, u. *Chrocziel,* EWS 1991, 173, 177.

B. Das wettbewerbliche Beseitigungsrecht

22. Kapitel Wesen und Voraussetzungen des Beseitigungsanspruchs

Literatur: *Baur,* Der Beseitigungsanspruch nach § 1004 BGB, AcP 160 (1961), 465; *Böhm,* Pflichtwidriges Unterlassen als Zuwiderhandlung gegen ein gerichtliches Verbot, WRP 1973, 72; *Brehm,* Die Vollstreckung der Beseitigungspflicht nach § 890 ZPO. Zugleich ein Beitrag zur Abgrenzung des Unterlassungsanspruchs vom Beseitigungsanspruch, ZZP 89 (1976), 178; *v. Caemmerer,* Wandlungen des Deliktsrechts, in 100 Jahre Deutsches Rechtsleben, Festschrift zum 100jährigen Bestehen des Deutschen Juristentages, Bd. 2, 1960, S. 53; *Henckel,* Vorbeugender Rechtsschutz im Zivilrecht, AcP 174 (1974), 97; *Jauernig,* Einstweilige Verfügung gegen ein Bezugsverbot, NJW 1973, 1671; *Köhler,* Die wettbewerbsrechtlichen Abwehransprüche (Unterlassung, Beseitigung, Widerruf), NJW 1992, 137; *Lindacher,* Unterlassungs- und Beseitigungsanspruch, GRUR 1985, 423; *Mertens,* Zum Inhalt des Beseitigungsanspruchs aus § 1004 BGB, NJW 1974, 1783; *Moll,* Beseitigungsanspruch und Rückruf im gewerblichen Rechtsschutz, Festschrift für *Klaka,* 1987, S. 16; *Picker,* Der negatorische Beseitigungsanspruch, 1972; *Teplitzky,* Das Verhältnis des objektiven Beseitigungsanspruchs zum Unterlassungsanspruch im Wettbewerbsrecht, WRP 1984, 365.

Inhaltsübersicht

	Rdn.		Rdn.
I. Wesen und Rechtsgrundlage des Beseitigungsanspruchs, Abgrenzung vom Unterlassungsanspruch	1–13	5. Gemeinsamkeiten mit dem Unterlassungsanspruch	9–12
1. Schadensersatzfunktion	1	6. Zusammenfassung	13
2. Abwehrfunktion	2	II. Die Voraussetzungen des Beseitigungsanspruchs	14–17
3. Notwendigkeit der Abgrenzung vom Unterlassungsanspruch	3–6	1. Begangene Verletzungshandlung	14
4. Die Folgen der Verschiedenheit vom Unterlassungsanspruch	7, 8	2. Verschulden nicht erforderlich	15
		3. Notwendigkeit	16
		4. Fehlen einer Duldungspflicht	17

I. Wesen und Rechtsgrundlage des Beseitigungsanspruchs; Abgrenzung vom Unterlassungsanspruch

1. Der Beseitigungsanspruch kann der Wiedergutmachung bzw. Behebung eines eingetretenen Schadens dienen. In dieser Funktion, die schuldhaftes Verhalten des Schädigers und einen eingetretenen Schaden voraussetzt, ist er eine Form des Schadensersatzes und bei diesem[1] näher zu behandeln.

1

---

1 Vgl. dazu Kap. 33, Rdn. 12

2 2. Seine maßgebliche Bedeutung hat er – zumal im Wettbewerbsrecht – nicht in dieser Form erlangt, sondern als zweiter objektiver, d. h. verschuldensunabhängiger[2], Abwehranspruch neben dem Unterlassungsanspruch. Er dient der Abwehr, weil – und soweit – er über die Beseitigung eines als Folge einer Verletzungshandlung »fortwirkenden«[3] Zustandes die von diesem (künftig) ausgehenden Störungen verhindern soll[4].

3 3. a) Mit dieser Zielsetzung ist auch der Beseitigungsanspruch zukunftsbezogen[5]; eine »Wirkung« oder »Richtung« in die Vergangenheit, die mitunter angenommen wird[6], kommt ihm nicht zu. Die Versuche, den Gegensatz zwischen Beseitigungs- und Unterlassungsanspruch gerade (auch) aus der Zukunftsbezogenheit des letzteren abzuleiten[7], können daher nicht befriedigen.

4 b) Da die Anspruchsinhalte auf konträre menschliche Verhaltensweisen – Unterlassung einerseits, positives Tun andererseits – gerichtet sind[8], fragt es sich, weshalb überhaupt – wie es vielfach geschieht und auch im folgenden geschehen soll – nach zusätzlichen Abgrenzungskriterien oder nach Gründen für einen wesentlichen Unterschied der beiden Anspruchsarten gesucht wird. Die Notwendigkeit dieser Suche ergibt sich jedoch daraus, daß in Rechtsprechung und Literatur häufig gesagt wird, daß der Beseitigungsanspruch vom Unterlassungsanspruch »umfaßt« oder »eingeschlossen« werde[9] oder daß beide Ansprüche sich – jedenfalls teilweise – deckten[10] oder daß eine Unterscheidung von Unterlassungspflichten und Pflichten zum Tätigwerden als Anspruchsgegenstand gar nicht immer möglich sei[11].

5 c) Ausgangspunkt dieser Meinungen sind die Fälle, in denen eine Erfüllung des Unterlassungsanspruchs nicht ohne Beseitigungshandlung möglich ist[12]. Hier decken sich

---

2 BGHZ 14, 163, 173 – Constanze II; st. Rspr. und einhellige Meinung; vgl. Großkomm/*Köhler*, Vor § 13 UWG, B, Rdn. 131; *v. Gamm*, UWG, § 1, Rdn. 301; *Baumbach/Hefermehl*, Einl. UWG, Rdn. 307 f.; *Ahrens*, S. 63 – sämtl. m. w. N.

3 *Baumbach/Hefermehl*, Einl. UWG, Rdn. 307 m. w. N.; *v. Gamm*, UWG, § 1, Rdn. 301.

4 BGH GRUR 1974, 99, 101 = WRP 1974, 30 – Brünova.

5 *Ahrens*, S. 58; *v. Gamm*, UWG, § 1, Rdn. 301; Großkomm/*Köhler*, Vor § 13 UWG, B, Rdn. 126.

6 *Pastor*, in *Reimer*, S. 15, und *Jauernig*, NJW 1973, 1671, 1672; ähnlich auch schon RGZ 148, 114, 123 – Gummi-Waren.

7 RG, *Pastor*, in *Reimer*, und *Jauernig*, aaO.; vgl. ferner die Nachweise bei *Ahrens*, S. 58, Fn. 4, der selbst diese Art der Unterscheidung aber ablehnt.

8 Anders wäre es nur, wenn nicht ein durch die Handlung (Tun oder Unterlassen), sondern durch den Erfolg (Störungsabwehr) bestimmter Anspruchsbegriff zugrunde gelegt würde. Dagegen spricht jedoch de lege lata die handlungs- und nicht erfolgsorientierte und dementsprechend unterschiedliche Vollstreckungsregelung der §§ 887–890 ZPO und de lege ferenda die enge Beziehung zwischen Anspruch und Streitgegenstand im Prozeß und das in letzterem gültige Bestimmtheitserfordernis des § 253 Abs. 2 Nr. 2 ZPO.

9 Vgl. RGZ 148, 114, 123 – Gummi-Waren; BGH GRUR 1958, 30, 31 = WRP 1957, 330 – Außenleuchte; BGH GRUR 1962, 315, 318 = WRP 1962, 128 – Deutsche Miederwoche; eingehend – und differenzierend – *Lindacher*, GRUR 1985, 423, 424, 430.

10 BGHZ 14, 163, 176 – Constanze II; BGH GRUR 1958, 30, 31 = WRP 1957, 330 – Außenleuchte; BGHZ 29, 344, 352 = GRUR 1959, 340 = WRP 1959, 154 – Sanifa; BGH GRUR 1977, 614, 616 – Gebäudefassade.

11 *v. Caemmerer*, Festschrift Deutscher Juristentag, Bd. 2, S. 53, 75;

12 Beispiel BGH GRUR 1977, 614, 616 – Gebäudefassade: Die Unterlassung der von der Fassade ausgehenden Störung erfordert die Beseitigung der Fassade; vgl. auch den – abgrenzenden –

22. Kapitel Wesen und Voraussetzungen des Beseitigungsanspruchs

in der Tat – wenngleich nur partiell – Zielrichtung und Erfolg der Ansprüche, was dadurch verdeutlicht wird, daß der Erfolg der Beseitigung auch – zwar nicht unmittelbar, aber mittelbar – durch die Durchsetzung des Unterlassungsanspruchs im Wege der Vollstreckung nach § 890 ZPO[13] erreicht werden kann[14]. Schon die Unmöglichkeit der Umkehrung dieses Satzes – die Durchsetzung des Beseitigungsanspruchs im Wege der hierfür vorgesehenen Vollstreckung nach §§ 887 f. ZPO erreicht ihrerseits keineswegs immer den Unterlassungserfolg[15] und läßt den Unterlassungsanspruch als solchen unberührt[16] – zeigt, daß auch in diesen Fällen einer Teilüberschneidung des Erfolgs die Anspruchsinhalte verschieden bleiben. Die Ansprüche laufen, soweit sie – auf unterschiedlichen Wegen und dementsprechend mittels unterschiedlicher Vollstreckungsnormen – das – partiell – selbe Ergebnis erreichen können, »parallel«[17], behalten aber auch insoweit ihren unterschiedlichen Charakter, bleiben somit klar unterscheidbar[18] und vor allem selbständig, d. h. nebeneinander und weithin auch unabhängig voneinander verfolgbar[19].

d) Erst recht gilt dies hinsichtlich des Verhältnisses des Unterlassungsanspruchs zu solchen Beseitigungsansprüchen, deren Ergebnis durch die Vollstreckung des Unterlassungstitels überhaupt nicht, auch nicht mittelbar über § 890 ZPO, erreicht werden kann, also beispielsweise solchen, die auf die zusätzliche Beseitigung von (noch nicht versandten) Prospekten[20], auf den Widerruf einer diskriminierenden Behauptung o. ä. gerichtet sind. Hier geht der Beseitigungsanspruch weiter bzw. auf etwas, was im Un-

---

Hinweis in dem selbst anders gelagerten Fall BGHZ 110, 156, 173 = BGH GRUR 1990, 522, 528 – HBV-Familien- und Wohnungsrechtsschutz.

13 Nur diese wird im deutschen Recht – anders als in Österreich, vgl. zur dortigen Rechtslage *Ahrens,* S. 59; Großkomm/*Köhler,* Vor § 13 UWG, B, Rdn. 127 mit Fn. 54, und *Baumbach/Hefermehl,* Einl. UWG, Rdn. 596 – durch den Unterlassungstitel eröffnet (so auch Großkomm/*Köhler,* Vor § 13 UWG, B, Rdn. 127). Die abweichenden Meinungen von *Henckel,* AcP 1974 (174), 97, 102 in Fn. 7, *Brehm,* ZZP 89 (1976), 178, 189 ff., und *Lindacher,* GRUR 1985, 423, 426, halte ich de lege lata für unvereinbar mit der ausdrücklichen gesetzlichen Regelung (§§ 887 f. im Gegensatz zu § 890 ZPO).

14 So zutreffend OLG Düsseldorf GRUR 1970, 376, 377 sowie WRP 1973, 526; OLG Hamburg WRP 1973, 276; OLG Stuttgart WRP 1980, 104; *Pastor,* Unterlassungsvollstreckung, S. 180 ff.; *Böhm,* WRP 1973, 72 ff. Die abweichenden Entscheidungen der OLG München (GRUR 1972, 502 sowie WRP 1972, 540) und Hamm (OLGZ 1974, 63 ff.) gehen von einem zu engen und m. E. verfehlten Zuwiderhandlungsbegriff aus.

15 So sind beispielsweise bei einer Firmenrechtsverletzung auch nach Beseitigung eines verletzenden Firmenschildes vielfältige andere Verletzungshandlungen denkbar, denen nur der Unterlassungsanspruch, nicht auch der Beseitigungsanspruch entgegensteht.

16 *Jauernig,* NJW 1973, 1671, 1672 f.

17 So treffend *Baumbach/Hefermehl,* Einl. UWG, Rdn. 307; Großkomm/*Köhler,* Vor § 13 UWG, B, Rdn. 127.

18 *Jauernig,* NJW 1973, 1671, 1672; *Henckel,* AcP 174 (1974), 97, 99 f.; *Pastor,* S. 530 und in Reimer, S. 349.

19 *v. Gamm,* UWG, § 1, Rdn. 300; *Baumbach/Hefermehl,* Einl. UWG, Rdn. 307; Großkomm/*Jacobs,* Vor § 13 UWG, D, Rdn. 202 ff.

20 Tatsächlich kann mittels des Unterlassungsanspruchs das – weitergehende – Beseitigungsziel nicht erreicht werden, da der Unterlassungsanspruch solange nicht verletzt wird, wie der Prospektbesitzer die Prospekte dem Verkehr (erfolgreich) fernhält.

terlassungsanspruch gar nicht mit enthalten ist[21]. Sein Inhalt ist hier offensichtlich wesensverschieden[22].

4. Die Verschiedenheit hat Folgen: Die Streitgegenstände sind nicht identisch[23], so daß die Rechtshängigkeit eines Anspruchs oder die rechtskräftige Entscheidung über ihn dem anderen nicht als prozessualer Einwand entgegengesetzt werden kann. Gleiches gilt grundsätzlich auch hinsichtlich des Einwands fehlenden Rechtsschutzbedürfnisses[24], der aber ausnahmsweise durchgreifen kann, wenn schon ein Unterlassungstitel vorliegt, mittels dessen Vollstreckung das (gleiche) Ziel des Beseitigungsanspruchs einfacher erreichbar ist. Dann beruht die Ablehnung des Rechtsschutzbedürfnisses aber nicht auf der Identität der Anspruchsinhalte, sondern auf dem allgemeinen Grundsatz, daß das Interesse an einer Klage dann zu verneinen ist, wenn ihr Erfolg auf einem anderen, einfacheren Wege erreichbar ist.

Die Unterschiedlichkeit der Ansprüche führt schließlich zu abweichenden Antrags- und Urteilsformulierungen, zu verschiedenen Erfüllungsformen und -wirkungen[25], dementsprechend zu den schon erwähnten unterschiedlichen Vollstreckungswegen[25] sowie zu verschiedenen Verjährungsfolgen[26].

5. Andererseits weisen der Unterlassungs- und der Beseitigungsanspruch eine beachtliche Reihe von Gemeinsamkeiten auf, die zwar allesamt nicht geeignet sind, ihre Wesensverschiedenheit und Selbständigkeit aufzuheben, die jedoch über den gemeinsamen Oberbegriff der »Abwehransprüche«[26] hinaus auch die in Rechtsprechung und Literatur mitunter verwendeten Formulierungen, der Beseitigungsanspruch sei eine Fortentwicklung, Ergänzung und/oder Steigerung des Unterlassungsanspruchs[27], rechtfertigen:

a) Sie haben zunächst beide den Anknüpfungspunkt der Verletzungshandlung gemeinsam; aus dieser ergibt sich die Gemeinsamkeit aller Anspruchsnormen, gegen die die Verletzungshandlung verstoßen kann, sowie die weitgehende Gleichheit der Verletzungshandlungsvoraussetzungen, von denen noch näher die Rede sein wird.

---

21 So schon RGZ 148, 114, 123 – Gummi-Waren; vgl. auch Großkomm/*Köhler*, Vor § 13 UWG, B, Rdn. 128 u. Großkomm/*Jacobs*, Vor § 13 UWG, D, Rdn. 205–208.
22 So BGH GRUR 1974, 99, 101 = WRP 1974, 30 – Brünova. Bedenklich daher die Heranziehung des Gedankens der Anspruchsdeckung in dem nicht unähnlichen Fall BGHZ 14, 163, 176 – Constanze II; zur Kritik hierzu im einzelnen vgl. *Henckel*, AcP 174 (1974), 97, 100 in Fn. 3 und *Teplitzky*, WRP 1984, 365, 367.
23 BGH aaO. – Brünova; Großkomm/*Köhler*, Vor § 13 UWG, B, Rdn. 127; a. A. für bestimmte Arten von Beseitigungsansprüchen *Lindacher*, GRUR 1985, 423, 427.
24 *Pastor*, S. 531; die gegenteiligen Entscheidungen des BGH in BGHZ 14, 163, 173 – Constanze II und GRUR 1957, 278, 279 = WRP 1957, 273 – Evidur beruhen auf einem damals verbreiteten, vom BGH aber seit BGH GRUR 1973, 208 = WRP 1973, 23 – Neues aus der Medizin – aufgegebenen Verständnis des Rechtsschutzbedürfnisses; nach dem heute herrschenden Verständnis würden die damaligen Gründe der BGH-Entscheidungen nicht mehr zur Verneinung des Rechtsschutzbedürfnisses, wohl aber zur Klageabweisung als materiell unbegründet – und zwar wegen der für einen Beseitigungsanspruch fehlenden Erforderlichkeit – führen.
25 *Jauernig*, NJW 1973, 1671, 1672 f.; Großkomm/*Köhler*, Vor § 13 UWG, B, Rdn. 127.
26 BGH aaO. – Brünova.
27 BGH GRUR 1955, 487, 488 = WRP 1955, 162 – Alpha-Sterilisator; BGH GRUR 1972, 558, 560 = WRP 1972, 198 – Teerspritzmaschinen; BGH GRUR 1974, 666, 669 = WRP 1974, 400 – Reparaturversicherung; *v. Gamm*, Kap. 48, Rdn. 34; *v. Gamm*, UWG, § 1, Rdn. 300.

b) Gemeinsam ist weiter die Ableitung bzw. Begründung der rechtlichen Existenz 11
beider Ansprüche: Sie haben dieselbe Rechtsgrundlage, die ursprünglich für beide in
§ 1004 BGB gesehen worden ist[28], neuerdings aber – jedenfalls im Wettbewerbsrecht –
zunehmend losgelöst von dieser Stütze unmittelbar den wettbewerbsrechtlichen Verbotsnormen entnommen wird, und zwar ohne Rücksicht darauf, ob diese einen Unterlassungsanspruch ausdrücklich gewähren oder nicht. Letzteres rechtfertigt es, das gleiche hinsichtlich des – im Gesetz regelmäßig nicht erwähnten – Beseitigungsanspruchs anzunehmen, ohne daß dabei die – wie dargelegt nicht tragfähige – Hilfskonstruktion der Anspruchsdeckung bzw. des Mitenthaltenseins des Beseitigungsanspruchs im Unterlassungsanspruch oder eine Gesetzesanalogie zu den wenigen gesetzlichen Beseitigungsansprüchen[29] herangezogen zu werden braucht (so auch Großkomm/*Köhler*, Vor § 13 UWG, B, Rdn. 125).

c) Auch bei den Voraussetzungen beider Ansprüche gibt es einige Gemeinsamkeiten, 12
die jedoch im einzelnen nachfolgend unter II behandelt werden sollen.

6. Zusammenfassend läßt sich somit sagen, daß der objektive Beseitigungsanspruch 13
seinem Wesen nach ein dem Unterlassungsanspruch zwar eng verwandter, weil durch
eine Reihe beachtlicher Gemeinsamkeiten verbundener, aber dennoch selbständiger,
vom Unterlassungsanspruch inhaltlich verschiedener Abwehranspruch besonderer Art
ist, der bei gegebenen Voraussetzungen stets neben dem Unterlassungsanspruch und
weitgehend unabhängig von diesem geltend gemacht werden kann[30].

II. Die Voraussetzungen des Beseitigungsanspruchs

1. Anders als der Unterlassungsanspruch, der bei bestehender Begehungsgefahr auch 14
»vorbeugend«, d. h. ohne vorangegangene Verletzungshandlung, gegeben sein kann,
setzt der Beseitigungsanspruch regelmäßig eine begangene Verletzungshandlung – die
auch eine Unterlassung entgegen einer Rechtspflicht zum Tun sein kann – voraus, als
deren Folge sich der zu beseitigende Störungszustand ergibt. Ob ausnahmsweise – wie
von Großkomm/*Köhler*, Vor § 13 UWG, B, Rdn. 130 vorgeschlagen – bei bestehendem dringenden Bedürfnis auch ein vorbeugender Beseitigungsanspruch anerkannt
werden kann, ist in der Rechtsprechung bislang noch ungeprüft. Die Verletzungshandlung selbst muß nicht notwendigerweise rechtswidrig gewesen sein; entscheidend ist,
daß die Störungen, die von dem durch sie – rechtswidrig oder rechtmäßig – geschaffenen Zustand ausgehen, ihrerseits rechtswidrig sind[31]. Die Verletzungshandlung

---

28 Vgl. RGZ 148, 114, 123 – Gummi-Waren; BGH GRUR 1954, 163, 165 – Bierlieferungsverträge; BGH GRUR 1954, 337, 342 – Radschutz; BGHZ 14, 163, 173 – Constanze II; *Pastor*, in *Reimer*, S. 347; kritisch dazu *Ahrens*, S. 63.
29 Vgl. dazu z. B. § 14 a Abs. 1 GeschmMG (auch Abs. 3 i. V. mit § 98 UrhG) sowie § 23 UWG.
30 Vgl. dazu (eingehender) *Teplitzky*, WRP 1984, 365 ff., u. Großkomm/*Köhler*, Vor § 13 UWG, B, Rdn. 127; abweichend *Lindacher*, GRUR 1985, 423 ff.
31 BGH GRUR 1960, 500, 502 – Plagiatsvorwurf I: Beseitigung einer ursprünglich rechtmäßig – weil in Wahrnehmung berechtigter Interessen – begründeten Quelle von Ehrkränkungen nach Wegfall des berechtigten Interesses. Vgl. ferner auch BGH GRUR 1958, 448, 449 = WRP 1958, 208 – Blanko-Verordnungen; BGHZ 66, 37, 39; BGH GRUR 1977, 614, 615 – Gebäudefassade; Großkomm/*Köhler*, Vor § 13 UWG, B, Rdn. 129.

braucht nicht vom in Anspruch genommenen Beseitigungsschuldner begangen worden zu sein; es genügt eine Handlung Dritter, für deren Folgen er nach den bereits beim Unterlassungsanspruch dargelegten Grundsätzen der Störerhaftung[32] einzustehen hat[33].

15 2. Verschulden wird weder bei der Verletzungshandlung noch hinsichtlich der Fortwirkungen des Störungszustandes gefordert[34].

16 3. Dem Abwehrcharakter entsprechend setzt der Beseitigungsanspruch außer der Abwehreignung der Beseitigung auch deren Notwendigkeit zur Abwehr voraus. Dies ist beim Unterlassungsanspruch zwar grundsätzlich nicht anders. Während sich dort aber die Notwendigkeit regelmäßig aus der Begehungsgefahr ergibt und deswegen als selbständiger Begriff praktisch keine Rolle spielt, ist die Erforderlichkeit der Beseitigung von den jeweiligen Umständen abhängig und daher – abgesehen von einigen Fällen der gesetzlichen Anordnung ohne Rücksicht auf Erforderlichkeit oder unter deren unwiderleglicher Vermutung[35] – nach h. M. aufgrund einer sorgfältigen Prüfung und Interessenabwägung zu beurteilen, bei der auch der Grundsatz der Verhältnismäßigkeit bzw. des Übermaßverbots zu beachten ist[36]. Die Anforderungen differieren nach der Art des Anspruchs und sollen daher erst bei den einzelnen Beseitigungsansprüchen[37] näher erörtert werden.

17 4. Der Gläubiger darf nicht zur Duldung des Zustands verpflichtet sein. Dies ist er regelmäßig gegenüber rechtmäßigen Zuständen[38], insbesondere gegenüber solchen, hinsichtlich deren sich eine Duldungspflicht aus besonderen Rechtsvorschriften oder aus einer Einwilligung des Gläubigers ergibt[39]. Letztere kann jedoch noch nicht aus einer längeren Duldung geschlossen werden[40]. Allerdings kann eine solche Duldung unter dem – rechtlich ganz anderen – Gesichtspunkt der Verwirkung Bedeutung erlangen.

---

32 Vgl. Kap. 14, Rdn. 4 ff. sowie das nachfolgende Kapitel, Rdn. 4 f.
33 BGHZ 14, 163, 174 – Constanze II; v. Gamm, UWG, § 1, Rdn. 301.
34 Einhellige Meinung; vgl. vorstehend Fn. 2.
35 Z. B. § 25 a WZG.
36 BGHZ 13, 244, 259 – Cupresa; BGH GRUR 1957, 278, 279 = WRP 1957, 273 – Evidur; BGH GRUR 1962, 315, 318 f. = WRP 1962, 128 – Deutsche Miederwoche; BGH GRUR 1974, 666, 669 = WRP 1974, 400 – Reparaturversicherung; BGH GRUR 1970, 254, 256 – Remington; BGHZ 66, 182, 193 – Der Fall Bittenbinder; BGH GRUR 1979, 804, 805 = WRP 1979, 636 – Falschmeldung; BGH, Urt. v. 12. 3. 1992 – I ZR 58/90 – Plagiatsvorwurf II, zur Veröffentlichung vorgesehen; Baumbach/Hefermehl, Einl. UWG, Rdn. 312; v. Gamm, Kap. 48, Rdn. 36; Großkomm/Köhler, Vor § 13 UWG, B, Rdn. 134; v. Gamm, UWG, § 1, Rdn. 302; Ahrens, S. 65.
37 Nachfolgend Kap. 25 und 26.
38 Mißverständlich daher Baumbach/Hefermehl, Einl. UWG, Rdn. 310 unter Berufung auf Baur, AcP 160, 465 ff.
39 Großkomm/Köhler, Vor § 13 UWG, B, Rdn. 132; Baumbach/Hefermehl, Einl. UWG, Rdn. 311.
40 BGH VesR 1964, 1070; Großkomm/Köhler, Vor § 13 UWG, B, Rdn. 132.

23. Kapitel Gläubiger und Schuldner des Beseitigungsanspruchs

Inhaltsübersicht

	Rdn.		Rdn.
I. Der Gläubiger des Beseitigungsanspruchs	1–3	2. Mitbewerber und Verbände	2, 3
1. Der Betroffene	1	II. Der Schuldner des Beseitigungsanspruchs	4, 5

I. Der Gläubiger des Beseitigungsanspruchs

1. Gläubiger eines Beseitigungsanspruchs ist zunächst derjenige, in dessen Rechtssphäre sich die Störung auswirkt. 1

2. Darüber hinaus kommen im Wettbewerbsrecht als Gläubiger auch die Mitbewerber und Verbände i. S. des § 13 UWG in Betracht. Das ist früher zwar unter Berufung auf den Gesetzeswortlaut, der nur einen Unterlassungsanspruch vorsehe, sowie auf den eine enge Auslegung erfordernden Ausnahmecharakter dieser Vorschrift abgelehnt worden[1], entspricht mittlerweile aber der ganz herrschenden Meinung[2], die zu Recht den Zweck der Norm in einer Erweiterung des Kreises der zur wettbewerblichen Abwehr Berechtigten sieht und deshalb die analoge Anwendung der dem Wortlaut nach für den Unterlassungsanspruch gültigen Regelung auf den zweiten – teils parallelen und im übrigen eng verwandten – Abwehranspruch, den Beseitigungsanspruch, für geboten hält (*Baumbach/Hefermehl*, § 13 UWG, Rdn. 4 m. w. N.). 2

Jedoch gelten auch hier die bereits beim Unterlassungsanspruch näher dargelegten Einschränkungen: Nicht alle wettbewerblichen Vorschriften kommen als Grundlage eines eigenen Anspruchs von Mitbewerbern bzw. Verbänden in Betracht; und Verstöße gegen Vorschriften bürgerlichen Rechts (einschließlich des Handelsrechts) begründen überhaupt keine Ansprüche der in § 13 UWG Genannten[3]. Im einzelnen kann dazu auf 3

---

1 RGZ 148, 114, 124 f. – Gummi-Waren; *Pastor,* in *Reimer,* S. 349.
2 BGH GRUR 1954, 163, 165 – Bierlieferungsverträge (für den Fall des Anspruchs auf Herausgabe von Druckschriften); BGH GRUR 1962, 315, 319 = WRP 1962, 128 – Deutsche Miederwoche (für den Fall des Widerrufsanspruchs, zustimmend *Bussmann* in der Anmerkung in GRUR 1962, 319); GRUR 1968, 431, 433 – Unfallversorgung (für den Fall der Firmenlöschung); BGH GRUR 1975, 377, 378 = WRP 1975, 215 – Verleger von Tonträgern; *Baumbach/Hefermehl,* § 13 UWG, Rdn. 4; *v. Gamm,* UWG, § 13, Rdn. 5.
3 Vgl. *Baumbach/Hefermehl,* § 13 UWG, Rdn. 6; *v. Gamm,* UWG, § 13, Rdn. 1; jedoch dürften die relativ großzügigen Maßstäbe des BGH für die Geltendmachung von Unterlassungsansprüchen der Mitglieder durch Verbände im Wege der Prozeßstandschaft (vgl. BGH GRUR 1983, 379, 381 = WRP 1983, 359 – Geldmafiosi) auch für Beseitigungsansprüche entsprechend gelten.

die entsprechend auch hier gültigen Ausführungen beim Unterlassungsanspruch verwiesen werden (vgl. Kap. 13, Rdn. 17).

II. Der Schuldner des Beseitigungsanspruchs

4 Der Beseitigungsanspruch richtet sich gegen den »Störer«. Dieser Begriff ist hier ebenso weit auszulegen wie beim Unterlassungsanspruch[4], so daß als Schuldner auch des Beseitigungsanspruchs nicht nur derjenige in Betracht kommt, der den Störungszustand selbst unmittelbar oder durch kausale Unterstützung oder durch Erfüllungs- bzw. Verrichtungsgehilfen geschaffen hat, sondern auch derjenige, der einen von einem Dritten geschaffenen, von vornherein rechtswidrigen oder nachträglich rechtswidrig gewordenen[5] Störungszustand aufrecht erhält, obwohl die Beseitigung von seinem Willen abhängt[6]. Insbesondere ist die Vorschrift des § 13 Abs. 4 UWG über ihren Wortlaut hinaus auf Beseitigungsansprüche in gleicher Weise und in gleichem Umfang wie auf Unterlassungsansprüche (entsprechend) anwendbar[7].

5 Der Verursacher oder der in sonstiger Weise für die Entstehung des Störungszustandes Verantwortliche kann jedoch nur insoweit auf Beseitigung in Anspruch genommen werden, als diese in seiner Verfügungsmacht liegt. So ist beispielsweise ein Anspruch auf Beseitigung von Prospekten mit wettbewerbswidrigem Inhalt deshalb verneint worden, weil die Prospekte bereits an Abnehmer versandt worden waren; eine Verpflichtung zum Rückruf der Prospekte bestehe in solchen Fällen nicht[8].

---

[4] Vgl. Kap. 14, Rz. 4 ff.; im einzelnen dazu auch *Baumbach/Hefermehl,* Einl. UWG, Rdn. 325–328; *v. Gamm,* UWG, § 1, Rdn. 282 und 285.
[5] BGH GRUR 1957, 84, 86 = WRP 1957, 156 – Einbrandflaschen; GRUR 1960, 500, 502 – Plagiatsvorwurf I.
[6] BGHZ 14, 163, 174 – Constanze II; BGH GRUR 1986, 248, 250 – Sporthosen; *v. Gamm,* UWG, § 1, Rdn. 301 i. V. m. § 1, Rdn. 285.
[7] *Baumbach/Hefermehl,* § 13 UWG, Rdn. 60 und Einl. UWG, Rdn. 330; vgl. auch BGH GRUR 1980, 116, 117 = WRP 1979, 857 – Textildrucke, wo – wie bei *Baumbach/Hefermehl* aaO. – von der Anwendbarkeit des § 13 Abs. 3 a. F (= § 13 Abs. 4 U. F) UWG auf den (objektiven) »Abwehranspruch«, nicht etwa nur vom Unterlassungsanspruch die Rede ist.
[8] BGH GRUR 1974, 666, 669 = WRP 1974, 400 – Reparaturversicherung m. w. N.; *Baumbach/Hefermehl,* Einl. UWG, Rdn. 312 und *Ahrens,* S. 61, beide m. w. N.; vgl. auch *Pastor,* in *Reimer,* S. 350, mit Nachweisen ähnlicher Fälle aus der RG-Rechtsprechung.

24. Kapitel Inhalt und Systematik des Beseitigungsanspruchs

Literatur: Siehe Kapitel 22; ferner *E. u. H. Schneider*, Problemfälle aus der Prozeßpraxis. Die Fassung des Klageantrags bei der Beseitigungsklage aus § 1004 BGB, MDR 1987, 639.

Inhaltsübersicht

	Rdn.		Rdn.
I. Der Inhalt des Beseitigungsanspruchs	1–8	3. Bestimmtheitsgrundsatz auch bei der Beseitigung?	5–7
1. Mögliche Fallgestaltungen	1	4. Lösungsvorschlag	8
2. Rahmenanordnung mit Wahlmöglichkeit des Schuldners?	2–4	II. Die Systematik der Beseitigungsansprüche	9–11

I. Der Inhalt des Beseitigungsanspruchs

1. Der Verletzer hat zur Beseitigung eines bestehenden rechtswidrigen Zustands diejenigen Handlungen vorzunehmen, die im Einzelfall erforderlich sind, um diesen Erfolg herbeizuführen. Der Inhalt des Beseitigungsanspruchs richtet sich deshalb nach dem Störungszustand und nach dem, was zu seiner Beseitigung erforderlich ist. Dies können sehr unterschiedliche Handlungen sein; beispielsweise kommen in Betracht: Die Beseitigung oder Vernichtung körperlicher Gegenstände wie Reklametafeln oder Hausfassadengestaltungen o. ä.; der Rückruf von – noch dem Verfügungsrecht des Schuldners unterliegenden – gefährdenden Druckschriften oder anderen störenden Materialien und/oder deren Herausgabe zur Vernichtung; die Schwärzung oder anderweitige Unkenntlichmachung, u. U. auch Entfernung unrichtiger oder in anderer Weise rechtswidrig störender Textstellen oder Kennzeichnungen; die Löschung einer Firma oder eines Warenzeichens; die Aufhebung eines rechtswidrigen Verbots oder eines Ausschlusses aus einem Wirtschaftsverband; die Beseitigung oder der Widerruf unrichtiger oder kränkender Tatsachenbehauptungen; die Richtigstellung irreführender Eindrücke oder anderer Marktverwirrungsursachen; die Veröffentlichung einer Gerichtsentscheidung (§ 23 UWG) u. a. m.

2. Außerhalb des Wettbewerbsrechts wird überwiegend[1], für das Wettbewerbsrecht teilweise[2] der Grundsatz vertreten, daß der Beseitigungsanspruch nicht bestimmte

---

[1] Vgl. z. B. BGHZ 67, 252, 253 m. w. N. sowie die Nachweise bei *Baumbach/Hefermehl*, Einl. UWG, Rdn. 313; ferner *Palandt/Bassenge*, § 1004 BGB, Rdn. 25 u. – besonders dezidiert – *E. u. H. Schneider*, MDR 1987, 639 f.

[2] *v. Gamm*, Kap. 48, Rdn. 35, u. Kap. 57, Rdn. 49; *v. Gamm*, UWG, § 1, Rdn. 302; *v. Gamm*, GeschmMG, 2. Aufl., § 14 a, Rdn. 22.

Handlungen zum Gegenstand habe, sondern daß es dem Schuldner überlassen bleiben müsse, auf welche Weise er den vom Gläubiger angestrebten Erfolg der Störungsbeseitigung herbeiführe. Nur ausnahmsweise, nämlich dann, wenn allein eine bestimmte Maßnahme den Erfolg bewirken könne (oder allein von den Beteiligten in Erwägung gezogen worden sei, BGHZ 29, 314, 317), sei diese Inhalt des Anspruchs und Gegenstand der Verurteilung[3]; anderenfalls müsse die geeignete Maßnahme, falls der Schuldner sie nicht vornehme, der Auswahl im Vollstreckungsverfahren vorbehalten bleiben.

3   Diese Meinung, die auch außerhalb des Wettbewerbsrechts auf Kritik gestoßen ist[4], wird für den wettbewerblichen Beseitigungsanspruch überwiegend abgelehnt, und zwar teils wegen ihrer Unvereinbarkeit mit § 253 Abs. 2 Nr. 2 ZPO[5], vor allem aber deswegen, weil im Wettbewerbsrecht – wegen der hier vorherrschenden normativen, also ihrerseits wertungsbedürftigen Begriffe – ein nicht näher konkretisierter Beseitigungsanspruch praktisch wertlos wäre und den Rechtsstreit in einem nicht mehr zumutbaren Umfang in die Vollstreckungsinstanz verlegen würde[6] und weil hier außerdem – anders als beim Sacheigentum – eine nähere Bestimmung der zur Beseitigung erforderlichen Maßnahmen den Schuldner regelmäßig nicht in unzumutbarer Weise belaste (*Baumbach/Hefermehl*, aaO.).

4   Der damit für das Wettbewerbsrecht in Frage gestellte Grundsatz ist zwar in der Tat – und zwar auch außerhalb des Wettbewerbsrechts – nicht unproblematisch, da er mit dem im deutschen Recht grundsätzlich handlungs- und nicht erfolgsbestimmten Anspruchsbegriff wie mit den der Anspruchsdurchsetzung dienenden gleichfalls handlungsbestimmten Vollstreckungsvorschriften (§§ 887, 888, 889 ZPO) ebenso schwer in Einklang zu bringen ist wie mit den Bestimmtheitsanforderungen des § 253 Abs. 2 Nr. 2 ZPO. Außerdem dürfte der Grundsatz letztlich wohl auch weitgehend auf die gemeinsame rechtliche Wurzel von Beseitigungs- und Unterlassungsanspruch und auf eine nicht hinreichende Beachtung der bereits eingehend erörterten Wesensunterschiede beider Ansprüche zurückzuführen sein. Ihm liegt jedoch auch – was gerade die allgemein zugelassenen Durchbrechungen verdeutlichen – ein Gedanke zugrunde, der grundsätzlich – und entgegen der dezidierten Ablehnung durch *Baumbach/Hefermehl* (aaO.) auch im Wettbewerbsrecht – Beachtung verdient: Dem Schuldner darf billigerweise nicht eine bestimmte Handlungsweise aufgezwungen werden, wo auch eine andere Form des Vorgehens zum selben Ergebnis, d. h. zu der den Gläubiger letztlich allein interessierenden Störungsbeseitigung, führt[7].

---

3 BGHZ 67, 252, 254; BGH NJW 1984, 1242, 1243; *v. Gamm*, aaO.; *Baumbach/Lauterbach/Hartmann*, § 253 ZPO, Anm. 5 A und B; *E. u. H. Schneider*, MDR 1987, 639, 640 (letztere auch zur Frage gewisser Erweiterungen dieser Ausnahme).
4 Vgl. die Nachweise bei *Ahrens*, S. 65, in Fn. 43.
5 So *Pastor*, in *Reimer*, S. 350 u. Großkomm/*Jacobs*, Vor § 13 UWG, D, Rdn. 210.
6 *Baumbach/Hefermehl*, Einl. UWG, Rdn. 313; Großkomm/*Köhler*, Vor § 13 UWG, B, Rdn. 133; Großkomm/*Jacobs*, Vor § 13 UWG, D, Rdn. 210 f.
7 Das von *Baumbach/Hefermehl* (aaO.) als – in seinem Sinne – »erfreuliches Beispiel« genannte Urteil des RG (MuW 1932, 338, 342 – Bensdorp), in dem eine deutsche Firma, die mit einem Warenaufdruck den Eindruck einer niederländischen Herkunft erweckte, konkret zu dem zusätzlichen Aufdruck »Deutsches Erzeugnis« verurteilt worden ist, erweist sich von diesem Ausgangspunkt her als zu weitgehend.

3. Dieses – berechtigte – Ziel läßt sich jedoch – wie noch auszuführen sein wird – auch dann erreichen, wenn der fragwürdige Grundsatz als solcher aufgegeben wird.

In der Rechtsprechung – zumal der wettbewerbsrechtlichen – hat er ohnehin keine praktische Bedeutung erlangt. Sie hat sich bisher nämlich wenig an ihn gehalten, sondern vielmehr pragmatisch – und ohne dogmatische Auseinandersetzungen – von Fall zu Fall entschieden:

In einer Reihe höchstrichterlicher Urteile sind Anordnungen ganz konkreter Maßnahmen durch die Vorinstanzen auch in solchen Fällen nicht nur nicht gerügt, sondern teils ausdrücklich gebilligt oder durch Präzisierungen oder Abänderungen der Maßnahmen sogar aufgegriffen worden, in denen unterschiedliche Formen der Erfolgsbeseitigung durch den Beklagten durchaus möglich gewesen wären[8]; und umgekehrt ist es schwer vorstellbar, daß ein – dem Grundsatz als solchem entsprechender – Klageantrag beispielsweise des Inhalts, den Beklagten zur Beseitigung der als Folge eines (im Antrag näher bezeichneten und wettbewerbsrechtlich diskriminierenden) Rundschreibens ausgehenden Folgestörungen zu verurteilen, nicht von der Mehrzahl deutscher Gerichte als zu unbestimmt i. S. des § 253 Abs. 2 Nr. 2 ZPO beanstandet würde.

4. Ein sinnvoller Lösungsansatz ergibt sich m. E. aus der von der h. M. selbst aufgestellten Regel, daß dort, wo nur eine bestimmte Maßnahme den gewünschten Erfolg verspricht, diese Maßnahme auch im Antrag konkret zu nennen und im Urteil anzuordnen ist. Wie das Beispiel des Radschutz-Falles[9] zeigt, ist es möglich und sehr sinnvoll, diese Ausnahme dahin auszuweiten, daß dort, wo der Erfolg (nur) durch mehrere bestimmte und bestimmbare Maßnahmen erreichbar ist[10], auch diese konkret zu benennen sind. Das Interesse des Schuldners, nicht unangemessen zu einer von mehreren möglichen Handlungen gezwungen zu werden, wird dadurch gewahrt, daß – wie im Radschutz-Fall – Antrag und Verurteilung alternativ gestaltet werden[11]: Der Schuldner wird verurteilt, (nach seiner Wahl) entweder das Eine oder das Andere, aber in beiden Fällen etwas konkret Bezeichnetes, zu tun[12]. Damit – und nur damit – wird auch dem Bestimmtheitserfordernis des § 253 Abs. 2 Nr. 2 ZPO genügt und erreicht, daß der Streit, ob und wieweit die alternativ beantragten Maßnahmen überhaupt vom Anspruch gedeckt sind und ob dieser begründet ist, im Prozeßverfahren und nicht bei der Zwangsvollstreckung, wo er nicht hingehört, ausgetragen wird. Dem Gläubiger ist es

---

8 Vgl. z. B. BGH GRUR 1954, 337, 338 – Radschutz (drei verschiedene Einzelmaßnahmen im Verurteilungstenor des LG, dazu BGH aaO. S. 342); BGH GRUR 1958, 30, 31 = WRP 1957, 330 – Außenleuchte (ausdrückliches Verlangen der Antragspräzisierung hinsichtlich Art und Form der Beseitigung); BGHZ 31, 308, 318 (konkrete Fassung des Wortlauts einer abzugebenden Erklärung); BGH GRUR 1964, 82, 87 – Lesering (genaue Bestimmung des Inhalts eines Widerrufs); ferner OLG Hamburg, Urt. v. 26. 2. 1987, 3 U 58/86 (wörtliche Vorschrift des Wortlauts eines Widerrufs), Revisionsannahme abgelehnt durch Beschl. des BGH v. 3. 2. 1988 – I ZR 87/87.
9 BGH GRUR 1954, 337, 338, 342.
10 Im Radschutz-Fall waren es die Möglichkeiten der Unkenntlichmachung bestimmter Druckstellen und der Vernichtung der Druckschriften.
11 Zwar sind Alternativanträge in der Regel nicht zulässig (BGH NJW-RR 1990, 122, = LM ZPO § 253 Nr. 90). Hier liegt jedoch, wie der Radschutzfall zeigt, eine der vom IX. Zs auch in der vorzitierten Entscheidung ausdrücklich erwähnten Ausnahmen von diesem Grundsatz vor.
12 So jetzt auch Großkomm/*Köhler*, Vor § 13 UWG, B, Rdn. 133, und Großkomm/*Jacobs*, Vor § 13 UWG, D, Rdn. 211.

zuzumuten, entsprechend dem Normalerfordernis des § 253 Abs. 2 Nr. 2 ZPO einen hinreichend umfassenden, entweder alternativ gestalteten oder u. U. im Eventualverhältnis (Haupt- und Hilfsbegehren) gestaffelten Beseitigungsantrag zu formulieren. Nur dort, wo dies ausnahmsweise auf einer Handlungsebene – wegen der Vielfalt von Handlungsmöglichkeiten – nicht möglich ist, ist er – notwendigerweise – berechtigt, auf den Oberbegriff der nächsthöheren Handlungsebene zurückzugreifen.

II. Die Systematik der Beseitigungsansprüche

9   In den meisten Darstellungen des Beseitigungsanspruchs fanden sich früher nur Aufzählungen typischer Beseitigungstatbestände[13] ohne Versuch einer systematischen Ordnung. Dagegen sind in neuerer Zeit verschiedene Systematisierungsversuche unternommen worden. Während *Lindacher*[14] die drei Fallgruppen »Untätigkeit wäre Fortsetzung der Zuwiderhandlung gegen ein Unterlassungsgebot«, »Ausräumung latenter Mißbrauchsgefahren« und »Beseitigung fortdauernder psychischer Wirkungen eines Wettbewerbsverstoßes« bilden, *Köhler*[15] dagegen die Beseitigung von Störungsursachen und von Störungswirkungen sowie *Jacob*[16] einfach zwischen »erfüllenden« und »bestimmenden« Beseitigungsansprüchen unterscheiden wollen, gliedert *Ahrens* (S. 58 ff.) die Beseitigungssachverhalte nach drei charakteristischen Typen:

10 Die erste Fallgruppe ist danach dadurch gekennzeichnet, daß die Nichtbeseitigung eines bestimmten körperlichen Zustandes mit der Fortsetzungshandlung gleichbedeutend ist; als zweite Gruppe betrachtet er die Fälle, in denen durch Vernichtung, Schwärzung pp. von Verpackungsmaterialien, Geschäftsbögen, Prospekten etc. nicht eine schon bestehende, sondern eine erst (durch Verbreitung) drohende Störung abgewehrt, der Abwehrrechtsschutz also vorverlegt wird; und als dritte Gruppe der Beseitigungsmaßnahmen nennt er diejenigen, die fortdauernden psychischen Wirkungen eines Wettbewerbsverstoßes entgegenwirken sollen (also etwa: Widerruf, Gegenwerbung, Urteilsveröffentlichungen).

11 Die Dreiteilung entsprechend dieser Sachverhaltstypologie erweist sich trotz eines Schwachpunkts im System[17] als im wesentlichen brauchbares und besonders auch dogmatisch ergiebiges[18] Ordnungsprinzip. Sie soll daher – wie bereits in der Vorauflage – auch im folgenden – soweit möglich – zugrundegelegt werden, ohne daß damit die Brauchbarkeit der anderen Systematisierungsversuche infrage gestellt werden soll.

---

13 Vgl. etwa *v. Gamm*, Kap. 48, Rdn. 34 ff.; *Pastor*, in Reimer, S. 351–353; *Baumbach/Hefermehl*, Einl. UWG, Rdn. 307 und Rdn. 312; Hdb WR/*Gloy*, § 21, Rdn. 18.
14 GRUR 1985, 423 ff.
15 Großkomm/*Köhler*, Vor § 13 UWG, B, Rdn. 135.
16 Großkomm/*Jacobs*, Vor § 13 UWG, D, Rdn. 201 u. 205.
17 Zwei Formen von Beseitigungsansprüchen lassen sich darin nämlich nur mit Schwierigkeiten unterbringen, nämlich die Ansprüche auf Beseitigung wettbewerbswidrig zustande gekommener Anlagen und Produkte (Kapitel 25, Rdn. 11) sowie die Ansprüche auf Rückgängigmachung von Verboten oder Verbandsausschlüssen (Kapitel 26, Rdn. 38).
18 Vgl. *Ahrens*, S.62; ein charakteristischer Unterschied zwischen der ersten Gruppe und den beiden übrigen war bereits Gegenstand der Untersuchung des Verhältnisses des Beseitigungsanspruchs zum Unterlassungsanspruch; vgl. dazu Kapitel 22, Rdn. 5, sowie *Teplitzky*, WRP 1984, 365 ff.

25. Kapitel Die Ansprüche auf Beseitigung körperlicher Störungen

Literatur: *Lindacher,* Unterlassungs- und Beseitigungsanspruch, GRUR 1985, 423; *Moll,* Beseitigungsanspruch und Rückruf im gewerblichen Rechtsschutz, Festschrift für *Klaka,* 1987, S. 16; *Teplitzky,* Das Verhältnis des objektiven Beseitigungsanspruchs zum Unterlassungsanspruch im Wettbewerbsrecht, WRP 1984, 365.

Inhaltsübersicht

	Rdn.		Rdn.
I. Die Beseitigung unmittelbar störender körperlicher Zustände	1–6	1. Wann besteht ein solcher Anspruch?	7, 8
1. Körperliche Zustände	1	2. Der Inhalt des Anspruchs	9, 10
2. Die Arten der Beseitigung	2–4	III. Die Beseitigung von als Ergebnis einer Verletzungshandlung entstandenen Objekten	11
3. Das Problem der Erforderlichkeit	5, 6		
II. Die Beseitigung latent störungsträchtiger körperlicher Zustände	7–10		

I. Die Beseitigung unmittelbar störender körperlicher Zustände

1. Körperliche Zustände

Körperliche Zustände, von denen fortlaufend – und vom Schuldner nicht ohne Beseitigung des Zustandes unterlaßbare – Störungen ausgehen, können sich in verschiedenen Formen darstellen: Über die Fallgestaltungen in der Art der Beispiele irreführender Firmenschilder, Reklametafeln mit wettbewerbswidrigem Inhalt, rechtsverletzenden Hausfassadengestaltungen[1] u. ä. hinaus gehören dazu auch die Fälle, in denen der störende (rechtswidrige) Zustand darin besteht, daß entweder ein Warenzeichen oder eine Firma, ein Vereinsname o. ä. in der Warenzeichenrolle oder im Register eingetragen ist[2].

1

---

1 BGH GRUR 1977, 614 – Gebäudefassade; zum Fall eines Ladenschilds mit unzulässiger Firma vgl. OLG Düsseldorf, GRUR 1970, 376 – Möbellager.
2 BGH GRUR 1955, 487, 488 = WRP 1955, 162 – Alpha-Sterilisator; BGH GRUR 1974, 162, 164 – Etirex; BGH GRUR 1981, 60, 64 – Sitex. *Lindacher* (GRUR 1985, 423, 424) und Großkomm/*Köhler* (Vor § 13 UWG, B, Rdn. 141) sehen in der Warenzeicheneintragung – anders als in der Firmeneintragung, die nach BGH GRUR 1957, 426, 427 – Getränke-Industrie bereits Benutzungshandlung ist – noch keine akute, sondern nur eine latente Störung, was für einzelne

2. Die Arten der Beseitigung

2   Nach den verschiedenen Formen des Zustands richten sich die Art der Beseitigung und der Inhalt des Beseitigungsanspruchs.

3   a) Bei den erstgenannten Fallgestaltungen zielt der Anspruch regelmäßig auf Entfernung des störenden Gegenstandes oder, wo diese nicht anders möglich ist, auf seine Vernichtung oder Unkenntlichmachung durch (Teil-)Übermalung, durch (Teil-)Schwärzung des Druckbildes o. ä.

4   b) Die Beseitigung von Eintragungen erfolgt durch deren Löschung. Der Anspruch richtet sich somit umfassend auf Veranlassung der Löschung durch den Eintragungsberechtigten. Seine Verfolgung in dieser Form ist jedoch wegen der umständlichen Vollstreckungserfordernisse des § 888 ZPO unzweckmäßig; besser und allein noch gebräuchlich ist die Verfolgung des im Löschungsanspruch mitenthaltenen Anspruchs auf Einwilligung in die Löschung, die, falls verweigert, durch die rechtskräftige Verurteilung fingiert wird (§ 894 ZPO), d. h. als wirksam erklärt gilt, so daß die Löschung unmittelbar aufgrund des Titels (ohne Vollstreckungsmaßnahmen nach § 888 ZPO) erfolgen kann.

3. Das Problem der Erforderlichkeit

5   Das einzige ernsthafte Problem, das die sich sonst meist einfach darstellenden Ansprüche dieser Gruppe aufwerfen, ist die Frage der Erforderlichkeit. Sie ist eine Voraussetzung jedes Abwehranspruchs und kann hier deshalb zweifelhaft werden, weil der Abwehrerfolg in allen diesen Fallgestaltungen regelmäßig – mittelbar – auch auf dem Wege der Unterlassungsvollstreckung erreicht werden kann[3]. Abzuwägen sind hier das Interesse des Gläubigers an der Erlangung eines unmittelbar – als solchen – durchsetzbaren Beseitigungstitels, der ihm den u. U. langwierigen[4] Weg der Unterlassungsvollstreckung mittels Ordnungsmittelfestsetzungen – bei hartnäckigen Schuldnern mehrfach mit steigenden Beträgen – erspart, gegen das Interesse des Schuldners, nicht unnötigerweise mit mehreren Klagen gleicher Zielrichtung überzogen zu werden[5]. Regelmäßig wird dabei das Interesse des verletzten Gläubigers den Vorzug verdienen, zumal dem Schuldnerinteresse in diesen Fällen meist durch angemessene Berücksichtigung der parallelen Zielrichtung beider Ansprüche bei der Streitwertfestsetzung in ausreichendem Maße Rechnung getragen werden kann.

6   Fälle dieser Gruppe sind in der Rechtsprechung bislang kaum als problematisch angesehen worden[6]; vielmehr ist den häufigsten Ansprüchen dieser Kategorie, den Löschungsbewilligungsansprüchen, vom Bundesgerichtshof bislang ohne Erörterung der

---

Fallgestaltungen zutreffen mag, für andere wiederum nicht zutrifft – man denke an von der Eintragung ausgehende Schwächungswirkungen, Prioritäten u. a. –, jedenfalls aber praktisch keine Auswirkungen hat (so auch Großkomm/*Köhler*, aaO).

3 H.M.; vgl. Kap. 22, Rdn. 5, sowie *Teplitzky*, WRP 1984, 365 ff.; dort – in Fn. 31 – auch kritisch zur abweichenden Mindermeinung der OLG München und Hamm.

4 Und nach der an anderer Stelle (*Teplitzky*, WRP 1984, 365 ff. in Fn. 31) abgelehnten Mindermeinung der OLG München und Hamm sogar unzulässigen Weg.

5 Im Fall BGH GRUR 1977, 614 – Gebäudefassade war nur auf Beseitigung geklagt, so daß das Problem sich dort nicht in voller Schärfe stellte.

6 Erörterungen der Abwägungsnotwendigkeit finden sich durchweg nur bei Fallgestaltungen der folgenden Arten (Rdn. 7 ff.) und den in Kap. 27 behandelten Beseitigungsansprüchen.

Erforderlichkeitsfrage auch neben dem Unterlassungsanspruch entsprochen worden[7].

II. Die Beseitigung latent störungsträchtiger körperlicher Zustände

1. Wann besteht ein solcher Anspruch?
Durch Verletzungshandlungen können Zustände geschaffen werden, von denen zwar noch keine unmittelbare Störung des Gläubigers ausgeht, die jedoch für letzteren eine erhebliche Bedrohung dadurch darstellen, daß eine durch sie begründete latente Störungsmöglichkeit jederzeit akut werden kann. Der Gesetzgeber hat gegen einige solcher potentieller Störungsquellen expressis verbis Beseitigungsansprüche geschaffen[8]; die Rechtsprechung gewährt sie darüber hinaus für ähnliche Fallgestaltungen[9]. Dabei geht es in der Regel um die Vernichtung (oder Herausgabe zur Vernichtung), um die (Teil-)Unkenntlichmachung u. ä. von rechtswidrigen Kennzeichnungen, wettbewerbswidrigen Werbeäußerungen, unrichtigen Behauptungen usw. (auf Materialien, Waren, Verpackungen, Prospekten u. ä.), die noch nicht störend in den Verkehr gelangt sind, aber durch ihre Existenz die Gefahr jederzeitiger Störung durch ihre Inverkehrsetzung bedeuten.

Nur in Ausnahmefällen wird ein Anspruch auf Beseitigung erst mittelbarer Störungsquellen, d. h. solcher, die nicht schon unmittelbar durch das Inverkehrbringen der das Beseitigungsziel darstellenden Objekte gefährlich werden können, in Betracht kommen. Beispiel: Hat der Verletzer bereits mehrfach wettbewerbswidriges Prospektmaterial unter Verwendung eines bestimmten Bildklischees hergestellt, so kann der Anspruch auch auf Vernichtung des Klischees gerichtet werden, obwohl es selbst nur das Mittel zur Herstellung störungsgeeigneter Objekte darstellt.

2. Der Inhalt des Anspruchs
2. Bei der Beseitigung latent störungsträchtiger körperlicher Zustände bestimmt die Erforderlichkeit nicht nur das »Ob«, sondern auch die Art und den Inhalt des Beseitigungsanspruchs[10]. So ist beispielsweise ein Anspruch auf Prospektvernichtung oder -herausgabe nicht gegeben, wenn der Erfolg der Beseitigung drohender Störungen durch Unkenntlichmachung einzelner Teile, Herausnehmen eines Blattes, Schwärzung einzelner Zeilen oder Worte, o. ä., in weniger aufwendiger Weise erwirkt werden kann (BGH aaO. – Evidur).

Ist es für den Gläubiger nicht eindeutig erkennbar, welches die für den Schuldner am wenigsten belastende und daher zu wählende Form der Beseitigung darstellt, so kann es

---

7 Vgl. die in Fn. 2 dieses Kapitels zitierten Fälle Alpha-Sterilisator, Etirex und Sitex.
8 §§ 25 a WZG; 14 a Abs. 1 GeschmMG und 14 a Abs. 3 GeschmMG i. V. mit § 98 UrhG.
9 Vgl. die Nachweise in BGH GRUR 1974, 666, 669 = WRP 1974, 400 – Reparaturversicherung.
10 Vgl. dazu BGH GRUR 1957, 278, 279 = WRP 1957, 273 – Evidur. Anders allerdings bei den im Gesetz gewährten Ansprüchen (vgl. Fn. 10), bei denen die Erforderlichkeit ex lege fingiert wird.

sich empfehlen, die Verurteilung zu verschiedenen konkreten Beseitigungsformen alternativ nach Wahl des Schuldners zu beantragen[11].

III. Die Beseitigung von als Ergebnis einer Verletzungshandlung entstandenen Objekten

11 Eine eigene, von *Ahrens* (S. 58–62) nicht besonders rubrizierte Kategorie stellen schließlich die Fälle dar, in denen als Folge einer Verletzungshandlung ein (körperlicher) Gegenstand entstanden ist, dessen Existenz oder drohender Gebrauch den Erfolg der Verletzungshandlung bzw. den daraus erwachsenen Nachteil des Verletzten perpetuieren würde. Beispiel: Die unter Verstoß gegen § 18 UWG (unbefugte Benutzung von Plänen oder Entwürfen) hergestellte Anlage[12], die unter Verletzung eines Betriebsgeheimnisses (§ 17 UWG) hergestellte Maschine oder der unter Verstoß gegen ein Schutzrecht hergestellte Gegenstand. In diesen Fällen kann zwar meist auch der auf Unterlassung der Verwendung, Verbreitung o. ä. gerichtete Unterlassungsanspruch helfen, er genügt aber nicht immer, da die Gefährdungslage derjenigen bei der Existenz von Prospekten mit wettbewerbswidrigen Angaben oder von unzulässigen Kennzeichnungen durchaus vergleichbar sein kann. Daher kann auch hier – nach der gebotenen strengen Erforderlichkeitsprüfung – ein Anspruch auf Beseitigung – durch Vernichtung oder Herausgabe der unter Rechtsverletzung entstandenen Gegenstände zur Vernichtung – in Betracht kommen[13].

---

11 Vgl. dazu die Beispiele BGH GRUR 1954, 337, 342 – Radschutz sowie näher Kap. 24, Rdn. 8.
12 Vgl. BGH GRUR 1958, 297, 299 r. Sp. – Petromax I; Großkomm/*Köhler*, § 19 UWG, Rdn. 29; offengelassen vom OLG Köln, GRUR 1958, 300, 301 = WRP 1957, 21.
13 Vgl. Großkomm/*Köhler*, Vor § 13 UWG, B, Rdn. 144, sowie § 19 UWG, Rdn. 29 f., *v. Gamm*, UWG, § 19, Rdn. 3; *Pastor*, in *Reimer*, S. 352.

26. Kapitel Die Ansprüche auf Beseitigung unkörperlicher Störungen

Literatur: *Burhenne,* Der Anspruch auf Veröffentlichung von Gerichtsentscheidungen im Lichte wettbewerblicher Betrachtung, GRUR 1952, 84; *Greuner,* Urteilsveröffentlichung vor Rechtskraft, GRUR 1962, 71; *Henning-Bodewig,* Die wettbewerbsrechtliche Haftung von Werbeagenturen, GRUR 1981, 164; *Jauernig,* Dürfen Prozeßbeteiligte in veröffentlichten Zivilentscheidungen namentlich genannt werden?, Festschrift für *Eduard Boetticher,* 1969, S. 219; *Johannes,* Zum Widerruf ehrenrühriger Behauptungen, JZ 1964, 317; *Klaka,* Ehrverletzende Äußerungen in Zivilprozessen, GRUR 1973, 515; *Picker,* Der negatorische Beseitigungsanspruch, 1972; *Ritter,* Zum Widerruf einer Tatsachenbehauptung, ZZP 84 (1971), 163; *Schmidt/Seitz,* Aktuelle Probleme des Gegendarstellungsrechts, NJW 1991, 1009; *Schneider,* Der Widerruf von Werturteilen, MDR 1978, 613; *Schnur,* Das Verhältnis von Widerruf einer Behauptung und Bekanntmachung der Gerichtsentscheidung als Mittel zur Rufwiederherstellung, GRUR 1978, 225 und 473; *Schricker,* Berichtigende Werbung, GRUR Int. 1975, 191; *H. Seydel,* Einzelfragen der Urteilsveröffentlichung, GRUR 1965, 650; *Walter,* Ehrenschutz gegenüber Parteivorbringen im Zivilprozeß, JZ 1986, 614; *Wronka,* Veröffentlichungsbefugnis von Urteilen, WRP 1975, 644.

Inhaltsübersicht

	Rdn.		Rdn.
I. Allgemeines	1, 2	2. Rechtliche Qualifizierung	23, 24
II. Der Anspruch auf Widerruf	3–16	3. Gegenstand des Veröffentlichungsanspruchs	25–27
1. Begriff und Zweck	4–5		
2. Rechtswidriger Zustand als Voraussetzung	6, 7	4. Ausgleich von ungerechtfertigten Nachteilen	28, 29
3. Unrichtigkeit der zu widerrufenden Angabe, Angaben im Vorfeld oder Verlauf eines Verfahrens	8, 9	5. Erforderlichkeit und Abgrenzung vom Widerrufsanspruch	30, 31
		6. Die Art der Bekanntmachung	32–34
4. Erforderlichkeit und Interessenabwägung	10–15	7. Verweigerung der Veröffentlichung durch das Publikationsorgan	35
5. Widerrufserklärung und -vollstreckung	16		
III. Der eingeschränkte Widerruf	17–19	VI. Der Anspruch auf Duldung anderer Beseitigungsmaßnahmen des Verletzten	36–42
IV. Die Gegendarstellung	20, 21		
V. Die Urteilsveröffentlichung	22–35		
1. Wesen des Veröffentlichungsanspruchs	22	VII. Der Kontrahierungszwang als Beseitigungsmaßnahme	43–46

I. Allgemeines

1 Verletzungshandlungen können Zustände verursachen, von denen Störungen des Gläubigers auch ohne verkörperte Störungsquelle ausgehen: Unrichtige Tatsachenbehauptungen, irreführende Werbeangaben, ausgesprochene Verbote usw. erzeugen (psychische) Nachwirkungen, die erhebliche Nachteile (= Störungen) des Betroffenen zur Folge haben können: Der verleumdete Kaufmann wird von seinen Kunden und/oder von seinen Lieferanten gemieden; die zu Unrecht kritisierte Ware wird nicht gekauft; der Umsatz des lauteren Wettbewerbers wird geschmälert, weil als Folge unlauterer Werbung der Konkurrent mehr Zulauf erhält; eine Ware wird gemieden, da infolge eines Kennzeichenmißbrauchs Verwirrung der Kunden über die wahre Herkunft besteht; einem Unternehmen erwachsen Nachteile, weil seine Abnehmer zu Unrecht abgemahnt worden sind, seine Waren nicht – oder nicht unter bestimmten Kennzeichnungen – zu vertreiben, oder weil es zu Unrecht aus einem angesehenen Wirtschaftsverband ausgeschlossen worden ist.

2 All diesen Folgen kann nur dadurch begegnet werden, daß der psychische Zustand, den die Verletzungshandlung erzeugt hat, so weit wie möglich beseitigt wird. Dies ist schwieriger und in weniger umfassend wirkender Weise zu bewerkstelligen als die Beseitigung körperlicher Zustände; es ist jedoch nicht ganz unmöglich und im Rahmen des Möglichen Ziel und Aufgabe verschiedener Formen von Beseitigungsansprüchen.

II. Der Anspruch auf Widerruf

3 Die wichtigste dieser Formen – und wohl auch der häufigste und praktisch bedeutsamste Beseitigungsanspruch überhaupt – ist der Widerrufsanspruch[1].

4 1. Widerruf ist die Erklärung, daß eine gegenüber einem Dritten[2] erfolgte Äußerung des Widerrufenden unrichtig (unwahr) sei. Er kann sich beispielsweise beziehen auf ehrkränkende oder kreditschädigende Äußerungen, unrichtige Werbeangaben, sonstige im Geschäftsleben bedeutsame und meist ein anderes Unternehmen betreffende Angaben, Verwarnungen u. ä.

---

1 Er ist de lege lata als Leistungsanspruch in der wettbewerbsrechtlichen Praxis so einhellig anerkannt und durchgesetzt, daß hier von einer Erörterung der Mindermeinung, die für die Zulassung einer bloßen gerichtlichen Feststellung plädiert, abgesehen werden kann. Der BGH hat diese Meinung im Urteil vom 3. Mai 1977 (BGHZ 68, 331 – Abgeordnetenbestechung) eingehend (auf S. 332) zitiert und (ab S. 333) geprüft und abgelehnt. Das Urteil ist zustimmend besprochen von *Hoth* in GRUR 1977, 678 f.; vgl. zum Problemkreis weiter auch *Schnur*, GRUR 1978, 225, 225 f., wobei jedoch die umfangreichen Berichtigungen dieses Beitrags auf S. 473 desselben GRUR-Jahrgangs zu beachten sind, sowie zum Widerrufsanspruch insgesamt besonders die Darstellung Großkomm/*Köhler*, Vor § 13 UWG, B, Rdn. 148–184.

2 Äußerungen gegenüber dem Verletzten selbst begründen keinen Widerrufsanspruch; vgl. BGHZ 10, 104, 106; 89, 198, 202 – Aktionärsversammlung m. w. N.; BGH NJW 1989, 774; Großkomm/*Köhler*, Vor § 13 UWG, B, Rdn. 150.

26. Kapitel Die Ansprüche auf Beseitigung unkörperlicher Störung

Der Widerrufsanspruch dient im Wettbewerbsrecht der Beseitigung wettbewerblicher Beeinträchtigungen, nicht der Wiederherstellung der persönlichen Ehre; er ist daher hier stets vermögensrechtlicher Natur[3].

2. Objektive sachliche Voraussetzung des Widerrufsanspruchs ist das Vorliegen eines durch die Äußerung hervorgerufenen andauernden rechtswidrigen Zustandes, der eine »stetig neu fließende Quelle der Rufschädigung«[4] und damit eine fortwirkende Gefährdung und Beeinträchtigung der Belange des Betroffenen[5] zur Folge hat.

Die Rechtswidrigkeit ist ausgeschlossen, wenn ein Rechtfertigungsgrund besteht, z. B. in der Form der Wahrnehmung berechtigter Interessen (vgl. dazu näher BGH GRUR 1960, 135, 136 = WRP 1959, 304 – Druckaufträge). Fällt ein bestehender Rechtfertigungsgrund nachträglich fort, wandelt sich ein dann noch bestehender Beeinträchtigungszustand zu einem rechtswidrigen, der die Voraussetzung für einen Widerrufsanspruch erfüllen kann[6].

3. Die den Gegenstand des Widerrufs bildende Äußerung muß unrichtig sein (BGHZ 37, 187, 189 f. – Eheversprechen). In der Unwahrheit liegt der rechtswidrige Beeinträchtigungszustand. Hinsichtlich wahrer Behauptungen gibt es keinen Widerruf, selbst wenn sie geschäftsschädigend sind[7]. Wahr oder unwahr können nur tatsächliche Behauptungen sein, die einer beweismäßigen Nachprüfung zugänglich sind. Ein Widerrufsanspruch scheitert deshalb dann, wenn die beanstandete Äußerung keine im Beweiswege feststellbare Tatsache, sondern im Kern nur ein Werturteil enthält[8]. Dies ist wegen des Einschlags subjektiver Momente besonders bei unsubstantiierten Urteilen über den Wert gewerblicher Leistungen der Fall. Die Frage, ob der Vorwurf der Verletzung gewerblicher Schutzrechte (z. B. eines Patents) eine Tatsachenbehauptung oder ein Werturteil darstellt, ist umstritten. Sie entscheidet sich – wie ganz generell die Abgrenzung von Tatsachenbehauptung und Werturteil – danach, ob die behauptete Mitteilung von ihren Empfängern als Tatsache oder als Werturteil verstanden wird (BGH aaO. – Remington u. BGH aaO. – Mit Verlogenheit zum Geld, jeweils m. w. N.; vgl.

---

3 Zur Abgrenzung außerhalb des Wettbewerbsrechts vgl. neuerdings wieder BGHZ 89, 198, 200 – Aktionärsversammlung m. w. N.
4 RGZ 163, 210, 215; BGH GRUR 1970, 254, 256 – Remington; *Baumbach/Hefermehl*, Einl. UWG, Rdn. 315.
5 BGH GRUR 1958, 448, 449 = WRP 1958, 208 – Blanko-Verordnungen.
6 BGH GRUR 1958, 448, 449 = WRP 1958, 208 – Blanko-Verordnungen; BGH GRUR 1960, 500, 502 – Plagiatsvorwurf I.
7 BGH GRUR 1959, 143, 144 = WRP 1959, 23 – Blindenseife; BGH GRUR 1970, 254, 256 – Remington; Großkomm/*Köhler*, Vor § 13 UWG, B, Rdn. 153.
8 BGH GRUR 1969, 369, 370 – Unternehmensberater; BGH aaO. – Remington; BGHZ 65, 325, 337 – Stiftung Warentest; BGH GRUR 1988, 402, 403 = WRP 1988, 358 – Mit Verlogenheit zum Geld; BGH, Urt. v. 12. 3. 1992 – I ZR 58/90 – Plagiatsvorwurf II, zur Veröffentlichung vorgesehen; nach BGH GRUR 1978, 258, 259 – Schriftsachverständiger soll dies grundsätzlich für Sachverständigengutachten gelten, auch soweit sie der Tatsachenermittlung dienen; die Entscheidung geht m. E. bedenklich weit. Kritisch gegenüber der – oft unmöglichen – scharfen Trennung von Tatsachenbehauptung und Werturteil (und m. E. überdenkenswert) Großkomm/*Köhler*, Vor § 13 UWG, B, Rdn. 152 f., sowie *Schneider*, MDR 1978, 613 ff.; zur Abgrenzung von Tatsachenbehauptung und Werturteil »im Lichte« des Art. 5 GG vgl. BVerfG NJW 1983, 1415, 1416.

ferner auch BGH NJW 1987, 2225, 2226 m. w. N.). Darüber, ob eine Tatsachenbehauptung wahr ist, entscheidet ihr Gesamteindruck[9].

9 Tatsachen, die im Rahmen oder im Vorfeld[10] eines Rechtsstreits, eines Verwaltungsverfahrens oder ähnlicher behördlicher Verfahren von Parteien, Parteivertretern oder anderen Beteiligten – etwa Zeugen, Sachverständigen – also im Zusammenhang mit einer Rechtsverteidigung oder Rechtsverfolgung, aufgestellt worden sind, können grundsätzlich unabhängig von ihrer Richtigkeit oder Unrichtigkeit nicht Gegenstand eines Widerrufsanspruchs sein. Hier gilt das zum Unterlassungsanspruch hinsichtlich solcher Behauptungen bereits Ausgeführte uneingeschänkt entsprechend (vgl. Kap. 19, Rdn. 16–18, u. insbesondere BGH GRUR 1987, 568 f. = WRP 1987, 627 – Gegenangriff sowie *Baumbach/Hefermehl*, Einl. UWG, Rdn. 320).

10 4. Der Erforderlichkeitsprüfung und der dabei gebotenen Interessenabwägung kommt beim Widerrufsanspruch eine ganz besondere Bedeutung zu, da dieser Beseitigungsform meist etwas Demütigendes anhaftet[11] und da deshalb besonders sorgfältig zu prüfen ist, ob wirklich sie notwendig ist oder nicht eine andere, mildere Maßnahme zur Störungsabwehr ausreicht[12]. Ist letzteres nicht der Fall und ist es dem Gläubiger nicht ausnahmsweise zuzumuten, sehr geringfügige Nachwirkungen einer Störungshandlung hinzunehmen[13], so stehen allerdings demütigende Begleitwirkungen dem Widerrufsanspruch – entgegen der Meinung von *Pastor* (in *Reimer*, S. 362) – keineswegs zwingend entgegen; denn nur vermeidbare – oder als Selbstzweck angezielte[14] – Demütigungen stellen nach der Rechtsprechung ein Hindernis für die Anordnung des Widerrufs dar[15]. Zu beachten ist auch, daß der durch ein Urteil zum Widerruf genötigte Verletzer nicht gezwungen werden kann, sich voll hinter den Widerruf zu stellen und zum Ausdruck zu bringen, daß er auch innerlich von der Behauptung abrücke, sondern daß er vielmehr berechtigt ist, beim Widerruf zum Ausdruck zu bringen, daß er die Erklärung in Erfüllung eines Urteils abgebe[16], wodurch sich u. U. die demütigenden Begleitwirkungen ebenfalls reduzieren können. Jedoch ist der Verletzer nicht berechtigt, seinen Widerruf in weitergehendem Umfang – etwa durch Äußerung von Zweifeln an der Rich-

---

9 BGH GRUR 1954, 333, 335 – Molkereizeitung; BGH GRUR 1959, 143, 144 = WRP 1959, 23 – Blindenseife.
10 Vgl. BGH GRUR 1977, 745, 747 – Heimstättengemeinschaft (insoweit nicht in BGHZ 69, 181).
11 So BGH, Urt. v. 12. 3. 1992 – I ZR 58/90 – Plagiatsvorwurf II, zur Veröffentlichung vorgesehen, sowie Großkomm/*Köhler*, Vor § 13 UWG, B, Rdn. 164; einschränkend dazu aber BGHZ 68, 331, 337 – Abgeordnetenbestechung.
12 BGH – Remington aaO.; vgl. zum Interesse des Schuldners (= Verletzers) auch RGZ 163, 210, 215 und BGH GRUR 1962, 315, 318 = WRP 1962, 128 – Deutsche Miederwoche; ferner besonders BGH (wie Fn. 11) – Plagiatsvorwurf II: Mitberücksichtigung einer vorangegangenen Provokation des Schuldners durch den Gläubiger.
13 Vgl. z. B. BGH aaO. – Deutsche Miederwoche und BGH aaO. – Remington.
14 *Baumbach/Hefermehl*, Einl. UWG Rdn. 316 m. w. N.
15 BGH GRUR 1957, 278, 279 = WRP 1957, 273 – Evidur; BGH GRUR 1968, 262, 265 = WRP 1968, 190 – Fälschung.
16 BVerfGE 28, 1, 9 ff.; ihm folgend BGHZ 68, 331, 338 – Abgeordnetenbestechung und BGHZ 69, 181, 184 = GRUR 1977, 745 – Heimstättengemeinschaft; vgl. auch *v. Gamm*, Kap. 48, Rdn. 38.

tigkeit seiner Verurteilung – abzuschwächen und damit zu entwerten (BGHZ 68, 331, 338 – Abgeordnetenbestechung; *v. Gamm*, Kap. 48, Rdn. 38).

Ein wesentliches Kriterium für die Beurteilung der Zumutbarkeit ist das Gewicht der unrichtigen Behauptung (vgl. Großkomm/*Köhler*, Vor § 13 UWG, B, Rdn. 165). Enthält sie schwerwiegende Vorwürfe – der Bundesgerichtshof (aaO. – Remington) erwähnt als solche beispielhaft die des Betrugs, des geistigen Diebstahls (dazu neuestens auch BGH wie Fn. 11 – Plagiatsvorwurf II), der Unredlichkeit im Betrieb und der Unterschlagung –, so wird die Widerrufsnotwendigkeit kaum infrage zu stellen sein. Das gleiche gilt, wenn an sich leichtere Vorwürfe durch Hinzutreten besonderer Umstände, etwa durch die Gefahr rascher Weiterverbreitung, durch besondere Rufschädigungsempfindlichkeit der Branche, der der Verrufene angehört u. ä., erhebliche Auswirkungen zu zeitigen drohen oder wenn sie zusätzlich zu den Interessen des Verrufenen auch solche der Allgemeinheit berühren[17], sofern die gefährdeten Interessen nicht auch durch andere, mildere Beseitigungsmaßnahmen ausreichend geschützt werden können. Allerdings ist zu beachten, daß maßgeblich für die Zubilligung des Widerrufs weniger das Ausmaß der ursprünglichen Beeinträchtigung als das der Fortwirkung der Beeinträchtigung ist (vgl. Großkomm/*Köhler*, Vor § 13 UWG, B, Rdn. 166).

Selbstverständlich kann es für die Beurteilung, ob dem Schuldner ein Widerruf zuzumuten ist, auch – u. U. sogar entscheidend – darauf ankommen, ob die Verletzungshandlung schuldhaft oder gutgläubig begangen worden ist[18], u. U. auch darauf, ob der Schuldner sie selbst begangen hat oder sie nur nach Maßgabe der §§ 278, 831 BGB oder gar nur des § 13 Abs. 4 UWG vertreten muß[19].

Auch Inhalt und Umfang der geforderten Widerrufserklärung können bei der Interessenabwägung eine wesentliche Rolle spielen. Einem zu weit gehenden Erklärungsinhalt steht das Übermaßverbot entgegen[20]. Unzumutbar kann die Erklärung für den Schuldner aber auch deshalb sein, weil sie den damit angesprochenen Adressaten ein in anderer Weise unrichtiges Bild der wirklichen Sachlage vermitteln würde[21].

In der Praxis scheitert der Widerrufsanspruch am häufigsten daran, daß die angerufenen Gerichte eines der nachfolgend (ab Rdn. 17) näher zu erörternden anderen Abwehrmittel gegen den durch Verruf geschaffenen Störungszustand als ausreichend und den für den Schuldner belastenderen Widerruf daher als nicht notwendig bzw. als durch das Übermaßverbot ausgeschlossen ansehen[22]. Dies stellt den Gläubiger – bzw.

---

17 BGH GRUR 1972, 550, 552 = WRP 1972, 252 – Spezialsalz II, dort allerdings für die Abwägung beim Urteilsveröffentlichungsanspruch; Großkomm/*Köhler*, Vor § 13 UWG, B, Rdn. 167.
18 BGH GRUR 1957, 278, 279 = WRP 1957, 273 – Evidur; a. A. allerdings *Pastor* in Reimer, S. 362; wie hier dagegen Großkomm/*Köhler*, Vor § 13 UWG, B, Rdn. 168.
19 *Henning-Bodewig*, GRUR 1981, 164, 167.
20 BGH GRUR 1979, 804, 805 = WRP 1979, 636 – Falschmeldung; vgl. auch BGH (wie Fn. 11) – Plagiatsvorwurf II.
21 BGH GRUR 1957, 561, 564 = WRP 1957, 269 – REI-Chemie; GRUR 1966, 272, 274 = WRP 1966, 61 – Arztschreiber; GRUR 1979, 804, 805 = WRP 1979, 636 – Falschmeldung; Großkomm/*Köhler*, Vor § 13 UWG, B, Rdn. 163, sieht in diesen Fällen den Widerruf als Mittel ausgeschlossen, weil ungeeignet.
22 Vgl. z. B. die Fälle BGHZ 13, 244, 259 – Cupresa; BGH GRUR 1957, 278, 279 = WRP 1957, 273 – Evidur; GRUR 1966, 272, 274 = WRP 1966, 61 – Arztschreiber. Nach BGHZ 66, 182, 189 – Der Fall Bittenbinder darf der Widerruf als »letzter Rechtsbehelf nur dort eingesetzt wer-

den ihn beratenden Rechtsanwalt – vor erhebliche Beurteilungsprobleme, denen er, sofern er ihnen nicht von vornherein durch die Wahl des mildesten Mittels aus dem Wege gehen will oder seiner Sache hinsichtlich des Widerrufsanspruchs ganz sicher zu sein meint, durch Stellung von mehreren Anträgen im Eventualverhältnis Rechnung tragen sollte[23].

15 Eine zusätzliche Erschwerung für den Gläubiger ergibt sich dabei daraus, daß die Rechtsprechung den Widerrufsansspruch im Verhältnis zum Urteilsveröffentlichungsanspruch mit Recht nicht schematisch als den weitergehenden und belastenderen Anspruch ansieht, sondern die Entscheidung, welche dieser Maßnahmen dem Schuldner eher zuzumuten sei, ebenfalls von den Umständen des jeweiligen Einzelfalls abhängig macht[24]. Auch dort, wo diese Umstände für den Gläubiger schwer zu beurteilen sind und die Entscheidung für einen der beiden Ansprüche daher besonders schwierig ist, bietet sich der Ausweg einer Geltendmachung im Verhältnis des Haupt- und Hilfsantrags. Eine alternative Geltendmachung, wie sie bei anderen Beseitigungsmaßnahmen im Antrag auf Verurteilung zu alternativen Maßnahmen nach Wahl des Schuldners möglich ist[25], kommt hier nicht in Betracht, da beide Anträge notwendigerweise unterschiedliche Verurteilungsziele haben, die eine einheitliche Verurteilung zu einem Verhalten des Schuldners nach dessen Wahl nicht erlauben.

16 5. Der Widerruf hat nach herrschender Meinung durch eigene Erklärung des Verletzers zu erfolgen, die nach § 888 ZPO erzwingbar ist[26]; teilweise wird im Interesse einer Versachlichung des zivilrechtlichen Ehrenschutzes die entsprechende Anwendung des § 894 ZPO gefordert[27]. Dieser Auffassung hat sich neuerdings Großkomm/*Köhler* nach eingehender Abwägung des Für und Wider mit der Modifikation angeschlossen, daß grundsätzlich die Vollstreckung nach § 894 ZPO erfolgen, gleichzeitig dem Verletzten aber die Bekanntmachungsbefugnis für den Fall einzuräumen sei, daß der Widerruf (durch Bekanntgabe des Urteils an die Adressaten der verletzenden Äußerung) nicht binnen einer bestimmten Frist erfolge. Der Bundesgerichtshof (VI. Zs) hat die Möglichkeit der Vollstreckung nach § 894 ZPO im Urteil BGHZ 68, 331, 336 ff. – Abgeordnetenbestechung eingehend erörtert und letztlich zwar offengelassen; die von ihm dabei – im Zuge der Abwägung der Vorteile des Leistungsanspruchs gegenüber einer

---

den, wo dem Interesse des Betroffenen auf anderen Wegen nicht hinreichend entsprochen werden kann«; näher dazu auch Großkomm/*Köhler*, Vor § 13 UWG, B, Rdn. 164.

23 Allerdings darf auch nicht übersehen werden, daß die Stellung von Hilfsanträgen dem Gericht in ausgesprochenen Grenzfällen die Abweisung des am weitesten gehenden Hauptantrags psychologisch erleichtern und damit die Chance mindern kann, den am weitesten gehenden Anspruch durchzusetzen.

24 BGH GRUR 1954, 337, 342 – Radschutz; BGH GRUR 1962, 315, 318 f. = WRP 1962, 128 – Deutsche Miederwoche; BGH GRUR 1966, 272, 274 = WRP 1966, 61 – Arztschreiber; Großkomm/*Teplitzky*, § 23 UWG, Rdn. 30; ungenau daher *v. Gamm*, Kap. 48, Rdn. 36, der generalisierend von der Veröffentlichungsbefugnis als »schwächstem Eingriff« spricht.

25 Vgl. BGH GRUR 1954, 337, 342 – Radschutz.

26 BVerfGE 28, 1, 9 ff.; OGHZ 1, 182, 194; BGHZ 37, 187, 189 f. – Eheversprechen; *v. Gamm*, UWG, § 1, Rdn. 306; *Baumbach/Lauterbach/Hartmann*, § 888 ZPO, Anm. 1 B; umfangreiche weitere Nachweise in Großkomm/*Köhler*, Vor § 13 UWG, Rdn. 183, und Großkomm/*Jestaedt*, Vor § 13 UWG, E, Rdn. 105.

27 Vgl. die Nachweise in BGHZ 68, 331, 336 – Abgeordnetenbestechung sowie in Großkomm/*Köhler* und Großkomm/*Jestaedt*, beide aaO.

bloßen gerichtlichen Feststellung – verwendeten Argumente lassen sich jedoch großteils auch für die bisher herrschende Meinung von der Erforderlichkeit (und Zumutbarkeit) einer eigenen Erklärung des Verletzers ins Feld führen[28]. An ihr sollte daher – und insbesondere auch wegen der stärkeren Beseitigungswirkung, die von einer Erklärung des Verrufers selbst ausgeht – festgehalten werden.

III. Der eingeschränkte Widerruf

1. Als Folge der Bedenken, denen ein uneingeschränkter Widerruf in der Rechtsprechung – wie dargelegt – leicht begegnet, hat zunehmend eine schwächere Abart des Widerrufsanspruchs an praktischer Bedeutung gewonnen, nämlich der Anspruch auf eine bloße Richtigstellung der Sachlage[29] oder einen in anderer Weise eingeschränkten Widerruf[30]. Bis auf geringere Anforderungen an den Nachweis der Unrichtigkeit und an die Erforderlichkeit im Rahmen der Interessenabwägung gelten hier die gleichen Grundsätze wie beim Widerruf; insbesondere kann auch der eingeschränkte Widerruf sich nur auf eine Tatsachenbehauptung, nicht auf eine Meinungsäußerung beziehen[31] und regelmäßig nur in Form einer eigenen Erklärung des Verletzers erfolgen[32].

2. In der Praxis hat der eingeschränkte Widerruf in drei Fallgruppen besondere Bedeutung erlangt: Zunächst für die Fälle, in denen eine Behauptung ursprünglich richtig oder rechtmäßig war, nachträglich aber entweder unrichtig oder – etwa wegen Fortfalls eines Rechtfertigungsgrundes – rechtswidrig geworden ist (vgl. BGH aaO. – Plagiatsvorwurf I). Weiter für die Fälle, in denen der in Anspruch genommene Störer die Behauptung nicht selbst aufgestellt, sondern nur verbreitet oder in anderer Form weitergegeben hat. Und schließlich für die Fälle, in denen die Unwahrheit der Behauptung entweder von dem als Widerrufskläger in der Regel beweisbelasteten[33] Verletzten nicht mit letzter Sicherheit beweisbar ist oder vom ausnahmsweise (nämlich in den Fällen der §§ 14 Abs. 1, 15 UWG) beweisbelasteten Störer nicht mit letzter Sicherheit ausgeräumt werden kann[34]. Für diese letzte Fallgruppe ist (nach BGHZ 65, 325, 327 – Stiftung Wa-

---

28 Im Urteil BGHZ 69, 181, 184 = GRUR 1977, 745 – Heimstättengemeinschaft geht der VI. Zs. des BGH auch selbst wieder von der Notwendigkeit einer eigenen Widerrufserklärung des Verletzers aus.
29 Etwa in Form des »Abrückens« von einer wiedergegebenen Äußerung Dritter, vgl. BGHZ 66, 182, 189 – Der Fall Bittenbinder; vgl. auch Großkomm/*Köhler*, Vor § 13 UWG, B, Rdn. 171 f.
30 BGH GRUR 1960, 500, 503 f. – Plagiatsvorwurf I; BGHZ 37, 187, 190 – Eheversprechen; BGHZ 65, 325, 337 – Stiftung Warentest; BGHZ 69, 181, 182 f. – Heimstättengemeinschaft; Großkomm/*Köhler*, aaO.
31 BGHZ 37, 187, 190 – Eheversprechen; BGHZ 65, 325, 336 f. – Stiftung Warentest.
32 BGH GRUR 1960, 500, 503 – Plagiatsvorwurf I; BGHZ 37, 187, 190 – Eheversprechen; BGHZ 69, 181, 184 – Heimstättengemeinschaft.
33 BGHZ 37, 187, 190 – Eheversprechen; BGH GRUR 1960, 135, 136 = WRP 1959, 304 – Druckaufträge unter Hinweis auf RGZ 115, 74, 79; *v. Gamm*, UWG, § 1, Rdn. 306. Anders bei Ansprüchen aus § 14 Abs. 1 UWG; zu Differenzierungen im einzelnen vgl. *Baumbach/Hefermehl*, Einl. UWG, Rdn. 319; Großkomm/*Köhler*, Vor § 13, B, Rdn. 172 u. Fn. 92.
34 Zur Beweislast des Störers vgl. BGH GRUR 1962, 34, 35 – Torsana; *v. Gamm*, UWG, § 14, Rdn. 14.

rentest) kennzeichnend, daß das unabdingbare Erfordernis des Widerrufs, die Unwahrheit der Tatsachenbehauptung, nicht feststeht, wohl aber eine gewisse Wahrscheinlichkeit der Unwahrheit erwiesen ist.

19 3. Bei allen drei Fallgruppen kann dem Verletzer ein schlichter Widerruf nicht angesonnen werden: Er ist ihm weder bei ursprünglicher Berechtigung der Behauptung noch bei Äußerungen, die nicht von ihm selbst stammen, noch bei solchen zumutbar, die vielleicht doch wahr sein könnten. Wohl aber kann er in solchen Fällen verpflichtet sein, die Sachlage durch eine geeignete Erklärung, durch ein Abrücken von der Behauptung – daß er sie nicht aufrechterhalten könne o. ä. – richtigzustellen. Auch ein solcher eingeschränkter Widerruf setzt in der dritten Fallgruppe jedoch voraus, daß der Kläger alle ernsthaften Anhaltspunkte für die Wahrheit der Behauptung ausgeräumt hat; gelingt ihm das nicht, so ist ein Widerruf selbst in der Form, der Verletzer »könne sie nicht aufrechterhalten, weil er sie nicht beweisen könne«, nicht durchsetzbar (BGHZ 69, 181, 183 f. = GRUR 1977, 745 – Heimstättengemeinschaft; Großkomm/*Köhler*, Vor § 13 UWG, B, Rdn. 172; ablehnend – m. N. – *Nordemann* in seiner Anm. zur Entscheidung BGH-Heimstättengemeinschaft in GRUR 1977, 748).

IV. Die Gegendarstellung

20 Die Gegendarstellung ist eine Beseitigungsmaßnahme, der nur gegenüber Störungen in Presse, Funk und Fernsehen Bedeutung zukommt. Die Beseitigungshandlung besteht hier in der Veröffentlichung einer Erklärung (Darstellung) des Verletzten selbst. Der Wiederherstellungseffekt ist deshalb – mit Rücksicht auf den nur gering veranschlagten Richtigkeitsgehalt von Erklärungen eines Betroffenen in eigener Sache – in der Regel nur gering. Er wird nur in Ausnahmefällen ausreichen und eine Richtigstellung durch den Verletzer selbst ersetzen können (so auch Großkomm/*Köhler*, Vor § 13 UWG, B, Rdn. 188). Das hierdurch indizierte Regel-Ausnahmeverhältnis (vgl. *v. Gamm*, Kap. 48, Rdn. 36) hat die Rechtsprechung jedoch bereits in sein Gegenteil verkehrt, soweit es um das Verhältnis der Gegendarstellung zu eigenen Richtigstellungen unter Schadensersatzgesichtspunkten geht[35]. Danach muß ein anderweitiges Vorgehen des Verletzten nicht nur »der Gegendarstellung überlegen, sondern bei voller Würdigung der schutzwürdigen Belange des Schädigers auch angebracht« sein (BGHZ 70, 39, 43 – Alkoholtest). Begründet wird diese – erkannte – Beschränkung der Verfolgung der wirtschaftlichen Interessen des Betroffenen damit, daß er sie mit Rücksicht auf die schutzwürdigen Belange des Schädigers gegen sich gelten lassen müsse; »dies nicht zuletzt in Anbetracht der besonderen Bedeutung, die Art. 5 GG dem Recht der freien Rede in den öffentlichen Medien, und der Wertung, die die Rechtsordnung der presserechtlichen Gegendarstellung als Korrelat zu der verfassungsrechtlichen Gewährleistung der Pressefreiheit zumißt« (BGH aaO.).

21 Da alle diese Erwägungen auch – wenngleich vielleicht in abgeschwächtem Maße – auf das Verhältnis der Gegendarstellung zur Beseitigung, und hier insbesondere zum Widerruf, angewendet werden können, steht zu befürchten, daß in Zukunft der Mög-

---

35 Vgl. BGHZ 66, 182, 192 ff. – Der Fall Bittenbinder; BGHZ 70, 39, 43 = GRUR 1978, 187 = WRP 1978, 129 – Alkoholtest; BGH GRUR 1979, 804, 806 = WRP 1979, 636 – Falschmeldung; BGH GRUR 1987, 647, 648 = WRP 1987, 554 – Briefentwürfe.

lichkeit einer Gegendarstellung auch im Rahmen der Interessenabwägung zur Erforderlichkeit des Widerrufs eine erhebliche Bedeutung zukommen wird. Einen ersten Schritt in diese Richtung hat der I. Zivilsenat (BGH GRUR 1987, 647, 648 – Briefentwürfe) bereits getan, wenngleich im genannten Fall wiederum die Vorbereitung von Schadensersatzansprüchen im Vordergrund des Interesses gestanden und die Störungsbeseitigung daneben nur eine untergeordnete Rolle gespielt hat. Dennoch wird man künftig Widerrufsbegehren dort, wo auch eine Gegendarstellung möglich ist, allenfalls noch ausnahmsweise Chancen einräumen können, etwa in besonders krassen und böswilligen Verletzungsfällen, bei gänzlich unzulänglicher (weil versteckter oder durch Zusätze entwerteter) Form der Gegendarstellung o. ä.. Persönlich halte ich eine solche – lebenserfahrungswidrige – Aufwertung der Gegendarstellung für verfehlt.

Darüber hinaus kann im Wettbewerbsrecht das Versäumnis, als erstes und schnellstes[36] Mittel die Gegendarstellung einzusetzen, als Verstoß gegen die Schadensminderungspflicht und daher als mitursächlich für entstehende größere Schäden (§ 254 BGB) relevant werden (BGHZ 66, 182, 194 ff. – Der Fall Bittenbinder; BGH GRUR 1979, 421, 423 – Exdirektor; Großkomm/*Köhler*, Vor § 13 UWG, B, Rdn. 188).

V. Die Urteilsveröffentlichung

1. Nach § 23 Abs. 2 UWG kann der in einem Unterlassungsklageverfahren obsiegenden Partei die Befugnis zugesprochen werden, den verfügenden Teil des Urteils innerhalb bestimmter Frist auf Kosten der unterliegenden Partei öffentlich bekannt zu machen[37]. Sinn und Tragweite dieser Regelung sind in mancher Hinsicht umstritten[38], jedoch verliert dieser Streit viel von seiner Bedeutung, wenn man mit der heute ganz herrschenden Meinung annimmt, daß es einen von dieser Bestimmung unabhängigen[39] Ver-

---

36 Das schnellste Mittel ist es wegen der meist landesrechtlich (in Presse- oder Rundfunkgesetzen) geregelten Möglichkeit der Erzwingung im Eilverfahren, das zur Durchsetzung stärkerer Beseitigungsmaßnahmen, insbesondere des Widerrufs, nur sehr begrenzt geeignet ist.
37 Die in § 23 Abs. 1 UWG geregelte Anordnung zur öffentlichen Bekanntmachung eines Strafurteils bleibt hier außer Betracht, und zwar nicht nur wegen der relativen Seltenheit solcher Verurteilungen im Wettbewerbsrecht, sondern deshalb, weil diese Anordnung nicht als Beseitigungsmaßnahme im eigentlichen Sinn angesehen werden kann: Sie muß nämlich auch dann erfolgen, wenn überhaupt keine zu beseitigenden Folgen vorliegen; für die bei allen Beseitigungsmaßnahmen gebotene Interessenabwägung ist im Rahmen der Muß-Vorschrift kein Raum. (Näher zur Strafurteilsveröffentlichung Großkomm/*Teplitzky*, § 23 UWG, Rdn. 6–13).
38 Vgl. die Überblicke bei Großkomm/*Köhler*, Vor § 13 UWG, B, Rdn. 189–191; Großkomm/*Teplitzky*, § 23 UWG, Rdn. 15 ff. u. 35 f.; *Baumbach/Hefermehl*, § 23 UWG, Rdn. 6 ff. und (sehr instruktiv) bei *Ahrens*, S. 73 ff.; ferner *Burhenne*, GRUR 1957, 84 ff.; *Greuner*, GRUR 1962, 71 ff.; *H. Seydel*, GRUR 1965, 350; (die vier Letztgenannten noch zum entsprechenden § 23 Abs. 4 UWG a. F., die Neufassung gilt seit 1974); *Schricker*, GRUR Int. 1975, 191 ff.; *Wronka*, WRP 1975, 644 ff.
39 Diese Unabhängigkeit wird besonders durch die in der Rechtsprechung ebenfalls aus dem Beseitigungsrecht entwickelte Befugnis zur Veröffentlichung von Unterwerfungserklärungen des Verletzers verdeutlicht (vgl. – BGH GRUR 1967, 362, 366 = WRP 1967, 216 – Spezialsalz I, insoweit nicht in BGHZ 46, 305; BGH GRUR 1987, 189 f. – Veröffentlichungsbefugnis beim Ehrenschutz; ferner Großkomm/*Teplitzky*, § 23 UWG, Rdn. 18).

öffentlichungsanspruch gibt, der nach Beseitigungsgrundsätzen zu beurteilen ist[40], und daß auch die Bekanntmachungsbefugnis nach § 23 Abs. 2 UWG der Störungsbeseitigung und nicht – wie eine Mindermeinung annimmt[41] – der Genugtuung des Verletzten dient. Denn danach stellt sich die Bestimmung des § 23 UWG als – prozessual gestaltete – Teilregelung eines umfassenden Veröffentlichungsanspruchs dar[42], deren – von einzelnen Autoren[43] geforderte – Ausweitung auf andere als Unterlassungsurteile nach dem UWG im Grunde nicht viel brächte; denn die Rechtsprechung stellt an die prozeßrechtliche Bekanntmachungsbefugnis ohnehin keine geringeren Anforderungen als an den materiell-rechtlichen Anspruch[44], und auch die dürftige inhaltliche Ausgestaltung der prozessualen Veröffentlichungsbefugnis[45], insbesondere die in vielen Fällen sinnlose Beschränkung der Bekanntmachung auf die Urteilsformel, kann nicht dazu einladen, die Lösung der Veröffentlichungsfrage in einer analogen Anwendung des § 23 Abs. 2 UWG zu suchen. Die Bedeutung der Bestimmung liegt allein darin, daß sie für bestimmte Fallgestaltungen ex lege ausspricht, was sich sonst nur – aber stets auch[46] – aus den Rechtsprechungsgrundsätzen zur Störungsbeseitigung ergeben würde: Die Befugnis eines Verletzten, den aus der Verletzung resultierenden Störungsfolgen[47] in den dafür – nach dem Ermessen des Gerichts – geeigneten Fällen durch Bekanntmachung der den Verletzungsfall betreffenden Gerichtsentscheidung zu begegnen und die Kosten dem Verletzten aufzubürden[48].

---

40 Vgl. BGH GRUR 1956, 585, 563 = WRP 1957, 24 – Regensburger Karmelitengeist; BGH GRUR 1957, 231, 237 – Pertussin I (insoweit nicht in BGHZ 23, 100); BGH GRUR 1957, 561, 564 = WRP 1957, 269 – REI-Chemie; BGH GRUR 1966, 272, 274 = WRP 1966, 61 – Arztschreiber; BGH GRUR 1967, 362, 366 = WRP 1967, 216 – Spezialsalz I (insoweit nicht in BGHZ 46, 305); BGH GRUR 1987, 189 – Veröffentlichungsbefugnis beim Ehrenschutz; Großkomm/*Köhler,* Vor § 13 UWG, B, Rdn. 189; Großkomm/*Teplitzky,* § 23 UWG, Rdn. 2 u. 22; *v. Gamm,* Kap. 48, Rdn. 36, u. UWG, § 1, Rdn. 307, sowie § 23, Rdn. 4 und 6; *Nirk/ Kurtze,* Rdn. 24; *Ahrens,* S. 73 m. w. N. in Fn. 93; bedenklich daher BGH GRUR 1968, 437, 439 = WRP 1968, 108 – Westfalenblatt III, soweit dort gesagt wird, daß die Bestimmung des § 23 UWG in den meisten Fällen erst die »Voraussetzungen für die Befugnis, ein Urteil zu veröffentlichen, schaffe«.
41 *Jauernig,* Festschrift *E. Boetticher,* S. 219, 227 (Fn. 23); *Rittner,* Wirtschaftsrecht, § 15 B III 2; *Greuner,* GRUR 1962, 71, 72 (anders S. 73).
42 Vgl. dazu *Seydel,* GRUR 1965, 650; ähnlich wohl auch *v. Gamm,* UWG, § 23, Rdn. 4.
43 Vgl. etwa *Baumbach/Hefermehl,* § 23 UWG, Rdn. 7 und 8; *Burhenne,* GRUR 1952, 84, 90.
44 Vgl. BGH GRUR 1956, 558, 563 = WRP 1957, 24 – Regensburger Karmelitengeist.
45 *Wronka,* aaO., S. 645, spricht treffend von einer »schmalbrüstigen Sanktion«; vgl. ferner Großkomm/*Teplitzky,* § 23 UWG, Rdn. 22 u. 35.
46 Dies ist im Urteil BGH GRUR 1968, 437, 439 = WRP 1968, 108 – Westfalenblatt III unbeachtet geblieben; vgl. die Nachweise in Fn. 40, aber auch gewisse Einschränkungen bei Großkomm/*Teplitzky,* § 23 UWG, Rdn. 23.
47 Um solche muß es sich handeln; daher scheidet eine Anwendung des § 23 Abs. 2 UWG auf lediglich vorbeugende Unterlassungsurteile aus, obwohl der Wortlaut ihr nicht entgegensteht.
48 Daß auch insoweit die ausdrückliche Regelung des § 23 Abs. 2 UWG mit dem auch sonst bestehenden Rechtszustand übereinstimmt, ist zwar bestritten – a. A. z. B. *Seydel,* GRUR 1965, 650 –, aber anzunehmen. Es folgt aus den vom Bundesgerichtshof (GRUR 1962, 261, 262 – Öl regiert die Welt) aufgestellten Grundsätzen über den Ersatz ersparter Beseitigungsaufwendun-

2. Rechtlich stellt sich diese Befugnis als Anspruch des Verletzten gegen den Verletzer dar, die Veröffentlichung des Urteils (bzw. der Unterwerfungserklärung) zu dulden[49].

Die eigentliche Beseitigungshandlung erfolgt – dies ist die Besonderheit der Urteilsveröffentlichung im Verhältnis zu anderen Beseitigungshandlungen – seitens des Verletzten. Die Duldungspflicht bedeutet, daß der Beklagte nichts gegen die Veröffentlichung tun darf und deren Folgen gegen sich gelten lassen muß. Zu diesen Folgen werden regelmäßig Störungen und Schäden gezählt, die von der Veröffentlichung selbst für den Betroffenen ausgehen und die er unterbinden dürfte, wenn er nicht duldungspflichtig wäre[50]. Zu ihnen gehört aber auch, daß der von der Duldungspflicht Betroffene sich gegenüber dem Kostenerstattungsanspruch nicht darauf berufen kann, er habe keine »Aufwendungen« erspart. Denn soweit nicht § 23 UWG unmittelbar eingreift und bestimmt, daß die Anordnung der Veröffentlichung auf Kosten des Verletzers zu erfolgen hat[51], hat der Verletzte insoweit einen Aufwendungsersatzanspruch[52]: Der veröffentlichende Verletzte erfüllt eine Obliegenheit (Beseitigungshandlung), die an sich dem Verletzer obläge und deren Ausführung die Rechtsprechung in Anlehnung an die gesetzliche Regelung in § 23 UWG nur aus Zweckmäßigkeits- und Zumutbarkeitsgründen, nicht aber zur Kostenentlastung des Verletzers, dem Verletzten selbst überläßt (a. A. Großkomm/*Köhler*, Vor § 13 UWG, B, Rdn. 195, dort allerdings in gewissem Widerspruch zu Rdn. 190 a. E.).

3. § 23 Abs. 2 UWG beschränkt die Veröffentlichungsbefugnis auf Urteile in Unterlassungsverfahren (*v. Gamm*, UWG, § 23 Rdn. 3; *Wronka*, WRP 1975, 644). Dies schließt es nicht aus, über den allgemeinen Beseitigungsanspruch auch die Befugnis zur Veröffentlichung anderer Entscheidungen – etwa von Löschungs- oder anderen Beseitigungsurteilen – zu gewähren, wo sie zur (hinreichenden) Beseitigung von Verletzungsfolgen geboten erscheint[53]. Einer ausweitenden Anwendung des § 23 Abs. 2 UWG bedarf es dafür aus den schon (Rdn. 22) erörterten Gründen nicht unbedingt, je-

---

gen des Verletzers i. V. mit dem noch (unter Rdn. 22 f.) zu erörternden Rechtscharakter der Veröffentlichungsbefugnis; *v. Gamm*, UWG, § 23, Rdn. 7 i. V. mit § 1, Rdn. 308; vgl. *Ahrens*, S. 81 m. w. N. Soweit insoweit Bedenken bestehen, sollte – hinsichtlich der Kostentragungsregel – in § 23 Abs. 2 UWG der Ausdruck eines für richtigstellende Veröffentlichungen von Urteilen allgemeinen Rechtsgedankens gesehen werden, der auch bei rein beseitigungsrechtlichen, nicht auf § 23 UWG gestützten Veröffentlichungen Anwendung zu finden hätte; vgl. Großkomm/*Teplitzky*, § 23 UWG, Rdn. 23.

49 So mit näherer Begründung *Pastor*, in *Reimer*, S. 370.
50 *Ahrens*, S. 75; insoweit zutreffend auch BGH GRUR 1968, 437, 439 = WRP 1968, 108 – Westfalenblatt III, wo die Duldungspflicht nur zu eng als »meist« von § 23 UWG abhängig angesehen wird.
51 Mit der Folge, daß die Veröffentlichungskosten als Kosten der Zwangsvollstreckung nach § 788 ZPO beigetrieben werden können, vgl. *Baumbach/Hefermehl*, § 23 UWG, Rdn. 11; zur Frage einer entsprechenden Anwendung vgl. Großkomm/*Teplitzky*, § 23 UWG, Rdn. 23.
52 *v. Gamm*, UWG, § 1 Rdn. 308 m. w. N.; zweifelnd Großkomm/*Köhler*, Vor § 13 UWG, B, Rdn. 194 f.
53 *Baumbach/Hefermehl*, § 23 UWG, Rdn. 8; Großkomm/*Köhler*, Vor § 13 UWG, B, Rdn. 188; auch der BGH scheint Löschungsurteile für grundsätzlich veröffentlichungsfähig zu halten; vgl. den Leitsatz 5 der Entscheidung Regensburger Karmelitengeist, GRUR 1956, 558, 559 = WRP 1957, 24.

doch erleichtert sie die Regelung der Kostenfrage und erscheint mir auch vertretbar; (vgl. auch Großkomm/*Teplitzky*, § 23 UWG, Rdn. 20).

Die Entscheidung braucht nicht rechtskräftig zu sein; bei der heute üblichen Dauer mehrinstanzlicher Verfahren käme eine Veröffentlichung erst nach Rechtskraft in vielen Fällen auch zu spät, um schädliche Folgen noch wirksam beseitigen zu können.

26 Aus demselben Grunde sind auch Unterlassungsentscheidungen im summarischen Verfügungsverfahren grundsätzlich veröffentlichungsfähig[54]. Die in § 23 UWG gebrauchten Begriffe »Klage« und »Urteil« sind nicht im wörtlichen Sinne zu verstehen (*Burhenne* aaO.).

27 Ob eine Entscheidung nach Hauptsacheerledigung (§ 91 a ZPO), die von der h. M. grundsätzlich auch – in entsprechend abgewandelter Formulierung – für veröffentlichungsfähig gehalten wird[55], in Urteils- oder Beschlußform ergeht, hat keine entscheidende Bedeutung. Problematischer ist die Frage, ob eine Veröffentlichungsanordnung auch in einer Beschlußverfügung getroffen werden kann[56]. Sie ist zwar – entgegen *Pastor* und *Wronka*, aaO. – nicht im Grundsatz, wohl aber aufgrund praktischer Gegebenheiten – insoweit übereinstimmend *Pastor*, S. 419 – für den Regelfall zu verneinen: Die von der Rechtsprechung für erforderlich gehaltene Interessenabwägung (vgl. nachfolgend Rdn. 30) wird regelmäßig nicht aufgrund einseitigen Vorbringens vorzunehmen sein. Hatte der Antragsgegner aber Gelegenheit, seinerseits Stellung zu nehmen – sei es in einer Schutzschrift, sei es in einem der seltenen Fälle, in denen ihm das Gericht vor der Beschlußentscheidung Gelegenheit zur Äußerung gegeben hatte –, so kann ausnahmsweise auch einmal die Veröffentlichungsanordnung in einer Beschlußverfügung in Betracht kommen. Außerdem kann die Veröffentlichung einer Beschlußverfügung, die der Betroffene selbst nachträglich durch entsprechende Erklärung (Abschlußerklärung, vgl. dazu näher Kap. 43) als berechtigt hingenommen hat, ebenfalls Gegenstand eines Beseitigungsanspruchs sein. (Vgl. zu allem auch Großkomm/*Teplitzky*, § 23 UWG, Rdn. 21).

28 4. Die Nachteile, die dem Betroffenen dadurch drohen, daß auch vorläufige Verurteilungen veröffentlichungsfähig sind, werden in gewissem Umfang durch die verschuldensunabhängigen Schadensersatzpflichten nach §§ 717 Abs. 2, 945 ZPO sowie dadurch ausgeglichen, daß nicht nur verurteilende, sondern auch abweisende Unterlassungsentscheidungen veröffentlichungsfähig sind, so daß dem endgültig obsiegenden Teil der Anspruch erwachsen kann, seinerseits das Urteil zu veröffentlichen, das die vorher veröffentlichte vorläufige Entscheidung korrigiert.

29 Auch hierbei erweist sich die Bestimmung des § 23 UWG in der Regel weniger brauchbar und hilfreich als der allgemeine Beseitigungsanspruch, da sie nur die Anordnung des »verfügenden Teils«, also der Urteilsformel, erlaubt und diese bei abändern-

---

[54] RG GRUR 1938, 443, 447 – Rippketta; Großkomm/*Köhler*, Vor § 13 UWG, B, Rdn. 188; Großkomm/*Teplitzky*, § 23 UWG, Rdn. 21; *v. Gamm*, UWG, § 23, Rdn. 3; *Burhenne*, GRUR 1952, 84, 89 f.; *Pastor*, S. 417 f.; zu Einschränkungen bei der Beschlußverfügung vgl. nachfolgend Rdn. 27.

[55] BGH GRUR 1967, 362, 366 = WRP 1967, 216 – Spezialsalz I (insoweit nicht in BGHZ 46, 305); *Baumbach/Hefermehl*, § 23 UWG, Rdn. 7.

[56] Bejahend *Burhenne*, GRUR 1952, 84, 90; verneinend *Pastor*, S. 418; *Wronka*, WRP 1975, 636, 646.

26. Kapitel Die Ansprüche auf Beseitigung unkörperlicher Störung

der oder aufhebender Entscheidung für den Leser meist noch weniger besagt als ein normaler Unterlassungstenor.

5. Auch bei der Urteilsveröffentlichung ist die für die Praxis wichtigste Frage die der Erforderlichkeit der Veröffentlichung. Sie stellt sich gleichermaßen für die prozessuale Bekanntmachungsbefugnis nach § 23 Abs. 2 UWG wie für die Veröffentlichung aufgrund eines entsprechenden materiellen Beseitigungsanspruchs[57]. Ihre Prüfung erfordert stets eine – auf den Zeitpunkt der Urteilsfällung abzustellende – Abwägung der durch die Veröffentlichung entstehenden Vor- und Nachteile; die Veröffentlichung ist stets abzulehnen, wenn die dem Verletzer durch sie erwachsenden Nachteile in einem Mißverhältnis zu den von der Veröffentlichung zu erwartenden Vorteilen stehen[58]. Bei den Vorteilen sind hier jedoch – wie beim Widerruf – nicht ausschließlich Belange des Verletzten, sondern auch Aufklärungsinteressen der Öffentlichkeit zu berücksichtigen[59]. Diese können ebenso wie die Interessen des Verletzten von einer Vielzahl von Faktoren beeinflußt werden, unter denen Umfang und Schwere der Verletzungshandlung, aber auch Größe und Bedeutung oder relative Bedeutungslosigkeit[60] des Betriebs des Verletzers sowie die inzwischen vergangene Zeitspanne[61] in der Regel besondere Bedeutung zukommt. Auch besondere Aufmerksamkeit, die ein Wettbewerbsstreit in der Öffentlichkeit gefunden hat, kann ein Argument für die Urteilsveröffentlichung sein (BGH aaO. – Cupresa). Dagegen sprechen ein begrenzter Adressatenkreis der verletzenden Äußerung und/oder die Gefahr der Verwirrung der Öffentlichkeit durch eine aus sich heraus schwer verständliche Urteilsveröffentlichung gegen deren Anordnung[62].

Problematisch ist die Abgrenzung zum Widerrufsanspruch. Teils wird die Veröffentlichung als die grundsätzlich weniger belastende Form der Beseitigung – mit der Folge geringerer Anforderungen an ihre Voraussetzungen – angesehen[63]. Dem wird für den Regelfall, aber keineswegs stets und schematisch zuzustimmen sein; es kann durchaus in manchen Fällen – etwa bei Verletzungshandlungen mit nur geringer Breitenwirkung[64] – der Widerruf weniger belastend und unter geringeren Voraussetzungen zu ge-

---

57 BGH GRUR 1956, 558, 563 = WRP 1957, 24 – Regensburger Karmelitengeist; BGH GRUR 1966, 272, 274 – Arztschreiber; BGH (wie Fn. 11) – Plagiatsvorwurf II; Großkomm/*Teplitzky*, § 23 UWG, Rdn. 29; Großkomm/*Köhler* Vor § 13, UWG, B, Rdn. 189.
58 BGHZ 13, 244, 259 – Cupresa; BGH GRUR 1954, 337, 342 – Radschutz; st. Rspr.; näher dazu Großkomm/*Teplitzky*, § 23 UWG, Rdn. 32.
59 BGHZ 13, 244, 259 – Cupresa; BGH GRUR 1967, 362, 366 = WRP 1967, 216 – Spezialsalz I (insoweit nicht in BGHZ 46, 305); BGH GRUR 1972, 550, 552 = WRP 1972, 252 – Spezialsalz II.
60 BGH GRUR 1956, 558, 563 = WRP 1957, 24 – Regensburger Karmelitengeist.
61 Die ihrerseits aber im Verhältnis der Wechselwirkung zu den anderen Umständen steht; vgl. BGHZ 13, 244, 259 – Cupresa; BGH GRUR 1967, 362, 366 = WRP 1967, 216 – Spezialsalz I (insoweit nicht in BGHZ 46, 305).
62 BGH GRUR 1966, 623, 627 = WRP 1966, 30 – Kupferberg; vgl. auch BGH GRUR 1957, 561, 564 – REI-Chemie; BGH GRUR 1966, 272, 274 = WRP 1966, 612 – Arztschreiber.
63 So BGH GRUR 1967, 362, 366 unter B II a–E. = WRP 1967, 216 – Spezialsalz I, insoweit nicht BGHZ 46, 305, und – im Ergebnis – auch BGH wie Fn. 11 – Plagiatsvorwurf II; v. *Gamm*, Kap. 48, Rdn. 36, u. UWG § 1, Rdn. 307 und § 23, Rdn. 4 und 6: »Graduelle Abstufung«; Großkomm/*Köhler*, Vor § 13 UWG, B, Rdn. 191.
64 Vgl. BGH GRUR 1954, 337, 342 – Radschutz.

währen sein als eine Urteilsveröffentlichung mit ihrer u. U. weitergehenden und gewichtigeren Resonanz[65]. Zur Bedeutung einer Gegendarstellungsmöglichkeit für die Zuerkennung einer Veröffentlichungsbefugnis gilt das gleiche, was bereits zur Bedeutung einer solchen Möglichkeit für die Zuerkennung eines Widerrufsanspruchs gesagt worden ist (vgl. Rdn. 20); näher auch Großkomm/*Teplitzky*, § 23 UWG, Rdn. 31).

32 6. Die Art der Bekanntmachung ist nach § 23 Abs. 3 UWG im Urteil zu bestimmen.

33 Für die Verurteilung zur Duldung der Veröffentlichung aufgrund eines materiellen Beseitigungsanspruchs ergibt sich die gleiche Folge aus dem Bestimmtheitsgrundsatz des § 253 Abs. 2 Nr. 2 ZPO.

34 Anzugeben ist nicht nur das Publikationsorgan, in dem die Veröffentlichung erfolgen soll, sondern u. U. auch Größe und Auffälligkeitsgrad der Anzeige; bei Anordnungen, die aufgrund des materiellen Beseitigungsanspruchs über die engen Grenzen des § 23 Abs. 2 UWG (reine Tenorveröffentlichung) hinausgehen, ist auch eindeutig klarzustellen, welche Teile der Entscheidung zu veröffentlichen sind[66]. Die Auswahl ist möglichst auf knappe, aber verständliche Passagen zu beschränken, deren Umfang ebenfalls nicht im Mißverhältnis zum Gewicht der Verletzungsfolgen stehen darf. Nach einer Entscheidung des BGH aus jüngster Zeit (vgl. Fn. 11 – Plagiatsvorwurf II) kann die Befugnis auf die Veröffentlichung lediglich eines Teils des Tenors beschränkt werden.

35 7. Die Veröffentlichungsanordnung kann in's Leere gehen, wenn sich – was allerdings praktisch selten vorkommen dürfte – das darin genannte Publikationsorgan weigert, die Veröffentlichung – die ja in Form einer bezahlten Anzeige erfolgt – vorzunehmen[67]. Ein Kontrahierungszwang besteht nicht. Die analoge Anwendung des § 463 c StPO, über den die Veröffentlichung eines Strafurteils (§ 23 Abs. 1 UWG) erzwingbar ist, oder des § 10 PresseG[68] scheitert am Strafcharakter dieser Vorschriften, der einer Ausdehnung auf andere Tatbestände entgegensteht. Es kann also ratsam sein, sich vor Stellung eines konkreten, auf ein bestimmtes Publikationsorgan bezogenen Antrags zu vergewissern, ob dieses zur Aufnahme einer Veröffentlichungsanzeige bereit ist (vgl. *Wronka*, aaO.).

VI. Der Anspruch auf Duldung anderer Beseitigungsmaßnahmen des Verletzten

36 Aus einer rechtswidrigen Störungslage kann sich – neben den oder anstelle der bereits erörterten Pflichten zur Vornahme von Beseitigungshandlungen oder zur Duldung einer Urteilsveröffentlichung – auch die Pflicht zur Duldung anderer Beseitigungshandlungen des Verletzten selbst (und zur Erstattung der durch solche Maßnahmen entste-

---

65 BGH GRUR 1962, 315, 318 f. = WRP 1962, 128 – Deutsche Miederwoche: Frage des Einzelfalls; ebenso Großkomm/*Teplitzky*, § 23 UWG, Rdn. 30; Großkomm/*Köhler*, aaO.
66 Vgl. dazu im einzelnen *Wronka*, WRP 1975, 644, 645; zur Frage der namentlichen Nennung der Prozeßbeteiligten in der Veröffentlichung vgl. *Jauernig*, Festschrift *E. Boetticher*, S. 219 ff.
67 Vgl. *Seydel*, GRUR 1965, 650, 652; *Wronka*, WRP 1975, 644, 646.
68 Vgl. *Seydel*, GRUR 1965, 650, 652.

henden Kosten) ergeben⁶⁹. In einer solchen Duldungspflicht wird man gegenüber der Verpflichtung zur Vornahme eigener Beseitigungshandlungen im Regelfall ein Minus sehen können. Dies wird aus der Remington-Entscheidung des BGH⁷⁰ deutlich, in der ein Duldungsanspruch (als Vorstufe der dort angenommenen Auskunftspflicht) selbst für einen Fall vorausgesetzt worden ist, in dem ein Anspruch auf eigene Beseitigungsmaßnahmen des Verletzers nicht bestanden hat. Der Gefahr voreiliger und/oder unberechtigter Selbsthilfe des Verletzten, die durch die Bejahung einer grundsätzlichen Duldungspflicht des Verletzers im Rahmen des Beseitigungsrechts begründet werden könnte, kann durch hinreichende Anforderungen an das im Rahmen der Interessenabwägung zu berücksichtigende Merkmal der Erforderlichkeit etwaiger eigener Maßnahmen des Verletzten unschwer begegnet werden.

Danach werden gezielte Einzelaktionen des Verletzten – etwa die Richtigstellung unrichtiger Behauptungen gegenüber einzelnen oder (in Rundschreibenform) mehreren Adressaten der Falschbehauptung – selten auf Probleme stoßen (jedoch im Falle ihrer Vornahme möglicherweise das Problem aufwerfen, ob daneben bzw. darüber hinaus auch noch der Widerruf durch den Verletzer selbst gefordert werden kann). **37**

Problematischer ist die Frage, ob und wie weit der Verletzte durch allgemeine Aktionen – etwa durch Veröffentlichung von (berichtigenden) Anzeigen in den Medien oder in der noch allgemeineren Form einer nur mittelbar wirkenden Gegenwerbung – unrichtigen Tatsachenbehauptungen entgegentreten kann. **38**

Rechtsprechung und Literatur haben solche Maßnahmen bisher nur als Form des Schadensersatzes zugelassen, und auch dies nur mit großer Zurückhaltung und erheblichen Einschränkungen (vgl. Kap. 34, Rdn. 9 f.). Die daraus erkennbare Zurückhaltung schon beim verschuldensabhängigen Schadensersatzanspruch dürfte die Ursache dafür sein, daß dem Problem beim verschuldensunabhängigen Beseitigungsanspruch lange Zeit (anders jetzt Großkomm/*Köhler*, Vor § 13 UWG, B, Rdn. 192) keine Beachtung geschenkt worden ist. Ich halte dies für ebenso bedauerlich wie die bisherige – in meinen Augen übergroße – Zurückhaltung der Rechtsprechung bei der Zubilligung von Aufklärungsmaßnahmen auf Kosten des Schädigers im Schadensersatzrecht. Sie dürfte wenigstens zum Teil darauf zurückzuführen sein, daß die ersten Grundsätze im allgemeinen Deliktsrecht und noch dazu im Verhältnis des jeweils Verletzten zu Publikationsmedien, die den besonderen Schutz des Art. 5 GG in Anspruch nehmen konnten, entwickelt worden⁷¹ und spezifische Bedürfnisse des Wettbewerbsrechts daher außer Betracht geblieben sind⁷². Letztere lassen es meines Erachtens geboten erscheinen, der Möglichkeit berichtigender Aktionen durch den Verletzten grundsätzlich einen gewissen Spielraum – auch und namentlich unter beseitigungsrechtlichen, nicht nur scha- **39**

---

69 Vgl. Großkomm/*Köhler*, Vor § 13 UWG, B, Rdn. 192; zur Frage der Kostenerstattung ders., aaO., Rdn. 193–197.
70 BGH GRUR 1970, 254, 257 unter V.
71 Vgl. BGHZ 66, 182, 196 ff. – Der Fall Bittenbinder; BGHZ 70, 39, 41 ff. = GRUR 1978, 187 = WRP 1978, 129 – Alkoholtest.
72 In den beiden einschlägigen Entscheidungen des I. Zivilsenats (BGH GRUR 1979, 804, 806 = WRP 1979, 636 – Falschmeldung; BGH GRUR 1982, 489, 490 = WRP 1982, 518 – Korrekturflüssigkeit) sind Ansprüche – zu Recht – jeweils nur aufgrund fallspezifischer Besonderheiten verneint worden; sie lassen daher die Möglichkeit hinreichender Berücksichtigung wettbewerbsrechtlicher Besonderheiten in der Zukunft offen.

densersatzrechtlichen – Gesichtspunkten zu eröffnen, und zwar insbesondere im Hinblick auf die im Wettbewerbsrecht bestehende Gefahr einer Marktverwirrung.

40 Letztere wird zwar regelmäßig dem Schadensersatzrecht zugeordnet, wo sie dogmatisch gewisse Schwierigkeiten bereitet (vgl. Kap. 34, Rdn. 5 ff.). Sie kann selbstverständlich zu Schäden führen und – folgt man der Rechtsprechung und der h. M. – auch selbst ein Schaden sein. In erster Linie ist sie aber – was bislang sehr vernachlässigt worden ist – ein objektiver rechtswidriger Störungszustand, auf dessen Beseitigung – im Rahmen des Möglichen – der Verletzte auch ohne Verschulden des Störers einen Anspruch haben muß. Seiner Verwirklichung können zunächst auch die bereits näher erörterten Ansprüche auf Widerruf, Gegendarstellung und Urteilsveröffentlichung dienen; sie werden jedoch in vielen Fällen nicht ausreichen, die Marktverwirrung und die von ihr ausgehende Störung des Verletzten zu beseitigen. Hier ergibt sich somit das wichtigste Anwendungsfeld für eigene Berichtigungsaktionen des Verletzten, etwa durch aufklärende Anzeigen in den Medien oder andere, mittelbar wirkende Gegenwerbung. Voraussetzung der Zulässigkeit solcher Maßnahmen ist – im Rahmen des Merkmals ihrer Erforderlichkeit – nach der Rechtsprechung des I. Zivilsenats (vgl. Fn. 72) mindestens, daß sie einen unmittelbaren Bezug zur Verletzungshandlung aufweisen. Auf ihn kann allenfalls dann verzichtet werden, wenn eine Richtigstellung schädigender Äußerungen auf der Ebene rationaler Elemente nicht mehr möglich ist (BGH aaO. – Korrekturflüssigkeit).

41 Die Kosten berechtigter Aufwendungen des Verletzten hat der Verletzer – in der Regel unter dem Gesichtspunkt des Aufwendungsersatzes – zu tragen[73]. Für die – seltenen – Fälle, in denen ausnahmsweise die Voraussetzungen einer GoA nicht erfüllt sind (vgl. Großkomm/*Köhler*, aaO.), dürfte dem Vorschlag *Köhlers* (aaO. Rdn. 195), § 250 BGB analog anzuwenden, beizutreten sein. Danach hätte in solchen Fällen der Verletzte zunächst dem Störer eine angemessene Frist zur Störungsbeseitigung unter gleichzeitiger Androhung der Ablehnung nach Fristablauf zu setzen, um nach Fristablauf Geldersatz verlangen zu können.

42 Erstattungsfähig sind grundsätzlich nur die Kosten, die – aus der Sicht eines vernünftigen, wirtschaftlich denkenden Menschen[74] – objektiv zur Beseitigung erforderlich waren (Großkomm/*Köhler*, Vor § 13 UWG, B, Rdn. 196).

VII. Der Kontrahierungszwang als Beseitigungsmaßnahme

43 *Pastor* (in *Reimer*, S. 264 f.,) hat die rechtliche Möglichkeit eines durch Kontrahierungszwang zu beseitigenden Störungszustands schlechthin in Abrede gestellt und die Grundlage eines solchen Zwanges ausschließlich im Schadensersatzrecht gesehen. Dem kann in dieser Allgemeinheit nicht zugestimmt werden.

44 Zwar dürften die von *Pastor* (aaO.) in den Vordergrund gestellten Fälle der Nichtbelieferung mit bestimmten Waren in der Tat nicht über einen Beseitigungsanspruch des Betroffenen gegen den die Lieferung verweigernden Partner lösbar sein[75].

---

73 Vgl. dazu näher Großkomm/*Köhler*, Vor § 13 UWG, B, Rdn. 194.
74 BGH GRUR 1979, 804, 805 = WRP 1979, 636 – Falschmeldung.
75 Der BGH hat im Urteil GRUR 1979, 560 = WRP 1979, 445 – Fernsehgeräte I eine »Leistungsklage« als nicht möglich bezeichnet und im Fall GRUR 1979, 792, 793 = WRP 1979, 642 – Mo-

Anders sind jedoch bereits die Fälle zu beurteilen, in denen die Nichtbelieferung aufgrund der Liefersperre eines Dritten erfolgt und diese Sperre im Verhältnis zum Betroffenen rechtswidrig ist: Sie schafft einen Störungszustand, dessen Beseitigung (durch Klage auf Aufhebung der Sperre) der Betroffene vom Sperrenden fordern kann.

Ähnliches gilt für die – von *Pastor*, aaO., ebenfalls fälschlich undifferenziert behandelten – Fälle, in denen einem Wettbewerbsteilnehmer rechtswidrig der für ihn wichtige Zugang zu einem Berufsverband, einem Wirtschaftsverband oder einer anderen Vereinigung oder Einrichtung verweigert wird oder in denen er, falls bereits Mitglied einer solchen Einrichtung, aus ihr ausgeschlossen wird. Auch in diesen Fällen liegt – ungeachtet der Tatsache, daß sie in der Rechtsprechung bisher meist unter schadensersatzrechtlichen Aspekten behandelt worden sind – ein Störungszustand, bestehend aus der rechtswidrig geschaffenen und aufrecht erhaltenen Nichtzugehörigkeit des Betroffenen und den daraus (unterstellt) resultierenden Nachteilen, vor, dessen Behebung nicht nur kein Verschulden voraussetzt[76], sondern in geeigneten Fällen auch unmittelbar mit der Beseitigungsklage (in der Form der Klage auf Leistung der notwendigen Aufnahme- oder sonstigen Willenserklärung) erfolgen kann.

---

dellbauartikel II offengelassen, ob eine objektive Unterlassungsklage eröffnet sein könnte, ohne auf die Frage der Beseitigungsklage einzugehen.

76 So schon BGHZ 29, 344, 351 = GRUR 1959, 340 = WRP 1959, 154 – Sanifa, wo allerdings entsprechend der früher häufig üblichen Gleichsetzung von Unterlassungsanspruch und Beseitigungsanspruch der erstere gewährt worden ist; dies kritisiert *Pastor*, aaO., zu Recht, da es in der Tat um ein positives Tun, nicht um ein Unterlassen ging.

27. Kapitel Einwendungen und Einreden gegen den Beseitigungsanspruch

Inhaltsübersicht

	Rdn.		Rdn.
I. Allgemeines	1	aus dem Recht der Europäischen Gemeinschaften und der Verjährungseinrede beim Beseitigungsanspruch	4
II. Die Bedeutung des Verwirkungseinwands und anderer Einwände aus Treu und Glauben beim Beseitigungsanspruch	2, 3		
III. Die Bedeutung der Anspruchsentstehungshindernisse		IV. Die Selbständigkeit der Einwendungen und Einreden gegen den Beseitigungsanspruch	5

I. Allgemeines

1   Im Prinzip ist der Beseitigungsanspruch den gleichen Entstehungshindernissen sowie Einwendungen und Einreden ausgesetzt wie der Unterlassungsanspruch. Er unterliegt der Verjährung nach Maßgabe derselben Vorschriften wie der Unterlassungsanspruch[1]; er kann nach ähnlichen Grundsätzen verwirkt werden oder anderen Einwänden aus Treu und Glauben oder Hindernissen aus dem Recht der Europäischen Gemeinschaften begegnen. Daher kann im wesentlichen auf das verwiesen werden, was in Kapitel 16–19 sowie 21 zum Unterlassungsanspruch ausgeführt worden ist. Nur auf einige Punkte soll auch im vorliegenden Zusammenhang kurz eingegangen werden.

II. Die Bedeutung des Verwirkungseinwands und anderer Einwände aus Treu und Glauben beim Beseitigungsanspruch

2   Die Bedeutung des Verwirkungseinwands ist beim Beseitigungsanspruch deshalb gering, weil es meistens am Erfordernis eines schutzwürdigen Besitzstandes des Verletzers als Folge der Untätigkeit des Verletzten fehlen wird.

---

[1] Es steht heute außer Streit, daß – über seinen Wortlaut hinaus – § 21 UWG auch auf den Beseitigungsanspruch anwendbar ist; vgl. *Baumbach/Hefermehl*, § 21 UWG, Rdn. 17; *Großkomm/Messer*, § 21, UWG, Rdn. 13; *v. Gamm*, UWG, § 21, Rdn. 5, sämtlich m. w. N.

Hinzu kommt, daß die Interessenabwägung, die bei der Verwirkung wie bei anderen 3
Einwänden aus Treu und Glauben eine ganz wesentliche Rolle spielt, beim Beseitigungsanspruch weitgehend schon bei der Prüfung der Anspruchsvoraussetzungen, nämlich bei der Prüfung der Erforderlichkeit einer Beseitigungsmaßnahme, stattzufinden hat, mit der Folge, daß Umstände, die beim Unterlassungsanspruch einen Einwand begründen können, beim Beseitigungsanspruch oft bereits die Anspruchsentstehung hindern werden.

III. Die Bedeutung der Anspruchsentstehungshindernisse aus dem Recht der Europäischen Gemeinschaften und der Verjährungseinrede beim Beseitigungsanspruch

Hindernisse aus dem Recht der Europäischen Gemeinschaften (vgl. Kap. 21, 4
Rdn. 3 ff.) sowie insbesondere die Verjährungseinrede (vgl. Kap. 16) kommen beim Beseitigungsanspruch in gleicher Weise in Betracht wie beim Unterlassungsanspruch. Naturgemäß spielen die ersteren Hindernisse in der Praxis – der Seltenheit einschlägiger Fallgestaltungen wegen – praktisch kaum eine Rolle, während die Verjährungseinrede auch beim Beseitigungsanspruch erhebliche praktische Bedeutung hat. Für sie gilt jedoch weitestgehend das zur Verjährung, ihrem Beginn, ihren Fristen und ihrer Unterbrechung oder Hemmung im 16. Kapitel zum Unterlassungsanspruch Ausgeführte.

IV. Die Selbständigkeit der Einwendungen und Einreden gegen den Beseitigungsanspruch

Wichtig ist, daß trotz der Ähnlichkeit des Unterlassungsanspruchs und des Beseiti- 5
gungsanspruchs – beide sind »Abwehransprüche« – die Voraussetzungen einer eventuellen Verwirkung oder Verjährung für jede der Anspruchsarten selbständig zu prüfen sind. Dies gilt namentlich auch für Unterbrechungs- und Hemmungstatbestände bei der Verjährung. Nach herrschender Meinung wird durch Unterbrechungshandlungen mit Bezug auf den Unterlassungsanspruch – also etwa dessen Anhängigmachung vor einer Einigungsstelle, die Erhebung der Unterlassungsklage etc. – nicht der Lauf der Verjährungsfrist für einen Beseitigungsanspruch unterbrochen, umgekehrt durch ein entsprechendes Verhalten mit Bezug auf den Beseitigungsanspruch nicht der Lauf der Verjährung des Unterlassungsanspruchs[2]. Das gleiche gilt im Verhältnis des Beseitigungsanspruchs zu anderen wettbewerblichen Ansprüchen wie denen auf Schadensersatz, Auskunft oder Rechnungslegung (vgl. Kap. 16, Rdn. 37).

---

2 BGH GRUR 1974, 99, 101 = WRP 1974, 30 – Brünova; BGH GRUR 1984, 820, 822 = WRP 1984, 678 – Intermarkt II; *Baumbach/Hefermehl*, § 21 UWG, Rdn. 17; Großkomm/*Messer*, § 21 UWG, Rdn. 56; *v. Gamm*, UWG, § 21, Rdn. 5.

C. Das wettbewerbliche Schadensersatzrecht

1. Teil Schadensersatzanspruch

28. Kapitel Die Bedeutung des wettbewerblichen Schadensersatzanspruchs

Literatur: *Gottwald,* Schadenszurechnung und Schadensschätzung, 1979; *Leisse/Traub,* Schadensschätzung im unlauteren Wettbewerb, GRUR 1980, 1; *Teplitzky,* Die Durchsetzung des Schadensersatzzahlungsanspruchs im Wettbewerbsrecht, GRUR 1987, 215.

Der Schadensersatzanspruch hat im Wettbewerbsrecht eine weit geringere Bedeutung als der Unterlassungsanspruch; und zwar nicht nur deshalb, weil er zusätzlich den Verschuldensnachweis durch den Geschädigten erfordert, sondern weil er letzteren oft vor schwer überwindliche Schwierigkeiten bei der Bezifferung und besonders beim Beweis des Schadens stellt[1]. Trotzdem wäre es verfehlt, die Möglichkeiten und Wirkungen des Ersatzanspruchs allzu gering einzuschätzen. Die Schadensersatzfeststellungsklage, deren Erfolg nur den – von der Rechtsprechung sehr erleichterten[2] – Nachweis der Wahrscheinlichkeit eines Schadens und des Verschuldens voraussetzt, spielt eine bedeutende Rolle, nicht zuletzt auch als taktisches (Droh-)Mittel zur kaufmännisch vernünftigen Beilegung von Wettbewerbsstreitigkeiten; bei der Vorbereitung des Anspruchs – durch Auskunft und Rechnungslegung – sowie bei der meist notwendigen Schätzung des Schadens nach § 287 ZPO gewähren die Gerichte häufig recht großzügige Hilfe[2], und vor allem der pauschalierte Schadensersatz in Form von Vertragsstrafen (vgl. Kap. 34) hat als Ausweg aus den Beweisschwierigkeiten größere praktische Bedeutung erlangt.

1

Wie im einzelnen noch auszuführen sein wird (vgl. Kap. 52, Rdn. 32 ff.), wäre jedoch eine noch stärkere Vitalisierung des Schadensersatzanspruchs – insbesondere die Erleichterung seiner Durchsetzung durch großzügigere Anwendung des § 287 ZPO bei der Schadensschätzung[3] – erwünscht und bei mehr gutem Willen der Beteiligten, und zwar nicht nur der Gerichte, sondern auch der in diesem Bereich manchmal allzu frühzeitig entmutigt oder gar lustlos wirkenden Parteien und Parteivertreter, wohl auch möglich.

2

---

1 Zur Problematik *Gottwald,* S. 170 f.; *Ahrens,* S. 89–101; *Leisse/Traub,* GRUR 1980, 1 ff.; *Teplitzky,* GRUR 1987, 215 ff.
2 Nachweise in den folgenden einschlägigen Kapiteln.
3 Vgl. dazu näher *Teplitzky,* GRUR 1987, 215, 216 ff. n. neuestens BGH, Urt. v. 17. 6. 1992 – I ZR 107/90 – Tchibo/Rolex II.

29. Kapitel Die Grundlagen des wettbewerblichen Schadensersatzanspruchs

Literatur: *Borck,* Zum Anspruch auf Schadensersatz aus unlauterem Wettbewerb, WRP 1986, 1. Vgl. auch hier die Literatur vor Kapitel 30.

Inhaltsübersicht	Rdn.		Rdn.
I. Die gesetzlichen Normen	1–4	III. Die Konkurrenz der Ansprüche	6, 7
II. Ansprüche aus Vertrag	5		

I. Die gesetzlichen Normen

1 Als gesetzliche Anspruchsgrundlagen kommen in erster Linie die wettbewerblichen Spezialgesetze in Betracht, die in der Regel eigene Schadensersatzansprüche geben; so z. B. §§ 1, 13 Abs. 6, 13 a, 14, 16 Abs. 2, 19 UWG, 24 Abs. 2, 25 Abs. 2 WZG, 35 GWB. Die Formulierungen darin sind unterschiedlich. Meist wird nur gesagt, wer zum Schadensersatz verpflichtet ist, während sich der Berechtigte aus anderen Vorschriften ergeben muß. In allen Fällen sagen die Spezialgesetze allenfalls, daß und durch wen Schadensersatz geleistet werden muß. Alles andere, so die Frage des Verschuldens, der Art und der Höhe, richtet sich nach allgemeinem Recht.

2 Schadensersatzansprüche mit wettbewerblichem Einschlag können sich außerdem auch aus den Deliktsvorschriften des BGB (§§ 823 Abs. 1 bei Eingriffen in das Recht am Unternehmen, §§ 823 Abs. 2[1], 824, 826), aber auch aus dem Firmen-, Namens- und sogar Persönlichkeitsrecht sowie aus Haftungstatbeständen der ZPO (§§ 717 Abs. 2, 945, u. U. auch § 302 Abs. 4 des Gesetzes) ergeben[2].

---

[1] Zu der Streitfrage, ob und wieweit dabei die Bestimmungen des UWG ihrerseits als Schutzgesetze in Betracht kommen können – bejahend die Rechtsprechung des I. Zivilsenats (z. B. BGHZ 15, 338, 355 – GEMA/Indeta; BGHZ 41, 314, 317 = GRUR 1964, 567 = WRP 1964, 250 – Lavamat; BGH GRUR 1964, 218, 219 f. = WRP 1964, 128 – Düngekalkhandel), verneinend der VI. Zivilsenat in der Prüfzeichen-Entscheidung (GRUR 1975, 150); vgl. *v. Gamm,* Kap. 8, Rdn. 7.

[2] In der zivilprozessualen Literatur werden die letztgennanten Ansprüche als »Ersatzansprüche aus übernommenem Risiko« dogmatisch meist vom Schadensersatzanspruch unterschieden, da sie kein Verschulden voraussetzen. Da Einigkeit darüber besteht, daß die §§ 249 ff. BGB anwendbar sind und die Verjährung sich nach § 852 BGB richtet – vgl. z. B. *Baumbach/Lauterbach/Hartmann,* § 717 ZPO, Anm. 2 C – soll hier von dieser Unterscheidung abgesehen und auch diese Form der Ersatzansprüche unter dem Oberbegriff des Schadensersatzes behandelt werden.

29. Kapitel   Die Grundlagen des wettbewerblichen Schadensersatzanspruchs   3–6 **29**

Von dem herkömmlichen Schadensersatzanspruch ist die in § 33 Abs. 3
1 PatG vorgesehene, vom Gericht festzusetzende »angemessene Entschädigung« zu unterscheiden[3],
desgleichen die unter erleichterten Voraussetzungen festsetzbare Entschädigung des
§ 139 Abs. 2 Satz 2 PatG.

Ein Aufopferungsanspruch kommt in Wettbewerbssachen wegen der hier allein in 4
Widerstreit tretenden privaten, die Allgemeinheit nicht berührenden Interessen nicht in
Betracht (BGHZ 25, 369, 379 ff. = GRUR 1958, 233 = WRP 1958, 344 – Whipp).

II. Ansprüche aus Vertrag

Vertragliche Schadensersatzansprüche ergeben sich auch im Wettbewerbsrecht als Fol- 5
ge der Verletzung vertraglich übernommener Verpflichtungen. Die wichtigste Rolle
spielt dabei der Verstoß gegen vertraglich übernommene Unterlassungspflichten. Da
Zuwiderhandlungen hiergegen immer Unmöglichkeit der Leistung bedeuten, ergeben
sich Schadensersatzansprüche nach den §§ 323 ff. BGB wegen teilweiser oder, wenn
der Gläubiger an der weiteren Erfüllung kein Interesse mehr hat, wegen endgültiger
Nichterfüllung. Ferner kann Grundlage der Ersatzleistung auch ein für den Fall der Zuwiderhandlung
vertraglich übernommenes Zahlungsversprechen sein.

III. Die Konkurrenz der Ansprüche

Soweit die wettbewerblichen Normen – namentlich des UWG – erschöpfende Spezial- 6
regelungen enthalten, gehen diese auch im Schadensersatzrecht den Vorschriften des
allgemeinen Deliktsrechts vor[4]; wo dies nicht der Fall ist[5], kommen, da Wettbewerbsverstöße
ebenso wie die Verletzung absoluter Kennzeichnungsrechte (§ 16 UWG) und
anderer Immaterialgüterrechte, die Vorschriften der §§ 823 ff. BGB (einschließlich der
§§ 827 ff. BGB, soweit sie nicht durch die Sonderregelung des § 13 UWG verdrängt
werden) zur Anwendung[6]. Die Subsidiarität der allgemeinen Deliktsvorschriften wird
namentlich bei Verletzungen des Rechts am eingerichteten und ausgeübten Gewerbebetrieb
– dem Hauptfeld der Anwendung des § 823 Abs. 1 BGB im Wettbewerbsrecht –
bedeutsam; solche Verletzungshandlungen begründen ebenfalls nur dann einen Schadensersatzanspruch
nach § 823 Abs. 1 BGB, wenn sie nicht schon den Tatbestand einer

---

3 Hierzu s. *Henner,* Der Patentprozeß nach dem Vorabgesetz, GRUR 1968, 667, 671 f.; *Schwanhäuser,*
§ 24 Abs. 5 PatG – ein Neuling im System des deutschen Patentrechts, GRUR 1969,
110, sowie *Ohl,* Zur Rechtsnatur des einstweiligen Patentschutzes nach § 24 Abs. 5 PatG,
GRUR 1976, 557; vgl. zur Unterscheidung auch BGH GRUR 1975, 430, 434 – Bäckerhefe,
sämtl. noch zum ähnlich lautenden § 24 Abs. 5 des Patentgesetzes a. F.
4 *v.Gamm,* Kap. 8, Rdn. 8; a. A. *Pastor,* in Reimer, S. 215.
5 So u. a. regelmäßig bei Verletzungshandlungen mit Vermögensschädigungsabsicht, da dieses zusätzliche
Tatbestandselement des § 826 BGB sich in den Spezialgesetzen nicht findet; zu den Folgen
dieser besonderen, nicht subsidiären Rolle des § 826 BGB vgl. BGH GRUR 1964, 218, 220 =
WRP 1964, 128 – Düngekalkhandel; BGH GRUR 1974, 99, 100 = WRP 1974, 30 – Brünova;
BGH GRUR 1977, 539, 541 = WRP 1977, 332 – Prozeßrechner.
6 BGH GRUR 1984, 820, 822 = WRP 1984, 678 – Intermarkt II m. w. N.; *v. Gamm,* Kap. 8,
Rdn. 8 ff.; *Baumbach/Hefermehl,* Allg., Rdn. 128–130.

wettbewerblichen Spezialnorm oder des – im Verhältnis zu § 823 Abs. 1 BGB gleichfalls speziellen – § 824 BGB erfüllen; § 823 Abs. 1 BGB dient daher im Wettbewerbsrecht insoweit allein der Lückenfüllung bzw. als »Auffangtatbestand«[7].

7 Der Kläger braucht die Rechtsvorschriften, auf die er sich stützt, nicht zu nennen (iura novit curia).

---

[7] BGHZ 36, 252, 257 = GRUR 1962, 310 = WRP 1962, 331 – Gründerbildnis; BGH GRUR 1965, 690, 694 – Facharzt; BGH GRUR 1972, 189, 191 = WRP 1971, 520 – Wandsteckdose II (insoweit nicht in BGHZ 57, 116).

30. Kapitel Die Voraussetzungen des Schadensersatzanspruchs

Literatur: *Doki,* Rechtsvergleichende Überlegungen zur unberechtigten Abnehmerverwarnung, GRUR Int. 1985, 641; *Hopt,* Schadensersatz aus unberechtigter Verfahrenseinleitung, 1968; *Horn,* Die höchstrichterliche Rechtsprechung zur unberechtigten Verwarnung, GRUR 1971, 442; *Lindacher,* Die Haftung wegen unberechtigter Schutzrechtsverwarnung oder Schutzrechtsklage, ZHR 144 (1980), 350; *Malzer,* Zum Schadensersatzanspruch aus § 16 Abs. 2 UWG, GRUR 1974, 697; *Quiring,* Zur Haftung wegen unbegründeter Verwarnungen, WRP 1983, 317; *Schultz-Süchting,* Der Einfluß des Rechtsanwalts auf das Verschulden seines Mandanten im gewerblichen Rechtsschutz, GRUR 1974, 432; *Stoll,* Kausalzusammenhang und Normzweck im Deliktsrecht, 1968; *Weitnauer,* § 823, II und die Schuldtheorie, JZ 1963, 631; *Wiethölter,* § 823, II und die Schuldtheorie, JZ 1963, 205; E. *Wolf,* Die Lehre von der Handlung, AcP 170 (1970), 181; *Zeuner,* Zur Rechtskraftwirkung des Unterlassungsurteils für den nachfolgenden Schadensersatzprozeß, JuS 1966, 147.

Inhaltsübersicht	Rdn.		Rdn.
I. Die Verletzungshandlung	1, 2	b) Irrtum aus Fahrlässigkeit	13–17
II. Schaden und Kausalität	3–6	c) Fallgruppen	18–20
III. Verschulden		3. »Nachträgliches« Verschulden	21–24
1. Allgemeines	7–11		
2. Verschulden und Irrtum	12–20	IV. Mitwirkendes Verschulden des Verletzten	25–32
a) Irrtum über die Tatumstände oder die Rechtswidrigkeit	12		

I. Die Verletzungshandlung

Voraussetzung für die Entstehung eines wettbewerblichen Schadensersatzanspruchs ist zunächst eine einen Unterlassungsanspruch begründende konkrete rechtswidrige Verletzungshandlung (vom Gesetz meist »Zuwiderhandlung« genannt). In dieser konkreten Verletzungshandlung, die den gesetzlichen Tatbestand erfüllt, haben Unterlassungsanspruch und Schadensersatzanspruch dieselbe Grundlage. Mit der Feststellung der den Unterlassungsanspruch begründenden konkreten Verletzungshandlung ist zugleich auch die erste Voraussetzung des Schadensersatzanspruchs festgestellt. Dies bedeutet, daß für letzteren dieselben, bereits in früheren Zusammenhängen erörterten Grundsätze für die Tatbestandsmäßigkeit (und deren evtl. Ausschluß, insbesondere durch zulässige wettbewerbsrechtliche Abwehr, vgl. Kap. 18) und die Rechtswidrigkeit (vgl. Kap. 5) gelten wie beim Unterlassungsanspruch. Die aus der neueren Vorschrift des § 13 a UWG abzuleitenden (sekundären) Schadensersatzansprüche werden in der vorliegenden Darstellung nicht zu den eigentlichen *wettbewerblichen* Schadensersatzansprüchen gezählt. Hinsichtlich ihrer (besonderen) Voraussetzungen wird auf die gesonderte Behandlung der Rechte und Ansprüche aus § 13 a UWG in Kap. 37 verwiesen.

2   Besteht die Verletzungshandlung im Verstoß gegen eine vertragliche Unterlassungspflicht, so soll nach einer älteren Entscheidung des Bundesgerichtshofs[1] die Verurteilung im Unterlassungsprozeß insoweit – jedoch nur für die Zeit ab Klageerhebung[2] – Feststellungswirkung für den Schadensersatzprozeß (natürlich nur inter partes) haben. Ob dies auch bei Verstößen gegen gesetzliche Unterlassungspflichten gilt, ist streitig. Das Reichsgericht hat es verneint[3]; der Bundesgerichtshof hat darüber bislang nicht entschieden. Nachdem er früher Zweifel an der Meinung des Reichsgerichts geäußert hatte[4], hat er die Frage neuerdings wieder – und diesmal gänzlich ohne eigene Stellungnahme – offen gelassen (aaO: – Intermarkt II). Die praktische Bedeutung der Frage ist im Wettbewerbsrecht gering, weil hier regelmäßig die Unterlassungsklage mit der Klage auf Feststellung der Schadensersatzpflicht verbunden zu werden pflegt.

II. Schaden und Kausalität

3   Weitere Anspruchsvoraussetzung ist die Entstehung eines Schadens. Er muß durch die Verletzungshandlung adäquat – unmittelbar oder mittelbar[5] – verursacht sein; besteht die Handlung in einem Unterlassen, so ist dieses nur dann kausal, wenn pflichtgemäßes Handeln den Schaden verhindert hätte[6].

4   Die Rechtsprechung definiert eine Bedingung als adäquat, wenn sie auf Grund einer nachträglichen Prognose für den »optimalen Betrachter« bzw. nach der allgemeinen Lebenserfahrung und bei Außerachtlassung gänzlich unwahrscheinlicher Umstände zur Herbeiführung des Erfolgs geeignet war[7].

5   Die Zurechenbarkeit des Schadens setzt weiter voraus, daß er in den durch Auslegung zu ermittelnden Schutzbereich der Vorschrift fällt, die verletzt ist. Hinsichtlich der Haftung aus § 823 Abs. 2 BGB ist dies allgemein anerkannt[8], als schadensersatzbe-

---

[1] BGHZ 42, 340 = GRUR 1965, 327 – Gliedermaßstäbe; ebenso BAG NJW 1967, 1876, 1879; vgl. auch *Zeuner*, JuS 1966, 147 ff.; Großkomm/*Jacobs*, Vor § 13 UWG, Rdn. 435. *Pastor*, S. 853.

[2] Weitergehend allerdings *Zeuner*, JuS 1966, 147, 152; dagegen jedoch wieder BGH GRUR 1984, 820, 821 = WRP 1984, 678 – Intermarkt II, während BAG aaO. insoweit wohl mehr der Auffassung *Zeuners* zuzuneigen schien, ohne darüber allerdings entscheiden zu müssen.

[3] Seit RGZ 49, 33 st. Rspr., vgl. RGZ 160, 163; eingehend RG GRUR 1938, 778; dagegen Großkomm/*Jacobs*, aaO.; *Baumbach/Hefermehl*, Einl. UWG, Rdn. 484; *Pastor*, S. 854; *Reimer*, GRUR 1965, 327, 331 ff.

[4] BGH aaO. – Gliedermaßstäbe; ferner (durch Bezugnahme auf diese Entscheidung) BGH GRUR 1971, 358, 360 = WRP 1971, 224 – Textilspitzen.

[5] BGHZ 41, 123, 125, 128; BGH GRUR 1957, 352, 535 – Pertussin II.

[6] Vgl. Großkomm/*Köhler*, Vor § 13 UWG, B, Rdn. 272.

[7] RGZ 152, 401; BGHZ 3, 261, 267; BGHZ 25, 86, 88; BAG NJW 1986, 1329, 1331; vgl. im einzelnen Großkomm/*Köhler*, Vor § 13 UWG, B, Rdn. 270.

[8] Vgl. *Baumbach/Hefermehl*, Einl. UWG, Rdn. 342 u. Rdn. 387.

gründendes Schutzgesetz i. S. dieser Vorschrift und i. S. des § 35 Abs. 1 GWB[9] kommt nur eine Norm in Betracht, die in Form eines bestimmten Gebots oder Verbots[10] den Schutz eines bestimmten Personenkreises umfaßt und gegen eine näher bestimmte Art der Schädigung eines im Gesetz festgelegten Rechtsgutes oder Individualinteresses gerichtet ist[11]. Der Zurechenbarkeitsgrundsatz muß jedoch auch für andere Anspruchsnormen gleichermaßen gelten[12], so daß sich auch aus dem Normzweck beispielsweise des § 1 UWG eine Einschränkung der Zurechnung von Folgeschäden ergeben kann.

An der Zurechenbarkeit fehlt es, soweit der Schaden durch ein Verhalten des Verletzten verursacht worden ist (BGH WRP 1965, 97, 101 – Kaugummikugeln). Streitig ist die Zurechenbarkeit dagegen, wenn der Schaden auch bei rechtmäßigem oder pflichtgemäßem Handeln eingetreten wäre.

III. Verschulden

1. Allgemeines

Der Schadensersatzanspruch setzt weiter grundsätzlich – abgesehen von den Ansprüchen aus § 14 Abs. 1 UWG (*Baumbach/Hefermehl*, § 14 UWG, Rdn. 30 m. w. N.) und aus den besonderen Haftungstatbeständen der §§ 717 Abs. 2 und 945 ZPO – Verschulden voraus[13], das in den Formen des (auch bedingten) Vorsatzes und (grober oder leichter) Fahrlässigkeit vorliegen kann[14] und Schuldfähigkeit des Handelnden erfordert. Letztere bestimmt sich – auch für Vertragsverletzungen (§ 276 Abs. 1 Satz 3 BGB) – nach den §§ 827 f BGB[15].

Vorsatz bedeutet Wollen der Verletzungshandlung in Kenntnis aller maßgebenden Tatumstände und im Bewußtsein der Rechtswidrigkeit[16]. Umstritten ist, ob auch das Bewußtsein der Sittenwidrigkeit des Handelns erforderlich ist[17] oder ob insoweit

---

9 BGHZ 64, 232 – Krankenhauszuschußversicherung.
10 Vgl. BGH GRUR 1962, 159, 162 – Blockeis I; BGH GRUR 1965, 690 – Facharzt.
11 BGHZ 64, 232, 237 – Krankenhauszuschußversicherung; ferner BGHZ 46, 17, 23 m. w. N. ; *Stoll*, S. 15.
12 Vgl. zu § 823 Abs. 1 BGB etwa BGHZ 27, 137 und allgemein Großkomm/*Köhler*, Vor § 13 UWG, B, Rdn. 271; ferner *Baumbach/Hefermehl*, Einl. UWG, Rdn. 387, der im Hinblick auf den Schutzzweckgedanken die Prüfung der Kausalität nach der Adäquanzlehre für entbehrlich hält.
13 Dies auch in den Fällen der nach § 823 Abs. 2 BGB schadensersatzbegründenden Verletzungen eines Schutzgesetzes, gegen das auch ohne Verschulden verstoßen werden kann; vgl. dazu und zu den besonderen Verschuldensanforderungen bei Schutzgesetzverletzungen überhaupt MünchKomm/*Mertens*, § 823 BGB, Rdn. 42 sowie *Palandt/Thomas*, § 823 BGB, Rdn. 143; ferner einerseits *Wiethölter*, JZ 1963, 205 ff. und andererseits *Weitnauer*, JZ 1963, 631 ff.
14 Zur Dogmatik der Begriffe vgl. *E. Wolf*, AcP 170 (1970), 181, 222 ff.
15 Vgl. Großkomm/*Köhler*, Vor § 13 UWG, B, Rdn. 275.
16 Großkomm/*Köhler*, Vor § 13 UWG, B, Rdn. 276; *Baumbach/Hefermehl*, Einl. UWG, Rdn. 368, letzterer auch m. N. zur abweichenden Mindermeinung, nach der die Rechtswidrigkeit nicht vom Vorsatz umfaßt zu werden braucht.
17 Dafür jetzt – mit beachtlichen Gründen – Großkomm/*Köhler*, Vor § 13 UWG, B, Rdn. 278.

Kenntnis der die Sittenwidrigkeit begründenden Tatumstände genügt[18]. Die praktische Bedeutung des Meinungsstreits ist nicht allzu groß, da bei fast allen im Wettbewerbsrecht in Betracht kommenden Tatbeständen (Ausnahmen: § 826 BGB und § 3 UWG i. V. mit § 13 Abs. 6 Nr. 1 Satz 2 UWG) die Schuldform der Fahrlässigkeit genügt und deshalb die Frage des vorsätzlichen Handelns in der Regel nur bei Abwägungen im Rahmen der Mitverschuldens- oder Verwirkungsprüfung eine Rolle spielt (so auch Großkomm/*Köhler*, aaO).

Bedingt vorsätzlich handelt, wer in Kauf nimmt, daß er damit nach den bekannten Tatumständen eine Verletzungshandlung begehen kann[19].

9 Fahrlässigkeit bedeutet die Außerachtlassung der unter den gegebenen konkreten Umständen objektiv[20] gebotenen Sorgfalt bei der Beurteilung des Handlungscharakters bzw. -erfolges. Persönliche Verhältnisse des Täters bleiben grundsätzlich außer Betracht; sie können jedoch in beschränktem Umfang ihrerseits Teil der maßgeblichen objektiven Tatumstände werden, nämlich soweit sie die Zuordnung des Handelnden zu bestimmten Berufs- oder Menschengruppen ermöglichen, für die nach ihren normalen, durchschnittlichen Kenntnissen und Einsichtsfähigkeiten unterschiedliche Sorgfaltsmaßstäbe gelten können. So sind beispielsweise an Kaufleute generell, insbesondere aber an Fachkreise, meist höhere Anforderungen zu stellen als an Laien; an Hersteller unter Umständen höhere als an Einzelhändler[21] usw.

10 Auch für den Schadensersatzanspruch aus § 1 UWG genügt leichte Fahrlässigkeit, wenn die Handlung objektiv sittenwidrig ist. Dagegen ist nach § 826 BGB (mindestens bedingter) Schädigungsvorsatz erforderlich[22]; die Absicht der Schädigung wird nicht verlangt; zur Frage, ob der Vorsatz sich auf die Sittenwidrigkeit zu erstrecken hat, vgl. Rdn. 8 mit Fn. 17 und 18.

11 Verstößt eine Presseveröffentlichung gegen § 3 UWG (allein oder zugleich gegen andere Vorschriften), so beschränkt sich die Schadensersatzhaftung der Redakteure, Verleger, Drucker oder Verbreiter auf Vorsatz (§ 13 Abs. 6 Nr. 1 Satz 2 UWG). Eine entsprechende Anwendung dieses sog. Presseprivilegs auf bestimmte Verletzungsfälle des § 1 UWG hat der BGH – m. E. zu Recht – abgelehnt[23].

---

18 So die bisher h. M.; vgl. BGHZ 8, 387, 393 – Fernsprechnummer; BGH GRUR 1955, 411, 414 = WRP 1955, 43 – Zahl 55; BGH GRUR 1969, 292, 294 – Buntstreifensatin II; BGHZ 113, 115, 131 = GRUR 1991, 609, 613 – SL; *v. Gamm*, Kap. 18, Rdn. 7 und 36 ff; *Baumbach/Hefermehl*, Einl. UWG, Rdn. 126 und 369 m. w. N.

19 Vgl. Großkomm/*Köhler*, Vor § 13 UWG, B, Rdn. 276; *Baumbach/Hefermehl*, Einl. UWG, Rdn. 367.

20 Vgl. BGHZ 8, 138, 140 BGHZ; 24, 21, 28; BGH GRUR 1960, 186, 187 = WRP 1960, 79 – Arctos; Großkomm/*Köhler*, Vor § 13 UWG, B, Rdn. 277; kritisch dazu *Baumbach/Hefermehl*, Einl. UWG, Rdn. 370.

21 Vgl. BGH GRUR 1957, 342, 346 f.– Underberg; Großkomm/*Köhler* und *Baumbach/Hefermehl*, aaO.

22 Vgl. *Baumbach/Hefermehl*, Einl. UWG, Rdn. 369 und 374; Großkomm/*Köhler*, Vor § 13 UWG, B, Rdn. 278.

23 Vgl. BGH GRUR 1990, 1012, 1014 f. = WRP 1991, 19 – Pressehaftung; ablehnend jedoch Großkomm/*Erdmann*, § 13 UWG, Rdn. 160 sowie *Ulmann* in der Besprechung des Großkommentars in WuW 1992, 425, 426.

2. Verschulden und Irrtum

a) Ein Irrtum des Handelnden über die Tatumstände oder über die Rechtswidrigkeit 12
seines Handelns schließt – soweit ersterer nicht schon das von einzelnen Vorschriften
normierte Tatbestandsmerkmal der Sittenwidrigkeit entfallen läßt[24] – den Vorsatz
aus[25]. Die Schadensersatzpflicht bleibt davon jedoch unberührt, sofern der Irrtum seinerseits auf Fahrlässigkeit beruht und diese Schuldform nach der infrage stehenden An-
spruchsform für die Ersatzhaftung genügt[26].

b) Die Frage, wann ein Irrtum auf Fahrlässigkeit beruht, spielt in der wettbewerbs- 13
rechtlichen Praxis eine große Rolle. Sie beschäftigt nicht nur immer wieder die Rechtsprechung, sondern ist auch für die Teilnehmer am Wettbewerb und besonders für die
sie beratende Rechtsanwaltschaft von großer Bedeutung.

Die Rechtsprechung stellt grundsätzlich hohe Anforderungen an das Maß der vom 14
Handelnden anzuwendenden Sorgfalt[27], sie differenziert dabei jedoch sowohl nach verschiedenen Fallgruppen[28] als auch – was die Aufstellung allgemein gültiger Regeln
ebenso erschwert wie die Vorausberechnung durch den Praktiker – sehr stark nach den
Umständen des Einzelfalls[29]; neuerdings findet sich auch die Warnung vor einer Über-
spannung der Sorgfaltspflichten[30], die jedoch ihrerseits auch wiederum nicht ohne kritische Reaktion geblieben ist (vgl. Großkomm/*Köhler*, Vor § 13 UWG, B, Rdn. 283).

Mindesterfordernis ist regelmäßig, daß der Verletzer über eigene sorgfältige Überwa- 15
chung und Prüfung hinaus die Handlung von Fachleuten, also etwa von seinem Verband, von (möglichst mit dem Wettbewerbsrecht vertrauten) Juristen, insbesondere
Rechtsanwälten, Sachverständigen oder Patentanwälten hat überprüfen und als recht-

---

24 Vgl. Großkomm/*Köhler*, Vor § 13 UWG, B, Rdn. 279.
25 BGH GRUR 1960, 200, 202 – Abitz II; BGH WRP 1965, 97, 100 – Kaugummikugeln; vgl.
auch BGHZ 27, 264, 273 – Programmhefte; Großkomm/*Köhler*, aaO.
26 H. M.; vgl. Großkomm/*Köhler*, Vor § 13 UWG, B, Rdn. 279; *Baumbach/Hefermehl*, Einl.
UWG, Rdn. 371 m. w. N.; *v. Gamm*, UWG, § 1, Rdn. 318; ferner BGH GRUR 1981, 286,
288 = WRP 1981, 265 – Goldene Karte I m. w. N.
27 Vgl. z. B. BGH GRUR 1957, 222, 223 = WRP 1957, 239 – Sultan; BGH GRUR 1960, 186,
189 = WRP 1960, 79 – Arctos; BGH GRUR 1963, 255, 259 – Kindernähmaschine (insoweit
nicht in BGHZ 38, 200); BGH GRUR 1967, 490, 494 = WRP 1967, 444 – Pudelzeichen; BGH
GRUR 1971, 223, 225 = WRP 1971, 261 – Clix-Mann; BGH GRUR 1973, 375, 376 =
WRP 1973, 213 – Miss Petite (insoweit nicht in BGHZ 60, 206); BGH GRUR 1974, 235 =
WRP 1974, 735 – Pharmamedan; BGH GRUR 1976, 206, 209 = WRP 1976, 156 – Rossignol;
BGH GRUR 1979, 332, 333 = WRP 1979, 361 – Brombeerleuchte; BGH GRUR 1981, 286,
288 = WRP 1981, 265 – Goldene Karte I; BGH GRUR 1990, 1035, 1038 – WRP 1991, 76 –
Urselters II; BGH GRUR 1991, 153, 155 = WRP 1991, 151 – Pizza & Pasta. Zu Grenzen der
Sorgfaltspflicht vgl. BGH GRUR 1987, 520, 522 – Chanel No. 5 I; BGH GRUR 1987, 524,
525 – Chanel No. 5 II. Weitere Nachweise zum wichtigen Teilkomplex der unberechtigten
Verwarnung bei *Horn*, GRUR 1971, 442 ff.; (die dort geäußerte Kritik ist z. T. durch die Entscheidungen BGHZ 62, 29 = GRUR 1974, 290 = WRP 1974, 145 – maschenfester Strumpf und
BGH GRUR 1976, 715, 717 = WRP 1976, 682 – Spritzgießmaschine überholt).
28 Vgl. z. B. BGH GRUR 1981, 286, 288 = WRP 1981, 265 – Goldene Karte I.
29 Dazu kritisch *Pastor*, in *Reimer*, S. 223–225, und *Schultz-Süchting*, GRUR 1974, 432, 433.
30 BGH aaO. – maschenfester Strumpf und – Spritzgießmaschine.

lich unbedenklich einstufen lassen – jedenfalls soweit ihm dies zumutbar war[31]. Wie weit er sich auf die Beurteilung von Fachleuten verlassen kann, ist im einzelnen sehr zweifelhaft und wird bei den Einzelfallgruppen näher darzustellen sein. Auf die höchstrichterliche Rechtsprechung – einschließlich der des Bayerischen Obersten Landesgerichts – darf der Handelnde sich in der Regel verlassen, auf andere Gerichtsentscheidungen – auch die letztinstanzlichen OLG-Entscheidungen[32] – jedoch nicht ohne weiteres[33].

16   Unverschuldet ist ein Rechtsirrtum dann, wenn es um die Beurteilung neuer und rechtlich schwieriger Tatbestände geht, für die es nicht nur an festen Grundsätzen, sondern auch an verwertbaren Hinweisen in der bisherigen höchstrichterlichen Rechtsprechung fehlt[34]. In diesen (seltenen) Ausnahmefällen darf der Verletzer auch eine Abmahnung ignorieren und sein Verhalten bis zur höchstrichterlichen Klärung der Rechtmäßigkeit fortsetzen, ohne daß ihm daraus ein Schuldvorwurf gemacht werden kann.

17   Bei zweifelhafter Rechtslage darf der Verletzer nicht einfach auf die ihm günstige Ansicht zurückgreifen[35].

18   c) aa) Verhältnismäßig einfach ist die Beurteilung im Bereich der Verstöße gegen wettbewerbliche Vorschriften im engeren Sinne, also gegen die des UWG (besonders §§ 1 und 3) und seiner Nebengesetze. Hier gelten uneingeschränkt strenge Anforderungen, was sich aus der Überlegung rechtfertigt, daß bei der Vielfalt denkbarer Werbemöglichkeiten niemand genötigt ist, sich bis in – bei etwas Sorgfalt als solche erkennbare – Grenzbereiche des Erlaubten zu begeben[36]. Mit Recht hat der Bundesgerichtshof daher in Fällen unlauterer Werbung Privatgutachten, die sich für deren Zulässigkeit ausgesprochen hatten, und auch die Beurteilung als zulässig durch Fachanwälte – jedenfalls wenn diese selbst auf die Bedenklichkeit der Werbung hingewiesen haben oder andere erkennbare Zweifelsgründe bestehen – nicht als Entlastung des Verletzers gelten lassen[37].

31 BGH GRUR 1960, 186, 189 = WRP 1960, 79 – Arctos; WuW/E BGH 2341, 2345 – Taxigenossenschaft Essen; vgl. im einzelnen Großkomm/*Köhler*, Vor § 13 UWG, B, Rdn. 281.
32 Insoweit abweichend *Pastor*, in *Reimer*, S. 222.
33 Vgl. BGH GRUR 1959, 478, 480 – Laux-Kupplung; BGH GRUR 1963, 197, 202 = WRP 1963, 50 – Zahnprothesenpflegemittel; BGH GRUR 1965, 198, 222 – Küchenmaschine; BGH NJW 1974, 1903, 1904 f. – Flughafen; BGH NJW 1982, 635 – Rudimente der Fäulnis; Großkomm/*Köhler*, Vor § 13 UWG, B, Rdn. 280.
34 BGHZ 17, 266, 295 = GRUR 1955, 492 – Magnettonband; BGHZ 18, 44, 57 – Fotokopien; BGHZ 27, 264, 273 = GRUR 1958, 549 = WRP 1958, 269 – Programmhefte; BGH GRUR 1960, 200, 202 – Abitz II; BGH GRUR 1969, 418, 422 – Standesbeamte; BGH GRUR 1972, 614, 616 – Landesversicherungsanstalt (insoweit in BGHZ 58, 262, nicht abgedruckt); BGH GRUR 1981, 286, 288 = WRP 1981, 265 – Goldene Karte I; Großkomm/*Köhler*, aaO.
35 BGHZ 8, 88, 97 – Magnetophon; BGH GRUR 1991, 153, 155 = WRP 1991, 151 – Pizza & Pasta.
36 BGH GRUR 1971, 223, 225 = WRP 1971, 261 – Clix-Mann; BGH GRUR 1981, 286, 288 = WRP 1981, 265 – Goldene Karte I; BGH GRUR 1990, 1035, 1038 = WRP 1991, 76 – Urselters II.
37 Vgl. die in Fn. 36 genannten Urteile; Großkomm/*Köhler* (Vor § 13 UWG, B, Rdn. 282) sieht hierin zwar im Hinblick auf das in anderen Entscheidungen zu findende Postulat, sich über

bb) Für die unberechtigte Schutzrechtsverwarnung, die vom Bundesgerichtshof bislang als Fall des § 823 Abs. 1 BGB – und nicht des § 14 UWG[38] – behandelt worden ist und deshalb nur bei Verschulden Schadensersatzansprüche begründen kann, galten spätestens seit der Entscheidung des Bundesgerichtshofs vom 5. 11. 1962 (BGHZ 38, 200 = GRUR 1963, 255 – Kindernähmaschinen) so strenge Anforderungen[39] an die Prüfungs- und sonstigen Sorgfaltspflichten des Verwarnenden[40], daß in der Literatur wiederholt der Vorwurf erhoben worden war, der Bundesgerichtshof tendiere unter dem Mantel des strengen Verschuldensmaßstabes zu einer Erfolgshaftung für unberechtigte Schutzrechtsverwarnungen mit allenfalls wenigen Ausnahmen[41]. In den Entscheidungen vom 11. 12. 1974 und vom 22. 6. 1976[42] hat der X. Zivilsenat des Bundesgerichtshofs die Anforderungen an den Schutzrechtsverwarner deutlich – und erklärtermaßen[43] – herabgesetzt und es nunmehr für schuldausschließend erachtet, wenn der Verwarner sich auf das Ergebnis der Schutzfähigkeitsprüfung seiner fachkundigen Berater (Patent- und Rechtsanwälte) verläßt, solange er keinen begründeten Anlaß hat, deren Urteil anzuzweifeln. Der Senat hat sich dabei im ersten Urteil ausdrücklich wieder dem vom Reichsgericht vertretenen Grundsatz angeschlossen, daß den Verwarner kein Verschulden treffe, wenn er sich seine Überzeugung »durch gewissenhafte Prüfung gebildet« habe oder wenn er sich bei seinem Vorgehen von »vernünftigen und billigen Überlegungen« habe leiten lassen[44]. Hinsichtlich der Kriterien hierfür im einzelnen verweise ich auf die Begründungen beider Urteile, hinsichtlich beachtlicher kritischer (und zu vorsichtigen Einschränkungen Anlaß bietender) Anmerkungen dazu auf Großkomm/*Köhler,* Vor § 13 UWG, B, Rdn. 283.

Fachleute zu informieren, eine »Ungereimtheit«, stimmt den gewonnenen Ergebnissen der Rechtsprechung aber aus anderen, zutreffenden Erwägungen zu.

38 Hinsichtlich der Verwarnung gegenüber dem Verletzer ist dies zweifelsfrei, weil es insoweit schon an einer Mitteilung an einen Dritten fehlt (vgl. *v. Gamm,* UWG, § 14, Rdn. 10 a. E.); streitig ist dagegen, ob § 14 UWG auf die Abnehmerverwarnung Anwendung finden kann, was der BGH bislang offengelassen hat (vgl. BGH WRP 1968, 50, 51 – Spielautomat I; BGH GRUR 1970, 254, 255 – Remington; *v. Gamm,* UWG, § 14, Rdn. 25); bejahend *Baumbach/Hefermehl,* § 14 UWG, Rdn. 8 (mit umfangreichen Nachweisen zur herrschenden Gegenmeinung); verneinend auch insoweit (und mit umfangreichen weiteren Nachweisen) *Hesse,* GRUR 1979, 438 ff.; vgl. auch *Doki,* GRUR Int. 1985, 641, 644. Für Haftung aus culpa in contrahendo *Quiring,* WRP 1983, 317, 322 ff.

39 Im einzelnen dazu – kritisch und mit umfangreichen Nachweisen – *Horn,* GRUR 1971, 442, 447 f.; neuerdings Großkomm/*Köhler,* Vor § 13 UWG, B, Rdn. 283 in Fn. 158.

40 Zu den (hier sehr maßvollen) Anforderungen an das richtige, nicht übertriebene Reagieren des zu Unrecht Verwarnten vgl. BGH WRP 1965, 97, 101 – Kaugummikugeln m. w. N.

41 So *Hopt,* S. 257, Fn. 5; *Horn,* aaO., S. 448.

42 BGHZ 62, 29 = GRUR 1974, 290 = WRP 1974, 145 – maschenfester Strumpf und BGH GRUR 1976, 715 = WRP 1976, 682 – Spritzgießmaschine.

43 GRUR 1976, 715, 717 li. Sp.: »Minderung des Haftungs-Maßstabs gegenüber der bisherigen Rechtsprechung«; *Lindacher,* ZHR 144 (1980), 350, 352 spricht von einer »Kurskorrektur«, durch die die frühere Kritik weitgehend gegenstandslos geworden sei; kritisch gegenüber dieser Milderung Großkomm/*Köhler,* Vor § 13 UWG, B, Rdn. 283.

44 So RGZ 94, 271, 276 – Sprechmaschine bzw. RG GRUR 1931, 640, 641.

20 Der I. Zivilsenat hat sich der Lockerung der Anforderungen vorsichtig – und unter ausdrücklicher Beschränkung auf das Gebiet der Schutzrechtsverwarnung[45] – angeschlossen[46], dabei aber am Grundsatz strenger Anforderungen an die Sorgfaltspflicht des aus einem Geschmacksmusterrecht oder einem Urheberrecht[47] Verwarnenden festgehalten und nachdrücklich wieder den Unterschied des Haftungsmaßstabs für eine Herstellerverwarnung einerseits und eine Abnehmerverwarnung andererseits betont[48]. Letztere sei überhaupt grundsätzlich nur in Einzelfällen als ultima ratio zulässig, und für sie gälten ganz besonders strenge Sorgfaltsanforderungen.

3. »Nachträgliches« Verschulden

21 Schuldhaft handelt auch, wer eine zunächst – etwa wegen entschuldbaren Irrtums oder bei vom Unternehmer nicht zu vertretendem Handeln eines Angestellten oder Beauftragten gemäß § 13 Abs. 4 UWG – unverschuldete Verletzungshandlung fortsetzt oder einen durch sie geschaffenen Störungszustand nicht beseitigt[49], obwohl er nachträglich Kenntnis von den maßgeblichen Umständen erhält, die die Verletzungshandlung als solche entweder erkanntermaßen (dann u. U. Vorsatz, dolus subsequens) oder bei gehöriger Sorgfalt erkennbar charakterisieren.

22 Hauptfall in der Praxis ist die Aufklärung des zunächst gutgläubigen Verletzers durch Abmahnung. Verletzungshandlungen, die nach deren Zugang[50], mindestens aber – was von den Umständen des Einzelfalls abhängen kann – nach Ablauf einer gewissen Überlegungsfrist ab Zugang[51], begangen werden, sind regelmäßig – allerdings nicht ausnahmslos[52] – als vorsätzlich (mit dolus eventualis)[53] oder als grob fahrlässig, jedenfalls aber als fahrlässig[54] begangen anzusehen.

23 Eine Ausnahme gilt für diejenigen Fälle, in denen der Verletzer zwar objektiv rechtswidrig, aber deshalb nicht schuldhaft handelt, weil er vor Aufnahme der Wettbewerbshandlung (z. B. Benutzung einer neuen Kennzeichnung) alles ihm Zumutbare getan hat. In diesem Falle kann eine Abmahnung oder Klageerhebung noch keine Steigerung der Rechte des Gläubigers bewirken.

24 Die Vorschrift des § 831 BGB hat auch im wettbewerblichen Schadensersatzrecht eine gewisse Bedeutung. Das Verschulden des Geschäftsherrn wird danach widerlegbar vermutet. Für den Entlastungsbeweis ist erforderlich, daß der Geschäftsherr sowohl die

---

45 Vgl. BGH GRUR 1981, 286, 288 = WRP 1981, 265 – Goldene Karte I; gegen diese Differenzierung wieder Großkomm/*Köhler*, aaO. (Fn. 44).
46 BGH GRUR 1979, 332, 333 = WRP 1979, 361 – Brombeerleuchte.
47 Bei dem Fall Brombeerleuchte handelte es sich um die erste Anwendung der Schutzrechtsverwarnungsgrundsätze auf ein Urheberrecht.
48 Vgl. zu den unterschiedlichen Formen und Maßstäben auch *Baumbach/Hefermehl*, § 1 UWG, Rdn. 237; Großkomm/*Köhler*, Vor § 13 UWG, B, Rdn. 284 f.
49 Vgl. zur letzteren Variante Großkomm/*Köhler*, Vor § 13 UWG, B, Rdn. 290.
50 So RG GRUR 1932, 592, 596; *Pastor*, S. 83.
51 So BGH GRUR 1974, 735, 737 = WRP 1974, 403 – Pharmamedan; Großkomm/*Köhler*, Vor § 13 UWG, B, Rdn. 289; *Malzer*, GRUR 1974, 697, 699.
52 Vgl. nachfolgend Rdn. 23 sowie Großkomm/*Köhler*, aaO.
53 So *Pastor*, S. 83 und in *Reimer*, S. 221.
54 So BGH GRUR 1960, 137, 143 = WRP 1960, 23 – Astra; BGH GRUR 1973, 375, 376 = WRP 1973, 213 – Miss Petite (insoweit nicht in BGHZ 60, 206).

sorgfältige Auswahl als auch die ständige sorgfältige Überwachung des Verrichtungsgehilfen nachweist. Beide Pflichten sind bei größeren Unternehmen delegierbar, sofern sichergestellt ist, daß derjenige, dem sie innerhalb der Unternehmensorganisation übertragen werden – in der Regel ein leitender Angestellter –, seinerseits sorgfältig ausgewählt sowie hinreichend angewiesen und überwacht ist (dezentralisierter Entlastungsbeweis[55]). Für Organisationsmängel – also beispielsweise auch dafür, daß die nach den konkreten Gegebenheiten erforderliche Bestellung eines verfassungsmäßig berufenen Vertreters (i. S. des § 31 BGB) unterblieben ist[56] – haftet der Unternehmer. Die Rechtsprechung stellt dabei grundsätzlich – auch und (im Hinblick auf das dort mögliche Ausmaß der Schäden[57] sogar besonders) für Unternehmen wie Presseverlage[58], Rundfunkanstalten[59] und Buchverlage[60] – hohe Anforderungen. Der Fall Medizin-Syndikat II[60] weist die Besonderheit auf, daß es darin nicht um die unzureichende Auswahl eines Angestellten, sondern um die eines Rechtsanwalts ging, der als ungeeignet zur Beurteilung der infrage stehenden sprachlichen Fassung und zur hinreichenden Quellenprüfung angesehen wurde[61].

IV. Mitwirkendes Verschulden des Verletzten

1. Die Vorschrift des § 254 BGB und die dazu entwickelten Grundsätze des allgemeinen Rechts finden auch im wettbewerblichen Schadensersatzrecht Anwendung; sie haben hier aber nicht die gleiche praktische Bedeutung wie in anderen Schadensersatzbereichen erlangen können[62]. Die wesentlichste Ursache dafür dürfte darin zu sehen sein, daß ein Verschulden des Verletzten bereits bei der Verursachung des Schadens – d. h. bei der Begehung der schadenstiftenden Verletzungshandlung – im Wettbewerbsrecht nur in relativ seltenen Fallgestaltungen denkbar erscheint; etwa dann, wenn der Verletzer in einer Weise provoziert wird, die ihn fälschlich glauben lassen kann, zur Abwehr

---

55 Vgl. *v. Gamm*, UWG, § 1, Rdn. 292.
56 BGHZ 24, 200, 213 = GRUR 1957, 494 – Spätheimkehrer; BGHZ 39, 124, 130 = GRUR 1963, 490 – Fernsehansagerin.
57 Vgl. dazu BGH GRUR 1980, 1099, 1104 – Medizin-Syndikat II.
58 BGH GRUR 1965, 254, 255 – Exclusiv-Interview; BGH GRUR 1965, 256, 258 – Gretna Green; BGH GRUR 1965, 495, 496 f. – Wie uns die anderen sehen; BGHZ 59, 76, 82 = GRUR 1972, 722 = WRP 1973, 327 – Geschäftsaufgabe; vgl. aber zur Frage geminderter Prüfungspflichten im Hinblick auf die Gewährleistung der Pressefreiheit BGH GRUR 1990, 1012, 1014 – Pressehaftung.
59 BGH GRUR 1963, 277 = WRP 1963, 183 – Maris.
60 BGH GRUR 1980, 1099, 1104 – Medizin-Syndikat II.
61 Zur Frage der Haftung gem. § 831 BGB bei erkennbar unzureichender juristisch-fachlicher Eignung des Anwalts (auch konkret: zur Beurteilung der Zulässigkeit einer Schutzrechtsverwarnung) vgl. einerseits *Horn*, GRUR 1969, 259 ff., andererseits *Schultz-Süchting*, GRUR 1974, 432, 435 f.
62 Bezeichnenderweise finden sich bei *Baumbach/Hefermehl*, Einl. UWG, Rdn. 388, als Belege aus der Rechtsprechung nur einige Hinweise auf RG-Entscheidungen, während bei *v. Gamm*, UWG, *Nirk/Kurtze* und *Nordemann* der Begriff des mitwirkenden Verschuldens nicht einmal im Sachregister erscheint. Erst Großkomm/*Köhler*, Vor § 13 UWG, B, Rdn. 291–296, bringt eine ausführliche Darstellung.

berechtigt zu sein, und wenn aus diesen fahrlässig für gerechtfertigt gehaltenen Handlungen dem Provokanten ein Schaden entsteht[63].

26 Eine andere Möglichkeit der Mitverursachung hat der Bundesgerichtshof im Kaugummikugel-Fall (WRP 1965, 97, 101) erörtert und nur unter den konkreten Umständen jenes Falles als Ergebnis der tatrichterlichen Würdigung verneint: Wird auf eine unberechtigte und als unberechtigt zu erkennende, nicht allzu massive (Schutzrechts-)Verwarnung hin voreilig – etwa durch Produktionseinstellung oder in anderer einschneidender und schadensstiftender Weise – reagiert, so kann darin ein Mitverschulden des Verletzten liegen[64]. Jedoch ist zu beachten, daß bei vorsätzlichem Handeln des Verletzers bloße Fahrlässigkeit des Verletzten grundsätzlich außer Betracht bleibt[65].

27 2. Häufiger sind im Wettbewerbsrecht die Anwendungsfälle des § 254 Abs. 2 Satz 1 BGB. Die Pflicht zur Schadensabwendung bzw. -minderung kann hier erhebliche Bedeutung gewinnen.

28 a) Die in § 254 Abs. 2 Satz 1, 1. Altern., BGB zum Ausdruck kommende Verpflichtung des Verletzten, auf die Gefahr eines ungewöhnlich hohen Schadens aufmerksam zu machen, wird namentlich in Schutzrechtsverwarnungsfällen eine Rolle spielen. Bevor als Folge einer unberechtigten Schutzrechtsverwarnung umfangreiche Produktionsein- oder -umstellungen mit großem Kostenaufwand vorgenommen werden, wird sich regelmäßig – jedenfalls dann, wenn der Verwarnende mit solchen Folgen nicht ohne weiteres rechnen konnte – mindestens ein Hinweis auf die drohende Schadenshöhe empfehlen[66].

29 Das gleiche gilt aber auch dann, wenn als Folge einer beliebigen anderen Verletzungshandlung ein besonders hoher Schaden droht und der Verletzer auf eine dahingehende Warnung entweder diese Handlung (oder ihre Fortsetzung) noch unterlassen oder seinerseits etwas zur Minderung der Folgen tun kann. Ersteres ist denkbar, wenn der potentiell Geschädigte vorher von einer Verletzungsabsicht – etwa von der bevorstehenden Werbe- oder Verkaufsaktion eines Konkurrenten – erfahren hat; letzteres z. B. dann, wenn der Schädiger die erheblichen Folgen einer bereits begangenen Verletzungshandlung bei entsprechender Schadenswarnung selbst noch mindern oder aufheben könnte, etwa durch Rückruf von Waren oder Werbematerial, durch Widerruf einer Behauptung, durch Richtigstellung einer Werbeaussage oder anderweitige Behebung einer Marktverwirrung o. ä. Zu weiteren denkbaren Fallgestaltungen vgl. auch Großkomm/*Köhler,* Vor § 13 UWG, B, Rdn. 294 f.

30 b) Die Schadensminderungspflicht des § 254 Abs. 2 Satz 1, 2. Altern., BGB besteht bei wettbewerbsrechtlichen Schäden in ähnlich vielfältiger Hinsicht wie im allgemeinen Recht. Auch hier hat der Verletzte grundsätzlich alles ihm Zumutbare zu tun, um einen Schaden als Folge einer Verletzungshandlung so gering wie möglich zu halten. Die Zumutbarkeit bestimmt sich nach dem Grundsatz von Treu und Glauben (BGHZ 4, 170,

---

63 Vgl. Großkomm/*Köhler,* Vor § 13 UWG, B, Rdn. 292.
64 Vgl. dazu auch BGH GRUR 1963, 255, 259 – Kindernähmaschinen (insoweit nicht in BGHZ 38, 200); BGH GRUR 1979, 332, 337 = WRP 1979, 361 – Brombeerleuchte; Großkomm/*Köhler,* aaO.
65 Vgl. schon RGZ 78, 389, 394 und 162, 202, 208; ferner BGHZ 98, 148, 158; Großkomm/*Köhler,* Vor § 13 UWG, B, Rdn. 291; *Baumbach/Hefermehl,* Einl. UWG, Rdn. 388.
66 Vgl. Großkomm/*Köhler,* Vor § 13 UWG, B, Rdn. 293.

30. Kapitel   Die Voraussetzungen des Schadensersatzanspruchs

174); danach ist ein Verschulden i. S. von § 254 Abs. 2 Satz 1 BGB regelmäßig zu bejahen, wenn eine Maßnahme unterlassen wird, die ein ordentlicher und verständiger Mensch zur Schadensabwendung bzw. -minderung ergreifen würde (*Palandt/Heinrichs,* § 254 BGB, Rdn. 32 m. w. N.).

Wie weit dazu im Wettbewerbsrecht Maßnahmen zur Gegenaufklärung – etwa durch Rundschreiben, aufklärende Werbeanzeigen zur Verminderung einer Marktverwirrung o. ä. – gehören, ist eine Frage der tatrichterlichen Würdigung im Einzelfall. Weitgehende Pflichten wird man hier in Anbetracht der rechtlichen Ungewißheiten, insbesondere der oft zweifelhaften Frage der Kostenerstattung für solche Maßnahmen, nicht annehmen können. Allerdings wird bei irreführenden Verletzungshandlungen in öffentlichen Medien grundsätzlich das Verlangen nach der Veröffentlichung einer Gegendarstellung zu fordern sein, sofern diese geeignet erscheint, zur Aufklärung beizutragen[67].

3. Für das Verhalten Dritter haftet der Verletzte bei der Schadensminderung gemäß § 254 Abs. 2 Satz 2 BGB auch im wettbewerblichen Schadensersatzrecht nur nach Maßgabe des § 278 BGB[68]. Daher braucht der durch eine Schutzrechtsverwarnung verletzte Hersteller sich ein Mitverschulden des (gleichfalls verwarnten) Abnehmers nicht entgegenhalten zu lassen[69].

---

67 Vgl. BGHZ 66, 182, 193 ff. – Der Fall Bittenbinder; BGH GRUR 1979, 421, 423 – Exdirektor; OLG München WRP 1977, 662, 664; Großkomm/*Köhler,* Vor § 13 UWG, B, Rdn. 295.
68 Vgl. Großkomm/*Köhler,* Vor § 13 UWG, B, Rdn. 296.
69 Vgl. BGH GRUR 1979, 332, 337 – Brombeerleuchte; Großkomm/*Köhler,* Vor § 13 UWG, B, Rdn. 294.

31. Kapitel Gläubiger und Schuldner des Schadensersatzanspruchs

Literatur: *Loritz*, Die Rechtsprechung des Bundesgerichtshofs zur Erstattung der Anwaltskosten bei vorprozessualen Abmahnungen unter besonderer Berücksichtigung des Wettbewerbs- und Warenzeichenrechts, GRUR 1981, 883.

Inhaltsübersicht	Rdn.		Rdn.
I. Der Gläubiger bei Verletzungen absoluter Rechte	1	2. § 823 Abs. 2 BGB	6
II. Der Gläubiger bei sonstigen Verstößen	2–6	III. Verbände als Gläubiger von Schadensersatzansprüchen	7, 8
1. UWG, ZugabeVO, GWB	2–5	IV. Der Schuldner des Schadensersatzanspruchs	9–13

I. Der Gläubiger bei Verletzungen absoluter Rechte

1 Gläubiger des wettbewerblichen Schadensersatzanspruchs bei Verletzung von absoluten Rechten oder diesen gleichgestellten Rechten ist der Inhaber des Rechts als »Verletzter«. Verletzter ist derjenige, in dessen Rechte die Verletzungshandlung eingreift. In den Gesetzen wird der Verletzte vielfach auch »der andere« genannt (so z. B. in § 25 WZG, § 823 Abs. 1 BGB). Soweit ein Eingriff in den eingerichteten und ausgeübten Gewerbebetrieb vorliegt, steht der Schadensersatzanspruch dem Rechtsträger, meist einem Unternehmen (juristische Person), oder den Gesellschaftern zu. Bei einer OHG oder KG gehört der wettbewerbliche Schadensersatzanspruch zum Gesellschaftsvermögen.

II. Der Gläubiger bei sonstigen Verstößen

1. UWG, ZugabeVO, GWB

2 Das UWG enthält keine ausdrückliche Bestimmung, wer Gläubiger der in den in § 13 Abs. 6 UWG genannten Vorschriften statuierten Schadensersatzansprüche ist. Dies ergibt sich aber mittelbar aus § 13 Abs. 6 UWG: Es sind diejenigen branchengleichen oder branchenverwandten Gewerbetreibenden, denen ein Unterlassungsanspruch zuerkannt ist. Wenn der konkrete Verstoß bei ihnen einen Schaden verursacht hat, sind sie insoweit »Verletzte« im allgemeinen Sinne und Schadensersatzberechtigte. Das gleiche gilt im Verhältnis des § 2 Abs. 2 ZugabeVO zu § 2 Abs. 1 Satz 1 ZugabeVO.

31. Kapitel Gläubiger und Schuldner des Schadensersatzanspruchs

Ersatzberechtigt ist entsprechend dem allgemeinen Recht immer nur der unmittelbar Verletzte, ein Schadensersatzanspruch des nur mittelbar Geschädigten besteht nicht[1]. Ein Lizenznehmer, der durch die Verletzungshandlung betroffen wird, ist nicht mittelbar, sondern unmittelbar Geschädigter.

Wer nach dem Wettbewerbsrecht nicht Unterlassungsberechtigter ist, kann auch keinen wettbewerblichen Schadensersatzanspruch geltend machen. Wie beim Unterlassungsanspruch ist er auch hier auf die allgemeinen Vorschriften des BGB angewiesen. Dies gilt auch für geschädigte einzelne Verbraucher.

Während § 19 UWG für die Fälle der §§ 17, 18 UWG nur bestimmt, daß Zuwiderhandlungen gegen die Vorschriften zu Schadensersatz verpflichten, enthält § 35 Abs. 1 GWB eine besondere Gläubigerbestimmung. Bei schuldhafter Verletzung einer Vorschrift des GWB oder einer von der Kartellbehörde oder dem Beschwerdegericht nach ihm erlassenen Verfügung ist ein Geschädigter dann anspruchsberechtigt, wenn die Vorschrift des Gesetzes oder die ergangene Verfügung seinen Schutz bezweckt[2].

Gläubiger ist hier, wer durch das Schutzgesetz unmittelbar begünstigt und durch dessen Verletzung geschädigt ist.

III. Verbände als Gläubiger von Schadensersatzansprüchen

1. Die Berechtigung der Verbände nach § 13 Abs. 2, Nr. 2–4, UWG (und entsprechend nach § 2 Abs. 1 ZugabeVO, ‚§ 12 Abs. 1 RabattG) erstreckt sich nicht auf die Geltendmachung von Schadensersatzansprüchen. Dies ist hinsichtlich des Schadens der durch die Verletzungshandlung betroffenen Dritten (Wettbewerber oder Verbraucher) außer Streit, gilt aber auch für eigene Schäden der Verbände, soweit sie als Folge von Verletzungshandlungen gegen Dritte – beispielsweise und in der Regel bei deren Verfolgung – entstanden sind[3], da die Verbände durch die genannten Bestimmungen lediglich ein eigenes Klagerecht erhalten haben, nicht aber selbst in den wettbewerblichen Schutzbereich des UWG bzw. seiner Nebengesetze einbezogen worden sind[4].

2. Unberührt davon besteht natürlich das Recht der Verbände, eigene Schäden, die ihnen durch gegen sie selbst gerichtete Verletzungshandlungen entstanden sind, geltend zu machen[5].

---

1 Großkomm/*Köhler*, Vor § 13 UWG, B, Rdn. 263, 265; a. A. *Baumbach/Hefermehl*, Einl. UWG Rdn. 393 unter Berufung auf die – einmalige und zu § 826 BGB ergangene – Entscheidung RGZ 79, 55, 58. Zu einem besonders gelagerten Fall s. OLG Köln GRUR 1950, 239, wo die Bedenken gegen die Zulassung mittelbar Geschädigter im Wettbewerbsrecht hervorgehoben sind.
2 Vgl. dazu (und zum Schutzgesetzcharakter des § 1 GWB) BGHZ 64, 232 – Krankenhauszuschußversicherung.
3 Streitig; anders *Pastor*, S. 186 m. w. N.; ferner *Loritz*, GRUR 1981, 883, 886.
4 BGHZ 41, 314, 318 = GRUR 1964, 567 = WRP 1964, 250 – Lavamat; BGHZ 48, 12, 15 – Anwaltsverein; BGHZ 52, 393, 397 = GRUR 1970, 189 = WRP 1970, 20 – Fotowettbewerb; *v. Gamm*, UWG, Einf. A, Rdn. 30; Großkomm/*Erdmann*, § 13 UWG, Rdn. 23; *Baumbach/Hefermehl*, Einl. UWG, Rdn. 393.
5 Insoweit zutreffend *Pastor*, in *Reimer*, S. 228, u. *Loritz*, aaO. Beide sehen jedoch zu Unrecht auch die Kosten der wettbewerblichen Abmahnung als einen solchen Schaden an.

IV. Der Schuldner des Schadensersatzanspruchs

9 Wer Schuldner des Schadensersatzanspruchs ist, bestimmt sich weitgehend nach dem wettbewerblichen Handlungsbegriff (vgl. Kap. 5, Rdn. 3 ff.). Die gemeinsame Grundlage des Unterlassungs- und des Schadensersatzanspruchs in der konkreten Verletzungshandlung (vgl. Kap. 30, Rdn. 1) hat zur Folge, daß Schuldner des Schadensersatzanspruchs jeder ist, der aufgrund der objektiv-rechtswidrigen Verletzungshandlung als Unterlassungsschuldner in Anspruch genommen werden kann, sofern die weiteren Voraussetzungen des Schadensersatzanspruchs – Verschulden und Schaden – vorliegen.

10 Unanwendbar ist jedoch die Vorschrift des § 13 Abs. 4 UWG. Sie erweitert die Haftung des Betriebsinhabers oder Geschäftsherrn nur für die objektiven Abwehransprüche, nicht auch für den Schadensersatzanspruch[6]. Dieser setzt grundsätzlich eigenes Verschulden desjenigen voraus, der in Anspruch genommen wird. Für dieses Verschulden gelten die allgemeinen Grundsätze; es kann also auch in der Form des Organverschuldens (§ 31 BGB), des Auswahl- und/ oder Überwachungsverschuldens beim Verrichtungsgehilfen (§ 831 BGB)[7] vorliegen.

11 Die Unanwendbarkeit des § 13 Abs. 4 UWG bedeutet, daß für das eigene Verschulden des Geschäftsherrn auch nicht auf die Kenntnis seiner Angestellten oder Beauftragten abgestellt werden kann (keine »Wissensvertretung«)[8].

12 Unanwendbar ist § 13 Abs. 4 UWG auch bei Verstößen von Angestellten und Beauftragten gegen § 14 Abs. 1 UWG: Obwohl diese Verstöße eine an sich verschuldensunabhängige Schadensersatzpflicht (des Handelnden selbst) begründen[9], haftet der Geschäftsherr dafür auch nur nach Maßgabe der allgemeinen Vorschriften bei eigenem Verschulden (§ 831 BGB); die Verweisung in § 14 Abs. 3 UWG auf § 13 Abs. 4 UWG gilt auch hier nur für den Abwehr-, nicht auch für den Schadensersatzanspruch[10].

13 Mehrere Schuldner haften – anders als beim Unterlassungsanspruch – als Gesamtschuldner. Dies ergibt sich in der Regel aus den Bestimmungen der §§ 830, 840 BGB, teils auch aus spezialgesetzlichen Regelungen wie § 19 Abs. 2 UWG. Erforderlich ist allerdings stets die Identität des Leistungsgegenstandes (BGH GRUR 1959, 379, 382 – Gasparone).

---

6 Einhellige Meinung; vgl. BGH GRUR 1980, 116, 117 = WRP 1979, 857 – Textildrucke; Großkomm/*Erdmann*, § 13 UWG, Rdn. 145; *Baumbach/Hefermehl*, Einl. UWG, Rdn. 397; *v. Gamm*, UWG, § 13, Rdn. 23.

7 Vgl. dazu BGH GRUR 1956, 553, 556 = WRP 1957, 257 – Coswig; BGH GRUR 1980, 116, 117 = WRP 1979, 857 – Textildrucke; *Baumbach/Hefermehl*, Einl. UWG, Rdn. 396.

8 BGH GRUR 1955, 411, 414 = WRP 1955, 43 – Zahl 55.

9 BGH GRUR 1957, 93, 95 = WRP 1957, 19 – Jugendfilmverleih.

10 BGH GRUR 1980, 116, 117 = WRP 1979, 857 – Textildrucke (zum damals dem heutigen § 13 Abs. 4 entsprechenden § 13 Abs. 3 UWG a. F.).

32. Kapitel Einwendungen und Einreden gegen den wettbewerbsrechtlichen Schadensersatzanspruch

Literatur: *Neu*, Die neuere Rechtsprechung zur Verwirkung im Wettbewerbs- und Warenzeichenrecht, 1984; *Neu*, Die Verjährung der gesetzlichen Unterlassungs-, Beseitigungs- und Schadensersatzansprüche des Wettbewerbs- und Warenzeichenrechts, GRUR 1985, 335; *Teplitzky*, Zur Unterbrechung und Hemmung der Verjährung wettbewerbsrechtlicher Ansprüche, GRUR 1984, 307.

Inhaltsübersicht

	Rdn.		Rdn.
I. Die Verwirkung und andere Einwendungen beim Schadensersatzanspruch	1	2. Der Beginn der Verjährung	3–7
		3. Die Unterbrechung und Hemmung der Verjährung	8–12
II. Die Verjährung des wettbewerbsrechtlichen Schadensersatzanspruchs	2–12	4. Die Herausgabe des Erlangten nach Verjährungseintritt	13
1. Die Rechtsgrundlagen der Verjährung	2		

I. Die Verwirkung und andere Einwendungen beim Schadensersatzanspruch

Wettbewerbliche Schadensersatzansprüche unterliegen im Prinzip den gleichen Einwendungen wie der wettbewerbliche Unterlassungsanspruch. Auf die entsprechenden Ausführungen bei diesem kann daher weitgehend verwiesen werden (vgl. Kap. 16–19 und 21). Ein wesentlicher, dort allerdings auch schon erwähnter[1] Unterschied besteht jedoch bei der Verwirkung, da dieser Einwand gegenüber einem Schadensersatzanspruch – anders als beim Unterlassungsanspruch – keinen schutzwürdigen Besitzstand voraussetzt[2]. Soweit sich aus der unterschiedlichen Natur der Ansprüche andere Modifikationen ergeben, führen sie zur Anwendung allgemeiner, nicht wettbewerbsrechtsspezifischer Grundsätze, so daß auf eine nähere Erörterung hier verzichtet und auf die allgemeine Literatur verwiesen werden kann.

1

---

[1] Vgl. Kap. 17, Rdn. 9.
[2] Vgl. BGHZ 26, 52, 67 – Sherlock Holmes; BGH GRUR 1988, 776, 778 = WRP 1988, 665 – PPC; Großkomm/*Köhler,* Vor § 13 UWG, B, Rdn. 469; Großkomm/*Teplitzky,* § 16 UWG, Rdn. 517; *Baumbach/Hefermehl,* Einl. UWG, Rdn. 447; *Neu,* S. 193.

II. Die Verjährung des wettbewerblichen Schadensersatzanspruchs

1. Die Rechtsgrundlage der Verjährung

2 Die Verjährung des aus wettbewerblichen Verletzungshandlungen erwachsenden Schadensersatzanspruchs richtet sich ebenfalls nach denselben Bestimmungen wie die der entsprechenden Unterlassungsansprüche. Insoweit sowie für die Konkurrenzen dieser Normen, aber auch hinsichtlich der Unterbrechung und Hemmung der Verjährungsfristen gilt daher gleichfalls das (in Kap. 16, Rdn. 32 ff.) bereits Ausgeführte, jedoch unter Berücksichtigung der nachfolgenden Besonderheiten:

2. Der Beginn der Verjährung

3 Nach § 21 Abs. 2 UWG beginnt der Lauf der Verjährung für Schadensersatzansprüche nicht vor dem Zeitpunkt, in dem ein Schaden entstanden ist. Dies ist entsprechend dem Rechtsgedanken des § 852 Abs. 1 BGB ergänzend dahin auszulegen, daß Voraussetzung des Verjährungsbeginns nicht nur die Entstehung des Schadens, sondern auch dessen Kenntnis ist[3]. Auf die Kenntnis des Umfangs und der Höhe des Schadens kommt es nicht an[4]. Es genügt, daß der Geschädigte außer der Verletzungshandlung und der Person des Verletzers[5] – insoweit gilt im wesentlichen das gleiche wie bei der Verjährung des Unterlassungsanspruchs[6] – die Möglichkeit eines Schadenseintritts, d. h. eines beliebigen Vermögensnachteils, erkennt und »aufgrund der ihm bekannten Tatsachen eine Schadensersatzklage, sei es auch nur eine Klage auf Feststellung der Ersatzpflicht für den künftig entstehenden Schaden, mit einigermaßen sicherer Aussicht auf Erfolg erheben kann und ihm damit die Erhebung einer Klage zuzumuten ist«[7].

4 Der Verjährungsbeginn wird nicht dadurch gehindert, daß ein abgeschlossener Eingriff noch (weiterhin schadensverursachend) fortwirkt; die Verjährung ergreift in diesem Falle den gesamten, d. h. auch den durch die Fortwirkung erst entstehenden, Schaden, soweit dieser als Folge des einmaligen Eingriffs vorhersehbar ist[8]; nur bei unvorhersehbaren Schadensfolgen beginnt die Verjährung erst bei deren besonderer Kenntnis.

5 Hiervon zu unterscheiden sind die Fälle, in denen nicht durch die Fortwirkung einer einzelnen, abgeschlossenen Verletzungshandlung, sondern durch eine Dauerhandlung oder durch eine fortgesetzte, d. h. sich in immer neuen Einzelakten verletzend auswirkende, Handlung – wie etwa die Führung einer zu unterlassenden Firmenbezeichnung[9], die Unterlassung des Widerrufs einer unberechtigten Patentverwarnung[10] – lau-

---

3 Großkomm/*Messer*, § 21 UWG, Rdn. 32; *Baumbach/Hefermehl*, § 21 UWG, Rdn. 16; *v. Gamm*, UWG, § 1, Rdn. 7.
4 Großkomm/*Messer*, aaO.; *Baumbach/Hefermehl*, § 21 UWG, Rdn. 16 a.
5 Großkomm/*Messer*, aaO., Rdn. 33.
6 Vgl. Kap. 16, Rdn. 7 ff.
7 BGH GRUR 1974, 99, 100 = WRP 1974, 30 – Brünova unter Berufung auf BGHZ 6, 195, 202 und BGH NJW 1960, 380, 381.
8 BGH GRUR 1974, 99, 100 = WRP 1974, 30 – Brünova m. w. N.; BGH GRUR 1990, 221, 223 – Forschungskosten, insoweit nicht in BGHZ 107, 117; Großkomm/*Messer*, § 21 UWG, Rdn. 32; *Baumbach/Hefermehl*, § 21 UWG, Rdn. 16 a.
9 BGH GRUR 1984, 820, 822 = WRP 1984, 678 – Intermarkt II; krit. dazu Großkomm/*Messer*, § 21 UWG, Rdn. 20, und *Neu*, GRUR 1985, 335, 339 f.
10 BGHZ 71, 86 ff. = GRUR 1978, 492 – Fahrradgepäckträger II.

fend Schäden entstehen. Hier begründen diese fortlaufend neu entstehenden Einzelschäden auch neue und selbständige – und daher auch eigene Verjährungsfristen in Lauf setzende – Ansprüche[11].

Auch wiederholte Verletzungshandlungen setzen stets eigenständige Verjährungsfristen in Gang, und zwar auch dann, wenn die Handlungen im strafrechtlichen Sinne in Fortsetzungszusammenhang zu sehen sind[12].

Die Vorschrift des § 21 Abs. 2 UWG bezieht sich auf beide in § 21 Abs. 1 UWG genannten Fristen. Auch die unabhängig von der Kenntnis des Verletzers laufende Dreijahresfrist beginnt beim Schadensersatzanspruch nicht vor der Entstehung eines Schadens. Dagegen ist noch wenig geklärt, ob § 21 Abs. 2 UWG auch den in § 852 Abs. 1 BGB zum Ausdruck gebrachten Grundsatz des allgemeinen Deliktsrechts durchbrechen soll, wonach Verjährung jedenfalls 30 Jahre nach Begehung der Handlung – und zwar ohne Rücksicht auf den Zeitpunkt der Schadensentstehung (BGHZ 98, 77, 82 m. w. N.) – eintritt. Großkomm/*Messer* (§ 21 Rdn. 40) verneint die Frage. Gegen diese Auffassung spricht zwar der Wortlaut des § 21 UWG, für sie jedoch die ratio legis des § 852 Abs. 1 BGB und der Gedanke, daß § 21 Abs. 2 UWG vom Gesetzgeber wohl ausschließlich im Hinblick auf die gegenüber dem allgemeinen Deliktsrecht stark verkürzten Fristen des § 21 Abs. 1 UWG eingeführt, damit aber nicht beabsichtigt worden sein dürfte, auch den Ausschlußcharakter der Dreißig-Jahres-Frist in Frage zu stellen.

3. Die Unterbrechung und Hemmung der Verjährung

3. Für die Unterbrechung der Verjährung des Schadensersatzanspruchs kommt dem Institut der Feststellungsklage (§ 256 ZPO, § 209 BGB) eine ganz besondere praktische Bedeutung zu. Denn die Leistungsklage, deren Möglichkeit die Feststellungsklage unzulässig machen würde, ist innerhalb der gegebenen kurzen Verjährungsfrist nur selten möglich, da die dafür erforderliche Bezifferung im Wettbewerbsrecht in der Regel nicht ohne vorherige Auskünfte des Verletzers erfolgen kann und oft auch wegen der Wahrscheinlichkeit erst in der Zukunft entstehender weiterer Schäden nicht – oder nicht vollständig – möglich ist. Eine (Teil-)Leistungsklage hätte insoweit keine ausreichende Wirkung; denn eine Teilklage unterbricht die Verjährung nur für den eingeklagten Anspruchsteil (Großkomm/*Messer*, § 21 UWG, Rdn. 55).

Die Erhebung der Auskunfts- oder Rechnungslegungsklage unterbricht die Verjährung des Schadensersatzanspruchs ebenfalls nicht[13], da die zugrundeliegenden Ansprüche keine Ersatzansprüche, sondern aus § 242 BGB abgeleitete Ansprüche zur Ermöglichung der Schadensberechnung sind.

---

11 BGHZ 71, 86, 94 = GRUR 1978, 492 – Fahrradgepäckträger II; BGH GRUR 1981, 517, 520 = WRP 1981, 514 – Rollhocker; BGH GRUR 1984, 820, 822 = WRP 1984, 678 – Intermarkt II; Baumbach/Hefermehl, § 21 UWG, Rdn. 16; krit. Neu, GRUR 1985, 335, 341; sehr eingehend, teils abweichend und ebenfalls kritisch Großkomm/*Messer*, § 21 UWG, Rdn. 20–29.
12 RGZ 134, 335, 341; BGH GRUR 1974, 99, 100 = WRP 1974, 30 – Brünova; BGHZ 71, 86, 94 = GRUR 1978, 492 – Fahrradgepäckträger II; BGH aaO. – Intermarkt II; BGH 98, 77, 83; Baumbach/Hefermehl, § 21 UWG, Rdn. 16 b i. V. m. Rdn. 13, in letzterer m. w. N.; vgl. auch hierzu wiederum eingehend und teils mit eigener Auffassung Großkomm/*Messer*, aaO.
13 RG GRUR 1931, 153; BGH NJW 1975, 1409 f.; Großkomm/*Messer*, § 21 UWG, Rdn. 55 und Baumbach/Hefermehl, § 21 UWG, Rdn. 18.

10 Desgleichen haben die Unterlassungsklage[14] und erst recht die Unterwerfung unter einen Unterlassungsanspruch wegen der Unterschiedlichkeit der Ansprüche hier keine Unterbrechungswirkung.
11 Dagegen gilt die Unterbrechung durch Anrufung der Einigungsstellen auch für den Schadensersatzanspruch (§ 27 a Abs. 9 Satz 1 i. V. m. Abs. 3 Satz 1 UWG).
12 Solange Vergleichsverhandlungen geführt werden, ist die Verjährung zwar nicht unterbrochen, aber gemäß § 852 Abs. 2 BGB gehemmt. Die Anwendbarkeit dieser Vorschrift auch bei der wettbewerbsrechtlichen Verjährung entspricht der herrschenden Meinung[15].

4. Die Herausgabe des Erlangten nach Verjährungseintritt

13 4.Da Wettbewerbsverstöße unerlaubte Handlungen darstellen und die Ausschlußwirkung der leges speciales gegenüber den allgemeinen Deliktsvorschriften nur so weit geht, wie ausdrücklich Abweichendes normiert ist, bleibt auch im Wettbewerbsrecht generell – also auch in den Fällen der Ersatzanspruchsverjährung nach § 21 UWG – die Vorschrift des § 852 Abs. 3 BGB anwendbar[16], nach der der Verletzer auch nach Eintritt der Verjährung verpflichtet bleibt, dem Verletzten das auf dessen Kosten Erlangte herauszugeben. Die Vorschrift hat den Charakter einer Rechtsverteidigung gegenüber der Verjährungseinrede; sie regelt, in welchem Umfang der bestehengebliebene Schadensersatzanspruch – als solcher, also mit allen ihm zugehörigen Voraussetzungen – nach Eintritt der Verjährung noch geltend gemacht werden kann[17]. Sie verweist somit nur dem Umfang nach, nicht auch hinsichtlich der Voraussetzungen, auf die Bereicherungsvorschriften[18], so daß die im Bereicherungsrecht erforderliche Unmittelbarkeit der Vermögensverschiebung hier nicht gefordert wird[19].

---

14 BGH GRUR 1984, 820, 822 = WRP 1984, 678 – Intermarkt II; Großkomm/*Messer*, § 21 UWG, Rdn. 56.
15 Vgl. Großkomm/*Messer*, § 21 UWG, Rdn. 49; *Baumbach/Hefermehl*, § 21 UWG, Rdn. 2; *Teplitzky*, GRUR 1984, 307, 308 f.; näher dazu bereits Kap. 16, Rdn. 52–55.
16 *Baumbach/Hefermehl*, § 21 UWG, Rdn. 2; *Ahrens*, S. 103 m. w. N. in Fn. 109; vgl. auch *Teplitzky*, GRUR 1984, 307, 308 f.
17 BGHZ 71, 86, 99 = GRUR 1978, 492 – Fahrradgepäckträger II; BGHZ 98, 77, 83.
18 Jetzt herrschende Rechtsprechung und im Wettbewerbsrecht ganz überwiegende Meinung, in der übrigen Literatur aber noch bestritten; vgl. BGH aaO. – Fahrradgepäckträger II und (gleicher Ansicht) *Baumbach/Hefermehl*, § 21 UWG, Rdn. 2, jeweils m. w. N. sowie die umfangreichen weiteren Nachweise zum früheren Meinungsstand in der Anm. von *Horn* zu der Fahrradgepäckträger II-Entscheidung des BGH in GRUR 1978, 492, 497 f. sowie bei *Ahrens*, S. 91 in Fn. 44.
19 BGHZ 71, 86, 99, 100 – Fahrradgepäckträger II; BGHZ 98, 77, 84; *Baumbach/Hefermehl*, § 21 UWG, Rdn. 2; *Ahrens*, S. 103 (der aaO. in der Fn. 110 allerdings *Baumbach/Hefermehl* fälschlich eine abweichende Meinung zuschreibt).

2. Teil Der Schaden im Wettbewerb

33. Kapitel Der wettbewerbsrechtlich bedeutsame Schaden und sein Ersatz

Literatur: *Borck*, Zum Anspruch auf Schadensersatz aus unlauterem Wettbewerb, WRP 1986, 1; *Teplitzky*, Die Durchsetzung des Schadensersatzzahlungsanspruchs im Wettbewerbsrecht, GRUR 1987, 215.

Inhaltsübersicht	Rdn.		Rdn.
I. Die Problematik des Schadens	1–3	III. Die Ersatzleistung	10–21
II. Die Schadensformen	4–9	1. Allgemeines	10
1. Die vier Grundtypen	5–8	2. Naturalrestitution	11–16
2. Vermögensschaden	9	3. Geldleistung	17–21

I. Die Problematik des Schadens

Wettbewerbsrechtlich bedeutsamer Schaden ist jeder Nachteil, der nach den Anschauungen des Verkehrs dem Verletzten entstanden ist. Diese Begriffsbestimmung sah der ursprüngliche Entwurf zum ersten UWG vor. Damit sollte hervorgehoben werden, daß der Schaden nicht mathematisch und juristisch genau nachgewiesen zu werden braucht, sondern daß die Anschauungen des Verkehrs für die Auslegung dessen, was wettbewerbsrechtlich bedeutsamer Schaden ist, maßgebend sind. Diese Begriffsbestimmung hat man dann jedoch als »überflüssig und selbstverständlich« nicht in das Gesetz aufgenommen[1]. 1

Soweit es sich im Wettbewerbsrecht um den Ersatz eines konkret entgangenen Gewinnes oder der Aufwendungskosten oder um einen sonstigen konkret erfaßbaren Schaden handelt, unterscheiden sich die Wettbewerbsfälle nicht von den Schadensersatzfällen des allgemeinen Rechts. Solche Fälle eines konkreten Schadens sind aber nicht die Regel, sondern die Ausnahme. Das Charakteristische des wettbewerblichen Schadens besteht darin, daß er schwer greifbar ist. Die Schadensmöglichkeiten sind vielgestaltig: Der Schaden kann unternehmensgebunden sein, so z. B. Beeinträchtigung des Absatzes, fehlende Zugehörigkeit zu einem Wirtschaftsverband, die Unmöglichkeit, bestimmte Waren anbieten zu können, die Unkenntnis von Lücken des Vertriebsbindungssystems, das Vorliegen einer andauernden Störung und dgl. mehr. Der Schaden kann die Kundschaft betreffen, so z. B. durch Beeinträchtigung des Kundschaftsverhältnisses, durch Zerstörung oder Beeinträchtigung des Vertrauensverhält- 2

---

[1] *Müller*, Das Reichsgesetz zur Bekämpfung des unlauteren Wettbewerbs, 1904, § 1 UWG, Anm. A, II (S. 69).

nisses oder des guten Rufes des Unternehmens oder seiner Erzeugnisse. Der Schaden kann schließlich aus der Marktlage hervorgehen, wenn die Verletzungshandlung eine Marktverwirrung (auch »Verkehrsverwirrung« genannt) hervorgerufen hat[2]. Eine Marktverwirrung kann wiederum komplexe Auswirkungen von größtem Nachteil haben, so z. B. auf die Kundschaft, auf die Wertung eines Erzeugnisses, auf die Nachfrage u. ä.

3   Welche der vielen Möglichkeiten im Einzelfall vorliegt, läßt sich nur schwer, oft überhaupt nicht feststellen. Andererseits ist es erfahrungsgemäß so gut wie sicher, daß im Wirtschaftsleben durch einen Wettbewerbsverstoß den Betroffenen ein Schaden entsteht. Seine Konkretisierung ist eines der schwierigsten Probleme des wettbewerblichen Schadensersatzrechts, das nur durch eine nicht zu kleinliche Anwendung der §§ 287 ZPO und 252 Abs. 2 BGB gelöst werden kann (vgl. dazu näher Kap. 52, Rdn. 30–38, und *Teplitzky*, GRUR 1987, 215 ff.).

II. Die Schadensformen

4   1. Die Auswirkungen wettbewerblicher Verletzungshandlungen lassen sich auf vier Grundtypen zurückführen, von denen allerdings nur drei zur Kategorie des Schadens gehören:

5   a) Dem Verletzten entgehen Gewinne, die er ohne die Verletzungshandlung aufgrund der getroffenen Vorbereitung oder Marktlage aller Voraussicht nach gehabt hätte, oder er erleidet sonstige, über den Gewinnentgang hinausgehende Nachteile.

6   b) Dem Verletzten entgehen, wenn es sich um absolute Rechte oder Ausschließlichkeitsrechte handelt, Geldbeträge (Lizenzgebühren), die er für die Erteilung der Benutzungserlaubnis normalerweise erhalten hätte.

7   c) Der Verletzte macht zur Beseitigung des Schadens oder zur Verhinderung seiner Vergrößerung Aufwendungen.

8   d) Die unzulässige Verletzungshandlung hat dem Verletzer einen Gewinn gebracht (sog. Verletzergewinn, im Schadensersatzrecht nur als Parameter der Schadensberechnung bedeutsam).

9   2. Wettbewerbsrechtlich relevanter Schaden ist immer vermögensrechtlicher Schaden, auch soweit es sich um Schaden aus persönlicher Diskriminierung handelt. Soweit (persönlicher) nichtvermögensrechtlicher Schaden entsteht, kann er nur als reiner Persönlichkeitsschaden unter den allgemeinen zivilrechtlichen Voraussetzungen geltend gemacht werden[3].

---

[2] BGH GRUR 1954, 457, 458 – Irus/Urus; BGH GRUR 1966, 92, 95 = WRP 1966, 24 – Bleistiftabsätze; BGHZ 44, 372, 382 = GRUR 1966, 375 – Meßmer Tee II; BGH GRUR 1982, 489, 490 = WRP 1982, 518 – Korrekturflüssigkeit; BGH GRUR 1987, 364, 365 = WRP 1987, 466 – Vier-Streifen-Schuh; Großkomm/*Köhler*, Vor § 13 UWG, B, Rdn. 312–319.
[3] Vgl. z. B. BGHZ 26, 349 – Herrenreiter; BGHZ 30, 7 – Catarina Valente; BGHZ 35, 363 – Ginsengwurzel; BGHZ 39, 124 – Fernsehansagerin.

III. Die Ersatzleistung

1. In den Fällen II 1, a–c, läßt sich auf der Grundlage der §§ 249–252 BGB die Wiederherstellungsleistung unmittelbar bestimmen und die Höhe des (in der Regel) zu leistenden Geldersatzes (auch und sogar meist unter Zuhilfenahme des § 287 ZPO) berechnen. Dagegen besteht zwischen dem dem Verletzten entstandenen Schaden und dem vom Verletzer erzielten Gewinn kein direkter Zusammenhang, außer daß letzterer Anhaltspunkte für die Schätzung des dem Verletzten entgangenen Gewinns abgeben kann. Die Rechtsprechung hat dem Verletzergewinn jedoch eine darüber hinausgehende Bedeutung für die Schadensberechnung verliehen, auf die bei letzterer (Kap. 34, Rdn. 18 ff.) zurückzukommen sein wird.

2. Schäden, die der Naturalrestitution i. S. des § 249 Abs. 1 BGB zugänglich wären, sind im Wettbewerbsrecht nicht allzu häufig, obgleich theoretisch die verschiedenartigsten Inhalte in Betracht kommen können, wie z. B. Ansprüche auf Herausgabe wettbewerblich genutzter Geschäftsräume (LG Braunschweig GRUR 1955, 103) oder der Anspruch, daß, wer in fremde Rechte eingegriffen hat, sich dem Verletzten gegenüber Beschränkungen für die Zukunft auferlegen muß[4], oder die Wiederherstellung vernichteten Werbematerials eines Mitbewerbers[5].

Liegt ein andauernder objektiv-rechtswidriger Zustand vor, so kommt als Schadensersatz in Form der Naturalrestitution auch all das in Betracht, was ohne Verschulden aufgrund eines Beseitigungsanspruchs als Beseitigung i. S. des § 1004 BGB verlangt werden kann, also z. B. der Widerrufsanspruch, der Veröffentlichungsanspruch, der Löschungsanspruch, der Materialherausgabeanspruch, der Vernichtungsanspruch. Die praktische Bedeutung dieses Anspruchs als (verschuldensabhängiger) Schadensersatzanspruch ist wegen der Möglichkeit der Geltendmachung des (verschuldensunabhängigen, objektiven) Beseitigungsanspruchs gering (so auch Großkomm/*Köhler,* aaO.).

Die höchstrichterliche Rechtsprechung hat auch Unterlassungsgebote an den Konkurrenten in bestimmten Fällen als Form der Naturalrestitution behandelt, nämlich als Ausgleich eines unlauter erzielten Wettbewerbsvorsprungs; so beispielsweise die Gebote auf Unterlassung der Benutzung einer bestimmten Maschine (RG GRUR 1929, 495) oder auf (befristete) Unterlassung der Beschäftigung unlauter abgeworbener Arbeitskräfte[6].

Eine besondere Stellung nehmen diejenigen Schadensersatzansprüche im Rahmen des § 249 BGB ein, die auf die Herstellung eines neuen Zustands gerichtet sind. Hier wird der gegenwärtige Zustand, der ohne die begehrte Herstellung besteht, als Schaden i. S. des § 249 BGB angesehen. Der (Schadensersatz-)Herstellungsanspruch geht hier zwar auf »Neu«-Herstellung; er wird aber gleichwohl wie ein echter (Wieder-)Herstellungsanspruch i. S. des § 249 BGB behandelt (BGH NJW 1952, 99). Im Wirtschaftsleben vorkommende Fälle sind die Ansprüche auf Aufnahme in einen Wirtschaftsverband oder in einen in anderer Weise privilegierten Kreis[7] oder auf Belieferung mit bestimm-

---

[4] BGH GRUR 1958, 86 = WRP 1957, 361 – Ei-fein.
[5] Vgl. Großkomm/*Köhler,* Vor § 13 UWG, B, Rdn. 297.
[6] BGH GRUR 1961, 482, 483 f. = WRP 1961, 212 – Spritzgußmaschine; BGH GRUR 1976, 306, 307 – Baumaschinen; *v. Gamm,* UWG, § 1, Rdn. 245.
[7] BGHZ 29, 344 = GRUR 1959, 340 = WRP 1959, 154 – Sanifa; BGHZ 36, 91 = GRUR 1962, 263 = WRP 1962, 60 – Gummistrümpfe.

ten Waren oder auf Gewährung gewisser Dienstleistungen, z. B. Sendezeiten für Werbespots in Funk oder Fernsehen, also Formen des (Kontrahierungszwangs)[8].

15 Die Vorschrift des § 249 Satz 2 BGB spielt im Wettbewerbsrecht bislang unmittelbar keine Rolle. Jedoch wird ihre entsprechende Anwendung auf all die Fälle vorgeschlagen, in denen es dem Verletzten nicht zumutbar ist, eine ganz oder teilweise mögliche Naturalrestitution dem Verletzer zu überlassen, also etwa in den Fällen der notwendigen Beseitigung einer Marktverwirrung (durch Rundschreiben, Zeitungsinserate o. ä.)[9] oder einer Persönlichkeitsrechtsverletzung[10], die die Rechtsprechung bislang unter dogmatisch abweichenden Gesichtspunkten gelöst hat (im einzelnen dazu Großkomm/*Köhler*, aaO.). Auf den Vorteil dieses dogmatischen Ansatzpunktes ist – m. E. überzeugend – von *Köhler*, aaO., in Rdn. 300 hingewiesen.

16 Keine Schadensersatzleistung – insoweit allerdings a. A. *Pastor*, in *Reimer*, S. 262 –, sondern eine lediglich deren Vorbereitung dienende und aus § 242 BGB – teils auch § 259 BGB – erzwingbare Leistung sind Auskunft und Rechnungslegung (vgl. Kap. 38 und 39).

17 3. Der Regelfall wettbewerblichen Schadensersatzes ist die Geldleistung.

18 a) Gleichviel um welchen Wettbewerbsverstoß es sich handelt, z. B. kreditschädigende Äußerungen oder eine unzulässige vergleichende Werbung, läuft alles im Ergebnis auf einen geminderten oder nicht gestiegenen oder auch nur nicht genug gestiegenen Umsatz und damit in die Richtung auf eine Verdienstminderung[11] hinaus. Wenn im Einzelfall eine Wiederherstellung in Natur nicht möglich ist, kommt eine Geldleistung über § 251 BGB in Betracht. Soweit ein Schadensersatzanspruch – wie etwa der auf Widerruf oder Beseitigung oder dgl. – eine andere Leistung als Geld zum Gegenstand hat, kann er sich über § 283 BGB oder § 893 ZPO wiederum in einen Geldanspruch verwandeln. Besteht ein Schaden in Aufwendungen, so geht er im Rahmen des § 249 BGB ebenfalls auf Zahlung der aufgewandten Geldbeträge, soweit nicht je nach dem Sachverhalt hierfür auch § 252 BGB in Betracht kommt.

19 b) Eine besondere Form der Geldersatzleistung stellt – wegen ihrer Doppelfunktion als Sanktion und als pauschalierter Schadensersatz[12] – die Vertragsstrafe dar. Sie ist in dieser Eigenschaft stets der Mindestbetrag des Schadens, der in dieser Höhe keinen Nachweis erfordert; die Geltendmachung eines höheren Schadens wird durch sie nicht ausgeschlossen (§ 340 Abs. 2 BGB).

20 c) Zinsen aus dem Schadensbetrag kann der Verletzte nach den allgemeinen Regeln der §§ 288 ff. BGB fordern. Verlangt er einen höheren Zins als die 4 bzw. (bei Kaufleu-

---

[8] BGHZ 42, 318 = GRUR 1965, 267 = WRP 1965, 117 – Rinderbesamung I; BGHZ 44, 279 = GRUR 1966, 392 = WRP 1966, 58 – Brotkrieg; BGH GRUR 1976, 206 = WRP 1976, 156 – Rossignol; BGH GRUR 1979, 560 = WRP 1979, 445 – Fernsehgeräte; BGH GRUR 1979, 792 = WRP 1979, 642 – Modellbauartikel I; BGHZ 107, 273, 279 = BGH GRUR 1989, 774, 776 – Staatslotterie; zur Durchsetzung eines Kontrahierungsanspruchs im Wege der einstweiligen Verfügung vgl. OLG Koblenz WRP 1991, 411, 412 m. w. N.
[9] Vgl. Großkomm/*Köhler*, Vor § 13 UWG, B, Rdn. 298–301.
[10] Vgl. Großkomm/*Köhler*, aaO.; ferner *Staudinger/Medicus*, BGB, 12. Aufl., § 249 Rdn. 214; MünchKomm/*Grunsky*, § 249 BGB, Rdn. 13 a.
[11] Zwangsläufig ist das allerdings nicht, da Umsatz und Gewinn sich nicht parallel entwickeln müssen; meist ist der Umsatz aber doch ein wesentlicher Indikator auch für die Gewinnentwicklung.
[12] BGHZ 63, 256, 259, näheres in Kap. 35.

33. Kapitel Der wettbwerbsrechtlich bedeutsame Schaden und sein Ersatz

ten) 5 % des Gesetzes, so hat er auch im Wettbewerbsrecht darzulegen und zu beweisen, daß er entweder den beanspruchten Schadensbetrag zu höheren Zinsen hätte anlegen können oder daß er mit höher zu verzinsenden Krediten arbeite. Für ersteres spricht bei größeren Beträgen allerdings ein Anscheinsbeweis (BGH WM 1974, 128; BGH NJW 1981, 1732), während für letzteres im Falle des Bestreitens grundsätzlich Beweis zu erbringen ist; allerdings braucht nicht bewiesen zu werden, daß und wie der Kredit sich als Folge des konkreten Schadens verändert hat[13].

Hat der Verletzte als Kläger hinsichtlich der Geldersatzleistung einen unbezifferten Antrag gestellt, weil die Festsetzung der Höhe entweder von einem Sachverständigengutachten oder von der Schätzung des Gerichts abhängig sein soll, so stehen ihm nach jetzt einhelliger Ansicht Prozeßzinsen vom zuerkannten Betrag in voller Höhe ab Rechtshängigkeit zu[14].

---

[13] BGH BB 1965, 305; *Pastor*, in Reimer, S. 260; *Palandt/Heinrichs*, § 288 BGB, Rdn. 7.
[14] BGH GRUR 1965, 495, 498 – Wie uns die anderen sehen; *Palandt/Heinrichs*, § 291 BGB, Rdn. 3.

34. Kapitel Die Schadensberechnung

Literatur: *Assmann,* Schadensersatz in mehrfacher Höhe des Schadens, BB 1985, 15; *Brandner,* Die Herausgabe von Verletzervorteilen im Patentrecht und im Recht gegen den unlauteren Wettbewerb, GRUR 1980, 359; *Delahaye,* Kernprobleme der Schadensberechnungsarten bei Schutzrechtsverletzungen, GRUR 1986, 217; *Fischer,* Schadensberechnung im gewerblichen Rechtsschutz, Urheberrecht und unlauteren Wettbewerb, 1961; *Körner,* Die Aufwertung der Schadensberechnung nach der Lizenzanalogie bei Verletzung gewerblicher Schutzrechte durch die Rechtsprechung zum »Verletzervorteil« und zu den »aufgelaufenen Zinsen«, GRUR 1983, 611; *Körner,* Schadensausgleich bei Verletzung gewerblicher Schutzrechte und bei ergänzendem Leistungsschutz, Festschrift für *E. Steindorff,* 1990, S. 877; *Kraßer,* Schadensersatz für Verletzungen von gewerblichen Schutzrechten und Urheberrechten nach deutschem Recht, GRUR Int. 1980, 259; *Lehmann,* Juristisch-ökonomische Kriterien zur Berechnung des Verletzergewinns bzw. des entgangenen Gewinns, BB 1988, 1680; *Leisse,* Die Fiktion im Schadensersatzrecht, GRUR 1988, 88; *Leisse/Traub,* Schadensschätzung im unlauteren Wettbewerb, GRUR 1980, 1; *Loewenheim,* Möglichkeiten der dreifachen Berechnung des Schadens im Recht gegen den unlauteren Wettbewerb, ZHR 135 (1971), 97; *Lüdecke/Fischer,* Lizenzverträge, 1957; *Pietzcker,* Schadensersatz durch Lizenzberechnung, GRUR 1975, 55; *Pietzcker,* Richtlinien für die Bemessung von Schadensersatz bei der Verletzung von Patenten, GRUR Int. 1979, 343; *Pietzner,* Auskunft, Rechnungslegung und Schadensersatz bei wettbewerbswidrigen Eingriffen in fremde Firmenrechte, GRUR 1972, 151; *Preu,* Richtlinien für die Bemessung von Schadensersatz bei Verletzung von Patenten, GRUR 1979, 253; *Schramm,* Der Marktverwirrungsschaden, GRUR 1974, 617; *Teplitzky,* Die Durchsetzung des Schadensersatzanspruchs im Wettbewerbsrecht, GRUR 1987, 215; *Ullmann,* Die Verschuldenshaftung und die Bereicherungshaftung des Verletzers im gewerblichen Rechtsschutz, GRUR 1978, 615.

Inhaltsübersicht

	Rdn.		Rdn.
I. Die konkrete Schadensberechnung	1	4. Die praktische Handhabung der »objektiven« Berechnungsarten	27–35
1. Der positive Schaden	2–11	a) Die Berechnung nach fiktiven Lizenzgebühren (Lizenzanalogie)	27–32
a) Rechtsverfolgungskosten	3, 4	b) Die Herausgabe des Verletzergewinns	32–35
b) Marktverwirrungsschaden	5–11		
2. Der entgangene Gewinn	12–17		
II. Die »objektive Schadensberechnung«	18–34		
1. Die Zulässigkeit	18–20		
2. Das Verhältnis der drei Berechnungsarten zueinander	21–24		
3. Das Wahlrecht des Gläubigers	25, 26		

34. Kapitel   Die Schadensberechnung   1–3 **34**

I. Die konkrete Schadensberechnung

Grundsätzlich ist auch im Wettbewerbsrecht der »konkrete Schaden« zu berechnen[1], 1
der sowohl den positiven Schaden – damnum emergens – als auch den entgangenen Gewinn – lucrum cessans – einschließt[2].

1. Der positive Schaden

Als positiver Schaden kommen im Wettbewerbsrecht regelmäßig eigene Aufwendungen 2
des Verletzten in Frage[3], die er infolge der Verletzungshandlung machen mußte,
wobei hauptsächlich[4] Aufwendungen zur Unterbindung der Verletzungshandlungen
(Rechtsverfolgungskosten) einerseits und Aufwendungen zur Beseitigung eingetretener
Folgen auf dem Markt (Marktverwirrung) andererseits zu unterscheiden sind[5].

a) Rechtsverfolgungskosten (Aufwendungen für eine vorprozessuale Abmahnung[6]), 3
Aufwendungen für sonstige vorbereitende Maßnahmen sowohl für den Unterlassungs-
als auch für den Schadensersatzprozeß, also beispielsweise die notwendige Einholung
von Rechtsrat, von Sachverständigengutachten, die Durchführung von Recherchen,
wiederholte Auskunfts- oder Zahlungsaufforderungen etc.) sind als Schaden ersatzfähig,
soweit sie erforderlich waren, schuldhaft verursacht und einem unmittelbar in seinen
Rechten Verletzten entstanden sind[7]. Dagegen hat der BGH entsprechende Auslagen
eines Verbands i. S. des § 13 Abs. 2 Nr. 2–4 UWG nicht als ersatzfähigen Schaden,
sondern lediglich als erstattungsfähige Aufwendungen gemäß §§ 686 f., 677 BGB angesehen[8].
Die Ersatz- (bzw. Erstattungs-)fähigkeit besteht auch insoweit, als die Aufwen-

---

1   BGHZ 44, 372, 374 = GRUR 1966, 375 – Meßmer-Tee II; BGHZ 57, 116, 117 = GRUR 1972,
    189 = WRP 1971, 520 – Wandsteckdose II; BGHZ 60, 168, 173 = GRUR 1973, 428 – Modeneuheit;
    BGH GRUR 1982, 489, 491 = WRP 1982, 518 – Korrekturflüssigkeit; zum Schadensbegriff
    näher Großkomm/*Köhler,* Vor § 13 UWG, B, Rdn. 303 ff. und *Baumbach/Hefermehl,*
    Einl. UWG, Rdn. 378 f.
2   BGH – Meßmer-Tee II und – Wandsteckdose II aaO.; *Leisse/Traub,* GRUR 1980, 1, 2; Großkomm/*Köhler,*
    Vor § 13 UWG, B, Rdn. 307.
3   Von anderen Fällen mittelbarer Schädigung – etwa Vermögenseinbußen durch erzwungene Betriebseinstellung
    und folgenden Unterwertverkauf des Betriebsvermögens o. ä. – kann hier abgesehen
    werden, da sie gegenüber dem allgemeinen Schadensersatzrecht keine spezifischen wettbewerbsrechtlichen
    Besonderheiten aufweisen.
4   Allerdings sind auch außerhalb dieser Gruppen Fallgestaltungen mit wettbewerbsrechtlichem
    Einschlag denkbar: so beispielsweise die Erstattung von vergebens aufgewendeten Kosten für die
    Vorbereitung der Benutzung eines Warenzeichens (vgl. BGHZ 52, 359 – Muschi-Blix, wo Anspruchsgrundlage
    jedoch ein Anwaltsvertrag war).
5   Vgl. zu beiden Formen BGH GRUR 1982, 489 = WRP 1982, 518 – Korrekturflüssigkeit
    m. w. N. und eingehend Großkomm/*Köhler,* Vor § 13 UWG, B, Rdn. 311–318.
6   Vgl. Großkomm/*Köhler,* Vor § 13 UWG, B, Rdn. 311; *Baumbach/Hefermehl,* Einl. UWG,
    Rdn. 553; näher dazu Kap. 41, Rdn. 82.
7   Vgl. im einzelnen Großkomm/*Köhler,* aaO., und LG Köln GRUR 1987, 741, 742 f.
8   BGHZ 52, 393, 399 = GRUR 1970, 189 = WRP 1970, 20 – Fotowettbewerb; BGH
    GRUR 1973, 384, 385 – Goldene Armbänder; BGH GRUR 1984, 691, 692 = WRP 1984, 405 –
    Anwaltsabmahnung; BGH, Urt. v. 4. 10. 1990 – I ZR 39/89, insoweit in GRUR 1991, 550 und
    in WRP 1991, 159 – Zaunlasur nicht mit abgedruckt, vgl. aber immerhin WRP 1991, 159, 160
    li. Sp. oben; h. M., aber auch streitig, vgl. im einzelnen dazu sehr eingehend Großkomm/*Kreft,*

dungen im Falle des Obsiegens im Prozeß gemäß §§ 91 ff. ZPO als Prozeßkosten erstattungsfähig sind[9]. Ob insoweit das Rechtsschutzbedürfnis für eine gesonderte klageweise Geltendmachung entfällt, ist streitig[10].

4   Die Aufwendungen für die Hinzuziehung eines Rechtsanwalts gehören im Regelfall zu den notwendigen und damit ersatzfähigen Kosten. Eine Ausnahme wird man – in entsprechender Anwendung der vom Bundesgerichtshof für die (unnötige) Hinziehung eines Rechtsanwalts durch einen Verband zur Abmahnung eines Störers aufgestellten Grundsätze[11] – in den Fällen machen, in denen es um Anwaltskosten für die Abmahnung in einem nicht außergewöhnlich schwierigen oder – etwa wegen des Charakters als Schutzrechtsverwarnung mit möglichen Schadensersatzkonsequenzen – problematischen Fall geht und verletzt nicht etwa – wie meist – ein kleiner oder mittlerer Gewerbetreibender ist, sondern ein größeres Unternehmen mit einer eigenen, mit Normalfällen des Wettbewerbsrechts einigermaßen vertrauten Rechtsabteilung. Einem solchen Unternehmen können, ebenso wie einem Wirtschaftsverband oder einem Verband zur Bekämpfung unlauteren Wettbewerbs – eine Abmahnung, nicht allerdings auch weitere Schritte im Falle der Erfolglosigkeit dieser Abmahnung, auch ohne Hinzuziehung eines Rechtsanwalts angesonnen werden.

5   b) Problematischer als der Schaden in der Form der Rechtsverfolgungskosten ist der sog. Marktverwirrungsschaden.

6   Der Begriff wird in der Rechtsprechung des Bundesgerichtshofs und in der Literatur immer wieder verwendet[12]. Bis auf andeutungsweise Erläuterungen[13] wurde er jedoch lange Zeit weder näher definiert noch dogmatisch begründet. Erst in jüngster Zeit ist – teils in Anknüpfung an und Widerlegung der von mir in der Vorauflage (Kap. 26, Rdn. 39 ff.) geübten Kritik – ein Versuch näherer Definition und dogmatischer Abstützung erfolgt[14], der – jedenfalls einigermaßen – zu überzeugen vermag.

Vor § 13 UWG, C, Rdn. 139 ff.; ferner *Baumbach/Hefermehl*, Einl. UWG, Rdn. 554 und 556.

9   BGHZ 66, 112, 114; Großkomm/*Köhler*, Vor § 13 UWG, B, Rdn. 311 m. w. N.; Großkomm/*Kreft,* Vor § 13 UWG, C, Rdn. 184.

10 Bejahend Großkomm/*Köhler*, aaO.; verneinend – unter Berufung auf BGH WM 1987, 247, 249 – Großkomm/*Kreft,* Vor § 13 UWG, C, Rdn. 184; näher dazu Kap. 41, Rdn. 90.

11 Vgl. BGH GRUR 1984, 691, 692 = WRP 1984, 405 – Anwaltsabmahnung; ferner auch schon OLG Frankfurt WRP 1982, 335, 337; OLG Hamburg WRP 1982, 477, 478 und im einzelnen Großkomm/*Kreft,* Vor § 13 UWG, C, Rdn. 13 m. w. N. sowie Kap. 41, Rdn. 91 ff.

12 Vgl. z. B. BGH GRUR 1954, 457, 459 – Irus/Urus; BGHZ 44, 372, 382 = GRUR 1966, 375 – Meßmer-Tee II; BGH GRUR 1972, 180, 183 = WRP 1972, 309 – Cheri; BGH GRUR 1973, 375, 378 = WRP 1973, 213 – Miss Petite (insoweit nicht in BGHZ 60, 206); BGH GRUR 1974, 84, 88 = WRP 1973, 578 – Trumpf; BGH GRUR 1975, 434, 438 – BOUCHET; BGH GRUR 1982, 489, 490 = WRP 1982, 518 – Korrekturflüssigkeit; BGH GRUR 1987, 364, 365 = WRP 1987, 466 – Vier-Streifen-Schuh (dazu auch *Ahrens,* BGH EWiR § 287 ZPO 1987, 729); BGH GRUR 1988, 776, 779 = WRP 1988, 665 – PPC; ferner Großkomm/*Köhler*, Vor § 13 UWG, B, Rdn. 312 ff.; *Baumbach/Hefermehl*, Einl. UWG, Rdn. 391; *Schramm*, GRUR 1974, 617; *Leisse/Traub,* GRUR 1980, 1, 6 ff., sämtlich m. w. N.

13 Vgl. z. B. BGH aaO. – Cheri; *Leisse/Traub,* GRUR 1980, 1, 7 ff.

14 Vgl. Großkomm/*Köhler*, Vor § 13 UWG, B, Rdn. 314.

34. Kapitel Die Schadensberechnung

Der Marktverwirrungsschaden – eine Form des »konkreten« Schadens[15] – ist, da sein Ersatz neben dem des entgangenen Gewinns gewährt wird[16], etwas anderes als die als Folge einer Marktverwirrung (natürlich) ebenfalls mögliche und häufig eintretende Gewinneinbuße. Der »Schaden« wird hier schon in einem vom Schädiger geschaffenen Zustand gesehen, der ein Recht oder auch nur das Ansehen des Betroffenen so beeinträchtigt, daß dadurch entweder unmittelbar – z. B. durch Entwertung eines Warenzeichens oder einer Firmenbezeichnung – oder mittelbar durch die hohe Wahrscheinlichkeit einer zu erwartenden, aber noch nicht eingetretenen Gewinnminderung eine Vermögenseinbuße bewirkt wird. *Köhler* (aaO. Fn. 14) verweist auf die Parallele zur Körperverletzung, die selbst auch noch keine unmittelbare Vermögenseinbuße darstellt, ungeachtet dessen aber eine (im Prozeß schon feststellbare, u. U. sogar zahlenmäßig auszudrückende) Schadensersatzpflicht, nämlich die Pflicht zum Ersatz der Heilungskosten (analog § 249 Satz 2 BGB), begründet[17].

Bei einem solchen – dogmatisch ungeachtet aller Begründungsversuche nicht unproblematischen, weil letztlich doch einen bloßen Störungszustand[18] zum Schaden umfunktionierenden – Schadensbegriff handelt es sich um etwas anderes als um eine Art »Vorverlegung« des Gewinneinbußeschadens oder um die Ermöglichung eines schätzweisen Ansatzes dieses Schadens bereits vor seiner Entstehung. Dies zeigt sich bei den sog. Marktentwirrungskosten, deren Erstattung in Form eines echten Schadensersatzes[19] den Sinn eines eigenständigen Marktverwirrungsschadensbegriffs am besten verdeutlicht. Allerdings darf dann »Marktverwirrungsschaden« nicht – wie von *Leisse/Traub*[20] – als »jener Schaden am Ansehen eines Produkts oder Wettbewerbers« angesehen werden, »der durch Gegenmaßnahmen nicht beseitigt werden konnte oder nicht beseitigt wurde«. Denn auch die Gegenmaßnahmen richten sich gegen die Marktverwirrung, und ihre Kosten, von deren Erstattungsfähigkeit als »Marktentwirrungskosten« auch *Leisse/Traub* (aaO.) zutreffend ausgehen, stehen in unmittelbarem Zusammenhang mit dem Marktverwirrungsschaden[21].

Als solche Kosten sind in der Rechtsprechung in erster Linie die Kosten gezielter Aufklärungs- und/oder Werbemaßnahmen des Betroffenen anerkannt worden, also solcher Maßnahmen, die direkt den verwirrenden, ansehensmindernden Auswirkungen der Verletzungshandlung begegnen sollen. Dazu gehören beispielsweise aufklärende

---

15 Vgl. BGH aaO. (Fn. 12) – Miss Petite und – Korrekturflüssigkeit; *Baumbach/Hefermehl*, Einl. UWG, Rdn. 391.
16 Vgl. z. B. BGH aaO. – Korrekturflüssigkeit.
17 Dies überzeugt, soweit es bei der Marktverwirrung gleichfalls um »Heilungs«- (= Entwirrungs-)kosten geht; zum verbleibenden Schwachpunkt der Parallele vgl. nachfolgend Rdn. 10.
18 Vgl. Kap. 26, Rdn. 38 f.
19 Mit Recht weist *Köhler* (aaO. Fn. 14) aber darauf hin, daß die Kosten der Marktentwirrung zwar als Schadensersatz verlangt werden können, von seinem – wohl zutreffenden – gedanklichen Ansatz, der unausgesprochen auch der der Rechtsprechung ist, her aber selbst nicht der Schaden sein können, die Ausdrucksweise in GRUR 1964, 392, 396 – Weizenkeimöl also schief ist.
20 GRUR 1980, 1, 7 unter insoweit unzutreffender Berufung auf BGHZ 44, 372, 380, 382 – Meßmer-Tee II.
21 Vgl. BGH GRUR 1982, 489, 490 unter b = WRP 1982, 518 – Korrekturflüssigkeit m. w. N.; Großkomm/*Köhler*, Vor § 13 UWG, B, Rdn. 316.

Schreiben (auch Rundschreiben in großer Zahl) an Adressaten einer Falschmeldung, direkte Werbemaßnahmen zu deren Richtigstellung u. ä.[22]. Auch die Kosten einer allgemeinen Steigerung des Werbeaufwands als Folge der Marktverwirrung können – u. U. anteilig – darunterfallen[23]; Voraussetzung ist jedoch grundsätzlich, daß ein für den Adressaten erkennbarer Bezug der aufklärenden Werbemaßnahme zur Verletzungshandlung besteht[24], auf den allenfalls dann (ausnahmsweise) verzichtet werden kann, wenn eine Richtigstellung schädigender Äußerungen auf der Ebene rationaler Argumente nicht mehr möglich ist[25].

10   Über solche Marktentwirrungskosten hinaus soll ein Marktverwirrungsschaden auch in der durch Gegenmaßnahmen nicht beseitigten und/oder nicht zu beseitigenden Diskreditierung liegen[26], etwa in der als Folge der Marktverwirrung bestehenbleibenden Entwertung eines Warenzeichens oder eines Firmenrechts, aber auch nur des Ansehens oder des Rufs eines Produkts oder Unternehmens[27]. Hier versagt nun sichtlich die von *Köhler* (aaO. Fn. 14) gezogene Parallele zum Körperschaden (vgl. vorstehend Rdn. 7). Daher zieht *Köhler* selbst in diesem Zusammenhang[28] eine andere, kühnere Parallele, nämlich die zum Ersatz des verbleibenden merkantilen Minderwerts beim Pkw. So verwegen die Parallele scheint, so zutreffend erweist sie sich bei näherem Zusehen. Wird bedacht, welche (dogmatischen) Schwierigkeiten die Begründung des merkantilen Minderwerts Rechtsprechung und Literatur (bekanntermaßen) bereitet hat und wie weitgehend entsprechende Anwendungen dieses Rechtsgedankens in anderen Rechtsbereichen abgelehnt worden sind, so wird deutlich, wie leicht es sich die Wettbewerbsrechtsprechung in dogmatischer Hinsicht bei der Konstruktion des Marktverwirrungsschadens gemacht hat und wie wenig der wettbewerbsrechtlichen Literatur die Bedenklichkeiten dieses ganz beiläufig und ohne nähere Begründung entwickelten Schadensbegriffs aufgefallen ist. Damit soll keineswegs gesagt werden, daß letzterer abgelehnt werden sollte. Im Ergebnis ist, da Schadensersatz im Wettbewerbsrecht ohnehin viel zu wenig (und zu kleinlich) gewährt wird[29], ein so erweiterter Schadensbegriff durchaus wünschenswert. Jedoch hätte man seine Probleme deutlicher erkennen und dann auch befriedigender lösen sollen, als es geschehen ist. Praktisch hat der Begriff des Marktverwirrungsschadens bisher – wegen der ausgesprochenen Engherzigkeit der Rechtsprechung bei Zuerkennung von Marktentwirrungskosten – relativ wenig gebracht, jedoch

---

22 Vgl. dazu weiter die Beispiele bei *Leisse/Traub*, aaO., S. 6 mit Belegen in Fn. 60.
23 Vgl. BGHZ 66, 182, 193 f. – Der Fall Bittenbinder.
24 BGHZ 70, 39, 44 = GRUR 1978, 187 = WRP 1978, 129 – Alkoholtest; BGH GRUR 1979, 804, 806 = WRP 1979, 636 – Falschmeldung; BGH GRUR 1982, 489, 490 = WRP 1982, 518 – Korrekturflüssigkeit; BGH GRUR 1986, 330, 332 – Warentest III; zu weitgehend noch OLG Koblenz GRUR 1979, 248, 249 = WRP 1979, 226, 228.
25 BGHZ 70, 39, 45 = GRUR 1978, 187 = WRP 1978, 129 – Alkoholtest; BGH aaO. – Korrekturflüssigkeit.
26 Insoweit ist die Definition *Leisse/Traubs*, aaO., S. 7 zutreffend; sie ist nur etwas zu eng.
27 Vgl. etwa BGHZ 44, 372, 382 = GRUR 1966, 375 – Meßmer-Tee II; Großkomm/*Köhler*, Vor § 13 UWG, B, Rdn. 318.
28 Großkomm/*Köhler*, Vor § 13 UWG, B, Rdn. 318.
29 Vgl. *Teplitzky*, GRUR 1987, 215 ff., aber neuestens auch BGH, Urt. v. 17. 6. 1992 – I ZR 107/90 – Tchibo/Rolex II mit Ansätzen zur Korrektur.

sicher dazu beigetragen, daß sich erst allmählich[30] die Erkenntnis durchsetzt, wie weitgehend die Marktverwirrung ein Störungszustand ist, dem man am wirksamsten durch eine – großzügigere – Handhabung des verschuldensunabhängigen Beseitigungsanspruchs begegnen könnte.

Auch der Marktverwirrungsschaden ist nach der herrschenden Meinung konkret zu berechnen bzw. durch eine auf konkrete Schäden abstellende Schätzung zu ermitteln; dem Vorschlag *Leisse/Traubs,* insoweit (und sogar zugleich auch für die Berechnung entgangenen Gewinns) zur Verbesserung der Gläubigerposition die Möglichkeit einer Berechnung auf der Basis fiktiver Marktentwirrungskosten zuzulassen, ist der Bundesgerichtshof nicht gefolgt[31].

2. Der entgangene Gewinn

Da der gesamte Wettbewerb seiner Natur nach darauf ausgerichtet ist, Geld zu verdienen, läuft ein wettbewerbsrechtlich bedeutsamer Schaden früher oder später immer darauf hinaus, daß dem Geschädigten ein Gewinn entgeht oder geschmälert wird. Ein rechtmäßiger[32] entgangener Gewinn ist nach § 252 Satz 1 BGB zu ersetzen. § 252 Satz 2 BGB bestimmt, daß als entgangener Gewinn derjenige gilt, der nach dem gewöhnlichen Lauf der Dinge oder nach den besonderen Umständen des Falles, insbesondere nach den getroffenen Anstalten und Vorkehrungen (z. B. einer erfolgversprechenden Werbung) mit Wahrscheinlichkeit erwartet werden konnte. Die Vorschrift des § 252 BGB paßt ihrem Wortlaut nach gut für das Wettbewerbsrecht; mit den »getroffenen Anstalten und Vorkehrungen« werden die Investitionen, Werbeaufwendungen, Ausstellungen, Vertretereinschaltungen usw. voll erfaßt. Gleichwohl läßt sich infolge der komplexen und undurchsichtigen Wirtschaftsvorgänge meist nur schwer sagen, was im Einzelfall konkret als entgangener Gewinn anzusetzen ist. Je kleiner ein Unternehmen ist, desto eher lassen sich hier Maßstäbe finden, so z. B. bei einem Straßenhändler, Kolonialwarenhändler, einem kleinen Betrieb. Aber schon bei Großhändlern, Handelsgesellschaften, erst recht aber bei Großunternehmen wie Kaufhäusern, Supermärkten oder Industrieunternehmen mit vielfältigem Produktionsprogramm ist ein entgangener Gewinn aus einer konkreten Verletzungshandlung kaum noch feststellbar.

Die Problematik des Ersatzes des entgangenen Gewinns ist somit nicht rechtlicher, sondern tatsächlicher Natur. Die Rechtsprechung versucht den tatsächlichen Schwierigkeiten des Gläubigers bei der Darlegung dieses Schadens bereits in verschiedener Weise Rechnung zu tragen, und zwar im wesentlichen auf vier Wegen:

a) Sie gewährt dem Schadensersatzgläubiger weitgehende Ansprüche auf Auskunft und/oder Rechnungslegung[33].

---

30 Vgl. jetzt in Anlehnung an die Vorauflage (dort Kap. 26, Rdn. 39 ff.) *Baumbach/Hefermehl,* Einl. UWG, Rdn. 391 a. E.; Großkomm/*Köhler,* Vor § 13 UWG, B, Rdn. 313 a. E.
31 Vgl. einerseits *Leisse/Traub,* aaO., S. 7 ff., andererseits BGH GRUR 1982, 489, 491 = WRP 1982, 518 – Korrekturflüssigkeit, letzterem zustimmend *Baumbach/Hefermehl,* Einl. UWG, Rdn. 391; differenzierend Großkomm/*Köhler,* Vor § 13 UWG, B, Rdn. 317.
32 Außer Betracht bleiben muß ein Gewinn, den der Betroffene nicht mit lauteren Mitteln erzielt hätte, BGH GRUR 1964, 392, 396 – Weizenkeimöl.
33 Dazu näheres in Kap. 38 f.

15   b) Sie stellt an die vom Gläubiger in der Regel zunächst – zur Unterbrechung der Verjährung und als Basis für Vergleichsgespräche – begehrte Feststellung einer Schadensersatzverpflichtung verhältnismäßig niedrige Anforderungen[34].

16   c) Sie wendet § 287 ZPO (Schadensschätzung) teilweise, wenngleich noch nicht häufig und mutig genug, extensiv an[35].

17   d) Sie hat zunehmend[36] zwei weitere Schadensberechnungsarten zugelassen, die mit der »konkreten« Berechnungsweise gem. den §§ 249 ff. BGB nichts mehr zu tun haben, sondern sich als sog. objektive[37] Schadensberechnungsarten an anderen Kriterien orientieren.

II. Die »objektive Schadensberechnung«

1. Die Zulässigkeit

18   Das Reichsgericht hat in ständiger Rechtsprechung – anknüpfend an eine noch nach dem Gemeinen Recht ergangene erste einschlägige Entscheidung (RGZ 35, 63, 67 ff.) und ohne deren Überprüfung im Hinblick auf die fünf Jahre später in Kraft getretene BGB-Regelung[38] – für Fälle der Verletzung ausschließlicher Immaterialgüterrechte (Patent-, Gebrauchs- und Geschmacksmusterrechte, Urheberrecht) dem Verletzten die Möglichkeit eröffnet, ohne Nachweis der Kausalität zwischen Rechtsverstoß und Schaden sowie der Schadenshöhe Schadensersatz in Form der Zahlung einer angemessenen Lizenz oder in Form der Herausgabe des Verletzergewinns geltend zu machen[39].

19   Der Bundesgerichtshof hat diese Rechtsprechung – unter Berufung auf ihre mittlerweile gewohnheitsrechtliche Anerkennung – zunächst für Patentverletzungen[40], Urhe-

---

34 Dazu näheres in Kap. 52, Rdn. 29.
35 Dazu näheres in Kap. 52, Rdn. 30–38.
36 Der Ausweitungsprozeß dürfte jedoch – insoweit ist *Leisse/Traub,* GRUR 1980, 1, 2 zustimmen – seine dogmatisch gezogenen Grenzen erreicht haben und daher jetzt im wesentlichen abgeschlossen sein.
37 Zum Begriff und seiner Entstehung und zu seiner Kritik wegen mangelnder Trennschärfe vgl. *Leisse/Traub,* GRUR 1980, 1 in Fn. 9; sehr eingehend jetzt Großkomm/*Köhler,* Vor § 13 UWG, B, Rdn. 321-351, und Großkomm/*Teplitzky,* § 16 UWG, Rdn. 495–507; vgl. auch *Baumbach/Hefermehl,* Einl. UWG, Rdn. 381, 383 f.
38 Mit der die gesamte Rechtsprechung streng genommen dogmatisch unvereinbar ist, so daß sie nur als »Ergänzung« oder »Weiterentwicklung« des allgemeinen Schadensersatzrechts des BGB verstanden werden kann; vgl. dazu beispielsweise *Pietzner,* GRUR 1972, 151, 153 ff. m. w. N.. Sie ist inzwischen jedoch zum Gewohnheitsrecht erstarkt (vgl. BGHZ 77, 16, 26 – Tolbutamid; Großkomm/*Köhler,* Vor § 13 UWG, B, Rdn. 321, und Großkomm/*Teplitzky,* § 16 UWG, Rdn. 496; kritisch hinsichtlich der Zuordnung zum Schadensersatzrecht – statt zum Bereicherungsrecht – jedoch MünchKomm/*Lieb,* § 812 BGB, Rdn. 216.
39 RGZ 46, 14, 17 f.; RGZ 50, 111, 115 f.; RGZ 84, 370, 376 f.; RGZ 95, 220; RGZ 130, 108, 109 f.; RGZ 156, 65, 67 – Scheidenspiegel; vgl. dazu auch *Leisse/Traub,* GRUR 1980, 1 in Fn. 1.
40 BGH GRUR 1962, 401, 402 – Kreuzbodenventilsäcke III.

34. Kapitel Die Schadensberechnung

berrechtsverletzungen[41], Geschmacksmusterverletzungen[42] und Gebrauchsmusterverletzungen[43] fortgesetzt und sodann die Zulässigkeit dieser Formen der Schadensberechnung[44] Schritt um Schritt ausgeweitet auf Kennzeichnungsrechtsverletzungen[45] sowie auf Verletzungen von Rechtsstellungen, die durch die Art und den Umfang des wettbewerbsrechtlich[46] gewährten Schutzes dem Immaterialgüterrechtsschutz angenähert sind bzw. – so der Bundesgerichtshof[47] – dem Immaterialgüterrechtsschutz vergleichbare Positionen zur eigenen Gewinnerzielung darstellen[48]. Solche Rechtsstellungen wurden in Fällen wettbewerbswidriger sklavischer Nachahmungen[49] und bei der Benutzung fremder Vorlagen, Geschäftsgeheimnisse und technischen Know-hows[50] angenommen.

Die Nähe zu den ausschließlichen Immaterialgüterrechten ergibt sich bei diesen Rechtspositionen aus dem Alleinnutzungsrecht des Berechtigten und seiner gegenüber jedermann durchsetzbaren Ausschließungsbefugnis[51]. Wo es an diesen Kriterien fehlt – d. h. praktisch für das gesamte übrige Feld der Wettbewerbsrechtsverstöße – hat der Bundesgerichtshof die – in der Literatur teilweise befürwortete[52] – Anwendung der beiden zusätzlichen Berechnungsarten stets abgelehnt[53].

---

41 BGH GRUR 1959, 379, 383 – Gasparone; vgl. jetzt § 97 Abs. 1 Satz 2 UrhG.
42 BGH GRUR 1963, 640, 642 – Plastikkorb; BGH GRUR 1975, 85, 86 = WRP 1974, 620 – Clarissa; vgl. jetzt § 14 a Abs. 1 Satz 2 GeschmMG.
43 BGHZ 82, 299 = GRUR 1982, 301 – Kunststoffhohlprofil II.
44 Daß es sich nur um solche, nicht dagegen um jeweils selbständige Anspruchsgrundlagen handelt, ist vom Bundesgerichtshof wiederholt klargestellt worden; vgl. BGHZ 57, 116, 118 = GRUR 1972, 189 = WRP 1971, 520 – Wandsteckdose II – m. w. N.; ebenso Großkomm/*Köhler*, Vor § 13 UWG, B, Rdn. 325; *Pietzner*, GRUR 1972, 151, 157 f.
45 BGHZ 34, 320 = GRUR 1961, 354 = WRP 1961, 228 – Vitasulfat; BGHZ 44, 372, 376 = GRUR 1966, 375 – Meßmer-Tee II; BGH GRUR 1987, 364, 365 = WRP 1987, 466 – Vier-Streifen-Schuh (Warenzeichenverletzungen); BGHZ 60, 206, 209 = GRUR 1973, 375 = WRP 1973, 213 – Miss Petite (Namens- oder Firmenrechtsverletzungen; vgl. zu solchen auch schon *Pietzner*, GRUR 1972, 151 ff.).
46 Die Ausweitung der Berechnungsarten auch auf Persönlichkeitsrechtsverletzungen (vgl. dazu die Nachweise bei *Leisse/Traub*, aaO. in Fn. 5) bleibt hier wegen ihrer geringen Relevanz für das in diesem Buch behandelte wettbewerbliche Schadensersatzrecht außer Betracht.
47 BGHZ 60, 168, 173 = GRUR 1973, 478 – Modeneuheit; BGH GRUR 1977, 539, 541 = WRP 1977, 332 – Prozeßrechner.
48 So auch *Leisse/Traub*, aaO., S. 1.
49 BGHZ 57, 116, 121 f. = GRUR 1972, 189 = WRP 1971, 520 – Wandsteckdose II; BGHZ 60, 168, 172 = GRUR 1973, 478 – Modeneuheit; BGH GRUR 1981, 517, 520 = WRP 1981, 514 – Rollhocker; BGH GRUR 1991, 914 f – Kastanienmuster; BGH (wie Fn. 29) – Tchibo/Rolex II.
50 BGH GRUR 1960, 554, 556 = WRP 1960, 277 – Handstrickverfahren (Vorlagenfreibeuterei nach § 18 UWG); BGH GRUR 1977, 539, 541 f. = WRP 1977, 332 – Prozeßrechner; BAG AP § 611 BGB Nr. 4 (Betriebsgeheimnis, § 17 UWG); vgl. weiter auch *v. Gamm*, UWG, § 1, Rdn. 321 auf S. 205.
51 BGHZ 57, 116, 118 f. = GRUR 1972, 189 = WRP 1971, 520 – Wandsteckdose II; kritisch zu diesem Begründungsansatz *Baumbach/Hefermehl*, Einl. UWG, Rdn. 386.
52 *Loewenheim*, ZHR 135, 97, 136 f.
53 Vgl. zur näheren Begründung BGHZ 57, 116, 120 = GRUR 1972, 189 = WRP 1971, 520 – Wandsteckdose II; im Ergebnis ebenso bereits BGH GRUR 1965, 313, 314 = WRP 1965, 104 –

2. Das Verhältnis der drei Berechnungsarten zueinander

21 Aus der terminologischen Gegenüberstellung der beiden »objektiven« Berechnungsarten[54] einerseits und des konkreten Schadens andererseits[55] sowie aus der Betonung der Wahlmöglichkeit zwischen den Berechnungsarten[56] könnte der Schluß gezogen werden, daß durch die Wahl einer »objektiven« Berechnungsart die (zusätzliche) Geltendmachung jeglichen konkret berechneten Schadens – also nicht nur des entgangenen Gewinns, sondern auch des positiven Schadens, der durch Rechtsverfolgung und/oder Marktverwirrung entstanden ist – ausgeschlossen sei. Diese Folgerung findet sich tatsächlich in einer (einzigen) Entscheidung des Bundesgerichtshofs, wo unter Berufung auf die Unzulässigkeit der Verquickung verschiedener Berechnungsarten der geltend gemachte Ersatz von Rechtsverfolgungskosten neben dem (fiktiven) Lizenzschaden abgelehnt worden ist[57].

22 Diese Konsequenz entspricht jedoch nicht dem ursprünglichen Sinn und Zweck der zusätzlichen Berechnungsarten – Ausgleich der Schwierigkeit, ja Unmöglichkeit der Berechnung gerade (und meist nur) des entgangenen Gewinns –, sondern – wie *Leisse/ Traub* (aaO., S. 3 f.) überzeugend nachgewiesen haben – auch nicht der ganzen übrigen Rechtsprechung des Reichsgerichts und des Bundesgerichtshofs, in der in der Regel nur (zutreffend) vom Verbot der Verquickung der Berechnung nach dem entgangenen Gewinn einerseits und der objektiven Berechnung andererseits die Rede ist[58] und wo insbesondere in mehreren Entscheidungen[59] ausgesprochen worden ist, daß auch bei Geltendmachung eines »objektiv« berechneten Schadens zusätzlich ein Marktverwir-

---

Umsatzauskunft; zustimmend *v. Gamm*, UWG, § 1, Rdn. 321; zum Meinungsstand i. d. Literatur vgl. auch *Leisse/Traub*, aaO., Fn. 8. Eingehend ferner *Baumbach/Hefermehl*, Einl. UWG, Rdn. 386.

54 Zu deren dogmatischen Einordnung (und zur Kritik des schadensersatzrechtlichen – (statt eines bereicherungsrechtlichen) – Lösungsansatzes) vgl. Großkomm/*Köhler*, Vor § 13 UWG, B, Rdn. 325–328 m. w. N..

55 Vgl. dazu *Leisse/Traub*, GRUR 1980, 1, 2 mit Nachweisen in Fn. 18; Großkomm/*Köhler*, Vor § 13 UWG, B, Rdn. 321.

56 RGZ 156, 65, 67 – Scheidenspiegel; BGH GRUR 1962, 401, 402 – Kreuzbodenventilsäcke III; BGH GRUR 1966, 375, 379 – Meßmer-Tee II (insoweit nicht in BGHZ 44, 372); Großkomm/*Köhler*, Vor § 13 UWG, B, Rdn. 350; Großkomm/*Teplitzky*, § 16 UWG, Rdn. 498.

57 BGH GRUR 1977, 539, 543 = WRP 1977, 332 – Prozeßrechner; die dort zitierte Entscheidung BGH GRUR 1962, 580 – Laux-Kupplung II befaßt sich nur mit dem Verbot der Vermischung der Berechnung nach dem entgangenen Gewinn mit den beiden objektiven Berechnungsarten, gegen das nichts einzuwenden ist.

58 Vgl. dazu beispielsweise RGZ 156, 65, 68 f. – Scheidenspiegel; BGH GRUR 1962, 509, 511 r. Sp. – Dia-Rähmchen II; BGH GRUR 1962, 580, 582 – Laux-Kupplung II; aber auch schon BGH GRUR 1962, 401, 402 li. Sp. – Kreuzbodenventilsäcke III; eingehend dazu *Leisse/ Traub*, aaO., S. 3.

59 BGHZ 44, 372, 380, 382 = GRUR 1966, 375 – Meßmer-Tee II; BGH GRUR 1973, 375, 378 = WRP 1973, 213 – Miss Petite (insoweit nicht in BGHZ 60, 206 ff. abgedruckt). BGH GRUR 1975, 85, 87 = WRP 1974, 620 – Clarissa; *v. Gamm*, UWG, § 1, Rdn. 321 auf S. 205.

rungsschaden – also ein »konkreter Schaden[60] – ersetzt werden kann. Auf den Widerspruch dieser – im Prozeßrechner-Fall nicht etwa bewußt aufgegebenen – Rechtsprechung zur Entscheidung dieses Einzelfalles weisen *Leisse/Traub* (aaO., S. 2 f.) zutreffend hin. Wird weiter beachtet, daß in einer späteren Entscheidung des BGH (BGHZ 77, 16, 25 – Tolbutamid) sogar ausgeführt ist, daß bei Schadensliquidation nach Lizenzgrundsätzen die Geltendmachung eines darüber hinausgehenden Schadens, z. B. eines die angemessene Lizenz überschreitenden Gewinns (!), nicht ausgeschlossen sei, und daß in derselben Entscheidung ungeachtet dessen kurz darauf wieder das Verbot der »Vermengung« der Berechnungsarten erwähnt und bekräftigt wird, so wird deutlich, daß Inhalt und Umfang des tatsächlich anzuerkennenden Verquickungsverbots einer näheren Bestimmung bedürfen.

Diese kann man jedoch unschwer mit Hilfe eines einheitlichen Grundgedankens zweier maßgeblicher Entscheidungen des BGH[61] treffen, und zwar dahin, daß die Verquickung stets – aber auch nur dann – ausgeschlossen ist, wenn es sich um die Berechnung ein- und desselben Schadens handelt. Daher kann, ohne daß gegen das Verquickungsverbot verstoßen wird, *neben* der Lizenzanalogie jeder Schaden geltend gemacht werden, der vom Inhalt und Wesen einer (fingierten) Lizenz nicht erfaßt wird[62], und neben dem Verletzergewinn jeder Schaden, den letzterer seinem Wesen nach nicht einschließt[63]. Dazu gehört nicht nur – wie noch zu zeigen sein wird: teilweise – der vom BGH selbst[64] als außerhalb des Lizenzverhältnisses liegend bezeichnete Marktverwirrungsschaden sowie u. U. sogar ein vom Wesen der Lizenz nicht erfaßter zusätzlicher Gewinnausfall (BGH aaO. – Tolbutamid), sondern – eigentlich selbstverständlich – der positive Schaden, der durch Kosten einer notwendigen Rechtsverfolgung entsteht; denn solche Kosten werden weder vom Wesen der Lizenz noch vom Verletzergewinn erfaßt[65].

Andererseits muß jedoch, wenn mit dem BGH (vgl. Fn. 61) und der neueren Literatur (Fn. 62) entscheidend darauf abgestellt wird, ob und wie weit der Schaden inhaltlich und wesensmäßig von der Lizenzanalogie erfaßt wird, auch die der Rechtsprechung

---

60 BGH GRUR 1973, 375, 378 = WRP 1973, 213 – Miss Petite (insoweit nicht in BGHZ 60, 206); BGH GRUR 1982, 489, 491 = WRP 1982, 518 – Korrekturflüssigkeit; vgl. auch *Leisse/Traub,* aaO., S. 4.
61 BGHZ 44, 372, 382 = GRUR 1966, 375 – Meßmer Tee II; BGHZ 77, 16, 25 = GRUR 1980, 841 – Tolbutamid; vgl. auch im einzelnen schon Großkomm/*Teplitzky,* § 16 UWG, Rdn. 504 ff.
62 BGH aaO.; Großkomm/Teplitzky, § 16 UWG, Rdn. 507; ähnlich auch Großkomm/*Köhler,* Vor § 13 UWG, B, Rdn. 351.
63 Großkomm/*Köhler,* Vor § 13 UWG, B, Rdn. 351.
64 Vgl. BGHZ 44, 372, 382 = GRUR 1966, 375 – Meßmer Tee II; ferner auch BGH GRUR 1973, 375, 378 = WRP 1973, 213 – Miss Petite (insoweit nicht in BGHZ 60, 206).
65 Großkomm/*Köhler,* Vor § 13 UWG, B, Rdn. 351; *Leisse/Traub,* GRUR 1980, 1, 2–4; mit der insoweit entgegenstehenden Entscheidung GRUR 1977, 539, 543 = WRP 1977, 332 – Prozeßrechner hat der BGH – im Rahmen einer bloßen »Segelanweisung« für das Berufungsgericht wohl versehentlich – die Grenzen der im übrigen ganz einheitlichen und schlüssigen Systematik seiner eigenen Rechtsprechung (einmalig) überschritten. Die Entscheidung sollte daher in diesem Punkt korrigiert werden (vgl. dazu auch schon Großkomm/*Teplitzky,* § 16 UWG, Rdn. 507).

(vgl. Fn. 64) allgemein und bislang weitgehend kritiklos entnommene These[66] eingeschränkt werden, daß neben den objektiven Schadensberechnungen auch der (volle) Marktverwirrungsschaden geltend gemacht werden könne. Denn auch die Geltendmachung eines Marktverwirrungsschadens ist insoweit ausgeschlossen, als dieser wesensmäßig von der Lizenzanalogie erfaßt wird[67]. Diese kann durchaus eine gewisse Marktverwirrung mitabdecken, nämlich insoweit, als letztere auch bei der (fingierten) Gewährung einer Lizenz zwangsläufig eingetreten wäre; (man denke etwa an eine durch die Lizenz erlaubte Mitverwendung einer Kennzeichnung, die auch Werbung für diese und damit eine gewisse Verwirrung im Markt einschließt). Solche auch mit einer Lizenz verbundenen Folgen können nicht als außerhalb ihres Wesens liegender zusätzlicher Schaden angesehen werden[67].

3. Das Wahlrecht des Gläubigers

25 Bei den drei Berechnungsarten handelt es sich nach h. M. nur um verschiedene Liquidationsformen eines einheitlichen Schadensersatzanspruchs, nicht aber um verschiedene Ansprüche mit unterschiedlichen Grundlagen, so daß kein Wahlschuldverhältnis i. S. des § 262 BGB vorliegt[68]. Das Wahlrecht steht somit nicht dem Schuldner, sondern dem Gläubiger zu. Es erlischt auch nicht (wie das des Schuldners gemäß § 263 BGB) schon mit der Geltendmachung des Schadens nach einer der drei Berechnungsarten, sondern erst, wenn der Schuldner einem solchen Verlangen durch Erfüllung nachgekommen oder der Anspruch des Gläubigers nach einer der Berechnungsarten rechtskräftig zuerkannt ist[69]. Demgemäß kann der Gläubiger nicht nur nach Erhebung einer Auskunfts- und/oder Schadensersatzfeststellungsklage[70], sondern auch noch im Verlauf einer Schadensersatzleistungsklage – und sogar noch in bereits fortgeschrittenen Prozeßstadien, etwa nach Zurückverweisung durch das Revisionsgericht[71] – von einer auf die andere Berechnungsart übergehen oder hilfsweise die eine im Verhältnis zur an-

---

66 Vgl. *Baumbach/Hefermehl*, Einl. UWG, Rdn. 383, und § 16 UWG, Rdn. 159; *ders.*, WZG, § 24, Rdn. 31; Großkomm/*Köhler*, Vor § 13 UWG, B, Rdn. 351; *Preu*, GRUR 1979, 753, 756.
67 Vgl. Großkomm/*Teplitzky*, § 16 UWG, Rdn. 505; zutreffend differenzierend auch *v. Gamm*, Geschmacksmustergesetz, 2. Aufl., § 14 a Rdn. 33.
68 BGHZ 57, 116, 118 = GRUR 1972, 189 = WRP 1971, 520 – Wandsteckdose II; BGH GRUR 1972, 180, 183 f. = WRP 1972, 309 – Cherie; BGH GRUR 1977, 539, 542 = WRP 1977, 332 – Prozeßrechner; BGH ZIP 1992, 642 – Pullovermuster; Großkomm/*Köhler*, Vor § 13 UWG, B, Rdn. 350 m. w. N.; *Pietzner*, GRUR 1972, 151, 157 f.
69 BGH GRUR 1966, 375, 379 – Meßmer Tee II, insoweit nicht in BGHZ 44, 372; BGH GRUR 1974, 53, 54 = WRP 1973, 520 – Nebelscheinwerfer; BGHZ 82, 299, 305 = GRUR 1982, 301 – Kunststoffhohlprofil II; BGH (wie Fn. 29) – Tchibo/Rolex II; Großkomm/*Köhler*, Vor § 13 UWG, B, Rdn. 350; *v. Gamm*, UWG, § 1, Rdn. 321.
70 Vgl. BGH GRUR 1966, 375, 379 – Meßmer Tee II, insoweit nicht in BGHZ 44, 372; insoweit übereinstimmend auch BGH GRUR 1977, 539, 542 f. = WRP 1977, 332 – Prozeßrechner; ferner Großkomm/*Köhler*, Vor § 13 UWG, B, Rdn. 350.
71 Vgl. BGH GRUR 1962, 509, 512 r. Sp. – Diarähmchen II; BGHZ 82, 299, 305 – Kunststoffhohlprofil II; aber auch schon RG GRUR 1938, 836, 839 (i. V. mit den dort auf S. 837 wiedergegebenen Entscheidungsgründen des Berufungsgerichts) – Rußbläser.

34. Kapitel Die Schadensberechnung

deren geltend machen[72]. Begründet wird dies in der Rechtsprechung vor allem und zutreffend mit der Erwägung, daß es dem Gläubiger möglich sein müsse, auf Änderungen der Sach- und Beweislage zu reagieren, die sich oft erst aus dem Prozeßvorbringen des Schuldners ergeben werden, und daß eine solche Reaktion auch und gerade durch den Übergang von einer auf die andere Berechnungsweise erfolgen könne[73].

In gewissem Widerspruch zur bisher zitierten Rechtsprechung und ihrer Begründung steht wiederum die Prozeßrechner-Entscheidung des BGH[74], in der eine Festlegung des Gläubigers bereits in der Stellung eines konkret auf Zahlung eines Lizenzpauschbetrags gerichteten Antrags gesehen worden ist. Die Literatur hat teilweise[75] – einschließlich der Vorauflage dieses Werks – diese Entscheidung allzu kritiklos hingenommen, ohne hinreichend zu beachten, daß die maßgeblichen Ausführungen des Urteils – lediglich als Schlußhinweis an das Berufungsgericht gerichtet, an das zurückverwiesen worden ist, und außerdem nur neben einer zusätzlichen Begründung für die bereits aufgezeigten anderen Bedenken gegen Ausführungen des Berufungsgerichts gegeben – weder auf den Widerspruch zur vorangegangenen Rechtsprechung noch auf deren tragende Begründung eingehen[76]. Mit der zitierten Entscheidung Tchibo/Rolex II hat der BGH jetzt seine Rechtsprechung wieder gerade gerückt.

4. Die praktische Handhabung der objektiven Berechnungsarten

a) Die Berechnung nach fiktiven Lizenzgebühren (Lizenzanalogie)
Es handelt sich um eine abstrakte Berechnungsart, deren gedanklicher Ausgangspunkt zwar darin liegt, daß normalerweise eine Lizenz erteilt worden wäre, deren (fiktiver) Ertrag dem Verletzten zugute kommen soll, die aber ihrer normativen Zielsetzung nach nicht voraussetzt, daß es bei korrektem Verhalten des Verletzers tatsächlich zum Abschluß eines Lizenzvertrags gekommen wäre[77]. Erforderlich ist jedoch, daß nach der Lebenserfahrung der Eintritt eines Vermögensschadens zu erwarten ist[78]. Insoweit tritt keine Fiktionswirkung ein.

---

72 So – jetzt eindeutig karstellend – BGH (wie Fn. 29) – Tchibo/Rolex II m.w.N.; ferner eingehend Großkomm/*Teplitzky*, § 16 UWG, Rdn. 499.
73 Vgl. BGH aaO. – Diarähmchen II und BGH aaO. – Meßmer Tee II; BGH GRUR 1974, 53, 53 f. = WRP 1973, 520 – Nebelscheinwerfer; BGH aaO. – Tchibo/Rolex II; ferner Großkomm/*Teplitzky*, § 16 UWG, Rdn. 500; *Pietzner*, GRUR 1972, 151, 158.
74 BGH GRUR 1977, 539, 542 f. = WRP 1977, 332 – Prozeßrechner.
75 Vgl. Vorauf. Kap. 34, Rdn. 25; Großkomm/*Köhler*, Vor § 13 UWG, B, Rdn. 350; mit Recht a. A. dagegen *Preu*, GRUR 1979, 753, 761 und *Brandner*, GRUR 1980, 359, 363.
76 Vgl. dazu auch schon Großkomm/*Teplitzky*, § 16 UWG, Rdn. 499 f.
77 BGHZ 44, 372, 379 f. = GRUR 1966, 375 – Meßmer Tee II; BGH aaO. – Tchibo/Rolex II; eingehend zum fiktiven Charakter einer solchen Lizenz auch BGH GRUR 1990, 1008, 1009 – Lizenzanalogie; ferner Großkomm/*Köhler*, Vor § 13 UWG, B, Rdn. 331; Großkomm/*Teplitzky*, § 16 UWG, Rdn. 497; *Baumbach/Hefermehl*, Einl. UWG, Rdn. 383. Unerheblich ist, daß der Rechtsinhaber einzelnen Dritten die Nutzung des Rechts ohne Lizenz gestattet hat (BGH GRUR 1984, 820, 822 = WRP 1984, 678 – Intermarkt II).
78 Vgl. neuestens BGH aaO. – Tchibo/Rolex II; ferner Großkomm/*Köhler*, Vor § 13 UWG, B, Rdn. 330 m. w. N.

28 Zulässig ist die Berechnung sowohl einer Pauschallizenzgebühr[79] als auch – nach der Rechtsprechung der Regelfall – einer Stücklizenz[80] (in der Regel zwischen 2 bis 5 %[81]), die vom Bruttoerlös (so BGH aaO. – Wandsteckdose II) bzw. vom Fabrikabgabepreis des Verletzers zu berechnen sein soll[82]. Dagegen wird in der Literatur teilweise eingewendet, daß der Fabrikabgabepreis des Verletzers in der Regel als Folge seiner durch die Verletzungshandlung geschaffenen Vorzugssituation niedriger sein wird als der Abgabepreis eines korrekt verfahrenden Lizenznehmers, der bei echter Lizenz der Ausgangspunkt der Berechnung wäre[83]. Jedoch weist *Köhler* (Großkomm aaO., Rdn. 334) zutreffend darauf hin, daß bei Wahl des regelmäßig höheren Abgabepreises des Verletzten als Grundlage nicht mehr ohne weiteres der erzielte Umsatz zugrunde gelegt werden dürfte, da dessen Höhe häufig das Ergebnis bzw. der Erfolg gerade des niedrigeren Preises sein wird, und daß man sich damit allzu sehr in den Bereich des Spekulativen begeben müßte.

29 Mit etwas größerer Berechtigung wird dagegen in der Kritik der Rechtsprechung darauf verwiesen, daß durch deren Berechnungsweise der Schutzrechtsverletzer gegenüber dem rechtstreu Handelnden deutlich begünstigt werde, da er schlimmstenfalls nur das gleiche wie letzterer zu zahlen habe – und dies meist sogar erst mit einer die anderweite Kapitalnutzung ermöglichenden Verzögerung –, zusätzlich aber die Chance habe, die Lizenzzahlung ganz zu vermeiden[84].

30 Dem zum Ausgleich dieses Verletzervorteils von der Literatur (aaO.) vorgeschlagenen »Verletzerzuschlag« hat der BGH jedoch wegen seiner dem deutschen Schadensersatzrecht unbekannten »Straffunktion« abgelehnt[85]. Er läßt jedoch neuerdings zum Ausgleich eines im Einzelfall feststellbaren[86] Verletzervorteils eine – allerdings an den Umständen des Einzelfalls orientierte – Erhöhung der normalerweise angemessenen

---

79 Vgl. Großkomm/*Köhler,* Vor § 13 UWG, B, Rdn. 333.
80 BGH GRUR 1972, 189, 191 = WRP 1971, 520 – Wandsteckdose II (insoweit in BGHZ 57, 116, 123 nicht näher ausgeführt); Großkomm/*Köhler,* aaO. m. w. N. in Fn. 192.
81 *Baumbach/Hefermehl,* Einl. UWG, Rdn. 383; *Pietzcker,* GRUR 1975, 55, 56 (beide gegen den bisherigen Berechnungssatz der Rechtsprechung. Mit Recht weist jedoch Großkomm/*Köhler* (aaO. Rdn. 336) darauf hin, daß es ganz auf die Umstände des Einzelfalls ankommt und der BGH bislang Sätze zwischen 1 % (BGH aaO. – Meßmer Tee II) und 8 % (BGH aaO. – Tolbutamid) zugesprochen hat; vgl. aber auch den Sonderfall BGH aaO. – Tchibo/Rolex II.
82 BGHZ 44, 372, 380 = GRUR 1966, 375 – Meßmer Tee II; BGH GRUR 1975, 85, 87 = WRP 1974, 620 – Clarissa.
83 Vgl. *Baumbach/Hefermehl* und *Pietzcker* aaO.; Voraufl. Kap. 34, Rdn. 27.
84 *Pietzcker,* aaO., S. 55 f. und in GRUR Int. 1979, 343 f.; *Kraßer,* GRUR Int. 1980, 259, 265; *Körner,* GRUR 1983, 611, 612; *Ahrens,* S. 95 f. m. w. N.; *Assmann,* BB 1985, 15, 20; eine umfassende Auflistung der Verletzervorteile findet sich bei Großkomm/*Köhler,* Vor § 13 UWG, B, Rdn. 339, der aaO. jedoch auch auf Nachteile des Verletzers hinweist, die die Rechtsprechung mitberücksichtigt hat (vgl. BGHZ 77, 16, 26 f. = GRUR 1980, 841 – Tolbutamid und BGHZ 82, 310, 316 = GRUR 1982, 286 – Fersenabstützvorrichtung).
85 Vgl. BGHZ 77, 16, 26 f. = GRUR 1980, 841, 844 – Tolbutamid; BGH aaO. – Fersenabstützvorrichtung; jetzt zustimmend *Körner,* Festschrift für *E. Steindorff,* S. 877, 887. *Lehmann* (BB 1988, 1680, 1681) möchte dagegen einer Präventionsfunktion des Deliktsrechts bei der Schadensberechnung stärkere Geltung verschaffen als bisher.
86 Vgl. dazu (und vor allem zur einschränkenden Bedeutung) im einzelnen *Körner,* GRUR 1983, 611 f.

34. Kapitel Die Schadensberechnung

Lizenzgebühr zu[87] und gewährt – insoweit wohl auch ohne Nachweis eines konkreten Verletzervorteils[88] – die Erstattung der sog. aufgelaufenen Zinsen[89].
Die Lizenzgebühr selbst – ohne den evtl. Zuschlag – richtet sich nach den höchstrichterlichen Grundsätzen ihrerseits nach dem Verkehrswert des verletzten Ausschlußrechts – bei Warenzeichen daher nach dem Bekanntheitsgrad und dem Ruf des Zeichens (BGHZ 44, 372, 381 – Meßmer Tee II) – und nach der Nähe im Falle der Nachbildung[90]. Beim Verkehrswert kann bedeutsam sein, ob es sich um ein kompliziertes Erzeugnis mit entsprechender Gestaltungshöhe oder um ein einfaches Standarderzeugnis handelt, ferner auch, ob es sich um eine echte Immaterialgüterrechtsposition oder um eine lediglich wettbewerbsrechtlich geschützte Formgebung handelt[91] und ob die Rechtsposition unbeeinträchtigt oder schon duch andere Nachahmungen (oder Lizenzen) geschwächt ist (BGH wie Fn. 29 – Tchibo/Rolex II). Mit der Nähe der Nachbildung ist auch der Grad der Verwechslungsgefahr angesprochen, der sich seinerseits nicht nur nach dem Bekanntheitsgrad und Ruf des nachgeahmten Erzeugnisses, evtl. auch nach seiner Einzigartigkeit bzw. Alleinstellung, sondern auch nach der Intensität der Anlehnung und damit u. U. auch nach der Hartnäckigkeit der Verletzertätigkeit bestimmen kann[92]. Generell wird der Lizenzsatz bei Verletzungen eines Warenzeichens niedriger anzusetzen sein als bei einer Urheber- oder Musterrechtsverletzung[93].

87 BGH GRUR 1980, 841, 844 – Tolbutamid (insoweit nicht in BGHZ 77, 16) und BGHZ 82, 310, 316 f. = GRUR 1982, 286 – Fersenabstützvorrichtung; zur Übertragung des Grundsatzes auf die Warenzeichenlizenz vgl. *Körner*, GRUR 1983, 611, 613 und in Festschrift für *E. Steindorff*, S. 877, 893, der (aaO. GRUR S. 614 sowie in Festschrift für *E. Steindorff*, S. 877, 888 ff.) auch Vorschläge zur Bemessung der jeweiligen Lizenzzuschläge macht; für Differenzierung (auch) nach dem Verschuldensgrad Großkomm/*Köhler*, Vor § 13 UWG, B, Rdn. 341 unter Hinweis auf § 139 Abs. 2 Satz 2 PatG, § 15 Abs. 2 Satz 2 GebrMG und § 14 a Abs. 1 Satz 3 GeschmMG, deren analoge Anwendung er allerdings nicht für statthaft hält.
88 So wohl zu Recht *Pietzcker* in Anm. zu BGH GRUR 1982, 301 – Kunststoffhohlprofil II auf S. 304; *Körner*, GRUR 1983, 611, 613.
89 BGHZ 82, 310, 321 = GRUR 1982, 286 – Fersenabstützvorrichtung; BGHZ 82, 299, 309 f. = GRUR 1982, 301 – Kunststoffhohlprofil II; zustimmend und mit wertvollen Ergänzungen zu von der Rechtsprechung noch offen gelassenen Detailfragen Großkomm/*Köhler*, Vor § 13 UWG, B, Rdn. 343; vgl. auch *Körner*, aaO., S. 163 und – zur Bemessung der Zinshöhe und des Zinszeitraums – S. 614; zu diesen Bemessungsvorschlägen aber mit Recht teils kritisch Großkomm/*Köhler* aaO.; vgl. ferner auch schon *Barth* in Anm. zu BGH GRUR 1980, 841 – Tolbutamid auf S. 845.
90 BGH GRUR 1972, 189, 191 = WRP 1971, 520 – Wandsteckdose II (insoweit nicht in BGHZ 57, 118, 123); BGH GRUR 1975, 85, 87 = WRP 1974, 620 – Clarissa; zu maßgeblichen Bemessungskriterien im einzelnen Großkomm/*Köhler*, Vor § 13 UWG, B, Rdn. 336–338.
91 BGH aaO. – Wandsteckdose II; *Baumbach/Hefermehl*, Einl. UWG, Rdn. 383.
92 BGH aaO. – Wandsteckdose II; die Ausführungen dort lassen aber erkennen, daß bei der Verwendung des Begriffs der »Hartnäckigkeit« große Vorsicht geboten ist; die von Großkomm/*Köhler* (aaO. Rdn. 341) vorgeschlagene Mitberücksichtigung des Verschuldensgrades dürfte – in Grenzen – den Vorzug verdienen.
93 BGH GRUR 1975, 85, 87 = WRP 1974, 620 – Clarissa; *Baumbach/Hefermehl*, Einl. UWG, Rdn. 388; Großkomm/*Köhler*, Vor § 13 UWG, B, Rdn. 338.

32 Maßgeblich für die Lizenzberechnung sind nicht die Verhältnisse zur Zeit des Beginns der Verletzung, sondern die des Zeitpunkts der gerichtlichen Entscheidung[94]. Die Zwischenzeitlich eingetretenen Entwicklungen des Markts und der spätere Informationsstand sind also im Wege einer ex-post-Betrachtung zu berücksichtigen, was sich – dies wird von den Befürwortern eines Wahlrechts des Verletzten gesehen und zum Anlaß ihres Vorschlags genommen[95] – sowohl zum Vorteil als auch zum Nachteil des Verletzten auswirken kann. Die ex-post-Betrachtung findet jedoch Grenzen; nicht jede Art einer zusätzlichen späteren Erkenntnis muß berücksichtigt werden, so beispielsweise nicht in jedem Falle auch der erst später bekannt gewordene geringe Umfang einer tatsächlichen Auswertung[96].

b) Die Herausgabe des Verletzergewinns

33 Die praktische Bedeutung dieser Berechnungsart ist weit geringer als die der Lizenzanalogie[97]; denn die Ermittlung des herauszugebenden Gewinns stellt den Gläubiger meist vor ähnlich schwierige Probleme wie die des eigenen entgangenen Gewinns, wenn auch aus anderen Gründen[98]. Auch hier sind – selbst nach Beschaffung erforderlicher Kenntnisse durch (erzwingbare) Rechnungslegung des Verletzers – oft Schätzungen unvermeidlich, da nach der Rechtsprechung des Bundesgerichtshofs jedenfalls bei Kennzeichenrechtsverletzungen (Warenzeichen, Firma[99]) und bei Fällen sklavischer Nachahmung[100] regelmäßig nicht der ganze Gewinn auf die Rechtsverletzung zurückgeführt werden kann. Anders ist es nur bei Patent- und Gebrauchsmusterverletzungen[101] sowie Urheberrechtsverletzungen (§ 97 Abs. 1 Satz 2 UrhG), bei denen regelmäßig der ganze Verletzergewinn – abzüglich der Aufwendungen des Verletzers – gefordert werden kann. Auch hier hat jedoch der Verletzte einen nur anteiligen Anspruch auf den Gewinn, wenn der Verletzer diesen unter Verletzung des fremden

---

94 RGZ 171, 227, 239; BGH GRUR 1962, 401, 404 – Kreuzbodenventilsäcke III; BGHZ 44, 372, 380 f. = GRUR 1966, 375 – Meßmer Tee II; BGH GRUR 1990, 1008, 1009 – Lizenzanalogie; Großkomm/*Köhler,* Vor § 13 UWG, B, Rdn. 332; Großkomm/*Teplitzky,* § 16 UWG, Rdn. 497; *Baumbach/Hefermehl,* Einl. UWG, Rdn. 383; *Brandner,* GRUR 1980, 359, 363; hiergegen mit beachtlichen Argumenten und dem Vorschlag, dem Verletzten insoweit ein Wahlrecht zu gewähren, *Pietzcker,* GRUR 1975, 55, 56 f. und *Preu,* GRUR 1979, 753, 760.
95 Dabei wird jedoch vernachlässigt, daß die einseitige Wahl der jeweils günstigeren Möglichkeit durch den Verletzten dessen Besserstellung bedeuten würde und eine solche im Schadensersatzrecht keine Grundlage findet; gegen eine Wahl auch Großkomm/*Köhler* aaO.
96 BGH GRUR 1990, 1008, 1009 – Lizenzanalogie; vgl. auch BGH (wie Fn. 29) – Tchibo/Rolex II.
97 Zu Anwendungsmöglichkeiten vgl. Großkomm/*Köhler,* Vor § 13 UWG, B, Rdn. 344 und *Baumbach/Hefermehl,* Einl. UWG, Rdn. 384 m. w. N.
98 Vgl. *Pietzcker* aaO.: Betriebsinterne Verhältnisse und Kalkulation des Verletzten seien für den Verletzer schwer durchschaubar; ähnlich *Körner,* GRUR 1983, 611, zu den Berechnungsschwierigkeiten auch Großkomm/*Köhler,* Vor § 13 UWG, B, Rdn. 345.
99 BGH GRUR 1973, 375, 378 = WRP 1973, 213 – Miss Petite (insoweit nicht in BGHZ 60, 206); BGH GRUR 1977, 491, 494 = WRP 1977, 264 – Allstar; BGH GRUR 1981, 592, 594 – Championne du Monde; Großkomm/*Köhler,* Vor § 13 UWG, B, Rdn. 346.
100 BGH GRUR 1974, 53, 54 = WRP 1973, 520 – Nebelscheinwerfer; BGH (wie Fn. 29) – Tchibo/Rolex II; ferner Großkomm/*Köhler,* aaO.
101 Vgl. insoweit jetzt auch § 139 Abs. 2 Satz 2 PatG und § 15 Abs. 2 GebrMG.

34. Kapitel Die Schadensberechnung

Rechts, aber gleichzeitigem (dafür notwendigem) Gebrauch eines eigenen Schutzrechts erzielt hat[102]. Herauszugeben ist nach der Rechtsprechung (vgl. BGH GRUR 1962, 509, 512 – Diarähmchen II) lediglich der Nettogewinn; die Herausgabe des durch die Verletzungshandlung erlangten Beitrages zu den Allgemeinkosten wird dem Geschädigten versagt. Dies wird in der Literatur – m. E. zu recht und überzeugend – kritisiert (vgl. *Lehmann*, BB 1988, 1680, 1686; *Körner*, Festschrift für *E. Steindorff*, S. 877, 886).

Eine zusätzliche Rolle könnte die Schadensform des herauszugebenden Verletzervorteils dadurch erhalten, daß der Bundesgerichtshof neuerdings eine Schadensberechnung auch in der Weise zugelassen hat, daß ein – allerdings auch ungewisser, weil seinerseits zu schätzender – Zuschlag auf die im Einzelfall angemessene (fiktive) Lizenz vorgenommen wird, der von der Höhe des Verletzergewinns abhängig sein kann[103].

Darauf, ob der Verletzte selbst in der Lage gewesen wäre, den Gewinn ebenfalls zu erzielen, kommt es in keinem Falle an; denn die Rechtsprechung zu dieser Schadensberechnungsform beruht auf einer entsprechenden Fiktion[104].

---

102 RGZ 156, 321, 326; *Baumbach/Hefermehl*, Einl. UWG, Rdn. 384.
103 BGH GRUR 1980, 841, 844 – Tolbutamid, insoweit nicht in BGHZ 77, 16; BGHZ 82, 310, 321 f. = GRUR 1982, 286 – Fersenabstützvorrichtung; im einzelnen dazu *Körner*, GRUR 1983, 611, 614.
104 BGHZ 60, 168, 173 – Modeneuheit; BGH GRUR 1990, 1008, 1009 – Lizenzanalogie; BGH (wie Fn. 29) – Tchibo/Rolex II; *Baumbach/Hefermehl*, Einl. UWG, Rdn. 384; Großkomm/*Köhler*, Vor § 13 UWG, B, Rdn. 346; *Kraßer*, GRUR Int. 1980, 259, 264; *Körner*, Festschrift für *E. Steindorf*, S. 877, 886.

3. Teil Besondere Formen des Schadensersatzes

35. Kapitel Die Vertragsstrafe als Schadensersatz

Literatur: *Baumgärtel,* Handbuch der Beweislast, Bd. 1, 2. Aufl., 1991; *Fischer,* Vertragsstrafe und vertragliche Schadensersatzpauschalierung, 1981; *Lindacher,* Phänomenologie der Vertragsstrafe, 1972.

Inhaltsübersicht	Rdn.		Rdn.
I. Die Schadensausgleichsfunktion der Vertragsstrafe und ihre Folgen	1–3	II. Verweisung auf Kapitel 20	4

1 I. Nach der herrschenden Auffassung vom bifunktionalen Wesen der Vertragsstrafe dient diese neben ihrer Aufgabe als Sanktionsmittel[1] auch dem Schadensausgleich, da die Strafe, sofern ihre Zahlung an den Gläubiger vereinbart ist, gem. § 340 Abs. 1 BGB zugleich den Mindestbetrag des entstandenen Schadens ausgleichen soll. Die Geltendmachung eines höheren Schadens bleibt unbenommen (§ 340 Abs. 2 BGB); bis zur Höhe der Vertragsstrafesumme ist der etwaige Schaden jedoch durch deren Zahlung abgegolten.

2 Aus dieser Regelung folgt, daß eine Herabsetzung selbst einer extrem hohen Vertragsstrafe (nach § 343 BGB oder nach Treu und Glauben) unter den Betrag eines nachgewiesenen Schadens nie in Betracht kommen kann. Darüber hinaus wird man, um der Funktion der Schadensausgleichserleichterung gerecht zu werden, eine Herabsetzung der Vertragsstrafe auch dann schon ausschließen müssen, wenn nur eine gewisse Wahrscheinlichkeit für einen Schadenseintritt in der vereinbarten Höhe spricht.

3 Die Bedeutung der Zweitfunktion der Vertragsstrafe für das Wettbewerbsrecht ergibt sich aus den gerade hier besonders großen Schwierigkeiten, die Entstehung eines Schadens und insbesondere dessen Höhe nachzuweisen. Als pauschalierter Schadensbetrag übernimmt die Vertragsstrafe daher in weitem Umfang die wettbewerbliche Schadensregulierung. Dem Gläubiger kommt dabei besonders zugute, daß er – insoweit ebenso wie im Unterlassungsrecht – nur den objektiv rechtswidrigen Verstoß gegen die Vertragspflicht zu beweisen braucht, während der Schuldner die Beweislast dafür trägt, daß ihn kein Verschulden trifft[2].

---

1 Vgl. Kap. 20, Rdn. 1 m. w.N.; bei Verbänden i. S. der §§ 13 UWG, 2 ZugabeVO, 12 RabattG beschränkt sich die Funktion allerdings auf die Sanktion, da ihnen durch Zuwiderhandlungen gegen eine Vertragsstrafepflicht in der Regel kein Schaden entsteht.
2 BGH NJW 1972, 1893, 1895 = BGH LM BGB § 339 Nr. 16 – K-Rabatt-Sparmarken; BGH GRUR 1982, 688, 691 = WRP 1982, 634 – Seniorenpaß; *Baumgärtel/Strieder,* Handbuch der Beweislast, § 339 BGB, Rdn. 4 m. w. N. in Fn. 10.

35. Kapitel Die Vertragsstrafe als Schadensersatz

II. Für den Begriff, für das Zustandekommen und den Inhalt des Vertragsstrafeversprechens, für den Verfall der Vertragsstrafe, für ihre Verjährung, für ihre Konkurrenz mit gesetzlichen Ansprüchen und mit der Ordnungsmittelfestsetzung nach § 890 ZPO sowie für das Erlöschen der Vertragsstrafeverpflichtung gelten grundsätzlich die bereits in Kap. 20 behandelten Regeln.

36. Kapitel Der Schadensersatz gemäß § 945 ZPO

Literatur: *Borck*, Über die Vollziehung von Unterlassungsverfügungen, WRP 1977, 556; *Borck*, Rückwärtsgewandte Feststellungsklage und Fristsetzung nach Erledigung der Hauptsache? Einige konservative Bemerkungen zu den §§ 256, 926, 945 ZPO, WRP 1980, 1; *R. Bork*, Ab wann ist die Zuwiderhandlung gegen eine Unterlassungsverfügung sanktioniert gemäß § 890 ZPO?, WRP 1989, 360; *Brox/Walker*, Zwangsvollstreckungsrecht, 3. Aufl., 1990; *G. Fischer*, Hat das im einstweiligen Rechtsschutz ergangene rechtskräftige Urteil Bedeutung für den Schadensersatzanspruch nach § 945 ZPO?, Festschrift für *Merz*, 1992, S. 81; *Jestaedt*, Sortenschutz und einstweilige Verfügung, GRUR 1981, 152; *Kroitzsch*, Schadensersatz beim Wegfall einstweiliger Verfügungen wegen Patentverletzung, GRUR 1976, 509; *Pietzcker*, Die Gefahr analoger Ausdehnung der Haftung nach § 945 ZPO, GRUR 1980, 442; *Schwerdtner*, Das patentrechtliche Nichtigkeitsurteil und seine zivilprozessualen und zivilrechtlichen Auswirkungen, GRUR 1968, 9; *Schwerdtner*, Bindungswirkungen im Arrestprozeß, NJW 1970, 597; *Stolz*, Einstweiliger Rechtsschutz und Schadensersatzpflicht, 1989; *Teplitzky*, Zur Bindungswirkung gerichtlicher Vorentscheidungen im Schadensersatzprozeß nach § 945 ZPO, NJW 1984, 850; *Teplitzky*, Ist die den Verfügungsanspruch verneinende summarische Entscheidung im Schadensersatzprozeß nach § 945 ZPO bindend?, DRiZ 1985, 179; *Teplitzky*, Zu Meinungsdifferenzen über Urteilswirkungen im Verfahren der wettbewerblichen einstweiligen Verfügung, WRP 1987, 149; *Tilmann*, Das Haftungsrisiko der Verbraucherverbände, NJW 1975, 1913; *Ulrich*, Die Erledigung der Hauptsache im Wettbewerbsprozeß, GRUR 1982, 14; *Ulrich*, Die Befolgung und Vollziehung einstweiliger Unterlassungsverfügungen sowie der Schadensersatzanspruch gemäß § 945 ZPO, WRP 1991, 361.

Inhaltsübersicht

	Rdn.		Rdn.
I. Die Kehrseite wettbewerbsrechtlicher einstweiliger Verfügungen	1, 2	IV. Der Schadensersatz wegen Fristversäumnis	33, 34
		1. Versäumnisfälle	33
II. Die Schadensersatzansprüche aus § 945 ZPO	3, 4	2. Fristversäumnis trotz Hauptsacheklage?	34
III. Der Schadensersatzanspruch wegen ungerechtfertigter einstweiliger Verfügung	5–36	V. Das Verhältnis des § 945 ZPO zu § 717 ZPO	35
1. Allgemeines	5–10	VI. Das Verhältnis des § 945 ZPO zum Schadensersatz nach BGB-Vorschriften	36
2. Der Nachweis der Ungerechtfertigtheit	11, 12	VII. Der nach § 945 ZPO zu ersetzende Schaden	37–48
3. Die Frage der Bindungswirkung von Vorentscheidungen	13–30	1. Allgemeines	37–44
		2. Beispiele von Schadensersatzfällen	45
4. Beurteilungsschwierigkeiten bei gegebener Bindungswirkung	31, 32	3. Die Kosten des Verfügungsverfahrens als Schaden	46

4. Ordnungsmittel gemäß
§ 890 ZPO als Schaden   47, 48
VIII. Einzelfragen   49–52
1. Mitverschulden   49, 50
2. Aufrechnung   51
3. Verjährung   52

I. Die Kehrseite wettbewerbsrechtlicher einstweiliger Verfügungen

Die einstweilige Verfügung hat im Wettbewerbsrecht eine überragende Bedeutung. Durch sie erlangt der Gläubiger einen auf Unterlassung, d. h. auf Befriedigung, lautenden Titel, der nach Umfang und Wirkung einem vorläufigen Hauptsacheurteil gleichsteht. Der Erlaß wettbewerbsrechtlicher einstweiliger Verfügungen ist verfahrensrechtlich dadurch vereinfacht, daß der Unterlassungsgläubiger nur die vom Verletzer begangene konkrete Verletzungshandlung glaubhaft zu machen braucht. Dann bestehen zu seinen Gunsten zwei Vermutungen: Materiell-rechtlich die Vermutung der Wiederholungsgefahr (so daß der Unterlassungsanspruch glaubhaft gemacht ist) und prozeßrechtlich in der Regel – d. h. soweit § 25 UWG anwendbar ist – die Vermutung der Dringlichkeit, so daß auch der Verfügungsgrund glaubhaft gemacht ist. In allen Fällen eines gesetzlichen Unterlassungsanspruchs kann der Gläubiger auf diese Weise durch die bloße Glaubhaftmachung einer objektiv-rechtswidrigen Handlung einen vollwertigen (vorläufigen) Hauptsachetitel erwirken. Damit ist dem berechtigten Verlangen der Wirtschaft, unzulässige Wettbewerbshandlungen rasch abzustellen, ausreichend genügt, zumal Beschlußverfügungen bei besonderer Dringlichkeit auch durch den Vorsitzenden allein erlassen werden können.

Dieses vereinfachte und beschleunigte Verfügungsverfahren hat für den Gläubiger als Antragsteller[1] jedoch eine böse Kehrseite dann, wenn die erlassene einstweilige Verfügung keinen Bestand hat. Dann erweist sich dasjenige, was anfangs für den Gläubiger so günstig war, nämlich die sofortige Abstellung des als unzulässig angegriffenen wettbewerblichen Handelns des Schuldners, als ein gefährlicher Nachteil; denn der Antragsgegner kann nun all die Einbußen, die er durch die einstweilige Verfügung und ihre Beachtung in seinem Unternehmen gehabt hat, als Schadensersatz von dem Antragsteller zurückverlangen. Dabei steht er sich meist günstiger als ein Verletzter, der einen Schaden aus einem Wettbewerbsverstoß geltend machen will. Denn die Auswirkungen, die die Vollziehung einer einstweiligen Verfügung in ein Geschäftsunternehmen gehabt haben kann, lassen sich in der Regel leichter übersehen und feststellen als allgemeiner wettbewerblicher Schaden. Je mehr ein Antragsgegner einer Unterlassungsverfügung Folge geleistet hat, umso gewichtiger können seine Ansprüche gegen den letztlich verlierenden Antragsteller werden.

---

1 Die Bezeichnung der Parteien eines einstweiligen Verfügungsverfahrens ist unterschiedlich. In der ZPO wird bei den Bestimmungen über die einstweilige Verfügung keine Bezeichnung verwendet. Es ist nur von »Partei« und »Gegner« die Rede. Entsprechend dem verbreiteten Gerichtsgebrauch werden hier die Bezeichnungen »Antragsteller« und »Antragsgegner«, nicht die für ein summarisches Verfahren ohne »Klage« unpassenden, aber ebenfalls teilweise gebräuchlichen Bezeichnungen »Verfügungskläger« und »Verfügungsbeklagter« verwendet.

II. Die Schadensersatzansprüche aus § 945 ZPO

3   1. § 945 ZPO gewährt dem Antragsgegner eines einstweiligen Verfügungsverfahrens einen Schadensersatzanspruch in drei Fällen, nämlich wenn die erlassene einstweilige Verfügung sich als von Anfang an (ganz oder teilweise[2]) ungerechtfertigt erweist (§ 945 ZPO, 1. Altern.); wenn die einstweilige Verfügung aufgehoben wird, weil der Antragsteller der unter Fristsetzung erfolgten Aufforderung zur Erhebung der Hauptsacheklage nicht Folge geleistet hat (§ 926 Abs. 2 ZPO); oder wenn die von einem Amtsgericht in einem dringenden Fall nach § 942 Abs. 1 ZPO erlassene einstweilige Verfügung aufgehoben wird, weil der Antragsteller nicht innerhalb der in der Verfügung bestimmten Frist die Ladung des Antragsgegners zur mündlichen Verhandlung über die Rechtmäßigkeit beim Hauptsachegericht beantragt hat (§ 942 Abs. 3 ZPO). Die beiden letztgenannten Fälle bilden die zweite Alternative des § 945 ZPO.

4   2. Die in § 945 ZPO geregelten Schadensersatzansprüche sind selbständige materiellrechtliche Ansprüche. Sie sind dem wettbewerblichen Unterlassungsanspruch, dessen Ausgleich sie dienen, dadurch angenähert, daß sie ebenfalls objektive Ansprüche sind und ein Verschulden nicht voraussetzen. In der Rechtsprechung werden sie als Fälle der Gefährdungshaftung aus unerlaubter Handlung angesehen[3].

III. Der Schadensersatzanspruch wegen ungerechtfertigter einstweiliger Verfügung

5   1. Ungerechtfertigt ist eine einstweilige Verfügung, wenn sie bei richtiger Beurteilung der tatsächlichen und rechtlichen Gegebenheiten nicht hätte erlassen werden dürfen, wobei es hier keinen Unterschied macht, ob materielle Gründe (Fehlen des Verfügungsanspruchs) oder formelle Hemmnisse (Fehlen einer Prozeßvoraussetzung[4], insbesondere des Verfügungsgrundes) dem Erlaß entgegenstanden.

6   Probleme ergeben sich in diesem Zusammenhang, wenn die einstweilige Verfügung der im Zeitpunkt des Erlasses bestehenden rechtlichen und tatsächlichen Lage entsprach, diese aber nachträglich und mit Rückwirkung auf den Erlaßzeitpunkt eine Änderung erfahren hat.

7   In der Praxis spielen hier zwei Fallgruppen eine wesentliche Rolle:

8   a) Die der Verfügung zugrunde liegende Gesetzesnorm wird nachträglich vom Bundesverfassungsgericht für verfassungswidrig und nichtig erklärt[5].

---

2 BGH GRUR 1981, 295, 296 = WRP 1981, 269 – Fotoartikel I.
3 BGH NJW 1957, 1926; BGH NJW 1978, 2025; BGHZ 30, 123, 127 BGHZ 85, 110, 113; BGH NJW 1988, 1269; ebenso *Baumbach/Hefermehl*, § 25 UWG, Rdn. 106; anders teilweise die prozeßrechtliche Literatur; vgl. dazu die Nachweise bei *Stein/Jonas/Grunsky*, § 945 ZPO, Rdn. 2 i. V. mit § 717 ZPO, Rdn. 9 ff., u. *Zöller/Vollkommer*, § 945 ZPO, Rdn. 3.
4 Insoweit a. A. *Stein/Jonas/Grunsky*, § 945 ZPO, Rdn. 21 m. w. N.; dazu später näheres.
5 Vgl. BGHZ 54, 76 ff. (= LM ZPO, § 945 Nr. 7 mit Anm. *Nüßgens*); KG GRUR 1987, 571; OLG Düsseldorf NJW-RR 1987, 1205.

36. Kapitel   Der Schadensersatz gemäß § 945 ZPO   9–12 **36**

b) Ein der Verfügung zugrunde liegendes Schutzrecht (Patentrecht, Gebrauchs- oder Geschmacksmuster, Warenzeichen, Sortenschutz[6]) erweist sich nachträglich (z. B. im Einspruchs-, Löschungs- oder Nichtigkeitsverfahren) als »Scheinrecht«, dem von Anfang an keine Schutzwirkung zukam[7].   9

Seinem Wortlaut nach ist § 945 ZPO auf beide Fallgruppen anwendbar. Ob diese Anwendung auch dem Sinn und Zweck der Vorschrift gerecht wird, ist umstritten. Sie entspricht – dies wird auch von den Verfechtern der Anwendung, insbesondere dem Bundesgerichtshof[8], eingeräumt – nicht den Zwecken, die der Gesetzgeber ursprünglich mit der Regelung des § 945 ZPO im Auge hatte[9]. Deshalb, aber auch aus einer Reihe anderer, nicht ohne weiteres von der Hand zu weisender Gründe[10], wird sie von einzelnen Autoren[11] in Frage gestellt. Der Bundesgerichtshof hat jedoch – mit Zustimmung eines Teils der Literatur[12] – für die erste Fallgruppe generell sowie aus der zweiten Fallgruppe für die nachträgliche Feststellung der Unwirksamkeit eines Gebrauchsmusters und für die Versagung des Patents im Falle einer bekanntgemachten Patentanmeldung die Anwendbarkeit des § 945 ZPO – als im Einklang mit dem Sinngehalt der Norm – bejaht[13]; die Frage der Anwendbarkeit bei Nichtigerklärung eines bei Erlaß der einstweiligen Verfügung eingetragenen Patents hat er in der letztgenannten Entscheidung (aaO. S. 120) offengelassen.   10

2. Nach dem Wortlaut des § 945 ZPO (»erweist sich«) muß die anfängliche Ungerechtfertigtheit nachgewiesen werden.   11

Theoretisch ist dieser Nachweis im Schadensersatzprozeß in jeder Form möglich, soweit nicht eine das Gericht bindende[14] Feststellung des Gegenteils entgegensteht. Die Meinung *Pastors* (in *Reimer,* S. 275 f.), die anfängliche Ungerechtfertigtheit müsse stets durch ein rechtskräftiges Urteil entweder im Verfügungs- oder im Hauptsacheverfahren festgestellt worden sein, findet im Gesetz keine Stütze und wird daher mit Recht außer von ihm nirgends vertreten.

Liegt keine gerichtliche Vorentscheidung über die Rechtmäßigkeit der einstweiligen Verfügung vor – beispielsweise weil weder ein Widerspruchs- noch ein Hauptsacheverfahren durchgeführt worden ist oder weil die Erledigung der Hauptsache durch übereinstimmende Parteierklärungen oder die des Verfahrens durch Vergleich oder Anerkenntnis, durch Antragsrücknahme o. ä. erfolgt ist –, so schließt dies einen Schadens-   12

---

6 Vgl. dazu *Jestaedt,* GRUR 1981, 153.
7 BGHZ 75, 116, 119 = GRUR 1979, 869 – Oberarmschwimmringe.
8 BGHZ 54, 76, 80.
9 Vgl. dazu näher *Pietzcker,* GRUR 1980, 442.
10 Vgl. dazu außer *Pietzcker,* aaO., auch *Schwerdtner,* GRUR 1968, 9, 17–20, und besonders *Kroitzsch,* GRUR 1976, 509 ff.
11 Vgl. die Nachweise in der letzten Fn.; für Nichtanwendbarkeit im Falle eines Patentnichtigkeitsurteils auch *Stein/Jonas/Grunsky,* § 945 ZPO, Rdn. 19, u. *Zöller/Vollkommer,* § 945 ZPO, Rdn. 8.
12 *Baumbach/Lauterbach/Hartmann,* § 945 ZPO, Anm. B; *Thomas/Putzo,* § 945 ZPO, Anm. 2; *Jauernig,* ZwVR, § 36, V.
13 BGHZ 54, 76, 80; 75, 116, 119 f. – Oberarmschwimmringe.
14 Zur Bindungswirkung generell vgl. *Teplitzky,* NJW 1984, 850 ff.; DRiZ 1985, 179 ff. u. WRP 1987, 149, 151 m. w. N.; teils abweichend jetzt *G. Fischer,* Festschrift für *Merz,* S. 81, 84 ff. u. neuestens BGH, Urt. v. 26. 3. 1992 – IX ZR 108/91.

ersatzanspruch nach § 945 ZPO grundsätzlich nicht aus[15]. Das Gericht hat in diesen Fällen die Frage der anfänglichen Ungerechtfertigtheit selbst frei zu prüfen; dabei hat es neuen Sachvortrag und neue Beweiserbieten über den Vortrag und die Glaubhaftmachungsmittel hinaus zu berücksichtigen (BGH GRUR 1992, 203, 206 – Roter mit Genever). Die Beweislast trifft – wegen ihres materiellrechtlichen Charakters – den Verfügungsgläubiger: Er hat zu beweisen, daß der Anspruch, der der von ihm erwirkten einstweiligen Verfügung zugrundegelegt worden ist, tatsächlich bestanden hat (BGH aaO. – Roter mit Genever; *Zöller/Vollkommer*, § 945 ZPO, Rdn. 8, letzterer allerdings unter unzutreffender Berufung auf BGH NJW 1988, 3268, 3269, wo zu dieser Frage unmittelbar nichts gesagt ist). Umstände wie die Versäumung eines Rechtsbehelfs, Rechtsmittels o. ä. kann das Gericht allenfalls im Rahmen der Prüfung einer Mitschuld nach § 254 BGB berücksichtigen[16].

13   3. Ob und wieweit Vorentscheidungen im Verfügungs- oder Hauptsacheverfahren das Schadensersatzgericht binden, ist teilweise sehr streitig[17].

14   a) Einigkeit besteht darüber, daß eine rechtskräftige Sachentscheidung im Hauptsacheverfahren für den Schadensersatzprozeß bindend ist (vgl. BGH NJW 1988, 3268, 3269), jedoch auch nur insoweit, als die Rechtslage im Zeitpunkt dieser Entscheidung (letzte mündliche Verhandlung) derjenigen zur Zeit des Verfügungserlasses entspricht[18]. Auf Wandlungen der Rechtslage zwischen Verfügungserlaß und Hauptsacheentscheidung können die Parteien sich somit im Schadensersatzprozeß berufen, nicht dagegen auf Wandlungen der Rechtsauffassung[19]; auch auf erstere aber nur, wenn die Änderung zwischen Erlaß der Verfügung und der Rechtskraft der Entscheidung in der Hauptsache eingetreten ist. Anderenfalls bleibt der Schadensersatzrichter – selbst bei nachträglicher Änderung der Gesetzeslage – an die rechtskräftige Hauptsacheentscheidung gebunden (BGH GRUR 1988, 787, 788 = WRP 1989, 16, 17 – Nichtigkeitsfolgen der Preisangabenverordnung).

15   Die Bindung ist eine Folge der materiellen Rechtskraft der Hauptsacheentscheidung[20], die regelmäßig die Feststellung des Bestehens oder Nichtbestehens des der Verfügung zugrunde liegenden Anspruchs einschließt. Darüber hinaus enthält die Hauptsacheentscheidung nichts, was hinsichtlich der Rechtmäßigkeit der Verfügung in Rechtskraft erwachsen und damit den Schadensersatzrichter schon durch Rechtskraftwirkung binden könnte: Sie befindet weder über den Verfügungsgrund, der im Hauptsacheverfahren nicht interessiert, noch über andere Prozeßvoraussetzungen des Verfügungsverfahrens, da diese – ihres konkreten Verfahrensbezugs wegen – ebenfalls nicht

---

15 BGH, GRUR 1992, 203, 205 – Roter mit Genever; *Stein/Jonas/Grunsky*, § 945 ZPO, Rdn. 23–25.
16 *Stein/Jonas/Grunsky*, § 945 ZPO, Rdn. 25.
17 Vgl. *Stein/Jonas/Grunsky*, § 945 ZPO, Rdn. 27–32; *Teplitzky*, NJW 1984, 850 ff.; DRiZ 1985, 179 ff.; WRP 1987, 149, 151 m. w. N.; *Fischer*, Festschrift *Merz*, S 81 ff.
18 *Stein/Jonas/Grunsky*, § 945 ZPO, Rdn. 26 m. w. N.; *Zöller/Vollkommer*, § 945 ZPO, Rdn. 11.
19 *Baumbach/Lauterbach/Hartmann*, § 945 ZPO, Anm. 3 B.
20 BGH aaO. – Nichtigkeitsfolgen der Preisangabenverordnung; BGH GRUR 1992, 203, 205 – Roter mit Genever; *Stein/Jonas/Grunsky*, § 945 ZPO, Rdn. 26; zu den daraus erwachsenden praktischen Konsequenzen und Schwierigkeiten vgl. nachstehend Rdn. 31 ff.

36. Kapitel Der Schadensersatz gemäß § 945 ZPO 16–22 **36**

Gegenstand des Hauptsacheverfahrens sind. Daraus folgt, daß insoweit auch keine Bindung des Schadensersatzrichters eintreten kann[21]. Dieser hat somit beispielsweise Voraussetzungen des Verfügungsverfahrens wie die Partei- oder Prozeßfähigkeit, aber auch das allgemeine Rechtsschutzbedürfnis, erneut und selbständig zu prüfen, auch wenn das Hauptprozeßgericht eine dieser Voraussetzungen im Hauptsacheverfahren (rechtskräftig) verneint hat; denn die Wirkung dieser Feststellung beschränkt sich ausschließlich auf das Hauptsacheverfahren.

b) Umstritten ist dagegen die Frage der Bindungswirkung der im Verfügungsverfahren selbst ergangenen Entscheidungen.   16

Einigkeit besteht insoweit nur in zwei Punkten: 17

aa) Der Beschlußverfügung selbst kommt keinerlei Bindungswirkung zu[22].   18

bb) Auch eine rechtskräftige Bestätigung der erlassenen einstweiligen Verfügung bindet insoweit nicht, als sie den Verfügungsanspruch bejaht[23].   19

Zweifelhaft sind dagegen die Fragen, ob die rechtskräftige Aufhebung einer einstweiligen Verfügung[24] bindet und ob einer die Verfügung bestätigenden rechtskräftigen Entscheidung Bindungswirkung hinsichtlich der Bejahung des Verfügungsgrundes und/oder anderer Prozeßvoraussetzungen zukommt.   20

c) Beide Fragen werden von der – dank ihrer Stützung durch den BGH herrschenden – Meinung[25] bejaht, von einer beachtlichen Gegenmeinung[26] dagegen verneint. Keiner dieser Standpunkte erscheint mir in vollem Umfang zutreffend[27].   21

aa) Der letztgenannten Auffassung ist insoweit zuzustimmen, als sie der Vorentschei-   22

---

21 So zutreffend *Stein/Jonas/Grunsky*, § 945 ZPO, Rdn. 26 m. w. N. in Fn. 58; *Zöller/Vollkommer*, § 945 ZPO, Rdn. 11.
22 Ganz h. M.; vgl. BGH GRUR 1987, 787, 788 = WRP 1989, 16 – Nichtigkeitsfolgen der Preisangabenverordnung; BGH NJW 1988, 3268, 3269; *Stein/Jonas/Grunsky*, § 945 ZPO, Rdn. 20; *Thomas/Putzo*, § 945 ZPO, Anm. 2 a; die Meinung *Schwerdtners*, NJW 1970, 597, die Annahme eines Arrestgrundes durch den Arrestrichter sei (sowohl im Widerspruchsverfahren als auch) im Verfahren nach § 945 ZPO bindend, wenn sie »vertretbar« sei, ist vereinzelt geblieben und abzulehnen.
23 RGZ 106, 289, 292; *Stein/Jonas/Grunsky*, § 945 ZPO, Rdn. 32 m. w. N. in Fn. 67; *Zöller/Vollkommer*, § 945 ZPO, Rdn. 9; a. A. *Baumbach/Lauterbach/Hartmann*, § 945 ZPO, Anm. 3 C b.
24 Für den Arrest gilt nichts anderes; er spielt aber im Wettbewerbsrecht keine besondere Rolle, so daß hier stets von der einstweiligen Verfügung die Rede sein soll.
25 Vgl. die Nachweise bei *Stein/Jonas/Grunsky*, § 945 ZPO, Rdn. 28 in Fn. 59 und 65, sowie bei *Fischer*, Festschrift für *Merz*, S. 81, 82 in Fn. 4; neuestens wieder BGH, Urt. v. 26. 3. 1992 – IX ZR 108/91, zur Veröffentlichung vorgesehen.
26 OLG Karlsruhe GRUR 1984, 156, 157 = WRP 1984, 102 = BB 1984, 1389, 1390 mit zust. Anm. von *Unger*; KG GRUR 1987, 940 f. – keine Bindungswirkung; *Stein/Jonas/Grunsky*, § 945 ZPO, Rdn. 29–32 m. w. N. in Fn. 63 und 64; *Zöller/Vollkommer*, § 945 ZPO, Rdn. 9; HdbWR/*Spätgens*, § 96, Rdn. 9; *Teplitzky* aaO. in Fn. 25 und 26 u. WRP 1987, 149, 151 m. w. N. in Fn. 38; ferner die umfangreichen Nachweise bei Fischer, a.a.O., in Fn. 11.
27 Vgl. im einzelnen dazu *Teplitzky*, NJW 1984, 850, 852 f.; in DRiZ 1985, 179, 180 und in WRP 1987, 149, 151.

dung des Verfügungsverfahrens[28] jegliche Bindungswirkung hinsichtlich des Bestands des Verfügungsanspruchs abspricht. Hier ist der Ansatzpunkt der Gegenmeinung in der Tat verfehlt[29]. Es ist widersprüchlich, einerseits einer anspruchsbejahenden Entscheidung des Verfügungsgerichts die Bindungswirkung deshalb abzusprechen, weil im Schadensersatzprozeß bessere Prüfungsmöglichkeiten zu anderen Ergebnissen führen können, andererseits aber der anspruchsverneinenden Entscheidung Bindungswirkung beizumessen, obwohl selbstverständlich auch die verneinende Sachentscheidung aufgrund einer umfassenderen und gründlicheren Prüfung im Schadensersatzverfahren in ihr Gegenteil verkehrt werden kann[30]. Darin liegt eine den Verfügungsgläubiger einseitig benachteiligende Ungleichbehandlung gleicher Tatbestände, die als solche schon bedenklich und unbefriedigend erscheint.

23   Hinzu kommt, daß die hier kritisierte Meinung zu höchst unerfreulichen praktischen Konsequenzen führt[31]: sie zwingt den im Verfügungsverfahren nach Erwirkung und Vollziehung einer Beschlußverfügung schließlich zu Unrecht unterlegenen Antragsteller in jedem Falle, d. h. auch dann, wenn er gar kein Interesse mehr an der Weiterverfolgung des Anspruchs hat, zur Durchführung eines Hauptsacheverfahrens, weil er nach dieser Meinung nur durch ein solches Verfahren der für ihn fatalen Bindungswirkung der Verfügungsentscheidung entgehen kann. Gerade im Wettbewerbsrecht sind aber die Fälle gar nicht selten, in denen der Antragsteller aus triftigen Gründen auch einen begründeten Anspruch nicht weiter verfolgen will, wenn er diesen nicht schon im Eilverfahren verwirklichen konnte, etwa weil ein erst viel später erlangter Titel seinen Zweck verfehlen würde, weil die Höhe des Prozeßkostenrisikos schreckt, weil der erste Ärger abgeklungen ist, weil die Konsequenzen des Verstoßes als wenig schwerwiegend angesehen werden o. ä. Es wäre höchst unökonomisch, die Antragsteller in allen diesen Fällen nur deshalb zur Durchführung eines Hauptsacheverfahrens zu zwingen, weil ihnen sonst die Schadensersatzfolgen des § 945 ZPO mit Sicherheit (wegen der Bindungswirkung) drohen. Fehlt diese Bindungswirkung, so wird umgekehrt in Zweifelsfällen meist der – unterstellt zu Unrecht – obsiegende Verfügungsgegner kaum einen Schadensersatzprozeß vom Zaun brechen, so daß ein überflüssiges Verfahren allen Beteiligten erspart bleibt.

---

28 Der Entscheidung BGHZ 62, 7 lag eine Entscheidung im presserechtlichen Gegendarstellungsverfahren (nach dem Hamburgischen Pressegesetz) zugrunde, zu dem es im Gegensatz zum normalen Verfügungsverfahren kein Hauptsacheverfahren gibt (BGHZ 62, 7, 10 m. w. N.). Für diese Fallgestaltung und die zitierte Entscheidung gelten daher die folgenden Erwägungen nur mit Einschränkungen.
29 So zutreffend *Stein/Jonas/Grunsky*, § 945 ZPO, Rdn. 29; *Zöller/Vollkommer*, § 945 ZPO, Rdn. 9; *Brox/Walker*, Rdn. 1567.
30 Auf diesen Mangel an Folgerichtigkeit weisen *Jauernig*, ZwVR, § 36 V und *Stein/Jonas/Grunsky*, § 945 ZPO, Rdn. 32, m. w. N., hin.
31 Im einzelnen dazu *Teplitzky*, DRiZ 1985, 179, 180; diese Konsequenzen werden von *Fischer*, a.a.O., s. 84 ff. – und letztlich auch vom BGH, Urt. v. 26. 3. 1992 – IX ZR 108/91, gänzlich vernachlässigt.

36. Kapitel Der Schadensersatz gemäß § 945 ZPO

Die Rechtsprechung sollte daher die bisher von ihr mehr akzeptierte[32] als selbst begründete Meinung neu überdenken und – nach meinem Dafürhalten – aufgeben[33]. Denn die aufgezeigten Widersprüche und Unzuträglichkeiten sind nur dann sinnvoll vermeidbar, wenn die Bindungswirkung in dem gleichen Umfang verneint wird, in dem die Grundlagen der Entscheidung des summarischen Verfahrens einer Nachprüfung im Hauptsacheverfahren unterworfen sind und dessen Entscheidung zu einer Revision der Verfügungsentscheidung führen kann.

bb) Aus diesem Grundsatz ergibt sich auch eine vertretbare Antwort auf die zweite Streitfrage einer Bindung an die im summarischen Verfahren getroffene Entscheidung über dessen Prozeßvoraussetzungen:

Soweit letztere mit denen des Hauptsacheverfahrens de facto[34] übereinstimmen und eine abweichende Beurteilung im Hauptsacheverfahren Auswirkungen auch auf die Verfügungsentscheidung haben kann, ist eine Bindungswirkung auch hier zu verneinen. Beispiel: Ist im Verfügungsverfahren als Folge der begrenzten Erkenntnismöglichkeiten im summarischen Prozeß nicht erkannt worden, daß der Verfügungsgläubiger als BGB-Gesellschaft nicht parteifähig oder als geisteskranker Querulant nicht prozeßfähig war, so kann dies nach Erkenntnis im Hauptsacheverfahren zur Revision der (somit von Anfang an ungerechtfertigten) Verfügungsentscheidung führen. In solchen Fällen, die entgegen einer verbreiteten Meinung[35] grundsätzlich auch zum Schadensersatzanspruch aus § 945 ZPO führen können, besteht auch keine Bindung des Schadensersatzrichters.

Anders steht es jedoch mit der besonderen Verfahrensvoraussetzung des Verfügungsgrundes, die der eigentliche Anlaß des Meinungsstreits ist:

---

32 Der Bundesgerichtshof hat im Urteil BGHZ 62, 7, 10 f. die hier abgelehnte Auffassung nur beiläufig erwähnt, zwar augenscheinlich billigend, aber ersichtlich unter dem besonderen Blickwinkel des dort zugrunde liegenden anderen Verfahrenstyps und ohne näheres Eingehen auf die Problematik. Im Urteil BGHZ 15, 356, 358 – Progressive Kundenwerbung – ist die Bindungsfrage ausdrücklich offengelassen worden. Daher geht die von BGHZ 75, 1, 5, das die Bindungswirkung als h. M. gerade unter Berufung auf das Urteil BGHZ 15, 356, 358 bezeichnet (und ohne nähere Erörterung der Problematik billigt), von fragwürdigen Voraussetzungen aus. Im Urteil BGH VersR 1985, 335 hat der BGH – entgegen dem insoweit falschen Zitat bei *Baumbach/Lauterbach/Hartmann*, § 945 ZPO, Anm. 3 C a – diese Frage nun wieder offengelassen und allein (insoweit zu Recht, vgl. nachfolgend Rdn. 27–29) die Bindungswirkung der Verneinung des Verfügungsgrunds bejaht; vgl. dazu auch schon *Teplitzky*, WRP 1987, 149, 151 unter 3 d. Erst die in Fn. 31 zitierte Entscheidung des IX. Zivilsenats stellt sich wieder voll – mit rein formeller Begründung – hinter die alte RG-Rechtsprechung.
33 Das OLG Karlsruhe (GRUR 1984, 156, 157 = WRP 1984, 102) und das KG (GRUR 1987, 940 = NJW-RR 1987, 448) haben dies auch bereits getan; das OLG Karlsruhe ist dabei jedoch – wie im folgenden darzulegen sein wird – etwas über das erforderliche Ziel hinausgegangen, allerdings auch insoweit im Einklang mit der Meinung nahezu aller namhaften deutschen Zivilprozeßrechtslehrer; vgl. dazu die Nachweise bei *Teplitzky*, DRiZ 1985, 179, 180 f. in Fn. 25 u. 26 sowie WRP 1987, 149, 151 in Fn. 38. Eine durchgreifende Wende dürfte aber nach der in Fn. 31 zitierten neuerlichen BGH-Entscheidung nicht mehr zu erhoffen sein.
34 Eine de iure-Übereinstimmung kommt wegen des ausschließlichen Bezugs jeder Prozeßvoraussetzung auf das konkrete Verfahren nicht in Betracht.
35 Vgl. *Stein/Jonas/Grunsky*, § 945 ZPO, Rdn. 21 m. w. N. in Fn. 52. Zum Prozeßvoraussetzungscharakter des Verfügungsgrundes vgl. *Teplitzky*, JuS 1981, 122, 123 m. w. N.; er entspricht der h. M. im Wettbewerbsrecht. Zu Einzelheiten vgl. Kap. 54.

28 Über ihn wird im Verfügungsverfahren autonom und abschließend entschieden; er kann nie Gegenstand des Hauptsacheverfahrens sein, in dem die Frage der Dringlichkeit überhaupt nicht mehr interessiert. Daher besteht auch kein zwingender Grund, ihn zur erneuten Überprüfung durch den Schadensersatzrichter zu stellen. Die Kritiker dieser Meinung glauben einen solchen Grund allerdings auch im nur summarischen Charakter des der Entscheidung über den Verfügungsgrund zugrunde liegenden Prüfungsverfahrens zu sehen[36]; sie meinen, auch die Frage, ob ein Arrest- oder Verfügungsgrund vorgelegen habe, dürfe nicht der Nachprüfung in einem normalen Erkenntnisverfahren entzogen werden. Dies ist gut vertretbar, aber nicht unbedingt zwingend. Mit gleicher Berechtigung läßt sich sagen, daß die Parteien eine Entscheidung über eine ganz spezielle Voraussetzung des Eilverfahrens, die – anders als der Anspruch – nur in diesem summarischen Verfahren zur Überprüfung steht, ebenso wie hier auch im Schadensersatzprozeß als endgültig hinnehmen müssen. Auch der Gesichtspunkt der Prozeß-(un-)ökonomie versagt hier, weil ein Hauptsacheverfahren dem betroffenen Antragsteller insoweit nichts bringen könnte und deshalb aus diesem Grunde nie veranlaßt ist.

29 Der neuesten einschlägigen Entscheidung des BGH (VersR 1985, 335), die eine Bindungswirkung der Entscheidung (allein) über den Verfügungsgrund bejaht, kann daher zugestimmt werden. Gleiches gilt hinsichtlich der übrigen für das summarische Verfahren allein spezifischen Verfahrensvoraussetzungen wie die der örtlichen und sachlichen Zuständigkeit gemäß §§ 937 Abs. 1 und 943 Abs. 1 ZPO und der besonderen Entscheidungskompetenzen in bestimmten Fällen (§§ 942 Abs. 1 und 944 Abs. 1 ZPO), da auch insoweit keine Überprüfungs- und Revisionsmöglichkeit im Hauptsacheverfahren besteht.

30 Die Auswirkungen dieser begrenzten Bindung des Schadensersatzrichters sind gering; Unzuträglichkeiten, die dem Verfügungsgläubiger daraus erwachsen könnten, daß ein Rechtsmittelgericht eine zu Recht erlassene einstweilige Verfügung unrichtig, aber bindend als von Anfang an mangels Verfügungsgrundes ungerechtfertigt erklärt hat, werden jedenfalls für den hier interessierenden Bereich des Wettbewerbsrechts weitgehend dadurch vermieden, daß die – mittlerweile gefestigte und entgegen der Kritik *Grunskys*[37] schlüssige und wohl auch überzeugende – Rechtsprechung die Möglichkeit der Schadensentstehung verneint, wenn und soweit der Schuldner materiellrechtlich zu der Unterlassung verpflichtet war, die ihm durch die formell unzulässige Verfügung aufgegeben worden war[38].

31 4. Aus der materiellen Bindungswirkung der im Hauptsacheverfahren ergangenen Entscheidung (vorstehend 2 a) ergeben sich besonders im Wettbewerbsrecht nicht selten erhebliche Beurteilungsschwierigkeiten:

---

36 *Stein/Jonas/Grunsky*, § 945 ZPO, Rdn. 30 m. w. N. in Fn. 64; ebenso jetzt – und insoweit m. E. zu weitgehend – OLG Karlsruhe GRUR 1984, 156, 157 = WRP 1984, 102, 104.
37 *Stein/Jonas/Grunsky*, § 945 ZPO, Rdn. 28.
38 RGZ 65, 66, 68; BGHZ 15, 356, 359 – Progressive Kundenwerbung; BGH GRUR 1981, 295, 296 = WRP 1981, 269 – Fotoartikel I; BGH WRP 1989, 514, 519 = NJW 1990, 122, 125; BGH, GRUR 1992, 203, 206 – Roter mit Genever; zustimmend *Zöller/Vollkommer*, ZPO, § 945 Rdn. 14; *Baumbach/Hefermehl*, § 25 UWG, Rdn. 110; *v. Gamm*, UWG, § 25, Rdn. 8; *G. Fischer*, Festschrift für *Merz*, S. 81, 88.

Die Rechtskraftwirkung des eine Unterlassungsklage abweisenden Hauptsacheurteils auf die einstweilige Verfügung kann nur eintreten, wenn bzw. soweit der Streitgegenstand des Hauptsacheverfahrens und derjenige der einstweiligen Verfügung der gleiche ist[39]. Hier ergeben sich in Wettbewerbssachen in der Praxis vielfach erhebliche Unterschiede daraus, daß der Streitgegenstand des Hauptsacheverfahrens weiter geht (Unterlassung »schlechthin«) oder eingeschränkt ist (Minus) oder gar abgeändert wird (Aliud)[40]. In diesen Fällen bleibt das ordentliche Verfahren zwar Hauptsache zum einstweiligen Verfügungsverfahren, es kann jedoch sein, daß das Hauptsacheurteil trotz der Klageabweisung nicht »erweist«, daß der im einstweiligen Verfügungsverfahren geltend gemachte Unterlassungsanspruch ungerechtfertigt war. Insoweit kann sich ein Antragsgegner für einen Schadensersatzanspruch aus § 945 ZPO nicht mehr auf eine bindende Wirkung des Hauptsacheurteils berufen. Nur dann, wenn das Urteil in der Hauptsache weiter geht als die einstweilige Verfügung und der in der Verfügung zugesprochene Unterlassungsanspruch demgegenüber ein Minus darstellt, greift die Bindungswirkung voll ein. Ist dagegen das Hauptsacheurteil ein Minus im Vergleich zu dem Unterlassungsausspruch der einstweiligen Verfügung, so ist maßgebend, ob das rechtskräftig verbotene eingeschränkte Handeln als selbständige Schadensursache i. R. des § 945 ZPO in Betracht kommt[41].

IV. Der Schadensersatz wegen Fristversäumnis

1. Versäumnisfälle

§ 945 ZPO gibt einen Schadensersatzanspruch aus dem formellen Grund der Fristversäumnis in zwei Fällen: Einmal, wenn der Unterlassungsgläubiger, der die einstweilige Verfügung erwirkt hat, nicht innerhalb der ihm nach § 926 ZPO gesetzten Frist Klage zur Hauptsache erhoben hat; zum anderen, wenn der Antragsteller einer beim Amtsgericht nach § 942 ZPO erwirkten wettbewerbsrechtlichen einstweiligen Verfügung nicht innerhalb der in der Verfügung bestimmten Frist bei dem zuständigen Landgericht die Anberaumung des Termins zur mündlichen Verhandlung über die Rechtmäßigkeit der einstweiligen Verfügung beantragt, also das gesetzlich vorgeschriebene sog. Rechtfertigungsverfahren nicht in Gang bringt. Beide Fälle der Fristversäumnis können zu einem Schadensersatzanspruch aus § 945 ZPO erst dann führen, wenn die einstweilige Verfügung aufgehoben worden ist (§ 926 Abs. 2, § 942 Abs. 3 ZPO). Hierzu bedarf es je-

---

39 Der Begriff »Streitgegenstand« ist hier allerdings – was von *Pastor*, in *Reimer*, S. 280 und 281 f., zufolge seines von der h. M. abweichenden Streitgegenstandsbegriffs (vgl. Wettbewerbsprozeß, S. 259) nicht klargestellt worden ist – nicht im technischen Sinne der Streitgegenstandslehre zu verstehen. In diesem Sinne kann es eine Übereinstimmung überhaupt nicht geben, da nach h. M. der Streitgegenstand auch bei einer Leistungsverfügung – zu der die Unterlassungsverfügung gehört – nicht der Leistungsgegenstand, sondern die – hier zugegebenermaßen etwas amorphe – »vorläufige Regelung« ist; vgl. die Nachweise bei *Jestaedt*, GRUR 1981, 153, 154; a. A. *Pastor*, S. 259.
40 Ein instruktives Beispiel dafür und für die daraus erwachsenden Schwierigkeiten bietet der Fall BGHZ 44, 288 = GRUR 1966, 503 = WRP 1966, 134 – Apfelmadonna.
41 BGH GRUR 1981, 295, 296 = WRP 1981, 269 – Fotoartikel I (allerdings für einen Fall der nachträglichen Aufhebung gem. § 926 ZPO).

weils eines Antrages des Antragsgegners, der ausdrücklich wegen Fristversäumnis gestellt sein muß. An die Aufhebungsentscheidung ist der Schadensersatzrichter gebunden. Er hat jedoch im Rahmen der Schadensfeststellung zu prüfen, ob der der aufgehobenen Verfügung zugrunde liegende Verfügungsanspruch zu verneinen ist[42]. Kommt es nicht zu einer Aufhebungsentscheidung – etwa, weil der Gläubiger nach Versäumung der Frist zur Klageerhebung auf seine Ansprüche aus der einstweiligen Verfügung verzichtet und den Titel an den Schuldner herausgegeben hat –, so ist § 945 Altern. 2 ZPO nicht – auch nicht entsprechend – anwendbar, weil die dann nach Hauptsacheerledigung (wegen Wegfalls des Rechtsschutzinteresses am Aufhebungsverfahren) allein mögliche Kostenentscheidung nach § 91 a ZPO einer Aufhebungsentscheidung nicht gleichsteht und eine erweiternde Anwendung der Gefährdungshaftungsnorm ihres Ausnahmecharakters wegen nicht in Betracht kommt (BGH, GRUR 1992, 203, 205 – Roter mit Genever).

2. Fristversäumnis trotz Hauptsacheklage?

34 »Klage zur Hauptsache« bedeutet in § 926 ZPO, daß sich der ursprüngliche Streitgegenstand[43] des ordentlichen Verfahrens mit demjenigen der einstweiligen Verfügung decken muß. Wird der Streitgegenstand im Hauptsacheverfahren verändert und letztlich über einen anderen Streitstoff als den der einstweiligen Verfügung entschieden (vgl. Beispiel Fn. 40 BGH – »Apfel-Madonna«), so führt dies nicht zu einer nachträglich anzusetzenden Fristversäumnis i. S. des § 926 ZPO. Maßgebend ist allein, ob die Übereinstimmung der Streitgegenstände bei Klageerhebung vorgelegen hat. Damit ist das Recht des Antragsgegners aus § 926 ZPO erledigt und der weitere Verlauf des Hauptsacheverfahrens für das einstweilige Verfügungsverfahren im Hinblick auf § 926 ZPO gleichgültig.

V. Das Verhältnis des § 945 ZPO zu § 717 ZPO

35 Die – sachlich allerdings verwandte[44] – Vorschrift des § 717 ZPO, die Schadensersatz wegen ungerechtfertigter Zwangsvollstreckung aus einem vorläufigen Titel gewährt, findet neben der Vorschrift des § 945 ZPO auf einstweilige Verfügungen keine Anwendung. § 717 ZPO betrifft ganz allgemein die Haftung aus vorläufig vollstreckbaren Urteilen, soweit letztere sich nachträglich als ungerechtfertigt erweisen; er soll die Nachteile der vorläufigen Vollstreckbarkeit ausgleichen. Dafür fehlt im einstweiligen Verfügungsverfahren die Voraussetzung. Das Urteil, das im Widerspruchsverfahren die einstweilige Verfügung bestätigt, ist selbst wieder einstweilige Verfügung und bedarf keiner vorläufigen Vollstreckbarkeit; ein Berufungsurteil ist stets mit der Verkündung rechtskräftig. § 717 Abs. 2 und 3 ZPO, die die Auswirkungen der vorläufigen Vollstreckbarkeit regeln, sind nicht auf andere Fälle entsprechend anwendbar. § 945 ZPO

---

42 BGH GRUR 1981, 295, 296 = WRP 1981, 269 – Fotoartikel I m. w. N.; BGH, GRUR 1992, 203, 206 – Roter mit Genever; *Teplitzky*, NJW 1984, 850, 852; *G. Fischer*, a.a.O., S. 88 u. N. in Fn. 26; a. A. *Stein/Jonas/Grunsky*, § 945 ZPO, Rdn. 33 m. w. N. in Fn. 72.
43 Zur Begriffsbedeutung in diesem Zusammenhang vgl. vorstehend Rdn. 32, Fn. 39.
44 Vgl. BGH NJW 1988, 3268, 3269 r. Sp.

36. Kapitel   Der Schadensersatz gemäß § 945 ZPO

gewährt einen in seinen Voraussetzungen abweichend geregelten Schadensersatzanspruch nach der Art einer Gefährdungshaftung. Gegenüber der Vorschrift des § 717 ZPO stellt er die engere Vorschrift dar, die an einen Schadensersatzanspruch die strengere Anforderung stellt, nämlich die der Aufhebung als von Anfang an ungerechtfertigt im Gegensatz zu der der einfachen Titelaufhebung im Rahmen des § 717 ZPO.

VI. Das Verhältnis des § 945 ZPO zum Schadensersatz nach BGB-Vorschriften

Die ZPO hat in § 945 ZPO (ebenso wie in §§ 301, 541, 600 und 717 ZPO) nur einige Sonderfälle der Haftung des Vollstreckungsgläubigers geregelt. Soweit diese Vorschriften nicht eingreifen, gibt es keinen allgemeinen vollstreckungsrechtlichen Grundsatz des Inhalts, daß eine unberechtigte Zwangsvollstreckung den Gläubiger auch ohne Verschulden schadensersatzpflichtig macht. Es kommt deshalb nur ein Anspruch aus allgemeinem Zivilrecht in Betracht, und zwar entweder bei Vorliegen eines Verschuldens ein Anspruch gemäß §§ 823 ff. BGB aus dem Gesichtspunkt des Eingriffs in den eingerichteten und ausgeübten Gewerbebetrieb oder bei fehlendem Verschulden ein Anspruch gemäß §§ 812 ff. BGB (ungerechtfertigte Bereicherung). Da § 945 ZPO den aufgrund der Vollziehung der einstweiligen Verfügung entstandenen Schaden betrifft, kann aufgrund der allgemeinen Vorschriften der §§ 823 ff., 812 ff. BGB derjenige Schaden geltend gemacht werden, der durch die Anordnung der aufgehobenen einstweiligen Verfügung entstanden ist.

VII. Der nach § 945 ZPO zu ersetzende Schaden

1. Allgemeines

Der Schadensbegriff des § 945 ZPO ist derjenige des BGB (§§ 249 ff)[45]. Es ist jeder adäquat verursachte unmittelbare Schaden zu ersetzen[46]. Im Wettbewerb kommen damit in erster Linie in Betracht: Entgangener Gewinn[47], Rufschädigung, Einbüßung eines Vorsprungs, Verlust oder Minderung eines Marktanteils. »Schaden« im Sinne des § 945 ZPO kann immer nur die Beeinträchtigung eines lauteren Zustandes oder Verhaltens darstellen. Vorteile, die mit unlauteren Mitteln erzielt worden wären, stellen keinen ersatzfähigen »Schaden« dar[48]. Nicht zu ersetzen ist auch ein Schaden, der durch Unter-

---

45 RGZ 65, 66, 68; RG JW 1937, 2235; *Stein/Jonas/Grunsky*, § 945 ZPO, Rdn. 8.
46 *Stein/Jonas/Grunsky*, § 945 ZPO, Rdn. 8; *Baumbach/Lauterbach/Hartmann*, § 945 ZPO, Anm. 4 B.
47 Vgl. dazu sowie zur großzügigen Anwendung des § 287 ZPO bei der Schätzung (zur Ermittlung der Schadenshöhe) BGH GRUR 1979, 869, 870 – Oberarmschwimmringe, insoweit nicht in BGHZ 75, 116.
48 RGZ 90, 305; BGHZ 15, 356, 359 – Progressive Kundenwerbung; BGH GRUR 1981, 295, 296 = WRP 1981, 269 – Fotoartikel I; BGH WRP 1989, 514, 519 = NJW 1990, 122, 125 = WM 1989, 927 mit Anm. *Altmeppen* auf S. 1157; BGH GRUR 1992, 203, 206 – Roter mit Genever; *G. Fischer*, Festschrift für *Merz*, S. 81, 88; a. A. *Stein/Jonas/Grunsky*, § 945 ZPO, Rdn. 33 m.w.N. in Fn. 72.

lassungen verursacht worden ist, die über den Verbotsumfang des Verfügungstitels hinausgegangen sind (OLG Hamm GRUR 1989, 296, 297 – Autofensterfolie).

38 Nach dem Wortlaut des § 945 ZPO ist nur der Schaden zu ersetzen, der durch die Vollziehung der einstweiligen Verfügung oder daraus entstanden ist, daß Sicherheit zur Abwendung der Vollziehung oder zu ihrer Aufhebung geleistet worden ist. Ungeachtet des scheinbar klaren Gesetzeswortlauts ist hier im einzelnen vieles streitig.

39 Einigkeit besteht darüber, daß die hier gemeinte Vollziehung bei der in Beschlußform ergangenen einstweiligen Verfügung die wirksame Zustellung des Beschlusses im Parteibetrieb bedeutet. Bloße – auch ernsthaft gemeinte – Zustellungsversuche genügen hier – anders als bei einer in Urteilsform ergangenen und von Amts wegen bereits zugestellten einstweiligen Verfügung[49] – nicht, weil das in einer Beschlußverfügung enthaltene Verbot vor Zustellung des Beschlusses überhaupt nicht wirksam werden kann[50]. Das bloße Bekanntwerden der Maßregel rechtfertigt ihre Befolgung i. S. des § 945 ZPO nicht; letztere begründet hier keine Ersatzpflicht[51].

40 Umstritten ist dagegen, ab wann die Befolgung einer in Urteilsform ergangenen einstweiligen Verfügung schadensersatzbegründend wirkt.

41 Mindestvoraussetzung muß sein, daß die Verfügung bereits eine Ordnungsmittelandrohung enthält[52]; denn wegen des auch der Vollziehung einer einstweiligen Verfügung i. S. des § 929 ZPO anhaftenden vollstreckungsrechtlichen Elements ist eine Verfügung, die nicht schon die Ordnungsmittelandrohung enthält, überhaupt nicht vollziehbar[53], mindestens aber nicht geeignet, den Schuldner hinreichend ernstlich zur – schadenbegründenden – Befolgung zu nötigen[54].

42 Ist das Urteil mit einer Ordnungsmittelandrohung versehen, so ist nach der neuesten einschlägigen Entscheidung des BGH noch offen, ob aus seiner Befolgung ein Vollziehungsschaden schon dann angenommen werden kann, wenn es lediglich verkündet oder verkündet und von Amts wegen zugestellt ist[55]. Die Frage wird von einer vom BGH WRP 1989, 514, 516 u. von *Ulrich*, WRP 1991, 361, 362 näher belegten Meinung bejaht, und zwar im Ergebnis zu Recht, jedoch mit teils[56] fehlerhafter Begründung. Mit

---

49 Vgl. dazu BGH WRP 1989, 514, 518 = NJW 1990, 122 und *Ulrich*, WRP 1991, 361, 365 ff.
50 Vgl. BGH VersR 1985, 358, 259 = BGH LM § 254 Dc Nr. 32; OLG Karlsruhe WRP 1989, 744, 745; *Pastor*, S. 273; *Kramer* in Anm. zu OLG Hamm NJW 1978, 831, 832; *R. Bork*, WRP 1989, 360, 362; näher dazu auch Kap. 55, Rdn. 38 ff.
51 Vgl. BGH NJW 1988, 3268, 3269.
52 BGH WRP 1989, 514, 516 und 517 = NJW 1990, 122.
53 So zutreffend OLG Hamm GRUR 1991, 336, 337, allerdings für die Beschlußverfügung; unzutreffend OLG Celle GRUR 1987, 66 = WRP 1986, 612 (zur Fragwürdigkeit dieser Entscheidung auch in wesentlichen anderen Punkten vgl. *Teplitzky*, WRP 1987, 149 m. w. N.).
54 Vgl. – allerdings zu dem (verwandten, BGH NJW 1988, 3268, 3269) Tatbestand des § 717 Abs. 2 ZPO – BGH GRUR 1976, 715, 718 = WRP 1976, 632 – Spritzgießmaschine; wie hier auch *R. Bork*, WRP 1989, 360, 366.
55 Vgl. BGH WRP 1989, 514, 516 = NJW 1990, 122; anders jedoch schon – mit Recht bejahend – BGH GRUR 1975, 390, 392 = NJW 1974, 642 – Schaden durch Gegendarstellung, insoweit nicht in BGHZ 62, 7 ff.; zutreffend jetzt auch *R. Bork*, WRP 1989, 360, 365 u. *Ulrich*, WRP 1991, 361, 363.
56 Soweit der BGH (WRP 1989, 514, 516) von »beachtlichen Gründen« für diese Auffassung spricht, meint er – wie sich aus dem Zusammenhang ergibt – die Gründe, die für eine grundsätzliche Vorverlegung auch des Schuldner*schutzes* sprechen; nicht auch diejenigen, die diesen Schutz in – wie noch darzulegen sein wird – gesetzwidriger Weise aushöhlen.

36. Kapitel Der Schadensersatz gemäß § 945 ZPO

Recht geht diese Meinung davon aus, daß die in Urteilsform gefaßte Verfügung ihre Verbotswirkung wie jedes Urteil, das sofort vollstreckbar ist, bereits ab Verkündung und ihre Wirkung als Vollstreckungsgrundlage ab Zustellung von Amts wegen entfaltet und daß mit dieser (Zwangs-)Wirkung auf den Schuldner auch dessen Schutz aus § 945 ZPO korrespondieren muß[57]. Zu Unrecht glauben ihre Vertreter jedoch teilweise[58], dieses Ergebnis daraus herleiten zu können, daß sie das Vollziehungserfordernis als auf Urteilsverfügungen grundsätzlich unanwendbar ansehen. Mit dieser Auffassung setzen sie sich nicht nur in Widerspruch mit der ganz h. M., die auch bei der Urteilsverfügung eine Vollziehung für geboten hält[59], sondern auch mit der Beurteilung durch das Bundesverfassungsgericht, das in § 929 Abs. 2 ZPO eine dem Schuldnerschutz dienende Vorschrift sieht, durch die sichergestellt werden soll, daß der Verfügungsgrund weiter fortwirkt und der Schuldner nicht über die Frist hinaus im Ungewissen gehalten wird, ob er aus dem Titel in Anspruch genommen werden soll[60]. Entgegen der Auffassung der genannten Oberlandesgerichte verlieren daher ex lege auch Urteilsverfügungen ihre Wirkungen, wenn sie nicht binnen eines Monats vollzogen werden. Dies schließt jedoch nicht aus, daß sie ab Verkündung für den Schuldner (mindestens bis zum Ablauf der Vollziehungsfrist) beachtlich sind[61] und dieser auch für die Zeit vor Vollziehung Schadensersatz gemäß § 945 ZPO erhält; denn bei sachgerechter Auslegung dieser Vorschrift wird man der Sicherheitsleistung zur Abwendung der Vollziehung auch andere (aufwendige) Maßnahmen gleichstellen können, die der Schuldner zur Abwendung der Vollziehung vornimmt, also bei der Unterlassungsverfügung auch eine schadensverursachende Erfüllung des Unterlassungsanspruchs[62].

---

57 Vgl. dazu im einzelnen überzeugend R. *Borck,* WRP 1989, 360, 364 und 365 f.; ebenso *Ulrich,* WRP 1991, 361, 362.
58 So etwa OLG Hamburg WRP 1973, 346 und WRP 1980, 341, 342; OLG Bremen WRP 1979, 791; OLG Stuttgart WRP 1981, 291. (Das vom BGH aaO. mitzitierte OLG Koblenz NJW 1980, 948, 949 vertritt – bestätigt durch OLG Koblenz GRUR 1980, 1022 – mit Recht den gegenteiligen Standpunkt.)
59 BVerfG NJW 1988, 3141; BGH VersR 1985, 358, 359 = LM BGB § 254 Dc Nr. 32; OLG Hamm GRUR 1978, 611, 612; OLG Hamm OLGZ 1988, 467; 89, 351; KG WRP 1979, 307, 308; OLG Köln WRP 1979, 817; OLG München WRP 1979, 398; 1982, 602 f.; OLG Koblenz GRUR 1980, 70 und 1022 f.; OLG Karlsruhe WRP 1983, 696, 697; 1984, 161, 162; OLG Schleswig WRP 1982, 49; OLG Frankfurt WRP 1983, 212, 213; NJW-RR 1987, 764; *Baumbach/Hefermehl,* § 25 UWG, Rdn. 60 a; *Nirk/Kurtze,* Rdn. 304; *Ahrens,* S. 181 mit Fn. 59; *Borck,* WRP 1977, 556, 560; *Stein/Jonas/Grunsky,* § 938 ZPO, Rdn. 30 i. V. mit § 929 ZPO, Rdn. 21; *Zöller/Vollkommer,* § 929 ZPO, Rdn. 12 und 16; *Wieczorek/Schütze,* § 929 ZPO, Anm. C II c 1; *Baumbach/Lauterbach/Hartmann,* § 936 ZPO, Anm. 2 zu § 929, A m. w. N.; *Teplitzky,* DRiZ 1982, 41, 46; sehr eingehend und gut begründet jetzt R. *Bork,* WRP 1989, 360, 364 f. u. *Ulrich,* WRP 1991, 361, 364.
60 BVerfG NJW 1988, 3141; vgl. dazu auch BGH NJW 1991, 496, 497 = BGHZ 112, 356 ff. sowie – wiederum überzeugend – R. *Bork,* WRP 1989, 360, 364 f. u. *Ulrich,* WRP 1991, 361, 364.
61 So zutreffend R. *Bork,* WRP 1989, 360, 365 u. *Ulrich,* WRP 1991, 361, 364.
62 BGH GRUR 1975, 390, 392 – Schaden durch Gegendarstellung (insoweit nicht in BGHZ 62, 7 ff.); R. *Bork,* aaO. m. Nachw. in Fn. 53; *Ulrich,* WRP 1991, 361, 363, ebenfalls m. w. N.

43 Folgt man dem nicht, sondern verlangt man die Vollziehung einer Urteilsverfügung nicht nur als Voraussetzung ihres Wirksambleibens (so R. *Bork,* WRP 1989, 360, 364), sondern schon ihres Wirksamwerdens oder ihrer Beachtlichkeit[63] und jedenfalls als Voraussetzung eines (Vollziehungs-)Schadens i. S. des § 945 ZPO, so muß beachtet werden, daß diese Vollziehung nach der neueren Rechtsprechung zwar durch Zustellung im Parteibetrieb erfolgen kann (und regelmäßig auch wird), keineswegs aber zwangsläufig[64] nur in dieser Form erfolgen muß, sondern auch in anderer Weise ausreichenden Ausdruck finden kann[65], so etwa durch einen Antrag auf Festsetzung von Ordnungsmitteln wegen eines inzwischen begangenen Verstoßes oder durch einen deutlichen, wenngleich aus Formgründen gescheiterten, Versuch der Zustellung im Parteibetrieb (BGH aaO.).

44 In jedem Falle setzt die Schadensersatzpflicht voraus, daß der Schaden als Folge einer zur Zeit der Schadensbegründung vollstreckbaren Verfügung entstanden ist. Ist die Vollstreckung – was im Wettbewerbsrecht allerdings nur in seltenen Ausnahmefällen vorkommen wird – einstweilen eingestellt, so kann ihre dennoch erfolgende Beachtung durch den Schuldner keine Ersatzpflicht des Gläubigers auslösen[66].

2. Beispiele

45 Als Beispiele von Schadensersatzfällen im Rahmen des § 945 ZPO seien genannt: Produktionseinstellung, Schäden aus Sperren, insbesondere Lieferungssperren, Schäden am eingerichteten und ausgeübten Gewerbebetrieb; entgangene Aufträge; Beeinträchtigungen des Absatzes (z. B. Verdrängung der Erzeugnisse vom Markt); Aufwendungen, die der Schuldner nach Lage der Sache verständlicherweise für geboten halten konnte, um größere Nachteile zu vermeiden.

3. Die Kosten des Verfügungsverfahrens als Schaden

46 Verfahrenskosten, insbesondere die Kosten des Widerspruchsverfahrens, können über § 945 ZPO immer insoweit verlangt werden, als es sich um Kosten des Antragstellers handelt, die dieser beigetrieben oder freiwillig erhalten hat[67]. Seine eigenen Kosten kann der Antragsgegner dagegen nicht über § 945 ZPO zurückverlangen, da sie nicht durch die Vollziehung, sondern durch die Anordnung der einstweiligen Verfügung ent-

---

63 So etwa HdbWR/*Spätgens,* § 95, Rdn. 44 u. *Ahrens/Spätgens,* S. 219; weitere Nachweise zu dieser Auffassung bei *R. Bork,* aaO., in Fn. 39 f.
64 Insoweit entgegen *R. Bork*, aaO. S. 365, und der in BGH WRP 1989, 514, 517 = NJW 1990, 122 zitierten starken Meinung.
65 So jetzt eindeutig BGH WRP 1989, 514, 517 = NJW 1990, 122 m. w. N.; bestätigend BGH NJW 1991, 496, 497 = BGHZ 112, 356 = JZ 1991, 404 mit Anm. *Stürner;* vgl. auch schon OLG Frankfurt MDR 1981, 680; OLG Celle NJW 1986, 2441 f.; zustimmend *Baumbach/Hefermehl,* § 25 UWG, Rdn. 60 a; *Thomas/Putzo,* § 936 ZPO, Anm. 3; *Ahrens/Spätgens,* S. 219; *Stürner* in Anm. zu BGH JZ 1991, 404 auf S. 406; ablehnend *Ulrich,* WRP 1991, 361, 367 f.
66 BGH WRP 1989, 514, 518 = NJW 1990, 122.
67 BGHZ 45, 251, 252 m. w. N.

36. Kapitel   Der Schadensersatz gemäß § 945 ZPO

standen sind⁶⁸. Diese Kosten kann der Antragsgegner nur nach § 788 Abs. 2 ZPO erstattet erhalten, so daß, wenn der Antragsteller nicht freiwillig leistet, zuvor die einstweilige Verfügung auf Widerspruch oder nach § 927 ZPO⁶⁹ aufgehoben werden muß. Steht dem Antragsgegner neben oder anstelle eines Anspruchs aus § 945 ZPO ein Anspruch aus §§ 823 ff. BGB zu, weil Verschulden vorliegt, kann er die nach § 945 ZPO ausgeschlossene Kostenerstattung auf dieser Anspruchsgrundlage verlangen⁷⁰.

4. *Ordnungsmittel gemäß § 890 ZPO als Schaden*

Ein vom Unterlassungsschuldner gemäß § 890 ZPO gezahlter Ordnungsmittelbetrag kann bei Aufhebung des Titels nicht als Schaden vom Gläubiger ersetzt verlangt werden. Die Unanwendbarkeit des § 945 ZPO insoweit wird damit begründet, daß diese Leistung nicht auf der Vollziehung der einstweiligen Verfügung, sondern auf dem Verstoß gegen den Titel beruhe und eine Folge des Ungehorsams sei⁷¹. Eine Rolle spielt hierbei auch der Umstand, daß das Ordnungsmittel nicht an den Gläubiger, sondern an den Staat gezahlt worden ist⁷².

Entgegen der von *Pastor* (in *Reimer*, S. 289) hieran geübten Kritik ist diese Auffassung billigenswert. Die von *Pastor* (aaO., S. 290) vorgeschlagene begrenzte Erstattung insoweit, als der Gläubiger durch die Zuwiderhandlung und durch die sie ahndende Ordnungsmittelzahlung von einer sonst gegebenen Schadensersatzpflicht befreit worden sei, liegt außerhalb des Normbereichs des § 945 ZPO. Sie dürfte sich auch aus anderen Rechtsnormen (etwa aus GoA) nicht ernsthaft ableiten lassen.

---

68 Dies ist die wohl herrschende Meinung; vgl. BGHZ 45, 251, 252 u. OLG Köln WRP 1991, 507, 508, jeweils m. w. N.; weitere Nachweise auch bei *Stein/Jonas/Grunsky*, § 945 ZPO, Rdn. 6 in Fn. 16; a. A. jedoch KG JW 1933, 2470; *Stein/Jonas/Grunsky*, § 945 ZPO, Rdn. 6 m. w. N. in Fn. 17; vgl. im einzelnen *Stolz*, S. 116 ff.
69 Die Regelung, daß eine Aufhebung nach § 927 ZPO die Kostenentscheidung der aufgehobenen Verfügung grundsätzlich nicht berührt, gilt nach h. M. ausnahmsweise dann nicht, wenn die Aufhebung deshalb erfolgt, weil sich die einstweilige Verfügung nachträglich als von Anfang an unzulässig oder unbegründet erwiesen hat (vgl. dazu näheres in Kap. 56 Rdn. 38–40).
70 BGHZ 45, 251, 252 bezeichnet diese Frage als noch nicht hinreichend geklärt; wie hier aber *Baumbach/Lauterbach/Hartmann*, § 945 ZPO, Anm. 4 B.
71 RGZ 75, 311; KG GRUR 1987, 571 f. m. w.N.; *Zöller/Vollkommer*, § 945 ZPO, Rdn. 14; vgl. auch Großkomm/Jestaedt, Vor § 13 UWG, E, Rdn. 74 mit Fn. 134; *Melullis*, Hdb., Rdn. 148.
72 Ob der Betrag von diesem zurückverlangt werden kann, ist eine andere umstrittene Frage (vgl. dazu die Nachweise bei Großkomm/*Jestaedt*, aaO., Rdn. 74 mit Fn. 135, u. bei OLG Celle WRP 1991, 586, 587), die nichts mit dem hier zu erörternden § 945 ZPO zu tun hat.

VIII. Einzelfragen

1. Mitverschulden (§ 254 BGB)

49 Die grundsätzliche Anwendbarkeit des § 254 BGB steht außer Streit[72].

50 Ein mitwirkendes Verschulden des Verfügungsschuldners kann in seinem Verhalten vor Erlaß der einstweiligen Verfügung liegen – etwa darin, daß er schuldhaft Anlaß für den Verfügungsantrag bzw. die Vollziehung gegeben hat[73].

Es kann sich aber auch aus seinem späteren Verhalten ergeben[74]. Dafür genügt jedoch nicht, daß der Schuldner einer von ihm für unrichtig gehaltenen Verfügung Folge leistet, ohne sie durch Widerspruch oder durch ein Rechtsmittel anzufechten; wer eine gerichtliche Anordnung befolgt, die der Gläubiger selbst erwirkt hat, handelt diesem gegenüber grundsätzlich nicht schuldhaft. Ein Mitschuldvorwurf kann sich jedoch daraus ergeben, daß der Schuldner dem Gläubiger gegenüber (insbesondere vor Gericht) Tatsachen zurückhält, die eine richtige Beurteilung der fälschlich angenommenen Rechtslage ermöglicht hätten[75], oder daß er bei der Befolgung des Verbots in übertriebener Weise – etwa durch völlige Betriebseinstellung – reagiert oder zweckmäßige und zumutbare Maßnahmen zur Schadensabwendung bzw. -minderung unterlassen hat[76]. Jedoch sind im Hinblick auf die vom Gesetzgeber mit § 945 ZPO grundsätzlich vorgenommene Risikoverteilung zu Lasten des vorschnellen Gläubigers strenge Anforderungen an ein etwaiges Mitverschulden zu stellen; stets ist ein evtl. Verschulden auf der Gläubigerseite abwägend dagegenzusetzen. Eine Alleintragung des Schadens durch den Verfügungsschuldner aufgrund des § 254 BGB wird allenfalls dann in Erwägung zu ziehen sein, wenn er die Verfügung geradezu provoziert hat[77].

2. Aufrechnung

51 Bei dem Schadensersatzanspruch aus § 945 ZPO handelt es sich um einen materiell-rechtlichen Anspruch, der entweder als Anspruch aus unerlaubter Handlung einzustufen oder einem solchen gleichzubehandeln ist. Gegen ihn ist damit eine Aufrechnung nicht zulässig (§ 393 BGB).

---

[72] Vgl. BGH LM ZPO § 945 Nr. 8; BGH MDR 1974, 130; BGH NJW 1978, 2024; BGH NJW 1990, 2689, 2690; OLG Karlsruhe GRUR 1984, 156, 158; *Stein/Jonas/Grunsky*, § 945 ZPO, Rdn. 9 m. w. N. in Fn. 20; *Zöller/Vollkommer*, § 945 ZPO, Rdn. 13; *Melullis*, Hdb., Rdn. 150. Die Meinung *Tilmanns* (NJW 1975, 758, 1913 ff.), der über § 254 BGB hinaus einen Haftungsausschluß über § 824 Abs. 2 BGB befürwortet, ist vereinzelt geblieben.
[73] Vgl. dazu das Beispiel RG GRUR 1931, 640.
[74] So *Stein/Jonas/Grunsky*, § 945 ZPO, Rdn. 9.
[75] *Baumbach/Hefermehl*, § 25 UWG, Rdn. 110.
[76] Vgl. dazu die Beispiele RG GRUR 1931, 640; RGZ 99, 183 und RG Warn 1930 Nr. 108.
[77] Vgl. zu allem BGH NJW 1990, 2689, 2690 = JZ 1990, 604.

36. Kapitel Der Schadensersatz gemäß § 945 ZPO

3. Verjährung

Aus demselben Grunde richtet sich die Verjährung nach § 852 BGB. Die Verjährungsfrist beträgt daher 3 Jahre[78]. Der Beginn der Verjährung setzt die Kenntnis des Schadens voraus. Weitere Voraussetzung für den Verjährungsbeginn ist nach mehreren die Rechtsprechung des Reichsgerichts ausdrücklich einschränkenden Entscheidungen des Bundesgerichtshofs[79], daß der Ausgang des Verfügungsverfahrens – soweit es noch betrieben wird und ein Abschluß erwartet werden kann – oder (nach einverständlicher Aufhebung der einstweiligen Verfügung) der negative Ausgang des Hauptsacheverfahrens feststeht.

52

---

[78] BGHZ 57, 170; BGHZ 75, 1, 3; ganz h. M.; vgl. *Stein/Jonas/Grunsky*, § 945 ZPO, Rdn. 10 m. w. N. in Fn. 23; *Zöller/Vollkommer*, § 945 ZPO, Rdn. 13.
[79] BGHZ 75, 1, 3 ff., mit eingehenden Ausführungen auch generell zum Beginn der Anspruchsverjährung, sowie BGH, Urt. v. 26. 3. 1992 – IX ZR 108/91, zur Veröffentlichung vorgesehen.

D. Die neuen Rechte gemäß § 13 a UWG

37. Kapitel Die Rechte und Ansprüche aus § 13 a UWG

Literatur: *Ahrens,* Das Vertragslösungsrecht nach der geplanten UWG-Novelle, WRP 1978, 677; *Alt,* UWG-Novelle und künftige Werbepraxis, NJW 1987, 21; *Klauss/Ose,* Verbraucherkreditgeschäfte, 1989, S. 22 ff.; *Köhler,* Das Rücktrittsrecht nach § 13 a UWG, JZ 1989, 262; *Lehmann,* Die UWG-Neuregelungen 1987 – Erläuterungen und Kritik, GRUR 1987, 199; *Medicus,* Die Lösung vom unerwünschten Schuldvertrag, JuS 1988, 1; *Sack,* Die UWG-Novelle 1986, BB 1986, 2205; *Sack,* Das Rücktrittsrecht gem. § 13 a UWG, BB 1987, Beil. 2, S. 1 ff.; *Schaefer,* Vertragsauflösung wegen irreführender Werbung, ZIP 1987, 554; *Schuhmacher,* Verbraucherschutz bei Vertragsanbahnung, 1983; *Tonner,* Verbraucherschutz im UWG und die UWG-Reform von 1986, NJW 1987, 1917.

Inhaltsübersicht

	Rdn.		Rdn.
I. Entstehung und Bedeutung der Vorschrift	1–3	2. Die Rücktrittsfolgen bei anderen Rechtsgeschäften	22
II. Die beiden Tatbestände des § 13 a Abs. 1 UWG	4–14	3. Die Regelung der Folgen im Verhältnis zwischen Vertragspartner und Dritten	23–31
1. § 13 a Abs. 1 Satz 1 UWG	4–10		
2. § 13 a Abs. 1 Satz 2 UWG	11–14	a) Die Haftung für den Schaden	23–28
III. Die Regelung des § 13 a Abs. 2 UWG	15–18	b) Der Schaden	29–31
IV. Die Rechtsfolgen (§ 13 a Abs. 3 UWG)	19–31	V. Das Verhältnis zu sonstigen Regelungen zugunsten des Abnehmers	32
1. Die Rücktrittsfolgen bei Rechtsgeschäften über bewegliche Sachen	19–21		

I. Entstehung und Bedeutung der Vorschrift

1 Die Vorschrift ist durch die UWG-Novelle 1986 (BGBl. 1986, I, 1169) in das Gesetz eingeführt worden und am 1. 1. 1987 in Kraft getreten. Sie ist das Ergebnis längerer vorangegangener Reformbestrebungen[1], die – durch Beschränkung der Bestimmung auf ein Rücktrittsrecht und Ablehnung eines individuellen Schadensersatzanspruchs – nur teilweise verwirklicht worden sind[2].

---

1 Vgl. zur Vorgeschichte näher Voraufl., Kap. 60, Rdn. 1 und 2; Großkomm/*Köhler,* § 13 a UWG Rdn. 1, und – kritisch – *Sack,* BB 1987, Beil. 2; S. 1.
2 Dazu höchst kritisch *Lehmann,* GRUR 1987, 199, 211.

37. Kapitel   Die Rechte und Ansprüche aus § 13 a UWG 2–5 **37**

Die rechtsdogmatische Bedeutung der Vorschrift liegt im – erstmalig – vollzogenen 2
Übergang vom nur kollektiven zum individuellen Verbraucherschutz[3]. Die praktische Bedeutung ist bisher – mißt man sie an ihrer Anwendung in Rechtsstreitigkeiten – gering. Jedoch wird man auf der (insgesamt äußerst dürftigen) Habenseite der UWG-Reform des Jahres 1986 vielleicht gewisse mittelbare Auswirkungen verbuchen können, die die bloße Existenz der Vorschrift auf das allgemeine Werbeverhalten zeitigen kann[4].

Für die gerichtliche und anwaltliche Praxis dürfte die Vorschrift jedoch – nicht zuletzt wegen der von *Lehmann*[5] zutreffend aufgezeigten Schwierigkeiten des Einzelnen, das hier theoretisch gewährte Recht praktisch zu realisieren – von sehr begrenzter Bedeutung bleiben. Daher soll im folgenden von einer (die Zielsetzung dieses Werks sprengenden) eingehend und detailliert kommentierenden Darstellung[6] abgesehen und lediglich ein Überblick über inhaltliche Fragen und solche der Anwendung der Vorschrift gegeben werden. 3

II. Die beiden Tatbestände des § 13 a Abs. 1 UWG

1. Nach dem ersten Tatbestand (§ 13 Abs. 1 Satz 1 UWG) hat der Abnehmer ein Rücktrittsrecht, wenn er durch eine unwahre und zur Irreführung geeignete Werbeangabe i. S. von § 4 UWG, die für den Personenkreis, an den sie sich richtet, für den Abschluß von Verträgen wesentlich ist, zur Abnahme bestimmt worden ist. 4

Es muß somit zunächst der Tatbestand des § 4 Abs. 1 UWG erfüllt sein[7]; nach § 4 5
Abs. 2 UWG, der hier gleichfalls anwendbar ist, genügt auch die Verwirklichung dieses Tatbestands durch einen Angestellten und Beauftragten. Beide Begriffe sind hier nicht anders zu verstehen als in § 13 Abs. 4 UWG (vgl. dazu Kap. 14, Rdn. 15–26). Die Verweisung bezieht sich jedoch nur auf den objektiven Tatbestand des § 4 UWG; seine subjektiven Voraussetzungen brauchen nicht erfüllt zu sein[8].

---

3 So Großkomm/*Köhler,* § 13 a UWG, Rdn. 1; anders *Lehmann,* GRUR 1987, 199, 213, der – ausgehend von der These, daß das UWG schon vorher Verbraucherschutz nicht nur als Kollektiv-, sondern auch als Individualschutz gewährt habe, in der Einfügung der Bestimmung nur die Entscheidung einer rechtsdogmatischen Streitfrage im Sinne seiner Auffassung sieht; kritisch zur Ansiedlung einer solchen Vorschrift im UWG *Sack,* BB 1987, Beil. 2, S. 1, 28.

4 So schon die Prognose in der Vorauf., Kap. 60, Rdn. 3; ähnlich Großkomm/*Köhler,* § 13 a UWG, Rdn. 2; zweifelnd dagegen *Lehmann,* GRUR 1987, 199, 211, der eine abschreckende Wirkung nur der – unterbliebenen – Einführung eines Schadensersatzanspruchs zuerkennen will.

5 GRUR 1987, 199, 211 mit Fn. 114 und S. 212 f.

6 Hinsichtlich einer solchen wird auf Großkomm/*Köhler,* § 13 a UWG, Rdn. 3–94 sowie auf die – allerdings mit 29 Randnummern auch wesentlich knappere – Kommentierung des § 13 a bei *Baumbach/Hefermehl* verwiesen.

7 Hierzu wird auf die Kommentierungen dieser (materiell-rechtlichen) Vorschrift bei Großkomm/*Otto,* bei *Baumbach/Hefermehl* und *v. Gamm,* UWG, außerdem auch auf *v. Gamm,* Kap. 38, verwiesen. Zu Besonderheiten und Zweifelsfragen bei der Tatbestandsübernahme in § 13 a UWG vgl. Großkomm/*Köhler,* § 13 a UWG, Rdn. 7–16, und *Baumbach/Hefermehl,* § 13 a, Rdn. 3 und 4.

8 OLG Nürnberg GRUR 1990, 141, 142 – Alarmanlage; Großkomm/*Köhler,* § 13 a UWG, Rdn. 11–15; *Baumbach/Hefermehl,* § 13 a Rdn. 3; *Lehmann,* GRUR 1987, 199, 212.

6   Die Begriffe »unwahre und zur Irreführung geeignete« (Werbeangabe) in § 13 a UWG sind wie in § 4 UWG auszulegen[9]. Sie müssen kumulativ erfüllt sein; wahre Angaben erfüllen den Tatbestand auch dann nicht, wenn sie zur Irreführung geeignet sind. Als Folge der Verweisung muß es sich um eine im konkreten Fall unzulässige Werbung handeln; ist die Werbung ausnahmsweise – obwohl irreführend – als Folge einer Interessenabwägung[10] zuzulassen, so ist § 13 a UWG unanwendbar[11].

7   Als zusätzliches Erfordernis muß hinzutreten, daß die Werbeangabe i. S. des § 4 UWG »für den Personenkreis, an den sie sich richtet, für den Abschluß von Verträgen wesentlich ist«. Wesentlichkeit allein für den zum Vertragsabschluß bestimmten Abnehmer reicht nach der Gesetzesformulierung nicht aus. Ob sie nur für einen nicht unerheblichen Teil des Verkehrs bestehen muß[12] oder ob es auf eine Durchschnittsauffassung[13] ankommt, ist streitig, aber wohl im letzteren Sinne zu beantworten[14].

8   Die Vorschrift gilt für private und gewerbliche Abnehmer[15], also nicht nur für Letztverbraucher. Der Begriff ist der Wirtschaftssprache entnommen[16]; mit der Leistungsabnahme i. S. des BGB hat er nichts zu tun. Er bedeutet Nachfrager nach Waren und gewerblichen Leistungen oder nach Rechten und damit Partnerschaft in einem Leistungsaustauschvertrag[17].

9   Wie die Existenz des § 13 a Abs. 1 Satz 2 UWG erkennen läßt, betrifft der Tatbestand des Abs. 1 Satz 1 die – im Gegensatz zur Werbung eines Dritten stehende – Eigenwerbung des Vertragspartners[18]. Eine solche kann auch vorliegen, wenn zwar ein Dritter handelt, aber in einer Weise oder Funktion, die die Handlung als solche des Vertragspartners selbst erscheinen läßt. Nach welchen rechtlichen Kriterien eine solche Zuordnung zu erfolgen hat, wird nicht einheitlich beantwortet. Die von *Schaefer* (ZIP 1987, 554, 560) vorgeschlagene Zuordnung nach § 278 BGB erweist sich wegen des Verschuldenserfordernisses auf Seiten des Gehilfen und wegen des bereits vorausgesetzten schuldrechtlichen Bandes als wenig geeignet[19]; dagegen besteht weitgehend Einigkeit über die Heranziehbarkeit der zur Auslegung und Eingrenzung des »Dritten« in § 123 Abs. 2 Satz 1 BGB entwickelten Grundsätze[20]. Im Gegensatz zu *Baumbach/Hefermehl* (aaO.), der weitergehende Zuordnungen nur nach Billigkeitsgesichtspunkten vornehmen lassen will, befürwortet Großkomm/*Köhler* eine durch Interessenlage und

---

9 OLG Düsseldorf NJW-RR 1990, 875; Großkomm/*Köhler* und *Baumbach/Hefermehl*, aaO.
10 Vgl. etwa BGH GRUR 1977, 159 – Ostfriesische Teegesellschaft; BGH GRUR 1979, 415 = WRP 1979, 448 – Cantilflasche; BGH GRUR 1991, 852, 855 f. – Aquavit.
11 Großkomm/*Köhler*, § 13 a UWG, Rdn. 16.
12 So *Sack*, BB 1987, Beil. 2, S. 1, 6.
13 *Baumbach/Hefermehl*, § 13 a UWG, Rdn. 5; Großkomm/*Köhler*, § 13 a, Rdn. 18.
14 Keinesfalls kann es – wie *Schaefer*, ZIP 1987, 554, 559 unter Berufung auf *Ahrens*, WRP 1978, 677, 680 meint – auf die »Gesamtheit des angesprochenen Adressatenkreises« ankommen, da eine einheitliche Vorstellung der Gesamtheit kaum denkbar erscheint.
15 BT-Drucks. v. 29. 1. 1986, 10/4741, S. 18; *Baumbach/Hefermehl*, § 13 a UWG, Rdn. 2.
16 Großkomm/*Köhler*, § 13 a UWG, Rdn. 3.
17 Großkomm/*Köhler*, § 13 a UWG, Rdn. 3; *Baumbach/Hefermehl*, § 13 a UWG, Rdn. 2.
18 Großkomm/*Köhler*, § 13 a UWG, Rdn. 22.
19 So auch Großkomm/*Köhler*, § 13 a UWG, Rdn. 29.
20 Großkomm/*Köhler* aaO.; *Baumbach/Hefermehl*, § 13 a UWG, Rdn. 15; insoweit übereinstimmend auch *Schaefer*, ZIP 1987, 554, 560.

37. Kapitel Die Rechte und Ansprüche aus § 13 a UWG

Systemkonformität gestützte analoge Anwendung des § 13 Abs. 4 UWG[21]. Dem (vgl. dazu auch schon Rdn. 5) ist m. E. zuzustimmen, so daß beispielsweise dem Vertragspartner Werbemaßnahmen einer von ihm mit der Werbung beauftragten Werbeagentur als eigene zuzurechnen sind[22], während sich der Fehler des Zeitungsunternehmens, bei dem der Werbende einen gewöhnlichen Anzeigenauftrag erteilt hatte, als Maßnahme eines Dritten darstellt, da der BGH bei schlichten Anzeigenaufträgen den Auftraggeber für das Zeitungsunternehmen – zu Recht – nicht nach § 13 Abs. 4 UWG einstehen läßt[23].

Die Einordnung einer Werbung als Eigenwerbung unter den ersten Tatbestand des § 13 a Abs. 1 UWG ist praktisch deshalb bedeutsam, weil für die Eigenwerbung noch die zu erörternden einschränkenden Voraussetzungen des zweiten Tatbestands nicht vorzuliegen brauchen[24].

2. Der zweite Tatbestand (§ 13 a Abs. 1 Satz 2 UWG) erweitert das Rücktrittsrecht auf solche Fälle, in denen nicht der Vertragspartner selbst, sondern ein Dritter die irreführenden Angaben gemacht hat und der Vertragspartner sich dies nicht als eigene Werbung zurechnen lassen muß. In diesen Fällen müssen zwei zusätzliche Voraussetzungen für ein Rücktrittsrecht erfüllt sein: Der Vertragspartner muß entweder die Unwahrheit der Angabe und ihre Eignung zur Irreführung gekannt haben bzw. haben kennen müssen[25], oder er muß sich die Werbung mit dieser Angabe durch eigene Maßnahmen zu eigen gemacht haben[26].

Als »Dritter« in diesem Sinne kommen in erster Linie der Hersteller oder Großhändler in Betracht. Problematisch ist die Frage, ob auch Handlungen solcher Dritter, die mit dem Vertragspartner in keinerlei rechtlicher oder wirtschaftlicher Beziehung, sondern unter Umständen sogar in einem Konkurrenzverhältnis stehen, das Rücktrittsrecht auslösen können. Zu denken ist hier in erster Linie an die irreführende Werbung eines Konkurrenten: Muß der kleine Einzelhändler am Rande der Stadt den Rücktritt eines Käufers akzeptieren, dessen Kaufentschluß auf unrichtigen Angaben in einer Inseratwerbung eines örtlichen Warenhauses beruhte, die der Einzelhändler aus seiner Tageszeitung kannte? oder, noch krasser: Ist es fahrlässig (»kennen mußte«), wenn er die Inserataktion des Kaufhauses in seiner Zeitung nicht oder nicht richtig gelesen hatte?

Trotz der weitreichenden Konsequenzen – es wird damit eine Aufklärungspflicht des Vertragspartners über unwahre Werbemaßnahmen des eigenen Konkurrenten postuliert, die nicht ganz unproblematisch ist – wird man jedoch auch solche Fälle als von § 13 a Satz 2 UWG umfaßt ansehen müssen[27]. Ob in diesem Fall nicht wenigstens ge-

---

21 Großkomm/*Köhler,* § 13 a UWG, Rdn. 24 und 29.
22 Großkomm/*Köhler,* § 13 a UWG, Rdn. 29; a. A. *Sack,* BB 1987, Beil. 2, S. 1, 8.
23 Vgl. BGH GRUR 1990, 1039, 1040 = WRP 1991, 79 – Anzeigenauftrag; a. A. insoweit Großkomm/*Köhler,* § 13 a UWG, Rdn. 24.
24 Vgl. auch Großkomm/*Köhler,* § 13 a UWG, Rdn. 29.
25 Dazu im einzelnen Großkomm/*Köhler,* § 13 a UWG, Rdn. 31–33; *Baumbach/Hefermehl,* § 13 a UWG, Rdn. 16; *Schaefer,* ZIP 1987, 554, 560.
26 Dazu im einzelnen Großkomm/*Köhler,* § 13 a UWG, Rdn. 34; *Baumbach/Hefermehl,* § 13 a UWG, Rdn. 17; *Schaefer,* ZIP 1987, 554, 561.
27 Großkomm/*Köhler,* § 13 a UWG, Rdn. 33; *Baumbach/Hefermehl,* § 13 a UWG, Rdn. 16; *Schaefer,* ZIP 1987, 554, 560.

ringere Anforderungen an die Sorgfaltspflicht des Kennenmüssens zu legen sind, ist streitig[28].

14 Die Beweislast für die Tatbestandsmerkmale des § 13 a Abs. 1 UWG trägt – nach allgemeinen Beweisregeln – weitgehend der Abnehmer. Eine Ausnahme will Großkomm/*Köhler,* aaO., Rdn. 28, für den Fall annehmen, daß die Urheberschaft einer Werbung unbekannt ist; hier soll der Vertragspartner beweisen müssen, daß er nicht der Urheber ist. Dies scheint aus den von *Köhler* aaO. genannten Gründen vertretbar. Dagegen sind Vorschläge einer weitergehenden Beweislastumkehr[29] oder eine Anwendung von Anscheinsbeweisregeln[30] abzulehnen[31].

III. Die Regelung des § 13 a Abs. 2 UWG

15 Der Rücktritt – eine einseitige, empfangsbedürftige und bedingungsfeindliche[32] Willenserklärung – muß dem anderen Vertragsteil unverzüglich erklärt werden, nachdem der Abnehmer von den Umständen Kenntnis erlangt hat, die sein Rücktrittsrecht begründen. Unverzüglich heißt hier wie gewöhnlich ohne schuldhaftes Zögern. Eine angemessene Zeit zur Prüfung wird dadurch nicht ausgeschlossen[33].

16 Die Kenntnis von den Umständen muß sich beim Tatbestand des § 13 a Abs. 1 Satz 2 UWG auf die Unwahrheit der Werbeangabe, beim Tatbestand des § 13 a Abs. 2 Satz 1 ebenfalls auf die Unwahrheit der Werbeangabe, außerdem aber auch darauf beziehen, daß der andere Vertragsteil die Unwahrheit und die Eignung der Werbeangabe zur Irreführung kannte oder kennen mußte oder sich die Werbung des Dritten zu eigen gemacht hat (ebenso Großkomm/*Köhler,* § 13 a UWG, Rdn. 46).

17 Nach einer Ausschlußfrist von sechs Monaten, berechnet ab Vertragsabschluß, ist das Rücktrittsrecht in jedem Falle – ohne Rücksicht auf Kenntnis oder Nichtkenntnis des Irregeführten – erloschen (§ 13 a Abs. 2 Satz 2 UWG). Die Vorschrift dient der Rechtssicherheit und vermeidet übergroße Belastungen und praktische Schwierigkeiten bei der Rückabwicklung. Zur Problematik dieser Ausschlußfrist bei Verträgen mit längerer Liefer- oder Leistungszeit vgl. *Palandt/Putzo,* § 13 a UWG, Rdn. 18, und Großkomm/*Köhler,* § 13 a UWG, Rdn. 47.

18 Um zu verhindern, daß das Rücktrittsrecht durch aufgezwungene vertragliche Klauseln unterlaufen wird, ist in § 13 a Abs. 2 Satz 3 UWG bestimmt, daß es nicht im voraus abbedungen werden kann. Ein Verzicht auf das Rücktrittsrecht ist möglich, sobald der Abnehmer weiß, daß ihm ein solches Recht zusteht[34].

---

28 Bejahend – m. E. zu Recht – *Schaefer,* ZIP 1987, 554, 560; verneinend Großkomm/*Köhler,* § 13 a UWG, Rdn. 33.
29 Vgl. *Sack,* BB 1987, Beil. 2, S. 1, 7.
30 Vgl. OLG Nürnberg GRUR 1990, 141, 142 – Alarmanlage.
31 Im einzelnen (und überzeugend) dazu Großkomm/*Köhler,* § 13 a UWG, Rdn. 39.
32 So Großkomm/*Köhler,* § 13 a UWG, Rdn. 45 unter Berufung auf BGHZ 97, 264, 267.
33 Großkomm/*Köhler,* § 13 a UWG, Rdn. 46.
34 Großkomm/*Köhler,* § 13 a UWG, Rdn. 48; *Baumbach/Hefermehl,* § 13 a UWG, Rdn. 20; *Palandt/Putzo,* § 13 a UWG, Rdn. 3.

IV. Die Rechtsfolgen (§ 13 a Abs. 3 UWG)

1. Die Rücktrittsfolgen bei Rechtsgeschäften über bewegliche Sachen

Die Folgen des Rücktritts bestimmen sich gemäß § 13 a Abs. 3 Satz 2 UWG bei beweglichen Sachen nach § 3 Abs. 1, 3 und 4 sowie § 5 Abs. 3 Satz 1 HWiG, wobei die Rücktrittserklärung dem »Widerruf« dieses Gesetzes insoweit gleichgestellt wird.

Die genannten Vorschriften lauten:

§ 3 Abs. 1: Im Falle des Widerrufs ist jeder Teil verpflichtet, dem anderen Teil die empfangenen Leistungen zurückzugewähren. Der Widerruf wird durch eine Verschlechterung, den Untergang oder die anderweitige Unmöglichkeit der Herausgabe des empfangenen Gegenstands nicht ausgeschlossen. Hat der Käufer die Verschlechterung, den Untergang oder die anderweitige Unmöglichkeit zu vertreten, so hat er der anderen Vertragspartei die Wertminderung oder den Wert zu ersetzen.

§ 3 Abs. 3: Für die Überlassung des Gebrauchs oder die Benutzung einer Sache oder für sonstige Leistungen bis zu dem Zeitpunkt der Ausübung des Widerrufs ist deren Wert zu vergüten; die durch die bestimmungsgemäße Ingebrauchnahme einer Sache oder Inanspruchnahme einer sonstigen Leistung eingetretene Wertminderung bleibt außer Betracht.

§ 4 Abs. 4: Der Kunde kann für die auf die Sache gemachten notwendigen Aufwendungen Ersatz von der anderen Vertragspartei verlangen.

§ 5 Abs. 3: Von den Vorschriften dieses Gesetzes zum Nachteil des Kunden abweichende Vereinbarungen sind unwirksam.

Zu diesen Vorschriften, die 1991 an die Stelle von weitgehend gleichlautenden Vorschriften des Abzahlungsgesetzes getreten sind, gibt es eine umfangreiche Judikatur (noch zum Abzahlungsgesetz) und Kommentarliteratur. Da kaum zu erwarten ist, daß die Wettbewerbsrechtsprechung bei der Auslegung derselben gesetzlichen Bestimmungen wesentlich andere Wege gehen wird als die Rechtsprechung zum früheren Abzahlungsgesetz und jetzigen HWiG, kann wegen der Einzelheiten der bisherigen (und auch im Wettbewerbsrecht zu erwartenden) Auslegung auf diese Kommentierungen sowie ergänzend auf Großkomm/*Köhler*, § 13 a UWG, Rdn. 49–52 verwiesen werden.

Gemäß § 13 a Abs. 3 Satz 2 UWG ist die Geltendmachung eines weiteren Schadens nicht ausgeschlossen. Dies begründet keinen eigenen Schadensersatzanspruch, sondern soll nur sicherstellen, daß die Regelung des Satzes 1 nicht als abschließend auch für diejenigen Fälle mißverstanden wird, in denen dem Getäuschten aus einem i. S. des § 13 a Abs. 1 UWG einschlägigen Verhalten oder aus dem zustande gekommenen Vertrag ein Schadensersatzanspruch aufgrund anderer gesetzlicher Vorschriften erwachsen ist. Solche Schäden sollen unbeschadet der Sonderregelung des Abs. 3 Satz 1 weiter neben den Rücktrittsfolgen geltend gemacht werden können (dazu näher Großkomm/*Köhler*, § 13 a UWG, Rdn. 68).

2. Die Rücktrittsfolgen bei anderen Rechtsgeschäften

Eine ausdrückliche Regelung für Fälle des Rücktritts von Geschäften, die keine bewegliche Sache zum Gegenstand haben (sondern beispielsweise gewerbliche Leistungen, vgl. § 4 Abs. 1 UWG), hat der Gesetzgeber in § 13 a UWG n. F. nicht getroffen. Insoweit bleibt es somit bei der Regelung der Rücktrittsfolgen im BGB (§§ 346 ff.)[35].

3. Die Regelung der Folgen im Verhältnis zwischen Vertragspartner und Dritten

23 a) Geht die Werbung von einem Dritten aus (§ 13 a Abs. 1 Satz 2 UWG), so trägt im Verhältnis zwischen dem anderen Vertragsteil und dem Dritten dieser den durch den Rücktritt des Abnehmers entstandenen Schaden allein, es sei denn, daß der andere Vertragsteil die Zuwiderhandlung kannte (§ 13 a Abs. 3 Satz 2 UWG).

24 Die Vorschrift begründet einen Schadensersatzanspruch des »anderen Vertragsteils« gegen den irreführend werbenden Dritten für zwei Fallkategorien: Einmal für den Fall, daß er die unrichtige Werbung des Dritten zwar hätte kennen müssen (was rücktrittsbegründend wirkt), aber nicht kannte; und zum anderen für den Fall, daß er sich die unrichtige Werbung des Dritten — wiederum ohne die Unrichtigkeit zu kennen — durch eigene Maßnahmen zu eigen gemacht hat.

25 In diesen Fällen findet kraft ausdrücklicher gesetzlicher Anordnung keine Schadensverteilung statt; auch die Anwendung des § 254 BGB wird man durch diese Anordnung (»allein«) als ausgeschlossen ansehen müssen[36].

26 Entgegen der sprachlich mißglückten Fassung des Gesetzes, nach der der »es sei denn . . .«-Satz auf den ersten Blick auch auf das unmittelbar vorhergehende Wort »allein« bezogen werden könnte, ist Folge positiver Kenntnis des »anderen Vertragsteils« von der Zuwiderhandlung ebenfalls nicht etwa eine Schadensverteilung zwischen ihm und dem Dritten, sondern der Ausschluß jeglichen Ausgleichs.

Dafür spricht einmal schon der erste Satz der Begründung dieser Vorschrift (BT-Drucks. 10/4741, S. 19), der lautet:

»Bei der in § 13 a Abs. 3 Satz 3 vorgeschlagenen Ausgleichspflicht im Verhältnis zwischen dem Vertragspartner des Abnehmers und dem werbenden Dritten soll die Haftung des Werbenden nur bei positiver Kenntnis des Vertragspartners von der Unwahrheit der Werbeangabe *ausgeschlossen* sein« (Hervorhebung von mir).

27 Vor allem aber ergibt es sich daraus, daß es infolge der Einschränkung der überhaupt erst einen Anspruch begründenden ganzen ersten Satzhälfte durch »es sei denn . . .«, wie man bei genauerer sprachlicher Interpretation wohl annehmen muß, an einer Anspruchsgrundlage für den Schadensersatzanspruch auch im Falle positiver Kenntnis überhaupt fehlt.

28 Der Gesetzgeber hat sich somit in beiden Fallvarianten jeweils für die »Alles-oder-nichts-Lösung« entschieden, was die Rechtsprechung — ungeachtet abweichender Billigkeitseinschätzungen — zu respektieren haben wird.

29 b) Die Höhe des zu ersetzenden, stets konkret zu berechnenden Schadens hängt von den Umständen des jeweiligen Rücktrittsfalles ab, die vom »anderen Vertragsteil« darzulegen und zu beweisen sind.

---

35 Vgl. im einzelnen Großkomm/*Köhler*, § 13 a UWG, Rdn. 63–67.
36 Ganz h. M.; vgl. Großkomm/*Köhler*, § 13 a UWG, Rdn. 71; *Baumbach/Hefermehl*, § 13 a UWG, Rdn. 29; schon in der amtl. Begründung (BT-Drucks. vom 29. Januar 1986, 10/4741, S. 19) heißt es: »Bloße Fahrlässigkeit des Vertragspartners oder der Umstand, daß er sich die Werbemaßnahme durch eigene Maßnahmen zu eigen gemacht hat, soll also sein Recht auf *vollen* Regreß nicht ausschließen« (Hervorhebung von mir).

In Betracht kommen die echten Rückabwicklungskosten, die sich aus § 3 Abs. 1 und Abs. 3 HWiG sowie aus § 4 Abs. 4 HWiG ergeben können.

Als ersatzfähig wird man jedoch stets auch den entgangenen Gewinn ansehen müssen. Der Einwand, ohne die Irreführung wäre es überhaupt nicht zu dem Geschäftsabschluß und damit auch nicht zu einem Gewinn gekommen, wird man als ausgeschlossen ansehen müssen, da der Gesetzgeber nicht auf den durch das Verhalten des Dritten, sondern ganz konkret auf den durch den Rücktritt entstandenen Schaden abstellt, so daß nur die Vermögenslage des anderen Vertragsteils ohne den Rücktritt – d. h. bei bestehendem Vertrag – mit der durch den Rücktritt entstandenen zu vergleichen ist[37].

V. Das Verhältnis zu sonstigen Regelungen zugunsten des Abnehmers

§ 13 a UWG soll lediglich die Rechtsstellung des Abnehmers verbessern. Er läßt daher andere Rechte, die sich aus der Irreführung ergeben können (Anfechtung, Gewährleistungsansprüche, Vertragsnichtigkeit, culpa in contrahendo, Deliktsansprüche) unberührt[38].

---

37 Ebenso Großkomm/*Köhler*, § 13 a UWG, Rdn. 71.
38 Vgl. dazu eingehend Großkomm/*Köhler*, § 13 a UWG, Rdn. 72–94.

E. Die übrigen wettbewerblichen Ansprüche

38. Kapitel Der Auskunftsanspruch

Literatur: *Banzhoff,* Der Auskunftsanspruch, 1989; *Brändel,* Die Problematik eines Anspruchs auf ergänzende Rechnungslegung bei Schutzrechtsverletzungen, GRUR 1985, 616; *U. Krieger,* Zum Anspruch auf Auskunftserteilung wegen Warenzeichenverletzung, GRUR 1989, 802; *Lüderitz,* Ausforschungsverbot und Auskunftsanspruch bei Verfolgung privater Rechte, 1966; *Lüke,* Der Informationsanspruch im Zivilrecht, JuS 1986, 2; *Pietzner,* Auskunft, Rechnungslegung und Schadensersatz bei wettbewerbswidrigen Eingriffen in fremdes Firmenrecht, GRUR 1972, 151; *Stauder,* Umfang und Grenzen der Auskunftspflicht im gewerblichen Rechtsschutz, GRUR Int. 1982, 226; *Stürner,* Strafrechtliche Selbstbelastung und verfahrensförmige Wahrheitsermittlung, NJW 1981, 1757; *Teplitzky,* Die jüngste Rechtsprechung des Bundesgerichtshofs zum wettbewerblichen Anspruchs- und Verfahrensrecht, GRUR 1989, 461; *Tilmann,* Der Auskunftsanspruch, GRUR 1987, 25; *Tilmann,* Zum Anspruch auf Auskunftserteilung wegen Warenzeichenrechtsverletzung II, GRUR 1990, 160; *v. Ungern-Sternberg,* Auskunftsanspruch bei Verwendbarkeit der Auskunft zur Begründung von Vertragsstrafenansprüchen oder Anträgen zur Verhängung von Ordnungsmitteln?, WRP 1984, 55; *Winkler von Mohrenfels,* Abgeleitete Informationspflichten im deutschen Zivilrecht, 1986.

Inhaltsübersicht

	Rdn.		Rdn.
I. Wesen und Rechtsgrundlagen des Anspruchs	1–4	a) Das zur Vorbereitung des Hauptanspruchs Erforderliche	10–20
II. Der akzessorische Auskunftsanspruch	5–32	b) Die Belange des Verletzers und die Interessenabwägung	21–26
1. Die rechtliche Beziehung zwischen Auskunftspflichtigem und Berechtigtem	6	c) Auskünfte zur Überprüfung der Richtigkeit von Angaben, Wirtschaftsprüfervorbehalt	27–32
2. Notwendiges Bestehen eines Hauptanspruchs	7	III. Der selbständige Auskunftsanspruch	33–35
3. Weitere Voraussetzungen des Auskunftsanspruchs	8	IV. Einzelfragen	36–39
4. Art, Inhalt und Umfang der Auskunftspflicht	9–32		

I. Wesen und Rechtsgrundlagen des Anspruchs

Der Auskunftsanspruch wird im bürgerlichen Recht zwar in einzelnen Bestimmungen (z. B. § 666 BGB) gewährt; er ist vom Gesetzgeber jedoch weder in einem den Bedürfnissen der Praxis genügenden Umfang vorgesehen noch im einzelnen geregelt worden. Als Folge dieser Regelungslücke drohte eine Vielzahl an sich berechtigter Ansprüche allein daran zu scheitern, daß dem Berechtigten ohne sein Verschulden Vorkenntnisse 1 fehlten, die für die Durchsetzung unerläßlich waren und die ein anderer ihm unschwer verschaffen konnte.

2   Die Rechtsprechung hat diese Gefahr frühzeitig erkannt und auf zwei Wegen[1] einzuschränken gesucht, die sich grundlegend danach unterscheiden, ob Schuldner des letztlich durchzusetzenden (Haupt-)Anspruchs der Auskunftspflichtige selbst oder ein Dritter ist.

3   Für die erstere Fallgestaltung – im Wettbewerbsrecht die bei weitem häufigste und bedeutsamste Form – hatte das Reichsgericht einen Auskunftsanspruch zunächst in engem Umfang auf die §§ 687 Abs. 2, 667 BGB gestützt; seit der grundlegenden Entscheidung vom 4. Mai 1923 (RGZ 108, 1, 7) wird die Rechtsgrundlage jedoch in § 242 BGB gesehen und aus dieser Vorschrift hergeleitet, daß eine Auskunftspflicht in jedem Rechtsverhältnis besteht, dessen Wesen es mit sich bringt, daß der Berechtigte entschuldbarerweise über Bestehen und Umfang seines Rechts im Ungewissen, der Verpflichtete hingegen in der Lage ist, unschwer Auskunft zu erteilen[2].

4   Für die zweite Fallgestaltung – Vorbereitung des Vorgehens gegen einen Dritten – hat ebenfalls schon das Reichsgericht (RGZ 148, 364, 374) einen anderen, unmittelbar aus § 249 BGB hergeleiteten Auskunftsanspruch entwickelt, den auch der Bundesgerichtshof schon wiederholt gewährt hat[3] und der – im Gegensatz zum akzessorischen Hilfsanspruch der ersten Fallgestaltung – teilweise als »primärer«[4] oder als »selbständiger«[5] Auskunftsanspruch bezeichnet wird. Ob ein solcher selbständiger Auskunftsanspruch außer aus § 249 BGB auch – als Form nicht des Schadensersatzes, sondern eines objektiven Beseitigungsanspruchs – aus § 1004 BGB oder (verschuldensunabhängig) unmittelbar aus § 1 UWG abgeleitet werden kann, ist streitig und vom Bundesgerichts-

---

1 Daß beide Wege im Wettbewerbs- bzw. Warenzeichenrecht begonnen haben – ohne allerdings später auf diese Rechtsgebiete beschränkt zu bleiben –, ist ebensowenig Zufall wie die eminente Rolle, die der Auskunftsanspruch im Wettbewerbsrecht eingenommen hat (*Pastor*, in *Reimer*, S. 209, weist seiner Bedeutung die zweite Stelle hinter dem Unterlassungsanspruch zu): Es liegt an der in anderem Zusammenhang (Kap. 52, Rdn. 30 ff.) näher erörterten spezifischen Beweisproblematik gerade dieses Rechtsgebiets.

2 RGZ 158, 377, 379; BGHZ 10, 385, 387; BGH GRUR 1980, 227, 232 – Monumenta Germaniae Historica (im letzteren Urteil, in diesem Kapitel im folgenden kurz »Monumenta« genannt, wird – m. w. N. – dieser Grundsatz als Gewohnheitsrecht bezeichnet; ebenso Großkomm/*Köhler*, Vor § 13 UWG, B, Rdn. 401; *v. Gamm*, UWG, § 1, Rdn. 309, und von *Palandt/Heinrichs*, §§ 259–261 BGB, Rdn. 8); zu Einschränkungen vgl. BGH NJW 1978, 1002; BGH GRUR 1980, 1105, 1111 a. E. – Medizinsyndikat III.

3 BGH GRUR 1964, 320, 323 = WRP 1964, 161 – Maggi; BGH GRUR 1968, 272, 277 – Trockenrasierer III; BGH GRUR 1974, 351, 352 = WRP 1974, 152 – Frisiersalon; vgl. aber auch – stark einschränkend und im Begründungsgang die beiden aufgezeigten Fallgestaltungen nicht immer scharf genug trennend – BGH GRUR 1976, 367, 368 f. (mit kritischer Anm. von *Fritze*) – WRP 1975, 727 – Ausschreibungsunterlagen; zu weitgehend dagegen OLG Karlsruhe WRP 1988, 50 f.

4 So *Pastor*, in *Reimer*, S. 310; *Storch* in Anm. zu BGH aaO. – Frisiersalon, GRUR 1974, 351, 352.

5 BGH aaO. – Frisiersalon; der Anspruch wird auch in dieser Entscheidung – was *Stauder*, GRUR Int. 1982, 226, 229 in Fn. 24, übersehen zu haben scheint – eindeutig auf § 249 BGB gestützt (vgl. BGH aaO. GRUR S. 352 li. Sp. oben; lediglich die Begrenzung von Inhalt und Umfang wird – aaO. r. Sp. oben unter 3 – § 242 BGB entnommen).

hof[6] bisher offengelassen. Auf die Frage soll später (Rdn. 32) näher eingegangen werden.

II. Der akzessorische Auskunftsanspruch

Der aus Treu und Glauben abgeleitete Hilfsanspruch[7] auf Auskunft, der die Durchsetzung eines gegen den Auskunftspflichtigen selbst gerichteten Hauptanspruchs vorbereiten soll, ist der klassische Auskunftsfall des Wettbewerbsrechts. Er ist heute bereits zum Gewohnheitsrecht erstarkt (vgl. BGH GRUR 1988, 307, 308 unter II, 1 – Gaby).

1. Die rechtliche Beziehung zwischen Auskunftspflichtigem und Berechtigtem
Der Hilfsanspruch setzt eine besondere rechtliche Beziehung zwischen Auskunftsberechtigtem und Auskunftspflichtigem voraus, aus der sich der vorzubereitende Hauptanspruch ergeben kann[8]. Im Wettbewerbsrecht handelt es sich dabei nur selten um ein Vertragsverhältnis oder um eine – gleichfalls ausreichende[9] – bereicherungsrechtliche Beziehung oder eine solche aus angemaßter Eigengeschäftsführung; die Regel bildet die Rechtsbeziehung, die sich aus einer begangenen wettbewerblichen Verletzungshandlung ergibt. Der vorzubereitende Anspruch ist meist ein Schadensersatzanspruch; in diesem Fall setzt die Auskunftspflicht – als Folge ihrer Akzessorietät zur Hauptpflicht – schuldhaftes Verhalten des Störers voraus. Wie seit langem anerkannt ist[10], kann ein Auskunftsanspruch jedoch auch »zur Vorbereitung und Durchsetzung« – so die wörtliche Formulierung des Bundesgerichtshofs im Urteil Teerspritzmaschinen aaO. – eines Beseitigungsanspruchs gewährt werden[11]; dann erfordert er wie dieser kein Verschulden. Daß der Anspruch hier – anders als beim Schadensersatzanspruch –

---

6 AaO. – Maggi; vgl. auch *Storch* in seiner Anm. zur Frisiersalon-Entscheidung des BGH in GRUR 1974, 351, 352 a. E.
7 Der Begriff ist in der Rechtsprechung und Literatur gebräuchlich; vgl. z. B. BGH GRUR 1961, 288, 293 = WRP 1961, 113 – Zahnbürsten; BGH GRUR 1988, 533, 536 – Vorentwurf II; Großkomm/*Köhler*, Vor § 13 UWG, B, Rdn. 402; *v. Gamm*, UWG, § 1, Rdn. 309; gegen die Ableitung aus Treu und Glauben neuerdings – unter fragwürdiger Berufung auf das Urteil BGH GRUR 1987, 647 = WRP 1987, 554 – Briefentwürfe, in dem die Anwendung des Treu- und Glaubens-Grundsatzes allenfalls offengelassen worden ist – Großkomm/*Jacobs*, Vor § 13 UWG, D, Rdn. 225.
8 BGH GRUR 1978, 54, 55 = WRP 1977, 569 – Preisauskunft; BGHZ 95, 274 u. 95, 285 – GEMA-Vermutung I u. II; BGH GRUR 1987, 647 = WRP 1987, 554 – Briefentwürfe; *Baumbach/Hefermehl*, Einl. UWG, Rdn. 399; Großkomm/*Köhler*, Vor § 13 UWG, B, Rdn. 404; Großkomm/*Jacobs*, Vor § 13 UWG, D, Rdn. 225; näheres nachfolgend Rdn. 7.
9 Vgl. BGH NJW 1980, 2463, 2464; Großkomm/*Köhler*, aaO.
10 RGZ 158, 377, 379 f.; BGH GRUR 1972, 558, 560 = WRP 1972, 198 – Teerspritzmaschinen; BGH GRUR 1976, 367, 368 = WRP 1975, 727 – Ausschreibungsunterlagen; BGH GRUR 1987, 647, 648 = WRP 1987, 554 – Briefentwürfe; Großkomm/*Köhler*, aaO.; Großkomm/*Jacobs*, aaO., Rdn. 225; *Baumbach/Hefermehl*, Einl. UWG, Rdn. 401; *v. Gamm*, UWG, § 1, Rdn. 309.
11 Bei dem von *Pastor*, in *Reimer*, S. 310, als weitere Hauptanspruchsmöglichkeit genannten Anspruch auf Widerruf handelt es sich – wie in Kap. 26, Rdn. 3 bereits dargelegt – um eine Unterform des allgemeinen Beseitigungsanspruchs.

nicht nur der Vorbereitung, sondern auch schon der Durchsetzung des Beseitigungsanspruchs dienen kann (vgl. die zitierte Formulierung des BGH aaO.), beruht darauf, daß ein gegebener objektiver Störungszustand nach erteilter Auskunft nicht notwendigerweise durch Verwirklichung des gegen den Verletzer gerichteten Beseitigungsanspruchs, sondern u. U. auch in anderer Weise beseitigt werden kann: Wer aus der Auskunft Namen und Adressen der Inhaber von durch Kennzeichenentfernung entstellten Teerspritzmaschinen erfährt, kann – sofern die Inhaber einverstanden sind – sein Kennzeichen auch selbst wieder anbringen oder in anderer Weise für Richtigstellung sorgen[12]; er muß nicht unbedingt noch auf entsprechende »Beseitigung« durch den Störer selbst klagen. Hier ist die Auskunft also schon Teil der Beseitigung selbst.

2. Notwendiges Bestehen eines Hauptanspruchs

7   Der Anspruch, dem die Auskunft dienen soll, muß – dies folgt aus der Akzessorietät des Auskunftsanspruchs – jedenfalls dem Grunde nach bereits bestehen; lediglich sein Inhalt darf noch offen sein; alle anderen anspruchsbegründenden Tatbestandsmerkmale müssen dagegen vorliegen[13]. Zu diesen Merkmalen gehört auch und insbesondere das Vorliegen einer schädigenden Handlung, auf das sich somit – jedenfalls grundsätzlich – der Auskunftsanspruch nicht beziehen kann[14]. Ausnahmen hat die Rechtsprechung – abgesehen von hier nicht interessierenden Sondertatbeständen im Erb-, Konkurs- und Vertragsrecht – nur unter ganz engen Voraussetzungen angenommen; nämlich dann, wenn entweder im Rahmen eines bestehenden Vertragsverhältnisses (Unterwerfungsvertrag) eine Auskunftspflicht aus § 242 BGB hergeleitet werden kann (so jetzt BGH GRUR = WRP 1991, 654, 659 f. – Preisvergleichsliste) oder wenn im Rahmen einer durch feststehende Verletzungshandlungen begründeten deliktischen Sonderbeziehung besondere Umstände für eine hohe Wahrscheinlichkeit[15] weiterer Verletzungen sprechen[16]. Solche Umstände hat die Rechtsprechung bislang nur angenommen,

---

12 Vgl. für letzteres etwa das Beispiel BGH GRUR 1970, 254, 257 – Remington.
13 RG LZ 1929, 927, 929; BGH GRUR 1954, 547, 549 – Irus/Urus; BGH LM BGB § 242 (Be) Nr. 19; BGH NJW 1978, 1002; BGH DB 1987, 2405; BGH NJW-RR 1989, 450; OLG Celle GRUR 1977, 262, 264 – Bleyle-Artikel; MünchKomm/*Keller*, 2. Aufl., § 260 BGB, Rdn. 12; Großkomm/*Köhler*, Vor § 13 UWG, B, Rdn. 404 und 416; *Pietzner*, GRUR 1972, 151, 158; vgl. auch *Lüke*, JuS 1986, 2, 5.
14 BGH GRUR 1988, 307, 308 = NJW-RR 1988, 676 – Gaby; BGH WRP 1991, 575, 578 – Betonsteinelemente; Großkomm/*Köhler*, Vor § 13 UWG, B, Rdn. 416; *Teplitzky*, GRUR 1989, 461, 464; vgl. ferner BGH GRUR 1980, 1105, 1111 – Das Medizinsyndikat III; BGH FamRZ 1983, 352, 353, jeweils m. w. N. A. A. – allerdings eher beiläufig – BAG BB 1967, 839; MünchKomm/*Keller*, § 260 BGB, Rdn. 22 (unter zutreffendem Hinweis auf – nur angeblich – übereinstimmende Meinungen von *Pietzner* und *Palandt/Heinrichs*; scharf ablehnend dagegen *U. Krieger*, GRUR 1989, 802, 803, und *Tilmann*, GRUR 1990, 160 ff., sowie neuerdings auch Großkomm/*Jacobs*, Vor § 13 UWG, D, Rdn. 229 und 233; ablehnend für das Patent- (und Sortenschutz-)recht auch BGH, Urt. v. 25. 2. 1992 – X ZR 41/90 – Nicola u.a., zur Veröffentlichung vorgesehen.
15 Daß die bloße Wahrscheinlichkeit eines Anspruchs allein nicht ausreichen kann, hat der BGH jüngst wieder entschieden (BGH NJW-RR 1989, 450; vgl. auch schon BGH NJW 1978, 1002).
16 RGZ 140, 403, 404; RGZ 158, 377, 379; BGH NJW 1962, 731; BGHZ 95, 274, 279 = GRUR 1986, 62 – GEMA-Vermutung I; BGHZ 95, 285, 292 = GRUR 1986, 66 –

38. Kapitel   Der Auskunftsanspruch

wenn die Art des Delikts (Verbreitung ehrrühriger Behauptungen) den Verdacht der Äußerung auch gegenüber anderen Adressaten sehr nahe legt und es dem Verletzer ohne weiteres anzusinnen ist, bei der Beseitigung der Folgen solcher übler Nachrede mitzuwirken[17], oder wenn feststeht (BGH aaO. – GEMA-Vermutung I) oder eine Vermutung dafür spricht (BGH aaO. – GEMA-Vermutung II), daß »fortlaufend«[18] bzw. »in zahlreichen Fällen in erheblichem Umfang«[19] in Rechte des Auskunftsgläubigers eingegriffen wird. Dies dahin zu erweitern, daß schon – wie die Kritiker der Gaby-Entscheidung des BGH es fordern[20] – bei Nachweis einer einzelnen Warenzeichenverletzung Auskunft (rückwirkend für die Zeit vor dem Zeitpunkt des einzigen konkret behaupteten Verstoßes) über alle möglichen anderen Verletzungshandlungen zu erteilen wäre, erscheint nicht angängig, weil dies in der Tat – wie der BGH es wiederholt formuliert hat[21] – darauf hinausliefe, einen rechtlich nicht bestehenden[22] »allgemeinen« Auskunftsanspruch anzuerkennen und der Ausforschung unter Vernachlässigung normaler und allgemein gültiger Beweislastregeln Tür und Tor zu öffnen. Der Gedanke »leges vigilantibus scriptae« gilt – wie auch jüngere Entscheidungen des BGH zur Marktbeobachtungslast im Zusammenhang mit dem Ausschluß des Verwirkungseinwands zu entnehmen ist[23] – grundsätzlich auch für den Schutzrechtsinhaber.

3. Weitere Voraussetzungen des Auskunftsanspruchs

3. Weitere Voraussetzung des Auskunftsanspruchs sind unverschuldete[24] Unkenntnis des Gläubigers und die Möglichkeit des Schuldners, unschwer Auskunft zu erteilen. »Unschwer« in diesem Sinne darf nicht dahin mißverstanden werden, daß die Auskunft dem Schuldner überhaupt keine größere Mühe bereiten darf oder daß bereits jede berechtigt erscheinende psychologische Hemmung den Anspruch hindert. Inhalt und Grenze des Begriffs sind – je nach Interessenlage und Zumutbarkeit im Einzelfall – fließend (vgl. Großkomm/*Köhler*, Vor § 13 UWG, B, Rdn. 412).

GEMA-Vermutung II; *Lüderitz* (S. 35) kommt von anderem Denkansatz her zu einem wohl übereinstimmenden Ergebnis.
17 Vgl. RGZ 140, 403, 404; RGZ 158, 372, 379; BGH NJW 1962, 731.
18 Vgl. BGHZ 95, 274, 279 – GEMA-Vermutung I.
19 Vgl. BGHZ 95, 274, 281 – GEMA-Vermutung I.
20 Vgl. *U. Krieger*, GRUR 1989, 802 f.; *Tilmann*, GRUR 1990, 160 f. und neuerdings auch Großkomm/*Jacobs*, Vor § 13 UWG, D; Rdn. 229 und 233. Auch der Hinweis *Tilmanns* in seiner Besprechung des Großkommentars zum UWG (GRUR 1991, 949, 950 f.) auf die Auskunftserweiterungen durch das Produktpirateriegesetz (§ 25 b WZG) hilft insoweit nicht weiter, weil diese Bestimmung über *frühere* eigene Verbreitungshandlungen des Verletzers nichts Ausdrückliches besagt und mittelbare Schlüsse aus dem Erfordernis der Offenlegung des »Vertriebswegs« wohl auch wiederum nur die Fälle erfassen könnten, die die Rechtsprechung unter den bereits genannten Kategorien (fortlaufende oder umfangreiche Rechtsverletzungen) ohnehin bereits vom Grundsatz der Gaby-Entscheidung ausnimmt.
21 Vgl. BGH LM BGB § 242 (Be) Nr. 19 auf Bl. 1306; BGH FamRZ 1983, 352, 353; BGH DB 1987, 2405.
22 Allg. Meinung; vgl. jüngst wieder deutlich BGH NJW 1990, 3151 f.; ferner Großkomm/*Köhler*, Vor § 13 UWG, B, Rdn. 400 m. w. N. sowie – ausdrücklich wie hier – Rdn. 416.
23 Vgl. BGH GRUR 1989, 449, 452 = WRP 1989, 717 – Maritim m. w. N.
24 Ein Beispiel dafür, daß dieses Tatbestandsmerkmal ernst zu nehmen ist, bietet aus jüngerer Zeit der Fall BGH NJW 1980, 2463, 2464; vgl. auch Großkomm/*Köhler*, Vor § 13 UWG, B, Rdn. 406.

4. Art, Inhalt und Umfang der Auskunftspflicht

9 Die Auskunftspflicht richtet sich hinsichtlich ihrer Art und ihres Umfangs gem. § 242 BGB nach den Bedürfnissen des Verletzten unter schonender Rücksichtnahme auf die Belange des Verletzers[25]. Treu und Glauben gebieten dabei – von Amts wegen in allen Instanzen – eine billige Abwägung der Interessen der Parteien unter Berücksichtigung aller Umstände des Einzelfalls[26], unter denen die durch die Art des vorzubereitenden Anspruchs vorgegebenen Erfordernisse[27] im Vordergrund stehen, im Rahmen der Zumutbarkeitsprüfung aber auch Art und Schwere der Rechtsverletzung[28] und schutzwürdige Interessen des Verletzers wie etwa ein Geheimhaltungsinteresse[29] eine wesentliche Rolle spielen können.

10 a) Grundsätzlich richtet sich der Anspruch (nur) auf das, was zur Vorbereitung des Hauptanspruchs wirklich erforderlich ist; dessen Inhalt und Zielsetzung kommt daher maßgebliche Bedeutung zu[30].

11 aa) Ist – wie meist – der Hauptanspruch ein Schadensersatzanspruch, so kommt es für den notwendigen Inhalt und Umfang der Auskunft zunächst entscheidend darauf an, ob sie den Schaden bezifferbar machen kann oder ob sie lediglich Grundlagen für eine Schätzung nach § 287 ZPO liefern soll.

12 Die Bezifferung setzt regelmäßig genauere und weitaus detailliertere Angaben über Berechnungsgrundlagen voraus als eine Schadensschätzung. Sie kommt im Wettbewerbsrecht zwar nur selten in der Form konkreter Schadensberechnung, wohl aber häufiger im Rahmen der »objektiven« Schadensberechnung (vgl. Kap. 34, Rdn. 27 ff.) vor.

13 Die weitestgehenden Angaben des Verletzten werden für exakte Berechnungen entgangener Stücklizenzgebühren und des herauszugebenden Verletzergewinns benötigt. Wo solche Berechnungen auch nur in Betracht kommen können – der Verletzte braucht sich nicht von vornherein auf eine bestimmte Schadensberechnungsart festzulegen[31] –, besteht daher regelmäßig die – in der Formulierung von RGZ 108, 1, 7 – »am

---

25 BGHZ 10, 385, 387; BGH GRUR 1961, 288, 293 = WRP 1961, 113 – Zahnbürsten; BGH GRUR 1963, 640, 642 – Plastikkorb; GRUR 1978, 52, 53 = WRP 1976, 306 – Fernschreibverzeichnisse; BGHZ 95, 274 = GRUR 1986, 62 und BGHZ 95, 285 = GRUR 1986, 66 – GEMA-Vermutung I u. II; Großkomm/*Köhler*, Vor § 13 UWG, B, Rdn. 407 u. 411 ff.

26 BGH GRUR 1980, 227, 232 – Monumenta; GRUR 1981, 535 – Wirtschaftsprüfervorbehalt; Großkomm/*Köhler*, Vor § 13 UWG, B, Rdn. 411 ff.; *Baumbach/Hefermehl*, Einl. UWG, Rdn. 404.

27 BGH GRUR 1977, 491, 494 = WRP 1977, 264 – Allstar; so kann bei feststehender Geringfügigkeit des Gesamtschadens eine Auskunft über Details zur genauen Berechnung entbehrlich werden (vgl. BGH GRUR 1991, 921, 924 = WRP 1991, 708 – Sahnesiphon).

28 BGH GRUR 1958, 346, 348 = WRP 1958, 210 – Spitzenmuster; BGH GRUR 1978, 52, 53 = WRP 1976, 306 – Fernschreibverzeichnisse; BGHZ 95, 274 u. 95, 285 – GEMA-Vermutung I u. II.

29 Großkomm/*Köhler*, Vor § 13 UWG, B, Rdn. 413.

30 BGH aaO. – Allstar; vgl. auch BGH aaO. (Fn. 27) – Sahnesiphon; Großkomm/*Köhler*, Vor § 13 UWG, B, Rdn. 410.

31 BGH GRUR 1966, 375, 379 = WRP 1966, 212 – Messmer Tee II (insoweit nicht in BGHZ 44, 372); BGH GRUR 1974, 53, 54 = WRP 1973, 520 – Nebelscheinwerfer; BGH GRUR 1980, 227, 232 – Monumenta; BGH GRUR 1983, 377, 379 = WRP 1983, 484 – Brombeer-Muster; BGH, Urt. v. 17. 6. 1992 – I ZR 107/90 – Tchibo/Rolex II; näher dazu Kap. 34, Rdn. 25 f.

weitesten gehende Auskunftspflicht, die Pflicht zur Rechnungslegung« (vgl. zu dieser, insbesondere ihrem Inhalt und Umfang, das nächste Kapitel).

Zu beachten ist aber, daß eine detaillierte Berechnung auch bei entgangenen Lizenzeinnahmen und beim Verletzergewinn nicht die Regel, sondern eine auf wenige Fallgestaltungen beschränkte Ausnahme ist: Sie kommt nur in Betracht, wo die Umstände eine Stücklizenz rechtfertigen oder wo der Verletzergewinn in vollem Umfang und ausschließlich Folge der Rechtsverletzung ist[32]. Dies hat die Rechtsprechung bislang außer bei der Verletzung gewerblicher Ausschließlichkeitsrechte (Patent und Gebrauchsmuster, vor entsprechender gesetzlicher Regelung auch Urheberrecht und Geschmacksmusterrecht) nur in Einzelfällen von sklavischen Nachahmungen[33] und Verletzung von Betriebsgeheimnissen[34] angenommen.

Dagegen kommt den in zahlenmäßig bei weitem überwiegenden Fällen, in denen die Rechtsprechung ebenfalls die abstrakte Schadensberechnung zugelassen hat[35] – darunter insbesondere die Fälle der Kennzeichenrechtsverletzung –, auch nur eine Schätzung des Schadens in Betracht[36]. Daher bedarf es hier im allgemeinen keiner Auskunft über genaue Lieferdaten, Lieferpreise und Abnehmer[36], erforderlich ist jedoch regelmäßig Angabe der einschlägigen Verletzerumsätze[37] – nach Bedarf aufgegliedert nach den in Frage kommenden Zeitabschnitten und räumlichen Bereichen[38] – sowie Angaben über Art und Umfang der einschlägigen Werbung[39].

Wiederum anders – und für Normalfälle abermals geringer – sind die Regelanforderungen an die Auskunft bei einem Schadensersatzanspruch wegen solcher Wettbewerbsverletzungen, bei denen eine abstrakte Schadensberechnung überhaupt nicht zulässig und somit allein eine ganz allgemeine Schätzung des entstandenen Schadens möglich ist. Was zu dieser Schätzung erforderlich ist, hängt in besonderem Maße von den jeweiligen Umständen des Einzelfalles ab.

Notwendig ist die Kenntnis vom Umfang des begangenen Wettbewerbsverstoßes, weil sich nur danach die Auswirkungen bestimmen lassen. Die Auskunft wird daher regelmäßig Angaben über Art, Zeitpunkt und Umfang der begangenen Handlungen zu

---

32 BGH GRUR 1974, 53, 54 = WRP 1973, 520 – Nebelscheinwerfer; BGH GRUR 1980, 227, 233 (unter 4) – Monumenta.
33 BGHZ 0, 168, 172 – Modeneuheit; BGH GRUR 1981, 517, 520 – WRP 1981, 514 – Rollhocker; einschränkend schon – weil keine identische Nachahmung – BGH GRUR 1974, 53, 54 = WRP 1973, 520 – Nebelscheinwerfer.
34 BGH GRUR 1977, 539, 541 = WRP 1977, 332 – Prozeßrechner; vgl. auch *v. Gamm*, UWG, § 1, Rdn. 311.
35 Vgl. im einzelnen Kap. 34, Rdn. 18–20, sowie *v. Gamm*, UWG, § 1, Rdn. 312 m. w. N.
36 BGH GRUR 1973, 375, 377 f. = WRP 1973, 213 – Miss Petite (insoweit nicht in BGHZ 60, 206); BGH GRUR 1974, 53, 54 = WRP 1973, 520 – Nebelscheinwerfer; BGH GRUR 1980, 227, 233 (unter 4) – Monumenta; BGH GRUR 1987, 364, 365 = WRP 1987, 466 – Vier-Streifen-Schuh; BGH GRUR 1991, 153, 155 = WRP 1991, 151 – Pizza & Pasta.
37 BGH GRUR 1982, 420, 423 – BBC/DDC; BGH aaO. – Pizza & Pasta.
38 BGH GRUR 1980, 227, 233 – Monumenta; BGH GRUR 1981, 592, 594 – Championne du Monde.
39 BGH GRUR 1977, 491, 494 = WRP 1977, 264 – Allstar; GRUR 1981, 592, 594 – Championne du Monde; BGH aaO. – Vier-Streifen-Schuh; Großkomm/*Köhler*, Vor § 13 UWG, B, Rdn. 422.

enthalten haben[40], wobei zu letzteren auch eine Aufgliederung in Einzelakte gehören kann[41]. So kann es bei unrichtigen Werbeaussagen wesentlich sein, wann, bei welchen Gelegenheiten, in welchem Umfang (Werbemedienangabe!) und auch wem gegenüber sie gemacht worden sind[42]. Daß bei solchen Angaben die Auskunft über den Inhalt und Umfang eines Anspruchs leicht in eine solche über anspruchsbegründende Tatsachen umschlagen kann[43], hat die Rechtsprechung längere Zeit ohne ersichtliche Bedenken in Kauf genommen; es wird künftig aber nach den Grundsätzen der Gaby-Entscheidung (vgl. Fn. 14) jedenfalls hinsichtlich der vor der Zeit der ersten nachgewiesenen Verletzungshandlung liegenden Akte stärker zu beachten sein (vgl. dazu näher Rdn. 7).

18   Nicht erforderlich sind Umsatzangaben des Verletzers, da sie als Schätzgrundlage für den dem Verletzten entstandenen Schaden in der Regel wenig hilfreich sind[44]. Wo dies ausnahmsweise nicht zutrifft – etwa weil wegen besonderer Marktgegebenheiten (einziger Wettbewerber auf regional begrenztem Markt o. ä.) eine Umsatzsteigerung des Verletzers nur auf Kosten des Verletzten gegangen sein kann und die Umsatzzahlen daher eine erhebliche Aussagekraft haben können –, ist auch eine Umsatzauskunft nicht grundsätzlich ausgeschlossen[45].

19   Auch der Gewinn des Verletzers ist regelmäßig kein Kriterium für die Schätzung des Schadens des Verletzten. Herstellungskosten oder Einkaufspreise sowie Verkaufspreise brauchen daher regelmäßig auch dann nicht genannt zu werden, wenn der Schaden aus wettbewerbswidrigen Verkäufen bestimmter Waren hergeleitet wird; die Menge dieser Verkäufe ist dagegen anzugeben[46]. Dagegen kann der Verkaufspreis ausnahmsweise erheblich sein, wenn er einen Anhalt dafür bietet, ob und wie weit die Ware des Verletzers nach Qualität und Preiswürdigkeit den Absatz eines ähnlichen Erzeugnisses des Verletzten beeinträchtigen konnte[47]. Die Kosten der Werbung können lediglich für die Ermittlung des Umfangs der Werbung erforderlich werden; steht dieser fest, so brauchen sie nicht angegeben zu werden[48].

---

40 BGH GRUR 1961, 288, 293 = WRP 1961, 113 – Zahnbürsten; BGH GRUR 1965, 313, 314 = WRP 1965, 104 – Umsatzauskunft; BGH GRUR 1981, 286, 288 = WRP 1981, 265 – Goldene Karte I; BGH GRUR 1987, 647, 648 = WRP 1987, 554 – Briefentwürfe; Großkomm/*Köhler*, aaO.
41 BGH GRUR 1981, 286, 288 = WRP 1981, 265 – Goldene Karte I.
42 BGH aaO. – Zahnbürsten und – Umsatzauskunft; neuerdings wieder BGH aaO. – Briefentwürfe.
43 *Stürner*, Die Aufklärungspflicht der Parteien des Zivilprozesses, 1976, S. 297 f.; *v. Ungern/Sternberg*, WRP 1984, 55 in Fn. 3.
44 BGH GRUR 1965, 313, 314 = WRP 1965, 104 – Umsatzauskunft; BGH GRUR 1981, 286, 288 = WRP 1981, 265 – Goldene Karte I; näher Großkomm/*Köhler*, Vor § 13 UWG, B, Rdn. 422.
45 Daß solche Fallgestaltungen möglich sind, wird schon im Urteil Umsatzauskunft (aaO.) ausgeführt; von der Umsatzentwicklung als »Anhaltspunkt« für die Schadensschätzung spricht auch BGH GRUR 1982, 489, 490 = WRP 1982, 518 – Korrekturflüssigkeit; vgl. auch dazu Großkomm/*Köhler*, aaO.
46 BGH GRUR 1968, 425, 428 = WRP 1968, 103 – feuerfest II; BGH GRUR 1969, 292, 294 – Buntstreifensatin II; BGH GRUR 1981, 286, 288 = WRP 1981, 265 – Goldene Karte I.
47 BGH GRUR 1978, 52, 53 = WRP 1976, 306 – Fernschreibverzeichnisse.
48 BGH GRUR 1987, 364, 365 = WRP 1987, 466 – Vier-Streifen-Schuh; Großkomm/*Köhler*, Vor § 13 UWG, B, Rdn. 422.

38. Kapitel Der Auskunftsanspruch

bb) Zur Vorbereitung des Beseitigungsanspruchs kommt es naturgemäß auf ganz andere Informationen an als zur Vorbereitung eines Zahlungsanspruchs. Es kann darum gehen, den Adressatenkreis einer unrichtigen wettbewerbsrechtlich diffamierenden Behauptung oder eines wettbewerbswidrigen Prospekts o. ä. zu erfahren, um den Widerruf oder die Richtigstellung[49] gegenüber allen Adressaten durchsetzen zu können; in Betracht kommen ferner Angaben darüber, wo Reklametafeln mit einem unzulässigen Werbetext angebracht sind, um ihre Entfernung erreichen zu können, oder wohin Erzeugnisse des Auskunftsberechtigten mit verfälschter Herstellerangabe oder nach Entfernung von notwendigen Sicherheitsvorrichtungen oder ohne Beifügung von – aus Sicherheitsgründen erforderlichen – Betriebsanleitungen des Herstellers geliefert worden sind, usw.

b) Die Erforderlichkeit von bestimmten Angaben für die Durchsetzung des Hauptanspruchs ist jedoch nicht der einzige Maßstab, an dem Inhalt und Umfang des Auskunftsanspruchs zu messen sind. Ist Verletzer ein Presseunternehmen, so ist auch die Pressefreiheit gebührend in die Gesamtabwägung einzubeziehen[50]. Vor allem sind nach Treu und Glauben auch die Belange des Verletzers schonend zu berücksichtigen[51] und gegen das jeweilige Auskunftsinteresse abzuwägen. Danach kann eine für den Hauptanspruch hilfreiche Information verweigert werden, wenn der Hauptanspruch nur geringwertig ist (vgl. schon Rdn. 9 mit Fn. 27) oder wenn aus anderen Gründen der aus der Information resultierende Vorteil des Verletzten im Mißverhältnis zur Belastung des Verletzers steht[52], also etwa dann, wenn eine nur geringfügige Erleichterung der Schadensschätzung die Preisgabe wichtiger, für den Verletzten nicht nur in seiner Eigenschaft als Geschädigter, sondern auch als Wettbewerber des Verletzers interessanter Betriebsinterna erfordern[53] oder den Verletzer zu einem im Verhältnis unangemessenen Arbeitsaufwand zwingen würde[54]. Allerdings sind auch Betriebsinterna von der Auskunftspflicht keineswegs schlechthin ausgeschlossen[55]; ihre Offenbarung ist dem Verletzer um so eher zuzumuten, je dringender das Informationsbedürfnis des Verletzten ist und je weniger schutzwürdig die Belange des Verletzers erscheinen, sei es, weil ihnen durch einen sog. Wirtschaftsprüfervorbehalt (näheres dazu folgend Rdn. 28 ff.) hinreichend Rechnung getragen werden kann oder weil die besondere Schwere der begangenen Verletzung (nach ihrem Umfang und Verschuldensgrad, aber auch nach ihrer Dreistigkeit, Hartnäckigkeit, ihren mutmaßlichen Schadensfolgen etc.) die Zumutbarkeitsgrenze zugunsten des Verletzten verschiebt.

Ähnliche Maßstäbe müssen gelten, wenn der Verletzer durch eine Auskunft sich selbst oder einen Dritten in strafrechtlich relevanter Weise belasten würde.

---

49 Vgl. dazu BGH GRUR 1970, 254, 257 – Remington; BGH GRUR 1987, 647, 648 = WRP 1987, 554 – Briefentwürfe.
50 Vgl. BGH GRUR 1987, 647, 648 = WRP 1987, 554 – Briefentwürfe.
51 BGHZ 10, 385, 387; BGH GRUR 1961, 288, 293 = WRP 1961, 113 – Zahnbürsten.
52 BGH aaO. – Zahnbürsten; BGH GRUR 1965, 313, 314 f. = WRP 1965, 104 – Umsatzauskunft.
53 RG GRUR 1935, 183, 187; BGH GRUR 1974, 53, 55 (unter IV, 2) = WRP 1973, 520 – Nebelscheinwerfer.
54 BGHZ 95, 274 u. 95, 285 – GEMA-Vermutung I u. II; Großkomm/*Köhler*, Vor § 13 UWG, B, Rdn. 412.
55 Vgl. etwa BGH GRUR 1981, 286, 288 = WRP 1981, 265 – Goldene Karte I.

23 Beides steht seiner Auskunftspflicht ebenfalls nicht grundsätzlich entgegen. Die Rechtsprechung hat bisher stets den – jetzt auch vom Bundesverfassungsgericht bestätigten[56] – Standpunkt eingenommen, daß auch für das Auskunftsrecht der grundsätzliche Vorrang des privaten Rechtsschutzanspruchs gegenüber dem Schutz vor Selbstbelastungszwang gelte[57]. Der Bundesgerichtshof (BGHZ 41, 318, 327) hat dies einmal – zwar außerhalb des Wettbewerbsrechts, aber mit Gültigkeit auch für dieses – hart und treffend wie folgt formuliert: »Wer ein fremdes Rechtsgut verletzt, hat grundsätzlich dafür einzustehen und für die Wiedergutmachung zu sorgen. Ist dies nicht anders möglich, als dadurch, daß der Schädiger dabei eine eigene strafbare Handlung bekennt, so hat er dies auf sich zu nehmen, soweit ihn das Gesetz nicht ausdrücklich davon freistellt. Jedenfalls steht es nicht mit dem Gedanken der Rechtsstaatlichkeit im Widerspruch, wenn in einem solchen Falle die Belange des Geschädigten höher bewertet werden als die des Schädigers«.

24 Jedoch gilt auch hier für die Zumutbarkeit im Einzelfall das vorerwähnte Prinzip der Verhältnismäßigkeit[58].

25 Die Frage der Zumutbarkeit einer Bezichtigung Dritter mit einer strafbaren Handlung ist vom Bundesgerichtshof in der Ausschreibungsunterlagen-Entscheidung[59] zwar nicht ganz grundsätzlich, aber doch mit einem Gedanken verneint worden, der den Spielraum für die Annahme einer solchen Auskunftspflicht erheblich einengt: Nämlich dem, daß es »weithin als anstößig empfunden wird, einen Dritten einer strafbaren Handlung zu bezichtigen, und daß die Rechtsordnung deshalb Pflichten des einzelnen, seine Kenntnis von strafbaren Handlungen Dritter zu offenbaren, auf wenige Ausnahmen beschränkt hat« (BGH GRUR 1976, 367, 369).

26 Ob dieser Gedanke eine erforderliche Auskunft stets ausschließt, ist vom Bundesgerichtshof selbst offengelassen worden. Jedenfalls wird man sie nach dieser Entscheidung allenfalls in besonders gelagerten Ausnahmefällen – und stets nur als ultima ratio,

---

56 BVerfGE 56, 37 = NJW 1981, 1431.
57 RGZ 140, 403, 404; BGH NJW 1962, 731; BGHZ 41, 318, 326 f.; vgl. dazu auch *Stürner*, NJW 1981, 1757, 1760, und *Stauder*, GRUR Int. 1982, 226, 229 ff.; *v. Ungern-Sternberg*, WRP 1984, 55 ff.; Großkomm/*Köhler*, Vor § 13 UWG, B, Rdn. 414.
58 Dabei ist zu berücksichtigen, daß nach der genannten Entscheidung des Bundesverfassungsgerichts wohl von einem strafrechtlichen Verwertungsverbot hinsichtlich aller im Zivilrechtsweg erzwungenen Auskünfte auszugehen sein wird, so daß das Bestrafungsrisiko äußerst gering zu veranschlagen ist; vgl. dazu auch *Stürner*, NJW 1981, 1757, 1760, und *Stauder*, GRUR Int. 1982, 226, 229 ff. Zur speziellen Problematik der Zulässigkeit bzw. Verwertung von Auskünften zur Erzwingung von Vertragsstrafen und/oder Ordnungsmittelfestsetzungen vgl. einerseits *v. Ungern/Sternberg*, WRP 1984, 55, und *Palandt/Heinrichs*, §§ 259–261 BGB, Rdn. 27, andererseits – m. E. zutreffend – Großkomm/*Köhler*, Vor § 13 UWG, B, Rdn. 414.
59 GRUR 1976, 367, 368 f. = WRP 1975, 227; das Urteil ist von *Fritze* (in seiner Anmerkung in GRUR S. 369 f.) scharf kritisiert worden – im Ergebnis für den konkreten Einzelfall m. E. zu Unrecht, jedoch mit beachtlichen Argumenten gegen Ausgangspunkt und Begründungsgang des Urteils; kritisch dazu auch *Stauder*, GRUR Int. 1982, 226, 230; für einen Ausnahmecharakter des Urteils – und somit letztlich abweichend – auch *Baumbach/Hefermehl*, Einl. UWG, Rdn. 406; ablehnend ferner Großkomm/*Köhler*, Vor § 13 UWG, B, Rdn. 438 m. w. N. in Fn. 261, allerdings ohne Differenzierung zwischen dem selbständigen und dem sekundären Auskunftsanspruch (vgl. nachfolgend Rdn. 34).

d. h. wenn keinerlei andere Rechtsverwirklichungsmöglichkeit für den Verletzten besteht – als erzwingbar ansehen können.

c) Der Auskunftsanspruch kann sich schließlich auch auf Umstände erstrecken, die unmittelbar weder für die Berechnung eines Schadensersatzanspruchs noch für die Ermöglichung einer Beseitigung notwendig sind, die der Berechtigte jedoch benötigt, um die Verläßlichkeit (Vollständigkeit, Richtigkeit) der Auskunft überprüfen zu können[60]. Hierfür kommen in erster Linie Angaben von Namen und Anschriften von Abnehmern in Betracht[61], u. U. können aber auch Informationen geboten sein, die die Nachprüfung der unmittelbar erforderlichen Angaben – etwa über Umsatz, Preise, Werbeaufwand – ermöglichen. Auf die Vorlage von Belegen soll sich der Auskunftsanspruch jedoch hier nicht erstrecken.

Da die zur Nachprüfung erforderlichen Auskünfte oft Umstände betreffen, deren Offenbarung dem Konkurrenten gegenüber Zumutbarkeitsbedenken begegnet, ist hier das Hauptanwendungsgebiet des bereits (in Rdn. 21) kurz erwähnten sog. Wirtschaftsprüfervorbehalts. Mit ihm wird schlagwortartig eine von der Rechtsprechung entwickelte besondere Auskunfts- (bzw. Rechnungslegungs-)form umschrieben, bei der der Verletzer Angaben, deren Offenbarung gegenüber dem Konkurrenten ihm nicht zumutbar ist, nach seiner freien Wahl statt gegenüber dem Verletzten selbst gegenüber einem zur Verschwiegenheit verpflichteten Dritten – regelmäßig, daher der Name, einem Wirtschaftsprüfer – machen darf[62], der dabei seinerseits von ihm zu ermächtigen ist, gezielte Anfragen des Verletzten, ob bestimmte Umsätze[63], Lieferzeiten oder Abnehmer[64] in den ihm mitgeteilten Unterlagen aufgeführt sind, zu beantworten. Damit ist dem Verletzten Gelegenheit zu einer stichprobenartigen, die Belange des Verletzers nicht unmittelbar tangierenden Überprüfung der Auskünfte gegeben, die der Verletzer ihm unmittelbar zu erteilen hat[65].

Nach der Rechtsprechung[66] soll der Auskunftsberechtigte (analog § 87 c Abs. 4 HGB) das Recht haben, als Wirtschaftsprüfer eine Person seines Vertrauens zu benennen. Dies ist, worauf *Pastor* (in *Reimer*, S. 231) zu Recht hingewiesen hat, nicht immer

---

60 Vgl. BGH GRUR 1957, 336 – Rechnungslegung; BGH GRUR 1958, 346, 348 = WRP 1958, 210 – Spitzenmuster; BGH GRUR 1963, 640, 642 – Plastikkorb; BGH GRUR 1978, 52, 53 = WRP 1976, 306 – Fernschreibverzeichnisse; BGH GRUR 1980, 227, 233 – Monumenta.
61 Vgl. OLG München, MD VSW 1990, 476, 478; MünchKomm/*Keller*, § 260 BGB, Rdn. 28.
62 Vgl. BGH GRUR 1957, 336 – Rechnungslegung; BGH GRUR 1978, 52, 53 = WRP 1976, 306 – Fernschreibverzeichnisse; BGH GRUR 1981, 535 – Wirtschaftsprüfervorbehalt; BGH GRUR 1980, 227, 233 – Monumenta; die Literatur folgt der Rechtsprechung heute durchweg (vgl. Großkomm/*Köhler*, Vor § 13 UWG, B, Rdn. 413; *Baumbach/Hefermehl*, Einl. UWG, Rdn. 404; *v. Gamm*, UWG, § 1, Rdn. 315; *Nordemann*, Rdn. 588; *Nirk/Kurtze*, Rdn. 376; *Pastors* kritische Ablehnung (in *Reimer*, S. 321) ist ohne Resonanz geblieben.
63 Vgl. z. B. BGH GRUR 1957, 336 – Rechnungslegung.
64 Vgl. z. B. BGH GRUR 1978, 52, 53 = WRP 1976, 306 – Fernschreibverzeichnisse; GRUR 1980, 227, 233 – Monumenta.
65 Der Wirtschaftsprüfervorbehalt ist im Interesse des Verletzten selbstverständlich eng auf die Angaben zu beschränken, deren Mitteilung an den Verletzten unzumutbar ist; alle übrigen Auskünfte sind diesem gegenüber selbst zu erteilen (BGH GRUR 1978, 52, 53 a. E. = WRP 1976, 306 – Fernschreibverzeichnisse).
66 Vgl. BGH GRUR 1962, 354, 357 – Furniergitter; BGH GRUR 1980, 227, 233 – Monumenta.

unbedenklich, weil heute häufig sehr enge – und für den vorliegenden Zusammenhang wohl zuweilen auch allzu enge – Beziehungen zwischen einem auftraggebenden Unternehmen und »seinem« ständigen Wirtschaftsprüfer bestehen[67]. Die Rechtsprechung sollte daher das Bestimmungsrecht auf neutrale Dritte, d. h. solche, die nicht in einem ständigen Betreuungsverhältnis zu einer der Parteien stehen, beschränken, es sei denn, auch der jeweilige Gegner selbst sieht eine nahestehende Vertrauensperson des anderen als über jeden Zweifel erhaben an. Neuerdings[67] wird deshalb auch eine entsprechende Anwendung des § 315 Abs. 3 BGB zur Erwägung gestellt, nach der der Gegner des Auswahlberechtigten die gerichtliche Bestellung dann beantragen könnte, wenn Zweifel an der Neutralität des vom Berechtigten ausgewählten Wirtschaftsprüfers bestehen.

30 Liegt der Auskunftspflicht eine besonders grobe Verletzungshandlung – etwa ein grober Vertrauensbruch – zugrunde, so kommt ein Wirtschaftsprüfervorbehalt nicht in Betracht[68].

31 Die Frage eines solchen Vorbehalts ist in jeder Lage des Verfahrens von Amts wegen, also auch ohne Antrag zu prüfen[69]; die für seine Gewährung maßgeblichen Umstände sind jedoch vom Beklagten vorzutragen[70]. Der Vorbehalt stellt kein Minus gegenüber dem normalen Auskunftsbegehren, sondern eine nach § 242 BGB gebotene Modifizierung dar, so daß er nicht zu einer Teilabweisung (und damit auch nicht zu einer Kostenbelastung) des Klägers führt[71].

32 Die Kosten des Wirtschaftsprüfers hat stets der Verletzer zu tragen[72].

III. Der selbständige Auskunftsanspruch

33 Der selbständige Auskunftsanspruch spielt im Wettbewerbsrecht nur eine begrenzte Rolle, nämlich in der Form des Anspruchs des Vertriebsbinders auf Mitteilung entweder seiner Abnehmer – so meist beim selbst vertriebsgebundenen Verletzer – oder seiner Lieferanten – so meist beim selbst ungebundenen Außenseiter.

34 1. Als Form des Schadensersatzes ist ein solcher Anspruch in der Rechtsprechung und Literatur anerkannt[73]. Auch er soll – folgt man der Auffassung des Bundesgerichtshofes im Fall Ausschreibungsunterlagen (GRUR 1976, 367, 368 ff.) – in ähnlichem Maße wie der Hilfsanspruch auf Auskunft den Grundsätzen von Treu und Glauben unterworfen und damit durch Zumutbarkeitserwägungen einschränkbar sein;

---

67 Vgl. Großkomm/*Köhler*, Vor § 13 UWG, B, Rdn. 413.
68 BGH GRUR 1958, 346, 349 – Spitzenmuster; *Baumbach/Hefermehl*, Einl. UWG, Rdn. 404; vgl. Großkomm/*Köhler*, Vor § 13 UWG, B, Rdn. 413.
69 BGH GRUR 1958, 346, 348 = WRP 1958, 210 – Spitzenmuster; BGH GRUR 1978, 52, 53 = WRP 1976, 306 – Fernschreibverzeichnisse; BGH GRUR 1980, 227, 233 – Monumenta.
70 BGH GRUR 1981, 535 – Wirtschaftsprüfervorbehalt.
71 BGH GRUR 1978, 52, 53 = WRP 1976, 306 – Fernschreibverzeichnisse.
72 BGH GRUR 1957, 336 – Rechnungslegung.
73 RGZ 148, 364, 374; BGH GRUR 1964, 320, 323 = WRP 1964, 161 – Maggi; BGH GRUR 1968, 272, 277 – Trockenrasierer III; BGH GRUR 1974, 351, 352 = WRP 1974, 152 – Frisiersalon; vgl. Großkomm/*Köhler*, Vor § 13 UWG, B, Rdn. 437; *v. Gamm*, UWG, § 1, Rdn. 314; *Winkler v. Mohrenfels*, S. 80 ff.; *Tilmann*, GRUR 1987, 251, 253; kritisch dazu *Stürner*, JZ 1976, 322.

allerdings ist dafür – worauf *Fritze* in seiner Anmerkung zur Entscheidung aaO. zu Recht hinweist – im Hinblick auf die (bisher) unmittelbare Ableitung dieses Anspruchs aus § 249 BGB kein rechtlicher Grund ersichtlich[74].

2. Höchstrichterlich nicht entschieden ist die Frage, ob ein selbständiger Auskunftsanspruch – d. h. ein solcher, der das Vorgehen nicht gegen den Auskunftspflichtigen selbst, sondern gegen einen Dritten ermöglichen soll – außer aus Vertrag und als (verschuldensabhängiger) Schadensersatzanspruch auch als Form des objektiven Beseitigungsanspruchs konstruiert werden kann. Im Prinzip ist das m. E. ohne große Bedenken zu bejahen[75]. Problematisch kann im Einzelfall jedoch sein, ob die Voraussetzungen eines Beseitigungsanspruchs vorliegen[76], d. h. ob ein vom Verletzer rechts- bzw. wettbewerbswidrig geschaffener Störungszustand vorliegt und die Auskunft geeignet und notwendig[77] ist, diesen Zustand zu beseitigen.

IV. Einzelfragen

Auskünfte sind Wissenserklärungen[78], die in schriftlicher Form abgegeben werden müssen[79], die im Wege der Auskunftsklage (vgl. Kap. 52, Rdn. 4–7) einklagbar und nach den §§ 887, 888 ZPO erzwingbar sind[80]. Mehrere Verletzer haften regelmäßig – sofern nicht ausnahmsweise die Voraussetzungen des § 420 BGB erfüllt sind – nicht als Gesamtschuldner[81]. Hält der Berechtigte die Auskunft für unrichtig, kann er keine andere fordern[82]; es bleibt ihm nur das Verlangen nach eidesstattlicher Versicherung der Richtigkeit[83]. Dagegen kann Ergänzung einer unvollständigen Auskunft gefordert werden[84], und zwar auch dann, wenn sich die Unvollständigkeit erst als Folge einer nunmehr geänderten Schadensberechnungsweise des Auskunftsberechtigten ergibt (BGH aaO. – Nebelscheinwerfer).

---

74 Ablehnend – und insoweit auch zu Recht – auch Großkomm/*Köhler*, Vor § 13 UWG, B, Rdn. 438 m. w. N. in Fn. 261; vgl. dazu aber auch vorstehend Fn. 59.
75 Im Ergebnis, nicht auch in der Begründung, folge ich damit *Pastor*, in *Reimer*, S. 334 ff, sowie dem OLG Köln GRUR 1970, 525, 526 – Offenbarungseid – und GRUR 1970, 527 – finess; bejahend auch Großkomm/*Köhler*, aaO.; *Baumbach/Hefermehl*, § 1 UWG, Rdn. 782; *Stauder*, GRUR Int. 1982, 226, 230.
76 *Baumbach/Hefermehl*, § 1 UWG, Rdn. 782 m. w. N.; OLG Celle GRUR 1977, 262, 264.
77 Zur besonderen Bedeutung der Notwendigkeitsvoraussetzung bei allen Formen des Beseitigungsanspruchs vgl. Kap. 25, Rdn. 5 und Kap. 26, Rdn. 10 ff.
78 Großkomm/*Köhler*, Vor § 13 UWG, B, Rdn. 427; *Baumbach/Hefermehl*, Einl. UWG, Rdn. 404.
79 *Pastor* in *Reimer*, S. 324; *Palandt/Heinrichs*, §§ 259–261 BGB, Rdn. 20
80 Großkomm/*Köhler*, Vor § 13 UWG, B, Rdn. 427; zur Auskunftsklage näher auch Großkomm/*Jacobs*, Vor § 13 UWG, D, Rdn. 225 ff.
81 BGH GRUR 1981, 592, 595 – Championne du Monde; Großkomm/*Köhler*, Vor § 13 UWG, B, Rdn. 434.
82 RGZ 84, 41, 44; BGH GRUR 1958, 149, 150 – Bleicherde; *Baumbach/Hefermehl*, Einl. UWG, Rdn. 410.
83 Vgl. *Baumbach/Hefermehl*, Einl. UWG, Rdn. 384.
84 BGH GRUR 1974, 53, 54 = WRP 1973, 520 – Nebelscheinwerfer; BGH NJW 1984, 484, 485; BGHZ 92, 62, 69 – Dampffrisierstab; Großkomm/*Köhler*, Vor § 13 UWG, B, Rdn. 427; *Brändel*, GRUR 1985, 616 ff.

37 Die Verjährung richtet sich beim Hilfsanspruch auf Auskunft seines akzessorischen Charakters wegen nach der des Hauptanspruchs[85]. Ob diese Abhängigkeit so weit geht, daß die klageweise Geltendmachung nur des Hauptanspruchs auch die Verjährung des Hilfsanspruchs unterbricht, wird in Rechtsprechung und Literatur – soweit ersichtlich – nirgends gesagt; es widerspräche dem ganz herrschenden Grundsatz, daß die Unterbrechungswirkung sich stets auf den konkret als Streitgegenstand geltend gemachten Anspruch beschränkt, da eine solche Streitgegenstandsidentität zwischen Auskunfts- und Schadensersatzanspruch nicht besteht[86]. Der Fall dürfte jedoch nur selten praktisch werden[87].

38 Beim selbständigen Auskunftsanspruch richtet sich die Verjährung nach der für seine Anspruchsnorm geltende Regelung[88] (also etwa bei Auskunft als Schadensersatz wegen eines UWG-Verstoßes unmittelbar nach § 21 UWG).

39 Die prozessuale Durchsetzung des Anspruchs ist in Kap. 52, Rdn. 4 ff., behandelt.

---

[85] BGH GRUR 1972, 558, 560 = WRP 1972, 198 – Teerspritzmaschinen; BGH GRUR 1974, 99, 101 a. E. = WRP 1974, 30 – Brünova; *Baumbach/Hefermehl,* Einl. UWG, Rdn. 403; *Pastor,* in *Reimer,* S. 324; a. A., aber mit im Ergebnis weitgehend gleichen Auswirkungen, BGHZ 33, 373, 379 (V. Zs.) sowie neuerdings (etwas überraschend, aber hoffentlich vereinzelt bleibend) BGH GRUR 1988, 533, 536 – Vorentwurf II.
[86] Deshalb unterbricht nach ganz h. M. die Auskunftsklage ihrerseits nicht die Verjährung des Hauptanspruchs; *Baumbach/Hefermehl,* § 21 UWG, Rdn. 18; MünchKomm/*von Feldmann,* § 209 BGB, Rdn. 8 m. w. N.
[87] Wenn doch einmal, so könnte hier eine Berufung auf die in BGHZ 33, 373, 379 und BGH GRUR 1988, 533, 536 – Vorentwurf II vertretene Rechtsauffassung vielleicht noch hilfreich sein: Nach ihr verjährt der Auskunftsanspruch in Ermangelung besonderer für ihn gültiger Regelungen ungeachtet seines Hilfscharakters erst nach 30 Jahren, nie allerdings – dies wird aus der Hilfsnatur abgeleitet – später als der Hauptanspruch. Wird die Verjährung des letzteren durch Klageerhebung unterbrochen; so kann der Hilfsanspruch sonach bis zum Ablauf der 30-Jahres-Frist ebenfalls noch geltend gemacht werden.
[88] *Pastor,* in *Reimer,* S. 325.

39. Kapitel   Der Anspruch auf Rechnungslegung

Literatur: *Brändel,* Die Problematik eines Anspruchs auf ergänzende Rechnungslegung bei Schutzrechtsverletzungen, GRUR 1985, 616; *Tilmann,* Der Auskunftsanspruch, GRUR 1987, 251; vgl. auch die Literatur vor Kapitel 38.

Inhaltsübersicht

	Rdn.		Rdn.
I. Wesen und Rechtsgrundlagen des Anspruchs	1, 2	III. Der Inhalt des Anspruchs	7–9
II. Voraussetzungen und Anwendungsbereich des Anspruchs	3–6	IV. Die Durchsetzung des Anspruchs (Verweisung)	10

I. Wesen und Rechtsgrundlagen des Anspruchs

Der Rechnungslegungsanspruch unterscheidet sich vom bisher erörterten Auskunftsanspruch zwar seinem Inhalt[1], nicht aber seinem Wesen[2] nach. Er ist selbst eine besondere – nach RGZ 108, 1, 7 die »am weitesten gehende« – Form eines Auskunftsanspruchs[3] und hat somit – soweit nicht die wenigen Gesetzesbestimmungen, in denen er ausdrücklich vorgesehen ist, Platz greifen – seine Rechtsgrundlage ebenso wie dieser in § 242 BGB[4]. In § 259 BGB findet der Anspruch wenigstens ansatzweise auch eine gesetzliche Ausgestaltung.   1

Pastor (in *Reimer,* S. 341) unterscheidet auch hier wie beim Auskunftsanspruch zwischen einem akzessorischen und einem primären Rechnungslegungsanspruch (letzterem als Form des Schadensersatzes). Der an sich denkbare primäre Rechnungslegungsanspruch kann jedoch wegen seiner Bedeutungslosigkeit für das Wettbewerbsrecht außer Betracht bleiben.   2

---

1 BGH GRUR 1974, 53 = WRP 1973, 520 – Nebelscheinwerfer; insoweit zutreffend *Pastor,* S. 998.
2 So aber noch *Pastor,* in *Reimer,* S. 325, und *Jacobs,* (Formular-Kommentar, Bd. 3), Form. 3642, Anm. 13, 5; zutreffend dagegen Großkomm/*Köhler,* Vor § 13 UWG, B, Rdn. 402; unentschieden Großkomm/*Jacobs,* Vor § 13 UWG, D, Rdn. 235 ff.
3 Daher werden in den wettbewerbsrechtlichen Darstellungen Auskunfts- und Rechnungslegungsanspruch meist weitgehend zusammen behandelt (vgl. z. B. *v. Gamm,* UWG, § 1, Rdn. 309; *Baumbach/Hefermehl,* Einl. UWG, 7. Abschn. vor Rdn. 398; *Ahrens,* S. 104 f.; *Nordemann,* Rdn. 587; Großkomm/*Köhler,* Vor § 13 UWG, B, Rdn. 399 ff.
4 BGHZ 10, 385, 386 f.; st. Rspr. u. h. M.; die entsprechende Anwendung der §§ 687 Abs. 2, 681, 667 BGB hat dadurch für das Wettbewerbsrecht ihre frühere Bedeutung weitgehend verloren.

II. Voraussetzungen und Anwendungsbereich des Anspruchs

3   Für einige Rechtsverhältnisse, die auch im Wettbewerbsrecht Bedeutung gewinnen können, hat der Gesetzgeber eine Rechnungslegungspflicht ausdrücklich normiert; so beispielsweise für das Auftragsverhältnis (§ 666 BGB) und durch Verweisung auf diese Vorschrift für das Geschäftsbesorgungsverhältnis (§ 675 BGB), die Geschäftsführung ohne Auftrag (§ 681 BGB) und die unerlaubte Eigengeschäftsführung (§ 687 Abs. 2 BGB); ferner in neueren Bestimmungen bei Ansprüchen wegen Urheberrechts- und Geschmacksmusterrechtsverletzungen (§§ 97 Abs. 1 Satz 2 UrhG; 14 a Abs. 1 Satz 2 GeschmMG)[5].

4   In den gesetzlich nicht ausdrücklich geregelten Fällen setzt der Rechnungslegungsanspruch ein für diese weitgehende Auskunftsform ausreichendes Bedürfnis des Verletzten voraus. Nur dann kann nach den bereits beim Auskunftsanspruch (Kap. 38, Rdn. 8 ff.) erörterten Interessenabwägungsgrundsätzen die in § 259 BGB vorausgesetzte Pflicht des Verletzers angenommen werden. Die Rechtsprechung hat ein Bedürfnis nach Rechnungslegung im Wettbewerbsrecht bisher grundsätzlich nur für solche Fälle anerkannt, in denen als Folge der Verletzung eines absoluten Schutzrechts eine Schadensberechnung auch nach entgangener Lizenzgebühr und dem Verletzergewinn[6] in Betracht kommt und diese Berechnung nicht nur wie etwa bei Kennzeichenrechtsverletzungen[7] im Wege einer Schätzung, sondern durch Bezifferung eines – ausschließlich auf die Rechtsverletzung zurückzuführenden[8] – Verletzergewinnes oder von Stücklizenzen erfolgen soll und kann. Diese engen Voraussetzungen sieht sie regelmäßig nur bei Patent- und Gebrauchsmusterrechtsverletzungen und in bestimmten Fällen (identischer[9]) sklavischer Nachahmung[10] und Verletzungen von Betriebsgeheimnissen[11] als gegeben an.

5   Darüber hinaus wird man sie – entsprechend – auch dann als erfüllt ansehen müssen, wenn die Notwendigkeit exakter Lizenzgebühr-Errechnungen sich nicht zur Durchsetzung eines Schadensersatzanspruchs, sondern eines Bereicherungsanspruchs ergibt[12].

---

5   Zu anderen Bestimmungen, die für das Wettbewerbsrecht bedeutungslos sind, vgl. *Palandt/Heinrichs*, § 259–261 BGB, Rdn. 18.
6   Vgl. dazu Kap. 34, Rdn. 18 ff.; zur Rechnungslegung insoweit Großkomm/*Köhler*, Vor § 13 UWG, B, Rdn. 424.
7   BGH GRUR 1973, 375, 378 = WRP 1973, 213 – Miss Petite (insoweit nicht in BGHZ 60, 206); BGH GRUR 1977, 491, 494 = WRP 1977, 264 – Allstar; BGH GRUR 1981, 592, 594 – Championne du Monde; Großkomm/*Köhler*, Vor § 13 UWG, B, Rdn. 425 u. Großkomm/*Teplitzky*, § 16 UWG, Rdn. 515.
8   BGH GRUR 1974, 53, 54 = WRP 1973, 520 – Nebelscheinwerfer.
9   BGH GRUR 1974, 53, 54 = WRP 1973, 520 – Nebelscheinwerfer.
10 BGHZ 60, 168, 172 = GRUR 1973, 478 – Modeneuheit; BGH GRUR 1981, 517, 520 = WRP 1981, 514 – Rollhocker; BGH GRUR 1982, 305, 308 (daß die dort erwähnte »Auskunft« eine Rechnungslegung ist, ergibt sich aus dem Tatbestand aaO. S. 306 li. Sp. oben) – Büromöbelprogramm; vgl. auch Großkomm/*Jacobs*, Vor § 13, UWG, D, Rdn. 237.
11 BGH GRUR 1977, 539, 541 = WRP 1977, 332 – Prozeßrechner; vgl. auch *v. Gamm*, UWG, § 1, Rdn. 311, sowie Großkomm/*Jacobs*, aaO.
12 Den jetzt beispielsweise § 141 Satz 2 PatG ausdrücklich erwähnt (vgl. dazu auch noch BGHZ 68, 90 ff. – Kunststoffhohlprofil I) und der auch bei anderen Ausschließlichkeitsrechtsverletzungen in Betracht kommen kann; vgl. Kap. 40, Rdn. 2 f., und *Baumbach/Hefermehl*, Einl. UWG, Rdn. 422.

39. Kapitel Der Anspruch auf Rechnungslegung

Bei allen anderen wettbewerbsrechtlichen Ansprüchen hat die Rechtsprechung den Hilfsanspruch auf Rechnungslegung mit der Begründung versagt, daß dafür kein hinreichendes Bedürfnis auf seiten des Verletzten bestehe bzw. – was auf das gleiche hinausläuft – unnötig oder unverhältnismäßig weitgehend in den Interessenbereich des Auskunftspflichtigen eingegriffen werde[13]. 6

III. Der Inhalt des Anspruchs

Der Inhalt des Rechnungslegungsanspruchs wird primär durch § 259 BGB, ergänzend aber ebenfalls durch § 242 BGB[14] bestimmt. Rechnungslegung bedeutet die Erteilung einer Abrechnung über Einnahmen und Ausgaben, die aus sich heraus verständlich und, soweit Belege üblicherweise zu geben sind, durch deren Vorlage zu belegen ist[15]. Sind diese inhaltlichen Voraussetzungen erfüllt, so ist damit auch die Überprüfbarkeit durch den Berechtigten gewährleistet. 7

Für den Umfang des Rechnungslegungsanspruchs gilt das zum Auskunftsanspruch – und dort insbesondere zur Interessenabwägung – Gesagte (vgl. Kap. 36, Rdn. 8 ff.) entsprechend. 8

Regelmäßig wird eine Rechnungslegung aber die gelieferten (bzw. erhaltenen) Warenmengen (Stückzahlen etc.), die Namen und Adressen der Abnehmer (bzw. Lieferanten), die Daten der Lieferzeiten und die Preisangaben für jede Lieferung enthalten müssen[16]. Der Inhalt sollte, soweit möglich, im Antrag bzw. Urteilstenor festgelegt werden[17], um Streit über die ordnungsmäßige Erfüllung von vornherein auszuschließen. 9

IV. Die Durchsetzung des Anspruchs

Hier gilt das zum Auskunftsanspruch Gesagte (vgl. Kap. 36, Rdn. 27–29 u. Rdn. 33 ff.) entsprechend; Fragen der prozessualen Durchsetzung sind in Kap. 52, Rdn. 4 ff. behandelt. Ergänzend sei auf Großkomm/*Jacobs*, Vor § 13 UWG, D, Rdn. 235–242 verwiesen. 10

---

13 Vgl. außer den in Fn. 7 genannten Entscheidungen auch BGH GRUR 1969, 292, 294 – Buntstreifensatin II; BGH GRUR 1978, 52, 53 = WRP 1976, 306 – Fernschreibverzeichnisse; ferner *v. Gamm*, UWG, § 1, Rdn. 312 und 313, sowie Großkomm/*Jacobs*, Vor § 13 UWG, D, Rdn. 236; ablehnend insoweit *Baumbach/Hefermehl*, Einl. UWG, Rdn. 408; gegen seine Auffassung jedoch mit Recht schon *Pastor*, in *Reimer*, S. 341 f.
14 BGHZ 10, 385, 386 f.
15 Im Wettbewerbsrecht können hier Aufträge, Auftragsbestätigungen, Einzelrechnungen u. ä. in Betracht kommen; im einzelnen vgl. Großkomm/*Köhler*, Vor § 13 UWG, B, Rdn. 424.
16 *Pastor*, in *Reimer*, S. 343; Großkomm/*Jacobs*, aaO., Rdn. 238.
17 Zu einigen Tenorierungsbeispielen vgl. *Pastor*, in *Reimer*, S. 344; in der Praxis werden die Vorteile einer solchen Festlegung leider nicht immer gesehen und hinreichend genutzt.

40. Kapitel   Der Bereicherungsanspruch

Literatur: *Brandner,* Die Herausgabe von Verletzervorteilen im Patentrecht und im Recht gegen den unlauteren Wettbewerb, GRUR 1980, 359; *Bruchhausen,* Bereicherungsausgleich bei schuldloser Patentverletzung, Festschrift für *Wilde,* 1970, S. 23; *Delahaye,* Die Bereicherungshaftung bei Schutzrechtsverletzungen, GRUR 1985, 856; *M. Falk,* Zu Art und Umfang des Bereicherungsanspruchs bei Verletzung eines fremden Patents, GRUR 1983, 488; *Haines,* Bereicherungsansprüche bei Warenzeichenverletzungen und unlauterem Wettbewerb, 1970; *Joerges,* Bereicherungsrecht als Wirtschaftsrecht, 1977; *Kaiser,* Die Eingriffskondiktion bei Immaterialgüterrechten, insbesondere Warenzeichenrechten, GRUR 1988, 501; *Kleinheyer,* Rechtsgutverwendung und Bereicherungsausgleich, JZ 1970, 471; *Koppensteiner/Kramer,* Ungerechtfertigte Bereicherung, 2. Aufl. 1988; *Kraßer,* Schadensersatz für Verletzungen von gewerblichen Schutzrechten und Urheberrechten nach deutschem Recht, GRUR Int. 1980, 259; *Sack,* Die Lizenzanalogie im System des Immaterialgüterrechts, Festschrift für *Hubmann,* 1985, S. 373; *Schlechtriem,* Prinzipien und Vielfalt: Zum gegenwärtigen Stand des deutschen Bereicherungsrechts, ZHR 149 (1985), 332; *Ullmann,* Die Verschuldenshaftung und die Bereicherungshaftung des Verletzers im gewerblichen Rechtsschutz und Urheberrecht, GRUR 1978, 615; *Weitnauer,* Zwischenbilanz im Bereicherungsrecht, DB 1984, 2498.

Inhaltsübersicht	Rdn.		Rdn.
I. Die Möglichkeiten bereicherungsrechtlicher Haftung im gewerblichen Rechtsschutz	1–7	III. Die Herausgabe der Bereicherung bei unerlaubter Handlung	16
II. Der Umfang des Bereicherungsanspruchs	8–15	IV. Sonstiges (Mitverschulden, Gesamtschuld)	17–19

I. Die Möglichkeiten bereicherungsrechtlicher Haftung im gewerblichen Rechtsschutz

1   In der älteren Rechtsprechung und Literatur wurde die Auffassung vertreten, daß § 812 BGB bei schuldlosen Verletzungen gewerblicher Schutzrechte – mit Ausnahme des Urheberrechts[1] – nicht anwendbar sei, weil die hier einschlägigen Vorschriften die gegebenen Ansprüche abschließend regelten[2]. Dabei wurde nicht genügend beachtet, daß es

---

1 RGZ 121, 258, 262; BGHZ 5, 116, 123 – Parkstr. 13.
2 RGZ 15, 121, 132; RGZ 70, 249, 253; RGZ 108, 1, 6; RGZ 121, 258, 261; *Pastor,* in *Reimer,* S. 303 m. w. N.; zur Entwicklung eingehend Großkomm/*Köhler,* Vor § 13 UWG, B, Rdn. 352; einen Überblick über den älteren Meinungsstand gibt auch BGHZ 68, 90, 91 f. – Kunststoffhohlprofil I.

40. Kapitel Der Bereicherungsanspruch 2–5 **40**

sich bei diesen Regelungen um solche allein des Schadensersatzes handelte, und zwar
– was insbesondere *Pastor,* aaO., außer Betracht läßt – auch dort, wo – wie in § 14
UWG – eine Ersatzleistung ohne Verschulden in Frage steht. Der Anknüpfungspunkt
des später in § 812 BGB gesetzlich gegebenen Bereicherungsanspruchs ist jedoch ein
anderer: Bei ihm geht es nicht um den Ersatz von Nachteilen des Verletzten, sondern
um die Herausgabe des vom Verletzer auf Kosten des Verletzten ohne Rechtsgrund Erlangten[3]; insoweit aber hatten die älteren Gesetze noch überhaupt keine Regelung getroffen.

Die Rechtsprechung des Bundesgerichtshofs hat die Auffassung des Reichsgerichts 2
aufgegeben und Bereicherungsansprüche auch im gewerblichen Rechtsschutz grundsätzlich anerkannt[4], desgleichen auch für die – oft im Randbereich des gewerblichen
Rechtsschutzes angesiedelten – Fälle der Verletzung des allgemeinen Persönlichkeitsrechts[5]. Der Gesetzgeber ist dieser Rechtsprechung in verschiedenen Vorschriften gefolgt[6].

Wie weit die Grenzen der absoluten Schutzrechte, deren Verletzung eine bereiche- 3
rungsrechtliche Haftung auslösen kann, zu ziehen sind, ist noch zweifelhaft. Firmenrechte wird man – wie das allgemeine Persönlichkeitsrecht und das Namensrecht[7] –
ebenso zum Kreis dieser Rechte zu zählen haben wie Warenzeichen[8]; nicht dagegen das
Recht am Unternehmen, da dieses keine Rechtsposition mit Zuweisungsgehalt, sondern nur negativen Schutz gegen eine rechtswidrige Beeinträchtigung gewährt[9].

Unentschieden ist noch, ob und in welchem Umfang Bereicherungsansprüche bei 4
Vermögensvorteilen durch unerlaubte Wettbewerbshandlungen in Betracht kommen
können[10].

Meist wird es dabei an dem Merkmal fehlen, daß der Vorteil auf Kosten des verletz- 5
ten Mitbewerbers erlangt ist. Wer sein Vermögen durch unlauteren Wettbewerb mehrt,

---

3 Ähnlich *Baumbach/Hefermehl,* Einl. UWG, Rdn. 418; vgl. auch Großkomm/*Köhler,* Vor § 13
UWG, B, Rdn. 366.
4 BGHZ 82, 299, 306 ff. = GRUR 1982, 301 – Kunststoffhohlprofil II; BGHZ 99, 244, 246 f. =
GRUR 1987, 520 – Chanel No. 5 I; BGHZ 107, 117, 120 = GRUR 1990, 221 – Forschungskosten; BGH GRUR 1991, 914, 916 f. – Kastanienmuster.
5 BGHZ 81, 75, 77 ff. – Carrera (= GRUR 1981, 846 – Rennsportgemeinschaft).
6 Vgl. § 97 des Urhebergesetzes 1965; § 14 a Abs. 1 Satz 2 Geschmacksmustergesetz.
7 Vgl. MünchKomm/*Schwerdtner,* § 12 BGB, Rdn. 162.
8 Vgl. BGHZ 99, 244, 246 f. = GRUR 1987, 520 – Chanel No. 5 I; BGHZ 107, 117, 120 ff. =
GRUR 1990, 221 – Forschungskosten; OLG Karlsruhe GRUR 1979, 473 – MOKLI; Großkomm/*Köhler,* Vor § 13 UWG, B, Rdn. 361 und 362 m. w. N.; MünchKomm/*Lieb,* § 812,
BGB, Rdn. 212; *Baumbach/Hefermehl,* Einl. UWG, Rdn. 419, dieser zu Recht auch für das
Ausstattungsrecht; *Ullmann,* GRUR 1978, 615, 620; *Schricker,* EWiR § 15 WZG 1987, 723.
9 BGHZ 71, 86, 98 = GRUR 1978, 492 – Fahrradgepäckträger II; Großkomm/*Köhler,* Vor § 13
UWG, B, Rdn. 364 m. w. N.; *Baumbach/Hefermehl,* Einl. UWG, Rdn. 419; str.; vgl. die
Nachweise bei Großkomm/*Köhler* und *Baumbach/Hefermehl,* aaO., sowie bei *Brandner,*
GRUR 1980, 359, 364.
10 Vgl. BGH GRUR 1960, 554, 557 = WRP 1960, 277 – Handstrickverfahren u. BGH
GRUR 1991, 914, 916 f. – Kastanienmuster, wo die Frage jeweils ausdrücklich offen gelassen
worden ist, sowie BGHZ 107, 117, 121 = GRUR 1990, 221 – Forschungskosten; Großkomm/*Köhler,* Vor § 13 UWG, B, Rdn. 365; MünchKomm/*Lieb,* § 812 BGB, Rdn. 214 f.

nutzt regelmäßig nicht eine Rechtsposition des Wettbewerbers aus, mag dieser auch von der Handlung betroffen sein[11].

6 Eine starke Literaturmeinung[12] will jedoch eine Bereicherungshaftung in Fällen der Verletzung solcher Rechtspositionen gewähren, die einem Immaterialgüterrecht dadurch angenähert sind, daß sie aus einer Norm mit individualbegünstigendem Zweck erwachsen, also beispielsweise aus §§ 17, 18 UWG, aber auch aus § 1 UWG, soweit er individuelle Behinderungen wie Abwerbungshandlungen oder Ausbeutungen (durch sklavische Nachahmung, Rufausbeutung o. ä.) unterbindet.

7 Diese Auffassung geht im Ansatz und im Ergebnis zu weit. Sie dürfte auch kaum Aussichten haben, in der Rechtsprechung akzeptiert zu werden, nachdem der BGH neuerdings allein darauf abgestellt hat, ob und wie weit einer wettbewerbsrechtlich geschützten Position ein Zuweisungsgehalt zukommt, und für diesen gefordert hat, daß nicht nur ein Verbietungsrecht, sondern auch die rechtliche Möglichkeit bestehen muß, einem anderen die Nutzung des konkreten Rechtsguts (gegen Entgelt) zu gestatten[13]. Nach diesen Kriterien wird man die Kondiktion in allen Fällen der Ausbeutung (fremder Leistung, fremden Rufs, fremder Betriebs- und Geschäftsgeheimnisse) als möglich, in Fällen der Abwerbung von Arbeitskräften oder Kunden und besonders in allen Fällen bloßer Behinderung von Mitbewerbern (Diskriminierung, kritisierende vergleichende Werbung, Boykott, unberechtigte Verwarnung) als ausgeschlossen ansehen müssen[14].

II. Der Umfang des Bereicherungsanspruchs

8 Der Umfang des Bereicherungsanspruchs richtet sich auch im gewerblichen Rechtsschutz nach § 818 BGB. Der Anspruch zielt in erster Linie unmittelbar auf das Erlangte (§ 818 Abs. 1 BGB), hilfsweise auf dessen Wert (§ 818 Abs. 2 BGB) – beides jedoch begrenzt durch die Bereicherung des Verpflichteten (§ 818 Abs. 3 BGB).

9 Die in der Literatur umstrittene Frage, ob in Fällen gewerblicher Schutzrechtsverletzungen erlangt nur der Wert des tatsächlichen Gebrauchs oder der Nutzungsmöglich-

---

11 *Baumbach/Hefermehl*, Einl. UWG, Rdn. 420 m. N. zur (veralteten) Gegenmeinung.
12 *Baumbach/Hefermehl*, Einl. UWG, Rdn. 420; *Haines*, S. 99 f.; *Koppensteiner/Kramer*, S. 92 ff.; noch weitergehend *Kleinheyer*, JZ 1970, 471, 474. Ablehnend MünchKomm/*Lieb*, § 812 BGB, Rdn. 221 ff.; weitere Nachweise in BGH GRUR 1991, 914, 917 – Kastanienmuster; kritisch und im Ergebnis einschränkend Großkomm/*Köhler*, Vor § 13 UWG, B, Rdn. 367–369.
13 Vgl. BGHZ 107, 117, 120 f. = GRUR 1990, 221 – Forschungskosten; dazu näher auch Großkomm/*Köhler*, Vor § 13 UWG, B, Rdn. 357 und 369.
14 So zutreffend Großkomm/*Köhler*, Vor § 13 UWG, B, Rdn. 369; ähnlich MünchKomm/*Lieb*, § 812 BGB, Rdn. 215 f.; mit Recht wird dazu auch auf die funktionelle Verwandtschaft des Bereicherungsanspruchs mit der Schadensberechnung nach der Lizenzanalogie hingewiesen, die es wahrscheinlich erscheinen lasse, daß die Rechtsprechung künftig den Kondiktionsanspruch überall dort gewähren werde, wo sie bei schuldhafter Rechtsverletzung bislang schon einen solchen Schadensersatzanspruch bejaht hat (vgl. Großkomm/*Köhler*, aaO., Rdn. 370).

keit[15] oder auch der Gewinn des Verletzers anzusehen sei[16], ist vom Bundesgerichtshof nun im ersteren Sinne entschieden worden[17]. Er hat lediglich eine Berechnung nach der ersparten Lizenzgebühr als gerechtfertigt angesehen; den Ersatz des Verletzergewinns nach bereicherungsrechtlichen Grundsätzen hat er mit eingehender und überzeugender Begründung ausgeschlossen.

Zu entrichten ist die übliche oder angemessene Lizenzgebühr zuzüglich der aufgelaufenen ersparten Zinsen; für die Berechnung gelten dieselben Grundsätze wie bei der dreifachen Schadensberechnung[18]. 10

Umstritten ist die Frage, ob und wie weit der Schuldner in den Fällen, in denen er ohnehin verschärft haftet und sich schon deshalb nicht auf einen Wegfall der Bereicherung nach § 818 Abs. 3 BGB berufen kann, das Fehlen einer konkreten Bereicherung nach der letztgenannten Vorschrift geltend machen kann[19]. 11

Weitgehende Einigkeit besteht – wenngleich mit unterschiedlichen Begründungen – darüber, daß der gutgläubige Verletzer sich nicht darauf berufen kann, er habe nichts erspart, weil er sich bei Kenntnis der Rechtslage anderweitig beholfen hätte oder weil ihm keine Lizenz erteilt worden wäre[20]. Daß dies jedoch nicht auch für den Einwand des Verletzers gelten kann, er hätte die Lizenz billiger als üblich erlangt, wenn er um sie nachgesucht hätte, haben *Kraßer* und Großkomm/*Köhler* (beide aaO.) m. E. überzeugend nachgewiesen. 12

Im Regelfall unbeachtlich ist der Einwand des Verletzers, er habe keinen die Lizenzhöhe abdeckenden Gewinn erzielt[21]. 13

---

15 Zum Theorienstreit, was das im Bereicherungsrechtssinne »Erlangte« ist, vgl. die eingehende Darstellung bei Großkomm/*Köhler*, Vor § 13 UWG, B, Rdn. 372–375.
16 Dafür noch *Bruchhausen*, Festschrift für *Wilde*, S. 23 ff.; vgl. im einzelnen *Ullmann*, GRUR 1978, 615, 618 f.; *Brandner*, GRUR 1980, 359, 360; *Kraßer*, GRUR Int. 1980, 259, 267 ff.
17 BGHZ 82, 299, 306 – Kunststoffhohlprofil II = GRUR 1982, 301, 303 mit zust. Anm. von *Pietzcker*, S. 304 f.; BGHZ 99, 244, 246 f. = GRUR 1987, 520 – Chanel No. 5 I; vgl. auch Großkomm/*Köhler*, aaO., Rdn. 371.
18 BGHZ 82, 310, 316 = GRUR 1982, 286 – Fersenabstützvorrichtung; BGHZ 99, 244, 248 = GRUR 1987, 520 – Chanel No. 5 I; Großkomm/*Köhler*, Vor § 13 UWG, B, Rdn. 377; zu abweichenden Meinungen in der Literatur ders. in Rdn. 378 f.
19 Vgl. einerseits – gänzlich verneinend – *Brandner*, GRUR 1980, 359, 360; andererseits – bejahend – *Ullmann*, GRUR 1978, 615, 620 f.; *Kraßer*, GRUR Int. 1980, 259, 268; für den Regelfall verneinend BGHZ 56, 317, 322 – Gasparone II und *Baumbach/Hefermehl*, Einl. UWG, Rdn. 422; differenzierend Großkomm/*Köhler*, Vor § 13 UWG, B, Rdn. 381–385.
20 Vgl. BGHZ 20, 345, 356 f. = GRUR 1956, 427 – Paul Dahlke; BGHZ 56, 317, 322 – Gasparone II; BGHZ 81, 75, 82 = GRUR 1981, 846 – Carrera/Rennsportgemeinschaft; Großkomm/*Köhler*, Vor § 13 UWG, B, Rdn. 382 mit dem Nachw. einer vereinzelten abweichenden Meinung in Fn. 226; *Brandner*, GRUR 1980, 359, 360; *Falk*, GRUR 1983, 488, 491.
21 Arg. aus BGHZ 44, 372, 379 = GRUR 1966, 375 – Meßmer Tee II; Großkomm/*Köhler*, Vor § 13 UWG, B, Rdn. 383; dieser (sowie *Ullmann*, GRUR 1978, 615, 620 f.; *Sack*, Festschrift für *Hubmann*, S. 373, 385; *Kraßer*, GRUR Int. 1980, 259, 263) auch zu gewissen Differenzierungsnotwendigkeiten, die von der Rechtsprechung noch nicht geprüft worden sind.

14 Dagegen ist – wie generell im Bereicherungsrecht – der Einwand des nachträglichen Gewinnwegfalls (durch ersatzlosen Verlust oder Verbrauch) zu berücksichtigen[22].
15 Die Beweislast für den Wegfall der Bereicherung trägt der Schuldner[23].

III. Die Herausgabe der Bereicherung bei unerlaubter Handlung

16 Ein Anspruch auf Herausgabe der Bereicherung besteht auch, wenn ein deliktischer Schadensersatzanspruch verjährt ist (§ 852 Abs. 3 BGB; § 141 Satz 3 PatG; § 15 Abs. 3 Satz 2 GebrMG). Die Verweisung dieser Vorschriften auf das Bereicherungsrecht bezieht sich nunmehr nach ganz h. M. nur auf den Umfang, nicht auch auf die Voraussetzungen des Bereicherungsrechts[24].

IV. Sonstiges

17 Auch gegenüber einem Bereicherungsanspruch ist der Einwand des Mitverschuldens möglich; dies zwar nicht gemäß § 254 BGB, aber nach § 242 BGB[25]; denn nach h. M. ist § 254 BGB nur eine besonders gesetzlich geregelte Ausprägung eines allgemeinen Gedankens aus Treu und Glauben (BGHZ 57, 132, 152 m. w. N.; Großkomm/*Köhler* aaO.)
18 Bei einer Mehrheit von Verletzten haftet jeder nur auf das von ihm selbst Erlangte; eine Gesamtschuld kommt nicht in Betracht[26].
19 Der Bereicherungsanspruch verjährt – gleichgültig, ob er aus § 812 BGB oder aus § 852 Abs. 3 BGB hergeleitet wird – gemäß § 195 BGB nach 30 Jahren[27].

---

22 Vgl. Großkomm/*Köhler*, Vor § 13 UWG, B, Rdn. 384; *Haines*, S. 147; *Ullmann*, GRUR 1978, 615, 620 f.
23 BGH NJW 1958, 1725; Großkomm/*Köhler*, Vor § 13 UWG, B, Rdn. 385.
24 BGHZ 71, 86, 99 = GRUR 1978, 492 – Fahrradgepäckträger II; BGHZ 68, 90, 100 – Kunststoffhohlprofil I; *Baumbach/Hefermehl*, Einl. UWG, Rdn. 421; Großkomm/*Köhler*, Vor § 13 UWG, B, Rdn. 386.
25 So zutreffend Großkomm/*Köhler*, Vor § 13 UWG, B, Rdn. 389.
26 BGH GRUR 1979, 732, 734 – Fußballtor; Großkomm/*Köhler*, Vor § 13 UWG, B, Rdn. 388.
27 Vgl. BGHZ 56, 317, 319 – Gasparone II; Großkomm/*Köhler*, Vor § 13 UWG, B, Rdn. 387.

Zweites Buch

Die Durchsetzung der wettbewerbsrechtlichen Ansprüche

A. Die Durchsetzung ohne Prozeß

41. Kapitel Die Abmahnung

Literatur: *Ahrens*, Zum Ersatz der Verteidigeraufwendungen bei unberechtigter Abmahnung, NJW 1982, 2477; *Ahrens*, Die Mehrfachverfolgung desselben Wettbewerbsverstoßes, WRP 1983, 1; *Albrecht*, Das Vereinspolizeirecht als wirksame Waffe gegen Gebühreneinspielvereine, WRP 1983, 540; *Borck*, Gegenzüge oder: Wie man zweckmäßig auf Unterlassungsansprüche reagiert, WRP 1980, 375; *Borck*, Wiederholungsgefahr – Dringlichkeit – Abmahnungslast, NJW 1981, 2721; *Borck*, Über Schwierigkeiten im Gefolge von Mehrfachabmahnungen, WRP 1985, 311; *Burchert*, Der Zugang der Abmahnung, WRP 1985, 478; *Eser*, Probleme der Kostentragung der vorprozessualen Abmahnung und bei Abschlußschreiben in Wettbewerbswidrigkeiten, GRUR 1986, 35; *Faber*, Die Verjährung des Anspruchs auf Erstattung der Verwarnungskosten in Wettbewerbssachen, WRP 1986, 371; *Gaede/Meister*, Geschäftsführung ohne Auftrag – Kostenerstattung ohne Grenzen?, WRP 1984, 246; *v. Gamm*, § 93 ZPO und die Abmahnung im gewerblichen Rechtsschutz, NJW 1961, 1048; *v. Gravenreuth*, Mehrfachabmahnung auch bei Sonderschutzrechten?, WRP 1986, 181; *Hiersemann*, Die wettbewerbliche Abmahnung und ihre Kosten, NJW 1971, 777; *Hopt*, Schadensersatz aus unberechtigter Verfahrenseinleitung, 1968; *Klaka*, Die einstweilige Verfügung in der Praxis, GRUR 1979, 593; *Krüger*, Wiederholungsgefahr unteilbar?, GRUR 1984, 885; *Kues*, Mehrfachabmahnung und Aufklärungspflicht, WRP 1985, 196; *Kugelberg*, Das Verhältnis des gesetzlichen zum vertraglichen Unterlassungsanspruch, 1989; *Kur*, Beweislast und Beweisführung im Wettbewerbsprozeß, 1981; *Lindacher*, Die Haftung wegen unberechtigter Schutzrechtsverwarnung oder Schutzrechtsklage, ZHR 144 (1980), 350; *Lindacher*, Der »Gegenschlag« des Abgemahnten, Festschrift für *v. Gamm*, 1990, S. 83 ff.; *Loewenheim*, Probleme der vorprozessualen Abmahnung bei der Verfolgung von Wettbewerbsverstößen durch Verbände, WRP 1979, 839; *Loritz*, Die Rechtsprechung bei vorprozessualen Abmahnungen unter besonderer Berücksichtigung des Wettbewerbs- und Warenzeichenrechts, GRUR 1981, 883; *Lüke*, Der Informationsanspruch im Zivilrecht, JuS 1986, 2; *Melullis*, Zum Unkostenerstattungsanspruch bei der Verwarnung durch Verbände, WRP 1982, 1; *Pastor*, Kostenerstattung bei erfolgreicher Verwarnung, WRP 1979, 423; *Quiring*, Zur Haftung wegen unbegründeter Verwarnungen, WRP 1983, 317; *Schotthöfer*, Rechtliche Probleme im Verhältnis zwischen Feststellungsklage und Unterlassungsklage im Wettbewerbsrecht, WRP 1986, 14; *Schulte*, Anforderungen an die Beantwortung einer Verwarnung, GRUR 1980, 470; *Schulz*, Kostenerstattung bei erfolgloser Abmahnung, WRP 1990, 658; *Staudinger*, BGB, 12. Aufl., 2. Buch (AGB-Gesetz), 1983; *Tack*, Zur wiederholten Unterwerfung in Wettbewerbsstreitigkeiten, WRP 1984, 455; *Ulmer/Brandner/Hensen*, AGB-Gesetz, 4. Aufl.; *Ulrich*, Verhinderung des Mißbrauchs der Verbandsklagebefugnis durch Verbot außergerichtlicher Aufwendungsersatzes?, WRP 1982, 378; *Ulrich*, Der Mißbrauch der Verbandsklagebefugnis – ein Rückblick, WRP 1984, 368; *Ulrich*, Die Aufklärungspflicht des Abgemahnten – Zur sinngemäßen Anwendung des § 93 ZPO zugunsten des Klägers/Antragstellers, WRP 1985, 117; *Ulrich*, Die vorprozessualen Informationspflichten des Anspruchsgegners in Wettbewerbssachen, ZIP 1990, 1377; *Virneburg*, Anwaltskostenerstattung bei Mehrfachabmahnung durch einen Mitbewerber, WRP 1986, 315; *Vogt*, Abmahnung – Eilbedürfnis – Wiederholungsgefahr, NJW 1980, 1500; *Wilke*, Abmahnung und Schutzschrift im gewerblichen Rechtsschutz, 1991. Vgl. ferner auch die Literaturnachweise vor Kapitel 8.

A. Die Durchsetzung ohne Prozeß

Inhaltsübersicht

	Rdn.		Rdn.
I. Wesen, Bedeutung und Rechtsnatur der Abmahnung	1–6	V. Die Reaktion des Verwarnten auf die Abmahnung	44–66
II. Der Zweck der Abmahnung	7–8	1. Begründete Abmahnung	44–55
III. Form und Inhalt der Abmahnung	9–20	2. Unbegründete Abmahnung	46–62
		3. Zweifelhafte Rechtslage	63–66
IV. Die Notwendigkeit der Abmahnung	21–43	VI. Die Rechtsfolgen unbegründeter Abmahnungen	67–80
1. Fragestellung und Einteilung	21–22	1. Vorbemerkung	67
2. Entbehrlichkeit der Abmahnung wegen vorauszusehender Erfolglosigkeit	23–27	2. Feststellungsklage	68–74
		3. Abwehr- und Schadensersatzansprüche	75–80
		VII. Die Erstattung von Abmahnkosten	81–97
3. Entbehrlichkeit der Abmahnung wegen Unzumutbarkeit	28–43		

I. Wesen, Bedeutung und Rechtsnatur der Abmahnung

1 Die Abmahnung oder Verwarnung[1] ist ein im Wettbewerbsrecht und im Recht der gewerblichen Schutzrechte entwickeltes[2], in gewissen Grenzen formalisiertes Mittel zur vorgerichtlichen Durchsetzung von Unterlassungsansprüchen, dessen Entstehungsgründe im einzelnen zweifelhaft sein mögen[3], das heute jedoch ganz allgemein – min-

---

[1] In der Praxis werden die beiden Begriffe in der Regel synonym verwendet (vgl. dazu *Nirk/Kurtze*, Rdn. 88 m. w. N. in Fn. 125). *Pastors* (S. 9 und S. 50) Unterscheidung zwischen Verwarnung und Abmahnung hat sich nicht durchgesetzt; *Nirk/Kurtze* (aaO.) selbst möchten allerdings den Begriff der Verwarnung ausschließlich dem Gebiet vorbehalten, auf dem er traditionell üblich gewesen ist, nämlich dem Schutzrechtsverwarnung, und im übrigen nur den Begriff der Abmahnung verwenden. In der Praxis wird sich wohl auch diese – durchaus wünschenswerte – Unterscheidung kaum durchsetzen lassen. Auch im folgenden werden die Begriffe gelegentlich als gleichbedeutend verwendet.

[2] Jedoch ein nicht notwendigerweise auf dieses zu beschränkendes, sondern im Gegenteil für das gesamte Unterlassungsrecht geeignetes vorprozessuales Befriedigungsmittel (vgl. OLG Nürnberg NJW-RR 1987, 695; Großkomm/*Kreft*, Vor § 13 UWG, C, Rdn. 6; *Baumbach/Lauterbach/Hartmann*, ZPO, § 93 Anm. 5, Stichwort »Abmahnung«); zur Anwendung gegen AGBG-Verletzer nach § 13 AGBG vgl. OLG Frankfurt GRUR 1980, 186; KG WRP 1982, 29; OLG Stuttgart WRP 1985, 51, 52; *Staudinger/Schlosser*, § 13 AGBG, Rdn. 43; *Ulmer/Brandner/Hensen*, § 13 AGBG, Rdn. 51.

[3] Wenig überzeugend dazu *Pastor*, S. 5–7; eingehend und zutreffend dagegen Großkomm/*Kreft*, Vor § 13 UWG, C, Rdn. 8–12. Wahrscheinlich hat sich das Verfahren empirisch entwickelt: Die Mehrzahl der Wettbewerbsverstöße wird nicht aus Überzeugung, sondern aus Unkenntnis oder Fahrlässigkeit begangen; die Bereitschaft zur Unterlassung ist daher relativ groß. Dem trägt die Abmahnung Rechnung; ihre Formalisierung ist das Ergebnis der Bemühungen um eine optimale Wirksamkeit des Befriedungsmittels (ähnlich auch OLG Köln WRP 1976, 493, 494 und 1977, 357 sowie *Baumbach/Hefermehl*, Einl. UWG, Rdn. 529, zur Frage des Handelsbrauchs bei Kaufleuten – bejahend – OLG Bremen, WRP 1972, 381; OLG Hamm WRP 1979, 805; OLG Frankfurt GRUR 1980, 186; verneinend *v. Gamm*, NJW 1961, 148; *Hiersemann*, NJW 1971, 779, und *Ahrens*, S. 131 f.).

41. Kapitel Die Abmahnung

destens kraft Gewohnheitsrechts[4] – und nahezu unbestritten[5] anerkannt wird. Auch der Gesetzgeber hat – worauf Großkomm/*Kreft* (aaO.) zur Begründung des gewohnheitsrechtlichen Charakters zutreffend hinweist – in der ab 1. 1. 1987 geltenden Fassung des § 13 Abs. 5 UWG das Institut der Abmahnung vorausgesetzt.

Die Abmahnung ist keine notwendige Vorstufe zum Prozeß und erst recht keine echte Prozeßvoraussetzung. Sowohl die Klage als auch der Antrag auf Erlaß einer einstweiligen Verfügung sind zulässig, ohne daß eine Abmahnung vorausgegangen zu sein braucht[6]. Ihre Unterlassung kann – wie noch auszuführen sein wird – lediglich im Kostenpunkt zu Nachteilen des Gläubigers führen.

Die Bedeutung der Abmahnung kann trotzdem nicht hoch genug veranschlagt werden. Nach verschiedenen Schätzungen, denen teils auch tatsächliche Erhebungen zugrunde liegen[7], dürften sich 90 bis 95 % aller gerügten Wettbewerbsverstöße im Abmahnverfahren erledigen. Gäbe es dieses Rechtsinstitut nicht oder verlöre es seine bisherige Effizienz, so hätte dies schlimme Folgen für den Wettbewerb und besonders für die Wettbewerbsrechtsprechung. Ungeachtet dessen scheint es mir jedoch bedenklich, daß die Rechtsprechung in jüngerer Zeit – unter Vernachlässigung der Entstehungsgeschichte und des eigentlichen Zwecks der Streitvermeidung und Interessenwahrung *inter partes* (vgl. dazu auch nachfolgend Rdn. 37 und 40) – zunehmend den Sinn und Zweck der Abmahnung (allzu) vornehmlich darin sieht, die Belastung der Gerichte gering zu halten (vgl. etwa OLG Köln WRP 1983, 118 – Ls. –; WRP 1984, 641, 642; WRP 1986, 426, 427; KG WRP 1988, 167 – Ls. 1 –; OLG Saarbrücken WRP 1988, 198, 199; Großkomm/*Kreft*, Vor § 13 UWG, C, Rdn. 95, sowie ergänzend die – ihrerseits allerdings erfreulich distanziert gehaltene – Darstellung bei *Ahrens/Spätgens*, Streiterledigung, S. 126 f.).

Die Rechtsnatur der Abmahnung ist umstritten. Teils wird sie als eine einer Prozeßhandlung ähnliche Gläubigermaßnahme[8] angesehen, teils – von der wohl überwiegenden Meinung – als geschäftsähnliche Rechtshandlung[9] (mit eigenen Regeln), teils aber auch als Willenserklärung[10] bzw. Handlung, auf die – ähnlich wie bei der Mahnung

---

4 Die hiergegen von *Ahrens*, S. 132, mit dürftigen Belegen in Fn. 46 erhobenen Bedenken erscheinen mir nicht gerechtfertigt; sie werden auch nicht näher begründet.
5 Dagegen in neuerer Zeit wohl nur *Vogt*, NJW 1980, 1500; gegen dessen Ausführungen mit Recht *Borck*, NJW 1981, 2721, 2725.
6 Allgemeine Meinung; vgl. z. B. OLG Hamburg WRP 1975, 360, 362 und WRP 1980, 208; OLG Düsseldorf WRP 1973, 595, 596 und WRP 1988, 107; HdbWR/*Gloy*, § 63, Rdn. 3; Großkomm/*Kreft*, Vor § 13 UWG, C, Rdn. 5; *Baumbach/Hefermehl*, Einl. UWG, Rdn. 456; *Pastor*, S. 13 ff.
7 Vergleiche die Nachweise bei *Pastor*, S. 7 in Fn. 1.
8 *Pastor*, S. 51; sinngemäß wohl auch OLG Köln WRP 1985, 360, das jedoch nach der jeweiligen Zielrichtung der Abmahnung differenziert; daß die Abmahnung keine Prozeßvoraussetzung ist, steht heute gänzlich außer Frage; vgl. schon Rdn. 2.
9 KG WRP 1982, 467, 468 sowie 492 (Ls.); OLG Hamm WRP 1984, 220, 221; OLG Köln WRP 1985, 360, 361; HdbWR/*Gloy*, § 63, Rdn. 30 m. w. N.; *Baumbach/Hefermehl*, Einl. UWG, Rdn. 530; *Wilke*, S. 12.
10 KG WRP 1986, 680, 682; KG MD VSW 1990, 517, 518; OLG Nürnberg WRP 1991, 522, 523; wohl auch OLG Celle GRUR 1990, 481; *Burchert*, WRP 1985, 478, 479 f.; *Kugelberg*, S. 176 ff.

(vgl. BGHZ 47, 352, 357) oder bei der Mängelanzeige (vgl. BGHZ 101, 49) – die für Willenserklärung geltenden Regeln entsprechend anzuwenden sind[11].

5 Rechtsdogmatisch verdient die letztgenannte Auffassung, die *Kreft* aaO. eingehend und überzeugend begründet hat, den Vorzug. Da sie jedoch im Hinblick auf die mit ihr verbundenen Folgen – Zugangsbedürftigkeit, Anwendung des § 174 BGB – zur Zeit wenig Aussichten haben dürfte, sich in der Rechtsprechung, die ganz überwiegend beide Konsequenzen ablehnt[12], durchzusetzen, erscheint aus praktischen Erwägungen die von *Kreft* (aaO. Rdn. 79) unter Hinweis auf entsprechende Rechtsprechung[13] aufgezeigte (wenngleich von ihm abgelehnte) Differenzierung nach Zielsetzung, Inhalt und Wirkung der Abmahnung geboten:

6 Soweit die Abmahnung ihrem Inhalt nach (auch) schon als Angebot zum Abschluß eines Unterwerfungsvertrags anzusehen ist[14], hat sie fraglos – auch – den Charakter einer (zugangsbedürftigen) Willenserklärung. Im übrigen – also u. U. mit entsprechender Doppelnatur – wird sie als geschäftsähnliche Rechtshandlung anzusehen sein, bei der die Anforderungen divergieren können, und zwar jeweils nach den Zwecken und Wirkungen, die der Abmahnung beigemessen werden sollen. Darauf wird im folgenden im jeweils passenden Zusammenhang zurückzukommen sein.

II. Der Zweck der Abmahnung

7 Jede Abmahnung hat zwei – alternative – Ziele:

Der Hauptzweck ist – bzw. sollte sein –, die Unterwerfung des Abgemahnten zu erreichen und damit die Wiederholungsgefahr auszuräumen, um einen nachfolgenden Prozeß zu vermeiden[15].

Der zweite Zweck ist die Vermeidung von Kostennachteilen im Prozeß, der bei Ablehnung der Unterwerfung erforderlich wird; denn ohne vorherige Abmahnung droht

---

11 Großkomm/*Kreft,* Vor § 13 UWG, C, Rdn. 68–83.
12 OLG München WRP 1971, 487 f.; OLG Frankfurt GRUR 1980, 186; GRUR 1985, 240; MD VSW 1988, 693, 694; OLG Hamburg GRUR 1976, 444; OLG Hamm WRP 1982, 592, 593; WRP 1984, 220, 221 = GRUR 1984, 611 (Ls.); OLG Koblenz WRP 1982, 437 (Ls.); OLG Köln GRUR 1984, 142, 143 und GRUR 1985, 360, 361; KG GRUR 1988, 79 und GRUR 1989, 618; OLG Düsseldorf GRUR 1990, 310; OLG Karlsruhe WRP 1982, 351; WRP 1982, 426, 427; NJW RR 1990, 1323 f.; OLG Stuttgart WRP 1983, 644, 645; für die Anwendbarkeit des § 174 BGB jedoch neuerdings mit beachtlichen Gründen OLG Nürnberg WRP 1991, 522, 523 und Großkomm/*Kreft,* Vor § 13 UWG, C, Rdn. 78.
13 OLG Köln GRUR 1984, 142, 143; WRP 1985, 360 f.; LG Hamburg MD VSW 1989, 338, 345.
14 Vgl. dazu Kap. 8, Rdn. 3; Großkomm/*Köhler,* Vor § 13 UWG, B, Rdn. 93; Großkomm/*Kreft,* Vor § 13 UWG, C, Rdn. 69 und 74; *Ahrens/Spätgens,* S. 51.
15 Vgl. *Ahrens,* S. 137, mit umfangreichen Nachweisen in Fn. 68 und 69 sowie OLG Karlsruhe MD VSW 1990, 892, 893, letzteres auch zu daraus dem Abmahner erwachsenden – allerdings geringfügigen – Nebenpflichten. Für Art und Inhalt der damit angezielten (und zur Beseitigung der Wiederholungsgefahr notwendigen) Unterwerfungserklärung gilt das in Kap. 8 Ausgeführte.

41. Kapitel   Die Abmahnung   8 41

im gerichtlichen Verfahren das sofortige Anerkenntnis des Anspruchs durch den Verletzer mit der Kostenfolge des § 93 ZPO[16].

Der letztere – ursprünglich sekundäre – Zweck ist heute sehr in den Vordergrund   8 des Interesses gerückt. Dies beruht nicht nur darauf, daß bei Erreichen des Primärzwecks in der Regel der Streit beendet ist und für juristische Diskussionen und gerichtliche Entscheidungen meist keine Veranlassung mehr besteht, sondern auch auf anderen, teils weniger erfreulichen Gründen: Oft besteht auf seiten des Gläubigers gerade in für ihn eindeutigen Fällen, erst recht aber auf seiten des ihn beratenden Rechtsanwalts, nämlich gar kein – oder allenfalls ein sehr geringes – Interesse an der Beilegung des Streits durch Unterwerfung. Das hat zunächst den durchaus triftigen Grund, daß die Unterwerfungsverpflichtung einem gerichtlichen Unterlassungstitel nicht ganz gleichwertig ist[17]; oft spielt aber auch eine Rolle, daß der für den Schuldner einfache und billige Weg der Unterwerfung unangemessen erscheint[18] oder daß der beratende Rechtsanwalt gerne den für seinen Mandanten risikoarmen und für ihn gebührenträchtigen Prozeß durchfechten möchte. Hinzu kommt, daß viele Gläubiger auch die Verzögerung gerichtlicher Maßnahmen scheuen, die mit der Abmahnung für den Fall ihrer Nichtbeachtung verbunden ist. All dies führt dazu, daß vielfach[19] die Notwendigkeit der Abmahnung eher als lästiges und möglichst irgendwie zu vermeidendes Übel angesehen wird mit der Folge, daß viel Fleiß und Mühe – darunter auch eine kaum noch übersehbare Zahl gerichtlicher Entscheidungen – auf die Frage verwendet werden mußten, wann – ausnahmsweise ohne Kostennachteile – von einer Abmahnung des Verletzers abgesehen werden darf.

Davon wird unter IV. noch näher zu handeln sein.

---

16 Allg. Meinung; vgl. BGH GRUR 1990, 381, 382 = WRP 1990, 276 – Antwortpflicht des Abgemahnten; ferner z. B. OLG Köln WRP 1977, 276 und 357, GRUR 1988, 487; OLG München WRP 1979, 817; OLG Hamburg WRP 1980, 208; OLG Hamm BB 1976, 1191; OLG Frankfurt WRP 1976, 618, 621 und 775; KG WRP 1974, 410; OLG Stuttgart WRP 1978, 837, 838; OLG Düsseldorf WRP 1988, 107, 108; Großkomm/*Kreft*, Vor § 13 UWG, C, Rdn. 5.
17 Vgl. BGH GRUR 1980, 241, 242 = WRP 1980, 253 – Rechtsschutzbedürfnis; BGH GRUR 1985, 155, 157 = WRP 1985, 22 – Vertragsstrafe bis zu ... I.
18 Der damit angesprochene »Bestrafungs«-Zweck des zivilen Unterlassungsanspruchs ist zwar stets verneint worden, und de iure auch mit vollem Recht. De facto hat er aber – oft gleichfalls geleugnet, aber bei ehrlicher Betrachtung eigentlich unleugbar – bei manchen Entwicklungen (etwa bei der Streitwertbemessungspraxis) ebenso wie hier im Hintergrund gestanden und gewisse Auswirkungen gezeigt.
19 Anders liegen die Dinge allerdings bei manchen Vereinen zur Bekämpfung unlauteren Wettbewerbs: Hier ist mitunter ein erhebliches Interesse gerade an der Erlangung strafbewehrter Unterlassungsverpflichtungen erkennbar, weil der etwaige Verstoß gegen solche – anders als beim gerichtlichen Unterlassungstitel – finanziell (in Form der verwirkten Vertragsstrafe) unmittelbar dem Gläubiger zugute kommt. In einem Falle mußte der BGH der Tendenz eines Vereins, sogar bereits erwirkte Titel allzu schematisch durch strafbewehrte Unterwerfungen zu ersetzen, warnend entgegentreten (vgl. BGH GRUR 1990, 282, 285 = WRP 1990, 255 – Wettbewerbsverein IV).

III. Form und Inhalt der Abmahnung

9 Da es regelnde Vorschriften nicht gibt, sind Form und Inhalt der Abmahnung ausschließlich nach ihrem Zweck zu bestimmen.

10 1. Dieser erfordert – wenn von Beweisgründen abgesehen wird – keine bestimmte Form. Daher ist die Abmahnung grundsätzlich nicht formgebunden. Der Regelfall ist allerdings die schriftliche Abmahnung. Sie empfiehlt sich nicht nur deshalb, weil sie die Möglichkeit einer hinreichend ausführlichen, verständlichen und Mißverständnisse am besten ausschließenden Abmahnung eröffnet, sondern auch aus Beweisgründen, die es darüber hinaus auch ratsam erscheinen lassen, das Abmahnschreiben – wo dies aus Zeitgründen möglich ist – eingeschrieben (am besten mit Rückschein) abzusenden (*Pastor*, S. 63 mit Fn. 49; *Baumbach/Hefermehl*, Einl. UWG, Rdn. 535).

11 Diese Empfehlung ist allerdings – was nicht verschwiegen werden darf – etwas zweischneidig: Die h. M. in Rechtsprechung[20] und Literatur[21] hält den Zugang der Abmahnung nicht für beweisbedürftig; es genüge, wenn die Absendung einer Abmahnung nachgewiesen werde; darüber hinaus haben das OLG Frankfurt (GRUR 1980, 186 f. = WRP 1980, 480) und das OLG Köln (WRP 1989, 47) sich (zu Recht, der Gegenmeinung des OLG Hamm WRP 1982, 437 kann nicht zugestimmt werden) auf den Standpunkt gestellt, daß erneut abmahnen müsse, wer seinerseits Kenntnis vom Nichtzugang der ersten Abmahnung erhalten hat (so auch *Baumbach/Hefermehl*, Einl. UWG, Rdn. 537, und Großkomm/*Kreft*, Vor § 13 UWG, C, Rdn. 111). Da letzteres bei Einschreibsendungen naturgemäß eher zu befürchten steht als bei normalen Briefsendungen, könnte all dies eine Warnung vor eingeschriebenen Versendungen auf den ersten Blick näherlegen als eine Empfehlung. Dies wäre jedoch deshalb etwas kurz gedacht, weil die Meinung, der Zugang der Abmahnung sei nicht beweisbedürftig, erstens nicht einheitlich vertreten wird[22] und jederzeit – etwa im Hinblick auf die kürzlich geübte eindrucksvolle Kritik *Krefts* aaO. – auch Änderungen erfahren kann, und zweitens überhaupt nur (aus den Gründen des OLG Köln GRUR 1984, 142, 143) vertretbar erscheint, soweit es um die Funktion der Abmahnung geht, die Anwendbarkeit des § 93 ZPO zu Lasten des Gläubigers zu vermeiden. Wesentliche andere Funktionen, nämlich insbesondere die der Streitvermeidung – wie in Rdn. 7 ausgeführt der eigentliche ursprüngliche Hauptzweck der Abmahnung – sowie insbesondere die von der Rechtsprechung des BGH neuerdings begründete Funktion der Konkretisierung des aus der Verletzungshandlung entstandenen gesetzlichen Schuldverhältnisses dahin, daß Treuepflichten und, im Verletzungsfalle, Schadensersatzpflichten entstehen können, setzen naturgemäß ein Interesse am Zugang bzw. – im letzteren Falle – den Nachweis des Zu-

---

20 Vgl. OLG Düsseldorf WRP 1973, 595, 596; GRUR 1974, 170, 171; WRP 1979, 862, 863; OLG Hamburg GRUR 1976, 444; OLG Frankfurt WRP 1980, 41 und 84 = GRUR 1980, 186 f.; GRUR 1985, 240 und WRP 1988, 498 (Ls.); OLG Karlsruhe WRP 1982, 351 und 426; OLG Stuttgart WRP 1983, 644, 645; OLG Hamm WRP 1984, 220, 221; OLG Köln GRUR 1984, 142, 143 = WRP 1984, 230; OLG Koblenz WRP 1982, 437; OLG Oldenburg WRP 1987, 718.
21 *Baumbach/Hefermehl*, Einl. UWG, Rdn. 536; a. A. Großkomm/*Kreft*, Vor § 13 UWG, C, Rdn. 73 ff.
22 Vgl. – abweichend – KG WRP 1982, 467, 468 und 492 (Ls.); ferner (diese Meinung bekräftigend) in MD VSW 1990, 288, 293; *Pastor*, S. 81; Großkomm/*Kreft*, Vor § 13 UWG, C, Rdn. 73 ff.

gangs (als Teil des Verschuldensnachweises) voraus. Mindestens die Gläubiger, die wirklich einen Prozeß vermeiden und für den Fall einer »Tücke« des Gegners Schadensersatzmöglichkeiten offenhalten wollen, werden also gut daran tun, den Zugang (bzw. die ihm gleichzustellende Vereitelung des Zugangs durch den Adressaten) beweisbar sicherzustellen.

In eiligen Fällen sind Abmahnungen durch Telegramm[23] oder – zunehmend bedeutsam werdend – Fernschreiben[24] zulässig und ausreichend[25]. 12

Dagegen sind Abmahnungen durch Telefon (oder durch unmittelbares Ansprechen – etwa auf dem Messestand[26] –) umstritten, wobei aber zwei Streitpunkte zu unterscheiden sind: Einmal die Frage, ob solche Abmahnungen überhaupt eine zulässige Form der Abmahnung darstellen; und zum anderen die Frage, ob sie – ihre Zulässigkeit unterstellt – vom Gläubiger auch verlangt werden können. Letzteres gehört – ebenso wie die Frage der Abmahnung durch ein durch Boten überbrachtes Schreiben, vgl. OLG Hamburg, WRP 1989, 33 = GRUR 1989, 151 (Ls.) und KG MD VSW 1990, 517, 518 – in den Zusammenhang der Erforderlichkeit bzw. Zumutbarkeit der Abmahnung[27]; hier interessiert nur die erste der beiden Fragen. Sie wird für besonders eilbedürftige Fälle überwiegend bejaht[28], und zwar mit Recht, sofern Unzumutbarkeitsgründe sich nicht aus den Umständen des Einzelfalles ergeben. Das Bedenken, daß dem Abgemahnten damit eine hinreichende Überlegungszeit genommen werde, greift nicht durch, weil auch mündlich oder telefonisch Fristen gesetzt werden können und deren Länge nicht von der Abmahnungsform, sondern von der Dringlichkeit im Einzelfall abhängt; und dem weiteren Bedenken, dem Abgemahnten werde durch Zulassung dieser Abmahnungsform ein nicht zu führender Beweis – nämlich der, auch nicht mündlich abgemahnt worden zu sein – aufgebürdet, läßt sich leicht dadurch Rechnung tragen, daß die Beweislast für diese ungewöhnliche und regelwidrige Form der Abmahnung ausnahmsweise dem Abmahnenden auferlegt wird, der sich dazu leichter als der (meist überraschend) Abgemahnte ein Beweismittel – regelmäßig einen oder mehrere Gesprächszeugen – verschaffen kann (und unbedingt sollte). 13

---

23 Dagegen aber noch OLG Hamm WRP 1979, 563.
24 Vgl. die Fälle OLG Stuttgart WRP 1977, 820 und OLG Düsseldorf WRP 1979, 793, 794; selbst die rechtlich viel folgenschwerere Unterwerfungserklärung hat der BGH inzwischen als – jedenfalls grundsätzlich – wirksam angesehen vgl. BGH GRUR 1990, 530, 532 = WRP 1990, 685 – Unterwerfung durch Fernschreiben; im einzelnen – auch zu notwendigen Einschränkungen – dazu Kap. 8, Rdn. 4–7.
25 *Baumbach/Hefermehl*, Einl. UWG, Rdn. 535; *Pastor*, S. 64; *Nirk/Kurtze*, Rdn. 89; Großkomm/*Kreft*, Vor § 13 UWG, C, Rdn. 117.
26 OLG Frankfurt WRP 1984, 560, 561; GRUR 1988, 32 = WRP 1987, 563; vgl. zu Messe-Abmahnungen auch OLG Köln NJW RR 1987, 36.
27 Nachfolgend Rdn. 33.
28 OLG Köln WRP 1969, 248, 249; 1970, 186, 187; OLG Stuttgart WRP 1970, 403, 405 und 1986, 54, 55 f.; OLG Frankfurt WRP 1984, 416, 417 und 560, 561; OLG München WRP 1988, 62, 63; OLG Nürnberg MD VSW 1990, 356, 357. Auch für den Fall der Schutzrechtsverwarnung ist die Eilform anerkannt worden, vgl. OLG Frankfurt GRUR 1988, 32. Vgl. ferner *Baumbach/Hefermehl*, Einl. UWG Rdn. 535; *Pastor*, S. 64; *Nirk/Kurtze*, Rdn. 89. Ablehnend dagegen KG WRP 1971, 376; OLG Hamburg GRUR 1975, 41; OLG Düsseldorf WRP 1972, 257, OLG Hamm WRP 1979, 563; zweifelnd OLG München WRP 1983, 45, 46; einschränkend (auf Ausnahmefälle) *Wilke*, S. 37 f.

14 2. Der Inhalt hat dem Primärzweck – Befriedigung ohne Prozeß – zu genügen. Dieser erfordert es, dem Abgemahnten nicht nur den Gegenstand der Beanstandung mitzuteilen und gerichtliche Schritte anzudrohen[29], sondern ihm auch verständlich zu machen, was von ihm zur Vermeidung des Gerichtsverfahrens erwartet wird. Notwendiger Inhalt der Abmahnung ist daher nach herrschender Meinung[30] regelmäßig der Wettbewerbsvorwurf, d. h. die konkrete Angabe der Verletzungshandlung[31], und – jedenfalls ungefähr – die Grundlage ihrer rechtlichen Würdigung[32], ferner das eigentliche Unterwerfungsverlangen, d. h. die Aufforderung zur Abgabe einer bestimmten, am besten – allerdings nicht notwendigerweise[33] – vorformulierten Unterlassungsverpflichtungserklärung unter gleichzeitiger – meist ebenfalls vorformulierter – Verpflichtung zur Zahlung einer Vertragsstrafe für den Fall der Zuwiderhandlung sowie die Fristsetzung und Androhung gerichtlichen Vorgehens für den Fall der Ablehnung oder des fruchtlosen Fristablaufs[34]. Nicht erforderlich sind die Angabe von Beweismitteln[35], Rechtsprechungsnachweise[36] sowie der Hinweis, daß der Abgemahnte die Kosten der

---

29 KG nach *Traub,* S. 16 unter 1.11 u. neuestens nach WRP 1992, 358 (Teilabdruck); OLG Düsseldorf WRP 1988, 107, 108; OLG München, nach *Traub,* S. 311 f. unter 1.11 (= MD VSW 1989, 778); OLG Stuttgart nach *Traub,* S. 385 unter 1.11; das Erfordernis dieser Androhung ist allerdings nicht ganz unumstritten; für die Fälle, in denen der Abgemahnte aus den Umständen hinreichend deutlich erkennen kann, daß ein gerichtliches Verfahren zu erwarten steht, wird es teilweise für entbehrlich gehalten; vgl. OLG Hamburg WRP 1986, 292; OLG München nach *Traub,* S. 312 (Beschl. v. 16. 3. 1987 unter 1.11) sowie im einzelnen Großkomm/*Kreft,* Vor § 13 UWG, C, Rdn. 37 und HdbWR/*Gloy,* § 63, Rdn. 27 m. w. N.
30 OLG München WRP 1979, 888 und 1981, 601; OLG Köln nach *Kreft,* WRP 1982, 83, unter 1.1.; OLG Hamburg WRP 1986, 292; OLG Düsseldorf WRP 1988, 107, 108; *Pastor,* S. 52–60; *Ahrens,* S. 124 und 139; *Jacobs,* Form. 3.603, Anm. 7; *Nirk/Kurtze,* Rdn. 90–93; weniger deutlich, aber inhaltlich übereinstimmend, *Baumbach/Hefermehl,* Einl. UWG, Rdn. 531–534; eingehend jetzt auch Großkomm/*Kreft,* Vor § 13 UWG, C, Rdn. 13.
31 Vgl. dazu OLG Hamburg GRUR 1975, 39, 40 und WRP 1989, 32; OLG Köln WRP 1979, 816 und WRP 1988, 56; OLG Düsseldorf GRUR 1980, 135 und WRP 1988, 107, 108; OLG Koblenz GRUR 1981, 671, 674 = WRP 1981, 409; OLG Stuttgart WRP 1982, 492; OLG Karlsruhe WRP 1983, 700; OLG Bremen NJW-RR 1988, 625 sowie *Ahrens,* S. 138.
32 Vgl. dazu OLG Koblenz GRUR 1981, 671, 674 = WRP 1981, 409 sowie WRP 1983, 700, 701; OLG Köln WRP 1988, 56; OLG Hamm nach *Traub,* S. 179 unter 1.11; *Ahrens,* S. 124.
33 OLG Hamburg WRP 1989, 32; OLG Stuttgart NJW-RR 1987, 344.
34 Muster von Abmahnschreiben finden sich bei *Jacobs,* Form. 3.603 bis 3.609; im *Beckschen* Prozeßbuch (Mees), Formular II L 1 und im Anhang bei *Nirk/Kurtze;* zum umstrittenen Erfordernis einer Verfahrensandrohung vgl. bereits vorstehend Fn. 29.
35 KG GRUR 1983, 673, 674 = WRP 1984, 49 (Ls.); OLG Stuttgart nach *Traub,* S. 386 unter 1.11 (Beschl. v. 23. 12. 1975); Großkomm/*Kreft,* Vor § 13 UWG, C, Rdn. 17; *Baumbach/Hefermehl,* Einl. UWG, Rdn. 534; etwas anderes gilt insoweit bei Patent- und Gebrauchsmusterverletzungen, KG WRP 1982, 609 (Ls.).
36 OLG München EWiR § 1 UWG 1989, 713/*Gloy; Baumbach/Hefermehl,* aaO.; anders für den Fall, daß dem Abmahnenden Rechtsprechung zu relativ unbekannten Vorschriften bekannt ist oder wenn der Abgemahnte bei sofortiger (vorläufiger) Bereitschaft zur Unterlassung um Mitteilung einschlägiger Rechtsprechung bittet, OLG Frankfurt WRP 1981, 282 und WRP 1984, 155 = GRUR 1984, 164; OLG Köln WRP 1983, 42, 43; OLG Karlsruhe MD VSW 1990, 892, 893; beides erscheint allenfalls in ganz engen Grenzen vertretbar (so auch Großkomm/*Kreft,* Vor § 13 UWG, C, Rdn. 16).

41. Kapitel Die Abmahnung

Abmahnung tragen müsse[37]. Das OLG Nürnberg (Beschl. v. 30. 10. 1989, 3 W 2870/89, MD VSW 1990, 356, 357) hält – entgegen der h. M. – auch die Fristsetzung für nicht notwendig und meint, daß eine Abmahnung ohne Fristsetzung eine »angemessene« Frist in Lauf setze. Einen ähnlichen Standpunkt vertritt Großkomm/*Kreft*, Vor § 13 UWG, C, Rdn. 35. Trotz schlüssiger Gründe, die für diese Auffassung sprechen können, sollte die Praxis aus Gründen der Rechtsklarheit am Erfordernis der Fristsetzung grundsätzlich festhalten.

Genauigkeit wird regelmäßig hinsichtlich der Angabe des Gegenstands der Beanstandung gefordert[38]. So genügt beispielsweise nicht die Beanstandung einer Werbebehauptung als solcher, wenn in Wahrheit Gegenstand des Anstoßes nur ihre blickfangmäßige Herausstellung ist[39]. Nicht genannte weitere oder abweichende Verletzungsformen werden nicht erfaßt; sie erfordern eine weitere Abmahnung[40]. Dagegen machen rechtliche Fehler bei der Bewertung des Verstoßes[41] – etwa die fälschliche Einordnung eines Verstoßes gegen § 3 UWG bei § 1 UWG –, die zu weite Fassung der Unterlassungsformulierung, die fälschliche Einbeziehung einer weiteren, nicht begangenen Verletzungshandlung[42], unangemessen hohe Vertragsstrafeverlangen oder unangemessen hohe Fristsetzungen die Abmahnung nicht unwirksam, da es Sache des Verwarnten ist, die Verpflichtungserklärung selbst – enger – zu formulieren[43] und die Vertragsstrafe vernünftig zu bemessen[44], und da eine unangemessen kurze Frist in eine angemessene umzudeuten ist[45].

Bei unangemessener Fristsetzung ist der Abgemahnte gehalten, den Abmahner unverzüglich zu benachrichtigen, daß er in angemessener Frist antworten werde (OLG Hamburg GRUR 1989, 297, Ls.). Dies ist – was in Großkomm/*Kreft* (Vor § 13 UWG, C, Rdn. 33) nicht ganz deutlich wird – nicht mit dem Ersuchen um Fristverlängerung zu verwechseln. Ein solches Ersuchen setzt eine an sich angemessene Frist voraus, die der Abgemahnte nur aus bestimmten, von ihm im Ersuchen konkret anzugebenden Gründen nicht einhalten kann. Ob der Abmahner dem entsprechen muß, hängt von den Gründen bzw. dem pflichtgemäßen Ermessen des Abmahners ab. Der Meinung

---

37 OLG München (wie Fn. 36); vgl. auch OLG Frankfurt GRUR 1991, 81 (Ls.).
38 Vgl. KG WRP 1980, 80, 81; OLG Koblenz GRUR 1988, 32; OLG Düsseldorf WRP 1988, 107, 108; OLG Hamburg GRUR 1991, 81 (Ls.) = MD VSW 1990, 1216, 1218; OLG Köln WRP 1988, 56; OLG Koblenz GRUR 1981, 671, 674; WRP 1983, 700; Großkomm/*Kreft*, Vor § 13 UWG, C, Rdn. 14; weitere Rechtsprechung auch hierzu bereits in Fn. 30 und 31.
39 KG WRP 1980, 80; OLG Koblenz GRUR 1981, 671, 674 = WRP 1981, 409; *Ahrens*, S. 139.
40 OLG Koblenz aaO.; OLG Stuttgart WRP 1982, 492; *Ahrens*, S. 139.
41 OLG Hamburg WRP 1975, 305; OLG Koblenz aaO.
42 OLG München, Beschl. v. 27. 10. 1983 – 6 W 2363/83.
43 BGH GRUR 1988, 459, 460 = WRP 1988, 368 – Teilzahlungsankündigung; OLG Hamburg WRP 1977, 808 und 1989, 32, 33; OLG Stuttgart WRP 1978, 479, 480 und WRP 1985, 53 m. w. N.; OLG Koblenz WRP 1983, 700, 701; OLG Köln WRP 1988, 56; *Ahrens*, S. 139; *Melullis*, Hdb., Rdn. 18; anders allerdings, jedoch abzulehnen, OLG München WRP 1982, 600, 601.
44 BGH GRUR 1983, 127, 128 = WRP 1983, 91 – Vertragsstrafeversprechen.
45 OLG Hamburg nach *Brüning*, WRP 1980, 322 unter 1.5 sowie GRUR 1989, 297 (Ls.); KG WRP 1977, 582; OLG Köln WRP 1984, 164; *Baumbach/Hefermehl*, Einl. UWG, Rdn. 532; Großkomm/*Kreft*, Vor § 13 UWG, C, Rdn. 33.

des OLG Hamburg (WRP 1989, 325), daß einer Bitte um Fristverlängerung grundsätzlich zu entsprechen sei, wenn die Frist sehr kurz bemessen war, wird man im Einzelfall – je nach gegebenen Umständen –, nicht aber schematisch folgen können.

17 Welche Frist angemessen ist, richtet sich nach der Dringlichkeit, die ihrerseits u. a. von der Schwere und Gefährlichkeit weiterer Verstöße abhängt. Die Bemessung nach Tagen ist die Regel; in besonders eiligen Fällen können aber auch wenige Stunden[46], unter Umständen sogar noch kürzere Spannen als angemessen anzusehen sein[47]. Grundsätzlich sollte die Frist aber so bemessen sein, daß dem Verwarnten eine gewisse Überlegungszeit bleibt, und zwar in beiderseitigem Interesse: Auch dem Verwarnenden sollte, wenn er nicht zur Wahrung des Scheins, sondern wirklich in Befriedungsabsicht abmahnt, daran gelegen sein, daß der Gegner nicht spontan – dann nämlich oft ablehnend – reagiert, sondern die Angelegenheit überschlafen und/oder insbesondere den Rat eines Rechtsanwalts einholen kann[48].

18 Fristen sollten möglichst genau, am besten mit Enddatum, gegebenenfalls sogar unter Angabe von Endstunde und Endminute, bestimmt werden. Fehlt es daran, so läuft die Frist ab dem Zeitpunkt des Zugangs bzw., soweit dieser nicht für erforderlich gehalten wird, dem Zeitpunkt, zu dem der Zugang unter normalen Umständen zu erwarten ist, und endet mit dem Ablauf des Endtages. Die Fristüberschreitung ist unschädlich, wenn die Unterwerfung noch eintrifft, bevor der Gläubiger gerichtliche Maßnahmen eingeleitet hat. Umgekehrt schadet die Einleitung eines Verfahrens vor Fristablauf dem Gläubiger dann nicht, wenn eine Unterwerfung auch bis zum Ablauf der Frist nicht eingeht[49]. Im einzelnen wird zu allem auf Großkomm/*Kreft*, Vor § 13 UWG, C, Rdn. 25–34 und HdbWR/*Gloy*, § 63, Rdn. 24–26 verwiesen.

19 3. Für Gläubiger, die mit der Abmahnung wirklich eine Befriedung ohne Prozeß anstreben – und dies dürfte nach wie vor bei weitem die Mehrzahl sein, da Kaufleute und seriöse Verbände bzw. Vereine in der Regel wichtigeres zu tun haben, als vermeidbare Prozesse zu führen –, ist es jedoch zweckmäßig, die Abmahnung nicht streng auf den gebotenen Inhalt zu beschränken, sondern besondere Sorgfalt auf die Ausformulierung ihres Inhalts (Verständlichkeit der Beanstandung und des Gewollten, erforderlichenfalls durch nähere, auch rechtliche, Erläuterung, Angabe von Beweismitteln, Beschränkung der vorformulierten Unterwerfungserklärung auf die eng umschriebene Verlet-

---

46 Die schematische Mindestfrist, die OLG Hamburg (WRP 1973, 651) bei 24 Stunden sieht, wird mit Recht weithin abgelehnt (vgl. OLG Köln WRP 1976, 565, 566; OLG Nürnberg MD VSW 1990, 356, 357; *Pastor*, S. 59; Großkomm/*Kreft*, Vor § 13 UWG, C, Rdn. 27).
47 Vgl. dazu im einzelnen Großkomm/*Kreft*, Vor § 13 UWG, C, Rdn. 27 mit umfangreichen Nachweisen in Fn. 50; ferner *Pastor*, S. 58 ff.; *Nirk/Kurtze*, Rdn. 93, und aus der Rechtsprechung OLG Frankfurt WRP 1976, 775 und in dem in WRP 1977, 531 referierten Beschluß vom 25. 5. 1976 – 6 W 21/76; OLG Köln WRP 1974, 565 und WRP 1976, 786, 789; OLG München nach *Fuchs*, WRP 1982, 15 f. unter 1.5., sowie WRP 1988, 62, 63; OLG Karlsruhe WRP 1977, 44, 45; OLG Stuttgart WRP 1976, 786 und WRP 1982, 365 (Ls.); zur dann eventuell gegebenen Notwendigkeit, einem Verlängerungsersuchen zu entsprechen, vgl. OLG Hamburg WRP 1989, 325, zur dann bestehenden Pflicht, den Zugang sicherzustellen, in concreto durch nähere Weisungen an einen die Abmahnung überbringenden Boten, vgl. KG MD VSW 1990, 517, 518 f.
48 Ähnlich *Nirk/Kurtze*, Rdn. 93.
49 OLG Düsseldorf WRP 1988, 107, 108; OLG München MD VSW 1990, 341; OLG Hamburg GRUR 1991, 80; Großkomm/*Kreft*, Vor § 13 UWG, C, Rdn. 32.

zungsform und des Vertragsstrafebetrages auf eine vernünftige Höhe) zu verwenden und die Überlegungsfrist nicht zu kleinlich zu bemessen. Da Unterwerfungen verhältnismäßig oft an der meist gleichzeitig erhobenen Abmahngebührenforderung[50] scheitern, sollte deren Geltendmachung besonders sorgfältig erwogen werden. Will oder kann der Gläubiger – insbesondere nach begründeter Einschaltung eines Rechtsanwalts – nicht einfach auf die Erstattung dieser Gebühren verzichten, so sollte er zumindest Übertreibungen bei der Streitwertangabe vermeiden und erwägen, ob es nicht zweckmäßig sein kann, den Abgemahnten darauf hinzuweisen, daß er die Unterwerfung wirksam ohne gleichzeitige Anerkennung der Kosten erklären könne[51], dann aber mit einem Prozeß um die Kosten rechnen müsse[52].

Zur Förderung der Unterwerfungsbereitschaft kann es ferner zweckmäßig sein, mit der Abmahnung das Angebot zu verbinden, daß für den Fall der geforderten Unterwerfung auf die Geltendmachung von (meist ohnehin eher unrealistischen) Schadensersatzansprüchen verzichtet werde. Im übrigen gehören Schadensersatzforderungen nicht zum Inhalt einer Abmahnung; sie aus taktischen Gründen[53] darin aufzunehmen, um dem Gegner die Chance eines Teilerfolgs durch Ablehnung des verlangten Anerkenntnisses zuzuspielen, erscheint mir nicht nur wegen der möglichen Kostenkonsequenzen untunlich; es dürfte m. E. häufiger zu Verhärtungen des gegnerischen Standpunkts als zum Eingehen auf das taktische Spiel führen.

IV. Die Notwendigkeit der Abmahnung

1. Fragestellung und Einteilung

Die Frage der Notwendigkeit stellt sich, da eine Rechtspflicht zur Abmahnung mit weitergehenden Sanktionsmöglichkeiten anerkanntermaßen nicht besteht (vgl. Rdn. 2 m. N.), stets nur unter dem Gesichtspunkt der Vermeidung des Prozeßkostenrisikos aus § 93 ZPO. Die Notwendigkeit folgt aus der heute gefestigten Annahme[54], daß in wettbewerblichen Unterlassungsfällen Veranlassung zur Klageerhebung im Sinne dieser Vorschrift grundsätzlich erst gibt, wer auf eine Abmahnung nicht oder negativ reagiert. Nur mit Bezug auf § 93 ZPO lassen sich daher auch die Ausnahmetatbestände dogmatisch ordnen: Die Abmahnung ist (nur) dann entbehrlich, wenn ausnahmsweise Klageveranlassung im Sinne des § 93 ZPO auch ohne negative Reaktion auf eine vorangegangene Abmahnung besteht. Solche Ausnahmen lassen sich auf nur zwei Grundty-

---

50 Zu deren Berechtigung vgl. nachfolgend VII., Rdn. 81 ff.
51 Vgl. OLG Frankfurt MD VSW 1990, 864, 865 = EWiR 1990, 829 *(Ulrich);* Großkomm/*Kreft,* Vor § 13 UWG, C, Rdn. 41 und Rdn. 121 sowie *Ahrens,* WRP 1983, 1.
52 Daß diese Kostenverfahren vor – mit den Gepflogenheiten der Wettbewerbsgerichte oft unvertrauten und daher schwer berechenbaren – Amtsgerichten mißlich sein können, soll dabei nicht verkannt werden. Trotzdem wird es vielfach eine Überlegung wert sein, ob diese Mißlichkeit nicht der eines durch trotziges Verhalten gegenüber einem (vom Verletzten subjektiv für unbegründet gehaltenen) Kostenerstattungsanspruch erzwungenen Wettbewerbsprozesses durch mehrere Instanzen vorzuziehen ist.
53 So *Pastor,* S. 61, in Fn. 41, und ihm folgend *Jacobs,* Form. 3.603 in Anm. 17.
54 *Ahrens,* S. 130: Prinzip der Regelabmahnung mit gesondert zu formulierenden Ausnahmen; vgl. auch Großkomm/*Kreft,* Vor § 13 UWG, C, Rdn. 8–12.

pen zurückführen: Nämlich erstens die Fälle, in denen die Abmahnung das Verhalten des Verwarnten ersichtlich ohnehin nicht beeinflussen würde, also erfolglos bliebe, und zweitens die Fälle, in denen eine Abmahnung dem Gläubiger aus rechtlich anzuerkennenden Gründen nicht zumutbar und ihre Unterlassung deshalb rechtlich ebenfalls bedeutungslos ist.

22 Beide Fallgruppen werden auch in der Literatur und Rechtsprechung unterschieden[55]; jedoch wird dort zusätzlich eine weitere eigenständige Fallkategorie bei vorsätzlichen Verstößen oder hartnäckig wiederholtem Verletzungshandeln (»Serientäterschaft«[56]) angenommen[57]. Dies ist – entgegen den von *Ahrens* gegen eine Verwendung des Verschuldensgedankens im Anwendungsbereich des § 93 ZPO geäußerten Bedenken[58] – durchaus auch vertretbar, wenn man den Sinn der Abmahnung in der Warnung des arglos rechtswidrig Handelnden sieht[59] und es folglich als sinnwidrig und daher überflüssig[60] ansieht, auch einen bewußt und gewillt rechtswidrig Handelnden zu »warnen«[61]. Da Herkunft sowie Sinn und Zweck der Abmahnung jedoch keineswegs unumstritten sind, steht eine solche Konstruktion auf dogmatisch unsicherer Grundlage[62]. Praktisch besteht auch kein Bedürfnis, eine solche dritte Fallgruppe zu bilden und dadurch bemüht wirkende Konstruktionen als eigenständig abzustützen, da ihre Sachverhalte sich unschwer in den beiden hier vertretenen Fallgruppen einordnen lassen, und zwar nur zum geringeren Teil in die erste[63], zum weitaus größeren Teil in die zweite dieser Kategorien, wobei sich durchaus auch Überschneidungen ergeben können.

Im folgenden soll daher die Zweiteilung zugrunde gelegt werden.

2. Entbehrlichkeit der Abmahnung wegen vorauszusehender Erfolglosigkeit

23 Steht fest, daß der Verwarnte die Abmahnung nicht beachten wird (bzw. ex post: nicht beachtet hätte), so fehlt es an der Ursächlichkeit ihrer Unterlassung für die Kosten des

---

55 *Pastor*, S. 25 f. und 31 ff.; *Ahrens*, S. 142 und 143 – beide mit Nachweisen aus der Rechtsprechung; wie hier jetzt auch Großkomm/*Kreft*, Vor § 13 UWG, C, Rdn. 84 ff., vgl. insbesondere Rdn. 96, sowie HdbWR/*Gloy*, § 63, Rdn. 5.
56 *Pastor*, S. 39, der darin aber auch einen Unterfall vorsätzlichen Handelns sieht (vgl. auch dazu S. 27 aaO.).
57 *Pastor*, S. 27–31; *Baumbach/Hefermehl*, Einl. UWG, Rdn. 545; *Ahrens*, S. 140 – sämtlich (namentlich letzterer in Fn. 99) mit umfangreichen Rechtsprechungsnachweisen; vgl. neuerdings auch die Darstellung (m. N.) in Großkomm/*Kreft*, Vor § 13 UWG, C, Rdn. 94 f.; ferner HdbWR/*Gloy*, § 63, Rdn. 9.
58 Vgl. *Ahrens*, S. 142.
59 So beispielsweise OLG Köln WRP 1976, 493, 494 und WRP 1977, 357.
60 So *Pastor*, S. 27 f.
61 Vgl. *Baumbach/Hefermehl*, Einl. UWG, Rdn. 543, und *Pastor*, S. 30, letzterer unter Heranziehung von § 242 BGB.
62 Soweit Treu und Glauben bemüht werden – vgl. letzte Fn. –, spricht dies eher für die hier vertretene Meinung, daß es sich nicht um ein Problem objektiver Überflüssigkeit, sondern der Zumutbarkeit für den Gläubiger handelt.
63 Anders allerdings *Baumbach/Hefermehl*, Einl. UWG, Rdn. 543, und OLG Köln WRP 1976, 493; dagegen mit Recht *Pastor*, S. 28, in Fn. 23.

41. Kapitel   Die Abmahnung

gerichtlichen Vorgehens. Oder, anders ausgedrückt: Der Verletzer gibt Veranlassung zur Klage (i. S. des § 93 ZPO), ohne daß es auf die Abmahnung ankommt[64].

In der Praxis spielen diese Fälle[65] wegen der Unsicherheit – oft Unmöglichkeit –, die Erfolgsaussicht der Abmahnung richtig einzuschätzen, eine sehr untergeordnete Rolle[66]. Es müssen schon konkrete und recht massive Anhaltspunkte dafür sprechen, daß die Abmahnung erfolglos bleiben wird (bzw. geblieben wäre). Diese Anhaltspunkte können von vornherein bestehen[67], sie können sich aber auch aus dem Verhalten des Verletzers nach Einleitung des Prozesses ergeben[68], wobei allerdings zu beachten ist, daß nach Meinung des Bundesgerichtshofs[69] für die Beurteilung der Klageveranlassung aus der maßgeblichen Sicht des Verletzten das vorprozessuale Verhalten des Verletzers entscheiden und das Verhalten im Prozeß nur zur näheren Beurteilung des vorangegangenen Stadiums heranziehbar sein soll.

Entgegen einer verbreiteten Meinung[70] kann aus vorsätzlichem Verhalten des Verletzers nicht ohne weiteres der Schluß gezogen werden, daß eine Abmahnung erfolglos bleiben wird. Mit Recht weisen *Ahrens*[71] und *Pastor*[72] darauf hin, daß oft gerade geschickt kalkulierende Vorsatztäter bereit sein werden, sich – nach erreichtem Erfolg der unlauteren Maßnahme – einer Abmahnung sofort zu unterwerfen, um weitere Ko-

---

64 *Pastor*, S. 25; die Frage der Zumutbarkeit einer solchen Abmahnung für den Gläubiger, der *Baumbach/Hefermehl*, Einl. UWG, Rdn. 543, die Kategorie der erfolglosen bzw., Rdn. 545, »nutzlosen« Abmahnung zuordnet, stellt sich damit gar nicht mehr.
65 Jedenfalls bei richtiger Eingrenzung; anders ist es, wenn – wie es in der Rechtsprechung leider überwiegend geschieht – die Vorsatzfälle bereits hierher gezählt werden, was aber – wie noch darzulegen sein wird – unkorrekt ist.
66 Vgl. dazu im einzelnen *Pastor*, S. 25 f.
67 Vgl. das Beispiel OLG Hamburg WRP 1957, 338, das auch *Pastor*, S. 26, zitiert: Keine Erfolgsaussicht einer Patentverwarnung, wenn gegen das Patent bereits ein Widerspruchsverfahren beim Patentamt läuft; andere Beispiele: Der Verletzer berühmt sich des Rechts zu entsprechendem Handeln (RGZ 118, 162, 163; OLG Frankfurt BB 1973, 379) oder läßt in anderer Weise erkennen, daß er sich nur einer gerichtlichen Entscheidung beugen werde (OLG Koblenz WRP 1979, 226, 229); letzteres soll beispielsweise anzunehmen sein, wenn eine abgegebene Unterwerfungserklärung widerrufen wird (OLG Nürnberg WRP 1981, 229) oder das gleiche Verhalten trotz bereits abgegebener Unterwerfungserklärung fortgesetzt wird (OLG Hamburg GRUR 1989, 707, 708); soweit das gleiche für Schmähkritik unter grober Vernachlässigung journalistischer Sorgfaltspflichten angenommen wird (OLG Köln AfP 1990, 51, 52 m. w. N.), dürfte dies eher ein der Unzumutbarkeit zuzuordnender Fall sein. Vgl. weiter auch OLG Frankfurt WRP 1975, 365, 366; OLG München WRP 1981, 601, 602 sowie Großkomm/*Kreft*, Vor § 13 UWG, C, Rdn. 86.
68 OLG Hamburg WRP 1972, 262 und 537, 538 sowie MD VSW 1986, 266, 272; OLG Hamm WRP 1977, 349 und 680; OLG Köln WRP 1977, 357 und MD VSW 1987, 827, 831; KG WRP 1979, 310, 311; *Baumbach/Hefermehl*, Einl. UWG, Rdn. 546; *Ahrens*, S. 142.
69 NJW 1979, 2040, 2041; ähnlich auch OLG Hamburg WRP 1972, 262.
70 Vgl. OLG Hamm WRP 1979, 805, 806; OLG Frankfurt WRP 1985, 87, 88 = GRUR 1985, 240 sowie *Baumbach/Hefermehl*, Einl. UWG, Rdn. 543, und HdbWR/*Gloy*, § 63, Rdn. 9 (mit Fn. 11), jeweils mit umfangreichen weiteren Rechtsprechungsnachweisen; weitere Nachweise entsprechender Entscheidungen auch bei *Ahrens* in Fn. 103 auf S. 142; kritisch dazu *Pastor*, S. 28, Fn. 23.
71 S. 142 mit Nachweisen in Fn. 105; vgl. jetzt auch mit gleicher Meinung OLG Oldenburg NJW-RR 1990, 1330.
72 S. 25 und S. 28, Fn. 23, aber mit Einschränkungen auf S. 28.

sten zu vermeiden. Die Entbehrlichkeit der Abmahnung bei vorsätzlichen Verstößen ergibt sich daher in der Regel – wenn überhaupt – nur aus dem noch zu erörternden Gesichtspunkt der Unzumutbarkeit[73]. Nur ausnahmsweise – und meist wohl nur in Verbindung mit anderen Umständen – wird die Vorsätzlichkeit der Verletzungshandlung den Schluß erlauben, daß eine Abmahnung zwecklos ist.

26 Das gleiche gilt bei hartnäckigem wiederholtem Zuwiderhandeln. Auch hier kann durchaus Unterwerfungsbereitschaft bestehen[74], und die Frage kann nur sein, ob dem Gläubiger bei solchen Verhaltensweisen eine Abmahnung zumutbar ist. Aus demselben Grunde erlaubt auch die Schwere eines Verstoßes nicht den Schluß, daß der Verletzer sich nicht unterwerfen werde[75].

27 Zweifelhaft ist, ob eine Abmahnung deshalb mangels Erfolgsaussicht unterbleiben darf, weil der Verletzer bereits eine wegen desselben Verstoßes erfolgte Abmahnung eines anderen Gläubigers abgelehnt hat[76]. Die Frage, die sich wegen der gebotenen ex-ante-Beurteilung aus der Sicht des Gläubigers nur für die relativ seltenen Fälle stellen kann, in denen die Erfolglosigkeit der Drittabmahnung dem Gläubiger bekannt ist, wird in Rechtsprechung und Literatur ganz überwiegend verneint[77], und zwar im Grundsatz auch zu Recht. Denn aus der negativen Reaktion auf eine Abmahnung wird regelmäßig in der Tat nicht gefolgert werden können, daß der Verwarnte wegen des in Frage stehenden Verstoßes überhaupt nicht zur Unterwerfung bereit sei. Hat er überhaupt nicht reagiert, so kann dies auch daran liegen, daß er die Abmahnung nicht erhalten oder nicht richtig verstanden hat oder daß ihm der Abmahnende persönlich so unsympathisch ist, daß er sich nur ihm gegenüber keinesfalls verpflichten will[78]. In solchen Fällen ist ein Schluß auf Erfolglosigkeit einer weiteren Abmahnung sicher unzulässig. Gleiches gilt auch für die Fälle, in denen der Verletzte die Unterwerfung dem Dritten gegenüber zwar ausdrücklich, aber ohne jede Begründung abgelehnt hat. Aber selbst bei begründeten Ablehnungen, die erkennen lassen, daß sie auf der Überzeugung von der Rechtmäßigkeit des gerügten Handels beruhen, ist die Möglichkeit nicht auszuschließen, daß der von anderer Seite erneut – und vielleicht überzeugender – Abgemahnte doch noch schwankend und nachgiebig wird. Hier beginnt jedoch der Bereich, für den der Grundsatz der herrschenden Meinung durchaus in Frage gestellt werden

---

73 So zutreffend OLG Köln WRP 1975, 175, 176 und WRP 1988, 404 (Ls.); vgl. auch schon OLG Hamburg WRP 1969, 496 und WRP 1973, 50; ferner neuerdings OLG Karlsruhe WRP 1986, 165, 166; OLG Saarbrücken WRP 1988, 198, 199 und Großkomm/*Kreft*, Vor § 13 UWG, C, Rdn. 87, 94–96.
74 OLG Hamburg WRP 1973, 651, 652; a. A. HdbWR/*Gloy*, § 63, Rdn. 8 m. w. N.; *Baumbach/Hefermehl*, Einl. UWG, Rdn. 545.
75 OLG Hamburg WRP 1972, 266 und 1972, 388.
76 Hat er sich auf die erste Abmahnung in rechtswirksamer Weise unterworfen, so besteht keine Wiederholungsgefahr und deshalb auch kein Anspruch mehr, wegen dessen nochmals abgemahnt werden könnte (BGH GRUR 1983, 186, 187 = WRP 1983, 26 – Wiederholte Unterwerfung I; seither st. Rspr.).
77 Vgl. OLG Frankfurt WRP 1974, 417 und WRP 1982, 589, 590; OLG Hamm WRP 1979, 805, 806; *Baumbach/Hefermehl*, Einl. UWG, Rdn. 458; *Ahrens*, S. 144; *Pastor*, S. 41, sämtlich m. w. N.; neuerdings Großkomm/*Kreft*, Vor § 13 UWG, C, Rdn. 87.
78 Letzteres ist im Verhältnis zu bestimmten, als Abmahnvereinen verrufenen oder wegen allzu häufiger Prozeßführung mißliebigen Vereinen im Sinne des § 13 Abs. 2 Nr. 2 und 3 UWG nicht selten zu beobachten.

kann. In Fällen, in denen die Begründung der Ablehnung einer Abmahnung eine eindeutige und gefestigt erscheinende Berühmung enthält, liegt die Erfolglosigkeit weiterer Abmahnungen so nahe, daß das Verlangen weiterer Abmahnungen auf leere Förmelei hinauslaufen wird[79].

3. Entbehrlichkeit der Abmahnung wegen Unzumutbarkeit

In diese Kategorie fallen die meisten und praktisch wichtigsten Ausnahmen vom Abmahnungsprinzip; denn zur Unzumutbarkeit der Abmahnung für die Gläubiger kann eine Reihe sehr unterschiedlicher Gründe führen.

Allerdings werden diese Gründe in der Rechtsprechung teilweise vernachlässigt. Ursprünglich, als die Gerichte noch mehr als heute dazu geneigt hatten, Abmahnungen für entbehrlich zu halten, hatten sie sich den Blick auf Zumutbarkeitsaspekte weitgehend dadurch verstellt, daß sie den großen Bereich der Vorsatzdelikte entweder unnötigerweise (vgl. Rdn. 22) als eigene Kategorie ansahen oder fälschlich (vgl. Rdn. 25) der Kategorie von Fällen zuordneten, in denen die Abmahnung wegen (vermeintlicher) Aussichtslosigkeit unterbleiben dürfe. Jetzt, da zunehmend erkannt wird, daß vorsätzliches Handeln regelmäßig kein ausreichender Grund für die Annahme der Erfolglosigkeit einer Abmahnung sein kann (vgl. wiederum Rdn. 25), wird der Ausweg häufig einfach darin gesehen, vorsätzliches Handeln generell nicht mehr als Grund für die Entbehrlichkeit einer Abmahnung anzusehen. Dies führt zwar in den weitaus überwiegenden Fällen zu zutreffenden oder mindestens gut vertretbaren Ergebnissen, verstellt aber wiederum zu sehr den Blick auf die Frage der Zumutbarkeit für den Gläubiger im Einzelfall. Es besteht die Gefahr allzu formelhafter Verwendung des selbst geschaffenen Begriffs des »grundsätzlichen« Erfordernisses der Abmahnung und damit der Verselbständigung der Abmahnung zum Selbstzweck, bei dem ihre ursprüngliche Funktion und insbesondere berechtigte Interessen des Gläubigers vernachlässigt zu werden drohen. Dies wird durch die erste der nachfolgenden Fallkategorien, in denen die Unzumutbarkeit der Abmahnung in Frage steht, am besten verdeutlicht.

a) Unzumutbar ist die Abmahnung – dies steht im Grundsatz außer Frage –, wenn die damit verbundene Warnung des Verletzers und/oder Verzögerung eines gerichtlichen Verbots den Rechtsschutzzweck vereiteln oder unverhältnismäßig gefährden würde. Dies kann der Fall sein, wenn (beispielsweise) der wegen einer drohend bevorstehenden Veröffentlichung einer Nachahmung eines wegen Neuheit schutzfähigen Gebrauchs- oder Geschmacksmusters Abgemahnte die Abmahnungsfrist zur Veröffentlichung seiner Nachahmung (etwa auf einer Messe) nutzen und damit dem Verletzten unwiederbringlich die Chance der Eintragung seines Musters zerstören könnte oder – häufiger – wenn die Abmahnung vor einer zugleich auf Sequestrierung (etwa gefälschter Markenware) gerichteten einstweiligen Verfügung dem Verletzer die Beiseiteschaffung der Ware ermöglichen würde[80]. Ob diese Gefahr tatsächlich besteht, hängt

---

[79] Der Gläubiger, der sich hierauf berufen will, geht jedoch im Hinblick auf die abweichende herrschende Meinung – s. o. – ein erhebliches Risiko ein.
[80] Vgl. OLG Hamburg WRP 1978, 146; OLG Nürnberg WRP 1981, 342, 343; KG WRP 1984, 325, 326.

zwar – insoweit ist neueren Entscheidungen zu diesem Fragenkomplex[81] noch zu folgen – von den Umständen des Einzelfalls ab.

31 Jedoch werden mit den Maßstäben, die die Rechtsprechung nunmehr – der erkennbaren Tendenz zur generellen Annahme der Unentbehrlichkeit der Abmahnung entsprechend – auch in diesen Fällen – in der Regel ja solchen aus dem weiten Feld der Schutzrechtspiraterie – zum Nachteil des Abmahnenden anzulegen beginnt, die Interessen des Gläubigers gröblich (und in einer vom Wesen der Abmahnung her weder geforderten noch gedeckten Weise) vernachlässigt. Der Gläubiger ist – anders als das Gericht in seiner insoweit bequem-überlegenen Lage des ex-post-Betrachters – ex ante regelmäßig nicht imstande, die nach der Lebenserfahrung gerade in Fällen der Schutzrechtspiraterie regelmäßig naheliegende Gefahr eines Beiseiteschaffens der Waren und/oder anderer Vernebelungsaktionen in ihrem wirklichen Grad abzuschätzen, sofern nicht ausnahmsweise Umstände, die für ihn deutlich (und entgegen OLG Köln aaO. auch ohne subtile Recherchen) erkennbar sind, diese Gefahr ausschließen. Ihn statt einer solchen angemessenen Regel-Ausnahme-Relation durch drohende Kostensanktion zu nötigen, sich unabsehbaren Restgefahren auszusetzen – allein im Interesse des Verletzers und des Gerichts, dem ein Prozeß erspart werden soll –, sofern er nicht zusätzliche konkrete Anhaltspunkte dafür vorbringen kann, daß »der Verletzer durch sein ganzes Verhalten deutlich gemacht habe, er werde die Plagiate bei Erhalt einer Abmahnung beiseite schaffen« (so OLG Köln WRP 1984, 641, 642), erscheint mir nicht interessengerecht[82]. Es kann nicht genügen, daß die Möglichkeit eines nicht weiter schädigenden Verhaltens des Verletzers auch im Plagiatsfall »nicht auszuschließen ist« (so Großkomm/*Kreft*, aaO. in Rdn. 93); vielmehr müssen konkrete Anhaltspunkte vorliegen, die die zu vermutende Gefahr ausnahmsweise ihrerseits ausschließen können.

32 Andere Fälle, in denen die Rechtsprechung früher die Unzumutbarkeit einer Abmahnung anerkannt hat[83], waren solche, in denen der Verkehr entweder mit einem Schlage oder doch innerhalb kürzester Zeit den Erfolg eines unlauteren Handelns erreichen konnte, was namentlich bei kurzfristigen Veranstaltungen (»Aktionen«) – etwa auf Messen, bei Sonderveranstaltungen, unzeitigen Schlußverkäufen – oder bei schlagartig geplanten Werbeaktionen (etwa gleichzeitigem Erscheinen mehrerer großer Zeitschriften u. ä.) vorkommen konnte. Bei normalen Werbeaktionen sind Verzögerungen des gerichtlichen Vorgehens durch kurze Abmahnfristen nur dann als unzumutbar anzusehen, wenn die Nachteile für den Gläubiger wegen besonderer Umstände billigerweise nicht tragbar erscheinen[84]; zu diesen Umständen konnte ausnahmsweise auch ei-

---

[81] Vgl. OLG Köln WRP 1983, 453 (Ls.) und WRP 1984, 641, 642; OLG Hamburg WRP 1985, 40 und WRP 1988, 47; OLG München MD VSW 1989, 1424 (Ls.); Großkomm/*Kreft*, Vor § 13 UWG, C, Rdn. 93.

[82] Dagegen wird man den Interessenabwägungen der OLG Hamburg in WRP 1985, 40 uneingeschränkt und in WRP 1988, 47 wohl auch noch zustimmen können. Großkomm/*Kreft*, Vor § 13 UWG, C, Rdn. 93, geht dagegen in der Billigung auch der Rechtsprechung des OLG Köln zu weit; zutreffender dagegen die Kommentierung aaO., Rdn. 97.

[83] Vgl. aus der unübersehbaren Rechtsprechung der OLG z. B. OLG Hamburg WRP 1969, 456, 457; WRP 1971, 279; WRP 1973, 347, 348 und 591, 592; GRUR 1975, 39, 40; WRP 1976, 180, 181; WRP 1977, 113; OLG Celle WRP 1975, 242, 243; OLG Hamm WRP 1977, 680; WRP 1979, 563 und WRP 1982, 674 sowie 687; OLG Düsseldorf WRP 1979, 793, 794; OLG Köln WRP 1974, 563, 564; KG WRP 1971, 375, 376; WRP 1974, 410.

[84] Vgl. OLG Hamburg WRP 1973, 651.

41. Kapitel Die Abmahnung 33–35

ne rasch zunehmende Gefahr der Nachahmung des Verletzerverhaltens durch andere Wettbewerber gehören[85].

Alle diese Gründe haben neuerdings jedoch ihre praktische Bedeutung weitgehend 33 verloren; denn nach mittlerweile herrschend gewordener Auffassung – vorsichtiger insoweit noch die Einschätzung der Vorauflage, Kap. 41, Rdn. 36 i. V. mit Rdn. 10 – ist es dem Gläubiger grundsätzlich zuzumuten, von den – zulässigen, vgl. Rdn. 13 – Eilformen einer Abmahnung, also insbesondere durch Telegramm, Fernschreiben[86] oder Telefax, Telefon[87], unmittelbar durch mündliche Ansprache – etwa auf dem Messestand[88] –, bei hinreichender räumlicher Nähe auch durch Übersendung eines Abmahnschreibens durch Boten[89], Gebrauch zu machen und dabei – je nach Dringlichkeit – auch außerordentlich kurze Fristen (vgl. Rdn. 17 mit Fn. 47) zu setzen. Im Hinblick hierauf sind Fallgestaltungen, bei denen allein wegen der Dringlichkeit die Abmahnung als unzumutbar angesehen werden könnte, nur noch schwer vorstellbar und demgemäß mindestens zahlenmäßig bedeutungslos geworden.

b) Unzumutbar kann eine Abmahnung auch wegen des besonderen Charakters eines 34 Wettbewerbsverstoßes sein.

Hierher gehören – allerdings allenfalls teilweise – die von der Rechtsprechung teils 35 als eigene Kategorie, teils als Untergruppe aussichtsloser Abmahnungen behandelten Fälle vorsätzlichen Verhaltens[90] und die Fälle wiederholter, hartnäckiger Begehung, unter Umständen mit nur geringfügigen, gerade noch aus früheren Verbotsbereichen herausführenden Variationen (»Serientäterschaft«[91]). Die Ausnahme beruht hier auf der Erwägung, daß dem Verletzten nicht angesonnen werden könne (bzw. daß es mit dem Institut der Abmahnung nicht vereinbar sei), einen bösartigen[92] Verletzer unter

---

85 OLG Hamburg WRP 1973, 347 und 591, 592; WRP 1977, 113, 114.
86 OLG Düsseldorf WRP 1979, 793, 794.
87 OLG Köln WRP 1970, 186, 187; WRP 1974, 563, 564; WRP 1984, 349, 350; WRP 1986, 626, 627; OLG Stuttgart WRP 1970, 403 und WRP 1986, 54, 55; OLG Frankfurt WRP 1984, 416, 417; OLG München WRP 1988, 62, 63; OLG Celle WRP 1975, 242, 243; OLG Karlsruhe WRP 1986, 421; Großkomm/*Kreft*, Vor § 13 UWG, C, Rdn. 92 i. V. mit Rdn. 117; *Baumbach/Hefermehl*, Einl. UWG Rdn. 457 b; *Pastor*, S. 64; anders noch teilweise die ältere Rechtsprechung, vgl. OLG Hamburg WRP 1973, 347, 348; WRP 1974, 283; GRUR 1975, 39, 40; OLG Düsseldorf WRP 1971, 74, 75 und WRP 1972, 257, 258; OLG München WRP 1983, 45, 46.
88 OLG Frankfurt GRUR 1984, 560, 561; GRUR 1988, 32; Großkomm/*Kreft*, Vor § 13 UWG, C, Rdn. 117; zum Abmahnerfordernis in Messesachen vgl. auch OLG Köln NJW-RR 1987, 36.
89 OLG Hamburg WRP 1989, 33; *Pastor*, S. 64; Großkomm/*Kreft*, aaO.; dagegen noch OLG Hamburg WRP 1973, 591 und WRP 1974, 283; OLG Hamm WRP 1979, 563 und Vorauflage, Kap. 41, Rdn. 26 mit Fn. 71.
90 Vgl. zur kaum noch überschaubaren älteren Judikatur zunächst die Nachweise bei *Ahrens*, S. 141 in Fn. 99, und bei *Pastor*, S. 27–31, sowie aus der neueren Rechtsprechung beispielsweise OLG Köln WRP 1981, 481, 482; WRP 1984, 295 und WRP 1986, 426, 427; OLG Frankfurt WRP 1985, 87, 88 = GRUR 1985, 240.
91 So *Pastor*, S. 39; vgl. auch OLG Frankfurt WRP 1982, 589, 590; OLG Hamm GRUR 1982, 687.
92 Dies erscheint mir unabdingbar; deswegen halte ich die gelegentlichen Versuche für bedenklich, auch nur bewußt oder grob fahrlässige Verstöße ausreichen zu lassen; dagegen mit Recht auch

339

Zeitverlust und mit besonderem Aufwand nochmals warnend auf das – ihm ohnehin bekannte und von ihm gewollte – Unrechtmäßige seines Verhaltens hinzuweisen[93].

36 Dieser Aspekt droht jetzt – wie bereits in Rdn. 29 ausgeführt – in der Rechtsprechung allzu sehr vernachlässigt zu werden, nachdem sie zunehmend dazu übergeht, das vorher unter dem Aspekt der Erfolglosigkeit überwiegend verneinte Abmahnerfordernis bei Vorsatzdelikten nunmehr – wiederum unter dem Erfolgsaspekt (KG GRUR 1988, 930) und zusätzlich im Hinblick auf die anderenfalls angeblich drohende praktische Entwertung des ganzen Instituts[94] – abermals eher generell und schematisch zu bejahen[95]. Allerdings ist dieser Rechtsprechung im Grundsatz durchaus zuzustimmen. Weder Vorsatz bei der Handlung noch der Umstand, daß es sich nicht um den ersten Wettbewerbsverstoß des Verletzers handelt, können allein zur Entbehrlichkeit der Abmahnung führen, und der vom OLG Saarbrücken (WRP 1988, 198, 199) zutreffend hervorgehobene Gesichtspunkt der notwendigen Einsichtigkeit und (leichten) Überschaubarkeit der Abmahnungsrechtsprechung ist zweifellos beachtlich und rechtfertigt gewiß eine möglichst zu gewissen Schematisierungen strebende Rechtsprechung. Dies schließt es jedoch – wie das OLG Saarbrücken aaO. auch selbst zutreffend ausführt – nicht aus, in – allerdings krassen – Ausnahmefällen besonders böswilligen und hartnäckigen Verletzerverhaltens eine Abmahnung als für den Gläubiger schlicht nicht mehr zumutbar anzusehen.

37 Hierher gehören zunächst – und meines Erachtens eindeutig – die Fälle, in denen der Verletzer ungeachtet einer schon abgegebenen Unterwerfungserklärung eine unter deren Verpflichtung fallende Verletzungshandlung erneut begeht[96]. Daraus, daß auch bei Wiederholungstaten die Wiederholungsgefahr noch beseitigt werden kann, wenn der Täter sich erneut, und zwar mit deutlich höherem Strafgedinge unterwirft[97], kann nicht ohne weiteres gefolgert werden, daß der Verletzte auch gehalten ist, diesen – einmal schon erfolglosen – Weg wiederum (möglicherweise sogar mehrfach wiederholt) zu beschreiten, um dem erwiesenermaßen renitenten Verletzer einen Prozeß zu ersparen[98].

Pastor, S. 30 f. Dort sowie bei *Baumbach/Hefermehl*, Einl. UWG, Rdn. 543, und *Ahrens*, S. 141 in Fn. 101, auch Rechtsprechungsnachweise.
93 Vgl. auch *Pastor*, S. 27. Daß Vorsatz oder serienmäßiges Handeln vom Abmahnungserfordernis befreie, wurde übrigens auch früher keineswegs einhellig vertreten. Gegenteiliger Ansicht waren z. B. OLG München WRP 1971, 434; WRP 1983, 45; *Klaka*, GRUR 1979, 593, 595.
94 Vgl. OLG München WRP 1983, 45, 46; OLG Saarbrücken WRP 1988, 198, 199; OLG Oldenburg NJW-RR 1990, 1330.
95 Vgl. außer den in Fn. 94 genannten Entscheidungen OLG Karlsruhe WRP 1986, 165 f.; KG WRP 1988, 167, 168 f.; GRUR 1988, 930; OLG Köln GRUR 1988, 487; OLG Oldenburg WRP 1991, 193.
96 So jetzt BGH GRUR 1990, 542, 543 = WRP 1990, 670 – Aufklärungspflicht des Unterwerfungsschuldners; ferner OLG Nürnberg WRP 1981, 342; OLG Hamburg NJW-RR 1988, 680 und NJW 1988, 1920; GRUR 1989, 707; KG MD VSW 1988, 8, 10; *Wilke*, S. 28.
97 Vgl. Kap. 8, Rdn. 65; BGH GRUR 1990, 534 = WRP 1990, 622 – Abruf-Coupon; zweifelnd sogar insoweit noch Vorauflage Kap. 8, Rdn. 58, und KG MD VSW 1988, 8, 10 (»... nur in Ausnahmefällen ...«).
98 So aber – unzutreffend – OLG Köln NJW-RR 1987, 1448 f. = GRUR 1988, 80 (Ls.) sowie Großkomm/*Kreft*, Vor § 13 UWG, C, Rdn. 108.

41. Kapitel Die Abmahnung

Weiter gehören hierher die Fälle, in denen der Verletzer unter Mißachtung eines bereits ausgesprochenen gerichtlichen Verbots[99] oder einer bereits erfolgten Abmahnung[100] eine in die gleiche Richtung gehende, im Kern gleiche oder ganz ähnliche Verletzungshandlung begeht.

Nicht anders sind meines Erachtens jedoch die Fälle zu beurteilen, in denen ein Verletzer in erkennbar nicht mehr zufälliger, sondern durch die Häufung auf systematisches Vorgehen hindeutender Weise wiederholt unterschiedliche Verletzungshandlungen begeht, die ihm raschen Vorteil bringen und deren Sanktion er dann regelmäßig auf billigste Weise durch Unterwerfung verhindert (vgl. dazu auch schon Rdn. 25).

Bei solchen Fällen[101], aber gleichermaßen auch anderen, die in vergleichbarer Weise ein beträchtliches Maß krimineller Energie des Verletzers erkennen lassen[102], muß bei billiger, die Interessen des Verletzten nicht gänzlich vernachlässigender Betrachtungsweise die Abmahnung nicht nur für den Verletzten – der mit der Abmahnung nach der herrschenden Rechtsprechung ja einen Geschäftsführungsakt zwar ohne Auftrag, aber im Interesse des (auch des kriminellen?) Verletzers vornehmen soll – schlicht unzumutbar, sondern auch objektiv im Hinblick auf Sinn und Zweck des Rechtsinstituts Abmahnung nicht mehr wünschenswert; denn die Abmahnung ist als Mittel einer interessengerechten und im doppelten Wortsinne »billigen« vorprozessualen Streiterledigung entwickelt worden und in dieser Eigenschaft als Teil der Wettbewerbsordnung anerkannt; zum bloßen Instrument der Gerichte, sich unerwünschte Verfahren um jeden Preis – auch um den der Aufgabe der Funktion des billigen und billigenswerten Interessenausgleichs – vom Halse zu halten, sollte die Rechtsprechung sie nicht degenerieren lassen.

Da es auch hier – wie stets[103] – auf den Blickwinkel des vor der Abmahnungsfrage stehenden Verletzers ankommt, ist entscheidend, ob ihm objektive Umstände das Verhalten des Verletzers bösartig in diesem Sinne erscheinen lassen. Ist dies nicht der Fall, so ist die Abmahnung auch nach der hier vertretenen Meinung nicht entbehrlich, sondern objektiv geboten. Eine andere Frage ist, ob der Verletzer, dessen Verletzungshandlung sich dem Verletzten als normaler Wettbewerbsverstoß – mit der Folge der Abmahnungslast – darstellte und dessen Bösartigkeit sich erst nachträglich erweist, nicht nach Treu und Glauben gehindert ist, sich auf die Unterlassung der – an sich erforderlich gewesenen – Abmahnung und die Folgen nach § 93 ZPO zu berufen. Hier

---

99 OLG Hamburg WRP 1974, 632; OLG Nürnberg WRP 1981, 290, 291.
100 OLG Frankfurt NJW-RR 1987, 37; OLG Stuttgart NJW-RR 1987, 426; OLG Köln WRP 1988, 481, 483 (letzteres allerdings ausdrücklich »sehr ausnahmsweise«).
101 Zu denen meines Erachtens auch der vom KG WRP 1988, 167, 168 entschiedene Fall zu zählen gewesen wäre, in dem der Verletzer bereits in einem einzigen Jahr nicht weniger als sechsmal in jeweils ähnlicher Weise wettbewerbswidrig gehandelt und sich danach dann stets prompt unterworfen hatte.
102 Zu denken wäre dabei beispielsweise an auch nur einmalige Wiederholungsfälle von massiver und krass betrügerischer oder gesundheitsgefährdender Werbung, von in übler Weise geschäftsschädigender Schmähkritik oder anderen Verleumdungen, von Produkt- oder Schutzrechtspiraterie o. ä.
103 OLG Düsseldorf WRP 1971, 74, 75 und WRP 1977, 267, 268; OLG Köln WRP 1973, 51, 52; WRP 1974, 563, 564; WRP 1976, 493; KG WRP 1973, 86, 87; OLG Celle WRP 1975, 242, 243; OLG Stuttgart WRP 1977, 512; OLG Karlsruhe WRP 1981, 542, 543; *Pastor*, S. 28 in Fn. 24.

ist das Gewicht beiderseitigen Fehlverhaltens – Unterlassung der objektiv gebotenen Abmahnung einerseits und versteckt bösartiges Verhalten andererseits – im Einzelfall gegeneinander abzuwägen.

42 Soweit es in diesem Zusammenhang auf Vorsatz ankommt, bedeutet er nicht nur gewolltes Handeln, sondern auch ein solches im Bewußtsein der Rechtswidrigkeit (Sittenwidrigkeit)[104]. Als Indiz dafür (aus der Sicht des Verletzten) hat die Rechtsprechung u. a. die Schwere und Eindeutigkeit der Verstöße und die allgemeine Bekanntheit der übertretenen Norm angesehen[105]; in Betracht kommt aber auch der erkennbare Kenntnisstand des Verletzers: So wird bei zentral gesteuerten Aktionen eines großen Unternehmens (mit eigener Rechtsabteilung und ständiger anwaltlicher Beratung) oder bei besonders wettbewerbsaktiven und entsprechend erfahrenen Unternehmen (Discount-Ketten o. ä.) eher ein bewußter und gewollter Wettbewerbsverstoß indiziert sein als bei einem kleinen Einzelkaufmann oder einem jüngeren, unerfahrenen Unternehmen.

43 In allen Zweifelsfällen – und diese werden wohl gerade im Bereich der Zumutbarkeitsbeurteilung die Regel bleiben – ist jedoch (schon im eigenen Kosteninteresse des Verletzten) die Abmahnung vor Einleitung eines Gerichtsverfahrens geboten[105], mindestens aber ratsam.

V. Die Reaktion des Verwarnten auf die Abmahnung

1. Begründete Abmahnung

44 Ist die Abmahnung begründet, so ist die Unterwerfung in der Regel die zweckmäßigste Reaktion[106].

45 Allerdings sind Ausnahmen von dieser Regel in bestimmten Fallkonstellationen durchaus anzuerkennen: Ein Verletzer, der im geschäftlichen Verkehr in weitem Umfang mit Erfüllungsgehilfen zusammenarbeiten muß, kann im Hinblick auf die bei Vertragsstrafeversprechen bestehende Haftung auch für Wiederholungshandlungen solcher Gehilfen[107] sogar gut beraten sein, wenn er den Erlaß einer einstweiligen Verfügung und deren Anerkennung durch eine sofortige Abschlußerklärung einer Unterwerfung vorzieht (vgl. dazu auch Großkomm/*Kreft,* Vor § 13 UWG, C, Rdn. 20 m. w. N. in Fn. 168), weil er bei Verstößen gegen einen gerichtlichen Titel nur für eigenes Verschulden haftet[108]. Auch wer dem abmahnenden Gläubiger auf keinen Fall eine Ver-

---

104 OLG Hamburg WRP 1969, 496; OLG Hamm WRP 1979, 805, 806; OLG Frankfurt WRP 1985, 87, 88 = GRUR 1985, 240; h. M.; vgl. auch *Ahrens,* S. 141; *Pastor,* S. 28; *Baumbach/Hefermehl,* Einl. UWG, Rdn. 543.
105 Vgl. *Ahrens,* S. 141 in Fn. 102 m. w. N., darunter insbesondere OLG Köln WRP 1976, 493, 494 f. und WRP 1981, 481, 482; OLG Hamm WRP 1977, 276; ferner *Pastor,* S. 29 f. und S. 31 mit Nachweisen in Fn. 30–33 und 37.
105 Vgl. OLG Köln WRP 1988, 404 (Ls.); *Pastor,* S. 30.
106 *Pastor,* S. 30; vgl. zur Reaktion des Abgemahnten – insbesondere auch zur Frage des taktisch richtigen Verhaltens – *Borck,* WRP 1980, 375, und *Schulte,* GRUR 1980, 470.
107 Vgl. Kap. 20, Rdn. 15 und die dort in Fn. 25 genannte Rechtsprechung des BGH.
108 Vgl. Kap. 57, Rdn. 26; der praktische Unterschied ist allerdings oft nicht so groß wie er scheint, weil eigenes Verschulden auch in der Form sogenannten Organisationsverschuldens

41. Kapitel Die Abmahnung 46–48 **41**

tragsstrafe versprechen will oder wer glaubt, es mit einem sogenannten Abmahnverein zu tun zu haben, kann es auf ein Verfügungsverfahren ankommen lassen, im letzteren Fall in der Hoffnung, daß schon dieses Verfahren selbst ausbleiben wird, mindestens aber im Falle eines eventuellen erneuten Verstoßes das Interesse des Vereins an der Durchsetzung gerichtlicher Ordnungsmittel (zugunsten der Staatskasse) geringer sein wird als an der Erzwingung der Vertragsstrafe zu eigenen Gunsten. Solche taktischen Züge können heute noch dadurch erleichtert erscheinen, daß § 23 a UWG in einfach gelagerten Fällen, also unter Umständen auch bei einfacher Streiterledigung durch Hinnahme einer einstweiligen (Beschluß-)Verfügung, die Verbilligung des Verfahrens durch Streitwertermäßigung erlaubt. Jedoch sollte jeder, der sich nicht unterwerfen will, bedenken, daß die Rechtsprechung ganz überwiegend die – mit dem Verfügungsantrag – gleichzeitige Einreichung der Hauptsacheklage erlaubt und dies für den Abmahner eine naheliegende Methode werden könnte, dem Überhandnehmen der Hinnahmetaktik der Verletzer zu begegnen, und daß auf diese Weise die Verweigerung der Unterwerfung letztlich doch recht teuer werden kann. Die Unterwerfung wird (und sollte) daher weiter der Normalfall der Reaktion des (zu Recht) Abgemahnten bleiben.

Sie muß, wenn sie die beabsichtigte Wirkung der Beseitigung der Wiederholungsgefahr und somit der Anspruchsvernichtung haben soll, den bereits (in Kap. 8, Rdn. 2 ff.) ausführlich dargelegten Anforderungen genügen; ist das der Fall, so kommt es nicht darauf an, ob sie inhaltlich genau dem mit der Abmahnung Gewollten entspricht. Geht die Abmahnung zu weit, so hat der Verwarnte in eigener Verantwortung die angemessene und ausreichende Form der Unterwerfung zu bestimmen und anzuwenden[109]. Ob er die Kostenforderung des Abmahnenden anerkennt oder nicht, ist für die Wirksamkeit seiner Unterwerfung in der Sache bedeutungslos[110]. 46

Wichtig ist, daß die gesetzte Frist strikt eingehalten[111] oder rechtzeitig versucht wird, eine knapp bemessene Überlegungsfrist verlängert zu erhalten; denn nach der Rechtsprechung (vgl. z. B. OLG Köln WRP 1974, 565, 566) ist auch bei ganz geringfügigen Fristüberschreitungen eine Befreiung von den Kosten, die ein sofort[112] eingeleitetes Gerichtsverfahren verursacht, nicht mehr möglich. 47

Rasches Handeln – nämlich noch so frühzeitig, daß eine weitere Stellungnahme des Abmahnenden noch vor Ablauf der von ihm gesetzten Frist möglich wird – ist vor al- 48

---

vorliegen kann und die Rechtsprechung an den Ausschluß dieses Verschuldens strenge Anforderungen stellt; vgl. auch insoweit Großkomm/*Kreft,* aaO.
109 BGH GRUR 1983, 127, 128 = WRP 1983, 91 – Vertragsstrafeversprechen; BGH GRUR 1988, 459, 460 = WRP 1988, 368 – Teilzahlungsankündigung; OLG Hamburg WRP 1977, 808 und WRP 1989, 32, 33; OLG Stuttgart WRP 1978, 479, 480; OLG Köln WRP 1988, 56; *Ahrens,* S. 139 m. w. N. in Fn. 87.
110 Vgl. OLG Frankfurt MD VSW 1990, 864, 865 = EWiR 1990, 829 *(Ulrich);* Großkomm/*Kreft,* Vor § 13 UWG, C, Rdn. 41 und Rdn. 121; *Ahrens,* WRP 1983, 1.
111 HdbWR/*Gloy,* § 63, Rdn. 26; Großkomm/*Kreft,* Vor § 13 UWG, C, Rdn. 31.
112 »Sofort« ist wörtlich zu verstehen. Der Fall, daß ein Bürogehilfe des Anwalts mit der fertigen Verfügungsantragsschrift im Gerichtsgebäude bereitsteht, um diese auf telefonische Nachricht seines Chefs vom ergebnislosen Fristablauf (z. B. 15.00 Uhr) in der Geschäftsstelle abzugeben, ist keineswegs Theorie; vgl. z. B. den ähnlichen Fall OLG Köln WRP 1974, 555, 566 (kritisch dazu allerdings *Pastor,* S. 58, Fn. 30; gegen zu scharfe Handhabung mit Recht auch Großkomm/*Kreft,* Vor § 13 UWG, C, Rdn. 31).

lem dann geboten, wenn der Verwarnte zwar zur Unterwerfung in der Sache bereit ist, jedoch ein Entgegenkommen des Abmahnenden in Nebenpunkten sucht. Der praktisch häufigste Fall dürfte der Wunsch nach einer Aufbrauchfrist sein. Es können aber auch andere inhaltliche Modifizierungen in Betracht kommen, zu denen der Verwarnte an sich nicht berechtigt ist – sonst könnte er sie von sich aus wirksam vornehmen[113] –, die er aber im Wege des Entgegenkommens erhoffen kann.

49 Antwortet der Verwarnte nicht innerhalb der Frist, so gilt dies als Verweigerung der Unterwerfung[114]. Das gleiche gilt, wenn er zwar eine Unterwerfung erklärt, diese aber den in Kapitel 8 näher dargestellten Anforderungen nicht genügt. Auch dies ermöglicht dem Abmahnenden grundsätzlich ein sofortiges gerichtliches Vorgehen ohne Kostennachteile. Allerdings gilt das nicht einschränkungslos. In bestimmten Fällen (Unklarheiten in der Abmahnung, knappe Frist, ausgefallene Fallgestaltung im Grenzbereich bzw. bei wenig geklärter Rechtslage[115], berechtigtes oder zumindest verständlich erscheinendes Verlangen des durch einen wenig bekannten Verband Abgemahnten nach Klarstellung der Abmahnbefugnis[116] und/oder nach anwaltlicher Vollmacht bei gleichzeitiger Ankündigung sofortiger Unterwerfung für den Vorlagefall[117], kleinere Abweichungen oder Unklarheiten in der Unterwerfungserklärung, geringfügig zu niedriges Strafangebot o. ä.) kann sich aus Treu und Glauben[118] auch für den Abmahner eine Ergänzungs- oder wenigstens Antwortpflicht ergeben, sofern die Begleitumstände nicht auf eine bloße Verzögerungsabsicht des Abgemahnten hindeuten. Ungeachtet dessen sollte die Antwort jedenfalls stets wohlüberlegt und vor allem eindeutig gegeben werden (*Pastor*, S. 93).

50 Sehr umstritten war längere Zeit die Frage, ob und wie weit eine Antwortpflicht des Abgemahnten besteht. Sie hat erhebliche Bedeutung dadurch gewonnen, daß Unterwerfungserklärungen gegenüber Dritten, die nach dem Urteil des Bundesgerichtshofs »Wiederholte Unterwerfung«[119] die Wiederholungsgefahr schlechthin entfallen lassen können, häufig bewußt verschwiegen werden, um mißliebige Abmahner zu gerichtlichem Vorgehen zu provozieren, dessen Kosten sie wegen der bereits entfallenen Wie-

---

113 Bei der Aufbrauchfrist ist für den Fall, daß sie an sich gerechtjertigt wäre, streitig, ob der Verwarnte sie nicht doch schon von sich aus in der Unterwerfungserklärung in Anspruch nehmen kann; vgl. dazu Kap. 8, Rdn. 10–12, sowie Großkomm/*Kreft*, Vor § 13 UWG, C, Rdn. 125 ff.
114 Nach h. M. auch dann, wenn das Abmahnschreiben ihm nicht zugegangen ist; das Risiko des Zugangs trägt nach h. Rspr. der Verwarnte (OLG Frankfurt WRP 1985, 87, 88 = GRUR 1985, 240 m. w. N.); näheres – auch kritisch und m. w. N. – Rdn. 5 f. und 10 f.
115 Vgl. etwa OLG Frankfurt WRP 1981, 282 und WRP 1984, 155 = GRUR 1984, 164; Großkomm/*Kreft*, Vor § 13 UWG, C, Rdn. 16.
116 KG WRP 1987, 322; a. A. OLG Hamburg WRP 1982, 482; KG WRP 1982, 609; vgl. auch OLG Köln WRP 1985, 360 (Ls. 4).
117 Vgl. OLG Hamburg WRP 1982, 478 und WRP 1986, 106; OLG Nürnberg WRP 1991, 522, 523 sowie Großkomm/*Kreft*, Vor § 13 UWG, C, Rdn. 83, halten den Vollmachtsnachweis für generell erforderlich.
118 Zur Anwendbarkeit der Treu- und Glaubensgrundsätze in der Abmahnbeziehung vgl. BGH GRUR 1987, 54, 55 = WRP 1986, 672 – Aufklärungspflicht des Abgemahnten; BGH GRUR 1988, 716, 717 = WRP 1989, 90 – Aufklärungspflicht gegenüber Verbänden; BGH GRUR 1990, 381 f. = WRP 1990, 276 – Antwortpflicht des Abgemahnten.
119 GRUR 1983, 186 = WRP 1983, 264; vgl. dazu auch *Borck* in seiner Anmerkung WRP 1983, 265, 266, und *Tack*, WRP 1984, 455.

derholungsgefahr dann – jedenfalls nach prozessualem Kostenrecht[120] – selbst tragen müssen.

Dadurch wurde jedenfalls die auch früher[121] schon vereinzelt gesehene und bejahte Notwendigkeit, eine Antwortpflicht des Abgemahnten für solche Fälle anzunehmen, in denen ein erkennbares und berechtigtes Aufklärungsinteresse des Abmahnenden besteht und die Vernachlässigung dieses Interesses naheliegenderweise zu Schäden des Abmahnenden führen kann.

Rechtlich ist eine solche Antwortpflicht auch konstruierbar:

Zwar besteht zwischen Wettbewerbern regelmäßig nur eine »beliebige Sonderbeziehung« (OLG Köln WRP 1979, 392, 395), die als Grundlage konkreter Rechtspflichten in ihrem Verhältnis zueinander nicht ausreichen kann. Diese Beziehung wird jedoch konkretisiert, wenn ein Wettbewerber eine rechtswidrige Wettbewerbshandlung begeht und dadurch einen Unterlassungsanspruch eines bestimmten Gläubigers entstehen läßt. Mit diesem Anspruch entsteht zwischen dem Verletzer und dem Gläubiger ein gesetzliches Schuldverhältnis (MünchKomm/*Keller*, § 260 BGB, Rdn. 19); das wie jede Rechtsbeziehung den Grundsätzen von Treu und Glauben unterliegt[122]. Aus diesen Grundsätzen können sich einerseits – namentlich über § 254 BGB, der selbst eine gesetzliche Ausprägung des Rechtsgedankens von Treu und Glauben darstellt[123] – Einschränkungen der Haftung des Verletzers ergeben; Treu und Glauben kann andererseits aber auch zur Erweiterung des Pflichtenkreises des Verletzers durch gewisse Nebenpflichten führen, zu denen – wie schon die ständige Rechtsprechung des Bundesgerichtshofs zum Auskunftsanspruch als Nebenanspruch der Schadensersatzpflicht zeigt – auch Auskunfts- bzw. Aufklärungspflichten des Verletzers zählen können. Solche Aufklärungspflichten bestehen zwar auch im Rahmen eines Schuldverhältnisses nicht schlechthin, sondern nur dann, wenn der andere Teil nach den im Verkehr herrschenden Anschauungen redlicherweise Aufklärung erwarten darf[124]. Dies wird man aber hier aus wettbewerbsrechtlich zu begründenden Besonderheiten annehmen dürfen: Mit der Abmahnung hat die Praxis des Wettbewerbsrechts auch den Grundsatz entwickelt, daß der Verletzte in der Regel abmahnen muß, wenn er Kostennachteile vermeiden will. Damit wird die sofortige Rechtsverfolgung durch prozessuales Vorgehen deutlich erschwert, und zwar vornehmlich im Interesse des Verletzers, das der Ab-

---

120 Kostenrechtlichen Lösungsversuchen (vgl. *Lindacher* in seiner Anm. zu BGH GRUR 1987, 54, 56 – Aufklärungspflicht des Abgemahnten) ist der BGH mit Recht und überzeugend entgegengetreten (vgl. BGH GRUR 1987, 640, 641 = WRP 1987, 557 – Wiederholte Unterwerfung II; zustimmend und eingehend dazu Großkomm/*Kreft*, Vor § 13 UWG, C, Rdn. 49).
121 Vgl. OLG Hamburg WRP 1969, 119; OLG Frankfurt WRP 1976, 618, 622; OLG Köln WRP 1979, 392, 395; WRP 1979, 816; WRP 1983, 42 f.; WRP 1983, 172, 173 und AfP 1983, 288, 289; KG WRP 1980, 81; WRP 1985, 152; OLG Karlsruhe (Freiburg), Beschl. v. 21. 4. 1983 – 4 W 9/83, zitiert nach *Schmid*, WRP 1985, 135 unter 1.1; *Ulrich*, WRP 1985, 117, 119; ablehnend damals jedoch KG WRP 1983, 677; *Ahrens*, S. 132 f. in Fn. 52; *Kur*, S. 290 ff.; *Schulte*, GRUR 1980, 470, 472.
122 Vgl. die in Fn. 118 zitierte Rechtsprechung des BGH sowie neuestens KG, Beschluß vom 12. 12. 1991 – 25 W 6230/91, Teilabdruck WRP 1992, 358.
123 *Palandt/Heinrichs*, BGB, § 254 Rdn. 2 m. w. N.
124 RGZ 62, 149, 150; RGZ 158, 377, 379; BGHZ 10, 385, 387; BGH GRUR 1980, 227, 232 – Monumenta Germaniae Historica; *Palandt/Heinrichs*, BGB, § 242 BGB, Rdn. 37 m. w. N.; MünchKomm/*Keller*, § 260 BGB, Rdn. 7.

mahnende nach der Rechtsprechung des Bundesgerichtshofs ja im Wege einer Geschäftsführung ohne Auftrag regelmäßig mit wahrnimmt. Bei dieser Funktion der Abmahnung erscheint es aber nach Treu und Glauben nur billig, auch dem durch sie begünstigten Verletzer ein gewisses, auf das Zumutbare begrenztes Maß an Mitverantwortung dafür aufzubürden, daß leicht vermeidbare Risiken des Verletzten vermieden werden, soweit sie mit der im Interesse des Verletzers liegenden Erschwerung der Rechtsverfolgung in Verbindung stehen, und daß das vorprozessuale Mittel der Abmahnung seine Aufgabe der Prozeßvermeidung weiter zugunsten des Verletzers erfüllen kann, ohne den Verletzten ungebührlich zu benachteiligen. Redlicherweise wird ein Verletzer daher den durch die Verletzungshandlung oder durch Handlungen, die eine Erstbegehungsgefahr und damit einen vorbeugenden Unterlassungsanspruch begründen (*Köhler* in Anm. zu BGH LM UWG § 1 Nr. 584 – Topfgucker-Scheck), – nach einer Mindermeinung (vgl. nachfolgend Rdn. 58 ff.) auch durch den von ihm geweckten bösen Anschein einer solchen – zur Abmahnung provozierten Abmahner aufklären müssen, wenn Umstände vorliegen, die die Handlung in wesentlich anderem Licht erscheinen lassen oder die zum Fortfall der Wiederholungsgefahr geführt haben oder in anderer Weise die Möglichkeit einer Schädigung des Abmahners heraufbeschwören können.

53 Von solchen oder jedenfalls ähnlichen Erwägungen ausgehend hat in den letzten Jahren der BGH gewisse Aufklärungs- bzw. Antwortpflichten und – für den Fall schuldhafter Verletzung – Schadensersatzpflichten des Abgemahnten bejaht. In erster Linie ging es dabei um die Pflicht zur Aufklärung über eine gegenüber einem Dritten abgegebene Unterwerfungserklärung, die der BGH sowohl gegenüber einem abmahnenden Verletzer[125] als auch gegenüber einem abmahnenden Verein[126] als gegeben angesehen hat. Zum Umfang und Inhalt der Aufklärung hat er dabei zwar nicht ausdrücklich Stellung genommen. Aus anderen Entscheidungen, in denen Ausführungen zu den Umständen enthalten sind, die für die Beurteilung der Wirksamkeit einer Drittunterwerfung erforderlich sind[127], geht jedoch hinreichend deutlich hervor, daß die Auskunft sich nicht auf einen Hinweis auf die Tatsache der Drittunterwerfung beschränken darf[128], sondern vielmehr alle wesentlichen Daten enthalten muß, anhand derer der Abmahner beurteilen kann, ob es sich um eine inhaltlich zureichende, die konkrete Verletzungsform tatsächlich richtig treffende und eine hinreichend hohe Strafbewehrung enthaltende, ernst gemeinte Unterwerfungserklärung gegenüber einem seriösen Adressaten handelt. Im Regelfall wird es daher erforderlich sein, dem Abmahner den vollen Wortlaut der Drittunterwerfung sowie den Namen und die Anschrift des Adressaten dieser Unterwerfungserklärung mitzuteilen.

---

125 BGH GRUR 1987, 54 = WRP 1986, 672 – Aufklärungspflicht des Abgemahnten; BGH GRUR 1987, 640, 641 = WRP 1987, 557 – Wiederholte Unterwerfung II; vgl. auch OLG Frankfurt WRP 1991, 243, 244.
126 BGH GRUR 1988, 716 = WRP 1989, 90 – Aufklärungspflicht gegenüber Verbänden; entgegen KG WRP 1989, 659, 660 f. setzt eine solche Pflicht aber die Klage- (bzw. Abmahn-) befugnis des Verbands voraus.
127 Vgl. schon BGH GRUR 1983, 186, 187 = WRP 1983, 264 – Wiederholte Unterwerfung I; aber auch BGH GRUR 1989, 758 – Gruppenprofil.
128 Viel zu eng daher OLG München, Urt. v. 1. 6. 1989 – 6 U 6307/88, MD VSW 1989, 1352 (Ls.).

41. Kapitel Die Abmahnung

Die zunächst im Zusammenhang mit verschwiegenen Drittabmahnungen entwickelte 54
Aufklärungspflicht hat der BGH sodann zu einer generellen Antwortpflicht des Abgemahnten weiterentwickelt, die letzteren stets dann trifft, wenn aus der schuldrechtlichen Sonderbeziehung (Verletzungshandlung und Abmahnung) nach Treu und Glauben eine Antwort geboten erscheint, um naheliegende Schäden des Abmahnenden – auch hier in der Regel Kostennachteile – abzuwenden[129].

Keine Antwortpflicht besteht jedoch, wenn der Abgemahnte keinen begründeten 55
Anlaß für eine Abmahnung gegeben hat, diese vielmehr auf einer tatsächlichen oder rechtlichen Fehleinschätzung des Abmahnenden beruht. (Ob sich eine Antwort nicht aus Klugheit oder Anstand empfehlen kann, ist eine andere Frage.) Das Risiko eines unbegründeten weiteren Vorgehens trägt hier jedenfalls der irrende Abmahner selbst; (so auch KG MD VSW 1991, 153, 154 ff. und – jedenfalls für den Fall, daß der Abgemahnte keinen bösen Anschein gesetzt hat – *Lindacher*, Festschrift v. *Gamm*, S. 83, 87; unklar *Ulrich*, ZIP 1990, 1377, 1382; a. A. jedoch OLG Köln GRUR 1991, 74, 75 – Aufklärungspflicht des Nichtstörers; zum Fall des »bösen Anscheins« vgl. nachfolgend Rdn. 58–62).

2. Unbegründete Abmahnung

Ist die Abmahnung nicht begründet, empfiehlt es sich im Interesse der Klarstellung, sie 56
ausdrücklich und mit kurzer Begründung abzulehnen. Die Begründung kann u. U. – wenn sie überzeugt – den Rechtsstreit vermeiden.

Ist – wie meistens – zu befürchten, daß der Abmahnende nach Ablehnung der Un- 57
terwerfung eine einstweilige Verfügung beantragen wird, so ist es ratsam, eine Schutzschrift – oder, bei mehreren ernstlich in Frage stehenden Gerichtsständen, auch mehrere solcher Schriften – einzureichen, deren Wesen, Zweck und Inhalt im Zusammenhang mit der einstweiligen Verfügung näher behandelt werden (Kap. 55, Rdn. 52–58).

Sehr problematisch ist, ob eine Antwortpflicht dann bestehen kann, wenn die Hand- 58
lung, deretwegen abgemahnt wird, zwar nicht rechtswidrig ist, aber objektiv den Eindruck der Rechtswidrigkeit erweckt und damit eine Abmahnung provoziert hat. Beispiel: A behindert in seiner Werbung B in wettbewerbswidrig scheinender Weise und wird deshalb von einem Verband abgemahnt. Tatsächlich ist das Vorgehen des A jedoch als Abwehr vorangegangener Wettbewerbsverstöße des B (vgl. BGH GRUR 1971, 259 = WRP 1971, 222 – WAZ) nicht sittenwidrig, was der Verband nicht wissen konnte; hier erscheint die Unterlassung der Aufklärung mit der Folge eines für den Verband erfolglosen Prozesses unerfreulich und treuwidrig[130]. Es stellt sich jedoch

---

129 Vgl. BGH GRUR 1990, 381, 382 = WRP 1990, 276 – Antwortpflicht des Abgemahnten; *Melullis*, Hdb., Rdn. 18; *Ulrich*, ZIP 1990, 1377, 1383 f.; die Entscheidung des OLG Frankfurt (WRP 1989, 391, 392 f.) dürfte nach dem letztgenannten Urteil des BGH gewisse Bedenken wecken; sie erscheint in der Grenzziehung für die Aufklärungspflicht – ungeachtet der Richtigkeit des Ansatzes, daß es Grenzen geben müsse – zu eng. Zutreffend zu Umfang und Inhalt der Aufklärungspflichten dagegen Großkomm/*Kreft*, Vor § 13 UWG, C, Rdn. 57–59, und Großkomm/*Köhler*, Vor § 13 UWG, B, Rdn. 63 ff.
130 So noch die Vorauflage, Kap. 41, Rdn. 41 mit Fn. 94; ebenso *Lindacher*, Festschrift v. *Gamm*, S. 83, 87.

die Frage, woher die Treuepflicht, gegen die das Verhalten zu verstoßen scheint, genommen werden soll.

59 Das OLG Köln (WRP 1979, 392, 395) konstruiert sie aus einem durch die Abmahnung begründeten »Rechtsverhältnis«[131]. Dem ist der BGH nicht gefolgt, da er – wohl mit Recht – das Rechtsverhältnis zwischen Abmahnendem und Abgemahntem nur in dem durch die Verletzungshandlung begründeten gesetzlichen Schuldverhältnis gesehen hat[132], das durch die Abmahnung lediglich eine Konkretisierung und Vertiefung erfährt. Ob man – wie in der Vorauflage, Kap. 41, Rdn. 41 noch vertreten – den durch eine Handlung begründeten (bösen) Schein als Grundlage einer Schuldbeziehung (welcher?) ansehen kann, erscheint nach erneuter Überprüfung mehr als zweifelhaft. *Kreft* (Großkomm/*Kreft,* Vor § 13 UWG, C, Rdn. 52) erkennt dieses Dilemma und will daher den Akzent wieder stärker (»vorrangig«) auf den »Rechtsgrund« der Abmahnung setzen, womit er sich allerdings – ebenso wie das OLG Köln aaO. – wieder dem Einwand von *Ahrens* (S. 133 in Fn. 52) aussetzt, daß eine Sonderrechtsbeziehung nicht einfach durch (einseitige, rechtsgrundlose) Zusendung eines Abmahnschreibens begründet werden könne.

60 Der Gedanke der GoA erweist sich in diesem Zusammenhang als unbehelflich. Schon in den Fällen, in denen die Rechtsprechung als Grundlage der Erstattung von Abmahnkosten eine GoA konstruiert hat[133], also in den Fällen der berechtigten Abmahnung wegen einer begangenen Verletzungshandlung, hat der BGH es vermieden, auch Aufklärungspflichten aus einer solchen Rechtsbeziehung herzuleiten; er hat vielmehr den Weg über das durch die Verletzungshandlung begründete deliktische Schuldverhältnis gewählt. Dem lag mutmaßlich zugrunde, daß die Konstruktion der GoA in diesen Fällen dogmatisch auf recht schwachen Füßen steht und in der Literatur deshalb teilweise abgelehnt wird[134], so daß es wenig ratsam erscheint, sie durch noch weitergehende Verwendung im Abmahnungsrecht überzustrapazieren.

Erst recht muß ihre Anwendung aber in den hier behandelten Fällen ausscheiden, in denen es an einer Verletzungshandlung überhaupt fehlt und nur der (nicht rechtswidrige) Anschein einer solchen die Abmahnung verursacht hat. Denn in diesen Fällen liegt weder die Erfüllung einer Pflicht des Abgemahnten i. S. des § 679 BGB vor, noch entspricht die »Geschäftsführung« dem mutmaßlichen Willen des Geschäftsführers i. S.

---

131 Ein solches Rechtsverhältnis allein aufgrund der Abmahnung hat das OLG Köln auch später wiederholt angenommen; vgl. WRP 1979, 816; WRP 1983, 42 f.; WRP 1983, 172, 173; AfP 1983, 288, 289; GRUR 1991, 74, 75 (nun aber mit anderem Begründungsansatz); tendenziell ähnlich *Baumbach/Hefermehl,* Einl. UWG, Rdn. 548, und wohl auch *Lindacher,* Festschrift v. Gamm, S. 83, 87 unter Berufung auf die in der Vorauflage (Kap. 41, Rdn. 41) vertretene Meinung.
132 Vgl. BGH GRUR 1987, 54 = WRP 1986, 670 – Aufklärungspflicht des Abgemahnten; BGH GRUR 1990, 381, 382 = WRP 1990, 276 – Antwortpflicht des Abgemahnten; ebenso KG WRP 1991, 310, 312 sowie Großkomm/*Köhler,* Vor § 13 UWG, B, Rdn. 63; *Ulrich,* ZIP 1990, 1377, 1381. Ein vergleichbares Schuld-, weil Anspruchsverhältnis schaffen m. E. auch Handlungen, die eine Erstbegehungsgefahr entstehen lassen; vgl. – ebenso – *Köhler* in Anm. zu BGH LM UWG § 1 Nr. 584 – Topfgucker-Scheck.
133 Vgl. BGHZ 52, 393, 399 = GRUR 1970, 189 = WRP 1970, 20 – Fotowettbewerb; BGH GRUR 1984, 129, 131 = WRP 1984, 134 – shop in the shop; BGH GRUR 1984, 691, 692 = WRP 1984, 405 – Anwaltsabmahnung; *Baumbach/Hefermehl,* Einl. UWG, Rdn. 554.
134 Vgl. *Palandt/Thomas,* § 683 BGB, Rdn. 4 m. w. N.

41. Kapitel Die Abmahnung

des § 683 BGB. Dieser Wille ist nach herrschender Meinung in Rechtsprechung und Literatur objektiv danach zu bestimmen, ob der Geschäftsherr bei objektiver Berücksichtigung aller Umstände, die im Zeitpunkt der Geschäftsführung vorlagen, der Geschäftsführung zugestimmt hätte[135]. Wer aber nach den objektiven Umständen davon ausgehen darf, daß er keine rechtswidrige Verletzungshandlung begangen hat, wird niemals zustimmen, daß er »abgemahnt« wird.

Auch der in der Literatur teilweise[136] in die Diskussion eingebrachte und neuerdings vom OLG Köln (GRUR 1991, 74, 75) aufgegriffene Gedanke, eine Aufklärungspflicht ergebe sich schon aus culpa in contrahendo (c. i. c.), weil jede Abmahnung den Zweck habe, einen Unterlassungsvertrag herbeizuführen, hilft nicht weiter. Denn eine einseitige, vom anderen Teil bei zutreffender rechtlicher Würdigung nicht veranlaßte Aufforderung zu einem Vertragsabschluß kann schwerlich bereits ein Vertrauensverhältnis schaffen, wie die Rechtsfigur der c. i. c. es voraussetzt (ebenso auch KG WRP 1991, 310, 311 = NJW-RR 1991, 1327).

Schließlich kann auch der Hinweis auf die Aufklärungspflicht des Drittschuldners (vgl. Großkomm/*Kreft,* Vor § 13 UWG, C, Rdn. 52) nicht überzeugen. Denn für den Drittschuldner schafft § 840 ZPO – und zwar dort ohne Rücksicht darauf, ob wirklich oder nur vermeintlich ein Drittschuldverhältnis vorliegt – gerade das gesetzliche Schuldverhältnis als Grundlage der – sogar ausdrücklich normierten – Aufklärungspflicht, an dem es für die in Ermangelung einer rechtswidrigen Verletzungshandlung unbegründeten Abmahnung fehlt. Für die analoge Anwendung des § 840 ZPO auf das Abmahnverhältnis aber – der m. E. noch am ernsthaftesten diskutierbare Gedanke[137] – fehlt es wohl an der hinreichenden Vergleichbarkeit von Normzweck und Interessenlage (auch insoweit wie hier KG WRP 1991, 310, 312 = NJW-RR 1991, 1327 f.).

Man wird hier also wohl oder übel die Lücke im Schutzsystem für den Abmahner und ein für ihn verbleibendes (zumutbares) Restrisiko hinnehmen müssen. Denn grundsätzlich gibt es im deutschen Recht – auch im Wettbewerbsrecht – keine generelle Aufklärungspflicht[138]; und gegenüber allzu großzügigen Ausweitungen solcher Pflichten ohne wirklich überzeugenden Rechtsgrund sollte die Rechtsprechung auch weiter Zurückhaltung an den Tag legen (ähnlich *Traub* in Anm. zu OLG Frankfurt WRP 1989, 393, 394 f.).

3. Zweifelhafte Rechtslage

a) Ist die Rechtslage zweifelhaft, muß der Verwarnte zunächst die Nachteile einer möglicherweise überflüssigen Unterwerfung gegen die Prozeßrisiken abwägen. U. U. kann der Eintritt in Verhandlungen zur Einigung im Kompromißwege (Vergleich) sinnvoll sein.

---

135 Vgl. MünchKomm/*Seiler,* § 683 Rdn. 10–12; *Palandt/Thomas,* BGB, § 683, Rdn. 7, jeweils m. w. N.
136 *Traub* in Anm. zu OLG Frankfurt WRP 1989, 393; *Ulrich,* ZIP 1990, 1377, 1381 f.; vgl. auch *Baumbach/Hefermehl,* Einl. UWG, Rdn. 548.
137 Vgl. zur Erweiterung von Analogiemöglichkeiten als Grundlage einzelner Auskunftsansprüche *Lüke,* JuS 1986, 2, 7.
138 BGH GRUR 1978, 54, 55 = WRP 1977, 569 – Preisauskunft; Großkomm/*Köhler,* Vor § 13 UWG, B, Rdn. 400.

64 Sieht der Verwarnte gute Aussichten, sein Verhalten in einem Hauptsacheverfahren durchzusetzen, oder wünscht er eine grundsätzliche Klärung durch den Bundesgerichtshof, fürchtet er aber – etwa aus Beweisgründen –, im Eilverfahren zu unterliegen, so kann er sich eingeschränkt unterwerfen, nämlich auflösend bedingt durch eine rechtskräftige Feststellung der Rechtmäßigkeit des abgemahnten Verhaltens im Hauptsacheverfahren, falls dieses angestrengt wird, oder in einem negativen Feststellungsverfahren, das der Verletzer gegebenenfalls selbst einleiten kann. Eine solche Unterwerfung beseitigt nach meiner in Kap. 8, Rdn. 8 vertretenen Auffassung, die allerdings bestritten ist, die Wiederholungsgefahr[139].

65 Auch Teilunterwerfungen sind möglich und können zur Minderung des Streitwerts und damit des Kostenrisikos des nachfolgenden Prozesses sinnvoll sein (*Pastor*, S. 95). Sie müssen sich auf selbständige (Teil)Handlungen beziehen, die ihrerseits Gegenstand eines gesonderten Anspruchs sein können[140].

66 b) Wichtiger, weil oft wirtschaftlich folgenreicher als die unmittelbare Antwort auf die Abmahnung, kann bei unsicherer Rechtslage das sonstige weitere Verhalten des Verwarnten sein. Da die Abmahnung regelmäßig den etwaigen guten Glauben des Verwarnten zerstört, drohen ihm bei Fortsetzung des den Gegenstand der Abmahnung bildenden Verhaltens außer der Unterlassungsklage auch Schadensersatzansprüche[141]. Umgekehrt kann die Unterlassung – insbesondere in den Fällen der Schutzrechtsverwarnung – umfangreiche, irreversible betriebliche Dispositionen (Einstellung oder Umstellung der Produktion o. ä.), erforderlich machen oder große Verluste – etwa des Erfolgs einer teuren Werbekampagne – zur Folge haben. Die Frage der Abwälzung dieser Kosten oder auch nur der derjenigen, die durch die notwendig gewordene Zuziehung eines Rechtsanwalts entstanden sind, spielt im Wettbewerbsrecht eine ganz wesentliche Rolle und soll daher im folgenden (unter VI) gesondert geprüft werden.

---

139 A. A. KG MD VSW 1991, 95, 96, zwar zutreffend für den dort entschiedenen Fall, weil Bedingung dort unzulässigerweise nicht die Feststellung der Rechtmäßigkeit des abgemahnten Verhaltens, sondern Feststellung der fehlenden Klagebefugnis des Klägers war, jedoch mit m. E. bedenklicher Neigung zur Verallgemeinerung; unzutreffend vom hier vertretenen Standpunkt aus insbesondere auch die Auffassung, der Verletzer müsse den Abmahnenden entweder zur Klageerhebung auffordern oder seinerseits Feststellungsklageerhebung androhen; dafür besteht keinerlei Notwendigkeit, wenn die Wiederholungsgefahr beseitigt ist, weil dann die Herbeiführung des Eintritts der auflösenden Bedingung allein im Interesse des Verletzers selbst liegt und der Verletzte jedenfalls ausreichend gesichert ist; im übrigen wäre eine Leistungsklage des Verletzten, zu der nach der hier kritisierten Meinung aufgefordert werden soll, zum Scheitern (mangels Wiederholungsgefahr) verurteilt; vgl. dazu und zu gegebenen Rechtsverfolgungsmöglichkeiten Kap. 52, Rdn. 11.

140 Beispiel: Wer auf Unterlassung einer bestimmten Kennzeichnung oder Werbung schlechthin in Anspruch genommen wird, kann sich zur Unterlassung künftiger blickfangmäßiger Verwendung (oder Verwendung der Kennzeichnung in Alleinstellung) verpflichten und die übrigen Verwendungsformen damit allein dem weiteren, auf diese Weise billiger werdenden Streit überlassen. Ein Beispiel einer unzulässigen, weil den Streitgegenstand gar nicht treffenden »Teil«-Unterwerfung bietet BGH GRUR 1984, 593 = WRP 1984, 394 – adidas-Sportartikel.

141 Vgl. RG GRUR 1932, 592, 596; BGH GRUR 1974, 735, 737 – Pharmamedan; *Pastor*, S. 83.

VI. Die Rechtsfolgen unbegründeter Abmahnungen

1. Vorbemerkung

Die Fragen, ob, aufgrund welcher Rechtsgrundlagen und in welchem Umfang unbegründete Abmahnungen Rechtsfolgen zum Nachteil des Abmahners zeitigen, sind teilweise sehr umstritten.

2. Feststellungsklage

a) Einigkeit besteht allerdings darüber, daß der zu Unrecht Abgemahnte im Klagewege die Feststellung verlangen kann, die Abmahnung sei unberechtigt oder – wahlweise – er selbst sei berechtigt, die beanstandete Handlung vorzunehmen[142]. Das Feststellungsinteresse wird durch die in der Abmahnung liegende Rechtsberührung begründet[143], und zwar mit sofortiger Wirkung.

b) Die von einer Mindermeinung[144] vertretene Ansicht, das Feststellungsinteresse bestehe erst nach Ablauf einer gewissen Frist des Abwartens, ob der Abmahner seinerseits die angedrohte Leistungsklage erheben werde, findet – wie *Lindacher*[145] überzeugend nachgewiesen hat – nirgends eine Rechtsgrundlage. Jedoch setzt das Feststellungsinteresse voraus, daß der Feststellungskläger das Recht, die abgemahnte Handlung wieder zu begehen, tatsächlich noch für sich in Anspruch nimmt und nicht nur einen abgeschlossenen Vorgang nachträglich rechtlich bewertet sehen will[146]. Von einer vorangegangenen (Gegen-)Abmahnung des ursprünglichen Abmahners hängt das Rechtsschutzbedürfnis nicht ab[147]; sie hat nur eine kostenrechtliche Bedeutung, auf die noch einzugehen sein wird.

c) Das Feststellungsinteresse entfällt, sobald der Gegner seinerseits (Leistungs-)Klage auf Unterlassung der Handlung erhoben hat, deren Berechtigung (zusammen mit der Nichtberechtigung zur ausgesprochenen Abmahnung) Gegenstand des Feststellungsverfahrens ist. Maßgeblicher Zeitpunkt für den Fortfall des Feststellungsinteresses ist der Moment, in dem die Leistungsklage (regelmäßig wegen Einlassung darauf in der ersten mündlichen Verhandlung) nicht mehr einseitig zurückgenommen werden kann[148].

---

142 Vgl. schon BGH GRUR 1954, 346, 347 – Strahlenkranz; BGH GRUR 1969, 479, 481 = WRP 1969, 280 – Colle de Cologne; neuerdings wieder BGHZ 99, 340, 341 = GRUR 1987, 402 = WRP 1987, 459 – Parallelverfahren; ferner OLG Stuttgart WRP 1988, 766, 767; OLG Frankfurt GRUR 1989, 705, 706; *Baumbach/Hefermehl*, Einl. UWG, Rdn. 561; *Ahrens*, S. 147; eingehend *Lindacher*, Festschrift v. Gamm, S. 83, 84 ff.; zur Antragsformulierung – wahlweise positiv oder negativ – vgl. *Pastor*, S. 213.
143 Vgl. OLG Stuttgart WRP 1988, 766, 767.
144 Vgl. *Schotthöfer*, WRP 1986, 144, 15; ähnlich – dort allerdings primär für eine Leistungsklage auf Unterlassung weiterer Verwarnungen, *Pastor*, Die »Berliner Eisbein«-Grundsätze, GRUR 1974, 607, 612, allgemein dann jedoch ders., aaO. S. 613.
145 Festschrift v. Gamm, S. 83, 86.
146 OLG Stuttgart, Urt. v. 9. 5. 1980 – 2 U 5/80, zitiert von *Pucher*, WRP 1981, 450, 452 unter 1.9.
147 OLG Stuttgart WRP 1988, 766, 767; LG Köln GRUR 1989, 542.
148 Vgl. BGH GRUR 1985, 41, 44 – REHAB; BGHZ 99, 340, 341 = GRUR 1987, 402 = WRP 1987, 459 – Parallelverfahren; BGH NJW-RR 1990, 1532 = LM ZPO § 256 Nr. 161 =

Nur wenn zu diesem Zeitpunkt das Feststellungsverfahren bereits unmittelbar vor seinem rechtskräftigen Abschluß steht, kann ausnahmsweise einmal das Feststellungsinteresse unberührt bleiben[149].

71 d) Zuständig für die Feststellungsklage ist nach h. M. jedes Gericht, das für die Leistungsklage mit umgekehrtem Rubrum zuständig wäre[150]. Gegen diese Auffassung wendet sich zwar *Lindacher*[151] mit beachtlichen Gründen, die m. E. sogar durchgreifen müßten, wenn man den von einer Mindermeinung[152] vertretenen weiteren Schritt mitvollziehen wollte, den Beklagten des Feststellungsverfahrens an den vom Feststellungskläger gewählten Gerichtsstand auch für seine Leistungsklage zu binden, diese also nur im Wege der Widerklage zuzulassen. Letzteres ist jedoch – jedenfalls wiederum auf der Grundlage h. M. zur weitgehenden Wählbarkeit des Gerichtsstands für die Feststellungsklage – abzulehnen, weil für den Abmahnenden unzumutbar. Es wäre ein – auch rechtliches – Unding, den Abmahner regelmäßig der Gefahr auszusetzen, durch die im Interesse des Verletzers von ihm verlangte Abmahnung letzterem die Möglichkeit der bindenden Gerichtsstandswahl zuzuspielen. Nur auf der von *Lindacher* – wie gesagt: mit guten Gründen – vertretenen (aber nicht herrschenden) Meinung, die Feststellungsklage sei allein bei dem Gericht zulässig, in dessen Bezirk der Abmahner seinen Sitz habe, wäre es vertretbar, die Leistungsklage nur als Widerklage zuzulassen; denn an seinem Wohnsitz ist dem verletzten Abmahner die Erhebung der Leistungs-(Wider)klage unschwer zuzumuten.

72 e) Umstritten ist auch die Frage, ob der zu Unrecht Abgemahnte vor Führung eines »Gegenschlags« (zum Begriff *Lindacher*, aaO.) den Abmahner seinerseits (gegen-)abmahnen muß, wenn er die Gefahr einer Kostenüberbürdung nach § 93 ZPO bei sofortigem Anerkenntnis des Feststellungsbegehrens ausschließen will.

73 Teils wird in Anlehnung an die zur Abmahnung entwickelten Grundsätze – und teils unter Vernachlässigung der dort doch unterschiedlichen Ausgangslage – eine solche (Gegen-)Abmahnung generell vor jeder Feststellungsklage gegen den ursprünglichen Abmahner verlangt[153], während die h. M. – allerdings unter teils sehr unterschiedlicher Akzentuierung des Regel-Ausnahmsverhältnisses – heute wohl dahin geht, daß eine solche Abmahnlast nicht generell angenommen werden kann, im Grundsatz vielmehr die Gegenabmahnung entbehrlich ist, jedoch bestimmte Umstände der konkreten Fallgestaltung die vorherige Abmahnung gebieten können[154].

WM 1990, 695; in der Literatur str.; vgl. *Lindacher* in Festschrift *v. Gamm*, S. 83, 91 mit Nachweisen in Fn. 37.
149 BGH aaO. – Parallelverfahren; BGH NJW-RR 1990, 1532 = WM 1990, 695 = LM ZPO § 256 Nr. 161; näher zu allem Kap. 52, Rdn. 19.
150 OLG Köln GRUR 1978, 658 m. w. N.; Großkomm/*Erdmann*, § 24 UWG, Rdn. 4, *Baumbach/Hefermehl*, § 24 UWG, Rdn. 7; *Nirk/Kurtze*, Rdn. 343.
151 Festschrift *v. Gamm*, S. 83, 89.
152 Vgl. *Zöller/Stephan*, ZPO, § 256 ZPO, Rdn. 16, und die von *Schotthöfer* (WRP 1986, 14, 16, 17 in Fn. 20 und 36) zitierte Entscheidung des LG München I; jetzt auch *Lindacher*, Festschrift *v. Gamm*, S. 83, 92 f.
153 So KG WRP 1980, 206 f.; LG Köln GRUR 1989, 542, 543; ferner Großkomm/*Kreft*, Vor § 13 UWG, C, Rdn. 202; *Baumbach/Hefermehl*, Einl. UWG, Rdn. 561; *Nordemann*, Rdn. 604 c, 626 b; Vorauflage, Kap. 41, Rdn. 50 in Fn. 117 a. E.
154 So OLG Frankfurt GRUR 1972, 670; WRP 1981, 282; WRP 1984, 561 und GRUR 1989, 705, 706; OLG Düsseldorf WRP 1979, 719; OLG Köln WRP 1983, 172; WRP 1984, 641 und

41. Kapitel Die Abmahnung

Letzterem ist zuzustimmen. Umstände, die ausnahmsweise[155] eine Gegenabmahnung zumutbar machen können, sind offensichtlich unzutreffende Ausgangsannahmen tatsächlicher oder rechtlicher Art in der ursprünglichen Abmahnung, bei deren Richtigstellung mit einer Revision der Auffassung des (nur scheinbar) Verletzten gerechnet werden kann, oder eine längere Zeitspanne seit der Abmahnung, in der entgegen der Androhung keine gerichtlichen Schritte erfolgt waren o. ä.

3. Abwehr- und Schadensersatzansprüche

Über die Möglichkeit der Feststellungsklage hinaus können Abwehr- und Schadensersatzansprüche des zu Unrecht Verwarnten in Betracht kommen.

a) Da Abmahnungen regelmäßig wettbewerbsbezogene Handlungen sind, liegt es nahe, die Grundlage daraus evtl. resultierender Ansprüche im Wettbewerbsrecht zu suchen, wobei allein § 1 UWG als Anspruchsnorm in Betracht kommt. Seine Anwendung in solchen Fällen, in denen sich die (unbegründete) Abmahnung als sittenwidriger Wettbewerbsverstoß – regelmäßig in der Form der wettbewerbswidrigen Behinderung des Abgemahnten – darstellt, steht außer Frage[156]. Da ein Wettbewerbsverstoß jedoch nach h. M. die Kenntnis aller Umstände voraussetzt, die das Verhalten sittenwidrig erscheinen lassen, mindestens ein bewußtes Sichverschließen vor dieser Kenntnis seitens des Handelnden erfordert[157], stößt eine Haftung des Abmahnenden nach dieser Vorschrift auf äußerst enge Grenzen; denn im Regelfall wird der Abmahner von seinem Recht überzeugt und ein Sittenwidrigkeitsvorwurf im Sinne der h. M. nicht zu erheben sein.

b) Jedoch hat neuerdings *Lindacher*[158] hierzu Differenzierungsmöglichkeiten aufgezeigt, denen die Rechtsprechung Aufmerksamkeit schenken sollte: Auch wer in subjektivem Glauben an sein Recht abgemahnt hat, kann aufgrund überzeugender Gegenvorstellungen des vermeintlichen Verletzers in die Lage versetzt werden, entweder zu erkennen, daß weitere Behinderungen des nur vermeintlichen Verletzers ihrerseits rechtswidrig wären, oder aber sich dieser Kenntnis böswillig zu verschließen. Setzt er nunmehr ungeachtet dessen die Behinderung durch Aufrechterhaltung oder Erneuerung der Abmahnung fort, so stellt sein Verhalten – falls ein Wettbewerbsverhältnis zwischen den Beteiligten vorliegt – ex nunc eine wettbewerbswidrige Behinderung des Gegners dar, der dieser – gestützt auf § 1 UWG – offensiv, insbesondere im Wege der Abwehrklage begegnen kann. Dies mag allenfalls noch fraglich sein, wenn die Abmahnung sich als – in der Formulierung *Lindachers*, aaO. – »Binnenabmahnung« im Ver-

---

WRP 1986, 428, 429; OLG Hamm GRUR 1989, 297 (Ls.); *Lindacher*, Festschrift *v. Gamm*, S. 83, 87.
155 Gründe dafür, daß es wirklich bei Ausnahmefällen bleiben sollte, bei *Lindacher* aaO.
156 Vgl. BGH WRP 1965, 97 – Kaugummikugeln; KG WRP 1980, 216, 217; Großkomm/*Kreft*, Vor § 13 UWG, C, Rdn. 198; *Baumbach/Hefermehl*, § 14 UWG, Rdn. 10; *Lindacher*, Festschrift *v. Gamm*, S. 83, 84.
157 Vgl. BGH GRUR 1963, 255, 257 – Kindernähmaschinen (insoweit nicht BGHZ 38, 200); BGH GRUR 1991, 914, 915 – Kastanienmuster; BGH ZIP 1992, 642, 643 – Pullovermuster. Dagegen wandte sich *Lindacher* schon früher – ZHR 144 (1980), 350, 356 – mit der These, beim wettbewerblichen Sittenwidrigkeitsbegriff sei von diesen subjektiven Elementen abzusehen, so daß die Abmahnerhaftung generell über § 1 UWG begründbar sei.
158 Festschrift *v. Gamm*, S. 83, 84 ff.

hältnis des Abmahners zum vermeintlichen Verletzten allein darstellt, weil dann bezweifelt werden kann, ob das bloße (rechtsirrige) Auffordern zur Unterlassung bestimmter Handlungen eine wirkliche »Behinderung« darstellt. Dagegen dürfte die wettbewerbswidrige Behinderung außer Frage stehen, soweit es um erfolgte oder drohende Mit-Abmahnungen Dritter geht, also um Abnehmerverwarnungen, Verwarnungen vorgeblicher Mitstörer wie etwa eines Zeitungsunternehmens, das eine nur angeblich wettbewerbswidrige Werbeanzeige nicht drucken soll und dies möglicherweise vorsichtshalber auch tatsächlich unterlassen würde, wenn die Abmahnung aufrechterhalten bliebe, oder ähnliche Fälle. In diesen Fällen muß dem zu Unrecht Abgemahnten ein Anspruch auf Unterlassung auch aus § 1 UWG gegen den böswillig uneinsichtigen Abmahner zugebilligt werden. Wird dies erkannt, so erweitert sich der Anwendungsbereich des § 1 UWG für Fälle unberechtigter Abmahnungen nicht unerheblich.

78   c) Da dieser Weg nicht immer gesehen worden ist und auch ungeachtet seiner Begehbarkeit zahlreiche Fälle verbleiben, in denen § 1 UWG unanwendbar ist, hat die höchstrichterliche Rechtsprechung für besonders einschneidende Fälle unberechtigter Abmahnungen in anderer Weise Abhilfe geschaffen, indem sie eine Haftung des schuldhaft (also auch nur fahrlässig) unberechtigt Abmahnenden aus dem Gesichtspunkt eines Eingriffs in den eingerichteten und ausgeübten Gewerbebetrieb oder – so heute vielfach die kürzere Bezeichnung – in das Unternehmen des Betroffenen begründet hat[159]. Einen solchen Eingriff sieht sie jedoch nur in solchen Verwarnungen, die auf Ausschließlichkeitsrechte, insbesondere die gewerblichen Schutzrechte, aber auch auf absolut wirkende Kennzeichnungsrechte wie das Firmenrecht[160], gestützt werden, nicht auch in Abmahnungen wegen anderer Wettbewerbsverstöße[161]. Sowohl diese Unterscheidung[162] als auch insbesondere der Lösungsansatz der Rechtsprechung sind in den letzten Jahrzehnten auf heftige und zunehmende Kritik gestoßen[163]. Nachdem der Bundesgerichtshof jedoch seine grundsätzliche Einstellung unter ausdrücklicher Auseinandersetzung mit kritischen Meinungen mehrfach bekräftigt hat[164], wird sich die Praxis auf

---

159 Seit RG 58, 24, 29 f. – Juteartikel st. Rspr.; vgl. insbesondere BGHZ 1, 194 = GRUR 1951, 314 – Motorblock; BGHZ 14, 286 = GRUR 1955, 150 – Farina Belgien; BGHZ 38, 200 = GRUR 1963, 255 – Kindernähmaschinen; BGHZ 62, 29 = GRUR 1974, 290 = WRP 1974, 145 – Maschenfester Strumpf; BGH GRUR 1979, 332 = WRP 1979, 361 – Brombeerleuchte; näher dazu Großkomm/*Kreft*, Vor § 13 UWG, C, Rdn. 198.
160 BGHZ 14, 286, 292 = GRUR 1955, 150 – Farina Belgien.
161 BGH GRUR 1969, 479 = WRP 1969, 280 – Colle de Cologne; OLG Frankfurt WRP 1975, 492, 494 – Kenitex u. NJW-RR 1991, 1006; OLG Hamm WRP 1980, 216, 218; zu Einzelheiten vgl. Großkomm/*Kreft*, aaO., und *Baumbach/Hefermehl*, § 14 UWG, Rdn. 11.
162 Vgl. dazu besonders *Quiring*, GRUR 1983, 317, 320.
163 Ursprünglich wurde diese Kritik wohl herausgefordert durch die Folgen überzogener Verschuldensmaßstäbe früherer Entscheidungen (vgl. insbesondere BGH GRUR 1965, 198 – Küchenmaschine mit krit. Anm. von *Henssler*; dazu auch *Hopt*, S. 257, Fn. 5), deren Korrektur (BGHZ 62, 29 = GRUR 1974, 290 = WRP 1974, 145 – Maschenfester Strumpf – und BGH GRUR 1976, 715 = WRP 1976, 682 – Spritzgießmaschine) zu spät kam, um die nun geöffneten Schleusen der Kritik wieder zu schließen; vgl. zu dieser die umfangreichen Nachweise bei *Lindacher*, ZHR 144 (1980), 350, 351 f., und bei *Quiring*, WRP 1983, 317, 318.
164 Vgl. BGHZ 62, 29 ff. = GRUR 1974, 290 = WRP 1974, 145 – Maschenfester Strumpf; BGH GRUR 1976, 715 = WRP 1976, 682 – Spritzgießmaschine; BGH GRUR 1978, 492 – Fahrradgepäckträger II; BGH GRUR 1979, 332 = WRP 1979, 361 – Brombeerleuchte; ferner OLG Frankfurt NJW-RR 1991, 1006 f. (rechtskräftig durch Nichtannahme der Revision durch

die Fortdauer dieser Rechtsprechung (jedenfalls bis auf weiteres) einstellen können. Sie kann es – trotz aller teils durchaus berechtigter dogmatischer Bedenken – auch ohne allzu großes Unbehagen, da die Vertretbarkeit der der h. M. zugrundeliegenden Wertentscheidung wie der zu gewinnenden Ergebnisse teils auch von den Kritikern nicht bestritten wird (vgl. *Quiring,* aaO., S. 322) und wirklich zwingende Alternativen auch nicht zur Verfügung stehen: Sowohl die von *Lindacher* (ZHR, aaO., S. 356) und anderen[165] angestrebte Lösung über § 1 UWG, die außerdem vorerst daran scheitert, daß die Rechtsprechung de lege lata zur Aufgabe ihres Sittenwidrigkeitsbegriffs nicht geneigt scheint, als auch der beachtliche und diskussionswürdige Vorschlag einer Lösung über culpa in contrahendo (*Quiring,* aaO.) haben ihre eigenen Probleme, deren größtes wohl die dabei kaum vermeidbare Ausweitung des Verwarnungsrisikos auch auf die gewöhnlichen Wettbewerbsabmahnungen und die daraus resultierende Gefahr der Entwertung dieses Rechtsinstituts sein dürfte. Dabei liegt die Gefahr weniger darin, daß – was *Quiring,* aaO., S. 325 erörtert und mit Recht als relativ ungefährlich erachtet – der Verletzte sofort den Prozeß einleitet, statt das Risiko einer Abmahnung einzugehen (denn in der Tat kann der Prozeß noch riskanter und folgenreicher werden als die Abmahnung), sondern daß er oder insbesondere ein Verein i. S. des § 13 Abs. 2 Nr. 2 und 3 UWG (und es gibt darunter ja nicht nur »Abmahnvereine« im negativen Sinne des Wortes) in allen nicht zweifelsfreien Fällen die zu riskant gewordene Verfolgung – wenigstens durch Abmahnung – ganz unterläßt, was einer allmählichen Verwilderung der Wettbewerbssitten Vorschub leisten könnte.

d) Stellt die Abmahnung – wie regelmäßig die Schutzrechtsverwarnung – einen Eingriff in das Unternehmen dar oder verstößt sie ausnahmsweise, wegen der sittenwidrigkeitsbegründenden besonderen Umstände, gegen § 1 UWG, so hat der Betroffene Ansprüche auf Unterlassung[166] oder – dies allerdings nur im Falle einer Abmahnung gegenüber Dritten – auf Beseitigung (Widerruf) sowie – im Falle schuldhaften Handelns[167] – auf Ersatz des adäquat verursachten – also nicht etwa auf übertriebene Reaktionen des Verwarnten zurückzuführenden[168] – Schadens. Ob zu diesem die Kosten eines vom Verwarnten hinzugezogenen Rechtsanwalts gehören, ist umstritten, m. E.

BGH Beschl. v. 22. 11. 1990 – I ZR 50/90); zustimmend jetzt – und vor noch weitergehenden Milderungen eher warnend – Großkomm/*Köhler,* Vor § 13 UWG, B, Rdn. 283.
165 Vgl. die Nachweise bei *Quiring,* aaO., S. 318 in Fn. 11.
166 Vgl. die Fälle BGHZ 14, 286 = GRUR 1955, 150 – Farina Belgien und BGHZ 28, 203 = GRUR 1959, 152 = WRP 1959, 191 – Berliner Eisbein; ferner *Nirk/Kurtze,* Rdn. 120 f. Für eine Unterlassungsklage dieser Art entfällt das Rechtsschutzinteresse in gleicher Weise wie bei der negativen Feststellungsklage, sobald der Verwarner seinerseits auf Unterlassung der abgemahnten Verletzung Klage erhoben hat, die Streitgegenstände beider Unterlassungsklagen sich spiegelbildlich »decken« und die Unterlassungsklage des Verwarners ohne Zustimmung des Verwarnten nicht mehr zurückgenommen werden kann – also nach der ersten mündlichen Verhandlung darüber –; vgl. BGHZ 28, 203, 207 = GRUR 1959, 152 = WRP 1959, 191 – Berliner Eisbein; zum maßgeblichen Zeitpunkt für den Fortfall des Rechtsschutzinteresses vgl. wieder BGHZ 99, 340, 341 = GRUR 1987, 402 = WRP 1987, 459 – Parallelverfahren und BGH NJW-RR 1990, 1532 = LM ZPO § 256 Nr. 161 = WM 1990, 695.
167 Zu dem Verschuldensmaßstab hierbei vgl. Kap. 30, Rdn. 19 f., u. Großkomm/*Köhler,* Vor § 13 UWG, C, Rdn. 283.
168 Vgl. dazu einerseits RG MuW 1931, 397, 398, andererseits BGH WRP 1965, 97, 101 – Kaugummikugeln.

jedoch zu bejahen[169], sofern der Verwarnte – wie in allen Fällen, in denen er selbst nicht hinreichend rechtskundig zur Beurteilung ist – die Befragung eines Rechtsanwalts für erforderlich halten durfte[170].

Zum Kern dieses Streits, der Frage der Zurechenbarkeit solcher durch eigenen Willensentschluß des Verwarnten entstandenen Kosten[171], kann auf die Ausführungen von *Quiring* (aaO., S. 321) verwiesen werden.

80 e) Ob dem zu Unrecht Abgemahnten auch bei nicht schuldhaftem Verhalten des Abmahners Ansprüche zustehen können, ist streitig[172]. Zwar kann er Schäden, die ihm aus der Befolgung der Abmahnung entstehen, nicht auf den Verwarner abwälzen; jedoch wird teilweise vertreten, daß ihm nach § 678 BGB ein Anspruch auf Aufwendungsersatz, d. h. in erster Linie auf Erstattung der Kosten eines zur Abwehr eingeschalteten Rechtsanwalts, zustehen soll[173]. Dies erscheint, solange an der Auffassung festgehalten wird, daß der Abmahnende mit der Abmahnung (auch) ein Geschäft des Verwarnten besorgt[174], konsequent und mit den dagegen vorgebrachten Argumenten von *Ahrens*[175] kaum widerlegbar. Den unerwünschten Folgen der Anwendbarkeit des § 678 BGB – Einengung der Rechtsverfolgungsmöglichkeiten durch erhöhte Kostenrisiken auch bei normalen Wettbewerbsverstößen – könnte nur begrenzt über den von *Ahrens* (aaO.) hilfsweise angeregten Verschuldensmaßstab begegnet werden[176].

VII. Die Erstattung der Abmahnkosten

81 Wenige Themen haben in den letzten Jahrzehnten die Literatur mehr beschäftigt als die Frage der Erstattung der Kosten des Abmahners[177]. Dies lag zunächst an den lange

---

169 So auch *Loritz*, GRUR 1981, 883, 886; *Quiring*, WRP 1983, 317, 321; zum grundsätzlichen Ansatzpunkt im Schadensersatzrecht vgl. MünchKomm/*Grunsky*, Vor § 249 BGB, Rdn. 65 f. Das KG (WRP 1987, 728, 730) hat sogar eine prozessuale Kostenerstattungspflicht des Abmahnenden für den Fall bejaht, daß vorprozessual Kosten für einen Rechtsanwalt entstanden sind, der auch zur Vertretung des Abgemahnten im Prozeß geeignet war.
170 MünchKomm/*Grunsky*, Vor § 249 BGB, Rdn. 66.
171 Vgl. dazu *Ahrens*, NJW 1982, 2477, 2478 (dort allerdings zum Ersatzanspruch aus § 678 BGB geäußert); ferner die Nachweise bei *Loritz*, aaO., in Fn. 15.
172 Ablehnend LG Mannheim GRUR 1985, 328, 329 u. *Ahrens*, NJW 1982, 2477, 2479.
173 Vgl. OLG Hamburg GRUR 1983, 200, 201; OLG Frankfurt GRUR 1989, 858 f.; weitere Nachweise in Großkomm/*Kreft*, Vor § 13 UWG, C, Rdn. 199 mit Fn. 244; ferner *Baumbach/Hefermehl*, Einl. UWG, Rdn. 560; *Pastor*, S. 124.
174 Vgl. dazu nachfolgend Rdn. 81 ff.
175 Vgl. NJW 1982, 2477, 2479.
176 Im übrigen darf auch nicht übersehen werden, daß, wer zu Unrecht einen angeblichen Wettbewerbsverstoß abmahnt, auch ohne Anwendung des § 678 BGB ein nicht unerhebliches Kostenrisiko läuft: Der Verwarnte kann – wie bereits dargelegt – im Regelfall negative Feststellungsklage erheben und auf diese Weise die Kosten seines Anwalts als Prozeßkosten auf den Abmahner abwälzen, vgl. *Ahrens*, S. 147.
177 Vgl. für die Zeit bis zu den 80er Jahren die umfangreichen Nachweise bei *Pastor*, S. 180 f.; bei *Loritz*, GRUR 1981, 883, 885 ff.; bei *Melullis*, WRP 1982, 1 ff. und besonders bei *Albrecht*, WRP 1983, 540 in Fn. 6; ferner *Gaede/Meister*, WRP 1984, 246; *Virneburg*, WRP 1986, 315; *Loewenheim*, WRP 1987, 286 ff.; *Schulz*, WRP 1990, 658 und besonders ausführlich jetzt wieder Großkomm/*Kreft*, Vor § 13 UWG, C, Rdn. 139–188.

41. Kapitel Die Abmahnung

– und teils noch heute – umstrittenen Fragen des Rechtsgrunds und des Umfangs einer Erstattung, teils an dem bereits (in Kap. 13) behandelten Phänomen der Abmahnvereine und der Serienabmahnungen von Gewerbetreibenden zu Zwecken des Geldverdienstes sowie an den Bestrebungen – auch des Gesetzgebers, letzterer durch langjährige Planung einer dann nicht verwirklichten Abschaffung der Kostenerstattung für die erste Abmahnung –, solchen Mißbrauchsmöglichkeiten irgendwie zu begegnen. Heute sind zwar nicht alle, aber immerhin wesentliche Grundsätze in der Rechtsprechung einigermaßen gefestigt und für die Praxis überschaubar geworden.

Mahnt ein von der Verletzungshandlung unmittelbar Betroffener (Verletzter, Mitbewerber) ab und ist die Verletzungshandlung (schadensersatzanspruchsbegründend) schuldhaft begangen worden, so gehören die Abmahnkosten (als Kosten der Rechtsverfolgung, vgl. Kap. 34 Rdn. 6) zum Schaden, den der Verletzer zu ersetzen hat[178]. Bei einer solchen Abmahnung werden regelmäßig auch die Kosten der Inanspruchnahme anwaltlicher Hilfe zu ersetzen sein, weil die Einschaltung eines Rechtsanwalts zur Prüfung und Beanstandung einer Rechtsverletzung wohl meist zu den adaequat verursachten Kosten einer schuldhaften Verletzungshandlung gehört[179]. Etwas anderes kann sich allerdings in entsprechender Anwendung der vom BGH in anderem (noch zu erörterndem) Zusammenhang entwickelten Grundsätze zur Abmahnung durch Fachverbände[180] in solchen Fällen ergeben, in denen ein größeres Wirtschaftsunternehmen mit eigener Rechtsabteilung betroffen ist. Handelt es sich um einen von dieser im Rahmen ihrer Kompetenzen zu beurteilenden Verletzungsfall nicht ausgefallener Art, so wird die Einschaltung eines Rechtsanwalts nicht geboten sein; die Kosten sind dann kein vom Schädiger adaequat verursachter Schaden[181].

Dagegen steht Verbänden, denen ein eigener Schaden durch eine wettbewerbswidrige Handlung nicht erwächst[182], kein schadensersatzrechtlicher Anspruch auf Erstattung von Abmahnkosten zu.

Dies war der Grund, weshalb der BGH im Jahr 1969 zu der bis heute in der Literatur umstrittenen[183], aber mittlerweile nicht nur in seiner eigenen Rechtsprechung[184] und

---

178 Vgl. BGH GRUR 1982, 489 = WRP 1982, 518 – Korrekturflüssigkeit; OLG Hamburg WRP 1980, 629; OLG Frankfurt WRP 1985, 85, 86 f.; OLG Köln WRP 1978, 226, 229; OLG München GRUR 1988, 843 f.; Großkomm/*Köhler*, Vor § 13 UWG, B, Rdn. 311; Großkomm/*Kreft*, Vor § 13 UWG, C, Rdn. 153; *Baumbach/Hefermehl*, Einl. UWG, Rdn. 553; HdbWR/*Melullis*, § 20, Rdn. 54, und *Melullis*, Hdb., Rdn. 405; *Ahrens/Spätgens*, Streiterledigung, S. 159 f. Die abweichende Meinungsäußerung in der Vorauflage (Kap. 41, Rdn. 51), gegen die LG Köln GRUR 1987, 741, 742 f. mit Recht Stellung bezogen hat, beruhte auf einem Mißverständnis.
179 OLG Hamburg WRP 1982, 629 f.; OLG München GRUR 1988, 843 f.; vgl. aber auch – differenzierend – *Melullis*, Hdb., Rdn. 402–405.
180 Vgl. BGH GRUR 1984, 691, 692 = WRP 1984, 405 – Anwaltsabmahnung.
181 Ähnlich wohl auch *Jacobs* in seiner instruktiven Anm. zu BGH aaO. – Anwaltsabmahnung, GRUR 1984, 692 f.
182 Vgl. BGHZ 52, 393 ff. = GRUR 1970, 189 = WRP 1970, 20 – Fotowettbewerb; BGH aaO. – Anwaltsabmahnung; Großkomm/*Erdmann*, § 13 UWG, Rdn. 23; Großkomm/*Kreft*, Vor § 13 UWG, C, Rdn. 155.
183 Vgl. die umfangreiche Darstellung des Meinungsstands bei Großkomm/*Kreft*, Vor § 13 UWG, C, Rdn. 140–149.
184 Vgl. BGHZ 52, 393, 399 = GRUR 1970, 189 = WRP 1970, 20 – Fotowettbewerb; BGH GRUR 1973, 384, 385 = WRP 1973, 263 – Goldene Armbänder; BGH GRUR 1980, 1074 –

der der Instanzgerichte[185] gefestigten, sondern auch in der Literatur weithin anerkannten[186] und neuerdings auch vom Gesetzgeber vorausgesetzten[187] Konstruktion eines Anspruchs aus dem Gesichtspunkt einer Geschäftsführung ohne Auftrag gegriffen hat, die heute in der Praxis der Erstattung von Abmahnkosten vorherrschend geworden ist[188], weil sie – dies ist unbestritten – nicht nur bei Verbänden, sondern auch bei Mitbewerbern – bei letzteren nicht nur wie bei Verbänden anstatt, sondern unter Umständen neben einem Schadensersatzanspruch – zum Tragen kommt[189].

85 Voraussetzung dieses Anspruchs ist, daß die Abmahnung dem Interesse und (damit in der Regel auch) dem mutmaßlichen Willen des Abgemahnten entspricht[190], und zwar im maßgeblichen Zeitpunkt der Vornahme der Abmahnung[191].

86 Ein solches Interesse besteht naturgemäß nur, wenn zur Zeit der Abmahnung eine Lage gegeben ist – und zwar objektiv, auf die Sicht des Abmahnenden kommt es nicht an, Irrtümer gehen zu seinen Lasten[192] –, die eine Warnung rechtfertigt. Es muß also ein Anspruch auf Unterlassung, sei es aufgrund einer Wiederholungsgefahr, sei es auf-

Aufwendungsersatz; BGH GRUR 1984, 129, 131 = WRP 1984, 134 – shop in the shop; BGH GRUR 1984, 691, 692 = WRP 1984, 405 – Anwaltsabmahnung; BGH GRUR 1990, 681 = WRP 1990, 276 – Antwortpflicht des Abgemahnten; BGH WRP 1991, 578, 579 – Zirka-Preisangabe, insoweit in GRUR 1991, 685 f. nicht abgedruckt.

185 Vgl. KG WRP 1977, 793, 794; GRUR 1984, 158, 159; OLG Hamburg WRP 1983, 422, 424; OLG Frankfurt WRP 1978, 461 und GRUR 1985, 328; OLG Koblenz WRP 1979, 387, 391; OLG Köln GRUR 1979, 76 und WRP 1979, 392, 395; OLG Saarbrücken WRP 1988, 489, 492; OLG Stuttgart WRP 1979, 818, 819; OLG Hamm WRP 1982, 674; zu Nachweisen aus der LG- und AG-Rechtsprechung vgl. *Siebert*, Die Prinzipien des Kostenerstattungsrechts und die Erstattungsfähigkeit vorgerichtlicher Kosten des Rechtsstreits, 1985, S. 241, Fn. 3.

186 Vgl. Großkomm/*Kreft*, Vor § 13 UWG, C, Rdn. 145; *Baumbach/Hefermehl*, Einl. UWG, Rdn. 554; HdbWR/*Gloy*, § 63, Rdn. 32; *Becker-Eberhard*, Grundlagen der Kostenerstattung bei der Verfolgung privatrechtlicher Ansprüche (1985), S. 107–122; *Melullis*, Hdb., Rdn. 407; *Loewenheim*, WRP 1979, 839, 840; *Eser*, GRUR 1986, 35, 36; ablehnend MünchKomm/*Seiler*, Vor § 677 BGB, Rdn. 30.

187 Hierzu, insbesondere zu den Materialien der GRUR-Novelle 1986, vgl. Großkomm/*Kreft*, Vor § 13 UWG, C, Rdn. 146 f. und 149.

188 Ein gewisses Problem liegt jedoch darin, daß über Abmahnkosten ihrer Höhe wegen nur in seltenen Ausnahmefällen Obergerichte oder gar der Bundesgerichtshof entscheiden; bei den Amtsgerichten, die regelmäßig – und meist sogar ohne Berufungsmöglichkeit zum Landgericht – darüber zu befinden haben, setzt sich zwar allmählich die h. M. auch durch, jedoch noch keineswegs ohne (unrühmliche, weil der Rechtssicherheit und -einheitlichkeit wenig dienliche) Ausnahmen; gegen diese – deutlich und hart, aber treffend – *Ahrens/Spätgens*, Streiterledigung, S. 162 f.

189 Vgl. zuletzt BGH aaO. – Zirka-Preisangabe; Großkomm/*Kreft*, Vor § 13 UWG, C, Rdn. 150; *Baumbach/Hefermehl*, Einl. UWG, Rdn. 554.

190 Vgl. BGHZ 47, 374; BGH GRUR 1984, 129, 131 = WRP 1984, 134 – shop in the shop; OLG Frankfurt GRUR 1985, 328; Großkomm/*Kreft*, Vor § 13 UWG, C, Rdn. 150; *Baumbach/Hefermehl*, Einl. UWG, Rdn. 555.

191 Vgl. BGH aaO. – shop in the shop; Großkomm/*Kreft* aaO.; *Baumbach/Hefermehl* aaO.; MünchKomm/*Seiler*, § 683 BGB, Rdn. 11; RGRK/*Steffen*, BGB, 12. Aufl., § 677 Rdn. 62.

192 Vgl. dazu im einzelnen Großkomm/*Kreft*, Vor § 13 UWG, C, Rdn. 150.

grund eines eine Erstbegehungsgefahr begründenden Verhaltens[193] tatsächlich bestehen, und dieser muß – jedenfalls in der Regel – auch durchsetzbar sein.

Daraus folgt, daß in den – in der Praxis häufigen – Fällen einer Abmahnung dann kein Erstattungsanspruch besteht, wenn der Abgemahnte sich im Zeitpunkt der Absendung dieser Abmahnung bereits einem anderen Gläubiger (Erstabmahner) gegenüber wirksam unterworfen und damit die Wiederholungsgefahr beseitigt hatte[194].

Ähnliches dürfte gelten, wenn ein Gläubiger wegen eines Anspruchs abmahnt, der bereits verjährt ist[195] oder dem ein – sei es auch nur rechtshemmender – Einwand entgegensteht.

Der Erfolg der Abmahnung ist nicht Voraussetzung eines Erstattungsanspruchs nach den Grundsätzen der GoA. Die gegenteilige Auffassung des OLG Frankfurt[196] ist vom BGH in seiner dieses Urteil aufhebenden Entscheidung[197] ausdrücklich und zu Recht abgelehnt worden.

Kommt es im Anschluß an eine Abmahnung zum gerichtlichen Verfahren, so sind nach zutreffender, aber leider nicht einheitlich vertretener Auffassung die Abmahnkosten Prozeßvorbereitungskosten, die im Kostenfestsetzungsverfahren zugunsten des Gläubigers festzusetzen sind[198]. Für ihre Geltendmachung im Klagewege fehlt daher streng genommen das Rechtsschutzbedürfnis, da mit der Kostenfestsetzung ein einfacherer Weg zur Verfügung steht. Jedoch wird diese strenge Konsequenz nicht gezogen[199], und zwar zu Recht, solange wie bisher die Frage der prozessualen Erstattungsfähigkeit in hohem Maße umstritten und die Rechtsprechung demgemäß im Einzelfall nicht berechenbar ist.

Zu erstatten sind die notwendigen Aufwendungen des Abmahnenden, die dieser tatsächlich erbracht hat. Sogenannte fiktive Abmahnkosten – d. h. ersparte Aufwendungen einer unterlassenen Abmahnung – sind nicht erstattungsfähig und daher auch im

---

193 Daß auch in solchen Fällen eine Abmahnung interessengemäß und die Kostenerstattung zu fordern sein kann, wird zwar wenig beachtet, scheint mir aber unabweisbar.
194 Vgl. Großkomm/*Kreft,* Vor § 13 UWG, C, Rdn. 151 m. w. N. in Fn. 186.
195 So OLG Karlsruhe WRP 1984, 100, 102; Großkomm/*Kreft* aaO. und *Baumbach/Hefermehl,* Einl. UWG, Rdn. 555. (Die Möglichkeit, daß unter Umständen der Abmahner in solchen Fällen ein Interesse daran haben könnte, vor gleichartigen Verstößen gewarnt zu werden, wird man zwar nicht gänzlich ausschließen, wegen der Nachweisschwierigkeiten im Einzelfall aber wohl für die Praxis vernachlässigen können.)
196 WRP 1982, 364 (Ls.); ihm folgend HdbWR/*Gloy,* § 63, Rdn. 35.
197 BGH GRUR 1984, 129, 131 = WRP 1984, 134 – shop in the shop.
198 Vgl. BGH WM 1987, 247, 248; OLG Hamburg WRP 1959, 153; OLG Köln (6. Zs.) WRP 1969, 248, 250; KG WRP 1982, 25; AG Hanau BB 1985, 2276; Voraufl., Kap. 41, Rdn. 51 mit Fn. 121; Großkomm/*Kreft,* Vor § 13 UWG, C, Rdn. 159 und 184 f.; *Baumbach/Hefermehl,* Einl. UWG, Rdn. 552, anders für die Abmahnpauschale eines Verbands Rdn. 556; *Pastor,* WRP 1979, 423, 427; *Ahrens/Spätgens,* Streiterledigung, (sehr eingehend) S. 175–179; a. A. OLG Hamm Jur. Büro 1974, 501; OLG Koblenz WRP 1981, 226; OLG Düsseldorf WRP 1983, 31; OLG Frankfurt GRUR 1985, 328; OLG Köln (17. Zs.), Beschl. v. 19. 7. 1985 – 17 W 305/85; *Stein/Jonas/Leipold,* § 91 ZPO, Rdn. 13; *Thomas/Putzo,* § 91 ZPO, Anm. 2 d; *Melullis,* Hdb., Rdn. 404.
199 Vgl. BGH WM 1987, 247, 249; BGHZ 111, 168, 171; ferner, ohne auf die Frage des Rechtsschutzbedürfnisses überhaupt einzugehen, BGH WRP 1991, 578, 579 – Zirka-Preisangabe (insoweit in GRUR 1991, 655, 686 nicht mit abgedruckt); näher dazu Großkomm/*Kreft,* Vor § 13 UWG, C, Rdn. 184 f.

Rahmen einer Kostenentscheidung nach § 93 ZPO (oder nach § 91 a ZPO nach dem Rechtsgedanken des § 93 ZPO) nicht zu berücksichtigen[200].

92 Welche Kosten als notwendig anzuerkennen sind, ist in erster Linie nach den zur Erstattungsfähigkeit von Prozeßvorbereitungskosten entwickelten Grundsätzen[201] zu beurteilen[202], so daß insoweit auf die Erläuterungswerke zur ZPO verwiesen werden kann. Sehr eingehend nimmt zu diesen Fragen auch Großkomm/*Kreft,* Vor § 13 UWG, C, Rdn. 160 ff., Stellung; auch insoweit kann Bezug genommen werden, da Einzelheiten im Rahmen dieses Werks zu weit führen würden.

93 Rechtsanwaltskosten kann ein verletzter Gewerbetreibender auch nach GoA regelmäßig in Ansatz bringen (Großkomm/*Kreft,* Vor § 13 UWG, C, Rdn. 166 m. N.). Ausnahmen gelten hier in gleichem Umfang wie bei schadensersatzrechtlichen Ansprüchen (vgl. Rdn. 82 und Großkomm/*Kreft,* aaO.). Dagegen sind sowohl Fachverbände[203] als auch Verbände zur Bekämpfung unlauteren Wettbewerbs[204] gehalten, ihre Abmahntätigkeit jedenfalls in normalen, nicht übermäßig schwierigen Fällen[205] mit eigenen Kräften zu bewerkstelligen, so daß bei ihnen die Erstattung von Anwaltskosten im Regelfall nicht in Betracht kommt. Sie können dann lediglich die Kosten in Ansatz bringen, die ihnen ohne Einschaltung eines Rechtsanwalts auch entstanden wären (OLG Koblenz WRP 1979, 387, 391).

94 Nicht unumstritten ist, ob – und vor allem in welchem Umfang – von Verbänden sogenannte Abmahnpauschalen in Ansatz gebracht werden können[206]. Rechtsprechung und Literatur erkennen diese Form mittlerweile allerdings (letztlich auf der Grundlage des entsprechend angewendeten § 287 Abs. 2 ZPO[207]) ziemlich einhellig im Grundsatz an[208]. Lediglich bei den Berechnungsweisen[209] gibt es Differenzen, unter denen die bedeutendste die zur Frage ist, ob die sogenannten Fixkosten eines Verbandes, also vorgehaltene Kosten seiner Existenz und Ausstattung, in die Berechnung der Pauschale einzubeziehen sind. Die Frage wird vom 5. Zivilsenat des Kammergerichts (WRP 1986,

---

200 Jetzt ganz überwiegende Meinung; vgl. OLG Köln WRP 1981, 481, 482 f. unter Aufgabe der früher von ihm vertretenen abweichenden Meinung; OLG Köln WRP 1986, 426, 428; OLG Stuttgart WRP 1986, 359, 360; vgl. auch die umfangreichen Rechtsprechungsnachweise in HdbWR/*Gloy,* § 63, Rdn. 43 mit Fn. 93; ferner Großkomm/*Kreft,* Vor § 13 UWG, C, Rdn. 187 m. w. N. in Fn. 224, 225; *Baumbach/Hefermehl,* Einl. UWG, Rdn. 252; a. A. nur noch OLG Koblenz WRP 1978, 664, 666 und WRP 1983, 242 sowie *Pastor,* S. 198 ff.
201 Vgl. BGHZ 66, 112, 114 ff.; BGHZ 75, 230, 231 f.; BGHZ 76, 216, 218.
202 So zutreffend Großkomm/*Kreft,* Vor § 13 UWG, C, Rdn. 159.
203 BGH GRUR 1984, 691, 692 = WRP 1984, 405 – Anwaltsabmahnung; Großkomm/*Kreft,* aaO., Rdn. 172; *Baumbach/Hefermehl,* Einl. UWG, Rdn. 556; *Melullis,* Hdb., Rdn. 408.
204 OLG Koblenz WRP 1979, 387, 391; Großkomm/*Kreft,* aaO., Rdn. 173; *Baumbach/Hefermehl,* aaO.; *Melullis,* Hdb., Rdn. 408.
205 Vgl. dazu Großkomm/*Kreft,* aaO., Rdn. 174.
206 Grundsätzlich noch gegen eine solche Erstattungsform LG Köln GRUR 1989, 130, 131 f. und AG Hamburg GRUR 1990, 472.
207 So Großkomm/*Kreft,* Vor § 13 UWG, C, Rdn. 177.
208 Vgl. zuletzt BGH GRUR 1990, 282, 285 = WRP 1990, 255 – Wettbewerbsverein IV; BGH GRUR 1991, 684 f. – Verbandsausstattung; Großkomm/*Kreft,* Vor § 13 UWG, C, Rdn. 177 f. m. w. N.; *Baumbach/Hefermehl,* Einl. UWG, Rdn. 556.
209 Vgl. dazu BGH aaO. – Wettbewerbsverein IV; KG WRP 1986, 384, 385 f.; KG GRUR 1987, 540 f.; KG MD VSW 1989, 995 ff.; KG WRP 1990, 507, 512 f. und 518, 519; OLG Köln WRP 1989, 45, 46 und 540, 544; Großkomm/*Kreft,* aaO., Rdn. 178.

384 f.) und teilweise in der Literatur[210] bejaht, vom 25. Zivilsenat des Kammergerichts (in der im BGH-Urteil »Wettbewerbsverein IV«, vgl. Fn. 208, erwähnten und miterörterten Entscheidung vom 19. 12. 1988 – 25 U 2645/88) verneint. Sie ist m. E. dahin zu beantworten, daß die für die Existenz eines Verbands und für seine für die Erreichung des Satzungszwecks erforderliche Grundausstattung erforderlichen Mittel ebensowenig zu den erstattungsfähigen Aufwendungen gehören wie – was wohl unstreitig sein dürfte – die anteiligen Fixkosten des ganzen Unternehmens eines abmahnenden Gewerbetreibenden. Allenfalls die für eine umfangreiche Abmahntätigkeit erforderliche zusätzliche Ausstattung des Verbands, z. B. das Gehalt für eine ausschließlich zu Abmahnzwecken eingestellte Arbeitskraft oder eine wegen der Abmahntätigkeit erweiterte Büroausstattung, kann anteilig in die Kostenpauschale einfließen (so jetzt zutreffend KG – 25. Zs. – WRP 1991, 398, 401 f.).

Einigkeit besteht dagegen darüber, daß die Kostenpauschale sich nicht an den für andere Verbände bereits zuerkannten Summen orientieren darf, sondern auf der Grundlage der echten Kosten des jeweiligen Verbands ausschließlich und gesondert für diesen zu bestimmen ist[211].

Die Abmahnpauschale kann auch dann in voller Höhe geltend gemacht werden, wenn die Abmahnung nur hinsichtlich eines von mehreren beanstandeten – angeblichen – Verstößen begründet ist[212].

Die Verjährung des Anspruchs auf Erstattung der Kosten einer wettbewerbsrechtlichen Abmahnung richtet sich nach § 21 UWG, sofern der Anspruch, gegen den die Abmahnung gerichtet ist, nach dieser Vorschrift verjährt[213].

---

210 Vgl. Großkomm/*Erdmann*, § 13 UWG, Rdn. 67.
211 So schon sehr dezidiert Voraufl., Kap. 41, Rdn. 58; ebenso KG WRP 1990, 507, 513; Großkomm/*Kreft*, Vor § 13 UWG, C, Rdn. 179 m. w. N. in Fn. 217.
212 OLG Frankfurt MD VSW 1991, 165, 167.
213 BGH GRUR 1992, 176, 177 = WRP 1992, 93, 94 f. – Abmahnkostenverjährung; näher dazu Kap. 16, Rdn. 22 m. w. N.

42. Kapitel Das Verfahren vor den Einigungsstellen

Literatur: *Becker,* Die Einigungsämter der Industrie- und Handelskammern zur Schlichtung und Entscheidung über die Zulässigkeit von Wettbewerbshandlungen, BB 1950, 173; *DIHT* (Deutscher Industrie- und Handelstag), Das Einigungsstellenverfahren, Leitfaden für die Praxis; *von Hoffmann,* Privatrechtliche Schlichtung in der Bundesrepublik Deutschland, in: *Gilles* (Hrsg.), Effektivität des Rechtsschutzes und verfassungsmäßige Ordnung, 1983, 217–238; *Köhler,* Das Einigungsverfahren nach § 27 a UWG: Rechtstatsachen, Rechtsfragen, Rechtspolitik, WRP 1991, 617; *Krieger,* Die Wiedererrichtung von Einigungsstellen zur Beilegung von Wettbewerbsstreitigkeiten, GRUR 1957, 197; *Morasch* (Hrsg.), Schieds- und Schlichtungsstellen in der Bundesrepublik, 1984; *Preibisch,* Außergerichtliche Vorverfahren in Streitigkeiten der Zivilgerichtsbarkeit, 1982; *Prütting,* Schlichten statt Richten? JZ 1985, 251; *Tetzner,* Die Neuregelung der Einigungsstellen für Wettbewerbsstreitigkeiten, GmbH-Rundschau 1957, 129; *von Thenen,* Tätigkeit und Aufgaben der Wettbewerbseinigungsämter, GRUR 1957, 105.

Inhaltsübersicht

	Rdn.		Rdn.
I. Rechtsgrundlagen des Einigungsverfahrens	1–3	4. Verfahrensdurchführung	16–29
II. Zielsetzung des Einigungsverfahrens	4–7	V. Gerichtliche Entscheidungen im Einigungsverfahren	30–35
III. Die Zuständigkeit der Einigungsstellen	8–10	VI. Die Wirkungen des Einigungsverfahrens	36–50
1. Die sachliche Zuständigkeit	8, 9	1. Verfahrensrechtliche Wirkungen	36–45
2. Die örtliche Zuständigkeit	10	2. Materiellrechtliche Wirkungen	46–50
IV. Das Verfahren vor den Einigungsstellen	11–29	VII. Die Errichtung und Besetzung der Einigungsstellen	51, 52
1. Verfahrensvorschriften	11	VIII. Amtshaftung	53
2. Einleitung des Verfahrens	12, 13		
3. Ablehnungsrecht der Einigungsstelle	14, 15		

I. Rechtsgrundlagen des Einigungsverfahrens

1   1. Einen zweiten Weg zur außergerichtlichen Beilegung von Wettbewerbsstreitigkeiten – an praktischer Bedeutung der Abmahnung und Unterwerfung (Kap. 41) allerdings weit nachgeordnet[1] – eröffnet § 27 a UWG. Er bildet die Rechtsgrundlage für die

---

[1] Allerdings sollte seine Bedeutung auch nicht unterschätzt werden; vgl. dazu etwa den Überblick über die Tätigkeiten mehrerer herausgegriffener Einigungsstellen und über die Zahl der von der

Schaffung von Einigungsstellen durch die Landesregierungen (Abs. 1[2]) und regelt – i. V. mit den darin (Abs. 2 u. 7) in Bezug genommenen Vorschriften der ZPO und (Abs. 4) des UWG sowie den zu seiner Ausführung (Abs. 11) ergangenen Landesvorschriften – das gesamte die Einrichtung und das Verfahren der Einigungsstellen betreffende Recht[3].

Zur Ausführung des § 27 a Abs. 1 und 11 UWG sind folgende derzeit in Kraft stehende[4] Verordnungen erlassen worden:

Baden-Württemberg: Verordnung vom 9. 2. 1987 (GBl. S. 64, ber. S. 158).
Bayern: Verordnung vom 17. 5. 1988 (GVBl. S. 115, BayRS 7032-2-W).
Berlin: Verordnung vom 29. 7. 1958 (GVBl. Sb II 43-2), geändert durch Verordnung vom 4. 12. 1974 (GVBl. S. 2785) und vom 28. 10. 1987 (GVBl. S. 2577).
Bremen: Verordnung vom 16. 2. 1988 (GBl. S. 17).
Hamburg: Verordnung vom 27. 1. 1959 (HambSLR 44-b), geändert durch Verordnung vom 23. 12. 1986 (GVBl. S. 368).
Hessen: Verordnung vom 13. 2. 1959 (GVBl. S. 3), geändert durch Verordnung vom 16. 12. 1974 (GVBl. I S. 6721) und vom 7. 4. 1987 (GVBl. I S. 59).
Niedersachsen: Verordnung vom 16. 12. 1958 (GVBl. Sb I S. 496).
Nordrhein-Westfalen: Verordnung vom 15. 8. 1989 (GVBl. S. 460).
Rheinland-Pfalz: Landesverordnung vom 2. 5. 1988 (GVBl. S. 102).
Saarland: Verordnung vom 21. 1. 1988 (Amtsbl. S. 89).
Schleswig-Holstein: Verordnung vom 28. 6. 1958 (GVBl. S. 223).

In den neuen Bundesländern sind entsprechende Regelungen – teils schon in naher Zukunft – zu erwarten.

Die Verordnungen weisen zwar im Grundsätzlichen weitgehende Übereinstimmungen auf; jedoch divergieren sie in vielen Einzelheiten, so daß sich im Verfahrensfalle die Beachtung der jeweils gültigen Landesregelung dringend empfiehlt. Daß diese Notwendigkeit nicht gerade zur Erhöhung der Akzeptanz des Einigungsverfahrens in der Wirtschaft und bei Rechtsanwälten beiträgt und deshalb eine einheitliche Regelung dringend erwünscht wäre, wird von *Köhler* (Großkomm. § 27 a UWG, Rdn. 32 und WRP 1991, 617, 624) mit Recht kritisch hervorgehoben.

II. Zielsetzung des Einigungsverfahrens

Das Einigungsverfahren soll als außergerichtliches Güteverfahren zu einer schnellen und praktischen Beilegung aufgetretener Wettbewerbsstreitigkeiten durch Vergleich führen und damit ein Gerichtsverfahren überflüssig machen.

Wettbewerbszentrale geführten Einigungsverfahren bei Großkomm/*Köhler*, § 27 a UWG, Rdn. 13–16 und *Köhler*, WRP 1991, 617 f.
2 Alle nachfolgend ohne nähere andere Bezeichnung genannten Absätze sind solche des § 27 a UWG.
3 Zu dessen historischer Entwicklung vgl. Großkomm/*Köhler*, § 27 a UWG, Rdn. 1–4.
4 Die Verordnungen sind in den meisten Ländern – teils wiederholt – geändert worden, so daß die Aufstellung der Vorauflage (Kap. 42, Rdn. 12) sehr weitgehend überholt ist; teils unrichtig auch, weil überwiegend veraltete Vorschriften zitierend, *Melullis*, Hdb., S. 25 in Rdn. 30.

5   Seine Vorzüge liegen in der gegenüber gerichtlichen Verfahren erheblich rascheren[5] und billigeren[6] Abwicklung, in gewissem Umfang auch in der – manchmal erwünschten – Nichtöffentlichkeit des Verfahrens und – soweit die Parteien nicht ausdrücklich zustimmen – des Einigungsvorschlags (Abs. 6). *Köhler* (aaO., Rdn. 21 f.) sieht weitere Vorteile in der – in Wahrheit wohl seltenen – größeren Sachnähe der Mitglieder der Einigungsstellen sowie in deren weniger strikten Bindung an gesetzliche Lösungen. Im Erfolgsfalle gibt der dann zu schließende Vergleich dem Gläubiger einen vollwertigen Vollstreckungstitel (§ 27 a Abs. 7 Satz 2 UWG). Außerdem besteht im Einigungsverfahren eher als im gerichtlichen Verfahren die Möglichkeit, wettbewerbsrechtlich unerfahrene Parteien über den konkreten Einzelfall hinaus über Grundsätze des lauteren Wettbewerbs zu belehren[7].

6   Nachteile des Einigungsverfahrens sind vor allem die Gefahr der Verfahrensverdoppelung und -verzögerung im Mißerfolgsfall (und die demgemäß fehlende Eignung für Eilfälle) sowie die geringe räumliche Dichte der Einigungsstellen, die regelmäßig nur in Großstädten eingerichtet werden, und die in diesen Verfahren fehlende Möglichkeit der Prozeßkostenhilfe[8].

7   Bei Abwägung der Vor- und Nachteile erscheint es durchaus wünschenswert und möglich, von Einigungsverfahren in erheblicherem Umfang als bisher Gebrauch zu machen. Für Wirtschaftsverbände, Vereine zur Bekämpfung unlauteren Wettbewerbs und Verbraucherschutzvereine ist (bzw. wäre) ihre Anrufung der nächstliegende und – abgesehen von wirklich dringlichen Eilfällen – der in erster Linie zu beschreitende Weg zur Erfüllung ihrer Aufgaben. Die Einigungsstellen können vor allem bei gutgläubig begangenen Verstößen durch sachverständige Aufklärung und Rechtsbelehrung Lösungen erreichen und damit den Interessen aller Beteiligten dienen. Voraussetzung dafür ist allerdings die personell richtige, qualitativ hochwertige Besetzung der Einigungsstellen, die – glaubt man manchen Klagen aus der gewerblichen Wirtschaft und der Rechtsanwaltschaft – noch nicht überall hinreichend gewährleistet ist und ein besonderes Anliegen der dafür verantwortlichen Industrie- und Handelskammern sein sollte. *Köhler* (Großkomm., aaO., Rdn. 9, und WRP 1991, 617, 624) stellt eine Erhöhung der Vergütung der Vorsitzenden zur Erwägung, um bessere Voraussetzungen für eine qualitativ gute Besetzung zu schaffen.

III. Die Zuständigkeit der Einigungsstellen

1. Sachliche Zuständigkeit

8   Die Einigungsstellen sind sachlich zuständig nach § 27 a Abs. 6 UWG »bei bürgerlichen Rechtsstreitigkeiten aus den §§ 13 und 13 a UWG« und nach § 2 des Gesetzes über

---

5 Näher dazu Großkomm/*Köhler*, § 27 a UWG, Rdn. 20.
6 Mit der alleinigen – nach zutreffender Auffassung von Großkomm/*Köhler*, § 27 a UWG, Rdn. 111 ermächtigungswidrigen – Ausnahme Bremens erheben alle Länder keine Gebühren, so daß nur – meist geringe – Kosten anfallen; Anwaltszwang besteht nicht (vgl. auch Großkomm/*Köhler*, aaO., Rdn. 19).
7 Vgl. *Krieger*, GRUR 1957, 197, 198; ihm folgend Großkomm/*Köhler*, § 27 a UWG, Rdn. 8.
8 Näher zu allem Großkomm/*Köhler*, § 27 a UWG, Rdn. 26–29.

42. Kapitel Das Verfahren vor den Einigungsstellen   9 42

das Zugabewesen[9] und § 13 RabattG auch bei Zugabe- und Rabattverstößen. Das bedeutet mit anderen Worten ihre sachliche Zuständigkeit für alle Wettbewerbsstreitigkeiten gleich welchen Inhalts aus den §§ 1 bis 12 UWG und aus § 13 a UWG[10], aus der ZugabeVO und aus dem RabattG. Jedoch ist zu beachten, daß diese Zuständigkeit bei einseitigem Antrag einer Partei ohne Zustimmung des Gegners auf Streitigkeiten beschränkt ist, die den Letztverbraucher betreffen (Abs. 3 Satz 1). Nur bei Zustimmung des Gegners ergibt sich die weitergehende Zuständigkeit auch für Streitigkeiten, die nicht den Letztverbraucher betreffen (Abs. 3 Satz 2). Jedoch ist dann, wenn das Prozeßgericht den Parteien die (nachträgliche) Anrufung der Einigungsstellen wirksam – d. h. in Verfahren betreffend einstweilige Verfügungen mit Zustimmung des Gegners (Abs. 10 Satz 1 und 2) – aufgegeben hat, die Einigungsstellen für den konkreten Streitgegenstand des anhängigen Verfahrens zuständig, gleichgültig um welche Art von Streitigkeit es sich handelt (Abs. 10 Satz 3 durch Ausschluß des Abs. 8).

Zweifelhaft ist, ob einerseits über den Wortlaut hinaus Streitigkeiten nach §§ 14 ff.   9
UWG einbezogen werden können, wenn sie ausnahmsweise nicht nur Individualinteressen des Verletzten, sondern auch Belange der Öffentlichkeit berühren und damit §§ 1 oder 3 UWG heranziehbar machen[11] und andererseits entgegen dem Wortlaut einengend Fälle des § 1 UWG ausgeschlossen sind, soweit sie – wie etwa im Regelfall beim ergänzenden Leistungsschutz[12] – ausschließlich Individualrechte des Verletzten betreffen[13]. Unumstritten ist dagegen, daß die Zuständigkeit der Einigungsstelle nicht ausgeschlossen wird, wenn der Anspruch konkurrierend auf Vorschriften gestützt wird, die nicht unter die Definition des Abs. 3 fallen[14]. Die von Großkomm/*Köhler* (aaO. Rdn. 54) aufgeworfene Frage der Zuständigkeit für Streitigkeiten aus wettbewerblichen Unterwerfungsvereinbarungen ist zu verneinen, da es sich hier – worauf *Köhler*, aaO., schon maßgeblich abstellt – nicht um Ansprüche »aus § 13 oder § 13 a UWG«, sondern um Vertragsansprüche handelt (ebenso letztlich *Köhler*, aaO.). Dies schließt jedoch nicht aus, daß die Parteien in einem Unterwerfungsvertrag eine Einigungsstelle als Schiedsgutachter für Streitfälle einsetzen, die dann in dieser Funktion – nicht in der der Einigungsstelle – tätig werden darf[15].

---

9 Reichsgesetz vom 12. 5. 1933, RGBl. I, 264, Neufassung durch Gesetz vom 11. 3. 1957, BGBl. I, 172.
10 De lege ferenda ablehnend gegen die Einbeziehung des § 13 a UWG Großkomm/*Köhler*, § 27 a UWG, Rdn. 33 und *Köhler*, WRP 1991, 617, 624.
11 Bejahend insoweit – wohl zu Recht – Großkomm/*Köhler*, § 27 a UWG, Rdn. 51 und HdbWR/*Samwer*, § 77, Rdn. 7; ablehnend *Baumbach/Hefermehl*, § 27 a UWG, Rdn. 3.
12 Für den der BGH daher in seiner neueren Rechtsprechung die Klagebefugnis der Mitbewerber oder Verbände nach § 13 UWG ausgeschlossen hat; vgl. BGH GRUR 1991, 223, 224 – Finnischer Schmuck; Großkomm/*Erdmann*, § 13 UWG, Rdn. 44; vgl. dazu auch Kap. 13, Rdn. 13.
13 Auch insoweit bejahend Großkomm/*Köhler*, aaO.; verneinend – allerdings noch ohne Berücksichtigung der neueren BGH-Rechtsprechung, m. E. jedoch auch bei deren Berücksichtigung zutreffender – *Baumbach/Hefermehl*, aaO.
14 Insoweit übereinstimmend *Baumbach/Hefermehl* und Großkomm/*Köhler*, aaO.
15 OLG Hamm WRP 1991, 135; Großkomm/*Köhler*, § 27 a UWG, Rdn. 11.

Eine Erweiterung der Zuständigkeit durch Parteivereinbarung ist nicht zulässig[16]. Jedoch ist ein unter Überschreitung der Kompetenz der Einigungsstelle geschlossener Vergleich wirksam[17].

2. Örtliche Zuständigkeit

10 Für sie gilt § 24 UWG, also auch dessen Abs. 2[18].

IV. Das Verfahren vor den Einigungsstellen

1. Verfahrensvorschriften

11 Das Verfahren wird ausschließlich durch § 27 a Abs. 5 bis 9 und durch die erlassenen Länderverordnungen geregelt. Vorschriften der ZPO sind, soweit nicht in den genannten Bestimmungen auf sie verwiesen wird, nicht anwendbar, es sei denn, ihre Anwendung ist zur Schließung einer Regelungslücke erforderlich und mit Sinn und Zweck des Einigungsverfahrens als eines Güteverfahrens vereinbar[19]. Allgemeine Rechtsgrundsätze sowie die Grundrechtsbestimmungen der Verfassung gelten auch im Einigungsverfahren[20].

2. Einleitung des Verfahrens

12 Das Verfahren vor der Einigungsstelle kommt nur auf Antrag einer Partei in Gang (Abs. 3), der zurückgenommen werden kann (Abs. 9 Satz 5). Der Antrag soll zweckmäßigerweise einem Klageantrag entsprechen, da er den Streitgegenstand bestimmt (Abs. 3 Satz 1) und möglicherweise beim Zustandekommen einer Einigung dem Vergleich zugrunde gelegt werden kann. Er muß dies aber nicht und kann auch ohne die Einschränkungen der §§ 263 und 264 ZPO geändert werden. Näheres ergeben die in Betracht kommenden – insoweit weitgehend übereinstimmenden – Durchführungsbestimmungen der Landesregierungen[21]. Ist das ordentliche Verfahren bereits anhängig, bedarf es zunächst eines Antrags an das Prozeßgericht, wenn das Einigungsverfahren

---

16 Großkomm/*Köhler*, § 27 a UWG, Rdn. 56; *Baumbach/Hefermehl*, § 27 a UWG, Rdn. 6, der jedoch auf die Möglichkeit verweist, die Einigungsstelle in einem der Form des § 1027 ZPO entsprechenden Schiedsvertrag als Schiedsgericht einzusetzen. Allerdings darf die Einigungsstelle selbst nicht auf einen solchen Vertrag hinwirken; hierzu und zur strikten Funktionstrennung schon Voraufl., Kap. 42, Rdn. 25, und jetzt näher Großkomm/*Köhler*, aaO., Rdn. 11, sowie HdbWR/*Samwer*, § 77, Rdn. 3.
17 Großkomm/*Köhler*, § 27 a UWG, Rdn. 56 und 97; *Baumbach/Hefermehl*, § 27 a UWG, Rdn. 6.
18 Hiergegen – allerdings nur de lege ferenda, da die Anwendung auch des § 24 Abs. 2 UWG de lege lata unvermeidbar ist – Großkomm/*Köhler*, § 27 a UWG, Rdn. 34 und *Köhler*, WRP 1991, 617, 624 f.; und zwar wegen des hier gegebenen Anreizes für Mißbräuche.
19 Großkomm/*Köhler*, § 27 a UWG, Rdn. 59.
20 Großkomm/*Köhler*, § 27 a UWG, Rdn. 60.
21 Näheres hierzu auch Großkomm/*Köhler*, § 27 a UWG, Rdn. 62 und *Baumbach/Hefermehl*, § 27 a UWG, Rdn. 11.

nachgeholt werden soll (Abs. 10 Satz 1). In den Fällen, in denen nicht geschäftlicher Verkehr mit dem Letztverbraucher betroffen wird, ist die Zustimmung des Gegners erforderlich. Sie ist eine formlose, empfangsbedürftige Willenserklärung, die entweder dem Antragsteller gegenüber – dann in einer der Einigungsstelle nachweisbaren Form – oder der Einigungsstelle gegenüber abgegeben werden kann[22]. Rügelose Einlassung bedeutet Zustimmung nur dann, wenn über das Zustimmungserfordernis aufgeklärt worden ist[23].

Berechtigt zur Antragstellung kann jeder sein, der gemäß §§ 13, 13 a UWG Partei einer in die Zuständigkeit der Einigungsstelle fallenden Wettbewerbsstreitigkeit sein kann; außer dem Verletzten – im Falle des § 13 a UWG kann dies auch ein Letztverbraucher sein – oder dem Verletzer können dies Mitbewerber sowie Verbände und Kammern im Sinne des § 13 Abs. 2 und 3 UWG sein.

3. Ablehnungsrecht der Einigungsstelle

Die Einigungsstelle kann – wie weit sie dies auch muß, ist streitig[24] –, sofern nicht eine Anordnung durch das Gericht erfolgt ist (Abs. 10 Satz 3), das Einigungsverfahren ablehnen, wenn sie unzuständig ist oder den Antrag von vornherein für unbegründet hält (Abs. 8) oder wenn die – nur in den Fällen des Abs. 3 Satz 2 erforderliche – Zustimmung des Gegners fehlt. Gegen die Ablehnung gibt es kein Rechtsmittel[25].

Hat die Einigungsstelle das Verfahren eingeleitet, ohne von einem bestehenden Ablehnungsrecht – absichtlich oder aus Unkenntnis des Grundes – Gebrauch zu machen, so kann sie die Fortsetzung nicht mehr ablehnen. Abs. 8 ist nicht entsprechend anzuwenden[26]. Sie kann nur – nach Unterrichtung der Parteien von den Gründen – auf die Rücknahme des Antrags hinwirken oder einen die Gründe berücksichtigenden Einigungsvorschlag unterbreiten (Großkomm/*Köhler*, aaO.).

4. Verfahrensdurchführung

Der Vorsitzende hat die Beisitzer zu berufen und bestimmt Termin zur mündlichen Verhandlung, zu dem er – unter Zustellung der Antragsschrift – die Parteien lädt. Die Ladungsfristen sind in den Länderverordnungen nicht ganz einheitlich geregelt; überwiegend gilt jedoch eine Ladungsfrist von mindestens drei Tagen ab Zustellung, die in begründeten Fällen analog § 224 ZPO abgekürzt oder verlängert werden kann[27]. Die Anordnung der Einreichung vorbereitender Schriftsätze steht im Ermessen des Vorsitzenden[28]. Zur Ladung von Zeugen oder Sachverständigen ist die Einigungsstelle nicht befugt; jedoch kann der Vorsitzende das persönliche Erscheinen einer Partei oder bei-

---

22 Großkomm/*Köhler*, § 27 a UWG, Rdn. 63.
23 Großkomm/*Köhler*, aaO.
24 Für eine Ablehnungspflicht *Baumbach/Hefermehl*, § 27 a UWG, Rdn. 10; gegen eine solche und für weitgehende Ermessensfreiheit der Einigungsstelle *A. Krieger*, GRUR 1957, 197, 205; vermittelnd – und m. E. zutreffend – Großkomm/*Köhler*, § 27 a UWG, Rdn. 66.
25 Großkomm/*Köhler*, § 27 a UWG, Rdn. 68; *Baumbach/Hefermehl*, § 27 a UWG, Rdn. 10.
26 Großkomm/*Köhler*, § 27 a UWG, Rdn. 72.
27 Großkomm/*Köhler*, § 27 a UWG, Rdn. 73; *Baumbach/Hefermehl*, § 27 a UWG, Rdn. 11.
28 *Baumbach/Hefermehl*, § 27 a UWG, Rdn. 11.

der anordnen (Abs. 5 Satz 1; näheres dazu nächste Rdn.). Abgesehen von der hierdurch begründeten und unter Ordnungsgeldsanktion (Abs. 5 Satz 3) stehenden Erscheinenspflicht können die Parteien sich im Einigungsverfahren durch jedermann – also insbesondere auch durch Rechtsanwälte – vertreten lassen; Anwaltszwang besteht jedoch nicht.

17   Die Anordnung des persönlichen Erscheinens einer Partei steht im pflichtgemäßen Ermessen[29] des Vorsitzenden der Einigungsstelle. Sie muß eine Belehrung sowohl über die Folgen unentschuldigten Ausbleibens (Möglichkeit der Ordnungsgeld-Verhängung nach Abs. 5 Satz 2)[30] als auch darüber enthalten, daß gegen diese Anordnung nach Abs. 5 Satz 3 das Rechtsmittel der sofortigen Beschwerde statthaft ist[31].

18   Auch die Festsetzung eines Ordnungsgeldes im Falle unentschuldigten Ausbleibens trotz Androhung des persönlichen Erscheinens steht im pflichtgemäßen Ermessen der Einigungsstelle, von dem namentlich dann zurückhaltender Gebrauch gemacht werden sollte als bisher[32], wenn die Partei vor dem Termin entweder ausdrücklich erklärt hatte, daß sie nicht einigungsbereit sei und sich in der mündlichen Verhandlung nicht einlassen werde (*Köhler*, aaO., Rdn. 82, und WRP 1991, 617, 624), oder wenn sie einen – lediglich unzureichenden – Entschuldigungsversuch unternommen hatte. Lediglich in den Fällen, in denen die Partei sich auf die Anordnung hin überhaupt nicht erklärt hatte, erscheint wegen der darin zum Ausdruck kommenden Mißachtung der Institution die Verhängung eines Ordnungsgeldes unproblematisch[33].

19   Die Einigungsstelle ist grundsätzlich berechtigt, den Parteien schon vor der mündlichen Verhandlung einen Einigungsvorschlag zu machen, jedoch hat eine Einigung ohne mündliche Verhandlung nicht die Wirkung eines Vollstreckungstitels. Zur Erlangung eines solchen ist die mündliche Verhandlung unerläßlich (Abs. 7 Satz 1: »in der Verhandlung« und Satz 2 »vor der Einigungsstelle«)[34].

20   In der mündlichen Verhandlung soll ein gütlicher Ausgleich herbeigeführt werden. Die Parteien haben Gelegenheit zur Äußerung, sind zur Einlassung jedoch nicht verpflichtet und unterliegen nicht der prozessualen Wahrheitspflicht[35].

---

29 Zu dessen Schranken eingehend Großkomm/*Köhler*, § 27 a UWG, Rdn. 75–77, und *Köhler*, WRP 1991, 617, 622 f.
30 Eine solche Belehrung sowie das Erfordernis der Zustellung der Anordnung an die Partei persönlich – nicht an etwaige Vertreter – schreiben die Länderverordnungen im wesentlichen übereinstimmend vor; vgl. auch Großkomm/*Köhler*, § 27 a UWG, Rdn. 74.
31 LG Hannover NJW-RR 1987, 817; WRP 1988, 574; Großkomm/*Köhler*, § 27 a UWG, Rdn. 124; dies, weil im Hinblick auf die Problematik einer Zwangsmaßnahme in einem Güteverfahren die Ermessenskontrolle durch Gerichte voll gewährleistet sein muß.
32 Im einzelnen dazu – eingehend und mit Nachdruck sowie guten Gründen – Großkomm/*Köhler*, § 27 a UWG, Rdn. 80–82, sowie *Köhler*, WRP 1991, 617, 622 f., allerdings entgegen der bisher in der Gerichtspraxis überwiegenden Meinung, vgl. OLG Hamm GRUR 1984, 600; OLG Koblenz GRUR 1988, 560 = WRP 1988, 280; vorsichtiger OLG Frankfurt GRUR 1988, 150, 151 = WRP 1988, 175, 176 – Einigungsstelle.
33 So auch OLG Frankfurt aaO. und Großkomm/*Köhler*, § 27 a UWG, Rdn. 83, sowie *Köhler*, WRP 1991, 617, 623.
34 Vgl. auch Großkomm/*Köhler*, § 27 a UWG, Rdn. 87 und 95.
35 RG GRUR 1937, 236; Großkomm/*Köhler*, § 27 a UWG, Rdn. 88, letzterer mit dem berechtigten Hinweis darauf, daß davon etwaige materiell-rechtliche Folgen unterlassener oder falscher Angaben unberührt bleiben.

42. Kapitel   Das Verfahren vor den Einigungsstellen

Förmliche Beweiserhebungen sind im Gesetz nicht vorgesehen und nach Sinn und 21
Zweck des Güteverfahrens ausgeschlossen. Jedoch kann die Einigungsstelle »Auskunftspersonen«, die freiwillig vor ihr erscheinen, in der Regel also von den Parteien gestellt werden, als Zeugen oder Sachverständige anhören, wenn dies sachdienlich erscheint. Die Vereidigung dieser Personen oder der Parteien ist nicht – auch nicht im Wege der Amtshilfe durch ein Gericht analog § 1036 ZPO[36] – zulässig, weil sie in noch stärkerem Maße als eine förmliche Beweiserhebung mit dem Wesen des Güteverfahrens – hinsichtlich der Parteien auch mit dem Fehlen der Wahrheitspflicht – unvereinbar ist[37]. Hiervon abgesehen muß die Einigungsstelle sich bemühen, den Sachverhalt so weit wie möglich aufzuklären, ihn rechtlich zu würdigen und dem Ergebnis der Würdigung gemäß einen gütlichen Ausgleich zu erreichen, der auch in anderen Formen als der des in Abs. 7 ausdrücklich erwähnten Vergleichs erfolgen kann, so etwa durch Verzicht auf Weiterverfolgung des vermeintlichen Anspruchs, durch Abgabe einer Unterwerfungserklärung o. ä. Gelingt der Ausgleich nicht schon in der mündlichen Verhandlung, so kann die Einigungsstelle den Parteien einen schriftlichen, mit Gründen versehenen Einigungsvorschlag machen, der mit Zustimmung der Parteien auch veröffentlicht werden darf[38].

Die mündliche Verhandlung, über die ein Protokoll anzufertigen ist, ist nicht öffent- 22
lich, vgl. z. B. § 5 BayerDVO. Der Vorsitzende kann jedoch bei berechtigtem Interesse Dritten die Anwesenheit gestatten (*Baumbach/Hefermehl*, § 27 a UWG, Rdn. 9). Auch die Parteien können ein solches Interesse geltend machen, etwa wenn sie die Zulassung der Anwesenheit eines rechtskundigen Vertreters[39] des gemeinsamen Berufs- oder Branchenverbandes anregen[40].

Ein Vergleich, der die meist erwünschte Wirkung eines vollstreckbaren Titels haben 23
soll (Abs. 7 Satz 2), muß vor der Einigungsstelle geschlossen, in einem besonderen Schriftstück niedergelegt, datiert und von den mitwirkenden Mitgliedern der Einigungsstelle sowie von den Parteien unterzeichnet werden.

Inhaltlich müßte ein Vergleich, wenn man den Begriff wörtlich nähme, den Anforde- 24
rungen des § 779 BGB genügen, also ein gegenseitiges Nachgeben enthalten. Dies wäre jedoch mit Sinn und Zweck der gütlichen Einigung – gleich in welcher Weise – schwerlich vereinbar, wenn dann im denkbaren und nicht immer durch kleine (Schein-)Konzessionen vermeidbaren (vgl. Großkomm/*Köhler*, § 27 a UWG, Rdn. 96) Falle eines völligen Nachgebens einer Partei – etwa bei Verpflichtung zur Unterlassung seitens des Schuldners oder beim völligen Verzicht auf den Anspruch seitens des Gläubigers – ein Vergleich nicht zulässig wäre. Der Begriff des Vergleichs muß daher hier in eigenständiger Bedeutung im Sinne eines Ergebnisses der gütlichen Einigung außerhalb des gerichtlichen Verfahrens verstanden werden (so zutreffend und mit näherer Begründung

---

36 Insoweit a. A. *Baumbach/Hefermehl*, § 27 a UWG, Rdn. 11, und HdbWR/*Samwer*, § 77, Rdn. 11.
37 Ähnlich, aber weniger dezidiert (»wenig sinnvoll«), Großkomm/*Köhler*, § 27 a UWG, Rdn. 90.
38 § 27 a Abs. 6 Satz 2 und 3 UWG; zum Einigungsvorschlag ohne mündliche Verhandlung vgl. Rdn. 19.
39 »Vertreter« ist hier nicht im Rechtssinne gemeint.
40 Voraufl., Kap. 42, Rdn. 20; Großkomm/*Köhler*, § 27 a UWG, Rdn. 89.

aus dem Regelungszusammenhang von § 27 a Abs. 7 mit § 27 a Abs. 6 UWG Großkomm/*Köhler*, § 27 a UWG, Rdn. 96).

25 Ein vor einer Einigungsstelle geschlossener Vergleich ist ein Vollstreckungstitel (Abs. 7 Satz 2 Halbs. 1). Die Vollstreckungsklausel wird von dem Urkundsbeamten desjenigen Amtsgerichts erteilt, in dessen Bezirk die Einigungsstelle ihren Sitz hat (Abs. 7 Satz 2 Halbs. 2, § 797 a Abs. 2 ZPO). Dieses Gericht entscheidet auch über Einwendungen gegen die Erteilung der Vollstreckungsklausel (§ 797 a Abs. 4 Satz 3 ZPO). Die Frage, welches Gericht im übrigen »Vollstreckungsgericht« ist, beantwortet sich nicht nach § 27 a Abs. 7 Satz 2 UWG i. V. mit § 797 a ZPO, sondern nach dem der Vollstreckung zugrundeliegenden Einigungsvergleich. Für Unterlassungsverpflichtungen ist daher das Prozeßgericht erster Instanz zuständig (§ 890 Abs. 1 ZPO), also dasjenige Gericht, das ohne Anrufung der Einigungsstelle oder bei Scheitern der Einigungsverhandlungen zuständig gewesen wäre. Vergleichstitel auf Vornahme von Handlungen werden nach § 887 ZPO (vertretbare Handlungen) und § 888 ZPO (unvertretbare Handlungen) vollstreckt. Das Amtsgericht ist daher bei Vergleichen, die vor einer Einigungsstelle geschlossen worden sind, Vollstreckungsgericht nur in den seltenen Fällen, in denen es für die Wettbewerbsstreitigkeit Prozeßgericht erster Instanz gewesen wäre, und für alle sonstigen Vollstreckungsmaßnahmen (z. B. Pfändungs- und Überweisungsbeschlüsssen bei Zahlungsverpflichtungen). Für Ordnungsmittelfestsetzungsverfahren nach § 890 ZPO bei Zuwiderhandlungen gegen eine im Vergleich statuierte Unterlassungsverpflichtung sind – bei entsprechendem Streitwert – die Landgerichte und hier die Kammern für Handelssachen ausschließlich (§ 802 ZPO) zuständig, sofern nicht der im Vergleich geregelte Unterlassungsanspruch aufgrund seines geringen Streitwertes im Falle eines anhängig gewordenen ordentlichen Verfahrens vor das Amtsgericht gehört hat.

26 Zu Entscheidungen in der Sache[41] ist die Einigungsstelle nicht befugt.

27 Kommt eine Einigung nicht zustande, so endet das Verfahren. Die Einigungsstelle hat den Zeitpunkt der Beendigung festzustellen; die Feststellung ist den Parteien durch den Vorsitzenden mitzuteilen (Abs. 9 Satz 3 und 4).

28 Das Verfahren vor den Einigungsstellen ist gebührenfrei. Die einzige[42] Ausnahmeregelung, § 11 Abs. 1 und 2 BremVO, ist gesetzwidrig, da sie ohne gesetzliche Ermächtigungsgrundlage ergangen ist, nachdem durch Art. 8, IV des Kostenänderungsgesetzes vom 23. 6. 1970 (BGBl. I, 805) die früher in § 27 a Abs. 11 Satz 1 enthaltene gewesene Ermächtigung für eine Gebührenregelung gestrichen worden ist[43]; sie dürfte daher einer Normenkontrolle (auf entsprechende Rüge) nicht standhalten.

29 Auslagen[44] sind vornehmlich im Wege gütlichen Ausgleichs auf die Parteien zu verteilen. Kommt eine Einigung nicht zustande, hat die Einigungsstelle – in der Regel nach

---

41 Zur begrenzten Entscheidungskompetenz in Verfahrensfragen vgl. nachfolgend Rdn. 30.
42 Die früher in Bayern gültige Gebührenregelung ist durch die Bayerische EinigungsstellenVO vom 17. 5. 1988 aufgehoben worden, was bei *Baumbach/Hefermehl*, § 27 a UWG, Rdn. 16, noch nicht beachtet ist; vgl. auch Großkomm/*Köhler*, § 27 a UWG, Rdn. 111 und WRP 1991, 617, 621.
43 Vgl. auch insoweit *Köhler*, aaO. (wie Fn. 42).
44 Zum Begriff und zu ihrer Feststellung in diesem Zusammenhang näher Großkomm/*Köhler*, aaO., Rdn. 113 f., und WRP 1991, 617, 621.

42. Kapitel Das Verfahren vor den Einigungsstellen

billigem Ermessen[45] unter Berücksichtigung des Sach- und Streitstands[46] – zu entscheiden. Die Kosten werden von der IHK wie Beiträge eingezogen[46].

V. Gerichtliche Entscheidungen im Einigungsverfahren

Rechtsmittel, für die die ordentlichen Gerichte zuständig sind, weil es einen eigenen Rechtsmittelzug bei Einigungsstellen nicht gibt, sind im Verfahren vor den Einigungsstellen nur beschränkt zulässig. Gegen zwei von fünf im Gesetz überhaupt nur vorgesehenen (Verfahrens-)Entscheidungen der Einigungsstelle selbst oder ihres Vorsitzenden – auf die Frage der Anfechtbarkeit von Gerichtsentscheidungen, die im Zusammenhang mit Einigungsverfahren stehen, wird gesondert einzugehen sein – sind Rechtsmittel überhaupt nicht statthaft, nämlich gegen die Ablehnung der Einleitung von Einigungsverhandlungen (Abs. 8)[47] und gegen die Feststellung des Zeitpunkts der Beendigung des Einigungsverfahrens[48]. Dagegen findet sowohl gegen die Anordnung des persönlichen Erscheinens durch den Vorsitzenden als auch gegen die Festsetzung eines Ordnungsgeldes wegen Nichterscheinens die sofortige Beschwerde statt (Abs. 5 Satz 3). Das gleiche Rechtsmittel ist gegen die Festsetzung und Verteilung der Kosten gegeben[49].

Über die sofortige Beschwerde, die auch bei der Einigungsstelle eingelegt werden kann, der letztere aber entsprechend § 577 Abs. 3 ZPO nicht abhelfen darf, entscheidet das für den Sitz der Einigungsstelle zuständige Landgericht, und zwar, soweit vorhanden, die Kammer für Handelssachen, sonst eine Zivilkammer.

Eine weitere sofortige Beschwerde ist in Fällen von Kostenentscheidungen überhaupt nicht (§ 568 Abs. 3 ZPO), in den anderen Fällen nur dann zulässig, wenn die Entscheidung über die sofortige Beschwerde einen neuen selbständigen Beschwerdegrund enthält (§ 568 Abs. 2 ZPO). Die Aufhebung eines Ordnungsgeldbeschlusses auf die sofortige Beschwerde stellt keinen solchen Grund dar, weil sie nicht anders als die – nicht rechtsmittelfähige – Nichtfestsetzung eines Ordnungsgeldes behandelt werden kann[50]. Selbstverständlich hat auch die IHK kein Recht zur Beschwerde gegen eine die Ordnungsgeldfestsetzung aufhebende Entscheidung der Beschwerdeinstanz[51].

---

45 Eine Ausnahme statuiert § 13 Abs. 4 Satz 1 RhPfälzVO, nach dem jede Partei die Hälfte der Kosten zu tragen hat, sofern keine anderweite gütliche Einigung zustande kommt. Dies dürfte – ungeachtet der groben Unbilligkeit und der gegenteiligen Auffassung von Großkomm/*Köhler*, aaO., Rdn. 115, Fn. 13 und WRP 1991, 617, 622 in Fn. 40 – auch für den Fall der Antragsrücknahme zu gelten haben.
46 Großkomm/*Köhler*, aaO., Rdn. 116; *Baumbach/Hefermehl*, § 27 a UWG, Rdn. 16.
47 So schon Voraufl., Kap. 42, Rdn. 43; übereinstimmend Großkomm/*Köhler*, § 27 a UWG, Rdn. 121.
48 Großkomm/*Köhler*, § 27 a UWG, Rdn. 106 und 121.
49 Vgl. etwa § 9 BayVO; § 12 Abs. 5 NrwVO; *Köhler*, WRP 1991, 617, 622.
50 So zutreffend OLG Hamm WRP 1989, 190, 191 und jetzt auch OLG Frankfurt GRUR 1991, 249, 250; ferner Großkomm/*Köhler*, § 27 a UWG, Rdn. 123; unklar – und wohl anders zu verstehen – noch OLG Frankfurt GRUR 1988, 150, 151; a. A. HdbWR/*Samwer*, Nachtrag 1989 zu § 77, Anm. II 2.
51 OLG Hamm WRP 1987, 187, 188 mit zutreffender Begründung.

33 Die ordentlichen Gerichte sind im Zusammenhang mit Einigungsverfahren außer zu den genannten Beschwerdeentscheidungen auch in zwei weiteren Fällen zur Entscheidung berufen:

34 Sie entscheiden nach § 27 a Abs. 2 Satz 6 UWG über Ablehnungsgesuche gegen Mitglieder der Einigungsstelle, für die gemäß Abs. 2 Satz 5 die §§ 41 bis 43 ZPO und § 44 Abs. 2 bis 4 ZPO entsprechend gelten. Gegen diese Entscheidungen findet kein Rechtsmittel statt, da § 46 ZPO in § 27 a ZPO nicht aufgeführt ist[52]. Zwar anerkennt die Rechtsprechung mittlerweile das Institut einer – im Gesetz nicht vorgesehenen – Ausnahmebeschwerde wegen sogenannter »greifbarer Gesetzwidrigkeit«[53]. Jedoch erfordert die Statthaftigkeit eines solchen Rechtsmittels extra oder gar contra legem mehr als nur einen groben Rechtsfehler, nämlich einen Fehler, der die Entscheidung als gänzlich gesetzesfremd oder mit der Rechtsordnung schlechthin unvereinbar erscheinen läßt[54], und damit mehr, als im Fall des OLG Stuttgart aaO. an Voraussetzungen für die dort schon – m. E. fehlerhaft – angenommene »greifbare Gesetzwidrigkeit« gefordert worden ist.

35 Außerdem können die ordentlichen Gerichte nach § 27 a Abs. 10 Satz 1 UWG im Klageverfahren auf einseitigen Antrag – für Verfügungsverfahren gilt das Erfordernis der Zustimmung des Gegners gemäß Abs. 10 Satz 2 – die Anrufung der Einigungsstelle anordnen. Die Anordnung, in der die nach Meinung des Gerichts zuständige Einigungsstelle zu benennen ist, ist vom Gericht nach seinem Ermessen zu treffen, jedoch hat sie zu unterbleiben, wenn das Gericht den geltend gemachten Anspruch für unbegründet hält oder die Absicht der Verfahrensverzögerung erkennbar wird[55]. Sie ist vom Gericht nicht durchsetzbar; die Nichtbeachtung durch die Parteien bleibt folgenlos. Nach überwiegender Meinung[56] soll die Anordnung in ihren Wirkungen einer Verfahrensaussetzung gleichkommen, so daß § 252 ZPO entsprechend anwendbar wäre. Damit wäre gegen die Anordnung Beschwerde, gegen die Ablehnung der Anordnung die sofortige Beschwerde zulässig. Die Rechtsmittel ermöglichen jedoch auch nach h. M. lediglich die Nachprüfung, ob die gesetzlichen Voraussetzungen vorliegen und das Gericht von seinem Ermessen rechtsfehlerfrei Gebrauch gemacht hat (Großkomm/*Köhler*, aaO.). Nach meiner Meinung entspricht jedoch die Verfahrensunterbrechung mehr einer Vertagung (unter Eröffnung der Möglichkeit, das Verfahren zum Ruhen zu bringen).

---

52 Insoweit zutreffend OLG Stuttgart NJW-RR 1990, 245; ferner Großkomm/*Köhler*, § 27 a UWG, Rdn. 47.
53 Zum Begriff und seiner Anwendung vgl. z. B. BGH NJW-RR 1986, 738; BGH NJW 1992, 983 = MDR 1992, 181 f. – Greifbare Gesetzwidrigkeit m. w. N.
54 Vgl. besonders die zum Ablehnungsrecht ergangene Entscheidung BGH aaO. – Greifbare Gesetzwidrigkeit; dies wird in Großkomm/*Köhler*, § 27 a UWG, Rdn. 47, bei der (unkritischen) Bezugnahme auf OLG Stuttgart NJW-RR 1990, 245 vernachlässigt.
55 Großkomm/*Köhler*, § 27 a UWG, Rdn. 132.
56 *Baumbach/Hefermehl*, § 27 a UWG, Rdn. 5; Großkomm/*Köhler*, § 27 a UWG, Rdn. 133; HdbWR/*Samwer*, § 77, Rdn. 15, unentschieden dagegen in Nachtrag 1989, zu § 77, Anm. II, 1; a. A. noch Voraufl., Kap. 42, Rdn. 15.

VI. Die Wirkungen des Einigungsverfahrens

1. Verfahrensrechtliche Wirkungen

a) Kraft ausdrücklicher gesetzlicher Regelung (§ 27 a Abs. 10 Satz 4 UWG) darf nach Anrufung der Einigungsstelle (für die Dauer des Einigungsverfahrens) eine negative Feststellungsklage nicht erhoben werden.

b) Ungeregelt – und auch nicht unumstritten[57] – sind die Fragen, ob auch Leistungsklagen bzw. Verfügungsanträge oder positive Feststellungsklagen ausgeschlossen sind. Hier ist in mehrfacher Hinsicht zu differenzieren:

Die Zulässigkeit eines Antrags auf Erlaß einer einstweiligen Verfügung wird durch ein Einigungsverfahren nicht berührt[58], und zwar auch dann nicht, wenn der Verfügungsantragsteller selbst das Einigungsverfahren eingeleitet oder seiner Einleitung ausdrücklich zugestimmt hat; denn das Verfügungsverfahren führt in der Regel nur zu einer vorläufigen Regelung. Seine Einleitung entwertet das Einigungsverfahren nicht, sondern kann es sogar fördern, so daß darin auch kein treuwidriges venire contra factum proprium des Antragstellers gesehen werden kann[59].

Dagegen ist bei der Frage des Einflusses eines Einigungsverfahrens auf die Möglichkeit der Klageerhebung danach zu differenzieren, wer die Einigungsstelle angerufen hat:

Ist es der Kläger selbst, so wird er sich regelmäßig – sofern nicht besondere Gründe für ein zusätzliches gerichtliches Vorgehen nachträglich aufgetreten oder erkennbar geworden sind[60] – mit dem Verbot des »venire contra factum proprium« – in Widerspruch setzen; sein petitum an das Gericht wird als treuwidrig und demgemäß nicht rechtsschutzwürdig zurückzuweisen sein[61].

Dagegen bleibt es dem Verletzten dann, wenn sein Gegner die Einigungsstelle angerufen hat, regelmäßig – anders nur, wenn er der Anrufung zugestimmt hat[62] – unbenommen, Klage zu erheben[63]; denn er braucht sich wegen der damit verbundenen Nachteile[64] die Verzögerung durch ein – von ihm nicht eingeleitetes oder aktiv mitgetragenes – Einigungsverfahren nicht aufzwingen zu lassen.

---

57 Zum Meinungsstand vgl. zunächst allgemein Großkomm/*Köhler*, § 27 a UWG, Rdn. 127.
58 OLG München WRP 1971, 487 und MD VSW 1985, 616, 618; OLG Stuttgart WRP 1980, 508, 509; KG DB 1985, 2403 = MD VSW 1985, 770, 774.
59 So überzeugend Großkomm/*Köhler*, § 27 a UWG, Rdn. 136, sowie *Köhler,* WRP 1991, 617, 619.
60 Solche – allerdings wohl seltenen – Ausnahmen, auf die Großkomm/*Köhler,* § 27 a UWG, Rdn. 128, sowie *Köhler,* WRP 1991, 617, 618 ausführlich abhebt, waren entgegen der Meinung *Köhlers* aaO. auch schon in der Voraufl., Kap. 42, Rdn. 13 nicht ausgeschlossen, allerdings nicht näher spezifiziert; vgl. dort den letzten Satz der genannten Randnummer.
61 Großkomm/*Köhler,* aaO.; wohl auch *Baumbach/Hefermehl,* § 27 a UWG, Rdn. 1.
62 So zutreffend Großkomm/*Köhler,* § 27 a UWG, Rdn. 129, sowie *Köhler,* WRP 1991, 617, 618 f.
63 Vgl. Großkomm/*Köhler* und *Köhler,* aaO.; ferner HdbWR/*Samwer,* Nachtrag 1989, § 77 Anm. I, 2 c; ferner auch schon Voraufl., Kap. 42, Rdn. 13; leise zweifelnd – »höchstrichterlich nicht geklärt« – *Ahrens,* EWiR 1988, 724 unter 4.
64 Eingehend dazu Großkomm/*Köhler* und *Köhler,* aaO.

42 Dies gilt auch dann, wenn der Verletzer die Anrufung der Einigungsstelle mit der Abgabe einer auf den Zeitpunkt nach Beendigung des Einigungsverfahrens befristeten strafbewehrten Unterwerfungserklärung verbunden hat oder eine solche nachträglich abgibt; denn die meisten der Nachteile einer (oktroyierten) Verzögerung bleiben auch bei Abgabe einer solchen – keine endgültige Regelung enthaltenden – Erklärung unberührt (so zutreffend Großkomm/*Köhler*, aaO. Rdn. 130, und *Köhler*, WRP 1991, 617, 619).

43 Auch die Dringlichkeit, die für den Erlaß einer einstweiligen Verfügung erforderlich ist, wird durch eine solche befristete Unterwerfung nicht berührt[65]; denn eine solche Erklärung ist, da sie die Wiederholungsgefahr nicht entfallen läßt und, solange der Gegner sie (verständlicher- und berechtigterweise) nicht annimmt, sanktionslos bleibt, völlig unverbindlich und daher nicht geeignet, Rechtswirkungen zu zeitigen.

44 Läßt der Gegner sich dagegen auf eine in dieser Weise befristete (oder auf eine anderweitig bedingte) Unterwerfungserklärung im Zusammenhang mit einem Einigungsverfahren ausdrücklich ein – Stillschweigen genügt nicht –, indem er sie annimmt oder sein Einverständnis damit erklärt, so kann dies (als pactum de non petendo) ein Vorgehen im Klage- oder Verfügungsantragswege unzulässig machen (Großkomm/*Köhler*, § 27 a UWG, Rdn. 130; *Köhler*, WRP 1991, 617, 619).

45 Die – nur auf gerichtliche Anordnung (§ 27 a Abs. 10 Satz 1 und 2 UWG) überhaupt noch zulässige – Anrufung der Einigungsstelle während eines schon anhängigen gerichtlichen Verfahrens[66] führt zu dessen Unterbrechung. Die umstrittene Rechtsnatur dieser Unterbrechung[67] ist bereits in anderem Zusammenhang (Rdn. 35) behandelt worden.

2. Materiell-rechtliche Wirkungen

46 a) Unstreitig ist, daß die Anrufung der Einigungsstelle die materiell-rechtliche Anspruchsvoraussetzung der Wiederholungsgefahr nicht beseitigt[68].

47 b) Die beiderseitige Aufnahme von Einigungsverhandlungen – nicht auch die einseitige – kann gewisse Verhaltenspflichten (Auftrags-, Fürsorge-, Obhuts- oder Rücksichtspflichten) sowie eine Haftung aus c. i. c. begründen[69].

48 c) Die wichtigste (und einzige im Gesetz geregelte) materiell-rechtliche Wirkung der Anrufung der Einigungsstelle[70] ist die Unterbrechung der Verjährung (vgl. § 27 a Abs. 9 Satz 1). Sie tritt jedoch – entgegen einer verbreiteten, aber m. E. nicht haltbaren

---

65 So im Ergebnis übereinstimmend, wenngleich mit teils anderer Begründung, KG, Urt. v. 18. 4. 1988 – 25 U 125/88, MD VSW 1988, 958; Großkomm/*Köhler*, § 27 a UWG, Rdn. 137, und *Köhler*, WRP 1991, 617, 620.
66 Eingehend dazu Großkomm/*Köhler*, § 27 a UWG, Rdn. 131, 132 und 134.
67 Vgl. dazu Großkomm/*Köhler*, aaO., Rdn. 135.
68 OLG Stuttgart WRP 1980, 508, 509; Großkomm/*Köhler*, § 27 a UWG, Rdn. 152.
69 So zutreffend Großkomm/*Köhler*, aaO., Rdn. 148–151.
70 Daß auch der Anrufung einer unzuständigen Einigungsstelle die – allerdings nicht unbestrittene, vgl. HdbWR/*Samwer*, § 77, Rdn. 8 – Unterbrechungswirkung zukommt (analog § 212 a BGB), und zwar bis zur Ablehnung von Einigungsverhandlungen durch die Einigungsstelle mangels Zuständigkeit (Abs. 8) oder – im Falle der Einleitung – bis zur Verfahrensbeendigung, hat *Köhler* (Großkomm., § 27 a UWG, Rdn. 145 f., und WRP 1991, 617, 621) überzeugend nachgewiesen.

42. Kapitel Das Verfahren vor den Einigungsstellen

Meinung[71] – nur ein, wenn die Einigungsstelle durch den Gläubiger angerufen wird. Dies folgt – wie *Köhler*[72] nicht nur eingehend, sondern auch überzeugend nachgewiesen hat – aus der systemgerechten Wortlautauslegung wie aus Sinn und Zweck der Regelung und kann durch die im wesentlichen auf – zweifelhafte – rechtspolitische Wunschvorstellungen gestützte Argumentation von OLG Koblenz und von *Ahrens*, aaO., m. E. nicht widerlegt werden. Denn der in dieser Argumentation gesehenen Gefahr, der Gläubiger könnte bei Verneinung einer Unterbrechungswirkung dem Zwang einer frühzeitigen Klageerhebung allein zur Unterbrechung der Verjährung ausgesetzt sein, kann der Gläubiger dadurch begegnen, daß er sich der Anrufung seinerseits anschließt (vgl. *Köhler*, aaO.; aber auch nachfolgend Rdn. 50).

Die Unterbrechung der Verjährung endet mit der Beendigung des Verfahrens vor der Einigungsstelle (Abs. 9 Satz 2). Wird die Anrufung der Einigungsstelle zurückgenommen, so gilt die Unterbrechung als nicht erfolgt (Abs. 9 Satz 5)[73]. Die Vorschrift des § 212 BGB ist unanwendbar[74], so daß eine Wiederholung der Anrufung innerhalb von sechs Monaten nicht die alte Unterbrechung aufleben läßt, sondern nur eine neue bewirkt. 49

d) Wird die Einigungsstelle vom Schuldner angerufen und schließt der Gläubiger sich dem nicht mit unterbrechender Wirkung an, so tritt eine Hemmung der Verjährung ein, sobald der Gläubiger sich – sei es auch nur konkludent – auf das Einigungsverfahren einläßt; denn letzteres ist Vergleichsverhandlungen gleichzustellen, so daß § 852 Abs. 2 BGB[75] anzuwenden ist[76]. 50

VII. Die Einrichtung und Besetzung der Einigungsstellen

Die Einigungsstellen sind nach § 27 a Abs. 1 durch die Landesregierungen »bei Industrie- und Handelskammern« – zulässigerweise auch bei einer Industrie- und Handelskammer für mehrere Bezirke – einzurichten. Sie sind Organe der Kammer; ihre Geschäfte werden von den Kammern geführt. Nichtsdestoweniger sind sie in ihrer Amtsführung von den Kammern unabhängig; (zu allem näher Großkomm/*Köhler*, § 27 a UWG, Rdn. 36). 51

Die Besetzung regelt sich nach § 27 a Abs. 2 i. V. mit Abs. 1 und den danach erlassenen Landesverordnungen. Für die neuen Bundesländer ist die Maßgabe zu beachten, daß Vorsitzender auch ein Jurist sein kann, der die Befähigung zum Berufsrichter nach DDR-Recht erlangt hat (Einigungsvertrag vom 30. 8. 1990, BGBl. I 889, 963). Wegen der – für den Wettbewerbsjuristen und das hier behandelte Einigungsverfahren weniger bedeutsamen – Einzelheiten wird auf die eingehende Darstellung bei Großkomm/*Köh-* 52

---

71 OLG Nürnberg Beschl. v. 8. 12. 1983 – 3 W 3728/83; OLG Koblenz GRUR 1988, 566 f. = WRP 1988, 632 (Ls.) mit zust. Anm. von *Ahrens* in EWiR 1988, 723, 724; *Baumbach/Hefermehl*, § 27 a UWG, Rdn. 9; *Melullis*, Hdb., Rdn. 49. Unklar insoweit Großkomm/*Messer*, § 21 UWG Rdn. 51.
72 Großkomm., § 27 a UWG Rdn. 142, und WRP 1991, 617, 620 f.
73 Zur Bedeutung dieser Regelung für die in Rdn. 48 vertretene Auffassung vgl. *Köhler*, aaO.
74 Großkomm/*Köhler*, aaO., Rdn. 147; Großkomm/*Messer*, § 21 UWG, Rdn. 51.
75 Dazu näher Kap. 16, Rdn. 56; ferner Großkomm/*Messer*, § 21 UWG, Rdn. 49 sowie *Baumbach/Hefermehl*, § 21 UWG, Rdn. 2.
76 Ebenso Großkomm/*Köhler*, § 27 a UWG, Rdn. 43, sowie *Köhler*, WRP 1991, 617, 621.

ler, § 27 a UWG, Rdn. 36–46 sowie auf *Baumbach/Hefermehl*, § 27 a UWG, Rdn. 8 verwiesen.

VIII. Amtshaftung

53 Die Einigungsstellen sind Träger hoheitlicher Gewalt[77]. Für Amtspflichtverletzungen ihrer Mitglieder haftet daher die Industrie- und Handelskammer, bei der die Einigungsstelle errichtet ist, als Anstellungskörperschaft öffentlichen Rechts gemäß § 839 BGB. Da die Mitglieder der Einigungsstelle nicht Richter sind, ist Abs. 2 dieser Vorschrift nicht anwendbar[78].

---

[77] Näher Großkomm/*Köhler*, § 27 a UWG, Rdn. 9; ebenso auch *Baumbach/Hefermehl*, § 27 a UWG, Rdn. 1.
[78] Großkomm/*Köhler*, § 27 a UWG, Rdn. 153.

43. Kapitel   Das Abschlußverfahren (Abschlußschreiben und Abschlußerklärung)

Literatur: *Borck*, Kunstfehler und kalkulierte Risiken beim Umgang mit Unterlassungsverfügungen, WRP 1979, 274; *Eser*, Probleme der Kostentragung bei der vorprozessualen Abmahnung und beim Abschlußschreiben in Wettbewerbsstreitigkeiten, GRUR 1986, 35; *G. Fischer*, Hat das im einstweiligen Rechtsschutz ergangene rechtskräftige Urteil Bedeutung für den Schadenersatzanspruch aus § 945 ZPO?, Festschrift für *Merz*, 1992, S. 81; *Lindacher*, Gesicherte Unterwerfungserklärung, Wiederholungsgefahr und Rechtsschutzbedürfnis, GRUR 1975, 413; *Lindacher*, Praxis und Dogmatik der wettbewerblichen Abschlußerklärung, BB 1984, 639; *Roth*, Die Kosten des Abschlußschreibens bei Wettbewerbsstreitigkeiten, DB 1982, 1916; *Scherf*, Wettbewerbliche Unterlassungsverfügung als Hauptsache?, WRP 1969, 393; *Spehl*, Abschlußschreiben und Abschlußerklärung im Wettbewerbsverfahrensrecht, 1987; *Teplitzky,* Arrest und einstweilige Verfügung, 3. Teil, JuS 1981, 435; *Teplitzky*, Streitfragen beim Arrest und bei der einstweiligen Verfügung, DRiZ 1982, 41; *Teplitzky*, Besprechung von Spehl, Abschlußschreiben u. s. w., WRP 1989, 349; *Vinck*, Sachgerechtes Verhalten des Antragsgegners im wettbewerblichen Verfügungsverfahren, WRP 1975, 80; *Völp*, Änderung der Sach- und Rechtslage bei Unterlassungstiteln, GRUR 1984, 486; *Wedemeyer*, Vermeidbare Klippen des Wettbewerbsrechts, NJW 1979, 293.

Inhaltsübersicht

	Rdn.		Rdn.
I. Entstehungsgründe und Funktionen des Abschlußverfahrens	1–4	6. Die Form der Abschlußerklärung	14
1. Entstehungsgründe	1, 2	7. Der nachträgliche Fortfall der Wirkung der Abschlußerklärung	15
2. Die Funktionen von Abschlußerklärung und Abschlußschreiben	3, 4	III. Das Abschlußschreiben	16–34
II. Die Abschlußerklärung	5–15	1. Der Zweck des Abschlußschreibens	16
1. Der (notwendige) Inhalt der Abschlußerklärung	5–8	2. Der Zeitpunkt des Abschlußschreibens	17
2. Die Fragen der Zugangs- und Annahmebedürftigkeit	9, 10	3. Der Inhalt des Abschlußschreibens	18–25
a) Zugangsnotwendigkeit	9	a) Die zutreffende Aufforderung	18
b) (Keine) Annahmebedürftigkeit	10	b) Die unzutreffende oder zu weitgehende Aufforderung	19
3. Die Wirkung der Abschlußerklärung	11	c) Die Frage der Begründung der Aufforderung	20
4. Überflüssige Erklärungsinhalte, insbesondere zur Kostenerstattung	12	d) Unklarheiten der Rechtslage	21
5. Bedingungen und/oder andere Vorbehalte	13	e) Die zu setzende Frist	22, 23

f) Die Androhung der
Klageerhebung 24
g) Andere Inhalte 25
4. Die Form des Abschluß-
schreibens 26
5. Die Notwendigkeit des
Abschlußschreibens 27, 28
6. Die Frage der Zugangsbedürftigkeit des Abschluß-
schreibens 29
7. Die Frage der Kostenerstattung 30–34

IV. Das Verhältnis des Abschlußverfahrens zur Unterwerfung 35–38
1. Gemeinsamkeiten und Unterschiede im Allgemeinen 35, 36
2. Die Austauschbarkeit bzw.
wechselseitige Ersetzbarkeit
der beiden (verschiedenen)
Schuldnererklärungen 37
3. Die Frage der »Drittwirkung« der Abschlußerklärung 38

I. Entstehungsgründe und Funktionen

1. Entstehungsgründe

1 Die weitaus meisten Wettbewerbsstreitigkeiten werden zunächst im Verfahren der einstweiligen Verfügung begonnen. Wird die einstweilige Verfügung erlassen, so sind die Parteien häufig – aus welchen Gründen auch immer – durchaus geneigt, es bei dieser Entscheidung oder wenigstens bei einer Bestätigung der Verfügung in Urteilsform (zumal wenn das Urteil im Berufungsverfahren des summarischen Verfahrens ergangen ist) zu belassen. Der Gläubiger sieht sich daran jedoch regelmäßig durch eine Reihe von Gründen gehindert, die im Wesen der einstweiligen Verfügung als einer nur vorläufigen Entscheidung begründet sind.

2 Neben Widerspruch und Rechtsmitteln, denen die noch nicht (formal) rechtskräftige Verfügung ausgesetzt ist, hat der Schuldner die Möglichkeiten, eine Hauptsacheentscheidung – entweder über einen Antrag gemäß § 926 (Fristsetzung zur Klageerhebung) oder durch negative Feststellungsklage – herbeizuführen, durch die die einstweilige Verfügung hinfällig werden kann, oder bei Eintritt veränderter Umstände, zu denen auch und insbesondere die Verjährung gehört[1], das Aufhebungsverfahren gemäß § 927 ZPO zu betreiben. Diese »Bestands- und Wirkungsdefizite«[2] der einstweiligen Verfügung in einer Weise zu beheben, die das sonst unerläßliche und zusätzliche Kosten verursachende Hauptsacheverfahren entbehrlich machen, war schon frühzeitig das Bestreben der Praxis, die dazu ein Verfahren entwickelt hat[3], das ursprünglich[4] verallgemeinernd »Abschlußschreiben« genannt worden war, jetzt aber – differenzierend gese-

---

1 Weder die einstweilige Verfügung noch ihre bloße (der Vollziehung im Sinne des § 929 ZPO dienende) Zustellung unterbrechen die Verjährung (vgl. BGH GRUR 1979, 121 = WRP 1979, 883 – Verjährungsunterbrechung; *Teplitzky*, GRUR 1984, 307; h. M.), und § 218 BGB findet auf das Verfügungsurteil keine Anwendung, weil darin nicht der Unterlassungsanspruch »festgestellt«, sondern – dem begrenzten Streitgegenstand des Verfügungsverfahrens (vgl. Kap. 53, Rdn. 3) entsprechend – nur vorläufig und ohne materielle Rechtskraft gesichert wird (vgl. Kap. 16, Rdn. 15).
2 Begriff und nähere Einzelheiten bei *Lindacher*, BB 1984, 639, 640; eingehend dazu auch *Spehl*, S. 18–28.
3 Näher zu dieser Entwicklung *Ahrens*, S. 215 ff., und *Spehl*, S. 47–50, jeweils m. w. N.
4 Erstmalig von *Pastor* in der 1. Aufl. von »Der Wettbewerbsprozeß«, S. 33.

hen – regelmäßig aus einem »Abschlußschreiben« (des Gläubigers) und (oder auch nur allein) aus der »Abschlußerklärung« (des Schuldners) besteht.

2. Die Funktionen von Abschlußschreiben und Abschlußerklärung

Die Funktion des gesamten Abschlußverfahrens besteht – was sich aus dem erwähnten Ziel der Beseitigung von Bestands- und Wirkungsschwächen der einstweiligen Verfügung ergibt – darin, die im Verfügungsverfahren ergangene Entscheidung bestandskräftig zu machen und ihr damit auf Dauer gleiche Wirkungen wie dem Hauptsachetitel beizulegen, dessen Erwirkung dadurch überflüssig werden soll.

Dieses Ziel soll (und kann nur) durch eine Erklärung des Verfügungsschuldners (die Abschlußerklärung) erreicht werden. Als Abschlußschreiben wird heute korrekterweise[5] nicht diese Erklärung, sondern die Aufforderung des Gläubigers, eine solche Erklärung abzugeben, bezeichnet[6]. Letztere hat neben der im Interesse des Gläubigers selbst liegenden Zielsetzung, alsbald – innerhalb einer dabei zu setzenden Frist – Klarheit zu schaffen, ob es der Einleitung eines Hauptsacheverfahrens bedarf, nach heute vorherrschender, aber nicht unbestrittener Meinung (näher dazu nachfolgend Rdn. 27 ff.) auch eine Schutzfunktion zugunsten des Schuldners, da die Gerichte vielfach Veranlassung zur Klageerhebung im Sinne des § 93 ZPO erst dann als gegeben ansehen, wenn ein Abschlußschreiben ohne Ergebnis geblieben ist.

II. Die Abschlußerklärung

1. Der (notwendige) Inhalt der Abschlußerklärung

Welchen Inhalt eine Abschlußerklärung haben muß, war lange Zeit streitig und problematisch[7]. Die Praxis hat es jahrzehntelang – ungeachtet frühzeitig erhobener Bedenken[8] – weitgehend genügen lassen, wenn auf die Rechte aus § 926 ZPO (Fristsetzung zur Klageerhebung) und, falls es sich um eine Verfügung in Beschlußform handelt, aus § 924 ZPO (Widerspruch), anderenfalls, d. h. bei einer noch nicht formell rechtskräftigen Urteilsverfügung, auf Einlegung eines Rechtsmittels verzichtet wird[9]. Daß dies al-

---

5 Teilweise verwendet die Praxis allerdings – leider – auch noch für die Abschlußerklärung den – wie erwähnt: historisch gewachsenen – Begriff des Abschlußschreibens, was die wünschenswert klare Begriffsbildung erschwert. Zu vielfältigen anderen Bezeichnungsformen der Praxis, die noch weniger der Klarheit dienen, vgl. *Spehl*, S. 39.
6 So schon Vorauf1., Kap. 43, Rdn. 2; vgl. ferner die Terminologie von *Baumbach/Hefermehl*, § 25 UWG, Rdn. 102; *Spehl*, S. 55 und 74; *Melullis*, HdW, Rdn. 127 und 376 sowie neuerdings auch BGH GRUR 1991, 76, 77 = WRP 1991, 97 – Abschlußerklärung sowie OLG Koblenz, Beschl. v. 11. 3. 1987 und v. 9. 1. 1989, nach *Traub*, S. 246 unter 7.
7 *Ahrens* widmet dieser Problematik und dem Versuch ihrer Bewältigung einen erheblichen Teil seiner Habilitationsschrift (vgl. *Ahrens*, S. 356–397).
8 *Scherf*, WRP 1969, 393 ff.; später auch *Lindacher*, GRUR 1975, 413, 414; *Henckel*, Rezension von *Pastor*, Wettbewerbsprozeß, 2. Aufl., ZZP 89 (1976), 224, 226.
9 RG MuW 1932, 82; BGH GRUR 1964, 274, 275 = WRP 1964, 248 – Möbelrabatt; GRUR 1973, 384 = WRP 1973, 263 – Goldene Armbänder (in beiden BGH-Urteilen stand die Frage selbst aber nicht zur Entscheidung; die Meinung ist jeweils nur beiläufig geäußert); OLG Köln

lein nicht genügen kann, haben insbesondere *Scherf* (aaO., S. 396 f.) und *Ahrens* (S. 360 f., 367 f.) überzeugend nachgewiesen: Beide Verzichte lassen – jedenfalls im Regelfall und abgesehen von extremen (und extrem riskantem Vertrauen auf) Erweiterungen des Anwendungsbereichs einer prozessualen exceptio doli[10] – die Rechte des Verfügungsgegners unberührt, den Verfügungsanspruch nachträglich (durch negative Feststellungsklage oder Inzidentfeststellungsklage im Rahmen eines Schadensersatzprozesses gem. § 945 ZPO) anzugreifen[11] und nach Erfolg dieser Klage über § 927 ZPO Aufhebung der einstweiligen Verfügung zu betreiben. Außerdem beläßt der genannte (beschränkte) Verzicht allein dem Verfügungsgegner die Möglichkeit, Schadensersatz nach § 945 ZPO zu fordern, weil die positive summarische Entscheidung über den Verfügungsanspruch für den Schadensersatzprozeß nach ganz herrschender Meinung keinerlei Bindungswirkung hat[12]. Angesichts dieser erkennbaren und für den Rechtsanwalt auch regreßträchtigen Risiken ist es in der Tat erstaunlich, wie lange die Praxis sie unbeachtet gelassen hat[13]. Inzwischen ist – wohl unter dem Einfluß der Kritik und zunehmender Hinweise auf diese Kritik in der darstellenden Literatur[14] – die Erkenntnis herrschend geworden, daß Verzichte auf die Rechte aus §§ 924, 926 ZPO und – gegebenenfalls – Rechtsmittel gegen eine Urteilsverfügung allein nicht genügen können, sondern die Erklärung einen weitergehenden, in irgendeiner Weise auch die durch § 927 ZPO geschaffenen Risiken für die einstweilige Verfügung beseitigenden bzw. – so ein Teil der Meinungen – zumindest einschränkenden Inhalt haben muß[15].

6   Im einzelnen ist jedoch weiterhin manches streitig oder ungeklärt, und zwar hauptsächlich – wenngleich nicht allein – deshalb, weil teilweise Bedenken gegen die Zulässigkeit eines vollen Verzichts des Schuldners auf die Rechte aus § 927 ZPO – nämlich auch insoweit, als der Verzicht sich auf etwaige künftige Entwicklungen erstrecken soll – erhoben werden[16]. Diese Bedenken halte ich zwar für unbegründet, soweit es um

---

WRP 1975, 175, 176, OLG Hamm WRP 1978, 393, 394; KG WRP 1978, 451; OLG Celle nach *Traub* S. 75 unter 6.2; OLG Koblenz GRUR 1979, 248 = WRP 1979, 226; *Pastor* S. 456 und 457; *Ahrens*, S. 356; *Wedemeyer*, NJW 1979, 293, 298; *Borck*, WRP 1979, 274, 278.

10 Dagegen überzeugend *Ahrens*, S. 367 f.
11 Beispielsweise nach Eintritt der Anspruchsverjährung, der ja durch einen Verfügungstitel in Beschlußform nicht verhindert wird; vgl. BGH GRUR 1979, 121 = WRP 1979, 883 – Verjährungsunterbrechung.
12 *Baumbach/Hefermehl*, § 25 UWG, Rdn. 108; *Teplitzky*, NJW 1984, 850 m. w. N.
13 So mit Recht *Ahrens*, S. 367, mit Mutmaßungen über die Gründe dieses merkwürdigen Phänomens.
14 Vgl. z. B. *Nirk/Kurtze*, Rdn. 108; *Nordemann*, Rdn. 620; *Vinck*, WRP 1975, 80, 82; *Teplitzky*, JuS 1981, 435, 437 und DRiZ 1982, 41, 47; *Baumbach/Hefermehl* (ab 14. Aufl.), § 25 UWG, Rdn. 100 f.
15 Vgl. BGH GRUR 1989, 115 = WRP 1989, 480 – Mietwagen-Mitfahrt; BGH GRUR 1991, 76, 77 = WRP 1991, 97 – Abschlußerklärung; KG NJW-RR 1987, 814 und nach *Traub*, S. 19 unter 2.1; OLG Köln WRP 1984, 505; OLG Koblenz GRUR 1985, 439, 440 und GRUR 1986, 94, 95; OLG Karlsruhe nach *Traub*, S. 216 unter 2.1; *Baumbach/Hefermehl*, § 25 UWG, Rdn. 100 f; HdbWR/*Spätgens*, § 93 Rdn. 3; *Spehl*, S. 55 f., sowie die in Fn. 8, 13 und 14 genannten Autoren.
16 Vgl. schon OLG München SJZ 1950, 827 und *Scherf*, WRP 1969, 393, 397; ihm folgend *Ahrens*, S. 362; ferner heute *Zöller/Vollkommer*, § 927 ZPO, Rdn. 9 a; *Stein/Jonas/Grunsky*, § 927, ZPO, Rdn. 11, und *Baumbach/Lauterbach/Hartmann*, § 927 ZPO, Anm. 1; der BGH

das Recht des Schuldners geht, einen solchen (Total-)Verzicht zu erklären[17]. Sie sind jedoch deshalb nicht ganz unbeachtlich, weil es vorliegend nicht allein[18] um dieses »Recht« geht, sondern um die Frage, welche Anforderungen die Erklärung des Schuldners erfüllen muß, um dem im Grundsatz (im Interesse beider Parteien) schützenswerten Anliegen der Beseitigung des Rechtsschutzbedürfnisses für die Hauptsacheklage zu genügen. Ist es hierfür erforderlich, aber auch ausreichend, den Verfügungstitel einem rechtskräftigen Hauptsachetitel gleichwertig zu machen[19], so braucht eine Abschlußerklärung solche Einwendungen nicht auszuschließen, die der Schuldner auch einem rechtskräftigen Titel in der Hauptsache (nach §§ 323, 767 ZPO) entgegenhalten dürfte[20].

Dem suchten *Scherf* (WRP 1969, 393, 398) und ihm folgend andere[21] zunächst mit der Formel Rechnung zu tragen, daß auf die Rechte aus § 927 ZPO nach Maßgabe des § 767 ZPO oder entsprechend dessen Rechtsgedanken insoweit verzichtet werde, als die Gründe der Einwendungen bereits im Zeitpunkt der Zustellung bzw. des Schlusses der etwaigen mündlichen Verhandlung über den Verfügungsantrag vorlagen. Nachdem ich in der Vorauflage[22] auf die Bedenklichkeit dieser Formel im Hinblick auf die durch sie nicht ausgeschlossene Einrede der zwar später eintretenden, aber vorher bereits angelegten Verjährung[23] hingewiesen hatte, wird ihre Verwendung in der neueren Literatur[24] nicht mehr – jedenfalls nicht mehr in ihrer originalen Form – vertreten.

Ob die Formel unter ergänzender Hinzunahme eines ausdrücklichen Verzichts auf die Aufhebung wegen Verjährungseintritts verwendbar, weil ausreichend, bleibt (zweifelnd insoweit augenscheinlich *Melullis*, aaO.), erscheint mir eine ebenso müßige Frage wie die, welche ausdrücklichen Verzichtsformulierungen anderenfalls zu wählen seien, insbesondere ob auch ein ausdrücklicher Verzicht auf Schadensersatzansprüche gemäß § 945 ZPO einzubeziehen sei[25]. Denn im Hinblick auf die wohl als gefestigt anzusehen-

---

(GRUR 1987, 125, 126 = WRP 1987, 169, 171 – Berühmung) hat diese Bedenken zwar erwähnt, zu ihrer Berechtigung aber bislang noch nicht abschließend Stellung genommen.

17 Vgl. dazu näher Voraufl., Kap. 43, Rdn. 6, und eingehend *Spehl*, S. 148–163.
18 Insoweit abweichend noch Voraufl., aaO., in Fn. 21.
19 So schon Voraufl., Kap. 43, Rdn. 7, und jetzt auch deutlich BGH GRUR 1989, 115 = WRP 1989, 480 – Mietwagen-Mitfahrt; BGH GRUR 1991, 76 f. = WRP 1991, 97 – Abschlußerklärung; *Baumbach/Hefermehl*, § 25 UWG, Rdn. 100 f.; HdbWR/*Spätgens*, § 93, Rdn. 3, und *Spehl*, S. 55 f.
20 Zu weitgehend daher die Forderung Spehls (S. 62), die Abschlußerklärung müsse einen uneingeschränkten Verzicht auf die Rechte aus § 927 ZPO enthalten.
21 *Vinck*, WRP 1975, 80, 82; *Nordemann*, Rdn. 620 und zeitweilig (in der 14. und 15. Aufl.) auch *Baumbach/Hefermehl*, Rdn. 100 f.; sinngemäß wohl auch OLG Koblenz WRP 1985, 439, 440 und GRUR 1986, 94, 95.
22 Kap. 43, Rdn. 4 f.
23 Vgl. zu einem Fall ausdrücklichen Verjährungsverzichts BGH aaO. (Fn. 16) – Berühmung; gegen eine Beschränkung des Verzichts auf die Verjährungseinrede *Spehl*, S. 82.
24 Vgl. *Baumbach/Hefermehl* ab 16. Aufl. (§ 25 Rdn. 100 f.); sinngemäß auch KG GRUR 1991, 258; unklar *Melullis*, Hdb., Rdn. 287 auf S. 196.
25 Vgl. zu diesem Problem bereits *Spehl*, S. 63 f. (bejahend in Übereinstimmung mit OLG Stuttgart WRP 1984, 230, 231), sowie (zu Recht verneinend) *G. Fischer*, Festschrift Merz, S. 81, 91.

de Rechtsprechung des BGH[26], wonach es Sinn der Abschlußerklärung ist, die erwirkte Unterlassungsverfügung ebenso effektiv und dauerhaft werden zu lassen wie einen im Hauptsacheverfahren erwirkten Titel, erscheint es ratsam, weil am einfachsten und sichersten[27], die Abschlußerklärung inhaltlich ganz auf diesen Sinn abzustellen und sinngemäß dahin zu formulieren, daß durch sie der in Frage stehende Verfügungstitel jedenfalls nach Bestandskraft und Wirkung einem entsprechenden Hauptsachetitel gleichwertig anerkannt und demgemäß auf alle Möglichkeiten eines Vorgehens gegen diesen Titel und/oder gegen den durch ihn gesicherten Anspruch verzichtet werde, die auch im Falle eines rechtskräftigen Hauptsacheurteils ausgeschlossen wären[28]. Ist dieses Ziel als Wille des Erklärenden der so oder anders[29] formulierten Abschlußerklärung im Wege der Auslegung[30] eindeutig zu entnehmen, so schließt die Erklärung notwendigerweise alle erforderlichen Einzelverzichte[31] ein mit der Folge, daß dem Schuldner für ein Vorgehen gegen den vorläufigen Titel auf Wegen und/oder mit Einreden, die gegenüber dem Hauptsachetitel nicht eröffnet sind, das Rechtsschutzinteresse abzusprechen ist (vgl. BGH aaO. – Mietwagen-Mitfahrt und BGH aaO. – Abschlußerklärung; BGH GRUR 1990, 530, 532 = WRP 1990, 685, 688 – Unterwerfung durch Fernschreiben; Großkomm/*Jacobs*, Vor § 13 UWG, D, Rdn. 81 f.).

---

26 BGH GRUR 1989, 115 = WRP 1989, 480 – Mietwagen-Mitfahrt; BGH GRUR 1991, 76, 77 = WRP 1991, 97 – Abschlußerklärung; vgl. auch – m. E. zutreffend – KG, Beschl. v. 1. 2. 1985 nach *Traub*, S. 19 unter 2.1.
27 Die gegenteilige, zuweilen in Diskussionen zu hörende Auffassung, zur Vermeidung von Auslegungsschwierigkeiten sei die Abschlußerklärung möglichst detailliert zu formulieren, halte ich für unzutreffend, weil eben die Gefahr begründend, die sie vermeintlich vermeiden soll.
28 Ähnlich schon Vorauf., Kap. 43, Rdn. 7; zur dogmatischen Unbedenklichkeit einer solchen Erklärung – gegen *Ahrens*, S. 362 ff. und S. 400 – schon *Lindacher*, BB 1984, 639 ff. (allerdings mit dem Schwachpunkt der Annahme – auch – eines unnötigen »kausalen Anerkenntnisses« des Schuldners) und *Spehl*, S. 153 ff.; Bedenken wegen der Unzulässigkeit eines Verzichts auf die Verjährungseinrede (§ 225 BGB, vgl. zu solchen Bedenken *Melullis*, Hdb, Rdn. 278 auf S. 196) treten deshalb nicht auf, weil die Abschlußerklärung nicht als solcher Verzicht anzusehen ist, sondern lediglich den einstweiligen Titel einem endgültigen gleichstellen will, für den das Gesetz eine eigene Verjährungsfrist (§ 218 BGB) geschaffen hat. Hiergegen kann nach Sinn und Zweck des § 225 BGB ebensowenig einzuwenden sein wie gegen den – auch die normale in eine längere Verjährungsfrist umschaffenden – Verzicht auf ein Rechtsmittel (oder gegen dessen Nichteinlegung) gegen ein erstinstanzliches Urteil in der Hauptsache.
29 Vgl. etwa Beschl. des KG vom 1. 2. 1985, nach *Traub*, S. 19 unter 2.1: Hinnahme der einstweiligen Verfügung als »endgültig«.
30 Die Auslegung erfolgt nach allgemeinen Rechtsgrundsätzen; jedoch müssen Inhalt und Tragweite der Erklärung zweifelsfrei bestimmbar sein, wobei Unklarheiten auch durch Begleitumstände entstehen können, die mit dem Erklärungsinhalt nicht übereinstimmen (vgl. zu allem BGH WRP 1989, 572, 573 f. – Bioäquivalenzwerbung, insoweit weder in BGHZ 107, 136 noch in NJW 1989, 2327 mitabgedruckt); Zweifel gehen zu Lasten des Verfassers der Abschlußerklärung, vgl. KG WRP 1986, 87; OLG Hamm vom 6. 3. 1986 nach *Traub*, S. 182.
31 Nicht dagegen auch ein von *Lindacher* (BB 1984, 639 ff.) zu Unrecht gefordertes kausales Anerkenntnis des Anspruchs, da ein solches auch in einem Hauptsacheurteil nicht enthalten ist; vgl. *Spehl*, S. 153.

2. Die Fragen der Zugangs- und Annahmebedürftigkeit bei der Abschlußerklärung

a) Zugangsnotwendigkeit

Daß die Abschlußerklärung dem Gläubiger zugehen muß, steht nach ihrem Sinn und Zweck gänzlich außer Frage; es wird auch nirgends bestritten. Ebenso zweifelsfrei ist m. E., daß die Beweislast für den Zugang der Abschlußerklärung den Schuldner trifft.

b) (Keine) Annahmebedürftigkeit

Darauf, ob der Gläubiger die Abschlußerklärung »annimmt« (ausdrücklich oder konkludent) oder ob er sie ablehnt, kann es – sofern die Erklärung den zu stellenden Anforderungen genügt – nicht ankommen[32]; als primär prozessual wirkende Verpflichtungserklärung ist die Abschlußerklärung – wie andere prozessuale Verzichtserklärungen, etwa Rechtsmittelverzichte – auch einseitig wirksam, und auch nach Sinn und Zweck des Rechtsschutzinteresses kann es nicht in das Belieben des Gläubigers gestellt werden, sich ein solches Interesse selbst dadurch zu verschaffen, daß er einen anerkannten einfacheren Weg zu einem gleichwertigen Prozeßziel ignoriert oder gar selbst verstellt.

3. Die Wirkung der Abschlußerklärung

Eine den genannten Anforderungen entsprechende Abschlußerklärung beseitigt außer dem Rechtsschutzinteresse für eine Hauptsacheklage (vgl. die Nachweise am Ende von Rdn. 8) und dem entsprechenden Feststellungsinteresse für eine negative Feststellungsklage auch die Möglichkeit einer Schadensersatzforderung nach § 945 ZPO, da es eine solche bei Verurteilung im Hauptsacheverfahren nicht gibt und die Abschlußerklärung den vorläufigen Titel einem endgültigen in jeder Hinsicht gleichstellen muß[33].

4. Überflüssige Erklärungsinhalte, insbesondere zur Kostenerstattung

Erklärungen, die über den Zweck der Gleichstellung des vorläufigen Titels mit einem endgültigen hinausgehen, braucht die Abschlußerklärung nicht zu enthalten. Dies gilt auch dann, wenn das Abschlußschreiben solche Erklärungen ausdrücklich gefordert hat. Zweifel kann insoweit nur die Notwendigkeit der Anerkennung der durch ein vorangegangenes Abschlußschreiben entstandenen Kosten des Gläubigers begründen. Hier könnte man, da diese Kosten nach heute nahezu einhelliger Meinung[34] als Kosten des Hauptsacheverfahrens anzusehen sind, über die der Gläubiger im Falle der Durchführung dieses Verfahrens (und im Falle seines Obsiegens) einen vollstreckbaren Titel erlangen würde, den Standpunkt einnehmen, daß eine Gleichwertigkeit der einstweiligen Verfügung mit dem Hauptsachetitel nur dann geschaffen werde, wenn der Schuldner mit der Abschlußerklärung die Kostentragungspflicht insoweit übernimmt[35]. Diese

---

32 Anders insoweit, aber unzutreffend, OLG Karlsruhe (Freiburg) nach *Traub*, S. 144 unter 6.2.
33 So zutreffend G. *Fischer*, Festschrift Merz, S. 81, 81; unrichtig *Spehl*, S. 64.
34 Vgl. dazu nachfolgend Rdn. 30.
35 Diesem Argument bin ich bislang allerdings nur in Diskussionen begegnet.

Argumentation vernachlässigt jedoch Wesen und Umfang des Rechtsschutzbedürfnisses, um das es beim Institut der Abschlußerklärung primär geht. M. E. kann nicht ein Rechtsschutzbedürfnis für die Durchführung einer Hauptsacheklage allein deshalb bejaht werden, weil eine Erklärung, die den vorläufigen Titel in der maßgeblichen Hauptsache – Unterlassung oder Beseitigung – einem endgültigen gleichwertig macht, den Kostenpunkt nicht erschöpfend regelt; denn für dessen Klärung besteht eine eigene, jedenfalls einfachere[36] und vor allem billigere Prozeßmöglichkeit, die nach allgemeinen Prozeßrechtsgrundsätzen das Rechtsschutzinteresse für den komplizierteren und teureren Weg entfallen läßt.

5. Bedingungen und/oder andere Vorbehalte in der Abschlußerklärung

13 Bedingungen oder andere Vorbehalte in der Abschlußerklärung, die sich auf den Eintritt der Gleichstellung mit dem endgültigen Titel beziehen, machen die Abschlußerklärung grundsätzlich unwirksam[37], weil (und solange[38]) die Bedingung oder der Vorbehalt einer dem endgültigen Hauptsachetitel gleichwertigen Sicherung des Gläubigers entgegenstehen. Kann jedoch eine auflösende Bedingung nicht mehr eintreten (vgl. BGH aaO.) oder ist – dies wäre das Pendant, über das eine Entscheidung noch nicht vorliegt – eine aufschiebende Bedingung bereits eingetreten, so tritt nun die Wirkung der im übrigen den Anforderungen genügenden Abschlußerklärung ein; das Rechtsschutzbedürfnis für die Hauptsacheklage entfällt mit der Folge, daß ein bereits eingeleitetes Verfahren für in der Hauptsache erledigt erklärt werden muß (BGH GRUR 1991, 76, 77 = WRP 1991, 97 – Abschlußerklärung).

6. Die Form der Abschlußerklärung

14 Die Abschlußerklärung bedarf, um endgültige Wirkungen zeitigen zu können, der Schriftform[39]. Dies folgt – unabhängig von den vom KG aaO. angeführten, ebenfalls zutreffenden Aspekten der Interessenabwägung – wiederum aus der Zielsetzung der Abschlußerklärung, dem Gläubiger eine dem Hauptsachetitel gleichwertige Sicherung (BGH aaO. – Abschlußerklärung) an die Hand zu geben. Daß von einer solchen aber

---

36 Regelmäßig ergibt sich die Kostentragungspflicht aus GoA; vgl. Rdn. 29 f.; bestehen aber im Einzelfall Zweifel an der Erstattungsfähigkeit – etwa, weil die im Abschlußschreiben gesetzte Frist möglicherweise unangemessen kurz war –, so besteht kein Grund, solche Zweifel in einem Verfahren mit dem hohen Streitwert der – durch den übrigen Erklärungsinhalt befriedigend erledigten – Hauptsache auszutragen. Ein Rechtsschutzinteresse für den Kostenstreit (meist vor dem Amtsgericht) erscheint hier voll ausreichend.
37 BGH GRUR 1991, 76 f. = WRP 1991, 97 – Abschlußerklärung; die gegenteilige Auffassung *Baumbach/Hefermehls*, § 25 UWG, Rdn. 102 a. E., die auf KG WRP 1988, 674, 675 gestützt ist, ist damit überholt, weil diese Entscheidung durch das genannte BGH-Urteil insoweit nicht bestätigt worden ist.
38 Diese der genannten BGH-Entscheidung ebenfalls zu entnehmende Einschränkung ist wichtig: Die bedingte Abschlußerklärung ist nach Auffassung des BGH nicht etwa schlechthin und auf Dauer rechtlich unbeachtlich, sondern kann zu einer wirksamen Abschlußerklärung erstarken.
39 So zutreffend KG GRUR 1991, 258; HdbWR/*Spätgens*, § 93, Rdn. 4; *Pastor*, S. 456; a. A. *Spehl*, S. 86.

– schon unter dem vom BGH in anderem, aber ähnlichem Zusammenhang[40] betonten Gesichtspunkt der Beweisführung – keine Rede sein kann, solange der Gläubiger nicht eine vom Schuldner unterzeichnete schriftliche Erklärung zur Abstützung des vorläufigen Titels in Händen hat, bedarf keiner näheren Ausführungen.

Dies schließt jedoch gewisse vorläufige Wirkungen einer in anderer, minderer[41] Form abgegebenen (inhaltlich ausreichenden) Abschlußerklärung nicht aus. So kann kaum zweifelhaft sein, daß auch eine – etwa in Zeitnot am Fristende abgegebene – mündliche oder fernschriftliche Abschlußerklärung dem Gläubiger kurzfristig das Rechtsschutzinteresse für eine sofortige Klageerhebung nimmt, wenn sie mit der Erklärung verbunden ist, daß eine entsprechende schriftliche Erklärung umgehend nachgereicht wird. Zweifelhaft ist, ob der Gläubiger dann, wenn eine lediglich formal unzureichende Erklärung ohne solche zusätzliche Versicherung bei ihm eingeht, sofort Klage erheben darf oder ob es ihm in einem solchen Fall obliegt, den Schuldner erst unter erneuter kurzer Fristsetzung auf die Notwendigkeit der schriftlichen Abgabe der Erklärung hinzuweisen. Letzteres wird dann zu bejahen sein, wenn die Abschlußerklärung ohne vorangegangenes Abschlußschreiben abgegeben worden ist oder wenn im vorangegangenen Abschlußschreiben nicht ausdrücklich die schriftliche Abgabe gefordert worden war. Dagegen kann eine ungeachtet vorheriger Aufforderung zur schriftlichen Abgabe in anderer Form erfolgende Erklärung auch vorläufige Wirkungen in der Regel nicht und allenfalls dann zeitigen, wenn die (vorübergehende) Hinderung triftig begründet und die Nachreichung einer schriftlichen Erklärung in angemessener Zeit zugesichert wird.

7. Der nachträgliche Fortfall der Wirkungen der Abschlußerklärung

Überwiegend wird vertreten, daß bei Änderung der Umstände, die für die Abgabe der Abschlußerklärung maßgeblich waren, deren Wirkungen nach Maßgabe der Grundsätze zum Wegfall der Geschäftsgrundlage entfallen können[42]. Dies ist prinzipiell zutreffend, jedoch nach der hier (vgl. Rdn. 6 und 8) vertretenen Auffassung nur selten erforderlich. Denn soll die Abschlußerklärung lediglich eine Gleichstellung des vorläufigen Titels mit dem Hauptsachetitel bewirken[43], so bleiben die gegen einen Hauptsachetitel möglichen Einwendungen weitgehend von ihr unberührt mit der Folge, daß dann, wenn die Voraussetzungen des § 323 ZPO oder des § 767 ZPO (mit Ausnahme des mitausgeschlossenen nachträglichen Verjährungseintritts) erfüllt sind, der Weg zum Vorgehen gegen die einstweilige Verfügung (allerdings hier auf dem gegenüber § 767 ZPO spezielleren Weg des § 927 ZPO) durch die Abschlußerklärung schon gar nicht verschlossen ist, so daß es eines Rückgriffs auf Wegfall der Geschäftsgrundlage insoweit nicht bedarf. Dieser Rückgriff auch in solchen Fällen wird nur erforderlich, wenn die Abschlußerklärung – wie teilweise[44] gefordert – einen (ausdrücklich) uneingeschränk-

---

40 Vgl. BGH GRUR 1990, 530, 532 = WRP 1990, 685 – Unterwerfung durch Fernschreiben.
41 Daß eine Abschlußerklärung wirksam zu Protokoll des Gerichts (etwa im Anschluß an die Verkündung eines Verfügungsurteils nach Schluß der mündlichen Verhandlung) erklärt werden kann, steht außer Frage; vgl. auch HdbWR/*Spätgens*, § 93, Rdn. 4.
42 *Baumbach/Hefermehl*, § 25 UWG, Rdn. 101 a; *Spehl*, S. 126; *Völp*, GRUR 1984, 486, 493.
43 Vgl. die Nachweise dazu in Fn. 19.
44 Vgl. *Spehl*, S. 62.

ten Verzicht auf die Rechte aus § 927 ZPO enthält und man einen solchen Verzicht als zulässig und wirksam ansieht.

III. Das Abschlußschreiben

1. Der Zweck des Abschlußschreibens

16 Das Abschlußschreiben hat – als Aufforderung zur Abgabe der Abschlußerklärung – einen doppelten Zweck: Es soll dem Gläubiger in einer angemessenen Zeitspanne Klarheit verschaffen, ob er Hauptsacheklage erheben muß; und es soll außerdem dem Schuldner die Gelegenheit eröffnen, innerhalb einer durch das Schreiben gesicherten Zeitspanne, in der er nach heute h. M.[45] mit einer Hauptsacheklage noch nicht zu rechnen braucht, den Rechtsstreit durch Abgabe einer Abschlußerklärung ohne weiteren Prozeß zu Ende zu bringen. Nach einer Formulierung des BGH (GRUR 1990, 282, 285 = WRP 1990, 255 – Wettbewerbsverein IV) gehört es heute zum »Gerichtsalltag« und seine Absendung zu den Gepflogenheiten seriöser Verbände und Mitbewerber.

2. Der Zeitpunkt des Abschlußschreibens

17 Das Abschlußschreiben darf zu jedem beliebigen Zeitpunkt nach dem Erlaß einer einstweiligen Verfügung versandt werden. Für seine Zulässigkeit ist der Zeitpunkt bedeutungslos; seine Wahl kann Auswirkungen nur auf die Dauer der zu setzenden Frist (vgl. dazu nachfolgend Rdn. 22 f.) und auf die Frage der Erstattungsfähigkeit der Kosten des Abschlußschreibens durch den Schuldner (vgl. nachfolgend Rdn. 30 ff.) haben.

3. Der Inhalt des Abschlußschreibens

a) Die zutreffende Aufforderung

18 Das Abschlußschreiben hat die Aufforderung zu enthalten, innerhalb einer bestimmten, darin anzugebenden Frist[46] die Abschlußerklärung abzugeben, die vorformuliert werden kann (nicht auch muß), ohne daß dies den Schuldner zur wörtlichen Übernahme der Formulierung zwingt, oder deren notwendiger Inhalt in anderer, verständlicher Form dem Schuldner mitgeteilt werden muß, damit er weiß, was von ihm erwartet wird.

b) Unzutreffende oder zu weitgehende Aufforderung

19 Zweifel wirft hier die Frage auf, welche Folgen es zeitigt, wenn im Abschlußschreiben eine den rechtlichen Anforderungen nicht entsprechende Abschlußerklärung oder gar ein völliges aliud wie etwa eine strafbewehrte Unterwerfung gefordert wird. Die Auffassung *Spehls* (S. 48 und 78 unter VII), daß ein solches Schreiben unbeachtlich sei bzw. nicht beantwortet zu werden brauche, ist zu undifferenziert und für die meisten Fallgestaltungen verfehlt. Das Abschlußschreiben ist – zweifelsfrei – niemals notwendige

---

45 Vgl. dazu (d. h. zur Frage der Erforderlichkeit eines Abschlußschreibens) nachfolgend Rdn. 27 f..
46 Dazu nachfolgend Rdn. 22 f..

Voraussetzung einer wirksamen Abschlußerklärung. Der Schuldner kann eine solche Erklärung stets und zu jeder Zeit unabhängig davon abgeben, ob und wie er dazu aufgefordert worden ist. Daher kann die Antwort auf die Frage der Wirkung (bzw. Beachtlichkeit) eines unrichtigen Abschlußschreibens nur davon abhängen, ob und wie weit auch ein solches Schreiben seine beiden Funktionen der Klarstellung und Warnung (vgl. Rdn. 16) erfüllen kann. Die – in jedem Fall notwendige – Warnung, daß nach Ablauf der gesetzten Frist eine Hauptsacheklage droht (vgl. nachfolgend Rdn. 24), wird dem Schuldner auch durch ein unrichtiges oder zu weitgehendes Verlangen des Gläubigers vermittelt. Da er bei eigener rechtlicher Erfahrung oder Kenntnis (etwa bei einem Unternehmen mit Rechtsabteilung o. ä.) und/oder bei anwaltlicher Beratung wissen muß, daß er diese Hauptsacheklage durch Abgabe einer hinreichenden Abschlußerklärung abwenden kann, auch wenn der Gläubiger diese nicht oder nicht in der richtigen Form verlangt hat, wird der Nichtabgabe einer solchen Erklärung im Regelfall mit hinreichender Deutlichkeit zu entnehmen sein, daß er auch zur Abgabe einer korrekten Abschlußerklärung nicht bereit ist. In einem solchen Fall kann und sollte dem Schuldner daher gegenüber einer nach Fristablauf erhobenen Klage die Berufung auf § 93 ZPO verwehrt werden. Dessen Anwendung kommt m. E. allenfalls in Betracht, wenn ein irreführendes, weil falsches Abschlußschreiben an einen rechtlich unerfahrenen und anwaltlich nicht vertretenen Schuldner gerichtet worden ist, wobei sich auch dann noch die Frage stellt, ob es einem Schuldner, gegen den bereits eine einstweilige Verfügung erlassen worden ist, nicht angesonnen werden muß, sich im Fall eines Aufforderungsschreibens des Gläubigers mit deutlicher Androhung einer Hauptsacheklage – deren Erhebung ihn ohnehin zur Einschaltung eines Rechtsanwalts zwingen würde – bereits innerhalb der gesetzten (ausreichenden) Frist rechtskundig über sein richtiges Reagieren zu machen (so z. B. OLG München nach *Traub*, S. 313 unter 2.1).

Jedenfalls im Regelfall wird man daher fehlerhafte bzw. zu weitgehende Forderungen im Abschlußschreiben – ebenso wie bei der vorgerichtlichen Abmahnung[47] – als unschädlich ansehen können.

c) Die Begründung der Aufforderung
Ob im Abschlußschreiben Gründe für das Verlangen nach einer Abschlußerklärung – wie etwa Hinweise auf die Vorläufigkeit der einstweiligen Verfügung, auf die Absicherungsnotwendigkeit und auf die Vorteile eines Abschlusses ohne weiteren Prozeß – anzugeben sind, wird in der Literatur[48] nicht einheitlich beantwortet. Daß die Angabe solcher Gründe zweckmäßig ist, wenn der Gläubiger wirklich eine Abschlußerklärung anstrebt und nicht insgeheim auf ihre Verweigerung abzielt, weil er – aus welchen Gründen auch immer – einen Hauptsacheprozeß gerne führen möchte, steht außer Fra-

---

47 Vgl. dazu Kap. 41, Rdn. 15; der Versuch *Spehls* (S. 43 ff.), grundlegende Unterschiede zwischen Abmahnung und Abschlußschreiben zu konstruieren, ist verfehlt, weil er auf einer weitgehenden Gleichsetzung der Funktion der Abschlußerklärung mit der des Abschlußschreibens beruht und die Ähnlichkeit der Funktion von Abschlußschreiben und Abmahnung gänzlich vernachlässigt; tatsächlich wesensverschieden sind nur Abschlußerklärung und Unterwerfung; das schließt jedoch Ähnlichkeiten der Funktion der Mittel zu ihrer Herbeiführung nicht aus. Für diese Rechtsähnlichkeit auch OLG Braunschweig nach *Traub*, S. 50 unter 2.1, und OLG Köln WRP 1969, 423; vgl. auch BGH GRUR 1973, 384 = WRP 1973, 263 – Goldene Armbänder.
48 Vgl. den Überblick bei *Spehl*, S. 74 f.

ge. Ob sie notwendige Voraussetzung dafür ist, daß der Gläubiger im Falle des Stillschweigens des Schuldners den Hauptsacheprozeß anstrengen kann, ohne im Falle sofortigen Anerkenntnisses in diesem Verfahren Kostennachteile gemäß § 93 ZPO befürchten zu müssen, hängt davon ab, wie weit die Pflichten des Gläubigers im Rahmen der von der Rechtsprechung[49] auch hier angewendeten GoA-Grundsätze zu ziehen sind. Grundsätzlich wird man auch hier – wie bei der Frage der Notwendigkeit richtiger Forderungen im Schreiben – eine Begründungsobliegenheit – und damit auch die Obliegenheit einer im wesentlichen zutreffenden Begründung – allenfalls gegenüber rechtlich unerfahrenen, insbesondere kleineren (nicht über eine Rechtsabteilung verfügenden) und nicht anwaltlich bereits vertretenen Schuldnern bejahen können[50].

d) Unklarheiten der Rechtslage

21 Alle diese Fragen sind jedoch bislang weitgehend (gerichtlich) ungeklärt. Wenn der Gläubiger seinerseits sichergehen will, Kostennachteile gemäß § 93 ZPO mit Sicherheit auszuschließen, kann ihm nur geraten werden, im Abschlußschreiben ein treffendes, nicht zu weitgehendes Verlangen zu formulieren und dieses Verlangen auch (im wesentlichen) zutreffend zu begründen.

e) Die zu setzende Frist

22 Das Abschlußschreiben muß eine Frist enthalten, binnen deren die Abschlußerklärung abzugeben ist, da nur durch eine solche Fristsetzung gewährleistet ist, daß ab einem bestimmten Zeitpunkt Klarheit hinsichtlich des Erfordernisses einer Hauptsacheklage besteht. Über die notwendige Dauer einer solchen Frist werden in Rechtsprechung und Literatur recht kontroverse Meinungen vertreten. Überwiegend wird – in Anlehnung an die Rechtsmittelfristen – eine Mindestfrist von einem Monat verlangt[51], teils werden aber auch zwei Wochen für ausreichend gehalten[52] und Differenzierungen teils nach dem Schwierigkeitsgrad des Falls und/oder danach, ob vor Erwirkung der einstweiligen Verfügung abgemahnt worden ist[53], teils danach vorgenommen, mit welchem zeitlichen Abstand ab Verkündung oder Zustellung der einstweiligen Verfügung das Abschlußschreiben versandt wird[54].

23 Die letztgenannte Differenzierung erscheint mir nach wie vor unerläßlich. Daß es – ungeachtet der verständlichen Sehnsucht der Wettbewerbspraxis nach einfachen Schematisierungen – keine für jeden Fall verbindliche Mindestfrist geben kann, steht außer Frage: Steht die Verjährung des Anspruchs unmittelbar bevor, muß – das wird auch allgemein anerkannt[55] – die Erklärungsfrist natürlich so – u. U. also ganz extrem

---

[49] Vgl. schon BGH GRUR 1973, 384, 385 = WRP 1973, 263 – Goldene Armbänder; OLG Stuttgart WRP 1984, 230, 232.
[50] *Spehl* (S. 76 f.) bejaht eine weitergehende Belehrungspflicht mit anderer Begründung.
[51] So KG WRP 1978, 213 und 451; WRP 1986, 87, 89; WRP 1989, 659, 661 li. Sp. (modifizierend: ein Monat zwischen Zustellung der einstweiligen Verfügung und der Abschlußerklärung, zwei Wochen ab Erhalt des Abschlußschreibens); OLG Karlsruhe (Freiburg) WRP 1987, 117, 119; *Baumbach/Hefermehl*, § 25 UWG, Rdn. 104; *Spehl* (S. 95).
[52] Vgl. OLG Hamburg nach *Traub*, S. 152 unter 2.1; *Pastor*, S. 459; *Melullis*, Hdb., Rdn. 376 m. w. N.; *Thesen*, WRP 1978, 670 spricht von ein bis zwei Wochen.
[53] So *Pastor*, S. 459.
[54] So Voraufl., Kap. 43, Rdn. 9.
[55] Vgl. *Baumbach/Hefermehl*, § 25 UWG, Rdn. 104; *Melullis*, Hdb., Rdn. 376 a. E.

kurz – bemessen werden, daß nach fruchtlosem Ablauf noch (verjährungsunterbrechend) Klage erhoben werden kann. Ist somit eine Anpassung an die Gegebenheiten des Falles grundsätzlich möglich, so hat sie ebenso grundsätzlich auch regelmäßig zu erfolgen. Einigkeit besteht weithin, daß die Frist »angemessen« sein muß, was nichts anderes bedeutet, als daß sie den gegebenen Umständen angemessen sein muß. Zu diesen – erheblichen – Umständen gehört fraglos, welche Überlegungs- und Reaktionszeit dem Schuldner insgesamt zur Verfügung steht. Sendet der Gläubiger – was unbestreitbar zulässig ist und nur für die Frage der Erstattungsfähigkeit der Kosten negative Konsequenzen haben kann[56] – das Abschlußschreiben sofort nach Erlaß der einstweiligen Verfügung ab, so muß er die darin zu setzende Frist selbstverständlich länger bemessen, als wenn er mit der Absendung – vernünftigerweise – eine Zeitlang zuwartet. Die Gesamtzeit, die dem Schuldner zur Verfügung steht, sollte in der Tat einen Monat nur in Ausnahmefällen (wie drohender Verjährung) unterschreiten. Hat der Gläubiger jedoch – wie aus Kostengründen geboten – seinerseits bereits zwei bis vier Wochen abgewartet, ob der Schuldner nicht von sich aus eine Abschlußerklärung abgibt, so genügt es, wenn er dem Schuldner im Abschlußschreiben eine Erklärungsfrist von – je nach den weiteren Umständen des Einzelfalls – zwei bis vier Wochen setzt.

f) Die Androhung der Klageerhebung
Das Abschlußschreiben muß ferner – weil es nur dann seine Warnfunktion voll erfüllen kann – die Androhung enthalten, daß bei Nichtabgabe der Abschlußerklärung innerhalb der gesetzten Frist Klage zur Hauptsache erhoben werde[57].

g) Andere Inhalte des Abschlußschreibens
Weitere Hinweise oder Belehrungen braucht das Abschlußschreiben nicht zu enthalten. Insbesondere ist der gelegentlich[58] geforderte Hinweis auf die Pflicht des Schuldners, im Falle der Abschlußerklärung die Kosten zu tragen, oder gar die Forderung, eine solche Verpflichtungserklärung abzugeben, nicht erforderlich, da nach meiner Auffassung eine Pflicht zur Abgabe einer auch auf die Kosten erstreckten Abschlußerklärung nicht besteht (vgl. Rdn. 12).

4. Die Form des Abschlußschreibens

Ungeachtet seiner Bezeichnung als »Schreiben« und der ständigen Übung der Praxis ist Schriftform nicht unerläßlich[59], jedoch aus praktischen Gründen wünschenswert und ratsam.

---

56 Vgl. dazu Rdn. 31.
57 Vgl. *Spehl*, S. 77 f.; a. A., aber ohne Begründung und unzutreffend, weil den Warnzweck vernachlässigend, *Baumbach/Hefermehl*, § 25 UWG, Rdn. 102.
58 Vgl. die bei *Ahrens* (S. 224) und *Spehl* (S. 75) erwähnte Entscheidung des OLG Karlsruhe.
59 So zutreffend HdbWR/*Spätgens*, § 94, Rdn. 2 in Fn. 7; *Spehl*, S. 81; meine von *Spehl* aaO. zitierte (vermeintliche) Gegenmeinung in Voraufl., Kap. 43, Rdn. 2, war nur mißverständlich: Die Ausführungen dort bezogen sich lediglich auf die herrschende Bezeichnungsübung, sollten aber nicht die Notwendigkeit der Schriftform implizieren.

5. Die Notwendigkeit des Abschlußschreibens

27 Das Abschlußschreiben ist keine notwendige Voraussetzung der Hauptsacheklageerhebung. Nach heute ganz herrschender Auffassung[60] ist es jedoch Voraussetzung dafür, daß der Gläubiger diese Klage erheben kann, ohne im Falle eines sofortigen Anerkenntnisses des Schuldners Kostennachteile gemäß § 93 ZPO befürchten zu müssen.

28 Die Obliegenheit (so zutreffend *Spehl*, S. 54) des Gläubigers, ein Abschlußschreiben zu versenden, wird von Rechtsprechung und Teilen der Literatur sehr weit ausgelegt. Überwiegend wird vertreten, daß unter bestimmten Umständen ein zweites Abschlußschreiben erforderlich sei, nämlich dann, wenn ein bereits nach Erlaß einer Beschlußverfügung abgesandtes Abschlußschreiben erfolglos geblieben war und die Beschlußverfügung nun entweder durch Urteil bestätigt oder gar (nach erfolgloser Berufung) rechtskräftig geworden ist[61]. Ob gleiches gelten soll, wenn ein im Laufe eines Berufungsverfahrens abgesandtes Abschlußschreiben erfolglos bleibt und das Berufungsgericht dann die einstweilige Verfügung seinerseits bestätigt, ist noch nicht entschieden. Da es naheliegt, daß die Rechtsprechung dies analog der anderen Fallgestaltung ebenfalls bejaht, erscheint auch in solchen Fällen ein zweites Abschlußschreiben zur Abwendung etwaiger Kostennachteile ratsam.

6. Die Frage der Zugangsbedürftigkeit

29 Ob ein Abschlußschreiben seine Wirkung der Verhinderung von Kostennachteilen nur entfaltet, wenn es dem Schuldner tatsächlich zugegangen ist[62] oder ob es – ähnlich wie nach h. M. bei der Abmahnung, vgl. dazu Kap. 41, Rdn. 11 – genügt, wenn der Gläubiger es abgesandt hat und mit seinem Zugang rechnen durfte[63], ist weitgehend ungeklärt. Wegen der – allein von *Spehl*, S. 43 ff., und (wie vorstehend Rdn. 19 in Fn. 47 ausgeführt) zu Unrecht, geleugneten – Rechtsähnlichkeit zwischen Abschlußschreiben und Abmahnung kann hier im Prinzip nichts anderes gelten als bei der Abmahnung, so daß insoweit auf die Ausführungen Kap. 41, Rdn. 11 verwiesen werden kann.

---

60 Vgl. OLG Hamm WRP 1978, 393; weitere Entscheidungen dieses Gerichts nach *Traub*, S. 182 unter 2.1; ferner OLG Hamburg WRP 1980, 208; OLG Köln WRP 1987, 188, 190; OLG Braunschweig nach *Traub*, S. 50 unter 2.1; OLG Bremen nach *Traub*, S. 58 unter 2.1; OLG Düsseldorf nach *Traub*, S. 81 unter 2.1; OLG Koblenz nach *Traub*, S. 246 unter 7.7; *Baumbach/Hefermehl*, § 25 UWG, Rdn. 102; HdbWR/*Spätgens*, § 94, Rdn. 5; *Spehl*, S. 53 f.; a. A. OLG Koblenz nach *Traub*, S. 242 unter 5.1.
61 Vgl. OLG Köln WRP 1987, 188, 190 f.; OLG Hamm nach *Traub*, S. 182 unter 2.1 (Beschl. v. 10. 3. 1978 und 28. 3. 1980); OLG Koblenz nach *Traub*, S. 246 unter 7.7 (Beschl. v. 11. 3. 1987 und 9. 1. 1989); *Baumbach/Hefermehl*, § 25 UWG, Rdn. 103; a. A. KG WRP 1984, 545.
62 Dafür *Spehl*, S. 104.
63 So OLG Düsseldorf WRP 1979, 862, 863; *Baumbach/Hefermehl*, § 25 UWG, Rdn. 104; HdbWR/*Spätgens*, § 94, Rdn. 5.

7. Die Kosten des Abschlußschreibens

Die Kosten des Abschlußschreibens gehören nach heute fast einhelliger Meinung[64] nicht zu den Kosten des Verfügungsverfahrens, sind also in diesem nicht erstattungsfähig. Soweit es sich um notwendige Kosten handelt, sind sie dem Gläubiger jedoch nach heute ebenfalls ganz h. M.[65] zu erstatten und zwar, wenn es (bei Erfolglosigkeit des Abschlußschreibens) zum Hauptsacheverfahren kommt, in diesem (als notwendige Vorbereitungskosten)[66], anderenfalls nach den Grundsätzen der GoA[67]. Die praktische Problematik liegt bei der Frage, wie weit die Kosten als notwendig anzusehen sind.

Nicht notwendig sind Kosten eines Abschlußschreibens, für das keine Veranlassung besteht. Eine solche Veranlassung wird von der heute h. M.[68] verneint, sofern der Gläubiger dem Schuldner nicht binnen angemessener Frist Gelegenheit gelassen hat, die erlassene einstweilige Verfügung von sich aus durch Abgabe einer Abschlußerklärung bestandskräftig zu machen. Über die Zeitspanne, die als insoweit »angemessene« Frist anzusehen ist, herrscht wieder die zu solchen Fragen gewohnte Meinungsvielfalt[69]. Mehrheitlich wird jedoch von einer Mindestfrist von zwei Wochen und einer Maximalfrist von einem Monat ausgegangen.

Ebenfalls nicht notwendig sind Kosten, die durch die Einschaltung eines Rechtsanwalts entstanden sind, wenn dem Gläubiger zugemutet werden kann, das Abschlußschreiben ohne anwaltliche Hilfe zu formulieren. Wann dies der Fall ist, ist wiederum streitig[70]. Jedoch wird man hier – ähnlich wie der BGH zur Frage der Notwendigkeit der Einschaltung eines Rechtsanwalts bei der Abmahnung[71] – Wirtschaftsverbänden

---

64 Vgl. BGH GRUR 1973, 384, 385 = WRP 1973, 263 – Goldene Armbänder; OLG Karlsruhe WRP 1981, 405, 406; OLG Hamburg WRP 1981, 470; OLG München WRP 1982, 452; OLG Stuttgart WRP 1984, 230, 231; OLG Frankfurt GRUR 1989, 374; *Baumbach/Hefermehl*, § 25 UWG, Rdn. 105; HdbWR/*Spätgens*, § 94, Rdn. 12; *Spehl*, S. 133; a. A. nur OLG Koblenz nach *Traub*, S. 242 unter 5.1.
65 Vgl. die Nachweise in Fn. 64 mit Ausnahme *Spehls*; a. A. nur noch der Kostensenat (nicht der Wettbewerbssenat) des OLG Köln nach *Traub*, S. 274 unter 5.1, sowie *Roth*, DB 1982, 1916 f., und *Spehl*, S. 137 ff.
66 Vgl. OLG Hamburg WRP 1982, 477; *Baumbach/Hefermehl*, § 25 UWG, Rdn. 105.
67 BGH GRUR 1973, 384, 385 = WRP 1973, 263 – Goldene Armbänder; OLG Stuttgart WRP 1984, 230, 232; OLG Frankfurt GRUR 1989, 374; LG Köln GRUR 1987, 655; *Eser*, GRUR 1986, 35, 38.
68 Vgl. KG WRP 1978, 451; OLG Frankfurt WRP 1982, 365; OLG Köln GRUR 1986, 96; LG Berlin WRP 1979, 240, 241; LG Hamburg WRP 1981, 58, 59; WRP 1983, 449, 451; *Baumbach/Hefermehl*, § 25 UWG, Rdn. 104; *Pastor*, S. 461; *Melullis*, Hdb., Rdn. 376 (allerdings mit der unzutreffenden Begründung, es liege ein Verstoß gegen eine »Schadensminderungspflicht« vor; dazu zutreffend ablehnend *Spehl*, S. 93); weitere Nachweise bei *Spehl*, S. 91; unklar insoweit noch BGH GRUR 1973, 384, 385 = WRP 1973, 263 – Goldene Armbänder; a. A. HdbWR/*Spätgens*, § 94, Rdn. 4.
69 Vgl. dazu näher *Spehl*, S. 88 f.
70 Vgl. einerseits LG Hamburg WRP 1982, 434; LG Kaiserslautern WM 1984, 707; LG Waldshut-Tiengen AnwBl 1985, 326; andererseits LG Hamburg WRP 1982, 477 und besonders LG Köln GRUR 1987, 655, 656; ferner *Baumbach/Hefermehl*, § 25 UWG, Rdn. 105 und HdbWR/*Spätgens*, § 94, Rdn. 12 in Fn. 48.
71 Vgl. BGH GRUR 1984, 691, 692 = WRP 1984, 405 – Anwaltsabmahnung; näher dazu Kap. 41, Rdn. 82, sowie Großkomm/*Kreft*, Vor § 13 UWG, C, Rdn. 155.

und Wettbewerbsvereinen, in Erweiterung dieses Gedankens (vgl. Kap. 41, Rdn. 82) aber auch größeren Unternehmen mit eigener Rechtsabteilung, ansinnen können, ein Abschlußschreiben selbst zu verfassen, zumal wenn – vgl. vorstehend Rdn. 19 – davon ausgegangen wird, daß Fehler bei der Abfassung des Schreibens in recht weitem Umfang keine nachteiligen Folgen für den Gläubiger zeitigen und die vom LG Köln GRUR 1987, 655, 656 sowie HdbWR/*Spätgens* in den Vordergrund gerückte Kompliziertheit des Abschlußverfahrens sich somit kaum auswirkt.

33 Überflüssig und deshalb nicht erstattungsfähig sind auch Kosten eines Abschlußschreibens, das nach Abgabe einer wirksamen Unterwerfungserklärung – sei es gegenüber dem Gläubiger selbst oder gegenüber einem Dritten mit der in der Rechtsprechung (BGH GRUR 1983, 186 = WRP 1983, 264 – Wiederholte Unterwerfung) anerkannten Wirkung der Beseitigung der Wiederholungsgefahr schlechthin – abgesandt wird. Denn in diesem Fall, in dem der Unterlassungsanspruch nicht mehr besteht, hat der Schuldner überhaupt kein Interesse daran, ein Hauptsacheverfahren zu verhindern, da er in diesem nicht mehr unterliegen kann. Die Voraussetzungen einer GoA in seinem Interesse liegen daher nicht mehr vor.

34 Eine Kostenquotierung nach Mitverschuldensgrundsätzen, wie sie bei *Melullis* (Hdb., Rdn. 376) anklingt, kommt nicht in Betracht. Nach den hier anzuwendenden GoA-Grundsätzen sind Aufwendungen entweder notwendig oder nicht notwendig (vgl. *Spehl*, S. 93).

IV. Das Verhältnis des Abschlußverfahrens zur Unterwerfung

1. Gemeinsamkeiten und Unterschiede im allgemeinen

35 Das Abschlußverfahren dient wie die Unterwerfung der Erledigung einer Wettbewerbsstreitigkeit ohne (weiteres) Prozeßverfahren, und die für die Abschlußerklärung und die Unterwerfung u. U. erforderliche Aufforderung – Abschlußschreiben und Abmahnung – weisen, wie in Rdn. 19 mit Fn. 47 sowie in Rdn. 29 bereits ausgeführt, gewisse Ähnlichkeiten auf. Darin erschöpfen sich jedoch bereits die Gemeinsamkeiten der beiden Verfahren.

36 Während die Abschlußerklärung der weiteren Rechtsverfolgung das Rechtsschutzbedürfnis nimmt, indem sie einen vorhandenen vorläufigen Titel gewissermaßen perpetuiert und komplettiert, läßt die Unterwerfung das Rechtsschutzbedürfnis für einen Prozeß unberührt und nur den materiellen Anspruch untergehen. Die hierfür unerläßliche Strafbewehrung der Unterwerfung ist bei der Abschlußerklärung – wegen der Vollstreckungsmöglichkeit aus dem Titel – nicht nur überflüssig, sondern ein unpassender Fremdkörper.

2. Die Austauschbarkeit bzw. Ersetzbarkeit beider Schuldnererklärungen

37 Ungeachtet der genannten Unterschiede und entgegen der insoweit verfehlten Auffassung *Spehls* (S. 42 ff.) sind Abschlußerklärung und Unterwerfung heute in weitem Umfang wahlweise einsetzbar; dem Schuldner steht es frei, nach Erlaß einer gegen ihn ergangenen einstweiligen Verfügung – sowohl vor als auch nach Erhalt eines Abschlußschreibens und unabhängig von dessen Inhalt – entweder eine Abschlußerklärung ab-

zugeben oder sich zu unterwerfen. Anders als mit der Abschlußerklärung kann er zwar mit der Unterwerfung die Einleitung des Hauptprozesses nicht direkt verhindern; jedoch verhindert er sie indirekt, weil der Gläubiger in einem solchen Prozeß wegen Wegfalls der Wiederholungsgefahr keine Erfolgsaussicht mehr hätte. Diese Freiheit besteht nicht nur gegenüber der in einem Abschlußschreiben ergehenden Aufforderung zur Abgabe einer Abschlußerklärung, sondern umgekehrt auch dann, wenn der Gläubiger den Schuldner nach Erlaß der einstweiligen Verfügung auffordert[72], sich – gegen Herausgabe des Verbotstitels – strafbewehrt zu unterwerfen. Der gut beratene[73] Schuldner wird sich um diese Aufforderung nicht kümmern, sondern eine Abschlußerklärung abgeben, die den Gläubiger ebenfalls an weiterem Vorgehen hindert und für den Schuldner u. U. die geringeren Risiken birgt.

3. Die Frage der Drittwirkung der Abschlußerklärung

Es steht außer Frage, daß die einem Gläubiger gegenüber abgegebene Abschlußerklärung einem anderen Gläubiger nicht das Rechtsschutzbedürfnis für ein Vorgehen wegen desselben Verstoßes nimmt; denn selbstverständlich zeitigt der Titel, der durch die Abschlußerklärung perpetuiert wird, nur inter-partes-Wirkung. Teilweise wird jedoch vertreten[74], daß die Abschlußerklärung in gleicher Weise wie eine strafbewehrte Unterwerfungserklärung[75] die Wiederholungsgefahr allgemein, also auch gegenüber anderen Gläubigern, entfallen lasse, weil auch sie Ausdruck eines ernsthaften Unterlassungswillens sei. Mit dieser Auffassung habe ich mich bereits in anderem Zusammenhang[76] ablehnend auseinandergesetzt, so daß insoweit auf das dort Gesagte verwiesen werden kann.

---

72 Wie es heutzutage häufig seitens solcher Wettbewerbsvereine geschieht, die sicherstellen möchten, daß in Fällen eines Verstoßes nicht Ordnungsgeld an die Staatskasse, sondern eine Vertragsstrafe an sie gezahlt wird; vgl. zu einem solchen Fall BGH GRUR 1990, 282, 285 = WRP 1990, 255 – Wettbewerbsverein IV (unter I 3 d bb).
73 Daß es heute – im Hinblick auf mancherlei deutliche Nachteile der Unterwerfung im Verhältnis zu gerichtlichen Titeln für den Schuldner (darunter die Erfüllungsgehilfenhaftung) – durchaus ratsam sein kann, lieber eine einstweilige Verfügung gegen sich erwirken zu lassen, um diese dann zugleich durch Abschlußerklärung als endgültig anzuerkennen, statt eine Unterwerfungserklärung abzugeben, habe ich an anderer Stelle (vgl. Kap. 41, Rdn. 45) ausgeführt.
74 Vgl. die Nachweise in Kap. 7, Rdn. 17, in Fn. 27; differenzierend Großkomm/*Köhler*, Vor § 13 UWG, B, Rdn. 74.
75 Vgl. BGH GRUR 1983, 186, 187 = WRP 1983, 264 – Wiederholte Unterwerfung I; seither st. Rspr.; vgl. z. B. BGH GRUR 1987, 54, 55 = WRP 1986, 672 – Aufklärungspflicht des Abgemahnten und BGH GRUR 1988, 716 = WRP 1989, 90 – Aufklärungspflicht gegenüber Verbänden; näher dazu Kap. 8, Rdn. 51.
76 Vgl. Kap. 7, Rdn. 17.

B. Die Durchsetzung im Prozeß

1. Teil Das Erkenntnisverfahren

44. Kapitel Einführung

Literatur: *Henckel,* Rezension der zweiten Auflage von *Pastor,* Der Wettbewerbsprozeß, ZZP 89 (1974), 224; *Hilgard,* Die Schutzschrift im Wettbewerbsrecht, 1985; *Piehler,* Einstweiliger Rechtsschutz und materielles Recht, 1980; *Spehl,* Abschlußschreiben und Abschlußerklärung im Wettbewerbsverfahrensrecht, 1987; *Teplitzky,* Die »Schutzschrift« als vorbeugendes Verteidigungsmittel gegen einstweilige Verfügungen, NJW 1980, 1667; vgl. ferner die Literatur bei den nachfolgenden Kapiteln.

Inhaltsübersicht

	Rdn.		Rdn.
I. Die Verfahrensarten	1–4	III. Gegenstand und Untersuchung	9
II. Wettbewerbsprozeß und allgemeiner Zivilprozeß	5–8		

I. Die Verfahrensarten

1. Klagen auf Unterlassung und Beseitigung sind – das ist heute außer Streit[1] – Leistungsklagen; einstweilige Verfügungen mit dem gleichen Ziel – im Wettbewerbsrecht heute die häufigste Form der prozessualen Anspruchsdurchsetzung – sind dementsprechend Leistungsverfügungen[2] mit den für diese geltenden Besonderheiten.

2. Schadensersatz ist zwar grundsätzlich im Wege der Leistungsklage durchsetzbar – einstweilige Verfügungen spielen hier naturgemäß keine Rolle –; jedoch ist im Wettbewerbsrecht die Schadensersatzfeststellungsklage von weit erheblicherer praktischer Bedeutung, da wettbewerblicher Schaden einerseits oft erst nach Ablauf einer gewissen Zeit der Markt- bzw. Geschäftsentwicklungsbeobachtung, häufig aber auch erst nach Auskunft oder Rechnungslegung des Verletzers bezifferbar ist, andererseits aber überwiegend innerhalb besonders kurzer Verjährungsfristen geltend gemacht werden muß. Hier bietet sich der Feststellungsprozeß an, da er die Verjährung unterbricht, die Möglichkeit weiterer Klärung bietet und mit der gerichtlichen Feststellung der Schadensersatzpflicht oft eine Grundlage für eine abschließende Einigung der Streitparteien eröffnet.

---

1 Zu (längst überwundenen) früheren Meinungen vgl. *Pastor,* in *Reimer,* S. 205.
2 Dies ist allerdings in der Literatur außerhalb des Wettbewerbsrechts nicht ganz unbestritten; vgl. die Nachweise bei *Stein/Jonas/Grunsky,* Vor § 935 ZPO, Rdn. 46, sowie bei *Piehler,* S. 27 f. und S. 205 f.

3   Hängt die Schadenshöhe nur von einer Auskunft oder Rechnungslegung des Verletzers, nicht auch von anderen noch ungewissen Umständen ab, so kann – und sollte[3] – gemäß § 254 ZPO gestuft auf Leistung des sich aus der Auskunft oder Rechnungslegung ergebenden Schadens geklagt werden.

4   Auskunfts- und Rechnungslegungsansprüche sind ihrerseits durch Leistungsklagen durchzusetzen; für eine Feststellungsklage besteht kein Feststellungsinteresse.

II. Wettbewerbsprozeß und allgemeiner Zivilprozeß

5   Das Schwergewicht der Wettbewerbsverfahren liegt in einem Bereich, der außerhalb des Wettbewerbsrechts eine wesentlich geringere Rolle spielt, nämlich bei der Unterlassungsklage und der Unterlassungsverfügung. Dies mußte zwangsläufig dazu führen, daß gerade diese beiden Verfahrensarten wesentliche Grundsätze, Anstöße zur Fortentwicklung, ja weitgehend sogar ihr heutiges Gepräge in Wettbewerbsstreitigkeiten erhalten haben[4]. Da zwischen Verfahrensgegenstand und Verfahrensnormen ein enger Zusammenhang besteht[5] und das Wettbewerbsrecht stärker als andere Gebiete des Zivilrechts von Spezialisten beherrscht wird, konnte es nicht ausbleiben, daß einzelne Ausformungen spezifischen Bedürfnissen des Wettbewerbsrechts angepaßt bzw. von diesen überhaupt erst hervorgerufen worden sind[6]. Dazu gehört außer den bereits behandelten Besonderheiten des vorprozessualen Abmahnungs- und Unterwerfungsverfahrens, die es in dieser Form außerhalb des Wettbewerbsrechts erst ansatzweise und in Teilbereichen gibt, namentlich die – durch die Dringlichkeitsvermutung des § 25 UWG geförderte – dominierende Rolle des Verfügungsverfahrens[7] und das auf sie zugeschnittene »Zwischenverfahren an der Nahtstelle zwischen Verfügungs- und Hauptsacheprozeß«[8], das »Abschlußverfahren«, das in Kap. 43 bereits behandelt worden ist.

6   Aus diesen und vielen anderen, noch näher zu erörternden Besonderheiten[9] ist teilweise der Schluß gezogen worden, der »Wettbewerbsprozeß« sei »prozessuales Spezi-

---

3 Denn nach einer außerhalb des Wettbewerbsrechts sogar h. M. fehlt für eine Feststellungsklage wegen der Möglichkeit dieser Form der Leistungsklage das Feststellungsinteresse, vgl. BGHZ 5, 314, 315; BGH MDR 1961, 751; BGH BB 1974, 1184; *Baumbach/Lauterbach/Hartmann*, § 256 ZPO, Anm. 5 (Stichwort Leistungsklage); zu Besonderheiten im Wettbewerbsrecht und der hier abweichenden Rechtsprechung vgl. nachfolgend Kap. 52, Rdn. 16.
4 In den Kommentierungen der ZPO kommt dies nur unvollkommen zum Ausdruck, da sie verständlicherweise versuchen, ihre Rechtsprechungsbelege in mehr allgemein verbreiteten Zeitschriften zu finden; immerhin machen auch dort Zitate aus GRUR und WRP (besonders im Verfügungsrecht und dort namentlich in der Kommentierung bei *Zöller/Vollkommer*) schon augenfälliger als die sonstigen Fundstellen – hinter denen sich aber auch oft Wettbewerbsrechtsprechung verbirgt –, daß das Unterlassungsverfahren in seiner heutigen Form ohne die wettbewerbliche Rechtsprechung nicht mehr vorstellbar ist.
5 *Ahrens*, S. 1 m. w. N. in Fn. 4.
6 Zur Prägung prozeßrechtlicher Normen durch den Verfahrensgegenstand vgl. *Henckel*, ZZP 89 (1976), 224.
7 *Pastor* (S. 1 und S. 500) spricht sogar vom »Vorrang«; vgl. dazu auch *Piehler*, S. 44.
8 So *Ahrens*, S. 3.
9 Vgl. dazu auch *Pastor*, S. 1–4.

44. Kapitel Das Erkenntnisverfahren

alrecht«, ein Prozeß eigener Art, der »eigenständige Bedeutung außerhalb des normalen Zivilprozesses und eine gesonderte, nur ihm eigene Ausgestaltung« habe[10].

Diese Auffassung mag der Einschätzung oder Neigung mancher Wettbewerbsrechtsspezialisten entgegenkommen; gebilligt werden kann sie jedoch nicht: Sie scheitert an der Allgemeinverbindlichkeit der Zivilprozeßordnung ebenso wie am Mangel gesetzlicher Grundlagen für eine Sonderrechtsentwicklung[11].

Im übrigen wären auch ihre praktischen Konsequenzen – sowohl für das Wettbewerbsverfahrensrecht selbst als auch für das allgemeine Zivilverfahren, das aus Wettbewerbsstreitigkeiten fruchtbare Anregungen erfährt[12] – ebenso fragwürdig wie andererseits der von *Pastor* (S. 4) ebenfalls angenommene Vorbildcharakter des Wettbewerbsprozesses für das gesamte Prozeßrecht[13]. Das Wettbewerbsverfahrensrecht ist Teil des allgemeinen Prozeßrechts, das somit – abgesehen von einigen gesetzlich normierten oder gewohnheitsrechtlich entwickelten Besonderheiten – uneingeschränkt auch für den Wettbewerbsprozeß gilt und das umgekehrt seinerseits von legalen Entwicklungen im Wettbewerbsprozeß nicht unberührt bleiben kann.

III. Gegenstand und Untersuchung

Die Durchsetzung wettbewerblicher Ansprüche folgt – wie unter II festgestellt – grundsätzlich den allgemeinen Prozeßrechtsregeln. Diese im einzelnen darzulegen, kann nicht Aufgabe dieses Buches sein. Die Untersuchung beschränkt sich daher in den folgenden Kapiteln auf einzelne wettbewerbsrechtsspezifische Aspekte der einschlägigen Verfahrensregeln.

---

10 So *Pastor*, S. 4; *Ahrens* spricht (S. 2) ebenfalls von einer »Verselbständigung«, von der er sodann (vgl. S. 9: Phänomenologie des Wettbewerbsprozesses) auch ausgeht; gegen solchen »Rechtspartikularismus« mit Recht *Spehl*, S. 164 u. 168 f.
11 Auf Gewohnheitsrecht lassen sich zwar vielleicht einzelne Entwicklungen innerhalb des Wettbewerbsverfahrens, nicht aber dessen Sonderstellung neben allgemeinen Zivilverfahren im ganzen stützen.
12 Zu nennen sind hier beispielsweise Einflüsse der wettbewerblichen Rechtsprechung zur Wiederholungsgefahr, ihrer Vermutung und Beseitigung im Bereich des AGBG (vgl. BGHZ 81, 222, 225; BGH NJW 1982, 2311) oder die mittlerweile weitgehend vollzogene Aufnahme der von Wettbewerbsjuristen entwickelten »Schutzschrift« in das allgemeine Verfügungsrecht (vgl. *Teplitzky*, NJW 1980, 1667, 1668, sowie nunmehr *Stein/Jonas/Grunsky* – ab 20. Aufl. – § 937 ZPO, Rdn. 7, und § 920 ZPO, Rdn. 9; *Zöller/Vollkommer* – ab 14. Aufl. – § 937 ZPO, Rdn. 4; *Thomas/Putzo* – ab 11. Aufl. –, § 935 ZPO, Anm. 4; *Hilgard*, S. 1; ablehnend *Baumbach/Lauterbach/Hartmann*, Grundzüge vor § 128 ZPO, Anm. 2 C, und § 920 ZPO, Anm. 1 B, sowie *Leipold*, RdA 1983, 164); auch das »Abschlußverfahren« erscheint mir für eine Übernahme in das Unterlassungsverfügungsverfahren außerhalb des Wettbewerbsrechts geeignet (zustimmend *Spehl*, S. 164 f. u. S. 169 f.)
13 Gegen einen solchen auch *Henckel*, ZZP 89 (1976), 224, 227.

1. Abschnitt Allgemeine Grundzüge des Wettbewerbsverfahrens

45. Kapitel Rechtsweg und Zuständigkeit

Literatur: *Bechtold,* Auswirkungen des neuen § 51 Abs. 1 SGG auf kartellrechtliche Streitigkeiten zwischen Krankenkassen und privaten Leistungserbringern, WuW 1989, 550; *Brackmann,* Zum Rechtsweg in Wettbewerbsstreitigkeiten bei Beteiligung einer öffentlich-rechtlichen Körperschaft der Sozialversicherung, NJW 1982, 84; *v. Gamm,* Verfassungs- und wettbewerbsrechtliche Grenzen des Wettbewerbs der öffentlichen Hand, WRP 1984, 303; *v. Gamm,* Neuere Rechtsprechung zum Wettbewerbs- und Warenzeichenrecht, GRUR 1990, 313; *v. Maltzahn,* Zum sogenannten fliegenden Gerichtsstand bei Wettbewerbsverstößen durch Zeitungsinserate, GRUR 1983, 711; *Melullis,* Zum zivilprozessualen Rechtsschutz gegen wettbewerbswidriges Handeln staatlicher Einrichtungen, WRP 1988, 228; *Piper,* Zum Wettbewerb der öffentlichen Hand, GRUR 1986, 574; *Scholz,* Wettbewerbsrechtliche Klagen gegen Hoheitsträger: Zivil- oder Verwaltungsrechtsweg?, NJW 1978, 16; *Schütze,* Einstweilige Verfügungen und Arreste im internationalen Rechtsverkehr, insbesondere im Zusammenhang mit der Inanspruchnahme von Bankgarantien, WM 1980, 1438; *Stauder,* Die Anwendung des EWG-Gerichtsstands- und Vollstreckungsübereinkommens auf Klagen im gewerblichen Rechtsschutz- und Urheberrecht, GRUR Int. 1976, 465 und 510; *Tetzner,* Die Verfolgung der Verletzung ausländischer Patente vor deutschen Gerichten unter Berücksichtigung des EWG-Gerichtsstands- und Vollstreckungsabkommens, GRUR 1976, 669; *P. Ulmer,* Die Anwendung von Wettbewerbs- und Kartellrecht auf die wirtschaftliche Tätigkeit der öffentlichen Hand beim Angebot von Waren und Dienstleistungen, ZHR 146 (1982), 466.

Inhaltsübersicht	Rdn.		Rdn.
I. Der Rechtsweg	1–4	4. Die internationale Zuständigkeit	18–21
II. Die Zuständigkeit	5–22		
1. Die sachliche Zuständigkeit	5–8	5. Die prozessuale Bedeutung und Behandlung der Zuständigkeit	22
2. Die funktionelle Zuständigkeit	9–12		
3. Die örtliche Zuständigkeit	13–17		

I. Der Rechtsweg

1 1. Wettbewerbsstreitigkeiten sind bürgerliche Rechtsstreitigkeiten i. S. des § 13 GVG; für sie ist daher der ordentliche Rechtsweg[1] gegeben, und zwar – entgegen früheren

---

[1] Voraussetzung ist, daß die deutsche Gerichtsbarkeit gegeben ist, auf die hier wegen der Seltenheit entsprechender Zweifelsfälle in der wettbewerbsrechtlichen Praxis nicht näher eingegangen werden soll. Für evtl. Konfliktfälle sei auf die sehr eingehende Darstellung des Problemkreises in Großkomm/*Jacobs,* Vor § 13 UWG, D, Rdn. 1–14 m. w. N. verwiesen.

45. Kapitel   Rechtsweg und Zuständigkeit   2 **45**

Entwicklungen[2] – in einem sehr umfassenden Sinne. Der Große Senat für Zivilsachen des Bundesgerichtshofs hat 1976 entschieden[3], daß es nur darauf ankommt, ob sich das Klagebegehren als Folge eines Sachverhalts darstellt, der nach bürgerlichem Recht zu behandeln ist, und daß dies für wettbewerbswidriges Handeln schlechthin, also auch dann zu bejahen ist, wenn es sich dabei um hoheitliche oder schlicht verwaltende Tätigkeit des Staates[4] handelt. Daran hat der Bundesgerichtshof seither in ständiger Rechtsprechung festgehalten[5]. Er hat außerdem entschieden, daß der Rechtsweg zu den ordentlichen Gerichten bei wettbewerblichen Handlungen einer kirchlichen Organisation im Interesse einer Kirche[6] und ferner auch dann gegeben ist, wenn gegen die beklagte Partei aufgrund desselben Sachverhalts ein berufsgerichtliches Verfahren einzuleiten ist[7].

Diese Entwicklung stand grundsätzlich im Einklang mit der Rechtsprechung des   2
Bundesverwaltungsgerichts[8] und zunächst auch des Bundessozialgerichts, das im Prinzip auch auf die Natur des Anspruchs abgestellt hat[9]. Dagegen wurde sie in der Literatur sehr kontrovers diskutiert; neben (überwiegender) Zustimmung fand sie auch (teils scharfe) Ablehnung[10]. Nach der Entscheidung BGHZ 82, 375 – Brillen-Selbstabgabestellen, die die Sozialgerichtsbarkeit augenscheinlich als einen zu weitgehenden Eingriff in ihre Kompetenzen empfunden hat, kam es jedoch zunehmend zu Konfliktsfällen zwischen BGH und Bundessozialgericht, die in mehreren Entscheidungen des Gemeinsamen Senats der Obersten Bundesgerichte von diesem – und zwar zunächst mehrfach im Sinne der Rechtsprechung des BGH – entschieden worden sind[11]. Lediglich in einem Rechtsstreit, bei dem es um den Streit einer Ersatzkasse und einer AOK über die Wettbewerbswidrigkeit der Mitgliederwerbung ging, hat der Gemeinsame Se-

---

2 Vgl. zu diesen die Nachweise in BGHZ 67, 81, 85 – Auto-Analyzer und Großkomm/*Jacobs*, Vor § 13 UWG, D, Rdn. 22–25.
3 Vgl. BGHZ 66, 229, 232 – Studentenversicherung und BGHZ 67, 81, 85 – Auto-Analyzer; ähnlich schon kurz vorher der Kartellsenat in GRUR 1976, 153, 154 f. = WRP 1975, 525 – Krankenhaus-Zuschußversicherung (insoweit nicht in BGHZ 64, 232); näher dazu *Piper*, GRUR 1986, 574, 575 f.
4 Zu den an diese Tätigkeit im Wettbewerb zu stellenden besonderen Anforderungen im materiell-rechtlichen Sinne vgl. *v. Gamm*, WRP 1984, 303, 306 ff., und *Piper*, GRUR 1986, 574, 575.
5 BGHZ 66, 182, 185 – Der Fall Bittenbinder; BGH GRUR 1981, 596, 597 = WRP 1981, 380 – Apotheken-Steuerberatungsgesellschaft (insoweit nicht in BGHZ 79, 390); BGH GRUR 1981, 823, 825 = WRP 1982, 207 – Ecclesia-Versicherungsdienst; BGHZ 82, 375, 381 ff. – Brillen--Selbstabgabestellen; BGH GRUR 1986, 905, 907 – Innungskrankenkassenwesen.
6 BGH GRUR 1981, 823, 825 = WRP 1982, 207 – Ecclesia-Versicherungsdienst.
7 BGH GRUR 1981, 596, 597 = WRP 1981, 380 – Apotheken-Steuerberatungsgesellschaft (insoweit nicht in BGHZ 79, 390); BGH GRUR 1982, 239 = WRP 1982, 319 – Allgemeine Deutsche Steuerberatungsgesellschaft.
8 Vgl. BVerwGE 17, 306, 307; 39, 329, 337. Zum ordentlichen Rechtsweg für wettbewerbsrechtliche Klagen gegen die Deutsche Bundespost (im Hinblick auf das Postverfassungsgesetz vom 8. 6. 1989, BGBl. I; 1026) vgl. KG NJW-RR 1991, 1007.
9 Vgl. BSGE 36, 238, 239; 56, 140.
10 Vgl. dazu im einzelnen Großkomm/*Jacobs*, Vor § 13 UWG, D, Rdn. 33.
11 Vgl. BGHZ 97, 312, 313 ff. – Orthopädische Hilfsmittel; BGHZ 102, 280, 282 ff. – Gebrauchte Kassenrollstühle; BGH NJW 1988, 2297, 2298 – Medizinische Badeleistungen; im einzelnen dazu Großkomm/*Jacobs*, Vor § 13 UWG, D, Rdn. 35.

nat sich für die Zuständigkeit des Bundessozialgerichts entschieden[12]. Neuerdings erkennt allerdings das Bundessozialgericht auch in solchen Fällen, die vom Gemeinsamen Senat der Obersten Bundesgerichte zugunsten der Zuständigkeit der ordentlichen Gerichte entschieden worden sind, diese Zuständigkeit nicht mehr an; es stützt seine Auffassung auf eine – an sich aus ganz anderen Gründen und mit mutmaßlich gänzlich anderer Zweckrichtung vorgenommene – Änderung des § 51 Abs. 2 Satz 1 Nr. 3 SGG, dergemäß die Gerichte der Sozialgerichtsbarkeit nun bestimmte näher bezeichnete Angelegenheiten auch dann zu entscheiden haben, wenn diese die Angelegenheiten Dritter betreffen[13]. Für kartellrechtliche Streitigkeiten hat der Kartellsenat jedoch eine solche Inanspruchnahme durch die Sozialgerichte neuerdings wiederum ausgeschlossen (vgl. BGHZ 114, 218 ff. = GRUR 1991, 868 ff. = NJW 1991, 2963 f.).

3   2. Erhebliche Einschränkungen des ordentlichen Rechtswegs ergeben sich durch die relative Häufigkeit (wirksamer[14]) Schiedsgerichtsvereinbarungen (§ 1025 ZPO) im Wettbewerbsrecht. Sie schließen den ordentlichen Rechtsweg für das Klageverfahren aus, sofern der Beklagte sich auf den Schiedsvertrag beruft; die Klage ist dann als unzulässig abzuweisen (§ 1027 a ZPO). Lediglich für das summarische Eilverfahren (Arrest und einstweilige Verfügung), das Vollstreckungsverfahren (§ 1042 ZPO) oder – gegebenenfalls – das Aufhebungsverfahren (§ 1041 ZPO) bleibt der Rechtsweg zu den ordentlichen Gerichten uneingeschränkt eröffnet[15].

4   3. Die Prüfung der Zulässigkeit des Rechtswegs steht für die Partei naturgemäß an erster Stelle; für das Gericht folgt sie dagegen der Zuständigkeitsprüfung nach, da nur ein zuständiges Gericht prüfen sollte, ob der Rechtsweg eröffnet ist oder nicht[16]. Die Prüfung hat zwar von Amts wegen zu erfolgen; jedoch muß dies gemäß der am 1. 1. 1991 in Kraft getretenen Neufassung des § 17 GVG i.V. mit den neuen §§ 17 a u. 17 b GVG frühzeitig im Verfahren erster Instanz mit abschließender Wirkung geschehen (vgl. näher – besonders auch zu Verfahren und Rechtsmitteln – Großkomm/*Jacobs*, Vor § 13 UWG, D, Rdn. 42). Einer Rüge bedarf es dazu regelmäßig nicht. Eine Ausnahme stellt lediglich § 1027 a ZPO (Einrede des Schiedsvertrags) dar.

---

12 BGHZ 108, 284, 286 ff. – AOK-Mitgliederwerbung; im einzelnen auch dazu Großkomm/*Jacobs*, aaO., Rdn. 36.
13 Vgl. BSGE 64, 260, 261 = NJW 1989, 2773, 2774 – Rollstuhl-Selbstabgabe; BSGE 66, 159, 160 f. – Badeleistungen; im einzelnen und zu Recht kritisch dazu Großkomm/*Jacobs*, Vor § 13 UWG, D, Rdn. 37, und *v. Gamm*, GRUR 1990, 313. Eine eingehende eigene Stellungnahme unter teils zustimmender, teils kritischer Würdigung der getroffenen Entscheidungen bringt Großkomm/*Jacobs*, aaO., Rdn. 39 f.
14 Zu den Wirksamkeitsvoraussetzungen vgl. §§ 1025–1027 ZPO; zu kartellrechtlichen Wirksamkeitsvoraussetzungen BGH GRUR 1984, 296 = WRP 1984, 193 – Vereins-Schiedsklausel sowie allgemein und ausführlich *Möschel*, Recht der Wettbewerbsbeschränkungen, Rdn. 1156 ff.
15 Ebenso Großkomm/*Jacobs*, Vor § 13 UWG, D, Rdn. 46.
16 *Rosenberg/Schwab*, § 97 V, 5, Fn. 20; *Pastor*, S. 515 m. N. in Fn. 1; darin sehen allerdings *Stein/Jonas/Schumann*, Einl., Rdn. 325, und Großkomm/*Jacobs*, Vor § 13 UWG, D, Rdn. 41, eine petitio principii; sie sind gegen eine starre Rangfolge.

45. Kapitel   Rechtsweg und Zuständigkeit

II. Die Zuständigkeit

1. Die sachliche Zuständigkeit

Die sachliche Zuständigkeit richtet sich zunächst nach den allgemeinen Regeln. Danach fallen Wettbewerbsstreitigkeiten wegen ihrer bekanntermaßen meist hohen Streitwerte regelmäßig in die Zuständigkeit der Landgerichte. Allerdings kann für Schadensersatz- und Auskunftsklagen (bei bereits absehbaren niedrigen Beträgen), besonders auch für Vertragsstrafen aus Unterwerfungen, die amtsgerichtliche Zuständigkeit infrage kommen. (Für Prozesse um die Erstattung von Abmahnkosten ist sie sogar die Regel; sie sind jedoch nur in Ausnahmefällen, nämlich wenn sie auf § 1 UWG und nicht auf § 683 BGB gestützt werden, Wettbewerbsstreitigkeiten).

Besonderheiten ergeben sich durch die in einigen Gesetzen enthaltene Ermächtigung der Landesregierungen, Wettbewerbs-, Warenzeichen-, Patent- und Gebrauchsmuster- sowie Kartellstreitsachen bei bestimmten Landgerichten zu konzentrieren[17]. Zwar ist streitig, ob es sich hier um die Bestimmung einer sachlichen[18] oder lediglich einer funktionellen[19] Zuständigkeit handelt. Für ersteres spricht, daß eine durch die Eigenart der Streitsachen[20] bestimmte Zuständigkeit eines erstinstanzlichen Gerichts, nicht aber die eines bestimmten Rechtspflegeorgans eines Gerichts begründet wird und daß die funktionelle Zuständigkeit innerhalb des zu bestimmenden Gerichts davon unberührt bleibt.

Die Wirkung der Konzentration ist in den einzelnen Gesetzen zwar nicht ausdrücklich geregelt. Jedoch ist das bestimmte Gericht als ausschließlich zuständig anzusehen[21], da nur dadurch der Sinn der Konzentration – Vereinheitlichung der Instanzgerichtsrechtsprechung und deren Verbesserung durch größere Sachkunde und Erfahrung der mit Wettbewerbsstreitigkeiten befaßten Richter – erreicht werden kann. Der Gesetzgeber hat dies selbst dadurch verdeutlicht, daß er bei der Änderung des § 32 Abs. 2 WZG die dort früher vorgesehene fakultative Anrufung gestrichen hat.

Einer unbilligen Begünstigung der am Ort des bestimmten Spezialgerichtes ansässigen Rechtsanwälte soll die Regelung vorbeugen, daß bei diesem Gericht – und dem zugehörigen Berufungsgericht – auch diejenigen Rechtsanwälte postulationsfähig sind, die bei dem erstinstanzlichen bzw. Berufungsgericht zugelassen sind, dessen Zuständigkeit ohne die Konzentrationsbestimmung gegeben wäre[22].

---

17 Vgl. § 27 Abs. 2 UWG; § 32 WZG; § 143 Abs. 2 PatG, auch i. V. mit § 27 Abs. 2 GebrMG; § 89 Abs. 1 GWB; in welchem Umfang die Länder von diesen Ermächtigungen Gebrauch gemacht haben, ist den jeweiligen Anmerkungen zu den genannten Bestimmungen bei *Schönfelder,* Deutsche Gesetze, zu entnehmen.
18 So BGHZ 14, 72, 75 – Autostadt (zum früheren § 51 PatG, dem jetzt § 143 PatG entspricht), und *Baumbach/Hefermehl,* § 27 UWG, Rdn. 1.
19 So *v. Gamm,* WZG, § 32 WZG, Rdn. 1.
20 Zu diesem Kriterium der sachlichen Zuständigkeit vgl. *Baumbach/Lauterbach/Hartmann,* Überblick vor § 1 ZPO, Anm. 1 und *Thomas/Putzo,* Anm. II, 2 vor § 1 ZPO.
21 So für den früheren § 51 PatG ausdrücklich BGHZ 8, 16, 21 – Reinigungsverfahren.
22 Vgl. § 27 Abs. 3 UWG; § 32 Abs. 2 WZG; § 143 Abs. 2 WZG; § 143 Abs. 3 PatG und § 89 Abs. 3 GWB.

2. Die funktionelle Zuständigkeit

9 Funktionell sind in der ganz überwiegenden Mehrzahl der Wettbewerbsstreitigkeiten – soweit sie in die erstinstanzliche Zuständigkeit der Landgerichte fallen oder zum Landgericht als Berufungsinstanz gegen amtsgerichtliche Urteile gelangen – die Kammern für Handelssachen zuständig.

10 Für Ansprüche aus dem UWG selbst ist dies sogar doppelt – in § 95 Abs. 1 Nr. 5 GVG und § 27 Abs. 1 UWG[23] – ausgesprochen[24], für solche aus dem GWB in dessen § 87 Abs. 2, für firmen- und warenzeichenrechtliche Ansprüche in § 95 Abs. 1 Nr. 4 b und c GVG.

11 Zweifelhaft ist, ob auch die vom Wortlaut der §§ 27 Abs. 1 UWG, 95 Abs. 1 GVG nicht erfaßten Wettbewerbsstreitigkeiten – namentlich die Verstöße gegen das Rabattgesetz oder die ZugabeVO, soweit der Streit nicht zwischen Kaufleuten ausgetragen wird und deshalb unter § 95 Abs. 1 Nr. 1 GVG fällt – in die funktionelle Zuständigkeit der Kammern für Handelssachen gehören. Man könnte daran denken, die Begriffe »aufgrund dieses Gesetzes« (§ 27 Abs. 1 UWG) oder »aufgrund des UWG« (§ 95 Abs. 1 Nr. 5 GVG) ebenso wie bei § 25 UWG[25] – durchaus noch sinngerecht – erweiternd auszulegen und die Ansprüche aus den das UWG nur ergänzenden Wettbewerbsgesetzen einzubeziehen.

12 Für den Begriff der »Wettbewerbsstreitsachen« in § 27 Abs. 2 UWG wird dies auch vorgeschlagen[26] und bedenkenlos anzunehmen sein, da insoweit der Wortlaut nicht entgegensteht. Dagegen erscheint mir eine wortlautwidrige Auslegung in einer Zuständigkeitsfrage im Hinblick auf den hier – anders als bei § 25 UWG und seiner Dringlichkeitsvermutung – zu beachtenden grundrechtlichen Anspruch auf den »gesetzlichen« Richter (Art. 100 Abs. 1 Satz 2 GG) nicht unbedenklich[27].

3. Die örtliche Zuständigkeit

13 Die örtliche Zuständigkeit wird für Klagen aufgrund des UWG durch dessen § 24 besonders geregelt. Danach ist das Gericht der gewerblichen Niederlassung[28] oder in Ermangelung einer solchen des Wohnsitzes[29] (bzw. bei ausländischem Wohnsitz; des in-

---

23 Dieser regelt somit – anders als Abs. 2 und entgegen der verallgemeinernden Überschrift und der dieser entsprechenden Feststellung *Baumbach/Hefermehls* – in Rdn. 1 zu § 27 UWG – nicht die sachliche, sondern die funktionelle Zuständigkeit.
24 Ausdrücklich (durch § 95 Abs. 1 u. 5 GVG) ausgenommen sind jedoch Klagen von und gegen Letztverbraucher, die nicht Kaufleute sind, gemäß § 13 a UWG.
25 Dort h. M., vgl. *Baumbach/Hefermehl*, § 25 UWG, Rdn. 5 m. w. N.
26 Vgl. *Baumbach/Hefermehl*, § 27 UWG, Rdn. 5 m. w. N.
27 Im Ergebnis wohl ebenfalls ablehnend *Pastor*, S. 568. Allerdings soll nicht verkannt werden, daß sich mit Hilfe der vom Großen Senat für Zivilsachen des BGH (BGHZ 44, 46, 49) aus der RG-Rechtsprechung (RG LZ 1930, 1502 Nr. 6) übernommenen These von der »Gleichwertigkeit der deutschen erstinstanzlichen Gerichte« und der Ausführungen zu Sinn und Zweck des Art. 101 GG in BGHZ 24, 48, 50 (dort allerdings zur Verfassungswidrigkeit des allein die örtliche Zuständigkeit betreffenden § 512 a ZPO) auch die gegenteilige Meinung begründen läßt.
28 Vgl. dazu im einzelnen Großkomm/*Erdmann*, § 24 UWG, Rdn. 15–19.
29 Vgl. dazu im einzelnen Großkomm/*Erdmann*, aaO., Rdn. 20–23.

45. Kapitel   Rechtsweg und Zuständigkeit

ländischen Aufenthaltsortes[30]) zuständig (§ 24 Abs. 1 UWG) oder – wahlweise – das Gericht, in dessen Bezirk die Handlung begangen ist (§ 24 Abs. 2 UWG) bzw. – was genügen kann – im Sinne einer Erstbegehungsgefahr ernsthaft bevorsteht (OLG Hamburg MD VSW 1991, 455). Ein Vorrang des Orts, an dem eine Handlung begangen ist, also Wiederholungsgefahr besteht, gegenüber einem lediglich durch Erstbegehungsgefahr begründeten Gerichtsstand besteht nicht (OLG Düsseldorf MDR 1991, 1164). Die beiden Gerichtsstände des § 24 UWG sind – bis auf die ausdrückliche Durchbrechung in § 33 WZG für UWG-Klagen mit Warenzeichenbezug – ausschließlich, einer anderweitigen Parteiabsprache daher entzogen. Jedoch räumt § 24 Abs. 2 UWG dem Kläger ein – oft sehr weites – Wahlrecht ein, da wettbewerbliche Handlungen in der Regel nicht nur an einem Ort i. S. dieser Vorschrift »begangen« werden: Begehungsort ist vielmehr nach herrschender Meinung sowohl der Ort, an dem der Täter gehandelt hat – wobei Teilhandlungen genügen können – oder an dem eine Handlung i. S. einer Erstbegehungsgefahr droht, als auch jeder Ort, an dem in einen geschützten Rechtskreis eingegriffen wird (Erfolgsort)[31]. Letzteres kann – beispielsweise bei einer Zeitungswerbung oder bei einer Verletzungshandlung durch Prospektversand – an einer Vielzahl von Orten – etwa im gesamten planmäßigen Vertriebsgebiet[32] der Zeitung oder bei allen Prospektadressaten[33] – der Fall sein, setzt aber bei Wettbewerbshandlungen voraus, daß am fraglichen Ort tatsächlich auch die wettbewerblichen Interessen der Mitbewerber aufeinanderstoßen[34]. Dies ist mehrfach für Fälle verneint worden, in denen inländische Handlungen Auswirkungen lediglich im ausländischen Wettbewerb zeitigen sollten und konnten (vgl. BGH wie Fn. 34), dagegen bejaht, wenn im Ausland begangene – und dort u. U. sogar erlaubte – Handlungen Auswirkungen auf den inländischen Wettbewerb zeitigen, die hier als unerlaubt angesehen werden[35].

Als gerichtsstandsbegründender Erfolg kommt – da er Teil der »Begehung« sein muß – nur ein solcher infrage, ohne den die Handlung nicht vollendet wäre[36]. Dazu ge-

---

30 Vgl. dazu im einzelnen Großkomm/*Erdmann*, aaO., Rdn. 24 f.
31 BGHZ 35, 329, 333, 336 – Kindersaugflasche; BGHZ 40, 391, 394 – Stahlexport; BGH GRUR 1978, 194, 195 – profil; im einzelnen dazu Großkomm/*Erdmann*, § 24 UWG, Rdn. 28; *v. Maltzahn*, GRUR 1983, 711, 714 ff.
32 BGH GRUR 1971, 153, 154 = WRP 1971, 26 – Tampax; vgl. auch BGH GRUR 1978, 194, 195 = WRP 1977, 487 – profil; im einzelnen sei dazu auf die eingehende und überzeugende Darstellung in Großkomm/*Erdmann*, § 24 UWG, Rdn. 30–34 verwiesen; vgl. ferner auch schon *v. Maltzahn*, GRUR 1983, 711 ff.
33 Vgl. Großkomm/*Erdmann*, aaO., Rdn. 29.
34 BGHZ 35, 329, 334 – Kindersaugflasche; ferner BGHZ 40, 391, 395 – Stahlexport; BGH GRUR 1982, 294, 297 = WRP 1982, 463 – Domgarten-Brand; OLG München WRP 1986, 357; OLG Karlsruhe GRUR 1985, 556, 557; OLG Köln GRUR 1988, 148, 149 u. GRUR 1991, 775 f.; Großkomm/*Erdmann*, aaO., Rdn. 28 f. u. Rdn. 32, u. *Jacobs* in Anm. zu BGH GRUR 1988, 785 – Örtliche Zuständigkeit auf S. 786, 787. A. A. jedoch KG GRUR 1989, 134, 135 u. MDR 1991, 1151, 1152 (in der letzteren Entscheidung mit m. E. unzutreffenden Folgerungen aus dem – lediglich etwas verunglückten, vgl. *Jacobs* aaO. – Urteil des BGH aaO. – Örtliche Zuständigkeit; OLG Düsseldorf WRP 1987, 476 = NJW-RR 1988, 232, 233 unter Aufgabe seiner früheren (WRP 1981, 278, 279) gegenteiligen Meinung.
35 BGH GRUR 1971, 153, 154 = WRP 1971, 26 – Tampax; BGH GRUR 1980, 130, 131 – Kfz-Händler; Großkomm/*Erdmann*, aaO., Rdn. 32 m. w. N.
36 BGHZ 52, 108, 111 – Festzeltbetrieb; BGH GRUR 1980, 130, 131 – Kfz.-Händler; Großkomm/*Erdmann*, § 24 UWG Rdn. 28; *Baumbach/Hefermehl*, § 24 UWG, Rdn. 6.

hört nicht der Schadenseintritt, der deshalb allein keine Zuständigkeit begründen kann[37].

15 Für Klagen, die zwar wettbewerbsrechtlicher Natur, aber nicht auf das UWG gestützt sind, gilt § 24 UWG nicht. Dies ergibt sich aus dem Wortlaut i. V. mit dem Gebot strikter und enger Gesetzesanwendung in den Fällen, in denen es – wie bei der Zuständigkeit – letztlich doch auch um die Frage des gesetzlichen Richters geht[38]. Dagegen ist nicht Voraussetzung der Anwendung, daß die Klage allein auf Vorschriften des UWG gestützt ist (*Baumbach/Hefermehl*, § 24 UWG, Rdn. 27; Großkomm/*Erdmann*, § 24 UWG, Rdn. 9).

16 Für Wettbewerbsklagen, die nicht auf Vorschriften des UWG selbst gestützt oder die vom Wortlaut des § 33 WZG erfaßt werden, gelten die normalen Gerichtsstände, insbesondere – soweit es um unerlaubte Handlungen geht – § 32 ZPO, der im Gegensatz zu § 24 Abs. 2 UWG nicht ausschließlich ist, für dessen Anwendung auf Wettbewerbshandlungen im übrigen jedoch die gleichen – auch einschränkenden – Grundsätze gelten wie für § 24 Abs. 2 UWG.

17 Widerklagen begründen unter den Voraussetzungen des § 33 ZPO auch im Wettbewerbsrecht einen eigenen Gerichtsstand[39], jedoch entgegen BGH NJW 1966, 1028[40] nicht auch dann, wenn die Widerklage nicht gegen den Kläger, sondern gegen einen Dritten gerichtet ist und diesem damit den Gerichtsstand des laufenden Verfahrens oktroyiert (so jetzt zutreffend BGH NJW 1992, 982 = MDR 1992, 710).

4. Die internationale Zuständigkeit

18 a) Die internationale Zuständigkeit ist von der örtlichen Zuständigkeit funktionell verschieden: Während letztere die Streitsachen unter die erstinstanzlichen Gerichte verteilt, regelt die internationale Zuständigkeit, ob eine Streitsache mit Auslandsbeziehungen von deutschen oder von ausländischen Gerichten entschieden werden soll[41]. In ihren Voraussetzungen sind die beiden Zuständigkeitsarten jedoch miteinander verknüpft[42]: Besteht ein innerstaatlicher Gerichtsstand, so ist in der Regel auch die internationale Zuständigkeit gegeben, während umgekehrt die Vereinbarung der ausschließ-

---

37 BGHZ 40, 391, 395 – Stahlexport; BGHZ 52, 108, 111 – Festzeltbetrieb; BGH GRUR 1978, 194, 195 = WRP 1977, 487 – profil; Großkomm/*Erdmann*, aaO.
38 Diese Frage scheint mir in den Ausführungen des BGH (GSZ) vom 14. 6. 1965 (BGHZ 44, 46, 49 unter a, 1. Abs.) vernachlässigt. Die dort vertretene These, daß die beklagte Partei keinerlei sachliches Interesse daran haben könne, welches Gericht den Streit entscheide, erscheint mir etwas – und für die konkrete Entscheidung unnötig – überpointiert und gerade in Wettbewerbssachen, wo es oft entscheidend auf die Spezialkenntnisse eines wettbewerbserfahrenen Gerichts ankommen kann, auch fragwürdig.
39 Vgl. BGH GRUR 1986, 325, 328 = WRP 1985, 548 – Peters; zu Einzelheiten vgl. Großkomm/*Erdmann*, § 24 UWG, Rdn. 7 u. 11.
40 Anders früher schon BGHZ 40, 185, 190; zweifelnd BGHZ 69, 37, 44.
41 BGHZ (GSZ) 44, 46, 47 – mit der Folgerung, daß § 512 a ZPO (Rechtsmittelausschluß gegen Bejahung der örtlichen Zuständigkeit) auf die internationale Zuständigkeit nicht anwendbar ist; bestätigend BGH GRUR 1980, 130, 131 – Kfz-Händler; BGH GRUR 1986, 325, 327 = WRP 1985, 548, 550 – Peters; BGH GRUR 1988, 483, 484 = WRP 1988, 446 – AGIAV.
42 BGH aaO.; BGHZ 69, 37, 44; BGH GRUR 1987, 172, 173 = WRP 1987, 446 – Unternehmensberatungsgesellschaft I, insoweit nicht in BGHZ 98, 330.

45. Kapitel   Rechtsweg und Zuständigkeit

lichen örtlichen Zuständigkeit eines ausländischen Gerichts auch die internationale deutsche Zuständigkeit entfallen läßt, sofern die Vereinbarung nach deutschem Recht zulässig und wirksam ist[43]. Darüber hinaus kann die internationale Zuständigkeit eines deutschen Gerichts von den Parteien vereinbart oder durch Widerklage vor einem deutschen Gericht begründet werden, letzteres allerdings nur, sofern die Voraussetzungen des § 33 ZPO erfüllt sind[44].

b) Wichtige positive Regelungen der internationalen Zuständigkeit enthält das Übereinkommen der Europäischen Gemeinschaft über die gerichtliche Zuständigkeit und die Vollstreckung gerichtlicher Entscheidungen in Zivil- und Handelssachen vom 27. 9. 1968[45], das in Deutschland durch Gesetz vom 24. 7. 1972[46] ratifiziert und seit dem 1. 2. 1973 in Kraft ist. Es galt vorerst nur für die ursprünglichen sechs EWG-Staaten (Bundesrepublik Deutschland, Frankreich einschl. überseeische Departements, Benelux-Staaten und Italien) und ist mittlerweile auch auf Großbritannien, Irland, Dänemark und Griechenland erstreckt; mit Spanien und Portugal ist der Beitritt vereinbart, aber im Verhältnis zu Deutschland noch nicht in Kraft[47]. Mit den EFTA-Staaten (Finnland, Island, Norwegen, Österreich, Schweden, Schweiz) wurde am 16. 9. 1988 ein Parallelabkommen, das sog. Luganer Abkommen, getroffen, das noch nicht in Kraft ist[48].

Danach sind in Zivil- und Handelssachen[49], zu denen Wettbewerbssachen gehören, grundsätzlich die Gerichte des Wohnsitzes – ohne Rücksicht auf die Staatsangehörigkeit – zuständig, soweit nicht das Übereinkommen abweichende Regelungen enthält.

Von diesen Regeln sind für das Wettbewerbsrecht bedeutsam: Art. 3 Abs. 2, durch den der deutsche Gerichtsstand des Vermögens (§ 23 ZPO) für Klageverfahren ausgeschlossen wird – ob auch für Arrest und einstweilige Verfügung, ist nicht zweifelsfrei[50] –; Art. 5 Nr. 1 (Erfüllungsort); Art. 5 Nr. 3 (unerlaubte Handlungen, zu denen UWG-Verstöße regelmäßig zählen) und Art. 5 Nr. 5 (Streitigkeiten aus dem Betrieb einer Zweigniederlassung oder Agentur); Art. 6 Nr. 1 (Wahlgerichtsstand bei Klagen gegen mehrere Beklagte, sofern – dies ist ergänzend in den Tatbestand hineinzulesen –

---

43 BGHZ 49, 124, 136; BGH GRUR 1986, 325, 327 f. = WRP 1985, 548, 550, 551 – Peters.
44 BGH aaO. – Peters; hierzu steht allerdings außer Frage, daß auf diese Weise die Zuständigkeit eines auf der Klägerseite nicht schon beteiligten Dritten nicht begründet werden kann; vgl. BGHZ 69, 37, 45.
45 Eingehend dazu *Stauder*, GRUR Int. 1976, 465 ff. und 510 ff.
46 BGBl. 1972 II S. 773; vgl. dazu auch das Protokoll BGBl. 1972, II, 808 und 845 und das Ausführungsrecht vom 29. 2. 1972, BGBl. I, 1328, teils geändert durch Art. 7 Nr. 18 Vereinf.-Novelle vom 3. 12. 1976, BGBl. I, 3281; alle sind – soweit erheblich – auch abgedruckt bei *Baumbach/Lauterbach/Albers*, ZPO, Schlußanhang V C 1 u. 2.
47 Vgl. *Zöller/Geimer*, Anhang GVÜ Art. 1, Rdn. 1; *Baumbach/Lauterbach/Albers*, Schlußanhang V C. 1, Allgemeines, Anm. 1 (S. 2274 f.).
48 *Zöller/Geimer*, aaO., Rdn. 2.
49 Zum Begriff in seinem hier maßgeblichen Sinn vgl. EuGH Slg. 1976, 1541 = NJW 1977, 489, 490 – Eurocontrol.
50 Vgl. *Schütze*, WM 1980, 1441 m. w. N.

ein sachlicher Zusammenhang zwischen diesen Klagen besteht[51]) und Nr. 3 (Gerichtsstand der Widerklage); Art. 16 Nr. 3 und 4 (ausschließliche Zuständigkeit der Gerichte des registerführenden Vertragsstaats für Klagen, die die Gültigkeit für Eintragungen in öffentlichen Registern (Nr. 3) oder die Eintragung oder Gültigkeit von Patenten, Warenzeichen, Mustern und Modellen (Nr. 4) zum Gegenstand haben). Art. 16 Nr. 5 betrifft die Zwangsvollstreckung; Art. 17 regelt die Form von Parteivereinbarungen über die internationale Zuständigkeit, und zwar abweichend von der bisherigen deutschen Rechtsprechung, die in Anwendung von § 38 ZPO von der Formlosigkeit ausgegangen war, dahin, daß die Vereinbarung schriftlich[52] oder durch schriftlich bestätigte[53] mündliche Absprache[54] getroffen werden müsse. Nach Art. 18 begründet schließlich auch die rügelose Einlassung vor einem unzuständigen Gericht dessen Zuständigkeit.

5. Für die prozessuale Bedeutung und Behandlung der Zuständigkeit gilt im Wettbewerbsverfahren nichts anderes als im normalen Zivilprozeß. Sie ist Prozeßvoraussetzung, deren Vorliegen in erster Instanz von Amts wegen zu prüfen ist, deren Fehlen jedoch auch dort im Hinblick auf §§ 39, 529 Abs. 2, 549 Abs. 2 ZPO unbedingt gerügt werden sollte. Im Berufungsrechtszug ist die Nachprüfung der – von der Vorinstanz angenommenen – örtlichen Zuständigkeit durch § 512 a ZPO, die der sachlichen durch § 529 Abs. 2 ZPO eingeschränkt; in der Revisionsinstanz ist sie durch § 549 Abs. 2 ZPO ausgeschlossen[55]. Für Fälle, in denen die Vorinstanzen die internationale Zuständigkeit oder die funktionelle Zuständigkeit bejaht haben, gelten diese Einschränkungen nicht[56]. Fehlt es an einer der Zuständigkeiten und stellt nicht der Kläger zulässigerweise einen Verweisungsantrag nach § 281 ZPO, so ist die Klage als unzulässig abzuweisen.

---

51 Vgl. zu diesem, dem deutschen Recht neuen, die Vorschrift des § 36 Nr. 3 ZPO insoweit außer Kraft setzenden, Wahlrecht im einzelnen *Tetzner*, GRUR 1976, 669, 671 sowie *Stauder*, GRUR Int. 1976, 465, 476.
52 Zur Bedeutung allgemeiner Geschäftsbedingungen vgl. EuGH Slg. 1976, 1831 = NJW 1977, 494 – Colzani/Rüwa.
53 Die Frage, ob eine Bestätigung derjenigen Partei (allein) genügt, die sich auf die Vereinbarung beruft, hat der EuGH durch E. v. 30. 1. 1985 auf Vorlage des BGH bejaht, übernehmend BGH NJW 1986, 2196 = WM 1986, 402.
54 Zur Bestätigung allgemeiner Geschäftsbedingungen vgl. EuGH Slg. 1976, 1851 = NJW 1977, 495 – Segoura/Bonakdarin.
55 Zur verfassungsrechtlichen Unbedenklichkeit des § 549 Abs. 2 ZPO u. zur rechtlichen Bedeutungslosigkeit der Revisionszulassung für die Anwendbarkeit dieser Vorschrift vgl. BGH GRUR 1988, 785, 786 – Örtliche Zuständigkeit.
56 Vgl. BGHZ 44, 46, 48 ff.; BGHZ 59, 23, 25; BGH GRUR 1986, 325, 327 = WRP 1985, 548, 550 – Peters u. BGH GRUR 1988, 483, 484 = WRP 1988, 446 – AGIAV für die internationale, BGH NJW 1979, 43 ff. für die funktionelle Zuständigkeit.

46. Kapitel Die Klage

Literatur: *Bergerfurth,* Hilfsanträge zur Erledigung der Hauptsache, NJW 1968, 530; *Bergerfurth,* Erledigung der Hauptsache im Zivilprozeß NJW 1992, 1655; *Borck,* Vom Nutzen und Nachteil der Klageänderung für den Wettbewerbsprozeß, WRP 1979, 431; *Borck,* Der Hilfsantrag im Unterlassungsprozeß, WRP 1981, 248; *Borck,* Die einseitige Erledigung im Unterlassungsrechtsstreit, WRP 1987, 8; *Borck,* Anmerkung zu OLG Celle, WRP 1991, 315, 316; *Brückmann,* Klageänderung und »Umformulierung« von Unterlassungsanträgen im Wettbewerbsrecht, WRP 1983, 656; *Henckel,* Die Klagerücknahme als gestaltende Verfahrenshandlung, in Festschrift für E. Bötticher, 1969, S. 173; *Merz,* Weitere Sachverhaltsaufklärung nach Erledigung der Hauptsache, ZMR 1983, 365; *Ostendorf,* Die Erledigung der Hauptsache, DRiZ 1973, 387; *Rixeder,* Die nicht erledigende Erledigungserklärung, ZZP 96 (1983), 505; *Schneider,* Sachverhaltsaufklärung nach Erledigung der Hauptsache, MDR 1976, 885; *Teubner/Prange,* Die hilfsweise Erledigungserklärung, MDR 1989, 586; *Ulrich,* Die Erledigung der Hauptsache im Wettbewerbsprozeß, GRUR 1982, 14; *Ulrich,* Die »Erledigung« des einstweiligen Verfügungsverfahrens durch nachlässige Prozeßführung, WRP 1990, 651.

Inhaltsübersicht

	Rdn.		Rdn.
I. Klageantrag und Streitgegenstand	1–5	6. Besondere Risiken bei der Klageänderung im Wettbewerbsprozeß	30, 31
II. Die Klagehäufung	6–10	IV. Die Klagerücknahme	32
1. Objektive Klagehäufung	6, 7	V. Die Erledigung der Hauptsache	33–49
2. Subjektive Klagehäufung	8–10	1. Allgemeines	33, 34
III. Die Klageänderung	11–31	2. Häufiges Vorkommen im Wettbewerbsprozeß	35
1. Die Bedeutung im Wettbewerbsprozeß	11, 12	3. Erledigungsgründe	36–39
2. Begriff und Wesen	13–15	4. Anhängigkeit oder Rechtshängigkeit als Voraussetzung?	40
3. Die Formen der Klageänderung	16–23	5. Hilfsweise Erklärung	41–42
a) Änderung des Klagegrundes	16–18	6. Erledigung in allen Instanzen	43
b) Änderung des Klageantrags	19–23	7. Kostenfragen	44–49
4. Die Zulässigkeit der Klageänderung	24–28		
5. Die Frage der Präklusion der Klageänderung	29		

I. Klageantrag und Streitgegenstand

1. Klageantrag

1 Der Klageantrag, der als maßgeblicher Bestimmungsfaktor des Streitgegenstandes in jedem Zivilprozeßverfahren eine zentrale Bedeutung hat, ist im Wettbewerbsprozeß dessen bei weitem problematischstes Element. Er soll deshalb – und weil die Problematik auch in hohem Maße von den einzelnen Verfahrensarten abhängt – ausführlich jeweils bei letzteren behandelt werden.

2. Streitgegenstand

2 Was Streitgegenstand ist, bestimmt sich auch im Wettbewerbsprozeß nach der in der Rechtsprechung und Literatur allgemein vorherrschenden Lehre vom zweigliedrigen Streitgegenstandsbegriff[1]; danach sind der Antrag und der vorgetragene Lebenssachverhalt als Klagegrund gemeinsam (mit von Fall zu Fall unterschiedlicher Gewichtung) für den Streitgegenstand bestimmend[2]. Dieser – in der Theorie einfach und klar erscheinende Grundsatz – kann in der wettbewerbsrechtlichen Praxis schwierige Probleme aufwerfen; die Frage, ob das Begehren eines Unterlassungsantrags, der auf mehrere Verbotsnormen gestützt ist, nur einen (prozessualen) Streitgegenstand – mit lediglich unterschiedlicher Begründung bzw. Subsumtion des geltend gemachten Anspruchs – darstellt oder ob damit wegen Unterschiedlichkeiten der zugrundeliegenden Lebenssachverhaltsaspekte mehrere verschiedenen (prozessuale) Streitgegenstände verfolgt werden, ist hier aus zwei Gründen noch weitaus schwerer zu beantworten als bei einer gewöhnlichen Leistungsklage (etwa auf Zahlung eines Geldbetrags):

3 Einmal sind die Lebenssachverhalte selbst im Wettbewerbsrecht in der Regel schon recht komplex und die Verbotsnormen häufig so allgemein und generalklauselartig gefaßt, daß ein und derselbe Lebenssachverhalt – jedenfalls bei erschöpfendem Sachvortrag – mehreren Normen subsumierbar, jedoch – etwa bei entsprechend beschränktem oder anders akzentuiertem Sachvortrag – ebensogut auch jeweils nur einer von beiden subsumierbar ist.

Zum anderen aber – und dies ist für die Problematik noch wesentlicher – kann die Tragweite eines Verbotsanspruchs maßgeblich von der Norm abhängen, auf die er gestützt wird.

Beispiele: Wird das unter Berufung auf §§ 1 und 3 UWG begehrte Verbot der Führung einer Professorenbezeichnung (vgl. dazu zuletzt BGH, Urt. v. 9. 4. 1992 – I ZR

---

[1] Vgl. dazu die Übersichten über den Streitstand und die Stellungnahme bei *Jauernig*, § 37, und *Thomas/Putzo*, Einl. II; dort auch zur vielfältigen Bedeutung des Streitgegenstands; zur Vertiefung *Stein/Jonas/Schumann*, ZPO, Einl. V, Rdn. 263–298, insbesondere Rdn. 270–272 u. 284.

[2] Vgl. dazu aus der neueren Rechtsprechung des für das Wettbewerbsrecht zuständigen I. Zivilsenats des BGH z. B. die Fälle GRUR 1983, 22, 23 – Tonmeister; BGH GRUR 1990, 611, 616 = WRP 1990, 626, 632 – Werbung im Programm, insoweit nicht in BGHZ 110, 278; BGH GRUR 1991, 772, 773 – Anzeigenrubrik I; zu einer verfehlten, weil auf der Mißachtung des Streitgegenstandsbegriffs der Rechtsprechung beruhenden Kritik G. *Walters* am Urteil BGH GRUR 1987, 568 = WRP 1987, 627 – Gegenangriff in seiner Anm. zum Urteilsabdruck in NJW 1987, 3138 vgl. *Teplitzky*, GRUR 1989, 461, 468 unter IV.2.

46. Kapitel Die Klage 4–5

240/90 – Professorenbezeichnung in der Artzwerbung II) oder einer Werbung für eine sogenannte Kaffeefahrt (BGH GRUR 1986, 318, 319 f. = WRP 1986, 146 – Verkaufsfahrten I) gemäß § 3 UWG zugesprochen, so können in der späteren Werbung Zusätze, durch die die Irreführung ausgeschlossen wird, bereits aus dem Verbotsbereich herausführen. Dies wäre bei einer auf § 1 UWG (wettbewerbswidriger Verstoß gegen Standesrecht bzw. Annahme der Sittenwidrigkeit von »Kaffeefahrten« schlechthin) nicht möglich.

Hierdurch unterscheiden sich die Unterlassungsfälle von – etwa – Zahlungsklagen. Bei der Verurteilung zur Zahlung von 1.000,– DM macht es im Ergebnis keinen Unterschied, ob sie auf § 823 BGB der auf positive Forderungsverletzung gestützt wird.

Muß im Hinblick auf diese Unterschiede also im Wettbewerbsrecht stets schon dann von mehreren Streitgegenständen ausgegangen werden, wenn zur Begründung eines Unterlassungsantrags Normen unterschiedlicher Tragweite herangezogen werden? Ist – anders ausgedrückt – Lebenssachverhalt die (u.U. ganz pauschal) vorgetragene Verletzungshandlung, das das Gericht – jura novit curia – seinerseits (nach Belieben alternativ) subsumieren kann, oder gehört zum Lebenssachverhalt – unterscheidend – einmal die (konkret vorzutragende?) Täuschung, im anderen Falle die (ebenfalls substantiiert vorzutragende?) Verletzung der guten Wettbewerbssitten?

Formal wäre wohl letzteres zutreffend. Tatsächlich würde es jedoch den praktischen Erfordernissen und Gegebenheiten des Wettbewerbsrechts oft nicht gerecht. Danach hätte z.B. der BGH in den bereits genannten Fällen einmal (aaO – Verkaufsfahrten I) die Klage – ungeachtet des ausgesprochenen Verbots – teilweise abweisen und die Hälfte der Kosten dem Kläger auferlegen müssen, der darüber sicher sehr erstaunt gewesen wäre; im anderen Falle (aaO – Professorenbezeichnung in der Arztwerbung II) hätte er nicht voll durchentscheiden dürfen, sondern die Sache zur Aufklärung der für den Anspruch aus § 1 UWG erforderlichen Tatsachen an das Berufungsgericht zurückverweisen müssen.

Im Hinblick auf die unterschiedlichen Interpretationsmöglichkeiten des Lebenssachverhaltsbegriffs gerade im Wettbewerbsrecht, auf das – weithin anerkannte – Erfordernis eines praxisgerechten »Streitgegenstands« sowie darauf, daß letzterer durch das (prozessuale) Begehren des Klägers bestimmt wird, erscheint es sachgerecht, daß der BGH jüngst (Urt. v. 2. 4. 1992 – I ZR 146/90 – Stundung ohne Aufpreis) dem Unterlassungskläger – jedenfalls für das Wettbewerbsrecht – ein weitgehendes Bestimmungsrecht (bzw. eine entsprechende Aufklärungslast) hinsichtlich dessen eingeräumt hat, was Gegenstand seines – aus dem Antrag allein nicht erkennbaren – prozessualen Begehrens sein soll. Da § 308 Abs. 1 ZPO es dem Gericht verbietet, etwas zuzusprechen oder abzuerkennen, was vom Kläger nicht verlangt ist, und § 253 Abs. 2 Nr. 2 ZPO vom Kläger die bestimmte Angabe des Streitgegenstands verlangt, erscheint es folgerichtig, auch vom Kläger die zweifelsfreie Klarstellung zu verlangen, ob die Stützung seines Antrags auf mehrere Verbotsnormen lediglich eine alternative Begründung – mit entsprechend alternativen Subsumtionsmöglichkeiten des Gerichts – darstellen soll (und es ihm gleichgültig ist, ob die Verbotskonsequenzen unterschiedlich sein können) oder ob er – im Hinblick auf diese Unterschiede – zwei selbstständige und voneinander unabhängige Verbote in dem (wortlautmäßig) einen Ausspruch begehrt (und die Konsequenzen einer Prozeßführung über beide Streitgegenstände wie zusätzliche Beweiserhebung und Kostenrisiken auch will bzw. bewußt in Kauf nimmt).

Rechtskraftprobleme werden damit nicht aufgeworfen, da die Entscheidungsgründe – ebenso wie die Begründung des Klägers – die Grenzen des ausgesprochenen Verbots deutlich abstecken müssen (und können, wenn der Kläger selbst schon entsprechende Grenzen zieht); und die Verletzung des Grundsatzes, ein möglichst umfassender Streitgegenstandsbegriff sei im Interesse künftigen Rechtsfriedens wünschenswert, ist im Wettbewerbsrecht weniger bedeutsam als in anderen Bereichen, da es hier meist ganz vordergründung um ein möglichst schnelles und einfaches Verbot gerade des angegriffenen konkreten Verhaltens – gleich aus welchem Rechtsgrund – geht und die Frage der späteren Tragweite oft von sekundärer Bedeutung ist. Hinzu kommt, daß im Wettbewerbsrecht mit den hier gegebenen vielfältigen Variationsmöglichkeiten im Werbeverhalten neue Streitigkeiten um »neue Formen« des Verletzungsverhaltens ohnehin nichts Ungewöhnliches sind und Rechtskraftwirkungen daher von Haus aus begrenztere Bedeutung haben.

Folgt man dem BGH, so werden die Gericht künftig in Zweifelsfällen gemäß § 139 ZPO auf Klarstellung des mit mehrfacher Begründung Begehrten durch den Kläger hinzuwirken haben, wodurch sich Abgrenzungsschwierigkeiten und Meinungsdifferenzen auf ein Mindestmaß beschränken lassen dürften. (Zu solchen Schwierigkeiten und Differenzen vgl. etwa einerseits das OLG Hamm als Berufungsgericht und andererseits das Revisionsgericht in dem zuletzt genannten Fall »Stundung ohne Aufpreis« oder die sehr weitgehende Annahme mehrerer Streitgegenstände bei übereinstimmendem Antrag in Großkomm/*Jacobs*, Vor § 13, D, Rdn. 256 mit – unzutreffender – Bezugnahme auf OLG Hamm WRP 1989, 529, 531, das es mit einem anderen Fall – nämlich mit zwei verschiedenen Klageanträgen und eindeutig neuem Lebenssachverhalt – zu tun hatte.)

II. Die Klagehäufung

1. Die objektive Klagehäufung (Anspruchshäufung) ist nach § 260 ZPO unter den dort genannten Voraussetzungen zulässig[3] und im Wettbewerbsprozeß deshalb besonders häufig, um nicht zu sagen alltäglich, weil sich aus unerlaubten Wettbewerbshandlungen mitunter schon mehrere Unterlassungsansprüche ergeben können – sei es aufgrund mehrerer zusammenhängender Verletzungshandlungen des Beklagten oder aufgrund einer Handlung mit verschiedenen Verletzungsformen –, dazu aber nicht selten zusätzliche Ansprüche auf Beseitigung und/oder Schadensersatz sowie u. U. auch (zur Vorbereitung von Beseitigungs- oder Schadensersatzansprüchen) Auskunfts- oder Rechnungslegungsansprüche treten können, die in der Regel und zweckmäßigerweise in einem Verfahren zusammen anhängig gemacht werden.

Der Schwerpunkt der wettbewerbsrechtlichen Problematik der Klagehäufung liegt in der Sonderform der Eventualklage und deren Abgrenzung von echten Kumulierungen. Beides spielt eine ins Gewicht fallende Rolle jedoch nur bei der Unterlassungsklage, weil dort die Schwierigkeiten der Erfassung der richtigen Unterlassungsform in der Antragsformulierung in weitem Umfang zu Mehrfachformulierungen des Begehrens ver-

---

3 Vgl. *Stein/Jonas/Schumann*, § 260 ZPO, Rdn. 7, 8, 37, u; Münchkomm/*Lüke*, § 260 ZPO, Rnd. 4–6 u. 30 ff.; Zöller/*Stephan*, § 260 ZPO, Rdn. 1 f.; Großkomm/*Jacobs,* Vor § 13 UWG, D, Rdn. 247.

46. Kapitel   Die Klage

leiten. Die damit verbundenen Fragen sollen deshalb im Zusammenhang mit dem Unterlassungsantrag im Kapitel 51 erörtert werden.

2. Die subjektive Klagehäufung (Parteienhäufung) ist nach den Regeln der §§ 59, 60 ZPO zulässig und im Wettbewerbsrecht insoweit relativ unproblematisch, als es um die Häufung auf der Beklagtenseite geht: Zwar kommt diese auch nicht selten vor, da infolge des weiten Störerbegriffs des Wettbewerbsrechts Fälle mehrfacher Verantwortlichkeit für eine Verletzungshandlung nicht selten sind und der Kläger gerade in diesen Fällen meist (und korrekterweise) alle Störer gemeinsam verklagt, sofern – was meist nach § 24 UWG oder § 32 ZPO zutreffen oder über § 36 Nr. 3 ZPO erreichbar sein wird – beide einen gemeinsamen Gerichtsstand haben; jedoch ergeben sich daraus kaum besondere Zweifelsfragen[4].

Problematischer kann dagegen im Einzelfalle die Häufung auf der Klägerseite werden: Wettbewerbsverstöße verletzen oft eine Vielzahl von Konkurrenten, so daß theoretisch auch eine Vielzahl von Klägern möglich ist, die wahlweise selbständig oder in einem Verfahren gemeinsam gegen den Beklagten vorgehen können. Beides ist grundsätzlich zulässig, so daß Klagen von 100 und mehr Betroffenen in einem einzigen Verfahren durchaus denkbar sind. In der Praxis kommt das allerdings kaum vor. Mehr als zwei oder drei Kläger in einem Verfahren haben Seltenheitswert, und selbst in diesen Fällen besteht meist noch irgendein Zusammenhang zwischen den Klägern. Wo dieser fehlt, wird verständlicherweise – mangels naheliegender Gelegenheiten zur Abstimmung einer gemeinsamen Klage – meist in getrennten Verfahren vorgegangen.

Die Grenze für die Rechtsverfolgung mehrerer Gläubiger zieht nur Treu und Glauben: Gehen mehrere Kläger abgestimmt nur deshalb in größerer Zahl – sei es überhaupt in getrennten Verfahren oder verbunden, jedoch mit jeweils verschiedenen Prozeßbevollmächtigten – gegen den Schuldner vor, um seine Kostenbelastung (als Strafersatz oder zu seiner Einschüchterung oder gar in der Hoffnung, ihn damit zu ruinieren) hochzutreiben, so ist dies rechtsmißbräuchlich (vgl. auch Großkomm/*Jacobs*, Vor § 13 UWG, D, Rdn. 251, sowie Kap. 13, Rdn. 60 zum insoweit einschlägigen § 13 Abs. 5 UWG).

III. Die Klageänderung

1. Die Bedeutung im Wettbewerbsprozeß

Der Wettbewerbsprozeß bietet ein weites Feld für Änderungen des ursprünglichen Klageantrags: Die richtige Formulierung des Unterlassungsbegehrens ist schwierig und wird daher oft erst im Laufe des Verfahrens – auf Hinweis des Gerichts oder aufgrund neuer Erkenntnisse aus dem Beklagtenvortrag – gefunden[5]; Änderungen der Verletzungsform seitens des Beklagten können zu Anpassungen nötigen[6]; erteilte (Teil-)Auskünfte führen zu Konsequenzen beim Auskunfts- und/oder Schadensersatzpetitum etc.

---

4 Zur – seltenen – Kostenproblematik vgl. Großkomm/*Jacobs*, Vor § 13 UWG, D, Rdn. 252.
5 Vgl. dazu Kap. 51, Rdn. 4–18 sowie *Borck*, WRP 1979, 431.
6 Vgl. das Beispiel BGH GRUR 1991, 852, 854 li. Sp. oben (Tatbestand a.E.) sowie S. 856 unter III – Aquavit; ferner *Pastor*, S. 705 f.

12 Die Frage, ob und wann in solchen Umformulierungen eine Klageänderung i. S. des § 263 ZPO zu sehen ist, für deren Zulassung entweder die Zustimmung des Beklagten oder die objektive Sachdienlichkeit gegeben sein muß, stellt sich somit gerade im Wettbewerbsprozeß in vielfältiger Form. Ihre Prüfung wird auch nicht etwa deshalb überflüssig, weil – wie *Pastor* (S. 703 f.) meint – in Wettbewerbssachen Klageänderungen immer sachdienlich seien. *Pastor* selbst erkennt in seinen nachfolgenden Ausführungen (S. 705) die Problematik der Sachdienlichkeit mindestens im Berufungsverfahren; darüber hinaus ist seine These aber auch für das erstinstanzliche Verfahren fragwürdig und angreifbar, weil sie die auch im Wettbewerbsprozeß nicht unbeachtlichen Interessen des Beklagten[7] gänzlich vernachlässigt. Es kann also auch in Wettbewerbsstreitigkeiten oft entscheidend darauf ankommen, ob eine Klageänderung vorliegt oder nicht[8].

2. Begriff und Wesen

13 Der Begriff »Klageänderung« ist nicht nur wörtlich zu verstehen. Die dazu entwickelten Grundsätze gelten gleichermaßen für die Antragsänderung im (einstweiligen) Leistungsverfügungsverfahren, also insbesondere auch für die wettbewerbliche Unterlassungsverfügung (*Pastor*, S. 343).

14 Immer muß es sich jedoch um eine Antragsänderung innerhalb derselben Verfahrensart handeln; die Änderung eines Antrags auf Erlaß einer Unterlassungsverfügung in einen entsprechenden (Hauptsache-)Klageantrag ist keine Klageänderung und nach ganz herrschender Meinung[9] unzulässig.

15 Eine Mindermeinung, die ungeachtet der grundlegenden Unterschiedlichkeit beider Verfahrensarten[10] einen solchen Übergang in entsprechender[11] oder einschränkender[12] Anwendung der Klageänderungsgrundsätze für zulässig ansehen wollte, hat sich in der Praxis – letztlich sowohl dogmatisch als auch aus Gründen der Rechtssicherheit zu Recht – nicht durchgesetzt[13], so daß sich die ausführliche Auseinandersetzung mit

---

7 Vgl. zu diesen, insbesondere zu dem Aspekt des negativen Feststellungsinteresses, *Henckel*, Festschrift *E. Bötticher*, S. 173, 181 ff. und *Borck*, aaO., S. 432.

8 Vgl. das Beispiel aaO., (Fn. 6) – Aquavit, in dem allerdings die Bestätigung der Auffassung des Berufungsgerichts, die in zweiter Instanz erfolgte Klageänderung sei unter den gegebenen Umständen nicht zulässig, sehr problematisch und wohl auch durch das Bestreben beeinflußt erscheint, eine (offensichtlich) völlig zwecklose (und überflüssige Kosten verursachende) Zurückverweisung zu vermeiden.

9 OLG Karlsruhe WRP 1968, 456; WRP 1977, 272 = OLGZ 77, 484, 485; OLG Hamm NJW 1971, 387 u. NJW 1978, 58; *Stein/Jonas/Schumann*, § 263 ZPO, Rdn. 36; *Zöller/Stephan* § 263 ZPO, Rdn. 7; *Baumbach/Lauterbach/Hartmann*, § 263 ZPO, Anm. 5 B, c u. § 920 ZPO, Anm. 1 C; *Thomas/Putzo*, § 263 ZPO, Anm. 2 e u. § 920 ZPO, Anm. 1 a. E.; Münchkomm/*Lüke*, § 263 ZPO, Anm. 25; *Pastor*, S. 341.

10 Vgl. dazu *Teplitzky*, Arrest und einstweilige Verfügung, JuS 1981, 122.

11 Vgl. *Zöller/Stephan*, § 263 ZPO, Rdn. 7.

12 OLG Braunschweig MDR 1971, 1017: Nur bei Einwilligung des Antragsgegners; OLG Celle WRP 1972, 323, 324 läßt die Frage offen, hält auf den vollzogenen Übergang aber § 295 ZPO für anwendbar; gegen die letztere Begründung mit Recht *Pastor*, S. 341.

13 Wegen der erheblichen Risiken und Unzuträglichkeiten, die eine ungeachtet dieses Umstands erfolgende Anwendung dieser Mindermeinung durch Instanzgerichte schaffen würde, sei auf die Voraufl., Kap. 46, Rdn. 16 mit Fn. 11, verwiesen.

46. Kapitel Die Klage

Vor- und Nachteilen dieser Meinung, die in der Voraufl. (Kap. 46, Rdn. 12–16) noch erforderlich und sinnvoll erschien, jetzt bereits erübrigt[14].

3. Die Formen der Klageänderung

Jede Klageänderung ist eine Änderung des Streitgegenstands, während umgekehrt – dank den beiden gesetzlichen Fiktionen in § 264 Nr. 2 und 3 ZPO – nicht jede Änderung des Streitgegenstands auch eine Klageänderung darstellt.

a) Wird der Klagegrund – also der zur Anspruchsbegründung vorgetragene Lebenssachverhalt, nicht die rechtliche Anspruchsnorm oder Sachvortrag zu Subsumtionselementen, auf die es für den Streitgegenstand (vgl. Rdn. 2–5) und die Frage der Klageänderung nicht ankommt[15] –, geändert, so liegt – wie der Einleitungssatz des § 264 ZPO erkennen läßt – ausnahmslos eine Klageänderung i. S. des § 263 ZPO vor. § 264 Nr. 1 ZPO bezieht sich ausdrücklich nur auf solche Ergänzungen oder Berichtigungen der tatsächlichen oder rechtlichen Ausführungen, die den Klagegrund unberührt lassen. Dazu gehören im Wettbewerbsprozeß beispielsweise Ergänzungen des Sachvortrags und/oder der Beweisanträge zu der oder den ursprünglich vorgetragenen Verletzungshandlung(-en), nicht aber der Vortrag einer neuen, weiteren Verletzungshandlung (neuer Lebenssachverhalt)[16], mag diese auch dieselbe Verletzungsform wie die früheren enthalten[16].

Die Abgrenzung wird am besten durch einen Blick auf die Beweisfolgen verdeutlicht[17]:

Klagt A gegen B aus § 3 UWG mit der Behauptung, dieser habe in einer an Haushalte verteilten Broschüre die irreführende Behauptung X aufgestellt, so liegt die nachfolgende Berichtigung, es sei keine Broschüre, sondern ein Handzettel gewesen, im Rahmen des § 264 Nr. 1 ZPO; denn die Verurteilung wäre – evtl. mit einer kleinen sprachlichen Modifikation – auch erfolgt, wenn der unterschiedliche Umfang der verteilten Schrift sich in der Beweisaufnahme herausgestellt hätte. Dagegen wäre, wenn die Beweisaufnahme ergäbe, daß nachgeschobene Behauptungen wie: Die Schrift habe auch im Geschäft zur Mitnahme ausgelegen, oder – noch deutlicher –: Dieselbe Behauptung X sei auch in einer Anzeige in der Zeitung Y aufgestellt worden, keine bloße Ergänzung des Vortrags zu einem Klagegrund (Lebenssachverhalt: Prospektverteilung an Haushalte) ist, sondern der Vortrag neuer Klagegründe (Lebenssachverhalte: Auslegen von Prospekten zur Mitnahme, Zeitungsanzeige – jeweils mit ganz anderen beweismäßigen Anforderungen). Käme dieser Vortrag nach Durchführung einer Beweisaufnahme zur angeblichen Prospektverteilung (mit negativem Ausgang für den Kläger), so würde sich

---

14 Eine eingehende Auseinandersetzung mit dem Für und Wider findet sich bei Großkomm/*Jacobs*, Vor § 13 UWG, D, Rdn. 266 f.
15 Vgl. auch Großkomm/*Jacobs*, Vor § 13 UWG, Rdn. 256, u. zur Einschränkung der dort zu OLG Hamm WRP 1989, 529, 531 vertretenen Auffassung vorstehend Rdn. 5 a. E.; ferner *Jauernig*, § 37, III zu dogmatischen Problemen und gewissen Einschränkungen dieser These; zu deren Relativierung ders. aaO. Anm. IV ff.
16 Vgl. dazu etwa das Beispiel BGH GRUR 1964, 154, 155 = WRP 1963, 402 – Trockenrasierer II (insoweit nicht in BGHZ 40, 135).
17 Das in der Vorauflage gebildete nachfolgende Fallbeispiel wird jetzt auch (zustimmend) bei Großkomm/*Jacobs*, Vor § 13 UWG, D, Rdn. 255, zitiert.

nicht nur die Klageänderung verdeutlichen, sondern auch die Frage der Sachdienlichkeit in großer Schärfe stellen.

19 b) Schwerer als bei Änderungen des Klagegrundes läßt sich die Klageänderung dann bejahen, wenn – bei gleichbleibendem Grund – der Antrag geändert wird. Hier schaffen die gesetzlichen Fiktionen des § 264 Nr. 2 und 3 ZPO erhebliche Abgrenzungsprobleme.

20 Im Wettbewerbsprozeß besteht zunächst oft Veranlassung zur Prüfung, ob überhaupt eine Änderung des Antrags vorliegt, wenn entweder dieser umformuliert oder ein zusätzlicher Antrag hinzugefügt wird. Besonders bei der wettbewerblichen Unterlassungsklage bleibt nämlich nicht selten das ursprüngliche Begehren unverändert. Dies gilt nicht nur für die Fälle, in denen lediglich treffendere sprachliche Formulierungen gewählt werden, sondern besonders für diejenigen, in denen Elemente, die als »Minus« bereits konkludent im ursprünglichen Antrag enthalten waren, zum Gegenstand eines selbständigen Antrags gemacht werden[18]. Hauptbeispiel dafür ist der Fall des über die konkrete Verletzungsform hinaus erweiterten Unterlassungsantrags, in dem die Unterlassung der engeren konkreten Verletzungsform regelmäßig als eventualiter begehrtes Minus enthalten sein wird. Verdeutlicht der Kläger dies im Laufe des Verfahrens, indem er dieses Minus zum Gegenstand eines selbständigen Eventualantrags[19] macht, so liegt darin keine Antragsänderung, sondern nur eine Klarstellung. Das gleiche gilt[20], wenn nachträglich der auf die erweiterte Form gerichtete Antrag durch Hinzufügung des Begehrens ergänzt wird, die Unterlassungsverurteilung auch (»insbesondere«) auf die konkrete Verletzungsform zu erstrecken; denn auch hier wird der Streitgegenstand nicht verändert[21].

21 Liegt tatsächlich eine Änderung des Antrags vor, so ist zu prüfen, ob sie nicht unter die Ausnahmen der Nr. 2. u. 3 des § 264 ZPO fällt. Dabei wirft § 264 Nr. 3 ZPO für den Wettbewerbsprozeß keine besonderen Probleme auf. Er kann daher hier außer Betracht bleiben.

22 Schwieriger sind die Anwendungsfälle des § 264 Nr. 2 ZPO einzugrenzen. Erweiterungen oder Beschränkungen i. S. dieser Vorschrift sind nämlich nach der Rechtsprechung nicht nur solche rein quantitativer, sondern auch – was den Anwendungsbereich sehr ausweitet – solche qualitativer Art.

23 So haben Reichsgericht und Bundesgerichtshof[22] unter Zustimmung der Kommentarliteratur bloße Klageerweiterungen im Übergang von der Auskunfts- oder Rechnungslegungsklage zur Zahlungs- oder Feststellungsklage (hinsichtlich derselben Forderung) gesehen und dies damit begründet, daß der Kläger hier »auf derselben rechtlichen Grundlage in Verfolgung der gleichen Forderung unmittelbar den Endzweck anstrebt, dessen Erreichung er durch die zunächst verlangte Rechnungslegung oder Auskunft mittelbar verfolgt« hat. Aus den gleichen Gründen sind die Stellung ei-

---

18 Vgl. auch Großkomm/*Jacobs*, Vor § 13 UWG, D, Rdn. 257.
19 *Borck*, WRP 1981, 248, 251, nennt diesen Antrag Quasi- oder Scheinhilfsantrag (dazu näher aaO., S. 252 ff. u. nachfolgend Kap. 51, Rdn. 29–31.
20 Anders noch Vorauflage, Kap. 46, Rdn. 21 in Anlehnung an *Borck* aaO., S. 254.
21 BGH GRUR 1991, 772, 773 – Anzeigenrubrik I; Großkomm/*Jacobs*, Vor § 13 UWG, D, Rdn. 257; näheres nachfolgend Kap. 51, Rdn. 36–39, insbesondere Fn. 84.
22 RGZ 40, 7, 9; 144, 71, 74; RG JW 1937, 3155, 3156; BGH MDR 1960, 915, 916; BGHZ 52, 169; BGH NJW 1979, 925.

nes zusätzlichen Antrags auf Urteilsveröffentlichung[23] sowie der Übergang von der Feststellungsklage zur Leistungsklage (BGH NJW 1960, 1950; BGH MDR 1987, 318) als bloße Erweiterungen angesehen worden. Ob umgekehrt im Übergang von der Leistungs- zur Feststellungsklage eine Einschränkung (Normalfall) oder Erweiterung (bei Berühmung noch unbestimmter, aber über das ursprüngliche Leistungsbegehren hinausgehender Ansprüche) vorliegt, kann von den Umständen des Einzelfalles abhängen; die Anwendbarkeit des § 264 Nr. 2 ZPO bleibt nach den (m. E. zwar viel zu weit gehenden, aber gefestigten) Auslegungsgrundsätzen der Rechtsprechung davon unberührt (vgl. OLG Celle VersR 1975, 264; *Zöller/Stephan,* § 264 ZPO, Rdn. 3). Diese Grundsätze dürften darüber hinaus auch die Anwendung des § 264 Nr. 2 ZPO auf die Fälle rechtfertigen, in denen eine bereits erhobene Feststellungs- oder Leistungsklage (im Wettbewerbsrecht geht es dabei regelmäßig um Schadensersatz) durch einen die Schadensberechnung vorbereitenden Auskunfts- oder Rechnungslegungsantrag erweitert wird, und erst recht auf diejenigen, in denen eine erhobene Schadensersatzfeststellungsklage zunächst auf eine an ihre Stelle tretende Auskunftsklage beschränkt wird[24]. Da es in den meisten dieser Fälle ebenfalls um unterschiedliche Anspruchsinhalte geht, bei denen nur Klagegrund und Endzweck übereinstimmen, dürfte es nach dieser Rechtsprechung auch – entgegen der von mir an anderer Stelle[25] noch vertretenen Ansicht – vertretbar sein, im Übergang von der wettbewerblichen Unterlassungsklage zur Beseitigungsklage (und umgekehrt) keine Klageänderung, sondern Anwendungsfälle des § 264 Nr. 2 ZPO zu sehen[26].

4. Die Zulässigkeit der Klageänderung

Handelt es sich um eine Änderung i. S. des § 264 ZPO, so ist sie zulässig, ohne daß es auf die Frage der Sachdienlichkeit ankommt. Anderenfalls ist, sofern nicht der Beklagte der Änderung ausdrücklich oder konkludent (§ 267 ZPO) zustimmt, zu prüfen, ob sie sachdienlich ist. Der maßgebliche Gesichtspunkt dafür ist der der Prozeßwirtschaftlichkeit; dabei ist nicht auf subjektive Parteiinteressen, sondern darauf abzustellen, ob und inwieweit die Zulassung der Klageänderung der Ausräumung des Streitstoffs im Rahmen des anhängigen Rechtsstreits dient und einem anderenfalls zu erwartenden weiteren Rechtsstreit vorbeugt[27].

Allerdings ist dies nicht das einzige Kriterium. So hat die höchstrichterliche Rechtsprechung die Prozeßwirtschaftlichkeit einer Klageänderung wiederholt dann verneint, wenn durch sie ein völlig neuer Streitstoff in den Prozeß eingeführt wird, für den die bisherigen Ergebnisse des Rechtsstreits (Sachvortrag, insbesondere aber Beweisergebnisse) ohne Bedeutung sind, und wenn der Rechtsstreit ohne Berücksichtigung des neu-

---

23 BGH GRUR 1961, 538, 541 = WRP 1961, 214 – Feldstecher.
24 So auch Großkomm/*Jacobs,* Vor § 13 UWG, D, Rdn. 259.
25 WRP 1984, 365, 367.
26 Großkomm/*Jacobs,* aaO.; *Baumbach/Hefermehl,* Einl. UWG, Rdn. 466.
27 BGHZ 1, 65, 71; BGH GRUR 1964, 154, 156 = WRP 1963, 402 – Trockenrasierer II (insoweit nicht in BGHZ 40, 135); allg. Meinung; vgl. etwa *Zöller/Stephan,* § 263 ZPO, Rdn. 14 m. w. N.

en Streitstoffes entscheidungsreif wäre[28]. Unwirtschaftlich kann es aber auch sein, eine Klageänderung in der Form der Substitution eines Begehrens durch ein anderes zuzulassen, wenn der Beklagte ein schutzwürdiges Interesse an der Entscheidung über den ursprünglichen Streitstoff hat und sich bei Zulassung der Änderung seinerseits genötigt sehen könnte, hinsichtlich des ursprünglichen Klagegegenstandes eine negative Feststellungsklage zu erheben[29]. Gerade diese Fallgestaltung kann im Wettbewerbsprozeß leicht vorkommen – etwa wenn ein weniger erfahrener Anwalt die Unterlassungsklage einer im Prozeßverlauf geänderten Verletzungsform anpaßt, statt den Antrag zusätzlich auf diese zu erstrecken, oder wenn in anderer Weise der Klagegrund der ursprünglichen Klage (andere Verletzungshandlungen o. ä.) und damit diese selbst verändert wird[30].

26 Unbeachtlich soll es grundsätzlich sein, ob den Parteien durch die Klageänderung eine Tatsacheninstanz verlorengeht[31]. Dies ist für den Wettbewerbsprozeß von *Pastor* (in *Reimer*, S. 445) zwar infrage gestellt worden, muß aber hier grundsätzlich ebenfalls gelten[32]. Allerdings können spezifische Aspekte – darunter weniger die von *Pastor*, aaO., angesprochene Gefahr der Ausschaltung einer Sachprüfung durch die kaufmännisch erfahrener besetzte Kammer für Handelssachen, mehr aber z. B. die vollständige Verlagerung einer umfangreichen Beweisaufnahme und der Würdigung ihrer Ergebnisse in die Berufungsinstanz – im Einzelfall im Rahmen der Prozeßwirtschaftlichkeitsprüfung eine Rolle spielen, wobei im Wettbewerbsprozeß auch im Hintergrund steht, daß oft der Frage der eigenen Beurteilungskompetenz des Tatrichters (nach seiner Lebenserfahrung, etwa bei Bejahung einer Irreführung nach § 3 UWG oder bei der Beurteilung der Verkehrsauffassung von einer Kennzeichnung u. ä.) erhebliche Bedeutung zukommt. Danach kann es im Einzelfall durchaus prozeßwirtschaftlicher sein, wenn das Berufungsgericht seine eigene Beurteilung durch eine vorangegangene gleichlautende der ersten Instanz gestützt sieht und dadurch den Mut zur Durchentscheidung findet, während es anderenfalls vielleicht veranlaßt wäre, eine Verkehrsbefragung mit entsprechendem Zeit- und Kostenaufwand für alle Beteiligten durchzuführen.

27 Schließlich dürfte auch dem Gedanken, daß § 263 ZPO den Beklagten vor leichtfertiger Prozeßführung schützen soll[33], in der zweiten Instanz zuweilen ein etwas größeres Gewicht im Rahmen der notwendigen Gesamtwürdigung beizumessen sein als in einem früheren Stadium des Verfahrens.

---

28 BGH GRUR 1964, 154, 156 = WRP 1963, 402 – Trockenrasierer II (insoweit nicht in BGHZ 40, 135); BGH NJW 1975, 1228, 1229; BGH GRUR 1991, 852 856 – Aquavit; Großkomm/*Jacobs*, Vor § 13 UWG, D, Rdn. 263.
29 Vgl. z. B. *Henckel*, Festschrift *E. Böticher*, S. 173, 181 ff., 189; *Borck*, WRP 1979, 431, 432; a. A. jedoch – mit beachtlichen Gründen – Großkomm/*Jacobs*, aaO.
30 Zu typischen Formen der Klageänderung und ihrer Folgen (für beide Parteien) im Wettbewerbsprozeß vgl. *Borck*, WRP 1979, 431, 432 ff.
31 So schon RG SeuffArch Bd. 92 Nr. 104; WarnRspr. 1942 Nr. 52; dagegen dann OGHZ 1, 59; seit BGHZ 1, 65, 72 ff. jedoch st. Rspr. des BGH; vgl. z. B. BGH GRUR 1964, 154, 156 = WRP 1963, 402 – Trockenrasierer II (insoweit nicht in BGHZ 40, 135); BGH NJW 1985, 1841, 1842; BGH NJW 1987, 1946; vgl. auch Münchkomm/*Lüke*, § 263 ZPO, Rdn. 43.
32 Großkomm/*Jacobs*, Vor § 13 UWG, D, Rdn. 264.
33 So *Henckel*, Festschrift *E. Böticher*, S. 173, 181 ff.; *Borck*, WRP 1979, 431, 432; dagegen nachdrücklich Großkomm/*Jacobs*, aaO.

46. Kapitel Die Klage

Die Bedeutung der Sachdienlichkeit steht im – revisionsrechtlich nur beschränkt 28 nachprüfbaren – Ermessen des Tatrichters[34]. Ist sie zu bejahen, so muß die Klageänderung zugelassen werden; insoweit hat der Tatrichter keinen Ermessensspielraum[35].

5. Die Frage der Präklusion der Klageänderung

Zulässige Änderungen der Klage – seien es »echte« oder solche im Sinne des § 264 29 ZPO – sind grundsätzlich auch noch jederzeit zulässig. Die Bestimmungen der §§ 282, 296, 527 und 528 ZPO sind – auch ihrem Rechtsgedanken nach – nicht anwendbar, weil die Klageänderung Geltendmachung eines neuen Anspruchs und als solche kein Angriffsmittel i. S. dieser Vorschriften, sondern der Angriff selbst ist[36]. In der Revisionsinstanz setzt jedoch die Vorschrift des § 561 ZPO Klageänderungen sehr enge Grenzen. Die Geltendmachung neuer Ansprüche ist dadurch gänzlich ausgeschlossen[37]; Veränderungen des Antrags sind nur insoweit möglich, als sie sich auf Modifikationen oder Einschränkungen des ursprünglichen Begehrens beschränken und die hierzu erforderlichen Tatsachen durch das Berufungsgericht bereits festgestellt worden sind (BGHZ 26, 31, 38).

6. Besondere Risiken bei der Klageänderung im Wettbewerbsprozeß

Für den Kläger sind bei der Klageänderung im Wettbewerbsprozeß zwei Umstände be- 30 sonders zu beachten: Soweit die Änderung Erweiterungen des Anspruchs enthält, ist im Hinblick auf § 93 ZPO die Veranlassung zur Klageerhebung im Auge zu behalten. Das bedeutet, daß vor der Erweiterung eines Unterlassungsantrags regelmäßig auch insoweit abgemahnt werden muß, wenn Kostennachteile vermieden werden sollen.

Besondere Risiken birgt die Klageänderung bei Prozessen, die nach Erwirkung einer 31 Unterlassungsverfügung aufgrund einer Fristsetzung nach § 926 ZPO als Hauptsacheverfahren eingeleitet worden sind. Hier kann die einer Änderung unter Umständen innewohnende Wirkung der Rücknahme des ursprünglichen – mit dem Verfügungsgebot übereinstimmenden – Begehrens über § 269 Abs. 3 ZPO zur Aufhebung der Verfügung nach § 926 Abs. 2 ZPO mit Schadensersatzfolgen aus § 945 ZPO führen[38].

---

34 Vgl. BGH NJW 1985, 1841, 1842 m. w. N.; BGH GRUR 1991, 852, 856 – Aquavit; Großkomm/*Jacobs*, Vor § 13 UWG, D, Rdn. 261; *Zöller/Stephan*, § 263 ZPO, Rdn. 14; Münchkomm/*Lüke*, § 263 ZPO, Rdn. 40.
35 BGH NJW-RR 1987, 58, 59.
36 BGH-Trockenrasierer II aaO.; BGH NJW 1986, 2258 m. w. N.; *Baumbach/Lauterbach/Hartmann*, § 296 ZPO, Anm. 9; nicht ganz unumstritten, vgl. zur Problematik *Zöller/Stephan*, § 296 ZPO, Rdn. 12 a m. w. N.
37 Vgl. z. B. BGH LM KO § 146 Nr. 5; BGHZ 26, 31, 37 und BGHZ 28, 131, 137; ferner Münchkomm/*Lüke*, § 263 ZPO, Rdn. 45.
38 Vgl. zu beiden Risiken näher *Borck*, WRP 1979, 431, 434, sowie nachfolgend Kap. 56, Rdn. 21.

IV. Die Klagerücknahme

32 Für die Klagerücknahme (§ 269 ZPO) gelten im Wettbewerbsrecht keine wesentlichen Besonderheiten.

Jedoch ist auch hier (wie schon bei der Klageänderung) – und sogar in besonderem Maße[39] – das zusätzliche Risiko zu beachten, das mit der Rücknahme einer nach Fristsetzung gem. § 926 ZPO eingeleiteten Hauptsacheklage verbunden ist, sofern schon eine entsprechende einstweilige Verfügung erlassen worden war.

V. Die Erledigung der Hauptsache

1. Allgemeines

33 Die weitgehend extra legem entwickelte Hauptsacheerledigung – § 91 a ZPO ist erst 1950 aus einer Verordnung des Jahres 1942[40] in die ZPO übernommen worden und als Regelung mehr als dürftig – gehört zu den problematischsten (und demgemäß auch – vor allem dogmatisch – umstrittensten) Rechtsgebieten der ZPO. Sie hier auch nur einigermaßen erschöpfend zu behandeln, würde den dem Buch gezogenen Rahmen bei weitem sprengen; insoweit muß auf die ZPO-Kommentierungen und deren weitere Nachweise[41], auch auf das umfangreiche monographische Schrifttum, verwiesen werden.

34 Jedoch sollen einige wettbewerbsspezifische Aspekte[42] herausgegriffen und kurz dargestellt werden, soweit sie nicht – wie einzelne der umstrittenen Erledigungsgründe[43] – ausschließlich oder typischerweise im Verfügungsverfahren auftreten; insoweit erfolgt ihre Behandlung bei diesem[44].

2. Häufiges Vorkommen im Wettbewerbsprozeß

35 Die relative Häufigkeit der Hauptsacheerledigung gerade im Wettbewerbsverfahren ergibt sich aus einigen hier typischen Gründen. Dazu gehören bei Unterlassungsklagen

---

39 Namentlich bei allen Vergleichsabschlüssen, in denen in irgendeiner Form die Klagerücknahme vereinbart wird; hier sind Klarstellungen zur einstweiligen Verfügung in jedem Falle ratsamer als das Vertrauen auf Auslegungen nach dem Sinn des Vergleichs oder auf fehlendes Rechtsschutzinteresse für einen Antrag nach § 926 Abs. 2 ZPO o. ä.
40 Dritte VereinfachungsVO vom 16. Mai 1942, RGBl. I, 333.
41 Vgl. etwa die Übersichten bei *Stein/Jonas/Leipold*, § 91 a ZPO, Rdn. 1, Fn. 1, u. *Zöller/Vollkommer*, § 91 a ZPO, vor Rdn. 1; ferner Münchkomm/*Lindacher*, § 91 a ZPO, vor der Übersicht vor Rdn. 1.
42 Vgl. zu diesen Großkomm/*Jacobs*, Vor § 13 UWG, D, Rdn. 270 ff.; ferner auch eingehend *Ulrich*, GRUR 1982, 14 ff., dem allerdings – wie noch auszuführen sein wird – nicht in allen Punkten zugestimmt werden kann; in einem dieser Punkte hat er mittlerweile selbst seine damalige Auffassung aufgegeben, vgl. *Ulrich*, WRP 1990, 651, 652 f.
43 Wie z. B. die Verjährung, der Wegfall des Verfügungsgrundes, die Entscheidung im sog. Hauptsacheverfahren.
44 Vgl. Kap. 55, Rdn. 23–32.

46. Kapitel   Die Klage   36 **46**

der nachträgliche Fortfall einer Klagevoraussetzung[45], also etwa das Erlöschen eines Patents[46], der Wegfall der Wiederholungsgefahr – in der Regel durch Abgabe einer strafbewehrten Unterlassungsverpflichtung, gleichgültig, ob gegenüber dem Kläger oder mit allgemeiner Wirkung gegenüber einem anderen Gläubiger, oder die Abgabe einer das Rechtsschutzinteresse beseitigenden Abschlußerklärung[47] –; bei Klagen auf Auskunft oder Rechnungslegung die Erfüllung des Anspruchs; bei Verbindung einer solchen Klage mit einer Schadensersatzfeststellungsklage oder – im Wege der Stufenklage – mit einer Zahlungsklage erledigen sich diese späteren Stufen, wenn die Auskunft ergibt, daß kein Schaden entstanden ist[48]; bei Feststellungsklagen im übrigen ergeben sich häufig Erledigungen aus dem nachträglichen Fortfall des Feststellungsinteresses[49]; bei allen Klagearten kommen die im Wettbewerbsrecht zum Glück auch nicht ganz seltenen außergerichtlichen oder in einem anderen Verfahren[50] geschlossenen Vergleiche als erledigende Ereignisse in Betracht.

3. Erledigungsgründe

Als Erledigungsgründe für eine wirksame einseitige Erledigungserklärung[51], also als   36
Ereignisse oder Tatsachen, die eine im Zeitpunkt ihres Eintretens[52] zulässige und begründete Klage unzulässig oder unbegründet werden lassen, sind alle genannten Umstände im Wettbewerbsrecht relativ unumstritten[53]; Probleme können sich insoweit le-

---

45 Wobei es gleichgültig ist, ob es sich um eine solche der Zulässigkeit oder der Begründetheit handelt; BGH GRUR 1983, 560 – Brückenlegepanzer II; *Stein/Jonas/Leipold*, § 91 a ZPO, Rdn. 5; ganz h. M.
46 BGH aaO. – Brückenlegepanzer II; vgl. auch schon RGZ 148, 400 ff. sowie jetzt Großkomm/*Jacobs*, aaO., Rdn. 281.
47 BGH GRUR 1990, 530, 532 unter 4 = WRP 1990, 685 – Unterwerfung durch Fernschreiben; BGH GRUR 1991, 76, 77 = WRP 1991, 97 – Abschlußerklärung.
48 KG NJW 1970, 903; OLG Hamburg MDR 1975, 670; *Stein/Jonas/Leipold*, § 91 a ZPO, Rdn. 7 mit Fn. 28; *Zöller/Vollkommer*, § 91 a ZPO, Rdn. 4; Großkomm/*Jacobs*, aaO. Rdn. 276.
49 Etwa durch Erhebung einer zur Klärung des Rechtsverhältnisses geeigneten Leistungsklage durch den Gegner; vgl. Kap. 52, Rdn. 20.
50 Oft ist es das weiter fortgeschrittene Verfügungsverfahren wegen derselben Verletzung.
51 Nur für diese, also für den Streit darüber, ob Erledigung eingetreten ist, spielt der Grund eine Rolle. Bei übereinstimmenden Erledigungserklärungen beider Parteien interessiert der Grund nach ganz einhelliger Meinung überhaupt nicht; die Erledigung tritt ausschließlich als Folge der Erklärungen ein, die das Gericht binden und zur Kostenentscheidung nach § 91 a ZPO verpflichten.
52 Allein auf diesen Zeitpunkt ist im Erledigungsstreit abzustellen; das ist zwar so gut wie einhellige Meinung (vgl. z. B. BGHZ 83, 12, 13 = NJW 1982, 1598; BGH NJW 1986, 588, 589; BGH GRUR 1990, 530, 531 = WRP 1990, 685 – Unterwerfung durch Fernschreiben und die klaren Ausführungen von *Zöller/Vollkommer*, § 91 a ZPO, Rdn. 3), wird aber durch die gelegentlich noch – vgl. z. B. *Baumbach/Hefermehl*, Einl. UWG, Rdn. 508 – (fälschlich) gebrauchte Wendung, die Klage müsse »von Anfang an« zulässig und begründet gewesen sein, unnötig verundeutlicht. Die Klage darf durchaus von Anfang an unzulässig und/oder unbegründet gewesen sein; es genügt, wenn sie im Zeitpunkt des maßgeblichen Ereignisses (später) zulässig und begründet geworden ist; dann tritt die Erledigung ein.
53 Vgl. die eingehende Darstellung bei Großkomm/*Jacobs*, vor § 13 UWG, D, Rdn. 270–281. Eine Mindermeinung möchte allerdings die Möglichkeit der Unterwerfung nach Einleitung ei-

diglich bei der Beurteilung des Vorliegens bzw. des Eintritts der Umstände (z. B. der an die Unterwerfung oder an den Wegfall des Rechtsschutzinteresses zu stellenden Anforderungen o. ä.) ergeben; dies sind jedoch keine spezifischen Erledigungsfragen; sie gehören daher nicht in diesen Zusammenhang.

37 Nicht unumstritten ist dagegen, ob ein Erledigungsgrund auch dann vorliegt, wenn das nachträgliche Ereignis im Verantwortungsbereich des Klägers liegt oder gar von diesem herbeigeführt wird[54]. Das Problem stellt sich im Wettbewerbsrecht (außer bei der Verjährung, die aber wegen der Unterbrechungswirkung der Klage nur während eines einstweiligen Verfügungsverfahrens eintreten kann und deshalb dort[55] erörtert werden soll) hauptsächlich in der Form des Wegfalls der eigenen Klagebefugnis nach § 13 UWG, etwa durch Geschäftsaufgabe des Klägers und dadurch eintretende Beendigung des erforderlichen Wettbewerbsverhältnisses, durch Aufgabe des maßgeblichen Tätigkeitsbereiches eines Verbandes (oder Veränderung seiner Mitgliederstruktur) u. ä..

38 Eine Mindermeinung[56] will in solchen Fällen das Ereignis nicht als Erledigungsgrund gelten lassen. Die dafür zuweilen angeführte Belegstellen (vgl. *Ulrich*, GRUR aaO. in Fn. 38, 39 u. 42), darunter insbesondere RGZ 148, 400, 404, tragen jedoch – was *Ulrich* mittlerweile (WRP aaO.) ebenfalls erkannt hat – diese Auffassung nicht, sondern lassen nur erkennen, daß bei solchen Fallgestaltungen der Beklagte nicht mit Kosten zu belasten sei. Das aber läßt sich – was von *Zöller/Vollkommer*, aaO., vernachlässigt wird – unschwer über § 91 a ZPO erreichen. Mit Recht stellt daher die ganz herrschende Meinung[57] für die Frage, ob ein Erledigungsgrund vorliegt, nicht darauf ab, in wessen Verantwortungsbereich das erledigende Ereignis fällt.

nes Unterlassungsprozesses entweder schlechthin (so *Ahrens*, GRUR 1985, 158) oder nach vergeblicher vorheriger Abmahnung (so *Lindacher*, Gesicherte Unterlassungserklärung Wiederholungsgefahr und Rechtsschutzbedürfnis, GRUR 1975, 413, 418), mindestens aber in fortgeschrittenem Verfahrensstadium (so *Schimmelpfennig*, Unterlassungsklage bei Wettbewerbsverstößen trotz vorliegender strafbewehrter Unterlassungsverpflichtung? Zugleich eine Stellungnahme zum Urteil des OLG Hamburg vom 25. Oktober 1973; (GRUR 1974, 108), GRUR 1974, 201, 203) nicht mehr zulassen; damit würde der häufigste Grund für Erledigungen von Unterlassungsverfahren – durch Fortfall der Wiederholungsgefahr – ausscheiden; die Meinung hat jedoch in der Rechtsprechung keinen Niederschlag gefunden; letztere steht einhellig auf dem – m. E. zutreffenden – Standpunkt, daß die Unterwerfung jederzeit auch im Prozeß zulässig ist und erledigend wirkt (vgl. dazu näher Kap. 8, Rdn. 35 u. 49, sowie die Nachweise bei *Ahrens*, S. 46, Fn. 159, u. *Zöller/Vollkommer*, § 91 a ZPO, Rdn. 4 u. 29).

54 Diese ursprünglich auch von *Ulrich,* GRUR 1982, 14, 17 u. 18, vertretene abweichende Meinung ist von ihm inzwischen (WRP 1990, 651, 652 f.) ausdrücklich aufgegeben worden.
55 Vgl. Kap. 55, Rdn. 23 ff.
56 Vgl. vor allem (ursprünglich) *Ulrich* GRUR 1982, 14, 17 u. 18, der seine Meinung allerdings inzwischen (WRP 1990, 651, 652 f.) ausdrücklich aufgegeben hat; namentlich zu später zu erörternden Verjährungseinrede wird die (unzutreffende) Meinung noch (mit teils fehlerhafter, weil die über § 91 a ZPO zu regelnde Kostenfrage mit der des Erledigungsgrundes vermengender Argumentation) vertreten vom OLG Schleswig NJW-RR 1986, 38, 39; *Zöller/Vollkommer,* § 91 a ZPO, Rdn. 5 u. Rdn. 58, Stichwort »Verjährung«.
57 Vgl. BGH GRUR 1977, 114 = WRP 1976, 240 – VUS (Tod des Klägers); BGH NJW 1986, 588, 589 (Aufrechnung seitens des Klägers); OLG Frankfurt WRP 1979, 799, 801; OLG Düsseldorf WRP 1980, 701; Großkomm/*Jacobs*, Vor § 13 UWG, D, Rdn. 278; *Baumbach/Hefermehl*, Einl. UWG, Rdn. 506; *Stein/Jonas/Leipold*, § 91 a ZPO, Rdn. 6. A. A. (jedenfalls für den Fall der Verjährungseinrede) OLG Schleswig und *Zöller/Vollkommer* wie Fn. 56.

46. Kapitel Die Klage

Unumstrittene Erledigungsgründe sind auch im Wettbewerbsrecht Zeitablauf[58] – etwa Ablauf der von der Rechtsprechung für Modeneuheiten gewährten kurzen Schutzfrist[59] – und Gesetzesänderungen. Dagegen stellt die Nichtigerklärung eines Gesetzes durch das Bundesverfassungsgericht keinen Erledigungsgrund dar, da sie die Klage rückwirkend unbegründet werden läßt[60].

4. Anhängigkeit oder Rechtshängigkeit als Voraussetzung?

Von erheblicher Bedeutung auch für den Wettbewerbsprozeß ist, daß die in der Literatur und Instanzrechtsprechung heftig umstrittene[61] Frage, ob die Erledigung des Rechtsstreits nur dessen Anhängigkeit[62] oder auch dessen Rechtshängigkeit[63] voraussetzt, durch den Bundesgerichtshof entschieden worden ist, und zwar in dem Sinne, daß übereinstimmende Erledigungserklärungen der Parteien auch bereits im Stadium zwischen Anhängigkeit und Rechtshängigkeit zur Erledigung der Hauptsache und zur Anwendung des § 91 a ZPO führen[64], während die Wirksamkeit einer einseitigen Erledigungserklärung des Klägers Rechtshängigkeit – also Zustellung – der Klage[65] voraussetzt.[66]

---

58 *Baumbach/Hefermehl*, Einl. UWG, Rdn. 506; *Pastor*, S. 787.
59 BGHZ 60, 168 = GRUR 1973, 478 – Modeneuheit.
60 BGH NJW 1965, 296; *Stein/Jonas/Leipold*, § 91 a ZPO, Rdn. 8; Großkomm/*Jacobs*, Vor § 13 UWG, D, Rdn. 279.
61 Vgl. dazu die umfangreichen Nachweise in BGHZ 83, 12, 13 und 14 = NJW 1982, 1598 sowie die Meinungsübersichten bei *Stein/Jonas/Leipold*, § 91 a ZPO, Rdn. 10 und 11, sowie – neuer u. aktueller – *Zöller/Vollkommer*, § 91 a ZPO, Rdn. 41.
62 Dafür z. B. *Zöller/Vollkommer*, § 91 a ZPO, Rdn. 42 (m. w. N. in Rdn. 41); *Bergerfurth*, NJW 1992, 1655, 1656 u. im Wettbewerbsrecht *Melullis*, Hdb., Rdn. 360.
63 Dafür z. B. uneingeschränkt – also auch für den Fall übereinstimmender Erledigungserklärungen der Parteien, für die die ganz h. M. Anhängigkeit genügen läßt (vgl. *Stein/Jonas/Leipold*, § 91 a ZPO, Rdn. 10 m. w. N.) – *Baumbach/Lauterbach/Hartmann*, § 91 a ZPO, Anm. 5.
64 So BGHZ 21, 298, 299; bestätigt in BGHZ 83, 12, 14 = NJW 1982, 1598; ebenso der für das Wettbewerbsrecht zuständige I. Zivilsenat (wenngleich in einer Speditionssache) in NJW-RR 1988, 1151; vgl. ferner BGHR ZPO § 91 a Abs. 1 Satz 1 – Erledigungsstreit I.
65 Bei der einstweiligen Verfügung, deren Rechtshängigkeit keine Zustellung voraussetzt, stellt sich das Problem anders dar; vgl. Kap. 55, Rdn. 1.
66 BGHZ 83, 12, 14; BGH NJW-RR 1988, 1151 u. BGHR ZPO § 91 a Abs. 1 Satz 1 – Erledigungsstreit I; die Unterscheidung entspricht der heute wohl – auch im Wettbewerbsrecht, vgl. Großkomm/*Jacobs*, Vor § 13 UWG, Rdn. 283 – herrschenden Meinung; vgl. *Stein/Jonas/Leipold*, § 91 a ZPO, Rdn. 10 und 11, sowie die weiteren Nachweise bei *Zöller/Vollkommer*, § 91 a ZPO, Rdn. 41, u. *Bergerfurth*, NJW 1992, 1655, 1656.

5. Hilfsweise Erklärung

41 Eine auch für das Wettbewerbsrecht[67] bedeutsame Streitfrage ist, ob die Hauptsacheerledigung vom Kläger hilfsweise zum aufrechterhaltenen Klageantrag erklärt werden kann[68].

42 Entgegen der in der Vorauflage (Kap. 46, Rdn. 43 f.) noch vertretenen Auffassung und ungeachtet des Umstands, daß letztere inzwischen – den Argumenten *Ulrichs*[69] folgend – auch vom OLG Koblenz[70] übernommen worden ist, muß die Frage richterweise schlechthin verneint werden[71]. Dogmatisch läßt sie sich nicht begründen, da nach der notwendigen Entscheidung über den Hauptantrag nichts verbleibt, was erledigt werden kann[72]. Eine Klage einerseits abzuweisen (Hauptantrag) und sie dann für erledigt zu erklären wäre widersprüchlich (BGHZ 106, 359, 368). Die (vermeintlichen) Billigkeitsgründe, die die Gegenmeinung[73] daher auch nur für sich anführen kann, sind vom BGH (BGHZ 106, 359, 367 f.) und von *Teubner/Prange* (MDR 1989, 586, 587 f.) überzeugend widerlegt worden.

6. Erledigung in allen Instanzen

43 Außer Streit steht heute, daß die Erledigung in jeder Verfahrensphase ab Rechtshängigkeit erklärt werden kann. Auch in der Revisionsinstanz ist sie noch zulässig, und zwar unabhängig davon, ob der Beklagte zustimmt oder nicht oder ob sie auch schon im Berufungsverfahren hätte erklärt werden können[74].

---

[67] Besonders bei der hier häufigen Ungewißheit, ob das Gericht eine vom Kläger selbst als unzureichend abgelehnte Unterwerfungserklärung nicht doch als wirksam ansehen wird.

[68] Daß umgekehrt der Kläger neben seiner in erster Linie abgegebenen Erledigungserklärung hilfsweise den Klageantrag ganz oder teilweise aufrecht erhalten kann, hat sich dagegen nahezu einhellig durchgesetzt; vgl. z. B. RGZ 156, 372, 375 f.; BGH NJW 1965, 1597, 1598; BGH WM 1982, 1260; BGH WRP 1989, 572, 574 – Bioäquivalenzwerbung; BGH GRUR 1990, 530, 531 = WRP 1990, 685 – Unterwerfung durch Fernschreiben; *Stein/Jonas/Leipold*, § 91 a ZPO, Rdn. 17; Großkomm/*Jacobs*, Vor § 13 UWG, D, Rdn. 288.

[69] GRUR 1982, 14, 26.

[70] GRUR 1988, 43, 46 – Weingut = WRP 1988, 258, 260.

[71] So jetzt eindeutig BGHZ 106, 359, 367 ff. = NJW 1989, 2885, 2887; ferner *Stein/Jonas/Leipold*, § 91 ZPO, Rdn. 17 und 38; *Zöller/Vollkommer*, § 91 a ZPO, Rdn. 35; Münchkomm/*Lindacher*, § 91 a ZPO, Rdn. 74; Großkomm/*Jacobs*, aaO.; *Teubner/Prange*, MDR 1989, 586, 587 f.; a.A. *Bergerfurth*, NJW 1992, 1655, 1660.

[72] Vgl. *Zöller/Vollkommer*, § 91 a ZPO, Rdn. 35.

[73] Außer vom OLG Koblenz und von *Ulrich* aaO. wird sie heute vor allem noch von *Baumbach/Lauterbach/Hartmann*, § 91 a ZPO, Anm. 6 L vertreten; weitere Nachweise dort und bei *Teubner/Prange*, MDR 1989, 586 in Fn. 1; zur dort mitzitierten Entscheidung BGH NJW 1975, 539 = LM ZPO § 91 a Nr. 33 vgl. jetzt BGHZ 106, 359, 369 f. = NJW 1989, 2885, 2887.

[74] BGHZ 106, 359, 368 = NJW 1989, 2885, 2887 m. w. N.; näher dazu *Zöller/Vollkommer*, § 91 a ZPO, Rdn. 51 m. w. N; und – modifizierend – Münchkomm/*Lindacher*, § 91 a ZPO, Rdn. 83.

7. Kostenfragen

Bei der nach § 91 a ZPO zu treffenden Entscheidung über die Kosten eines übereinstimmend[75] für erledigt erklärten Rechtsstreits gibt es einige wesentliche Grundsätze aus Entscheidungen der Wettbewerbssenate der Oberlandesgerichte[76].

Weitgehende Einigkeit besteht mittlerweile[77] darüber, daß eine Unterwerfungserklärung nicht – wie ein Anerkenntnis – zur automatischen Kostenbelastung des Beklagten führen darf, sondern eine Prüfung, ob der Unterlassungsanspruch bestanden hatte, nicht erübrigt[78].

Bei dieser Prüfung darf auch schwierigen Rechtsfragen nicht ohne weiteres ausgewichen werden; nur für wirklich umfangreiche und komplexe Fälle braucht nicht jeder schwierigen Frage in allen Einzelheiten nachgegangen zu werden[79]. Kartellrechtliche Vorfragen können im Rahmen der Prüfung nach § 91 a ZPO ausnahmsweise auch vom Nichtkartellgericht beurteilt werden; eine Aussetzung des (reinen Kosten-)Verfahrens gemäß § 96 Abs. 2 GWB ist nicht erforderlich[80].

Ist der Prozeßausgang offen, werden die Kosten regelmäßig gegeneinander aufzuheben sein; dies gilt insbesondere dann, wenn erhebliche Beweisfragen offen sind[81], wo-

---

75 Bei der Entscheidung über eine streitige Erledigung erfolgt der Kostenausspruch nach §§ 91, 92 ZPO. Zum dafür maßgeblichen Streitwert ab Abgabe der Erledigungserklärung vgl. Kap. 49, Rdn. 41–46 u. Großkomm/*Jacobs*, Vor § 13 UWG, Rdn. 290.
76 Vom BGH können diese Kostenstreitigkeiten nicht entschieden werden, da nach gefestigter Rechtsprechung Kostenentscheidungen nach § 91 a ZPO nicht revisibel sind, und zwar auch dann nicht, wenn sie – bei Teilerledigungen in den Vorinstanzen – in einer im übrigen zur Nachprüfung in der Revisionsinstanz stehenden Entscheidung enthalten sind (vgl. BGH LM ZPO § 567 Nr. 9 = NJW 1967, 1131; BGH GRUR 1991, 460, 462 – Silenta; BGHZ 113, 362 ff.); zu Rechtsmitteln im übrigen vgl. *Bergerfurth*, NJW 1992, 1655, 1658.
77 Nachdem der 5.Zs. des KG seine in WRP 1977, 793, 795 anklingende gegenteilige Meinung in seinen späteren Entscheidungen in BB 1979, 487, 488; WRP 1980, 148 sowie bei *Traub*, S. 29 unter 4.8.1, aufgegeben hat.
78 Vgl. OLG Hamburg WRP 1972, 537, 538; OLG Frankfurt WRP 1977, 270 und GRUR 1979, 808, 809 sowie in weiteren Beschlüssen nach *Traub*, S. 110 unter 4.1.10; OLG Köln GRUR 1989, 705; OLG Stuttgart WRP 1984, 576; OLG Celle NJW-RR 1986, 1061; OLG Karlsruhe WRP 1985, 102, 103 (zwar unausgesprochen, aber dem Umstand der erfolgten Sachprüfung zu entnehmen); OLG Braunschweig nach *Traub*, S. 53 unter 4.10; OLG Celle nach *Traub*, S. 74 unter 4.10; OLG Hamm nach *Traub*, S. 193 unter 4.8.1; OLG München nach *Traub*, S. 316 unter 4.10; OLG Saarbrücken nach *Traub*, S. 355 unter 4.10; *Zöller/Vollkommer*, § 91 a ZPO, Rdn. 25 und 58 (Stichwort Wettbewerbsprozeß).
79 Vgl. OLG Hamburg WRP 1974, 45; OLG Frankfurt GRUR 1979, 808, 809 = WRP 1979, 796; KG nach *Traub*, S. 29 unter 4.8.2; OLG Karlsruhe nach *Traub*, S. 223 unter 4.8.2; ferner auch – etwas großzügiger im obiter dictum – BGHZ 67, 343, 345 f. sowie OLG Stuttgart nach *Traub*, S. 409, 4.8.2, und *Zöller/Vollkommer*, § 91 a ZPO, Rdn. 24 (gleichfalls für mehr Großzügigkeit); enger dagegen Münchkomm/*Lindacher*, § 91 a ZPO, Rdn. 50.
80 OLG Köln WRP 1976, 497 f.; dies wird – auch wenn dort nichts zu dieser speziellen Frage gesagt wird – auch durch die Erwägungen in BGHZ 67, 343, 345 f. gedeckt.
81 KG nach *Traub*, S. 29 f. unter 4.8.3; OLG Köln GRUR 1989, 705 (anders aber für einstweilige Verfügungen: alle Kosten dem Antragsteller, insoweit zitiert nach *Traub*, S. 271 unter 4.8.3); OLG München nach *Traub*, S. 315 f. unter 4.8.3; OLG Saarbrücken nach *Traub*, S. 354, 4.8.3; OLG Stuttgart nach *Traub*, S. 403, 4.8.3; OLG Frankfurt WRP 1978, 222 und WRP 1979, 799,

bei es keinen Unterschied macht, ob die Beweise auf Antrag oder von Amts wegen zu erheben gewesen wären (OLG Frankfurt WRP 1978, 222). Das Gericht braucht Beweise nicht mehr zu erheben, ist daran aber nach – bestrittener[82] – Auffassung des Bundesgerichtshofs[83] nicht unbedingt gehindert. Im Zeitpunkt der Erledigung präsente und sofort auswertbare Beweismittel hat es jedoch zu berücksichtigen[84].

48 Zur (umstrittenen) Frage der Berücksichtigung von neuem, d. h. nach der Erledigungserklärung in das Verfahren eingeführtem, Sachvortrag vgl. einerseits (strikt ablehnend) OLG München nach *Traub,* S. 315 unter 4.8.3, und *Baumbach/Lauterbach/Hartmann,* § 91 a ZPO, Anm. 8 C, sowie andererseits mit Differenzierungen befürwortend *Zöller/Vollkommer,* § 91 a, Rdn. 26; *Münchkomm/Lindacher,* § 91 a ZPO, Rdn. 45–48). Die letztere Auffassung verdient den Vorzug.

49 Nahezu unbestritten ist heute, daß der Rechtsgedanke des § 93 ZPO (in »reziproker« Anwendung) auch im Rahmen der Kostenentscheidung nach § 91 a ZPO Berücksichtigung findet[85].

801; OLG Hamburg nach *Traub,* S. 159 unter 4.8.3; und OLG Celle nach *Traub,* S. 74, 4.8.3.; vgl. auch Münchkomm/*Lindacher,* § 91 a ZPO, Rdn. 49.
82 Z. B. von *Baumbach/Lauterbach/Hartmann,* § 91 a ZPO, Anm. 8 C; weitere Nachweise bei *Zöller/Vollkommer,* § 91 a ZPO, Rdn. 26.
83 BGHZ 13, 142, 145; BGHZ 21, 298, 300; ebenso Großkomm/*Jacobs,* Vor § 13 UWG, D, Rdn. 295.
84 *Zöller/Vollkommer,* § 91 a ZPO, Rdn. 26; *Ostendorf,* DRiZ 1973, 387; *Schneider,* MDR 1976, 885; *Merz,* ZMR 1983, 365 f.; str.; a. A. auch hier *Baumbach/Lauterbach/Hartmann,* § 91 a ZPO, Anm. 8 C.
85 OLG Hamburg WRP 1972, 537, 538; OLG Köln WRP 1986, 426; OLG Hamm NJW-RR 1987, 425; OLG Stuttgart nach *Traub,* S. 402, 4.8.1; OLG Celle WRP 1974, 155 und 1975, 242, 243; OLG München WRP 1976, 264; OLG Frankfurt WRP 1976, 618, 621 und WRP 1979, 799, 801; *Zöller/Vollkommer,* § 91 a ZPO, Rdn. 25; Großkomm/*Jacobs,* aaO., Rdn. 297; vgl. auch *Pastor,* S. 901 f.; a. A. allerdings OLG Koblenz NJW-RR 1986, 1443.

47. Kapitel Tatsachenfeststellung ohne Beweis, Beweisführung und Beweislast

Literatur: *Baier*, Die Verwechslungsgefahr und ihre Feststellung im Prozeß, GRUR 1974, 514; *Böhm*, Demoskopische Gutachten als Beweismittel in Zivilprozessen, 1985; *Böhm*, Die Beweiswürdigung demoskopischer Gutachten im Rahmen von § 3 UWG, GRUR 1986, 290; *Borck*, Über »Bärenfang«, Beweislast und »Pressedienst«, WRP 1963, 191; *Borck*, Irreführende Werbung und Umkehr der Beweislast, GRUR 1982, 657; *Droste*, Die Umfrage als notwendige Erkenntnisquelle unlauteren Wettbewerbs, WRP 1966, 323; *Fenge*, Beweislast in Wettbewerbsprozessen, JurA 1970, 547; *Fritze*, Die Umkehr der Beweislast, GRUR 1975, 61; *v. Gamm*, Beweislast und Beweiswürdigung im Wettbewerbsrecht, WRP 1959, 172; *Heldrich*, Die Bedeutung der Rechtssoziologie für das Zivilrecht, AcP 186 (1986), 74; *Hirtz*, Der Nachweis der Wiederholungsgefahr bei Unterlassungsansprüchen oder: Was vermögen Erfahrungssätze bei der Beweiswürdigung?, MDR 1988, 182; *Klette*, Probleme der Herkunftsangabe – Gedanken zur BGH-Entscheidung »Ungarische Salami«, WRP 1981, 503; *Klette*, Zur sogenannten Additionsmethode bei Mehrfach-Irreführung, GRUR 1983, 414; *Klette*, Zur Relevanz der Herkunftsauffassung im Wettbewerbsrecht, NJW 1986, 359; *Knaak*, Demoskopische Umfragen in der Praxis des Wettbewerbs- und Warenzeichenrechts, 1986; *P. Krüger*, Das Privatgutachten in Verfahren der einstweiligen Verfügung, WRP 1991, 68; *Kur*, Beweislast und Beweisführung im Wettbewerbsprozeß, 1981; *Kur*, Irreführende Werbung und Umkehr der Beweislast, GRUR 1982, 663; *T. Müller*, Die demoskopische Ermittlung der Verkehrsauffassung im Rahmen des § 3 UWG, 1987; *T. Müller*, Demoskopie und Verkehrsauffassung im Wettbewerbsrecht, insbesondere im Rahmen des § 3 UWG, WRP 1989, 783; *T. Müller*, Mutmaßungen über die Verkehrsauffassung, JR 1992, 8; *Musielak*, Beweislastverteilung nach Gefahrenbereichen. – Eine kritische Betrachtung der Gefahrenkreistheorie des Bundesgerichtshofs, AcP 176 (1976), 465; *Noelle-Neumann*, Über offene Fragen, Suggestivfragen und andere Probleme demoskopischer Erhebungen für die Rechtspraxis, GRUR 1968, 133; *Noelle-Neumann/Schramm*, Umfrageforschung in der Rechtspraxis, 1961; *Noelle-Neumann/Schramm*, Testen der Verwechslungsgefahr, GRUR 1976, 51; *Noelle-Neumann/Schwarzenauer*, Juristische und demoskopische Denkungsart, MA 1973, 331; *Ohde*, Zur demoskopischen Ermittlung der Verkehrsauffassung von geographischen Herkunftsangaben, GRUR 1989, 88; *Sauberschwarz*, Die Auswirkungen der Umfrage-Gutachten auf das Wettbewerbs- und Warenzeichenrecht, WRP 1970, 46; *Schramm*, Die geschlossene Fragestellung beim demoskopischen Test, GRUR 1968, 139; *Schramm*, Der Richter als Verkehrsbeteiligter, WRP 1973, 453; *Schulz*, Die Eintragung eines Warenzeichens kraft Verkehrsdurchsetzung nach § 4 Abs. 3 WZG aus der Sicht der Demoskopie, MA 1984, 193; *Schweizer*, Repräsentative Rechtstatsachenermittlung durch Befragung, in: *Chiotellis/Fikentscher*, Rechtstatsachenforschung, Methodische Probleme und Beispiele aus dem Schuld- und Wirtschaftsrecht, 1985; *vom Stein*, Zur Beurteilung irreführender Werbung ohne demoskopische Gutachten, WRP 1970, 332; *vom Stein*, Zur Beweiswürdigung demoskopischer Gutachten über Fragen der Verkehrsgeltung im gewerblichen Rechtsschutz, GRUR 1972, 73; *Teplitzky*, Der Beweisantrag im Zivilprozeß und seine Behandlung durch die Gerichte, JuS 1968, 71; *Teplitzky*, Der Beweisantrag im Zivilprozeß, DRiZ 1970, 280; *Teplitzky*, Zu Anforderungen an Meinungsforschungsgutachten, WRP 1990, 145; *Teplitzky*, Die jüngste Rechtsprechung

47 1–2   B. *Die Durchsetzung im Prozeß*

des Bundesgerichtshofs zum wettbewerblichen Anspruchs- und Verfahrensrecht I, II u. III, GRUR 1989, 461; 1990, 393 u. 1991, 709; *Tilmann,* Die Verkehrsauffassung im Wettbewerbs- und Warenzeichenrecht, GRUR 1984, 716; *Tilmann,* Aktuelle Probleme des Schutzes geographischer Herkunftsangaben, GRUR 1986, 593; *Tilmann/Ohde,* Die Mindestirreführungsquote im Wettbewerbsrecht und im Gesundheitsrecht, GRUR 1989, 229 u. 301; *Trommsdorf,* Das empirische Gutachten als Beweismittel im Wettbewerbsprozeß, in MARKETING Zeitschrift für Forschung und Praxis 1979, 91; *Ullmann,* Der Verbraucher – ein Hermaphrodit, GRUR 1991, 789; *Walter,* Freie Beweiswürdigung, 1979.

Inhaltsübersicht

	Rdn.		Rdn.
I. Die Bedeutung der Tatsachenfeststellung	1, 2	Frage der Notwendigkeit einer Beweiserhebung für ihre Gestaltung und für die Würdigung ihres Ergebnisses	26–28
II. Die Tatsachenfeststellung ohne Beweisverfahren	3–11		
1. Vorbemerkung	3	1. Vorbemerkung	26
2. Die Feststellung der Verkehrsauffassung	4–10	2. Die Bedeutung der Quotenfrage für die Frage, ob das Gericht Beweis erheben muß	27
3. Die Feststellung anderer Tatsachen	11		
III. Die Beweiserhebung über die Verkehrsauffassung	12–15	3. Die Bedeutung der Quotenfrage für die Gestaltung der Beweißaufnahme und die Würdigung ihres Ergebnisses	28
1. Vorbemerkung	12		
2. Die Beweismittel	13		
a) Auskünfte	14, 15		
b) Meinungsforschungsgutachten	16–25	V. Testpersonen als Zeugen	29
IV. Die Bedeutung des »relevanten« Teils des Verkehrs für die		VI. Besonderheiten der Darlegungs- und Beweislast	30–32

I. Die Bedeutung der Tatsachenfeststellung

1   Die Tatsachenfeststellung durch das Gericht sowie – damit zusammenhängend – Beweisführung und Beweislast spielen – wie in allen Prozessen[1] – auch im Wettbewerbsverfahren eine erhebliche, meist sogar die prozeßentscheidende Rolle. Auch die bestbegründeten Ansprüche und Einwendungen nützen den Parteien nichts, wenn sie die dazu vorzutragenden tatsächlichen Voraussetzungen nicht beweisen – oder die Beweislast nicht erfolgreich dem Gegner zuschieben[2] – können. Eine exakte Kenntnis und Anwendung des Beweisrechts ist daher für den Anwalt wie für den Richter unerläßliche Voraussetzung seiner Berufsausübung.

2   Das Wettbewerbsverfahren erfordert darüber hinaus auch in diesem Bereich besondere zusätzliche Kenntnisse, weil hier – spezifischen Bedürfnissen des Wettbewerbs-

---

1 Jeder Praktiker weiß, daß das Schwergewicht der bei weitem meisten Gerichtsverfahren nicht im Rechtlichen, sondern im Tatsächlichen liegt – eine Gewichtsverteilung, auf die der Jurist in seiner Ausbildung nach wie vor unzureichend vorbereitet wird.
2 Näher dazu nachfolgend Rdn. 17 ff.

rechts folgend – einige Besonderheiten entwickelt worden sind, die außerhalb des Wettbewerbsverfahrensrechts keine oder nur eine untergeordnete Rolle spielen. Auf diese Besonderheiten muß sich die folgende Darstellung beschränken.

II. Die Tatsachenfeststellung ohne Beweisverfahren

1. Vorbemerkung

Der im allgemeinen Prozeßrecht mehr theoretische Grundsatz, daß nicht jede streitige rechtserhebliche Tatsache – auch soweit sie nicht offenkundig oder zu vermuten i. S. der §§ 291 f. ZPO ist – des Beweises bedarf[3], hat im Wettbewerbsrecht erhebliche praktische Bedeutung gewonnen (vgl. dazu jetzt eingehend Großkomm/*Jacobs,* Vor § 13 UWG, D, Rdn. 334 u. 364 ff.).

2. Die Feststellung der Verkehrsauffassung

Zur Bestimmung der hier in vielfältigen Zusammenhängen entscheidungserheblichen Verkehrsauffassung – kritisch zu deren »Allmacht« *Böhm,* GRUR 1986, 290, 302 – hat die Rechtsprechung Grundsätze entwickelt, die eine – hierzu meist zwangsläufig umständliche, kostspielige und mit erheblichen Fehlerquoten behaftete[4] – Beweisaufnahme oft entbehrlich machen.

a) Den weitesten Schritt in diese Richtung hat die Rechtspraxis im Kennzeichnungsrecht (Warenzeichenrecht, Firmenrecht) getan: Obwohl hier die Verkehrsauffassung für eine ganze Reihe von Tatbestandsmerkmalen – wie etwa die Warengleichartigkeit, den warenzeichenmäßigen Gebrauch und die Kennzeichnungskraft[5] erheblich ist, finden Beweisaufnahmen zur unmittelbaren Feststellung dieser Verkehrsauffassung relativ selten statt; vielmehr treffen die Gerichte die Feststellungen meist anhand bestimmter Kriterien, deren Vorliegen den erfahrungsgemäßen (in Wahrheit eher schon normativen) Schluß auf eine bestimmte Verkehrsauffassung rechtfertigt[6]. (Allerdings können diese Kriterien – etwa die gemeinsame Herkunftsstätte bestimmter Waren als Grundlage für den Schluß auf die Verkehrsvorstellung von ihrer Gleichartigkeit – im Einzelfall ihrerseits Gegenstand einer Beweisaufnahme sein; das ist aber etwas anderes als die Ermittlung der Verkehrsauffassung – etwa durch Verkehrsbefragung – selbst).

---

3 Vgl. z. B. *Baumbach/Lauterbach/Hartmann,* § 286 ZPO, Anm. 2 m. w. N.
4 Vgl. BGH GRUR 1990, 1053, 1054 f. = WRP 1991, 100 – Versäumte Meinungsumfrage, eine Entscheidung, die den in mehrfacher Hinsicht besonderen Charakter von Meinungsumfragen als Beweismittel klarstellt.
5 Großkomm/*Teplitzky,* § 16 UWG, Rdn. 197; allerdings bedarf die Frage der Kennzeichnungskraft aufgrund behaupteter Verkehrsgeltung regelmäßig der Klärung durch eine Beweisaufnahme; vgl. *v. Gamm,* Kap. 7, Rdn. 14 u. – auch zu Ausnahmen – Großkomm/*Teplitzky,* § 16 UWG, Rdn. 236.
6 Vgl. dazu die Fülle der bei *Baumbach/Hefermehl,* WZG, beispielsweise zu § 5 WZG, Rdn. 99 und 100, zu § 16 WZG, Rdn. 27–29 und zu § 31 WZG, Rdn. 97–99 zitierten Entscheidungen; ferner zahlreiche Beispiele in Großkomm/*Teplitzky,* § 16 UWG, Rdn. 380 f.; kritisch dazu allerdings *T. Müller,* JR 1992, 8, 9 ff.

6   b) Der zweite große, hier aber in der Grenzziehung sehr umstrittene, Anwendungsbereich eigener richterlicher Sachkunde sind die – wiederum Verkehrsauffassungen betreffenden – Fragen, ob ein bestimmtes Wettbewerbsverhalten nach der Auffassung der Allgemeinheit den guten Sitten i. S. des § 1 UWG entspricht – was im allgemeinen aus Erfahrungssätzen beantwortet werden kann[7] – und wie eine bestimmte Werbeangabe vom Verkehr verstanden, insbesondere ob letzterer durch sie i. S. des § 3 UWG irregeführt wird und/oder ob diese Irreführung i. S. dieser Vorschrift auch relevant ist[8].

7   Die Kompetenz des Richters zur Beurteilung aus eigener Sachkunde setzt zunächst voraus, daß er selbst dem von der Werbebehauptung angesprochenen Verkehrskreis angehört und daß die Behauptung sich auf Gegenstände des allgemeinen Bedarfs bezieht[9]. Bei in der Werbung verwendeten Begriffen muß es sich um solche handeln, deren Verständnis in einem bestimmten Sinne einfach und naheliegend ist[10]. Gründe für Zweifel an der eigenen Sachkunde bzw. Beurteilungsfähigkeit muß der Richter in jeglicher Form beachten und zum Anlaß nehmen, die verfügbaren Beweismittel auszuschöpfen[11]. Sie können sich aus besonderen Komplikationen der Beurteilungslage ergeben[12]; u. U. aber auch einfach daraus, daß die Vorinstanz – insbesondere wenn es sich dabei

---

7 BGH GRUR 1965, 315, 316 = WRP 1965, 95 – Werbewagen; *v. Gamm*, Kap. 7, Rdn. 11.
8 Zur Beweisfrage der Relevanz vgl. die Beispielsfälle BGH GRUR 1981, 71, 73 = WRP 1981, 18 – Lübecker Marzipan; BGH GRUR 1982, 564, 566 = WRP 1982, 570 – Elsässer Nudeln u. BGH GRUR 1990, 852, 855 f. – Aquavit; zum ganzen Problemkreis eingehend Großkomm/*Jacobs*, Vor § 13 UWG, D, Rdn. 364 ff.; kritisch zu allem *T. Müller*, WRP 1989, 783, 787 u. JR 1992, 8, 9 ff.
9 BGH GRUR 1963, 270, 272 f. = WRP 1962, 404 – Bärenfang; BGHZ 53, 339, 340 – Euro-Spirituosen; BGH GRUR 1971, 365, 367 = WRP 1971, 274 – Wörterbuch; BGH GRUR 1975, 377, 373 = WRP 1975, 215 – Verleger von Tonträger; GRUR 1980, 797, 799 = WRP 1980, 541 – topfit-Boonekamp; BGH GRUR 1985, 140, 141 = WRP 1985, 72 – Größtes Teppichhaus der Welt; BGH GRUR 1990, 532, 533 = WRP 1990, 701 – Notarieller Festpreis; st. Rspr., vgl. zuletzt BGH MDR 1992, 566 f. – Beschädigte Verpackung.
10 Vgl. als Beispiele aus einer kaum noch zu überschauenden Rechtsprechung einerseits (kompetenzbejahend) BGHZ 53, 339, 340 – Euro-Spirituosen; BGH GRUR 1982, 563 f. = WRP 1983, 459 – Betonklinker; BGH GRUR 1983, 779, 780 = 675 – Schuhmarkt; BGH GRUR 1984, 457, 460 = WRP 1984, 382 – Deutsche Heilpraktikerschaft; BGHZ 92, 30, 31 f. – Bestellter Kfz-Sachverständiger; BGH GRUR 1992, 66, 67 f. = WRP 1991, 473 – Königl. Bayerische Weiße; BGH Urt. v. 13. 2. 1992 – I ZR 79/90 – Beitragsrechnung; andererseits (die Feststellungsfähigkeit verneinend) BGH GRUR 1982, 491, 492 = WRP 1982, 409 – Möbel-Haus; BGH GRUR 1984, 465, 467 – Natursaft; BGH GRUR 1985, 140, 141 = WRP 1985, 72 – Größtes Teppichhaus der Welt; BGH GRUR 1987, 444, 446 = WRP 1987, 463, 465 – Laufende Buchführung; BGH aaO. – Beschädigte Verpackung.
11 BGH GRUR 1961, 544, 545 – Hühnergegacker; BGH GRUR 1971, 29, 31 = WRP 1970, 357 – Deutscher Sekt; BGH GRUR 1980, 797, 798 = WRP 1980, 541 – topfit-Boonekamp; BGH GRUR 1982, 491, 492 = WRP 1982, 409 – Möbel-Haus; BGH aaO. – Laufende Buchführung u. BGH aaO. – Beschädigte Verpackung; ferner Großkomm/*Jacobs*, Vor § 13 UWG, D, Rdn. 369.
12 Vgl. z. B. den Fall BGH GRUR 1984, 455, 456 = WRP 1984, 316 – Französischer Brandy, wo es allerdings um die Frage der weiteren Sachaufklärung nach bereits durchgeführter Beweisaufnahme ging; ferner BGH aaO. – Möbel-Haus, Laufende Buchführung und Beschädigte Verpackung.

um ein Gericht in der als besonders sachkundig geltenden Form der Kammer für Handelssachen handelt – die Tatfrage entgegengesetzt beurteilt hat[13].

Solche Zweifelsgründe werden häufiger – deutlicher gesagt: fast regelmäßig – dann anzunehmen sein, wenn das Gericht eine Irreführung durch eine Werbeaussage verneinen will; denn dabei kommt es auf die Gesamtheit oder jedenfalls auf einen deutlich überwiegenden Teil – nicht nur, wie bei Annahme einer Irreführung, auf einen nicht ganz unerheblichen Teil – des angesprochenen Verkehrskreises an, und die Feststellung, daß in allen dafür in Betracht kommenden Teilen oder Schichten dieses Verkehrskreises eine Irreführung nicht in Betracht kommt, wird der Richter auf Grund seiner eigenen, meist schichtspezifisch geprägten Sachkunde regelmäßig nicht ohne Beweisaufnahme beurteilen können[14]. Dagegen ist die für die Bejahung des Irreführungstatbestandes erforderliche Feststellung, ein nicht unerheblicher Teil des Verkehrs werde durch die Aussage in einer bestimmten Hinsicht (oder in mehreren sich addierenden Hinsichten) getäuscht, oft – wohl in der Mehrzahl der die Gerichte beschäftigenden Fälle – bedenkenfrei aus eigener Sachkunde des Gerichts zu beurteilen[15]. Für das Berufungsgericht gilt dies namentlich dann, wenn seine sachliche Beurteilung mit der der Vorinstanz übereinstimmt. 8

Ihre Grenze findet die Feststellungskompetenz jedenfalls dort, wo es um die Auffassung von Fachkreisen oder anderen Kreisen geht, denen die Tatrichter nicht angehören[16]. 9

Dagegen schließen Beweisanträge für eine gegenteilige Verkehrsauffassung die Möglichkeit einer Feststellung ohne Beweisaufnahme nicht ohne weiteres aus, wenn die Feststellung auf eine kraft Zugehörigkeit der Richter zu den angesprochenen Verkehrskreisen gewonnene Überzeugung gestützt wird[17]. Eine gegenteilige Interpretation der Meister-Kaffee-Entscheidung des BGH (GRUR 1990, 607, 608 = WRP 1990, 699 f.) in der Literatur[18] beruht auf einem Mißverständnis: In jener Entscheidung ging es um eine Überzeugungsbildung aufgrund (vermeintlich) gerichtskundiger Tatsachen, also um einen Fall des § 291 ZPO, für die andere Regeln gelten[17]. 10

3. Die Feststellung anderer Tatsachen

Ausnahmsweise können auch streitige Tatsachen, die nichts mit der Verkehrsauffassung zu tun haben, ohne Beweisaufnahme festgestellt werden, sofern dabei – was im Wettbewerbsrecht nicht ganz selten ist – von Erfahrungssätzen ausgegangen werden 11

---

13 Vgl. den Fall BGH GRUR 1984, 741, 742 = WRP 1984, 601 – PATENTED; zur Sachkunde der Kammer für Handelssachen auch *Pastor*, S. 743, u. Großkomm/*Jacobs*, aaO., Rdn. 369.
14 Vgl. BGH aaO. – Größtes Teppichhaus der Welt; BGH aaO. – Laufende Buchführung; BGH aaO. – Beschädigte Verpackung, jeweils m. w. N., Großkomm/*Jacobs*, aaO., Rdn. 369; HdbWR/*Kreft*, § 17, Rdn. 9.
15 Vgl. die in Fn. 10 als »kompetenzbejahend« aufgeführten Beispielsfälle sowie Großkomm/*Jacobs*, aaO., Rdn. 370; ferner neuestens auch BVerwG NJW 1992, 588, 589.
16 St. Rspr.; vgl. z. B. aus jüngerer Zeit BGH GRUR 1985, 445, 446 – Amazonas u. BGH GRUR 1987, 444, 446 = WRP 1987, 463 – Laufende Buchführung, ferner Großkomm/*Jacobs*, aaO., Rdn. 368.
17 BGH MDR 1992, 566 – Beschädigte Verpackung; Großkomm/*Jacobs*, Vor § 13 UWG, D, Rdn. 366; *Teplitzky*, GRUR 1991, 709, 712 unter III, 2.
18 Vgl. *Lindacher*, BB 1991, 1524.

kann. So bedarf es beispielsweise in der Regel keines Beweises für die – im Schadensersatzfeststellungsprozeß genügende – Wahrscheinlichkeit eines Schadenseintritts, sofern bestimmte Verletzungshandlungen, etwa eine längere, nicht ganz unbedeutende Warenzeichen- oder Firmenrechtsverletzung, feststehen[19].

III. Die Beweiserhebung über die Verkehrsauffassung

1. Vorbemerkung

12 Die Beweiserhebung über die Verkehrsauffassung gehört zu den schwierigsten Aufgaben der Wettbewerbsgerichte – die dafür nach der neueren Rechtsprechung des BGH[20] grundsätzlich die alleinige, durch Mitwirkung und irgendwelche Zustimmungserklärungen der Parteien nicht zu mindernde Verantwortung tragen –, aber auch der mitwirkenden Rechtsanwälte, denen ungeachtet der rechtlichen Alleinverantwortung der Gerichte dennoch ein beträchtlicher praktischer Einfluß auf Ablauf und Inhalt der Beweiserhebung zukommen kann. Allerdings müssen die Gerichte bei der Beurteilung und Begrenzung dieses Parteivertreter-Einflusses hier – wegen der großen Anfälligkeit der infragestehenden Beweismittel auch für kleinste Fehler[21] – noch vorsichtiger und kritischer sein als gewöhnlich, da die Zielsetzung des Gerichts – Wahrheitsfindung – sich naturgemäß nicht mit der des – auf den Sieg seiner Partei programmierten – Prozeßvertreters zu decken braucht (näher dazu *Teplitzky*, WRP 1990, 145, 146).

2. Die Beweismittel

13 Als Beweismittel kommen in einfacheren, geeigneten Fällen »Auskünfte« etwa der Industrie- und Handelskammer, des DIHT, der Handwerkskammern oder maßgeblicher Berufsverbände in Betracht; in den hierfür ungeeigneten – meisten – Fällen muß die Verkehrsauffassung durch Einholung eines Meinungsforschungsgutachtens oder wenigstens durch dessen heute meist – und im Regelfall unzulässigerweise[22] – an dessen

---

19 Vgl. etwa BGH GRUR 1954, 457, 459 – Irus/Urus; BGH GRUR 1974, 84, 88 = WRP 1973, 578 – Trumpf; BGH GRUR 1974, 735, 736 = WRP 1974, 403 – Pharmamedan; BGH GRUR 1975, 434, 438 – BOUCHET.
20 BGH GRUR 1987, 171 = WRP 1987, 242 – Schlußverkaufswerbung; BGH GRUR 1987, 535, 538 – Wodka Woronoff; vgl. auch Großkomm/*Jacobs*, Vor § 13 UWG, D, Rdn. 379; *Teplitzky*, WRP 1980, 145, 146.
21 Vgl. BGH GRUR 1990, 1053, 1054 f. = WRP 1991, 100 – Versäumte Meinungsumfrage: »wegen der Schwierigkeit richtiger Fragestellungen in besonderem Maße der Gefahr des Mißlingens ausgesetzt...«; Beispielsfälle für ein Mißlingen wegen – mitunter schwer erkennbarer – Fehler aus der jüngeren Zeit sind BGH GRUR 1992, 66, 68 f. (mit krit. Anm. von *Knaak*) = WRP 1991, 473 – Königl. Bayerische Weiße; BGH GRUR 1991, 680, 681 = NJW-RR 1991, 1136 – Porzellanmanufaktur; BGH GRUR 1990, 852, 854 f. – Aquavit; BGH GRUR 1992, 70, 71 f. – 40 % weniger Fett.
22 Dies kann den entsprechenden Bemerkungen des BGH in den Urteilen BGH GRUR 1989, 440, 442 (r. Sp.) = WRP 1989, 377 – Dresdner Stollen I (insoweit nicht in BGHZ 106, 101) sowie BGH GRUR 1990, 461, 462 (r. Sp. unter II, 3 b, dd) = WRP 1990, 411 – Dresdner Stollen II unschwer entnommen werden; näher dazu *Teplitzky*, BGH GRUR 1989, 461, 467 f. u.

Stelle tretende Rudimentärform, die Einholung von (nicht sachverständig begutachteten) Meinungsumfrageergebnissen[23], wo diese ausnahmsweise genügen kann[24], festgestellt werden.

a) Auskünfte

»Amtliche« Auskünfte sind heute durch die Rechtsprechung[25] und durch neuere einzelne Bestimmungen im Gesetz selbst[26] als eigenständiges (sechstes) Beweismittel neben den fünf in der ZPO ursprünglich enumerativ behandelten Beweisarten[27] anerkannt. Dagegen kann die »Auskunft« nichtamtlicher Stellen – etwa in privater Vereinsform organisierter Industrie- oder Handelsverbände o. ä. – beweisrechtlich nur als schriftliche Bekundung von sog. Verwaltungswissen[28] angesehen werden, die daher den Regeln des § 377 Abs. 3 ZPO unterliegt.

Da es sich in beiden Varianten um (Verwaltungs-)Wissen der befragten Stelle handelt und das Gericht beweisrechtlich keinen Einfluß darauf hat, wie ein solches Wissen erlangt wird, verbieten sich hier eigentlich (streng genommen) Einflußnahmen des Gerichts durch konkrete Fragevorgaben. Dennoch erscheint es aus praktischen Gründen – gegen die regelmäßig auch die befragten Stellen überhaupt keine Einwendungen haben werden – ratsam, auch hier nicht einfach nur das Beweisthema als solches zu formulieren und es der angerufenen Stelle allein zu überlassen, wie sie sich die abgefragte Kenntnis verschafft. Regelmäßig wird sie das nämlich ihrerseits auch nur durch Anfragen bei ihren Mitgliedern o. ä. tun können, wobei die Gefahr lustloser, ungenauer oder gar schiefer oder suggestiver Formulierungen und damit verfälschter Ergebnisse nicht auszuschließen ist. Auch hier kann es daher durchaus von Vorteil sein, konkret formulierte, detaillierte Fragen zu stellen oder gar zur Weiterstellung vorzugeben[29]. Jedoch sind solche Vorgaben aus den genannten beweisrechtlichen Gründen nicht bindend. Die befragten Stellen können von den vorgegebenen Frageformen abweichen, ohne daß dem Gericht hiergegen Handhaben geboten sind. Es kann lediglich bei der Würdigung der Auskunft prüfen, ob das Wissen in einer Weise zustandegekommen ist, die es als für die Überzeugungsbildung brauchbar erscheinen läßt.

WRP 1990, 145, 147 f.; zum Gutachtencharakter auch HdbWR/*Kreft*, § 17, Rdn. 21, sowie *Tilmann/Ohde*, GRUR 1989, 229, 236 f.

23 Zum Unterschied außer BGH aaO. schon Vorauflage, Kap. 47, Rdn. 15, sowie *Tilmann/Ohde*, GRUR 1989, 229, 236 f.; jetzt auch Großkomm/*Jacobs*, Vor § 13 UWG, D, Rdn. 385; *Teplitzky*, BGH GRUR 1989, 461, 467 unter III, 2 d, sowie – eingehend – in WRP 1990, 145, 147 f.

24 Etwa in Fällen, in denen die Zahlenergebnisse selbst so eindeutig und – wegen der Einfachheit der erforderlichen Fragestellung – so zweifelsfrei sind, daß sie keiner sachverständigen Interpretation und/oder Erläuterung bedürfen; näher dazu *Teplitzky*, WRP 1990, 145, 148.

25 Vgl. etwa BGH NJW 1979, 266, 266 m. w. N.

26 § 358 a Nr. 2 und § 273 Abs. 2 Nr. 2 ZPO.

27 Beweis durch Augenschein, Zeugenbeweis, Sachverständigenbeweis, Urkundenbeweis und Beweis durch Parteivernehmung.

28 Das einem Wissen vom Hörensagen zwar faktisch ähnelt, rechtlich aber nicht gleichzusetzen ist; dazu sowie zum Begriff BGH GRUR 1985, 1059, 1060 = WRP 1985, 555 – Vertriebsbindung.

29 So jetzt auch Großkomm/*Jacobs*, Vor § 13 UWG, D, Rdn. 373, der allerdings keine beweisrechtlichen Bedenken sieht.

b) Meinungsforschungsgutachten

16 Meinungsforschungsgutachten sind eine Form des Sachverständigenbeweises, für die grundsätzlich die Vorschriften der §§ 402–413 ZPO gelten. Sie sind als Beweismittel mittlerweile in nicht mehr seltenen[30] Fällen unentbehrlich geworden, ohne allerdings – entgegen der Prognose *Bendas*[31] – so selbstverständlich geworden zu sein wie andere Sachverständigengutachten in anderen Rechtsbereichen. Dies hat mehrere Gründe, die – ungeachtet gelegentlicher Plädoyers für einen viel häufigeren Einsatz dieses Beweismittels anstelle der (vorgeblichen) richterlichen Lebenserfahrung[32] und einer gewissen, grundsätzlich begrüßenswerten Tendenz zu vermehrtem Einsatz in geeigneten Fällen[33] – auch in Zukunft ihre hemmende Bedeutung behalten und einem allzu zahlreichen und in vielen Fällen auch überflüssigen[34] Einsatz von Meinungsforschungsgutachten im Wege stehen: Die Meinungsumfragen selbst sind extrem teuer[35], zusätzliche Kostenerhöhung wird sich ergeben, wenn die Praxis sich – den Hinweisen des BGH[36] folgend – wieder darauf besinnt, daß ein Sachverständigengutachten außer nacktem Tabellenmaterial auch dessen Begutachtung durch den Sachverständigen erfordert; sie sind zeitaufwendig und kompliziert in der Vorbereitung und Abfolge (dazu nachfolgend Rdn. 18–20); und sie sind wegen der großen Schwierigkeit einer richtigen Fragestellung mehr als andere Beweismittel mit Fehlerquellen behaftet, die sehr leicht dazu führen können, daß eine Riesensumme buchstäblich (für Nutzloses) zum Fenster hinausgeworfen ist[37].

17 Mit Recht hat daher der BGH (vgl. Fn. 37) die Meinungsumfrage als ein Beweismittel besonderer Art angesehen und prozessual entsprechenden besonderen Regeln unterworfen: Obwohl auch die Einholung eines Meinungsforschungsgutachtens grundsätzlich einen Beweisantrag voraussetzt und die – mögliche – Einholung eines Gutachtens von Amts wegen (§ 144 Abs. 1 ZPO) im pflichtgemäßen Ermessen des Gerichts liegt, braucht die beweisbelastete Partei nicht – auch nicht auf eine entsprechende ausdrückliche Frage des Gerichts – schon im ersten Rechtszuge einen entsprechenden Beweisan-

---

30 Die zahlenmäßige Bedeutung ist umstritten (vgl. die Nachweise bei *Böhm*, GRUR 1986, 290, 301 f.) und wohl auch regional – je nach Praxis der Gerichte – unterschiedlich. Jedoch mindert auch eine nur geringe Zahl die Gesamtbedeutung nur wenig, weil es meist die großen und wichtigen Verfahren sind, in denen zu diesem aufwendigen Beweismittel gegriffen wird (so schon *Böhm*, aaO.; vgl. ferner *Teplitzky*, WRP 1990, 145).
31 Im Festvortrag zum 25-jährigen Bestehen des Instituts Allensbach, zitiert nach *Kreuzer*, JZ 1972, 497, 499.
32 Vgl. vor allem *T. Müller*, WRP 1989, 783 ff. und JR 1992, 8 ff.
33 Vgl. dazu *Teplitzky*, WRP 1990, 145; dort aber auch zur Notwendigkeit der Verbesserung der Voraussetzungen für den Einsatz dieses schwierigen Beweismittels auf Seiten der Richter, die bislang – wie die Vielzahl der vom BGH in jüngerer Zeit zu beanstandenden Fehler zeigt – noch nicht mit dieser Tendenz korrespondieren. Zu Grenzen eines sinnvollen Einsatzes von Meinungsforschungsgutachten vgl. HdbWR/*Kreft*, § 17, Rdn. 12.
34 Beispiele für ganz bzw. teilweise überflüssige Beweiserhebungen durch Meinungsumfragen durch den Tatrichter bieten die Fälle BGH GRUR 1992, 66, 67 f. = WRP 1991, 473 – Königl. Bayerische Weiße und BGH GRUR 1992, 48, 50 ff. – frei öl.
35 Je nach Art der Befragung werden heute Kosten von 15 000–80 000 DM, im Schnitt 25 000–40 000 DM, erreicht; vgl. auch Großkomm/*Jacobs*, Vor § 13 UWG, D, Rdn. 375.
36 Vgl. die Nachweise in Fn. 22.
37 Vgl. zu allem BGH GRUR 1990, 1053, 1054 f. = WRP 1991, 100 – Versäumte Meinungsumfrage.

47. Kapitel Tatsachenfeststellung ohne Beweis, Beweisführung und Beweislast 18–19

trag zu stellen, wenn sie Anhaltspunkte dafür zu haben glaubt, sie werde auch ohne ein aufwendiges Gutachten – zu dessen Einholung ein unsicheres und zögerndes Gericht durch einen solchen Antrag leicht verleitet werden kann – obsiegen. Wenn das erstinstanzliche Gericht ein Meinungsforschungsgutachten für erforderlich hält, ohne gewillt zu sein, es nach § 144 ZPO von Amts wegen einzuholen, muß es die Partei gemäß § 139 ZPO hierauf – anders als bei anderen Beweismitteln, die anzubieten eine Partei unterlassen hat – unzweideutig hinweisen.

Der Partei, die ohne einen solchen Hinweis den Beweisantrag nicht stellt, kann im Berufungsverfahren nicht der Vorwurf grober Nachlässigkeit i. S. des § 528 Abs. 2 ZPO gemacht werden[38].

Von entscheidender Bedeutung für den Erfolg des Beweismittels ist die Erarbeitung und Festlegung einer treffenden, hinreichend exakten und in's Detail gehenden Fragestellung. Sie ist ohne sachverständige Hilfe nicht möglich, weil die Denk- und Formulierungsweise des Richters weit entfernt von derjenigen ist, die für demoskopische Befragungen erforderlich wird[39].

Dennoch trägt letztlich aber nicht der Sachverständige[40], sondern das Gericht die Verantwortung; es muß sich deshalb in gewissem Umfang auch selbst sachkundig machen und große Mühe geben, um sich in die fremde Welt der Demoskopie einzudenken (und vor allem einzulesen)[41]. Insbesondere kann das Gericht seine alleinige Verantwortung nicht dadurch mindern, daß es sich der Zustimmung der Parteien zu versichern sucht[42]; denn diese ist – wie der BGH mehrfach klargestellt hat[43] – rechtlich bedeutungslos, wenn die vom Gericht zu verantwortende fehlerhafte Fragestellung zur Unbrauchbarkeit der Beweiserhebung geführt hat. Einer Partei bleibt es in der Revisionsinstanz auch dann unbenommen, eine Fragestellung als fehlerhaft zu rügen, wenn sie diese selbst mit veranlaßt hat (vgl. BGH aaO. – Wodka Woronoff.)

Trotzdem kommt natürlich der – nach dem Gebot der Gewährung rechtlichen Gehörs unerläßlichen – Mitwirkung der Parteien erheblich praktische Bedeutung zu, da von ihr – zumal die Parteien sich in wichtigen Prozessen oft durch private Sachverständige beraten lassen – gelegentlich wertvolle Anregungen[44], häufiger aber beachtliche

---

38 BGH aaO.; zustimmend jetzt Großkomm/*Jacobs*, Vor § 13 UWG, D, Rdn. 372.
39 Vgl. dazu schon *Noelle-Neumann*, GRUR 1968, 133, 134; ferner HdbWR/*Ohde*, § 18, Rdn. 21; *Tilmann/Ohde*, GRUR 1989, 229, 237, und eingehend *Teplitzky*, WRP 1990, 145, 146.
40 Unrichtig daher HdbWR/*Ohde*, § 18, Rdn. 20; *Tilmann/Ohde*, GRUR 1989, 229, 237, soweit sie vom alleinigen Bestimmungsrecht des Sachverständigen über Art und Methodik seines Vorgehens sprechen; vgl. dazu näher *Teplitzky*, WRP 1990, 145, 146, a. A. *Ullmann*, GRUR 1991, 789, 795.
41 Näher dazu *Teplitzky*, aaO.
42 Zu den Gefahren für den Wert des Gutachtens durch Suche nach einem – notwendige Deutlichkeiten der Fragestellung meist verwischenden – Konsens der Parteien vgl. HdbWR/*Ohde*, § 18, Rdn. 41, und *Teplitzky*, WRP 1990, 145, 146; *Ullmann*, GRUR 1991, 789, 795.
43 BGH GRUR 1987, 171 = WRP 1987, 242 – Schlußverkaufswerbung; BGH GRUR 1987, 535, 538 – Wodka Woronoff.
44 Zum Erfordernis einer in hohem Maße vorsichtigen und kritischen Einstellung des Gerichts zu solchen – natürlich parteilichen und oft gewollt auf »schiefe« Fragestellungen hinzielenden – Anregungen vgl. *Teplitzky*, WRP 1990, 145, 146 unter Hinweis auf entsprechende Verfälschungsbeispiele bei HdbWR/*Ohde*, § 18, Rdn. 42.

Kritik an Fehlern der Frageplanung durch den gerichtlichen Sachverständigen ausgehen können.

20 Methodisch empfiehlt sich zur Erarbeitung der Fragestellung ein mehrstufiges Vorgehen, wegen dessen Einzelheiten ergänzend auf die Ausführungen (eines Meinungsforschungs-Experten) in HdbWR/*Ohde,* § 18, Rdn. 34 ff., sowie auf HdbWR/*Kreft,* § 17, Rdn. 14 ff., verwiesen wird:

Vorerörterung des Beweisantrags und der Formulierung eines allgemeinen Beweisthemas, Erlaß des Beweisbeschlusses mit diesem Thema und mit der Bestimmung eines Sachverständigen, Mitteilung des Beweisthemas an diesen mit dem Ersuchen, einen konkreten Befragungsvorschlag (Ausarbeitung des Fragenkatalogs und der Methode) zu unterbreiten: Übersendung dieses Vorschlags an die Parteien zur Stellungnahme; Mitteilung der Stellungnahme an den Sachverständigen entweder nur zur Kenntnis oder – bei gewichtigen Einwänden und Gegenvorschlägen – zur Erarbeitung eines abgeänderten Vorschlags, der wiederum den Parteien mitzuteilen ist. Sodann als wichtigster und m. E. unerläßlicher Schritt die Anberaumung eines Erörterungstermins mit Parteien und Sachverständigem zur endgültigen Kursfestlegung. Die endgültige Fragestellung und die Methodik des Vorgehens wird entweder in diesem Termin schon abschließend bestimmt oder so weit fixiert, daß der Sachverständige sie dann kurzfristig ausformulieren kann. Der Auftrag an letzteren muß auch sicherstellen, daß wirklich ein Sachverständigengutachten, also nicht nur ein Konglomerat von Befragungstabellen und anderen Ergebnissen, sondern auch deren sachkundige Deutung und nähere Erläuterung, als Ergebnis übergeben werden. Jedoch kann sich aus Kostengründen der Hinweis empfehlen, daß es einer solchen Begutachtung dann nicht bedürfe, wenn die Befragung allein Ergebnisse von solcher Eindeutigkeit ergebe, daß ihre Erläuterung überflüssig erschiene, und wenn außerdem Interpretationen der Ergebnisse auch keine anderen Schlüsse mehr zuließen.

21 Zum Inhalt der zu erarbeitenden Fragen lassen sich der jüngeren Rechtsprechung des BGH eine Reihe von Vorgaben entnehmen, deren Mißachtung dazu führen kann, daß das Gutachten Angriffen der Revision nicht standhält:

22 »Offene« Fragen[45] sollen zwar, da ihnen ein gewisser indizieller Wert zukommen kann, grundsätzlich jeder Befragung vorangestellt werden[46]; jedoch genügen sie regelmäßig allein nicht, sondern müssen durch nachfassende, durch Antwortvorgaben »gestützte« Fragen ergänzt werden[47]. Bei der Formulierung der gestützten Fragen muß – zur möglichst weitgehenden Einschränkung des hier regelmäßig gegebenen Leit- bzw. Suggestiveffekts – auf eine hinreichende Anzahl von Vorgaben und insbesondere darauf geachtet werden, daß die nach der allgemeinen Lebenserfahrung naheliegenden

---

45 Zum Begriff näher Großkomm/*Jacobs,* Vor § 13 UWG, D, Rdn. 382 u. HdbWR/*Ohde,* § 18, Rdn. 22.
46 Vgl. BGH GRUR 1989, 440, 442 = (unter II, 3 c, aa a. E.) = WRP 1989, 377 – Dresdner Stollen I, insoweit nicht in BGHZ 106, 101; BGH GRUR 1990, 461, 462 (unter II, 3 b, cc) = WRP 1990, 411 – Dresdner Stollen II; *Tilmann,* GRUR 1986, 593; *Teplitzky,* WRP 1990, 145, 148.
47 Vgl. BGH u. *Teplitzky,* wie Fn. 46; ferner BGH GRUR 1992, 66, 68 = WRP 1991, 473, 476 – Königl. Bayerische Weiße; BGH GRUR 1991, 680, 681 – Porzellanmanufaktur; Großkomm/*Jacobs,* Vor § 13 UWG, D, Rdn. 382 f.; *Teplitzky,* GRUR 1991, 709, 713 unter III, 4 b; *Noelle-Neumann,* GRUR 1968, 133 ff.; *Schramm,* GRUR 1968, 138 ff.; zu Vor- und Nachteilen bei der Frageform eingehend HdbWR/*Ohde,* § 18, Rdn. 22 ff.

Antwortmöglichkeiten sämtlich einbezogen werden; denn anderenfalls werden zu viele Befragte genötigt, auf weniger passende, u. U. für das Beweisthema unergiebige Antwortmöglichkeiten auszuweichen, was das Ergebnis verfälschen kann[48].

Bei relativ unbedeutenden Abweichungen einer möglichen irrigen Verkehrsvorstellung von den wirklichen Gegebenheiten muß die Frage so formuliert werden, daß der Befragte nicht irrig annehmen kann, es werde nach der Bedeutung (erheblicher) Abweichungen zweier real existierender, aber in concreto nicht in Betracht kommender Alternativen gefragt[49].

Auch für die Würdigung von Meinungsforschungsgutachten sind neueren Entscheidungen des BGH einige Grundsätze zu entnehmen: Frageergebnisse sind nicht einfach aus den Tabellen zu übernehmen, sondern – erforderlichenfalls mit Hilfe des Sachverständigen – zu gewichten, evtl. nach oben oder unten zu extrapolieren, wobei insbesondere Abzüge mit Rücksicht auf Suggestivwirkungen gestützter Fragen[50] oder wegen gewisser Mehrdeutigkeit gegebener Antworten[51] in Betracht kommen können. Ergebnisse vorgelegter Parteigutachten – vorausgesetzt, diese sind methodisch und inhaltlich fehlerfrei – dürfen nicht ganz außer Betracht bleiben; erhebliche Abweichungen ihrer Ergebnisse von denen des gerichtlich eingeholten Gutachtens nötigen zu besonders kritischer Überprüfung des letzteren auf seine Richtigkeit und Stichhaltigkeit[52]. Ähnliches gilt, wenn das Ergebnis einer Befragung nach der allgemeinen Lebenserfahrung in ungewöhnlichem Maße[53] überrascht und deshalb Richtigkeitszweifel wecken kann (vgl. BGH aaO. – Schlußverkaufswerbung).

---

48 BGH GRUR 1992, 66, 68 f. = WRP 1991, 473, 476 – Königl. Bayerische Weiße; BGH GRUR 1992, 69, 71 = WRP 1991, 642, 644 – 40 % weniger Fett; Großkomm/*Jacobs*, aaO. Rdn. 383; *Teplitzky*, GRUR 1991, 709, 713 unter III, 4 a.
49 BGH GRUR 1991, 852, 855 – Aquavit; Großkomm/*Jacobs*, Vor § 13 UWG, D, Rdn. 381; *Teplitzky*, GRUR 1991, 709, 713 unter III, 4 a.
50 BGH GRUR 1989, 440, 442 = WRP 1989, 377 – Dresdner Stollen I (insoweit nicht in BGHZ 106, 101); BGH GRUR 1990, 461, 462 = WRP 1990, 411 – Dresdner Stollen II; BGH GRUR 1992, 69, 71 = WRP 1991, 642, 644 – 40 % weniger Fett; BGH GRUR 1991, 680, 681 – Porzellanmanufaktur; HdbWR/*Ohde*, § 18, Rdn. 23 f.; *Teplitzky*, WRP 1990, 145, 147 f.
51 BGH GRUR 1992, 66, 68 f. = WRP 1991, 473, 476 – Königl. Bayerische Weiße.
52 BGH GRUR 1987, 171 f. – Schlußverkaufswerbung; BGH GRUR 1989, 440, 443 = WRP 1989, 377 – Dresdner Stollen I (insoweit nicht in BGHZ 106, 101); BGH GRUR 1990, 461, 462 = WRP 1990, 411 – Dresdner Stollen II; BGH GRUR 1992, 48, 51 – frei öl; *Teplitzky*, WRP 1990, 145, 148; vgl. zur Bedeutung privater Gutachten auch Großkomm/*Jacobs*, Vor § 13 UWG, D, Rdn. 386.
53 Diese Einschränkung muß allerdings ernst genommen werden; denn normale und sogar erhebliche Überraschungen wird der Richter bei Meinungsumfragen sehr oft erleben. Ich erinnere mich noch lebhaft an die Verblüffung des ganzen (Kölner) Wettbewerbssenats, als eine von uns eingeholte und später vom BGH (GRUR 1975, 441, 442 – Passion) mit Recht als unerheblich, also überflüssig, beurteilte Meinungsumfrage ergab, daß nahezu 40 % des Verkehrs das englische Wort »fashion« (in »face fashion«) wie »fassion« oder »faschion« aussprachen, und eine andere, mehrere Jahre später eingeholte Umfrage zu Vorstellungen, die der Verkehr mit »Urpils« verbindet, entgegen der richterlichen Erwartung ergab, daß nicht einmal 5 % der Antworten irgendwelche Bezüge zum originalen (= Ur-)Pilsener herstellten, und dies, obgleich das Originalpilsener seit langer Zeit unter dem Warenzeichen »Pilsener Urquell« vertrieben wird.

24 Kommt der Sachverständige aufgrund der Umfrage zu bestimmten tatsächlichen Ergebnissen, so darf das Gericht hiervon nur abweichen, wenn es seine abweichende Überzeugung begründet und dabei erkennen läßt, daß diese Beurteilung nicht von einem Mangel an Sachkunde beeinflußt ist. Dies hat der BGH (NJW 1989, 2948 f.) zwar bislang nur mit Bezug auf ein medizinisches Gutachten ausgesprochen; es muß für Gutachten anderer Art aber ebenso gelten (vgl. *Teplitzky*, GRUR 1990, 393, 397 unter IV, 2).

25 Die Schwierigkeit sowohl der Frageformulierung als auch der Beweiswürdigung sollte öfter als bisher Anlaß bieten, die Möglichkeit einer »Split«-Befragung in Erwägung zu ziehen, bei der zwei parallele Befragungen mit entsprechend veränderter Fragestellung besonders geeignet sind, bestimmte Vorstellungswirkungen etwa eines einzelnen (hinzugefügten bzw. weggelassenen) Ausstattungs- oder Bezeichnungselements exakt zu ermitteln[54].

IV. Die Bedeutung des »relevanten« Teils des Verkehrs für die Frage der Notwendigkeit einer Beweiserhebung, für ihre Gestaltung und für die Würdigung ihres Ergebnisses.

1. Vorbemerkung

26 An sich ist die Frage der Quote des Verkehrs, mit der dieser im Rechtssinne beachtlich wird, unmittelbar keine Frage des Beweisrechts, da sie sich darauf bezieht, welche Tatsache feststellungsbedürftig ist, nicht aber darauf, wie festgestellt wird. Jedoch gibt es Wechselwirkungen bzw. Verzahnungen mit der Frage, ob es einer Beweisaufnahme bedarf und wie diese gegebenenfalls zu würdigen ist, so daß es zweckmäßig scheint, in diesem (Beweis-)Kapitel doch einige Worte darüber zu verlieren.

2. Die Bedeutung der Quotenfrage für die Frage, ob das Gericht Beweis erheben muß.

27 Die Kompetenz des Gerichts, kraft eigener Lebenserfahrung (wegen Zugehörigkeit zum Verkehrskreis) zu urteilen, steht in einem umgekehrten Verhältnis zur Größe des Verkehrsanteils, dem es eine bestimmte Anschauung zuerkennen muß: Es ist – wie in Rdn. 8 bereits ausgeführt und belegt – leichter möglich anzunehmen, daß 10 % der Verkehrsgesamtheit zu einer bestimmten Auffassung neigen, als das gleiche von 90 % zu sagen. Die daraus allgemein (vgl. Rdn. 8) hergeleitete Kompetenz des Tatrichters, eine Irreführungsgefahr zu bejahen, weil der dafür erforderliche Teil der Irregeführten nur ein nicht ganz unerheblicher Teil des Verkehrs zu sein braucht, nimmt demgemäß ab, je höher die Grenze des nicht mehr ganz unerheblichen Teils gezogen wird. Diese Grenze ist entgegen den Wunschvorstellungen mancher Praktiker kein fester, für alle

---

54 Vgl. das – dort auch näher dargelegte – Beispiel OLG Köln WRP 1973, 556, 657; ferner – mit weiteren Beispielen – Großkomm/*Jacobs*, Vor § 13 UWG, D, Rdn. 384, sowie HdbWR/*Kreft*, § 17, Rdn. 17–19, ebenfalls mit Beispielen, u. HdbWR/*Ohde*, § 18, Rdn. 25.

47. Kapitel Tatsachenfeststellung ohne Beweis, Beweisführung und Beweislast

Fälle ungefähr gleicher Prozentwert[55]. Vielmehr hängt sie von den Umständen des Einzelfalls ab, unter denen nach der Rechtsprechung namentlich eine Rolle spielt, ob eine objektiv unwahre Werbebehauptung vorliegt – dann genügt ein relativ niedriger Anteil der Irregeführten – oder ob eine objektiv richtige Angabe nur zu Mißverständnissen Anlaß bietet[56]; ferner ob der Irrtum dadurch verursacht wird, daß jemand einen Gattungsbegriff, an dem ein Freihaltebedürfnis besteht, für sich als Bezeichnung zu monopolisieren sucht und dabei schon einigen Erfolg hatte[57] oder ob gar eine zum Gattungsbegriff gewordene Herkunftsbezeichnung zur Kennzeichnung zurückgewandelt werden soll[58]. Schließlich spielt eine Rolle, wie gefährlich eine Irreführung ist; bei Relevanz für die Gesundheit genügen weit geringere Quoten als bei relativ belanglosen Täuschungen. Auch bei der Bestimmung der für eine Verkehrsgeltung erforderlichen »Quote« spielen Umstände des Falls – etwa Art und Gewicht eines Freihaltebedürfnisses[59] – eine erhebliche Rolle.

3. *Die Bedeutung der Quotenfrage für die Gestaltung der Beweisaufnahme und die Würdigung ihres Ergebnisses.*

Der Grundsatz, daß eine relevante Verkehrsauffassung umso leichter feststellbar ist, je kleiner der Kreis zu sein braucht, dessen Auffassung für eine bestimmte Fallbeurteilung genügt, wirkt sich auch darauf aus, wie einfach (meist gleich billig und wenig zeitaufwendig) bzw. wie kompliziert (und aufwendig) eine Beweisaufnahme zu gestalten ist und welche Anforderungen an Genauigkeit und Sorgfalt der Beweiswürdigung zu stellen sind. Mit anderen Worten: Um einen nach der eigenen Lebenserfahrung verbleibenden Restzweifel daran, ob eine bestimmte gesundheitsrelevante Werbeaussage tatsächlich rd. 12 % oder 13 % (unterstellt, die Umstände lassen in concreto diese Quote als ausreichend erscheinen) des Verkehrs irreführen, bedarf es i. d. R. eines geringeren Befragungsaufwands und – falls beispielsweise das Gutachten satte 20–30 % ergibt, – eines ebenfalls geringeren Würdigungsaufwands als bei – unterstellt – notwendigen 40 % und herauskommenden Werten nahe dieses Grenzbereichs. Für die erforderliche Bestimmung der im konkreten Fall erforderlichen Quote gilt hier nichts anderes als in Rdn. 27.

---

55 BGH GRUR 1987, 171, 172 = WRP 1987, 242 – Schlußverkaufswerbung; dazu Großkomm/*Teplitzky*, § 16 UWG; Rdn. 320 mit Fn. 413; *Teplitzky*, GRUR 1989, 461, 467 unter III, 1; vgl. auch die Belege in den nachfolgenden Fußnoten.
56 Vgl. BGH aaO. – Schlußverkaufswerbung; BGH GRUR 1992, 66, 68 = WRP 1991, 473 – Königl. Bayerische Weiße; BGH GRUR 1992, 69, 72 = WRP 1991, 642, 645 – 40 % weniger Fett.
57 BGH GRUR 1986, 469, 470 = WRP 1986, 322 – Stangenglas II; BGH GRUR 1986, 822 f. = WRP 1986, 608 – Lakritz-Konfekt; *Teplitzky*, GRUR 1989, 461, 467 unter III, 1.
58 Vgl. BGH GRUR 1989, 440, 441 = WRP 1989, 377 – Dresdner Stollen m. w. N.
59 Vgl. BGHZ 74, 1, 5 – RBB/RBT: BGH GRUR 1990, 360, 361 – Apropos- Film II; BGH GRUR 1990, 681, 683 – Schwarzer Krauser; BGH GRUR 1991, 609, 610 = WRP 1991, 296 – SL; BGH GRUR 1992, 48, 50 f. – frei öl; Großkomm/*Teplitzky*, § 16 UWG, Rdn. 217, 219 m. w. N.

V. Testpersonen als Zeugen

29 Die Eigenart des Wettbewerbsrechts bringt es mit sich, daß nicht selten Testpersonen eingesetzt werden, um wettbewerbswidriges Verhalten feststellen und unter Beweis stellen zu können. Die Vernehmung solcher Personen (Testkäufer, Testbeobachter) ist beweisrechtlich zulässig. Der Vorbereitung dieser Beweisführung kann auch grundsätzlich nicht mit Hausverboten[60] oder dem Vorwurf der wettbewerbsrechtlichen Behinderung[60] entgegengetreten werden, solange die Testperson sich unauffällig verhält und nicht – etwa durch Photografieren in den fremden Geschäftsräumen[61] – störend für den normalen Geschäftsverkehr auftritt oder sich durch eine verwerfliche Zielsetzung – etwa bloßes »»Hereinlegen«« des Betroffenen[62] – oder durch die Wahl verwerflicher Mittel[63] dem Vorwurf wettbewerbswidrigen Handelns aussetzt. Letzteres wird regelmäßig anzunehmen sein, wenn die Testperson ihrerseits rechtswidrige Handlungen, also Straftaten oder andere von der Rechtsordnung verbotene Handlungen, begeht, also etwa zu Straftaten oder Ordnungswidrigkeiten anstiftet[64]. Hierfür genügt jedoch weder das Sichhinwegsetzen über ein Hausverbot, da ein solches grundsätzlich seinerseits wettbewerbswidrig und deshalb unbeachtlich ist[65], deshalb auch den Vorwurf des Hausfriedensbruchs nicht begründen kann, noch die – ansonsten im Rechtsverkehr verpönte[66] – Täuschungshandlung, weil diese hier zur Verfolgung des von der Rechtsordnung gebilligten (Test-)Zwecks in gewissen Grenzen unerläßlich ist[67].

VI. Besonderheiten der Darlegungs- und Beweislast

30 Eine weitere wettbewerbsrechtsspezifische Besonderheit hat sich bei bestimmten Formen der Darlegungs- und Beweislast[68] entwickelt. Der Grundsatz, daß die Partei, die ein Recht in Anspruch nimmt, die klagebegründenden Tatsachen darlegen und bewei-

---

60 BGH GRUR 1979, 859, 860 = WRP 1979, 784 – Hausverbot II; BGH GRUR 1981, 827, 828 = WRP 1981, 636 – Vertragswidriger Testkauf, beide Urteile m. w. N.; ferner Großkomm/*Jacobs*, Vor § 13 UWG, D, Rdn. 349, u. HdbWR/*Jacobs*, § 45, Rdn. 63.
61 BGH NJW-RR 1991, 1512 – Testfotos; Großkomm/*Jacobs*, Vor § 13 UWG, D, Rdn. 349.
62 Vgl. BGH GRUR 1989, 113, 114 – Mietwagen-Testfahrt.
63 Vgl. die in BGH aaO. – Mietwagen-Testfahrt genannten und durch Nachweise belegten Beispiele.
64 BGH aaO. – Mietwagen-Testfahrt.
65 Vgl. dazu die Nachweise in Fn. 60.
66 Vgl. BGH GRUR 1988, 916, 917 f. = WRP 1988, 734 – Pkw-Schleichbezug.
67 Vgl. dazu den ausdrücklichen Hinweis auf diese zu billigende Ausnahme bei BGH aaO. – Pkw-Schleichbezug.
68 Vgl. zu dieser allgemein die hervorragende Darstellung von *Kur*, Beweislast und Beweisführung im Wettbewerbsprozeß, 1981, S. 1–102; dagegen sind ihre ab S. 103 entwickelten Thesen zur Beweislast und Beweisführung im Wettbewerbsprozeß zwar ebenfalls höchst instruktiv und anregend, jedoch in einzelnen Ergebnissen mit Vorsicht zu werten, da diese nicht immer der herrschenden Meinung entsprechen. Außerdem sei dazu auf Band 3 des Handbuchs der Beweislast von *Baumgärtel* hingewiesen, in dem *Ulrich* die Beweislast nach dem UWG näher behandelt; vgl. schließlich auch Großkomm/*Jacobs*, Vor § 13 UWG, Rdn. 351–362.

47. Kapitel   Tatsachenfeststellung ohne Beweis, Beweisführung und Beweislast   31–32

sen muß, gilt zwar auch im Wettbewerbsprozeß[69] und hier insbesondere – entgegen einer in der Literatur vertretenen Meinung[70] – auch für Klagen aus § 3 UWG[71]; bei letzteren jedoch mit gewissen Einschränkungen für bestimmte Fallgestaltungen:

Wenn die Irreführung auf bestrittene Tatsachen gestützt wird, die vom – »außerhalb des Geschehensablaufs stehenden«[72] – Kläger nicht oder nur unter größten Schwierigkeiten im einzelnen darzulegen und zu beweisen sind, über die sich die beklagte Partei aber ihrerseits unschwer näher erklären kann, weil sie entweder ihren eigenen – nicht geheimen – Betriebsbereich betreffen[73] oder weil sie sich entsprechende Kenntnisse – etwa solche über die Größenverhältnisse ihrer Mitbewerber vor Aufstellung einer Alleinstellungsbehauptung – ohnehin verschafft haben muß[74].   31

Diese Einschränkungen werden vom Bundesgerichtshof aus den Grundsätzen von Treu und Glauben hergeleitet[75], aus denen sich danach auch ihr Inhalt im einzelnen und ihre Begrenzung ergibt. Eine Umkehrung der Beweislast bedeuten sie rechtsdogmatisch nicht[76], wenngleich sie ihr de facto nahekommen; denn bei einer echten Beweislastumkehr bedürfte es – was bei den Fehlinterpretationen in der Literatur[76] vernachlässigt wird –, nicht des Rückgriffs auf Treu und Glauben.   32

69 Vgl. Großkomm/*Jacobs* aaO., Rdn. 356 (unter besonderer Berücksichtigung auch der EG-Richtlinie Nr. 84/450 zur Angleichung der Rechts- und Verwaltungsvorschriften über irreführende Werbung).
70 Vgl. *Kur,* S. 213 ff. m. w. N.; *Fritze,* GRUR 1975, 61 ff.
71 BGH GRUR 1985, 140, 142 = WRP 1985, 72 – Größtes Teppichhaus der Welt m. w. N.; Großkomm/*Jacobs,* aaO., Rdn. 355 f.
72 So die Formulierung in BGH GRUR 1975, 78, 79 = WRP 1974, 552 – Preisgegenüberstellung I.
73 So zunächst die frühere Rechtsprechung; vgl. BGH GRUR 1961, 356, 359 = WRP 1961, 158 – Pressedienst; BGH GRUR 1963, 270, 272 f. = WRP 1962, 404 – Bärenfang; auch der Fall Preisgegenüberstellung I aaO. betrifft einen solchen Fall.
74 So die Fälle BGH GRUR 1978, 249, 250 = WRP 1978, 210 – Kreditvermittlung; BGH GRUR 1985, 140, 142 = WRP 1985, 72 – Größtes Teppichhaus der Welt.
75 BGH Pressedienst und Bärenfang aaO.; insoweit geht *Kur* (S. 189 ff.) mit ihrem Lösungsansatz, der Beweisvereitelung, weitgehend von der gleichen Grundlage aus, da die Beweisvereitelungsgrundsätze wohl auch auf dem Grundsatz von Treu und Glauben basieren.
76 Kritisch dazu *Kur,* aaO., S. 210 f. mit Bezug – allein – auf die Kreditvermittlungs-Entscheidung; die gleichen Bedenken müßte sie hinsichtlich der erst später ergangenen Entscheidung Größtes Teppichhaus der Welt hegen; a. A. auch *Fritze,* GRUR 1975, 61, 62.

48. Kapitel Verfahrensunterbrechungen

Literatur: *Ackmann/Wenner,* Auslandskonkurs und Inlandsprozeß: Rechtssicherheit contra Universalität im deutschen internationalen Konkursrecht, IPrax 1990, 209; *Dauses,* Das Vorabentscheidungsverfahren nach Art. 177 EWGV, 1985; *Dauses,* Das Vorabentscheidungsverfahren nach Art. 177 EWGV, JZ 1979, 125; *Goose,* Einschränkung der Vorlagebefugnis nach Art. 177 Abs. 2 EWGV durch die Rechtsmittelgerichte, RIW/AWD 1975, 660; *Jaeger/Henckel,* Konkursordnung, 9. Aufl., 1980; *Koch,* Auslandskonkurs und Unterbrechung des Inlandsprozesses, NJW 1989, 3072; *Kuhn/Uhlenbruck,* Konkursordnung, 10. Aufl., 1986; *Lüke,* Zu neueren Entwicklungen im deutschen internationalen Konkursrecht, KTS 1986, 1; *K. Schmidt,* Unterlassungsanspruch, Unterlassungsklage und deliktischer Ersatzanspruch im Konkurs, ZZP 90 (1977), 38; *Steindorff,* Vorlagepflicht nach Art. 177 Abs. 3 EWGV und Europäisches Gesellschaftsrecht, ZHR 156 (1992), 1; *Trunk,* Auslandskonkurs und inländische Zivilprozesse, ZIP 1989, 279; *v. Winterfeld,* Zur Zuständigkeitsverteilung zwischen allgemeinen Zivilgerichten und Kartellgerichten, NJW 1985, 1816; *Zehetner,* Zum Vorlagerecht nationaler Gerichte an den Gerichtshof der Europäischen Gemeinschaften (Art. 177 Abs. 2 EWG-Vertrag), EuR 1975, 113.

Inhaltsübersicht

	Rdn.		Rdn.
I. Die Unterbrechung durch Konkurs	1, 2	5. Die Aufnahme unterbrochener Prozesse	12–15
1. Die Unterbrechung des Unterlassungsanspruchs gemäß § 240 ZPO	3–8	II. Die Aussetzung des Verfahrens	
		1. Allgemeines	16
a) Der Konkurs des Unterlassungsklägers	5, 6	2. Die Aussetzung nach § 148 ZPO	17–23
b) Der Konkurs des Unterlassungsbeklagten	7, 8	3. Die Aussetzung wegen kartellrechtlicher Vorfragen	24–29
2. Die Unterbrechung des Schadensersatzverfahrens	9	4. Die Vorlage an den EuGH (Art. 177 Abs. 2 u. 3 EWG-Vertrag)	30–31
3. Die Unterbrechung der Auskunfts- und Rechnungslegungsverfahren	10	5. Besonderheiten des Verfügungsverfahrens (Verweisung)	32
4. Die Unterbrechung bei nur teilweise konkursbefangenem Streitgegenstand	11		

I. Die Unterbrechung durch Konkurs

Von den auch für den Wettbewerbsprozeß verbindlichen Unterbrechungsregelungen der §§ 239 ff. ZPO wirft hier nur die Konkursunterbrechung[1] besondere Fragen auf. Streitig ist zunächst die Frage, ob nur der Inlandskonkurs oder auch ein Konkursverfahren im Ausland eine Unterbrechung eines deutschen Prozesses bewirken kann. Früher war es ganz h. M., daß diese Wirkung nur von einer Konkurseröffnung im Inland ausgehen könne[2]. Neuerdings hat jedoch der für das Konkursrecht zuständige IX. Zivilsenat des BGH die frühere Auffassung, daß ein Auslandskonkurs keine Inlandwirkung zeitige, ausdrücklich aufgegeben[3], ohne damit allerdings auch die Frage der Verfahrensunterbrechung mitentscheiden zu müssen. Diese Frage ist später von dem für das Wettbewerbsrecht zuständigen I. Zivilsenat wiederum im Sinne der (vormals) h. M. entschieden worden[4]. In der Literatur ist dieses Festhalten an der überkommenen Auffassung (mit rein prozessualer Begründung) auf nahezu einhellige Ablehnung gestoßen[5]. Ob es zu einem Konflikt mit dem IX. Zivilsenat (und zur Anrufung des Großen Zivilsenats des BGH) kommen wird, muß abgewartet werden; folgt der I. Zivilsenat oder der Große Zivilsenat der sich abzeichnenden Tendenz des IX. Zivilsenats zur umfassenden Anerkennung des Auslandskonkurses, so wird wegen der in BFHE 123, 406 zum Ausdruck gekommenen Auffassung des Bundesfinanzhofs die Anrufung des Gemeinsamen Senats der obersten Bundesgerichte erforderlich werden.

1. Nach § 240 ZPO tritt eine Unterbrechung des Verfahrens[6] ein, »wenn es die Konkursmasse betrifft«.

Inwieweit und aus welchen Gründen dies für den im Wettbewerbsrecht vorherrschenden Unterlassungsprozeß zutrifft, ist vom dogmatischen Ansatz her eine sehr umstrittene und wohl immer noch ungelöste Frage[7]. Denn beim Konkurs des Klägers gehört ein Unterlassungsanspruch als solcher nicht zur Konkursmasse, d. h. zu dem »einer Zwangsvollstreckung unterliegenden Vermögen des Gemeinschuldners« (§ 1 Abs. 1 KO), da er nicht übertragbar und damit auch nicht pfändbar ist. Auch liegt dem Unterlassungsanspruch nicht einmal immer ein dem Gemeinschuldner gehörendes Rechtsgut zugrunde, so z. B. bei Klagen nicht geschädigter Mitbewerber oder bei Klagen eines Verbandes. Im Konkurs des Beklagten sind der Unterlassungsanspruch und

---

1 Sie wird durch ein nach § 106 KO erlassenes Veräußerungs- und Verfügungsverbot noch nicht bewirkt; § 240 ZPO ist insoweit nicht entsprechend anwendbar (BGH WM 1987, 1228 = NJW 1987, 1276; kritisch dazu *Heymanns* in Anm. BGH EWiR 1987, 1227).
2 Vgl. BGH NJW 1962, 1511; BGH GRUR 1976, 204 – Eiskonfekt II; BGH NJW 1979, 2477, 2478; BFHE 123, 406 Stein/Jonas/Schumann, § 240 ZPO, Rdn. 10.
3 BGHZ 95, 256, 263 f. = NJW 1985, 2897 = JZ 1985, 2897 mit Ausf. Anm. von *Lüderitz*.
4 BGH NJW 1988, 3096 = WM 1988, 1458.
5 Vgl. *Trunk,* ZiP 1989, 279, 280 ff.; *Koch,* NJW 1989, 3072 ff.; *Ackmann/Wenner,* IPrax 1990, 209 ff.; lediglich *Marotzke* (BGH EWiR 1988, 1031 f.) bezeichnet die Entscheidung als »gut vertretbar«, während OLG Karlsruhe NJW-RR 1991, 295 u. MDR 1992, 707 ihr nicht folgt.
6 Verfahren ist hier auch das Arrest- und Verfügungsverfahren (*Kuhn/Uhlenbruck,* Vorbem. vor §§ 10–12 KO, Rdn. 3), nicht jedoch das schiedsgerichtliche Verfahren (RGZ 62, 24; BGH WM 1967, 56) und das Beweissicherungsverfahren (*Kuhn/Uhlenbruck,* Vorbem. vor §§ 10–12 KO, Rdn. 6).
7 Vgl. zum Meinungsstand und zu den wichtigsten Argumentationsweisen z. B. *Karsten Schmidt,* ZZP 90 (1977), 38 ff., und *Jaeger/Henckel,* § 10 KO, Rdn. 17–25.

erst recht dessen Nebenansprüche (Auskunft, Rechnungslegung pp.) keine Konkursforderungen i. S. des § 3 KO, weil sie nicht auf eine aus dem Vermögen des Schuldners zu vollziehende Leistung, sondern auf eine persönliche, nur durch Zwang gegen die Person erzwingbare Leistung gerichtet sind[8]. Ein Unterlassungsanspruch kann seinem Sinn und Zweck nach auch nicht nach § 69 KO in eine Geldforderung umgewandelt werden, obwohl er einen in Geld abschätzbaren Vermögensanspruch darstellt.

4   Für die wettbewerbliche Praxis sind die vielfältigen Fragestellungen, die sich daraus ergeben[9], und die teils unterschiedlichen und widersprüchlichen Beantwortungsversuche in der Literatur weit weniger bedeutsam, als es die Schwierigkeiten der Problemstellung und der Umfang der darüber geführten Auseinandersetzungen vermuten lassen. Denn abgesehen von längst überwundenen älteren Meinungen[10] herrscht heute zumindest im Ergebnis weitgehend Einigkeit darüber, daß das anzustrebende Lösungsziel die Kontinuität des Rechtsschutzes[11] ist und daß es genügt, wenn die Konkursmasse vom Unterlassungsverfahren in einem weiteren Sinne – auch nur mittelbar – betroffen wird, d. h. wenn dieses zu ihr in irgendeiner rechtlichen oder wirtschaftlichen Beziehung steht[12].

5   a) Im Konkurs des Unterlassungsklägers wird dies, sofern er selbst Verletzter ist und es sich um die Verfolgung eines wettbewerblichen Unterlassungsanspruchs handelt, häufig der Fall sein[13], da die Zu- oder Aberkennung eines solchen Anspruchs den Bestand und die Verwertbarkeit der Konkursmasse des Verletzten im Regelfall beeinflussen wird[14]. Dies steht bei Ansprüchen, die sich auf die Verletzung absoluter Rechte des Klägers (Patent, Warenzeichen, Firma, Recht am Unternehmen u. ä.) oder auf Vertrag (Lizenz o. ä.) stützen, außer Frage[15], kann jedoch in den bisher in der Literatur kaum behandelten Fällen problematisch werden, in denen der Anspruch auf Wettbewerbsverletzungen im Sinne der §§ 1–12 UWG, des Rabattgesetzes oder der ZugabeVO gestützt wird. Hier kommt es darauf an, ob auch der Erfolg oder Mißerfolg bei der Durchsetzung solcher Ansprüche für den Wert der Konkursmasse bedeutsam ist oder nicht. Dabei darf nach herrschender Meinung nur auf den Erfolg des Unterlassungsanspruchs selbst, nicht auf die Kostenfolgen des Prozeßsieges abgestellt werden[16]. Denn obwohl der Kostenerstattungsanspruch als – je nach Verfahrensstand – aufschiebend oder auflösend bedingter Anspruch[17] bereits besteht und als solcher an sich in die Konkursmasse fällt[18], soll er nach der zitierten Meinung allein nicht genügen, um eine für die Konkursunterbrechung ausreichende Beziehung des Verfahrens zur Masse herzu-

---

8 RGZ 134, 377, 379; allg. M.
9 Vgl. dazu besonders *Karsten Schmidt*, aaO., S. 40 ff.
10 Vgl. *Lobe*, ZZP 39 (1926), 493 ff.
11 *K. Schmidt*, aaO., S. 42.
12 Großkomm/*Jacobs*, Vor § 13 UWG, D, Rdn. 301; *Pastor*, in *Reimer*, S. 452; *Kuhn/Uhlenbruck*, Vorbem. vor §§ 10–12 KO, Rdn. 10; vgl. auch *K. Schmidt*, aaO., S. 53.
13 *Pastor*, in *Reimer*, S. 452; *Baumbach/Hefermehl*, Einl. UWG, Rdn. 468; *Böhle-Stamschräder/Kilger*, KO, 14. Aufl. 1983, § 10 Anm. 1 c.
14 Vgl. zu diesem Kriterium *Baumbach/Lauterbach/Hartmann*, § 240 ZPO, Anm. 1 c.
15 Vgl. dazu *Baumbach/Hefermehl*, Einl. UWG, Rdn. 468.
16 RGZ 16, 358, 360, 362; *Stein/Jonas/Schumann*, § 240 ZPO, Rdn. 6; *Wieczorek*, § 240 ZPO Anm. D II; *Kuhn/Uhlenbruck*, § 10 KO, Rdn. 2.
17 RGZ 145, 13, 15; BGH LM ZPO § 91 Nr. 22; BGH NJW 1983, 284; h. M.
18 *Kuhn/Uhlenbruck*, § 1 KO, Rdn. 101 unter Berufung auf RGZ 52, 333 u. 145, 13, 15.

stellen, wenn der Prozeß als Streitgegenstand einen selbst den Massewert nicht beeinflussenden Anspruch hat[19].

Dies kann im Wettbewerbsrecht zu bemerkenswerten Konsequenzen führen, wenn es um die Klage eines Mitbewerbers[20] gegen ein Verhalten geht, dessen Unterbindung – wie häufig in Fällen des § 3 UWG – vornehmlich im öffentlichen Interesse liegt und keine hinreichenden Auswirkungen auf den eigenen Geschäftsbetrieb zu zeitigen verspricht. Da hier die Masse – sieht man mit der h. M. von eventuellen Kostenansprüchen ab – vom Erfolg oder Mißerfolg des Unterlassungsanspruchs nicht berührt wird, werden Unterlassungsprozesse (und in gleicher Weise Beseitigungsprozesse) durch den Konkurs solcher Kläger nicht unterbrochen. Dies würde – wenn es beachtet würde – zu der Konsequenz führen, daß die von diesen anhängig gemachten wettbewerblichen Abwehrprozesse nicht unterbrochen würden, sondern weiter als vom Konkurs nicht betroffene Verfahren des Gemeinschuldners zu behandeln wären. Damit wären sie der Disposition des Konkursverwalters (Aufnahme des Verfahrens oder nicht) entzogen und diesem u. U. die Möglichkeit genommen, im Einzelfall nicht unbeträchtliche Aktivposten in Form prozessualer Kostenerstattungsansprüche für die Masse zu realisieren[21]. Ob dies sinnvoll ist, mag von im Konkursrecht kompetenterer Seite überdacht werden. Die Relation der im Wettbewerbsrecht üblichen Streitwertbemessungen zum echten wirtschaftlichen Wert von Unterlassungsansprüchen im Einzelfall läßt es zumindest fragwürdig erscheinen, ob die vor fast 100 Jahren angestellten Erwägungen des Reichsgerichts[22] über die relative Belanglosigkeit der Kostenerstattungsansprüche im Verhältnis zum Hauptanspruch und zur Masse, auf denen ungeachtet ihres hohen Alters die ganze herrschende Meinung auch heute noch aufzubauen scheint, den Fallgestaltungen wettbewerblicher Unterlassungsansprüche gerecht zu werden vermögen.

b) Durch den Konkurs des Unterlassungsbeklagten wird das Verfahren nur dann nicht unterbrochen, wenn der Streit rein persönliche, die Vermögenssphäre des Gemeinschuldners nicht berührende Verhaltensweisen des Schuldners betrifft[23], also beispielsweise Ehrkränkungen ohne vermögensrechtlichen Einschlag o. ä. Steht das Ver-

---

19 Anders soll es sein, wenn – nach Erledigung der Hauptsache – der Kostenanspruch selbst – zumindest im wirtschaftlichen Sinne – der Gegenstand des Streites wird (*Stein/Jonas/Schumann* und *Wieczorek*, aaO.; *Kuhn/Uhlenbruck*, § 10 KO, Rdn. 2).
20 Anders ist es bei Klagen eines Verbands i. S. des § 13 Abs. 2 Nr. 2 u. 3 UWG, da bei einem solchen im Konkursfall ein Prozeßgewinn mit daraus resultierendem Kostenerstattungsanspruch regelmäßig nicht möglich ist; denn bei Vermögenslosigkeit entfällt die Prozeßführungsbefugnis nach § 13 UWG mit der Folge, daß die Klage unzulässig wird (so zutreffend KG NJW-RR 1991, 41 u. Großkomm/*Jacobs*, Vor § 13 UWG, D, Rdn. 302). Ob eine Erledigungserklärung in einem solchen Fall zu einem Kostentitel nach § 91 a ZPO führen könnte, scheint zumindest sehr zweifelhaft (insoweit a. A. *Marotzke* in seiner Anm. zum zitierten Urteil des KG in EWiR 1990, 1031).
21 Dabei wäre allerdings vorauszusetzen, daß bereits vor Konkurseröffnung erhebliche Kosten vorgeschossen worden sind, da anderenfalls den Kostenerstattungsansprüchen der Masse Kostenforderungen der eigenen Prozeßbevollmächtigten an die Masse gegenüberstünden.
22 RGZ 16, 358, 362; ablehnend dazu jetzt – wie hier – *Marotzke* in Anm. zu KG EWiR 1990, 1031.
23 *Jaeger/Henckel*, § 10 KO, Rdn. 25; *Baumbach/Hefermehl*, Einl. UWG, Rdn. 469; *Pastor*, in Reimer, S. 453, jedoch mit diese Ansicht nicht tragenden Rechtsprechungszitaten. Zu eng noch *Böhle-Stamschräder/Kilger*, § 10 KO, Anm. 1 c, teilweise auch *Kuhn/Uhlenbruck*, Vorbem. vor §§ 10–12 KO, Rdn. 12.

halten, das der Gemeinschuldner unterlassen soll, dagegen in irgendeiner Beziehung zum Vermögen, das nach der Konkurseröffnung zur Masse gehört, so wird – ohne daß es darauf ankommt, ob es sich um eine rein tatsächliche Störung oder um eine solche unter Berufung auf ein zur Masse gehöriges Recht handelt[24], – der Prozeß unterbrochen[25].

8   Darauf, ob eine Begehungsgefahr auch seitens der Masse (= Konkursverwalter) wirklich besteht, kommt es nicht an; es genügt, wenn im Falle der Begehung die Masse beteiligt wäre. Beispiel: Die Wiederholung einer wettbewerbswidrigen Behauptung über den Kläger durch den Gemeinschuldner berührt die Wettbewerbslage der Masse unabhängig davon, ob der Gemeinschuldner ein Recht für die Behauptung in Anspruch nimmt oder ob der Konkursverwalter selbst sie aufstellen würde. Der Prozeß ist also auch hier unterbrochen.

9   2. Die Unterbrechung des wettbewerblichen Schadensersatzprozesses wirft keine besonderen Probleme auf; sie tritt im Konkurs sowohl des Klägers als auch des Beklagten ein, und zwar gleichgültig, ob es sich um eine bezifferte Leistungs- oder nur um eine Feststellungsklage handelt, da stets Massebeziehung besteht.

10   3. Nach heute ganz herrschender Meinung werden auch die den Schadensersatzanspruch vorbereitenden bzw. unterstützenden Auskunfts- und Rechnungslegungsverfahren durch den Konkurs sowohl des Klägers als auch des Beklagten unterbrochen[26].

11   4. Auch Prozesse, die nur teilweise konkursbefangenes Vermögen betreffen, werden in vollem Umfang – also auch insoweit, als der Streit um konkursfreie Teile geht – unterbrochen, sofern es sich nicht um trennbare Streitgegenstände handelt[27].

12   5. Die Aufnahme unterbrochener Prozesse erfolgt, außer wenn der Gläubiger eines Schadensersatzprozesses im Konkurs des Beklagten auf die Rechte nach §§ 12, 146 KO beschränkt ist, i. d. R. nach § 250 ZPO, im übrigen gem. den §§ 10 und 11 KO, die nur den beachtlichen – und Anlaß umfangreicher Meinungsstreitigkeiten bildenden – Nachteil aufweisen, daß sie nicht auf den Unterlassungsprozeß zugeschnitten sind und hier daher einige Probleme aufwerfen[28].

13   Die höchstrichterliche Rechtsprechung[29] behandelt Unterlassungsprozesse gegen den nachmaligen Gemeinschuldner als Aktivprozesse i. S. von § 10 KO mit der Folge, daß zunächst nur der Konkursverwalter zur Aufnahme berechtigt ist und erst im Falle seiner (auch konkludent erklärbaren[30]) Ablehnung auch der Prozeßgegner und/oder

---

24 So aber noch *Kuhn/Uhlenbruck*, aaO.
25 *Jaeger/Henckel*, § 10 KO, Rdn. 25; *Baumbach/Hefermehl*, Einl. UWG, Rdn. 469; Großkomm/*Jacobs*, Vor § 13 UWG, D, Rdn. 303.
26 BGH LM KO § 146 Nr. 4; *Kuhn/Uhlenbruck*, Vorbem. vor §§ 10–12 KO, Rdn. 10; *Böhle-Stamschräder/Kilger*, § 10 KO, Anm. 1 c; *Baumbach/Lauterbach/Hartmann*, § 240 ZPO, Anm. C.
27 BGH GRUR 1966, 218 – Diarähmchen III; *Kuhn/Uhlenbruck*, Vorbem. §§ 10–12 KO, Rdn. 10 a u. Rdn. 13.
28 Vgl. dazu insbesondere – ausgehend vom Teilbereich des patentrechtlichen Unterlassungsanspruchs – *Karsten Schmidt*, ZZP 90 (1977), 38, 54 ff.
29 BGH GRUR 1966, 218, 219 f. – Diarähmchen III; BGH GRUR 1983, 179, 180 = WRP 1983, 209 – Stapel-Automat; früher auch schon RGZ 134, 377, 379 m. w. N.; auch Großkomm/*Jacobs*, Vor § 13 UWG, D, Rdn. 306 f.
30 BGH aaO. – Stapel-Automat –.

der Gemeinschuldner; bei verzögerter Aufnahme kann entsprechend § 239 ZPO verfahren werden. Diese Auffassung ist von Anfang an – aber in jüngerer Zeit zunehmend – auf Ablehnung gestoßen[31]. Sie wird – überwiegend allerdings nur für bestimmte Fallgestaltungen[32] – namentlich aus zwei Gründen angegriffen:

Die Anwendung des § 10 KO sei – anders als die des § 11 KO, die sogleich die Aufnahme sowohl durch den Konkursverwalter als auch durch den Gegner erlaube – der Verfahrenskontinuität abträglich[33], und sie beruhe auf einer Verkennung des Aussonderungscharakters jedenfalls eines Teils der infrage stehenden Unterlassungsansprüche[34].

Die Literatur spricht sich daher heute ganz überwiegend für die Anwendung des § 11 KO aus, und zwar entweder schlechthin (in teils analoger Anwendung) oder mindestens – so die h. M. – für bestimmte, aber unterschiedlich eingegrenzte Fallgestaltungen. Am weitesten geht dabei *K. Schmidt*[35] mit der Annahme, daß als Aussonderungsstreit jede Verteidigung eines nicht massezugehörigen Rechts anzusehen sei, während die h. M. Aussonderungscharakter nur für diejenigen Unterlassungsklagen annimmt, denen gegenüber sich der Gemeinschuldner seinerseits auf ein Recht beruft, das im Falle seines Bestehens zur Konkursmasse gehören würde[36].

II. Die Aussetzung des Verfahrens

1. Allgemeines

Verfahrensaussetzungen spielen im Wettbewerbsprozeß eine besondere Rolle; denn hier kommen außer den Aussetzungsbestimmungen der ZPO sowie des Art. 100 Abs. 1 GG auch die wettbewerbsspezifischen und daher weitaus häufiger einschlägigen Vorschriften des § 96 Abs. 2 GWB und des Art. 177 Abs. 2 und 3 des EWG-Vertrags in Betracht.

---

31 Vgl. besonders *K. Schmidt*, aaO., S. 56 ff.; ferner *Kuhn/Uhlenbruck*, § 11 KO, Rdn. 2 m. w. N.; Großkomm/*Jacobs*, aaO.
32 Vgl. *Kuhn/Uhlenbruck* einerseits (zustimmend zur Rechtsprechung) § 10 KO, Rdn. 2, andererseits (ablehnend) § 11 KO, Rdn. 2 m. w. N.
33 So *K. Schmidt*, aaO., S. 56; dieser Gesichtspunkt brauchte im jüngsten Fall der Rechtsprechung (BGH aaO. – Stapel-Automat) nicht geprüft zu werden, da das Verfahren schon wirksam vom Gemeinschuldner aufgenommen war; auf die Frage, ob § 10 oder 11 KO anwendbar ist, kam es somit für das Ergebnis nicht entscheidend an.
34 *K. Schmidt*, aaO., S. 56 ff. und *Jaeger/Henckel*, § 10 KO, Rdn. 21–23; *Kuhn/Uhlenbruck*, § 11 KO, Rdn. 3.
35 AaO., S. 58 ff.; ihm teilweise folgend *Kuhn/Uhlenbruck*, § 11 KO, Rdn. 2 und 3 sowie *Böhle-Stamschräder/Kilger*, § 11 KO, Anm. 1.
36 So die Formulierung bei *Kuhn/Uhlenbruck*, § 11 KO, Rdn. 2; ähnlich *Böhle-Stamschräder/Kilger*, § 11 KO, Anm. 1. Eingehend – und m. E. überzeugend – begründet von *Jaeger/Henckel*, § 10 KO, Rdn. 19–23.

2. Die Aussetzung nach § 148 ZPO

17 Von den Aussetzungsregelungen der ZPO sind im Wettbewerbsprozeß die der §§ 148, 149, 246 und 247 grundsätzlich anwendbar. Einer näheren Betrachtung erweist sich davon jedoch nur § 148 ZPO wert; hinsichtlich der anderen gelten keine wettbewerbsrechtlichen Besonderheiten.

18 a) Die Aussetzung eines Wettbewerbsprozesses nach § 148 ZPO (fakultative Aussetzung) ist – mit Ausnahme von Schutzrechtsverletzungen (siehe nachst. b) – wenig praktisch, da hier präjudizielle Fragen i. S. der Vorschrift selten sind. Eine Aussetzung könnte in Wettbewerbssachen zwar mitunter zweckmäßig sein, wenn z. B. die gleiche Rechtsfrage in einem anderen Rechtsstreit geklärt wird oder die gleiche Rechtsfrage bereits beim Bundesgerichtshof anhängig ist. Oft sieht sich ein Kläger während des Unterlassungsprozesses gezwungen, auch gegen andere Verletzer, auf deren Handlungen sich der Beklagte zu seiner Entlastung beruft, vorzugehen, wobei oft die gleichen Fragen wie in dem schon laufenden Verfahren zu beurteilen sind. Dies rechtfertigt jedoch keine Aussetzung, da Rechtsfragen auch dann kein Rechtsverhältnis i. S. des § 148 ZPO darstellen, wenn sie für die Parteien bedeutsam sind[37]. Die Praxis hilft sich hier vielfach durch außergerichtliche Stillhalteabkommen. Ohne solche Vereinbarungen reichen Zweckmäßigkeitserwägungen zu einer Aussetzung ebensowenig aus wie das Ziel, einander widersprechende Entscheidungen zu vermeiden oder Arbeit und Kosten zu sparen. Den Parteien bleibt in solchen Fällen nichts anderes übrig, als den Rechtsstreit bis zur Erledigung des anderen Verfahrens einverständlich zum Ruhen zu bringen.

19 Ist neben dem Zivilprozeß gleichzeitig ein Strafverfahren (auch Privatklageverfahren) anhängig, so ist für eine Aussetzung eines Unterlassungsrechtsstreits bis zur Erledigung des Strafverfahrens schon seiner Natur nach kein Raum, da beide Verfahren mit unterschiedlicher Zielsetzung nebeneinander stehen und der Zivilrichter an die Entscheidung des Strafrichters nicht gebunden ist[38].

20 b) Häufiger sind Aussetzungen nach § 148 ZPO in Schutzrechtsprozessen.

21 In Warenzeichenprozessen kommen sie dann in Betracht, wenn ein Löschungsverfahren von Amts wegen (§ 10 Abs. 2 WZG) oder auf Antrag eines Dritten (§ 11 WZG) anhängig ist[39]. In Patentverletzungsprozessen kann ausgesetzt werden, wenn ein Patentnichtigkeitsverfahren schwebt. Die Aussetzung wegen eines Patentnichtigkeitsverfahrens kann auch noch im Revisionsrechtszug erfolgen[40]. Keinen Aussetzungsgrund gibt ein anhängiges Verfahren auf Zwangslizenz[41].

22 In Gebrauchsmustersachen enthält die Vorschrift des § 19 GebrMG eine eigene Bestimmung über die Aussetzung des Verletzungsprozesses (Unterlassungsklage) für den Fall, daß ein Löschungsverfahren anhängig ist. Dies bezieht sich nach Sinn und Zweck

---

37 OLG Karlsruhe, GRUR 1981, 761.
38 OLG Neustadt MDR 1954, 176.
39 BGH GRUR 1967, 199, 200 – Napoleon II; OLG Köln GRUR 1970, 606, 607 – Sir; *Baumbach/Hefermehl*, WZG, § 24 Rdn. 12.
40 BGH GRUR 1958, 75, 76 – Tonfilmwand; BGHZ 81, 397 m. w. N.; ob gleiches auch im Warenzeichenverletzungsprozeß bei Anhängigkeit einer Warenzeichenlöschungsklage gelten kann, hat der BGH (GRUR 1967, 199, 200 – Napoleon II) offengelassen; das Reichsgericht (RGZ 121, 166, 167) hatte für den Regelfall die Aussetzung im Revisionsverfahren abgelehnt.
41 OLG Karlsruhe GRUR 1956, 436.

der Vorschrift aber nur auf das der Klage zugrunde liegende Musterrecht[42]. Hier ist die Aussetzung zwingend vorgeschrieben, wenn das Gericht die Eintragung des Gebrauchsmusters für unwirksam hält (§ 19 Satz 2 GebrMG).

c) Im übrigen – d. h. nach § 19 Satz 1 GebrMG sowie nach § 148 ZPO – steht die Aussetzung stets im pflichtgemäßen Ermessen des Gerichts[43]. Bei erkennbarer Verschleppungsabsicht oder aus anderen Gründen vorwerfbarer Säumnis bei der Erhebung der präjudiziellen Klage kann sie versagt werden[44].

3. Die Aussetzung wegen kartellrechtlicher Vorfragen

§ 96 Abs. 2 GWB schreibt zwingend vor, daß Wettbewerbsprozesse staatlicher Gerichte[45] bis zur Entscheidung der nach dem GWB zuständigen Gerichte oder Behörden ausgesetzt werden müssen, wenn der Rechtsstreit ganz oder teilweise von einer Entscheidung abhängt, die nach dem GWB zu erlassen ist. Jedem Nicht-Kartellgericht aller Rechtszüge und aller Rechtswege ist es schlechthin und unabhängig vom Parteiwillen untersagt, eine kartellrechtliche Frage als Vorfrage mitzuentscheiden, da dadurch der Grundsatz der absoluten ausschließlichen Zuständigkeit des GWB umgangen würde[46].

Die kartellrechtliche Vorfrage muß entscheidungserheblich sein; das ist nicht der Fall, wenn eine Klage aus anderen, nicht-kartellrechtlichen Gründen bereits zulässig und begründet[47] oder abweisungsreif ist oder wenn in der Revisionsinstanz bereits nicht-kartellrechtliche Revisionsangriffe durchgreifen[48].

Durchbrechungen des sonst – im Klageverfahren, zum einstweiligen Verfügungsverfahren vgl. Kap. 55, Rdn. 20 f. – regelmäßig bestehenden Aussetzungszwanges sind nur für folgende Fallgestaltungen anerkannt:

a) Das in einer Nicht-Kartellsache angerufene Gericht ist nicht nur für diese zuständig, sondern zugleich auch Kartellgericht. Dann kann es die Vorfrage mitentscheiden; allerdings wird das Verfahren dadurch insgesamt zum Kartellverfahren[49].

b) Für den Fall, daß das nach dem GWB zu beurteilende präjudizielle Rechtsverhältnis unter den Parteien tatsächlich und rechtlich unstreitig ist, wird dem Prozeßgericht ein Vorprüfungsrecht eingeräumt, ob die Rechtslage hinsichtlich dieses Rechtsverhält-

---

42 OLG Düsseldorf GRUR 1952, 192.
43 BGH GRUR 1967, 199, 200 – Napoleon II; daher ist die Ablehnung der Aussetzung auch bei Vorliegen der Aussetzungsvoraussetzungen nicht ohne weiteres ein Revisionsgrund (BGH aaO. unter Berufung auf RGZ 81, 206, 213).
44 BGH GRUR 1958, 75, 76 f. – Tonfilmwand; dagegen kritisch *Heine* in der Anm. aaO. S. 77: nicht ohne Vorprüfung der Erfolgsaussicht der Nichtigkeitsklage.
45 Nicht auch der Schiedsgerichte; BGH GRUR 1963, 331, 334 – Basaltlava.
46 Vgl. zu diesem Grundsatz neuestens wieder eingehend BGHZ 114, 218 ff. = GRUR 1991, 868 ff. = NJW 1991, 2963 ff. – Einzelkostenerstattung; näher zur kartellrechtlichen Aussetzung Großkomm/*Jacobs*, Vor § 13 UWG, D, Rdn. 313 ff.
47 BGHZ 64, 342, 346 – Abschleppunternehmen; *v. Gamm*, Kartellrecht, 2. Aufl., § 96 GWB, Rdn. 3.
48 BGHZ 37, 1, 3 f., 29 f. – Aki; *v. Gamm*, Kartellrecht, 2. Aufl., § 96 GWB, Rdn. 3.
49 BGHZ 31, 162, 165 – Malzflocken.

nisses objektiv überhaupt zweifelhaft sein kann; ist das zu verneinen, braucht das Gericht nicht auszusetzen, sondern kann über die zweifelsfreie Frage mitentscheiden[50].

29 c) Ob sich für die nicht-kartellrechtlichen Zivilsenate – und damit auch den Wettbewerbssenat – des Bundesgerichtshofes dieses Recht auch in solchen rechtlich eindeutigen Fällen ergibt, in denen das zu beurteilende Rechtsverhältnis unter den Parteien in tatsächlicher und rechtlicher Hinsicht nicht unstreitig ist, ist noch unentschieden[51]. Aus dem Beschluß des Kartellsenats vom 4. April 1975[52] läßt sich dies entgegen der Meinung *von Gamms*[53] nicht unmittelbar herleiten, da darin die Frage der kartellrechtlichen Zuständigkeit entschieden und dieser Fall sogar ausdrücklich (aaO. S. 346) von dem der Aussetzung unterschieden und abgegrenzt worden ist. – Jedenfalls aber ist der Wettbewerbssenat des Bundesgerichtshofes schon deshalb nicht zur Aussetzung genötigt, weil bei Notwendigkeit der Beurteilung kartellrechtlicher Vorfragen die Sache nach dem Geschäftsverteilungsplan des Bundesgerichtshofs vom Kartellsenat übernommen wird[54].

4. Die Vorlage an den EuGH (Art. 177 Abs. 2 u. 3 EWG-Vertrag)

30 Die in Art. 177 Abs. 2 EWG-Vertrag (EWGV) fakultativ und in Abs. 3 derselben Vorschrift zwingend[55] vorgeschriebene Vorlage an den Europäischen Gerichtshof zur Herbeiführung einer Entscheidung über die Auslegung und/oder Gültigkeit gemeinschaftsrechtlicher Vorschriften wird von der deutschen Rechtsprechung einer Aussetzung jedenfalls verbal gleicherachtet, da alle bisher ergangenen Vorlageentscheidungen im (regelmäßig unveröffentlichten) Tenor den Satz: »Das Verfahren wird ausgesetzt« enthalten. Dies ist in der Sache – worauf *Pastor* (S. 722 f.) zutreffend hingewiesen hat – nicht ganz korrekt, da die Vorlage zu einer Fortsetzung desselben Verfahrens[56] von Amts wegen und nicht wie die normale Aussetzung zu einer Verfahrensunterbrechung bis zur Entscheidung eines anderen Verfahrens führt.

31 Tatsächlich sind auch unterschiedliche Konsequenzen zu beachten:
Obwohl das vorlegende Gericht von einem festgestellten Sachverhalt auszugehen und konkrete Fragen zu formulieren hat und deshalb die Gefahr fehlerhafter und letztlich unbrauchbarer Vorlagebeschlüsse weitaus größer ist als die einer unberechtigten Verfahrensaussetzung in anderen Fällen, ist nämlich die Anfechtbarkeit der Vorlage-

---

50 BGHZ 30, 186, 191, 194 – Markenschokolade; *v. Gamm* aaO.; *v. Winterfeld*, NJW 1985, 1816, 1819.
51 Dafür *v. Winterfeld*, NJW 1985, 1816, 1820 m. w. N.
52 BGHZ 64, 342 – Abschleppunternehmen.
53 Kartellrecht, 2. Aufl., § 96 GWB, Rdn. 3.
54 BGHZ 64, 342, 245 – Abschleppunternehmen; *v. Gamm*, Kartellrecht, 2. Aufl., § 95 GWB, Rdn. 3.
55 Vgl. dazu BVerfGE 73, 339 ff. = NJW 1987, 577 sowie BVerfG NJW 1988, 1456, 1457 mit Hinweis auf EuGH Slg. 1982, 3415 ff. = NJW 1983, 1257; BVerfG NJW 1988, 1459, 1462 (zur Bindungswirkung von EuGH-Entscheidungen und zur Pflicht zu erneuter Vorlage vor einer Abweichung). Die Vorlagepflicht wird in beiden Fällen auch aus Art. 101 Abs. 1 GG abgeleitet. Näher dazu Kap. 21, Rdn. 5 f., u. Großkomm/*Jacobs*, Vor § 13 UWG, D, Rdn. 316 ff.
56 Im einzelnen dazu OLG Köln WRP 1977, 734, 735; vgl. auch BVerfGE 73, 339, 369: »Objektives Zwischenverfahren«; wie hier auch Großkomm/*Jacobs*, aaO., Rdn. 326.

48. Kapitel Verfahrensunterbrechungen

entscheidungen durch innerstaatliche Rechtsmittel gemäß oder analog § 252 ZPO noch sehr umstritten u. m. E. zu verneinen[57].

5. Besonderheiten des Verfügungsverfahrens (Verweisung)

Besondere Probleme werfen die Aussetzungs- und Vorlegungsvorschriften im einstweiligen Verfügungsverfahren auf. Auf sie soll bei der Behandlung jener Verfahrensart gesondert eingegangen werden (vgl. Kap. 55, Rdn. 20 f.).

---

57 So zutreffend, wenngleich mit voneinander abweichenden (aber nicht unvereinbaren) Begründungen OLG Köln WRP 1977, 734, 735 f. u. *Zehetner,* EuR 1975, 113, 126 f. m. w. N.; ferner *Stein/Jonas/Schumann,* § 148 ZPO, Rdn. 232; Großkomm/*Jacobs,* aaO., Rdn. 328; einschränkend *Groeben/Daig,* EWGV, Art. 177 Rdn. 9; gegen die Anwendbarkeit, aber de lege ferenda für eine Anfechtungsmöglichkeit *Pastor,* S. 723. Der EuGH hält die Anfechtbarkeit für vereinbar mit Art. 177 EWGV (EuGH Slg. 1974, 139, 148), sieht seine Kompetenz aber durch eine solche Anfechtung als nicht berührt an (vgl. EuGH NJW 1978, 1741 = Slg. 1978, 629). Dies besagt jedoch – vgl. OLG Köln aaO. – noch nichts über die Anwendbarkeit des § 252 ZPO. Vgl. zum Problem ferner *Goose,* RIW/AWD 1975, 660 ff., und *Dauses,* S. 83 f. und JZ 1979, 125, 128.

49. Kapitel   Der Streitwert der Wettbewerbsverfahren

Literatur: *Borck,* Über die Höhe des Gegenstandswerts, der Sicherheitsleistung und der Beschwer bei wettbewerblichen Unterlassungsklagen, WRP 1978, 435; *Borck,* Lamento über zwei täterfreundliche Vorschriften, WRP 1989, 429; *Burmann,* Der Streitwert in Wettbewerbsprozessen. Der wettbewerbsrechtliche Unterlassungsanspruch mit seinen Nebenansprüchen, WRP 1973, 508; *Frank,* Anspruchsmehrheiten im Streitwertrecht, 1986; *Herr,* Zur Streitwertfestsetzung in Wettbewerbssachen und zum Selbstverständnis der Instanzgerichte, MDR 1985, 187; *Kur,* Streitwert und Kosten im Verfahren wegen unlauteren Wettbewerbs, 1980; *Radandt,* Streitwertfestsetzung bei wettbewerblichen Unterlassungsansprüchen, WRP 1975, 137; *E. Schneider,* Streitwertkommentar, 9. Aufl.1991; *E. Schneider,* Die neuere Rechtsprechung zum Streitwertrecht, MDR 1984, 263; *Schumann,* Grundsätze des Streitwertrechts, NJW 1982, 1257; *Teplitzky,* Die jüngste Rechtsprechung des Bundesgerichtshofs zum wettbewerblichen Anspruchs- und Verfahrensrecht, I, II u. III, GRUR 1989, 461; GRUR 1990, 393 u. GRUR 1991, 709; *Thesen/Schneider,* Zur Streitwertbemessung in Wettbewerbssachen, MDR 1984, 544; *Tilmann,* Kostenhaftung und Gebührenberechnung bei Unterlassungsklagen gegen Streitgenossen im gewerblichen Rechtsschutz, GRUR 1986, 691; *Traub,* Der Streitwert der Verbandsklage, WRP 1982, 557; *Ulrich,* Die Erledigung der Hauptsache im Wettbewerbsprozeß, GRUR 1982, 14; *Ulrich,* Der Streitwert in Wettbewerbssachen, GRUR 1984, 177; *Ulrich,* Der Streitwert in Wettbewerbssachen nach der UWG-Reform im Jahre 1986, GRUR 1989, 401.

Inhaltsübersicht	Rdn.		Rdn.
A. Der normale Streitwert	1–50	d) Besonderheiten des Streitwerts der einstweiligen Verfügung	25–29
I. Allgemeines	1, 2		
II. Die Arten des Streitwerts		3. Der Streitwert anderer wettbewerblicher Verfahren	30–40
1. Zuständigkeits- und (Rechtsmittel-)Zulässigkeitsstreitwert	3	a) Beseitigung	31
2. Kostenwert	4	b) Schadensersatzfeststellung	32–35
III. Die Streitwertschätzung		c) Die negative Feststellungsklage	36
1. Allgemeines	5–9	d) Auskunft und Rechnungslegung	37–39
2. Der Streitwert der Unterlassungsklage und der Unterlassungsverfügung	10–29	e) Vollstreckung	40
a) Das Interesse des Klägers oder Antragstellers	11–17	IV. Der Streitwert nach Erledigung der Hauptsache	
		1. Allgemeines	41
b) Das Interesse Dritter	18–23	2. Der Streitwert nach einseitiger Erledigungserklärung	42–46
c) Streitwertbemessung bei anderen Klagen	24	V. Die Streitwertfestsetzung	47–50
		1. Zeitpunkt	49

2. Anhörung der Parteien	50	3. Die zweite Minderungsalternative	65–69
B. Der ermäßigte Streitwert (§ 23 a UWG)	51–89	III. Das Verhältnis des § 23 a UWG zu § 23 b UWG	71–77
I. Ziel und Vorgeschichte der Vorschrift des § 23 a UWG n. F.	51–52	IV. Der für die Streitwertminderung maßgebliche Verfahrenszeitpunkt	78–88
II. Die Auslegung der Vorschrift	53–69	V. Die Entscheidung und die Rechtsmittel	89
1. Rechtsnatur und Anwendungsregeln	53–57		
2. Die erste Minderungsalternative	58–64		

A. Der normale Streitwert

I. Allgemeines

Leistungsklagen auf bezifferbare Beträge, die automatisch den Streitwert ergeben, sind im Wettbewerbsrecht außerordentlich selten. Hier dominieren mit den Abwehr-, Auskunfts- und Feststellungsklagen Verfahrensarten, bei denen der Streitwert nur durch Schätzung nach § 3 ZPO ermittelt werden kann. Für diese Schätzung haben sich im Wettbewerbsrecht besondere Regeln entwickelt, die heute – trotz gelegentlicher, auch scharfer, Kritik[1] – zwar als wettbewerbliches Gewohnheitsrecht angesehen werden können, trotzdem aber nicht zu dem Maß an Einheitlichkeit und Voraussehbarkeit der Beurteilungen geführt haben, das in Anbetracht der Bedeutung des Streitwerts[2] für die Praxis wünschenswert wäre[3]. Dies liegt jedoch in der Natur der Sache: Selbst die besten Bewertungsregeln, Anhaltspunkte und Maßstäbe führen in dem Augenblick, in dem sie in eine konkrete Zahlenangabe umgesetzt werden müssen, zu einer Ungewißheit, aus der es keinen sicheren und für die Vielzahl aller denkbaren Wettbewerbstatbestände auch nur in etwa gleichbleibenden Ausweg gibt; letztlich läßt sich – wie *Pastor* (in *Reimer*, S. 468) es formuliert hat – das »Warum« einer – gerade solchen – konkreten Zahlenangabe nicht begründen.

Diesem Dilemma entspricht die Vielfalt der Ergebnisse, zu der die Anwendung der gleichen Regeln und Grundsätze in der Praxis der Gerichte führt[4]. Sie wird sich niemals ganz vermeiden lassen. Krasse Unterschiedlichkeiten und Ungereimtheiten ließen sich jedoch mehr als bisher einschränken, wenn die Streitwertangaben des Klägers (bzw. Verfügungsantragstellers) selbst nicht so oft unkritisch übernommen, sondern die Parteien ausdrücklich zu substantiierten Äußerungen zum Streitwert aufgefordert und ihre Darlegungen dann sorgfältig ausgewertet würden und wenn die Gerichte dabei die eigenen Streitwertbemessungen und möglichst auch die anderer Gerichte in einigermaßen

---

[1] Vgl. z. B. *E. Schneider*, MDR 1984, 263, 270 in Anknüpfung an die Entscheidung des LG Mosbach BB 1983, 2073 f., die das OLG Karlsruhe inzwischen (BB 1984, 689) abgeändert hat; ferner, ebenfalls hieran anknüpfend, *Herr*, MDR 1985, 187 ff.
[2] Vgl. zu dieser (sehr lesenswert) *Borck*, WRP 1978, 435 ff.; ferner *Burmann*, WRP 1973, 508.
[3] Vgl. *Stein/Jonas/Schumann*, § 3 ZPO, Rdn. 10.
[4] Vgl. schon den Überblick über die Streitwertrechtsprechung der deutschen Oberlandesgerichte bis zum Jahre 1975 bei *Radandt*, WRP 1975, 137 ff. Seither hat sich nichts Grundlegendes daran geändert; vgl. *Ulrich*, GRUR 1984, 177, 180 und GRUR 1989, 401, 405, sowie *Kur*, Rdn. 30–57.

vergleichbaren Fällen im Auge behielten (so jetzt auch Großkomm/*Jestaedt*, Vor §§ 23 a, 23 b UWG, Rdn. 2).

II. Die Arten des Streitwerts[5]

3   1. Der in den §§ 2–9 ZPO unmittelbar angesprochene Zuständigkeits- bzw. (Rechtsmittel-)Zulässigkeitsstreitwert spielt im Wettbewerbsrecht eine wesentliche Rolle nur in einer Funktion: Nämlich für die Frage der Revisibilität; denn die für diese maßgebliche Beschwer (§ 546 Abs. 2 ZPO) kann, gleichgültig, welche Partei in welchem Umfang verloren hat, niemals höher sein als der Streitwert der Berufungsinstanz[6]. Die weiteren Funktionen dieses Streitwerts – Abgrenzung der amts- und landgerichtlichen Zuständigkeit (§ 23 Nr. 1 GVG) sowie Bestimmung der Berufungssumme (§ 511 a ZPO) – sind wegen der in diesen Vorschriften genannten relativ niedrigen Grenzen (von 6 000 bzw. 1 200 DM) im Wettbewerbsrecht ohne größere praktische Bedeutung, da Wertfestsetzungen unter diesen Grenzen hier nur ganz ausnahmsweise vorkommen werden[7].

4   2. Seine wesentlichere Bedeutung findet der wettbewerbsrechtliche Streitwert als Kosten- bzw. Gebührenwert, für dessen Festsetzung gem. § 12 GKG ebenfalls die Vorschriften der §§ 3–9 ZPO maßgeblich sind, sofern nicht die §§ 14–20 GKG besondere Regeln enthalten[8]. Er bestimmt einerseits das finanzielle Prozeßrisiko der Parteien und andererseits die Verdienstchance der beteiligten Rechtsanwälte; ein Dualismus, der naturgemäß oft[9] zu einem Interessengegensatz zwischen Anwalt und Partei führen kann und daher von den Gerichten – wie von den Rechtsanwälten selbst – stets klar gesehen und in die eigenen Bemessungsüberlegungen[10] einbezogen werden muß.

---

5 An sich gibt es im Zivilprozeß 6 Arten von Streitwerten (vgl. im einzelnen *Schumann*, NJW 1982, 1257, 1261 f., u. *Frank*, S. 1–4); hier sollen jedoch vereinfachend nur die drei für das Wettbewerbsrecht bedeutsamen Formen – davon zwei, nämlich Zuständigkeits- und Rechtsmittelstreitwert unter 1. zusammengefaßt – behandelt werden.

6 BGH GRUR 1990, 530, 531 = WRP 1990, 685 – Unterwerfung durch Fernschreiben; BGH NJW-RR 1991, 127 = LM ZPO § 546 Nr. 132; *Stein/Jonas/Grunsky*, § 546 ZPO, Rdn. 23; *Borck*, WRP 1978, 435, 438; *Frank*, S. 25.

7 Einen solchen Ausnahmefall – Festsetzung der Berufungssumme einer Schadensersatzfeststellungsklage durch das Berufungsgericht auf 700 DM – hatte der Bundesgerichtshof allerdings einmal zu entscheiden; er hat die Festsetzung abgeändert; vgl. GRUR 1986, 93 – Berufungssumme.

8 Von diesen Bestimmungen können im Wettbewerbsverfahren die §§ 14, 15, 18 und 20 ZPO bedeutsam werden, § 20 ZPO allerdings wieder nur als Verweisung auf § 3 ZPO.

9 Keineswegs immer; *Borck* (WRP 1978, 435 unter II B) zeigt eine Reihe von Fallgestaltungen auf, in denen sich das Interesse von Anwalt und Partei an einem hohen Streitwert decken kann.

10 Solche Überlegungen haben nicht nur die Gerichte, sondern auch die Parteivertreter, diese bei verantwortungsbewußtem Vorgehen ohnehin einvernehmlich mit den Parteien, anzustellen; denn de facto kommt den Streitwertangaben der Partei(-Vertreter) natürlich meist eine ganz erhebliche, oft die ausschlaggebende Bedeutung für die gerichtliche Entscheidung zu (vgl. dazu z. B. OLG Frankfurt WRP 1974, 100, 101; WRP 1975, 164; WRP 1981, 221; OLG Hamburg WRP 1974, 499; WRP 1982, 512; OLG Köln WRP 1977, 49; OLG München WRP 1977, 54 und 277; OLG Karlsruhe WRP 1974, 501; OLG Koblenz WRP 1981, 333; auch der BGH

III. Die Streitwertschätzung (§ 3 ZPO)

1. Allgemeines

Der Streitwert wird gem. § 3 ZPO vom Gericht »nach freiem Ermessen« festgesetzt. Ermessensfreiheit bedeutet nicht freies Belieben; sie gewährt Erleichterung nur in verfahrensmäßiger Hinsicht, insbesondere bei der Schätzung, nicht jedoch Dispens von der Beachtung der allgemeinen Wertberechnungsgrundsätze[11]. Die Bedeutung, die das Gesetz einer zutreffenden Bewertung beimißt, wird durch den zweiten Halbsatz des § 3 ZPO unterstrichen, nach dem das Gericht auf Antrag alle Arten von Beweisaufnahmen und von Amts wegen Augenschein und Sachverständigengutachten anordnen kann.

Der Streitwert der Klage bestimmt sich in Wettbewerbssachen primär nach dem wirtschaftlichen Interesse des Klägers an der Anspruchsverwirklichung (*Pastor*, S. 928); auf daneben bei den Abwehrklagen maßgeblichen Drittinteressen soll bei diesen (Rdn. 18–22) näher eingegangen werden.

Auf das Interesse des Beklagten kommt es nach h. M. nicht an[12]. Das Bezirksgericht Dresden (GRUR 1991, 941, 942 = WRP 1991, 726, 727) hält diese Meinung allerdings für unvereinbar mit dem Gesetzeswortlaut; es will das jeweils höhere Interesse entweder des Klägers oder des Beklagten maßgeblich sein lassen. Dies ist aus den von *Gloy* in seiner Anmerkung zur Entscheidung in EWiR (§ 3 ZPO, 1991, 1241, 1242) überzeugend ausgeführten Gründen unhaltbar, weil es das Wesen des vom Klägerbegehren allein bestimmten (§ 253 Abs. 2 Nr. 2 ZPO) Streitgegenstands (§ 2 ZPO) schlicht verkennt.

Maßgeblicher Bewertungszeitpunkt ist der der Einreichung der Klage- oder Antragsschrift[13], bei Streitgegenstandsänderungen der ihrer Vornahme gegenüber dem Gericht; jedoch bestimmt § 15 Abs. 1 GKG, daß für die Gebührenberechnung im Falle einer Erhöhung des Streitwerts im Laufe der Instanz der höhere Wert zugrunde zu legen ist. Eine Ermäßigung des Streitwerts im Laufe der Instanz bleibt dagegen für die Gebührenberechnung außer Betracht (BGH VersR 1982, 591; OLG Frankfurt KTS 1980, 66; *Hartmann*, Kostengesetze, 24. Aufl., § 15 GKG, Anm. 1 B).

Das Interesse ist objektiv, nicht nach den subjektiven Vorstellungen[14] der Partei zu bestimmen[15]. Streitwertangaben des Klägers haben daher lediglich eine indizielle Be-

---

(GRUR 1986, 93) spricht von »indizieller Bedeutung«; vgl. ferner auch die Nachweise nachfolgend in Fn. 16 sowie Großkomm/*Jestaedt*, Vor §§ 23 a, 23 b UWG, Rdn. 4.
11 Vgl. dazu näher *Stein/Jonas/Schumann*, § 3 ZPO, Rdn. 6, 8 und 9; Großkomm/*Jestaedt*, Vor §§ 23 a, 23 b UWG, Rdn. 5.
12 Vgl. u. a. BGH GRUR 1990, 1052, 1053 – Streitwertbemessung; OLG Köln WRP 1977, 207, 208; Großkomm/*Jestaedt*, aaO., Rdn. 7; Zöller/Schneider, § 3 ZPO, Rdn. 2.
13 Nicht der der Klagezustellung, *Baumbach/Lauterbach/Hartmann*, § 4 ZPO, Anm. 2 a m. w. N.
14 Insoweit abweichend nur OLG München, Beschl. v. 17. Juli 1981 – 6 W 1512/81, zit. von *Fuchs* in *Traub* (S. 152) zu 8.3.
15 BGH GRUR 1977, 748, 749 = WRP 1977, 568 – Kaffee-Verlosung II; Großkomm/*Jestaedt*, aaO., Rdn. 8; *Pastor*, S. 928.

deutung[16], die das Gericht nicht der Notwendigkeit enthebt, »die Angabe anhand der objektiven Gegebenheiten und unter Heranziehung seiner Erfahrung und üblicher Wertfestsetzungen in gleichartigen oder ähnlichen Fällen in vollem Umfang selbständig nachzuprüfen, und zwar nicht etwa nur auf ihre Unvertretbarkeit«[17].

Besondere Bedeutung messen die Gerichte der Streitwertangabe des Klägers dann bei, wenn er später nach seinem Unterliegen im Rechtsstreit eine niedrigere oder nach seinem Obsiegen eine höhere Festsetzung als die zunächst vorgeschlagene begehrt; er wird dann – mit etwas unterschiedlichen Begründungen – meist an seiner ursprünglichen Angabe festgehalten[18].

2. Der Streitwert der Unterlassungsklage und der Unterlassungsverfügung

10   Bei der Bewertung wettbewerblicher Unterlassungsbegehren – die immer vermögensrechtlicher Natur sind, vgl. Großkomm/*Jestaedt*, Vor §§ 23 a, 23 b UWG, Rdn. 6 – ist zunächst danach zu unterscheiden, ob die Verhinderung künftiger Verletzungshandlungen allein im Interesse des Klägers oder Antragstellers liegt oder ob sie – daneben oder gar ausschließlich – den Interessen von Dritten, insbesondere von Verbandsmitgliedern oder der Allgemeinheit, dient.

11   a) Zur Bestimmung des wirtschaftlichen Interesses des Wettbewerbers selbst verwendet die Rechtsprechung heute noch weitgehend Elemente und Begriffe aus dem Gutachten *Schramms* (GRUR 1953, 104 ff.), ohne diese allerdings in der etwas zu formelhaften und stark vom Patentrecht beeinflußten Weise des Gutachtens in starre Beziehung zueinander zu setzen (vgl. etwa BGH GRUR 1990, 1052, 1053 – Streitwertbemessung).

12   Neben dem ganz allgemein als wertbestimmender Faktor angesehenen Umsatz des Verletzten (soweit er tatsächlich von der Verletzung tangiert werden kann) spielt dabei eine wesentliche Rolle der aus dem Gutachten *Schramms* stammende, heute aber in einer viel allgemeineren Bedeutung verwendete Begriff des »Angriffsfaktors«[19]. Unter ihm verstehen die meisten Oberlandesgerichte nicht mehr einen auf bestimmte Umsatz-

---

16 Zu dieser des näheren OLG Hamburg WRP 1974, 499 und WRP 1982, 592; OLG Frankfurt WRP 1974, 100, 101; WRP 1975, 164 und 1981, 221; OLG Celle NdsRpfl. 1975, 248, 249; Köln WRP 1977, 49; OLG Koblenz WRP 1981, 333, 334; OLG Stuttgart WRP 1980, 582; w. N. in Fn. 10; zu weitgehend dagegen OLG München WRP 1977, 54 und 277.

17 So BGH GRUR 1977, 748, 749 = WRP 1977, 568 – Kaffee-Verlosung II (unter ausdrücklicher Ablehnung der Überschätzung der Parteiangabe durch OLG München WRP 1977, 277); vgl. ferner BGH GRUR 1986, 93 – Berufungssumme sowie die OLG-Entscheidungen in der letzten Fußnote; ferner Großkomm/*Jestaedt*, aaO., Rdn. 8.

18 Vgl. OLG München WRP 1972, 397; OLG Hamburg WRP 1976, 254; OLG Karlsruhe WRP 1974, 501; OLG Köln, Beschl. v. 22. Oktober 1982 – 6 W 109/82 – und vom 7. Februar 1983 – 6 W 127/82 –, zit. von *Kreft* in *Traub* (S. 149) zu 8.2; vgl. auch *Traub* in *Traub* (S. 139) zu 8.3. Zustimmend *Burmann*, WRP 1973, 508, 511 f. Das OLG Köln (GRUR 1988, 724) hat die Zustimmung der Parteien zu einer bestimmten Streitwertfestsetzung als Verzicht (auch der Prozeßbevollmächtigten) auf eine Beschwerde gegen die Festsetzung angesehen.

19 Vgl. zu Umsatz und Angriffsfaktor auch *Traub*, WRP 1982, 557, 558 mit umfangreichen Rechtsprechungsnachweisen in Fn. 11 sowie neuerdings OLG Oldenburg WRP 1991, 602, 603; ferner die Rechtsprechungsnachweise bei *Traub* unter 8.4 bei den jeweiligen OLG.

49. Kapitel   Der Streitwert der Wettbewerbsverfahren   13–15   49

zahlen bezogenen Erhöhungs- bzw. Reduktionsfaktor[20], sondern eher ein Synonym für die Gefährlichkeit der zu unterbindenden Verstöße für den Verletzten[21].

Kriterien der Gefährlichkeit sind Unternehmensgröße, insbesondere der Umsatz des   13
Verletzers, Massivität (Intensität und/oder Dauer) sowie (direkte) Zielrichtung des Verletzungsangriffs, räumliche bzw. geographische Nähe zwischen Verletzer und Verletztem[21], aber auch die Auffälligkeit, mit der Verletzungshandlungen in die Öffentlichkeit treten (BGH aaO.) und die (u. a. dadurch) bewirkte Gefahr ihrer Nachahmung durch Dritte[22].

All dies darf jedoch nicht – wie es gelegentlich geschieht – nur mit unmittelbarem   14
Bezug auf die begangene Handlung festgestellt werden. Entscheidend für das Klägerinteresse ist nicht – jedenfalls nicht unmittelbar, sondern allenfalls indiziell – die Gefährlichkeit der begangenen Handlung[23], sondern das Ausmaß der Gefahr, die von den Wiederholungshandlungen ausgeht[24]; denn das Verbot ist in die Zukunft gerichtet, das Interesse an seiner Wirkung also ebenfalls ausschließlich zukunftsbezogen[25]. Für seine Bestimmung kann es also auch auf andere, von der begangenen Handlung weitgehend unabhängige Gefährlichkeitskriterien ankommen, etwa auf den Grad der Wiederholungsgefahr[26] bzw. die Wahrscheinlichkeit und Häufigkeit weiterer künftiger Verstöße. Mit Recht haben mehrere Oberlandesgerichte[27] daher den Streitwert dann niedriger angesetzt, wenn bereits Unterlassungstitel anderer Verletzter gegen denselben Verletzer vorlagen und die Gefahr von Wiederholungen vermindert erscheinen ließen.

Auch beim Verletzerumsatz und anderen Kriterien kann es auf künftige Verhältnisse   15
bzw. Entwicklungen ankommen: Hat ein (noch) umsatzschwaches Unternehmen eine bestimmte Verletzungshandlung begangen, ist es aber in starker Expansion begriffen, so ist für die Gefährlichkeit künftiger Verstöße nicht auf die augenblickliche Umsatz-

---

20 So aber *Schramm*, aaO., S. 106; einschränkend wohl auch noch *Traub*, aaO., der aber selbst (in Fn. 13) unterschiedliche Interpretationen als »Spiel mit Worten« bezeichnet.
21 Vgl. dazu BGH GRUR 1990, 1052, 1053 – Streitwertbemessung sowie die zahlreichen OLG-Entscheidungen, die von den verschiedenen Autoren bei *Traub* jeweils zum Stichwort »Angriffsfaktor« zu 8.4 erwähnt und teilweise zitiert sind; ebenso *Pastor*, S. 932. Zur Rolle der Unternehmensgröße und Gefährlichkeit der Verletzungshandlung des näheren auch Großkomm/*Jestaedt*, Vor §§ 23 a, 23 b UWG, Rdn. 12, und *Burmann*, WRP 1973, 508, 513 f.
22 BGH GRUR 1968, 106, 107 = WRP 1967, 405 – Ratio-Markt; BGH GRUR 1977, 748, 749 = WRP 1977, 568 – Kaffee-Verlosung II.
23 Insoweit ungenau BGH GRUR 1990, 1052, 1053 – Streitwertbemessung; *Pastor*, S. 928, und *Burmann*, WRP 1973, 508, 510.
24 So zutreffend OLG Hamburg WRP 1974, 498; Großkomm/*Jestaedt*, aaO., Rdn. 13; *Radandt*, WRP 1975, 137, 138.
25 Das sieht *Pastor* (S. 933, Fn. 41) bei seinem Hinweis auf § 4 ZPO nicht richtig: Nach dieser Vorschrift kommt es entgegen seiner Meinung nicht auf den gegenwärtigen »Zustand«, sondern auf das gegenwärtige Interesse des Klägers an, für das natürlich durchaus auch absehbare künftige Entwicklungen maßgeblich sein können; zutreffend dagegen Großkomm/*Jestaedt*, aaO., u. *Baumbach/Hefermehl*, Einl. UWG, Rdn. 511.
26 So zutreffend OLG Stuttgart WRP 1978, 481; wiederum unzutreffend *Pastor*, S. 930.
27 Vgl. z. B. OLG Frankfurt WRP 1974, 630, 631; WRP 1982, 294 (L.); WRP 1982, 335, 337 und WRP 1983, 523 (L.); OLG München WRP 1975, 46, 47; OLG Stuttgart zit. bei *Traub* zu 8.4.3; OLG Koblenz zit. bei *Traub* zu 8.1.5; zustimmend Großkomm/*Jestaedt*, aaO., Rdn. 14, u. *Nordemann*, Rdn. 637; a. A. allerdings OLG Karlsruhe WRP 1981, 407 und dasselbe Gericht nach Traub zu 8.4.3.

höhe, sondern auf den u. U. weitaus höheren Umsatz in naher Zukunft abzustellen[28]. Umgekehrt kann es sein, wenn ein bei der Verletzungshandlung umsatzstarkes Unternehmen inzwischen große Teile seines Filialnetzes veräußert hat oder sich gar in Liquidation oder in Konkurs befindet[29].

16 Für die Prognose künftiger Gefährlichkeit spielen aber selbstverständlich die Umstände der begangenen Handlung eine ganz erhebliche indizielle Rolle. Zu ihnen gehören auch subjektive Umstände auf seiten des Verletzers, erhöhend etwa Vorsatz, besondere Bedenkenlosigkeit oder gar Unverfrorenheit bei der Begehung[30], mindernd etwa Schuldlosigkeit oder nur leichte Fahrlässigkeit[31]; konkrete Anhaltspunkte für Einsicht und Wohlverhalten[32], zu denen aber bloß verbale Ankündigungen künftigen Wohlverhaltens nicht zu zählen sein dürften[33] (vgl. zu allem – zustimmend – auch Großkomm/*Jestaedt*, Vor §§ 23 a, 23 b UWG, Rdn. 16 u. 17).

17 Regelstreitwerte sind – so groß das praktische Bedürfnis dafür auch sein mag[34] – mit der Vorschrift des § 3 ZPO schwerlich in Einklang zu bringen[35]. Die Meinungen dazu sind demgemäß mit Recht – wenngleich mit gewissen Einschränkungen[36] und sogar Ausnahmen[37] – überwiegend ablehnend[38]. Nicht ausgeschlossen, sondern im Gegenteil sogar geboten[39] ist dagegen, daß die Gerichte sich bei der Bewertung der jeweiligen Einzelumstände an ihrer eigenen Rechtsprechung sowie an der anderer Gerichte orientieren.

18 b) Die Verfolgung wettbewerbsrechtlicher Unterlassungsansprüche liegt oft nicht nur im Interesse desjenigen, der das Verfahren betreibt. Schon das Vorgehen eines

---

28 So zum sog. Aufstiegsbetrieb OLG Frankfurt JurBüro 1976, 1249; ebenso jetzt Großkomm/*Jestaedt*, aaO., Rdn. 15.
29 Das OLG Stuttgart hat im Urt. v. 11. April 1980 – 2 U 180/79 –, zit. bei *Traub* zu 8.4.4, als streitwertmindernd angesehen, daß der verklagte Fahrschulinhaber seine Fahrschule zwischenzeitlich verkauft hatte.
30 OLG Frankfurt WRP 1973, 646, 647.
31 OLG Frankfurt WRP 1976, 109; JurBüro 1983, 1249.
32 OLG Stuttgart WRP 1978, 481.
33 Insoweit zutreffend OLG Stuttgart WRP 1980, 105; dagegen erscheinen mir die bei *Traub* zu 8.4.4 zitierten Beschlüsse desselben Gerichts WRP 1977, 512; 2 W 37/77; 2 W 42/76 und 2 W 4/80 fragwürdig, weil zu großzügig bei der Berücksichtigung vermeintlicher Reduzierungsgründe.
34 Vgl. *Pastor*, S. 957 f.; OLG Koblenz WRP 1981, 159; OLG Oldenburg WRP 1991, 602, 603.
35 So zutreffend *Ulrich*, GRUR 1984, 177, 184, der aber auf S. 187 dann doch für Regelstreitwerte bei besonderen Grundfällen plädiert, weil dem »Schmerzenskind« (aaO., S. 184) Wertfestsetzung anders kaum beizukommen sei.
36 Das OLG Karlsruhe erkennt nach *Traub* zu 8.18 »Vorstellungen von Regelstreitwerten« bei den Parteien an.
37 So z. B. für bestimmte Fälle OLG Hamburg WRP 1976, 505; 1978, 141; allgemein für Regelstreitwerte OLG Koblenz WRP 1981, 159 (erläuternd dazu *Ulrich*, aaO.,) sowie GRUR 1989, 764 u. bei *Traub* zu 8.18.
38 OLG Köln bei *Traub* zu 8.18; OLG Stuttgart bei *Traub* zu 8.18; im einzelnen vgl. *Ulrich*, GRUR 1984, 177, 183 f. A. A. – d. h. für Regelstreitwerte – *Pastor*, S. 958 u. – mit eingehender Begründung – OLG Oldenburg WRP 1991, 602, 603; ferner OLG Koblenz bei *Traub* zu 8.18.
39 BGH GRUR 1977, 748, 749 = WRP 1977, 568 – Kaffee-Verlosung II.

49. Kapitel Der Streitwert der Wettbewerbsverfahren

selbst betroffenen Wettbewerbers kann objektiv (u. U. aber auch subjektiv) zugleich Interessen anderer, wie etwa der Mitbewerber, des Publikums etc., dienen. Erst recht gilt das beim Vorgehen eines nur fiktiv betroffenen, aber nach § 13 Abs. 2 Nr. 1 UWG klageberechtigten Konkurrenten und insbesondere bei dem eines Verbandes oder Vereins, da hier oft nur ein geringes oder überhaupt kein unmittelbares eigenes wirtschaftliches Interesse an der Unterlassung zu bestehen scheint, sondern mehr oder gar ausschließlich Interessen Dritter oder der Allgemeinheit auf dem Spiel stehen. Daher stellt sich regelmäßig die Frage, ob und wieweit solche Drittinteressen in die Streitwertfestsetzung einfließen dürfen.

Grundsätzlich kann bei vermögensrechtlichen Streitigkeiten das Interesse Dritter am Ausgang des Rechtsstreits bei der Wertfestsetzung nicht berücksichtigt werden[40]. Die gelegentlich vertretene Auffassung, auch bei Klagen unmittelbar betroffener oder auch nur über § 13 Abs. 2 Nr. 1 UWG klagebefugter Wettbewerber sei neben deren Interesse auch das betroffener Mitbewerber[41] oder das »Interesse der Allgemeinheit an der Reinhaltung des Wettbewerbs«[42] zu berücksichtigen, ist mit diesem Grundsatz unvereinbar.

Dem steht nicht entgegen, daß solche Drittinteressen beim gerichtlichen Vorgehen von Vereinen bzw. Verbänden i. S. des § 13 Abs. 2 Nr. 2–4 UWG (im folgenden vereinfachend nur noch »Verbände« genannt) nach ganz allgemeiner Meinung[43] in die Streitwertbemessung einbezogen werden. Hier werden nämlich – was der Bundesgerichtshof im Kaffee-Verlosung-II-Urteil klargestellt hat[44] – die Drittinteressen kraft Satzung (und Funktion) des Verbandes zu dessen eigenem Interesse und damit berücksichtigungsfähig. Bei der Bewertung dieses Interesses wird nach Art und jeweiliger Zielsetzung des vorgehenden Verbandes unterschieden. Handelt es sich um einen Verband zur Wahrnehmung konkreter Mitgliederinteressen – also etwa einen Zusammenschluß von Unternehmen einer bestimmten Branche, einen Berufs- oder Fachverband o. ä. – so soll nach der vom Bundesgerichtshof[45] als »allgemeine Ansicht« bezeichneten, inzwischen aber in erheblichem Umfang – und mit triftigen Gründen – kritisierten[46] herrschenden Meinung die Summe der Interessen aller Mitglieder maßgeblich

---

40 BGH GRUR 1977, 748, 749 = WRP 1977, 568 – Kaffee-Verlosung II; Großkomm/*Jestaedt*, Vor §§ 23 a, 23 b UWG, Rdn. 19.
41 So *Burmann*, WRP 1975, 508, 511 unter b.
42 OLG Celle WRP 1975, 248 f., nach Traub zu 8.2.3 in st. Rspr.
43 Vgl. BGH GRUR 1968, 106, 107 = WRP 1967, 405 – Ratio-Markt I; BGH GRUR 1977, 748, 749 – WRP 1977, 568 – Kaffee-Verlosung II; BGH GRUR 1990, 1052, 1053 – Streitwertbemessung; *v. Gamm*, UWG, § 23 a, Rdn. 5; *Baumbach/Hefermehl*, Einl. UWG, Rdn. 514 f.; Großkomm/*Jestaedt*, aaO., Rdn. 20 ff.
44 GRUR 1977, 748, 749 = WRP 1977, 568 – Kaffee-Verlosung II; ebenso *Pastor*, S. 937.
45 BGH GRUR 1968, 106, 107 = WRP 1967, 405 – Ratio-Markt I.
46 Vgl. Großkomm/*Jestaedt*, aaO., Rdn. 25; *Pastor*, S. 937; *Nirk/Kurtze*, Rdn. 146, und *Baumbach/Hefermehl*, Einl. UWG, Rdn. 515; besonders aber *Traub*, WRP 1982, 557, 559 f.; gegen eine Interessenaddition auch OLG Frankfurt WRP 1974, 115; 1974, 630, 631 und JurBüro 1982, 909; KG WRP 1975, 343 f.; wohl auch *Nordemann*, Rdn. 639 in Fn. 19.

sein, zu der manche Gerichte und Autoren[47] noch einen Zuschlag wegen mitbetroffener Interessen der Nichtmitglieder machen wollen[48].

21 Dagegen ist – nach insoweit ganz herrschender Meinung[49] – bei gemeinnützigen Vereinen, zu denen auch die Vereine zur Bekämpfung unlauteren Wettbewerbs[50] sowie Verbraucherschutzvereine i. S. des § 13 Abs. 2 Nr. 3 UWG zu zählen sind, das Interesse der Allgemeinheit an der Unterbindung des verfolgten Verstoßes zu schätzen. Etwas anderes kann hier allerdings dann gelten, wenn konkrete wirtschaftliche Interessen einzelner oder mehrerer Mitglieder solcher Verbände in den Vordergrund treten – etwa weil ein Mitglied den Verband zur Verfolgung eines Konkurrentenverstoßes vorschiebt, d. h. ihn zum Vorgehen animiert und dieses Vorgehen auch ganz oder teilweise finanziert[51].

22 Außerdem wird bei der Bemessung teilweise danach unterschieden, ob der Verband ausschließlich ideell interessiert und motiviert ist[52] oder ob sein Vorgehen auch gewerblichen Interessen von Mitgliedern zugute kommt[53].

23 Für die Bemessung des jeweils in Frage stehenden konkreten Interesses kommt es dann weitgehend wieder auf die gleichen Faktoren an wie bei der des Konkurrenteninteresses: Entscheidend ist auch hier die Gefährlichkeit künftiger Verletzungshandlungen, hier allerdings nicht für den Verband als solchen, sondern für diejenigen, in deren Interesse er handelt. Daß hier die Umsetzung dieses – noch weit schwerer bestimmbaren – Interesses (insbesondere das der Allgemeinheit) in einen Geldbetrag noch größere Schwierigkeiten bereitet als beim Vorgehen betroffener Konkurrenten, liegt auf der Hand (so jetzt auch Großkomm/*Jestaedt*, aaO., Rdn. 26).

---

47 *v. Gamm*, UWG, § 23 a, Rdn. 5; vgl. ferner die Nachweise bei *Traub*, WRP 1982, 557 ff. in Fn. 19, und bei *Nirk/Kurtze*, Rdn. 146, Fn. 210; außerdem OLG Celle in st. Rspr., vgl. schon Fn. 42; a. A. mit Recht *Pastor*, S. 936.

48 Die Kritiker (*Pastor, Nirk/Kurtze, Traub*, KG aaO., vorletzte Fn.) weisen demgegenüber zu Recht darauf hin, daß diese Verbände gerade wegen ihres Charakters und ihrer Funktion ein eigenes Interesse an der Rechtsverfolgung haben, das jeweils nach den Gegebenheiten des Einzelfalls selbständig geschätzt werden muß und regelmäßig zwar höher als das Interesse eines einzelnen Mitglieds bzw. individuellen Wettbewerbers (so auch OLG Frankfurt WRP 1974, 630, 631 und JurBüro 1982, 909), aber ebenso regelmäßig auch nicht gleich der Summe der Interessen aller Mitglieder (zu den Gründen vgl. *Traub*, aaO., S. 559 unter 3 und 4) sein wird. Ähnlich modifizierend OLG Karlsruhe WRP 1983, 697, 698; Großkomm/*Jestaedt*, aaO., Rdn. 25, u. *Baumbach/Hefermehl*, Einl. UWG, Rdn. 515.

49 BGH Kaffee-Verlosung II aaO.; Großkomm/*Jestaedt*, Vor §§ 23 a, 23 b UWG, Rdn. 21; *Baumbach/Hefermehl*, Einl. UWG, Rdn. 514; *v. Gamm*, UWG, § 23 a, Rdn. 5; OLG Düsseldorf WRP 1969, 163 und WRP 1971, 483; OLG Köln WRP 1977, 49; OLG Bremen WRP 1979, 792, 793.

50 Auch dann, wenn sie von Gewerbetreibenden gegründet und getragen werden, sofern es sich um solche verschiedener Branchen handelt; BGH – Ratio-Markt I aaO. (Fn. 45).

51 Vgl. BGH GRUR 1968, 106, 107 = WRP 1967, 405 – Ratio-Markt I; OLG Köln WRP 1977, 207, 208 mit Anm. *Bürglen*; Großkomm/*Jestaedt*, aaO., Rdn. 24.

52 Für diesen Fall wird teilweise eine niedrigere Bemessung befürwortet; vgl. OLG Hamburg WRP 1974, 499; OLG Frankfurt WRP 1974, 630; OLG Köln WRP 1977, 49; OLG Bremen WRP 1979, 792, 793; *Pastor*, S. 938; *Nordemann*, Rdn. 640. Bedenken dagegen bei *Nirk/Kurtze*, Rdn. 148.

53 OLG Köln aaO.; *Nirk/Kurtze*, Rdn. 149.

49. Kapitel Der Streitwert der Wettbewerbsverfahren   24–27 **49**

c) Streitwertbemessung bei mehreren Klägern   24

Klagen verschiedene Verletzte, Mitbewerber oder Verbände in einem Verfahren, so bestimmt sich der Streitwert dieses Verfahrens nicht nach der Summe der Interessen der Beteiligten, weil deren Ansprüche teilweise identisch sind; vielmehr ist vom (höchsten) Interesse eines der Kläger auszugehen und für jeden weiteren Kläger ein Zuschlag in der Höhe zu machen, die seinem Interesse daran entspricht, den titulierten Anspruch ggf. selbständig geltendmachen zu können (OLG Stuttgart WRP 1988, 632, Ls.).

d) Besonderheiten des Streitwerts der einstweiligen Verfügung   25

Außerhalb des Wettbewerbsrechts steht es gänzlich außer Frage, daß der Streitwert eines nur auf vorläufige Sicherung gerichteten summarischen Verfahrens nicht mit dem des Hauptsacheverfahrens gleichgesetzt werden kann, sondern regelmäßig niedriger anzusetzen ist.
   Bei der wettbewerblichen Unterlassungsverfügung stellt sich die Lage jedoch komplizierter dar.   26
   Ganz überwiegend wird zwar auch hier die Meinung vertreten, daß der Wert des einstweiligen Verfügungsverfahrens – jedenfalls im Regelfall – niedriger als der der Hauptsache zu bewerten sei[54]. Soweit dem teilweise der »Grundsatz« der Gleichbewertung entgegengesetzt wird[55], ist dies mit den gesetzlichen Bestimmungen der §§ 3 und 4 ZPO schlicht unvereinbar; denn nach diesen Vorschriften sind nach billigem Ermessen alle jeweiligen Umstände des Streits zu berücksichtigen, und daß diese sich bei Hauptsache- und Verfügungsverfahren im maßgeblichen Zeitpunkt der Einreichung (§ 4 ZPO) regelmäßig unterschiedlich darstellen[56], wird ernstlich kaum zu bezweifeln sein (so auch Großkomm/*Jestaedt*, aaO., Rdn. 30).
   Ähnlichen Bedenken begegnet aber auch die in der neueren OLG-Rechtsprechung 27
um sich greifende Tendenz, den Streitwert des Verfügungsverfahrens dem des Hauptsacheverfahrens wenigstens in den Fällen gleichzusetzen, in denen das Verfügungsverfah-

---

54 OLG Frankfurt GRUR 1959, 54; WRP 1981, 221; OLG Koblenz WRP 1969, 166 f. und WRP 1981, 159, 160; KG WRP 1977, 793 (L.); WRP 1982, 157 u. WRP 1987, 469; OLG Bremen WRP 1979, 792, 793; OLG Köln (17. Zs.) GRUR 1988, 725, 726; OLG Oldenburg WRP 1991, 602, 604; *v. Gamm*, UWG, § 23 a, Rdn. 3; vgl. ferner die Übersichten bei *Nirk/ Kurtze*, Rdn. 145, und *Nordemann*, Rdn. 638.
55 So *Pastor*, S. 397 (bei ihm noch einigermaßen erklärbar aus seinem besonderen – von dem der h. M. abweichenden, aber nicht haltbaren – Streitgegenstandsbegriff); ferner OLG Hamburg in »ständiger Rechtsprechung« (vgl. WRP 1980, 209, 213 a. E.; WRP 1981, 470, 473); ferner *Ahrens* in Anm. zu OLG Köln GRUR 1988, 724 auf S. 727, einer Entscheidung des Kostensenats des OLG Köln. Der Wettbewerbsenat des OLG Köln hat bis 1988 ebenfalls den Gleichsetzungsgrundsatz vertreten (vgl. etwa WRP 1984, 169 m. w. N.), ihn dann aber als Grundsatz aufgegeben (vgl. bei *Traub* zu 8.10 a. E.); zur nunmehr modifizierten Form seiner Auffassung vgl. nachfolgend Rdn. 27 mit Fn. 57.
56 Diese Unterschiede müssen nicht immer ermäßigend für den Verfügungsstreitwert sprechen. So kann z. B. das Interesse an einer eiligen Entscheidung durchaus auch werterhöhend beurteilt werden und im Einzelfall die Wertminderung des nur vorläufigen Rechtsschutzes auszugleichen geeignet sein; das kann aber jeweils nur Ergebnis einer Einzelfallwürdigung sein, nicht aber eine schematische Gleichsetzung der Streitwerte rechtfertigen.

ren schon zur vollen Befriedigung des Verletzten, nämlich zu einer endgültigen Streitbereinigung, sei es durch Unterwerfung, sei es durch eine Abschlußerklärung, geführt hat[57]. Hier wird nämlich ersichtlich die Vorschrift des § 4 ZPO außer acht gelassen: Maßgeblich ist das Interesse des Antragstellers im Zeitpunkt der Antragstellung. Zu diesem Zeitpunkt ist es in der Regel überhaupt nicht absehbar, ob es zu einer abschließenden Regelung im Verfügungsverfahren kommen wird, was deutlich würde, wenn die Gerichte immer – wie es an sich geboten wäre – den Streitwert sogleich im Anfangsstadium des Verfahrens festsetzten. Die Berücksichtigung späterer Entwicklungen wird für den Gebührenstreitwert zwar durch § 15 Abs. 1 GKG grundsätzlich eröffnet, jedoch lediglich bis zum Zeitpunkt der Beendigung der Instanz. Auch zu diesem Zeitpunkt ist jedoch im Regelfall die Möglichkeit einer Abschlußerklärung oder anderweiten Hinnahme der Beschlußentscheidung nicht absehbar. Die Berücksichtigung noch späterer Entwicklungen in einer ex post-Betrachtung ist – auch nach § 15 Abs. 1 GKG – nicht zulässig. Ex ante kann aber allenfalls eine gewisse Chance, die jedem Verfügungsverfahren zur endgültigen Streitbereinigung innewohnt, bei der Schätzung berücksichtigt werden[58], nicht jedoch die Gewißheit einer solchen Streitbereinigung.

28 Ist somit auf den Zeitpunkt der Einreichung des Verfügungsantrags oder allenfalls auf das Ende der Instanz abzustellen, so steht auch hier wiederum außer Frage, daß die Interessenlage des Antragstellers eine vielfältig andere ist als die bei der Klageerhebung, und zwar auch, aber nicht nur wegen der Verjährungsunterbrechungswirkung allein der letzteren, auf die die Kritiker der neuen Tendenz mit Recht hinweisen[59].

29 Regelmäßig ist somit der Streitwert des Verfügungsverfahrens auch bei der wettbewerblichen einstweiligen Verfügung niedriger anzusetzen als der des Hauptsacheverfahrens. In gewissem Umfang wird der geringere Wert des nur vorläufigen Titels für den Kläger allerdings auch aus dem maßgeblichen Blickwinkel des Verfahrensanfangs durch die Schnelligkeit der Erwirkbarkeit dieses Titels kompensierbar sein. Keinesfalls kann dies aber zu einer mehr oder weniger schematischen oder gar »grundsätzlichen« Gleichsetzung der Werte führen[60].

3. Der Streitwert anderer wettbewerblicher Verfahren

30 Bei den anderen Verfahren (Beseitigung, Auskunft, Schadensersatzfeststellung) sind die wettbewerbsrechtlichen Besonderheiten weniger ausgeprägt, so daß hier weitgehend auf die allgemeine Prozeßliteratur und deren Rechtsprechungsnachweise verwiesen werden kann. Lediglich einige Punkte seien besonders hervorgehoben:

---

57 Vgl. OLG Celle, Beschl. v. 13. November 1978 – 13 W 72/78 – und vom 16. Januar 1980 – 13 W 100/79 –, zit. bei *Traub* zu 8.10; OLG Frankfurt WRP 1981, 221; OLG Karlsruhe (nach *Traub*, zu 8.10); OLG Oldenburg, Beschl. v. 22. 1. 1985 – 1 W 3/85 – zitiert von *Burckhardt*, WRP 1987, 718, 720 und bei *Traub* zu 8.10; OLG Köln bei *Traub* unter 8.10 a. E., immerhin schon die noch krassere (und unrichtigere) frühere Rechtsprechung einschränkend; OLG München WRP 1985, 661, 662; zust. HdbWR/*Spätgens*, § 81, Rdn. 35.
58 So im Ansatz zutreffend, aber mit viel zu weitgehenden Folgerungen, *Ahrens* in seiner Anm. zu OLG Köln (17. Zs.) GRUR 1988, 724 auf S. 727.
59 Vgl. KG WRP 1982, 157; OLG Oldenburg WRP 1991, 602, 604; *Nordemann*, Rdn. 638.
60 So zutreffend OLG Karlsruhe (Freiburg) WRP 1981, 405, 406; Großkomm/*Jestaedt*, aaO., Rdn. 30.

a) Anträge auf Beseitigungsmaßnahmen haben ihren eigenen Streitwert, gleichgültig, 31
ob sie selbständig oder i. V. mit einem Unterlassungsantrag gestellt werden, dessen
Verwirklichung ohne Beseitigung gar nicht möglich wäre[61], denn der Beseitigungstitel
ermöglicht auch dann – und nur dann[62] – ein zusätzliches Vorgehen im Wege der
Zwangsvollstreckung nach §§ 887, 888 ZPO. Der Wert ist nach dem Beseitigungsinteresse des Klägers zu schätzen, wobei sich ähnliche Bewertungsschwierigkeiten ergeben
können wie beim Unterlassungsbegehren. Wie wenig sich hier in allgemeinen Grundsätzen ausdrücken läßt, zeigt schon die (in Kap. 24–26 aufgezeigte) Vielfalt denkbarer
Beseitigungsmaßnahmen. Regelmäßig wird der Streitwert jedoch niedriger sein als der
des gleichgerichteten Unterlassungsantrags (*Baumbach/Hefermehl* u. Großkomm/*Jestaedt*, aaO.).

b) Bei der Schadensersatzfeststellungsklage geht es um die Bewertung des Interesses 32
des Geschädigten an einer die Verjährung unterbrechenden Feststellung, daß ihm ein
Schaden entstanden ist. Selbstverständlich ist dieses Interesse – insoweit ist *Pastor*
(S. 952 f.) zuzustimmen – nicht ohne weiteres als Prozentsatz des »Schadens« bestimmbar, da dieser noch unbekannt ist. Ebenso selbstverständlich ist das Interesse aber
in seinem Ausmaß (und damit auch der Streitwert) abhängig von der Höhe des Risikos
eines Schadenseintritts (vgl. BGH NJW-RR 1991, 509 = WM 1991, 657) und von der
voraussichtlichen, mutmaßlichen (ungefähren) Schadenshöhe. Insoweit kann *Pastors*
These (S. 953), der Schadensersatzfeststellungsstreitwert brauche nicht hoch zu sein,
sondern sei als »von dem unbekannten Hauptanspruch unabhängiger Betrag anzusetzen« (ähnlich wohl auch *Nirk/Kurtze*, Rdn. 150), keinesfalls gefolgt werden. Mag die
voraussichtliche Schadenshöhe auch nicht exakt bestimmbar sein, so kann und muß
doch versucht werden, sie anhand gegebener Kriterien in etwa abzuschätzen. Dabei
bieten sich teilweise ähnliche Maßstäbe an wie bei der Beurteilung des Unterlassungsanspruchs: Auch hier können die Betriebsgröße der Beteiligten und die Art und Gefährlichkeit der Verletzungshandlung Anhaltspunkte für die möglichen schädigenden Auswirkungen ergeben. Im Hinblick auf diese Teilübereinstimmung der Kriterien wird
vielfach – und nicht ganz ohne sachliche Rechtfertigung – versucht, den Streitwert des
Feststellungsanspruchs als Bruchteil des Wertes des aus derselben Verletzungshandlung
resultierenden Unterlassungsanspruchs, zu definieren[63], wobei Schwankungen zwischen 1/10 bis 1/2 vorkommen, 1/5 bis 1/4 aber die Regel bilden (ebenso jetzt auch Großkomm/*Jestaedt*, aaO., Rdn. 33).

Auch hier darf jedoch nicht schematisch verfahren werden. Es sind ohne weiteres 33
Fälle denkbar, in denen der Wert des Feststellungsanspruchs den des Unterlassungsanspruchs erreicht oder gar überschreitet – etwa wenn nach einer grob schädigenden Verletzungshandlung der Schädiger den Betrieb einstellt und/oder bereits auf das Vorgehen
anderer Verletzter hin mehrfach zur Unterlassung verurteilt ist und dadurch wohl die

---

61 *Baumbach/Hefermehl*, Einl. UWG, Rdn. 520; Großkomm/*Jestaedt*, Vor §§ 23 a, 23 b, UWG, Rdn. 31, jeweils m. w. N.
62 Bestritten, vgl. Kap. 57, Rdn. 1, sowie *Teplitzky*, WRP 1984, 365, 367; a. A. z. B. *Lindacher*, GRUR 1985, 423, 425 ff.
63 Vgl. z. B. die bei Traub zu 8.24 zitierten Entscheidungen des OLG Frankfurt und die bei Traub zu 8.24 erwähnte Rechtsprechung der OLG Hamburg und Karlsruhe; ferner OLG Köln nach Traub zu 8.25; *v. Gamm*, UWG, § 23 a, Rdn. 6.

Gefahr künftiger Verletzungen, nicht aber der entstehende Schaden vermindert worden ist.

34 Künftige Schadensentwicklungsmöglichkeiten sind zu berücksichtigen, soweit sie im Zeitpunkt der Klageerhebung erkennbar sind; so kann und muß bei der Fälschung einer berühmten Marke auch beim Verkauf nur weniger Stücke der Ware mit einem nicht unbeträchtlichen Marktverwirrungsschaden gerechnet werden[64]; in einer Zeit, in der Markenpiraterie auf erhebliches Medieninteresse stößt, braucht nur durch Zufall eine Zeitung oder Zeitschrift den Vorfall aufzugreifen, und der zunächst geringfügig erscheinende Schaden kann unermeßlich groß werden.

35 Für eigene Wertangaben der klagenden Partei gilt hier das gleiche wie beim Unterlassungsverfahren. Geht der Kläger im Laufe des Verfahrens zu einer bezifferten Leistungsklage über, so berührt deren Höhe zwar den Streitwert der zunächst erhobenen Feststellungsklage nicht unmittelbar; sie erlaubt aber Rückschlüsse auch auf das Feststellungsinteresse und darf deshalb nicht einfach unbeachtet bleiben[64].

36 c) Bei der negativen Feststellungsklage entspricht der Streitwert dem Wert des Anspruchs, dessen sich der Gegner berühmt (Großkomm/*Jestaedt*, Vor §§ 23 a, 23 b UWG, Rdn. 35; *Baumbach/Hefermehl*, Einl. UWG, Rdn. 513).

37 d) Der Auskunfts- und Rechnungslegungsanspruch wird als Hilfsanspruch des Schadensersatzanspruches regelmäßig als Bruchteil (10–50 %, meist ⅕ bis ⅓) des Wertes des Schadensersatzfeststellungsanspruchs angenommen[65]. Er ist jedoch getrennt von diesem zu bewerten und – außer im Fall der Stufenklage nach § 254 ZPO für den Gebührenstreitwert, § 18 GKG – nicht im Hauptanspruch enthalten[66]. Teils, vor allem dann, wenn kein Feststellungsanspruch geltend gemacht wird, wird als unmittelbare Anknüpfung für eine Bruchteilsbewertung auch der Wert des Unterlassungsanspruchs gewählt[67], wobei meist 5 % bis maximal 10 % angesetzt werden.

Auch hier findet die These *Pastors* (S. 949), der Auskunftsanspruch »erfordere keinen hohen Streitwert«, im Gesetz keine Stütze. Es kommt ebenso wie beim Schadensersatzfeststellungsanspruch auf die Umstände des Einzelfalls an, die bei allen Schematisierungsversuchen – so verständlich und im Interesse einer gewissen Vorausberechenbarkeit auch sinnvoll diese sein mögen – nicht aus dem Auge verloren werden dürfen; (so jetzt auch Großkomm/*Jestaedt*, Vor §§ 23 a, 23 b UWG, Rdn. 40). Selbstverständlich kann beispielsweise ein Auskunftsanspruch, der dem Berechtigten lediglich noch einige für eine exakte Schadensberechnung erforderliche Zusatzinformationen bringen soll, auch bei ein und derselben Verletzungshandlung nicht in gleicher Weise bemessen werden wie ein anderer, der überhaupt erst alle Berechnungsgrundlagen für den Schadensersatz ergeben soll.

38 In der Regel – allerdings auch dies nicht ausnahmslos – wird der Streitwert eines Auskunftsanspruchs geringer einzuschätzen sein als der eines Rechnungslegungsanspruchs.

---

64 BGH GRUR 1986, 93, 94 – Berufungssumme.
65 OLG Frankfurt GRUR 1955, 450; Düsseldorf WRP 1971, 483; referierend auch *Pastor*, S. 948.
66 *v. Gamm*, UWG, § 23 a, Rdn. 6; Großkomm/*Jestaedt*, Vor §§ 23 a, 23 b UWG, Rdn. 37.
67 Vgl. *Nirk/Kurtze*, Rdn. 151; *Pastor*, S. 949.

Handelt es sich um einen selbständigen, d. h. nicht als Hilfsanspruch geltend gemachten Auskunftsanspruch[68] – etwa gerichtet auf Mitteilung der Namen und Adressen von Lieferanten vertriebsgebundener Ware –, so ist der Wert am Interesse des Klägers an dieser Mitteilung auszurichten; er ist dann – weil er unmittelbar der Erhaltung eines Vertriebsbindungssystems dient – höher anzusetzen als ein bloßer Vorbereitungsanspruch[69].

e) Im Vollstreckungsverfahren ist als Streitwert weder der beantragte noch der festgesetzte Ordnungsgeldbetrag[70] anzusetzen. Der Streitwert ist vielmehr nach dem Interesse des Gläubigers an der Vollstreckung zu schätzen[71], das von den Umständen des Einzelfalles – insbesondere der Schwere des Verstoßes, der Gefahr weiterer Wiederholungen, subjektiven Elementen des Schuldners (Vorsatz) u. ä. – abhängt[72]. Dieses Interesse wird zwar in der Regel geringer sein als das an der Erlangung des Vollstreckungstitels[73]; es steht mit diesem – und damit mit dem Streitwert des Erkenntnisverfahrens – jedoch in keiner festen Beziehung, sondern allenfalls in einem losen, entfernten Zusammenhang, so daß sich im Einzelfalle eine lockere Orientierung an jenem Interesse[74], nicht aber eine feste Anbindung in Form eines gleichbleibenden Bruchteils des Streitwerts des Erkenntnisverfahrens, etwa gar als »Regelstreitwert«[75], rechtfertigt[76]. Denn eine solche vernachlässigt gröblich die maßgeblichen Bemessungsfaktoren des jeweiligen konkreten Verletzungsfalls (näher dazu Kap. 57, Rdn. 34).

IV. Der Streitwert nach Erledigung der Hauptsache

1. Erklären die Parteien die Hauptsache übereinstimmend für erledigt, so entspricht von diesem Zeitpunkt ab der Streitwert der Höhe der Kosten.

---

68 Vgl. dazu Kap. 38, Rdn. 33–35.
69 OLG Köln GRUR 1969, 567, 568; *Pastor,* S. 947.
70 Bei Beschwerden gegen einen Festsetzungsbeschluß bildet der festgesetzte Betrag allerdings regelmäßig den Streitwert (OLG Frankfurt WRP 1975, 366, 367; OLG Stuttgart WRP 1980, 359), mindestens aber dessen unterste Grenze; andere werterhöhende Faktoren – etwa gleichzeitiges Infragestellen der Tragweite des Vollstreckungstitels – können aber auch hier berücksichtigt werden; vgl. OLG Düsseldorf WRP 1977, 195.
71 Allgemeine Meinung; vgl. *Pastor,* UV, S. 146; *Baumbach/Hefermehl,* Einl. UWG, Rdn. 524; Großkomm/*Jestaedt,* aaO., Rdn. 46, sämtl. m. w. N.
72 OLG Koblenz bei *Traub* zu 8.30. Zu Einzelheiten vgl. *Pastor,* UV, S. 149 f. m. w. N.; vgl. auch Kap. 57, Rdn. 34.
73 OLG Frankfurt WRP 1973, 646; KG WRP 1975, 444, 445; OLG Stuttgart WRP 1982, 432, 433; *Baumbach/Hefermehl* u. Großkomm/*Jestaedt,* aaO.
74 So dürften wohl die in der letzten Fußnote zitierten Stellen weitgehend zu verstehen sein; soweit sie jedoch die ausgeworfenen Quoten nicht als Ergebnis einer selbständigen, lediglich in etwa am Erkenntnisstreitwert orientierten Schätzung, sondern als Regel verstanden wissen wollen – bei OLG Stuttgart aaO., klingt dies mit der Billigung der Rechtsprechung des OLG Hamburg wohl an –, kann ihnen nicht zugestimmt werden.
75 So aber OLG Hamburg WRP 1982, 592 unter Hinweis auf seine ständige Rechtsprechung u. neuerdings KG WRP 1992, 76; näher (und ablehnend) dazu Kap. 57, Rdn. 34.
76 Vgl. im einzelnen – vollauf zutreffend – *Pastor,* UV, S. 147 f.; ferner OLG Koblenz wie Fn. 72 sowie *Baumbach/Hefermehl* u. Großkomm/*Jestaedt,* aaO.

42   2. Die Frage, ob dies auch für den Fall einer einseitig bleibenden Erledigungserklärung gilt[77] oder ob hier der Streitwert der Hauptsache unverändert bleibt[78] oder ob nunmehr ein Feststellungswert zu schätzen ist[79], ist im Wettbewerbsrecht nicht weniger umstritten als im übrigen Zivilprozeßrecht[80]. Auch der für dieses Gebiet zuständige I. Zivilsenat des Bundesgerichtshofs steht – und zwar bereits seit der unveröffentlichten Entscheidung vom 22. Februar 1952 – I ZR 49/51, Urteilsabdruck S. 6 – auf dem Standpunkt, daß sich bei einer einseitigen Erledigungserklärung der Streitwert regelmäßig auf das Kosteninteresse reduziert. Er hat in neuerer Zeit aber klargestellt, daß dies – wie schon in der Vorauflage, Kap. 46, Rdn. 46 vertreten – auf einer Schätzung des Interesses des Klägers an der Feststellung der Erledigung (gemäß § 3 ZPO) beruht, das im Normalfall in etwa dem Kosteninteresse entsprechen wird (vgl. BGH GRUR 1990, 530, 531 = WRP 1990, 685 – Unterwerfung durch Fernschreiben). In der Rechtsprechung der Instanzgerichte und in der Literatur werden dazu gleichermaßen unterschiedliche Auffassungen vertreten wie außerhalb des Wettbewerbsverfahrensrechts[81].

43   Die – vermutlich auf einem Mißverständnis des vom Bundesgerichtshof ursprünglich nur im Zusammenhang mit § 99 Abs. 1 ZPO und in dessen Sinne besser gebrauchten Begriffs »Hauptsache« beruhende – Meinung, der Streitgegenstand bleibe wegen des aufrecht erhaltenen Klageabweisungsantrags des Beklagten unverändert und damit auch das Interesse des Klägers bei nur einseitiger Erledigung gleich hoch, ist nach meiner Auffassung die bedenklichste. Sie vernachlässigt, daß Streitgegenstand und Interesse sich nach dem Begehren des Klägers, nicht nach dem des Beklagten bestimmen. Daß aber das Begehren des Klägers sich mit der Erklärung der Erledigung nach Zielrichtung,

---

77 So die Rechtsprechung des Bundesgerichtshofs; vgl. grundlegend BGH LM ZPO § 91 a Nr. 13 = NJW 1961, 1210; ferner auch die Nachweise in der selbst von diesem Grundsatz allerdings abweichenden Entscheidung BGH NJW 1982, 768 u. in Großkomm/*Jestaedt*, aaO., Rdn. 43; zustimmend Münchkomm/*Lindacher*, § 91 a ZPO, Rdn. 86, u. Großkomm/*Jacobs*, Vor § 13 UWG, D, Rdn. 290.
78 So die überwiegende Meinung in Literatur und OLG-Rechtsprechung: vgl. gleichfalls die Nachweise BGH LM ZPO § 91 a Nr. 13 = NJW 1961, 1210 sowie bei *Schneider*, Streitwertkommentar, 9. Aufl., Rdn. 1505 ff., insbesondere Rdn. 1518; die Darstellung *Schneiders* ist jedoch ihrerseits schief, weil teils überholt und zu einseitig; seine teils polemisch überspitzten Ausführungen greifen – als Folge der Verkennung der Klage (= Streiwert-)änderung – dogmatisch zu kurz.
79 So etwa *Thomas/Putzo*, § 91 a ZPO, Anm. 13 c m. w. N.
80 Vgl. zum Meinungsstand *Ulrich*, GRUR 1982, 14, 27 u. Großkomm/*Jestaedt*, aaO.
81 Gleicher Meinung wie BGH z. B. OLG Hamburg GRUR 1973, 334; OLG Stuttgart WRP 1981, 631; OLG Koblenz WRP 1982, 352, 353 und OLG Köln WRP 1986, 117; ferner Münchkomm/*Lindacher* u. Großkomm/*Jacobs*, aaO.; im Ergebnis zustimmend auch *Baumbach/Hefermehl*, Einl. UWG, Rdn. 523. Anderer Meinung dagegen z. B. OLG Karlsruhe Die Justiz 1982, 434 u. nach Traub zu 8.9; OLG Celle Beschl. v. 14. Februar 1978 – 13 W 7/84 –, zit. bei *Traub* zu 8.9; OLG Nürnberg, Beschl. v. 23. Januar 1975 – 1 U 93/74 – und vom 28. Januar 1977 – 3 W 1977 –, zit. von *Scholz*, WRP 1984, 594, 597 zu 7. Abweichend auch – wenngleich mit anderer Begründung – OLG Hamm WRP 1976, 488; OLG Düsseldorf WRP 1981, 395; *Pastor*, S. 945.

49. Kapitel Der Streitwert der Wettbewerbsverfahren

Inhalt und Gewicht ändert[82], dürfte wohl nicht ernstlich in Abrede zu stellen sein. Auch wenn man – wie beispielsweise *Leipold*[83] – in der einseitigen Erledigung eine »privilegierte Klagerücknahme« sieht, ändern sich Gegenstand und Interesse, wenn nur noch über das Vorliegen der Privilegierungsvoraussetzungen gestritten wird; denn das ursprüngliche Klageziel, die Verurteilung des Beklagten, kann der Kläger nach seiner Erledigungserklärung nicht mehr erreichen. Damit ändert sich aber – was *Leipold*[84] nicht hinreichend beachtet – auch das Interesse und die Rechtsmittelbeschwer des Beklagten. Zwar bleibt dieser an der Klageabweisung interessiert. Sachlich und wirtschaftlich hat aber die Abweisung ein unterschiedliches Gewicht je nachdem, ob die Klage auf die Verurteilung des Beklagten in der Sache zielt oder nur noch auf die Feststellung, daß diese Sache erledigt (und eine Verurteilung danach gerade nicht mehr möglich) ist.

Daß sich somit – wenn nicht überhaupt das sonst zu § 3 ZPO nirgends in Frage gestellte Prinzip der Bindung des Streitwerts an das Klägerinteresse aufgegeben werden soll – eine Änderung des Streitwerts auf Grund der einseitigen Erledigungserklärung – jedenfalls für den Normalfall – ergeben muß, halte ich – übereinstimmend mit dem BGH und mit den in Fn. 82 genannten Autoren – für zwingend.

Fraglich – und auch vom Bundesgerichtshof selbst schon von Anfang an und in späteren Entscheidungen immer mehr durch Hinweise auf Ausnahmen in Frage gestellt[85] – ist allerdings, ob sie sich tatsächlich stets als Reduzierung auf den Kostenwert darstellen muß.

Auch der Streitwert nach einseitiger Erledigung kann nur durch Schätzung nach § 3 ZPO festgestellt werden, weil er – wenn man der hier und auch vom Bundesgerichtshof vertretenen Auffassung folgt – eine nicht ziffernmäßig festliegende Größe ist. Die Schätzung hat sich nach dem Interesse zu richten, das der Kläger und der Antragsteller im konkreten Fall an der Feststellung[86] der Erledigung hat; dies wird – insoweit ist der Auffassung des Bundesgerichtshofs zuzustimmen – im Regelfall gleich dem Kosteninteresse sein. Es muß jedoch Raum bleiben, im Einzelfall auf Grund besonderer Um-

---

82 Vgl. dazu z. B. *Ulrich,* GRUR 1982, 14, 27; *Zöller/Vollkommer,* ZPO, § 91 a, Rdn. 48; Großkomm/*Jestaedt,* Vor §§ 23 a, 23 b UWG, Rdn. 44; für Beschränkung auf das Kosteninteresse auch Großkomm/*Jacobs,* Vor § 13 UWG, D, Rdn. 290.
83 Vgl. *Stein/Jonas/Leipold,* § 91 a ZPO, Rdn. 39 m. N. in Fn. 99.
84 *Stein/Jonas/Leipold,* § 91 a ZPO, Rdn. 47.
85 Vgl. BGH NJW 1982, 768 m. w. N. und – ebenfalls für mögliche Ausnahmefälle einschränkend – BGH GRUR 1990, 530, 531 = WRP 1990, 685 – Unterwerfung durch Fernschreiben.
86 So wieder BGH aaO. – Unterwerfung durch Fernschreiben; gleicher Meinung Großkomm/*Jacobs,* Vor § 13 UWG, D, Rdn. 86. Die abweichende Meinung *Ulrichs* (GRUR 1982, 14, 27) und des OLG Koblenz (WRP 1982, 352, 353), von einem Übergang zu einer »Feststellung« könne schon deshalb keine Rede sein, weil es eine solche als Streitgegenstand eines Verfügungsverfahrens – wo Erledigungen ja auch anerkannt würden – gar nicht gebe, geht von einem zu formalen Feststellungsbegriff aus. Für die Interessenbestimmung i. S. des § 3 ZPO genügt es, daß das neue Begehren seinem Sinn und Wesen nach auf eine entsprechende Feststellung zielt und die Entscheidung in ihren Auswirkungen einer Feststellungsentscheidung auch weitgehend gleichkommt.

stände zu einer anderen Bewertung des maßgeblichen Klägerinteresses[87] zu kommen[88].

V. Die Streitwertfestsetzung

47 Die Festsetzung hat vom Gericht von Amts wegen für jede Instanz zu erfolgen. Sie richtet sich im Wettbewerbsrecht – auch hinsichtlich der gegebenen Rechtsmittel – nach den allgemeinen Prozeßregeln, so daß auf die Kommentarliteratur verwiesen werden kann.

48 Auf zwei Punkte, die oft zu wenig beachtet werden, soll jedoch besonders hingewiesen werden:

49 1. Die Wertfestsetzung sollte möglichst frühzeitig – und nicht erst, wie leider weithin üblich, jeweils am Ende der Instanz – erfolgen, da für die Parteien klare Verhältnisse auch hinsichtlich ihrer Kostenrisiken frühzeitig und nicht erst unmittelbar vor oder gar erst nach Erlaß der Streitentscheidung geschaffen werden sollten. Damit würde u. a. vermieden, daß die Parteien bei ihren – späteren – Äußerungen zum Streitwert mehr von dem sich möglicherweise (etwa nach Beweisaufnahme) schon abzeichnenden Ergebnis als von den realen Gegebenheiten beeinflußt werden und daß in die gerichtliche Schätzung – wie in der neuen Streitwertrechtsprechung zur einstweiligen Verfügung, s. o. – ex post-Wertungen einfließen, die nach dem Gesetz (§ 4 ZPO) unzulässig oder (§ 15 Abs. 1 GKG) allenfalls u. U. zulässig sind.

50 2. Keine Festsetzung sollte erfolgen, ohne daß die Parteien, soweit sie sich nicht selbst schon schriftlich zur Streitwerthöhe erklärt haben, frühzeitig – und gleichfalls schriftlich – zu einer solchen Äußerung aufgefordert werden. Dadurch werden dem Gericht in der Regel konkretere Schätzunterlagen geliefert, als wenn eine solche Aufforderung unterbleibt und die Rechtsanwälte einfach still und hoffnungsfroh der am Ende der Instanz zu erwartenden Entscheidung entgegensehen; und auf seiten der Parteien wird, da Schriftsätze der Parteivertreter und des Gerichts in der Regel auch die Parteien selbst zu Gesicht bekommen, das wünschenswerte[89] Zusammenwirken von Partei und Rechtsanwalt auch bei der Streitwertfrage besser gewährleistet als wenn erst in der letzten mündlichen Verhandlung mündlich die Einstellung der Parteivertreter hierzu erfragt wird.

---

87 Das des Beklagten ist hier – wie stets beim Streitwert (vgl. dazu Rdn. 7) – ohne Bedeutung, und zwar auch im Rechtsmittelverfahren; denn Obergrenze der Beschwer ist der Streitwert der Vorinstanz, und dieser wird durch das Klägerinteresse bestimmt.
88 So z. B. BGH NJW 1982, 768 u. jetzt auch der Wettbewerbssenat, BGH GRUR 1990, 530, 531 = WRP 1990, 685 – Unterwerfung durch Fernschreiben, sowie Großkomm/*Jestaedt*, Vor §§ 23 a, 23 b UWG, Rdn. 44.
89 Vgl. z. B. die bei *Traub* zu 8.8 zitierten Beschlüsse des OLG Köln.

49. Kapitel   Der Streitwert der Wettbewerbsverfahren

B Der ermäßigte Streitwert (§ 23 a UWG)

I. Ziel und Vorgeschichte der Vorschrift des § 23 a UWG n. F.

1. Die überwiegend – unbestreitbar – großzügige Streitwertbemessungspraxis der Wettbewerbsgerichte[90] ist seit jeher auch auf Kritik gestoßen, die mitunter mit dem Ruf nach dem helfenden Gesetzgeber verbunden war. Die Bestimmung des § 23 a UWG a. F., jetzt § 23 b UWG (vgl. dazu Kap. 50), war dessen erster Versuch, eine gewisse Abhilfe für betroffene wirtschaftlich schwache, aber noch nicht prozeßkostenhilfeberechtigte Prozeßparteien zu schaffen. Mit § 23 a UWG n. F. greift er nun abermals – und diesmal weitaus einschneidender – in das wettbewerbliche Streitwertrecht ein, und zwar diesmal mit dem klaren Ziel, den Streitwert für bestimmte Fallgestaltungen generell niedriger zu halten, und mit dem Mittel einer Mußvorschrift, die das Ermessen der Gerichte bei der Streitwertfestsetzung für bestimmte Fallgestaltungen spürbar einschränkt. Die Regelung ist verfassungsgemäß (so die st. Rechtsprechungspraxis des BGH, vgl. nachfolgend Fn. 97, und ausdrücklich OLG Koblenz GRUR 1989, 764, 765; Großkomm/*Jestaedt*, § 23 a UWG, Rdn. 10, u. *Baumbach/Hefermehl*, § 23 UWG, Rdn. 5; a. A. *Borck*, WRP 1989, 429 f. u. 432). Das Ergebnis folgt neuerdings – im Wege des Schlusses a maiore ad minus – auch daraus, daß das Bundesverfassungsgericht die Verfassungsgemäßheit des eher noch bedenklicheren § 23 b UWG ausdrücklich festgestellt hat (vgl. BVerfG NJW-RR 1991, 1134 = MDR 1991, 610).

Im ursprünglichen Entwurf des neuen § 23 a UWG n. F. war eine Berücksichtigung als wertmindernd vorgesehen, »wenn die Sache einen geringen Umfang hat oder eine Belastung der Parteien mit den Prozeßkosten nach dem vollen Streitwert angesichts ihrer Vermögens- und Einkommensverhältnisse nicht tragbar erscheint«[91]. Der Rechtsausschuß hat, wie es in seiner Begründung heißt, um das Gewollte deutlicher zum Ausdruck zu bringen, diese Fassung in zwei Punkten geändert und die vom Gesetzgeber dann angenommene, jetzt gültige, Fassung vorgeschlagen.

II. Die Auslegung der Vorschrift

1. Rechtsnatur und Anwendungsregeln

Die Vorschrift gilt ihrem Wortlaut nach nur für Unterlassungsverfahren, in denen Ansprüche aus §§ 1, 3, 4, 6, 6 a–6 e, 7 und 8 UWG geltend gemacht werden, und zwar gleichgültig, ob durch Klage oder durch Antrag auf Erlaß einer einstweiligen Verfügung[92]. Durch § 12 RabattG und § 2 Abs. 1 ZugabeVO wird ihr Anwendungsbereich auf Unterlassungsverfahren wegen Rabatt- und Zugabeverstößen erstreckt. Unschädlich ist es, wenn die geltend gemachten Unterlassungsansprüche zusätzlich auch auf an-

---

90 Vgl. dazu im einzelnen Rdn. 1.
91 BT-Drucks. 10/5771 vom 25. Juni 1985, S. 11. Zur Kritik vgl. die Stellungnahme der Deutschen Vereinigung für gewerblichen Rechtsschutz und Urheberrecht, GRUR 1986, 439, 447, sowie Kap. 61, Rdn. 38–43 der Vorauflage.
92 OLG Köln GRUR 1988, 775 = WRP 1988, 623; Großkomm/*Jestaedt*, § 23 a UWG, Rdn. 8; *Baumbach/Hefermehl*, § 23 a UWG, Rdn. 3.

dere Anspruchsgrundlagen – etwa § 12 BGB, § 15 UWG oder auf Vorschriften des WZG – gestützt werden[93].

54 Anzuwenden ist die Vorschrift auch auf Verfahren, in denen ein einschlägiger Unterlassungsanspruch mittels negativer Feststellungsklage ausgeschlossen werden soll[94].

55 Die Anwendung setzt keinen Antrag voraus; sie hat von Amts wegen zu erfolgen[95] und liegt nicht im gerichtlichen Ermessen. Wenn die normierten Voraussetzungen erfüllt sind, muß die Vorschrift angewendet werden (OLG Köln GRUR 1988, 775 = WRP 1988, 623; OLG Koblenz WRP 1988, 763, 764; Großkomm/*Jestaedt*, § 23 a UWG, Rdn. 11; HdbWR/*Spätgens*, Nachtrag UWG-Novelle 1986, S. 22).

56 Der Anwendung hat die Streitwertschätzung gem. § 3 ZPO voranzugehen; der nach dieser Bestimmung angemessene »volle Streitwert«, der als solcher auch im neuen Gesetzestext genannt wird, ist dann nach Maßgabe der im Gesetzestext weiter genannten und im Einzelfall vorliegenden Gründe zu mindern[96]. Auch diese Minderung hat im Wege der Schätzung zu erfolgen, bei der die konkreten Umstände zu beachten sind[97]. Ein starrer Abschlag, wie ihn das KG – nach eigener Aussage[98] – »grundsätzlich« in Höhe von 50 % vornimmt, ist weder mit den Grundsätzen des Streitwertrechts[99] noch mit Sinn und Zweck der Vorschrift des § 23 a UWG in Einklang zu bringen (so auch *Baumbach/Hefermehl*, § 23 a UWG, Rdn. 9, und Großkomm/*Jestaedt*, § 23 a UWG, Rdn. 19). Dem entspricht die – in den Minderungsabschlägen variierende – Festsetzungspraxis des BGH (vgl. dazu *Teplitzky* in den Rechtsprechungsübersichten GRUR 1989, 461, 470; GRUR 1990, 393, 398 u. GRUR 1991, 709, 715 f.).

57 Die beiden Minderungsalternativen brauchen – wie die Verbindung durch »oder« zeigt – nicht kumulativ vorzuliegen. Die Minderung ist vorzunehmen, wenn auch nur eine der beiden Voraussetzungen erfüllt ist. Liegen beide vor, so führt dies nicht etwa zu einer Addierung von zwei verschiedenen Minderungen; vielmehr bestimmt diejenige der beiden Alternativen, die nach den Umständen des Einzelfalls die weitergehende

---

93 OLG Stuttgart NJW-RR 1988, 304; OLG Köln GRUR 1988, 775 = WRP 1988, 623; Großkomm/*Jestaedt*, § 23 a UWG, Rdn. 7; *Baumbach/Hefermehl*, § 23 a UWG, Rdn. 2.
94 KG GRUR 1988, 148 = WRP 1988, 373; Großkomm/*Jestaedt*, § 23 a UWG, Rdn. 7; *Baumbach/Hefermehl*, § 23 a UWG, Rdn. 2.
95 BGH GRUR 1990, 1052, 1053 – Streitwertbemessung; OLG Koblenz GRUR 1988, 474, 475 = WRP 1988, 763, 764; KG WRP 1989, 97, 99; *Borck*, WRP 1987, 429, 431; a. A. HdbWR/*Spätgens*, Nachtrag UWG-Novelle 1986, S. 24.
96 OLG Köln GRUR 1988, 775 = WRP 1988, 623; OLG Koblenz GRUR 1988, 474, 475 = WRP 1988, 763, 764 und WRP 1991, 66.
97 So die ständige Praxis des BGH, der in einer Vielzahl – regelmäßig unbegründeter – Festsetzungsbeschlüsse zu jeweils ganz unterschiedlichen Minderungen gelangt ist; vgl. dazu die Nachweise bei *Teplitzky*, GRUR 1989, 461, 470 unter 12; GRUR 1990, 393, 398 unter 6 b u. GRUR 1991, 709, 715 unter 9. Ebenso OLG Koblenz GRUR 1988, 474, 475 = WRP 1988, 763, 764 und wohl auch OLG Köln GRUR 1988, 775, 776 = WRP 1988, 623; HdbWR/*Spätgens*, Nachtrag UWG-Novelle 1986, S. 24; jetzt auch Großkomm/*Jestaedt*, § 23 a UWG, Rdn. 11.
98 Vgl. KG WRP 1989, 97, 98 und WRP 1989, 166, 167; ferner auch schon KG GRUR 1987, 453 – Streitwertherabsetzung II; ausdrücklich gegen Berücksichtigung der Umstände des Einzelfalls auch schon KG GRUR 1987, 452, 453 = WRP 1987, 469, 470 – Streitwertherabsetzung I.
99 Ebenso Großkomm/*Jestaedt*, § 23 a UWG, Rdn. 21.

Minderung erfordert, deren Gesamtumfang; die auf Grund der anderen Alternative gebotene Minderung wird konsumiert[100].

2. Die erste Minderungsalternative

Mindernd ist zu berücksichtigen, wenn die Sache nach Art und Umfang einfach gelagert ist. Mit »Sache« ist ersichtlich – da es um den Streitwert geht – die Streitsache gemeint. Darauf, ob diese nach Art und Umfang einfach gelagert ist, kommt es an, nicht aber auf die Schwere bzw. den Auswirkungsgrad der Verletzungshandlung. Das Gewicht der letzteren ist bereits einer der maßgeblichen Bemessungsfaktoren bei der Bestimmung des »vollen Streitwerts« nach § 3 ZPO (vgl. Rdn. 12 ff.), von dem dann die Minderung vorzunehmen ist; für das Ausmaß der Minderung ist es ohne unmittelbare Bedeutung; denn abgesehen davon, daß die Einbeziehung hier zu einer unangemessenen doppelten Berücksichtigung führen würde, läge sie auch deshalb nicht im Sinne der Neuregelung, da ohne weiters auch ein besonders schwerer (und deshalb offenkundiger und ganz leicht zu beurteilender) Verstoß mit schweren Auswirkungen zu einer ganz einfach gelagerten Streitsache und umgekehrt ein leichter, auswirkungsarmer Verstoß zu einem in tatsächlicher und rechtlicher Hinsicht schwierigen Rechtsstreit führen können.

Die Sache muß »nach Art und Umfang einfach gelagert« sein. Dem Wortsinn nach bedeutet »einfach gelagert«, daß es sich um eine Sache handeln muß, die unschwer, mit nur geringem Arbeitsaufwand für Gerichte und Rechtsanwälte (bzw. Parteien) zu bearbeiten und zu entscheiden ist. Die Zusätze stellen klar, daß einfach sowohl die Art der Sache als auch ihr Umfang sein müssen; beide Merkmale müssen grundsätzlich kumulativ gegeben sein, was jedoch nicht ausschließt, daß im Einzelfall ein von den Rechtsanwälten aus Streitwert- bzw. Gebührengründen ersichtlich künstlich geschaffener, dem Fall an sich gänzlich unangemessener Umfang vom Gericht als rechtsmißbräuchlich ignoriert bzw. auf das richtige Maß heruntergefingert werden kann[101]. Der Umfang der Sache hat nichts mit ihrem (vollen) Streitwert zu tun. Auch ein Millionenstreit kann – ausnahmsweise – einfach gelagert sein.

Der Sache nach einfach gelagert sind zum Beispiel gewisse serienweise wiederkehrende Wettbewerbsverstöße wie rechtlich eindeutige Verstöße gegen Ausverkaufs-, Ladenschluß-, Rabatt- und Zugabevorschriften, aber auch offensichtliche Verstöße gegen das Irreführungsgebot des § 3 UWG[102] – insgesamt wohl all die Sachen, die für die Wettbewerbsgerichte und die im Wettbewerbsrecht erfahrenen Rechtsanwälte einfache und alltägliche Routinearbeit ohne Blick in die Kommentare und ohne nähere Prüfung

---

100 Ebenso OLG Koblenz GRUR 1988, 474, 475 = WRP 1988, 763, 764 f.; WRP 1991, 66, 67; KG WRP 1989, 166, 167; Großkomm/*Jestaedt*, § 23 a UWG, Rdn. 12; *Baumbach/Hefermehl*, § 23 a UWG, Rdn. 10; *Borck*, WRP 1987, 429, 431; unklar insoweit HdbWR/*Spätgens*, Nachtrag UWG-Novelle 1986, S. 24 (»nochmals« herabgesetzt?).
101 So auch *Baumbach/Hefermehl*, § 23 a UWG, Rdn. 7; Großkomm/*Jestaedt*, § 23 a UWG, Rdn. 15. Dem im Hinblick auf die Möglichkeit künstlicher Aufblähung von Prozessen geäußerten Bedenken der Deutschen Vereinigung für gewerblichen Rechtsschutz und Urheberrecht, GRUR 1986, 439, 448 kann die Rechtsprechung somit durchaus Rechnung tragen.
102 Vgl. OLG Koblenz GRUR 1988, 474, 475 = WRP 1988, 763.

der Judikatur darstellen[103]. Auf solche Fallgestaltungen wird besonders in einstweiligen Verfügungsverfahren zu achten sein, da sie sich für die Erledigung in summarischen Verfahren anbieten. Spätere Komplikationen durch ein Widerspruchsverfahren können nach dessen Ablauf noch in Abänderungen berücksichtigt werden (OLG Koblenz, Beschl. v. 30. 8. 1989 – 6 W 561/89, MD VSW 1989, 1341).

61   Als dem Umfang nach einfach wird man in erster Linie die Fälle ansehen können, in denen die Verletzungshandlung unstreitig oder vom Gericht visuell wahrnehmbar (vorgelegtes Zeitungsinserat[104] o. ä.) und die Fallgestaltung so ist, daß bei sorgfältiger, pflichtgemäß konzentrierter Bearbeitung durch die Parteien und Prozeßbevollmächtigten der Streitstoff dem Gericht in jeweils einem, allenfalls (bei Replik und Duplik) in jeweils zwei nicht zu umfänglichen Schriftsätzen jeder Partei unterbreitet werden kann. Fälle, in denen umfängliche oder zahlreiche Schriftsätze (wirklich, nicht zum Zweck der künstlichen Aufblähung des Prozeßstoffes) erforderlich sind, scheiden aus; im übrigen wird eine Streitwertminderung bei ihnen auch schon deshalb nicht in Betracht kommen, weil sie – was Umfang und Zahl wirklich notwendiger Schriftsätze indizieren – auch der Art nach nicht einfach sind.

62   Dagegen wird die Erforderlichkeit einer Beweisaufnahme der Sache nicht notwendigerweise den einfachen Charakter nehmen. Beim Urkundenbeweis ist dies offensichtlich; aber auch die Vernehmung von einem oder zwei Zeugen oder einer Partei zu ein, zwei nicht zu umfänglichen Beweisthemen schließt einen geringen Umfang der Sache nicht aus, desgleichen nicht die Vernehmung einer ganzen Anzahl benannter Zeugen, wenn das Beweisthema identisch und einfach ist und die notwendigen Aussagen sich ebenso wie die Fragen jeweils in wenigen Sätzen erledigen lassen[105]. Einfache Auskunftsersuchen mit nicht zu umfänglichem Ergebnis, ja selbst eine einfach zu stellende, in einem kurzen Gutachten zu beantwortende Sachverständigenfrage brauchen der Sache ebenfalls noch nicht den geringen Umfang zu nehmen[105], sofern nicht die Beweisergebnisse ihrerseits Anlaß zu echten Komplikationen (Notwendigkeit eingehender kritischer Stellungnahme, schwierigen Wertungen o. ä.) bieten. Auch der Umstand, daß in der Sache ein Rechtsmittel gegen die erstinstanzliche Entscheidung eingelegt wird, schließt für sich genommen nicht aus, daß die Sache einfach gelagert ist bzw. bleibt[105]; er gibt aber Anlaß zu einer besonders sorgfältigen Überprüfung, und zwar insbesondere aus Gründen, auf die in anderem Zusammenhang (Anwendung des § 23 a UWG n. F. in der Rechtsmittelinstanz, Rdn. 83 ff.) zurückzukommen sein wird.

63   Dagegen scheiden Sachen mit umfänglichen und/oder komplizierten Beweisaufnahmen und Wertungen von Beweisergebnissen – darunter alle Fälle, die die Einholung eines Meinungsforschungsgutachtens erfordern[106] – ebenso aus wie solche, bei denen eine Vielzahl von Verletzungsformen (also die gerade wegen ihres quantitativen Aufwands von den Gerichten zu Recht gefürchteten »Punktesachen«) zu begründen, zu widerlegen und zu beurteilen sind. (Bei den letztgenannten Fällen wird es sich jedoch

---

103 So – der Vorauflage folgend – OLG Köln WRP 1987, 690, 691; GRUR 1988, 775, 776 = WRP 1988, 623 und Großkomm/*Jestaedt*, § 23 a UWG, Rdn. 15; ähnlich auch KG GRUR 1987, 453 u. *Baumbach/Hefermehl*, § 23 a UWG, Rdn. 8.
104 Vgl. KG GRUR 1987, 453.
105 Ebenso jetzt Großkomm/*Jestaedt*, § 23 a UWG, Rdn. 16.
106 Ebenso *Baumbach/Hefermehl*, § 23 a UWG, Rdn. 7.

– ebenso wie in den Fällen komplizierter Antragskumulierungen im Eventualverhältnis – meist schon um der Art nach nicht einfach gelagerte Sachen handeln.)

Ob die Gerichte graduelle Abstufungen nach Schwierigkeitsgrad und/oder Umfang einer Sache berücksichtigen dürfen, ist im Gesetz nicht ausdrücklich geregelt, nach Sinn und Zweck der Vorschrift aber m. E. zu bejahen: Je einfacher gelagert die Sache nach Art und Umfang ist, desto höher wird der Minderungsabschlag ausfallen können. Mit zunehmendem Schwierigkeitsgrad und/oder Umfang wird er – bis zur kritischen Nullgrenze, wo die Sache aufhört »einfach gelagert« zu sein – graduell abzunehmen haben[107].

3. Die zweite Minderungsalternative

Wertmindernd ist danach zu berücksichtigen, wenn eine Belastung einer der Parteien mit den Prozeßkosten nach dem vollen Streitwert angesichts ihrer Vermögens- und Einkommensverhältnisse nicht tragbar erscheint.

Die Vorschrift stellt die Rechtsprechung vor ein einziges, aber höchst schwieriges Auslegungsproblem, nämlich vor die Frage, was »nicht tragbar« heißt.

Deutlich erscheint nur – dies folgt zwar nicht aus dem Wortlaut, aber aus der unveränderten Aufrechterhaltung des § 23 a UWG a. F. als § 23 b UWG n. F. und der in dieser Bestimmung vorkommenden Formulierung –, daß »nicht tragbar« als geringere Voraussetzung gegenüber der erheblichen wirtschaftlichen Gefährdung« des § 23 b UWG n. F. zu verstehen ist[108]; denn anderenfalls wäre entweder die – wie in Kap. 50 dargelegt – ohnehin höchst problematische Vorschrift des § 23 b UWG n. F. weitgehend entbehrlich[109] oder aber gar kein Bedürfnis für den § 23 a UWG n. F. zu sehen, da der wirtschaftlich Bedürftige über § 23 a UWG a. F. = § 23 b UWG hinreichend geschützt wäre.

Gemeint ist somit offensichtlich nicht das, was der Wortsinn von »nicht tragbar« nahelegt, nämlich die (wirtschaftliche) Unmöglichkeit der Kostentragung, sondern das Ergebnis einer vom Gericht vorzunehmenden Bewertung des Verhältnisses zwischen der wirtschaftlichen Lage der Partei einerseits und der Höhe der Kostenbelastung ande-

---

107 Zustimmend Großkomm/*Jestaedt*, § 23 a UWG, Rdn. 19.
108 Insoweit übereinstimmend KG GRUR 1987, 452, 453 = WRP 1987, 469, 470 u. *Ulrich*, GRUR 1989, 401, 406; ferner Großkomm/*Jestaedt*, § 23 a UWG, Rdn. 27; *Baumbach/Hefermehl*, § 23 a Rdn. 14.
109 Diese Konsequenz wollen augenscheinlich das KG (GRUR 1987, 452, 453 = WRP 1987, 469, 470) und das OLG Koblenz (GRUR 1989, 764, 768) ziehen (zustimmend *Ulrich*, GRUR 1989, 401, 406); dagegen hebt das Recht die bisherige Rechsprechungspraxis des BGH (vgl. Fn. 97), die das OLG Koblenz aaO. nicht verkennt, und Großkomm/*Jestaedt*, § 23 a UWG, Rdn. 27. Richtig daran ist allerdings, daß im Hinblick auf die Möglichkeiten des § 23 a UWG in Zukunft wesentlich seltener als bisher Veranlassung zur Anwendung der einseitigen Kostenvergünstigung (früher § 23 a UWG a. F., jetzt § 23 b UWG n. F.) bestehen wird. Dies war schon die Auffassung der Vorauflage (Kap. 61, Rdn. 25) und kommt jetzt auch in der Rechtsprechung des BGH (vgl. u. a. Beschl. v. 1. 2. 1980 – I ZR 45/88 mit Kurzbegründung) und der OLG (vgl. OLG Köln WRP 1988, 123, 124) zum Ausdruck; ebenso *Baumbach/Hefermehl*, § 23 a UWG; Rdn. 14.

rerseits[110]. Belasten die Kosten die Partei wegen ihrer gegebenen wirtschaftlichen Verhältnisse unverhältnismäßig hoch, d. h. stellen sie einen unangemessenen, unzumutbar tiefen Einschnitt in die Vermögenslage der Partei dar, so ist der Minderungsfall gegeben.

68 Was in diesem Sinne unangemessen bzw. unzumutbar ist, wird fraglos wieder – wie alle Streitwertbeurteilungsfragen – Gegenstand einer umfangreichen und sehr kontroversen Rechtsprechung werden, da dem Gesetz feste Kriterien nicht zu entnehmen sind. Einerseits sprechen Entstehungsgeschichte und Zweck der Vorschrift – Erleichterung der Wettbewerbsprozeßführung für wirtschaftlich schwächere Prozeßparteien – für nicht zu strenge Maßstäbe; die Problematik der Vorschrift[111] böte dagegen reichlich Anlaß, auch hier – ebenso wie bei der noch mißglückteren Regelung des früheren § 23 a UWG, jetzt § 23 b UWG n. F. (dazu näher Kap. 50) – möglichst strenge Maßstäbe anzulegen, um die Auswirkungen einer fragwürdigen Ausnahmeregelung zu Lasten der Rechtsanwälte und zum Vorteil der Prozeßgegner von wirtschaftlich schwächeren Parteien sowie insbesondere die zu erwartende Prozeßvermehrung so gering wie möglich zu halten.

69 M. E. erscheint eine zumindest vorsichtige und zurückhaltende Anwendung der Vorschrift, d. h. die Anlegung eines nicht zu niedrigen Maßstabs an »nicht tragbar«, geboten. Das Wettbewerbsrecht ist Teil des Wirtschaftsrechts. Wer sich in wettbewerbliche Streitigkeiten verstrickt – sei es als Verletzer (der fälschlich in Anspruch genommene Nichtverletzer bleibt sowieso regelmäßig von den Kosten unbelastet) oder als Kläger –, sollte auch in Zukunft damit rechnen müssen, daß er in solchen Verfahren jedenfalls nicht gegen kleine Münze bedient wird, sondern gewisse, u. U. auch spürbare, finanzielle Einbußen riskieren muß.

70 Dem trägt die Rechtsprechungspraxis leider nur teilweise Rechnung. Der BGH mindert zwar in der Regel nur maßvoll nach § 23 a UWG (vgl. *Teplitzky*, GRUR 1989, 461, 470; 1990, 393, 398 u. 1991, 709, 715 f.), bei hinreichend ausgestatteten Verbänden (vgl. BGH GRUR 1990, 1052, 1053 – Streitwertbemessung) lehnt er sie entweder generell oder jedenfalls bei relativ niedrigen Ausgangsstreitwerten ab (vgl. z. B. Beschl. v. 31. 5. 1990 – I ZR 228/88). Tendenziell scheint auch das OLG Frankfurt – ausgesprochen allerdings bislang nur bei Verbandsklagen – strengeren Anforderungen für die Anwendung zuzuneigen[112].

Dagegen verfahren das KG[113] und das OLG Koblenz[114] leider viel zu großzügig[115]. Einigkeit besteht jedoch weitgehend darüber, daß bei Streitwerten bis zu 10 000,– DM

---

110 So auch die Praxis des BGH (vgl. die Nachweise in Rdn. 97 und bei Großkomm/*Jestaedt*, § 23 a UWG, Rdn. 28, 2. Absatz) sowie Großkomm/*Jestaedt*, § 23 a UWG, Rdn. 29 u. 30.
111 Vgl. dazu eingehend Vorauflage, Kap. 61, Rdn. 40 ff. u. – dieser teilweise folgend und die Übersicht erweiternd – Großkomm/*Jestaedt*, § 23 a UWG, Rdn. 5 f.; ferner *v. Gamm*, Kap. 18, Rdn. 66; sehr kritisch *Borck*, WRP 1989, 429 ff.; maßvoller kritisch auch *Ulrich* GRUR 1989, 401, 404 ff
112 Vgl. OLG Frankfurt GRUR 1989, 133 f.; WRP 1989, 173 f.
113 GRUR 1987, 452, 453 = WRP 1987, 469, 470; st. Rspr. des KG.
114 GRUR 1989, 764, 766.
115 Dagegen mit Recht Großkomm/*Jestaedt*, § 23 a UWG, Rdn. 24, u. wohl auch *Baumbach/Hefermehl*, § 23 a UWG, Rdn. 15; zustimmend dagegen *Ulrich*, GRUR 1989, 401, 406.

– eine Grenze, die nach der bisherigen Praxis des BGH u. U. auch deutlich höher liegen kann – eine Streitwertminderung nicht mehr in Betracht kommt[116].

III. Das Verhältnis des § 23 a UWG zu § 23 b UWG

Die problematische Entscheidung des Gesetzgebers, den von Anfang an fehlkonzipierten (vgl. Kap. 50, Rdn. 4–6 und 22) alten § 23 a UWG neben der Neuregelung des § 23 a UWG n. F. als § 23 b UWG n. F. unverändert beizubehalten, wirft die Frage nach dem Verhältnis beider Bestimmungen zueinander auf.

Sie ist in einer Hinsicht leicht zu beantworten: § 23 b UWG n. F. stellt die höheren Anforderungen, bietet dafür jedoch, wenn sie erfüllt sind, auch, allerdings nur einseitig zugunsten der wirtschaftlich schwächeren Partei, die weitergehende Möglichkeit, dieser entgegenzukommen.

Etwas problematischer ist die Frage, ob, wenn die Voraussetzungen beider Vorschriften erfüllt sind, diese kumulativ angewendet werden können bzw. müssen oder ob die für den wirtschaftlich Schwachen weitestgehende Hilfe gemäß § 23 b UWG n. F. die Anwendung des § 23 a UWG n. F. erübrigt. Jedoch erscheint auch sie mir eindeutig nur im ersteren Sinne (kumulative Anwendung) beantwortbar[117].

Für die erste Alternative (einfach gelagerte Sache) liegt dies auf der Hand; denn die Eigenschaft »einfach gelagert« (und deren zwingende Funktion gemäß § 23 a UWG n. F.) wird in keiner Weise dadurch berührt, daß eine Partei wirtschaftlich so schwach ist, daß sie die Voraussetzungen für eine Anwendung des § 23 b UWG n. F. erfüllt. Hier ist also immer § 23 a UWG n. F. zuerst anzuwenden und dann erst – zusätzlich – § 23 b UWG n. F., soweit auch dessen Voraussetzungen noch (trotz bereits ermäßigten Streitwerts) erfüllt sind.

Anders könnte sich die Lage – jedenfalls auf den ersten Blick – nur bei der zweiten Alternative darstellen; denn mit ihr soll ja nur – ebenso wie durch § 23 b UWG n. F. – einer wirtschaftlich schwachen Partei geholfen werden, und für diese Hilfe könnte das Bedürfnis in Frage gestellt werden, sofern § 23 b UWG n. F. ohnehin eingreift.

Eine solche Argumentation ließe jedoch sowohl den Mußcharakter als auch die vom Gesetzgeber wohl nicht unabsichtlich gewählte Reihenfolge der Vorschriften unbeachtet: Liegen die Voraussetzungen des an erster Stelle stehenden, ersichtlich und anerkanntermaßen[118] vorrangigen § 23 a, 2. Alt. UWG n. F. vor, so muß diese Vorschrift angewendet und demgemäß zunächst der Streitwert im ganzen gemindert werden. Erst dann – vom Ausgangspunkt des geminderten Streitwerts her – ist auch hier zu prüfen, ob die Kostenbelastung auch nach diesem Streitwert für den wirtschaftlich Schwachen noch existenzgefährdend i. S. des § 23 b UWG n. F. ist und, wenn ja, diese Vorschrift zusätzlich anzuwenden[118].

---

116 Vgl. OLG Koblenz GRUR 1988, 474, 475; *Baumbach/Hefermehl*, § 23 a UWG, Rdn. 15.
117 H. M.; vgl. BGH Fn. 97; Großkomm/*Jestaedt*, § 23 a UWG, Rdn. 29; *Baumbach/Hefermehl*, § 23 a UWG; Rdn. 29; *Borck*, WRP 1987, 429, 432.
118 Vgl. BGH Beschl. v. 1. 2. 1990 – I ZR 45/88, zitiert bei *Teplitzky*, GRUR 1990, 393, 398, u. Großkomm/*Jestaedt*, § 23 a UWG, Rdn. 27 mit umfangreichen weiteren Nachw. in Fn. 31; ganz h. M.

77 Da bei Vorliegen der strengeren Voraussetzungen des § 23 b UWG n. F. immer mindestens auch die weniger weitgehenden Voraussetzungen des § 23 a, 2. Alt. UWG n. F. erfüllt sein werden, kann es nach dem neuen Recht zu einer Anwendung des § 23 b UWG n. F. ohne vorherige Ermäßigung des Gesamtstreitwerts gemäß § 23 a UWG n. F. überhaupt nicht mehr kommen[119]. Für die Anwendung der Vorschrift des § 23 b UWG n. F. wird unter diesen Umständen in Zukunft erheblich seltener als bisher und nur noch in ganz extremen Ausnahmefällen Veranlassung bestehen (vgl. auch schon Fn. 109).

IV. Der für die Streitwertminderung maßgebliche Verfahrenszeitpunkt

78 a) Die Frage, auf welches Verfahrensstadium bei der Beurteilung der Frage der Einfachheit einer Sache oder der Vermögens- und Einkommenslage einer Partei abzustellen ist, hat der Gesetzgeber unbeantwortet gelassen.

79 Da die Neuregelung sich über den Leitgedanken des Streitwertrechts, wonach allein das Klägerinteresse die Streitwerthöhe bestimmt, bedenkenlos hinweggesetzt hat, wird man wohl auch ohne Bedenken davon ausgehen können, daß auch ein weiterer mit diesem Leitgedanken eng zusammenhängender Grundsatz des Streitwertrechts hier nicht gelten soll, nämlich der, daß das Klägerinteresse nach dem Stand der Verfahrenseinleitung zu bestimmen sei (vgl. Rdn. 8 und 49). Auf diesen Zeitpunkt auch hier allein abzustellen, würde wenig Sinn ergeben, da in diesem Stadium noch nicht einmal die Art[120], geschweige denn der Umfang der Sache mit der erforderlichen Sicherheit beurteilt werden kann und da sich im Einzelfall auch die Einkommens- und Vermögenslage der Parteien im Laufe eines langen Verfahrens einmal einschneidend verändern kann.

80 Es spricht daher viel dafür, die Entscheidung gemäß § 23 a UWG n. F. – anders als normale Streitwertfestsetzungen[121] – in einem späten Verfahrensstadium, in der Regel in der letzten mündlichen Verhandlung, zu treffen und dabei die Beurteilung nach der Lage zu diesem Zeitpunkt vorzunehmen[122].

81 Der Grundsatz des rechtlichen Gehörs gebietet es, den Parteien rechtzeitig vorher Mitteilung von einer entsprechenden Absicht zu machen (Großkomm/*Jestaedt* aaO., Rdn. 35).

82 b) Die Frage der Anwendbarkeit des § 23 a UWG n. F. ist in jeder Verfahrensinstanz und – jedenfalls zunächst – jeweils für sie gesondert zu prüfen (Großkomm/*Jestaedt*, aaO., Rdn. 33).

---

119 So jetzt die st. Praxis des BGH, vgl. Fn. 97; zustimmend Großkomm/*Jestaedt*, § 23 a UWG, Rdn. 29 (mit Darstellung abweichender Handhabungen durch einzelne OLG in Rdn. 28) und *Baumbach/Hefermehl*, § 23 a UWG, Rdn. 15.
120 Die sich ja auch im Laufe des Verfahrens – etwa durch Aufdeckung einer neuen Rechtsfrage, durch Stellung eines die Rechtslage komplizierenden Hilfsantrags o. ä. – noch verändern kann.
121 Ich verkenne nicht, daß mein Eintreten für eine möglichst frühzeitige Streitwertfestsetzung (vgl. Rdn. 8 u. 49) durch die Neuregelung des Gesetzgebers nicht gerade unterstützt wird; für die Fälle, in denen mit Sicherheit keine Streitwertherabsetzung nach § 23 a UWG n. F. zu erwarten steht, halte ich es jedoch aus den aaO. genannten Gründen voll aufrecht.
122 So auch Großkomm/*Jestaedt*, § 23 a UWG, Rdn. 31.

Der Hauptanwendungsbereich der 1. Alternative wird fraglos in der ersten Instanz liegen, da einfach gelagerte Fälle verhältnismäßig selten die Berufungs- oder Revisionsinstanz beschäftigen werden. Geschieht es doch, so ist die Bestimmung auch hier anzuwenden. Dabei können unterschiedliche Beurteilungen in verschiedenen Instanzen sachlich gerechtfertigt sein, etwa einerseits dann, wenn ein in erster Instanz einfach gelagerter Fall in der Berufungsinstanz kompliziert wird oder umgekehrt, wenn ein in erster Instanz umfänglicher Streit infolge eines nur beschränkt eingelegten Rechtsmittels in der Berufungsinstanz einfach wird. 83

Die zweite Alternative des § 23 a UWG n. F. ist selbstverständlich in den Rechtsmittelinstanzen ebenso zu beachten wie in erster Instanz. 84

Nicht unwichtig ist die Frage instanzübergreifender Entscheidungen. Gemäß § 25 GKG sind die Rechtsmittelgerichte grundsätzlich berechtigt, auch den Streitwert der Vorinstanzen von Amts wegen abzuändern, soweit sie mit dem Rechtsstreit befaßt werden. 85

Dies bedeutet, daß die Rechtsmittelgerichte auch ohne Beschwerde gegen die Streitwertentscheidung fehlerhafte Entscheidungen nach § 23 a UWG n. F. – die ja, anders als solche gemäß § 23 b UWG n. F., unmittelbar den Streitwert betreffen und deshalb unter § 25 GKG fallen – jederzeit, sei es auf Anregung oder von Amts wegen, korrigieren können (ebenso – der Vorauflage, Kap. 61, Rdn. 34, folgend – Großkomm/*Jestaedt*, § 23 a UWG, Rdn. 34). 86

So kann beispielsweise das Berufungsgericht eine Streitwertminderung rückgängig machen, wenn die Vorinstanz die Sache nur deshalb als einfach gelagert beurteilt hat, weil sie wesentliche Rechts- oder Tatfragen verkannt hat, oder wenn sich in der Berufungsinstanz herausstellt, daß die vermeintlich wirtschaftlich schwache Partei in Wahrheit hohe Gewinne macht. Insoweit steht die Abänderung der Entscheidung der Vorinstanz wie bisher bei allen Streitwertentscheidungen im pflichtgemäßen Ermessen des Rechtsmittelgerichts (ebenso – der Vorauflage, Kap. 61, Rdn. 35 folgend – Großkomm/*Jestaedt*, aaO., Rdn. 34). 87

Dagegen ist im umgekehrten Fall, d. h. wenn sich in der Berufungs- oder Revisionsinstanz herausstellt, daß die Voraussetzungen des § 23 a UWG n. F. auch schon in den Vorinstanzen vorgelegen haben und von diesen nur verkannt worden sind, m. E. kein Ermessensfall gegeben. In diesem Fall *muß* – dies ergibt sich aus dem zwingenden Charakter des § 23 a UWG n. F. (»ist zu berücksichtigen«) – das Rechtsmittelgericht die Streitwertentscheidung der Vorinstanzen auch von Amts wegen in Anwendung des § 23 a UWG n. F. korrigieren (auch insoweit übereinstimmend Großkomm/*Jestaedt*, aaO., Rdn. 34, im Anschluß an Vorauflage Kap. 61, Rdn. 36). 88

V. Die Entscheidung und die Rechtsmittel

Die Streitwertminderung gemäß § 23 a UWG n. F. ist Teil der Streitwertentscheidung. Sie ergeht somit mit dieser – von Amts wegen und in einem Akt – in Beschlußform und unterliegt den Rechtsmitteln, die gegen jede Streitwertentscheidung gegeben sind (vgl. § 25 Abs. 2 GKG i. V. mit § 567 Abs. 2 ZPO; näher Großkomm/*Jestaedt*, § 23 a UWG, Rdn. 35, u. *Baumbach/Hefermehl*, § 23 a UWG, Rdn. 16). 89

50. Kapitel Beratungshilfe, Prozeßkostenhilfe und Streitwertbegünstigung

Literatur: *Borck,* Nochmals: Aktivlegitimation für Verbraucherverbände und Wettbewerbsarmenrecht, WRP 1964, 398; *Borck,* Zuckerbrot und Peitsche für Verbände, WRP 1978, 161; *Borck,* Lamento über zwei täterfreundliche Vorschriften, WRP 1987, 429; *Deutsch,* Die Streitwertbegünstigung des § 23 a UWG für Verbandsklagen, GRUR 1978, 19; *A. Kur,* Streitwert und Kosten im Verfahren wegen unlauteren Wettbewerbs, 1980; *Graf Lambsdorff/Kanz,* Verfassungswidrigkeit der Streitwertherabsetzung in Wettbewerbsprozessen, BB 1983, 2215; *Pastor,* Die Streitwertherabsetzung nach dem Gesetz zur Änderung des Gesetzes gegen den unlauteren Wettbewerb, des Warenzeichengesetzes und des Gebrauchsmustergesetzes vom 23. 7. 1965, WRP 1965, 271; *Rogge,* Verbraucherklage und Streitwertherabsetzung im gewerblichen Rechtsschutz, WRP 1964, 336; *Teplitzky,* Die jüngste Rechtsprechung des Bundesgerichtshofs zum wettbewerblichen Anspruchs- und Verfahrensrecht I, II und III, GRUR 1989, 461, 470; GRUR 1990, 393, 398; GRUR 1991, 709, 715; *Traub,* Der Streitwert der Verbandsklage, WRP 1982, 557; *Ulrich,* Der Streitwert in Wettbewerbssachen, GRUR 1984, 177; *Wilke,* Über den Unsinn einer Reform der §§ 13 und 23 a UWG, WRP 1978, 579; *Zuck,* Verfassungsrechtliche Bedenken zu § 53 PatG, § 23 a UWG, § 31 a WZG, § 17 a GmbHG, § 247 AktG, GRUR 1966, 167; zur Beratungs- u. Prozeßkostenhilfe vgl. die Literaturübersichten in den entsprechenden Kommentierungen.

Inhaltsübersicht

	Rdn.		Rdn.
I. Beratungs- und Prozeßkostenhilfe	1	4. Keine ausdehnende Anwendung	13, 14
II. Die Streitwertbegünstigung		5. Verfahren	15–17
1. Allgemeines und Kritik	2–6	6. Entscheidung und Folgen	18, 19
2. Voraussetzungen	7–11	7. Bemessung	20–22
3. Aussichten der Rechtsverfolgung	12		

I. Beratungs- und Prozeßkostenhilfe

1 Auch in Wettbewerbssachen kann außerprozessuale Beratungshilfe[1] und Prozeßkostenhilfe[2] gewährt werden. Praktisch sind diese Fälle wegen der bei Kaufleuten, insbesondere bei Unternehmen, und bei Verbänden regelmäßig gegebenen Vermögenslage im Wettbewerbsrecht nahezu bedeutungslos, so daß insoweit auf die allgemeine Prozeß-

---

1 Beratungshilfegesetz vom 18. Juni 1980, BGBl. I 689.

2 Der Begriff ist anstelle der früheren Bezeichnung »Armenrecht« durch Gesetz vom 13. Juni 1980 (BGBl. I 677) in die ZPO eingeführt worden, wobei gleichzeitig die einschlägigen §§ 114 bis 127 ZPO neu gefaßt worden sind.

rechtsliteratur und die Kommentierungen des Beratungshilfegesetzes verwiesen werden kann.

II. Die Streitwertbegünstigung

1. Das »Armenrecht« des Wettbewerbsverfahrens ist die Streitwertbegünstigung, die der Gesetzgeber zunächst in Patentverfahren (früher § 53, jetzt § 144 PatG, vgl. auch § 17 a GebrMG a. F., ab 1986 § 26 GebrMG n. F.) eingeführt hatte und später[3] gleichlautend in § 31 a WZG und – mit einem nicht unwichtigen, in der Praxis aber leider vernachlässigten Zusatz[4] – in § 23 a UWG (ab 1. 1. 1987 § 23 b UWG n. F.) übernommen hat.

Nach diesen Vorschriften kann das Gericht, wenn eine Partei glaubhaft macht, daß die Belastung mit den Prozeßkosten nach dem vollen Streitwert ihre wirtschaftliche Lage erheblich gefährden würde, auf Antrag dieser Partei eine Anordnung treffen, die zwar nur schlicht dahin lautet, daß die Verpflichtung dieser Partei zur Zahlung von Gerichtskosten sich nach einem (ihrer Wirtschaftslage angepaßten, vom Gericht zu beziffernden) Teil des Streitwerts bemißt, die aber nach dem nachfolgenden Gesetzeswortlaut erheblich weitergehende Folgen zeitigt: Die begünstigte Partei braucht auch Gebühren ihres Prozeßbevollmächtigten nur nach diesem Teil des Streitwerts zu entrichten und – soweit sie im Rechtsstreit unterliegt – ihrem Prozeßgegner auch nur den auf diesen Streitwert entfallenden Anteil an dessen Gerichts- und Anwaltskosten zu erstatten. Da die andere Partei dem Gericht und ihrem eigenen Anwalt gegenüber nach dem vollen Streitwert verpflichtet ist, muß sie somit auch im Falle ihres Obsiegens die Differenz selbst tragen.

Dies macht die Regelung in hohem Maße problematisch. Sie gilt weithin und mit Recht als – jedenfalls für das UWG und WZG – verfehlt[5]; teilweise wurde sie auch für verfassungsrechtlich bedenklich gehalten[6].

---

3 Durch Gesetz vom 21. Juli 1965 (BGBl. I 625).
4 § 23 a Abs. 1 Satz 2 UWG; vgl. dazu *Deutsch*, GRUR 1978, 19, 21.
5 Vgl. schon die Stellungnahme der Deutschen Vereinigung für gewerblichen Rechtsschutz und Urheberrecht in GRUR 1964, 598 ff. sowie *Borck*, Erstreckung der Klagebefugnis auf Verbraucherverbände?, WRP 1964, 217, 221; ferner OLG Hamburg WRP 1979, 382 mit zust. Anm. von *Borck*; *Baumbach/Hefermehl*, § 23 b UWG, Rdn. 1 a und WZG, § 31 a, Rdn. 1; *v. Gamm*, UWG § 23 a, Rdn. 1; *Pastor*, S. 963; *Deutsch*, aaO., S. 22 (»Fehlentscheidung des Gesetzgebers«); *Wilke*, WRP 1978, 579, 589 (»kaum zu verstehendes Unikum«); *Ulrich*, GRUR 1984, 177, 183 r. Sp. oben (»verfehlt«). A. A. allerdings *Rogge*, WRP 1964, 336, 338 ff.; hiergegen wiederum *Borck*, WRP 1964, 398, 400 ff.; in WRP 1978, 161, 163 zählt *Borck* nochmals auf, was an § 23 a UWG »empört«, u. in WRP 1987, 429 f. tadelt er die Vorschrift mit Recht als »täterfreundlich«.
6 Vgl. die Nachweise bei OLG Koblenz GRUR 1984, 746 = WRP 1984, 637; KG WRP 1978, 300, 301 und bei *Zuck*, GRUR 1966, 167; ferner *Graf Lambsdorff/Kanz*, BB 1983, 2215 ff.; *Deutsch*, aaO., S. 22, und *Traub*, WRP 1982, 557, 557.

5   Die herrschende Meinung hat die letztgenannten Bedenken allerdings nicht als durchgreifend angesehen[7]. Neuestens hat das Bundesverfassungsgericht Klarheit i. S. der h. M. geschaffen.[8]

6   Jedoch erfordern sowohl die grobe Unbilligkeit[9], zu der die Anwendung der Regelung für den Prozeßgegner führen kann, als auch die gegebenen Mißbrauchsmöglichkeiten[10], die sie eröffnet, große Zurückhaltung[11] bei der Anwendung, d. h. eine Prüfung der nach dem Gesetz zu erfüllenden Voraussetzungen unter Anlegung strenger Maßstäbe[12]. Eine solche Prüfung wird heute – im Hinblick auf die zwangsläufig vorgeschaltete Ermäßigung des Streitwerts nach § 23 a UWG[13] – nur noch in seltenen Ausnahmefällen zur Anwendbarkeit des § 23 b UWG führen[14].

7   2. Voraussetzung der Begünstigung ist, daß die Belastung mit den Kosten[15] nach dem vollen Streitwert die wirtschaftliche Lage der Partei erheblich gefährden würde. »Erhebliche Gefährdung« bedeutet, daß nicht schon jede für den Betroffenen unangenehm spürbare wirtschaftliche Belastung, etwa der Zwang zu erheblichen Einschränkungen in anderen Bereichen[16], die Notwendigkeit einer kurz- oder mittelfristigen Kreditaufnahme[17] zur Finanzierung des Verfahrens bei im übrigen hinreichend stabiler wirtschaftlicher Lage u. ä., bereits die Streitwertbegünstigung rechtfertigen können. Auch große Opfer und Einbußen sind der Prozeßpartei zumutbar[18], solange sie nicht zu einer wirklichen und – dieses Tatbestandselement kann nicht nachdrücklich genug wieder-

---

7 Eingehend dazu schon *Zuck*, aaO.; ferner KG WRP 1978, 300, 301; OLG Frankfurt WRP 1980, 270, 272 a. E.; Koblenz GRUR 1984, 746 f. = WRP 1984, 637 m. w. N.; *Baumbach/Hefermehl*, § 23 b UWG, Rdn. 1 b, und in WZG, § 31 a, Rdn. 1; *Ulrich*, GRUR 1984, 177, 183. Der BGH und die übrigen OLG sind stillschweigend von der Wirksamkeit der Bestimmungen ausgegangen. In der Vorauflage (Kap. 50, Rdn. 5) habe ich zu begründen versucht, daß und warum dem zuzustimmen ist. Dieser Begründung ist Großkomm/*Jestaedt*, § 23 b UWG, Rdn. 3, beigetreten.
8 BVerfG NJW-RR 1991, 1134 = MDR 1991, 610 f.
9 Vgl. dazu *Borck*, WRP 1987, 429 f., der dort allerdings irrig meint, diese Unbilligkeit rechtfertige schon die Annahme der Grundgesetzwidrigkeit.
10 Vgl. zu diesen *Deutsch*, GRUR 1978, 19, 22.
11 So sogar *Rogge*, WRP 1964, 336, 341 a. E. trotz seiner grundsätzlichen Befürwortung der gesetzlichen Streitwertbegünstigung; ebenso jetzt Großkomm/*Jestaedt*, § 23 b UWG, Rdn. 3.
12 Vgl. OLG Köln WRP 1976, 261, 262 OLG; Karlsruhe WRP 1981, 660, 661; OLG Stuttgart WRP 1982, 489, 490; auch *v. Gamm*, UWG § 23 a, Rdn. 1, fordert sinngemäß entsprechend »enge Auslegung«.
13 Vgl. dazu Kap. 49, Rdn. 71 f.
14 Zu weitgehend – für regelmäßig gänzliche Verdrängung des § 23 b durch § 23 a UWG – aber KG GRUR 1987, 452, 453 = WRP 1987, 469, 470; OLG Koblenz GRUR 1989, 764, 768; *Ulrich*, GRUR 1989, 401, 406. Vgl. dazu Kap. 49, Rdn. 66 mit Fn. 109 u. Rdn. 76 m. w. N.
15 Zu berücksichtigen sind grundsätzlich nur Kosten zur zweckentsprechenden Rechtsverfolgung in der jeweiligen Instanz; Kosten, die – wie nichterstattungsfähige Korrespondenzanwaltskosten – nicht erforderlich sind, bleiben außer Betracht; OLG Hamburg WRP 1977, 809, 810.
16 Vgl. OLG Köln WRP 1976, 261, 262; OLG Karlsruhe WRP 1981, 660, 661.
17 *Baumbach/Hefermehl*, § 23 a UWG, Rdn. 3.
18 OLG Köln WRP 1976, 261, 262 (»Mehr als nur eine starke Belastung infolge des Prozesses«); *Pastor*, S. 971 f.

holt werden – »erheblichen« Gefährdung führen[19]. (Vgl. zu allem jetzt auch – übereinstimmend – Großkomm/*Jestaedt,* § 23 b UWG, Rdn. 10 f.)

Von diesem Ausgangspunkt her gewinnt die Meinung erhebliches Gewicht, daß bei Verbänden oder Vereinen (i. F. soll der Einfachheit halber wieder nur von »Verbänden« gesprochen werden) nur darauf abgestellt werden dürfe, ob die Kosten des für die Streitwertbegünstigung in Frage stehenden konkreten Prozesses allein zu einer erheblichen wirtschaftlichen Gefährdung führen könnten[20]. Die herrschende Meinung läßt jedoch im Hinblick auf die sonst befürchtete Gefährdung der Verbandszwecke eine Berücksichtigung der übrigen Prozeßtätigkeit und der daraus resultierenden Kostenbelastung des Verbandes zu[21], verlangt also hier nicht etwa eine Reduzierung anderer Klageverfahren zur Finanzierung des konkreten Prozesses. Dem ist zwar grundsätzlich zuzustimmen, da anderenfalls in der Tat die Verbände bei der Wahrnehmung ihrer satzungsgemäßen Aufgaben ungebührlich beschränkt werden könnten. Es muß aber durch strenge Maßstäbe an die zur Erfüllung dieser Aufgabe erforderliche Verbandsausstattung (Mitgliedsbeitragshöhe, angemessene Höhe der staatlichen Zuwendungen[22]), bzw. an das Verhältnis dieser Ausstattung (»Prozeßkostenfond«, vgl. *Pastor,* S. 971) zur Prozeßführungstätigkeit dafür Sorge getragen werden, daß Streitwertbegünstigungen für Verbände nicht überhand nehmen oder gar zum Regelfall werden, sondern die Ausnahme für besondere Härtefälle bleiben. Es geht nicht an, daß kleine, finanziell ganz dürftig ausgestattete Verbände eine in keinem Verhältnis zu dieser Ausstattung stehende Vielzahl von Prozessen vom Zaun brechen und unter Hinweis auf die dadurch verursachten Kostenlasten regelmäßig Streitwertbegünstigung beantragen und erhalten. Mit Recht sind daher Streitwertbegünstigungsanträge von Verbänden als rechtsmißbräuchlich beurteilt worden, wenn deren Struktur und finanzielle Ausstattung darauf ausgelegt sind, das mit der Durchführung ihrer Aufgaben, der Verfolgung

---

19 OLG Stuttgart WRP 1982, 489, 490 stellt sogar ausdrücklich auf die Gefahr des »Zusammenbruchs« des Unternehmens ab; vgl. auch KG WRP 1981, 20 u. OLG Köln WRP 1987, 691 (»Strenge Maßstäbe«).
20 OLG Hamburg WRP 1977, 498, 499; OLG Frankfurt WRP 1980, 271, 272; OLG Frankfurt, JurBüro 1983, 267 f. u. WRP 1989, 173 f., dagegen offengelassen in GRUR 1989, 133, 134; OLG Stuttgart WRP 1983, 709, 710; Großkomm/*Jestaedt,* § 23 b UWG, Rdn. 15 (im Hinblick auf die neugeschaffene Möglichkeit des § 23 a UWG); *Deutsch,* GRUR 1978, 19, 21 (mit Hinweis auf den Ursprung der Vorschrift im alten § 53 PatG, bei dem es selbstverständlich nur um die Kosten des konkreten einzelnen Verfahrens gehen konnte).
21 KG WRP 1977, 717; 1982, 468; 1983, 561 ff.; 1984, 20 = GRUR 1983, 595; OLG Koblenz GRUR 1984, 746, 747 = WRP 1984, 637 u. GRUR 1989, 764, 765; OLG Köln GRUR 1991, 248, 249; *Baumbach/Hefermehl,* § 23 b UWG, Rdn. 3 a; *v. Gamm,* UWG, § 23 a, Rdn. 9; *Pastor,* S. 971 (letzterer allerdings mit kritischen Vorbehalten); *v. Falckenstein,* Verbraucherverbandsklage, Schädigungen der Konsumenten und UWG-Novelle, WRP 1978, 502, 512. Auch der I. Zivilsenat des BGH geht in st. Rspr. (durchweg unveröffentlicht) von dieser Auffassung aus.
22 Vgl. zu ersterer OLG Celle, Beschl. v. 14. Juli 1980 – 13 W 61/80, zit. bei *Traub* zu 8.23.3; zu beidem OLG Frankfurt GRUR 1989, 133, 134 u. Großkomm/*Jestaedt,* § 23 b UWG, Rdn. 16.

von Wettbewerbsverstößen, notwendig verbundene Kostenrisiko schon im Regelfall zu einem Teil auf den – auch rechtstreuen – Prozeßgegner abzuwälzen[23].

9 Gleichfalls auf dieser Linie liegt die in der OLG-Rechtsprechung überwiegende und jetzt auch vom BGH in einer Reihe von Entscheidungen (vgl. *Teplitzky*, GRUR 1991, 709, 716 in Fn. 75) angewandte Meinung, daß bis zu einer bestimmten Streitwerthöhe eine Begünstigung von Verbänden überhaupt nicht in Betracht kommt, weil zur Führung solcher kleinerer Prozesse die eigene Mittelausstattung des Verbandes einfach auszureichen hat. Die Grenze wird zur Zeit überwiegend bei 15 000,– DM angenommen[24], wobei allerdings nicht allzu schematisch verfahren werden sollte[25]. Der BGH hat in jüngster Zeit mehrfach bei (nach § 23 a UWG herabgesetzten) Streitwerten von (noch) 25 000 – 40 000 DM bereits keinen Anlaß zur Anwendung auch des § 23 b UWG mehr gesehen.

10 Zuwendungen Dritter – auch der öffentlichen Hand – an den Verband sind, soweit sie nicht eindeutig anderweitig zweckgebunden gegeben werden – bei der maßgeblichen Vermögenslage zu berücksichtigen[26]. Trägt ein Dritter im Innenverhältnis die Prozeßkosten des Verbandes oder sagt er zu, diesem im Falle seines Unterliegens einen entsprechenden Betrag in den Prozeßkostenfond zu leisten, so kommt eine Streitwertbegünstigung nicht in Betracht[27]. Im Hinblick hierauf sollten die Gerichte stets und mit Nachdruck darauf bestehen, daß Verbände (durch eidesstattliche Versicherung ihres maßgeblichen und insoweit voll informierten Organs) glaubhaft machen, daß eine solche unmittelbare oder mittelbare (vgl. § 23 b Abs. 1 Satz 2 UWG) Kostendeckung im konkreten Fall nicht vorliegt[28].

11 Auch ohne Kostendeckung kann ein Streitwertbegünstigungsantrag unbegründet – weil rechtsmißbräuchlich – sein, wenn der Verband im überwiegenden Interesse eines bestimmten Wettbewerbers und auf dessen Veranlassung klagt, er von diesem also lediglich zur Kostenersparnis bzw. Risikominderung vorgeschoben wird[29].

---

23 OLG Düsseldorf WRP 1977, 410; ähnlich (in einem obiter dictum) KG WRP 1978, 300, 301; ferner OLG Frankfurt WRP 1980, 271, 272 u. WRP 1989, 173, 174; Großkomm/*Jestaedt*, § 23 b UWG, Rdn. 16; *Pastor*, S. 973.
24 So KG WRP 1982, 468 f.; OLG Frankfurt GRUR 1989, 133, 134. Das OLG Köln GRUR 1991, 248, 249 hat im konkreten Fall 20 000,– DM angenommen. *Baumbach/Hefermehl*, § 23 b UWG, Rdn. 6, geht noch von 10 000,– DM aus.
25 Darauf weisen mit Recht OLG Koblenz u. *Baumbach/Hefermehl* aaO., hin.
26 *Deutsch*, GRUR 1978, 19, 21; a. A. allerdings – bedenklich großzügig zum Nachteil der betroffenen Prozeßgegner – KG WRP 1977, 717, 718 und *Baumbach/Hefermehl*, § 23 b UWG, Rdn. 3 a; dagegen jetzt mit Recht auch Großkomm/*Jestaedt*, § 23 b UWG, Rdn. 17.
27 OLG Frankfurt, Beschl. v. 1. Juli und 18. Oktober 1976, 6 U 171/75 und 6 W 104/76, zit. bei *Traub* zu 8.23.4; Arg. aus § 23 b Abs. 1 Satz 2 UWG; Großkomm/*Jestaedt*, § 23 b UWG; Rdn. 17 f.; *Melullis*, Hdb., Rdn. 445; a. A., aber abzulehnen, *Baumbach/Hefermehl*, § 23 b UWG, Rdn. 39.
28 Auf die Verbindlichkeit einer solchen Zusage im Rechtssinne kann es dabei keinesfalls ankommen, da ansonsten mißbräuchlichen Usancen Tür und Tor geöffnet wäre. Dem Verband steht es frei, eine Klarstellung durch den Dritten dahin, ob er zu seiner Zusage stehen werde, zu verlangen. Nach dieser Klarstellung liegt es bei ihm, ob er das Verfahren durchführen will oder nicht.
29 *Baumbach/Hefermehl*, § 23 a UWG, Rdn. 7.

3. Auf die Aussichten der Rechtsverfolgung kommt es – anders als bei der Prozeßko- **12** stenhilfe – nicht an[30]. Jedoch kann der Streitwertbegünstigungsantrag als rechtsmißbräuchlich zurückgewiesen werden, wenn sich die Rechtsverfolgung als mutwillig oder willkürlich darstellt[31].

4. Streitwertbegünstigung kann wegen des Ausnahmecharakters der – wie darge- **13** legt – ganz eng auszulegenden Regelung nur in den gesetzlich bestimmten Fällen, d. h. im Wettbewerbsrecht nur bei Geltendmachung[32] von Ansprüchen aus dem UWG und dem WZG, gewährt werden; die Verfolgung von Ansprüchen aus dem Rabattgesetz, der Zugabeverordnung, den BGB-Vorschriften usw. kann nicht streitwertbegünstigt werden[33]; allerdings schadet es nichts, wenn ein auf das UWG oder WZG gegründeter Anspruch zusätzlich auch auf eine Vorschrift außerhalb dieser Gesetze gestützt wird[34]. Weitergehende Durchbrechungen des strikten Ausnahmecharakters des § 23 b UWG, wie sie teilweise für die zur Ergänzung des UWG dienende Anwendung der §§ 12, 823 BGB befürwortet werden[35], erscheinen mir dagegen bedenklich, weil damit der Damm des Ausnahmeprinzips durchbrochen und einer noch weitergehenden Rechtsanalogie (wohl gemerkt: zur Anwendung eines fast allseits als unerwünscht und verfehlt angesehenen Rechtsgedankens) Tür und Tor geöffnet würde[36].

Dagegen stellt es keine Analogie, sondern eine sinngerechte Auslegung des Gesetzes **14** selbst dar, wenn ganz einhellig[37] Streitwertbegünstigungen nicht nur in Klageverfahren, sondern auch im Verfahren der einstweiligen Verfügung zugelassen werden.

5. Die Streitwertbegünstigung erfolgt nur auf Antrag der Partei. Dieser ist – für jede **15** Instanz gesondert – grundsätzlich vor der Verhandlung zur Hauptsache zu stellen; danach ist er nur zulässig, wenn das Gericht in oder nach dieser Verhandlung den vorher »angenommenen oder festgesetzten« Streitwert heraufsetzt (§ 23 b Abs. 2 UWG)[38].

---

30 OLG Köln WRP 1976, 261, 262; OLG Frankfurt GRUR 1989, 133 = WRP 1989, 26; allg. Meinung; vgl. Großkomm/*Jestaedt*, § 23 b UWG, Rdn. 12; *Melullis*, Hdb., Rdn. 446, jeweils m. w. N.
31 OLG Karlsruhe WRP 1973, 49, 50; OLG Köln WRP 1976, 261, 262 (obiter dictum); OLG Hamburg WRP 1977, 809; WRP 1979, 382; WRP 1985, 281 = GRUR 1985, 148; KG WRP 1978, 134, 135 r. Sp. (obiter dictum); KG GRUR 1983, 673; OLG Frankfurt WRP 1980, 270,·271; LG Berlin WRP 1981, 292 u. WRP 1982, 53; Großkomm/*Jestaedt*, § 23 b UWG, Rdn. 3 (eingehend und übersichtlich); *Baumbach/Hefermehl*, § 23 b UWG, Rdn. 4; *Pastor*, S. 973.
32 Gemeint ist ausschließlich die Geltendmachung im Erkenntnisverfahren; im Vollstreckungsverfahren gibt es nach ganz einhelliger Meinung keine Streitwertbegünstigung, da es hierfür an einer gesetzlichen Grundlage fehlt.
33 Großkomm/*Jestaedt*, § 23 b UWG, Rdn. 7; *Baumbach/Hefermehl*, § 23 b UWG, Rdn. 2; *Pastor*, S. 966; *Nordemann*, Rdn. 643.
34 BGH GRUR 1968, 333, 334 (mit zust. Anm. von *Droste*) = WRP 1968, 183 – Faber; Großkomm/*Jestaedt*, *Baumbach/Hefermehl* und *Pastor*, aaO.
35 Vgl. *Baumbach/Hefermehl*, § 23 b UWG, Rdn. 2; wohl auch *Droste* in seiner in der letzten Fußnote zitierten Anmerkung.
36 Im Ergebnis wie hier Großkomm/*Jestaedt*, § 23 b UWG, Rdn. 7, und *Pastor*, S. 966.
37 Vgl. Großkomm/*Jestaedt*, aaO., Rdn. 6; *Baumbach/Hefermehl*, § 23 b UWG, Rdn. 2 und 5; *Pastor*, S. 767, sämtlich m. w. N.
38 *Deutsch*, GRUR 1978, 19, 21 will diesen nach seiner Meinung unklaren Gesetzestext in dem Sinne verstanden wissen, daß Heraufsetzungen gegenüber dem vom Kläger genannten Streitwert gemeint seien, sofern – was heute leider die Regel ist – eine Festsetzung vor der ersten Ver-

Ein nach Heraufsetzung des Streitwerts gestellter Streitwertbegünstigungsantrag wird unzulässig, wenn das Beschwerdegericht die Erhöhung rückgängig macht[39]. Die Anforderung, der Antrag sei jedenfalls vor Abschluß der Instanz zu stellen[40], erscheint für den Normalfall naheliegend und zutreffend. Sie wird aber für diejenigen Fälle problematisch (und m. E. hinfällig), in denen die nächste Instanz – was sie darf und zuweilen auch tut – den in erster Instanz festgesetzten Streitwert auch für die Vorinstanz neu und spürbar höher festsetzt (ebenso jetzt Großkomm/*Jestaedt*, § 23 b UWG, Rdn. 21 mit Fn. 37).

16 Im Verfügungsverfahren genügt Antragstellung vor der Verhandlung über den Widerspruch; vorher besteht kein praktisches Bedürfnis[41]; allerdings gilt dies nur für die Begünstigung des Verfügungsantragstellers; der Antragsgegner, der sich einer einstweiligen Verfügung fügen, aber eine unangemessen hohe Kostenlast abwenden will, kann auch ohne Widerspruchseinlegung den Begünstigungsantrag stellen[42].

17 Wie der Wortlaut des § 23 b Abs. 2 UWG (i. V. mit § 78 Abs. 2 ZPO) deutlich macht, unterliegt der Antrag nicht dem Anwaltszwang.

18 6. Die Entscheidung über den Antrag erfolgt nach notwendiger Anhörung der Gegenpartei durch Beschluß, der mit der einfachen Beschwerde[43] anfechtbar ist, und zwar von jeder beschwerten Partei, aber auch von den Verfahrensbevollmächtigten, soweit diese ihrerseits durch die Entscheidung beschwert sind (§ 9 Abs. 2 Satz 1 BRAGO)[44]; dies kann auch – ungeachtet seines Anspruchs aus dem Mandatsverhältnis gegen die eigene Partei – der Verfahrensbevollmächtigte des Gegners der begünstigten Partei sein[45].

19 Die Vorteile der rechtskräftig gewordenen Entscheidung verbleiben der begünstigten Partei endgültig. Anders als bei der Prozeßkostenhilfe besteht auch bei späteren Veränderungen der wirtschaftlichen Lage keine Nachzahlungspflicht.

20 7. Inhaltlich stellt die – nach pflichtgemäßem Ermessen zu treffende[46] – Entscheidung die Gerichte vor zwar andere, aber nicht geringere Schwierigkeiten als die eigentliche Streitwertfestsetzung.

handlung noch nicht erfolgt ist. Dagegen sieht die h. M. (BGH GRUR 1953, 284 zu § 53 PatG a. F.; OLG Stuttgart WRP 1982, 489, 490; Großkomm/*Jestaedt*, § 23 b UWG, Rdn. 20; *Baumbach/Hefermehl*, § 23 b UWG, Rdn. 5) als »angenommen« nur einen solchen Streitwert an, der in irgendwelchen gerichtlichen Maßnahmen (Gebührenanforderungen o. ä.) seinen Niederschlag gefunden hat. Da letztere meist auf den Klägerangaben beruhen, ist der praktische Unterschied der Auffassungen gering.

39 OLG Hamm WRP 1984, 158; Großkomm/*Jestaedt*, § 23 b UWG, Rdn. 21.
40 OLG Hamburg WRP 1974, 499.
41 OLG Hamburg WRP 1977, 498; KG WRP 1982, 530; *Baumbach/Hefermehl*, § 23 b UWG, Rdn. 5; *Pastor*, S. 974 f.; zur näheren Begründung vgl. *Deutsch*, GRUR 1978, 19, 21.
42 OLG Hamburg GRUR 1985, 148 = WRP 1985, 281; Großkomm/*Jestaedt*, § 23 b UWG, Rdn. 22.
43 Ganz h. M.; vgl. OLG Karlsruhe WRP 1973, 49, 50; OLG Köln WRP 1976, 261, 262; OLG Hamburg WRP 1977, 498; KG WRP 1978, 134; *Pastor*, S. 977; Großkomm/*Jestaedt*, § 23 b UWG, Rdn. 34; *Baumbach/Hefermehl*, § 23 b UWG, Rdn. 8, und *Melullis*, Hdb., Rdn. 450.
44 KG WRP 1978, 134, 135; Großkomm/*Jestaedt*, § 23 b UWG, Rdn. 36; *Baumbach/Hefermehl*, § 23 b UWG, Rdn. 8; *Melullis*, Hdb., Rdn. 450.
45 So ebenfalls KG, Großkomm/*Jestaedt*, *Baumbach/Hefermehl* u. *Melullis*, aaO.; a. A. insoweit *Pastor*, S. 978.
46 OLG Hamburg WRP 1979, 382; *Nirk/Kurtze*, Rdn. 431.

Das Kammergericht[47], das aus bestimmten Gründen besonders häufig mit Streitwertbegünstigungsanträgen befaßt wird, hat versucht, die Probleme mit einer Formel zu bewältigen, nach der ein »Sockelbetrag« des Streitwerts (früher 10 000, jetzt teilweise 15 000 DM jeweils bei einer bestimmten Partei) voll und vom Reststreitwert dann weitere 10 % in Ansatz gebracht werden. Beispiel: Beträgt der Streitwert 200 000 DM, so soll danach der erniedrigte Streitwert auf 15 000 plus (10 % von 185 000 =) 18 500, insgesamt auf 33 500 DM festzusetzen sein. Ein solches Schema kann den besonderen Gegebenheiten des jeweiligen Einzelfalles nicht gerecht werden[48] und ist daher – jedenfalls bei starrer Handhabung – bedenklich. Der Bundesgerichtshof hat es sich daher nie ausdrücklich zu eigen gemacht; er ist jedoch in den vom Kammergericht in die Revisionsinstanz gelangten Fällen bei eigenen Streitwertbegünstigungsbeschlüssen[49] mitunter zu recht ähnlichen Ergebnissen wie das Kammergericht gelangt. In geeigneten Fällen kann das Schema des Kammergerichts, das in der Literatur im Grundsatz gebilligt wird[50], also durchaus brauchbare, der Vereinheitlichung der Rechtsprechung dienende Anhaltspunkte liefern[51].

Auch beim Inhalt der Entscheidung sollte jedoch – ebenso wie bei der Prüfung der Voraussetzungen – nie aus den Augen verloren werden, welche Unbilligkeiten Streitwertbegünstigungen für den zu Unrecht in Anspruch genommenen Gegner mit sich bringen. Bei der Bemessung sollte auch beachtet werden, daß das Ausmaß der Begünstigung jeweils in direkter Beziehung zum Ausmaß des Unrechts steht, das im Falle des Unterliegens des Begünstigten entstehen kann, und daß es auch in mittelbarer Beziehung zur Gefahr der Ausweitung von Mißbräuchen der Streitwertbegünstigung steht. Der ermäßigte Streitwert muß daher nicht nur in einem angemessenen Verhältnis zum vollen Streitwert stehen, um der Bedeutung des Rechtsstreits zu entsprechen und auch bei der begünstigten Partei das Kostenbewußtsein wach zu halten[52], sondern er muß auch stets unter Ausschöpfung aller Möglichkeiten der Belastung des Begünstigten bis an deren Grenze gebildet werden. Großzügiges Entgegenkommen ist hier in hohem Maße unangebracht und auch bei Verbänden durch vermeintlich höherwertige Allgemeininteressen schwerlich zu rechtfertigen; denn zu deren Wahrung müßte es in einer wohlhabenden Gesellschaft mit reich dotierten und ansonsten auch nach vielen Seiten hin offenen »öffentlichen Händen« genügend andere Wege und Möglichkeiten[53] geben als eine großzügig gehandhabte Streitwertbegünstigung von Verbänden ausschließlich zu Lasten ihrer Gegner und der Rechtsanwälte.

---

47 Vgl. z. B. KG WRP 1977, 717; 1982, 468 f.; st. Rspr.
48 So zutreffend OLG Koblenz GRUR 1984, 746, 747 f. = WRP 1984, 637; OLG Köln GRUR 1991, 248, 249 u. *Baumbach/Hefermehl*, § 23 b UWG, Rdn. 6.
49 Sie sind durchweg ohne Begründung ergangen und daher unveröffentlicht.
50 *Baumbach/Hefermehl*, § 23 b UWG, Rdn. 6; *v. Gamm*, UWG, § 23 a, Rdn. 9; *Nirk/Kurtze*, Rdn. 431; *Nordemann*, Rdn. 643; kritischer differenzierend – in Anlehnung an die Vorauflage dieses Werks, Kap. 50, Rdn. 21 – Großkomm/*Jestaedt*, § 23 b UWG, Rdn. 29.
51 Ähnlich auch OLG Koblenz GRUR 1984, 746, 748 = WRP 1984, 637 u. Großkomm/*Jestaedt*, aaO.
52 So zutreffend OLG Köln GRUR 1991, 248, 249 u. *Baumbach/Hefermehl*, § 23 b UWG, Rdn. 6
53 Eine dieser Möglichkeiten – nicht die einzige – besteht in der Streitwertherabsetzung gemäß § 23 a UWG.

2. Abschnitt   Rechtsfragen bei einzelnen Klageverfahren

51. Kapitel   Die Unterlassungsklage

Literatur: *Borck*, Grenzen richterlicher Formulierungshilfe bei Unterlassungsverfügungen, WRP 1977, 457; *Borck*, Bestimmtheitsgebot und Kern der Verletzung, WRP 1979, 180; *Borck*, Der Hilfsantrag im Unterlassungsprozeß, WRP 1984, 583; *Borck*, Die einseitige Erledigungserklärung im Unterlassungsrechtsstreit, WRP 1987, 8; *Borck*, Zum Anspruch auf Unterlassen des Fällens von Tannenbäumen, WRP 1990, 812; *Borck*, Anm. zu OLG Celle WRP 1991, 315, 316; *Brückmann*, Klageänderung und »Umformulierung« von Unterlassungsanträgen im Wettbewerbsprozeß, WRP 1983, 656; *Kramer*, Der richterliche Unterlassungstitel im Wettbewerbsrecht, 1982; *Nirk/Kurtze*, Verletzungshandlung und Verletzungsform bei Wettbewerbsverstößen, GRUR 1980, 645; *Oppermann*, Unterlassungsantrag und zukünftige Verletzungshandlung, WRP 1989, 713; *Pagenberg*, Die Aushöhlung des vorbeugenden Rechtsschutzes im Patent-, Urheber- und Wettbewerbsrecht, GRUR 1976, 78; *Schubert*, Klageantrag und Streitgegenstand bei Unterlassungsklagen, ZZP 85 (1972), 29; *Schütze*, Einstweilige Verfügungen und Arreste im internationalen Rechtsverkehr, WM 1980, 1438; *Teplitzky*, Anmerkungen zur Behandlung von Unterlassungsanträgen, Festschrift für Walter Oppenhoff, 1985, S. 487; *Teplitzky*, Anm. zu OLG Köln WRP 1989, 334, 335; *Teplitzky*, Unterwerfung und konkrete Verletzungsform, WRP 1990, 26.

Inhaltsübersicht

	Rdn.		Rdn.
I. Der Unterlassungsklageantrag	1–48	6. Der »Insbesondere«-Antrag	36–39
1. Allgemeines	1–3	7. Andere zusätzliche Anträge	40–45
2. Formulierungsprobleme	4–18	8. Die Bindung des Gerichts	
a) Bestimmtheit des Antrags	8–12	an den Antrag	46–48
		II. Rechtshängigkeit und	
b) Umfang des Antrags	13–17	Rechtskraft	49–51
c) Verfehlte Verletzungsform	18	1. Rechtshängigkeit	49
		2. Rechtskraft	50, 51
3. Ausgeschlossene Erweiterungen	19, 20	III. Das Rechtsschutzbedürfnis	52–59
		IV. Die (notwendige) richtige Kostenverteilung	60, 61
4. Zusätze im Klageantrag	21–28		
5. Haupt- und Hilfsantrag	29–35		

I. Der Unterlassungsklageantrag

1. Allgemeines

1   Die Formulierung des »richtigen«[1] Unterlassungsantrags gehört im Wettbewerbsrecht zu den wichtigsten, aber auch schwierigsten[2] – und dementsprechend recht oft auch

---

1 Im Idealfall muß der Antrag mit dem Urteilstenor – dessen Korrektheit unterstellt – übereinstimmen; vgl. auch *Ahrens*, S. 156.
2 So auch *Pastor*, S. 464; *Ahrens*, S. 156, u. Großkomm/*Jacobs*, Vor § 13 UWG, D, Rdn. 96 u. 125; zur Schwierigkeit und Wichtigkeit vgl. auch *Borck* in Anm. zu OLG Celle WRP 1991, 315 auf S. 316 ff.

51. Kapitel Die Unterlassungsklage 2 51

nicht bewältigten – Aufgaben zunächst des Klägeranwalts, daneben aber – was viel zu oft vernachlässigt wird – auch des Gerichts. Die Vorschrift des § 139 ZPO, derzufolge das Gericht u. a. auf Stellung sachdienlicher Anträge hinzuwirken und zu diesem Zweck, soweit erforderlich, das Sach- und Streitverhältnis mit den Parteien zu erörtern *hat* – und dies nicht etwa nur *soll* –, sollte gerade im wettbewerblichen Unterlassungsprozeß wegen der hier gegebenen besonderen und weithin bekannten Denk- und Formulierungsschwierigkeiten stets sehr ernst genommen und sorgfältig beachtet werden[3]. Geschähe dies immer, so müßten nicht so oft noch in der Revisionsinstanz mühsam Versuche zur Auslegung des Antragssinns und zur Erfassung des wahren Streitgegenstandes gemacht werden[4], und auch die Vollstreckungsgerichte – in Unterlassungssachen zum Glück oft mit den Prozeßgerichten identisch, die ihrerseits beim Antrag die Ungenauigkeit hatten durchgehen lassen – hätten es ebenfalls in vielen Fällen leichter, ganz zu schweigen von dem erheblichen Mehr an Rechtssicherheit, das mit stets wirklich präzise und eindeutig formulierten Verboten verbunden wäre.

Oft mag für die Unterlassung gerichtlicher Einflußnahme auf die Antragsformulierung die Sorge ursächlich sein, damit zu einseitig dem Kläger zu helfen und womöglich eine Ablehnung wegen Befangenheit zu riskieren[5]. Dabei wird jedoch leicht übersehen, wie wichtig im Wettbewerbsprozeß ein von vornherein treffend gekennzeichneter und festgelegter Streitgegenstand auch – und oft gerade – für den Beklagten ist[6]. Denn dessen eventuelle Spekulation darauf, der Kläger werde mit einem schlecht formulierten – ungenauen, zu weit gehenden oder in anderer Weise mangelhaften – Antrag schon Schiffbruch erleiden, geht oft nicht auf[7], da die Gerichte in der Berufungs- und besonders in der Revisionsinstanz leicht dazu neigen, den Antrag aus Gründen der Prozeßökonomie oder im Interesse der Einzelfallgerechtigkeit letztlich doch noch – meist aufgrund irgendwelcher »klarstellender« Erläuterungen der nunmehrigen Klägervertreter – im vermeintlich richtigen Sinne auszulegen[8] mit der Folge, daß der Beklagte am

---

3 Vgl. dazu auch *Schubert*, ZZP 85 (1972), 29, 44 m. w. N.; *Borck*, WRP 1977, 457, 458 f.; *Teplitzky*, Festschrift Walter Oppenhoff, S. 487 ff., u. Großkomm/*Jacobs*, aaO., Rdn. 96 u. 102; zu Folgen fehlerhafter Hinweise des Gerichts vgl. neuerdings BGH GRUR 1991, 254, 257 (unter 2) = WRP 1991, 216 – Unbestimmter Unterlassungsantrag I.
4 Vgl. dazu z. B. BGH GRUR 1981, 362, 364 – Aus der Kurfürst-Quelle; BGH GRUR 1981, 827, 828 – Vertragswidriger Testkauf (mit auch insoweit kritischer Anmerkung von *Jacobs*); BGH GRUR 1983, 21, 25 – Tonmeister; BGH GRUR 1983, 252, 253 = WRP 1983, 335 – Diners Club; BGH GRUR 1983, 650, 651 = WRP 1983, 613 – Kamera; BGH GRUR 1983, 777, 777 f. = WRP 1983, 665 – Möbel-Katalog; BGH GRUR 1984, 465, 466 – Natursaft; BGH GRUR 1984, 665, 666 = WRP 1984, 399 – Werbung in Schulen; BGH GRUR 1985, 41, 42 f. – REHAB; BGH GRUR 1985, 56, 57 = WRP 1984, 684 – Bestellter Kfz-Sachverständiger (insoweit nicht in BGHZ 92, 30); BGH GRUR 1991, 929, 930 – Fachliche Empfehlung II.
5 Vgl. *Borck*, WRP 1977, 457, 459; auch *Schubert*, aaO.
6 So jetzt auch Großkomm/*Jacobs*, Vor § 13 UWG, D, Rdn. 122.
7 Vgl. etwa den Fall BGH GRUR 1991, 254, 256 f. = WRP 1991, 216 – Unbestimmter Unterlassungsantrag I; näher dazu auch Großkomm/*Jacobs*, aaO., Rdn. 101 f. und besonders Rdn. 124.
8 Ich halte dies für insoweit bedenklich, als es zur Einengung zu weit gefaßter Anträge im Auslegungswege ohne die Konsequenz der in solchen Fällen gebotenen Teilabweisung führt, da dadurch letztlich der Beklagte mit Mehrkosten (höherer Streitwert des zu weitgehenden Antrags) belastet wird, die durch fehlerhafte Formulierungen des Klägers verursacht worden sind. Zur fehlerhaften Auslegung durch das Gericht vgl. neuestes BGH Urt. v. 2. 4. 1992 – I ZR 146/90 –

Ende mit höheren Kosten als denen belastet wird, die er zu tragen gehabt hätte, wenn er von vorneherein durch entsprechende Erklärungen und mit Hilfe des Gerichts erster Instanz an der – ja oft auch einengend wirkenden – Präzisierung des Antrags mitgewirkt und dadurch unter Umständen eine Reduzierung des Streitwerts oder den Verzicht auf eine Beweiserhebung oder andere Vorteile auch für seine Seite erreicht hätte.

3   Die Instanzgerichte sollten daher ohne falsche Scheu in jedem nicht ganz einfach und glatt liegenden Fall in die Antragserörterung eintreten und mit den Rechtsanwälten zusammen versuchen, die optimale Formulierung des Antrags, mindestens aber eine hinreichend eindeutige Kennzeichnung des Streitgegenstandes[8a] schon durch diesen allein – ohne Zuhilfenahme der Begründung – zu erreichen. Der Mehraufwand an Zeit wird sich fast stets durch verringerten Aufwand im weiteren Verlauf des Verfahrens – spätestens bei der Urteilsabfassung – bezahlt machen; und nach eigener Erfahrung hat sich immer wieder gezeigt, daß sich gerade im Rechtsgespräch über die Antragsformulierung vielfältige und oft fruchtbar werdende Ansätze für eine vergleichsweise Einigung, mindestens aber für Teileinigungen oder Verständigungen über die Ausklammerung nur vermeintlich streitiger Punkte aus dem Prozeß ergeben.

2. Formulierungsprobleme

4   Die Schwierigkeiten bei der Abfassung des Antrags liegen in der Erfüllung der Bestimmtheitsanforderung des § 253 Abs. 2 Satz 2 ZPO, in der Erfassung des Umfangs und Inhalts des mit dem Antrag zu verfolgenden Anspruchs und – dies berührt beide Problemkreise gleichermaßen – in der sprachlichen Ausformulierung[9]. Sie nehmen zu, je weiter sich das Begehren des Klägers von der einfachsten Antragsform – dem Verbot der Handlung, so, wie sie begangen worden ist[10] – entfernt, je mehr und weiter der Kläger also die Verbotsform von der konkreten Verletzungshandlung zu abstrahieren sucht. Während das Verbot (einer Wiederholung) der eigentlichen Verletzungshand-

---

Stundung ohne Aufpreis; BGH NJW 1992, 1691, 1692 – Ortspreis u. BGH ZIP 1992, 859, 860 – Professorenbezeichnung in der Arztwerbung II.

8a Zu dieser Notwendigkeit näher BGH aaO. – Stundung ohne Aufpreis.
9 Sehr eingehend und für die Praxis hilfreich zu diesen Problemen jetzt Großkomm/*Jacobs*, Vor § 13 UWG, D, Rdn. 96–164.
10 Bei Werbeaussagen also in der Regel in der Form der wörtlichen Wiederholung, die dort, wo es neben dem Wortlaut auch auf optische Wirkungen – Blickfang, Größenverhältnisse der Drucktypen oder andere am besten visuell wahrnehmbare Elemente der Anordnung – ankommen kann, auch durch Wiedergabe der ganzen zu verbietenden Werbeanzeige in Fotokopie oder, wenn es auch auf Farben ankommt, Fotografie ersetzt werden kann. Die zumindest unterstützende Wiedergabe in Abbildungsform ist auch in vielen Nachahmungsfällen hilfreich.

51. Kapitel Die Unterlassungsklage 5–7 **51**

lung in der Regel[11] problemlos ist und nur deshalb gerne – und oft mit Recht[12] – vermieden wird, weil es den Anspruch nicht voll ausschöpft[13] oder die eigentliche Verletzungsform[14] nicht so deutlich werden läßt, wie es dem Kläger wünschenswert erscheint[15], setzt der Kläger sich bei jedwedem Abstraktionsversuch drei verschiedenen, aber mitunter nicht klar genug voneinander unterschiedenen und abgegrenzten Gefahren aus[16]:

a) Die Formulierung kann zu vage und der Antrag damit wegen mangelnder Bestimmtheit unzulässig sein[17]. 5

b) Sie kann zu weit, also über den Anspruch hinaus gehen und den Antrag damit (teilweise) materiell unbegründet machen[18]. 6

c) Sie kann die konkrete Verletzungsform verfehlen und damit den Antrag insgesamt unbegründet machen[19]. 7

---

11 Geht es nicht um Werbeaussagen, sondern um andere Handlungsformen, so kann allerdings durchaus auch schon deren treffende verbale Beschreibung gewisse Schwierigkeiten bereiten; sie kann aber auch oft durch Abbildungen zumindest verdeutlicht werden (vgl. z. B. BGH GRUR 1981, 517, 518 = WRP 1981, 514 – Rollhocker; BGH GRUR 1984, 872 – Wurstmühle). Den Grad der Schwierigkeit, den in Einzelfällen auch schon die Formulierung eines Verbots der ganz konkreten Verletzungshandlung erreichen kann, verdeutlicht beispielsweise der Fall BGH GRUR 1985, 294, 295 = WRP 1985, 204 – Füllanlage.
12 So schon *Pastor*, S. 675 und 677; vgl. ferner *Teplitzky*, WRP 1989, 335, 336 u. WRP 1990, 26, 28, sowie Großkomm/*Jacobs*, aaO., Rdn. 129.
13 Vgl. dazu Kap. 5, Rdn. 5 ff.; auch *Pastor*, S. 675 und 677; *Nirk/Kurtze*, Rdn. 180–199; *Baumbach/Hefermehl*, Einl. UWG, Rdn. 462.
14 Zum Unterschied von Verletzungshandlung und Verletzungsform vgl. – m. E. überzeugend – *Nirk/Kurtze*, GRUR 1980, 645, 646 ff.; der Bundesgerichtshof hat die Unterscheidung in einzelnen Entscheidungen (BGHZ 89, 78, 80 f. – Heilpraktikerwerbung; BGH GRUR 1984, 593, 594 = WRP 1984, 394 – adidas-Sportartikel) übernommen, u. auch Großkomm/*Jacobs*, aaO., Rdn. 97 mit Fn. 281 u. Rdn. 128 ff., legt sie zugrunde.
15 Dies etwa dann, wenn die Verletzungsform sich aus einem einzigen bestimmten Merkmal einer ihrerseits aus mehreren u. U. zahlreichen Einzelelementen zusammengesetzten Handlung ergibt; vgl. dazu im einzelnen *Nirk/Kurtze*, Rdn. 200–205; *Pastor*, S. 679 f. u. Großkomm/*Jacobs*, aaO., Rdn. 128.
16 Vgl. *Borck*, WRP 1979, 180, 183 ff., allerdings unter Beschränkung auf die beiden nachfolgend unter a) und b) genannten Risiken, und jetzt Großkomm/*Jacobs*, Vor § 13 UWG, D, Rdn. 98.
17 Typische Beispiele: BGH GRUR 1975, 75, 77 = WRP 1974, 394 – Wirtschaftsanzeigen-Public relations; BGH GRUR 1979, 859, 860 = WRP 1979, 784 – Hausverbot II; BGH GRUR 1991, 254, 256 = WRP 1991, 216 – Unbestimmter Unterlassungsantrag I; BGH GRUR 1991, 917, 919 = WRP 1991, 660 – Anwaltswerbung; BGH, Urt. v. 9. 4. 1992 – I ZR 171/90 – Unbestimmter Unterlassungsantrag II; vgl. ferner *Teplitzky*, Festschrift für *Walter Oppenhoff*, S. 487, 492 f., u. Großkomm/*Jacobs*, Vor § 13 UWG, D, Rdn. 98 ff.
18 Typische Beispiele: BGH GRUR 1974, 225, 226 = WRP 1974, 27 – Lager-Hinweiswerbung; BGH GRUR 1977, 260, 261 = WRP 1977, 186 – Friedrich Karl Sprudel; BGH GRUR 1984, 593, 594 = WRP 1984, 394 – adidas-Sportartikel; auch der Trollinger-Fall (BGH GRUR 1973, 201) gehört in diese Gruppe und nicht – wie dort vom Berufungsgericht angenommen und vom BGH toleriert – in die Kategorie unzulässiger Klagen; vgl. Großkomm/*Jacobs*, aaO., Rdn. 101 mit Fn. 294; im einzelnen dazu *Teplitzky*, Festschrift *Walter Oppenhoff*, S. 487, 493.
19 Großkomm/*Jacobs*, Vor § 13 UWG, D, Rdn. 98.

Zu a):

8 Der »bestimmte« Antrag – von Amts wegen zu prüfende Prozeßvoraussetzung[20] gem. § 253 Abs. 2 Satz 2 ZPO – soll den Streitgegenstand festlegen[21], und zwar so, daß der Unterlassungsbeklagte erkennen kann, wogegen er sich verteidigen soll[22], und daß der dem Antrag folgende Tenor die Grenzen der Rechtskraft und die Vollstreckungsmöglichkeiten klar erkennen läßt[23]. Dies schließt die Verwendung normativer, auslegungsbedürftiger Begriffe im Antrag weitgehend – wenngleich nicht schlechthin – aus. Bloße Wiederholungen des Gesetzestextes[24], Verallgemeinerungen, die ihre Grenzen nicht deutlich werden lassen[25], oder Begriffe bzw. Tätigkeitsbeschreibungen, die zu weit oder in sonstiger Weise unscharf sind und deshalb ebenfalls keine hinreichende Eingrenzung darstellen[26], können den Antrag – als zu unbestimmt – unzulässig machen[27]; sie müssen dies jedoch nicht in jedem Fall. Eine gewisse Unschärfe, die – maßvolle – Auslegungen in die Partei- bzw. (bei entsprechender Titulierung) in die Vollstreckungsebene verlagert, wird sich bei Unterlassungsanträgen und -titeln nicht immer gänzlich vermeiden lassen, da bei abstrahierenden Beschreibungen der zu unterlassenden Handlungen auf die Verwendung von Begriffen mit interpretationsbedürfti-

---

20 BGH GRUR 1981, 277 – Biene Maja.
21 BGH GRUR 1979, 568, 569 – Feuerlöschgerät; BGH GRUR 1991, 254, 256 = WRP 1991, 216 – Unbestimmter Unterlassungsantrag I; zum Streitgegenstand näher Kap. 46, Rdn. 2–5 u. neuestens besonders BGH, Urt. v. 2. 4. 1992 – I ZR 146/90 – Stundung ohne Aufpreis.
22 RGZ 123, 307, 309; BGH GRUR 1963, 218 = WRP 1963, 28 – Mampe halb und halb II; BGH NJW 1978, 1584; BGH aaO. – Unbestimmter Unterlassungsantrag I.
23 BGH GRUR 1976, 197 = WRP 1976, 44 – Herstellung und Vertrieb; GRUR 1978, 649, 650 = WRP 1978, 658 – Elbe-Markt; GRUR 1978, 652 = WRP 1978, 656 – mini-Preis; GRUR 1979, 859, 860 = WRP 1979, 784 – Hausverbot II; BGH aaO. – Unbestimmter Unterlassungsantrag I; BGH NJW 1992, 1691, 1692 – Ortspreis; *Ahrens*, S. 157 mit weiteren umfangreichen Nachweisen.
24 Ausnahmen: Bei § 1 RabattG (vgl. aber dazu – einschränkend – BGH, NJW 1992, 1691, 1692 – Ortspreis), u. § 49 Abs. 4 Satz 3 PBefG; vgl. Großkomm/*Jacobs*, aaO., Rdn. 111 f. (problematisch dagegen Rdn. 113); *Ahrens*, S. 166 f. m. w. N.; *Pastor*, S. 684.
25 Z. B. räumlich: »In Süddeutschland« oder »in allen deutschen Großstädten« oder zeitlich: »Während der Sommersaison«.
26 Z. B.: »in allen großen Tageszeitungen«; oder: »Waren des täglichen Bedarfs«; oder: »den Eindruck zu erwecken, als ob . . .« (BGH GRUR 1962, 310, 313 – Gründerbildnis; insoweit weder in BGHZ 36, 252 noch in WRP 1962, 331 abgedruckt); oder: ». . . den Eindruck eines Herstellerbetriebs erwecken« (BGH GRUR 1976, 197 = WRP 1976, 44 – Herstellung und Vertrieb); oder: »Aufmachungen, die mit handelsüblichen Verkaufseinheiten verwechslungsfähig sind« (BGH GRUR 1979, 859, 860 = WRP 1979, 784 – Hausverbot II); oder: ». . . Anzeigen« »ähnlich wie« die veröffentlichte zu veröffentlichen (BGH aaO. – Unbestimmter Unterlassungsantrag I); dagegen sind z. B. die Begriffe »sinngemäß« (BGH GRUR 1977, 114, 115 = WRP 1976, 240 – VUS) und »Sportartikel« – trotz sicher auch etwas fließender Grenzen – als im konkreten Fall hinreichend bestimmt angesehen worden; vgl. zu letzterem BGH GRUR 1984, 593, 594 = WRP 1984, 394 – adidas-Sportartikel; ferner zum Begriff »markenmäßig« BGH GRUR 1991, 138 – Flacon; eingehend zu allem auch Großkomm/*Jacobs*, aaO., Rdn. 103 ff.
27 Vgl. dazu auch *Pastor*, S. 684 ff.; neuestens hat der BGH (Urt. v. 9. 4. 1992 – I ZR 171/90 – Unbestimmter Unterlassungsantrag II) den Versuch einer Eingrenzung durch »Bestellungen, auf die wie in den mit der Klage beanstandeten Fällen deutsches Recht anwendbar ist« als zu unbestimmt verworfen.

51. Kapitel   Die Unterlassungsklage

gem Sinn nicht gänzlich verzichtet werden kann[28]. Die Unschärfe darf sich dabei nur nicht auf die eigentlichen Streitpunkte beziehen[29]. Außerhalb derselben können Begriffe oder Tätigkeitsbeschreibungen anderer Art u. U. auch dann toleriert werden, wenn sie von Haus aus nicht scharf umgrenzt oder stets eindeutig definierbar sind. So hat beispielsweise der Bundesgerichtshof ausdrücklich gesagt, daß »eine derart abstrakt gefaßte Verurteilung« – nämlich die, zu unterlassen, »den Eindruck zu erwecken oder erwecken zu lassen, als ob sie Sektherstellung bereits vor oder seit 1811 oder seit Gründung ihres Unternehmens als Weinhandlung betreibe« – (nur) »unter den hier gegebenen Umständen ... unzulässig« sei[30]; den im selben Berufungsurteil vorkommenden abstrakten Begriff »im geschäftlichen Verkehr« hat der Bundesgerichtshof mit Recht unbeanstandet gelassen, da er – obwohl gleichfalls auslegungsfähig und in Grenzfällen zweifelhaft – im konkreten Fall überhaupt nicht umstritten war. Zutreffend weist *Borck* (aaO.) darauf hin, daß derselbe Begriff im Antrag oder Tenor dann zu unbestimmt wäre, wenn der Parteienstreit gerade darum ginge, ob ein angegriffenes Handeln »im geschäftlichen Verkehr« erfolgt oder nicht.

Unbestimmt kann ein Antrag auch durch darin enthaltene Zusätze, meist Versuche von Einschränkungen, werden, wenn diese ihrerseits nicht klar und eindeutig genug sind[31].

Bei allem ist jedoch zu beachten, daß Anträge auslegungsfähig sind und daß für diese Auslegung nach st. Rspr. des BGH u. h. M. auch der Sachvortrag des Klägers[32] und in besonderen Ausnahmefällen sogar andere Umstände (Wettbewerbserfahrung des Klägers i. V. mit Bezugnahme auf eine Gesetzesbestimmung, die eine im Antrag selbst

---

28 Selbst einfache Begriffe des Wettbewerbsrechts und -handelns wie etwa »werben«, »Werbemittel«, »Anbieten«, »Inverkehrbringen«, »schlagwortartig«, »markenmäßig«, »Wettbewerb« (u. v. a.) erfordern Wertungen – mit von Fall zu Fall unterschiedlichem Schwierigkeitsgrad – und sind doch weithin unerläßlich, um gewisse Handlungen titelgerecht zu charakterisieren. Zur Zulässigkeit einzelner Begriffe und Wertungen *Pastor*, S. 685–687, u. Großkomm/*Jacobs*, Vor § 13 UWG, D, Rdn. 104–106.
29 BGH GRUR 1991, 254, 256 = WRP 1991, 216 – Unbestimmter Unterlassungsantrag I; BGH (wie Fn. 27) – Unbestimmter Unterlassungsantrag II; Großkomm/*Jacobs*, aaO., Rdn. 107.
30 BGH GRUR 1962, 310, 313 – Gründerbildnis; auf dieses Beispiel hat *Borck*, WRP 1979, 180, 183 hingewiesen; vgl. ferner die Fälle BGHZ 98, 330 ff. = BGH GRUR 1987, 172, 174 = WRP 1987, 446 – Unternehmensberatungsgesellschaft I; BGH GRUR 1987, 714 f. = WRP 1987, 726 – Schuldenregulierung u. BGH (VIII. Zs.) LM ZPO Vorb. vor § 253, Rechtsschutzbedürfnis, Nr. 12 = NJW-RR 1989, 263, unter B II der Gründe.
31 Vgl. z. B. BGH GRUR 1975, 75, 76, 77 = WRP 1974, 394 – Wirtschaftsanzeigen-public relations: »... sofern nicht der Anzeigencharakter ... auch für den flüchtigen Betrachter eindeutig in Erscheinung tritt« (keine genügend eindeutige Eingrenzung des Begehrens); BGH GRUR 1978, 649, 650 = WRP 1978, 658 – Elbe-Markt und BGH GRUR 1978, 652 = WRP 1978, 656 – mini-Preis (sofern nicht ... eindeutig als Sonderangebot gekennzeichnet ist«) – gleichfalls zu unbestimmt erachtet; zu Zusätzen näheres unter Rdn. 19 ff. sowie bei Großkomm/*Jacobs*, aaO., Rdn. 108 f.
32 BGH GRUR 1981, 362, 364 – Aus der Kurfürst-Quelle; BGH GRUR 1985, 56, 57 = WRP 1984, 684 – Bestellter Kfz-Sachverständiger (insoweit nicht in BGHZ 92, 30); BGHZ 98, 330 ff. = BGH GRUR 1987, 172, 174 = WRP 1987, 446 – Unternehmensberatungsgesellschaft; BGH GRUR 1991, 138 – Flacon; BGH GRUR 1991, 774, 775 = NJW 1991, 3030 – Anzeigenrubrik II; BGH (wie Fn. 27) – Unbestimmter Unterlassungsantrag II.

nicht vorgenommene Einschränkung ausdrücklich enthält)[33] herangezogen werden dürfen u. sogar müssen, wenn sie einen hinreichend eindeutigen Sinn des Klageantrags ergeben. Diese Auslegung kann auch noch in der Revisionsinstanz uneingeschränkt überprüft und ergänzt werden (BGHZ 4, 328, 334; BGH LM ZPO Vorb. zu § 253, Rechtsschutzbedürfnis, Nr. 12 = NJW-RR 1989, 263 unter B II der Gründe).

11 Ist das Klagebegehren als solches eindeutig genug gekennzeichnet, so ist der Antrag bestimmt i. S. des § 253 Abs. 2 Satz 2 ZPO[34]; die Klage ist zulässig, ohne daß es hierfür darauf ankommen kann, ob und wieweit sich das Begehren von der konkreten Verletzungsform entfernt oder den Kern der Verletzungshandlung trifft. Die ältere Rechtsprechung hat hier gelegentlich[35] nicht genau genug zwischen den Voraussetzungen der Zulässigkeit und der Begründetheit unterschieden[36]. Auch ein Antrag, mit dem – klar und eindeutig – die Unterlassung einer bestimmten Handlung begehrt wird, die überhaupt nichts mit der begangenen Verletzungshandlung – oder, im Falle der vorbeugenden Unterlassungsklage, nichts mit der Berühmung – zu tun hat, ist ein im Sinn der ZPO »bestimmter« Antrag; er wird nur regelmäßig als unbegründet abzuweisen sein. Erst recht muß dies für solche Anträge gelten, in denen die Verallgemeinerung aus einer begangenen Verletzungshandlung nur zu weit geht, ohne daß das Begehren selbst dadurch unbestimmt wird; auch hier handelt es sich nicht um eine Zulässigkeitsfrage, sondern um die Frage der materiellen Begründetheit[37].

12 Daß auch in der neueren Rechtsprechung und Literatur die Begriffe »konkrete Verletzungsform« und »Kern der Verletzungshandlung« gelegentlich noch bei der Erörterung der Zulässigkeit auftauchen, mag Gründe haben, über die nur gemutmaßt[38] wer-

---

33 Vgl. BGH GRUR 1991, 929, 930 – Fachliche Empfehlung II.
34 BGH GRUR 1979, 568, 569 – Feuerlöschgerät; OLG Karlsruhe WRP 1979, 809.
35 Vgl. besonders BGH GRUR 1973, 201 – Trollinger; ferner dazu auch die Anmerkung *Malzers* zur Entscheidung BGH GRUR 1977, 260, 261 = WRP 1977, 186 – Friedrich Karl Sprudel. Entgegen der Meinung *Malzers* sowie *Kramers* (S. 37 ff.) handelt es sich bei diesem Urteil jedoch eher um einen Einzelfall; so war beispielsweise das frühere Urteil BGH GRUR 1963, 218, 219 f. = WRP 1963, 28 – Mampe Halb und Halb II schon sehr klar – und insoweit die Vorinstanz korrigierend – auf mangelnde Begründetheit (nicht Unzulässigkeit) gegründet worden.
36 Insoweit ist die Kritik *Kramers* aaO. nicht gänzlich unberechtigt, aber zu verallgemeinernd (vgl. das in der vorletzten Fußnote genannte Beispiel Mampe Halb und Halb II) und jedenfalls von der Entwicklung in Rechtsprechung und Lehre mittlerweile überholt; vgl. dazu näheres *Teplitzky*, Festschrift Walter Oppenhoff, S. 487, 492 sowie nachfolgende Fußnote.
37 BGH GRUR 1974, 225, 226 = WRP 1974, 27 – Lager-Hinweiswerbung; BGH GRUR 1977, 260, 261 = WRP 1977, 186 – Friedrich Karl Sprudel; BGH GRUR 1979, 568, 569 – Feuerlöschgerät; BGH GRUR 1981, 277 – Biene Maja; BGH GRUR 1984, 593, 594 = WRP 1984, 394 – adidas-Sportartikel; BGH GRUR 1991, 254, 257 unter 3 = WRP 1991, 216 – Unbestimmter Unterlassungsantrag I; OLG München WRP 1989, 343, 346 r. Sp.; Großkomm/*Jacobs*, Vor § 13 UWG, D, Rdn. 101; *Baumbach/Hefermehl*, Einl. UWG, Rdn. 457 f.; *Borck*, WRP 1979, 180, 183, und *Teplitzky*, Festschrift *Walter Oppenhof*, S. 492 f. Soweit Großkomm/*Jacobs*, aaO., in Rdn. 102 diese Trennung wieder verwischt und sogar meint, die Rechtsprechung trenne »mit Recht« nicht immer strikt, kann ihm nicht gefolgt werden.
38 So *Ahrens*, S. 161 f. mit Fn. 34; eine gewisse Rolle mag die Neigung zur Weiterverwendung tradierter Formeln spielen, die hier auch bei einer kleinen Akzentverschiebung weiterhin passen: In der Tat muß ein Verbotsantrag sich – soll er bestimmt genug sein – auf eine konkrete, d. h. charakterisierbare Verletzungsform oder deren ebenfalls hinreichend deutliche (eingrenzbare) Erweiterungen oder sonstige Abstrahierungen beziehen; nur muß es für die Frage der Be-

51. Kapitel Die Unterlassungsklage

den kann; es ist jedenfalls ohne Einfluß auf die prinzipielle Entscheidung i. S. der hier vertretenen These geblieben.

Zu b):

Praktisch weitaus wichtiger, weil viel größer, ist das Risiko des Klägers, durch abstrahierende Verallgemeinerungen die Grenze seines Unterlassungsanspruchs zu überschreiten und damit die (Teil-)Abweisung des Antrags als unbegründet zu bewirken. Das Problem liegt hier – abgesehen vom vorauszusetzenden Vermögen, das richtig gefundene Begehren auch sprachlich zutreffend auszudrücken – ausschließlich in der Bestimmung des »richtigen« Anspruchs. Daher kann hier zunächst auf das (in Kap. 5, Rdn. 4 ff.) zum wettbewerblichen Unterlassungsanspruch Gesagte verwiesen werden. Danach vergrößert sich das Risiko in dem Maße, in dem der Abstraktionsversuch des Klägers sich von der begangenen oder drohend bevorstehenden konkreten Verletzungshandlung und ihrer (konkreten) Verletzungsform entfernt.

Nach gefestigter Rechtsprechung ist dies allerdings insoweit ungefährlich, als in der Verallgemeinerung das »Charakteristische«[39] des festgestellten konkreten Verletzungstatbestandes zum Ausdruck kommt«[40].

Ein anschauliches Beispiel zur Verdeutlichung des »Charakteristischen« in diesem Sinne – und zugleich der Gefahr, die in scheinbar naheliegenden, aber gerade den »Kern« verfehlenden Verallgemeinerung liegt – bietet ein Fall aus der Rechtsprechung des Bundesgerichtshofs[41]: Ein Verbrauchermarkt hatte für einzelne, in der Werbung näher bezeichnete adidas-Sportartikel mit günstigen Preisen geworben, ohne alle diese Artikel in den entsprechenden Verkaufsstätten vorrätig zu haben. Die Firma Adidas und ein Verband klagten deswegen mit unterschiedlichen Anträgen: Erstere auf Unterlassung einer Werbung mit »adidas-Sportartikeln«, letzterer auf eine solche mit »Sportartikeln«, beide jeweils für den Fall, daß nicht ausreichende[42] Warenmengen vorrätig sind. Der Bundesgerichtshof hat die Verallgemeinerung von einzelnen, näher bezeichneten adidas-Sportartikeln auf »adidas-Sportartikel« schlechthin nicht nur als hinreichend bestimmt i. S. des § 253 Abs. 2 Satz 2 ZPO, sondern auch als nicht zu weitgehend (gewissermaßen als noch kernentsprechend) angesehen[43], dagegen in der Erweiterung des anderen Antrags auf »Sportartikel« generell eine Verfehlung des Charakteristischen der begangenen (und evtl. wieder drohenden) Verletzungshandlung gesehen. Charakteristisch an der Werbung mit »adidas-Sportartikeln« war nämlich gerade die Herausstellung eines bekannten Markennamens, da nur von diesem der angezielte

---

stimmtheit nicht die Verletzungsform der begangenen oder der wirklich drohenden Verletzungshandlung sein; diese sind nur für die Begründetheit von Interesse. Vgl. dazu auch *Teplitzky* in Festschrift *Walter Oppenhoff*, aaO., u. OLG München WRP 1989, 343, 346 r. Sp.; unscharf u. wenig überzeugend Großkomm/*Jacobs*, aaO., Rdn. 102.

39 Oder – nur anders ausgedrückt – das »Wesen« oder der »Kern« (vgl. RGZ 147, 27, 30) – woraus in der Literatur das Schlagwort »Kerntheorie« abgeleitet worden ist; vgl. *Schubert*, ZZP 85 (1972), 29, 32; *Kramer*, S. 28 und 52 ff.; *Ahrens*, S. 161.

40 RGZ 147, 27, 30; BGH GRUR 1961, 288, 290 = WRP 1961, 113 – Zahnbürsten; BGH GRUR 1984, 467, 469 = WRP 1984, 62 – Das unmögliche Möbelhaus; st. Rspr.; vgl. jüngst wieder BGH GRUR 1991, 254, 257 unter 3 = WRP 1991, 216 – Unbestimmter Unterlassungsantrag I; vgl. auch Großkomm/*Jacobs*, Vor § 13 UWG, D, Rdn. 130–139.

41 BGH GRUR 1984, 593 = WRP 1984, 394 – adidas-Sportartikel.

42 Dies war in einer hier nicht interessierenden Weise – zulässig – näher präzisiert.

43 Enger insoweit allerdings BGH GRUR 1982, 681, 683 = WRP 1982, 642 – Skistiefel.

Lockvogeleffekt ausgehen konnte. Deshalb konnte die begangene Handlung keine Gefahr begründen, daß die Beklagte auch mit namenlosen Sportartikeln ohne hinreichende Warenvorräte werben würde. Der Antrag ging in dieser Form also zu weit; anders hätte es sein können, wenn der Verband eine das Charakteristische wiederum treffende Form der Verallgemeinerung gewählt hätte (also z. B.: »Sportartikel namhafter[44] Hersteller, nämlich[45] der Firmen X, Y und Z, unter Nennung ihrer Firmen und/oder Marke).

16 Der Fall macht auch schon deutlich, daß die sog. Kerntheorie, soweit sie der Anspruchsbestimmung dient[46], ihrer rechtlichen Qualität nach eine Erstreckung der Wiederholungsvermutung auf solche Handlungen bedeutet, die der begangenen nicht genau, aber den charakteristischen Merkmalen nach entsprechen[47].

17 Konkreter: Die unlautere Werbung in einer überregionalen Tageszeitung begründet die Vermutung, daß auch in anderen überregionalen Tageszeitungen geworben wird, wohl auch in überregionalen Wochenzeitungen; aber: auch in Illustrierten? im Rundfunk und/oder Fernsehen? – So detailliert formulierte Steigerungsstufen der Verallgemeinerung lassen die Schwierigkeiten der Grenzziehung bei Verallgemeinerungen, den Umfang des dabei gegebenen gerichtlichen Ermessensspielraums und das Risiko des formulierenden Klägers scharf hervortreten. Dagegen kann eine an sich noch weitergehende Form der Verallgemeinerung dank ihrer geringen Auffälligkeit u. U. weniger Risiken bergen und leichter akzeptabel sein: In dem von *Borck*[48] gewählten Beispiel etwa die Verbotswendung »in der Werbung ...«, mit der weder der Bestimmtheitsgrundsatz noch die Vermutung überstrapaziert wird. Wer »in der Werbung« – regelmäßig ein hinreichend bestimmter Begriff – die irreführende Behauptung X aufgestellt hat, begründet die Vermutung, daß er sie »in der Werbung« auch wiederholen wird. Eine nähere Konkretisierung erscheint mir[49] nicht erforderlich und als Gebot im Hinblick auf gewisse Risiken einer allzu engen Tenorierung[50] auch nicht unbedenklich.

18 Zu c): Der Fall, daß infolge ungeschickter Formulierung die konkrete Verletzungsform verfehlt, der Antrag also gewissermaßen an dieser vorbei formuliert wird, ist die

---

44 Bei diesem Begriff stellt sich aber die Frage hinreichender Bestimmtheit, daher die nachfolgende Präzisierung.
45 In der Praxis (auch der der Rechtsprechung, vgl. z. B. BGH GRUR 1957, 281, 285 = WRP 1957, 180 – karo as) fände sich hier in der Regel statt »nämlich« »insbesondere«. Zur Bedeutung (und gelegentlichen Bedenklichkeit) der »Insbesondere«-Anträge wird unter Rdn. 36 ff. Näheres auszuführen sein.
46 Diese nicht unwichtige Funktion wird in der bisher schärfsten Kritik der »Kerntheorie«, nämlich der von *Kramer* (aaO.) vernachlässigt; vgl. z. B. S. 123 seines Werkes. Die Berechtigung der Kritik an der Anwendung der Theorie bei der Titelauslegung wird später zu prüfen sein (Kap. 57).
47 BGH GRUR 1984, 593, 594 = WRP 1984, 394 – adidas-Sportartikel; deutlich (und in diesem Sinne ausdrücklich klarstellend) jetzt BGH GRUR 1989, 445, 446 = WRP 1989, 491 – Professorenbezeichnung in der Arztwerbung I; dem folgend BGH GRUR 1991, 772, 774 – Anzeigenrubrik I; näher dazu Kap. 6, Rdn. 3; ferner – zutreffend und mit weiteren Nachweisen – *Ahrens*, S. 161.
48 WRP 1984, 583, 596 unter 3 a.
49 In der Rechtsprechung kann dies allerdings auch – je nach Gericht und Umständen – anders beurteilt werden.
50 Von denen bei der Behandlung der Urteilsformel noch die Rede sein wird; vgl. dazu auch *Teplitzky*, Festschrift Walter Oppenhoff, S. 490 f., u. in Anm. zu OLG Köln WRP 1989, 334 auf S. 336; zu einer konkreten Fallgestaltung auch OLG München WRP 1989, 343, 345.

51. Kapitel Die Unterlassungsklage

in der Praxis wohl seltenste, aber dennoch gelegentlich vorkommende[51] Variante eines fehlerhaften Antrags. Er kann am leichtesten und unauffälligsten in Form eines unüberlegt gestellten »und/oder«-Antrags unterlaufen, wenn lediglich die Kumulierung der in dieser Form angegriffenen Verhaltensweisen als verbotswidrige Verletzungsform in Betracht kommt und demgemäß letztere durch die mit »oder« alternativ angegriffenen einzelnen Verhaltensweisen nicht getroffen wird, so daß insoweit Abweisung der Klage als unbegründet erfolgen muß[52].

3. Ausgeschlossene Erweiterungen

Erfaßt die Abstraktionsform Handlungen, auf deren Unterlassung kein Anspruch besteht (vgl. z. B. BGH GRUR 1981, 277, 278 f. – Biene Maja), so geht sie (selbstverständlich) zu weit oder verfehlt die konkrete Verletzungsform. Mit dieser Form unzulässiger Antragserweiterungen ist die Rechtsprechung – neben Fällen der in Rdn. 18 erwähnten Art – besonders im Bereich des Kennzeichnungsrechts befaßt, wenn etwa bei Verwendung eines anstößigen (z. B. verwechslungsfähigen) Firmenbestandteils innerhalb einer bestimmten Gesamtfirmenbezeichnung nicht die Führung dieser konkreten (Gesamt-)Firma, sondern die Verwendung des Firmenbestandteils schlechthin beantragt wird. Ein solches Verbot ist bislang regelmäßig mit der Begründung abgelehnt worden, daß das Schlechthinverbot auch zulässige Verwendungsformen des angegriffenen Firmenbestandteils (etwa seine Einbettung in eine jede Irreführungsmöglichkeit ausschließende andere Gesamtbezeichnung[53]) erfassen würde, worauf kein Anspruch bestehe[54].

Diese Fälle stehen nicht etwa im Widerspruch zur sog. Kernlehre, sondern sind im Gegenteil geeignet, deren Sinn und richtiges Verständnis zu verdeutlichen: »Kern« oder »charakteristisch« in ihrem Sinn ist nämlich nicht etwa der anstößige Firmenbestandteil als solcher, sondern seine Verwendung in einer Form, die Verwechslungen ermöglicht. Jede Form, die Verwechslungen ausschließt, fällt damit aus dem Kernbereich heraus und darf deshalb auch nicht mehr von der Erweiterung erfaßt werden.

4. Zusätze im Klageantrag

Den Gefahren der zu weiten Antragsformulierung sucht die Praxis oft durch – mitunter nur vermeintlich – einschränkende Zusätze zum Klageantrag zu begegnen[55], die in der Regel mit »wenn (oder »sofern« oder »soweit«) nicht . . .« oder mit »ohne daß« (bzw. »ohne . . . zu . . .«) oder mit »es sei denn . . .« eingeleitet werden und dabei ent-

---

51 Vgl. z. B. den in Rdn. 15 näher dargestellten Fall BGH GRUR 1984, 593, 594 = WRP 1984, 394 – adidas-Sportartikel sowie den Fall BGH GRUR 1991, 550, 552 (unter V) = WRP 1991, 159 – Zaunlasur.
52 Vgl. Großkomm/*Jacobs*, Vor § 13 UWG, D, Rdn. 120; nicht unähnlich der in Fn. 51 genannte Fall BGH-Zaunlasur.
53 Vgl. z. B. BGH GRUR 1982, 420, 423 – BBC/DDC.
54 Vgl. z. B. BGHZ 4, 96, 105 – Farina/Urkölsch; BGH GRUR 1968, 212, 213 = WRP 1968, 95 – Hellige; BGH GRUR 1981, 60, 64 – Sitex; näher Großkomm/*Teplitzky*, § 16 UWG, Rdn. 538 m. w. N.
55 Vgl. dazu – mit Beispielen – *Pastor*, S. 687, 691, u. Großkomm/*Jacobs*, Vor § 13 UWG, D, Rdn. 140.

weder auf einen unmittelbar sachlich einschränkenden[56] oder auf einen aufklärenden Zusatz zielen, wobei häufige Formen des letzteren entlokalisierende[57], unterscheidende[58] oder den Materialcharakter näher bestimmende[59] Zusätze sein können und damit regelmäßig positive Verhaltensauflagen für den Verletzer enthalten.

22 Bei der Verwendung solcher Zusätze im Klageantrag ist jedoch große Vorsicht angebracht[60].

23 Zunächst können Zusätze – wie in Rdn. 9 bereits kurz mit Beispielen erwähnt – den Antrag unbestimmt und damit unzulässig machen, wenn sie ihrerseits zu vage sind und damit die Grenzen des Begehrens verfließen lassen[61].

24 Wo das nicht der Fall ist, der Zusatz seinerseits also hinreichend bestimmt ist[62], wird die Zulässigkeit des Antrags nicht berührt. Problematisch bleibt aber die Begründetheit solcher durch – auf positive Verhaltensweisen zielende – Zusätze eingeschränkter Anträge. Bei ihrer Beurteilung sind zwei Fallgruppen zu unterscheiden[63]:

25 a) Ein an sich der konkreten Verletzungsform – unmittelbar oder in Form ihrer anzuerkennenden Verallgemeinerung – entsprechender Antrag wird (in hinreichend bestimmter Form) eingeschränkt, weil dem Kläger an der möglichen weitergehenden Ver-

---

56 Beispiel: Antrag auf Verbot der Kennzeichnungen X-Y wegen bildlicher Verwechslungsfähigkeit des Bestandteils Y mit der Einschränkung: »Es sei denn, der Bestandteil Y wird in Schrifttypen verwendet, die in Höhe und Breite jeweils nur der Hälfte der Schrifttype des Bestandteils X entsprechen und farblich mit denen des Bestandteils X voll übereinstimmen«; ein Beispiel aus dem Urheberrecht bietet BGHZ 17, 266, 292 – Magnettonband, ein Beispiel aus der neueren Rechtsprechung (Anträge a: »es sei denn...«) der Fall BGH GRUR 1990, 678 – Herstellerkennzeichen auf Unfallwagen.
57 Beispiel: »... ohne daß auf dem Etikett in unmittelbarem räumlichem Zusammenhang mit der (herkunftstäuschenden) Bezeichnung »X« und in einem den der Bezeichnung an Größe und Auffälligkeit entsprechenden Schriftbild darauf hingewiesen wird, daß es sich um ein deutsches Erzeugnis handelt«.
58 Beispiel: Die firmen- und kennzeichenmäßige Verwendung des Namens »Farina« zu unterlassen, sofern dabei nicht – etwa durch Mitverwendung sowohl der beiden Vornamen X und Y sowie der Herkunft »aus« bzw. »in Kassel« in einem zum Zunamen »Farina« jeweils entsprechenden Auffälligkeitsgrad klargestellt wird, daß es sich nicht um einen der Parfüm-Hersteller des Namens Farina aus Köln handelt.
59 Vgl. die Beispiele BGHZ 13, 244, 246, 258 – Cupresa; BGH GRUR 1960, 567, 571 = WRP 1960, 268 – Kunstglas; BGH GRUR 1968, 200, 203 = WRP 1967, 440 – Acrylglas und – sehr einschränkend – BGH GRUR 1972, 132, 133 = WRP 1971, 525 – Spezialzucker.
60 Vgl. dazu jetzt auch näher Großkomm/*Jacobs*, Vor § 13 UWG, D, Rdn. 141 f.
61 Vgl. die Rdn. 9 genannten Beispiele BGH GRUR 1975, 75, 76, 77 = WRP 1974, 394 – Wirtschaftsanzeigen-public-relations; BGH GRUR 1978, 649, 650 = WRP 1978, 658 – Elbe-Markt; BGH GRUR 1978, 652 = WRP 1978, 656 – mini-Preis; ein weiteres Beispiel bietet BGH GRUR 1967, 30, 34 = WRP 1966, 375 – Rum-Verschnitt: »... nähere Aufklärung darüber, daß...«.
62 Was – auch bei ein und demselben Begriff – von den (übrigen) Umständen des Einzelfalls abhängen kann (vgl. OLG Hamburg, WRP 1979, 219 und das Beispiel des dort entschiedenen Falles sowie die Ausführungen des Bundesgerichtshofs zur Bestimmtheit eines Zusatzes in GRUR 1968, 200, 204 = WRP 1967, 440 – Acrylglas; ein weiteres Beispiel eines als bestimmt genug erachteten Antrags mit Zusatz bietet BGH GRUR 1970, 609 = WRP 1970, 267 – regulärer Preis).
63 Ähnlich BGHZ 42, 118, 127 f. – Personalausweis; BGH GRUR 1965, 676, 679 = WRP 1965, 331 – Nevada-Skibindung.

51. Kapitel Die Unterlassungsklage

urteilung nicht gelegen ist oder er sie für nicht erreichbar hält[64]. Solche Einschränkungen sind, wenn sie zutreffend formuliert sind, unbedenklich und stets beachtlich (§ 308 Abs. 1 ZPO). Sie sind jedoch regelmäßig überflüssig, da es nach st. Rspr. des BGH nicht Sache des Klägers ist, einschränkende Voraussetzungen zu formulieren; er ist berechtigt, Unterlassung in der konkret begangenen Form zu beantragen; Formen zu finden, die aus dem Verbotsbereich herausführen, ist Sache des Beklagten[65].

b) Kritischer wird es bei der zweiten Fallgruppe, in der es darum geht, eine ohne Einschränkung zu weitgehende und deshalb unbegründete Verallgemeinerung durch einen einschränkenden Zusatz begründet zu machen. 26

aa) In den meisten Fällen wird dies daran scheitern, daß die Rechtsprechung auch derartige Anträge regelmäßig noch als zu weitgehend beurteilt, und zwar deshalb, weil (aber auch nur soweit) durch eine ihnen folgende Verurteilung der Beklagte in unzumutbarer Weise darin eingeschränkt wird, selbst Handlungsformen zu finden, die – anders als die Form der konkreten Verletzungshandlung – nicht mehr wettbewerbswidrig sind[66]. 27

bb) Nur in seltenen Ausnahmefällen wird eine Pflicht des Gerichts – und damit (wie auch vorstehend bei aa)) korrespondierend die Begründetheit entsprechender Anträge[67] – bejaht, eine zu weitgehende Verallgemeinerung durch einen Zusatz einzuschränken. Hauptgruppe ist hier die der von Haus aus mehrdeutigen (meist neuartigen) Produktbezeichnungen, die ihrer Mehrdeutigkeit wegen zu Irreführungen über die stoffliche Beschaffenheit führen können, auf die ganz zu verzichten dem Verwender aber nicht zugemutet werden soll[68]. Weiter kommen die Fälle in Betracht, bei denen die im Zusatz gewählte Einschränkung die einzige denkbare Form der Vermeidung weiterer Verletzungen darstellt und deshalb nicht unzumutbar ist – ein eher theoretischer 28

---

64 Vgl. das Beispiel BGH GRUR 1987, 839 f. = WRP 1988, 591 – Professorentitel in der Arzneimittelwerbung i. V. mit der Klarstellung in BGH GRUR 1989, 445, 446 = WRP 1989, 491 – Professorenbezeichnung in der Arztwerbung I; ein deutliches Beispiel insoweit wäre auch die freiwillige Beschränkung eines an sich erreichbaren Schlechthin-Verbotes einer bestimmten Werbewendung auf das Verbot ihrer schlagwortartigen Verwendung; das kann (und wird in der Regel) so formuliert werden, daß das Verbot von vornherein auf »schlagwortartig« beschränkt wird. Gleichwertig wäre aber eine Verbotsformel schlechthin mit dem Zusatz: »Es sei denn, die Verwendung erfolgt nicht schlagwortartig«; hier dient der Zusatz ersichtlich lediglich der Umschreibung einer engeren Verletzungsform.
65 Vgl. dazu aus jüngster Zeit BGH GRUR 1989, 110, 113 = WRP 1989, 155 – Synthesizer; BGH GRUR 1991, 546, 548 = WRP 1989, 163 – Aus Altpapier; BGH GRUR 1989, 445, 446 = WRP 1989, 491 – Professorenbezeichnung in der Arztwerbung I; BGH GRUR 1991, 550, 552 = WRP 1991, 159 – Zaunlasur; BGH GRUR 1991, 860, 862 = – Katovit; BGH ZIP 1992, 859, 860; Professorenbezeichnung in der Arztwerbung II; vgl. auch Großkomm/*Jacobs,* Vor § 13 UWG, D, Rdn. 141, u. *Baumbach/Hefermehl,* Einl. UWG, Rdn. 463.
66 BGHZ 17, 266, 292 ff. – Magnettonband; BGH GRUR 1958, 143, 147 f. = WRP 1958, 46 – Schwardmann; BGH GRUR 1963, 539, 541 = WRP 1963, 276 – echt Skai; BGHZ 42, 118, 129 – Personalausweis; BGH GRUR 1972, 132, 133 = WRP 1971, 525 – Spezialzucker; GRUR 1983, 512, 514 = WRP 1983, 489 – Heilpraktikerkolleg.
67 BGHZ 42, 118, 127 – Personalausweis; BGH GRUR 1965, 676, 679 = WRP 1965, 331 – Nevada-Skibindung.
68 Vgl. BGH GRUR 1960, 567, 570 = WRP 1960, 268 – Kunstglas und BGH GRUR 1968, 200, 203 = WRP 1967, 440 – Acrylglas m. w. N.; wichtig aber die weitgehenden Einschränkungen dazu in BGH GRUR 1972, 132, 133 = WRP 1971, 525 – Spezialzucker.

Fall – oder in denen sie (bei für die Zulässigkeit noch hinreichender Bestimmtheit) dem Verletzer so viel eigene Gestaltungsmöglichkeiten beläßt, daß von einer unzumutbaren Einengung nicht die Rede sein kann[69].

5. Haupt- und Hilfsantrag

29 Den Schwierigkeiten der Antragsformulierung sucht die Praxis oft – mitunter auch erst im Prozeßverlauf, dazu gelegentlich angeregt durch anklingende Zweifel des Gerichts am bereits gestellten Antrag oder an seiner Begründetheit – durch Häufung mehrerer Unterlassungsanträge zu begegnen, wobei meist einem durch Verallgemeinerung möglichst weit gefaßten Hauptantrag hilfsweise ein engerer, regelmäßig auf die ganz konkrete Verletzungsform beschränkter zweiter Antrag nachgestellt wird, mitunter aber auch mehrere, stufenweise enger werdende »Hilfsanträge« eine möglichst weite Fassung des Verbotstenors gewährleisten sollen.

30 Solche Antragsstufungen sind – ungeachtet der für einen solchen Charakter sprechenden Formulierung – keine echten Hilfsanträge[70], wenn sie lediglich die Konkretisierung eines im »Hauptantrag« schon als Minus erkennbar mitenthaltenen Begehrens darstellen; denn in diesem Fall betreffen sie einen Streitgegenstand, über den das Gericht ohnehin aufgrund des »Hauptantrags« mitentscheiden muß. Strenggenommen sind solche unechten Hilfsanträge überflüssig, trotzdem jedoch ratsam, wo Zweifel daran bestehen, ob das Gericht die verallgemeinernde Form als begründet ansehen und – wenn nicht – von sich aus statt einer Abweisung im Ganzen eine Verurteilung zum »Minus« vornehmen wird[71]. Letzteres ist nämlich – ungeachtet einer in solchen Fällen in der Regel bestehenden Pflicht des Gerichts, den begründeten Teil des Streitgegenstands zuzusprechen – keineswegs stets gewährleistet; nämlich mindestens dann nicht, wenn die Art der Verallgemeinerung und/oder ihre Begründung Zweifel daran wecken können, ob der Kläger überhaupt ein Interesse am Verbot der konkreten engeren Form hat[72], oder – dies vor allem – wenn die konkrete engere Form einer besonderen Ausformulierung bzw. Verdeutlichung bedarf, die das Gericht nicht anstelle des dazu berufenen Klägers vornehmen kann[73] oder will. Auf die in solchen Fällen gemäß § 139 ZPO bestehende Hinweis- und Klärungspflicht sollte der Kläger sich vorsichtshalber nicht verlassen. Er hat, wenn er sichergehen will, lediglich die Möglichkeit, entweder in seiner Begründung klar und deutlich auszuführen, daß – und in welcher Form – er mindestens das im weiteren Antrag enthaltene konkretere »Minus« zugesprochen haben will, oder aber – was wegen der gegenüber Schriftsatzausführungen größeren Auffällig-

---

69 Dies war die im Urteil BGH GRUR 1970, 609 = WRP 1970, 267 – regulärer Preis – zur Beurteilung stehende Fallgestaltung; vgl. weiter auch BGHZ 17, 266, 292, 295 – Magnettonband.
70 So schon Borck, WRP 1981, 248, 251 ff. sowie Voraufl., Kap. 51, Rdn. 29; vgl. jetzt auch Großkomm/Jacobs, Vor § 13 UWG, D, Rdn. 157-160, wo allerdings die Zweckmäßigkeit solcher Anträge abweichend (und m. E. teils unzutreffend) beurteilt wird.
71 Diese Varianten vernachlässigt Großkomm/Jacobs, Vor § 13 UWG, D, Rdn. 158, bei seiner (bedenklichen) Ablehnung solcher Antragsstufen.
72 Ein solches Interesse kann z. B. fehlen, wenn der Kläger aus bestimmten Gründen – etwa im Hinblick auf ein anderenfalls drohendes Absinken seiner Beschwer unter die Revisionssumme – ausschließlich um die Durchsetzung seines umfassenderen Begehrens streiten will.
73 In diesem Fall kann man allerdings auch schon zweifeln, ob noch Streitgegenstandsidentität vorliegt.

keit wirksamer sein dürfte – einen entsprechenden (Quasi-)Hilfsantrag zu formulieren. Für diese Klärungspflicht gilt entsprechend, was der BGH jüngst (Urt. v. 2. 4. 1992 – I ZR 146/90 – Stundung ohne Aufpreis) zu einem anderen Fall der Streigegenstandsbestimmung ausgeführt hat.

Allerdings darf auch die im Psychologischen begründete Kehrseite solcher Anträge bzw. Hilfsbegründungen nicht übersehen werden: Sie erhöhen u. U. das Risiko, daß das Gericht sich bei einem bis in den Grenzbereich erweiterten Hauptantrag leichter, weil beruhigt durch die Erwägung, daß der Kläger ja das konkrete Verbot nach dem »Hilfsantrag« erhält, zur Abweisung entschließen könnte als in einem Fall, in dem die Abweisung den Kläger ganz leer ausgehen und den Verletzer voll obsiegen ließe[74]. 31

Daneben gibt es im Wettbewerbsrecht selbstverständlich auch echte Hilfsanträge, durch die ein anderer Streitgegenstand eventualiter, also bedingt durch die Unzulässigkeit oder Unbegründetheit des Hauptantrags, in den Rechtsstreit eingeführt wird[75]. Ein solcher – nunmehr echter – Hilfsantrag liegt auch in der Konkretisierung eines Hauptantrags, wenn dieser infolge mangelnder Bestimmtheit unzulässig ist (vgl. *Borck*, aaO., S. 251 unter D 3 c); denn in diesem Fall kann – mangels Bestimmbarkeit des Streitgenstands im Hauptantrag – von einer (Teil-)Identität der Streitgegenstände keine Rede sein. 32

Hauptfälle echter Hilfsanträge im Wettbewerbsrecht sind die, in denen eine – in der Verletzungshandlung enthaltene andere Verletzungsform – (ein aliud) nicht kumulativ, sondern – dies in der Regel, weil es dem Kläger weniger[76] bringt als sein Hauptbegehren[77] oder weil seine Voraussetzungen im Prozeß schwerer zu beweisen sind[78], – eventualiter angegriffen wird. 33

Die Abgrenzung solcher Fälle von denen unechter Hilfsanträge ist oft nicht einfach[79], etwa wenn es um die Frage geht, ob und wieweit ein Schlechthin-Verbotsantrag einzelne, durch besondere Merkmale spezifizierbare Varianten (besondere Aufmachung, blickfangmäßige Herausstellung o. ä.) umfaßt. Auch diese Abgrenzungs- 34

---

74 Zu diesem Risiko jetzt auch – wie hier – Großkomm/*Jacobs*, § 13 UWG, D, Rdn. 159.
75 Vgl. *Borck*, WRP 1981, 248, 255 f. mit Literaturnachweisen.
76 »Weniger« jedoch nicht im Sinne eines im Streitgegenstand des Hauptantrags enthaltenen »minus«; dann liegt, wie ausgeführt, ein unechter Hilfsantrag vor. Die Abgrenzung kann, wie noch auszuführen sein wird, erhebliche Schwierigkeiten bereiten.
77 Beispiel: Der Kläger verlangt mit dem Hauptantrag, gestützt auf ein Kennzeichenrecht, das Verbot einer vom Beklagten benutzten, nach Meinung des Klägers verwechslungsgefahrbegründenden Bezeichnung; hilfsweise das Verbot der Verwendung dieser Bezeichnung in einer ganz bestimmten Aufmachung, weil diese den Verkehr im Sinne des § 3 UWG irreführe. Ein Beispiel aus der BGH-Praxis bildet der auch von Großkomm/*Jacobs*, Vor § 13 UWG, D, Rdn. 161 erwähnte Fall BGH GRUR 1990, 218, 221 (unter II., 4.) = WRP 1989, 91 – Verschenktexte.
78 Mit einem solchen Fall hatte der BGH jüngst (vgl. BGH GRUR 1991, 929, 930 – Fachliche Empfehlung II) zu tun: Der Kläger machte aufgrund ein und derselben Verletzungshandlung (Arzneimittelwerbung mit Aussagen eines im Hause des Herstellers beschäftigten Wissenschaftlers) als Hauptanspruch (gem. § 11 Nr. 2 HWG) den auf Unterlassung entsprechender Werbung außerhalb der Fachkreise und nur hilfsweise den (weitergehenden) Anspruch gem. § 3 HWG auf Unterlassung schlechthin geltend.
79 Der Verfasser erinnert sich an eine Reihe von Beratungen sowohl beim OLG als auch BGH, in denen die Frage, ob es sich bei einer konkreten Verbotsform um ein im allgemeinen Begehren enthaltenes »Minus« oder um ein »aliud« handele, sehr kontrovers diskutiert wurde.

schwierigkeiten lassen die in Rdn. 30 empfohlene vorsorgliche Formulierung von Hilfsanträgen durch den Kläger jedenfalls dort ratsam erscheinen, wo die Problematik nicht ganz fern liegt.

35 Die praktische Bedeutung des Unterschieds zwischen unechtem und echtem Hilfsantrag ist nicht gering: Während ersterer als bloße Konkretisierung eines Teils des schon mit dem Hauptantrag eingeführten Streitgegenstands in jeder Lage des Verfahrens zulässig ist[80], unterliegt der echte Hilfsantrag, dessen Einführung als nachträgliche objektive Klagenhäufung nach der Rechtsprechung des Bundesgerichtshofs[81] eine Klageänderung bedeutet, den für diese geltenden Einschränkungen des § 263 ZPO (Erfordernis der Einwilligung des Gegners oder Bejahung der Sachdienlichkeit durch das Gericht) sowie den formalen Anforderungen des § 261 Abs. 1 u. 2 ZPO (zu diesem neuesten BGH MDR 1992, 707 – Btx-Werbung II). In der Revisionsinstanz ist sie – wie jede Klageänderung – schlechthin ausgeschlossen[82].

6. Der »Insbesondere«-Antrag

36 Eine große Rolle spielt im Wettbewerbsrecht die Anbindung der konkreten Form der Verbotshandlung an den an erster Stelle genannten Antrag durch »insbesondere«[83]. Obwohl auch hier die durch »insbesondere« konkretisierte (meist) engere Form eine Funktion des im Unterlassungsprozeß vorherrschenden Quasi-Hilfsantrags[84] erfüllt – nämlich zu verdeutlichen, was jedenfalls auch gefordert und notfalls allein zugesprochen werden kann[85] – und obwohl es dem Antragsteller oft auch mit oder sogar allein auf diese Funktion ankommen wird, stellt er grundsätzlich doch etwas anderes und mehr als einen Quasi-Hilfsantrag dar:

37 Er ist, weil nicht in ein Eventualverhältnis gestellt, zur Aufnahme in den Tenor bestimmt und soll auch dort noch – nicht nur im Erkenntnisverfahren – beispielhaft verdeutlichen, was unter der abstrakteren Form zu verstehen ist[86]. Diese Zweitfunktion

---

80 Mit gewissen Einschränkungen in der Revisionsinstanz für den Fall, daß die Auslegung des Hauptantrags im Sinne einer Mitumfassung des nun konkretisierten Teils zweifelhaft ist und nur aufgrund neuer Tatsachen möglich wird.
81 Vgl. BGH NJW 1985, 1841, 1842 m. w. N.; h. M., vgl. Großkomm/*Jacobs*, Vor § 13 UWG, D, Rdn. 164; a. A. allerdings *Stein/Jonas/Schumann*, § 264 ZPO, Rdn. 11.
82 Vgl. BGH NJW-RR 1990, 1213 m. w. N. (im Hinblick auf § 561 ZPO).
83 Vgl. als Tenorierungsbeispiel BGH GRUR 1957, 281, 285 – karo as; die gleiche Rolle spielt in der Praxis die Hereinnahme beispielhafter Konkretisierungen in anderer sprachlicher Form, etwa »wie zum Beispiel...« (vgl. – allerdings etwas unscharf – OLG Hamm GRUR 1991, 395, 396; präziser Großkomm/*Jacobs*, Vor § 13 UWG, D, Rdn. 148).
84 Daß er nicht die Funktion eines echten Hilfsantrags haben kann, weil er gegenüber dem näher konkretisierten allgemeinen Begehren keinen eigenen Streitgegenstand hat (vgl. BGH GRUR 1991, 772, 773 – Anzeigenrubrik I), steht außer Frage; insoweit zutreffend Großkomm/*Jacobs*, Vor § 13 UWG, D, Rdn. 145 f.; vgl. auch *Borck*, WRP 1981, 248, 254 unter B (»Schein-Hilfsantrag«); etwas mißverständlich, aber letztlich wohl auch nur den Quasi-Hilfsantrag meinend, OLG Koblenz GRUR 1988, 555, 556 unter 5.
85 Dies entspricht der ständigen Beurteilungspraxis des BGH; ebenso OLG Koblenz GRUR 1988, 555, 556 unter 5; HdbWR/*Seibt*, § 70, Rdn. 7; *Borck*, WRP 1981, 248, 254 unter IV B (»immanenter Quasi-Hilfsantrag«); unzutreffend insoweit Großkomm/*Jacobs*, Vor § 13 UWG, D, Rdn. 145.
86 Vgl. etwa BGH aaO.(Fn. 84) – Anzeigenrubrik I; KG GRUR 1988, 78, 79.

der Verdeutlichung des abstrakten Antragsteils und damit des Schutzumfangs des Titels birgt allerdings auch Gefahren für den Kläger, die bei ausdrücklich hilfsweise gestellten Anträgen nicht bestehen:

Hat der Kläger irrig eine Verallgemeinerungsform gewählt, die nicht nur – wie im Regelfall – in zu weitem Maße, sondern schlicht falsch abstrahiert, d. h. die »Insbesondere«-Variante gar nicht mehr einschließt, so kann der Klage nicht – wie beim erklärtermaßen eventualiter gestellten Antrag – in dieser Variante stattgegeben werden. Vielmehr ist wegen der Zweitfunktion des »Insbesondere«-Teils das ganze Begehren unklar und in sich widersprüchlich geworden[87] und muß, falls nicht über § 139 ZPO eine Klarstellung erfolgt, insgesamt als (wegen Unbestimmtheit) unzulässig abgewiesen werden (Großkomm/*Jacobs*, aaO.). 38

Der »Insbesondere«-Zusatz (bzw. ein sprachlich gleichbedeutender Zusatz wie etwa »zum Beispiel«) stellt nach einhelliger Meinung weder eine Einschränkung noch eine Erweiterung des im Obersatz formulierten Klagebegehrens dar[88]. Er kann daher weder (selbständiger) Gegenstand einer Anschlußberufung sein[89] noch im Falle seiner nachträglichen Streichung zu Kostennachteilen des Klägers führen (KG aaO.). 39

7. Andere zusätzliche Anträge

a) Der Unterlassungsklageantrag kann im Wege der Klagehäufung mit dem Leistungsantrag auf Beseitigung (dem der Urteilsveröffentlichungsantrag zuzuordnen ist), auf Auskunft, Rechnungslegung und/oder Schadensersatz, aber auch mit echten Stufenklagen im Sinne des § 254 ZPO verbunden werden, desgleichen auch mit dem Antrag auf Schadensersatzfeststellung. 40

b) Nach § 890 Abs. 2 ZPO kann die Androhung von Ordnungsmitteln bereits im Urteil ausgesprochen[90] und demgemäß auch schon gleichzeitig mit der Unterlassung selbst beantragt werden[91]. 41

Die sprachlich schiefe[92], weil mit einer falschen Präposition arbeitende Wendung: »Es bei Vermeidung (oder Meidung) eines Ordnungsgeldes...«, mit der dies lange Zeit (ursprünglich wohl aus Gedankenlosigkeit, später aus Gewohnheit und Nachahmung resultierend) fast ausschließlich geschehen war, weicht nun allmählich der sprachlich korrekteren und für den Laien verständlicheren Formulierung »... unter Androhung eines Ordnungsgeldes von ... verurteilt«[93] oder der – ebenfalls korrekten – Trennung der unterschiedlichen Anträge in zwei Absätze (1. Tenor der Verurteilung; sodann 2.: 42

---

87 Vgl. auch Großkomm/*Jacobs,* Vor § 13 UWG, D, Rdn. 47, sowie ähnlich, aber eher beiläufig und etwas vage, *Baumbach/Hefermehl,* Einl. UWG, Rdn. 480.
88 BGH aaO. – Anzeigenrubrik I; KG GRUR 1988, 78, 79; OLG Koblenz GRUR 1988, 555, 556; Großkomm/*Jacobs,* aaO., Rdn. 145.
89 Dazu sowie zur Umdeutung einer solchen Anschlußberufung in eine zulässige Neufassung des Klageantrags vgl. BGH aaO. (Fn. 84) – Anzeigenrubrik I und Großkomm/*Jacobs,* aaO., Rdn. 146.
90 Sie ist dann Teil des Urteils und mit diesem auch in der Revisionsinstanz nachprüfbar (BGH GRUR 1991, 929, 931 – Fachliche Empfehlung II).
91 Näher dazu Kap. 57, Rdn. 25, und Großkomm/*Jacobs,* Vor § 13 UWG, D, Rdn. 165.
92 So jetzt auch Großkomm/*Jacobs,* aaO.
93 So die ständige Praxis des BGH; vgl. die Beispiele bei Großkomm/*Jacobs,* aaO., in Fn. 498.

Dem Beklagten wird für jeden Fall einer Zuwiderhandlung gegen das unter 1. ausgesprochene Verbot ein Ordnungsgeld ... angedroht«).

43 Nicht in jedem Fall einer Unterlassungsklage[94] ist jedoch die heute weitgehend schematisch erfolgende Verbindung von Urteilsantrag und Androhungsantrag so zweckmäßig, wie es bei flüchtiger Betrachtung scheinen könnte. In Streitfällen mit zweifelhaftem Ausgang kann es, sofern der Kläger nicht ein großes, auch erhebliche Risiken rechtfertigendes Interesse an der möglichst raschen effektiven Unterlassung des angegriffenen Verhaltens hat[95], durchaus ratsam sein, den Androhungsantrag erst nach rechtskräftiger Entscheidung, mindestens aber erst in der zweiten Instanz zu stellen; und zwar deshalb, weil in dem Urteil BGH GRUR 1976, 715, 718 = WRP 1976, 682 – Spritzgießmaschine dem Androhungsantrag entscheidende Bedeutung dafür zuerkannt worden ist, ob der angegriffene Verletzer schon auf ein vorläufig vollstreckbares Urteil hin mit schadensersatzauslösender Wirkung (§ 717 Abs. 2 ZPO) weitgehende Unterlassungs-Dispositionen treffen darf[96]. Die Verbindung der Anträge sollte daher nicht gedankenlos, sondern nach sorgfältiger Abwägung von Vorteil und Risiko erfolgen (vgl. dazu jetzt auch Großkomm/*Jacobs,* Vor § 13 UWG, D, Rdn. 167).

44 Der Androhungsantrag darf sich – im Gegensatz zum Ausspruch des Gerichts[97] – auf die Formulierung »unter Androhung gem. § 890 Abs. 2 ZPO« oder »unter Androhung der gesetzlichen Ordnungsmittel« beschränken, ohne letztere konkret zu nennen[98]. Ratsam ist dies jedoch nicht, da Richter zuweilen – zumal bei umfangreichen und für zutreffend formuliert gehaltenen Anträgen – dazu neigen, die eigene Ausformulierung des Tenors durch die Anweisung an die Kanzlei zu ersetzen, den Klageantrag (meist mit dem Zusatz: »wie Klammer« o. ä.) einzurücken. Bei diesem Verfahren

---

94 Bei der einstweiligen Verfügung liegen die Dinge insoweit anders; dort ist aus Gründen der Dringlichkeit die gleichzeitige Stellung des Androhungsantrags in der Regel unerläßlich, sofern nicht die Zustellung im Ausland – außerhalb der Ratifizierungsstaaten des Übereinkommens der Europäischen Gemeinschaft über die gerichtliche Zuständigkeit und die Vollstreckung gerichtlicher Entscheidungen in Zivil- und Handelssachen – erfolgen soll (vgl. dazu nachfolgend Fn. 96). Dort ist nämlich die Zustellung von vorläufigen Titeln mit Strafandrohung unzulässig; dagegen läßt das Vollstreckungsübereinkommen sie in Art. 43 zu (vgl. im einzelnen *Schütze,* WM 1980, 1438, 1440, sowie neuerdings auch Großkomm/*Jacobs,* Vor § 13 UWG, D, Rdn. 168 f.).
95 Ein solches Interesse fehlt oft, wo es dem Kläger in erster Linie um die Klärung einer Rechtsfrage, weniger um den konkreten Verstoß geht; vgl. näher auch Großkomm/*Jacobs,* aaO., Rdn. 167.
96 Auch dann, wenn der Titel im Ausland zugestellt werden soll, kann der Androhungsantrag gefährlich werden. Außerhalb des genannten Vollstreckungsübereinkommens der Europäischen Gemeinschaft – wo Art. 43 eine Zustellung auch bei Zwangsgeldandrohung im Titel zuläßt – ist nämlich die Zustellung von Titeln mit Strafandrohungen i. d. R. nicht zulässig; vgl. dazu *Schütze,* WM 1980, 1438, 1440, u. neuerdings auch Großkomm/*Jacobs,* Vor § 13 UWG, D, Rdn. 168 f.
97 Eine Androhung der »gesetzlichen Ordnungsmittel« durch das Gericht ist mangels hinreichender Bestimmtheit nach herrschender Meinung unwirksam; OLG Köln WRP 1979, 667 m. w. N.; OLG Hamm WRP 1980, 43 f.; Großkomm/*Jestaedt,* Vor § 13 UWG, E, Rdn. 17 m. w. N.; *Pastor,* S. 839 f. und Unterlassungsvollstreckung, S. 42; a. A. (aber m. E. unhaltbar) nur OLG München WRP 1980, 356; kritisch gegenüber der h. M. jetzt allerdings auch Großkomm/*Jacobs,* Vor § 13 UWG, D, Rdn. 165 in Fn. 495.
98 Großkomm/*Jacobs,* aaO., Rdn. 165; *Pastor,* UV, S. 315.

kann leicht einmal übersehen werden, daß die Androhungsformulierung für den gerichtlichen Ausspruch unzureichend ist, mit der Folge, daß die Androhung nicht wirksam wird.

Schon im Antrag sollte daher konkret ausformuliert werden, etwa: »Dem Beklagten für jeden einzelnen Fall der Zuwiderhandlung gegen das Verbot ein Ordnungsgeld bis zu 500 000 DM, ersatzweise Ordnungshaft, oder Ordnungshaft bis zu 6 Monaten anzudrohen.« 45

8. Die Bindung des Gerichts an den Antrag

Das Gericht darf dem Kläger nicht mehr zusprechen, als er beantragt hat (§ 308 Abs. 1 ZPO)[99]. Der Kläger hat es somit in der Hand, den Streitstoff des Unterlassungsverfahrens durch seinen Antrag und/oder dessen Begründung einzuschränken. Zwar ist das Gericht in der Anwendung gesetzlicher Normen – also z. B. § 1 oder § 3 UWG – frei; der Kläger kann den Antrag und/oder den Sachvortrag jedoch so gestalten, daß das Gericht zur Prüfung jeweils nur unter bestimmten rechtlichen Gesichtspunkten imstande ist[100]. 46

An eine vom Kläger gewählte bestimmte Reihenfolge der Anträge ist das Gericht bei seiner Prüfung gebunden, wenn der Kläger die Anträge in ein echtes Eventualverhältnis zueinander gestellt hat. 47

Dem Bestimmtheitserfordernis auf seiten des Klägers entspricht auf seiten des Gerichts die Bindung an den Antragsinhalt. Das Gericht darf zwar weniger zusprechen, aber – abgesehen von sprachlichen Glättungen der Antragsformulierung – dem Begehren keinen anderen Inhalt geben. 48

II. Rechtshängigkeit und Rechtskraft

1. Rechtshängigkeit

Die Rechtshängigkeit tritt bei der wettbewerblichen Unterlassungsklage wie im normalen Zivilprozeß mit der Zustellung der Klage oder, soweit der Anspruch erst im Laufe des Verfahrens erhoben wird, mit seiner Geltendmachung in der mündlichen Verhandlung oder mit der Zustellung eines entsprechenden Schriftsatzes ein (§ 261 Abs. 1 und 2 ZPO; dazu neuestens BGH Urt. v. 27. 2. 1992 – I ZR 35/90 – Btx-Werbung II). Sie hat die Wirkung des § 261 Abs. 3 ZPO – wobei für eventuelle Fristwahrungen auch § 270 Abs. 3 ZPO zu beachten ist –, und zwar auch uneingeschränkt die des § 261 Abs. 3 Nr. 1 ZPO. Daß Unterlassungsklagen wegen derselben Verletzungshandlung trotzdem mehrfach – nämlich auch von anderen Verletzten, von Mitbewerbern und/oder Verbänden i. S. des § 13 UWG – erhoben werden können, beruht darauf, daß es 49

---

99 Daraus hat der BGH (NJW 1991, 1683, 1684 = WM 1991, 599 und jüngst wieder Urt. v. 2. 4. 1992 – I ZR 146/90 – Stundung ohne Aufpreis) zu Recht geschlossen, daß das Gericht dem Kläger auch nichts absprechen darf, was dieser nicht (mehr) zur Entscheidung gestellt hat.
100 Vgl. dazu BGH GRUR 1984, 204, 205 = WRP 1984, 136 – Verkauf unter Einstandspreis II.

sich dabei nicht um dieselbe »Streitsache« i. S. des § 261 Abs. 3 Nr. 1 ZPO handelt; denn dabei werden jeweils selbständige eigene Ansprüche geltend gemacht.

2. Rechtskraft

50 Auch die Rechtskraft wirkt nur inter partes hinsichtlich desselben Streitgegenstandes, so daß ihr Einwand den Klagen Dritter wegen derselben Verletzungshandlung nicht entgegengesetzt werden kann. Wegen der unterschiedlichen Streitgegenstände hat sie auch keine Auswirkungen auf Auskunfts-, Rechnungslegungs- und/oder Schadensersatzklagen[101].

51 Besondere Bedeutung hat die Rechtskraft und ihr Umfang für die Zwangsvollstreckung, die jedoch Gegenstand einer besonderen Darstellung (vgl. nachfolgend Kap. 57) sein wird. Dort wird auch auf die Möglichkeiten der Beseitigung oder Änderung rechtskräftiger Titel einzugehen sein.

III. Das Rechtsschutzbedürfnis

52 Das Rechtsschutzbedürfnis ergibt sich bei der Unterlassungsklage – ebenso wie bei jeder Leistungsklage – aus der Nichterfüllung des behaupteten materiellen Anspruchs, dessen Vorliegen für die Prüfung des Interesses an seiner Durchsetzung zu unterstellen ist[102].

53 Dies gilt jedoch nicht ausnahmslos; denn das Erfordernis des Rechtsschutzbedürfnisses soll verhindern, daß Rechtsstreitigkeiten in das Stadium der Begründetheitsprüfung gelangen, bei denen es ersichtlich des Rechtsschutzes durch eine solche Prüfung nicht bedarf[103].

54 In Anwendung dieses Gedankens hat die Rechtsprechung bislang das Rechtsschutzbedürfnis für zwei Fallgruppen von Unterlassungsklagen verneint:

55 Es fehlt Klagen, mit denen versucht wird, Verhaltensweisen zu unterbinden, die der Rechtsverfolgung oder Rechtsverteidigung in einem laufenden gerichtlichen (oder be-

---

101 Lediglich bei vertraglichen Unterlassungsansprüchen hat der BGH in einer älteren Entscheidung (BGHZ 42, 340 – Gliedermaßstäbe) eine Bindungswirkung im Schadensersatzfeststellungsprozeß angenommen, allerdings auch insoweit lediglich für die Zeit ab Erhebung der Unterlassungsklage. Die Frage einer Ausdehnung dieser Auffassung auch auf die rechtskräftige Feststellung eines gesetzlichen Unterlassungsanspruchs, für die sich in der Literatur *Reimer* in seiner Anmerkung zu BGH – Gliedermaßstäbe in GRUR 1965, 327, 331, *Zeuner*, JuS 1966, 147 und *Pastor*, S. 854, ausgesprochen haben und die jetzt auch von *Baumbach/Hefermehl* (Einl. UWG, Rdn. 489, 491) sowie von Großkomm/*Jacobs*, Vor § 13 UWG, D, Rdn. 414, mit Nachdruck und beachtlichen Gründen vertreten wird, hat der BGH in seiner neueren Entscheidung in GRUR 1984, 820, 821 = WRP 1984, 678 – Intermarkt II – wieder offengelassen, jedoch in einer Form, die nun – anders als die seinerzeitige obiter-dictum-Formulierung hierzu im Urteil BGHZ 42, 320 – ihre Bejahung wieder fernerliegend erscheinen läßt.
102 BGH GRUR 1973, 208, 209 = WRP 1973, 23 – Neues aus der Medizin; BGH GRUR 1980, 241, 242 = WRP 1980, 253 – Rechtsschutzbedürfnis; BGH GRUR 1987, 45, 46 = WRP 1986, 603 – Sommerpreiswerbung; BGH GRUR 1987, 568, 569 = WRP 1987, 627 – Gegenangriff; h. M.; vgl. statt aller Großkomm/*Jacobs*, Vor § 13 UWG, D, Rdn. 61.
103 BGH aaO. – Gegenangriff; *Stein/Jonas/Schumann*, Vor § 253 ZPO, Rdn. 101.

51. Kapitel   Die Unterlassungsklage

hördlichen) Verfahren dienlich sind[104], da insoweit Unterlassungsansprüche schlechthin, unabhängig von einer Interessenabwägung und sonstigen Sachprüfung, ausgeschlossen sein müssen, um die von einem Rechtszwang ausgehenden Übergriffe in ein anderes Verfahren zu vermeiden[105].

Weiter entfällt das Rechtsschutzbedürfnis für eine (an sich in Grenzen zulässige, vgl. Kap. 41, Rdn. 75 ff.) Klage auf Unterlassung einer Abmahnung oder Schutzrechtsverwarnung, sobald der Abgemahnte seinerseits Klage auf Unterlassung des abgemahnten Verhaltens erhoben und diese Klage rechtzeitig[106] ein Stadium erreicht hat, in dem sie nicht mehr einseitig zurückgenommen werden kann[107].

Unberührt bleibt das Rechtsschutzbedürfnis durch die Abgabe einer strafbewehrten Unterlassungsverpflichtungserklärung. Diese läßt – auch wenn sie nicht angenommen wird[108] – zwar die materiell-rechtliche Wiederholungsgefahr und damit den Anspruch, nicht jedoch die Notwendigkeit einer prozessualen Prüfung entfallen[109].

Dagegen nimmt eine wirksame Abschlußerklärung (näher zu dieser Kap. 43) der Unterlassungsklage das Rechtsschutzbedürfnis, da sie einen dem Unterlassungstitel gleichwertigen Vollstreckungstitel entstehen läßt (BGH GRUR 1991, 76, 77 = WRP 1991, 97 – Abschlußerklärung; Großkomm/*Jacobs*, Vor § 13 UWG, D, Rdn. 81).

Da sowohl der aus einer Verletzungshandlung resultierende als auch der vorbeugende Unterlassungsanspruch[110] nicht etwa auf eine noch nicht fällige, künftige, sondern auf eine gegenwärtige Leistungspflicht gerichtet ist[111], brauchen für das Rechtsschutzbedürfnis an seiner Verfolgung die besonderen, einschränkenden Voraussetzungen des § 259 ZPO nicht vorzuliegen. Für den vertraglichen Unterlassungsanspruch kann nichts anderes gelten. Bedauerlicherweise hat der für das Vertragsrecht zuständige VIII. Zivilsenat, statt dies auszusprechen, die Frage noch in jüngerer Zeit (BGH LM ZPO Vorbem. vor § 253, Rechtsschutzbedürfnis, Nr. 12 = NJW-RR 1989, 263, jeweils unter B II 1 der Gründe) wieder offengelassen, weil er gemeint hat, es fehle schon an einem allgemeinen Rechtsschutzinteresse, das der VIII. Zivilsenat in Anlehnung an *Stein/Jonas/Schumann* (§ 259 ZPO, Rdn. 9) deshalb für erforderlich gehalten hat, weil

---

104 BGH aaO. – Gegenangriff; Großkomm/*Jacobs*, Vor § 13 UWG, D, Rdn. 61.
105 BGH aaO. – Gegenangriff; eingehend hierzu Kap. 19, Rdn. 16–18.
106 Hierzu vgl. BGHZ 99, 340, 342 ff. = BGH GRUR 1987, 402 = WRP 1987, 459 – Parallelverfahren; BGH NJW-RR 1990, 1532 = WM 1990, 695.
107 BGHZ 28, 203, 207 = BGH GRUR 1959, 152 (mit Berichtigung S. 204) = WRP 1959, 191 – Berliner Eisbein; Großkomm/*Jacobs*, Vor § 13 UWG, D, Rdn. 92.
108 Zur insoweit abweichenden und vom BGH seit längerem aufgegebenen Rechtsprechung vgl. Kap. 8, Rdn. 37 ff.
109 Eingehend dazu Kap. 6, Rdn. 7 f., und Kap. 8, Rdn. 37 ff.; ferner Großkomm/*Köhler*, Vor § 13 UWG, B, Rdn. 27; Großkomm/*Jacobs*, Vor § 13 UWG, D, Rdn. 70.
110 Vgl. dazu BGH GRUR 1990, 687, 689 = WRP 1991, 16 – Anzeigenpreis II; Kap. 9, Rdn. 3.
111 *Stein/Jonas/Schumann*, § 259 ZPO, Rdn. 7; die gegenteilige Auffassung des I. Zivilsenats aus alten Zeiten (vgl. noch BGH LM § 241 Nr. 2 und auch heute noch *Palandt/Heinrichs*, § 241 BGB, Rdn. 5; offengelassen in BGHZ 42, 340, 345 f. = GRUR 1965, 327 – Gliedermaßstäbe) ist in der Rechtsprechung dieses Senats längst – wenngleich leider stillschweigend – aufgegeben worden. Man wird seit Jahrzehnten keine Entscheidung mehr finden, in der der I. Zivilsenat bei einer wettbewerbsrechtlichen Unterlassungsklage ein Rechtsschutzbedürfnis gemäß § 259 ZPO gefordert und geprüft hätte.

es beim vertraglichen Unterlassungsanspruch an einer der Wiederholung beim gesetzlichen Unterlassungsanspruch vergleichbaren (erforderlichen) Barriere fehle. Bei näherem Zusehen erweist sich das Erfordernis eines solchen (besonderen) »allgemeinen Rechtsschutzinteresses« jedoch als (unnötiger) Fremdkörper im System: Seine Voraussetzungen decken sich nämlich mit denen der Erstbegehungsgefahr beim (gesetzlichen) vorbeugenden Unterlassungsanspruch. Diese Erstbegehungsgefahr wird aber vom I. Zivilsenat schon seit längerem nicht mehr als Klagevoraussetzung, sondern – ebenso wie die Wiederholungsgefahr – als Voraussetzung der Begründetheit des Anspruchs angesehen (vgl. dazu Kap. 10, Rdn. 1 und 2)[112]. Dies sollte – mindestens analog – beim vertraglichen Unterlassungsanspruch in gleicher Weise gehandhabt werden.

IV. Die (notwendige) richtige Kostenverteilung

60 Die Streitwerte der wettbewerblichen Unterlassungsklage sind regelmäßig hoch; dementsprechend fallen erhebliche Verfahrenskosten an, die in Extremfällen – bei Ausschöpfung aller Instanzenzüge, Rückverweisung an das Berufungsgericht aus der Revisionsinstanz und Einholung eines kostspieligen Meinungsforschungsgutachtens – auch sechsstellige Beträge erreichen können.

Wenn auch die Parteien großer Wettbewerbsprozesse oft nicht unvermögend sind und die Kostenlast solcher Verfahren durch die steuerliche Absetzbarkeit und durch Rückstellungen in der Bilanz bei mehrjähriger Prozeßdauer spürbar erleichtert wird, sollten Rechtsanwälte und Gerichte auch im Wettbewerbsverfahren die Sorgfalt, die sie auf die materielle Entscheidung bzw. deren Vorbereitung verwenden, in gleicher Weise auch bei der Kostenentscheidung walten lassen, sofern diese nicht glatt und eindeutig kraft Gesetzes zu Lasten einer Partei zu ergehen hat; und zwar selbst dann, wenn große Unternehmen streiten; erst recht aber bei Beteiligung kleinerer Wettbewerber und/oder von – oft knapp bemittelten – Wettbewerbsvereinen, hinter denen nicht immer ein finanzierender potenter Konkurrent steht. Es ergibt wenig Sinn, wenn in einem langen Verfahren einer geschädigten Partei nach mühsamen und kostspieligen Beweiserhebungen schließlich ein Schadensersatz von beispielsweise 5 000 DM zugesprochen wird und gleichzeitig bei der Kostenentscheidung über das zugleich mit Kostenfolge aus § 92 ZPO mitentschiedene weitaus teurere Unterlassungsverfahren durch eine allzu großzügige, ungenaue Schätzung der Kostenquoten ermessensmäßig über Beträge zum Nachteil oder Vorteil derselben Partei verfügt wird, die kaum geringer, oft sogar höher sind als der so mühsam ermittelte Schadensbetrag.

61 Die »richtige«, dem Wert des Teilobsiegens oder Teilunterliegens wirklich gerecht werdende – u. U. nach Instanzen auch verschiedene – Quotenbildung sollte in jedem Fall, in dem § 92 ZPO oder § 91 a ZPO (mit) anzuwenden ist oder in dem Verteilungsfragen im Zusammenhang mit mehreren Streitgenossen auf einer der beiden Seiten (§ 100 ZPO) zu beurteilen sind, auch im Wettbewerbsprozeß stets einer genauen Überlegung wert sein. Und eine absolute Selbstverständlichkeit sollte es sein, bei Unterlassungsklagen, deren Begehren erkennbar zu weit gegangen ist, dem Kläger in Anwen-

---

112 Daß dies in der Rechtslehre teilweise nicht zur Kenntnis genommen wird (vgl. z. B. *Pawlowski*, Zum Verhältnis von Feststellungs- und Leistungsklage, MDR 1988, 630, 631 f. mit Fn. 19), braucht den Praktiker nicht zu sehr zu verdrießen.

51. Kapitel Die Unterlassungsklage

dung des § 92 Abs. 1 ZPO – die beiden kumulativ erforderlichen Voraussetzungen des § 92 Abs. 2, 1. Alternative ZPO, werden im Wettbewerbsprozeß so gut wie nie, die Voraussetzungen der 2. Alternative selten erfüllt sein – einen Teil der Kosten aufzuerlegen[113], statt durch nachträglich einengende »Auslegung« seines Antrags den Beklagten auch mit dem Kostenteil zu belasten, der nur durch fehlerhafte Formulierungen des Klägers (und den dementsprechend höher angesetzten Streitwert) entstanden ist.

---

113 Vgl. als jüngste Beispiele solcher (zutreffender) Kostenteilungen BGH, Urt. v. 11. 6. 1992 – I ZR 226/90 – Therapeutische Äquivalenz; BGH, Urt. v. 25. 6. 1992 – I ZR 136/90 – (noch ohne Kennwort).

52. Kapitel Die sonstigen Klageformen im Wettbewerbsprozeß

Literatur: *P. Arens,* Dogmatik und Praxis der Schadensschätzung, ZZP 88 (1975), 1; *Borck,* Rückwärts gewandte Feststellungsklage und Fristsetzung nach Erledigung der Hauptsache?, WRP 1980, 1; *Gottwald,* Schadenszurechnung und Schadensschätzung, 1979; *Klauser,* Möglichkeiten und Grenzen richterlicher Schadensschätzung, JZ 1968, 167; *Leisse/Traub,* Schadensschätzung im unlauteren Wettbewerb, GRUR 1980, 1; *Mädrich,* Das Verhältnis der Rechtsbehelfe des Antragsgegners im einstweiligen Verfügungsverfahren, 1980; *Pawlowski,* Das Verhältnis von Feststellungs- und Leistungsklage, MDR 1988, 630; *Schlüter,* Erfüllung der Forderung als Erledigungsgrund im Arrest-Verfahren, ZZP 80 (1967), 447; *E. u. H. Schneider,* Die Fassung des Klageantrags bei der Beseitigungsklage aus § 1004 BGB, MDR 1987, 639; *Schotthöfer,* Rechtliche Probleme im Verhältnis zwischen Feststellungsklage und Unterlassungsklage im Wettbewerbsrecht, WRP 1986, 14; *Teplitzky,* Die Durchsetzung des Schadensersatzzahlungsanspruchs im Wettbewerbsrecht, GRUR 1987, 215; *Volhard,* Schadensbezifferung und -beweis bei Submissionskartellen, in Festschrift *Walter Oppenhoff,* 1985, S. 509.

Inhaltsübersicht

	Rdn.		Rdn.
I. Die Beseitigungsklage	1–3	se der negativen Feststellungsklage	19–21
1. Wesen und Zulässigkeit	1, 2	c) Die Feststellungsklage als Mittel zur Ergänzung oder Bekämpfung einer Unterlassungsverfügung	22–28
2. Der Klageantrag	3		
II. Die Klage auf Auskunft und/oder Rechnungslegung	4–7		
1. Wesen und Zulässigkeit	4		
2. Der Klageantrag	5, 6		
3. Erledigung im Verfahren	7	3. Die materiellen Voraussetzungen der Schadensersatzfeststellungsklage	29
III. Die Feststellungsklage	8–29		
1. Formen	8–11	IV. Die Zahlungsklage	30–38
2. Das Feststellungsinteresse	12–28	1. Die Bedeutung der wettbewerblichen Zahlungsklage	30–32
a) Das Verhältnis der positiven Feststellungsklage zur Leistungsklage	16–18	2. Die Erweiterung der Möglichkeiten wettbewerblicher Zahlungsklagen	33–38
b) Das Feststellungsinteres-			

I. Die Beseitigungsklage

1. Wesen und Zulässigkeit

1   Die Beseitigungsklage ist ebenso wie die Unterlassungsklage eine Leistungsklage, gerichtet auf die Durchsetzung der an anderer Stelle[1] eingehend erörterten Beseitigungsansprüche.

---

1 Kap. 24–26.

52. Kapitel   Die sonstigen Klageformen im Wettbewerbsprozeß   2–4 **52**

Als Leistungsklage bedarf sie keiner Darlegung eines besonderen Rechtsschutzbedürfnisses; letzteres folgt – wie bei der Unterlassungsklage[2] – aus der Nichterfüllung des materiellen Anspruchs. Da dieser – wie gleichfalls an anderer Stelle[3] ausgeführt ist – mit dem der Unterlassungsklage nicht identisch ist, kann die Beseitigungsklage regelmäßig auch dort neben der Unterlassungsklage erhoben (bzw. mit dieser verbunden) werden, wo die Beseitigung auch mit Hilfe eines Unterlassungstitels deshalb (über § 890 ZPO) erzwungen werden kann, weil die Beseitigung des Störungszustandes für die Erfüllung des Unterlassungsanspruchs unerläßlich ist[4].

2. Der Klageantrag

Die Bestimmtheitsanforderungen sind beim Beseitigungsklageantrag sehr umstritten. Auch hierzu kann jedoch auf die Ausführungen zum notwendigen Inhalt des Beseitigungsanspruchs (Kapitel 24, Rdn. 2 ff.) verwiesen werden. Nur vorsichtshalber sei auch hier erwähnt, daß die h. M., nach der bestimmte Beseitigungsanordnungen im Antrag und Tenor nicht zulässig sein sollen (vgl. dazu jüngst wieder *E. und H. Schneider*, MDR 1987, 839 f.), im Wettbewerbsrecht nur sehr eingeschränkt gilt; dies ist aaO. (Kap. 24, vgl. dort Rdn. 6–8) eingehend ausgeführt und entspricht auch der Auffassung von Großkomm/*Köhler*, Vor § 13 UWG, B, Rdn. 133, u. Großkomm/*Jacobs*, Vor § 13 UWG, D, Rdn. 210 f.

II. Die Klage auf Auskunft und/oder Rechnungslegung

1. Wesen und Zulässigkeit

Auch hier handelt es sich um eine Leistungsklage, die nur das Bestehen und die Nichterfüllung eines Anspruchs voraussetzt. Zu Voraussetzungen, Art und Umfang dieses Anspruchs und zu den damit verbundenen Streitfragen wird auf Kap. 38 verwiesen. Die Auskunftsklage kann selbständig erhoben werden[5], wird in der Praxis jedoch regelmäßig mit der Klage verbunden, die der Durchsetzung des Anspruchs dient, den die Auskunft oder Rechnungslegung vorbereiten soll, also in der Regel mit der Schadensersatzfeststellung oder – bei der echten Stufenklage (§ 254 ZPO) – mit der Klage auf Leistung desjenigen, was sich aus der Auskunft oder Rechnungslegung ergibt. Dient sie – was selten vorkommt, aber zulässig ist[6] – der Vorbereitung eines Beseitigungsan-

---

2 Vgl. dazu Kap. 51, Rdn. 52–59.
3 Kap. 22, Rdn. 3 ff.
4 Zu Einzelheiten hierzu und den denkbaren Ausnahmen verweise ich auf die Ausführungen in Kap. 22, Rdn. 5 ff., sowie auf *Teplitzky*, Das Verhältnis des objektiven Beseitigungsanspruchs zum Unterlassungsanspruch im Wettbewerbsrecht, WRP 1984, 365, 367 f.
5 Dann unterbricht sie aber die Verjährung des Hauptanspruchs auf Schadensersatz o. a. nicht; ganz h. M.; vgl. Großkomm/*Messer*, § 21 UWG, Rdn. 56; *Baumbach/Hefermehl*, § 21 UWG, Rdn. 18; MünchKomm/*v. Feldmann*, § 209 BGB, Rdn. 8 m. w. N.
6 BGH GRUR 1972, 558, 560 = WRP 1972, 198 – Teerspritzmaschinen.

spruchs, so kann sie auch mit der Beseitigungsklage verbunden werden, sofern entweder die Voraussetzungen eines hinreichend bestimmten Beseitigungsanspruchs schon erfüllt sind und die Auskunft nur seiner Erweiterung oder noch weitergehenden Präzisierung dienen soll[7] oder wenn man die Voraussetzung einer entsprechenden Anwendung des § 254 ZPO als erfüllt ansieht, d. h. den in § 254 ZPO gebrauchten Begriff der »Herausgabe« als in dieser Weise ersetzbar bzw. interpretierbar ansieht und der Auskunftsanspruch der Aufklärung des dann an die Stelle des Herausgabeanspruchs zu denkenden Anspruchs auf Beseitigung – nicht nur der Erleichterung seiner Durchsetzung[8] – dient.

2. Der Klageantrag

5   Er muß bestimmt bezeichnen, welchen Inhalt die Auskunft haben soll, d. h. worauf sie sich beziehen soll, welche Angaben sie enthalten muß und auf welche Zeiträume sie sich erstrecken soll. Wird Auskunft auch über einen Zeitraum über die letzte mündliche Verhandlung hinaus verlangt, so müssen – weil es sich insoweit um einen künftigen Anspruch handelt – regelmäßig die zusätzlichen Voraussetzungen des § 259 ZPO erfüllt sein[9]. Bezieht der Antrag sich auf Auskünfte über lediglich mutmaßliche Verletzungshandlungen vor der ersten nachgewiesenen Handlung, so ist er insoweit – in Ermangelung eines Anspruchs[10] – regelmäßig[11] unbegründet. Anders kann es jedoch liegen, wenn die Auskunft sich nicht nur auf eine deliktische Rechtsverletzung bezieht, sondern (auch) auf Vertrag (Verstoß gegen einen Unterlassungsvertrag) gestützt wird; in diesem Fall kann sich ein entsprechender Anspruch aus § 242 BGB ergeben[12].

6   Geht der Antrag zu weit, so kann zu weniger weitgehenden Auskünften als »Minus« verurteilt werden, sofern diese dem Sinn des Antrags nach auch als gewollt angesehen werden können[13].

3. Erledigung im Verfahren

7   In Wettbewerbsprozessen kommt es nicht selten vor, daß der Beklagte seine Verpflichtung zur Auskunft zusammen mit der zur Unterlassung, Beseitigung und/oder zum Schadensersatz zwar bestreitet, gleichwohl aber in seinen Schriftsätzen – oft ohne nä-

---

7 Vgl. den Fall in der letzten Fußnote.
8 *Zöller/Stephan*, § 254 ZPO, Rdn. 1.
9 BGH GRUR 1979, 539, 542 = WRP 1977, 332 – Prozeßrechner; BGH GRUR 1985, 280, 282 und BGH GRUR 1985, 287, 289 – Herstellerbegriff II und Herstellerbegriff IV; Großkomm/*Jacobs*, Vor § 13 UWG, D, Rdn. 227. Anders noch – und insoweit unzutreffend – *Pastor*, in *Reimer*, S. 330.
10 BGH GRUR 1988, 307, 308 = NJW-RR 1988, 676 – Gaby; BGH = WRP 1991, 575, 578 – Betonsteinelemente; a. A. Großkomm/*Jacobs*, Vor § 13 UWG, D, Rdn. 229–233, sowie *U. Krieger*, Zum Anspruch auf Auskunftserteilung wegen Warenzeichenverletzung, GRUR 1989, 802, u. *Tilmann*, Zum Anspruch auf Auskunft wegen Warenzeichenverletzung II, GRUR 1990, 160; näher dazu Kap. 38, Rdn. 7 m. w. N.
11 Zu Ausnahmen vgl. Kap. 38, Rdn. 7.
12 BGH GRUR 1992, 61, 64 = WRP 1991, 654, 659 – Preisvergleichsliste.
13 BGH GRUR 1981, 592, 594 – Championne du Monde; OLG Karlsruhe GRUR 1986, 479, 481.

here Hervorhebung – diejenigen Angaben ganz oder teilweise macht, die der Kläger mit der Auskunftsklage geltend macht. Darauf muß letzterer achten, da er in diesem Falle ohne Rücksicht auf das Bestreiten einer Rechtspflicht seitens des Beklagten seinen Auskunftsantrag im Umfang der in dieser Weise erteilten Auskunft für erledigt erklären muß, wenn er nicht die (Teil-)Abweisung seiner Klage riskieren will[14].

III. Die Feststellungsklage

1. Formen

Die Feststellungsklage kommt im Wettbewerbsprozeß häufig – und zwar in zwei verschiedenen Grundformen – vor. 8

a) Die wesentlichste Rolle spielt sie als Schadensersatzfeststellungsklage in all den Fällen, in denen dem Geschädigten noch Anhaltspunkte für eine (Teil-)Bezifferung fehlen, sei es, weil der Schaden noch in der Entwicklung begriffen und seinem Umfang nach nicht abzusehen ist, sei es, daß die Berechnung u. a.[15] noch von einer Auskunft oder Rechnungslegung des Verletzers abhängt. 9

b) Die zweite häufige Form ist die Klage auf Feststellung des Nichtbestehens eines bestimmten Unterlassungsanspruchs. Sie kann als Reaktion auf eine Abmahnung, aber auch vom Antragsgegner einer einstweiligen Unterlassungsverfügung als Alternative zum Antrag gem. § 926 ZPO erhoben werden, wenn der angebliche Verletzer eine rasche Klärung in einem nicht nur summarischen Verfahren anstrebt[16]. Dagegen ist für die (positive) Feststellung, daß ein bestimmter Unterlassungsanspruch besteht, in der Regel kein Raum, da in diesen Fällen unmittelbar auf Durchsetzung des Unterlassungsanspruchs, also auf Leistung, geklagt werden kann und – jedenfalls in der Regel[17] – auch geklagt werden muß. 10

Eine positive Feststellungsklage kann jedoch ausnahmsweise dann zulässig werden, wenn man Unterwerfungserklärungen unter der auflösenden (unechten Rechts-)Bedin- 11

---

14 Vgl. auch Großkomm/*Jacobs*, Vor § 13 UWG, D, Rdn. 234.
15 Nicht etwa ausschließlich; in diesem Falle müßte nämlich Stufenklage auf Leistung erhoben werden, deren Möglichkeit der Feststellungsklage das Rechtsschutzinteresse nehmen kann; vgl. BGH GRUR 1958, 149 – Bleicherde; BGH MDR 1961, 751; Zöller/Stephan, § 254 ZPO, Rdn. 1 – Ein Grundsatz, der jedoch – wie noch auszuführen sein wird – im Wettbewerbsprozeß oft vernachlässigt wird.
16 Heute h. M.; vgl. Stein/Jonas/Grunsky, § 926 ZPO, Rdn. 2 m. w. N., und *Mädrich*, S. 56. Die abweichende ältere Meinung des Bundesgerichtshofs zur Berechtigung des Verfügungsgegners, Feststellungsklage zu erheben (NJW 1951, 405 und JZ 1961, 295 mit ablehnender Anm. von *Dunz*, S. 296), ist in der Literatur mit Recht auf einmütige Ablehnung gestoßen; vgl. Stein/Jonas/Grunsky und *Mädrich*, aaO., letzterer in Fn. 295. Auch der Bundesgerichtshof hat diese Meinung später (NJW 1978, 2157, 2158) deutlich in Frage gestellt. Im Urteil GRUR 1985, 571, 572 = WRP 1985, 212 – Feststellungsinteresse brauchte der I. Zivilsenat auf diesen Punkt nicht einzugehen.
17 Ausnahmen gelten hier allenfalls nach allgemeinen Prozeßrechtsgrundsätzen: Die Feststellungsklage kann danach ausnahmsweise zulässig sein, wo sie das gleiche Ziel mit hinreichender Sicherheit erreicht; näheres beim Feststellungsinteresse nachfolgend Rdn. 11 ff.; vgl. dazu auch *Schotthöfer*, WRP 1986, 14, 16.

gung einer nachträglichen höchstrichterlichen Beurteilung der zu unterlassenden Handlung als rechtmäßig zuläßt[18] und eine solche Bedingung konkret – wie zuweilen üblich – als Vorbehalt der entsprechenden Klärung zwischen den Parteien selbst aufgrund der begangenen Handlung formuliert wird. Sieht man eine solche Erklärung als wirksam an, so beseitigt sie die Wiederholungsgefahr mit der – in der Praxis bei der Formulierung solcher Erklärungen oft übersehenen – Folge, daß der Unterlassungsanspruch durch Leistungsklage nicht mehr erfolgversprechend (weiter-)verfolgt werden kann. Denn auch eine Erstbegehungsgefahr kann nicht angenommen werden: Bis zum Bedingungseintritt besteht sie nicht; tritt die Bedingung ein, ist die »Begehung« nicht rechtswidrig. Die Klärung in einem solchen Fall allein dem Willen des Schuldners – durch Erhebung einer negativen Feststellungsklage, für die man ihm ein Feststellungsinteresse kaum wird absprechen können – zu überlassen, mag in den Fällen angehen, in denen ausschließlich eine Rechtsfrage zur Beurteilung steht; denn in diesen Fällen hat der durch die Unterwerfungserklärung hinreichend geschützte Gläubiger kein erkennbares Interesse an einer Klärung. Es kann jedoch in all den Fällen nicht angehen, in denen die Beurteilung der Rechtswidrigkeit von Tatsachen abhängt, für die vom Gläubiger im Streitfalle Beweis zu erbringen wäre. In diesen Fällen wäre es unbillig, dem Schuldner die Möglichkeit des Zuwartens bis zum Eintritt von Beweisschwierigkeiten für den Gläubiger zu eröffnen. Für sie – als eng zu begrenzende Ausnahme – muß dem Gläubiger seinerseits wohl die Klage auf Feststellung eröffnet werden, wobei konstruktive Schwierigkeiten hinsichtlich des festzustellenden »Rechtsverhältnisses« zwar erkennbar, aber nicht größer – und bei einer den praktischen Bedürfnissen angepaßten großzügigen Handhabung des Begriffs nicht weniger überwindbar – sind als bei der »negativen« Feststellungsklage des Schuldners in solchen Fällen. Ließe man wegen solcher konstruktiver Schwierigkeiten eine Klage auf Feststellung von keiner Seite zu, so wären entsprechend »bedingte« Unterwerfungen unter Umständen – wegen innerer Widersprüchlichkeit – unwirksam und wertlos, mindestens aber kaum noch praktikabel.

2. Das Feststellungsinteresse

12 Nach § 256 ZPO kann auf Feststellung des Bestehens oder Nichtbestehens eines Rechtsverhältnisses nur klagen, wer ein »rechtliches Interesse« an der Feststellung hat. Bei diesem Feststellungsinteresse handelt es sich um eine gesetzlich normierte, weitergehende Form des allgemeinen Rechtsschutzinteresses; letzteres muß auch im übrigen bestehen, was aber neben dem Feststellungsinteresse praktisch keine große Rolle spielt.

13 Das Feststellungsinteresse ist – wie das allgemeine Rechtsschutzbedürfnis – eine besonders qualifizierte Prozeß- bzw. Sachurteilsvoraussetzung, nämlich echte Voraussetzung nur für ein obsiegendes Sachurteil des Feststellungsklägers. Ist die Feststellungsklage dagegen aus anderen – auch an sich nachrangigen materiellen – Gründen abwei-

---

18 Vgl. dazu Kap. 8, Rdn. 8.

52. Kapitel Die sonstigen Klageformen im Wettbewerbsprozeß

sungsreif, so braucht nach zwar bestrittener[19], aber herrschender Meinung[20] das Feststellungsinteresse nicht geprüft zu werden, sondern kann offen bleiben.

Abgesehen von dieser Einschränkung ist das Feststellungsinteresse in jedem Stadium des Verfahrens – auch noch in der Revisionsinstanz – von Amts wegen[21] zu prüfen und, wenn es fehlt, die Klage durch Prozeßurteil als unzulässig abzuweisen.

Hier wie im übrigen gelten weitgehend die allgemein zu § 256 ZPO entwickelten Rechtsgrundsätze[22], jedoch mit einigen spezifisch wettbewerbsrechtlichen Akzenten:

a) Der Grundsatz, daß die für den Feststellungskläger gegebene Möglichkeit der Leistungsklage – auch in der Form der Stufenklage[23] – das Feststellungsinteresse regelmäßig entfallen läßt, wird im Wettbewerbsrecht noch etwas häufiger durchbrochen als außerhalb dieses Rechtsgebiets (vgl. zum allgemeinen Prozeßrecht schon *Stein/Jonas/Schumann,* § 256 ZPO, Rdn. 123).

So darf – was auch außerhalb des Wettbewerbsrechts anerkannt worden ist[24] – in vollem Umfang auf Feststellung der Schadensersatzpflicht klagen, wer seinen Schaden erst teilweise beziffern kann[25], weil dieser noch in der Entwicklung begriffen ist – eine im Wettbewerbsrecht ungemein häufige Fallgestaltung –; und auch die Möglichkeit der Stufenklage wird im Wettbewerbsrecht oft[26] aus den im Urteil »Frachtenrückvergütung«[27] ausgeführten Gründen nicht als zwingender Grund für die Verneinung des Feststellungsinteresses angesehen[28].

Wird der Schaden im Laufe des Rechtsstreits bezifferbar, so braucht der Kläger grundsätzlich nicht auf die Leistungsklage überzugehen[29], es sei denn, das Verfahren befindet sich noch in der ersten Instanz, der Beklagte regt den Übergang an, und es tritt dadurch keine Verzögerung ein[30].

b) Höhere Anforderungen als beim Verhältnis der positiven Feststellungsklage zur Leistungsklage desselben Klägers stellt die wettbewerbsrechtliche Rechtsprechung an das Feststellungsinteresse bei der negativen Feststellungsklage, deren Hauptanwendungsfall im Wettbewerbsrecht die Klage des Abgemahnten auf Feststellung ist, daß

---

19 Vgl. die Nachweise bei *Stein/Jonas/Schumann,* § 253 ZPO, Rdn. 129 f. mit Fn. 262 a. E.; *Zöller/Stephan,* § 256 ZPO, Rdn. 7; Großkomm/*Jacobs* Vor § 13 UWG, D, Rdn. 60 u. 389.
20 RGZ 158, 145, 152; BGHZ 12, 308, 316; BGH LM ZPO § 256 Nr. 46; vgl. weiter die Nachweise an den in der letzten Fn. genannten Stellen.
21 BGH GRUR 1956, 93, 96 = WRP 1956, 17 – Pergluton; *Stein/Jonas/Schumann,* § 256 ZPO, Rdn. 120 m. w. N.
22 Insoweit wird auf die Kommentierungen des § 256 ZPO verwiesen.
23 RGZ 58, 57, 60; BGH – Pergluton aaO. und BGH MDR 1961, 751.
24 Vgl. RGZ 108, 201, 202; BGH VersR 1968, 648; BGH MDR 1983, 1018; BayObLGE 71, 66.
25 *Baumbach/Hefermehl,* Einl. UWG, Rdn. 501; zu einem besonderen Fall vgl. auch BGH GRUR 1971, 358 = WRP 1971, 224 – Textilspitzen.
26 Allerdings nicht durchweg und daher auch nicht ganz verläßlich; vgl. das gegenteilige Urteil BGH GRUR 1956, 93, 96 = WRP 1965, 17 – Pergluton.
27 BGH GRUR 1960, 193, 196 (mit zustimmender Anm. von *Schramm,* S. 197) = WRP 1960, 13 – Frachtenrückvergütung.
28 Vgl. BGH GRUR 1972, 180, 183 = WRP 1972, 309 – Chéri.
29 RGZ 108, 201, 202; BGH GRUR 1969, 373, 376 – Multoplane; BGH GRUR 1978, 187, 188 = WRP 1978, 129 – Alkoholtest (insoweit nicht in BGHZ 70, 39); BGH GRUR 1987, 524, 525 – Chanel No 5 II.
30 BGH LM ZPO § 256 Nr. 5.

der gegen ihn in der Abmahnung geltend gemachte Unterlassungsanspruch nicht bestehe[31].

20   Hier gilt auch im Wettbewerbsrecht der allgemeine Grundsatz, daß die Leistungsklage zur Durchsetzung des Anspruchs, dessen Nichtbestehen Gegenstand einer negativen Feststellungsklage ist, für letztere das Feststellungsinteresse entfallen läßt; allerdings erst dann, wenn eine einseitige Rücknahme der Leistungsklage nicht mehr möglich ist – d. h. ab Beginn der mündlichen Verhandlung zur Hauptsache, § 269 Abs. 1 ZPO –, weil erst dann feststeht, daß die vom Feststellungskläger begehrte Klärung auch im Leistungsverfahren erfolgen wird, solange er selbst daran interessiert bleibt[32]. Einschränkungen dieses Grundsatzes, dessen möglichst strikte Beachtung zur Vermeidung der Gefahr widersprüchlicher Entscheidungen über den gleichen Streitgegenstand geboten ist[33], sind lediglich ausnahmsweise für die Fälle zugelassen worden, in denen das Feststellungsverfahren bereits entweder in der Revisionsinstanz anhängig[34] oder in sonstiger Weise bis zur Entscheidungsreife oder in ein (zwischen-)entscheidungsreifes Stadium gediehen war[35], und zwar – dies ist eine wichtige zeitliche Fixierung – in dem Zeitpunkt, in dem »die Veränderung der tatsächlichen Situation eintrat« (BGHZ 18, 22, 41). Dies ist auch in diesem Zusammenhang, wenn das veränderte Ereignis eine Leistungsklage ist, der Zeitpunkt, in dem sie nicht mehr einseitig zurückgenommen werden kann[36]; denn in diesem Zeitpunkt muß der Feststellungskläger sich entsprechend der eingetretenen Lage verhalten, d. h. bei Wegfall des Rechtsschutzinteresses die Hauptsache für erledigt erklären. Unterläßt er dies, so kann er ein Feststellungsinteresse nicht dadurch wiedererlangen, daß er durch beschleunigtes Betreiben des (unzulässig gewordenen) Feststellungsverfahrens diesem einen knappen Zeitvorsprung verschafft und es schließlich sogar – unterstützt durch die unrichtige Rechtsauffassung des Berufungsgerichts – zu einer Zeit in die Revisionsinstanz gelangen läßt, in der das parallel laufende Leistungsverfahren seinerseits noch in der Berufungsinstanz anhängig ist[37].

---

31 Zu Einzelheiten im Zusammenhang mit dieser Klage, insbesondere zu ihren Voraussetzungen, zu Zuständigkeitsfragen und Abmahnerfordernissen, vgl. bereits Kap. 41, Rdn. 68–74.
32 St. Rspr. seit RGZ 71, 68, 73; vgl. BGHZ 28, 203, 207 = GRUR 1959, 152 = WRP 1959, 191 – Berliner Eisbein m. w. N.; BGH LM ZPO § 256 Nr. 102; BGH GRUR 1985, 41, 44 – RE-HAB; BGHZ 99, 340, 341 = GRUR 1987, 402 = WRP 1987, 459 – Parallelverfahren; BGH NJW-RR 1990, 1532 = WM 1990, 695; Großkomm/*Jacobs*, Vor § 13 UWG, D, Rdn. 87 f.
33 RGZ 71, 68, 74 f.; RG JW 1932, 3615; BGH aaO. – Parallelverfahren. Soweit kritisiert wird, daß dies durch Vorrang des Leistungsverfahrens geschieht (vgl. *Herrmann* in Anm. zu BGH – Parallelverfahren in JR 1988, 374, 376 ff.), wird verkannt, daß dieser Vorrang durch die höhere Wertigkeit des Unterlassungstitels vorgegeben ist: Gleichwertig wäre nur ein Erfolg der negativen Feststellungsklage; würde diese dagegen abgewiesen, so hat der Verletzungsgläubiger keine unmittelbare (Titel-) Handhabe gegen weitere Verstöße des Verletzers (vgl. *Pawlowski*, MDR 1988, 630 mit Fn. 3).
34 BGH NJW 1968, 50.
35 BGHZ 18, 22, 41 f. m. w. N.
36 RGZ 100, 123, 126; (ähnlich auch RG JW 1909, 417 Nr. 18; RG WarnRspr. 1916, 106; BGHZ 18, 43, 43; auch BGH NJW 1973, 1500 will – wie sich aus den dort in Bezug genommenen älteren Entscheidungen ergibt – nichts anderes sagen). Ganz eindeutig jetzt BGH aaO. – Parallelverfahren u. BGH NJW-RR 1990, 1532 = WM 1990, 695.
37 BGH aaO. – Parallelverfahren; BGH NJW-RR 1990, 1532 = WM 1990, 695; Großkomm/*Jacobs* aaO., Rdn. 88.

Eine weitere Ausnahme gilt im Wettbewerbsrecht nach einer neueren Entscheidung 21
des Bundesgerichtshofs[38] dann, wenn die Leistungsklage den Kläger (wegen einer gegenüber der Feststellungsklage zusätzlichen Klagevoraussetzung) einem zusätzlichen Risiko aussetzen würde, das er mit der Feststellungsklage nicht läuft. Dies gilt namentlich – so auch im vom Bundesgerichtshof entschiedenen Fall – dann, wenn wegen eines Wettbewerbsverstoßes abgemahnt oder eine einstweilige Verfügung beantragt worden ist, der keine Verletzung eines absoluten Schutzrechts darstellt. Hier ist nach der insoweit einschlägigen Rechtsprechung des Bundesgerichtshofs[39] der Erfolg einer Leistungsklage gegen den Abmahnenden (oder Verfügungsantragsteller) auf Unterlassung weiterer Beeinträchtigungen sehr zweifelhaft, das Verlangen eines solchen Vorgehens daher weder prozeßökonomisch noch zumutbar. Daher darf hier der wegen eines angeblichen Wettbewerbsverstoßes Angegriffene trotz vielleicht möglicher Leistungsklage auf Unterlassung weiterer Angriffe Klage auf Feststellung erheben, daß dem Gegner kein Anspruch als Grundlage für solche Angriffe zustehe[40].

c) Besondere wettbewerbsrechtliche Bedeutung hat die Frage, welche Rolle die Feststellungsklage als Mittel zur Ergänzung oder zur Bekämpfung einer Unterlassungsverfügung spielen kann. 22

aa) Solange der vorläufig gesicherte und befriedigte Anspruch des Antragstellers des Verfügungsverfahrens durchsetzbar ist, besteht die Möglichkeit der Leistungsklage; für eine Feststellung ist damit regelmäßig kein Raum. 23

bb) Umstritten ist dagegen, ob ein Antragsteller, dessen Verfügungsanspruch zur Zeit des Erlasses der einstweiligen Verfügung bestanden hatte, nachträglich aber weggefallen ist, die Bestätigung der ursprünglichen Berechtigung seines Verfügungsantrags im Feststellungsverfahren erreichen kann. Dies wird teilweise[41] bejaht, und zwar im wesentlichen unter Hinweis auf das dem Antragsteller sonst drohende Risiko, auf einen Antrag nach § 926 Abs. 1 ZPO hin entweder eine aussichtslose Hauptsache-(leistungs)Klage erheben oder aber die Aufhebung der einstweiligen Verfügung nach § 926 Abs. 2 ZPO in Kauf nehmen zu müssen – beides mit der (angeblichen) Folge der Schadensersatzpflicht gem. § 945 ZPO. Zum Teil wird das Rechtsschutzinteresse auch mit den nachteiligen Kostenkonsequenzen des drohenden Aufhebungsverfahrens begründet[42]. 24

---

38 BGH GRUR 1985, 571, 572 = WRP 1985, 212 – Feststellungsinteresse m. w. N.
39 BGH WRP 1965, 97, 99 – Kaugummikugeln; BGH GRUR 1969, 479, 481 = WRP 1969, 280 – Colle de Cologne.
40 BGH GRUR 1985, 571, 572 = WRP 1985, 212 – Feststellungsinteresse m. w. N.
41 OLG Hamburg, MDR 1965, 49, 50; OLG Hamm, zit. nach WRP 1977, 831; WRP 1980, 87, 88; OLG Nürnberg WRP 1980, 443; *Pastor*, S. 454 sowie S. 486 und 509 (an den beiden letztgenannten Stellen allerdings unter unzutreffender Berufung auf das Urteil BGH GRUR 1962, 97 = WRP 1962, 93 – Tafelwasser, das über diese Frage nicht entschieden hat); auch *Ahrens*, S. 191 (mit Fn. 116 und 117), scheint dieser Auffassung zuzuneigen. OLG Stuttgart (WRP 1981, 231, 232) bejaht das Feststellungsinteresse nur für den Fall, daß der Gläubiger – wie etwa bei Eintritt der Verjährung – den Verlust seines Anspruchs selbst verschuldet hat.
42 So *Borck*, WRP 1980, 1, 8.

25 Dagegen verneint die herrschende Meinung ein Feststellungsinteresse für ein solches Verfahren, und zwar m. E. – jedenfalls für den Regelfall[43] – zu Recht[44], weil den vermeintlichen Drohungen auch in anderer Weise begegnet werden kann:

26 Fehlt nämlich – wie es die heute ganz herrschende Meinung annimmt[45] – nach dem Wegfall des Verfügungsanspruchs, der im Wettbewerbsprozeß meist durch nachträglichen Fortfall der Wiederholungsgefahr, in der Regel nach Abgabe einer strafbewehrten Unterlassungserklärung, eintritt, das Rechtsschutzinteresse für einen Fristsetzungsantrag nach § 926 Abs. 1 ZPO, und ist dieser Unzulässigkeitsgrund sowohl im Anordnungsverfahren[46] als auch notfalls noch im Aufhebungsverfahren[47] zugunsten des Gläubigers zu berücksichtigen, so hat letzterer keine Aufhebung seiner Verfügung nach § 926 Abs. 2 ZPO – und damit weder negative Kostenfolgen noch einen Schadensersatzanspruch nach § 945 ZPO wegen dieser Aufhebung[48] – zu befürchten. Ein Aufhebungsverfahren nach § 927 ZPO kann der Gläubiger aber durch Verzicht auf die Rechte aus dem Titel (und durch dessen Herausgabe) vermeiden bzw. durch sofortiges Anerkenntnis mit Kostenfolge aus § 93 ZPO entschärfen.

27 Nur ausnahmsweise kann der Gläubiger auch vom Standpunkt der herrschenden Meinung aus in eigener Initiative eine Überprüfung der Rechtmäßigkeit seiner in der Hauptsache erledigten einstweiligen Verfügung durch ein ordentliches – nicht summa-

---

43 Ein Sonderfall, in dem m. E. das Feststellungsinteresse ausnahmsweise bejaht werden könnte, ist vorstehend in Rdn. 11 behandelt.

44 Mein in AcP 181 (1981), 252, 253 noch anklingendes Bedenken halte ich nicht mehr aufrecht, nachdem nun weithin die Erinnerungsfähigkeit der Anordnung nach § 926 ZPO (und für den Fall einer dennoch zu Unrecht erlassenen und bestätigten Anordnung die Berücksichtigung ihrer Unzulässigkeit noch im Aufhebungsverfahren) bejaht wird; näheres dazu in Kap. 56, Rdn. 14–16.

45 BGH NJW 1973, 1329, 1974, 503; OLG Hamburg MDR 1970, 935 und Urteil vom 22. März 1979, zit. nach *Brüning*, WRP 1980, 324 (3.1) u. bei *Traub*, S. 169; OLG Hamburg NJW-RR 1986, 1122; OLG Stuttgart WRP 1981, 231 mit der in Fn. 41 genannten Einschränkung; OLG München GRUR 1982, 321 = WRP 1982, 357; *Stein/Jonas/Grunsky*, § 926 ZPO, Rdn. 7 f.; *Baumbach/Lauterbach/Hartmann*, § 926 ZPO, Anm. 2 c; *Zöller/Vollkommer*, § 926 ZPO, Rdn. 12; *Baumbach/Hefermehl*, § 25 UWG, Rdn. 78; *Schlüter*, ZZP 80 (1967), 447, 463, wollte für den Erfüllungsfall das gleiche Ergebnis im Wege der teleologischen Reduktion des § 926 ZPO erreichen.

46 Durch Erinnerung gegen die Anordnung nach § 11 RPflG; vgl. OLG Hamburg MDR 1970, 935; OLG Schleswig SchlHA 82, 43; *Stein/Jonas/Grunsky*, § 926 ZPO, Rdn. 8; *Zöller/Vollkommer*, § 926 ZPO, Rdn. 19; *Baumbach/Lauterbach/Hartmann*, § 926 ZPO, Anm. 2 D a; *Baumbach/Hefermehl*, § 25 UWG, Rdn. 79; *Mädrich*, S. 60 ff.; *Ahrens*, S. 190 mit Nachweisen und Kritik in Fn. 110.

47 Vgl. BGH NJW 1974, 503; OLG Hamburg MDR 1970, 35; OLG Stuttgart WRP 1981, 231; OLG München GRUR 1981, 321; *Stein/Jonas/Grunsky*, § 926 ZPO, Rdn. 8; *Zöller/Vollkommer*, § 926 ZPO, Rdn. 20.

48 Im übrigen könnte er sich gegen einen solchen Schadensersatzanspruch selbst dann noch erfolgreich wehren, wenn eine Aufhebung tatsächlich erfolgt sein sollte, da in der Rechtsprechung die Möglichkeit der Entstehung eines ersatzfähigen Schadens durch eine rechtmäßig erlassene einstweilige Verfügung wiederholt – und trotz der von *Grunsky* (bei *Stein/Jonas*, § 945 ZPO, Rdn. 28) daran geübten Kritik m. E. zu Recht – verneint worden ist (vgl. BGHZ 15, 356, 358 – Progressive Kundenwerbung –; BGH GRUR 1981, 295, 296 = WRP 1981, 269 – Fotoartikel; BGH GRUR 1992, 203, 206 – Roter mit Genever; weitere Nachweise bei *Ahrens*, S. 205, Fn. 205; vgl. ferner auch Kap. 36, Rdn. 37 m.w.N.).

risches – Verfahren erreichen, nämlich dann, wenn der Gegner sich eines Schadensersatzanspruchs berühmt (vgl. BGH NJW 1973, 1329); dann kann der Gläubiger nach allgemeinen Rechtsgrundsätzen auf Feststellung klagen, daß ein solcher Anspruch nicht bestehe, und in diesem Verfahren ist in der Regel[49] implizit über die Rechtmäßigkeit der erledigten Verfügung zu befinden.

cc) Der Antragsgegner eines Verfügungsverfahrens kann seinerseits nach heute ganz herrschender Meinung[50] neben den anderen Rechtsbehelfen des Verfügungsverfahrens auch den Weg der Klage auf Feststellung des Nichtbestehens des Verfügungsanspruchs erheben. Voraussetzung ist jedoch, daß die Verfügung noch gegenwärtige und/oder künftige Wirkungen nicht nur kostenrechtlicher[51] Art zeitigt und nicht etwa allein eine nicht mehr begehbare Handlung betrifft[52]; allerdings kann auch im letzteren Falle auf Feststellung des Nichtbestehens eines Unterlassungsanspruchs hinsichtlich – hinreichend bestimmter – gleichartiger Handlungen geklagt werden, sofern der Antragsteller sich auch eines solchen Anspruchs berühmt[53]. Dagegen fehlt für eine Klage auf Feststellung, daß eine inzwischen in der Hauptsache erledigte einstweilige Verfügung von Anfang an unberechtigt gewesen sei, das Feststellungsinteresse[54]; aus § 945 ZPO kann es nicht hergeleitet werden, da die positive Entscheidung über den Verfügungsanspruch im summarischen Verfahren keinerlei Bindungswirkung für den Schadensersatzprozeß hat[55] und der Betroffene daher unmittelbar auf Schadensersatz klagen kann.

---

49 Nicht aber zwingend; hat die negative Feststellungsklage schon deshalb Erfolg, weil ersichtlich kein Schaden entstanden ist, so kann die Frage der Rechtmäßigkeit der Verfügung in diesem Verfahren wiederum offenbleiben.
50 BGH GRUR 1985, 571, 572 = WRP 1985, 212 – Feststellungsinteresse; OLG Koblenz WRP 1985, 439, 440 sowie *Stein/Jonas/Grunsky*, § 926 ZPO, Rdn. 2; *Baumbach/Hefermehl*, § 25 UWG, Rdn. 80, und *Ahrens*, S. 192, sämtl. m. w. N. – Die vom Bundesgerichtshof in einer älteren Entscheidung (JZ 1961, 295 mit ablehnender Anmerkung von *Dunz*) einmal vertretene Meinung, in eine durch einstweilige Verfügung geregelte Parteibeziehung dürfe im Wege der Feststellungsklage überhaupt nicht eingewirkt werden, ist in der Literatur auf nahezu einhellige Ablehnung gestoßen (vgl. die Nachweise bei *Stein/Jonas/Grunsky* und *Ahrens*, aaO., sowie bei *Mädrich*, S. 56, Fn. 295); auch der Bundesgerichtshof hat sie in zwei späteren Entscheidungen (aaO. sowie NJW 1978, 2157, 2158) bereits deutlich in Frage gestellt, ohne allerdings darüber entscheiden zu müssen. (Kritiklos offengelassen ist die Frage vom VI. Zivilsenat in NJW 1984, 1556.)
51 Gegen diese muß der Verfügungsgegner im einfacheren Wege des (Kosten-)Widerspruchs vorgehen, wo dieser gegeben ist, vgl. BGH – Feststellungsinteresse aaO. u. *Baumbach/Hefermehl* aaO.
52 BGH – Feststellungsinteresse aaO.; a. A. allerdings OLG Hamm WRP 1977, 831 und 1980, 87, 88.
53 BGH – Feststellungsinteresse aaO. (auch zu den Anforderungen an die Bestimmtheit gleichartiger Handlungen).
54 Argument aus BGH – Feststellungsinteresse aaO.; a. A. OLG Hamm WRP 1980, 87, 88 und OLG Nürnberg WRP 1980, 443.
55 H. M.; vgl. *Stein/Jonas/Grunsky*, § 945 ZPO, Rdn. 32 m. w. N. in Fn. 67; *Baumbach/Hefermehl*, § 25 UWG, Rdn. 108; *Teplitzky*, Zur Bindungswirkung gerichtlicher Vorentscheidungen

3. Die materiellen Voraussetzungen der Schadensersatzfeststellungsklage

29 Die Klage auf Feststellung eines Schadens setzt einen Ersatzanspruch und – als Element eines solchen Anspruchs – einen Schaden voraus. Es genügt die Wahrscheinlichkeit eines Schadenseintritts[56] oder – in der Formulierung des Chéri-Urteils[57] – »daß nach den Erfahrungen des Lebens der Eintritt des Schadens in der Zukunft mit einiger Sicherheit zu erwarten steht«. Einer hohen oder großen Wahrscheinlichkeit bedarf es nicht[58]. Der Kläger trägt insoweit die Darlegungs- und Beweislast, jedoch werden die Anforderungen hieran in der Regel nicht sehr hoch gespannt[59]. Es bedarf vielfach keiner ins einzelne gehender Darlegungen[60]; auch allgemeine Erfahrungssätze können eine hinreichende Wahrscheinlichkeit begründen[61].

IV. Die Zahlungsklage

1. Die Bedeutung der wettbewerbsrechtlichen Zahlungsklage

30 Die Zahlungsklage spielt im Wettbewerbsprozeß nur als Mittel der Durchsetzung von Schadensersatz- oder Vertragsstrafeansprüchen eine Rolle, wenn diese entweder beziffert werden können oder als (letzte) Stufe einer Klage nach § 254 ZPO geltend gemacht werden. Ausnahmsweise kann auch im Wettbewerbsprozeß auf Zahlung eines in das Ermessen des Gerichts gestellten, also unbezifferten, Schadensersatzbetrages geklagt werden[62].

31 Es gelten die allgemeinen Regeln des normalen Zahlungsprozesses. Die wettbewerbsrechtliche Besonderheit liegt in der bereits beim Schadensersatzanspruch (Kap. 28 ff.) angesprochenen Schwierigkeit des Schadensnachweises. Ihrer Bewältigung dient zunächst die ebenfalls (in Kap. 34) bereits dargestellte Ausweitung der Scha-

---

im Schadensersatzprozeß nach § 945 ZPO, NJW 1984, 850 unter III; näher dazu Kap. 36, Rdn. 18 f. Für die Beschlußverfügung vgl. auch BGH–Feststellungsinteresse aaO.

56 BGH GRUR 1954, 457, 459 – Irus/Urus; BGH GRUR 1960, 193, 196 = WRP 1960, 13 – Frachtenrückvergütung; BGH GRUR 1974, 735, 736 = WRP 1974, 403 – Pharmamedan; *Baumbach/Hefermehl*, Einl. UWG, Rdn. 500.
57 BGH GRUR 1972, 180, 183 = WRP 1972, 309 – Cheri unter Berufung auf RGZ 97, 118, 120; RG GRUR 1942, 258, 260 – Sämereiauslese – und BGH GRUR – Irus/Urus aaO. In dem Urteil ist auch klargestellt, daß die Schadenswahrscheinlichkeit Element der materiellen Begründetheit ist und ihr Fehlen daher nicht das Feststellungsinteresse berührt.
58 BGH GRUR 1974, 735, 736 = WRP 1974, 403 – Pharmamedan; BGH GRUR 1984, 741, 742 – PATENTED; BGH GRUR 1992, 61, 63 = WRP 1991, 654 – Preisvergleichsliste; anders insoweit – für »große Wahrscheinlichkeit« – *v. Gamm*, Kap. 57, Rdn. 50.
59 Vgl. BGH GRUR 1964, 686, 690 = WRP 1964, 349 – Glockenpackung II; BGH GRUR 1974, 735, 736 = WRP 1974, 403 – Pharmamedan; *Baumbach/Hefermehl*, Einl. UWG, Rdn. 500.
60 BGH GRUR 1954, 457, 459 – Irus/Urus; BGH GRUR 1974, 84, 88 = WRP 1973, 578 – Trumpf; BGH GRUR 1974, 735, 736 = WRP 1974, 403 – Pharmamedan; BGH GRUR 1974, 434, 438 – BOUCHET.
61 BGH – Pharmamedan, BGH – Trumpf und BGH – BOUCHET aaO.; *Baumbach/Hefermehl*, Einl. UWG, Rdn. 500; vgl. aber auch den Sonderfall BGH GRUR 1988, 776, 779 – PPC.
62 Vgl. dazu und zu den Voraussetzungen BGH GRUR 1977, 539, 542 = WRP 1979, 332 – Prozeßrechner m. w. N.

densberechnungsmöglichkeiten für gewisse Fallgestaltungen über die konkrete Schadensberechnung hinaus (Lizenzanalogie, Herausgabe des Verletzergewinns). Daneben (und zwar sowohl für die verbleibenden Fälle, in denen der Verletzte auf den Nachweis eines konkreten Schadens angewiesen ist, als auch beim Nachweis eines Schadens in den genannten abstrakten Berechnungsformen) gewinnt jedoch die Vorschrift des § 287 ZPO für die wettbewerbsrechtliche Zahlungsklage – zwangsläufig – eine Bedeutung, die ihr in anderen Zahlungsprozessen nur ausnahmsweise zukommt. Denn abgesehen von Einzelfällen – darunter insbesondere die Fälle des reinen Rechtsverfolgungsschadens, der meist berechen- und nachweisbar ist – kann ein wettbewerblicher Schaden fast nie ganz exakt beziffert werden, so daß der Kläger und das Gericht regelmäßig auf Schätzungen in der einen oder anderen Form angewiesen sind. Dies stellt – in Verbindung mit der Notwendigkeit, dem Gericht ausreichende Anhaltspunkte für eine solche Schätzung zu liefern[63] – den Hauptgrund dafür dar, daß es im Wettbewerbsrecht selbst nach erfolgreicher Schadensersatzfeststellungsklage relativ selten auch zum Zahlungsverfahren kommt und daß, wenn doch ein Zahlungsprozeß stattfindet, dessen Ergebnis im Verhältnis zur Schwere des Verstoßes und meist auch zum mutmaßlich wirklichen Ausmaß des dadurch angerichteten Schadens recht dürftig ausfällt.

Hier liegt eine der wesentlichsten Schwächen des Wettbewerbsrechtsschutzes. Denn der Unterlassungsanspruch erweist sich als Sanktionsmittel leider gerade in den Fällen kalkulierter, schnell wirkender Wettbewerbsverstöße als wenig effektiv, da solche Verletzer sich, sobald sie den Erfolg ihres Verstoßes erreicht haben, in der Regel dem Unterlassungsklageverfahren durch Unterwerfung entziehen und damit sehr billig davonkommen. Auch die Gefahr der Kostenbelastung durch ein erfolgreiches Schadensersatzfeststellungsverfahren dürfte hier selten als Abschreckung ausreichen. Hinzu kommt, daß die Vertragsstrafevereinbarung, die wegen der Zweitfunktion der Vertragsstrafe als pauschalierten Schadensersatzes bisher ein gewisses Korrektiv der Beweisschwierigkeiten im Schadensersatzprozeß darstellen konnte, in Zukunft einiges von dieser Bedeutung verlieren dürfte, da nach dem Urteil des Bundesgerichtshofs zur »wiederholten Unterwerfung«[64] keineswegs immer ein Vertragsstrafeversprechen des Verletzers gegenüber dem Verletzten erreichbar sein wird und daher letzterer bei Wiederholungsfällen nicht selbst die Vertragsstrafe – und damit einen pauschalierten Schadensersatz – erlangen kann.

2. Die Erweiterung der Möglichkeiten wettbewerblicher Zahlungsklagen

Es wäre daher sicher sinnvoll, wenn die wettbewerbsrechtliche Praxis, die schon oft in besonderem Maße Einfallsreichtum, Courage und Durchsetzungsvermögen sogar außerhalb gängiger Pfade unserer Rechtsordnung bewiesen hat, diese Eigenschaften auch dort noch stärker an den Tag legte, wo sie dabei – wie bei der Anwendung des § 287 ZPO (und zuweilen i. V. damit des § 252 Abs. 2 BGB) – sogar in erheblichem Umfang auf Grundsätze zurückgreifen könnte, die außerhalb des Wettbewerbsrechts bereits

---

63 Vgl. BGH GRUR 1962, 509, 513 – Dia-Rähmchen II; BGH NJW 1964, 661, 663; BGHZ 54, 45, 56; vgl. dazu aber auch *Teplitzky*, GRUR 1987, 215, 217 u. neuestens BGH, Urt. v. 17. 6. 1992 – I ZR 107/90 – Tchibo/Rolex II.
64 BGH GRUR 1983, 186 = WRP 1983, 264.

entwickelt und weitgehend anerkannt sind[65]. Mit der Schaffung und Ausweitung der beiden abstrakten Schadensberechnungsweisen (Lizenzanalogie und Herausgabe des Verletzergewinns[66]) hat sie das bereits getan, jedoch für einen Bereich, der innerhalb des Wettbewerbsrechts einen begrenzten und nach h. M.[67] (zu Recht) nicht auf allgemeine Wettbewerbsverstöße ausweitbaren Ausschnitt darstellt (vgl. Kap. 34, Rdn. 20). Im Rahmen dieser Berechnungsarten wird § 287 ZPO auch tatsächlich (notwendigerweise) in weitem Umfang angewendet. Dagegen erscheinen mir die Möglichkeiten der Schadensschätzung bei allgemeinen Wettbewerbsverstößen, bei denen der Verletzte zwangsläufig auf die konkrete Berechnung (bzw. Schätzung) seines Schadens angewiesen ist, noch nicht immer bis an die Grenze des nach Sinn und Zweck der Vorschrift und Ausmaß der wettbewerbsrechtlichen Beweisnot[68] Möglichen genutzt[69].

34 Daher sei hier nochmals kurz[70] auf einige – bezeichnenderweise weitgehend außerhalb des Wettbewerbsrechts entwickelte, aber hier gleichermaßen beachtliche (BGH, Fn. 63, – Tchibo/Rolex II) – Grundsätze der höchstrichterlichen Rechtsprechung zur Anwendung der §§ 287 ZPO, 252 Abs. 2 BGB hingewiesen:

35 Beide Bestimmungen sollen dazu dienen, dem Geschädigten den Schadensnachweis zu erleichtern[71], indem sie die bloße Wahrscheinlichkeit anstelle des sonst beim Beweis erforderlichen Gewißheitsgrades genügen lassen und an die Stelle der sonst erforderlichen Einzelbegründung das freie Ermessen des Gerichts setzen[72]. Dessen Anwendung setzt zwar eine gewisse, vom Kläger beizubringende Tatsachengrundlage voraus[73]; jedoch gilt auch hinsichtlich dieser Tatsachen selbst wiederum weitgehend[74] die Darlegungs- und Beweiserleichterung des § 287 ZPO[75]. Dies hat zur Folge, daß auch sehr

---

65 Vgl. *Teplitzky*, GRUR 1987, 215, 217; zur Übernahme in das Wettbewerbsrecht vgl. neuestens BGH aaO. (Fn. 63) – Tchibo/Rolex II.
66 Vgl. dazu näheres in Kap. 34.
67 BGHZ 57, 116, 120 = GRUR 1972, 189 = WRP 1971, 520 – Wandsteckdose II; *Baumbach/Hefermehl*, Einl. UWG, Rdn. 386; Großkomm/*Köhler*, Vor § 13 UWG, B, Rdn. 372 unter 8; vgl. auch *Leisse/Traub*, GRUR 1980, 1, 2 in Fn. 8.
68 Vgl. zu dieser u. a. *Gottwald*, S. 170 f., und *Ahrens*, S. 89–101 m. w. N.; auch *Leisse/Traub*, GRUR 1980, 1 ff.
69 Auch *Pietzcker* (GRUR 1979, 873) spricht von der »Ängstlichkeit der Sachinstanzen, § 287 ZPO anzuwenden«; der von ihm in der Anmerkung besprochene Fall BGH GRUR 1979, 869 (= BGHZ 75, 116) – Oberarmschwimmringe – stellt insoweit jedoch auch für ihn ein positives, dieser Ängstlichkeit entgegenwirkendes Beispiel einer umfassenden freien Schadensschätzung dar.
70 Ausführlicher *Teplitzky*, GRUR 1987, 215 ff.
71 Der Schadensnachweis kann übrigens auch – was nicht immer hinreichend beachtet bzw. ausgenutzt wird – im Wege des Anscheinsbeweises erbracht werden; vgl. RGZ 161, 229, 232 f.; BGH GRUR 1962, 466, 467 = WRP 1962, 247 – Festgeldanlage; BGHZ 100, 31, 33 f. = GRUR 1987, 630, 631 – Raubpressungen; zu den Möglichkeiten des Anscheinsbeweises vgl. auch *Volhard*, in Festschrift für *Oppenhoff*, S. 509, 517 ff.
72 BGH LM ZPO § 287 Nr. 3; BGH NJW 1964, 589; 1964, 661, 662.
73 BGH NJW 1964, 661, 662 und 663; BGH NJW 1970, 1970, 1971.
74 Wie weitgehend, ist teilweise umstritten; vgl. dazu im einzelnen die Darstellungen bei *Arens*, ZZP 88 (1975), 1, 44–46, und bei *Klauser*, JZ 1968, 167, 168 f.; in jedem Fall genügt der Anscheinsbeweis vgl. Fn. 71.
75 BGH VersR 1962, 1099 und NJW 1964, 589, 590; *Arens* und *Klauser* aaO.; ähnlich – mit nur geringfügiger Einschränkung – BGH NJW 1970, 1970, 1971. Stärker einschränkend – nämlich

52. Kapitel Die sonstigen Klageformen im Wettbewerbsprozeß

pauschale, nicht substantiierte Schadensbegründungen ausreichen können[76], u. U. sogar nicht vorgetragene Tatsachen Berücksichtigung finden sollen[77]. Allgemeinen Erfahrungsregeln kommt dabei naturgemäß eine wesentliche Bedeutung zu[78]. Für das Ausmaß der Beweiserleichterung lassen sich keine festen Regeln aufstellen; es differiert nach den Umständen des Einzelfalles, insbesondere danach, inwieweit der Sinn der Vorschrift nach Gewicht und Einordnung der zu beurteilenden Tatsachen eine Erleichterung erfordert[79].

Mit Recht hat der Bundesgerichtshof daher die Anwendbarkeit des § 287 ZPO insoweit abgelehnt, als der Kläger selbst seine Substantiierungsmöglichkeiten nicht ausgeschöpft[80] und/oder die zumutbare Mitwirkung am Beweisverfahren ohne triftigen Grund verweigert hat (BGH LM ZPO § 287 Nr. 57).

Nach der höchstrichterlichen Rechtsprechung (und h. M.) gilt die Beweislasterleichterung des § 287 ZPO auch nicht nur für die Bestimmung der eigentlichen Schadenshöhe, sondern auch für die Beurteilung der sog. haftungsausfüllenden Kausalität[81], d. h. für den Zusammenhang zwischen haftungsbegründendem Ereignis – im Wettbewerbsrecht regelmäßig die Verletzungshandlung und ihre Umstände, insoweit ist Darlegung und Beweis nach § 286 ZPO erforderlich – und der Schadensfolge. Steht die Verletzungshandlung fest und sprechen auch nur irgendwelche, nach den Regeln des § 287 ZPO großzügig anzunehmende Umstände dafür, daß sie eine Schadensfolge für den Betroffenen hat, so *muß* das Gericht schätzen[82], und zwar notfalls einen Teil- oder Mindestschaden[83], aber u. U. auch bei Fehlen näherer Anhaltspunkte nicht nur den denkbar geringsten, sondern einen »mittleren« Schaden (BGH NJW 1970, 1970, 1971).

Die Schätzung des Schadens ist Sache des Tatrichters, den die Vorschrift des § 287 ZPO (wie die des § 252 Abs. 2 BGB) »besonders frei« stellt und dem sie einen großen Ermessensspielraum gewährt[84]. Beispiele für Möglichkeiten der Ausschöpfung dieses

---

nur für hypothetische Tatsachen, während sog. »reale« Tatsachen § 286 ZPO unterfallen sollen – BGH VersR 1960, 369 und VersR 1961, 183; gegen diese Einschränkung *Arens*, aaO., S. 46.
76 BGH (Fn. 63) – Tchibo/Rolex II; *Klauser*, JZ 1968, 167, 169 m. w. N. u. *Teplitzky*, GRUR 1987, 215, 216 in Fn. 23.
77 RG JW 1910, 839; JW 1912, 694; BGH LM ZPO § 287 Nr. 3; BGHZ 29, 393, 399; BGH VersR 1962, 1099 und VersR 1966, 162; BGH NJW 1964, 589; kritisch und – wohl mit Recht – einschränkend hierzu *Klauser*, aaO., S. 169 f.
78 Insoweit gilt – da es hier wie dort um die Wahrscheinlichkeit geht – grundsätzlich nichts anderes als bei der Feststellungsklage; vgl. dazu Rdn. 29 m. w. N. u. *Teplitzky*, GRUR 1987, 215, 216 f.
79 BGH NJW 1970, 1970, 1971; *Klauser*, JZ 1968, 167, 168; zur Dogmatik vgl. *Gottwald*, S. 189 ff., insbesondere S. 201.
80 BGHZ 77, 16, 22 = GRUR 1980, 841 – Tolbutamid; BGH LM ZPO § 287 Nr. 57.
81 BGH LM ZPO § 287 Nr. 3 und 43; BGHZ 7, 198, 203; BGH NJW 1964, 661, 663; BGH NJW 1970, 1970, 1971 m. w. N.; BGH NJW 1983, 998, 999; BGH NJW 1988, 200, 204.
82 RGZ 79, 55, 61; BGHZ 29, 393, 399 (»wenn es für das freie Ermessen nicht an allen Unterlagen fehlt«); BGH (Fn. 63) – Tchibo/Rolex II.
83 BGH NJW 1964, 589 f.; BGH NJW 1987, 909, 910 BGH aaO. – Tchibo/Rolex II.
84 BGH GRUR 1966, 570, 571 f. – Eisrevue III; BGH aaO. – Tchibo/Rolex II; *Teplitzky*, GRUR 1987, 215, 217.

Spielraums lassen sich einzelnen Entscheidungen durchaus bereits entnehmen[85]. Hat er – was allerdings zu Zwecken der Überprüfbarkeit erforderlich ist – in den Urteilsgründen die tatsächliche Grundlage seiner Schätzung dargelegt, dann sind der Revisionsinstanz für die Überprüfung enge Grenzen gesetzt[86].

---

[85] Vgl. etwa BGHZ 75, 116 ff. = BGH GRUR 1979, 869, 873 – Oberarmschwimmringe mit Anm. *Pietzcker;* OLG Hamburg, Urt. v. 26. 2. 1987 – 3 M 78/86, Ablehnung der Revisionsannahme durch BGH-Beschluß vom 3. 2. 1988 – I ZR 90/87, zitiert bei *Teplitzky,* Die jüngste Rechtsprechung des Bundesgerichtshofs zum wettbewerblichen Anspruchs- und Verfahrensrecht, GRUR 1989, 461, 465 unter IV.
[86] BGH GRUR 1966, 570, 572 – Eisrevue III; BGH aaO. (Fn. 63) – Tchibo/Rolex II; (zu den verbleibenden Überprüfungsmöglichkeiten ebenfalls aaO. sowie BGHZ 39, 198, 219).

3. Abschnitt   Die einstweilige Verfügung im Wettbewerbsrecht

53. Kapitel   Einführung

Literatur: *Baur,* Studien zum einstweiligen Rechtsschutz, 1967; *Borck,* Kunstfehler und kalkulierte Risiken beim Umgang mit Unterlassungsverfügungen, WRP 1979, 275; *Engelschall,* Änderungen der Verfahrensvorschriften bei Erwirkung einstweiliger Verfügungen, GRUR 1972, 103; *Leipold,* Strukturen des einstweiligen Rechtsschutzes, ZZP 90 (1977), 258; *Piehler,* Einstweiliger Rechtsschutz und materielles Recht, 1980; *Teplitzky,* Arrest und einstweilige Verfügung, JuS 1980, 882; JuS 1981, 122, 352 u. 435; *Teplitzky,* Streitfragen beim Arrest und bei der einstweiligen Verfügung, DRiZ 1982, 41.

Inhaltsübersicht

	Rdn.		Rdn.
I. Die Bedeutung der einstweiligen Verfügung	1–3	IV. Besonderheiten der Rechtsprechung zur wettbewerbsrechtlichen einstweiligen Verfügung	8, 9
II. Die Risiken der einstweiligen Verfügung	4		
III. Die gesetzlichen Grundlagen der einstweiligen Verfügung	5–7		

I. Die Bedeutung der einstweiligen Verfügung

Wettbewerbsverstöße müssen wegen ihrer Schadensfolgen und wegen der von ihnen ausgehenden Nachahmungsgefahr rasch unterbunden werden. Das Klageverfahren mit seiner heute oft jahrelangen Dauer erweist sich dafür als wenig geeignet. Daher hat die einstweilige (Leistungs-)Verfügung als Mittel der Abwehr solcher Verstöße im Wettbewerbsrecht eine ganz außergewöhnliche Bedeutung erlangt[1]. Bei weitem die Mehrzahl dieser Verstöße wird, sofern der Verletzer sich nicht vorher strafbewehrt unterworfen hat, durch Anträge auf Erlaß einstweiliger Verfügungen – regelmäßig solcher auf Unterlassung, seltener auf Beseitigung gerichtet – verfolgt, und eine große Zahl davon findet im summarischen Verfahren trotz dessen an sich vorläufigen Charakters auch ihre abschließende Bereinigung, ohne daß ein Hauptsacheverfahren durchgeführt wird. 1

Der eigentliche, ursprüngliche Zweck des wettbewerblichen Verfügungsverfahrens, eine schnelle, aber vorläufige Durchsetzung wettbewerbsmäßigen Verhaltens zu erreichen, hat dadurch eine deutliche Erweiterung erfahren: Oft wird dieses Verfahren von vornherein mit dem Ziel geführt, schon dadurch – in Verbindung mit dem Abschlußverfahren[2] oder durch den von einer erlassenen Verfügung ausgehenden Druck auf Ab- 2

---

1 Vgl. dazu z. B. die (allerdings nicht repräsentativen) Angaben bei *Engelschall,* GRUR 1972, 103, 104, sowie bei *Piehler,* S. 44.
2 Vgl. Kap. 43.

gabe einer Unterwerfungserklärung – eine endgültige Streitbereinigung zu erreichen und das langwierige und regelmäßig teurere Klageverfahren zu vermeiden.

3   Trotzdem, und obwohl formal regelmäßig Antrag und Anspruchsbegründung bei der einstweiligen Verfügung denen des Klageverfahrens entsprechen, ist der Streitgegenstand des Verfügungsverfahrens ein anderer als der der Hauptsacheklage[3]. Entgegen der Meinung *Pastors*[4], die keine Grundlage im Gesetz findet, gilt dies auch für die wettbewerbsrechtliche Unterlassungsverfügung. Es hat auch praktische Auswirkungen, etwa für die Rechtshängigkeit und Rechtskraft, die Tragweite eines Anerkenntnisses oder Vergleichs sowie einer Hauptsacheerledigung.

II. Die Risiken der einstweiligen Verfügung

4   Die Häufigkeit, ja Alltäglichkeit des Verfügungsverfahrens gerade im Wettbewerbsrecht darf nicht den Blick für seinen nach wie vor besonderen – und zumindest besonders gefährlichen – Charakter verstellen[5]. Das Besondere sind das Summarische und Vorläufige des Verfahrens und seine dementsprechende Ausgestaltung, durch die – in der Formulierung *Leipolds*[6] – »Rechtsschutz ohne vollwertigen Prozeß« gewährt wird. Hieraus, aber auch aus anderen Gründen resultiert die Gefährlichkeit des Verfahrens für *beide* Parteien[7]: Die Verteidigungsmöglichkeit des Antragsgegners ist verkürzt (Überrumpelungsmöglichkeit, verspätetes rechtliches Gehör, Ausreichen bloßer Glaubhaftmachung auf Seiten des Antragstellers), und die Gefahr für ihn, zu Unrecht[8] zu überstürzten Unterlassungsdispositionen mit erheblichen Schadensfolgen gezwungen zu werden, ist folglich groß. Umgekehrt drohen auch dem Antragsteller nicht nur besondere Verfahrensklippen (Verfügungsgrunds- bzw. »Dringlichkeits«-Erfordernis), sondern vor allem bei Erfolg des Verfügungsantrags und späterer Aufhebung der Verfügung Schadensersatzfolgen gem. § 945 ZPO. Hinzu kommt, daß das Verfügungsverfahren als solches oft nicht unerhebliche Risiken birgt: Es ist im Gesetz nur mangelhaft geregelt, die Kommentierungen sind weder einheitlich noch übersichtlich[9]; die Rechtsprechung – zumal im Wettbewerbsrecht – ist unübersehbar[10]. Das Verfahren erfordert schon deshalb, aber auch wegen der Schnelligkeit seines Ablaufs und wegen der Bedeutung der mündlichen Verhandlungen (bis zu deren Ende neuer Sachvortrag mit

---

3 *Stein/Jonas/Grunsky*, Vor § 935 ZPO, Rdn. 9; *Ahrens*, (eingehend) S. 264 ff. m. w. N.
4 S. 258 f.; dagegen überzeugend *Ahrens*, S. 267 f.
5 Zu spezifischen Risiken der wettbewerbsrechtlichen Unterlassungsverfügung vgl. z. B. *Borck*, WRP 1979, 275 ff.
6 ZZP 90 (1977), 258, 260.
7 Vgl. dazu näher *Teplitzky*, JuS 1980, 882, 883.
8 Bei der Einschätzung der Richtigkeitswahrscheinlichkeit einstweiliger Verfügungen muß neben den Unzulänglichkeiten des Verfahrens auch der Zeitdruck berücksichtigt werden, unter den der Verfügungsantrag das Gericht setzt, sowie weiter dessen damit verbundene Neigung zur auch mehr »summarischen« Prüfung (im Vertrauen auf spätere nochmalige Überprüfungsmöglichkeiten) in Rechnung gestellt werden. Die Meinung *Engelschalls* (aaO.), Verfügungsanträge würden »besonders« sorgfältig geprüft, erscheint mir im Hinblick auf diese Umstände etwas zu optimistisch; kritisch dazu auch *Piehler*, S. 214.
9 Vgl. zu beidem *Teplitzky*, JuS 1980, 882, 883.
10 Vgl. dazu nachfolgend Rdn. 8.

53. Kapitel Einführung 5–8

neuen Glaubhaftmachungsmitteln möglich ist) oft weitaus mehr Wissen und Können (und besonders taktisches Geschick) auf Seiten der beteiligten Rechtsanwälte als ein Hauptsacheprozeß[11].

III. Die gesetzlichen Grundlagen der einstweiligen Verfügung

Gesetzliche Grundlage auch der wettbewerblichen Unterlassungsverfügung sind die Vorschriften der §§ 918–945 ZPO, zu denen noch die Bestimmung des § 25 UWG zu nennen ist, bei der die einstweilige Verfügung in den Kommentaren zum Wettbewerbsrecht behandelt zu werden pflegt. 5

Die Regelung in der ZPO ist gesetzestechnisch weitgehend mißglückt. Weder die Einordnung in das 8. Buch der ZPO (Zwangsvollstreckung) noch die Behandlung der einstweiligen Verfügung in einem Appendix zur (Grund-)Regelung für den Arrest (mit der Verweisungsnorm des § 936 ZPO) wird der heutigen Rolle der einstweiligen Verfügung – zumal in der hier interessierenden Form der Leistungsverfügung – gerecht. Die Regelung ist auch unvollständig; vieles im heutigen Verfügungsrecht – so beispielsweise die nicht in die Gesetzestypologie (§§ 935, 940 ZPO) passende Leistungsverfügung – mußte extra legem bzw. mindestens unter sehr weiter Auslegung des Gesetzes entwickelt werden. 6

Soweit die ZPO jedoch auf das Verfügungsverfahren anwendbare Bestimmungen enthält, sind diese selbstverständlich auch für die wettbewerbsrechtliche Unterlassungsverfügung verbindlich, und zwar auch insoweit, als sie nicht zu den §§ 918 ff. ZPO gehören, sondern wegen der Unvollständigkeit der Regelung des vorläufigen Verfahrens dem allgemeinen Verfahrensrecht der vorangehenden Bücher der ZPO entnommen werden müssen. 7

IV. Die Besonderheiten der Rechtsprechung zur wettbewerbsrechtlichen einstweiligen Verfügung

Verfügungsverfahren gelangen nicht zum Bundesgerichtshof (§ 545 Abs. 2 Satz 1 ZPO). Es fehlt daher an einer Instanz, die die Rechtseinheit des Verfügungsverfahrensrechts wenigstens in etwa gewährleisten könnte[12]. Die Folge ist – bei bislang schon 19 Oberlandesgerichten in den alten Bundesländern und zusätzlichen Unwägbarkeiten durch das Hinzutreten der Rechtsprechung im Wettbewerbsrecht noch unerfahrener Oberlandesgerichte in den neuen Bundesländern als letztinstanzliche Gerichte – eine 8

---

11 Auch die an anderer Stelle (Kap. 51, Rdn. 1–48) bereits aufgezeigten Probleme der richtigen Antragstellung gewinnen im Verfügungsverfahren besonderes Gewicht: Einmal muß schnell gehandelt werden, zum anderen muß der Antrag aber nicht nur der summarischen Prüfung, sondern wegen der (im Falle eines Antrags nach § 926 Abs. 1 ZPO) notwendigen Übereinstimmung mit dem des Hauptsacheverfahrens auch den Anforderungen des letzteren standhalten, dessen Streitgegenstand er gewissermaßen mit fixieren soll.
12 Im Gegensatz zu vereinzelt gehörten Meinungsäußerungen aus Kreisen der Rechtsanwaltschaft vermag ich in diesem Umstand keinerlei Vorteil, sondern nur eine Quelle bedrückender Rechtsnachteile zu sehen.

höchst unerfreuliche Zersplitterung des – gerade bei der gesetzlich nicht unmittelbar geregelten wettbewerbsrechtlichen Leistungsverfügung auf Unterlassung außerordentlich vielschichtigen und komplizierten – Verfügungsverfahrensrechts mit daraus resultierenden Unsicherheiten und Gefahren für die Rechtssuchenden, insbesondere für diejenigen, die sich nicht eines hochspezialisierten und entsprechend erfahrenen (und im Einzelfall auch hinreichend sorgfältig vorgehenden) Rechtsanwalts bedienen können. Da sich an diesem mißlichen Zustand – ungeachtet mancher erfreulicher Ansätze einzelner OLG, allzu ausgeprägte Eigenwilligkeiten im Interesse der allgemeinen Rechtssicherheit hintanzustellen – in naher Zukunft kaum wesentliches ändern wird, ist es verdienstvoll[13], daß verschiedene Versuche unternommen worden sind, die Besonderheiten der Verfahrensrechtsprechung zumindest der meisten[14] Oberlandesgerichte (bislang) der alten Bundesländer zusammenzustellen. Dies ist in aktuellster Form in dem im Gesamtliteraturverzeichnis genannten, von *Traub* in 2. Auflage herausgegebenen Werk »Wettbewerbsrechtliche Verfahrenspraxis« geschehen. Ergänzend sei jedoch auf die vorher in loser Folge in WRP erschienenen Einzelbeiträge »Dokumentation der »örtlichen Besonderheiten« in der Rechtsprechung der Oberlandesgerichte zum gewerblichen Rechtsschutz« (Stand jeweils ungefähr die Zeit der Publikation) verwiesen, die sich – in alphabetischer Reihenfolge der OLG – wie folgt darstellen:

9   KG (Berlin) WRP 1981, 263, 308 und 374; WRP 1987, 363; OLG Bremen WRP 1986, 649; OLG Celle WRP 1983, 606, 661; OLG Düsseldorf WRP 1982, 317, 400, 516; OLG Frankfurt WRP 1980, 684; WRP 1981, 16, 84, 136 und 198; OLG Hamburg WRP 1980, 322, 390 und WRP 1985, 542; OLG Hamm WRP 1980, 481, 535, 614 und 683; OLG Karlsruhe WRP 1982, 568; OLG Karlsruhe/Freiburg WRP 1985, 135; OLG Koblenz WRP 1982, 201, 256, 453; OLG Köln WRP 1982, 83, 139 und 199; OLG München WRP 1982, 15 und 81; OLG Nürnberg WRP 1984, 594; OLG Oldenburg WRP 1987, 718; OLG Saarbrücken WRP 1986, 22, 77; OLG Schleswig WRP 1989, 151; OLG Stuttgart WRP 1981, 450, 512, 569, 629; WRP 1982, 13.

---

13 Verdienst und Dank gelten dabei zunächst *Traub* und der Schriftleitung der WRP, sodann den mitwirkenden Autoren und dem Deutschen Fachverlag.
14 Es fehlen lediglich die OLG Bamberg und Zweibrücken; in der nachfolgend widergegebenen Folge von WRP-Veröffentlichungen auch das OLG Braunschweig; allerdings sind die einzelnen Beiträge nach Quantität und Qualität sehr unterschiedlich, und insgesamt erweisen sich die Zusammenstellungen leider durchweg, insbesondere aber in der 2. Auflage der Buchform, als – mehr oder weniger – unvollständig. (Auch deshalb empfiehlt sich noch der zusätzliche Rückgriff auf die nachfolgenden WRP-Veröffentlichungen; denn diese enthalten verschiedentlich noch Rechtsprechung, die in der Buchveröffentlichung fehlt.)

54. Kapitel   Die besonderen Voraussetzungen der (wettbewerbsrechtlichen) einstweiligen Verfügung

Literatur: *Blomeyer,* Die Unterscheidung von Zulässigkeit und Begründetheit bei der Klage und beim Antrag auf Anordnung eines Arrestes oder einer einstweiligen Verfügung, ZZP 81 (1968), 20; *Borck,* Grenzen richterlicher Formulierungshilfe bei Unterlassungsverfügungen, WRP 1977, 457; *Borck,* Zur Glaubhaftmachung des Unterlassungsanspruchs, WRP 1978, 776; *Brückmann,* Klageänderung und »Umformulierung« von Unterlassungsanträgen im Wettbewerbsprozeß, WRP 1983, 656; *Drettmann,* Die Berücksichtigung »öffentlicher« Interessen bei der Eilbedürftigkeit des einstweiligen Verfügungsverfahrens nach § 25 UWG, GRUR 1979, 602; *v. Gamm,* Vermutung der Dringlichkeit in Wettbewerbssachen, WRP 1968, 312; *Hirtz,* Darlegungs- und Glaubhaftmachungslast im einstweiligen Rechtsschutz, NJW 1986, 110; *Jauernig,* Der zulässige Inhalt einstweiliger Verfügungen, ZZP 79 (1966), 312; *Jauernig,* Zum Prüfungs- und Entscheidungsvorrang von Prozeßvoraussetzungen, Festschrift für Gerhard Schiedermair, 1976, S. 289; *Jestaedt,* Der Streitgegenstand des wettbewerblichen Verfügungsverfahrens, GRUR 1985, 480; *Klaka,* Die einstweilige Verfügung in der Praxis, GRUR 1979, 593; *Krüger,* Das Privatgutachten im Verfahren der einstweiligen Verfügung, WRP 1991, 68; *U. Krieger,* Zur Dringlichkeit von einstweiligen Verfügungen im Wettbewerbsrecht, GRUR 1975, 168; *Leipold,* Grundlagen des einstweiligen Rechtsschutzes, 1971; *Lindacher,* Die Reihenfolge der Prüfung von Zulässigkeit und Begründetheit einer Klage im Zivilprozeß, ZZP 90 (1977), 131; *Lipps,* Gestaltungsmöglichkeiten der einstweiligen Verfügungen im Wettbewerbsprozeß, NJW 1970, 226; *Meier-Beck,* Die einstweilige Verfügung wegen Verletzung von Patent- und Gebrauchsmusterrechten, GRUR 1988, 861; *Piehler,* Einstweiliger Rechtsschutz und materielles Recht, 1980; *Schilken,* Die Befriedigungsverfügung, Zulässigkeit und Stellung im System des einstweiligen Rechtsschutzes, 1976; *Schütze,* Einstweilige Verfügungen und Arreste im internationalen Rechtsverkehr, insbesondere mit Inanspruchnahme von Bankgarantien, WM 1980, 1438; *Schultz-Süchting,* Einstweilige Verfügungen in Patent- und Gebrauchsmustersachen, GRUR 1988, 571; *Teplitzky,* Zur (fehlerhaften) Berücksichtigung der Öffentlichkeits- und Verbraucherinteressen bei der Prüfung des Verfügungsgrundes, WRP 1978, 117; *Teplitzky,* Arrest und einstweilige Verfügung, JuS 1980, 882; JuS 1981, 122, 352 u. 435; *Teplitzky,* Schutzschrift, Glaubhaftmachung und »besondere« Dringlichkeit bei § 937 Abs. 2 ZPO – drei Beispiele für Diskrepanzen zwischen Theorie und Praxis, WRP 1980, 373; *Teplitzky,* Streitfragen beim Arrest und bei der einstweiligen Verfügung, DRiZ 1982, 41; *Ulrich,* Die Beweislast in Verfahren des Arrestes und der einstweiligen Verfügung, GRUR 1985, 201; *Ulrich,* Die »Erledigung« der einstweiligen Verfügungsverfahren durch nachlässige Prozeßführung, WRP 1990, 651; *Wilke,* Verbraucherverbände und Dringlichkeit, WRP 1972, 245.

Inhaltsübersicht

	Rdn.		Rdn.
I. Abgrenzung	1	V. Der Verfügungsgrund	14–37
II. Die Zuständigkeit	2–10	1. Begriff und Wesen des Verfügungsgrundes	14–16
III. Der Verfügungsanspruch als Verfügungsvoraussetzung	11, 12	2. Die Feststellung des Verfügungsgrundes	17
IV. Die Postulationsfähigkeit	13		

3. Die Bedeutung des § 25
UWG   18–21
4. Die Dringlichkeit und ihre
Widerlegung im einzelnen   22–37

VI. Der Verfügungsantrag   38–41
VII. Darlegung und Glaubhaftmachung   42–49

I. Abgrenzung

1 Keine Besonderheiten bestehen hinsichtlich der Prozeßvoraussetzungen des Rechtsweges, der Partei- und Prozeßfähigkeit sowie der Prozeßführungsbefugnis. Hier gilt das zum Klageverfahren Ausgeführte entsprechend[1].

II. Die Zuständigkeit

2 1. Für den Erlaß einer einstweiligen Verfügung ist grundsätzlich das Gericht der Hauptsache örtlich und sachlich zuständig[2]. Welches Gericht das ist, hängt zunächst davon ab, ob die Hauptsache bei Einreichung des Verfügungsantrags bereits anhängig ist[3] oder nicht.

3 a) Im ersteren Falle ist das inländische[4] Gericht, bei dem die Hauptsache schwebt, auch für die einstweilige Verfügung zuständig, ohne daß es – jedenfalls im Regelfalle – darauf ankommt, ob es nach den allgemeinen Vorschriften seinerseits wirklich zustän-

---

1 Hier – wie überhaupt in diesem Buch – wird die h. M. von der Wesensverschiedenheit prozessualer und materieller Entscheidungsvoraussetzungen und vom grundsätzlichen logischen Vorrang der Prüfung der Prozeßvoraussetzungen zugrunde gelegt. Die Gegenmeinung, die diesen Unterschied aufheben oder einschränken will (*Rimmelspacher*, Zur Prüfung von Amts wegen im Zivilprozeß, 1966, sowie ZZP 88 (1975), 246) hat zwar Anhänger gefunden (*Grunsky*, Grundlagen des Verfahrensrechts, 2. Aufl., 1974, § 34 III 1 und ZZP 80 (1967), 55 ff.; Prozeßrecht und materielles Recht, 1970, S. 227 ff.; *Lindacher*, NJW 1967, 1389 f. (Anm.); OLG Köln NJW 1974, 1515 mit zust. Anm. von *Gottwald* S. 2241); sie hat sich jedoch glücklicherweise in der Praxis außerhalb des Wettbewerbsrechts kaum und im Wettbewerbsrecht überhaupt nicht durchgesetzt. Ich verweise auf die m. E. überzeugenden Widerlegungen von *J. Blomeyer*, ZZP 81 (1968), 23 f. und *Jauernig*, Festschrift Schiedermair, S. 289 ff. Letzterer weist auch – insbesondere, aber nicht ausschließlich, anhand des zitierten Urteils des OLG Köln – nach, zu welch widersprüchlichen und unhaltbaren Ergebnissen die Thesen *Rimmelspachers* bei konsequenter Anwendung führen müssen.
2 Die Ausnahme des § 942 ZPO wird nachfolgend in Rdn. 9 behandelt. Eine weitere Ausnahme sieht Art. 24 EuGÜbK vor, nach dem einstweilige Maßnahmen, die in einem Vertragsstaat vorgesehen sind, bei den Gerichten dieses Staates auch dann beantragt werden können, wenn Gericht der Hauptsache aufgrund des Übereinkommens das Gericht eines anderen Vertragsstaates wäre.
3 Allein hierauf – nicht auf die erst mit Zustellung der Klage eintretende Rechtshängigkeit – kommt es nach dem Wortlaut des § 943 Abs. 1 ZPO an (vgl. *Stein/Jonas/Grunsky*, § 937 ZPO, Rdn. 3; *Pastor*, S. 279; *Zöller/Vollkommer*, § 937 ZPO, Rdn. 1), obwohl das Gerichtsstandswahlrecht für die Hauptsache selbst nach § 35 ZPO erst mit Klageerhebung, also Rechtshängigkeit der ersten Klage, erlischt und auch erst die Rechtshängigkeit eine weitere Hauptsacheklage unzulässig macht (vgl. OLG Hamburg WRP 1981, 325, 326).
4 *Stein/Jonas/Grunsky*, § 919 ZPO, Rdn. 4.

54. Kapitel Die Voraussetzungen der einstweiligen Verfügung

dig oder zu Unrecht angerufen worden ist[5]. Hauptsache ist – zwar nicht nach dem Streitgegenstandsbegriff im engeren Sinne, aber nach Sinn und Zweck der Zuständigkeitsregelung (Befassung ein- und desselben Gerichts) – nicht nur das dem Verfügungsantrag entsprechende Klagebegehren, sondern auch das negative Feststellungsbegehren mit umgekehrten Parteirollen (vgl. *Stein/Jonas/Grunsky,* § 919 ZPO, Rdn. 3).

Nur dann, wenn das Gericht in der Hauptsache als – wegen bereits anderwärts gegebener Rechtshängigkeit desselben Streitstoffes – unzuständiges Gericht rechtsmißbräuchlich zu dem Zweck angerufen wird, einen genehmeren Gerichtsstand für den Verfügungsantrag zu erschleichen, ist letzterer zu versagen[6].

Wegen des engen Zusammenhangs zwischen den Zuständigkeiten für die Hauptsache und für die einstweilige Verfügung entfällt die Zuständigkeit des angerufenen Gerichts für letztere, falls in der Hauptsache entweder die Klage mangels Zuständigkeit abgewiesen oder einem Verweisungsantrag entsprochen und damit ein anderes Gericht zum Hauptsachegericht wird[7].

Gericht der Hauptsache ist grundsätzlich das Gericht erster Instanz; nur wenn die Hauptsache selbst in der Berufungsinstanz schwebt – d. h. in der Zeit von der Einlegung der Berufung bis zur Rechtskraft des Berufungsurteils oder zur Einlegung der Revision[8] – ist das Berufungsgericht Gericht der Hauptsache (§ 943 Abs. 1 ZPO)[9]. Entgegen der Meinung *Pastors* (S. 280 f.) bleibt das Hauptsachegericht auch dann das für den Erlaß einer einstweiligen Verfügung zuständige Gericht, wenn es den Hauptsachestreit – etwa zur Entscheidung einer kartellrechtlichen Vorfrage – ausgesetzt hat, da durch die Aussetzung die Anhängigkeit des Rechtsstreits und damit die Zuständigkeit nicht berührt wird[10]. Etwas problematischer stellt sich die Zuständigkeitsfrage bei der Vorlage der Hauptsache zum EuGH nach Art. 177 Abs. 3 EWGV dar; denn hierbei handelt es sich – wie in Kap. 48 bereits ausgeführt – streng genommen nicht um eine Aussetzung, sondern um eine Fortsetzung desselben Verfahrens in – vorübergehend – anderer Zuständigkeit. Auch hier muß es jedoch in entsprechender Anwendung der für die

---

5 OLG Nürnberg GRUR 1957, 296, 297; OLG Hamburg WRP 1981, 325, 326; *Stein/Jonas/Grunsky,* § 937 ZPO, Rdn. 3; *Pastor,* S. 279.
6 OLG Hamburg WRP 1981, 325, 326, dem in diesem Punkt gefolgt werden kann; dagegen erscheint mir die in dieser Entscheidung vertretene These, ein solcher Rechtsmißbrauch habe auch die Unbeachtlichkeit des § 512 a ZPO zur Folge und könne daher auch noch vom Berufungsgericht des Verfügungsverfahrens berücksichtigt werden, wenn das Landgericht dies nicht getan und seine Zuständigkeit daher fälschlich bejaht hat, nicht ganz unbedenklich. Den gleichen Bedenken begegnet die Ausschaltung des § 512 a ZPO in einem anderen Fall eines – dort angenommenen – Gerichtsstandsmißbrauchs durch das OLG Hamm (GRUR 1987, 569); vgl. zur Zuständigkeitserschleichung auch Großkomm/*Erdmann,* § 24 UWG, Rdn. 12.
7 *Pastor,* S. 280; *Stein/Jonas/Grunsky,* § 937 ZPO, Rdn. 3 i. V. m. § 919 ZPO, Rdn. 4.
8 OLG Köln GRUR 1977, 220, 221 = WRP 1976, 714, 717 – Charlie; ab Revisionseinlegung ist, da das Revisionsgericht nicht Tatrichter ist, wieder die Zuständigkeit des erstinstanzlichen Gerichts gegeben.
9 OLG Köln aaO. – Charlie u. WRP 1978, 556, 557; OLG Karlsruhe GRUR 1980, 314.
10 Wie weit das Gericht durch solche Vorfragen in seiner Entscheidungsmöglichkeit beschränkt wird, ist eine andere Frage (vgl. dazu einerseits OLG Köln WRP 1976, 714, 720 = GRUR 1977, 220 – Charlie, andererseits *Pastor,* S. 280 f.), die in anderem Zusammenhang, nämlich bei der Aussetzung, behandelt worden ist; vgl. Kap. 48, Rdn. 24–32, aber auch Kap. 55, Rdn. 21 f.

Aussetzung geltenden Regelung[11] bei der Zuständigkeit des vorlegenden Gerichts verbleiben, da der EuGH selbst keine einstweilige Verfügung der hier in Frage stehenden Art erlassen kann.

7 b) Ist die Hauptsache nicht anhängig, so ist für das Verfügungsverfahren jedes inländische[12] Gericht zuständig, das im Zeitpunkt der Einreichung des Verfügungsgesuchs für die Hauptsache (wirklich) zuständig ist. Nachträgliche Veränderungen dieser Hauptsachezuständigkeit, die sich nach den allgemeinen Zuständigkeitsvorschriften regelt und von Amts wegen zu prüfen ist, sind für die Zuständigkeit als Verfügungsgericht bedeutungslos[13]. Im Wettbewerbsrecht kommt meist eine Mehrzahl von Gerichten in Frage[14].

8 Durch die Wahl eines dieser Gerichte für den Verfügungsantrag wird nicht auch das Hauptsachegericht bindend festgelegt[15]. Die abweichende Meinung *Pastors*[16] läßt die – von *Pastor* (S. 259) zwar generell in Frage gestellte, aber unbestreitbare – Unterschiedlichkeit der Streitgegenstände außer acht und setzt fälschlich die Rechtshängigkeit des Verfügungsgegenstandes mit der der Hauptsache gleich.

9 2. Ausnahmsweise[17], nämlich in »dringenden« Fällen – d. h. hier solchen, in denen die Inanspruchnahme des Gerichts der Hauptsache und die dadurch zu befürchtende Verzögerung einen nicht hinnehmbaren Nachteil oder Rechtsverlust bedeuten würde[18] – ist auch eine besondere amtsgerichtliche Zuständigkeit gegeben (§ 942 Abs. 1 ZPO), und zwar desjenigen Gerichts, in dessen Bezirk die zu unterlassende Handlung begangen ist oder droht (und demgemäß der Unterlassungsanspruch zu erfüllen ist[19]). Sie spielt im Wettbewerbsrecht mit der hier ohnehin meist gegebenen Mehrzahl ordentlicher Gerichtsstände keine nennenswerte Rolle, zumal die dadurch eröffnete Entscheidungskompetenz begrenzt ist und ihr Ergebnis der automatischen Kontrolle des (durch die Fristsetzung in der Entscheidung gewährleisteten) Rechtfertigungsverfahrens unterworfen ist.

10 3. Alle Zuständigkeiten für das Verfügungsverfahren sind ausschließliche (§ 802 ZPO). Ein Verstoß gegen diese Vorschrift, die allgemeine, besondere und vereinbarte

---

11 Der Bundesgerichtshof behandelt – wie in Kap. 48 näher belegt – die Vorlage ohnehin als Form der Aussetzung.
12 *Stein/Jonas/Grunsky*, § 919 ZPO, Rdn. 9.
13 *Stein/Jonas/Grunsky*, § 919 ZPO, Rdn. 10.
14 Vgl. Kap. 45 sowie *Ahrens*, S. 170 f., und Großkomm/*Erdmann*, § 24 UWG, Rdn. 15 ff.
15 H. M.; vgl. OLG Karlsruhe NJW 1973, 1509, 1510; *Zöller/Vollkommer*, § 35 ZPO, Rdn. 2; *Baumbach/Lauterbach/Hartmann*, § 35 ZPO, Anm. 1; *Thomas/Putzo*, § 35 ZPO, Anm. ohne Ziffer.
16 S. 282 und 545; ihm folgend nur FormKomm/*Jacobs*, Form. 3.620 Anm. 6 und 3.642 Anm. 6.
17 Die Regelzuständigkeit, die § 25 Satz 2 UWG in der bis 1969 gültigen Fassung für das Wettbewerbsrecht vorgesehen hatte, ist ab 1969 entfallen. Die gegenteilige Meinung bei *Stein/Jonas/Grunsky*, § 937 ZPO, Rdn. 1, dürfte auf einem Redaktionsversehen beruhen; (vgl. auch *Baumbach/Hefermehl*, § 25 UWG, Rdn. 29).
18 Hierzu sowie zur Abgrenzung der hier erforderlichen Dringlichkeit von der normalen Dringlichkeit jeder Verfügung und von der des § 937 Abs. 2 ZPO vgl. *Stein/Jonas/Grunsky*, § 942 ZPO, Rdn. 3, und *Zöller/Vollkommer*, § 942 ZPO, Rdn. 1.
19 *Stein/Jonas/Grunsky*, § 942 ZPO, Rdn. 3.

Gerichtsstände ausschließt, macht die Entscheidung anfechtbar, aber nicht eo ipso unwirksam[20].

III. Der Verfügungsanspruch als Verfügungsvoraussetzung

Voraussetzung eines zulässigen Verfügungsantrags ist, daß mit diesem ein vorläufig regel- bzw. erfüllbarer Anspruch verfolgt wird. Solche Ansprüche sind im Wettbewerbsrecht vornehmlich Unterlassungsansprüche; jedoch können – nach Meinung des OLG Frankfurt (WRP 1989, 103, 104) allerdings nur in engen Grenzen – auch Beseitigungsansprüche als Gegenstand vorläufiger Regelung in Betracht kommen (vgl. OLG Koblenz GRUR 1987, 730, 731; OLG Frankfurt aaO.).

Gewisse Ansprüche sind ihrem Wesen nach nicht »vorläufig« durchsetzbar[21]. Hauptbeispiele sind der Anspruch auf Abgabe einer Willenserklärung[22], auf Löschung eines Warenzeichens oder anderer rangbegründender Registereintragungen, auf Vernichtung von Werbematerial (statt Herausgabe an den Sequester[23]), der Feststellungsanspruch[24] und der Anspruch auf Auskunft oder Rechnungslegung[25]. Letzteres ist allerdings für bestimmte, durch das Produktpirateriegesetz eingeführte Auskunftsansprüche gesetzlich durchbrochen; sie können bei »offensichtlicher Rechtsverletzung« im Wege der einstweiligen Verfügung durchgesetzt werden (vgl. § 25 b Abs. 3 WZG; § 14 a Abs. 3 GeschmMG; § 101 a Abs. 3 UrhG; § 140 b Abs. 3 PatG; § 24 Abs. 3 GebrMG; § 9 Abs. 2 HalbleiterSchutzG; § 37 b Abs. 3 SortenschutzG). Heftig umstritten ist die Frage, ob und wieweit ein Widerruf zulässiger Gegenstand einer einstweiligen Verfügung sein kann. Die h. M.[26] lehnt dies ohne Einschränkung ab; ältere Entscheidungen haben solchen Verfügungsanträgen noch entsprochen[27], während vereinzelt die Lösung (wohl in Anlehnung an die BGH-Rechtsprechung zum »eingeschränkten« Widerruf in Fällen unzureichender Beweisführung[28]) in der Gewährung

---

20 Zöller/Stöber, § 802 ZPO, Rdn. 2.
21 Dies bedeutet etwas anderes als die bloße Unmöglichkeit der Glaubhaftmachung eines zu sichernden Anspruchs oder eines Sicherungsbedürfnisses.
22 So mit eingehender – und dogmatisch unanfechtbarer – Begründung *Jauernig*, ZZP 79 (1966), 321, 341; ferner OLG Hamm MDR 1971, 401; OLG Hamburg MDR 1990, 1022; *Baumbach/Lauterbach/Hartmann*, § 938 ZPO, Anm. 1 D; die gegenteilige Meinung der OLG Frankfurt (MDR 1954, 686) und – einschränkend – Stuttgart (NJW 1973, 908) sowie von *Zöller/Stöber*, § 894 ZPO, Rdn. 3 und *Thomas/Putzo*, § 894 ZPO, Anm. 2 a, ist abzulehnen. Etwas stärker differenzierend (m. w. N.) *Stein/Jonas/Grunsky*, Vor § 935 ZPO, Rdn. 50 und 51, und ihm folgend *Teplitzky*, JuS 1980, 882, 885 f.; vgl. auch *Jauernig*, NJW 1973, 1670 und 1975, 1419.
23 *Pastor*, S. 422; *Baumbach/Hefermehl*, § 25 UWG, Rdn. 29.
24 *Jauernig*, ZZP 1979 (1966), 321, 325.
25 KG GRUR 1988, 403, 404; *Jauernig*, aaO., S. 344; *Stein/Jonas/Grunsky*, Vor § 935 ZPO, Rdn. 53; *Pastor*, S. 421; *Teplitzky*, JuS 1980, 882, 886; aber nicht unbestritten, vgl. die Nachweise aaO.
26 Vgl. die Nachweise bei *Stein/Jonas/Grunsky*, Vor § 935 ZPO, Rdn. 52 in Fn. 127, und bei *Ahrens*, S. 257 in Fn. 106.
27 Belege bei *Stein/Jonas/Grunsky*, aaO. Fn. 125; dafür auch – als ultima ratio – *Schilken*, S. 150.
28 Vgl. Kap. 26, Rdn. 17–19.

einer eingeschränkten Verfügung gesucht worden ist, etwa des Inhalts, daß die Behauptung im gegenwärtigen Zeitpunkt nicht aufrecht erhalten werde[29]. Das OLG Stuttgart (WRP 1989, 202, 204) hält die Anordnung eines Widerrufs durch einstweilige Verfügung dann für zulässig, wenn er einen rein wirtschaftlichen Vorgang betrifft und später ohne weiteres wieder rückgängig gemacht werden kann.

12 Wie ich bereits an anderer Stelle (JuS 1980, 882, 886) ausgeführt habe, sollte in dieser Frage praxisnahen, d. h. im Einzelfall flexiblen, Betrachtungsweisen[30] grundsätzlich der Vorzug vor allzu dogmatisch-starren Regeln gegeben werden, auch wenn dies zu etwas geringerer Vorausberechenbarkeit führt als eine rigorose Alternative zwischen ja und nein nach strengem Schema. Trotzdem wird als Regel zu gelten haben, daß sowohl Willens- als auch Widerrufserklärungen grundsätzlich nicht Gegenstand einer einstweiligen Verfügung sein können und Ausnahmen nur bei besonderen Fallgestaltungen und unter ganz engen Voraussetzungen in Betracht kommen dürfen.

IV. Die Postulationsfähigkeit

13 Die Vertretung durch einen bei dem angerufenen Gericht zugelassenen Rechtsanwalt ist in Verfügungsverfahren vor den Land- und Oberlandesgerichten nur dann erforderlich, wenn es zur mündlichen Verhandlung kommt. Verfügungen im Beschlußverfahren können auch vor diesen Gerichten von der Partei selbst oder von einem beim angerufenen Gericht nicht zugelassenen Rechtsanwalt erwirkt werden (§§ 920 Abs. 3, 936 i. V. mit §§ 78 Abs. 2 und 79 ZPO), und zwar auch im Wege der Beschwerde gegen einen den Verfügungsantrag zurückweisenden Beschluß (näher dazu Kap. 55, Rdn 7), so lange über die Beschwerde nicht mündlich verhandelt wird (str., vgl. aber – zutreffend – KG NJW-RR 1992, 576). Für amtsgerichtliche Verfügungsverfahren ist Postulationsfähigkeit überhaupt nicht notwendig.

V. Der Verfügungsgrund

1. Begriff und Wesen

14 Der Verfügungsgrund (§§ 936, 917 ZPO) ist die praktisch bedeutsamste und zugleich umstrittenste Voraussetzung einer einstweiligen Verfügung.

15 Wegen der Besonderheiten des nur summarischen, in seiner Ausgestaltung zugleich schneidigen und grobschlächtigen Verfügungsverfahrens[31] bedarf es einschränkender Zugangsvoraussetzungen zu diesem Verfahren, die das Gesetz erkennbar[32] in einer be-

---

29 OLG Freiburg, JZ 1951, 751; OLG Stuttgart MDR 1961, 1024; OLG Hamburg AfP 1971, 35; OLG Köln AfP 1972, 331. – Entgegen der Meinung *Jauernigs* (ZZP 1979 (1966), 321, 343 f.) und *Stein/Jonas/Grunskys* (Vor § 935 ZPO, Rdn. 52 in Fn. 126) dürfte eine solche Erklärung inhaltlich doch etwas mehr als eine bloße Unterlassungsverpflichtung sein.
30 Wie der von *Stein/Jonas/Grunsky*, Vor § 935 ZPO, Rdn. 50–54; u. U. auch noch der des OLG Stuttgart WRP 1989, 202, 204.
31 Vgl. dazu im einzelnen *Teplitzky*, JuS 1981, 122, 123.
32 Vgl. §§ 935, 940 ZPO und *Teplitzky*, aaO.

54. Kapitel Die Voraussetzungen der einstweiligen Verfügung

sonderen Gefährdung sieht, zu deren Abwehr eine Eilentscheidung dringend geboten ist[33]. »Dringlichkeit« und Verfügungsgrund werden daher oft – und im Wettbewerbsrecht fast regelmäßig[34] – gleichgesetzt. Daß es sich dabei um eine Prozeßvoraussetzung – und nicht um ein Element der materiellen Begründetheit – handelt, ist zwar außerhalb des Wettbewerbsrechts teilweise bestritten[35], (mindestens[36]) im Wettbewerbsrecht aber ganz herrschende Meinung[37]. Allerdings handelt es sich bei dem Dringlichkeitserfordernis um eine besondere Form eines Rechtsschutzbedürfnisses für das Eilverfahren[38], so daß hier ebenso wie beim allgemeinen Rechtsschutzbedürfnis[39] der Grundsatz des logischen Vorrangs der Prozeßvoraussetzungen nur eingeschränkt gilt: Die Frage der Dringlichkeit (Verfügungsgrund) kann unentschieden bleiben, wenn die Zurückweisung des Verfügungsantrags aus ohne weiteres ersichtlichen anderen Gründen – auch materieller Art – ohnehin erfolgen muß[40]. Wird der Verfügungsgrund aber geprüft – was vor einer zusprechenden Entscheidung unerläßlich ist – und im Ergebnis verneint, so ist der Verfügungsantrag als unzulässig, nicht als unbegründet zurückzuweisen[41].

Da Verfahrensvoraussetzungen ihrem Wesen nach bei demjenigen erfüllt sein müssen, der das Verfahren betreibt, muß die Dringlichkeit zwar objektiv, aber mit Bezug auf den Antragsteller vorliegen[42]; es genügt nicht, daß für Dritte – etwa die Öffentlichkeit oder einen bestimmten Verbraucherkreis oder gar andere Wettbewerber – die

---

33 *Stein/Jonas/Grunsky*, Vor § 935 ZPO, Rdn. 2; § 935 ZPO, Rdn. 11, und § 940 ZPO, Rdn. 9; *Ahrens*, S. 304.
34 Vgl. z. B. *Baumbach/Hefermehl*, § 25 UWG, Rdn. 9; *Nirk/Kurtze*, Rdn. 220, 224; *v. Gamm*, UWG § 25, Rdn. 2; *Pastor*, S. 240; *Klaka*, GRUR 1979, 593, 596.
35 So z. B. von *Zöller/Vollkommer*, § 917 ZPO, Rdn. 3; *Stein/Jonas/Grunsky*, § 917 ZPO, Rdn. 2, beide m. w. N.; *Baumbach/Lauterbach/Hartmann*, § 917 ZPO, Anm. 1; für Prozeßvoraussetzungscharakter dagegen z. B. *Jauernig*, ZwVR, § 35, I, 2.
36 *Stein/Jonas/Grunsky*, aaO., bezeichnet sie auch insgesamt als h. M.
37 OLG Köln WRP 1977, 419, 420 und WRP 1980, 503; OLG Hamburg GRUR 1977, 161, 162 – Teaquick; KG WRP 1978, 49, 51 m. w. N.; OLG Koblenz WRP 1978, 835, 836; *Baumbach/Hefermehl*, § 25 UWG, Rdn. 9; *Ahrens*, S. 174 (»Verfahrenssperre«); *Pastor*, S. 240; *v. Gamm*, UWG, § 25, Rdn. 3; *Thomas/Putzo*, § 916, Anm. 1; *Piehler*, S. 28 m. w. N.; zur Begründung dieser Meinung verweise ich auf meine Ausführungen in JuS 1981, 122, 123; zu weiteren Nachweisen dort in Fn. 16 und in DRiZ 1982, 41, 43 Fn. 41, ferner *Ahrens*, S. 341 in Fn. 119.
38 *Stein/Jonas/Grunsky*, Vor § 935 ZPO, Rdn. 17 (dort auch zur geringen Bedeutung des allgemeinen Rechtsschutzbedürfnisses neben dem Verfügungsgrund) u. § 940 ZPO, Rdn. 7; *v. Gamm*, WRP 1968, 312, und UWG, § 25, Rdn. 2.
39 Vgl. dazu BGH NJW 1978, 2032; *Lindacher*, ZZP 90 (1977), 131, 137, beide m. w. N.; ferner – zum Umfang der Einschränkung – zutreffend *Jauernig*, Festschrift *Schiedermair*, S. 307.
40 Damit wird das einzige gewichtige Argument *Stein/Jonas/Grunskys* gegen die hier vertretene Meinung (§ 917 ZPO, Rdn. 2: »Es wäre wenig sinnvoll, das Gericht zu zwingen, sich zunächst über das Vorliegen des Arrestgrundes Gedanken machen zu müssen, wenn schon der zu sichernde Anspruch nicht glaubhaft gemacht ist«) gegenstandslos.
41 *v. Gamm*, UWG, § 25, Rdn. 3; *Jauernig*, ZwVR, § 35, I, 2.
42 So zutreffend und mit näherer Begründung *Pastor*, S. 241.

Rechtsverfolgung dringlich erscheint, sofern sie es nicht auch für denjenigen ist, der das Verfahren betreibt[43].

2. Die Feststellung des Verfügungsgrundes

17 Ob ein Verfügungsgrund in der Person des Antragstellers gegeben ist, muß aufgrund der glaubhaft gemachten bzw. unwiderlegt vermuteten objektiven Umstände festgestellt werden. Unter diesen spielt – besonders im Wettbewerbsrecht – das eigene Verhalten des Antragstellers (bzw. seines Prozeßbevollmächtigten, soweit es ihm zuzurechnen ist) eine ganz wesentliche Rolle, wenn und soweit es Rückschlüsse auf die Eilbedürftigkeit der Rechtsverfolgung erlaubt. Wer mit der Verfahrenseinleitung unangemessen lange zuwartet, das Verfahren selbst säumig betreibt oder gar verzögert oder in anderer Weise erkennen läßt, daß es ihm (subjektiv) nicht eilt, wird dem Gericht regelmäßig kaum die Überzeugung vermitteln können, daß die rasche, summarische Rechtsverfolgung für ihn objektiv dringend sei.

3. Die Bedeutung des § 25 UWG

18 Die rechtliche Bedeutung des – sehr unklar gefaßten[44] – § 25 UWG war lange Zeit sehr umstritten[45] und wird auch heute in Einzelheiten noch nicht einheitlich gesehen[46]. Ganz herrschend ist mittlerweile jedoch die Auffassung, daß die Norm nur eine regelmäßig eingreifende, jedoch widerlegbare Vermutung für die Dringlichkeit aufstellt, also den Antragsteller lediglich – solange die Vermutung nicht widerlegt ist – von der Darlegung und Glaubhaftmachung des Verfügungsgrundes befreit[47].

---

43 Daher ist die Auffassung des OLG Hamburg, die Berührung öffentlicher Belange (etwa bei Verstößen gegen § 3 UWG) stelle stets – unabhängig vom Zeitablauf – einen Verfügungsgrund dar, weil der Verbraucherschutz stets dringlich sei (OLG Hamburg GRUR 1977, 161, 163 und WRP 1977, 811 und 812 m. w. N.), zu Recht auf nahezu einhellige Ablehnung in der Rechtsprechung und Literatur gestoßen; vgl. OLG Karlsruhe WRP 1977, 419, 420; OLG Köln WRP 1977, 426, 427; OLG Frankfurt WRP 1978, 467, 468; WRP 1979, 325, 326; OLG Koblenz WRP 1978, 835, 837; *Pastor*, S. 248; *Teplitzky*, WRP 1978, 117 f.; *Klaka*, GRUR 1979, 593, 597; *Drettmann*, GRUR 1979, 602, 603; differenzierend *Baumbach/Hefermehl*, § 25 UWG, Rdn. 19, und *Piehler*, S. 55 ff.
44 So mit Recht *Ahrens*, S. 303; *Pastor*, S. 246.
45 Zur »Interpretation (des § 25 UWG) ... im Wandel der Zeit« instruktiv *Ahrens*, S. 318 ff.; vgl. ferner *Piehler*, S. 49 ff. und 58 ff.
46 Vgl. dazu *Ahrens*, S. 329 ff., und *Piehler*, aaO. sowie auf S. 210 ff.
47 OLG Hamburg WRP 1976, 483, 485; OLG Köln WRP 1977, 426, 427; OLG Frankfurt WRP 1977, 804 und WRP 1979, 325, 326; KG WRP 1978, 49, 51; 1980, 698, 699 und WRP 1981, 224, 225; OLG Koblenz GRUR 1978, 718, 719; OLG München GRUR 1980, 329, 330 und GRUR 1980, 1017, 1018; OLG Hamm WRP 1981, 224, 225; *Baumbach/Hefermehl*, § 25 UWG, Rdn. 6; *v. Gamm*, UWG, § 25, Rdn. 2; *Ahrens*, S. 329; *Nirk/Kurtze*, Rdn. 220. Dagegen liegt den Entscheidungen des OLG Hamburg GRUR 1977, 161, 163 u. WRP 1977, 811, 812 – folgt man den Deutungen von *Pietzcker*, GRUR 1977, 209, und *Ahrens*, S. 341 f. – die Auffassung des § 25 UWG als einer Norm zugrunde, die eine Abwägung der Interessen aller – auch der nur mittelbar – Beteiligten ermöglicht, wobei der Zeitfaktor nur die Bedeutung eines Abwägungsgesichtspunkts neben mehreren anderen haben soll; vgl. dazu die Darstellung dieser Auffassung bei *Piehler*, S. 209–217, und ihre Begründung S. 217–221.

Ihr Geltungsbereich ist umstritten. Weitgehende Einigkeit besteht nur darüber, daß 19
er entgegen dem engen Wortlaut des § 25 UWG nicht auf die im UWG selbst bezeichneten Ansprüche zu beschränken ist, sondern auch die Ansprüche aus dem Rabattgesetz und der ZugabeVO einschließt[48]. Dies findet seine Rechtfertigung darin, daß diese Normen lediglich Ergänzungen des UWG darstellen und Ansprüche ganz ähnlichen Charakters gewähren. Jeder weiteren Ausdehnung der Vorschrift stehen jedoch nicht nur der Wortlaut, sondern auch die Unterschiedlichkeit von Normzweck und Interessenlage entgegen.

Im Wettbewerbsrecht wird zuweilen – im Bestreben, die einstweilige Verfügung zu 20
einer besonders funktionstüchtigen Waffe gegen Wettbewerbsverstöße auszugestalten[49], und im allzu alltäglich gewordenen Umgang mit dieser Waffe – sowohl der besondere Charakter dieses Verfahrens als auch die zweite wesentliche Funktion der dieses Verfahren regelnden Vorschriften vernachlässigt[50]. Sie sollen nicht nur ein wirksames Vorgehen gegen den Wettbewerbstäter ermöglichen, sondern auch gewährleisten, daß nicht vorschnell gegen den nur vermeintlichen Missetäter entschieden wird, den es gerade im Wettbewerb mit seinen weiten und oft unsicheren Grenzbereichen nicht selten gibt. Da umgekehrt – zumal in der gegenwärtigen Blütezeit vieler Arten von Verbänden und Vereinen – auch die besonders schneidigen[51] Angreifer nicht gerade Seltenheitswert haben, erfüllen auch die dem Schutz des im Eilverfahren Angegriffenen dienenden Vorschriften eine wichtige Funktion[52], so daß Normen, die diesen Schutz ausnahmsweise durchbrechen bzw. noch weiter einschränken – wie die des § 25 UWG[53] – nicht zu extensiv ausgelegt werden dürfen[54]. Die Vorschrift ist daher weder auf Patent- und Urheberrechtsverletzungen[55] noch auf Warenzeichen- oder Ausstat-

---

48 OLG Bamberg GRUR 1973, 104; OLG Hamburg WRP 1974, 641; OLG Frankfurt WRP 1968, 48; OLG Schleswig nach *Traub*, S. 374 unter 3.7.3; *Baumbach/Hefermehl*, § 25 UWG, Rdn. 2; *Nirk/Kurtze*, Rdn. 222; *Nordemann*, Rdn. 610; *Pastor*, S. 256; *Melullis*, Hdb. Rdn. 79; a. A. nur *v. Gamm*, UWG, § 25, Rdn. 2.
49 Vgl. dazu *Piehler*, S. 217–221 und – ergänzend – S. 228 ff.
50 Ein typisches Beispiel für diese Vernachlässigung stellt die in der Praxis üblich gewordene Umkehrung des Regel-Ausnahme-Verhältnisses (§§ 921, 937 Abs. 2 ZPO) zwischen Verfügungsentscheidungen mit bzw. ohne mündliche Verhandlung dar (vgl. dazu näheres in Kap. 55, Rdn. 2, sowie *Teplitzky*, WRP 1980, 373, 374 f. und DRiZ 1982, 41, 44).
51 Zuweilen kann solche Schneidigkeit sogar nicht nur auf Voreiligkeit beruhen, sondern auch bewußt bösartig im Wettbewerbskampf eingesetzt werden.
52 So zutreffend schon OLG Düsseldorf GRUR 1963, 490.
53 Daß § 61 Abs. 6 Satz 2 UrhG eine gleichlautende Bestimmung enthält, dürfte für eine Ausweitung im Wege der Rechtsanalogie noch nicht ausreichen.
54 So für § 25 UWG bereits zutreffend *v. Gamm*, WRP 1968, 312, Fn. 6 und *Wilke*, WRP 1972, 245, 246. *Ahrens* (S. 339 in Fn. 109) bezeichnet diese Auffassung allerdings – ohne nähere Begründung – als »methodisch zweifelhaft«.
55 OLG Düsseldorf GRUR 1983, 79, 80; OLG Hamburg GRUR 1950, 76, 78; LG Düsseldorf GRUR 1950, 240; *Baumbach/Hefermehl*, § 25 UWG, Rdn. 5; *Benkard/Rogge*, PatG, § 139, Rdn. 153; *v. Gamm*, UWG, § 25, Rdn. 1; *Klaka*, GRUR 1979, 593, 596; *Meier-Beck*, GRUR 1988, 861, 865; weitere Nachweise bei *Ahrens*, S. 351, Fn. 165; a. A. OLG Karlsruhe GRUR 1979, 700 – Knickarm-Markise; GRUR 1982, 169, 171; LG Düsseldorf GRUR 1980, 989, 993 – Sulfaveridin u. – mit gewissen Einschränkungen – *Schultz-Süchting*, GRUR 1988, 571, 572 f.

tungsrechtsverletzungen[56] und erst recht nicht auf bürgerlich-rechtliche Ansprüche anzuwenden[57]. Vor allem ist sie auch nicht auf Beseitigungsansprüche anwendbar[58], da diese wesensmäßig von den in § 25 UWG allein genannten Unterlassungsansprüche verschieden[59] und in der Regel auf ein über die Unterlassung hinausgehendes Verhalten des Schuldners gerichtet sind[60].

21   Der Streit hat allerdings keine allzu große praktische Bedeutung[61]. Zwar sind – entgegen der Meinung Pastors[62] – nicht alle wettbewerblichen Unterlassungsansprüche schon ihrer Natur nach so eilig, daß sie ganz ohne nähere Darlegung der Dringlichkeit den Erlaß einer einstweiligen Verfügung erfordern. Jedoch rechtfertigen es die Besonderheiten wettbewerbsrechtlicher Unterlassungsansprüche – insbesondere die den drohenden Wiederholungen im Wettbewerbsrecht naturgemäß innewohnenden erhebli-

---

56 v. Gamm, UWG, § 25, Rdn. 1; offengelassen vom OLG Koblenz WRP 1988, 479, 480; a. A. OLG Hamburg WRP 1976, 483, 486; OLG Frankfurt NJW 1989, 1489 = OLGZ 1989, 113 und die überwiegende Meinung in der Literatur; vgl. z. B. *Baumbach/Hefermehl*, § 25 UWG, Rdn. 5; *Pastor*, S. 256; *Nirk/Kurtze*, Rdn. 220, und die weiteren Nachweise bei *Ahrens*, S. 351 in Fn. 162.

57 Dafür aber *Baumbach/Hefermehl*, § 25 UWG, Rdn. 5, und *Pastor*, S. 256, für alle Fälle, in denen die Ansprüche außerdem wettbewerbsrechtlich begründet sind; das ist aber schwer verständlich. Greift die wettbewerbsrechtliche Begründung, so ist § 25 UWG schon deswegen anwendbar; greift sie nicht, besteht kein Grund dafür, bürgerlich-rechtliche Ansprüche – seien sie auch auf Verletzung des eingerichteten Gewerbebetriebs gestützt – zu Wettbewerbsstreitigkeiten i. S. des § 25 UWG zu erheben. Gerade bei dem recht amorphen Rechtsgebilde des ausgeübten Gewerbebetriebs ist dem, der sich auf seine Verletzung beruft, eine Darlegung und Glaubhaftmachung der Dringlichkeit des Rechtsschutzes durchaus zuzumuten; gegen Anwendbarkeit auf Ansprüche nach dem AGBG OLG Frankfurt NJW 1989, 1489 = OLGZ 1989, 113 u. OLG Düsseldorf WRP 1989, 387, 390.

58 So zutreffend *v. Gamm*, UWG, § 25, Rdn. 1; *Pastor*, S. 256; *v. Godin* § 25 UWG, Anm. 1; *Tetzner*, § 25 UWG, Rdn. 6; a. A. KG GRUR 1955, 252, 253; OLG Hamburg GRUR 1962, 370, 371; offengelassen von OLG Stuttgart nach *Traub*, S. 398 unter 3.7.3; für eingeschränkte Anwendbarkeit *Baumbach/Hefermehl*, § 25 UWG, Rdn. 5, jedoch unter unzutreffender Berufung auf OLG Frankfurt GRUR 1989, 74, 75, wo es nur um die Frage der Durchsetzbarkeit eines Beseitigungsanspruchs im Eilverfahren, nicht um die Anwendbarkeit des § 25 UWG geht.

59 Vgl. Kap. 22, Rdn. 5 f., und *Teplitzky*, WRP 1984, 365 ff.

60 Für diesen Fall lehnen auch *Nirk/Kurtze* (Rdn. 223) die Anwendbarkeit des § 25 UWG ab; sie wollen sie nur für die Fälle zulassen, in denen das Ziel der Beseitigung ohnehin vom Unterlassungsanspruch erfaßt wird (z. B. Entfernung der Reklametafel mit der zu unterlassenden Werbebehauptung). Das erscheint zwar vom Schutzzweck her vertretbar, aber unnötig, da im Hinblick auf die Erzwingbarkeit der Beseitigung auch mittels des Unterlassungstitels (vgl. dazu *Teplitzky*, WRP 1984, 365, 367, und Kap. 22, Rdn. 5) kein Bedürfnis für eine solche Ausweitung der Norm besteht.

61 So mit Recht *Klaka*, GRUR 1979, 593, 596, und *v. Gamm*, UWG, § 25, Rdn. 2.

62 S. 257; seine Gleichsetzung von Dringlichkeit und Wiederholungsgefahr (aufgrund deren er konsequenterweise auf S. 246 § 25 UWG als Vermutungsregel für überflüssig erklärt und ihm eine andere Bedeutung, nämlich die Aufhebung der Beschränkung auf Sicherungsmaßnahmen, der andere einstweilige Verfügungen unterliegen, beimißt) ist jedoch bedenklich, weil nicht für alle Fälle zutreffend; das gleiche gilt hinsichtlich der Annahme einer im allgemeinen gegebenen »tatsächlichen Vermutung« bei *v. Gamm*, UWG, § 25, Rdn. 2, der § 25 UWG von dieser Grundlage her ebenfalls für an sich entbehrlich hält.

chen Interessengefährdungen – durchaus, relativ geringe Anforderungen an Art und Umfang der Darlegung zu stellen[63], so daß auch bei Ausschluß der Anwendung des § 25 UWG der Antragsteller in wirklich eiligen Fällen kaum je überfordert sein wird, während für den Antragsgegner doch ein gewisser Schutz gewährleistet bleibt[64].

4. Die Dringlichkeit und ihre Widerlegung im einzelnen

Die Fragen, wann die Dringlichkeit als glaubhaft gemacht bzw. bei Anwendbarkeit des § 25 UWG – die für sie sprechende Vermutung als widerlegt anzusehen ist, bilden den Gegenstand einer nicht mehr voll übersehbaren und leider in vielem auch sehr uneinheitlichen[65] Rechtsprechung und zahlreicher – gleichfalls oft kontroverser – Erörterungen in der Literatur.

Aus der ständig wachsenden Materialfülle können hier – unter ergänzender Verweisung auf die bei *Traub* jeweils unter Nr. 3.7.1 u. 3.7.2 – allerdings leider nur sehr lückenhaft – dargestellten Entscheidungen der Oberlandesgerichte in den alten Bundesländern – nur einige Grundzüge herausgearbeitet werden:

a) Völlige Einigkeit besteht zunächst im Grundsätzlichen darüber, daß die Dringlichkeit verloren geht, wenn der Antragsteller mit der Rechtsverfolgung zu lange wartet und/oder das Verfahren nicht zügig, sondern (zu) schleppend betreibt.

b) Nicht mehr ganz einhellig, aber noch weitgehend übereinstimmend wird die Bedeutung beurteilt, die festen zeitlichen Begrenzungen zukommen kann: Vor der Verfahrenseinleitung spielen Fristen lediglich als äußerste Grenze, bis zu der die Einleitung eines Verfahrens noch zulässig sein kann – keineswegs automatisch zulässig ist[66] – eine

---

63 Für einzelne Umstände – wie drohende Wiederholung und davon ausgehende Gefährdungen – wird man – wie *v. Gamm*, aaO., es nur etwas zu allgemein ausdrückt – eine tatsächliche Vermutung sprechen lassen können; das schöpft den Unterschied zwischen Anwendung und Nichtanwendung des § 25 UWG nicht aus. Vgl. dazu das Beispiel in der nächsten Fußnote.
64 Zur praktischen Verdeutlichung: Dem Inhaber eines Warenzeichens ist es ohne weiteres (auch im eigenen Interesse, § 945 ZPO) zuzumuten, vorzutragen und glaubhaft zu machen, daß die behauptete, kürzlich erfolgte Verletzung seines Zeichens die erste war, von der er Kenntnis erlangt hat. (Bei Anwendung des § 25 UWG braucht er dies nicht unbedingt, könnte also ein Verbot zunächst auch dann erhalten, wenn der Antragsgegner die verletzende Kennzeichnung schon jahrelang mit Kenntnis des Antragstellers verwendet hätte, von einer Dringlichkeit des Vorgehens also keine Rede sein könnte.) Dem Antragsgegner auch in solchen – in § 25 UWG nicht ausdrücklich genannten – Fällen ein Widerspruchsverfahren aufzunötigen, in dem er erst den Mangel der grundsätzlich vom Antragsteller darzulegenden Dringlichkeit geltend machen müßte, erscheint mir kein angemessener Interessenausgleich. Dagegen wird man breite Darlegungen des Antragstellers, daß und warum eine erneute Verletzung unmittelbar bevorstehe und erhebliche Nachteile mit sich zu bringen drohe, im Regelfall durchaus als entbehrlich bzw. auf das Nötigste beschränkbar ansehen können.
65 *Ahrens* (S. 329) spricht von »Zerfaserung« des Verfahrensrechts und »Rechtszersplitterung«, und auch *Klaka* demonstriert in seinem Beitrag in GRUR 1979, 593 die von ihm (S. 594) beklagte Uneinheitlichkeit der Verfügungsrechtsprechung weitgehend auch (S. 596–598) anhand der Dringlichkeitsbeurteilung in der Judikatur.
66 Dies ist zwar vom OLG Hamburg früher vertreten, inzwischen jedoch ausdrücklich aufgegeben worden (vgl. WRP 1982, 161 und 478 sowie WRP 1983, 101, 102 = GRUR 1983, 436).

gewisse Rolle, wobei als kritische Grenze überwiegend 6 Monate[67], teils 5 Monate (OLG Stuttgart WRP 1981, 668, 670), teils auch nur 3 Monate[68] angesehen werden. Nur das OLG München (WRP 1983, 643, 644) hält an der sehr kurzen und recht starr gehandhabten Obergrenze von einem Monat fest (vgl. jüngst wieder OLG München MD VSW 1991, 72 (Ls).

26   c) Im übrigen herrscht weithin Einigkeit, daß es keine starren Unschädlichkeitsgrenzen geben könne, sondern jeweils die besonderen Umstände des Falles dafür maßgeblich sein müßten, ob der Zeitpunkt der Verfahrenseinleitung den Schluß auf mangelnde Dringlichkeit zulasse[69].

27   Das gleiche gilt grundsätzlich auch während des Verfahrens. Auch hier lassen sich keine starren Zeitregeln für die Schädlichkeit, aber auch nicht für die Unschädlichkeit aufstellen. Insbesondere sind die Rechtsmittelfristen hier – und zwar nach beiden Richtungen hin[70] – keine verbindlichen Kriterien. Weder kann – wie es teilweise vertreten wird[71] – der in erster Instanz unterlegene Antragsteller, der die Berufungs- und die Berufungsbegründungsfrist voll ausgeschöpft (und gar noch eine Verlängerung der letzteren Frist beantragt und erhalten hat), darauf pochen, daß er damit nur sein gesetzlich gewährtes Recht ausgeübt habe, noch kann umgekehrt aus einem solchen Verhalten stereotyp und unabhängig von den Gegebenheiten des Einzelfalls geschlossen werden, daß die Sache nicht eilbedürftig sei[72]. Die vom Gesetz ganz generell – und primär natürlich für Klageverfahren – gewährten Rechtsmittelfristen haben nämlich – was das OLG Hamburg und *Krieger* aaO. nicht hinreichend beachten – unmittelbar gar nichts mit der hier in Frage stehenden Dringlichkeitsfrage zu tun[73]; ihrer Einhaltung, Ausschöpfung oder gar Verlängerung kann also allenfalls indizielle, keinesfalls aber eine schematische starre Bedeutung zukommen. Ebenso indiziell sind Anträge auf (oder das Einverständnis mit) Vertagungen in Verfügungsverfahren zu werten[74], erst recht natürlich

---

67 Vgl. außer OLG Hamburg aaO. auch OLG Karlsruhe WRP 1977, 419, 420 und OLG Frankfurt GRUR 1979, 325, 326; OLG Hamm WRP 1981, 473, 475.
68 OLG Koblenz WRP 1978, 835, 837 = GRUR 1978, 718, 720 – Eröffnungsangebot.
69 OLG Köln WRP 1977, 426, 427 und GRUR 1979, 392, 394; OLG Frankfurt GRUR 1979, 325, 326; KG WRP 1981, 462, 463 und 1984, 479; *Baumbach/Hefermehl*, § 25 UWG, Rdn. 15; *Pastor*, S. 254; weitere Nachweise bei *Ahrens*, S. 334, u. *Melullis*, Hdb., Rdn. 84–88. Für ein festes »Fristenschema« dagegen *U. Krieger*, GRUR 1975, 168, 169.
70 So zutreffend OLG Köln GRUR 1979, 172, 173 – Umbeutel; KG WRP 1981, 462, 463; *Baumbach/Hefermehl*, § 25 UWG, Rdn. 17 m. w. N.; a. A. OLG München GRUR 1992, 328.
71 OLG Hamburg WRP 1977, 109; OLG Koblenz WRP 1978, 835, 837; OLG Stuttgart WRP 1982, 604; OLG Hamm WRP 1985, 98, 100; *U. Krieger*, GRUR 1975, 168, 169.
72 So früher OLG München GRUR 1976, 150, 151 – Q-Tips und GRUR 1980, 329, 330; jetzt aufgegeben; vgl. GRUR 1992, 328); *Pastor*, S. 253. Dagegen hat das OLG Oldenburg (WRP 1971, 181, 182) bei zweimaliger Verlängerung der Berufungsbegründungsfrist wohl im Ergebnis zu Recht eine Widerlegung der Dringlichkeit angenommen; im Ergebnis billigenswert wohl auch die Entscheidungen KG WRP 1978, 49 sowie OLG Köln GRUR 1979, 172 und WRP 1980, 503; OLG Nürnberg GRUR 1987, 727.
73 Das verkennen OLG Karlsruhe (WRP 1979, 811, 812) u. OLG München (GRUR 1992, 328), gegen deren Ergebnisse in den entschiedenen Fällen allerdings nichts einzuwenden ist; zutreffend insoweit dagegen, wenngleich mit bedenklichem Ergebnis, OLG Hamm WRP 1984, 97, 98; vgl. ferner – zutreffend – *Baumbach/Hefermehl*, § 25 UWG, Rdn. 17.
74 Das OLG München (WRP 1981, 533) hat die Zustimmung zu einer mehr als einmonatigen Vertagung als schädlich angesehen – eine jedenfalls vertretbare Entscheidung.

solche, die das Ruhen des Verfahrens bewirken. Auf die Folgen eines erst im Verfahrensverlauf eintretenden Verlusts der Dringlichkeit (vgl. *Ulrich,* WRP 1990, 651, 657 f.) wird in anderem Zusammenhang (Kap. 55, Rdn. 26) einzugehen sein.

d) Umstritten ist, ab wann ein Zuwarten vorliegt, das schädlich werden kann. Die h. M. verlangt positive Kenntnis des potentiellen Antragstellers von der Verletzungshandlung[75] und hat dabei auf den ersten Blick alle Argumente auf ihrer Seite; denn es erscheint ohne weiteres einleuchtend, daß Schlüsse auf mangelnde Dringlichkeit nur aus einem bewußten Verhalten gezogen werden können[76]. Bloß fahrlässige Unkenntnis von einer begangenen Verletzungshandlung genügt daher sicher nicht[77]. Die Mindermeinung[78] stellt jedoch auch gar nicht entscheidend auf diese Verschuldensform[79] ab, sondern – mit der Postulierung einer Marktbeobachtungspflicht – gleichfalls auf ein bewußtes Verhalten: Wer es – zu ergänzen: bewußt – versäumt, auf den Markt zu achten, kann durch ein solches Verhalten u. U. tatsächlich auch wirksam zum Ausdruck bringen, daß ihn Wettbewerbswidrigkeiten auf diesem Markt nicht sonderlich interessieren, und damit zugleich, daß ihm deren Verfolgung auch nicht dringlich ist.

Die Problematik dieser Meinung liegt im Postulat der Marktbeobachtung[80] und den dadurch verursachten Folgen. Eine solche Pflicht in weitem Umfang anzunehmen, hieße in der Tat, den Eilrechtsschutz unangemessen einzuschränken. Auch hier kann es jedoch auf die Umstände des Einzelfalls ankommen: Kümmert sich ein Unternehmen, das personell und materiell die Voraussetzungen für eine Marktbeobachtung erfüllt und auf einem leicht überschaubaren Markt tätig ist, dennoch nicht um das Wettbewerbsverhalten anderer, so kann dies durchaus einmal ein bewußtes Desinteresse gegenüber Wettbewerbsverstößen indizieren. Solche Fallgestaltungen dürften – und sollten – in der Praxis jedoch Ausnahmecharakter haben. Für den Regelfall wird daher mit der h. M. auf die positive Kenntnis vom Wettbewerbsverstoß abzustellen sein.

e) Teils wird bei den Dringlichkeitsvoraussetzungen unterschieden, ob Antragsteller ein Mitbewerber oder ein Verband i. S. des § 13 Abs. 2 Nr. 2 u. 3 UWG ist.

Die Ansatzpunkte und Folgen dieser Unterscheidungen sind jedoch ihrerseits verschieden:

aa) Teils wurde Verbänden mehr zeitlicher Spielraum gewährt als Mitbewerbern. Soweit dies mit dem Argument erfolgt ist, der Verband erfülle Ordnungsfunktionen im Verbraucherinteresse, so daß für ihn eine Dringlichkeitswiderlegung nicht in Be-

---

[75] OLG Frankfurt GRUR 1975, 678, 679; GRUR 1978, 467, 468; WRP 1985, 83, 84 m. w. N.; OLG München GRUR 1980, 1017, 1019 – Contact-Linsen; WRP 1981, 340, 341; OLG Hamm WRP 1981, 473, 474; KG WRP 1984, 478, 479; OLG Stuttgart WRP 1986, 177, 178; OLG München MD VSW 1988, 616, 620, insoweit in GRUR 1988, 709 ff. – Deutsche Kreditkarte nicht abgedruckt; *Baumbach/Hefermehl,* § 25 UWG, Rdn. 13; *Pastor,* S. 254; *Melullis,* Hdb., Rdn. 86; vgl. auch *Ahrens,* S. 329 f., und *Piehler,* S. 53.
[76] Vgl. *Ahrens,* S. 330 m. w. N.
[77] Insoweit zutreffend *Baumbach/Hefermehl,* § 25 UWG, Rdn. 13.
[78] OLG Koblenz WRP 1973, 484, 485; OLG Köln WRP 1979, 392, 394; *v. Gamm,* UWG, § 25, Rdn. 5 und WRP 1968, 312, 313.
[79] Insoweit setzt *Ahrens* (S. 331) bei ihrer Interpretation wohl den Akzent etwas schief.
[80] Vgl. zu dieser OLG Frankfurt GRUR 1970, 472; GRUR 1975, 679; *Ahrens,* S. 331 f.; gegen eine solche Pflicht ausdrücklich OLG München MD VSW 1988, 616, 620 f., insoweit nicht in GRUR 1989, 709 ff. abgedruckt, u. *Melullis,* Hdb., Rdn. 86 a.

tracht komme[81], gilt entsprechend, was bereits in Rdn. 16 und 18 (dort in Fn. 47) zur Irrelevanz von Drittinteressen innerhalb prozessualer Beziehungen (und damit für den Verfügungsgrund der Dringlichkeit) angeführt worden ist. Die Meinung ist auch auf nahezu einhellige Ablehnung gestoßen[82] und wird heute nicht mehr ernstlich vertreten.

33 Eine andere Form der Privilegierung erscheint dagegen – für Einzelfälle – diskutabler:
Die Berücksichtigung technischer und organisatorischer Schwierigkeiten, die bei personell unzureichend ausgestatteten gemeinnützigen Verbänden zu Verzögerungen führen können, welche nicht unbedingt als Ausdruck mangelnder Dringlichkeit angesehen werden können[83]. Allerdings dürften auch einer solchen Privilegierung enge Grenzen zu ziehen sein.

34 bb) Teils werden bei Verbänden – allerdings solchen nach § 13 Abs. 2 Nr. 2 UWG – aber auch schärfere Dringlichkeitsanforderungen gestellt als bei Konkurrenten, und zwar mit der Begründung, daß solche Verbände eher und rascher als ein normaler Gewerbetreibender in der Lage sein müßten, einen Wettbewerbsverstoß als solchen richtig zu beurteilen und für ein Verfügungsverfahren vorzubereiten, weil dies zu den Aufgaben gehöre, für die sie ihrem satzungsmäßigen Zwecken nach gerüstet sein müßten[84].

35 cc) Nach Entscheidungen des OLG Hamburg (GRUR 1987, 721, 722 = WRP 1987, 682, 683) und des OLG Frankfurt (GRUR 1989, 375, Ls, vollständig abgedruckt MD VSW 1989, 576 ff. und WRP 1991, 590) soll ein Verband sich dann nicht mehr auf § 25 UWG berufen können, wenn sein Vorgehen im Interesse eines bestimmten Mitbewerbers erfolgt, der seinerseits in Kenntnis des Verstoßes so lange zugewartet hatte, daß bei ihm die Dringlichkeitsvermutung nicht mehr gelten kann.

36 f) Umstände, die die Dringlichkeit entfallen lassen könnten, können ihrerseits entkräftet werden. Die dafür geeigneten Tatsachen – also in der Regel plausible Begründungen für eingetretene Verzögerungen – hat nunmehr aber auch bei Anwendbarkeit des § 25 UWG der Antragsteller vorzutragen und glaubhaft zu machen (Widerlegung der Vermutungswiderlegung)[85].

37 g) Die bereits entfallene Dringlichkeit kann infolge einschneidender Veränderungen – insbesondere der Art und Intensität fortgesetzter Verletzungshandlungen[86] – wieder aufleben.

---

81 OLG Stuttgart GRUR 1970, 613, 615; vgl. im einzelnen *Piehler,* S. 56.
82 Vgl. OLG Koblenz WRP 1985, 578, 579; OLG Frankfurt GRUR 1988, 849 = WRP 1988, 744; *Baumbach/Hefermehl,* § 25 UWG, Rdn. 19; *Pastor,* S. 252; *Wilke,* WRP 1972, 245, 246; *Teplitzky,* WRP 1978, 117, 118; *Klaka,* GRUR 1979, 593, 598; *Drettmann,* GRUR 1979, 602, 604; a. A. lediglich noch *Melullis,* Hdb., Rdn. 81.
83 Vgl. z. B. KG WRP 1972, 143 = GRUR 1972, 192; WRP 1979, 305; OLG Frankfurt WRP 1972, 532 und WRP 1979, 207; zustimmend *Baumbach/Hefermehl,* § 25 UWG, Rdn. 19; im einzelnen dazu *Piehler,* S. 57.
84 So z. B. OLG München GRUR 1980, 329, 330 f.
85 Vgl. dazu OLG München AfP 1990, 58 m. w. N. u. im einzelnen *Ahrens,* S. 335, und *Baumbach/Hefermehl,* § 25 UWG, Rdn. 14, ebenfalls m. w. N., sowie *Baumgärtel/Ulrich,* Bd. 3, § 25 UWG, Rdn. 17.
86 Plötzlich einsetzende verstärkte Werbung, OLG Koblenz WRP 1978, 835, 837; oder deren (wesentliche) Veränderung nach Art und Umfang, OLG Koblenz WRP 1973, 484, 485; KG

54. Kapitel   Die Voraussetzungen der einstweiligen Verfügung

VI. Der Verfügungsantrag

Für die im Wettbewerb dominierende Leistungsverfügung[87] gilt, da sie auf eine vorläufige Erfüllung eines bestimmten Anspruchs gerichtet ist, die Vorschrift des § 253 Abs. 2 Satz 2 ZPO. Sie erfordert wie die Hauptsacheklage einen bestimmten Antrag, an den das Gericht dann auch gebunden ist. Dies wird teilweise auch außerhalb des Wettbewerbsrechts angenommen[88], ist dort jedoch nicht unbestritten[89]. Für die wettbewerbliche Unterlassungsverfügung[90] ist es dagegen die herrschende Auffassung[91]. Mit der Modifikation, daß § 938 ZPO dem Gericht lediglich etwas – gegenüber einem normalen Klageantrag – weitergehende Möglichkeiten zur Ausdeutung, Klarstellung und Umformulierung des Antragsbegehrens – aber ohne dessen inhaltliche Veränderung – sowie zu besonders großzügiger Handhabung des § 139 ZPO biete[92], wird man dieser Auffassung heute wohl für die wettbewerbliche Unterlassungsverfügung voll zustimmen dürfen.

Das Bestimmungserfordernis hat zur Folge, daß nur mit einem dem Verfügungsantrag inhaltlich (nicht auch unbedingt sprachlich) genau entsprechenden Hauptsacheantrag der Fristsetzung zur Hauptsacheklage (§ 926 Abs. 1 ZPO) genügt werden kann.

WRP 1979, 305, 307; das OLG Köln hat auch in einer unerwartet langen Verzögerung des bereits laufenden Hauptsacheverfahrens (Notwendigkeit der Aussetzung nach § 96 Abs. 2 GWB in der Berufungsinstanz) einen Grund für das Wiederaufleben der Dringlichkeit einer vorläufigen Regelung gesehen; vgl. GRUR 1977, 220, 221 f. – Charlie; vgl. ferner auch OLG Köln MD VSW 1988, 157 (Wiederaufleben bei Dauerverletzungshandlungen); OLG Stuttgart WRP 1988, 398, 399 sowie OLG Karlsruhe nach *Traub*, S. 157 unter 3.7.4.

87 Andere Verfügungsarten können deshalb hier vernachlässigt werden. Zum Antrag bei ihnen und insbesondere zur Auslegung des § 938 ZPO vgl. instruktiv *Ahrens*, S. 274–276.
88 *Stein/Jonas/Grunsky*, Vor § 935 ZPO, Rdn. 10; *Baumgärtel*, AcP 168 (1968), 401, 405; *Teplitzky*, JuS 1981, 122, 124.
89 Vgl. die Nachweise bei *Ahrens*, S. 274 in Fn. 74.
90 Nicht auch für die Beseitigungsverfügung, da ja teilweise sogar vertreten wird, daß selbst für die Hauptsacheklage auf Beseitigung die Nennung eines allgemeinen Rechtsschutzzieles genügen soll.
91 OLG Köln WRP 1966, 416, 420; OLG Stuttgart WRP 1973, 287, 290; OLG Hamburg WRP 1979, 219; OLG Karlsruhe GRUR 1979, 558, 559 u. nach *Traub*, S. 217 unter 3.1; OLG Koblenz WRP 1980, 94, 95 NJW-RR 1987, 96 und nach *Traub*, S. 236 unter 3.1; OLG Hamm GRUR 1980, 311, 312; OLG Frankfurt GRUR 1980, 318, 319; OLG Braunschweig nach *Traub*, S. 51 unter 3.1; OLG Oldenburg nach *Traub*, S. 344 unter 3.1; *Baumbach/Hefermehl*, § 25 UWG, Rdn. 30; *Zöller/Vollkommer*, § 938 ZPO, Rdn. 2; *Nirk/Kurtze*, Rdn. 179; *Pastor*, S. 258; *Ahrens*, S. 156 und 276; *Lipps*, NJW 1970, 226, 227; *Borck*, WRP 1977, 457 f. – A. A. OLG Stuttgart NJW 1969, 1721; *Brückmann*, WRP 1983, 656 f. und *Jestaedt*, GRUR 1985, 480 ff., dessen Argument, mit der Regelung der einstweiligen Verfügung im 8. Buch der ZPO habe der Gesetzgeber die Besonderheit des Eilverfahrens verdeutlicht, so daß der Spezialnorm des § 938 ZPO der Vorrang gegenüber § 253 Abs. 2 Satz 2 ZPO zukomme, jedoch nicht überzeugen kann, weil der Gesetzgeber die extra legem entwickelte Leistungsverfügung und deren Besonderheiten seinerzeit nicht berücksichtigen konnte.
92 So zutreffend *Borck*, WRP 1977, 457 ff., u. die Praxis des OLG Frankfurt nach *Traub*, S. 101 unter 3.1; unvereinbar damit allerdings OLG Frankfurt GRUR 1989, 298 (Ls.); daß sich damit – wie *Jestaedt*, GRUR 1985, 480, 483 meint – die Verfahrenspraxis dem »normalen Eilverfahren« nähere, ist durch die veröffentlichte Judikatur (vgl. letzte Fußnote) kaum zu belegen; denn am grundsätzlichen Erfordernis eines bestimmten Antrags wird darin stets festgehalten.

Deswegen ist es für den Antragsteller geboten, die – wie beim Hauptsacheantrag dargelegt – oft schwierige Formulierung des Unterlassungsantrags schon vor Einleitung des Verfügungsverfahrens und – trotz der gebotenen Eile – mit der gleichen Sorgfalt zu überlegen und auszufeilen, wie sie für die Klage geboten ist.

40 Änderungen, Ergänzungen und Einschränkungen des Antrags sind im Verfahren nach Maßgabe des bei der Klage Ausgeführten möglich; jedoch ist hier das zusätzliche Erfordernis der Dringlichkeit zu beachten: Auch für Änderungsbegehren kann letztere bei zu langem Zuwarten oder sonstiger Säumnis entfallen[93].

41 Nicht nur aus Dringlichkeitsgründen empfiehlt es sich im Verfügungsverfahren auch – anders als im Klageverfahren, wo dies, wie in Kap. 51, Rdn. 43 dargelegt, zuweilen besser unterbleibt – stets zugleich mit dem Unterlassungsantrag den auf Androhung von Ordnungsmitteln zu verbinden[94]; denn teilweise wird die Auffassung vertreten, daß in der Zustellung einer nicht mit Ordnungsmittelandrohung verbundenen einstweiligen Verfügung keine wirksame Vollziehung i. S. des § 929 ZPO zu sehen sei[95].

VII. Darlegung und Glaubhaftmachung

42 1. Darlegung und Glaubhaftmachung gehören nur teilweise – nämlich soweit sie sich auf Prozeßvoraussetzungen beziehen – zu den Verfahrensvoraussetzungen bei der einstweiligen Verfügung; teils – soweit sie dem Verfügungsanspruch gelten – sind sie Voraussetzungen der materiellen Begründetheit der Verfügung. Sie sollen hier jedoch des Zusammenhangs wegen einheitlich abgehandelt werden.

43 2. Nach h. M. gilt § 920 Abs. 2 ZPO über § 936 ZPO auch für einstweilige Verfügungen (vgl. statt aller *Zöller/Vollkommer*, § 936 ZPO, Rdn. 2); dies bedeutet, daß Verfügungsgrund und – soweit für dessen Vorliegen nicht eine Vermutung wie die des § 25 UWG spricht – Verfügungsanspruch darzulegen und glaubhaft zu machen sind.

44 Über ihren Wortlaut hinaus ist die Vorschrift auch auf allgemeine Prozeßvoraussetzungen anzuwenden. Auch hierfür ist Glaubhaftmachung notwendig, aber auch ausreichend[96]; volle Beweisführung ist auch insoweit nicht erforderlich[97].

---

93 Das gleiche gilt für verspätetes Wiederaufgreifen abgewiesener Antragsteile im (Anschluß-)Berufungsverfahren; vgl. OLG Koblenz WRP 1978, 837.
94 Nur dann, wenn eine Vollziehung der Verfügung im ausländischen Territorium außerhalb des Ratifizierungsbereichs des EuGÜbk notwendig ist, muß ein solcher Antrag unterbleiben, weil die Strafbewehrung außerhalb dieses Bereichs (für den Art. 43 etwas anderes besagt) regelmäßig die Zustellung scheitern läßt; vgl. *Schütze*, WM 1980, 1438, 1440 mit Fn. 47 und 48.
95 So OLG Hamm WRP 1978, 65, 66 u. GRUR 1991, 336, 337; *Jauernig*, ZwVStr. § 37, V; a. A. OLG Celle GRUR 1987, 66 = WRP 1986, 612; *Pastor*, WRP 1978, 66 f.
96 *Stein/Jonas/Grunsky*, § 936 ZPO, Rdn. 3; *Zöller/Vollkommer*, § 936 ZPO, Rdn. 2; a. A. *Leipold*, S. 52 ff.
97 OLG Koblenz GRUR 1979, 496, 498 – Prozeßführungsmißbrauch; *Pastor*, S. 297; *Zöller/Vollkommer*, § 920 ZPO, Rdn. 9; *Baumbach/Lauterbach/Hartmann*, § 920 Anm. 2 A.

Streitig ist, ob für die Darlegungs- und Glaubhaftmachungslast die allgemeinen Beweislastregeln von Anfang an[98] oder überhaupt nicht[99] oder erst von dem Zeitpunkt ab gelten, in dem der Antragsgegner (nach Anberaumung mündlicher Verhandlung) vollwertig am Verfahren beteiligt ist[100]. Aus Gründen, die ich an anderer Stelle[101] bereits näher ausgeführt habe, ist der letztgenannten Meinung der Vorzug zu geben. Sie führt dazu, daß der Antragsteller im Verfügungsantrag zunächst alle für eine ihm günstige Entscheidung erforderlichen Umstände vortragen und u. U. auch naheliegende Prozeßhindernisse[102] und Einredetatsachen auch insoweit ausräumen muß, als sie im Klageverfahren nur auf Einwendungen des Beklagten zu berücksichtigen wären[103]. Jedoch darf ein Mangel bei der Glaubhaftmachung solcher Tatsachen, für die den Gläubiger im zweiseitigen Verfahren nicht die Darlegungs- u. Glaubhaftmachungslast (bzw. in Klageverfahren die Beweislast) träfe, nicht ohne weiteres zur Zurückweisung des Verfügungsantrags, sondern lediglich zur Anhörung des Gegners führen[104].

Erst recht sind durch Glaubhaftmachung auch alle Behauptungen (und gegebenenfalls auch Glaubhaftmachungsmittel) zu entkräften, die der Antragsgegner bereits in einer beim Gericht hinterlegten (und von diesem zu beachtenden) Schutzschrift[105] vorgetragen hat (*Stein/Jonas/Grunsky*, § 920 ZPO, Rdn. 9).

Keiner Darlegung und Glaubhaftmachung bedürfen Tatsachen, die offenkundig i. S. des § 291 ZPO sind oder für die – wie für die Wiederholungsgefahr bei der wettbe-

---

98 Vgl. zu dieser nicht durchgesetzten Mindermeinung die Nachweise bei *Teplitzky*, WRP 1980, 373, 374 in Fn. 19 und bei *Ulrich*, GRUR 1985, 202 in Fn. 9.
99 *Pastor*, S. 294; *Baumbach/Lauterbach/Hartmann*, § 920, ZPO, Anm. 2, u. neuestens *Hirtz*, NJW 1986, 110, 113; weitere Nachweise bei *Stein/Jonas/Grunsky*, § 920 ZPO, Rdn. 10, bei *Hirtz*, aaO., in Fn. 1 sowie bei *Teplitzky* und *Ulrich*, aaO.
100 OLG Karlsruhe WRP 1983, 170 u. WRP 1988, 631 (Ls.); *Stein/Jonas/Grunsky*, § 920 ZPO, Rdn. 11 m. w. N. in Fn. 14; *Thomas/Putzo*, Vorbem. 4 vor 916 ZPO; *Baumbach/Hefermehl*, § 25 UWG, Rdn. 8; *Teplitzky*, WRP 1980, 373, 374 und JuS 1981, 122, 124; Nachweise auch bei *Ulrich*, aaO., in Fn. 10.
101 AaO., (vgl. letzte Fn.); ferner auch die Darstellung des Meinungsstandes bei *Ahrens*, S. 293 f.
102 Zu diesen gehört wegen eines in der Praxis leider nicht selten vorkommenden Rechtsmißbrauchs auch die anderweitige Rechtshängigkeit. Da manche Antragsteller einstweilige Verfügungen – rechtswidrig – gleichzeitig oder nacheinander gleichlautend bei mehreren Gerichten beantragen, um sie irgendwo ohne mündliche Verhandlung zu erhalten, sollten die Gerichte grundsätzlich bei jeder einstweiligen Verfügung die Behauptung und Glaubhaftmachung (sowohl durch eidesstattliche Versicherung des Antragstellers als auch durch anwaltliche Versicherung des Prozeßbevollmächtigten) fordern, daß der Verfügungsantrag nur beim angerufenen Gericht anhängig gemacht sei.
103 *Stein/Jonas/Grunsky*, § 920 ZPO, Rdn. 11; *Zöller/Vollkommer*, § 922 ZPO, Rdn. 5; *Thomas/Putzo*, Vorbem. 4 vor § 916 ZPO; *Teplitzky*, DRiZ 1982, 41, 44; a. A. *Ulrich*, GRUR 1985, 201, 211.
104 OLG Köln (15 Zs., nicht der Wettbewerbssenat) JMBlNRW 1985, 18 f.; *Baumgärtel/Ulrich*, Bd. 3, § 25 UWG, Rdn. 10; *Zöller/Vollkommer*, Vor § 916 ZPO, Rdn. 6 a u. § 922 ZPO, Rdn. 5.
105 Vgl. Kap. 55, Rdn. 51–54, und *Teplitzky*, Die »Schutzschrift« als vorbeugendes Verteidigungsmittel gegen einstweilige Verfügungen, NJW 1980, 1667 f.; insoweit zust. *Ulrich*, GRUR 1987, 201, 211.

werblichen Unterlassungsverfügung und für die Dringlichkeit bei den meisten ihrer Formen – eine Vermutung spricht (*Ahrens*, S. 297).

48 Auch Tatsachen, für die – oft aber ihrerseits zumindest darlegungsbedürftige – allgemeine Erfahrungsregeln, insbesondere ein Anscheinsbeweis[106] sprechen, bedürfen in der Regel keiner zusätzlichen Glaubhaftmachung.

49 Mittel der Glaubhaftmachung sind zunächst alle präsenten (§ 294 Abs. 2 ZPO) Beweismittel des Zivilprozesses, also Augenschein[107], vorgelegte Urkunden sowie – bei Verfahren mit mündlicher Verhandlung – zum Verhandlungstermin gestellte oder vom Vorsitzenden gem. § 273 ZPO geladene[108] Zeugen oder Sachverständige sowie die Vernehmung der im Termin Anwesenden (Gegen-)Partei. Anträge auf Einholung von Sachverständigengutachten und/oder von amtlichen Auskünften[109] sind keine Glaubhaftmachungsmittel; wohl aber die Vorlage (privat eingeholter) Sachverständigengutachten oder amtlicher Auskünfte[110].

Weitere – wenngleich in der Wettbewerbsprozeßpraxis glücklicherweise[111] nicht ganz so häufig wie in Verfügungsverfahren außerhalb des Wettbewerbsrechts vorkommende[112] – Glaubhaftmachungsmittel sind eidesstattliche Versicherungen von Zeugen und Parteien und die von der Rechtsprechung einer eidesstattlichen Versicherung regelmäßig[113] gleicherachtete sog. anwaltliche Versicherung.

Fehlt die Glaubhaftmachung von Prozeßvoraussetzungen, so ist der Verfügungsantrag als unzulässig, bei fehlender Glaubhaftmachung des Verfügungsanspruchs dagegen als unbegründet zurückzuweisen.

---

106 Vgl. dazu OLG Köln WRP 1977, 660, 661 f.; *Ahrens*, S. 295.
107 Dieser spielt für die wettbewerbliche Verfügung eine überragende Rolle, weil sehr viele Wettbewerbsverstöße in vorzeigbarer Form (Zeitungsanzeige, Werbeprospekt, Warenverpackung, fotografierte Schaufenstergestaltung usw.) begangen werden.
108 Nach h. M. besteht keine Pflicht, wohl aber ein im Ermessen stehendes Recht des Vorsitzenden, schriftsätzlich benannte Zeugen zum Termin zu laden (vgl. im einzelnen *Teplitzky*, DRiZ 1982, 41); in der wettbewerbsrechtlichen Praxis kommen solche Ladungen aber kaum vor, so daß Zeugenangebote in den Schriftsätzen regelmäßig überflüssig sind.
109 Die die Rechtsprechung extra legem als sechstes der – im Gesetz ursprünglich enumerativ auf fünf beschränkten – Beweismittel anerkannt hat, vgl. BGH BB 1976, 480 m. w. N.; näher dazu Kap. 47, Rdn. 14 mit Fn. 25 f.
110 Vgl. z. B. die beiden Entscheidungen des OLG Köln WRP 1980, 504, 505 und WRP 1980, 505, 506 sowie zum Privatgutachten eingehend *Krüger*, WRP 1991, 68 ff.
111 Dies deshalb, weil der Wert solcher Versicherungen oft recht zweifelhaft ist, die gerichtliche Praxis ihnen aber – in der an sich richtigen Erkenntnis ihrer Unentbehrlichkeit – oft allzu unkritisch und leichtgläubig begegnet; vgl. dazu auch schon *Teplitzky*, JuS 1981, 122, 125, sowie (zustimmend) *Ahrens*, S. 292, mit Fn. 184.
112 Die Gründe dafür sind, soweit nicht schon aus Fn. 107 ersichtlich, in der Stellungnahme der Deutschen Vereinigung für gewerblichen Rechtsschutz und Urheberrecht zum Entwurf eines 2. Änderungsgesetzes zur ZPO vom 29. 3. 1972 (GRUR 1972, 353, 354 r. Sp.) sowie bei *Piehler*, S. 213, genannt.
113 Vgl. z. B. OLG Köln NJW 1964, 1039; MDR 1986, 152; *Zöller/Stephan*, § 294 ZPO, Rdn. 5; einschränkend BGH VersR 1974, 1021 u. *Baumbach/Lauterbach/Hartmann*, § 294 ZPO, Anm. 3 B m. w. N.

55. Kapitel   Das summarische Verfahren und seine Entscheidung

Literatur: *Borck,* Über die Vollziehung von Unterlassungsverfügungen, WRP 1977, 556; *Borck,* Kostenfestsetzung aufgrund von Schutzschrifthinterlegung?, WRP 1978, 262; *Borck,* Zur Zurückweisung des Verfügungsantrags ohne mündliche Verhandlung, WRP 1978, 641; *Borck,* Vom Spiel mit der Verjährung, WRP 1979, 347; *Borck,* Das rechtliche Gehör im Verfahren auf Erlaß einer einstweiligen Verfügung, MDR 1988, 908; *R. Bork,* Ab wann ist die Zuwiderhandlung gegen die Unterlassungsverfügung sanktionierbar gemäß § 890 ZPO?, WRP 1989, 360; *Brüggemann,* Unausgebildete Gegnerschaftsverhältnisse, ZZP 81 (1968), 457; *Bülow,* Zur prozeßrechtlichen Stellung des Antragsgegners im Beschlußverfahren von Arrest und einstweiliger Verfügung, ZZP 98 (1985), 274; *Castendiek,* Die Amtszustellung als Vollziehung von Urteilsverfügungen mit Unterlassungsgebot, WRP 1979, 527; *Deutsch,* Die Schutzschrift in Theorie und Praxis, WRP 1990, 327; *Drettmann,* Die Berücksichtigung »öffentlicher« Interessen bei Prüfung der Eilbedürftigkeit des einstweiligen Verfügungsverfahrens nach § 25 UWG, GRUR 1979, 604; *Fritze,* Fehlerhafte Zustellung von Arresten und einstweiligen Verfügungen, Festschrift für Gerhard Schiedermair zum 70. Geburtstag, 1976, S. 141; *Grunsky,* Die Vollziehungsfrist des § 929 II nach Durchführung eines Widerspruchs- oder Berufungsverfahrens, ZZP 104 (1991), 1; *Hadding,* Zur einstweiligen Verfügung im Recht der Wettbewerbsbeschränkung, ZHR 130, 1; *Hase,* Verjährung von wettbewerbsrechtlichen Unterlassungsansprüchen und Erledigung der Hauptsache im einstweiligen Verfügungsverfahren, WRP 1985, 254; *Hegmanns,* Die funktionelle Zuständigkeit der Berufungsgerichte zum Erlaß von Arrest und einstweiliger Verfügung bei versäumter Vollziehungsfrist, WRP 1984, 120; *Herr,* Vom Sinn und Unsinn der Schutzschriften, GRUR 1986, 436; *Hilgard,* Die Schutzschrift im Wettbewerbsrecht, 1985; *Jestaedt,* Der Streitgegenstand des wettbewerbsrechtlichen einstweiligen Verfügungsverfahrens, GRUR 1985, 480; *P. Krüger,* Das Privatgutachten im Verfahren der einstweiligen Verfügung, WRP 1991, 68; *Kunath,* Zur Auslegung des Begriffs »dringender Fall« i. S. des § 942 Abs. 1 ZPO, WRP 1991, 65; *Leipold,* Die Schutzschrift zur Abwehr einstweiliger Verfügungen gegen Streiks, RdA 1983, 164; *Lidle,* Der Bereitschaftsdienst der Patentkammer Braunschweig während der Hannover-Messe, GRUR 1978, 93; *Mädrich,* Das Verhältnis der Rechtsbehelfe des Antragsgegners im einstweiligen Verfügungsverfahren, 1981; *May,* Die Schutzschrift im Arrest- und einstweiligen Verfügungsverfahren, 1983; *Melullis,* Zur Bestimmung des Zustellungsempfängers bei Beschlußverfügungen, WRP 1982, 249; *v. Nerée,* Die Heilung von Zustellungsmängeln, WRP 1978, 524; *Nieder,* Der Kostenwiderspruch gegen wettbewerbliche einstweilige Verfügungen, WRP 1979, 350; *Pastor,* Die Schutzschrift gegen wettbewerbliche einstweilige Verfügungen, WRP 1972, 229; *Schaffer,* Die Gefahren des § 929 Abs. 2 ZPO, NJW 1972, 1176; *Schlüter,* Die Erfüllung der Forderung als Erledigungsgrund im Arrestverfahren, ZZP 80 (1967), 447; *Schmidt-v. Rhein,* Die Vollziehung der auf Unterlassung gerichteten einstweiligen Verfügung, NJW 1976, 792; *Schütze,* Zur Zustellung nach § 176 ZPO im einstweiligen Verfügungsverfahren, BB 1978, 589; *Teplitzky,* Die Schutzschrift als vorbeugendes Verteidigungsmittel gegen einstweilige Verfügungen, NJW 1989, 1667; *Teplitzky,* Schutzschrift, Glaubhaftmachung und »besondere« Dringlichkeit bei § 937 Abs. 2 ZPO – drei Beispiele für Diskrepanzen zwischen Theorie und Praxis, WRP 1980, 373; *Teplitzky,* Arrest und einstweilige Verfügung, JuS 1980, 882; JuS 1981, 122,

352, 435; *Teplitzky*, Streitfragen beim Arrest und bei der einstweiligen Verfügung, DRiZ 1982, 41; *Teplitzky*, Zu Meinungsdifferenzen über Urteilswirkungen im Verfahren der wettbewerblichen einstweiligen Verfügung, WRP 1987, 149; *Thesen*, Eintritt und Einrede der Verjährung in Verfügungsverfahren als Erledigung der Hauptsache, WRP 1981, 304; *Ullmann*, Die Antragsrücknahme im Eilverfahren, BB 1975, 236; *Ulrich*, Die Erledigung der Hauptsache im Wettbewerbsprozeß, GRUR 1982, 14; *Ulrich*, Die »Erledigung« des einstweiligen Verfügungsverfahrens durch nachlässige Prozeßführung, WRP 1990, 651; *Ulrich*, Die Aufbrauchsfrist im Verfahren der einstweiligen Verfügung, GRUR 1991, 26; *Ulrich*, Die Befolgung und Vollziehung einstweiliger Unterlassungsverfügungen sowie der Schadensersatzanspruch gemäß § 945 ZPO, WRP 1991, 361; *Vogt*, Abmahnung – Eilbedürfnis – Wiederholungsgefahr, NJW 1980, 1499; *Weber*, Die Vollziehung einstweiliger Verfügungen auf Unterlassung, DB 1981, 877; *Wedemeyer*, Vermeidbare Klippen des Wettbewerbsrechts, NJW 1979, 293; *Wenzel*, Die einstweilige Verfügung in Wettbewerbssachen, GRUR 1959, 414; *Winkler*, Das Schicksal der einstweiligen Verfügung bis zur Rechtskraft des sie aufhebenden Urteils, Festschrift W. v. Stein (1961), S. 153 = MDR 1962, 88.

Inhaltsübersicht

	Rdn.		Rdn.
I. Die Rechtshängigkeit	1	V. Die Vollziehung	37–51
II. Die Beschlußentscheidung	2–7	1. Die Funktionen der Vollziehung	37
III. Der Widerspruch	8–14	2. Die Notwendigkeit der Vollziehung	38
1. Allgemeine Regeln	8	3. Die Form der Vollziehung	39–42
2. Der Kostenwiderspruch	9–13	a) Bei Anordnung von realen Maßnahmen	40
3. Der Zeitpunkt des Wirksamwerdens der eine einstweilige Verfügung aufhebenden Entscheidung	14, 15	b) Bei Geboten oder Verboten	41, 42
IV. Das Verfahren und die Entscheidung nach mündlicher Verhandlung	16–36	4. Die Zustellung	43–47
1. Die Terminbestimmung	16, 17	a) Form	43
2. Die Verfahrensbesonderheiten	18–34	b) Heilung von Zustellungsmängeln	44–47
a) Die Ladungs- und Einlassungsfristen	19	aa) Bei der Beschlußverfügung	46
b) Die Verweisung an das zuständige Gericht	20	bb) Bei der Urteilsverfügung	47
c) Die Aussetzung, insbesondere zur Vorlage an ein anderes Gericht	21, 22	5. Neue Vollziehungsfrist bei Bestätigung oder Abänderung von Beschlußverfügungen?	48, 49
d) Die Erledigung der Hauptsache	23–32	6. Die Folgen der Versäumung der Vollziehungsfrist	50, 51
e) Die Wirkungen von Anerkenntnis und Vergleich	33, 34	VI. Die Schutzschrift	52–58
3. Die Entscheidung nach mündlicher Verhandlung	35, 36	1. Begriff und Wesen	52, 53
		2. Die Kostenfolgen	54–58

I. Die Rechtshängigkeit

1 Die Rechtshängigkeit einer einstweiligen Verfügung – und damit zugleich ein Prozeßrechtsverhältnis zwischen Antragsteller und (nur formell noch unbeteiligtem) Antrags-

gegner[1] – wird durch die Einreichung, nicht erst durch die Zustellung der Antragsschrift begründet[2]. Mit diesem Zeitpunkt treten alle Wirkungen der Rechtshängigkeit ein; die Anbringung eines gleichen Gesuchs beim selben oder einem anderen Gericht wird unzulässig[3].

II. Die Beschlußentscheidung

In besonders[4] dringenden Fällen kann das Gericht – oder gem. § 944 ZPO dessen Vorsitzender[5] – über den Verfügungsantrag ohne mündliche Verhandlung entscheiden (§ 937 Abs. 2 ZPO). Diese Befugnis bezieht sich – was sich dem Gegensatz der Formulierungen von § 937 Abs. 2 ZPO und § 921 Abs. 1 ZPO entnehmen läßt – nur auf solche Fälle, in denen die Entscheidung so eilig ist, daß nicht einmal die Tage oder allenfalls wenigen Wochen Aufschub bis zu einer – kurzfristig zu terminierenden – mündlichen Verhandlung erträglich erscheinen, oder in denen die Anberaumung der mündlichen Verhandlung (durch Warnung des Antragsgegners) den Zweck des Verfügungsantrags vereiteln würde[6].

Die schriftliche Anhörung des Gegners vor der Entscheidung ist auch im Beschlußverfahren nicht ausgeschlossen[7], sofern nicht wiederum der Warneffekt oder selbst ein minimaler Zeitverlust zur Zweckvereitelung führt[8]; sie ist in Wettbewerbsstreitigkeiten jedoch gänzlich unüblich, obwohl es auch hier in manchen Fällen durchaus möglich

---

1 Vgl. zu diesem Zusammenhang OLG Hamburg WRP 1977, 495; OLG Düsseldorf NJW 1981, 2824 f. sowie *Teplitzky*, WRP 1980, 373, 374 u. in Anm. zu OLG Düsseldorf GRUR 1988, 404, 405 f.
2 Ganz h. M.; eingehend begründet von OLG Hamburg aaO.; vgl. ferner OLG Köln NJW 1973, 2071; OLG Nürnberg WRP 1977, 596; OLG Hamm NJW 1978, 58; OLG Hamburg MDR 1978, 151 u. GRUR 1988, 646 (Ls., vollständig abgedruckt MD VSW 1987, 593, dort S. 595); OLG Frankfurt MDR 1978, 675; OLG Düsseldorf NJW 1981, 2824; OLG München WRP 1983, 358; KG GRUR 1985, 325; *Baumbach/Lauterbach/Hartmann*, § 920 ZPO, Anm. 1 C m. w. N.; *Zöller/Vollkommer*, § 920 ZPO, Rdn. 12.
3 OLG Koblenz GRUR 1981, 91, 93.
4 Dieses dem Begriff »dringend« in § 937 Abs. 2 ZPO nach einhelliger Meinung zusätzlich zu entnehmende Tatbestandsmerkmal ergibt sich daraus, daß »dringend« im normalen Wortsinn jeder Verfügungsantrag sein muß; vgl. *Ahrens*, S. 174.
5 Zur Deckung der Dringlichkeitserfordernisse von § 937 Abs. 2 ZPO und § 944 ZPO vgl. *Ahrens*, S. 175.
6 H. M.; vgl. dazu *Baumbach/Hefermehl*, § 25 UWG, Rdn. 26; *Zöller/Vollkommer*, § 937 ZPO, Rdn. 2, sowie im einzelnen und mit umfangreichen weiteren Nachweisen *Teplitzky*, WRP 1980, 373, 374 und DRiZ 1982, 42, 44; dort auch zur verbreiteten gegenteiligen Praxis, die das Regel-Ausnahme-Verhältnis, das § 937 Abs. 2 ZPO im Gegensatz zu § 921 Abs. 1 ZPO begründet, weitgehend in sein Gegenteil verkehrt; dazu ferner auch *Ahrens*, S. 174 f., u. *Borck*, MDR 1988, 908, 909 f.
7 *Zöller/Vollkommer*, § 922 ZPO, Rdn. 1; *Thomas/Putzo*, § 922 ZPO, Anm. 2; dies ist allerdings nicht ganz unbestritten; dagegen z. B. *Brüggemann*, ZZP 81 (1968), 458, 461; *Pastor*, S. 307; differenzierend *Nirk/Kurtze*, Rdn. 238, u. *Borck*, MDR 1988, 908, 911 ff.
8 *Stein/Jonas/Grunsky*, § 922 ZPO, Rdn. 1 i. V. m. § 936 ZPO, Rdn. 4; *Baumbach/Lauterbach/Hartmann*, § 922 ZPO, Anm. 1 a; *Thomas/Putzo*, § 922 ZPO, Anm. 2; *Teplitzky*, JuS 1981, 362, 353.

– und im Interesse einer von vornherein sichereren, weil auf einer breiteren und verläßlicheren Grundlage basierenden Entscheidung auch wünschenswert – wäre, dem Antragsgegner Gelegenheit zur Gegenäußerung innerhalb einer sehr kurz bemessenen Frist (2–3 Tage) zu geben[9].

4   Viel zu selten wird auch von einer weiteren Möglichkeit Gebrauch gemacht, die den Gerichten nach § 921 Abs. 2 ZPO[10] und im Rahmen ihrer Gestaltungsmöglichkeit nach § 938 ZPO auch bei Erlaß einer wettbewerblichen Unterlassungsverfügung offensteht und deren Nutzung in vielen Fällen interessengemäß oder zur Wahrung auch der Schuldnerbelange sogar erforderlich wäre; davon nämlich, die Anordnung oder Vollziehung der Verfügung von einer bestimmten Sicherheitsleistung durch den Gläubiger abhängig zu machen[11].

5   Die Entscheidung über den Verfügungsantrag ergeht durch Beschluß, der, wenn die Verfügung erlassen wird, dem Antragsteller zuzustellen[12], dem Antragsgegner jedoch nicht mitzuteilen ist, sofern letzterer nicht ausnahmsweise schriftlich angehört worden war (*Zöller/Vollkommer*, § 922 ZPO, Rdn. 1 m. w. N.). Er bedarf keiner Begründung, wenn er dem Antrag voll stattgibt[13]. Weist er den Antrag zurück, so ist er zu begründen. Eine solche Zurückweisung des Verfügungsantrags in Beschlußform ist nach der seit dem 1. 4. 1991 gültigen Neufassung des § 937 Abs. 2 ZPO – jetzt zweifelsfrei[14] – zulässig. Ob sie zu erfolgen hat, hat das Gericht nach seinem Ermessen zu beurteilen (KG GRUR 1991, 944, 946).

6   Die ablehnende Entscheidung ist dem Antragsgegner überhaupt nicht (§ 922 Abs. 3 ZPO), dem Antragsteller, da sie keine Frist in Lauf setzt, nur formlos (§ 329 Abs. 2 ZPO) mitzuteilen[15]. Sie kann mit der einfachen Beschwerde angefochten werden, die auch dann zulässig ist, wenn sie nur zu dem Zweck eingelegt wird, die Hauptsache für erledigt zu erklären (OLG Frankfurt NJW-RR 1992, 493; str., a.A. OLG Hamm WRP 1985, 227, 228). Die Beschwerde ist an sich unbefristet; jedoch ist an den Dringlichkeitsaspekt zu denken: Nur eine unverzüglich eingelegte Beschwerde läßt den Antrag weiter dringlich erscheinen. Ob das Beschwerdegericht (iudex ad quem) seinerseits

---

9   *Zöller/Vollkommer* (§ 922 ZPO, Rdn. 1) hält schriftliche Anhörung in allen Fällen, in denen der Zweck dadurch nicht vereitelt wird, für geboten.

10 Der nach ganz h. M. auf die einstweilige Verfügung entsprechend anwendbar ist; vgl. *Zöller/Vollkommer*, § 936 ZPO, Rdn. 2; *Baumbach/Lauterbach/Hartmann*, § 936 ZPO, Anm. 1; *Lidle*, GRUR 1978, 93, 96.

11 OLG München GRUR 1988, 709, 710 f. – Deutsche Kreditkarte; OLG Hamm WRP 1989, 116, 118; vgl. dazu näher *Borck,* Über die Höhe des Gegenstandswertes, der Sicherheitsleistung und der Beschwer bei wettbewerbsrechtlichen Unterlassungsklagen, WRP 1978, 435, 437.

12 Argument aus § 329 Abs. 2 Satz 2 ZPO i. V. m. § 929 Abs. 2 Satz 2, Abs. 3 ZPO.

13 H. M.; *Zöller/Vollkommer*, § 922 ZPO, Rdn. 10 m. w. N., und *Ahrens,* S. 177 – beide jedoch mit dem gerechtfertigten Verlangen, daß einem nicht begründeten Beschluß unaufgefordert eine Ausfertigung des Verfügungsantrags nebst seiner Begründung beigefügt werden müsse; *Pastor,* S. 322; a. A. *Baumbach/Lauterbach/Hartmann*, § 922 ZPO, Anm. 1 a (Begründung erforderlich).

14 Mit diesem – vernünftigen und die in der Vorauflage (Kap. 55, Rdn. 5 f.) vertretene Auffassung ex lege verbindlich machenden – Schritt des Gesetzgebers ist ein umfangreicher, ebenso unerfreulicher wie überflüssiger Meinungsstreit (vgl. die Nachweise aaO. in Fn. 14–17 sowie *Borck,* MDR 1988, 908, 910 f.) glücklicherweise zu Makulatur geworden.

15 *Zöller/Vollkommer*, § 922 ZPO, Rdn. 12; *Bischof,* Alte und neue Zustellungsprobleme nach der Vereinfachungsnovelle, NJW 1980, 2235, 2236.

ohne mündliche Verhandlung über die Beschwerde entscheiden kann, richtet sich wiederum ausschließlich danach, ob es den Fall als besonders dringend i. S. des § 937 Abs. 2 ZPO beurteilt.

Auch die Frage, ob dem Antragsgegner vor der Beschlußentscheidung rechtliches Gehör zu gewähren ist, ist in der Beschwerdeinstanz nach den gleichen Kriterien zu beurteilen wie im erstinstanzlichen Verfahren. Für die von *Traub* (WRP 1980, 685 unter 3.2) referierte gegenteilige Meinung des OLG Frankfurt – stets rechtliches Gehör in der Beschwerdeinstanz – ist kein Grund ersichtlich; sie würde den Antragsteller in den Fällen, in denen die Gewährung rechtlichen Gehörs zur Zweckvereitelung führt, praktisch rechtlos stellen.

Die Beschwerde unterliegt nicht dem Anwaltzwang, so lange über sie nicht mündlich verhandelt wird (so mit überzeugender Begründung KG NJW-RR 1992, 576 m.N. auch zur Gegenmeinung).

III. Der Widerspruch

1. Allgemeine Regeln

Gegen Beschlußentscheidungen kann der Antragsgegner – unbefristet, theoretisch also auch noch nach Jahren, sofern nicht ausnahmsweise Verwirkungsgesichtspunkte[16] eine Rolle spielen – Widerspruch einlegen. Er ist gemäß § 924 Abs. 2 ZPO zu begründen, jedoch soll – ungeachtet der für eine Mußvorschrift sprechenden Fassung der Vorschrift – das Fehlen der Begründung nicht zur Unwirksamkeit führen[17]. Auch ein Teilwiderspruch ist zulässig, wenn er sich gegen einen abtrennbaren Teil der Verfügung richtet[18]. Der Widerspruch ist grundsätzlich bei dem Gericht einzulegen, das die Verfügung erlassen hat; eine Ausnahme gilt nur bei Entscheidungen nach § 942 ZPO, bei denen der – wegen der Möglichkeit des sog. »Rechtfertigungsverfahrens«[19] entbehrliche, aber nicht unzulässige[20] – Widerspruch bei dem für die einstweilige Verfügung letztlich zuständigen Gericht der Hauptsache einzulegen ist.

Für den Widerspruch und das Widerspruchsverfahren gelten die allgemeinen Prozeßregeln[21], so daß weitgehend auf die ZPO-Kommentierungen zu § 924 ZPO verwiesen werden kann.

---

16 Vgl. dazu z. B. OLG Celle GRUR 1980, 945 (nach 4½ Jahren Verwirkung); KG GRUR 1985, 237 (nach 2½ Jahren); KG MD VSW 1988, 547, 550 = nach *Traub*, S. 28 unter 3.26 (nicht ausreichend 9 Monate, auch wenn Verjährungsfrist absichtlich abgewartet worden ist); OLG Saarbrücken NJW-RR 1989, 1513; ferner *Stein/Jonas/Grunsky*, § 924 ZPO, Rdn. 11; *Zöller/Vollkommer*, § 924 ZPO, Rdn. 10; *Ahrens*, S. 178.
17 Vgl. *Zöller/Vollkommer*, § 924 ZPO, Rdn. 7; *Baumbach/Lauterbach/Hartmann*, § 924 ZPO, Anm. 2 D.
18 KG MD VSW 1988, 547, 548 = nach *Traub*, S. 28 unter 3.26 (in Analogie zu § 694 ZPO).
19 Vgl. zu diesem *Stein/Jonas/Grunsky*, § 942 ZPO, Rdn. 8–15.
20 *Stein/Jonas/Grunsky*, aaO., Rdn. 11 mit Fn. 16.
21 Zu diesen gehört u. a. der von Wettbewerbsgerichten oft vernachlässigte Grundsatz, daß das einstweilige Verfügungsverfahren auch nach Erlaß der Verfügung ein Eilverfahren bleibt. Wegen der nur summarischen Art, in der die den Antragsgegner belastende Entscheidung gefunden worden ist, hat dieser ein schutzwürdiges Interesse daran, daß die Entscheidung unverzüglich

2. Der Kostenwiderspruch

9 Charakteristisch für das Wettbewerbsrecht ist lediglich die hier entwickelte – mittlerweile aber auch außerhalb dieses Rechtsgebiets vorkommende und anerkannte[22] – Form des sog. Kostenwiderspruchs. Er hat im Wettbewerbsrecht deshalb besondere Bedeutung, weil als Folge des Abmahnungserfordernisses sehr häufig der Fall eintritt, daß der Verfügungsgegner die Verfügung zwar als berechtigt hinnehmen möchte, seine Kostenbelastung aber als unbillig empfindet, weil die – nach seiner Meinung erforderliche – Abmahnung unterblieben ist. Greift er in diesen Fällen die Verfügung im ganzen an, so entstehen wegen des vollen Streitwerts zusätzliche Kosten (vgl. dazu näher *Ahrens/Spätgens*, S. 54 m. w. N.), und die Voraussetzung des »sofortigen Anerkenntnisses« i. S. des § 93 ZPO ist nicht mehr erfüllt, da nach einhelliger Meinung (vgl. die bei *Traub* unter 7.4 genannten OLG-Entscheidungen) maßgeblicher Zeitpunkt für Streitstoffixierung die Widerspruchseinlegung, nicht erst die mündliche Verhandlung ist. Deshalb wurde die Form eines auf die Kostenentscheidung beschränkten Widerspruchs entwickelt, die mittlerweile im Wettbewerbsrecht so gut wie einhellig anerkannt wird (*Baumbach/Hefermehl*, § 25 UWG, Rdn. 73 m. w. N.), mit der Folge, daß, wer sie vernachlässigt und den Widerspruch zunächst unbeschränkt einlegt, um erst dann die Hauptsache unter Verwahrung gegen die Kostenlast anzuerkennen, die Kostenvergünstigung des § 93 ZPO grundsätzlich nicht in Anspruch nehmen kann[23].

10 Etwas anderes gilt lediglich dann, wenn der der einstweiligen Verfügung zugrundeliegende Anspruch entweder vorher oder zugleich mit der Einlegung des Vollwiderspruchs beseitigt worden ist (regelmäßig durch eine die Wiederholungsgefahr ausräumende strafbewehrte Unterwerfung)[24]. In diesem Fall ist es ein berechtigtes Anliegen des Schuldners, auch den materiellen Anspruch der Verfügung unwirksam zu machen, da dieser einen zu sichernden, nun nicht mehr existenten Anspruch voraussetzt. Er darf daher Widerspruch einlegen, der den Gläubiger dazu nötigt, die Hauptsache für erledigt zu erklären, und kann damit rechnen, daß im Rahmen der Kostenentscheidung

unter Gewährung des vorher meist unterbliebenen rechtlichen Gehörs überprüft wird. Die Praxis einzelner Gerichte, nach Erlaß der einstweiligen Verfügung die Sache wie ein normales Streitverfahren auf den nächsten »freien«, oft viele Wochen oder gar Monate entfernten Verhandlungstermin anzusetzen, vernachlässigt gröblich dieses Interesse und widerspricht nicht nur dem Geist der gesetzlichen Regelung des summarischen Verfahrens, sondern auch dem verfassungsrechtlichen Grundsatz, daß ein im Eilverfahren zunächst berechtigtermaßen unterlassenes rechtliches Gehör ohne Verzug nachzuholen ist (vgl. BVerfGE 9, 89, 91).

22 Vgl. *Zöller/Vollkommer*, § 924 ZPO, Rdn. 5, u. *Baumbach/Lauterbach/Hartmann*, § 924 ZPO, Anm. 2 A; *Thomas/Putzo*, § 924 ZPO, Anm. 1.
23 Vgl. OLG Schleswig WRP 1979, 399 f. mit umfangreichen Nachweisen; OLG Düsseldorf WRP 1986, 273; OLG Bremen WRP 1989, 523 f.; OLG Hamm GRUR 1990, 309; ferner *Nieder*, WRP 1979, 350, 352, ebenfalls mit Nachweisen in Fn. 24 mit Fn. 26; *Baumbach/Hefermehl*, § 25 UWG, Rdn. 76; *Pastor*, S. 325, 327 f.; vgl. außerdem die umfangreichen Nachweise bei *Ahrens*, S. 134 in Fn. 55, und die bei *Traub* jeweils unter 7.4 genannten OLG-Entscheidungen.
24 Vgl. KG nach *Traub*, S. 34 unter 7.4 (Beschl. v. 2. 9. 1986); OLG Köln WRP 1986, 426 und GRUR 1990, 310 = WRP 1990, 543; OLG Karlsruhe MD VSW 1990, 458, 462 (= nach *Traub*, S. 229 unter 7.4, dort als »unveröffentlicht« bezeichnet); OLG Hamburg GRUR 1988, 242 (Ls.) = MD VSW 1987, 697, 698 und nach *Traub*, S. 170 unter 7.7; OLG Hamburg WRP 1989, 325 = GRUR 1989, 151 (Ls.).

nach § 91 a ZPO der Rechtsgedanke des § 93 ZPO zu seinen Gunsten angewandt wird, wenn die Voraussetzungen dieser Vorschrift (regelmäßig wegen Fehlens einer vorangegangenen Abmahnung) erfüllt sind[25].

Umstritten und dogmatisch problematisch ist die Frage, ob mit dem Kostenwiderspruch implizit der Hauptsacheanspruch anerkannt (so *Melullis*, Hdb., Rdn. 125 auf S. 98 unten) und prozessualiter außer auf den Vollwiderspruch (insoweit steht der Verzichtscharakter heute außer Streit) auch auf andere Vorgehensweisen gegen die in der Sache nicht angegriffene einstweilige Verfügung verzichtet wird, wobei in Literatur und Rechtsprechung – ähnlich wie früher bei der Abschlußerklärung, vgl. Kap. 43, Rdn. 5 – der Blick weitgehend auf die Rechte aus § 926 ZPO fixiert ist[26] und die Möglichkeit eines Vorgehens gemäß § 927 ZPO und/oder im Wege der negativen Feststellungsklage weitgehend außer Betracht gelassen wird. Die Frage kann m. E. nur differenzierend beantwortet werden: An sich bedeutet die Beschränkung eines Widerspruchs auf die Kosten für sich genommen nichts anderes als die Hinnahme der Entscheidung über den Streitgegenstand des Verfügungsverfahrens. Dieser ist nicht der Hauptsacheanspruch, der – ebenso wie beim »Anerkenntnis« des Verfügungsanspruchs, vgl. nachfolgend Rdn. 33 – von der Rechtsbehelfsbeschränkung an sich nicht berührt wird. So ist es beispielsweise denkbar, daß ein Schuldner Kostenwiderspruch nur deswegen einlegt, weil ihm klar ist, daß er mit den Glaubhaftmachungsmitteln des summarischen Verfahrens gegen dessen für ihn negative Sachentscheidung nichts ausrichten kann, jedoch hofft, im Hauptsacheverfahren schließlich – etwa aufgrund eines Meinungsforschungsgutachtens – zu obsiegen. Dies zeigt, daß es – entgegen *Pastor*, S. 326 f. – keinesfalls angehen kann, jedem Kostenwiderspruch den Sinn eines Anerkenntnisses auch des Hauptsacheanspruchs zu unterschieben (zutreffend daher insoweit OLG Stuttgart WRP 1980, 102, 103). Wegen der ihrer Natur nach verschiedenen Streitgegenstände ist es auch – entgegen KG WRP 1982, 465, 466 f. – nicht Sache des Schuldners, die (natürlicherweise) beschränkte Wirkung seines Verzichts zu verdeutlichen, sondern lediglich seine Obliegenheit klarzustellen, wenn der Verzicht über seine natürlichen Grenzen hinaus wirken soll (vgl. – zutreffend – *Baumbach/Hefermehl*, § 25 UWG, Rdn. 73).

Jedoch kann letzteres konkludent geschehen und geschieht, was dem Meinungsstreit viel von seiner Schärfe nimmt, regelmäßig auch konkludent dann, wenn der Schuldner – wie fast regelmäßig – auf die Kostenvergünstigung gemäß § 93 ZPO pocht und geltend macht, er habe keinen Anlaß zum Verfügungsverfahren gegeben, weil er sich, wenn er abgemahnt worden wäre, unterworfen hätte. Bei solcher Argumentation – aber auch nur dann – läßt sich seine Erklärung unschwer dahin auslegen, daß er den materiellen Anspruch schlechthin, also auch den Streitgegenstand nicht nur des summarischen, sondern auch den des Klageverfahrens nicht in Frage stellen wolle. Darin liegt ein Verzicht auf die Durchführung eines Hauptsacheverfahrens, d. h. auf die Rechte aus § 926 ZPO und/oder auf eine negative Feststellungsklage. Jedoch kann darin nicht auch gleichzeitig ein Verzicht auf die Geltendmachung künftiger Veränderungen (§ 927

---

25 Vgl. OLG Hamburg, Karlsruhe und Köln wie Fn. 24.
26 Vgl. – auch zum Meinungsstand – HdbWR/*Spätgens*, § 88, Rdn. 15, wo das Zitat des OLG Düsseldorf in Fn. 42 allerdings richtig WRP 1972 heißen muß; Nachweise auch bei *Baumbach/Hefermehl*, § 25 UWG, Rdn. 73.

ZPO) gesehen werden, da solche künftigen Umstände nichts mit der Frage der Klage- bzw. Verfügungsveranlassung im Sinne des § 93 ZPO zu tun haben.

13 Die lange umstrittene und außerhalb des Wettbewerbsrechts auch heute noch sehr streitige[27] Frage, ob gegen die – gemäß § 925 Abs. 1 ZPO notwendigerweise nach mündlicher Verhandlung – ergehende (Urteils-)Entscheidung über den Kostenwiderspruch nach § 99 Abs. 1 ZPO kein Rechtsmittel oder in entsprechender Anwendung des § 99 Abs. 2 ZPO das Rechtsmittel der sofortigen Beschwerde gegeben ist, kann für das Wettbewerbsrecht heute als im letzteren Sinne entschieden gelten[28]. Damit ist auch mitentschieden, daß das Rechtsmittel der Berufung unzulässig ist[29], was wegen der kürzeren Frist, die für die Einlegung der sofortigen Beschwerde vorgeschrieben ist, besondere Beachtung verdient[30].

3. Der Zeitpunkt des Wirksamwerdens der eine einstweilige Verfügung aufhebenden Entscheidung

14 Erhebliche Bedeutung – auch und gerade für das Wettbewerbsrecht – kann die Streitfrage gewinnen, ob das vorläufig vollstreckbare Urteil, durch das auf den Widerspruch hin eine einstweilige Verfügung aufgehoben wird, diese sogleich[31] oder erst nach Eintritt seiner Rechtskraft[32] außer Kraft setzt. Nach ihrer Beurteilung richtet sich nämlich, ob der Schuldner der aufgehobenen einstweiligen Verfügung bereits ohne Befürchtung einer Sanktion nach § 890 ZPO zuwiderhandeln darf und ob – im Falle einer erfolgrei-

---

27 Vgl. – gegen Rechtsmittelmöglichkeit – noch *Baumbach/Lauterbach/Hartmann*, § 925 ZPO, Anm. 3; dafür jedoch *Zöller/Vollkommer*, § 925 ZPO, Rdn. 11.
28 Vgl. zur Begründung OLG Hamburg WRP 1976, 180; ferner OLG Schleswig WRP 1979, 399 und OLG Köln WRP 1983, 43, beide mit umfassendem Überblick über den damaligen Meinungsstand, insbesondere auch über die OLG-Rechtsprechung bis zu jenem Zeitpunkt; zum jetzigen Meinungsstand vgl. die bei *Traub* jeweils unter 7.5 genannten OLG-Entscheidungen sowie *Ahrens/Spätgens*, S. 56 f. Das bei letzteren noch für die Gegenmeinung zitierte OLG München hat seine (Minder-)Meinung inzwischen ausdrücklich aufgegeben (vgl. GRUR 1990, 482); lediglich das OLG Oldenburg (WRP 1980, 349, 350; Beschl. v. 18. 4. 1986 nach *Traub*, S. 346 unter 7.5) hält noch an der Auffassung fest, ein Rechtsmittel sei nicht gegeben; für Anfechtbarkeit durch sofortige Beschwerde auch *Baumbach/Hefermehl*, § 25 UWG, Rdn. 75 m. w. N.
29 Vgl. OLG Köln WRP 1983, 43.
30 Ob die Umdeutung einer Berufung in eine sofortige Beschwerde möglich ist (dafür *Baumbach/Hefermehl*, § 25 UWG, Rdn. 75), kann schon zweifelhaft sein; jedenfalls hilft sie nach Ablauf der Zwei-Wochen-Frist des § 577 Abs. 2 ZPO nichts mehr.
31 So OLG München OLGZ 1969, 196, 199; OLG Celle GRUR 1989, 541; OLG Düsseldorf NJW-RR 1987, 511, 512; *Baumbach/Hefermehl*, § 25 UWG, Rdn. 69; *Melullis*, Hdb., Rdn. 128; HdbWR/*Spätgens*, Nachtrag 1989, S. 119, § 88 Anm. 1; *Pastor*, S. 359; *Stein/Jonas/Grunsky*, § 925 ZPO, Rdn. 19; *Zöller/Vollkommer*, § 925 ZPO, Rdn. 10; *Baumbach/Lauterbach/Hartmann*, § 925 ZPO, Anm. 2 A d; *Thomas/Putzo*, § 925 ZPO, Anm. 2; *Teplitzky*, DRiZ 1982, 41, 46 und WRP 1987, 149, 149 f. mit umfangreichen Nachweisen zur nahezu einhelligen Meinung der Prozeßrechtsliteratur und zu den vereinzelten OLG-Entscheidungen mit gegenteiligem Standpunkt.
32 So OLG Hamburg WRP 1976, 777; OLG Frankfurt BB 1982, 832 mit der Modifizierung, daß mit Rechtskraft die Aufhebungswirkung ex tunc eintreten soll.

chen Berufung gegen das Urteil – das Berufungsgericht die einstweilige Verfügung erneut erlassen muß[33].

Der mittlerweile wohl unbedenklich als herrschend zu bezeichnenden ersteren Auffassung ist aus Gründen, die vor allem *Stein/Jonas/Grunsky*[34] und *Pastor*[34] näher dargelegt haben und die ich ebenfalls an anderer Stelle ausführlich unterstrichen habe[35], der Vorzug zu geben[36]. Nach ihr ist für die weitere Streitfrage, ob die vorläufige Wirkung eines vorläufig vollstreckbaren Aufhebungsurteils durch Einstellungsmaßnahmen wieder beseitigt und die einstweilige Verfügung damit wieder effizient gemacht werden kann[37], kein Raum – ein Gesichtspunkt, der im Interesse klarer Verhältnisse durchaus auch für die hier vertretene Auffassung ins Feld geführt werden könnte.

IV. Das Verfahren und die Entscheidung nach mündlicher Verhandlung

1. Die Terminbestimmung

2. Fehlt die Voraussetzung der besonderen Dringlichkeit, so ist Termin zur mündlichen Verhandlung zu bestimmen, und zwar – dies folgt aus der allgemeinen Eilbedürftigkeit – möglichst kurzfristig. »Möglichst« heißt hier keinesfalls unter Berücksichtigung der allgemeinen Terminlage des Gerichts; vielmehr haben Eilverfahren ihrem Wesen nach absolut Vorrang und sind deshalb stets äußerst kurzfristig zu terminieren[38].

An sich sind Terminanordnungen unanfechtbar. Die Rechtsprechung hat jedoch eine – zwar noch bestrittener, aber wohl bereits herrschender Auffassung entsprechende – Anfechtungsmöglichkeit für diejenigen Fälle entwickelt, in denen eine zu langfristige Terminierung einer Rechtsverweigerung für den konkreten Einzelfall gleichkäme[39] –

---

33 Diese Konsequenz stellt das OLG Düsseldorf WRP 1981, 278, 280 zwar in Abrede, jedoch mit wenig überzeugender Begründung.
34 Vgl. Fn. 31.
35 Vgl. DRiZ 1987, 41, 46 und besonders WRP 1987, 149, 149 f.
36 Die gegen diese Gründe gerichtete Argumentation des OLG Hamburg (WRP 1976, 777), auch eine in Beschlußform erlassene einstweilige Verfügung sei eine vollwertige einstweilige Verfügung, weil dem Antragsgegner ja nachträglich das rechtliche Gehör gewährt werde, läßt außer acht, daß hier die Aufhebungsentscheidung das Ergebnis des nachträglichen rechtlichen Gehörs ist und gerade die Unzulänglichkeit der ohne bzw. mit aufgeschobenem rechtlichen Gehör erlassenen Beschlußentscheidung feststellt; deshalb muß sie, um letztere zu korrigieren, sofort wirken. Für einen Aufschub der Wirkung bis zur Rechtskraft gibt der Gedanke des OLG Hamburg nichts her; richtig angewandt widerspricht er ihm sogar.
37 Vgl. dazu *Ahrens*, S. 187 mit Fn. 91.
38 Wettbewerbsgerichte, die erfahrungsgemäß häufig über einstweilige Verfügungen zu befinden haben, sollten dafür stets Terminraum freihalten; andere Gerichte müssen notfalls entweder außerhalb ihrer normalen Terminzeiten verhandeln oder im äußersten Notfall Raum durch Verlegung eines weniger dringenden Termins einer anderen, normalen Prozeßsache schaffen.
39 Vgl. – wenngleich nur teilweise für die Terminierung im e. V.-Verfahren, wo aber erst recht gelten muß, was schon für das Klageverfahren entschieden ist – OLG Frankfurt NJW 1974, 1715 u. FamRZ 1982, 316; OLG Hamburg NJW-RR 1989, 1022 m. w. N.; OLG Celle NJW 1975, 1230 und OLGZ 75, 357; OLG Stuttgart ZZP 78 (1965), 237; FamRZ 1973, 386 und WRP 1983, 711; OLG Köln NJW 1981, 2263; (auch der Wettbewerbssenat des OLG Köln hat vor Jahren – noch unter meiner Mitwirkung – in einer unveröffentlichten Entscheidung die Be-

etwa weil das Ergebnis, dessen Unterlassung beantragt wird, zur Terminzeit bereits eingetreten und nicht rückgängig zu machen wäre, eine Entscheidung ohne mündliche Verhandlung aber dennoch nicht geboten oder aus bestimmten Gründen sogar nicht möglich ist. In diesen Fällen kann – extra legem – Beschwerde eingelegt werden.

2. Die Verfahrensbesonderheiten

18 Für das Verfahren bis zur mündlichen Verhandlung gelten – weitgehend gleichermaßen wie für das Verfahren über den Widerspruch gegen eine Beschlußentscheidung – die allgemeinen Verfügungsverfahrensregeln, die im folgenden nur insoweit kurz angesprochen werden sollen, als sie auch und gerade für die wettbewerbliche einstweilige Verfügung von besonderem Interesse sind:

19 a) Die Möglichkeit der Verkürzung der – grundsätzlich auch im Eilverfahren geltenden – Ladungsfrist spielt bei der einstweiligen Verfügung naturgemäß eine größere Rolle. Einlassungsfristen gibt es nicht; auch die Präklusionsvorschriften des allgemeinen Verfahrensrechts gelten im Eilverfahren nicht, mit der Folge, daß alles zu berücksichtigen ist, was die Parteien bis zum Schluß der mündlichen Verhandlung vortragen und glaubhaft machen[40]. Schranken bildet allein der Rechtsmißbrauchsgedanke[41]: Sachvortrag und Glaubhaftmachungsmittel, die unschwer bereits vorher in das Verfahren einzubringen gewesen wären und nur bis zur mündlichen Verhandlung zurückgehalten werden, um dem Gegner durch Überrumpelung die Verteidigungsmöglichkeit zu nehmen, können danach ausnahmsweise unberücksichtigt bleiben oder – ganz ausnahmsweise – mindestens eine kurzfristige Vertagung (auf eine spätere Terminstunde desselben Tages oder allenfalls wenige Tage später) rechtfertigen[42].

20 b) Verweisungen (auf Antrag des Antragstellers) an das zuständige Gericht sind, solange eine Verfügung nicht erlassen ist, nach § 281 ZPO zulässig und wirksam[43].

21 c) Aussetzungen des Verfügungsverfahrens sind nach dem Wesen des Eilverfahrens ausgeschlossen. Dies ist für die Aussetzung nach § 148 ZPO, die ohnehin im Ermessen

---

schwerde gegen eine Verfügungsterminierung zugelassen); OLG Schleswig NJW 1982, 246 u. SchLHA 1984, 56; ferner *Stein/Jonas/Schumann*, § 216 ZPO, Rdn. 42 mit Fn. 11; *Thomas/Putzo*, § 216 ZPO, Anm. 4; *Zöller/Stephan*, § 216 ZPO, Rdn. 22; *Baumbach/Lauterbach/Hartmann*, § 216 ZPO, Anm. 8 B; *Baumbach/Hefermehl*, § 25 UWG, Rdn. 22.

40 OLG Koblenz GRUR 1987, 319, 322 – Verspätetes Vorbringen; OLG Hamburg NJW-RR 1987, 36; *Baumbach/Hefermehl*, § 25 UWG, Rdn. 24; a. A. *E. Schneider*, MDR 1988, 1024 (§ 296 ZPO anwendbar).

41 Vgl. *Baumbach/Lauterbach/Hartmann*, § 922 ZPO, Anm. 2 B; *Zöller/Vollkommer*, § 922 ZPO, Rdn. 15; *Röwer*, Bespr. v. *Zöller*, MDR 1991, 183, 184.

42 Vgl. dazu im einzelnen *Pastor*, S. 352; *Teplitzky*, JuS 1981, 352, 353 f.

43 Die h. M. (vgl. etwa *Baumbach/Lauterbach/Hartmann*, § 925 ZPO, Anm. 2 A b) will dies auch im Widerspruchsverfahren, also nach Erlaß einer einstweiligen Verfügung, zulassen. Das halte ich aus Gründen, die ich an anderer Stelle näher ausgeführt habe, für bedenklich (vgl. DRiZ 1982, 41, 42 m. w. N.) u. allenfalls i. V. mit einer gleichzeitigen (vorl.) Einstellungsentscheidung für vertretbar.

des Gerichts steht[44], so gut wie unbestritten[45]. Ganz herrschend ist mittlerweile auch die Meinung geworden, daß weder eine Aussetzung gemäß § 96 Abs. 2 GWB noch – nachdem der Gerichtshof der Europäischen Gemeinschaften sie ausdrücklich für nicht erforderlich erklärt hat[46] – eine Vorlage gemäß Art. 177 Abs. 3 EWGV zulässig ist[47]. Insoweit sind lediglich die Folgen umstritten: Während eine Mindermeinung die Kompetenz des Verfügungsgerichts zur (vorläufigen) Mitbeurteilung der Kartell- bzw. europarechtlichen Vorfrage verneint (mit der Folge, daß diese sowohl als anspruchsbegründend als auch insbesondere als Einwand des Verfügungsgegners außer Betracht zu bleiben hat[48]), ist heute die Auffassung vorherrschend, daß im summarischen Verfahren – im Hinblick auf die Eilbedürftigkeit des Rechtsschutzes und die nur geringe präjudizielle Auswirkung vorläufiger Entscheidungen – auch kartell- und europarechtliche Fragen von den Verfügungsgerichten mit beurteilt werden können[49].

Differenzierter ist die Frage der Vorlagepflicht gemäß Art. 100 GG zu sehen. Soweit eine solche in einzelnen Kommentaren[50] unter Hinweis auf BVerfGE 63, 131 (= NJW 1983, 1179) schlechthin bejaht wird, bleibt unbeachtet, daß diese Entscheidung allein – sogar ausdrücklich – auf die Besonderheit des dort zur Beurteilung stehenden Gegendarstellungsverfahrens abstellt, nämlich darauf, daß dieses – im vom Bundesverfassungsgericht ausdrücklich[51] erwähnten Gegensatz zu anderen Verfahren des vorläufigen Rechtsschutzes – kein Hauptsacheverfahren kenne und deshalb dort (und nur dort) bei Verneinung der Vorlagepflicht die Prüfungskompetenz des Bundesverfassungsgerichts völlig »leerlaufen« würde. – Diese Ausführungen sind nicht nur nicht ohne weiteres auf das wettbewerbsrechtliche Verfügungsverfahren übertragbar, sondern lassen m. E. sogar deutlich erkennen, daß die Frage der Vorlagepflicht für dieses auch vom Bundesverfassungsgericht anders beurteilt werden dürfte[52]. Maßgeblich dürften inso-

---

44 *Stein/Jonas/Schumann*, § 148 ZPO, Rdn. 33.
45 Vgl. z. B. OLG Frankfurt GRUR 1981, 905, 907; OLG Düsseldorf GRUR 1983, 79, 80; ferner die umfangreichen Nachweise bei *Stein/Jonas/Schumann*, § 148 ZPO, Rdn. 34 mit Fn. 46, und *Baumbach/Lauterbach/Hartmann*, Grundzüge vor § 916 ZPO, Anm. 3 B.
46 EuGH WRP 1977, 598, 600.
47 Vgl. OLG Köln WRP 1976, 714, 720; OLG Stuttgart WuW 1976, 384; OLG Hamburg WRP 1981, 589, 590; *Baumbach/Hefermehl*, § 25 UWG, Rdn. 25; *Pastor*, S. 346 f., 350; *Stein/Jonas/Grundsky*, Vor § 916 ZPO, Rdn. 26 und 27; *Zöller/Vollkommer*, Vor § 916 ZPO, Rdn. 9 und 10; *Ahrens*, S. 180, und *Hadding*, ZHR 130, 1, 7–16.
48 So *Pastor*, S. 348 und 350 m. w. N., u. *Baumbach/Lauterbach/Hartmann*, Grundz. vor § 916 ZPO, Anm. 3 B.
49 So OLG Köln WRP 1976, 714, 720; KG WRP 1981, 275, 276; OLG Hamburg GRUR Int. 1982, 255, 286 – Baguettines de Paris; OLG Hamm WuWE OLG 3208 (einschränkend); *Karsten Schmidt* in *Immenga/Mestmäcker*, § 96 GWB, Rdn. 12; *Baumbach/Hefermehl*, § 25 UWG, Rdn. 25; einschränkend – Erlaß nur gegen Sicherheitsleistung mit Fristsetzung zur Klageerhebung vor dem Kartellgericht – OLG Hamm NJW 1969, 2020 mit krit. Anm. *v. Gamm* u. GRUR 1984, 603 (Ls.) sowie KG WRP 1981, 275, 276 u. *Zöller/Vollkommer*, Vor § 916 ZPO, Rdn. 9.
50 Z. B. *Baumbach/Lauterbach/Hartmann*, Grundzüge vor § 916 ZPO, Anm. 3 B a. E.; *Zöller/Vollkommer*, Vor § 916 ZPO, Rdn. 11 (letzterer einschränkend: »u. U.«).
51 NJW S. 1179 unter B I 3.
52 Eine zu weitgehende Bejahung der Vorlagepflicht im Eilverfahren kann – worauf VG Würzburg (NJW 1976, 1651), VGH Mannheim (DÖV 1976, 678) und OVG Münster NJW 1979, 330 im Zusammenhang mit der einstweiligen Anordnung im öffentlichen Recht hingewiesen ha-

weit auch weiterhin die Grundsätze einer früheren Entscheidung des Bundesverfassungsgerichts (BVerfGE 46, 43, 51) bleiben, die eine Vorlage jedenfalls – und mutmaßlich wohl auch nur – dann als erforderlich ansieht, wenn die beantragte vorläufige Regelung die endgültige Entscheidung weitgehend vorwegnimmt – dieser Teil der Voraussetzung dürfte bei der wettbewerblichen Unterlassungsverfügung meist zutreffen – und damit etwas gewähren würde, auf das ein im Hauptsacheverfahren durchsetzbarer Anspruch nach Auffassung des angerufenen Gerichts wegen Verfassungswidrigkeit der zugrunde gelegten Norm nicht besteht[53].

23 d) Zur Erledigung der Hauptsache des Verfügungsverfahrens gilt zunächst das zur Hauptsacheerledigung bei der Klage in Kap. 46, Rdn. 34 ff., Ausgeführte. Besonderheiten ergeben sich hier aber – abgesehen von einer notwendigen begrifflichen Unterscheidung – aus zusätzlichen, für das Verfügungsverfahren spezifischen Erledigungsgründen.

24 aa) Begrifflich sind hier zunächst zwei »Hauptsachen« auseinanderzuhalten. Die »Hauptsache«, deren Erledigung im Verfügungsverfahren unmittelbar infrage steht, ist etwas anderes, nämlich der Gegenstand des Verfügungsverfahrens selbst, als die – beispielsweise in § 926 ZPO gemeinte – Hauptsache, die den Gegenstand des Hauptsachestreitverfahrens bildet[54].

25 bb) Zusätzliche – recht häufige – Erledigungsgründe entstehen im Verfügungsverfahren durch den nachträglichen Wegfall des Verfügungsgrundes[55] (Dringlichkeit), aus Wechselwirkungen des – jetzt im anderen Sinne gemeinten – Hauptsacheverfahrens mit dem Verfügungsverfahren selbst und mit den Verfahren gem. §§ 926 und 927 ZPO sowie – dies allerdings ist streitig – aus der während des Verfügungsverfahrens eingetretenen Anspruchsverjährung[56].

26 aaa) Die Dringlichkeit kann nach Einleitung des Verfügungsverfahrens aus den verschiedensten Gründen – z. B.[57] durch eigenes säumiges Prozeßverhalten des Antrag-

---

ben – gegen Art. 19 Abs. 4 GG verstoßen; vgl. dazu auch *Pestalozza*, Einstweilige Anordnung statt Richtervorlage?, NJW 1979, 1341, 1342.

53 So die Leitsatzformulierung, die – im Gegensatz zum maßgeblichen Begründungsteil – auch in NJW 1978, 37 abgedruckt ist.

54 Vgl. dazu *Ulrich*, GRUR 1982, 14, 15; *Hase*, WRP 1985, 254, 255; zur Erledigung der einstweiligen Verfügung durch Erfüllung des Hauptsacheanspruchs vgl. eingehend *Schlüter*, ZZP 80 (1967), 447 ff.

55 Daß auch der Wegfall von Prozeßvoraussetzungen, zu denen der Verfügungsgrund zählt, zur Hauptsacheerledigung führen kann, ist heute ganz h. M.; vgl. *Stein/Jonas/Leipold*, § 91 a ZPO, Rdn. 6 mit Fn. 22.

56 Dagegen besteht völlige Einigkeit darüber, daß die Versäumung der Vollziehungsfrist des § 929 Abs. 2 ZPO keinen Erledigungsgrund darstellt, da als ihre Folge eine Unwirksamkeit der einstweiligen Verfügung von Anfang an fingiert wird; *Mädrich*, S. 93; *Ulrich*, GRUR 1982, 14, 20 m. w. N. in Fn. 78 f.

57 Das an dieser Stelle in der Vorauflage (Kap. 55, Rdn. 25) mit genannte Beispiel der Abgabe einer vorläufigen strafbewehrten Unterlassungsverpflichtungserklärung bis zur Entscheidung in der Hauptsache hält grundsätzlichem Überdenken nicht stand; eine solche Erklärung ist entweder wirksam, dann beseitigt sie die Wiederholungsgefahr (vgl. dazu Kap. 8, Rdn. 8–12), oder sie ist unwirksam, dann hat sie auch keinen Einfluß auf die Dringlichkeit (vgl. Kap. 8, aaO.); bedenklich daher OLG München, Beschl. v. 27. 7. 1979 – 29 W 1016/89, MD VSW 1989, 1342 (Ls.).

stellers u. a. – entfallen; damit ist definitionsgemäß[58] ein erledigendes Ereignis gegeben. Darauf, ob es vom Antragsteller selbst herbeigeführt ist, kommt es für die Frage der Erledigung nicht an[59]; sie spielt nur bei der Kostenentscheidung im Rahmen des § 91 a ZPO eine (entscheidende) Rolle (*Wieczorek*, § 91 a ZPO, Anm. B I).

bbb) Entscheidungen oder Prozeßvergleiche im Hauptsacheverfahren können sich erledigend sowohl im Verfügungs- als auch im Aufhebungsverfahren nach § 927 ZPO auswirken, während für die Erledigung des Aufhebungsverfahrens nach § 926 Abs. 2 ZPO sogar schon die (nach Fristablauf, aber gerade noch rechtzeitig vor der mündlichen Verhandlung des Aufhebungsverfahrens erfolgte) Erhebung der Hauptsacheklage ausreicht.

Dagegen stellt die Versäumung der Klagefrist des § 926 ZPO keinen Erledigungsgrund für das Verfügungsverfahren dar, weil sie – ähnlich wie die Versäumung der Vollziehungsfrist[60] – die anfängliche Unbegründetheit der einstweiligen Verfügung fingiert[61].

ccc) Umstritten, wenngleich einer einheitlichen Lösung schon recht nahe, ist die Frage, ob der Eintritt der Anspruchsverjährung und die entsprechende Einrede des Antragsgegners im Verfügungsverfahren einen Grund für dessen Erledigung darstellt.

Wer dies heute noch verneint[62], beruft sich meist auf die Entscheidung des OLG Hamm aus dem Jahre 1976 (WRP 1977, 199, 200), in der es – abgesehen von ihrer im Verhältnis zu ihren Folgen recht knappen Begründung – um einen Fall ging, in dem untypischerweise die Verjährung schon bei Einleitung des Verfügungsverfahrens eingetreten gewesen war, oder auf die Entscheidung RGZ 148, 400, 404[63], die zu der Frage gar nicht Stellung nimmt, sondern lediglich Kostenfolgen behandelt[64].

Bezieht man die vielzitierte Entscheidung des OLG Hamm auf den ihr zugrunde liegenden Fall, so kann ihr – wie *Hase* (WRP 1985, 254 f.) m. E. überzeugend nachgewiesen hat – im Ergebnis durchaus zugestimmt werden: Ist die Verjährung schon bei Einleitung des Verfügungsverfahrens eingetreten, so kommt eine Erledigung auch dann nicht in Betracht, wenn die Einrede erst während des Verfahrens erhoben wird (so auch *Borck*, WRP 1987, 8, 12).

---

58 Vgl. z. B. die Definitionen bei *Zöller/Vollkommer*, § 91 a ZPO, Rdn. 3, und *Stein/Jonas/Leipold*, § 91 a ZPO, Rdn. 5.
59 *Stein/Jonas/Leipold*, § 91 a ZPO, Rdn. 6 (mit unzutreffendem Zitat in Fn. 20); *Ulrich* hat seine in GRUR 1982, 14, 21 vertretene und auf das (auch in Fn. 20 bei *Stein/Jonas/Leipold*, aaO., zu findende) Mißverständnis von RGZ 148, 400, 404 gestützte Gegenmeinung inzwischen (WRP 1990, 651, 652 f.) aufgegeben.
60 Vgl. vorstehend Fn. 56.
61 *Mädrich*, S. 93; *Ulrich*, aaO., S. 22.
62 Dazu gehören außer OLG Hamm WRP 1977, 199, 200 und BB 1979, 1377, 1378 namentlich OLG Schleswig NJW-RR 1986, 38, 39; OLG Koblenz WRP 1982, 657, 658 u. WRP 1986, 298; OLG Oldenburg nach *Traub*, S. 345 unter 4.12; *Zöller/Vollkommer*, § 91 a ZPO, Rdn. 5; *Borck*, WRP 1979, 347 u. »Die einseitige Erledigung im Unterlassungsrechtsstreit«, WRP 1987, 8, 12; früher auch *Ulrich*, GRUR 1982, 14, 21.
63 Vgl. z. B. *Ulrich*, aaO., in Fn. 39, zu lesen i. V. mit S. 20 l.Sp. oben; zum Mißverständnis vgl. vorstehend Rdn. 26 u. Kap. 46, Rdn. 39.
64 Das gleiche gilt für die Zitate *Wieczoreks* (§ 91 a ZPO, Anm. B I) und *Mädrichs* (S. 93) bei *Ulrich* in Fn. 42; *Thomas/Putzo*, bei *Ulrich* mit § 91 a ZPO, Anm. 1 b, zitiert, ist an dieser Stelle vage; in Anm. 2 b steht er dagegen klar gegen die damalige Meinung *Ulrichs*.

32 Tritt die Verjährung dagegen erst während des Laufs des Verfügungsverfahrens ein, so stellt sie ein erledigendes Ereignis dar[65]; darauf, daß – wie das OLG Hamm gemeint hat – der Gläubiger die Verjährungsunterbrechung hätte herbeiführen können und müssen, kommt es nicht hier, sondern allenfalls bei der Billigkeitsentscheidung über die Kosten nach § 91 a ZPO an.

33 e) Wegen der Verschiedenheit der Streitgegenstände[66] beschränken sich auch die Wirkungen der im Verfügungsverfahren zulässigen Anerkenntnisse oder Prozeßvergleiche grundsätzlich auf den Streitgegenstand des summarischen Verfahrens[67]. Soll nicht nur dieser, sondern auch der Streitgegenstand des Hauptsacheverfahrens mit erledigt werden, so muß dies im Zusammenhang mit dem Anerkenntnis[68] so klar und eindeutig zum Ausdruck gebracht werden, daß einer eventuellen späteren Leugnung des anerkannten Anspruchs mindestens der Arglisteinwand entgegengesetzt werden kann; beim Vergleichsabschluß ist ebenfalls eindeutig klarzustellen, daß er nicht nur der Beendigung des Verfügungsverfahrens, auch die des Hauptstreites bewirken soll. Die Meinung *Pastors* (S. 351), daß diese Folge immer als gewollt anzusehen sei, wo nicht das Gegenteil ausdrücklich gesagt werde, erscheint bedenklich[69] (und für die Parteien, die ihr folgen, gefährlich).

34 Vergleiche werden im wettbewerblichen Verfügungsverfahren oft mit dem Inhalt geschlossen, daß bis zur Entscheidung in der Hauptsache entweder die angegriffene Handlung unterlassen oder ein erlassener Verfügungstitel hingenommen werde – insoweit bestehen keine Bedenken – und daß die Kostenregelung des durch Vergleich beendeten Verfahrens der Kostenentscheidung im Hauptsacheverfahren folgen solle. Vor dieser oder einer ähnlich formulierten Kostenklausel muß, so sinnvoll sie auf den ersten

---

65 Dies ist im Wettbewerbsrecht die ganz h. M.; vertreten von OLG Frankfurt WRP 1979, 799, 801 und WRP 1982, 422; OLG Nürnberg WRP 1980, 232, 233; OLG Düsseldorf WRP 1980, 701, 702; OLG Karlsruhe WRP 1985, 288 = GRUR 1985, 454; OLG Hamburg MD VSW 1985, 951, 952 f. u. nach *Traub*, S. 160 unter 4.12; OLG Celle GRUR 1987, 716; OLG München WRP 1987, 267, 268; OLG Saarbrücken nach *Traub*, S. 355 unter 4.12; *Baumbach/Hefermehl*, § 25 UWG, Rdn. 95; *Ahrens/Spätgens*, S. 175 f.; *Thesen*, WRP 1981, 304, 305; *Hase*, WRP 1985, 254, 256 u. jetzt auch *Ulrich*, WRP 1990, 651, 652 f.; außerhalb des Wettbewerbsrechts wird die Meinung von *Stein/Jonas/Leipold*, § 91 a ZPO, Rdn. 6, Fn. 19; von *Thomas/Putzo*, § 91 a ZPO, Anm. 2 b u. von *Baumbach/Lauterbach/Hartmann*, § 91 a ZPO, Anm. 5 A vertreten.
66 Vgl. dazu Kap. 53, Rdn. 3, sowie *Jestaedt*, GRUR 1985, 480, 482.
67 Unrichtig (und mit seiner Überlegung zur Frage der »Aufspaltbarkeit« schon im Ansatz verfehlt) daher KG WRP 1982, 464, 467.
68 Das hier auftretende dogmatische Problem, daß ein Anspruch, der nicht Streitgegenstand ist – wie es für den Hauptsacheanspruch im Verfügungsverfahren ja nach allgemeiner Meinung zutrifft, vgl. *Baumbach/Lauterbach/Hartmann*, Grundzüge vor § 916 Anm. 2 E – auch nicht mit prozessualer Wirkung (§ 307 ZPO: »den gegen sie geltendgemachten Anspruch«) anerkannt werden kann, ein Anerkenntnisurteil somit selbst bei entsprechendem Parteiwillen den Hauptsacheanspruch nie erfassen kann, wird in den Kommentaren durchweg vernachlässigt; auch *Pastor* hat es (auf S. 351) außer acht gelassen.
69 Ihr Hintergrund dürfte in der isoliert gebliebenen These *Pastors* zu sehen sein, der Streitgegenstand der wettbewerblichen Unterlassungsverfügung sei mit dem der Hauptsache (so gut wie) identisch (vgl. *Pastor*, S. 259).

55. Kapitel   Das summarische Verfahren und seine Entscheidung

Blick erscheinen kann, dringend gewarnt werden, da sie in dieser Form unklar und risikobehaftet ist[70].

3. Die Entscheidung nach mündlicher Verhandlung erfolgt – außer nach übereinstimmend erklärter Erledigung der Hauptsache, nach der nur noch nach § 91 a ZPO in Beschlußform über die Kosten zu entscheiden bleibt – durch Endurteil, das nach zwar bestrittener, aber herrschender Meinung[71] mit seiner Verkündung wirksam wird[72] und vom Schuldner zu beachten ist[73] und das mit den normalen Rechtsmitteln der Berufung, im Falle der Entscheidung über einen auf die Kosten beschränkten Widerspruch mit der sofortigen Beschwerde, anfechtbar ist.

Für die Rechtsmittelverfahren gelten keine wettbewerbsrechtlichen Besonderheiten; zu beachten bleibt jedoch auch hier, daß es sich auch im Rechtsmittelzuge nach wie vor um ein Eilverfahren handelt, in dem der Antragsteller in der Rolle des Berufungsklägers weiterhin den Dringlichkeitsanforderungen genügen muß und auch das Berufungsgericht noch zur beschleunigten Förderung, insbesondere zur raschen Terminierung, verpflichtet ist.

V. Die Vollziehung der einstweiligen Verfügung

1. Die Funktionen der Vollziehung

Die Vollziehung hat bei der einstweiligen Verfügung zwei Funktionen: Einmal ist sie – für den Regelfall des Arrestes und der einstweiligen Verfügung – die besondere Form der Vollstreckung dieser (vorläufigen) Titel (§§ 928–934, 936 ZPO); zum anderen ist sie jedoch auch Voraussetzung der Wirksamkeit der getroffenen Anordnung über die in § 929 Abs. 2 ZPO genannte Monatsfrist (ab Verkündung oder Amtszustellung an den Antragsteller) hinaus[74]. In dieser letzteren Funktion gehört sie – zumal bei der wettbe-

---

70 Was soll z. B. gelten, wenn im Hauptsacheverfahren als Folge einer sachdienlichen Klageänderung, einer Klageerweiterung oder einer Erstreckung auf andere Parteien über einen ganz anderen Streitstoff und/oder Streitumfang entschieden wird? Mindestens für solche naheliegenden Möglichkeiten muß in der Kostenregelung des Vergleichs Vorsorge getroffen werden, wenn nicht der Anwalt seine Partei (oder sich selbst Regreß-)Risiken aussetzen will.
71 Vgl. die umfangreichen Nachweise bei *R. Bork,* WRP 1989, 360, 364 in Fn. 38; ferner *Baumbach/Hefermehl,* § 25 UWG, Rdn. 36; *Pastor,* S. 430, und *Zöller/Vollkommer,* § 929 ZPO, Rdn. 18; ablehnend insoweit *Baumbach/Lauterbach/Hartmann,* § 936 ZPO, Anm. 2, dort zu § 929, Anm. A.
72 Mit der Folge, daß der Gläubiger im Falle eines Verstoßes die Ordnungsmittelfestsetzung betreiben kann, sofern die Zwangsvollstreckungsvoraussetzung der Amtszustellung (§ 750 Abs. 1 ZPO) erfüllt und die Vollziehungsfrist noch nicht abgelaufen ist; der zusätzlichen Zustellung im Parteibetrieb bedarf es *hierfür* nicht (BGH WRP 1989, 514, 517 = NJW 1990, 122, 124), wohl aber regelmäßig – sofern nicht ausnahmsweise eine Vollziehung in anderer Weise erfolgt (vgl. Rdn. 42) – zur Wahrung der Vollziehungsfrist, was gelegentlich nicht hinreichend auseinandergehalten wird (vgl. nachfolgend Rdn. 38).
73 Das hat – wie *R. Bork* aaO. überzeugend ausgeführt hat – noch nichts mit der Frage des Vollziehungserfordernisses als Voraussetzung des Wirksam*bleibens* der Verfügung zu tun (ebenso *Zöller/Vollkommer* aaO.).
74 Zur Verfassungsmäßigkeit der Vollziehungsfrist, zu ihrer Schuldnerschutzfunktion und zur bisherigen Rechtsprechung dazu vgl. BVerfG NJW 1988, 3141.

werblichen Unterlassungsverfügung, die längerfristig künftiges Verhalten regeln und deren Wirksamkeit sich daher so gut wie nie innerhalb eines Monats erschöpfen soll – auch Teil des Verfahrens zur Erwirkung (Bestandserhaltung) der einstweiligen Verfügung, nicht erst des Verfahrens ihrer Vollstreckung.

2. Die Notwendigkeit der Vollziehung

38 Die Unerläßlichkeit der Vollziehung zur Bestandserhaltung sollte in Anbetracht des Wortlauts des § 929 Abs. 2 ZPO eigentlich außer Frage stehen. Tatsächlich ist dies auch der Fall, soweit es um die Vollziehung von Verfügungen in Beschlußform geht; hier wird das Erfordernis einer Vollziehung innerhalb der Monatsfrist nicht in Frage gestellt[75]. Dagegen hält eine Mindermeinung[76] die Vollziehung einer Unterlassungsverfügung in Urteilsform für entbehrlich. Diese Auffassung, bei der häufig der Aspekt der Beachtlichkeit der (Urteils-)Verfügung[77] mit der Frage der Bestandskraft vermengt wird[78], ist weder mit dem Wortlaut noch mit Sinn und Zweck des § 929 Abs. 2 ZPO vereinbar[79]. Mit Recht verlangt die h. M. daher auch bei der einstweiligen Verfügung in Urteilsform zur Erhaltung ihrer Bestandskraft über die Monatsfrist des § 929 Abs. 2 ZPO hinaus die Vollziehung[80].

3. Die Form der Vollziehung

39 Was als fristwahrende Vollziehung anzusehen ist, hängt vom Inhalt der einstweiligen Verfügung ab.

40 a) Ordnet sie eine reale Maßnahme (Sequestration, Herausgabe bestimmter Gegenstände o. ä.) an, so liegt die Vollziehung erst in deren Vornahme[81] bzw. – da die h. M. zur Fristwahrung nur die Einleitung, nicht auch die Beendigung der Vollstreckung fordert, sofern es sich bei dieser nur um ein einheitliches Verfahren handelt – im Beginn

---

75 Vgl. BGH VersR 1985, 358, 359 = LM BGB § 254 (Dc) Nr. 32.
76 Vgl. OLG Hamburg WRP 1973, 346; WRP 1980, 341, 342; MDR 1986, 419; OLG Bremen WRP 1979, 791; OLG Stuttgart WRP 1981, 291; WRP 1983, 647; OLG Oldenburg WRP 1992, 412; *Weber*, DB 1981, 877, 879.
77 Die, wie in Rdn. 35 ausgeführt, zunächst nicht von der Vollziehung abhängt.
78 Zur Unterscheidung vgl. *R. Bork*, WRP 1989, 360, 364 f., und *Zöller/Vollkommer*, § 929 ZPO, Rdn. 18; zur Vermengung neuestens OLG Oldenburg aaO.
79 Vgl. BVerfG NJW 1988, 3141 und – überzeugend – *R. Bork*, aaO.
80 Vgl. OLG Hamm GRUR 1978, 611, 612; OLGZ 1988, 467 und OLGZ 1989, 351; KG WRP 1979, 307, 308; OLG Köln WRP 1979, 817; OLG München WRP 1979, 398; WRP 1982, 602 f.; OLG Koblenz GRUR 1980, 70 und 1022 f.; OLG Karlsruhe WRP 1983, 696, 697; WRP 1984, 161, 162 und WRP 1986, 166; OLG Schleswig WRP 1982, 49; OLG Frankfurt WRP 1983, 212, 213 und WRP 1988, 680, 681 = GRUR 1988, 827; OLG Frankfurt OLGZ 1989, 127; OLG Celle GRUR 1989, 541 sowie nach *Traub*, S. 73 unter 3.25; OLG Düsseldorf NJW-RR 1987, 763; OLG Braunschweig nach *Traub*, S. 53 unter 3.25; OLG Nürnberg nach *Traub*, S. 332 f. unter 3.25; OLG Saarbrücken nach *Traub*, S. 354 unter 3.25; *Pastor*, S. 430 f.; *Baumbach/Hefermehl*, § 25 UWG, Rdn. 56 a; *Nirk/Kurtze*, Rdn. 304; *Ahrens*, S. 181 mit Fn. 59; *Borck*, WRP 1977, 556, 560; *Stein/Jonas/Grunsky*, § 938 ZPO, Rdn. 30 i. V. mit § 929 ZPO, Rdn. 21; *Teplitzky*, DRiZ 1982, 41, 46; *R. Bork*, WRP 1989, 360, 364 f., sämtliche Autoren m. w. N. Auch das BVerfG (NJW 1988, 3141) steht auf diesem Standpunkt.
81 Vgl. *Stein/Jonas/Grunsky*, § 938 ZPO, Rdn. 31.

der Vornahme (etwa einem ersten Sequestrationsversuch des Gerichtsvollziehers beim zufällig abwesenden Schuldner).

b) Enthält die einstweilige Verfügung dagegen – was im Wettbewerbsrecht der Regelfall ist – ein Gebot oder Verbot an den Schuldner, so *genügt*[82] zur Wahrung der Frist ihre Zustellung an den Schuldner; denn sie bewirkt die mit § 929 Abs. 2 ZPO (auch) angestrebte Verdeutlichung, daß es dem Gläubiger mit der Durchsetzung des erwirkten Titels ernst ist, und darüber hinausgehende sofortige Vollstreckungsmaßnahmen sind in diesen Fällen entweder – so beim Unterlassungsgebot vor der ersten Zuwiderhandlung – unmöglich oder – so beim Gebot der Vornahme einer Handlung, meist in der Form einer Beseitigungsmaßnahme – unzweckmäßig *(Stein/Jonas/Grunsky,* § 938 ZPO, Rdn. 30). 41

Ob die danach stets ausreichende Zustellung im Parteibetrieb auch stets erforderlich ist, um eine Vollziehung zu bewirken, wird dagegen nicht einheitlich beantwortet. Zwar hat sich die Auffassung *Castendieks*[83] nicht durchgesetzt, wonach schon die Zustellung einer Urteilsverfügung im Amtsbetrieb als »Vollziehung« anzusehen sei. Jedoch ist die bislang von der OLG-Rechtsprechung im Wettbewerbsrecht – mit Ausnahme der bereits (in Fn. 76) genannten OLG Bremen, Hamburg und Stuttgart, die bei Urteilsverfügungen eine Vollziehung zu Unrecht überhaupt nicht für erforderlich halten – und von der h. M. lange Zeit einheitlich vertretene Auffassung, auch die Unterlassungsverfügung in Urteilsform könne nur durch Zustellung im Parteibetrieb vollzogen werden[84], neuerdings deutlich eingeschränkt worden: Der BGH[85] läßt es mit Recht genügen, wenn dem Zweck des § 929 Abs. 2 ZPO in anderer, den Gebrauchmachungs- bzw. Durchsetzungswillen des Gläubigers hinreichend verdeutlichenden Weise genügt wird, also etwa – außer durch Vollstreckungsmaßnahmen[86] – durch eine vom Schuldner selbst vereitelte und deshalb unwirksame Vollziehungsmaßnahme (BGH aaO.) oder eine andere eindeutige Bekundung des Durchsetzungswillens des Gläubigers[87]. 42

---

[82] Insoweit einhellige Meinung; vgl. neuestens BGH WRP 1989, 514, 517 = NJW 1990, 122, 124 und die Belege in Fn. 80, dort namentlich OLG Koblenz GRUR 1980, 1022; zum heutigen Stand der Rechtsprechung *Zöller/Vollkommer,* § 929 ZPO, Rdn. 12 f.
[83] WRP 1979, 527 f.; allein OLG Celle NJW-RR 1990, 1088 entspricht im Ergebnis seiner Auffassung.
[84] Vgl. die Belege in Fn. 80.
[85] BGH WRP 1989, 514, 517 = NJW 1990, 122 ff.; zustimmend *Zöller/Vollkommer,* § 929 ZPO, Rdn. 12.
[86] BGH aaO.; OLG Oldenburg FamRZ 1989, 879, 880; OLG Düsseldorf WRP 1983, 410, 411; OLG Karlsruhe WRP 1982, 44 und NJW-RR 1988, 1469, 1470; ablehnend *Baumbach/Hefermehl,* § 25 UWG, Rdn. 56 a.
[87] Vgl. etwa OLG Frankfurt MDR 1981, 680; OLG Celle NJW 1986, 2441 f.; zust. auch *Baumbach/Lauterbach/Hartmann,* § 936 ZPO, Anm. 2 zu § 929 A, und *Zöller/Vollkommer,* § 929 ZPO, Rdn. 18 i. V. mit Rdn. 12, in Rdn. 12 aber fälschlich auch OLG Celle NJW-RR 1990, 1088 für diese Auffassung zitierend, obwohl in dieser Entscheidung die Vollziehung schlicht in der Amtszustellung gesehen wird, was wohl kaum der Auffassung *Vollkommers* selbst entspricht; ablehnend auch hier *Baumbach/Hefermehl,* § 25 UWG, Rdn. 56 a.

4. Die Zustellung

a) Form

43 Die Parteizustellung (i. S. des § 922 Abs. 2 ZPO) erfolgt gemäß § 170 ZPO[88]; in der Regel an den Antragsgegner direkt, nur falls dieser in Verfahren bereits vertreten war, an den Verfahrensbevollmächtigten (§ 176 ZPO)[89]. Als solcher ist auch ein Anwalt anzusehen, der beim befaßten Gericht lediglich eine Schutzschrift eingereicht hatte[90], sofern dies dem Antragsteller bekannt geworden ist[91]; mindestens soll dies gelten, wenn dieser Anwalt beim befaßten Gericht zugelassen ist[92].

b) Heilung

44 Heftig umstritten sind die Fragen, ob und – wenn überhaupt – in welchem Umfang die Heilung von Zustellungsmängeln in Betracht kommt[93].

45 Dabei ist m. E. – was die Vertreter der Extrempositionen teilweise vernachlässigen – zwischen der Zustellung von Beschlußverfügungen einerseits und Verfügungen in Urteilsform andererseits zu unterscheiden[94]:

---

88 Vgl. zu Einzelheiten *Baumbach/Hefermehl*, § 25 UWG, Rdn. 57 a, und *Zöller/Vollkommer*, § 929 ZPO, Rdn. 12 f.
89 Vgl. OLG Celle GRUR 1989, 541: Unwirksamkeit als Folge der Zustellung an die Partei selbst; einschränkend für den Fall, daß der Prozeßbevollmächtigte beim Prozeßgericht nicht zugelassen ist, KG WRP 1979, 547 = DB 1980, 301; für den Fall mangelnder Kenntnis von der Bestellung ebenfalls einschränkend OLG Hamburg GRUR 1987, 66; generell großzügiger wohl BGH WRP 1989, 514, 517 f. = NJW 1990, 122; gegen jegliche Anwendbarkeit des § 176 ZPO im Rahmen des § 929 Abs. 2 ZPO mit beachtlichen Gründen *Melullis*, WRP 1982, 249 ff., und *Deutsch*, GRUR 1990, 327, 329 f.
90 OLG Hamburg JurBüro 1980, 771; OLG Karlsruhe WRP 1986, 166 und WRP 1987, 45; *Schütze*, BB 1978, 589; nach OLG Hamburg GRUR 1981, 90 f. = WRP 1981, 109 soll dies jedoch nicht gelten, wenn der (auswärtige) Prozeßbevollmächtigte beim Prozeßgericht nicht zugelassen ist; gegen diese Einschränkung *Deutsch*, GRUR 1990, 327, 329.
91 Diese Einschränkung macht *Baumbach/Hefermehl*, § 25 UWG, Rdn. 59, mit Recht; bei richtiger Handhabung dürfte dieser Fall aber selten praktisch werden, da das Gericht dem Antragsteller zusammen mit der Verfügung auch die Schutzschrift zustellen muß; in Betracht kommen also nur die Fälle, in denen dies irrig – oder deshalb, weil dem Gericht die Schutzschrift selbst nicht bekannt geworden war – unterblieben ist; zur Notwendigkeit der Kenntnis auch OLG Hamburg GRUR 1987, 66 und OLG Stuttgart nach *Traub*, S. 396 unter 3.6.
92 OLG Düsseldorf WRP 1982, 531, 532; GRUR 1984, 79; OLG Karlsruhe WRP 1986, 166; *Baumbach/Hefermehl*, § 25 UWG, Rdn. 56 a; *Zöller/Vollkommer*, § 929 ZPO, Rdn. 12; *May*, S. 98; ablehnend *Melullis*, WRP 1982, 249.
93 Vgl. die umfangreichen Nachweise bei BGH VersR 1985, 358, 359 und *Baumbach/Hefermehl*, § 25 UWG, Rdn. 57 b bis 59; *Ahrens*, S. 185 in Fn. 81; *Pastor*, S. 440 f. und *Zöller/Vollkommer*, § 929 ZPO, Rdn. 14; ferner OLG Karlsruhe WRP 1984, 161, 162 und WRP 1986, 166, 167; OLG München NJW-RR 1986, 1383; KG MD VSW 1988, 1089, 1093; OLG Celle GRUR 1989, 541.
94 So zutreffend *Pastor*, S. 440.

aa) Für erstere trifft zu, was das OLG Koblenz[95] und *Kramer*[96] überzeugend ausgeführt haben: Da hier die Zustellung (nach § 922 Abs. 2 ZPO) überhaupt erst den Wirkungs*beginn* des Gebots oder Verbots festlegt, kommt ihr eine Bedeutung zu, die die Anwendung des § 187 Satz 1 ZPO entweder – hier differieren die Begründungen derer, die die Heilungsmöglichkeiten verneinen, zum Teil[97] – grundsätzlich oder, was im Ergebnis auf das gleiche hinausläuft, in entsprechender Anwendung des § 187 Satz 2 ZPO (durch Gleichsetzung der Vollziehungsfrist mit einer Notfrist[98]) ausschließt. Wer auch hier – wie insbesondere einzelne OLG[99] und *Baumbach/Hefermehl* (§ 25 UWG, Rdn. 57 b) – eine großzügige Anwendung der Heilungsmöglichkeiten befürwortet, vernachlässigt die vom OLG Koblenz aaO. mit Recht hervorgehobenen Besonderheiten der hier in Frage stehenden Frist, insbesondere auch den schon von *Kramer* (NJW 1978, 832) hervorgehobenen Gedanken, daß nur ein sicher bestimmter, nicht aber auch ein vom Ermessen des Gerichts hinsichtlich des Vorliegens einer Heilungsmöglichkeit abhängiger Zeitpunkt des Wirksamkeitsbeginns eines Gebots oder Verbots dem verfassungsrechtlichen Bestimmtheitsgebot genüge könne[100], das zwar nach einem recht kurz angebundenen Beschluß des Bundesverfassungsgerichts[101] entgegen *Kramer*, aaO., nicht mehr aus Art. 103 Abs. 2 GG, aber aus allgemeinen verfassungsrechtlichen Rechtsschutzgedanken im Hinblick auf den Strafsanktionscharakter[102] herzuleiten ist (vgl. auch Kap. 57, Rdn. 14 mit Fn. 25).

bb) Dagegen steht einer Heilung von Mängeln bei der (zusätzlich zur Amtszustellung erforderlichen) Parteizustellung einer Urteilsverfügung kein durchgreifendes Bedenken entgegen, da hier nach ganz h. M. das ausgesprochene Gebot oder Verbot bereits mit der Urteilsverkündung wirksam wird[103], Unsicherheiten im Zusammenhang mit der

---

95 GRUR 1980, 943, 944 – Treibmittel – mit Überblick über den damaligen Meinungsstand; ähnlich OLG Koblenz GRUR 1987, 319, 320 – Verspätetes Vorbringen und OLG Karlsruhe WRP 1989, 744, 745.
96 In seiner Anmerkung zu OLG Hamm NJW 1978, 830, 832.
97 Vgl. die Darstellung bei OLG Koblenz GRUR 1980, 943, 944 und bei *v. Nerée*, WRP 1978, 524, 525.
98 Dafür mit überzeugender Begründung das OLG Koblenz selbst aaO. m. w. N.; insbesondere aber auch *Fritze*, Festschrift *Schiedermair*, S. 141, 150 f.
99 Vgl. OLG Köln WRP 1980, 226 unter Berufung auf zwei aus dem Zusammenhang gerissene Sätze aus BGHZ 10, 350, 359 – auch von *Zöller/Stephan*, § 187 ZPO, Rdn. 1 zitiert – und BGHZ 28, 398, 399, die mit der hier gegebenen besonderen Problematik überhaupt nichts zu tun haben; vgl. ferner (ähnlich bedenklich) OLG München WRP 1986, 696, 697; OLG Köln GRUR 1987, 404, 405; OLG Hamm WRP 1988, 262, 263 und HdbWR/*Spätgens*, § 86, Rdn. 20 mit Fn. 37.
100 Was *v. Nerée* (WRP 1978, 524, 526) hiergegen vorbringt, vermag nicht zu überzeugen.
101 Vgl. WRP 1991, 611 f.; der schlechte Stil dieser Entscheidung, der sich in der apodiktischen Ignorierung der bis dahin ganz herrschenden, auch vom BGH (WRP 1989, 572, 574 – Bioäquivalenzwerbung, insoweit nicht in BGHZ 107, 136) vertretenen Gegenmeinung äußert, ändert nichts an ihrer Verbindlichkeit.
102 Daß auch den Ordnungsmitteln des § 890 ZPO ein Strafcharakter zukommt, hat das Bundesverfassungsgericht selbst bereits bejaht; vgl. BVerfGE 58, 159 ff.
103 Vgl. OLG Karlsruhe WRP 1976, 489, 490; OLG Koblenz WRP 1980, 45; OLG Hamm WRP 1980, 42 und WRP 1988, 552, 553; *Baumbach/Hefermehl*, § 25 UWG, Rdn. 36; *Nirk/Kurtze*, Rdn. 300; *Pastor*, S. 430 sowie bereits vorstehend Fn. 71, dort auch zur Abgrenzung von einem verbreiteten Mißverständnis dieser These.

Vollziehung hier also leichter in Kauf genommen werden können und deshalb nicht zwingend den Ausschluß des § 187 ZPO erfordern[104].

5. Neue Vollziehungsfrist bei Bestätigung oder Abänderung von Beschlußverfügungen?

48 Wird eine Beschlußverfügung im Widerspruchsverfahren durch Urteil ohne Abänderung bestätigt, so setzt dies keine neue Frist in Lauf[105].

49 Eine erneute Parteizustellung zu Vollziehungszwecken wird jedoch immer dann erforderlich, wenn die vollzogene Verfügung im späteren Verlauf desselben Verfahrens (auch im Rechtsmittelzuge) oder in einem Verfahren nach § 927 ZPO inhaltlich geändert oder erweitert wird[106].

6. Die Folgen der Versäumung der Vollziehungsfrist

50 Wird die Vollziehungsfrist, die weder durch die Parteien abdingbar[107] noch durch das Gericht abänderbar[108] ist, versäumt, so wird die einstweilige Verfügung unheilbar[109] unwirksam[110]; dies ist von den Vollstreckungsorganen wie vom Prozeßgericht (etwa im laufenden Widerspruchsverfahren) von Amts wegen zu beachten[111]. Auf Antrag des Schuldners, der sowohl im Widerspruchsverfahren und im Berufungsverfahren über die ursprüngliche Verfügung als auch im Verfahren nach § 927 ZPO gestellt werden kann[112], ist die Verfügung aufzuheben[113], wobei die Verfahrenskosten – bei Aufhe-

---

104 So zutreffend *Pastor*, S. 441; zu weitgehend daher OLG Celle GRUR 1989, 541; offengelassen in BGH VersR 1985, 358 = LM BGB § 254 (Dc) Nr. 32 und BGH WRP 1989, 514, 518 = NJW 1990; tendenziell für »weite Auslegung« des § 187 ZPO (aber bei anderer Fallgestaltung) BGH WM 1989, 238, 239 f.
105 H. M.; vgl. *Baumbach/Hefermehl*, § 25 UWG, Rdn. 61; ferner die Nachweise bei *Baumbach/Lauterbach/Hartmann*, § 929 ZPO, Anm. 2, B, d; a. A. *Stein/Jonas/Grunsky*, § 929 ZPO, Rdn. 4; *Zöller/Vollkommer*, § 929 ZPO, Rdn. 7 und *Grunsky*, ZZP 104 (1991), 1, 9 f.
106 Ebenfalls h. M.; vgl. zunächst die Nachweise in Fn. 105; ferner OLG Frankfurt WRP 1980, 423; OLG Koblenz ZIP 1990, 1573 m. w. N.
107 OLG Koblenz GRUR 1980, 943, 945 und NJW-RR 1987, 510; OLG Hamm OLGZ 1987, 460; OLG Köln NJW-RR 1987, 576; h. M.; vgl. *Baumbach/Hefermehl*, § 25 UWG, Rdn. 63 m. w. N.
108 *Pastor*, S. 442; *Baumbach/Hefermehl*, § 25 UWG, Rdn. 63; *Zöller/Vollkommer*, § 929 ZPO, Rdn. 3.
109 OLG Koblenz GRUR 1980, 1022, 1023; *Zöller/Vollkommer*, aaO.; bei der schon (Rdn. 44–47) erörterten Heilung von Zustellungsmängeln fehlt es, soweit sie bejaht wird, an der Fristversäumung.
110 *Baumbach/Hefermehl*, § 25 UWG, Rdn. 63; vgl. dazu sowie zu weiteren Fristfragen auch die instruktive Darstellung bei *Baumbach/Lauterbach/Hartmann*, § 929 ZPO, Anm. 2.
111 *Stein/Jonas/Grunsky*, § 929 ZPO, Rdn. 16; *Baumbach/Hefermehl*, § 25 UWG, Rdn. 63.
112 Vgl. OLG Koblenz GRUR 1981, 91, 92; OLG Düsseldorf GRUR 1984, 385; WRP 1985, 640, 641; WRP 1987, 633, 634.
113 Nicht etwa ist die Hauptsache für erledigt zu erklären; vgl. *Ulrich*, GRUR 1982, 14, 20; *Baumbach/Hefermehl*, § 25 UWG, Rdn. 63; zum Verfahren vgl. *Zöller/Vollkommer*, § 929 ZPO, Rdn. 21, sowie nachfolgend Kap. 56, Rdn. 24 ff.

bung im Verfahren nach § 927 ZPO nicht nur die Kosten des Aufhebungsverfahrens, sondern auch die des ursprünglichen Verfügungsverfahrens[114] – dem Gläubiger der Verfügung aufzuerlegen sind.

Diese Folge kann der Gläubiger nicht dadurch abwenden, daß er einen neuen Antrag auf Erlaß einer gleichen einstweiligen Verfügung stellt. Ein solcher Antrag ist zwar nicht ausgeschlossen. Er kann aber nicht im Rahmen des über den ersten Antrag laufenden Verfahrens oder im Aufhebungsverfahren nach § 927 ZPO gestellt, sondern nur als neuer Verfügungsantrag beim zuständigen Gericht erster Instanz eingebracht werden[115].

VI. Die Schutzschrift

Die Schutzschrift[116] ist ein von der Praxis extra legem im Wettbewerbsrecht entwickeltes, heute aber nicht mehr auf das Wettbewerbsrecht beschränktes[117] vorbeugendes Verteidigungsmittel gegen einen erwarteten[118] Verfügungsantrag. Sie besteht aus einem Schriftsatz, der beim mutmaßlichen Verfügungsgericht – im Wettbewerbsrecht wegen der Vielzahl möglicher Gerichtsstände oft und zweckmäßigerweise[119] auch bei mehreren Gerichten – eingereicht wird mit dem Antrag, den Inhalt des Schriftsatzes bei Eingang des erwarteten Verfügungsantrags zu berücksichtigen und aus den in der Schutz-

---

114 OLG Köln WRP 1982, 288 und WRP 1983, 702, 703; OLG Hamm GRUR 1985, 84 und GRUR 1990, 714; OLG Koblenz GRUR 1990, 1022, 1024; *Baumbach/Hefermehl*, § 25 UWG, Rdn. 63 und 92; *Stein/Jonas/Grunsky*, § 927 ZPO, Rdn. 16; ganz h. M.; a. A. nur, m. E. jedoch unhaltbar, OLG Karlsruhe WRP 1980, 285.
115 OLG Köln WRP 1979, 817; OLG Koblenz GRUR 1980, 1022, 1023 und GRUR 1981, 91; OLG Frankfurt WRP 1983, 212, 213; *Baumbach/Hefermehl*, § 25 UWG, Rdn. 64; *Baumbach/Lauterbach/Hartmann*, § 929 ZPO, Anm. 2 C, c. A. A. jedoch *Stein/Jonas/Grunsky*, § 929 ZPO, Rdn. 18; *Zöller/Vollkommer*, § 929, Rdn. 23 – jeweils m. w. N. – und *Pastor*, S. 365 f.
116 Vgl. dazu im einzelnen die im Literaturüberblick genannten Dissertationen von *May* und *Hilgard*; ferner *Teplitzky*, NJW 1980, 1667; sämtliche Autoren m. w. N.
117 Vgl. *Stein/Jonas/Grunsky* ab 20. Aufl., § 920 ZPO, Rdn. 9 und § 937 ZPO, Rdn. 7; *Zöller/Vollkommer*, § 937 ZPO, Rdn. 4; *Thomas/Putzo*, § 935 ZPO, Anm. 4; *Hilgard*, S. 1; *Hirte*, Eine Schutzschrift in der Freiwilligen Gerichtsbarkeit – Zu Rechtsnatur und kostenrechtlicher Behandlung, MDR 1988, 639 ff. A. A. dazu *Leipold*, RdA 1983, 164 f.
118 Die Erwartung ergibt sich im Wettbewerbsrecht regelmäßig aus der erfolgten Abmahnung, kann aber auch aufgrund anderer Umstände nahe liegen.
119 Entgegen der von wenig wettbewerbsrechtlicher Sachkunde zeugenden Auffassung von *Herr* (GRUR 1986, 436) und *Baumbach/Lauterbach/Hartmann* (Grundzüge vor § 128, ZPO, Anm. 2 C) ist dies kein »Unsinn«, sondern eine vernünftige, heute im Zeitalter des Fotokopierers technisch unproblematische und u. U. sogar zur Vermeidung von Regreßgefahren des verantwortlichen Anwalts erforderliche Maßnahme; denn normalerweise genügt – weil der Gläubiger es im Regelfall kaum riskieren wird, lediglich aus Furcht vor einer Schutzschrift ein im Wettbewerbsrecht wenig erfahrenes Gericht anzurufen – die Hinterlegung von Schutzschriftexemplaren bei der überschaubaren Zahl von Landgerichten, bei denen im Hinblick auf ihre einschlägige Erfahrung (oder – dies vor allem bei Verbänden im Sinne des § 13 UWG – im Hinblick auf den Niederlassungssitz des Gläubigers oder seines Prozeßbevollmächtigten) die Einreichung des Verfügungsantrags nicht ganz fern liegt.

schrift dargelegten und glaubhaft gemachten Gründen den Verfügungsantrag zurückzuweisen[120], mindestens aber dem Antrag nicht ohne mündliche Verhandlung zu entsprechen[121]. Der richtige, allerdings nur in der referierten Auffassung des OLG Frankfurt deutlich zum Ausdruck kommende Kern der Mindermeinung besteht darin, daß das Gebot der Gewährleistung rechtlichen Gehörs natürlich auch zugunsten des Antragstellers gilt und deshalb eine Zurückweisung seines Verfügungsantrags aufgrund des Sachvortrags und der Glaubhaftmachungsmittel in der Schutzschrift nicht erfolgen darf, ohne daß dem Gläubiger seinerseits Gelegenheit zur Stellungnahme gegeben worden ist; dies wird in der Praxis tatsächlich – jedenfalls regelmäßig – zur Anberaumung einer mündlichen Verhandlung führen. Trotzdem bestehen erhebliche Unterschiede zwischen beiden Auffassungen. Auf einen – in der Gerichtspraxis allerdings weitgehend vernachlässigten – Unterschied in den Kostenfolgen wird gesondert einzugehen sein (vgl. Rdn. 57); die beiden anderen sind bei *Deutsch* (GRUR 1990, 327, 328) zutreffend genannt: Nach einer wohl vorherrschenden (und m. E. zutreffenden) Meinung kann dem Anspruch des Antragstellers auf rechtliches Gehör auch durch bloße Zuleitung der Schutzschrift und Fristsetzung zur Stellungnahme (mit nachfolgender Entscheidung im schriftlichen Verfahren) genügt werden, was sich im Hinblick auf die verstopften Terminlisten der Wettbewerbsgerichte häufig empfehlen dürfte; und außerdem kann die h. M. zur Konsequenz führen, daß der Sachvortrag des Antragstellers durch den der Schutzschrift unstreitig gestellt und dadurch eine anderenfalls fehlende oder unzureichende Glaubhaftmachung erübrigt wird mit der Folge, daß dem Antrag sogar stattgegeben werden kann.

53   Die Schutzschrift ist nach heute ganz h. M.[122] vom Gericht zu beachten, sofern es von ihr Kenntnis erlangt. Dafür, daß es diese Kenntnis erlangt, ist durch geeignete An-

---

120 Daß auch ein solches Begehren zulässig, der Inhalt der Schutzschrift also in vollem Umfang auch zur prozessualen und materiellen Beurteilung des Verfügungsantrags heranzuziehen ist, entspricht der heute herrschend gewordenen Meinung; vgl. OLG Hamburg WRP 1977, 495; OLG Nürnberg WRP 1977, 596 f.; OLG Düsseldorf WRP 1981, 652, 653; OLG München WRP 1983, 358; OLG Stuttgart JurBüro 1980, 878; *Baumbach/Hefermehl*, § 25 UWG, Rdn. 26; *Zöller/Vollkommer*, § 937 ZPO, Rdn. 4; *HdbWR/Spätgens*, § 80, Rdn. 20; *Ahrens/Spätgens*, S. 94 f.; *Bülow*, ZZP 98 (1985), 274, 282; *Teplitzky*, NJW 1980, 1667 f.; WRP 1980, 373 f. und GRUR 1988, 405, 406; *Hilgard*, S. 15–41; *May*, S. 47 ff.; *Deutsch*, GRUR 1990, 327, 328; weitere Nachweise bei *Ahrens*, S. 200 f.
121 Hierauf allein wollen OLG Frankfurt nach *Traub*, S. 103 unter 3.6, sowie OLG Hamburg (8. Zs) JurBüro 1983, 1819, ferner *Pastor*, S. 113 und in WRP 1972, 229 ff., und *Borck*, WRP 1978, 262, 263, die Funktion der Schutzschrift überhaupt begrenzen; ähnlich auch *Melullis*, Hdb., Rdn. 24 f.; anders ib. M.; vgl. letzte Fn.; kritisch gegenüber dem ganzen Rechtsinstitut der Schutzschrift außer *Leipold* aaO. auch *Baumbach/Lauterbach/Hartmann*, Grundzüge vor § 128 ZPO, Anm. 2 C und § 920 ZPO, Anm. 1 B.
122 Vgl. die Belege in Fn. 121 sowie OLG Köln NJW 1973, 2071; OLG Düsseldorf (6. Zs) WRP 1981, 652; OLG München WRP 1983, 358; *Stein/Jonas/Grunsky*, § 937 ZPO, Rdn. 7; *Thomas/Putzo*, § 935 ZPO, Rdn. 4 sowie insoweit auch *Pastor*, S. 117; zur näheren Begründung vgl. besonders *Teplitzky*, *Bülow*, *Hilgard* und *Deutsch*, jeweils aaO.; a. A. – aber mit neben der Sache liegender, die Argumentation der h. M. vernachlässigender Begründung – *Melullis*, Hdb., Rdn. 24, und *Baumbach/Lauterbach/Hartmann*, Grundzüge vor § 128 ZPO, Anm. 2 C.

55. Kapitel Das summarische Verfahren und seine Entscheidung

ordnungen der Justizverwaltung und/oder der Vorsitzenden der in Frage kommenden Spruchkörper an die Geschäftsstellen mittlerweile weitgehend Sorge getragen[123].

2. Umstritten sind im Wettbewerbsrecht besonders die Kostenfolgen der Schutzschrifteinreichung[124]

Keine Meinungsverschiedenheiten bestehen zwar darüber, daß eine prozessuale Kostenerstattungspflicht dann nicht besteht, wenn der erwartete Verfügungsantrag überhaupt nicht bei Gericht eingeht[125], und daß die Kosten im Rahmen des § 91 ZPO dann erstattungsfähig sind, wenn es zu einer Zurückweisung des Verfügungsantrags, gegen den die Schutzschrift gerichtet ist, durch Urteil, d. h. nach förmlicher Beteiligung des Antragsgegners am Verfahren kommt.

Ganz überwiegend wird die Kostenerstattungspflicht aber auch für die Fälle bejaht, in denen eine Zurückweisung des Verfügungsantrags durch Beschluß – ohne eine über die Schutzschriftberücksichtigung hinausgehende Beteiligung des Antragsgegners – erfolgt oder in denen der Antragsteller den Antrag, gegen den eine Schutzschrift vorliegt, zurücknimmt, bevor eine Entscheidung ergehen kann (§ 269 Abs. 2 Satz 3 ZPO)[126]. Einzelne Gerichte[127] und Autoren[128] wollen dies nur unter der Voraussetzung gelten lassen, daß der Schuldner irgendwie in das Verfahren hineingezogen worden sei[129], während eine – im Hinblick auf den hinter der Schutzschriftberechtigung stehenden Rechtsgedanken der bestmöglichen Gewährung rechtlichen Gehörs schlicht unvertret-

---

123 Vgl. zu entsprechenden Möglichkeiten und Notwendigkeiten *Pastor,* S. 115 f.; HdbWR/*Spätgens,* § 80, Rdn. 24, und *Deutsch,* GRUR 1990, 327, 328 f.
124 Bezeichnenderweise hat das Rechtsinstitut der Schutzschrift in die veröffentlichte obergerichtliche Rechtsprechung zunächst überhaupt nur Eingang über Kostenfragen gefunden.
125 *Baumbach/Hefermehl,* § 25 UWG, Rdn. 44; *Pastor,* S. 123 (allenfalls materiell-rechtlicher Kostenerstattungsanspruch; vgl. zu einem solchen Fall OLG Stuttgart WRP 1984, 296); *Deutsch,* GRUR 1990, 327, 331.
126 OLG Stuttgart NJW 1956, 426 f.; Justiz 1980, 793; WRP 1979, 818, 819 und WRP 1984, 296; OLG Köln NJW 1973, 2071; JurBüro 1981, 1827, 1828; OLG Hamburg (3. Zs) WRP 1977, 495, 496 i. V. mit (8. ZS.) MDR 1978, 151 (Entscheidung in ein und demselben Fall); ferner OLG Hamburg AnwBl. 1980, 363; JurBüro 1985, 401; OLG Nürnberg WRP 1977, 596 f.; KG (1. Zs.) JurBüro 1980, 1357 = Rpfleger 1980, 437 f.; KG (5. Zs) GRUR 1985, 325; OLG Karlsruhe WRP 1981, 39 und WRP 1986, 352; OLG Koblenz WRP 1982, 539, 540; OLG München WRP 1983, 358; Rpfleger 1986, 196; OLG Saarbrücken nach *Traub,* S. 360 unter 5.24; *Stein/Jonas/Grunsky,* § 937 ZPO, Rdn. 7; *Zöller/Schneider,* § 91 ZPO, Rdn. 13, Stichwort – »Schutzschrift«; *Baumbach/Lauterbach/Hartmann,* § 91 ZPO, Anm. 2; *Hartmann,* Kostengesetze, 24. Aufl., § 32 BRAGO, Anm. 2 C, Stichwort »Arrest, Einstweilige Verfügung« und § 40, Anm. 4; *Gerold/Schmidt/v. Eicken/Madert,* BRAGO, 9. Aufl., § 40 Rdn. 30; *Göttlich/Mümmler,* BRAGO, 15. Aufl., Anm. 3; Hdb/*Spätgens,* § 80, Rdn. 30; *Nordemann,* Rdn. 608; *Teplitzky,* Vorauf., Kap. 55, Rdn. 52 bis 54 und in Anm. zu OLG Düsseldorf GRUR 1988, 404, 405; *May,* S. 116 bis 128; *Hilgard,* S. 57 bis 82; *Ullmann,* BB 1975, 236; *Bülow,* ZZP 98 (1985), 274 ff.; *Zeller* in Anm. zu OLG Frankfurt WRP 1987, 114 auf S. 477 ff. sowie zuletzt *Deutsch,* GRUR 1990, 327, 331.
127 OLG Frankfurt (6. Zs.) WRP 1987, 114 f. und (20. Zs.) JurBüro 1981, 1093, 1094.
128 *Thomas/Putzo,* § 935 ZPO, Anm. 4.
129 Dagegen *Zeller,* in Anm. zu OLG Frankfurt WRP 1987, 114 auf S. 477 ff. sowie *Teplitzky,* GRUR 1988, 405, 406.

bare – Mindermeinung[130] in diesen Fällen jegliche Kostenerstattung ablehnt und allenfalls einen materiell-rechtlichen Kostenerstattungsanspruch gelten lassen will. Zur Begründung der h. M. – Kostenerstattungsanspruch – verweise ich auf meine Ausführungen in GRUR 1988, 405, 406 und auf *Deutsch,* GRUR 1990, 327, 331.

57 Bei der Frage, welche Gebühr als erstattungsfähig in Betracht kommt, versäumen es auch die meisten Vertreter der herrschenden und zutreffenden Auffassung, derzufolge nicht nur eine Kostenerstattungspflicht grundsätzlich besteht, sondern auch der materiell-rechtliche Inhalt der Schutzschrift zu berücksichtigen ist, die dogmatisch richtige und notwendige Konsequenz aus ihrer Meinung zu ziehen: Ist, wie heute überwiegend vertreten wird[131], das Prozeßrechtsverhältnis der Parteien mit Einreichung der einstweiligen Verfügung begründet und damit die vorher eingereichte Schutzschrift voll zu beachten, so folgt daraus zwingend, daß ein in dieser Schutzschrift – wie regelmäßig – gestellter Zurückweisungsantrag zum Sachantrag erstarkt und demgemäß vom Augenblick der Einreichung der einstweiligen Verfügung ab eine volle Gebühr zu erstatten ist, auch wenn der Verfügungsantrag ohne mündliche Verhandlung zurückgewiesen oder zurückgenommen wird[132].

58 Die Kostenentscheidung ist ausgeschlossen, wenn die Schutzschrift eingeht, nachdem die einstweilige Verfügung entweder bereits zurückgewiesen[133] oder zurückgenommen[134] worden ist.

---

130 OLG Köln (17. Zs., nicht der Wettbewerbssenat) GRUR 1988, 725, 726; OLG Düsseldorf (2. Zs.) WRP 1986, 331 f. und GRUR 1988, 404 f. sowie 15. Zs. MDR 1989, 59; *Baumbach/Hefermehl,* § 25 UWG, Rdn. 44; *Lent,* NJW 1955, 1194 f. und NJW 1956, 426; *Pastor,* S. 122, 124 f.; *Borck,* WRP 1978, 262 ff. und *Melullis,* Hdb., Rdn. 415.
131 Vgl. die umfangreichen Nachweise in GRUR 1988, 405, 406 und bei *Deutsch,* GRUR 1990, 327, 328, sowie insbesondere *Bülow,* ZZP 98 (1985), 274, 281 ff.
132 So zutreffend OLG Stuttgart, 8. Zs., JurBüro 1985, 401 = DJ 1980, 273 und *Deutsch,* GRUR 1990, 327, 332; unzutreffend dagegen z. B. OLG Stuttgart (2. Zs.) WRP 1984, 296; OLG Köln JurBüro 1983, 1658; OLG München JurBüro 1986, 562; OLG Hamburg JurBüro 1983, 1819; 1985, 401; OLG Frankfurt WRP 1987, 114, 115; zu Einzelheiten vgl. *Deutsch,* aaO.
133 Vgl. OLG Hamburg JurBüro 1990, 732; *Deutsch,* GRUR 1990, 327, 331.
134 Vgl. OLG Karlsruhe WRP 1981, 39; OLG Köln JurBüro 1981, 1827; *Zöller/Schneider,* § 91 ZPO, Rdn. 13 unter dem Stichwort »Schutzschrift«; *Deutsch,* GRUR 1990, 327, 331.

56. Kapitel   Die Behelfe und Verfahren gemäß §§ 926, 927 ZPO

Literatur: *Borck,* Rückwärtsgewandte Feststellungsklage und Fristsetzung nach »Erledigung der Hauptsache«? Einige konservative Bemerkungen zu den §§ 256, 926, 945 ZPO, WRP 1980, 1; *Bülow,* Zur prozeßrechtlichen Stellung des Antragsgegners im Beschlußverfahren von Arrest und einstweiliger Verfügung, ZZP 98 (1985), 274; *Burchert/Görl,* Die Wahrung der Frist des § 926 ZPO in Wettbewerbsverfahren, WRP 1976, 661; *Mädrich,* Das Verhältnis der Rechtsbehelfe des Antragsgegners im einstweiligen Verfügungsverfahren, 1980; *Piehler,* Einstweiliger Rechtsschutz und materielles Recht, 1980; *Schlüter,* Die Erfüllung der Forderung als Erledigungsgrund im Arrestverfahren, ZZP 80 (1967), 447; *Teplitzky,* Arrest und einstweilige Verfügung, JuS 1980, 882; JuS 1981, 122, 352 u. 435; *Teplitzky,* Zu Meinungsdifferenzen über Urteilswirkungen im Verfahren der einstweiligen Verfügung, WRP 1987, 149. Vgl. ferner die Literatur von Kap. 54 und 55.

Inhaltsübersicht

	Rdn.		Rdn.
I. Einleitung	1	III. Die Aufhebung der einstweiligen Verfügung gemäß § 927 ZPO	24–41
II. Die Anordnung der Klageerhebung nach § 926 ZPO	2–23	1. Wesen und Zweck der Vorschrift	24
1. Wesen und Zweck der Anordnung	2	2. Die Zuständigkeit	25
2. Allgemeine Regeln	3	3. Die veränderten Umstände, insbesondere im Wettbewerbsrecht, als Aufhebungsgrund	26–34
3. Die Zulässigkeit des Antrags, insbesondere das Rechtsschutzbedürfnis	4–16	4. Die Frage der zeitlichen Begrenzung (Verwirkung)	35
a) Darstellung des Meinungsstands zur Frage des Rechtsschutzbedürfnisses	7–11	5. Kostenfragen	36–40
b) Eigene Stellungnahme	12–16	6. Die Wirkung der Aufhebungsentscheidung	41
4. Erfolg des Antrags	17	IV. Das Verhältnis der Behelfe der §§ 926, 927 ZPO zueinander sowie zu anderen Rechtsbehelfen des Schuldners	42
5. Die Befolgung der Anordnung	18–21		
6. Die Folgen der Nichtbefolgung der Anordnung	22, 23		

I. Einleitung

Neben der Schutzschrift und dem Widerspruch – beide ihrem Wesen nach reine Defensivmaßnahmen – hat der Schuldner der einstweiligen Verfügung auch mehrere Möglichkeiten eigener Initiative zum Gegenangriff.

Eine davon – die Feststellungsklage – ist mitsamt ihren Grenzen bei der Darstellung dieser Klageart behandelt worden (vgl. Kap. 52, Rdn. 22–28).

Wichtiger – und besonders im Wettbewerbsrecht aus verschiedenen Gründen von erheblicher Bedeutung – sind die beiden Wege, die in den §§ 926 und 927 ZPO eröffnet werden.

II. Die Anordnung der Klageerhebung nach § 926 ZPO

1. Wesen und Zweck der Anordnung

2   Der Schuldner kann den Gläubiger jederzeit vor die Alternative stellen, entweder binnen einer vom Gericht auf Antrag des Schuldners zu setzenden Frist Klage zur Hauptsache zu erheben (§ 926 Abs. 1 ZPO) oder seinen Verfügungstitel durch Aufhebung zu verlieren. Damit ist gewährleistet, daß auch der Schuldner die Klärung und abschließende Entscheidung des Streites in einem nicht nur summarischen Verfahren – oder alternativ die endgültige Befreiung von dem gegen ihn erlassenen Verfügungstitel – erzwingen kann, ohne auf den Weg über eine Feststellungsklage und die Darlegung der besonderen prozessualen Voraussetzungen einer solchen angewiesen zu sein (vgl. näher auch *Schlüter*, ZZP 80 (1967), 447, 462).

2. Allgemeine Regeln

3   Das Verfahren und die Folgen des Vorgehens bzw. der Reaktionen darauf sind in den Kommentierungen des § 926 ZPO eingehend und sogar recht weitgehend übereinstimmend dargestellt. Hier soll daher wiederum nur auf einige für die wettbewerbsrechtliche einstweilige Verfügung wesentliche Aspekte eingegangen und zu solchen Fragen Stellung genommen werden, die umstritten sind.

3. Die Zulässigkeit des Antrags, insbesondere das Rechtsschutzbedürfnis

4   Der Antrag auf Anordnung (§ 926 Abs. 1 ZPO), für den stets – also auch dann, wenn die Verfügung vom Berufungs- oder Beschwerdegericht erlassen worden ist – das erstinstanzliche Verfügungsgericht[1] und bei diesem regelmäßig der Rechtspfleger[2] zuständig ist, kann auch vorsorglich, noch vor Erlaß der Verfügung, gestellt werden; also beispielsweise vor oder in einer mündlichen Verhandlung des Verfügungsverfahrens[3]; ob auch bereits in einer Schutzschrift, ist noch nicht erörtert oder gar entschieden worden. Die Frage ist m. E. zu verneinen, da die Zulassung eines (durch Einreichung des Verfü-

---

1   Ganz h. M.: *Stein/Jonas/Grunsky*, § 926 ZPO, Rdn. 5; *Zöller/Vollkommer*, § 926 ZPO, Rdn. 6; *Baumbach/Lauterbach/Hartmann*, § 926 ZPO, Anm. 2 B; *Thomas/Putzo*, § 926 ZPO, Anm. 1 a; *Pastor*, S. 483; a. A. OLG Karlsruhe NJW 1973, 1509.
2   § 20 Nr. 14 RPflG; vgl. aber auch §§ 6 und 8 RPflG, nach denen auch Anordnungen des Richters (beim Landgericht stets nur der ganzen Kammer, *Stein/Jonas/Grunsky*, § 926 ZPO, Rdn. 4 m. w. N.) wirksam sind.
3   *Stein/Jonas/Grunsky*, § 926 ZPO, Rdn. 4; *Zöller/Vollkommer*, § 926 ZPO, Rdn. 9; *Mädrich*, S. 57.

gungsantrags) bedingten Prozeßantrags mit offensiver Stoßrichtung – abgesehen von anderen prozessualen Bedenklichkeiten – schon mit Sinn und Zweck der Schutzschrift als eines vorbeugenden Defensivmittels[4] unvereinbar ist und auch ein Bedürfnis für sie nicht besteht.

Der Antrag ist unzulässig, wenn die einstweilige Verfügung nicht (mehr) besteht (vgl. dazu OLG Hamm MDR 1986, 418) oder wenn die Hauptsacheklage bereits anhängig oder rechtskräftig abgeschlossen ist[5]. Anhängigkeit vor einem ausländischen Gericht genügt, sofern dessen Urteil im Inland anzuerkennen ist[6].

Von erheblicher Bedeutung für das Wettbewerbsrecht ist die Frage, ob der Antrag auch dann unzulässig ist, wenn der Anspruch, zu dessen Klärung die anzuordnende Hauptsacheklage führen soll, nicht mehr besteht[7] oder einer – bereits erhobenen oder drohenden – rechtshemmenden Einrede[8] ausgesetzt ist und/oder der Gläubiger in geeigneter Weise klargestellt hat, daß er seinen in der Verfügung titulierten Anspruch nicht weiter verfolgen werde.

a) Früher wurde all dies im Hinblick auf den rein formalen Charakter des Anordnungsverfahrens als unbeachtlich angesehen[9]; die heute herrschend gewordene Meinung[10] sieht das Problem anders, wenngleich keineswegs in allen Punkten einheitlich[11].

Einigkeit besteht allerdings darüber, daß der Anordnungsantrag unzulässig und schon vom Rechtspfleger zurückzuweisen ist, wenn der materielle Anspruch zweifelsfrei nicht mehr besteht und der Gläubiger auch »verfahrensmäßig eindeutig zum Ausdruck gebracht hat, daß sich sein Begehren erledigt hat«[12]. Letzteres kann z. B. durch

---

4 Vgl. dazu *May*, Die Schutzschrift im Arrest – und einstweiligen Verfügungsverfahren, 1983, S. 38 f.
5 Vgl. BGH WM 1987, 367 = NJW-RR 1987, 685; *Zöller/Vollkommer*, § 926 ZPO, Rdn. 10; beide Stellen sprechen zwar von »Rechtshängigkeit«; nach Sinn und Zweck des § 926 ZPO muß jedoch Anhängigkeit genügen.
6 OLG Frankfurt MDR 1981, 237 = RPfleger 1981, 118; *Zöller/Vollkommer*, § 926 ZPO, Rdn. 10.
7 Eine im Wettbewerbsrecht wegen der Häufigkeit des nachträglichen Fortfalls der Wiederholungsgefahr, meist aufgrund einer im Verfahrensverlauf abgegebenen strafbewehrten Unterwerfungserklärung, ganz alltägliche Fallgestaltung.
8 Wiederum besonders häufig im Wettbewerbsrecht, weil hier den in der Verfügung vorläufig titulierten Ansprüchen meist schon nach 6 Monaten die Verjährungseinrede entgegengesetzt werden kann.
9 Vgl. OLG Hamburg MDR 1965, 49, 50 sowie die bei *Mädrich*, S. 58 in Fn. 313, zitierte Literatur; *Pastor* (S. 486 und 508 f.) ist auch weiterhin dieser Ansicht.
10 Belege folgen – wegen der im einzelnen erforderlichen Differenzierungen – in den nächsten Fußnoten.
11 Unterschiedlich ist schon der Lösungsansatz: Während *Schlüter*, ZZP 80 (1967), 447, 462 f., die Unzulässigkeit des Anordnungsantrags im Fall des Forderungsuntergangs aus Sinn und Zweck des § 926 ZPO, also im Wege der »teleologischen Reduktion« dieser Vorschrift begründet hat, wird heute ganz allgemein das Rechtsschutzinteresse als entscheidender Gesichtspunkt angesehen. Auch dabei müssen Sinn und Zweck der Vorschrift des § 926 ZPO jedoch unterstützend herangezogen werden (vgl. BGH LM ZPO § 926 Nr. 4 = NJW 1974, 503, 504; *Mädrich*, S. 61 f.; *Stein/Jonas/Grunsky*, § 926 ZPO, Rdn. 7 u. *Zöller/Vollkommer*, § 926 ZPO, Rdn. 12, jeweils m. w. N.).
12 BGH LM ZPO § 926 ZPO Nr. 4 = NJW 1974, 503, 504; *Zöller/Vollkommer*, aaO.

Hauptsacheerledigung im Verfügungsverfahren[13] oder durch ausdrücklichen Verzicht auf alle Rechte aus dem Verfügungstitel[14] geschehen. Streitig ist jedoch, ob diese verfahrensmäßige Klarstellung notwendigerweise hinzutreten muß[15] oder ob es genügt, wenn nur der materielle Anspruch untergegangen ist[16].

9 Im Wettbewerbsrecht wird man der letzteren Auffassung jedenfalls für die – hier die Regel bildenden – Fälle zustimmen können, in denen der Schuldner selbst den Anspruch durch sein Verhalten – meist durch Abgabe einer strafbewehrten Unterlassungserklärung – nachträglich zum Erlöschen gebracht hat. Mindestens in diesen Fällen besteht keine Veranlassung, den Gläubiger zu aktivem Handeln (Abgabe prozessualer Erklärungen, meist verbunden mit der Notwendigkeit nochmaliger Inanspruchnahme kostspieliger anwaltlicher Beratung zur Abklärung der Erklärungsrisiken) zu nötigen oder anderenfalls dem Dilemma[17] der Anordnung einer aussichtslosen Klage auszusetzen[18].

10 Relativ ungeklärt ist immer noch die Frage, ob dem Anordnungsantrag auch dann das Rechtsschutzbedürfnis fehlt, wenn der durchzusetzende Anspruch einredebehaftet (verjährt) und die Einrede bereits erhoben oder zu erwarten ist[19].

11 Die Erwägung, daß es nicht der Sinn des § 926 ZPO sein könne, den Gläubiger zur Verfolgung eines von vornherein völlig aussichtslosen und ohne Zwang nicht mehr zu befürchtenden Hauptsacheverfahrens zu nötigen[20], trifft hier gleichermaßen zu. Da eine Einrede jedoch den Bestand des Anspruchs – anders als im Falle des Anspruchsuntergangs – unberührt läßt, dürfte in diesen Fällen das Rechtsschutzinteresse für den Anordnungsantrag jedenfalls nur unter der – von einem Teil der Meinung (vgl. Fn. 15) ja auch für den Erlöschensfall geforderten – engeren Voraussetzung entfallen, daß der Gläubiger seinerseits verfahrensmäßig verbindlich klarstellt, er werde den – bestehenden, aber einredebehafteten – Anspruch nicht weiter verfolgen. Liegen diese Voraussetzungen vor, so kann der Rechtspfleger den Antrag mangels Rechtsschutzbedürfnis-

---

13 So der Fall des BGH aaO.; vgl. auch OLG Stuttgart, WRP 1981, 231; OLG München, GRUR 1982, 321.
14 So der Fall des OLG Karlsruhe WRP 1980, 713, 714; vgl. ferner OLG Hamburg NJW-RR 1986, 1122 u. *Zöller/Vollkommer*, § 926 ZPO, Rdn. 12.
15 So *Baumbach/Lauterbach/Hartmann*, § 926 ZPO, Anm. 2 A c und *Thomas/Putzo*, § 926 ZPO, Anm. 1 b; wohl auch *Baumbach/Hefermehl*, § 25 UWG, Rdn. 87, allerdings widersprüchlich zu § 25 UWG, Rdn. 78; offengelassen von BGH aaO.; unklar insoweit OLG München WRP 1982, 321.
16 *Stein/Jonas/Grunsky*, § 926 ZPO, Rdn. 7 m. w. N.; *Zöller/Vollkommer*, aaO., und *Mädrich*, S. 61 f.; wohl auch OLG Hamburg MDR 1970, 935 und OLG Stuttgart WRP 1981, 231 sowie *Wieczorek-Schütze*, § 926 ZPO, Anm. A II a.
17 Vgl. zu diesem ausführlich *Mädrich*, S. 58.
18 A. A. jedoch *Baumbach/Hefermehl*, § 25 UWG, Rdn. 87.
19 Ich hatte diese Frage, zu der bis dahin lediglich eine (damals übersehene) bejahende Stellungnahme des OLG Karlsruhe (WRP 1980, 713, 714) vorgelegen hatte, bereits in der Besprechung des Buches von *Mädrich*, AcP 181 (1981), 252, 253 f., aufgeworfen, ohne zunächst Resonanz im Schriftum zu finden. Nach Behandlung in der Vorauflage (Kap. 56, Rdn. 10 f.) ist sie nun außer in der Rechtsprechung (OLG Düsseldorf WRP 1988, 247, 248 = NJW-RR 1988, 697) auch einmal in der Literatur (*Zöller/Vollkommer*, § 926 ZPO, Rdn. 12) in grundsätzlich bejahendem Sinn angesprochen worden.
20 *Stein/Jonas/Grunsky*, § 927 ZPO, Rdn. 7, und *Mädrich*, S. 61 f.; auch *Schlüter* (ZZP 80, 444, 462 f.) geht von diesem Gedanken aus.

ses ablehnen. Dem steht die Entscheidung BGH GRUR 1981, 447 = WRP 1981, 319 – Abschlußschreiben nicht entgegen. Die in der Literatur verschiedentlich (vgl. z. B. *Zöller/Vollkommer,* § 926 ZPO, Rdn. 14, u. HdbWR/*Spätgens,* § 90, Rdn. 5, die das Urteil nach NJW 1981, 1955 zitieren) vertretene gegenteilige Auffassung beruht auf einem Mißverständnis; denn der BGH hatte dort nicht über die Zulässigkeit eines Antrags nach § 926 ZPO, sondern über die Zulässigkeit der Verjährungseinrede in einem laufenden Hauptsacheverfahrens zu entscheiden, für die die Art des Zustandekommens des Hauptsacheverfahrens ohne jede Bedeutung war.

b) Im Prinzip sind gegen den Meinungswandel (hin zur Berücksichtigung der genannten Umstände im Anordnungsverfahren) keine durchgreifenden Einwände zu erheben[21]. **12**

Zwar erscheint es auf den ersten Blick merkwürdig, daß der Rechtspfleger über Fragen entscheiden können soll, die sich gerade im Wettbewerbsrecht als höchst problematisch erweisen können[22]. Bei näherem Zusehen erscheint dies jedoch aus mehreren Gründen hinnehmbar: **13**

aa) Bei richtigem Verständnis der herrschenden Meinung darf der Rechtspfleger das Rechtsschutzbedürfnis nur in wirklich zweifelsfreien, offenkundigen Fällen verneinen[23]. Dazu gehören in erster Linie diejenigen Fälle, in denen der antragstellende Schuldner selbst die Nichtdurchsetzbarkeit des Anspruchs vorträgt oder nicht bestreitet; denn hier ist die Zurückweisung für keine Partei unzumutbar: Der Schuldner hat sie durch seinen Vortrag selbst verursacht, und der Gläubiger ist, wenn er anderer Meinung ist und die Hauptsacheklage weiter für erfolgversprechend hält, für deren Erhebung nicht auf eine Androhung nach § 926 ZPO angewiesen. **14**

bb) Außerdem ist die Entscheidung des Rechtspflegers für beide Parteien mit der Erinnerung angreifbar (§ 11 RPflG)[24]. **15**

---

21 Anders *Pastor*, S. 486 und 508 f., u. OLG Köln Rpfleger 1981, 26; in AcP 81 (1981) 252, 253 f. habe ich auch selbst – wenngleich unter grundsätzlicher Zustimmung zur Meinung *Mädrichs* – noch gewisse Zweifel anklingen lassen.

22 Man denke z. B. an die Frage, ob eine Unterwerfungserklärung, die mit dem Verfügungstenor nicht ganz identisch ist oder gar gegenüber einem Dritten abgegeben wurde, wirklich den Anspruch – auf dem Wege über den Wegfall der Wiederholungsgefahr – vernichtet hat.

23 So grundsätzlich mit Recht, wenngleich etwas überpointiert, *Baumbach/Lauterbach/Hartmann*, § 926 ZPO, Anm. 2 B; uneingeschränkt zutreffend *Zöller/Vollkommer*, § 926 ZPO, Rdn. 12.

24 Welche Art von Erinnerung in Betracht kommt und ob eine Beschwerdemöglichkeit besteht, ist allerdings weitgehend streitig. Einigkeit besteht – wenn man von der insoweit unklaren Darstellung *Baumbach/Hefermehls*, § 25 UWG, Rdn. 79 (mit nicht verständlicher Verweisung auf Rdn. 78, die dazu nichts besagt,) absieht – darüber, daß dem Gläubiger gegen die Anordnung der Klageerhebung die (mit zwei Wochen) befristete Erinnerung zusteht (BGH NJW-RR 1987, 685 = WM 1987, 367; BGHR ZPO § 926 Abs. 1, Fristsetzung 1; OLG Schleswig SchlHA 1982, 43; *Zöller/Vollkommer*, § 926 ZPO, Rdn. 19; *Baumbach/Lauterbach/Hartmann*, § 926 ZPO, Anm. 2 D a.) Umstritten ist dagegen die wichtigere Frage, ob dem Schuldner im Falle der Zurückweisung seines Antrags (oder unangemessen langer Fristsetzung) ebenfalls die befristete Erinnerung (so *Baumbach/Lauterbach/Hartmann*, § 926 ZPO, Anm. 2 D b) oder die unbefristete Erinnerung i. V. mit Beschwerde nach § 567 ZPO im Falle der Richterentscheidung (so OLG Hamburg MDR 1970, 935; *Baumbach/Hefermehl*, § 25 UWG, Rdn. 79; *Zöller/Vollkommer*, § 926 ZPO, Rdn. 21; *Thomas/Putzo*, § 926 ZPO, Anm. 1 e) zusteht. (Gegen eine Beschwerde-

16 cc) Vor allem aber – und dies ist m. E. der entscheidende Gesichtspunkt für die Akzeptabilität der ganzen Meinung – kann die Unzulässigkeit des Anordnungsantrags nicht nur vom Rechtspfleger, sondern, falls dieser die Klageerhebung angeordnet hat und der Adressat ihr wegen Aussichtslosigkeit der Klage nicht nachgekommen ist, auch noch im Aufhebungsverfahren gemäß § 926 Abs. 2 ZPO, also nach richterlicher Prüfung in einem Streitverfahren mit mündlicher Verhandlung, berücksichtigt werden, mit der Folge, daß die Versäumung der Klagefrist weder zur Aufhebung der einstweiligen Verfügung noch zur Schadensersatzpflicht nach § 945 ZPO führen darf[25]. Selbst wenn im Aufhebungsverfahren die Unzulässigkeit des Antrags rechtsirrig verneint und die Aufhebung der Verfügung abgelehnt wird, ist der Schuldner nicht rechtlos gestellt, da ihm weiter das Aufhebungsverfahren nach § 927 ZPO offensteht. Die geringfügige Schlechterstellung dadurch, daß sowohl das Aufhebungsverfahren als auch das Verfahren nach § 927 ZPO in der OLG-Instanz enden (§ 545 Abs. 2 Satz 1 ZPO), während das Hauptsacheverfahren möglicherweise zum BGH gebracht werden könnte, kann dem Schuldner ebenso zugemutet werden wie die Verschlechterung seiner Rechtslage im Hinblick auf § 945 ZPO; denn diese fällt heute kaum noch ins Gewicht, nachdem der Bundesgerichtshof in gefestigter Rechtsprechung Schadensersatzansprüche nach dieser Vorschrift auch bei Aufhebung der Verfügung nach § 926 Abs. 2 ZPO zumindest de facto von einer Rechtmäßigkeitsprüfung abhängig macht[26].

4. Erfolg des Antrags

17 Einem zulässigen Anordnungsantrag hat der Rechtspfleger stattzugeben. Davor hat er, was sich aus den vorangegangenen Erörterungen seiner nach h. M. erweiterten Prüfungspflicht ergibt, dem Gläubiger rechtliches Gehör zu gewähren[27]. Die Frist, die bei der Anordnung zu setzen ist, muß ausreichend bemessen werden; die Mindestfrist von

möglichkeit im Falle richterlicher Fristsetzung neuerdings auch OLG Köln Rpfleger 1990, 452).

[25] BGH LM ZPO § 926 Nr. 4 = NJW 1974, 503, 504; OLG Hamburg MDR 1970, 935; OLG Stuttgart WRP 1981, 231; OLG München WRP 1982, 321; OLG Karlsruhe NJW-RR 1988, 252; *Baumbach/Hefermehl*, § 25 UWG, Rdn. 86; *Zöller/Vollkommer*, § 926 ZPO, Rdn. 20; h. M.

[26] Vgl. BGHZ 15, 356, 359 – Progressive Kundenwerbung; BGH GRUR 1981, 295, 296 = WRP 1981, 269 – Fotoartikel I; BGH GRUR 1992, 203, 206 – Roter mit Genever; *Teplitzky*, NJW 1984, 850, 852 m. w. N. in Fn. 19; zustimmend jetzt auch *Zöller/Vollkommer*, § 945 ZPO, Rdn. 14; ablehnend *Stein/Jonas/Grunsky*, § 945 ZPO, Rdn. 33 m. w. N. in Fn. 72; vgl. dazu näher Kap. 36, Rdn. 30, sowie Kap. 52, Rdn. 26.

[27] Die in den Kommentaren teilweise (*Stein/Jonas/Grunsky*, § 926 ZPO, Rdn. 5; *Zöller/Vollkommer*, § 926 ZPO, Rdn. 15) noch vertretene Gegenmeinung, die sich auf den rein formalen Charakter des Anordnungsverfahrens gründet, ist mit der durch die h. M. erweiterten Pflicht zur Prüfung des Rechtsschutzinteresses für den Antrag nicht vereinbar. Es wäre lebensfremd anzunehmen, daß der Schuldner selbst schon bei Stellung seines Aufhebungsantrags die Umstände vorträgt, die diesen unzulässig machen; auf solche Umstände wird sich regelmäßig erst der Gläubiger berufen. Gewährt man diesem kein rechtliches Gehör, so bleibt die ganze Diskussion über eine Prüfungspflicht des Rechtspflegers reichlich theoretisch, der Streit wird immer in das Aufhebungsverfahren verlagert.

56. Kapitel   Die Behelfe und Verfahren gemäß §§ 926, 927 ZPO

zwei Wochen (§ 276 Abs. 1 Satz 2, § 277 Abs. 3 ZPO analog[28]) kann in Wettbewerbssachen nicht als ausreichend angesehen werden *(Pastor,* S. 483). Hier dürften wegen der meist nicht einfachen Klagevorbereitung *(Pastor,* aaO.) Fristen von einem Monat[29] als angemessen und allenfalls solche von drei Wochen als einigermaßen ausreichend anzusehen sein. Gegen zu kurze Fristsetzungen kann der Gläubiger sich mit der Erinnerung, u. U. aber auch durch einen Antrag auf Fristverlängerung (§ 224 Abs. 2 ZPO), zur Wehr setzen. Wird eine längere Frist als vom Schuldner beantragt gewährt, so kann dieser seinerseits Erinnerung einlegen *(Stein/Jonas/Grunsky,* § 926 ZPO, Rdn. 10; vgl. auch vorstehend Fn. 24).

5. Die Befolgung der Anordnung

Der (wirksamen)[30] Anordnung der Klageerhebung hat der Gläubiger grundsätzlich innerhalb der gesetzten Frist Folge zu leisten. Bei Einreichung der Klage innerhalb der Frist ist diese gewahrt, wenn die Zustellung demnächst erfolgt (§ 270 Abs. 3 ZPO)[31]. Davon zu unterscheiden sind die Fälle, in denen die Frist zwar ohne Rückwirkungsmöglichkeit der Klagezustellung auf einen innerhalb der Frist liegenden Einreichungszeitpunkt versäumt ist, gem. § 231 Abs. 2 ZPO jedoch eine Heilung erfolgen kann, wenn bis zum Schluß der erstinstanzlichen mündlichen Verhandlung im Aufhebungsverfahren die Klage erhoben ist. Bei dieser Form der Klageerhebung ist das Erfordernis der Zustellung im Zeitpunkt der mündlichen Verhandlung nicht mehr dadurch ersetzbar, daß eine »Demnächst«-Zustellung i. S. des § 270 Abs. 3 ZPO glaubhaft gemacht wird[32].

---

28 *Stein/Jonas/Grunsky,* § 926 ZPO, Rdn. 9; in der Praxis leider weit verbreitet; vgl. *Pastor,* S. 483.
29 *Stein/Jonas/Grunsky,* § 926 ZPO, Rdn. 9; HdbWR/*Spätgens,* § 90, Rdn. 5: mindestens drei Wochen.
30 Dabei ist zu beachten, daß eine wirksam getroffene Anordnung die Wirkung auch nachträglich wieder verlieren kann, etwa dann, wenn die einstweilige Verfügung rechtskräftig – auch in der Form eines die Erledigung des Verfügungsverfahrens in der Hauptsache feststellenden Urteils (vgl. OLG München, Urt. v. 17. 9. 1987 – 29 U 1813/87, MD VSW 1987, 1229) – aufgehoben worden ist.
31 Dies ist der Fall der Entscheidung des OLG Hamburg WRP 1978, 907, 908; übereinstimmend *Baumbach/Hefermehl,* § 25 UWG, Rdn. 82; *Stein/Jonas/Grunsky,* § 926 ZPO, Rdn. 12; *Zöller/Vollkommer,* § 926 ZPO, Rdn. 32; *Baumbach/Lauterbach/Hartmann,* § 926 ZPO, Anm. 3 A; a. A. jedoch *Thomas/Putzo,* § 926 ZPO, Anm. 2 – nicht dagegen KG WRP 1976, 378, das von *Baumbach/Lauterbach/Hartmann,* aaO., der Gegenmeinung fälschlich zugeordnet wird, in Wahrheit jedoch eine ganz andere Fallgestaltung zum Gegenstand hat (zu dieser vgl. auch *Burchert/Görl,* WRP 1976, 661, 663).
32 KG WRP 1976, 378, 379; OLG Frankfurt GRUR 1987, 650, 651; *Stein/Jonas/Grunsky,* § 926 ZPO, Rdn. 12 (der in Fn. 37 die genannte KG-Entscheidung ebenfalls – vgl. Fn. 31 – irrig der Gegenmeinung zuordnet); *Zöller/Vollkommer,* § 926 ZPO, Rdn. 33; *Baumbach/Lauterbach/Hartmann,* § 926 ZPO, Anm. 3 B; *Pastor,* S. 484; zur Begründung im einzelnen vgl. *Burchert/Görl,* WRP 1976, 661, 663.

19 Der Streit, ob statt Klageerhebung die Einreichung eines Gesuchs um Prozeßkostenhilfe reicht[33], spielt im Wettbewerbsrecht keine praktische Rolle[34].

20 Klageerhebung vor dem unzuständigen Gericht wahrt (wegen der Verweisungsmöglichkeit nach § 281 ZPO) die Frist; jedoch müssen die Prozeßvoraussetzungen im übrigen soweit erfüllt sein, daß es zu einem Sachurteil kommen kann[35]. Liegt eine Schiedsgerichtsvereinbarung vor, so genügt die Klageerhebung vor dem Schiedsgericht[36]; muß es erst gebildet werden, ist dies bei der Fristsetzung zu berücksichtigen. Bei Zuständigkeit mehrerer Gerichte für die Klage – im Wettbewerbsrecht fast der Regelfall – kann der Gläubiger frei wählen; er ist nicht an das Gericht gebunden, vor dem er die einstweilige Verfügung erwirkt hat[37]. Klageerhebung vor einem ausländischen Gericht genügt, wenn dessen Urteil in Deutschland anerkannt wird[38]. Die Klageerhebung ist vom Gläubiger glaubhaft zu machen, jedoch, wenn gerichtsbekannt, auch von Amts wegen zu beachten (*Zöller/Vollkommer*, § 926 ZPO, Rdn. 24 m. w. N.; HdbWR/*Spätgens*, § 90, Rdn. 21).

21 Hauptsacheklage i. S. der Anordnung kann – auch dies ist im Wettbewerbsrecht mit seiner besonderen Antragsproblematik ein wichtiger Grundsatz – nur eine Klage sein, deren Gegenstand sich mit dem des Verfügungsverfahrens deckt[39]; der Streitgegenstand der Klage darf zwar umfassender sein als das Verfügungsverbot; er muß dieses aber voll einschließen[40]. Formulierungsfehler im Verfügungsantrag, die dessen Inhalt berühren, können hier also nochmals üble (Nach-)Wirkungen zeitigen, da Nachbesserungsversuche dazu führen können, daß es sich nicht mehr um eine fristwahrende Hauptsacheklage handelt und die Verfügung deshalb, obwohl an sich gerechtfertigt, aufgehoben wird. Auch für die Übereinstimmung des Anspruchs des Verfügungsverfahrens mit dem der Hauptsacheklage – bei deren Prüfung allerdings nicht allzu kleinlich verfahren werden sollte, vgl. (nicht zum Wettbewerbsrecht) OLG Düsseldorf MDR 1988, 976 u. *Zöller/Vollkommer*, § 926 ZPO, Rdn. 30 – trifft die Glaubhaftmachungslast den Gläubiger (vgl. OLG Frankfurt MDR 1981, 237; *Zöller/Vollkommer*, § 926 ZPO, Rdn. 24), so daß Zweifel zu seinen Lasten gehen.

---

33 Was heute bereits mehrheitlich bejaht wird; vgl. *Stein/Jonas/Grunsky*, § 926 ZPO, Rdn. 11; *Zöller/Vollkommer*, § 926 ZPO, Rdn. 32; *Baumbach/Lauterbach/Hartmann*, § 926 ZPO, Anm. 3 A; a. A. OLG Hamm OLGZ 1989, 322; OLG Düsseldorf MDR 1987, 771; *Thomas/Putzo*, § 926 ZPO, Anm. 2, und *Wieczorek/Schütze*, § 926 ZPO, Anm. D III A a 4.
34 Zu Fragen, die Streitwertbegünstigungsanträge aufwerfen können, vgl. *Burchert/Görl* WRP 1976, 661, 663 ff.
35 *Stein/Jonas/Grunsky*, § 926 ZPO, Rdn. 14 m. w. N. in Fn. 44; *Zöller/Vollkommer*, § 926 ZPO, Rdn. 32.
36 *Baumbach/Lauterbach/Hartmann*, § 926 ZPO, Anm. 3 A; *Stein/Jonas/Grunsky*, § 926 ZPO, Rdn. 11.
37 OLG Karlsruhe NJW 1973, 1509; *Stein/Jonas/Grunsky*, § 926 ZPO, Rdn. 11 m. w. N.; *Zöller/Vollkommer*, § 926 ZPO, Rdn. 29.
38 *Baumbach/Lauterbach/Hartmann*, § 926 ZPO, Anm. 3 A; vgl. auch schon Rdn. 5 mit Fn. 6.
39 OLG Koblenz WRP 1983, 108, 109; *Pastor*, S. 485; HdbWR/*Spätgens*, § 90, Rdn. 14; *Ahrens/Spätgens*, S. 117.
40 OLG Koblenz aaO.; *Pastor*, S. 485; *Baumbach/Hefermehl*, § 25 UWG, Rdn. 81; HdbWR/*Spätgens*, § 90, Rdn. 14; *Zöller/Vollkommer*, § 926 ZPO, Rdn. 30.

6. Die Folgen der Nichtbefolgung der Anordnung

Ist der Gläubiger einer wirksamen[41] Anordnung nach § 926 Abs. 1 ZPO nicht nachgekommen oder hat er eine fristgerecht erhobene Klage wieder zurückgenommen oder ihre rechtskräftige Abweisung als unzulässig hinnehmen müssen[42], so kann der Schuldner den Antrag auf Aufhebung der einstweiligen Verfügung nach § 926 Abs. 2 ZPO stellen, über den das Gericht nach mündlicher Verhandlung durch Endurteil entscheidet. Die mündliche Verhandlung ist vom Schuldner zu beantragen, was er auch schon vor Ablauf der Frist zur Klageerhebung tun kann (*Mädrich,* S. 65 m. w. N.); nach Fristablauf kann der Aufhebungsantrag aber auch jederzeit in einem noch laufenden Verfügungsverfahren (also im Widerspruchs-[43] oder Rechtsmittelverfahren[44] über eine erlassene einstweilige Verfügung), gestellt und (nach mündlicher Verhandlung darüber) beschieden werden, desgleichen in einem Aufhebungsverfahren nach § 927 ZPO[45].

Wegen weiterer Einzelheiten des Verfahrens, seiner Entscheidung und ihrer Folgen kann auf die ZPO-Kommentare verwiesen werden.

III. Die Aufhebung der einstweiligen Verfügung gemäß § 927 ZPO

1. Wesen und Zweck der Vorschrift

Durch § 927 ZPO – eine mit § 323 ZPO entfernt verwandte, aber wesentlich weitergehende Vorschrift – wird die Rechtskraftwirkung von Verfügungsentscheidungen sehr weitgehend eingeschränkt. Bei nachträglicher Veränderung maßgeblicher Umstände ist danach die Abänderung (durch Urteil) jederzeit möglich, und zwar nicht nur in einem zu diesem Zweck eingeleiteten Aufhebungsverfahren, sondern auch in einem Widerspruchs- oder Rechtsmittelverfahren über die aufzuhebende einstweilige Verfügung; ist die Geltendmachung in einem solchen laufenden Verfahren möglich, so fehlt für die Einleitung eines gesonderten Aufhebungsverfahrens das Rechtsschutzinteresse[46]. Umgekehrt hindert jedoch ein anhängig gemachtes Aufhebungsverfahren den Schuldner nicht, sich auf die geänderten Umstände auch in Widerspruchs- oder Rechtsmittelverfahren über die einstweilige Verfügung selbst zu berufen[47].

---

41 Vgl. dazu Rdn. 18 mit Fn. 30.
42 Vgl. *Stein/Jonas/Grunsky,* § 926 ZPO, Rdn. 13 f.; *Zöller/Vollkommer,* § 926 ZPO, Rdn. 14; HdbWR/*Spätgens,* § 90, Rdn. 11.
43 Vgl. den Fall OLG Hamburg WRP 1978, 907, 908.
44 So OLG Koblenz WRP 1983, 108, 109.
45 *Stein/Jonas/Grunsky,* § 926 ZPO, Rdn. 17; *Baumbach/Lauterbach/Hartmann,* § 926 ZPO, Anm. 4 A; *Thomas/Putzo,* § 926 ZPO, Anm. 3.
46 OLG Hamm GRUR 1978, 611, 612; OLG Düsseldorf WRP 1982, 329, 330; OLG Koblenz WRP 1988, 389, 390 m. w. N.; GRUR 1989, 373, 374; *Baumbach/Hefermehl,* § 25 UWG, Rdn. 91.
47 Vgl. zu allem näher *Zöller/Vollkommer,* § 927 ZPO, Rdn. 2.

2. Zuständigkeit

25 Die Zuständigkeit – gemäß § 802 ZPO eine ausschließliche – ist in § 927 Abs. 2 ZPO geregelt. Als Gericht, das i. S. dieser Vorschrift »den Arrest angeordnet hat«, gilt nach h. M. stets das Gericht erster Instanz, auch wenn die einstweilige Verfügung in der Berufungsinstanz erlassen worden ist[48]. Dagegen ist »Gericht der Hauptsache« das Instanzgericht, vor dem die Hauptsache zur Zeit der Einleitung des Aufhebungsverfahrens tatsächlich anhängig ist[49]. Ist dies die Revisionsinstanz, so wird wieder das erstinstanzliche Gericht zuständig (vgl. BGH WM 1976, 134; *Ahrens/Spätgens*, S. 120). Ein Schiedsgericht kann nie »Gericht der Hauptsache« i. S. dieser Vorschrift sein[50].

3. Die veränderten Umstände, insbesondere im Wettbewerbsrecht, als Aufhebungsgrund

26 Zum Begriff der »veränderten Umstände« kann voll auf die m. E. zutreffenden Ausführungen bei *Stein/Jonas/Grunsky* (§ 927 ZPO, Rdn. 3) verwiesen werden.

27 Als wichtige Aufhebungsgründe im Wettbewerbsrecht kommen danach namentlich in Betracht:

28 a) Die Versäumung der Vollziehungsfrist des § 929 Abs. 2 ZPO[51].

29 b) In engen Grenzen auch einschneidende Änderungen beim Verfügungsgrund[52], namentlich bei dem der Dringlichkeit. Dazu gehört allerdings nicht ohne weiteres der Ablauf einer gewissen Zeitspanne, in der – als Folge der erlassenen einstweiligen Verfügung – der Schuldner keine weiteren Verletzungshandlungen begangen hat. Jedoch kann – was in der Praxis bislang allerdings weithin unbeachtet geblieben ist – die Dringlichkeit fragwürdig werden, wenn der Gläubiger nach Erwirkung einer einstweiligen Verfügung längere Zeit verstreichen läßt, ohne für die endgültige Sicherstellung seines Anspruchs entweder in einem erfolgreichen Abschlußverfahren (vgl. Kap. 43) oder durch Einleitung der Hauptsacheklage zu sorgen. Ein solches Verhalten kann den Schluß nahelegen, daß dem Gläubiger an der Durchsetzung seines Anspruchs (die einstweilige Verfügung ist keine Durchsetzung, sondern eine lediglich vorläufige Sicherung, solange sie nicht durch eine Abschlußerklärung perpetuiert wird) nicht (mehr) ernstlich gelegen ist. Das Problem wird sich aber lediglich bei solchen wettbewerbli-

---

[48] OLG Hamm OLGZ 1987, 493 = MDR 1987, 593; HdbWR/*Spätgens*, § 91, Rdn. 6; *Zöller/Vollkommer*, § 927 ZPO, Rdn. 10.

[49] *Zöller/Vollkommer* und HdbWR/*Spätgens*, aaO.; *Baumbach/Lauterbach/Hartmann*, § 927 ZPO, Anm. 3 B.

[50] *Zöller/Vollkommer*, § 927 ZPO, Rdn. 10; a. A. *Stein/Jonas/Grunsky*, § 927 ZPO, Rdn. 12, jedoch abzulehnen, da das Aufhebungsverfahren Teil des summarischen Verfahrens ist, für das es eine schiedsgerichtliche Zuständigkeit generell nicht geben kann.

[51] OLG München GRUR 1985, 161; OLG Köln GRUR 1985, 458, 460 = WRP 1986, 362, 364; OLG Hamm NJW-RR 1990, 1214 m. w. N.; *Zöller/Vollkommer*, § 927 ZPO, Rdn. 6; *Baumbach/Hefermehl*, § 25 UWG, Rdn. 90. Gleich erachtet wird die Nichtleistung einer angeordneten Sicherheit in der Vollziehungsfrist; vgl. etwa OLG Frankfurt WRP 1980, 423, 424; *Baumbach/Hefermehl*, aaO.; HdbWR/*Spätgens*, § 91, Rdn. 11.

[52] Vgl. *Zöller/Vollkommer*, § 927 ZPO, Rdn. 6; *Baumbach/Lauterbach/Hartmann*, § 927 ZPO, Anm. 2 B; zurückhaltend (mit Recht) *Ahrens/Spätgens*, S. 126.

56. Kapitel   Die Behelfe und Verfahren gemäß §§ 926, 927 ZPO   30–32 **56**

chen Unterlassungsansprüchen stellen, die ausnahmsweise[53] nicht der kurzen Verjährung nach § 21 UWG unterliegen; ansonsten erledigt es sich dadurch, daß – wie in Rdn. 31 noch auszuführen sein wird – die Aufhebung der einstweiligen Verfügung nach sechs Monaten ohnehin wegen Verjährungseintritts beantragt werden kann.

Keine Veränderung der Dringlichkeit kann dagegen – entgegen Voraufl., Kap. 8, Rdn. 7, und Kap. 56, Rdn. 26 – durch Abgabe einer zeitlich begrenzten oder auflösend bedingten Unterwerfungserklärung (mit »Wirksamkeit« bis zur rechtskräftigen Entscheidung des Hauptsacheverfahrens) eintreten. Eine solche Erklärung ist entweder – wenn sie unter die allein zulässige auflösende Bedingung einer rechtskräftigen Feststellung der Rechtmäßigkeit des Handelns gestellt ist – wirksam; dann beseitigt sie nicht nur die Dringlichkeit, sondern auch die Wiederholungsgefahr[54], so daß die einstweilige Verfügung schon deshalb aufzuheben ist (vgl. nachfolgend Rdn. 31); oder sie ist wegen einer unzulässigen Einschränkung unwirksam; dann ist sie dies schlechthin, so daß auch Wirkungen auf die Dringlichkeit nicht in Betracht kommen[55].   30

c) In Betracht kommt weiter der Wegfall des Verfügungsanspruchs, meist durch Abgabe einer strafbewehrten Unterlassungsverpflichtungserklärung, durch die die Wiederholungsgefahr beseitigt wird[56], oder endgültige Behinderung des Anspruchs durch eine Einrede (Verjährung)[57]. Hier stellt sich allerdings die Frage, ob ein Rechtsschutzinteresse am Aufhebungsantrag besteht[58]; man wird dies jedoch bejahen müssen, da es auf den Grund des Erlöschens des Anspruchs bei § 927 ZPO nicht ankommt[59], der vorläufige Verfügungstitel nach Wegfall des titulierten Anspruchs unberechtigt und entbehrlich ist und eine angemessene Lösung der Kostenfrage durch sofortiges Anerkenntnis des Gläubigers im Aufhebungsverfahren (mit Kostenfolgen zu seinen Gunsten aus § 93 ZPO) erreichbar ist[60].   31

c) Ein weiterer Aufhebungsgrund ist die Feststellung der Unbegründetheit des Verfügungsanspruchs im Hauptsacheverfahren. Ist sie rechtskräftig, so wirft sie keine Probleme auf: Die Aufhebung der Verfügung über § 927 ZPO ist uneingeschränkt zulässig, aber auch notwendig; die einstweilige Verfügung wird – was streitig war, jetzt aber vom BGH klargestellt worden ist – nicht automatisch wirkungslos, sondern bedarf der Aufhebung[61]. Auch ein den Verfügungsanspruch im Hauptsacheverfahren rechtskräftig bestätigendes Urteil stellt einen Aufhebungsgrund dar. Da ein Interesse des Gläubi-   32

---

53 Wie etwa Ansprüche aus dem WZG oder aus Namens- und Firmenrecht gemäß § 16 UWG; vgl. BGH GRUR 1968, 367, 370 = WRP 1968, 193 – Corrida und BGH GRUR 1984, 820, 822 f. = WRP 1984, 678 – Intermarkt II.
54 Vgl. Kap. 8, Rdn. 13, und Kap. 52, Rdn. 11.
55 Unzutreffend daher OLG Frankfurt WRP 1982, 34.
56 HdbWR/*Spätgens*, § 91, Rdn. 11; krit. *Ahrens/Spätgens*, S. 134 f.
57 Vgl. OLG Karlsruhe WRP 1980, 713, 714; OLG Hamm WRP 1983, 284, 286; OLG Koblenz GRUR 1989, 373; *Baumbach/Hefermehl*, § 25 UWG, Rdn. 90; HdbWR/*Spätgens*, § 91, Rdn. 11; *Ahrens/Spätgens*, S. 146.
58 Verneinend *Pastor*, S. 476; *Ahrens/Spätgens*, S. 134 f.
59 *Stein/Jonas/Grunsky*, § 927 ZPO, Rdn. 6.
60 So zutreffend für den Fall eines verjährten Anspruchs OLG Karlsruhe WRP 1980, 713, 714; die Ansicht *Pastors* (S. 477), § 93 ZPO sei im Aufhebungsverfahren nicht anwendbar, ist unzutreffend und vereinzelt geblieben.
61 BGH GRUR 1987, 125, 126 = WRP 1987, 169 – Berühmung; *Zöller/Vollkommer*, § 927 ZPO, Rdn. 4; *Teplitzky*, WRP 1987, 149.

gers am Bestand eines zweiten Titels nicht besteht, ist der Verfügungstitel aufzuheben, sofern der Gläubiger ihn nicht – unter Verzicht auf ein Vorgehen daraus – an den Schuldner herausgibt[62].

Ist das den Anspruch verneinende Urteil nicht rechtskräftig, so kommt eine Aufhebung nur in Betracht, wenn eine Abänderung dieses Urteils nach dem freien Ermessen des mit dem Aufhebungsantrag befaßten Gerichts unwahrscheinlich ist[63]; nur für diesen Fall trifft die Meinung *Grunskys* (aaO.) zu, daß »damit« das Bestehen des Anspruchs nicht mehr glaubhaft sei; anderenfalls ist entweder der Aufhebungsantrag (als noch nicht begründet) zurückzuweisen oder – besser – das Aufhebungsverfahren gemäß § 148 ZPO bis zur Entscheidung der nächsten Instanz des Hauptsacheverfahrens auszusetzen[64].

33 Wird im Hauptsacheverfahren durch ein noch nicht rechtskräftiges Urteil dem durch die einstweilige Verfügung gesicherten Unterlassungsanspruch stattgegeben (oder wird dessen Berechtigung in einem Feststellungsverfahren festgestellt), so stellt dies keinen Aufhebungsgrund dar[65], da die Vollstreckungsmöglichkeiten aus solchen Urteilen für den Gläubiger denjenigen aus der einstweiligen Verfügung nicht gleichwertig sind.

34 d) Weitere Aufhebungsgründe sind wesentliche Veränderungen der tatsächlichen und rechtlichen Grundlage für die erlassene Verfügungsentscheidung[66]. Wie weit solche Veränderungen – etwa neue verbesserte Glaubhaftmachungsmöglichkeiten – berücksichtigt werden können, ist streitig; teils wird es grundsätzlich verneint[67], teils in weitem Umfang bejaht[68]. Der letzteren Meinung ist wegen der geringen Rechtskraftwirkungen der nur vorläufigen und vom Gesetzgeber in weitem Umfang korrigierbar gestalteten summarischen Entscheidung der Vorzug zu geben. So rechtfertigt nicht nur eine Änderung der gesetzlichen Grundlage[69], sondern m. E. auch eine solche der

---

62 OLG Hamburg WRP 1979, 135; OLG Hamm OLGZ 1988, 321, 322 f.; *Baumbach/Hefermehl*, § 25 UWG, Rdn. 91; HdbWR/*Spätgens*, § 91, Rdn. 11; *Ahrens/Spätgens*, S. 130; *Teplitzky*, JuS 1981, 435, 436. *Zöller/Vollkommer*, (§ 927 ZPO, Rdn. 6) ordnen diesen Fall fälschlich in der Rubrik des fehlenden Verfügungsgrunds ein, der lediglich ein Unterfall des – hier bereits fehlenden – allgemeinen Rechtsschutzinteresses ist.
63 BGH WM 1976, 134; OLG Düsseldorf GRUR 1985, 160 und GRUR 1988, 241 (Ls.); *Stein/Jonas/Grunsky*, § 927 ZPO, Rdn. 6 m. w. N. in Fn. 17; *Zöller/Vollkommer*, § 927 ZPO, Rdn. 5; *Melullis*, Hdb., Rdn. 139 auf S. 108 und *Teplitzky*, WRP 1987, 149, 151 m. w. N. auch zu abweichenden Meinungen; für die jeweiligen Einzelfälle verneinend OLG Düsseldorf NJW-RR 1987, 993; OLG München NJW-RR 1987, 761.
64 OLG Düsseldorf WRP 1984, 690, 691 = GRUR 1984, 757; GRUR 1985, 160; *Melullis*, aaO.; gegen eine Aussetzung allerdings OLG München WRP 1986, 507, 508.
65 KG WRP 1979, 547; OLG Frankfurt ZIP 1980, 922; *Baumbach/Hefermehl*, § 25 UWG, Rdn. 90; *Zöller/Vollkommer*, § 927 ZPO, Rdn. 7 m. w. N.; vgl. auch *Ahrens/Spätgens*, S. 128 f.
66 BGH GRUR 1988, 787, 788 = WRP 1989, 16, 17 – Nichtigkeitsfolgen der Preisangabenverordnung; KG GRUR 1985, 236; OLG Köln GRUR 1985, 458, 459 = WRP 1985, 362, 363.
67 So *Wieczorek/Schütze*, § 927 ZPO, Anm. B III b 3.
68 *Stein/Jonas/Grunsky*, § 927 ZPO, Rdn. 5; *Zöller/Vollkommer*, § 927 ZPO, Rdn. 4.
69 Vgl. BGH GRUR 1988, 787, 788 = WRP 1989, 16, 17 – Nichtigkeitsfolgen der Preisangabenverordnung; KG GRUR 1985, 236 (jeweils Aufhebung wegen Verfassungswidrigkeit der der Verfügung zugrundeliegenden PreisangabeVO); vgl. auch OLG Köln GRUR 1985, 458, 459 = WRP 1989, 362, 363.

höchstrichterlichen Rechtsprechung, von der das Verfügungsgericht erkennbar ausgegangen war[70], die Einleitung eines Aufhebungsverfahrens.

4. Die Frage der zeitlichen Begrenzung (Verwirkung)

Das Recht des Schuldners, den Aufhebungsantrag wegen veränderter Umstände zu stellen, ist unbefristet und nach einer namentlich außerhalb des Wettbewerbsrechts, aber teils auch für dieses vertretenen Meinung sogar unverzichtbar, soweit es sich auf unvorhersehbare künftige Umstände bezieht[71]; jedoch kann das Recht verwirkt werden, wenn der Schuldner nach Kenntnis der Änderung so lange zuwartet, daß der Gläubiger mit der Geltendmachung des Aufhebungsrechts nicht mehr zu rechnen braucht und sich darauf eingestellt hat[72].

5. Kostenfragen

Die Aufhebung wegen veränderter Umstände wirft eine Reihe von Kostenfragen auf.

a) Grundsätzlich ist im selbständigen Aufhebungsverfahren über die Kosten dieses Verfahrens allein, und zwar nach Maßgabe des Erfolgs oder Mißerfolgs nur dieses Verfahrens, zu entscheiden[73]; die Kostenentscheidung des ursprünglichen Verfügungsverfahrens bleibt unberührt[74]. Auch bei der Kostenentscheidung des Aufhebungsverfahrens spielt – entgegen der Meinung *Pastors*, S. 477 – § 93 ZPO eine erhebliche Rolle: Hat der Schuldner den Gläubiger vor Einleitung des Aufhebungsverfahrens nicht erfolglos zum Verzicht auf die Verfügungsrechte (und zur Herausgabe des Titels) aufgefordert und erkennt der Gläubiger dann den Aufhebungsanspruch nach Geltendmachung unverzüglich an, so trägt nach der genannten Vorschrift der Schuldner die Kosten des Verfahrens[75].

---

70 So Voraufl., Kap. 56, Rdn. 29, und *Stein/Jonas/Grunsky*, § 927 ZPO, Rdn. 4 und 5; vgl. jetzt auch KG WRP 1990, 331, 332 f. und Beschl. v. 4. 4. 1989 – 5 W 1340/89, MD VSW 1989, 882; *Zöller/Vollkommer*, § 927 ZPO, Rdn. 4; HdbWR/*Spätgens*, § 91, Rdn. 9; einschränkend *Melullis*, Hdb., Rdn. 139.
71 Vgl. dazu – auch zur Kritik – näher Kap. 43, Rdn. 6 mit Fn. 16 f., und besonders auch (schon – wie erforderlich – eingeschränkt) *Zöller/Vollkommer*, § 927 ZPO, Rdn. 9 a.
72 Vgl. KG GRUR 1985, 236, 237; KG, Urt. v. 27. 10. 1988, MD VSW 1989, 23, 29 f.; *Melullis*, Hdb., Rdn. 140; *Baumbach/Lauterbach/Hartmann*, § 927 ZPO, Anm. 2 A.
73 Einhellige Meinung; vgl. statt aller *Zöller/Vollkommer*, § 927 ZPO, Rdn. 12, und *Baumbach/Hefermehl*, § 25 UWG, Rdn. 92, jeweils m. w. N.; anders ist es, wenn der Aufhebungsgrund im Verfügungsverfahren selbst durch Widerspruch oder Rechtsmittel geltend gemacht wird; dann ist in diesem eine einheitliche Kostenentscheidung zu treffen; vgl. dazu die sehr umfangreichen Nachweise bei OLG Karlsruhe WRP 1981, 285; ferner OLG Koblenz GRUR 1989, 373, 374.
74 *Stein/Jonas/Grunsky*, § 927 ZPO, Rdn. 16; *Baumbach/Hefermehl*, § 25 UWG, Rdn. 92; allg. M.
75 OLG Karlsruhe WRP 1980, 713, 714; OLG Köln WRP 1982, 288; OLG München GRUR 1985, 16; OLG Koblenz GRUR 1989, 373, 374; *Baumbach/Hefermehl*, § 25 UWG, Rdn. 92 m. w. N., und *Zöller/Vollkommer*, § 927 ZPO, Rdn. 12.

38   b) Von dem Grundsatz, daß die Kostenentscheidung des Verfügungsverfahrens von der des Aufhebungsverfahrens unberührt bleibt, gibt es jedoch drei wesentliche Ausnahmen, denen gemeinsam ist, daß es sich um Aufhebungen mit ex tunc-Wirkung handelt (vgl. dazu – mit umfangreichen Nachweisen, aber ohne Differenzierung der einzelnen Fallgruppen – *Ahrens/Spätgens*, S. 148 f.). Es ist jeweils einheitlich auch über die Kosten des ursprünglichen Verfügungsverfahrens mit – und zwar zu Ungunsten des Gläubigers der Verfügung – zu entscheiden, wenn die einstweilige Verfügung im Verfahren nach § 927 ZPO aus einem der nachfolgenden Gründe aufgehoben worden ist:

aa) Die Hauptsacheklage ist rechtskräftig als von Anfang an unbegründet abgewiesen worden[76];

bb) Der Gläubiger hat die Vollziehungsfrist des § 929 Abs. 2 ZPO versäumt[77];

cc) Das der einstweiligen Verfügung zugrundeliegende Gesetz wird nachträglich vom Bundesverfassungsgericht (mit ex tunc-Wirkung) aufgehoben[78].

39   In den vorstehend unter cc) genannten Fällen kommt eine Abänderung der Kostenentscheidung des einstweiligen Verfügungsverfahrens im Aufhebungsverfahren jedoch dann nicht mehr in Betracht, wenn bereits eine rechtskräftige Entscheidung im Hauptsacheverfahren vorliegt, durch die der in der einstweiligen Verfügung vorläufig gesicherte Anspruch als begründet festgestellt worden ist; hier steht – ungeachtet des nachträglichen Wegfalls der gesetzlichen Grundlage mit ex tunc-Wirkung – die materielle Rechtskraft des Hauptsacheurteils der für eine Abänderung der Kostenentscheidung notwendigen Annahme entgegen, die einstweilige Verfügung sei von Anfang an unbegründet gewesen[79]. Entgegen der Auffassung *Zöller/Vollkommers*[80] gilt dies nicht auch dann, wenn lediglich ein rechtskräftiges Urteil im einstweiligen Verfügungsverfahren vorliegt; denn dieses zeitigt – anders als das Hauptsacheurteil – keine materielle Rechtskraftwirkung. Folgte man der Ansicht *Vollkommers* (aaO.), so wäre der Schuldner zur Vermeidung negativer Kostenfolgen gezwungen, dem Verfahren nach § 927 ZPO stets erst ein Hauptsacheverfahren vorzuschalten, um erst nach dem Obsiegen in diesem Verfahren im Aufhebungsverfahren mit Sicherheit auch (siehe vorstehend Fall-

---

76 Für diesen Fall besteht weitgehend Einigkeit; vgl. OLG Hamburg WRP 1979, 141, 142; OLG Karlsruhe WRP 1981, 285; KG WRP 1990, 330, 333; OLG Frankfurt OLGZ 1982, 346; OLG Koblenz WRP 1988, 389; *Stein/Jonas/Grunsky*, § 927 ZPO, Rdn. 16; *Zöller/Vollkommer*, § 927 ZPO, Rdn. 12; *Baumbach/Hefermehl*, § 25 UWG, Rdn. 92.

77 Für diesen Fall bejahend OLG Köln WRP 1982, 288; WRP 1983, 702, 703 m. w. N.; OLG Koblenz GRUR 1980, 1022, 1024; GRUR 1989, 373, 374; KG WRP 1990, 330, 333; OLG Hamm GRUR 1985, 84; OLG Frankfurt WRP 1980, 423; *Baumbach/Hefermehl*, § 25 UWG, Rdn. 92; HdbWR/*Spätgens*, § 91, Rdn. 14; *Stein/Jonas/Grunsky*, § 927 ZPO, Rdn. 16; *Zöller/Vollkommer*, § 927 ZPO, Rdn. 12; *Melullis*, Hdb., Rdn. 140. Die gegenteilige Ansicht des OLG Karlsruhe WRP 1981, 285 vermag nicht zu überzeugen.

78 OLG Köln GRUR 1985, 458, 460, billigend zitiert in BGH GRUR 1988, 787, 788 = WRP 1989, 16, 17 – Nichtigkeitsfolgen der Preisangabenverordnung; a. A. – als Folge des Mißverständnisses dieser BGH-Entscheidung und ihrer besonderen Sachlage und Begründung – *Zöller/Vollkommer*, § 927 ZPO, Rdn. 12 (dort zitiert als BGH NJW 1989, 107).

79 BGH GRUR 1988, 787, 788 = WRP 1989, 16, 17 – Nichtigkeitsfolgen der Preisangabenverordnung.

80 § 927 ZPO, Rdn. 12, unter – insoweit fälschlicher – Berufung auf das Urteil des BGH aaO., das sich mit Recht nur mit der materiellen Rechtskraft eines Hauptsacheurteils befaßt.

56. Kapitel Die Behelfe und Verfahren gemäß §§ 926, 927 ZPO

gruppe aa) die Kosten des einstweiligen Verfügungsverfahrens auf den Gläubiger abwälzen zu können; die Sinnwidrigkeit eines solchen Vorgehenszwangs dürfte auf der Hand liegen.

Eine Abänderung der Kostenentscheidung des einstweiligen Verfügungsverfahrens kommt nach h. M. nicht in Betracht, wenn die Aufhebung wegen einer Änderung der höchstrichterlichen Rechtsprechung oder deshalb erfolgt, weil diese in einer Erstentscheidung zu einer Rechtsfrage von der bisherigen Rechtsprechung der Instanzgerichte abweicht[81].

6. Die Wirkung der Aufhebungsentscheidung

Die Entscheidung, mit der die einstweilige Verfügung aufgehoben wird, ist gemäß § 708 Nr. 6 ZPO ohne Sicherheitsleistung für vorläufig vollstreckbar zu erklären. Sie schließt deshalb ab Verkündung ein Vorgehen aus der einstweiligen Verfügung (Vollstreckung) aus[82]. Die Aufhebung bereits angeordneter Vollstreckungsmaßnahmen ist jedoch in der Regel erst nach Rechtskraft des Aufhebungsurteils zulässig (vgl. *Zöller/Vollkommer*, aaO. m. w. N.). Die Vorschrift des § 924 Abs. 3 ZPO (Möglichkeit der Anordnung von Maßnahmen nach § 707 ZPO) ist nicht unmittelbar, jedoch bei deutlicher Erkennbarkeit des Erfolgs des angestrengten Aufhebungsverfahrens (= Unbegründetheit der bestehenden einstweiligen Verfügung) entsprechend anwendbar[83].

IV. Das Verhältnis der Behelfe der §§ 926, 927 ZPO zueinander sowie zu anderen Rechtsbehelfen des Schuldners

Mit der bereits genannten Ausnahme, daß die Möglichkeit der Geltendmachung nachträglicher Aufhebungsgründe in einem schwebenden[84] Widerspruchs- oder Rechtsmittelverfahren für ein selbständiges Aufhebungsverfahren nach § 927 ZPO das Rechtsschutzinteresse entfallen läßt (vgl. dazu schon Rdn. 24 mit Fn. 46), sind grundsätzlich

---

81 KG WRP 1990, 330, 333 und Beschl. v. 4. 4. 1989 – 5 W 1340/89, MD VSW 1989, 882; *Zöller/Vollkommer*, § 927 ZPO, Rdn. 12.
82 H. M.; vgl. *Stein/Jonas/Grunsky*, § 927 ZPO, Rdn. 18; *Zöller/Vollkommer*, § 927 ZPO, Rdn. 14.
83 *Baumbach/Lauterbach/Hartmann*, § 927 ZPO, Anm. 4; vgl. auch (allerdings ohne ausdrückliches Eingehen auf den Zusammenhang mit § 927 ZPO) *Ahrens/Spätgens*, S. 170 m. w. N.
84 Dies ist Voraussetzung; die bloße Möglichkeit der Einlegung des Widerspruchs oder eines Rechtsmittels genügt dafür nicht, vgl. OLG Köln WRP 1987, 567, 568; a. A. wohl OLG Koblenz WRP 1988, 389, 390; dazu näher und kritisch *Ahrens/Spätgens*, S. 157 f. Dagegen genügt es nach OLG Düsseldorf WRP 1987, 676, wenn nachträglich Widerspruch oder ein Rechtsmittel eingelegt wird; damit entfällt das Rechtsschutzbedürfnis für das Aufhebungsverfahren ex tunc, was sich daraus rechtfertigt, daß der Schuldner den Weg über § 924 ZPO oder das Rechtsmittel von Anfang an hätte wählen können; vgl. auch *Baumbach/Hefermehl*, § 25 UWG, Rdn. 9; *Ahrens/Spätgens*, S. 157.

alle Rechtsbehelfe wahlweise (und teilweise auch kumulativ[85]) nebeneinander zulässig[86].

---

85 Dazu *Stein/Jonas/Grunsky*, § 924 ZPO, Rdn. 5; vgl. auch *Zöller/Vollkommer*, § 927 ZPO, Rdn. 2.
86 Nahezu einhellige Meinung in Rechtsprechung und Literatur; vgl. *Stein/Jonas/Grunsky*, § 924 ZPO, Rdn. 4. Die (auch nur in einem Punkt) abweichende Meinung *Mädrichs* (S. 48–51), der ein Verfahren nach § 927 ZPO nicht wahlweise neben dem Widerspruch gegen eine Beschlußverfügung (§ 925 ZPO) zulassen will, hat zwar einiges für sich (vgl. meine Stellungnahme AcP 81 (1981), 252, 253), ist aber vereinzelt geblieben; gegen sie ausdrücklich *Zöller/Vollkommer*, § 927 ZPO, Rdn. 2, sowie – eingehend zum ganzen Problemkreis m. w. N. – *Ahrens/Spätgens*, S. 155 ff., besonders S. 158.

2. Teil   Der wettbewerbsrechtliche Titel und seine Vollstreckung

Vorbemerkung

Inhalt, Form, Rechtskraftwirkungen und Durchsetzung der im Wettbewerbsprozeß erstrittenen Titel richten sich nach den allgemeinen Prozeßvorschriften; die Zwangsvollstreckung richtet sich einschränkungslos nach dem 8. Buch der ZPO.

Für Zahlungs-, Herausgabe-, Auskunfts-, Rechnungslegungs- und Feststellungstitel ergeben sich dabei keine wettbewerbsrechtlichen Besonderheiten, so daß insoweit von einer Behandlung im Rahmen dieser Darstellung abgesehen und auf die allgemeine Prozeßrechtsliteratur verwiesen werden kann.

Anders ist es bei den Abwehrtiteln und ihrer Vollstreckung. Sie spielen im Wettbewerbsrecht die zentrale Rolle und haben hier auch weitgehend ihre Ausprägung erhalten, und zwar mit Eigenarten, auf die die allgemeine Prozeßrechtsliteratur naturgemäß nur unter anderem und demgemäß oft nicht erschöpfend genug eingehen kann. Auf einige[1] ihrer für das Wettbewerbsrecht bedeutsamen Aspekte soll daher im folgenden eingegangen werden.

---

1 Daß auch ein solches Eingehen im Rahmen dieser Abhandlung nicht erschöpfend sein kann, erhellt schon daraus, daß *Pastor* allein die Unterlassungsvollstreckung in seinem (gleichnamigen) Werk unter Inanspruchnahme von 332 Textseiten behandelt hat.

57. Kapitel   Der Unterlassungstitel und seine Vollstreckung

Literatur: *Altmeppen,* Die Bindung des Schuldners an Unterlassungsurteile in ihrer Abhängigkeit von der Sicherheitsleistung und der Veranlassungshaftung des Gläubigers, WM 1981, 1157; *Blomeyer,* Unterlassungsanspruch, Unterlassungstitel und die Bestrafung nach § 890 ZPO, Festschrift für *Heinitz,* 1972, S. 683; *Böhm,* Pflichtwidriges Unterlassen als Zuwiderhandlung gegen ein gerichtliches Verbot, WRP 1973, 72; *Böhm,* Bestrafung nach § 890 ZPO, MDR 1974, 441; *Bergerfurth,* Der Anwaltszwang und seine Ausnahmen, 1981; *Borck,* Abschied von der »Aufbrauchsfrist«?, WRP 1967, 7; *Borck,* Grenzen richterlicher Formulierungshilfe bei Unterlassungsverfügungen, WRP 1977, 457; *Borck,* Über die Höhe des Gegenstandswertes, der Sicherheitsleistung und der Beschwer bei wettbewerbsrechtlichen Unterlassungsklagen, WRP 1978, 435; *Borck,* Analogieverbot und Schuldprinzip bei der Unterlassungsvollstreckung, WRP 1979, 28; *Borck,* Bestimmtheitsgebot und Kern der Verletzung, WRP 1979, 180; *Borck,* Ordnungsgeld nach Titelfortfall und trotz Sicherheitsleistung, WRP 1980, 670; *Borck,* Zum Anspruch auf Unterlassung des Fällens von Tannenbäumen, WRP 1990, 812; *R. Bork,* Ab wann ist die Zuwiderhandlung gegen eine Unterlassungsverfügung sanktionierbar gem. § 890 ZPO?, WRP 1989, 360; *Brehm,* Probleme der Unterlassungsvollstreckung nach österreichischem und deutschem Recht, WRP 1975, 203; *Dietrich,* Die Individualvollstreckung: Materielle und methodische Probleme der Zwangsvollstreckung nach den §§ 883–898 ZPO, 1976; *Ehlers,* Die Aufbrauchsfrist und ihre Rechtsgrundlage, GRUR 1967, 77; *v. Gamm,* Konkrete Fassung des Unterlassungstitels, NJW 1969, 85; *Haase,* Strafandrohung im Prozeßvergleich, NJW 1969, 23; *Hildebrandt,* Zur Handlungseinheit und Handlungsmehrheit, Die Abgrenzung ... im Rahmen des § 890 ZPO, 1966; *Jelinek,* Zwangsvollstreckung zur Erwirkung von Unterlassungen, 1974; *Jestaedt,* Die Vollstreckung von Unterlassungstiteln nach § 890 ZPO bei Titelfortfall, WRP 1981, 433; *Jestaedt,* Der Streitgegenstand des wettbewerbsrechtlichen Verfügungsverfahrens, GRUR 1985, 480; *Kisseler,* Die Aufbrauchsfrist im vorprozessualen Abmahnverfahren, WRP 1991, 691; *Klette,* Zur (regelmäßig nicht zulässigen) einstweiligen Einstellung der Zwangsvollstreckung aus Unterlassungs-Urteilsverfügungen, GRUR 1982, 471; *Körner,* Natürliche Handlungseinheit und fortgesetzte Handlung bei der Unterlassungsvollstreckung und bei Vertragsstrafeversprechen, WRP 1982, 75; *Körner,* Befristete und unbefristete Unterlassungstitel bei Wettbewerbsverstößen, GRUR 1985, 909; *Kramer,* Der richterliche Unterlassungstitel im Wettbewerbsrecht, 1982; *Lindacher,* Unterlassungs- und Beseitigungsanspruch. Das Verhältnis der wettbewerblichen Abwehransprüche im Spiegel des Erkenntnisverfahrens, Vollstreckungs- und Verjährungsrechts, GRUR 1985, 423; *Pastor,* Die Aufbrauchsfrist bei Unterlassungsverurteilungen, GRUR 1964, 245; *Pastor,* Die Vollstreckungsverjährung der Ordnungsmittel des § 890 ZPO, WRP 1975, 403; *Pastor,* Der neue Strafcharakter wettbewerbsrechtlicher Unterlassungsvollstreckung nach § 890 ZPO, WRP 1981, 299; *Pietzcker,* Unterlassungsvollstreckung nach § 890 ZPO, 1982; *Schröder,* Strafandrohung nach § 890 ZPO im Prozeßvergleich, NJW 1969, 1285; *Schubert,* Klageantrag und Streitgegenstand bei Unterlassungsklagen, ZZP 86 (1972), 29; *Schultz-Süchting,* Der Einfluß des Rechtsanwalts auf das Verschulden seines Mandanten im gewerblichen Rechtsschutz, GRUR 1974, 432; *Schumann,* Keine Präklusion im Beschwerdeverfahren: Das Bundesverfassungsgericht als Bundesgerichtshof, NJW 1982, 1609; *Schwan,* Bestrafung nach § 890 ZPO bei bloßer Untätigkeit, GRUR 1966, 303; *v. Stackelberg jun.,* Die Einstellung der

57. Kapitel   Der Unterlassungstitel und seine Vollstreckung

Zwangsvollstreckung in der Revisionsinstanz, MDR 1986, 109; *Teplitzky,* Das Verhältnis des objektiven Beseitigungsanspruchs zum Unterlassungsanspruch im Wettbewerbsrecht, WRP 1984, 365; *Teplitzky,* Anmerkungen zur Behandlung von Unterlassungsanträgen, Festschrift für Walter Oppenhoff, 1985, S. 487; *Teplitzky,* Anm. zu OLG Köln WRP 1989, 334, WRP 1989, 335; *Teplitzky,* Die neueste Rechtsprechung des Bundesgerichtshofs zum wettbewerblichen Anspruchs- und Verfahrensrecht, GRUR 1989, 461; *Tetzner,* Aufbrauchsfristen in Unterlassungsurteilen, NJW 1966, 1545; *Tetzner,* Strafandrohungsverfahren und § 765 a ZPO, WRP 1967, 109; *Ulrich,* Die Aufbrauchsfrist im Verfahren der einstweiligen Verfügung, GRUR 1991, 26; *Ulrich,* Der Streit um den Titelfortfall – und ein Ende?, WRP 1992, 147; *Völp,* Änderung der Rechts- oder Sachlage bei Unterlassungstiteln, GRUR 1984, 486; *Zieres,* Die Straffestsetzung und Erzwingung von Unterlassungen und Duldungen, NJW 1972, 751.

Inhaltsübersicht

	Rdn.
I. Die Grundlagen und Voraussetzungen der Unterlassungsvollstreckung	1, 2
II. Der Unterlassungstitel	3–23
1. Die Arten des Unterlassungstitels	3
2. Die Form des Unterlassungstitels und seine Regelungsgrundlagen	4
3. Der Inhalt des Unterlassungstitels	5–10
4. Der »Schutzumfang« des Unterlassungstitels	11–16
5. Die Einschränkung des Unterlassungstitels durch Gewährung einer Aufbrauch-, Umstellungs- und/oder Beseitigungsfrist	17–23
III. Die Vollstreckung des Unterlassungstitels	24–38
1. Die Ordnungsmittel und ihre Androhung	24, 25
2. Die Zuwiderhandlung	26–28
3. Das Festsetzungsverfahren	29–37
4. Die Vollstreckung nach Titelfortfall	38
5. Die einstweilige Einstellung der Zwangsvollstreckung	39–45
6. Die Kosten der Vollstreckung	46–49
IV. Die Änderung oder Beseitigung von Vollstreckungstiteln	50–58
1. Allgemeines	50
2. Die Vollstreckungsabwehrklage	51–55
3. Die Abänderungsklage	56–58
V. Die Verjährung der Ordnungsmittelvollstreckung	59

I. Die Grundlagen und Voraussetzungen

Die Vollstreckung des Unterlassungstitels erfolgt ausschließlich gem. § 890 ZPO, und zwar auch dort, wo dem Unterlassungsgebot ausnahmsweise nur durch ein positives Tun – z. B. Beseitigung eines anstößigen Firmenschildes – nachgekommen werden kann. Auch in diesen Fällen kann der Gläubiger, sofern er nur einen Unterlassungstitel erstritten hat, nicht etwa den Gerichtsvollzieher im Wege der Ersatzvornahme mit der Beseitigung des Schildes beauftragen; dazu bedürfte er eines Beseitigungstitels, der dann gem. § 887 ZPO vollstreckt werden könnte[1].

---

[1] Großkomm/*Jestaedt,* Vor § 13 UWG, E, Rdn. 2; *Baumbach/Hefermehl,* Einl. UWG, Rdn. 596; vgl. zur Abgrenzung im einzelnen *Jauernig,* ZwVR, § 27, IV, und *Teplitzky,* WRP 1984, 365, 367; a. A. jedoch *Lindacher,* GRUR 1985, 423, 426 (für Wahlrecht des Gläubigers ähnlich der in Österreich gültigen Regelung), dagegen Großkomm/*Jestaedt,* aaO., Rdn. 3.

2 Die Vollstreckung setzt einen formal und inhaltlich ordnungsgemäßen, vollstreckbaren[2] Unterlassungstitel, eine Ordnungsmittelandrohung durch das Gericht, die Zustellung des Titels und der Ordnungsmittelandrohung an den Schuldner[3] sowie eine zeitlich nach der Ordnungsmittelandrohung liegende[4] schuldhafte Zuwiderhandlung des Titelschuldners gegen das Unterlassungsgebot voraus.

II. Der Unterlassungstitel

1. Die Arten des Unterlassungstitels

3 Unterlassungstitel sind in erster Linie vorläufig vollstreckbare oder rechtskräftig gewordene Urteile im Klageverfahren sowie einstweilige Unterlassungsverfügungen in Beschluß- oder Urteilsform, die ex lege ab Erlaß vollstreckbar sind. Daneben kommen auch Prozeßvergleiche (§ 794 Abs. 1 Nr. 1 ZPO), vollstreckbar erklärte Schiedssprüche (§ 794 Abs. 7 Nr. 4 a ZPO) sowie Vergleiche vor den Einigungsstellen (§ 27 a Abs. 7 Satz 2 UWG) als wettbewerbliche Unterlassungstitel in Betracht.

2. Die Form des Unterlassungstitels und seine Regelungsgrundlagen

4 Urteile müssen den Anforderungen der §§ 310 bis 313 b, 315, 317 ZPO, Beschlüsse denen des § 329 ZPO genügen. Die förmlichen Voraussetzungen vollstreckungsfähiger Schiedssprüche sind in § 1044 ZPO, die des Vergleichs vor der Einigungsstelle in § 27 a Abs. 7 Satz 1 UWG geregelt.

3. Der Inhalt des Unterlassungstitels

5 a) Aus dem Zweck des Titels – Ermöglichung der Zwangsvollstreckung – ergibt sich zwingend, daß er den Gegenstand der Vollstreckung, d. h. Art und Umfang der Unterlassungsverpflichtung eindeutig erkennen lassen muß, und zwar in erster Linie – und grundsätzlich sogar ausschließlich[5] – bereits in der Urteilsformel, dem sogenannten Tenor. Da eine Vollstreckung bei Unterlassungstiteln aber nur nach § 890 ZPO und damit ausschließlich durch das Vollstreckungsgericht[6] – nicht durch den Gerichtsvollzieher – erfolgen kann, gewinnt hier allerdings der – auch für andere Urteilsarten gültige –

---

2 An der Vollstreckbarkeit fehlt es, wenn sie vorläufiger Natur und von einer Sicherheitsleistung abhängig gemacht sowie diese noch nicht erbracht ist (OLG Köln WRP 1983, 56; OLG München GRUR 1990, 638) oder wenn dem Schuldner die Abwendung der Vollstreckung durch Sicherheitsleistung nachgelassen ist und er diese Sicherheit erbracht hat (§ 712 ZPO; zu Fragen der Sicherheitsleistung und zur Abwendungsbefugnis in Unterlassungsprozessen vgl. *Borck*, WRP 1978, 435, 436); vgl. näher auch Großkomm/*Jestaedt*, Vor § 13 UWG, E, Rdn. 13.
3 Zu dieser wird, da Besonderheiten für das Wettbewerbsrecht fehlen, im folgenden nichts weiter ausgeführt; vgl. dazu Großkomm/*Jestaedt*, Vor § 13 UWG, E, Rdn. 20 f.
4 Vgl. dazu im einzelnen *R. Bork*, WRP 1989, 360, 361.
5 Dies schon im Hinblick auf die abgekürzten Urteilsformen der §§ 313 a ZOP und 313 ZPO i. V. mit § 317 Abs. 4 ZPO sowie auf § 750 Abs. 1 Satz 2 ZPO.
6 Zu dessen im Verhältnis zum Gerichtsvollzieher weiteren Auslegungsspielraum vgl. *Brehm*, WRP 1975, 203, und *Stein/Jonas/Münzberg*, Vor § 704 ZPO, Rdn. 27 mit Fn. 65.

57. Kapitel Der Unterlassungstitel und seine Vollstreckung

Grundsatz besondere Bedeutung, daß zur Auslegung der Urteilsformel auch Tatbestand und Entscheidungsgründe[7] herangezogen werden können und im Zweifelsfalle – wenn es Tatbestand und Gründe überhaupt gibt, anderenfalls ist der Titel mangels Bestimmtheit nicht vollstreckungsfähig – auch herangezogen werden müssen[8]. Dagegen sind außerhalb des Titels liegende Umstände – etwa eine im Vollstreckungsverfahren zum Ausdruck gebrachte Auslegungsmeinung des Gerichts, die im Titel keine Grundlage findet (vgl. BGH aaO – Professorenbezeichnung in der Arztwerbung II) – unbeachtlich.

Demgemäß liegt streng genommen – die Praxis ist oft großzügiger, aber bedenklich – keine vollstreckungsfähige Entscheidung vor, wenn sich der Vollstreckungsgegenstand – also Art und/oder Umfang der Unterlassungspflicht – nur aus Umständen (etwa Urkunden oder anderen Gegenständen etc.) ermitteln läßt, die nicht *Bestandteil* des Urteils selbst sind, und zwar auch dann nicht, wenn – wie es leider häufig geschieht – im Urteil, sei es selbst im Tenor, auf diese Gegenstände Bezug genommen wird, ohne daß sie mit dem Urteil selbst verbunden werden[9]. Denn jeder Vollstreckungstitel muß allein aus sich heraus sowohl für das Vollstreckungsorgan als auch für den Schuldner, dem er ja – als notwendige Voraussetzung der Zwangsvollstreckung – zugestellt werden muß, verständlich sein[10]. So kann es beispielsweise nicht genügen, zur Umschreibung der Unterlassungspflicht auf Anlagen zu Parteischriftsätzen, auf Sachverständigengutachten[11] oder – etwa bei Nachahmungsverboten – auf den in einem Stück bei Gericht befindlichen Nachahmungsgegenstand (etwa wegen seiner Gestaltung) Bezug zu nehmen, sofern diese Anlagen (oder Gegenstände) nicht unmittelbar – sei es auch nur in Ablichtung oder Abbildung – zum Bestandteil des Urteils gemacht werden. Letzteres erweist sich vor allem dann als erforderlich, wenn einstweilige Verfügungen ohne Begründung erlassen werden und der Verbotssinn sich mit der erforderlichen Deutlichkeit nur aus der Antragsschrift ergibt; dann muß diese zum Bestandteil des (zuzustellenden) Verfügungsbeschlusses gemacht werden (vgl. OLG Frankfurt WRP 1974, 346, 348; unklar insoweit OLG Stuttgart WRP 1989, 276, 277).

---

7 U. U. auch diejenigen einer höheren Instanzentscheidung, selbst wenn diese nicht selbst verurteilt, sondern nur ein Rechtsmittel gegen die Verurteilung zurückweist; vgl. BGHZ 7, 174, 184; BGH GRUR 1986, 325, 329 = WRP 1985, 548 – Peters.
8 H. M.; vgl. z. B. BGH GRUR 1989, 445 unter II, 1 = WRP 1989, 491 – Professorenbezeichnung in der Arztwerbung I m. w. N.; BGH ZIP 1992, 859, 860 – Professorenbezeichnung in der Arztwerbung II; *Stein/Jonas/Münzberg*, aaO., Rdn. 27 mit Fn. 64. Unerläßlich ist die Heranziehung des Tatbestands (namentlich des darin enthaltenen Klageantrags) und oft auch der Gründe für die Bestimmung der (negativen) Tragweite klageabweisender Entscheidungen.
9 BGHZ 94, 276, 291 = GRUR 1985, 1041, 1049 – Inkasso-Programm; vgl. auch schon RG GRUR 1941, 472 ff. – Streckenanzeigevorrichtung; ferner OLG Hamburg MDR 1979, 767; OLG Saarbrücken, OLGZ 67, 34; OLG Hamm NJW 1974, 652; OLG Karlsruhe OLGZ 84, 341; *Stein/Jonas/Münzberg*, Vor § 704 ZPO, Rdn. 26 mit Fn. 63; *Zöller/Stöber*, § 704 ZPO, Rdn. 5. Zur ähnlichen Problematik bei der Vollziehung einer einstweiligen Verfügung ohne Anlagen vgl. OLG Düsseldorf GRUR 1984, 78.
10 OLG Düsseldorf OLGZ 1978, 248; *Zöller/Stöber*, § 704 ZPO, Rdn. 4; *Thomas/Putzo*, Vorbem. § 704 ZPO, Anm. IV 1 c aa; etwas großzügiger allerdings wohl BGH WRP 1988, 572, 574 – Bioäquivalenzwerbung, insoweit nicht in BGHZ 107, 136.
11 Vgl. OLG Hamm NJW 1974, 652.

7 Daß all dies keine leere Förmelei ist, sondern auch praktische Bedeutung hat, ergibt sich deutlich daraus, daß Anlagen außerhalb des Urteils jederzeit abhanden kommen (beispielsweise versehentlich an die einreichende Partei zurückgegeben werden) können und daß, selbst wenn dies nicht geschieht, auch schon aufgrund der begrenzten Aufbewahrungspflicht des Gerichts spätestens nach 10 Jahren eine Vollstreckung aus dem (30 Jahre wirksamen) Titel auf unlösbare Schwierigkeiten stoßen kann, weil dann die Akten mit dem Originalstück vernichtet sind und dem Streit der Parteien über den wirklichen Inhalt der »Anlage A der Klageschrift«, aus der sich der Umfang des Unterlassens nach dem Urteilswortlaut ergeben soll, Tür und Tor geöffnet ist.

8 Soweit das Gericht daher Bezug nehmen zu müssen glaubt – statt selbst den Unterlassungsgegenstand exakt zu umschreiben –, muß der Gegenstand seiner Bezugnahme in irgendeiner Weise (durch jedenfalls feste Verbindung) zum Bestandteil des Titels gemacht (und dem Schuldner auch mit diesem zugestellt) werden. Unterbleibt es, sollte die am Titel interessierte Partei in ihrem eigenen Interesse eine Berichtigung (§ 319 ZPO) zu erreichen suchen, da sie sonst Gefahr läuft, im Vollstreckungsverfahren über kurz oder lang auf Schwierigkeiten zu stoßen. Dies gilt für Unterlassungstitel sogar im besonderen Maße, weil hier – wovon in Rdn. 14 (mit Fn. 25) noch näher die Rede sein wird – der Titel als Grundlage einer strafähnlichen Sanktion (§ 890 ZPO) geeignet sein und daher auch dem aus Verfassungsrechtsgrundsätzen abzuleitenden Bestimmtheitsgebot für eine solche Sanktionsvorschrift standhalten muß; (näher dazu Rdn. 14 mit Fn. 25).

9 b) Ist der Unterlassungsantrag zulässig – was Bestimmtheit i. S. des § 253 Abs. 2 Nr. 2 ZPO einschließt –, begründet und im wesentlichen korrekt formuliert, so hat ihm – abgesehen von sprachlichen Glättungen und der nachfolgend ab Rdn. 17 behandelten Ausnahmemöglichkeit der ohne Antrag gewährten Aufbrauch-, Umstellungs- oder Beseitigungsfrist – die Urteilsformel zu entsprechen[12]. Für letztere gilt somit analog das bereits beim Klageantrag (Kap. 51, Rdn. 1 ff.) Ausgeführte. Das Gericht steht insbesondere dann, wenn der Antrag zu weit geht und eine engere Verurteilung (weil als konkretisierbares[13] »Minus« vom Antrag umschlossen) in Betracht kommt, vor ähnlichen Eingrenzungs- bzw. Formulierungsproblemen wie die klagende Partei.

10 Gegenstand der Verurteilung kann – wie beim Antrag – nur ein konkret umschriebenes Unterlassen (konkrete Verletzungsform) sein, wobei – wiederum wie beim Antrag und in den gleichen engen Grenzen – Einschränkungen und/oder Erweiterungen im Verhältnis zur Form der konkreten Verletzungshandlung in Betracht kommen[14]. Eine über den Antrag hinausgehende Verurteilung ist durch § 308 Abs. 1 ZPO ausgeschlossen[15].

---

12 *Ahrens*, S. 156: »Idealiter wird die gewünschte Tenorierung durch den Antrag vorformuliert«; vgl. auch Großkomm/*Jacobs*, Vor § 13 UWG, D, Rdn. 416.
13 Diese Konkretisierbarkeit anhand des Antragswortlauts und/oder Sachvortrag ist allerdings unerläßlich; fehlt sie, so liegt insoweit kein beachtlicher Antrag vor, die Klage ist im ganzen als unzulässig abzuweisen; vgl. auch Großkomm/*Jacobs*, aaO., Rdn. 415.
14 Vgl. dazu eingehend Kap. 51, Rdn. 4 ff.; zur Problematik auch Großkomm/*Jestaedt*, Vor § 13 UWG, E, Rdn. 23, sowie *Ahrens*, S. 156 ff., u. HdbWR/*Spätgens*, § 84, Rdn. 41 ff.
15 Vgl. dazu jüngst BGH, Urt. v. 2. 4. 1992 – I ZR 146/90 – Stundung ohne Aufpreis; zu eng begrenzten Modifizierungsmöglichkeiten – keinesfalls Ausweitungen – des Gerichts beim Erlaß von Unterlassungsverfügungen im Rahmen einer hier – als Folge des für Leistungsverfügungen gültigen Bestimmtheitsgebots des § 253 Abs. 2 Satz 2 ZPO – nur sehr eingeschränkten Anwen-

4. Der »Schutzumfang« des Unterlassungstitels

Der Schuldner hat selbstverständlich zu unterlassen, was im Titel als verbotene Verletzungsform umschrieben ist. Für den Inhalt und insbesondere für die Bestimmtheit dieser Umschreibung gilt das gleiche, was in Kap. 51, Rdn. 4 ff., zum notwendigen Inhalt des Unterlassungsantrags und seiner Bestimmtheit bereits eingehend ausgeführt ist; darauf kann hier Bezug genommen werden.

Da jedoch – was aaO. ebenfalls bereits näher ausgeführt ist – die Gerichte und die Literatur (und ihnen oft mehr nolens als volens folgend auch weitgehend die Unterlassungsgläubiger) den Verbotsausspruch grundsätzlich möglichst eng auf die ganz konkrete Form der begangenen oder drohenden Verletzungshandlung beschränken und letztere oft in einer Weise durch Einzelumstände gekennzeichnet wird, daß schon eine geringfügige Abweichung vom Wortlaut des Verbots nicht mehr umfaßt wird, bedarf es eines Korrektivs, das verhindert, daß Unterlassungsverurteilungen zur leeren Formalität werden. Dieses Korrektiv hat die wettbewerbsrechtliche Praxis sich dadurch geschaffen[16], daß sie den Verbotsumfang (oder »Schutzumfang«[17]) nicht auf Verletzungsfälle beschränkt, die mit der verbotenen Form identisch sind, sondern auch auf solche Handlungen erstreckt, die von der Verbotsform nur unbedeutend abweichen[18] oder deren Abweichungen – so die verbreiteten, auch schon aus dem Antragskapitel (Kap. 51) vertrauten Formulierungen – »den Kern der Verletzungshandlung« (oder das »Charakteristische« derselben) »unberührt lassen«[19] und die damit – dies ist eine wichtige Voraussetzung, die auch erfüllt sein muß – ihrerseits schon (implizit) Gegenstand der Prüfung im Erkenntnisverfahren waren[20].

Diese sogenannte Kerntheorie ist auf Kritik gestoßen[21], deren Schwerpunkt in dem Vorwurf liegt, eine Erweiterung der Wirkung des Titels über seinen Wortlaut hinaus sei

---

dung des § 938 ZPO vgl. Kap. 54, Rdn. 37, sowie *Borck*, WRP 1977, 457 ff.; a. A. – für volle Anwendbarkeit des § 938 ZPO und gegen die ganz h. M. u. Rspr. *Jestaedt*, GRUR 1985, 480 ff.

16 Es braucht hier nicht untersucht zu werden, ob es nicht – wenigstens teilweise – auch umgekehrt gelaufen sein kann: Daß die Gerichte deshalb so eng auf die konkrete Verletzungsform abstellen, weil es das Korrektiv des erweiterten Verbotsumfangs schon frühzeitig gegeben hat.

17 Vgl. *Pastor*, S. 829 und 850, sowie Unterlassungsvollstreckung, S. 169 ff.; ferner Großkomm/*Jestaedt*, Vor § 13 UWG, E, Rdn. 23 f.

18 OLG Köln WRP 1989, 334, 335 mit Anm. *Teplitzky*; *Baumbach/Hefermehl*, Einl. UWG, Rdn. 581.

19 RGZ 147, 27, 31; BGHZ 5, 189, 193 f. = BGH GRUR 1952, 577 – Zwilling (= Fischermännchen); st. Rspr.; vgl. dazu bereits die Nachweise bei *v. Gamm*, NJW 1969, 85 in Fn. 1; ferner *Pastor*, S. 851, und Unterlassungsvollstreckung, S. 170 mit Fn. 17; Großkomm/*Jestaedt* aaO.; *Baumbach/Hefermehl*, Einl. UWG, Rdn. 581 sowie *Ahrens*, S. 162, – sämtl. mit umfangreichen Nachweisen; ferner OLG Köln mit Anm. *Teplitzky*, aaO., sowie neuestens Großkomm/*Jacobs*, Vor § 13 UWG, D, Rdn. 418.

20 Vgl. dazu (und zu Grenzen der Auslegung im Vollstreckungsverfahren überhaupt) z. B. OLG Düsseldorf WRP 1985, 27, 28 u. OLG Köln WRP 1989, 334, 335 mit Anm. *Teplitzky*.

21 *Schubert*, ZZP 85 (1972), 29, 33 ff.; *Borck*, WRP 1979, 180 ff.; (*ders.* auch schon in Anm. zu BVerfG WRP 1967, 89); *Kramer*, S. 36 ff. In der Rechtsprechung haben das OLG Frankfurt MDR 1972, 58 F. und des OLG Bremen WRP 1975, 157, 158 eine Erweiterung des Schutzumfangs aus verfassungsrechtlichen Gründen abgelehnt.

mit dessen Funktion als Grundlage einer Sanktion mit – nach ganz h. M.[22] – strafähnlichem Charakter (§ 890 ZPO) unvereinbar (Art. 103 Abs. 2 GG). Außerdem wird gerügt, daß nach der Kerntheorie wesentliche Streitpunkte vom Erkenntnisverfahren in das Vollstreckungsverfahren verlagert, die Grenzen der Rechtskraft verwischt und dem Schuldner der Rahmen seines rechtmäßigen Handlungsspielraums nicht verdeutlicht würden[23].

14 Bisher ist diese Kritik weitgehend – und im Prinzip zu Recht – auf Ablehnung gestoßen[24]. In ihrem (auch verfassungsrechtlich relevanten) Hauptpunkt geht sie deshalb fehl, weil es sich bei der Anwendung des Kerngedankens gar nicht um eine echte Titelerweiterung durch Analogie – die in der Tat unzulässig wäre[25] – handeln darf, sondern nur darum, ein »im Kern« feststehendes und (bei Auslegung dieses Verbotskerns) auch die abweichende, implizit mitgeprüfte (s. o.) Handlung bereits umfassendes Verbot auf letztere anzuwenden[26]. Daß die Möglichkeit dieser Auslegung eine gewisse – begrenzte – Unsicherheit und damit ein Risiko für den Schuldner begründen kann, ist – wie *Ahrens* (S. 163 in Fn. 36) mit Recht ausgeführt hat – deshalb eher hinnehmbar als die von den Gegnern der Kerntheorie erstrebte volle Risikoverlagerung auf den (nach ihrer Meinung seinerseits bereits zur Verallgemeinerung gezwungenen) Gläubiger, weil schließlich der Schuldner selbst durch die begangene Verletzungshandlung den Ausgangspunkt der Risikolage geschaffen hat.

15 Die zur Widerlegung der Kritik erforderliche Argumentation verdeutlicht aber – und hier liegt das auch von *Melullis* (GRUR 1982, 441 f.) und von *Ahrens* (S. 163) eingeräumte Verdienst der Kritik und ihrer Denkanstöße –, daß der Anwendung der Kernlehre in der Vollstreckung relativ enge Grenzen gezogen sind[27], die die Vollstreckungsgerichte auch beachten sollten, und zwar nicht zuletzt auch, um Gefähr-

---

22 Vgl. BVerfGE 58, 159, 160 f. = NJW 1981, 2457 sowie die Nachweise bei *Pastor*, Unterlassungsvollstreckung, S. 7 ff. in Fn. 22–28 (*Pastor* selbst lehnt diesen Sanktionscharakter aaO. S. 9 weiter ab). Vgl. auch nachfolgend Rdn. 24.
23 Wegen weiterer Einzelheiten der Kritik kann außer auf die genannten Quellen selbst auch auf die in aller Kürze fast erschöpfende und sehr treffende Darstellung bei *Ahrens*, S. 162 f. in Fn. 36, verwiesen werden.
24 Vgl. besonders OLG Frankfurt GRUR 1979, 75 – Lila Umkarton – und *Pastor*, Unterlassungsvollstreckung, S. 174; überwiegend ablehnend auch *Ahrens*, S. 162 f. mit Fn. 36, und *Melullis* in seiner Besprechung des Werkes von *Kramer* in GRUR 1982, 441, 442.
25 Vgl. BGH WRP 1989, 572, 574 = NJW 1989, 2327 – Bioäquivalenzwerbung, insoweit nicht in BGHZ 107, 136, sowie OLG Köln WRP 1989, 334, 335 mit Anm. *Teplitzky;* OLG Hamburg GRUR 1990, 637, 638; *Baumbach/Hefermehl*, Einl. UWG, Rdn. 581. Daran ändert auch nichts, daß das BVerfG in einer neueren Entscheidung (Gründe wiedergegeben in WRP 1991, 611 u. 612) Art. 103 Abs. 2 GG, auf den die Kritiker der Kernlehre sich u. a. stützen, lapidar – ohne mit einem einzigen Wort auf die bislang im Zivilrecht ganz herrschende gegenteilige Meinung (auch des BGH, vgl. aaO. – Bioäquivalenzwerbung) einzugehen – als »im zivilgerichtlichen Verfahren nicht anwendbar« bezeichnet hat; denn das Verbot analoger Anwendung von Titeln zur strafähnlichen Sanktion ergibt sich schon aus dem vom BVerfG aaO. ausdrücklich erwähnten Schutz, den das Rechtsstaatsprinzip i. V. mit Art. 2 Abs. 1 GG vermittelt.
26 BGH aaO. – Bioäquivalenzwerbung; *Pastor*, Unterlassungsvollstreckung, S. 174; *Teplitzky* in Anm. zu OLG Köln WRP 1989, 334, 335 f.
27 BGH aaO. – Bioäquivalenzwerbung; OLG Köln mit Anm. *Teplitzky* aaO.; Großkomm/*Jestaedt*, Vor § 13 UWG, E, Rdn. 25.

dungen auszuschließen, die der ganzen Kernlehre bei überzogener Handhabung aus verfassungsrechtlicher Sicht drohen könnten.

Die Praxis sollte daher – was ich bereits an anderer Stelle[28] als zweckmäßig bezeichnet habe und wofür auch *Baumbach/Hefermehl* (Einl. UWG, Rdn. 462 a. E.) und *Ahrens* (S. 163) eintreten – einen vernünftigen Kompromiß in der Weise suchen, daß, um der Notwendigkeit allzu kühner »Auslegungen« in der Vollstreckungsinstanz von vornherein vorzubeugen, mehr als bisher – wenngleich keineswegs in dem von *Kramer* in seiner Schrift gewünschten und von *Melullis*, aaO., zu Recht kritisierten Umfang – gewisse, den Kern der Verletzungsform unberührt lassende Verallgemeinerungen schon im Klageantrag und in der Urteilsformel zugelassen werden, um deren Berechtigung dann auch schon ausdrücklich – und nicht nur implizit – dort gestritten werden kann, wo Parteistreitigkeiten hingehören: im Erkenntnisverfahren. Mit Recht meint auch *Ahrens* (S. 163), der nicht zu den Kritikern der Kernlehre gehört, diese dürfe nicht dazu führen, daß der Unterlassungsgläubiger »qua Auslegung von Amts wegen im Vollstreckungsverfahren einen Titelumfang erlangt, den er« – durch entsprechend umfassende Antragsformulierung – »im Erkenntnisverfahren nicht zu erstreiten gewagt« hat (ebenso jetzt auch Großkomm/*Jestaedt*, Vor § 13 UWG, E, Rdn. 25).

5. Die Einschränkung des Titels durch Gewährung einer Aufbrauch-, Umstellungs- und/oder Beseitigungsfrist

Die sog. Aufbrauchfrist – mit diesem Begriff umschreibt der BGH in seiner jüngeren Rechtsprechung[29] einheitlich auch die Fristen für Umstellungs- oder Beseitigungsmaßnahmen[30] – ist, soweit sie nicht längst in vertraglichen Abkommen bzw. Vergleichsregelungen zwischen Beteiligten üblich gewesen war, in der Rechtsprechung[31] entwickelt worden, um praktischen Bedürfnissen auch in Streitfällen Rechnung zu tragen[32]. Ihre Zubilligung kommt in Betracht, wenn der unterlassungspflichtigen Partei für den Fall der sofortigen Durchführung des erkannten Verbots unverhältnismäßige Nachteile erwachsen würden und die befristete Fortsetzung des angegriffenen Verhaltens für den Verletzten – und/oder, dies ist über die gängige BGH-Definition hinaus zu

---

28 Festschrift Walter Oppenhoff, S. 487, 491, u. Anm. zu OLG Köln WRP 1989, 334, 336.
29 Vgl. z. B. BGH GRUR 1982, 420, 423 – BBC/DDC; BGH GRUR 1982, 425, 431 – Brillen-Selbstabgabestellen (insoweit nicht in BGHZ 82, 375); BGH GRUR 1985, 930, 932 – JUS-Steuerberatungsgesellschaft; BGH GRUR 1990, 522, 528 – HBV-Familien- und Wohnungsrechtsschutz (insoweit nicht in BGHZ 110, 156).
30 Zur Differenzierung näher HdbWR/*Samwer*, § 73, Rdn. 3–6, u. Großkomm/*Jacobs*, Vor § 13 UWG, D, Rdn. 176–178.
31 Vgl. schon RG GRUR 1933, 583, 586 und GRUR 1943, 307, 310 f.; ferner BGH GRUR 1957, 488, 491 – MHZ; BGH GRUR 1957, 499, 504 – Wipp; BGH GRUR 1960, 563, 567 = WRP 1960, 238 – Altersbewerbung Sekt; BGH GRUR 1961, 283 = WRP 1961, 229 – Mon Chéri II; BGH GRUR 1966, 495, 498 = WRP 1966, 369 – Uniplast; BGH GRUR 1969, 690, 693 = WRP 1968, 183 – Faber; BGH GRUR 1974, 474, 476 = WRP 1974, 85 – Großhandelshaus; BGH GRUR 1974, 735, 737 = WRP 1974, 403 – Pharmamedan; ferner die in Fn. 29 genannten neueren Urteile des BGH.
32 Vgl. zu diesen näher HdbWR/*Samwer*, § 73, Rdn. 1 und 2, und *Melullis*, Hdb, Rdn. 451.

ergänzen – für die Allgemeinheit, falls deren Belange mitbetroffen sind[33], keine unzumutbaren Beeinträchtigungen mit sich bringt[34].

18 Die Rechtsgrundlage ist streitig[35]. Weitgehende Einigkeit besteht nur darüber, daß sie in § 242 BGB zu sehen ist; die Auffassung, die § 765 a ZPO als Rechtsgrundlage ansehen wollte[36], wird man als überholt (und unhaltbar) ansehen können[37]. Jedoch besteht Uneinigkeit darüber, ob die Anwendung des § 242 BGB zu einer materiell-rechtlichen Einschränkung oder lediglich zu vollstreckungsrechtlichen Beschränkungen führt; insoweit kann – auch wegen des Meinungsstands – auf Kap. 19, Rdn. 20 verwiesen werden. Ungeachtet dieses Streits ist das Institut der Aufbrauchfrist im Grundsatz heute allgemein anerkannt[38], und zwar als befristeter Aufschub – sei es des Anspruchs auf Unterlassung oder der Titeldurchsetzbarkeit –, der die Rechtswidrigkeit des weiteren Handelns und damit die Schadensersatzpflicht des Schuldners für Aufbrauchhandlungen oder Verletzungshandlungen in der Umstellungsphase unberührt läßt[39].

19 Die Gewährung einer Aufbrauchfrist setzt – auch in der Revisionsinstanz – nicht notwendigerweise einen Antrag, wohl aber ein Interesse des Schuldners voraus, das sich aus vorgetragenen und – im Falle der Bewilligung in der Revisionsinstanz – unstreitigen oder vom Berufungsgericht festgestellten Tatsachen ergeben muß; ferner eine Abwägung dieses Interesses gegen das des Gläubigers oder gegebenenfalls der Allgemeinheit oder schützenswerter Mitbewerber an der sofortigen und einschränkungslosen Durchsetzung des Unterlassungsgebots[40].

---

33 So zutreffend KG WRP 1971, 326, 327; LG Hamburg WRP 1975, 54, 56; HdbWR/*Samwer*, § 73, Rdn. 13; *Melullis*, Hdb., Rdn. 453.
34 BGH GRUR 1982, 425, 431 – Brillen-Selbstabgabestellen (insoweit nicht in BGHZ 82, 375); st. Rspr.
35 Vgl. dazu näher Kap. 19, Rdn. 20, und Kap. 8, Rdn. 10.
36 So *Pastor*, GRUR 1964, 245, 247 f.; *Tetzner*, NJW 1966, 1545 ff. und WRP 1967, 109 f.
37 Zur Kritik vgl. insbesondere *Borck*, WRP 1967, 7 ff., und *Ulrich*, GRUR 1991, 26, 27 f.
38 Vgl. außer der zitierten BGH-Rechtsprechung auch Großkomm/*Jestaedt*, Vor § 13 UWG, E, Rdn. 83; Großkomm/*Jacobs*, Vor § 13 UWG, D, Rdn. 175 ff. u. Rdn. 423; *Baumbach/Hefermehl*, Einl. UWG, Rdn. 487; HdbWR/*Samwer*, § 73, Rdn. 1 ff.; *Melullis*, Hdb., Rdn. 451; *Ulrich*, GRUR 1991, 26 m. w. N.; *Kisseler*, WRP 1991, 691 ff. Lediglich das OLG München lehnt Aufbrauchfristen grundsätzlich weiter ab; vgl. WRP 1985, 365; dagegen hält *v. Gamm* seine frühere Ablehnung (vgl. WZG, § 24 Rdn. 54) nicht mehr aufrecht; vgl. *v. Gramm*, Kap. 18, Rdn. 63. HdbWR/*Samwer* sieht Aufbrauchfristen schon als gewohnheitsrechtlich gefestigt an.
39 Nahezu allg. Meinung; vgl. BGH GRUR 1974, 735, 737 = WRP 1974, 403 – Pharmamedan; OLG Karlsruhe WRP 1991, 595, 597; *v. Gamm*, Kap. 18, Rdn. 63; *Baumbach/Hefermehl*, Einl. UWG, Rdn. 487; HdbWR/*Samwer*, § 73, Rdn. 23; *Melullis*, Hdb., Rdn. 458, und *Kisseler*, WRP 1991, 691, 693. Unklar insoweit Großkomm/*Jestaedt*, Vor § 13 UWG, E, Rdn. 83 unter Berufung auf *Stein/Jonas/Münzberg*, § 890 ZPO, Rdn. 55; a. A. jetzt nur – aber abzulehnen – Großkomm/*Jacobs*, Vor § 13 UWG, D, Rdn. 185 u. Rdn. 242.
40 BGH GRUR 1966, 495, 498 = WRP 1966, 369 – Uniplast; BGH GRUR 1974, 474, 476 = WRP 1974, 85 – Großhandelshaus; BGH GRUR 1982, 420, 423 – BBC/DDC; BGH GRUR 1985, 930, 932 – JUS-Steuerberatungsgesellschaft; BGH GRUR 1990, 522, 528 – HBV-Familien- und Wohnungsrechtsschutz (insoweit nicht in BGHZ 110, 156); KG WRP 1977, 187, 190; *v. Gamm*, Kap. 18, Rdn. 63; *Ulrich*, GRUR 1991, 26, 27. Zu den für die Abwägung maßgeblichen Einzelumständen vgl. BGH GRUR 1960, 563, 567 = WRP 1960,

»Aufbrauch« ist zunächst wörtlich zu verstehen als Weiterverwendung vorhandener 20
Materialien[41] (wie Verpackungen, Prospekte etc.), deren Verwendung an sich als Verletzungshandlung unter das Unterlassungsgebot fallen würde; im weiteren Sinne kann die Aufbrauchfrist auch notwendige Umstellungs- und Beseitigungsmaßnahmen (wie sie z. B. bei der notwendigen und aufwendigen Umfirmierung eines großen, weitläufigen Unternehmens oder bei der notwendig werdenden Auflösung von Verkaufsstätten[42] auftreten können); zweckmäßigerweise sollte in solchen Fällen, in denen es nicht nur um Aufbrauch im engeren Sinne geht, terminologisch – u. U. aber auch bei der Bemessung der Fristen – differenziert werden.

Im Hinblick auf die grundsätzliche Bedenklichkeit der – auch nur vorübergehen- 21
den – Tolerierung rechtswidriger Verletzungshandlungen[43] sollten Aufbrauchfristen nur ausnahmsweise und nicht zu großzügig bewilligt werden; insbesondere bei mit in Frage stehenden Interessen der Allgemeinheit – also namentlich bei Verstößen gegen § 3 UWG – ist ein strenger Maßstab anzulegen[44], und zwar nicht nur hinsichtlich des »Ob«, sondern auch hinsichtlich der Dauer der Frist, die die übliche Schwankungsbreite von meist drei bis sechs Monaten[45] regelmäßig nicht überschreiten sollte. Bei Bösgläubigkeit des Verletzers ist grundsätzlich keine Aufbrauchfrist zu gewähren[46], bei grob fahrlässigem Handeln schon größte Zurückhaltung angebracht[47], desgleichen dann, wenn der Schuldner im Berufungsverfahren verurteilt worden war und mit seinem Unterliegen auch in der Revisionsinstanz rechnen mußte[48].

Soweit die Voraussetzungen der Zubilligung einer Aufbrauchfrist erfüllt sind, ist 22
letztere zu gewähren, und zwar auch durch Instanzgerichte, die über ein Klageverfahren – auf Besonderheiten des Verfügungsverfahrens wird noch einzugehen sein – nicht abschließend entscheiden. Die Mindermeinung, die im Hinblick auf die bei nicht

---

238 – Alterswerbung Sekt; *Pastor*, S. 887, Fn. 335, sowie HdbWR/*Samwer*, § 73, Rdn. 12–15.
41 Vgl. BGH GRUR 1974, 474, 476 = WRP 1974, 85 – Großhandelshaus.
42 Vgl. den Fall BGH GRUR 1982, 425, 431 – Brillen-Selbstabgabestellen, insoweit nicht in BGHZ 82, 375.
43 Vgl. dazu OLG München WRP 1967, 32 und WRP 1985, 365; *v. Gamm*, WZG, § 24, Rdn. 54; *Borck*, WRP 1967, 7 ff.; auch *Nirk/Kurtze*, Rdn. 290.
44 So mit Recht KG WRP 1971, 326, 327; LG Hamburg WRP 1975, 54, 56; *Baumbach/Hefermehl*, Einl. UWG, Rdn. 487; Großkomm/*Jestaedt*, Vor § 13 UWG, E, Rdn. 83 mit Fn. 151; großzügiger Großkomm/*Jacobs*, Vor § 13 UWG, D, Rdn. 182 u. *Kisseler*, WRP 1991, 691.
45 Vgl. KG WRP 1971, 326, 328 und *Ahrens*, S. 56; zu gelegentlichen Ausnahmen vgl. die Nachweise bei KG aaO. und die Urteile des BGH GRUR 1985, 930, 932 – JUS-Steuerberatungsgesellschaft (über 9 Monate, aber bei einer relativ geringfügigen, über 20 Jahre unbeanstandet gebliebenen Verletzung) und GRUR 1990, 522, 528 – HBV-Familien- und Wohnungsrechtsschutz (rd. 11 Monate unter ganz bestimmten Umständen; insoweit nicht in BGHZ 110, 156).
46 Vgl. BGH GRUR 1957, 488, 491 – MHZ; Großkomm/*Jacobs*, Vor § 13 UWG, D, Rdn. 183; *Baumbach/Hefermehl*, Einl. UWG, Rdn. 487; *Pastor*, S. 888; HdbWR/*Samwer*, § 73, Rdn. 13.
47 Arg. aus BGH GRUR 1960, 563, 567 = WRP 1960, 238 – Alterswerbung Sekt; vgl. zur Relevanz des Verschuldens auch BGH GRUR 1982, 420, 423 – BBC/DDC und HdbWR/*Samwer*, aaO., ferner Großkomm/*Jacobs*, aaO.
48 BGH GRUR 1974, 474, 476 = WRP 1974, 85 – Großhandelshaus; *Baumbach/Hefermehl*, Einl. UWG, Rdn. 487; Großkomm/*Jacobs*, aaO.

rechtskräftigen Entscheidungen gegebene Möglichkeit der Vollstreckungseinstellung Aufbrauchfristen für unzulässig hält[49], vernachlässigt, daß sich die »Endgültigkeit« einer Instanzentscheidung bei deren Erlaß in vielen Fällen noch gar nicht beurteilen läßt, und zwar weder vom Gericht noch vom Betroffenen selbst. Oft hängt es nämlich von der Tragweite der Verurteilung und/oder ihrer Begründung ab, ob ein Rechtsmittel eingelegt (und damit die Möglichkeit einer Einstellung geschaffen) wird. Es wäre wenig sinnvoll, einen Verletzer, der sich bis zum Erlaß der erstinstanzlichen Entscheidung im Recht wähnt, durch deren Begründung aber von der Unrechtmäßigkeit seines Handels oder wenigstens von der Aussichtslosigkeit weiterer Gegenwehr überzeugt wird, zur Berufungs- oder Revisionseinlegung nur deswegen zu zwingen, weil er auf großen Beständen unzulässig gekennzeichneter oder verpackter Waren sitzt und diese Werte retten möchte. Es kann sich daher durchaus als zweckmäßig erweisen – und ist m. E. auch geboten –, daß schon das erstinstanzliche Gericht über die Frage einer Aufbrauchfrist mitentscheidet, zumal der Lauf einer solchen Frist selbst im Falle der Rechtsmitteleinlegung noch Vorteile haben kann, da er u. U. die – bei Unterlassungsfällen immer prekäre (vgl. nachfolgend Rdn. 39) – Einstellungsentscheidung der nächsten Instanz erübrigt oder doch vereinfacht.

Die Mindermeinung hat sich daher, soweit es um Klageverfahren geht, mit Recht nicht durchgesetzt[50].

23 Dagegen wird sie im Zusammenhang mit der Gewährung von Aufbrauchfristen in Verfahren der einstweiligen Verfügung, soweit eine solche Zubilligung im summarischen Verfahren überhaupt für zulässig gehalten wird[51], weiter vertreten[52], ohne daß – wie *Ulrich*[53] m. E. überzeugend nachgewiesen hat – ein Grund für diese unterschiedliche Einstufung erstinstanzlicher Befugnisse im Klageverfahren einerseits und Verfügungsverfahren andererseits ersichtlich ist. Hält man die Gewährung einer Aufbrauchfrist in Eilverfahren überhaupt für möglich – größere praktische Bedeutung wird dem im Hinblick auf den schwer lösbaren Widerspruch zwischen Dringlichkeitserfordernis einerseits und Gewährung einer Aufbrauchfrist andererseits ohnehin nicht zukommen[54] –, so sprechen mindestens die gleichen, wenn nicht gar noch stärkere Argumente für die Kompetenz auch der Instanzgerichte[55]: Anders als bei dem im Klagewege er-

---

49 *Pastor*, S. 890 f.; *Nirk/Kurtze*, Rdn. 293; wohl auch KG WRP 1971, 326, 327.
50 So auch *Ulrich*, GRUR 1991, 26, 28; vgl. ferner Großkomm/*Jacobs*, Vor § 13 UWG, D; Rdn. 193; HdbWR/*Samwer*, § 73, Rdn. 17 und Nachtrag 1989 zu § 73 unter 2.
51 Für grundsätzliche Zulässigkeit, wenngleich unter gebührender Beachtung des Dringlichkeitserfordernisses, KG WRP 1971, 326, 328; OLG Stuttgart WRP 1989, 832, 833; OLG Düsseldorf nach *Traub*, S. 93; HdbWR/*Samwer*, § 73, Rdn. 17 und insbesondere Nachtrag 1989 zu § 73 unter 2; *Nirk/Kurtze*, Rdn. 293; *Nordemann*, Rdn. 633; *Pastor*, S. 890; *Ulrich*, GRUR 1991, 26, 28 ff.; für grundsätzliche Unzulässigkeit OLG Frankfurt GRUR 1988, 46, 49 = WRP 1988, 110, 113 – Flughafenpassage; GRUR 1989, 456, 457; OLG Koblenz WRP 1991, 599, 601 f.; *Melullis*, Hdb., Rdn. 453.
52 Vgl. OLG Düsseldorf GRUR 1986, 197, 198 = WRP 1986, 92, 94; *Baumbach/Hefermehl*, Einl. UWG, Rdn. 487.
53 GRUR 1991, 26, 28 f.
54 Vgl. dazu schon *Nirk/Kurtze*, Rdn. 293; ferner HdbWR/*Samwer* in Nachtrag 1989 zu § 73 unter 2 sowie *Ulrich*, GRUR 1991, 26, 29.
55 Für eine solche daher mit Recht HdbWR/*Samwer* in Nachtrag 1989 zu § 73 unter 2 und *Ulrich*, GRUR 1991, 26, 29.

57. Kapitel Der Unterlassungstitel und seine Vollstreckung

wirkten Unterlassungstitel scheidet nämlich die Möglichkeit einer einstweiligen Einstellung der Zwangsvollstreckung, mit der die mangelnde Kompetenz der ersten Instanz auch begründet zu werden pflegt, hier praktisch aus[56].

III. Die Vollstreckung des Unterlassungstitels

1. Die Ordnungsmittel und ihre Androhung

a) Ordnungsmittel sind Ordnungsgeld von 5 DM bis 500 000 DM und Ordnungshaft bis zu 6 Monaten, die sowohl anstelle des Ordnungsgeldes für den Fall der Nichtbeitreibbarkeit – dann jedoch mit der Höchstgrenze von 6 Wochen je Zuwiderhandlung – als auch selbständig angedroht und festgesetzt werden kann. Ihrem Rechtscharakter nach sind die Ordnungsmittel nach heute – nach erneuter Klarstellung durch das Bundesverfassungsgericht (BVerfGE 58, 162, 163) – ganz herrschender Meinung nicht rein zivilrechtliche Beugemaßnahmen mit dem ausschließlichen Ziel der Willensbeeinflussung des Schuldners für die Zukunft[57], sondern zumindest auch repressive Sanktionsmaßnahmen für einen begangenen Verstoß[58].

b) Die Anordnung der Ordnungsmittel erfolgt nur auf Antrag des Gläubigers, und zwar diesem entsprechend entweder zugleich mit dem Verbotsausspruch in derselben Entscheidung[59] oder in einem ihr nachfolgenden gesonderten Beschluß (§ 890 Abs. 2 ZPO)[60]. Bei Prozeßvergleichen, in die eine Ordnungsmittelandrohung nicht – auch nicht im Einverständnis der Parteien – aufgenommen werden darf[61], ist ein nachträglicher Beschluß unerläßlich[61]. Im Gegensatz zum Antrag, der sich auf die Androhung der »gesetzlichen Ordnungsmittel« beschränken darf[62], muß die Androhung des Gerichts einen bestimmten Rahmen (Obergrenze) ausdrücklich benennen, auch wenn es die gesetzliche Höchstgrenze als geboten wählt[63]. Ersatzordnungshaft hat das Gericht

---

56 Vgl. dazu nachfolgend Rdn. 44 m. w. N.
57 So aber *Pastor*, UV, S. 5, und OLG Karlsruhe WRP 1975, 533, 534; im Ergebnis auch *Baumbach/Lauterbach/Hartmann*, § 890 ZPO, Anm. 2 B und 3 E b, u. neuestens – jedenfalls hinsichtlich des Charakters der Androhung, auf die man aber m. E. nicht isoliert abstellen kann – Großkomm/*Jacobs*, Vor § 13 UWG, D, Rdn. 420.
58 Vgl. dazu die umfangreichen Rechtsprechungs- und Literaturnachweise schon bei *Pastor* selbst (aaO. S. 7 f., Fn. 22, 23 und 25) sowie Großkomm/*Jestaedt*, Vor § 13 UWG, E, Rdn. 7 und *Baumbach/Hefermehl*, Einl. UWG, Rdn. 575 m. w. N.; ebenso jetzt auch noch *Zöller/Vollkommer*, § 890 ZPO, Rdn. 5; instruktiv (und gleichfalls umfangreich belegt) die Darstellung bei *Ahrens*, S. 20–22, dort auch näher zur Bedeutung des Meinungsstreits; einschränkend Großkomm/*Jacobs*, aaO.
59 Hierin ist eine Vollstreckungsmaßnahme zu sehen; vgl. BGH GRUR 1991, 929, 931 – Fachliche Empfehlung II; *R. Bork*, WRP 1989, 360, 361.
60 Ein solcher Beschluß ist bereits eine Vollstreckungsmaßnahme; vgl. BGH aaO. – Fachliche Empfehlung II und *R. Bork*, aaO.
61 Vgl. OLG Hamm MDR 1988, 506 und die umfangreichen Nachweise bei Großkomm/*Jestaedt*, Vor § 13 UWG, E, Rdn. 15 mit Fn. 18.
62 Zur Zweckmäßigkeitsfrage vgl. Kap. 51, Rdn. 44.
63 Nahezu einhellige Meinung; vgl. die Nachweise bei OLG Köln WRP 1979, 667 und in Großkomm/*Jestaedt*, Vor § 13 UWG, E, Rdn. 17 mit Fn. 23; a. A. nur OLG München in »ständiger Rechtsprechung«, vgl. zuletzt WRP 1980, 356, aber mit unhaltbarer Begründung, sowie neu-

– bei einem auf Ordnungsgeld beschränkten Gläubigerantrag – von Amts wegen anzudrohen (BGH, Urt. v. 21. 5. 1992 – I ZR 9/91 – Kilopreise III).

2. Die Zuwiderhandlung

26 Die Zuwiderhandlung muß eindeutig in den Verbotsumfang des Titels fallen; sie löst Vollstreckungsfolgen nur aus, wenn sie schuldhaft – vorsätzlich oder fahrlässig – erfolgt[64]. Dabei muß es sich um Verschulden des Schuldners selbst bzw. – bei juristischen Personen – der Organe[65] handeln; Verschulden von Hilfspersonen i. S. der §§ 278, 831 BGB, § 13 Abs. 4 UWG reicht nicht aus[66]. Jedoch genügt eigenes Verschulden in der Form des zur Zuwiderhandlung führenden Organisationsverschuldens, etwa schuldhaftes Unterlassen von Anordnungen, Überwachungen oder anderen Maßnahmen, die die Zuwiderhandlung Dritter verhindern können[67]. Die Anforderungen an den Schuldner werden dabei mit Recht sehr hoch gespannt[68]. Erst recht handelt natürlich selbst schuldhaft, wer einen Dritten zur Zuwiderhandlung veranlaßt oder gar als persönlich Verpflichteter bei der Zuwiderhandlung eines Dritten (jur. Person, Gesellschaft) als deren Organ oder Geschäftsführer selbst handelt oder die Handlung, wenn er dies könnte, nicht verhindert[69]. Notwendig ist dazu u. U. auch ein aktives Handeln des Schuldners wie etwa die Anweisung zur Rückgabe oder Vernichtung ausgegebenen

estens Großkomm/*Jacobs,* Vor § 13 UWG, D, Rdn. 165 und Rdn. 420. Vgl. im einzelnen aber schon *Pastor,* UV, S. 43 f. m. w. N.

64 Heute jedenfalls im Wettbewerbsrecht einhell. M.; die mit Wirkung ab 1. 1. 1975 vorgenommene Auswechslung der Begriffe »Geldstrafe« bzw. »Haftstrafe« gegen »Ordnungsgeld« und »Ordnungshaft« ist insoweit folgenlos geblieben; vgl. BVerfGE 58, 159, 162, 163 = NJW 1981, 2457; BGH GRUR 1987, 648, 649 = WRP 1987, 555 – Anwaltseilbrief; Großkomm/*Jestaedt,* Vor § 13 UWG, E, Rdn. 7, sowie die umfangreichen Nachweise bei *Ahrens,* S. 22 in Fn. 37 und bei *Baumbach/Hefermehl,* Einl. UWG, Rdn. 575. Zu beachten ist, daß auch *Pastor* (UV, S. 190 ff.) Verschulden – wenngleich mit anderer Begründung als die h. M. – für erforderlich hält. Verneint wird das Verschuldenserfordernis von LAG Hamm MDR 1975, 696; OLG Bamberg MDR 1979, 680 und *Baumbach/Lauterbach/Hartmann,* § 890 ZPO, Anm. 3 E, b.
65 Deren Auswechslung steht einer Ordnungsmittelverhängung gegen die Gesellschaft nicht entgegen; vgl. OLG Zweibrücken GRUR 1988, 485, 486 = WRP 1989, 61, 62; *Baumbach/Hefermehl,* Einl. UWG, Rdn. 583; Großkomm/*Jestaedt,* Vor § 13 UWG, E, Rdn. 35.
66 BVerfGE 20, 323; OLG Hamm WRP 1978, 386 m. w. N.; OLG Bremen WRP 1979, 205, 206; h. M.; vgl. auch Großkomm/*Jestaedt,* aaO., Rdn. 30 f. und 35; *Baumbach/Hefermehl,* Einl. UWG, Rdn. 584; HdbWR/*Samwer,* § 76, Rdn. 12.
67 KG WRP 1973, 157, 158; WRP 1976, 176, 177 f.; WRP 1985, 25, 26 f.; OLG Stuttgart WRP 1976, 334, 335; WRP 1976, 399 f.; OLG München WRP 1978, 72; OLG Bremen WRP 1979, 205, 206, li. Sp.; OLG Frankfurt WRP 1980, 724 und WRP 1981, 29, 30; OLG Hamburg WRP 1981, 221, 222 und WRP 1982, 657 sowie GRUR 1989, 150 f. = WRP 1989, 402; OLG Köln WRP 1981, 546; OLG Zweibrücken WRP 1989, 63 f.; Großkomm/*Jestaedt,* Vor § 13 UWG, E, Rdn. 31–34; HdbWR/*Samwer,* § 76, Rdn. 12; *Baumbach/Hefermehl,* Einl. UWG, Rdn. 584; *Nirk/Kurtze,* Rdn. 507.
68 Vgl. alle in der letzten Fn. zitierten Entscheidungen sowie die weiteren Nachweise bei Großkomm/*Jestaedt,* Vor § 13 UWG, E, Rdn. 31 mit Fn. 57.
69 OLG Koblenz WRP 1978, 833, 834; OLG Hamm GRUR 1979, 807, 808 = WRP 1979, 802; OLG Hamm GRUR 1979, 873, 874; OLG Köln NJW-RR 1986, 1891; OLG Zweibrücken WRP 1989, 63 f.; Großkomm/*Jestaedt,* Vor § 13 UWG, E, Rdn. 34; *Baumbach/Hefermehl,* Einl. UWG, Rdn. 584.

57. Kapitel   Der Unterlassungstitel und seine Vollstreckung

Werbematerials[70] oder ein aktives Vorgehen gegen einen Zeitungsverlag bei fehlerhafter Fortsetzung wettbewerbswidriger Werbung nicht nur durch Androhung, sondern auch durch Verhängung von Sanktionen (Schadensersatzforderung, Beendigung der Geschäftsbeziehung)[71].

Die – grundsätzlich bestehende (BVerfGE 20, 223) – Möglichkeit der Berufung des Schuldners auf einen Verbotsirrtum wird in der Rechtsprechung mit Recht sehr eingeengt. Weder die Überzeugung, in der nächsten Instanz zu obsiegen (OLG Hamm WRP 1980, 632), noch die Erwartung einer noch ausstehenden Entscheidung über eine Aufbrauchfrist (OLG Köln WRP 1984, 712) wurden bisher als entlastend anerkannt. Auch durch die Einholung (unrichtigen) Rechtsrats wird das Verschulden nach den vom Bundesgerichtshof in der Schadensersatzrechtsprechung entwickelten Grundsätzen[72] nicht ausgeschlossen, sofern der Schuldner nach den Umständen des Falles die Bedenklichkeit der Handlung bei hinreichender Sorgfaltsanpassung erkennen mußte[73]. Die Annahme des Schuldners, er könne sich schon im Vollstreckungsverfahren auf veränderte Umstände berufen, die er nur nach § 767 (oder § 323) ZPO geltend machen könnte, entlastet ihn selbst dann nicht, wenn die erste Instanz ihm darin beigetreten war (OLG Köln GRUR 1987, 352 – Geänderte Werbung). Das gleiche gilt bei fahrlässig fehlerhafter Überzeugung des Schuldners, der Umfang des ihm auferlegten Unterlassungsgebots sei beachtet (OLG Köln GRUR 1987, 570, 571 a. E.).

Als Vollstreckungsvoraussetzung ist das Verschulden zwar grundsätzlich vom Gläubiger zu beweisen[74]. Eine starke Meinung in Rechtsprechung und Literatur spricht sich

27

28

---

70 Vgl. OLG Hamburg GRUR 1989, 150 f. = WRP 1989, 402.
71 Vgl. KG GRUR 1989, 707; weitere Nachw. zur Handlungspflicht bei *Baumbach/Hefermehl*, Einl. UWG, Rdn. 581, u. HdbWR/*Samwer*, § 76, Rdn. 11 in Fn. 44.
72 BGH GRUR 1971, 223, 225 = WRP 1971, 261 – Clix-Mann; BGH GRUR 1981, 286, 288 = WRP 1981, 265 – Goldene Karte I (vgl. im letzteren Urteil auch die Abgrenzung zu BGHZ 62, 29 ff. = BGH GRUR 1974, 290, 292 = WRP 1974, 145 – maschenfester Strumpf); BGH GRUR 1990, 1035, 1038 = WRP 1991, 76 – Urselters II.
73 Vgl. OLG Frankfurt WRP 1977, 32, 33; KG WRP 1985, 25, 27; OLG Hamburg NJW-RR 1989, 1087; OLG München MD VSW 1990, 1038, 1039 f.; noch schärfer, nämlich schlechthin gegen jede Entlastungsmöglichkeit durch falschen Rechtsrat, *Pastor*, UV S. 203. A. A. *Schultz-Süchting*, GRUR 1974, 432, 435 (bedenklich); OLG Koblenz WRP 1978, 833, 835 (bei – wie dort angenommen – schwieriger Beurteilungslage, die aber m. E. erst recht zur Zurückhaltung gezwungen hätte. Vgl. auch den Sonderfall (Berufung des beratenden Anwalts auf eine ausdrückliche Unbedenklichkeitserklärung des zuständigen Gerichts) KG WRP 1979, 860, 861; zu gewisser Zurückhaltung bei der Haftungsausweitung mahnend und vor einer Verschuldens-»fiktion« warnend Großkomm/*Jestaedt*, Vor § 13 UWG, E, Rdn. 39.
74 Großkomm/*Jestaedt*, Vor § 13 UWG, E, Rdn. 60; *Ahrens*, S. 23. Das gleiche gilt natürlich – erst recht – für die Zuwiderhandlung; jedoch ist auch dieser Beweis in jeder zulässigen Beweisform, also entgegen OLG Hamm GRUR 1991, 707 auch durch Anscheinsbeweis, zu führen (Großkomm/*Jestaedt*, Vor § 13 UWG, E, Rdn. 60). Das OLG Hamm aaO. verkennt, daß der prima-facie-Beweis nicht »Beweiserleichterung«, sondern echter Beweis ist (vgl. *Zöller/Stephan*, ZPO, § 286, Rdn. 16 u. *Baumbach/Lauterbach/Hartmann*, ZPO, Anh. § 286, Anm. 3 B, jeweils m. w. N.; a. A. allerdings *Stein/Jonas/Leipold*, ZPO, § 286, Rdn. 92–95). Darüberhinaus hat das BVerfG neuestens (für die Verschuldensfeststellung) nicht nur ausdrücklich den prima-facie-Beweis als solchen zugelassen, sondern allgemein die Zulässigkeit von »Beweiserleichterungen« für den Gläubiger im Verfahren nach § 890 ZPO bejaht (BVerfG, Beschl. vom 23. 4. 1991 – 1 BVB 1443/87, Gründe wiedergegeben in WRP 1991, 611 f.).

jedoch für eine durch die erwiesene objektive Verletzungshandlung bewirkte Beweislastumkehr oder Beweisvermutung zugunsten des Gläubigers (verbunden mit der Notwendigkeit für den Schuldner, sich zu entlasten) aus[75]. Dies geht fraglos zu weit[76]. Jedoch wird die Beweisführung in der Praxis oft durch eine tatsächliche Vermutung oder einen Anscheinsbeweis (zu dessen Zulässigkeit vgl. BVerfG in Fn. 74) für das Vorliegen bestimmter schuldbegründender Umstände (Kenntnis, Kennenmüssen o. ä.) und insbesondere durch die nach meiner Meinung auch hier anwendbaren allgemeinen Beweiserleichterungsgrundsätze der Bärenfang-Entscheidung und ihrer Folgerechtsprechung[77] erheblich erleichtert (zur verfassungsrechtlichen Zulässigkeit von Beweiserleichterungen im Verfahren nach § 890 ZPO vgl. ebenfalls BVerfG in Fn. 74).

3. Das Festsetzungsverfahren

29 Die (im Gesetz »Verurteilung« genannte) Festsetzung der Ordnungsmittel erfolgt nur auf Antrag des Gläubigers, und zwar durch Beschluß, der in nachvollziehbarer Weise zu begründen ist. Ob ohne mündliche Verhandlung entschieden werden kann oder Termin zur Verhandlung zu bestimmen ist, entscheidet das Gericht nach pflichtmäßigem Ermessen; es muß dem Schuldner jedoch in jedem Falle vorher rechtliches Gehör gewähren (§ 891 ZPO). Dabei ist die Anwendbarkeit der Vorschriften über den Ausschluß verspäteten Vorbringens – im Hinblick auf den strafähnlichen Sanktionscharakter der Ordnungsmittel – nicht zweifelsfrei[78]. Anwendbar ist die Geständnisfiktion des § 138 Abs. 3 ZPO; jedoch muß dafür das rechtliche Gehör (Zugang der Aufforderung zur Stellungnahme) voll nachgewiesen sein (OLG München NJW-RR 1991, 1088). Der Antrag des Gläubigers kann bis zur Rechtskraft des Festsetzungsbeschlusses – auch konkludent[79] – zurückgenommen werden. Letzterer ist, falls schon erlassen, für wir-

---

75 OLG Celle WRP 1972, 204, 206; WRP 1973, 101, 102; OLG Frankfurt JurBüro 1978, 132, 133; OLG Zweibrücken OLGZ 78, 372 und GRUR 1986, 839 f.; OLG Köln WRP 1976, 116, 118 und WRP 1981, 546; LG Memmingen WRP 1983, 301, 302; *Baumbach/Hefermehl*, Einl. UWG, Rdn. 588; *Pastor*, UV, S. 202; *Nirk/Kurtze*, Rdn. 508 ff.; *Jacobs*, Formular 3.648, Bem. 18 auf S. 448; *Nordemann*, Rdn. 635; *Thomas/Putzo*, § 890 ZPO, Anm. 2 b bb; HdbWR/*Samwer*, § 76, Rdn. 12; HdbWR/*Spätgens*, § 95, Rdn. 47 und neuerdings – allerdings vorsichtig – auch *Stein/Jonas/Münzberg*, ZPO, 20. Aufl., § 890, Rdn. 38.
76 Vgl. dazu – zutreffend – LG Berlin WRP 1991, 607 f. und im einzelnen Großkomm/*Jestaedt*, aaO., der diese Auffassung mit Recht als wegen des repressiven Charakters der Ordnungsmittel dogmatisch unhaltbar bezeichnet. Sie dürfte einer verfassungsrechtlichen Prüfung kaum standhalten.
77 Vgl. BGH GRUR 1963, 270, 271 = WRP 1962, 404 – Bärenfang; st. Rspr.; im einzelnen dazu Kap. 47, Rdn. 30–32.
78 Für Nichtanwendbarkeit OLG Stuttgart WRP 1982, 53; vgl. zum Ausschluß der Präklusionswirkung im Beschwerdeverfahren nach § 890 ZPO auch BVerfGE 59, 330; aus der Entscheidung könnte jedoch, weil sie weitgehend auf den Wortlaut des § 570 ZPO abstellt, geschlossen werden, daß eine Präklusion im Verfahren erster Instanz grundsätzlich möglich sein muß. Wegen des in der Rechtsprechung stets betonten strikten Ausnahmecharakters der Präklusionsvorschriften des § 296 ZPO (vgl. BVerfG NJW 1982, 1453; BGHZ 76, 236, 238 ff.; BGHZ 86, 218, 225; BGH GRUR 1985, 1066, 1067 – Ausschlußfrist) dürfte jedoch zumindest äußerste Zurückhaltung angebracht sein.
79 Hierzu aber mit Recht einschränkend Großkomm/*Jestaedt*, Vor § 13 UWG, E, Rdn. 54 m. w. N.

57. Kapitel Der Unterlassungstitel und seine Vollstreckung 30–34

kungslos zu erklären (OLG Düsseldorf WRP 1988, 374; Großkomm/*Jestaedt*, aaO.).

Ausschließlich (§ 802 ZPO) zuständig ist das Prozeßgericht des ersten Rechtszuges (§ 890 Abs. 1 ZPO). Da dies im Wettbewerbsrecht fast immer ein Landgericht ist, stellt sich regelmäßig die Frage der Parteivertretung durch einen postulationsfähigen Anwalt. Sie wird von der – namentlich im Wettbewerbsrecht – ganz h. M. bejaht[80]. Dies gilt – entgegen einer Mindermeinung[81] – auch für die Zwangsvollstreckung aus einstweiligen Verfügungen (Nachw. wie in Fn. 80). 30

Inhaltlich kann der Antrag beschränkt werden. Er braucht auch kein bestimmtes Begehren zu enthalten, bedarf aber – selbstverständlich – einer Begründung[82]. 31

Nach einer in der – vor allem wettbewerbsrechtlichen – Literatur überwiegend vertretenen Meinung soll das Gericht nach freiem Ermessen zwischen Ordnungsgeld und Ordnungshaft wählen können[83]. Im zivilprozessualen Schrifttum ist jedoch mehrfach – wie ich meine: überzeugend – nachgewiesen worden[84], daß dies auf verfassungsrechtliche Bedenken stößt. Das Gericht darf nach dem Grundsatz der Verhältnismäßigkeit daher Haft als primäres Repressionsmittel nur dann festsetzen, wenn Ordnungsgeld aus triftigen Gründen als Mittel der Sanktion unzulänglich erscheint[85]. 32

Als sekundäres Mittel – Ersatzhaft – darf sie zwar nach nicht unbestrittener, aber in der Praxis ganz vorherrschender Meinung auch gegen juristische Personen angedroht und festgesetzt werden, allerdings nur mit der Maßgabe, daß sie an deren Organen (Vorstand, Geschäftsführer usw.) zu vollziehen sei[86]. Die Ersatzhaft muß in einem angemessenen, sanktionsgewährleistenden Verhältnis zur Höhe des Ordnungsgeldes stehen, das sie ersetzen soll (OLG Frankfurt GRUR 1987, 940). 33

Bemessungsfaktoren für die Festsetzung des Ordnungsgeldes (oder gegebenenfalls der Ordnungshaft) sind die Schwere und Gefährlichkeit des Verstoßes, Grad und Ausmaß des Verschuldens u. ä. (OLG Köln WRP 1987, 569 f. m. w. N.). Untauglich, weil ohne Beziehung zu diesen konkreten Bestimmungsfaktoren der Zuwiderhandlung, ist der Streitwert des vorangegangenen Unterlassungsverfahrens. Er kann allenfalls einen ersten, ungefähren Anhaltspunkt für das ursprüngliche, nun tangierte Ausgangsinteres- 34

---

80 Vgl. – mit präziser Begründung und umfangreichen Nachweisen – Großkomm/*Jestaedt*, aaO., Rdn. 55; ferner *Baumbach/Hefermehl*, Einl. UWG, Rdn. 589; HdbWR/*Samwer*, § 76, Rdn. 10; HdbWR/*Spätgens*, § 95, Rdn. 36; *Stein/Jonas/Münzberg*, § 891 ZPO, Rdn. 1.
81 Vgl. noch OLG Köln NJW-RR 1988, 254, 255 (*Thomas/Putzo*, die früher in § 891 ZPO, Anm. 1, ebenfalls diese Meinung vertreten hatten, haben sie in der 16. Aufl. aufgegeben).
82 Vgl. zu allem ausführlicher Großkomm/*Jestaedt*, aaO., Rdn. 52–53.
83 *Baumbach/Hefermehl*, Einl. UWG, Rdn. 591; *Pastor*, UV, S. 295; *Zöller/Stöber*, § 890 ZPO, Rdn. 17.
84 Vgl. *Jauernig*, ZwVR, § 27, IV i. V. mit § 27, III 1 (m. N.) sowie die Nachw. bei *Stein/Jonas/Münzberg*, § 888 ZPO, Rdn. 23 in Fn. 113.
85 So auch Großkomm/*Jestaedt*, Vor § 13 UWG, E, Rdn. 62; *Stein/Jonas/Münzberg*, aaO., § 890 ZPO, Rdn. 39 i. V. mit § 888 ZPO, Rdn. 23; im Ergebnis wohl auch HdbWR/*Samwer*, § 76, Rdn. 14; nicht eindeutig HdbWR/*Spätgens*, § 95, Rdn. 50.
86 Vgl. BGH GRUR 1991, 929, 931 – Fachliche Empfehlung II m. w. N. sowie besonders die dort in Bezug genommene Darstellung von *Dietrich*, S. 170–195; ferner Großkomm/*Jestaedt*, Vor § 13 UWG, E, Rdn. 68 m. w. N. in Fn. 120; kritisch, aber ebenfalls m. w. N., *Pastor*, UV, S. 282 ff., dessen Fn. 11 auf S. 286 aber auch die weitgehende praktische Bedeutungslosigkeit des Problems erkennen läßt.

se bieten (vgl. *Baumbach/Hefermehl,* Einl. UWG, Rdn. 591). Die quotenmäßige Anbindung der Ordnungsmittelhöhe an den Unterlassungsstreitwert, die das OLG Hamburg (vgl. schon WRP 1982, 592) in – nach eigener Aussage – »ständiger Rechtsprechung« praktiziert und die demnächst in einem bereits angenommenen Revisionsverfahren zur Überprüfung durch den BGH steht (I ZR 54/91, Annahmebeschluß vom 27. 2. 1992) ist – ungeachtet der bedauerlichen Tatsache, daß das OLG Hamburg bereits Nachahmer findet (vgl. OLG Frankfurt NJW-RR 1990, 639 – ähnlich allerdings auch schon WRP 1981, 221, 222 – u. neuestens KG WRP 1992, 176) – mit regulären Bemessungsgrundsätzen, insbesondere im Hinblick auf den Sanktionscharakter der Ordnungsmittel und darauf, wie bekanntermaßen Streitwertfestsetzungen heute in der Regel zustandekommen (vgl. Kap. 49, Rdn. 2), schlicht unvereinbar. Wird nach bereits erfolgter Festsetzung der Verstoß wiederholt, so kann erneut ein Ordnungsmittel festgesetzt werden, wobei deutliche Verstärkungen der Repressionsmittel (d. h. massive Erhöhung des Ordnungsgeldbetrages oder nunmehr primär Ordnungshaft) gerechtfertigt und ratsam sind (vgl. im einzelnen Großkomm/*Jestaedt,* Vor § 13 UWG, E, Rdn. 63–66).

35 Die Anwendbarkeit der im Strafrecht entwickelten Grundsätze der Handlungseinheit und des Fortsetzungszusammenhangs ist umstritten, wird aber im Wettbewerbsrecht überwiegend und mit Recht bejaht[87], wobei in entsprechender Anwendung der Grundsätze des Bundesgerichtshofs in der Krankenwagen II-Entscheidung (vgl. Fn. 87) auch fahrlässig begangene Verstöße einbezogen werden können, grundsätzlich aber Verstöße, die nach Zustellung eines Ordnungsmittelfestsetzungsbeschlusses begangen werden, nicht mehr im Fortsetzungszusammenhang mit den geahndeten Verstößen stehen können[88].

36 Die Ordnungsmittelfestsetzung wird weder durch eine aufgrund desselben Verstoßes verfallene Vertragsstrafe[89] noch durch eine aufgrund eines anderen Vollstreckungstitels eines anderen Gläubigers wegen derselben Verletzungshandlung bereits erfolgte Ordnungsmittelfestsetzung[90] ausgeschlossen. In diesen Fällen fehlt weder das Rechts-

---

87 OLG Karlsruhe GRUR 1956, 484; OLG Hamburg WRP 1977, 34, 35 li. Sp.; OLG Köln WRP 1985, 717, 718; OLG Stuttgart GRUR 1986, 335 und WRP 1990, 376; Großkomm/*Jestaedt,* Vor § 13 UWG, E, Rdn. 27 f. m. w. N.; *Baumbach/Hefermehl,* Einl. UWG, Rdn. 592; *Körner,* WRP 1982, 75, 77. Häufig ist die grundsätzliche Möglichkeit der Annahme eines Fortsetzungszusammenhangs im Zivilrecht im Zusammenhang mit der Vertragsstrafe geprüft und bejaht worden; vgl. BGHZ 33, 163, 167 f. – Krankenwagen II; BGH GRUR 1984, 72, 74 = WRP 1984, 14 – Vertragsstrafe für versuchte Vertreterabwerbung; OLG Karlsruhe WRP 1980, 81, 82; OLG Hamburg aaO.
88 OLG Hamburg WRP 1977, 34, 35 und GRUR 1987, 561, 562; OLG Stuttgart WRP 1983, 305 und WRP 1989, 544; OLG Hamm GRUR 1991, 708; Großkomm/*Jestaedt,* aaO., Rdn. 28; *Baumbach/Hefermehl,* Einl. UWG, Rdn. 592.
89 Vgl. OLG Saarbrücken NJW 1980, 461 = OLGZ 79, 196; KG MD VSW 1989, 14, 18; h. M.; vgl. Großkomm/*Jestaedt,* Vor § 13 UWG, E, Rdn. 67; *Pastor,* UV, S. 61 f., insbesondere die Nachw. in Fn. 57. A. A. allerdings einige ältere Entscheidungen (vgl. Nachw. bei *Pastor* in Fn. 51) sowie OLG Düsseldorf BB 1970, 71 und *Lindacher,* Gesicherte Unterlassungserklärung, Wiederholungsgefahr und Rechtsschutzbedürfnis, GRUR 1975, 413, 420.
90 Der Fall der Mehrfachverurteilung aufgrund des Vorgehens verschiedener Gläubiger ist eine im Wettbewerbsrecht nicht seltene Gestaltung; vgl. dazu OLG Köln WRP 1976, 185, 186 ff. und OLG Hamm NJW 1977, 1203; Großkomm/*Jestaedt,* aaO., und *Baumbach/Hefermehl,* Einl. UWG, Rdn. 591; ferner im einzelnen *Pastor,* UV, S. 281.

schutzbedürfnis für das Vorgehen des Gläubigers, noch ist der strafrechtliche Grundsatz »ne bis in idem« anwendbar[91]. Jedoch sind Mehrfachfestsetzungen wegen ein und derselben Zuwiderhandlung bei der Bemessung der Höhe[92] bzw. bei der Beitreibung[93] zu berücksichtigen.

Der Festsetzungsbeschluß ist – auch seitens des Gläubigers, soweit dieser (etwa durch eine zu geringe Ersatzordnungshaft) beschwert ist[94] – mit der sofortigen Beschwerde anfechtbar, für deren Einlegung es der Vertretung durch einen postulationsfähigen Rechtsanwalt bedarf, sofern im erstinstanzlichen Verfahren Anwaltszwang bestand; die §§ 78 Abs. 2, 569 Abs. 2, 577 ZPO sind in diesem Fall nicht anwendbar[95]. Auch über die sofortige Beschwerde kann das Gericht nach seinem pflichtgemäßen Ermessen wiederum ohne mündliche Verhandlung oder nach Durchführung einer solchen entscheiden. Die entsprechende Anwendung der Ausschlußbestimmungen der §§ 296, 528 ZPO ist unzulässig[96]; der Sachvortrag des Schuldners muß daher auch dann beachtet werden, wenn er in erster Instanz schuldhaft versäumt oder verspätet war.

4. Die Vollstreckung nach Titelfortfall

Entfällt der Vollstreckungstitel ex tunc – etwa weil die Klage vor Rechtskraft zurückgenommen ist oder die höhere Instanz das Urteil aufgehoben hat oder weil eine einstweilige Verfügung wegen Versäumung der Frist des § 926 Abs. 2 ZPO oder der Vollziehungsfrist des § 929 ZPO aufgehoben worden ist – so ist jede weitere Vollstreckungsmaßnahme unzulässig[97]. Dagegen ist sehr streitig, welche Folgen ein Titelfortfall mit Wirkung ex nunc auf die Vollstreckung wegen eines vorher begangenen Verstoßes hat. Wegen der Fallgestaltungsmöglichkeiten kann zunächst auf die Darstellung *Jestaedts* (WRP 1981, 433 ff.) verwiesen werden; Meinungsstand und Problematik ergeben sich aus Großkomm/*Jestaedt*, Vor § 13 UWG, E, Rdn. 46, und aus dem neuesten Beitrag von *Ulrich*, WRP 1992, 147 ff. Die von *Jestaedt* und auch von mir noch in der Voraufla-

---

91 KG WRP 1976, 623, 624; OLG Köln WRP 1986, 185, 186 ff.; OLG Hamm NJW 1977, 1203, 1204; OLG Saarbrücken NJW 1980, 461 = OLGZ 79, 196; OLG Frankfurt GRUR 1983, 687, 688 = WRP 1983, 692; *Baumbach/Hefermehl*, Einl. UWG, Rdn. 591; *Pastor*, UV, S. 281. Zweifelnd *Lindacher*, GRUR 1975, 413, 420.
92 Vgl. OLG Köln, Hamm und Frankfurt sowie *Baumbach/Hefermehl* wie letzte Fn.; insoweit gleicher Ansicht *Lindacher*, aaO; ablehnend *Pastor*, aaO., und in Anm. zu OLG Köln aaO., S. 188.
93 OLG Frankfurt GRUR 1983, 687, 688 = WRP 1983, 692.
94 OLG Frankfurt GRUR 1987, 940; OLG Hamm NJW-RR 1988, 960, 961; Großkomm/*Jestaedt*, Vor § 13 UWG, E, Rdn. 71.
95 OLG Stuttgart WRP 1982, 604; OLG Nürnberg MDR 1984, 58; OLG Koblenz WRP 1985, 292, 293; OLG Hamburg MD VSW 1991, 460.
96 BVerfGE 59, 330; kritisch dazu *Schumann*, NJW 1982, 1609 ff.
97 Ganz h. M.; vgl. OLG München WRP 1984, 713, 714 m. w. N. und Großkomm/*Jestaedt*, Vor § 13 UWG, E, Rdn. 45 m. N.; ferner die Nachw. bei *Pastor*, UV, S. 74 in Fn. 15, und bei *Jestaedt*, WRP 1981, 433, 435 mit Fn. 22 auf S. 437; a. A. allerdings *Borck*, WRP 1980, 670, 676; zum Meinungsstreit, ob geleistete Ordnungsgelder zurückzugewähren sind, vgl. Großkomm/*Jestaedt*, aaO., Rdn. 74 m. w. N. in Fn. 134 und 135, u. die weiteren Nachweise bei OLG Celle WRP 1991, 586, 587.

ge (Kap. 57, Rdn. 37) vertretene Auffassung[98], der Titelfortfall ex nunc – häufige Folge einer nach strafbewehrter Unterwerfung erklärten Hauptsacheerledigung – könne keinen Einfluß auf die Zulässigkeit einer vorher bereits angedrohten Zwangsmittelverhängung wegen solcher Zuwiderhandlungen haben, die zur Zeit des Titelbestands (schuldhaft) begangen worden sind, verdient zwar weiterhin rechtspolitisch den Vorzug, weil nur sie dem Sanktionscharakter und dem unerläßlich präventiven Zweck der Sanktion gerecht wird. Sie läßt sich jedoch wohl de lege lata – wie besonders *Münzberg*[99] m. E. überzeugend nachgewiesen hat – kaum halten, da sie gegen § 775 ZPO verstößt, der für das gesamte Zwangsvollstreckungsrecht gilt. Sie wird daher in der neueren OLG-Rechtsprechung zunehmend abgelehnt[100] und findet auch in der wettbewerbsrechtlichen Spezialliteratur, in der sie lange ganz überwiegend vertreten worden war[101], neue Gegner[102]. Den schwer erträglichen Ergebnissen, zu denen die formal korrekte Anwendung der Vollstreckungsvorschriften führt[103], wird die Praxis wohl in der Tat auf dem Weg zu begegnen suchen müssen, den *Münzberg* in seiner Anmerkung zu OLG Hamm (WRP 1990, 423, 425 ff.[104]) eingehend aufgezeigt hat; die Bedenken, die Großkomm/*Jestaedt* aaO. gegen die Praktikabilität dieser Lösung einwendet, sind im Grundsatz berechtigt, erscheinen – unter dem Druck einer sich festigenden Rechtslage – aber bei sorgfältigem Vorgehen der Rechtsanwälte und Gerichte überwindbar, wobei der Gedanke, Erledigungserklärungen im Gefolge von Unterwerfungserklärungen grundsätzlich als (im Sinne *Münzbergs*, aaO.) beschränkt anzusehen bzw. auszulegen[105], erwägenswert erscheint und vielleicht hilfreich sein könnte.

98 Ihre weiteren Anhänger sind in Großkomm/*Jestaedt*, aaO. in Fn. 73, aufgeführt; allerdings muß das *Thomas/Putzo*-Zitat (16. Aufl.) Anm. 1 aa lauten; vgl. außerdem *Baumbach/Hefermehl*, Einl. UWG, Rdn. 587 m. w. N. sowie *Melullis*, Hdb., Rdn. 481 m. w. N.
99 Vgl. *Stein/Jonas/Münzberg*, § 890 ZPO, Rdn. 27–32 und Rdn. 45 f.; nachdrücklich auch *Münzberg* in Anm. zu OLG Hamm WRP 1990, 423 (in Großkomm/*Jestaedt* aaO., Fn. 74 fälschlich als GRUR 1990, 423 zitiert); in GRUR ist die Entscheidung – ohne Anm. – 1990, 306 abgedruckt; eingehend – und *Münzberg* zustimmend – *Ulrich*, WRP 1992, 147, 149 ff.
100 Vgl. KG WRP 1980, 696, 697; OLG Düsseldorf GRUR 1987, 575 f. = WRP 1988, 37; WRP 1988, 677; OLG Hamm NJW 1980, 1399 mit abl. Anm. von *Lindacher;* GRUR 1985, 82; WRP 1987, 566; GRUR 1990, 306 = WRP 1990, 423 mit zust. Anm. von *Münzberg;* OLG Köln GRUR 1986, 335; OLG Oldenburg, zitiert bei *Burckhardt*, WRP 1987, 718, 721 unter 10.2.2.
101 Vgl. außer Großkomm/*Jestaedt*, *Baumbach/Hefermehl*, *Melullis* und *Lindacher*, jeweils aaO., besonders *Ahrens*, S. 46 in Fn. 159, und in *Ahrens/Spätgens*, S. 223 ff.; *Borck*, WRP 1980, 670, 675 und *Jestaedt*, WRP 1981, 433, 436.
102 Vgl. außer *Pastor*, UV, S. 76 ff., und WRP 1981, 299, 304 auch HdbWR/*Samwer*, § 76, Rdn. 6; *Nieder*, Aufbrauchfrist via Unterwerfung?, WRP 1976, 289; *Ulrich*, GRUR 1982, 14, 23 f., u. WRP 1992, 147, 149 ff.
103 Vgl. zu diesen Ergebnissen OLG Stuttgart WRP 1975, 116 und 1984, 714; *Nieder*, aaO., und *Borck,* WRP 1980, 670, 674.
104 Vgl. auch die eingehende Darstellung dieses Weges bei Großkomm/*Jestaedt*, aaO., Rdn. 46; ferner *Stein/Jonas/Münzberg*, § 890 ZPO, Rdn. 28 f., und jetzt – *Münzbergs* Vorschlägen (mit eigenen zusätzlichen Argumenten) beitretend – *Ulrich*, WRP 1992, 147, 149 ff.
105 Dafür *Melullis*, Hdb., Rdn. 481 ff.

5. Die einstweilige Einstellung der Vollstreckung

a) Grundsätzlich gelten auch für Unterlassungstitel die allgemeinen Einstellungsvorschriften. Ihre Anwendung ist hier jedoch deshalb problematischer als bei anderen Entscheidungen, weil sie regelmäßig nicht nur prozessuale (aufschiebende) Wirkungen zeitigt, sondern mit diesen zugleich in die materielle Rechtslage eingreift: Sie erlaubt dem Schuldner, das – laut Titel rechtswidrige – Handeln fortzusetzen, und schafft damit, weil letzteres sich später nicht rückwirkend rückgängig machen läßt, »irreparable Verhältnisse« auch materiell-rechtlicher Art[106]. Aus diesem Grunde ist bei der einstweiligen Einstellung der Zwangsvollstreckung aus Unterlassungstiteln generell größte Zurückhaltung geboten[107].

b) Rechtsgrundlage der Einstellung ist bei Titeln in Urteilsform die Vorschrift des § 719 ZPO i. V. mit der darin in Bezug genommenen Vorschrift des § 707 ZPO, zu deren Anwendung im einzelnen auf die ZPO-Literatur verwiesen werden kann.

Von besonderer Bedeutung für das Wettbewerbsrecht ist jedoch, daß die Einstellung der Zwangsvollstreckung aus einem Unterlassungsurteil weder dem Erlaß noch der Vollstreckung einer auf die gleiche Unterlassung gerichteten einstweiligen Verfügung entgegensteht[108].

---

106 *Klette*, GRUR 1982, 471, 473; *Pastor*, S. 373 f.; vgl. auch BGH GRUR 1979, 807 = WRP 1979, 715 – Schlumpf-Serie und OLG Köln WRP 1973, 665.
107 Im übrigen sollte auch bei der Einstellung der Zwangsvollstreckung aus anderen Titeln grundsätzlich mehr Zurückhaltung geübt werden, als es in der Praxis der Instanzgerichte leider üblich geworden ist. Auch vorläufige Titel sind grundsätzlich vollstreckungsfähig und sollten – als nach (in der Regel) sorgfältiger Prüfung erlassene staatliche Hoheitsakte – in dieser für den Gläubiger bei der Dauer heutiger Rechtsmittelverfahren oft lebensnotwendigen Funktion ernst genommen werden. Es geht nicht an, – wie es oft geschieht – auf einfachen, oft nicht einmal näher begründeten Antrag des Schuldners (ganz zu schweigen von der regelmäßig zu verlangenden Glaubhaftmachung der Gründe), d. h. ohne nähere, sorgfältige Prüfung aller Umstände einschließlich der Prozeßaussicht einen Titel praktisch zu entwerten und sich dabei damit zu beruhigen, daß ja – wie meist – zugleich Sicherheitsleistung angeordnet wird. Einem Gläubiger, der – wie ich es einmal im Prozeß eines kleinen Handwerkbetriebs erlebt habe – einen vorläufigen Titel über eine fünfstellige Summe erstritten hatte, bei deren Vollstreckung er über eine Illiquiditätskrise hinweggekommen wäre, und der wegen der Einstellung gegen die (übliche) Bankbürgschaft des Schuldners kein Geld bekam und deshalb Konkurs anmelden mußte, nützt es nicht mehr viel, wenn sich später der Konkursverwalter nach endgültigem Prozeßgewinn befriedigen und dabei notfalls an die Bankbürgschaft halten kann. Der Schaden des Konkurseintritts ist damit ebensowenig wiedergutzumachen wie andere, weniger spektakuläre, aber oft doch erheblich ins Gewicht fallende Schäden, die einem Gläubiger durch den letztlich unbegründeten Aufschub der Vollstreckungsmöglichkeit erwachsen können und auf die die Sicherheitsleistung eigentlich – theoretisch – auch mit abgestellt werden sollte, die die Praxis aber regelmäßig (schon mangels Voraussehbarkeit) bei der Festsetzung der Höhe gar nicht erfassen kann, meist auch überhaupt nicht erst – etwa durch einen gewissen Risikozuschlag – zu berücksichtigen sucht.
108 BGH LM ZPO § 719 Nr. 14; KG OLGZ 70, 54; *Stein/Jonas/Münzberg*, Vor § 704 ZPO, Rdn. 95.

42   Für die Einstellung in der Revisionsinstanz (§ 719 Abs. 2 ZPO) ist zu beachten[109], daß sie zwar ohne Prüfung der Erfolgsaussicht der Revision (BGH LM aaO.), aber grundsätzlich nur dann zulässig ist, wenn schon in der Berufungsinstanz ein Abwendungsantrag nach § 712 ZPO gestellt u. spezifiziert begründet worden war, es sei denn, neue Umstände, die in der Berufungsinstanz noch nicht berücksichtigungsfähig waren, rechtfertigen eine Durchbrechung dieses Grundsatzes[110].

43   Neuerdings hat das OLG Frankfurt (GRUR 1989, 373) diese Einschränkung der Einstellungsmöglichkeit auch im Berufungsverfahren angewendet. Nach BGH MDR 1992, 710 gilt sie auch für das Verfahren der sofortigen weiteren Beschwerde gemäß § 568 a ZPO.

44   c) Besonders problematisch ist die Einstellung der Vollstreckung aus einstweiligen Unterlassungsverfügungen[111], für die als Rechtsgrundlage, außer dem für Urteilsverfügungen einschlägigen § 719 ZPO, auch § 924 Abs. 3 ZPO i. V. mit § 936 ZPO in Betracht kommt.

Die herrschende Meinung hält eine solche Einstellung mit Recht für regelmäßig ausgeschlossen, da sie mit dem Sinn und Zweck einer auf rasche vorläufige Verletzungsunterbindung gerichteten Unterlassungsverfügung unvereinbar ist; nur ganz ausnahmsweise – nämlich dort, wo bereits feststeht (oder sehr wahrscheinlich ist[112]), daß der Titel keinen Bestand haben wird – kann (bzw. muß) eine Einstellung bewilligt werden-[113]. Im einzelnen kann hierzu auf die überzeugenden Ausführungen *Klettes* (GRUR 1982, 471 ff.) verwiesen werden.

45   Unberührt von dieser Problematik bleibt die Einstellung der Vollstreckung aus Entscheidungen, in denen eine Unterlassungsverfügung aufgehoben wird; hier ist die Einstellung unter normalen Voraussetzungen zulässig, da es lediglich um die Kostenvollstreckung geht[114].

---

109 Seltsamerweise – und ungeachtet akuter und großer Regreßgefahren – wird dies, wie die Reihe nachfolgend zitierter Entscheidungen der Revisionsinstanz zeigt, bis in die jüngste Zeit vernachlässigt, obwohl auch in der Literatur wiederholt auf das Problem hingewiesen worden ist (vgl. *v. Stackelberg jun.*, MDR 1986, 109 f.; *Teplitzky* in Voraufl., Kap. 57, Rdn. 41 u. in GRUR 1989, 461, 469 unter 7).
110 BGH (X. Zivilsenat) GRUR 1978, 726 – Unterlassungsvollstreckung und NJW 1983, 456 – Reibebrett; BGH (Kartellsenat) GRUR 1980, 329 – Rote Liste und BGH (I. ZS) GRUR 1980, 755 = WRP 1980, 551 – Acrylstern mit – wegen angeblich erkennbarer Aufweichungstendenzen – kritischer Anmerkung von *Kicker* in GRUR aaO.; BGH GRUR 1979, 807 = WRP 1979, 715 – Schlumpfserie; BGH GRUR 1991, 159 – Zwangsvollstreckungseinstellung; WRP 1991, 721 – Einstellungsbegründung; BGH GRUR 1992, 65 f. = WRP 1992, 32 – Fehlender Vollstreckungsschutzantrag.
111 Von dieser zu unterscheiden ist die – im Wettbewerbsrecht praktisch nicht vorkommende – Aufhebung der einstweiligen Verfügung gegen Sicherheitsleistung gemäß § 939 ZPO.
112 Vgl. dazu den Sonderfall OLG Koblenz WRP 1990, 366.
113 OLG Köln WRP 1973, 665; OLG Koblenz WRP 1981, 545 und WRP 1985, 657 jeweils m. w. N.; OLG Nürnberg WRP 1983, 177; OLG Frankfurt WRP 1983, 585; GRUR 1989, 456 f. u. GRUR 1989, 932 (Ls.); OLG Stuttgart WRP 1983, 242 (Ls.); Großkomm/*Jestaedt*, Vor § 13 UWG, E, Rdn. 85; *Melullis*, Hdb., Rdn. 495; *Pastor*, S. 375; *Stein/Jonas/Grunsky*, § 938 ZPO, Rdn. 34; *Zöller/Schneider*, § 719 ZPO, Rdn. 1; *Baumbach/Lauterbach/Hartmann*, § 719 ZPO, Anm. 1; *Klette*, GRUR 1982, 471 ff.
114 *Baumbach/Lauterbach/Hartmann*, § 719 ZPO, Anm. 1.

6. Die Kosten der Vollstreckung

a) Die Regelung des § 788 ZPO erfaßt (ihrem Wortlaut nach eindeutig) auch die Unterlassungsvollstreckung[115], mit der Folge, daß die Kosten des Verfahrens – jedenfalls die der ersten Instanz – den Schuldner treffen, soweit sie notwendig sind, was nach herrschender Meinung aus der Sicht des Gläubigers im Zeitpunkt der Verfahrenseinleitung zu beurteilen ist[116]. Einer Kostenentscheidung bedarf es danach insoweit nicht[117]; der Gläubiger kann die Vollstreckungskosten auf Grund des Unterlassungstitels festsetzen lassen[118]. Jedoch ist eine Kostenentscheidung nicht unzulässig; sie kann zur Klarstellung ratsam sein[119] und ist sogar unerläßlich, wenn – i. S. des § 788 ZPO – unnötige Zwangsvollstreckungsmaßnahmen Kosten des Schuldners verursacht haben, die dieser seinerseits beitreiben will. Für diese Beitreibung bietet § 788 ZPO keine (Titel-)Grundlage; sie bedarf eines eigenen Titels in Form einer gerichtlichen Kostenentscheidung[120], die insoweit – in Ermangelung einer vollstreckungsrechtlichen Regelung – nach den allgemeinen Kostenvorschriften der §§ 91 ff. ZPO zu ergehen hat[121].

b) Von einer starken Meinung wird bestritten, daß § 788 ZPO überhaupt auf das Unterlassungsvollstreckungsverfahren anzuwenden sei. Sie ist in jüngerer Zeit vom OLG Koblenz wieder eingehend (und zusammenfassend) begründet und belegt worden[122]. Danach soll nur die entsprechende Anwendung der §§ 91 ff. zu sachgerechten Ergebnissen führen können[123]. Damit werden jedoch nicht nur der eindeutige Wortlaut des § 788 ZPO, sondern, wie das OLG Hamm (WRP 1978, 386, 387 f.) überzeugend nachgewiesen hat, auch Sinn und Zweck dieser Vorschrift vernachlässigt: Wer einen Titel erstritten hat, darf die Zwangsvollstreckung, soweit sie aus seiner Sicht bei Einleitung objektiv erforderlich ist, ohne Kostenrisiko betreiben; auf den letztlichen Erfolg

---

115 H. M.; vgl. OLG Hamm, WRP 1978, 386 ff. mit umfangreichen Nachweisen; OLG Köln WRP 1987, 569, 570; Großkomm/*Jestaedt*, Vor § 13 UWG, E, Rdn. 90; *Baumbach/Lauterbach/Hartmann*, § 891 ZPO, Anm. 2 B; *Zöller/Stöber*, § 788 ZPO, Rdn. 2; *Thomas/Putzo*, § 890 ZPO, Anm. 3 b, dd.
116 OLG München Jur.Büro 1974, 882, 884; OLG Hamm WRP 1978, 386, 387 f.; *Zöller/Stöber*, § 788 ZPO, Rdn. 9 m. w. N.
117 Großkomm/*Jestaedt*, aaO., Rdn. 90 u. 92; str., vgl. nachf. Rdn. 47.
118 Die Streitfrage, ob dafür der Rechtspfleger des Vollstreckungsgerichts oder der des Prozeßgerichts des ersten Rechtszuges zuständig ist, spielt für die Unterlassungsvollstreckung keine Rolle, weil hier regelmäßig das Prozeßgericht auch Vollstreckungsgericht ist; im übrigen ist sie auch für andere Vollstreckungsfälle höchstrichterlich im ersteren Sinne entschieden; vgl. BGH NJW 1982, 2070 = MDR 1982, 728 sowie BGH NJW 1984, 1968, 1969; BArbG MDR 1983, 611.
119 Vgl. BGH NJW 1984, 1968, 1969; h. M.; Großkomm/*Jestaedt*, aaO.; *Stein/Jonas/Münzberg*, aaO.
120 Vgl. OLG Hamm WRP 1985, 712, 713; OLG München MDR 1991, 357; Großkomm/*Jestaedt*, aaO., Rdn. 91; *Stein/Jonas/Münzberg*, aaO., Rdn. 11.
121 So jetzt auch Großkomm/*Jestaedt*, Vor § 13 UWG, E, Rdn. 91.
122 GRUR 1984, 838 (die dort unter WRP 1978, 883 zitierte frühere Entscheidung des OLG Koblenz ist in WRP 1978, 833 abgedruckt).
123 So außer den vom OLG Koblenz bereits zitierten Vertretern dieser Auffassung – darunter besonders ausführlich *Pastor*, UV, S. 135 ff. – auch OLG München OLGZ 84, 66 ff. u. NJW-RR 1991, 1086 f. m. w. N. und *Stein/Jonas/Münzberg*, § 788 ZPO, Rdn. 11; vgl. auch – modifizierend zu NJW-RR 1991, 1086 f. – OLG Hamm WRP 1985, 712, 713.

kommt es dabei nicht an und soll es nach der ratio legis auch nicht ankommen. Warum dieses vom Gesetzgeber gewollte Prinzip gerade dann nicht gelten soll, wenn das Verfahren wie das nach § 890 ZPO von vornherein »zweiseitig« – das Hauptargument der Gegenmeinung für die Nichtanwendbarkeit des § 788 ZPO ist die Einseitigkeit des Verfahrens nach dieser Vorschrift – angelegt und der Schuldner dadurch ohnehin schon in einer besseren Verteidigungslage ist, ist nicht recht einzusehen[124]. Es erscheint mir auch keineswegs unbillig, wenn die Kosten eines Verfahrens, das im Zeitpunkt der Einleitung objektiv geboten erscheint – z. B. bei eindeutiger Verletzungshandlung, deren Begleitumstände, soweit vom Gläubiger erkennbar, auch für Verschulden sprechen – letztlich den Schuldner auch dann treffen, wenn er den Vollstreckungsantrag infolge eines Umstandes (etwa überraschende Entlastung von einem Organisationsverschulden) abwehren kann[125]; denn immerhin kommt die Verfahrensursache auch dann aus seinem Risikobereich.

48 »Unerträgliche« Konsequenzen, die die Gegenmeinung bei Anwendung des § 788 ZPO zu sehen meint, lassen sich in krassen Fällen durch analoge Heranziehung der Rechtsgedanken aus den Vorschriften der §§ 91 ff. ZPO, insbesondere des § 91 a ZPO, sowie desjenigen aus § 269 Abs. 3 ZPO bei grundsätzlicher Anwendung des § 788 ZPO und insbesondere durch strenge Maßstäbe bei der Notwendigkeitsprüfung unschwer vermeiden. Mit Recht weist das OLG Hamm (aaO.) darauf hin, daß dem Unterliegen mit einem Zwangsvollstreckungsantrag regelmäßig eine gewisse, wenngleich nicht zwingende Indizwirkung in Richtung auf mangelnde Notwendigkeit zukommen wird, und selbstverständlich wird man an die Pflicht des Gläubigers zur sorgfältigen Prüfung der Notwendigkeit von Vollstreckungsmaßnahmen gerade bei einem so einschneidenden Vorgehen, wie es ein Antrag auf Verhängung von Sanktionsmitteln darstellt, strenge Anforderungen stellen müssen.

49 c) Umstritten ist auch die Kostentragungsgrundlage für Rechtsmittelentscheidungen. Hier geht die überwiegende Meinung dahin, daß (u. a. im Hinblick auf die hier grundsätzlich schon – oft wegen der Spezialvorschrift des § 97 Abs. 1 ZPO – erforderliche eigene Kostenentscheidung) § 788 ZPO nicht anwendbar sei, es vielmehr bei der Anwendung der allgemeinen Kostenvorschriften verbleibe[126]. Auch die Gegenmeinung hält hier § 788 ZPO – soweit erkennbar – nur insoweit für anwendbar, als der Gläubiger mit seiner Beschwerde obsiegt[127]. Konsequent ist dies zwar nicht; denn nach dem dargelegten Rechtsgedanken des § 788 ZPO (vgl. OLG Hamm aaO.) müßte diese Vor-

---

124 So mit Recht OLG Hamm WRP 1978, 386, 388; vgl. OLG München Jur. Büro 1974, 882, 884.
125 Das Argument *Münzbergs* (*Stein/Jonas*, § 788 ZPO, Rdn. 11), dies werde durch die »erheblichen Aufklärungsinteressen« gerechtfertigt, um die es in solchen Verfahren wie im Erkenntnisverfahren gehe, vermag deshalb nicht zu überzeugen, weil hier der Gläubiger ja bereits einen Titel erstritten hat und vom Gesetzgeber wohl deswegen absichtlich bessergestellt sein soll als im Erkenntnisverfahren, wo es erst um die Titelerlangung geht. Dies vernachlässigt auch *Ahrens* in seiner Besprechung des Großkommentars (mit Kritik an der hier infragestehenden Meinung *Jestaedts;* vgl. JZ 1992, 242, 243).
126 BGH NJW-RR 1989, 125 = BB 1989, 314 = WM 1989, 119; OLG München Jur. Büro 1974, 882, 885; *Stein/Jonas/Münzberg*, § 788 ZPO, Rdn. 11 und 16; *Baumbach/Lauterbach/Hartmann*, § 788 ZPO, Anm. 5 unter Stichwort »Rechtsbehelfe« m. w. N.; *Zöller/Stöber*, § 766 ZPO, Rdn. 34.
127 Vgl. etwa *Zöller/Stöber*, § 788 ZPO, Rdn. 27.

57. Kapitel Der Unterlassungstitel und seine Vollstreckung

schrift auch und gerade dann gelten, wenn der Schuldner eine Vollstreckungsmaßnahme erst in der Rechtsmittelinstanz – nachdem die Vorinstanz sie sogar für gerechtfertigt gehalten hatte – abwehren konnte; denn der vorangegangene Instanzerfolg dürfte wohl in der Regel indizieren, daß der Gläubiger zumindest von seinem Standpunkt aus die Einleitung der Zwangsvollstreckung für notwendig halten durfte. So weit scheint jedoch – soweit ersichtlich – niemand gehen zu wollen.

IV. Die Änderung oder Beseitigung von Vollstreckungstiteln

1. Allgemeines

Unterlassungstitel haben eine extrem lange Wirkungsdauer, da nach herrschender Meinung die Vollstreckungsverjährung erst 30 Jahre nach der ersten Zuwiderhandlung eintritt. In so langen Zeitspannen können sich die dem Titel zugrunde liegenden Verhältnisse wesentlich verändern. Der Titel selbst wird davon in seiner Wirksamkeit nicht unmittelbar berührt; er kann jedoch wegen bestimmter Veränderungen seiner Rechtsgrundlage angegriffen und beseitigt oder auch geändert werden.

2. Die Vollstreckungsabwehrklage

Entstehen nachträglich rechtsvernichtende oder (endgültig) rechtshemmende Einwendungen gegen den titulierten Anspruch – z. B. durch Ablauf einer Schutzfrist[128], Wegfall der Wiederholungsgefahr o. a.[129] –, so kann der Schuldner im Wege der Vollstreckungsabwehrklage (oft auch Vollstreckungsgegenklage genannt) nach § 767 ZPO den Ausspruch[130] der Unzulässigkeit der Zwangsvollstreckung aus dem Titel erreichen.

Ob dies auch gilt, wenn es sich um die im Wettbewerbsrecht häufigste Form des Unterlassungstitels, eine einstweilige Verfügung, handelt, oder ob gegen diese der Schuldner nur nach § 927 ZPO vorgehen kann, ist nicht ganz zweifelsfrei, da weithin Einigkeit darüber besteht, daß bei normalen einstweiligen Verfügungen die Anwendung des § 767 ZPO ausgeschlossen und nur § 927 ZPO gegeben ist, und da die Durchbrechung dieses Grundsatzes für die Leistungsverfügung in der Literatur ausdrücklich immer nur für die Geldleistungsverfügung ausgesprochen und mit gewissen Besonderheiten bei dieser begründet wird[131].

---

128 Vgl. dazu – sowie auch zu anderen Gründen für den nachträglichen Fortfall titulierter Unterlassungsansprüche – *Völp*, GRUR 1984, 486 ff.
129 Im einzelnen dazu *Völp*, aaO., S. 487; vgl. auch die (vom BGH angedeuteten) Beispielsmöglichkeiten in den Urteilen GRUR 1973, 429, 430 (mit Anm. *Fritze*, S. 431) = WRP 1973, 803 – Idee-Kaffee I und GRUR 1983, 179, 181 a. E. = WRP 1983, 209 – Stapelautomat sowie OLG Köln GRUR 1987, 652 – Geänderte Werbung.
130 Er wirkt rechtsgestaltend (*Stein/Jonas/Münzberg*, § 767 ZPO, Rdn. 3 und 6), so daß es irreführend ist, von der »Feststellung« der Unzulässigkeit zu sprechen (*Stein/Jonas/Münzberg*, aaO., Rdn. 2).
131 Vgl. *Stein/Jonas/Grunsky*, § 936 ZPO, Rdn. 41; *Zöller/Schneider/Herget*, § 767 ZPO, Rdn. 7 und *Zöller/Vollkommer*, § 927 ZPO, Rdn. 15; anders – für Leistungsverfügungen generell – dagegen *Baumbach/Lauterbach/Hartmann*, § 936 ZPO, Anm. 4.

53 Allerdings trifft einer der Gründe, aus dem die Anwendbarkeit des § 767 ZPO auf die normale einstweilige Verfügung verneint wird – Fehlen eines vollstreckungsfähigen Leistungsanspruchs – bei der Unterlassungsverfügung ebensowenig zu wie bei der Geldleistungsverfügung, so daß hier die Anwendbarkeit nur aus dem zweiten Grunde, dem – wegen § 927 ZPO – fehlenden Bedürfnis dafür[132], scheitern kann und regelmäßig auch sollte, da das Aufhebungsverfahren das im Verhältnis zu § 767 ZPO speziellere und regelmäßig einfachere Verfahren[133] darstellt. Ausnahmsweise wird man ein Rechtsschutzbedürfnis jedoch für die Fälle bejahen müssen, in denen der Schuldner im Rahmen einer sog. Abschlußerklärung (vgl. Kap. 43, Rdn. 2 ff.) auf seine Rechte gem. § 927 ZPO verzichtet hat und somit für ein Vorgehen aus dieser Vorschrift auch die Wirkungen der Verzichtserklärung ausräumen – d. h. die engeren Voraussetzungen eines Wegfalls der Geschäftsgrundlage[134] darlegen und beweisen – müßte.

54 Kraft ausdrücklicher gesetzlicher Regelung kann die Vollstreckungsabwehrklage auch dann erhoben werden, wenn der Unterlassungstitel seine ursprüngliche Rechtsgrundlage durch Nichtigerklärung der Verbotsnorm durch das Bundesverfassungsgericht im Wege des Normenkontrollverfahrens (§ 79 Abs. 2 Satz 3 BVerfGG) oder auf Verfassungsbeschwerde hin (§ 95 Abs. 3 Satz 3 BVerfGG) verloren hat[135]; die Anwendung des § 767 Abs. 2 ZPO ist dabei naturgemäß ausgeschlossen (*Stein/Jonas/Münzberg*, aaO.).

55 Ob auch andere nachträgliche Gesetzesänderungen die Zwangsvollstreckungsabwehrklage rechtfertigen oder ob hier nur der Weg der Abänderungsklage nach § 323 ZPO gegeben ist, ist streitig und hängt davon ab, in welcher Weise grundsätzlich § 767 ZPO von § 323 ZPO – dessen entsprechende Anwendung auf Unterlassungsurteile außer Streit steht – abgegrenzt wird[136]. Nach wohl herrschender Meinung ist jedoch – entsprechend der vom Gesetzgeber für die Fälle der Nichtigerklärung eines Gesetzes ohnehin ausdrücklich getroffenen Entscheidung – auch hier die Vollstreckungsabwehrklage der gegebene Weg[137].

3. Die Abänderungsklage

56 Die Abänderungsklage nach § 323 ZPO ist – folgt man der Abgrenzung von *Stein/Jonas/Leipold* aaO. (vgl. Fn. 136) – bei Unterlassungstiteln ebenso wie bei Zahlungstiteln auf Fälle solcher wesentlicher Veränderungen der anspruchsbegründenden Umstände beschränkt, die bei längerem Zeitablauf typischerweise eintreten können und eine An-

---

132 Vgl. *Stein/Jonas/Grunsky*, § 938 ZPO, Rdn. 34 i. V. mit Rdn. 41.
133 Vgl. zur Bedeutung dieses Umstands für das Rechtsschutzbedürfnis BGH GRUR 1985, 471, 472 = WRP 1985, 212 – Feststellungsinteresse.
134 Vgl. dazu *Völp*, aaO., S. 493.
135 *Stein/Jonas/Münzberg*, § 767 ZPO, Rdn. 15. Ob diese Regelung auch auf Verfügungstitel anwendbar ist oder ob bei diesen auch hier der Weg über § 927 ZPO zu beschreiten ist, wird unterschiedlich beurteilt; für ersteres OLG Nürnberg GRUR 1985, 237, 238; für letzteres KG GRUR 1985, 236, 237; OLG Köln WRP 1985, 362, 363 mit eingehender Begründung.
136 Vgl. dazu näher – eingehend und überzeugend – *Stein/Jonas/Leipold*, § 323 ZPO, Rdn. 41–46.
137 *Stein/Jonas/Leipold*, aaO., Rdn. 45; *Stein/Jonas/Münzberg*, § 767 ZPO, Rdn. 18; wohl auch BGHZ 70, 151, 156; a. A. *Baumbach/Lauterbach/Hartmann*, § 323 ZPO, Anm. 2 C; *Thomas/Putzo*, § 323 ZPO, Anm. 2 f; *Völp*, aaO., S. 489.

passung erfordern. Daß solche Fälle im Wettbewerbsrecht – anders als im Unterhaltsrecht, dem klassischen Anwendungsbereich des § 323 ZPO – eher selten sein werden[138], liegt auf der Hand.

Nach der in der Literatur vorherrschenden Meinung und einem Teil der Rechtsprechung[139] schließen sich die beiden Klagearten aus; ein Wahlrecht besteht danach nicht. Eine Mindermeinung gewährt von vornherein ein Wahlrecht[140], während die Praxis die Abgrenzung eher flexibel und pragmatisch vornimmt, was den Abgrenzungsschwierigkeiten und der dogmatischen Problematik am ehesten gerecht wird[141]. Trotzdem kann es ratsam sein, in Zweifelsfällen Klagen aus § 323 ZPO und § 767 ZPO im Eventualverhältnis zu kumulieren[142], wobei sowohl die Abänderung als auch die Vollstreckungsabwehr Gegenstand des Hauptantrags oder des Hilfsantrags sein können.

4. Unabhängig von der Möglichkeit, unmittelbar gegen den Titel vorzugehen, kann der Schuldner Klage auf Feststellung des nachträglichen Fortfalls des titulierten Anspruchs erheben. Ein so erstrittenes Feststellungsurteil berührt zwar den Titel selbst nicht unmittelbar, schließt weitere Vollstreckungsmaßnahmen aber de facto ebenfalls ziemlich sicher aus, da der Titelgläubiger bei weiteren Vollstreckungsmaßnahmen mit der Vollstreckungsabwehrklage und (wegen der Rechtskraftwirkung der Feststellung) deren sicherem Erfolg sowie sofortigen Maßnahmen des Gerichts gem. § 769 ZPO rechnen muß.

V. Die Verjährung der Ordnungsmittelvollstreckung

Die Festsetzung von Ordnungsmitteln ist ausgeschlossen, wenn seit Beendigung der Handlung zwei Jahre verstrichen sind (Art. 9 Abs. 1 EGStGB). Die Vollstreckung eines festgesetzten Ordnungsmittels ist ausgeschlossen, wenn seit der Vollstreckbarkeit zwei Jahre verstrichen sind (Art. 9 Abs. 2 EGStGB). Die Vollstreckbarkeit tritt mit Zustellung oder Verkündung des Festsetzungsbeschlusses ein (§ 794 Abs. 1 Nr. 3 ZPO). Die Fristen ruhen, wenn nach dem Gesetz das Festsetzungs- oder Vollstreckungsverfahren nicht begonnen oder fortgesetzt werden kann oder wenn die Vollstreckung ausgesetzt oder Zahlungserleichterung bewilligt ist[143]. Eine Unterbrechung der Verjährung ist ausgeschlossen[143].

---

138 Beispiele, in denen eine Anwendung des § 323 ZPO in Betracht kommen könnte – zweifelsfrei ist auch dies nicht –, finden sich bei *Völp*, aaO., S. 487 in der von ihm (li. Sp. unten) sog. »Dritten Fallgruppe«.
139 *Zöller/Vollkommer*, § 323 ZPO, Rdn. 15; vgl. ferner die Nachweise bei *Stein/Jonas/Leipold*, § 323 ZPO, Rdn. 41 in Fn. 119, und bei *Baumbach/Lauterbach/Hartmann*, § 323 ZPO, Anm. 1 A.
140 *Baumbach/Lauterbach/Hartmann*, § 323 ZPO aaO.; weitere Nachweise bei *Stein/Jonas/Leipold*, aaO., in Fn. 118.
141 Vgl. *Baumbach/Lauterbach/Hartmann*, § 323 ZPO, Anm. 1 B m. w. N.
142 BGH FamRZ 1979, 573; *Stein/Jonas/Leipold*, § 323 ZPO, Rdn. 46; *Zöller/Vollkommer*, § 323 ZPO, Rdn. 16; *Baumbach/Lauterbach/Hartmann*, aaO., Anm. 1 A; *Völp*, aaO., S. 489 f.
143 Vgl. Großkomm/*Jestaedt*, Vor § 13 UWG, E, Rdn. 76; *Baumbach/Hefermehl*, Einl. UWG, Rdn. 595; *Stein/Jonas/Münzberg*, § 890 ZPO, Rdn. 50.

58. Kapitel   Der Beseitigungstitel und seine Vollstreckung

Literatur: *Baur/Stürner,* Zwangsvollstreckungs-, Konkurs- und Vergleichsrecht, 12. Aufl., 1990; *A. Blomeyer,* Zivilprozeßrecht, Vollstreckungsverfahren, 1975; *Böhm,* Pflichtwidriges Unterlassen als Zuwiderhandlung gegen ein gerichtliches Verbot, WRP 1973, 72; *Brehm,* Die Vollstreckung der Beseitigungspflicht nach § 890 ZPO, ZZP 89 (1976), 178; *Henckel,* Vorbeugender Rechtsschutz im Zivilrecht, AcP 74 (1974), 97; *Lindacher,* Unterlassungs- und Beseitigungsanspruch. Das Verhältnis der wettbewerblichen Abwehransprüche im Spiegel des Erkenntnisverfahrens, Vollstreckungs- und Verjährungsrechts, GRUR 1985, 423; *Teplitzky,* Das Verhältnis des objektiven Beseitigungsanspruchs zum Unterlassungsanspruch im Wettbewerbsrecht, WRP 1984, 365; vgl. auch die Nachweise in Kap. 57.

Inhaltsübersicht	Rdn.		Rdn.
I. Allgemeines	1, 2	dung und rechtliches Gehör	10
II. Der Beseitigungstitel	3–5	4. Der Inhalt des Beschlusses	11, 12
1. Arten und Formen des Titels	3	5. Der Einwand der Erfüllung	13
2. Der Inhalt des Titels	4, 5	6. Die Frage des Verschuldens	14
III. Die Vollstreckung des Beseitigungstitels	6–16	7. Die Vollstreckung bei Mitwirkung eines Dritten	15, 16
1. Die Grundlage der Vollstreckung	6–8	8. Die Kostentragungspflicht	17
2. Die Zuständigkeit	9	IV. Der Angriff gegen einen rechtskräftigen Beseitigungstitel	18
3. Die Form der Entschei-			

I. Allgemeines

1   Der Beseitigungstitel steht im Wettbewerbsrecht trotz der Vielfalt der an anderer Stelle (Kap. 25–27) näher behandelten Arten von Beseitigungsansprüchen dem Unterlassungstitel an Bedeutung weit nach. Vollstreckungsfälle aus solchen Titeln sind wesentlich seltener, problematische Einzelfragen demgemäß auch mit weit weniger Einsatz und Häufigkeit umstritten.

2   Die Behandlung kann daher hier kursorischer als beim Unterlassungstitel erfolgen, zumal wettbewerbsrechtliche Besonderheiten eine weitaus geringere Rolle als bei letzterem spielen und daher die Kommentierungen der ZPO die interessierenden Fragen in der Regel hinreichend beantworten.

II. Der Beseitigungstitel

1. Für Arten und Formen der Beseitigungstitel gilt das beim Unterlassungstitel (Kap. 57, Rdn. 3, 4) Ausgeführte entsprechend.

2. Inhaltlich muß der Titel die Pflicht zur Vornahme einer (Beseitigungs-) Handlung enthalten[1]. Die – neuerdings wieder von *Lindacher*[2] dezidiert verfochtene – Meinung, auch auf Grund eines Unterlassungstitels müsse die Durchsetzung bestimmter Beseitigungshandlungen – nämlich solcher, deren Nichtvornahme die Unterlassungspflicht verletze – nicht nur über § 890 ZPO[3], sondern auch über §§ 887, 888 ZPO zulässig sein, ist, wie an anderer Stelle näher begründet[4], mit der bestehenden gesetzlichen Vollstreckungsregelung unvereinbar und de lege ferenda auch wegen der damit verbundenen Verwischung vollstreckungsrechtlich essentieller Bestimmtheitserfordernisse und in Ermangelung eines wirklichen Bedürfnisses nicht wünschenswert (vgl. dazu *Teplitzky*, WRP 1984, 365, 366 in Fn. 13, u. neuerdings auch Großkomm/*Jestaedt*, Vor § 13 UWG, E, Rdn. 3).

Wie bestimmt die Handlung als solche bezeichnet sein muß, ist gleichfalls umstritten. Während teilweise vertreten wird, daß die Angabe des allgemeinen Rechtsschutzziels der Beseitigung genüge[5], ist nach meiner an anderer Stelle (Kap. 24, Rdn. 8) bereits dargelegten Auffassung auch hier eine möglichst konkrete Bezeichnung der jeweils vorzunehmenden Handlung erforderlich, weil nur dies den vollstreckungsrechtlichen Bestimmtheitsanforderungen, denen der Gesetzgeber schon bei den Vorschriften über die Antragsgestaltung (§ 253 Abs. 2 Satz 2 ZPO) Rechnung getragen hat, genügen kann[6]. Für den jeweils notwendigen Konkretisierungsgrad kann auf die Ausführungen zum Anspruchsinhalt (Kap. 24, Rdn. 5–7) verwiesen werden.

III. Die Vollstreckung

1. Die Vollstreckung erfolgt nach den Bestimmungen der §§ 887 und 888 ZPO; in den im Wettbewerbsrecht nicht unwichtigen Fällen der zur Störungsbeseitigung erforderlichen Verurteilung zur Einwilligung in die Löschung einer Registereintragung (Firma,

---

1 H. M.; Großkomm/*Jestaedt*, Vor § 16 UWG, E, Rdn. 2; *Jauernig*, ZwR, § 27, IV; *A. Blomeyer*, § 94, IV, 2; *Baumbach/Hefermehl*, Einl. UWG, Rdn. 596; *Pastor*, UV, S. 32 f. und 183; *Böhm*, WRP 1973, 72; *Teplitzky*, WRP 1984, 365, 366.

2 GRUR 1985, 423, 425 f.; wie er bereits *Henckel*, AcP 1974, 97, 102 in Fn. 7, und *Brehm*, ZZP 89 (1976), 178, 189 ff.; ähnlich, wenngleich nicht ganz klar, *Thomas/Putzo*, § 890 ZPO, Anm. 1 b.

3 Daß dies zulässig ist, entspricht der ganz herrschenden Meinung; vgl. OLG Düsseldorf GRUR 1970, 376, 377 = WRP 1969, 383 und WRP 1973, 526; OLG Hamburg WRP 1973, 276; OLG Stuttgart WRP 1980, 104; *Baumbach/Hefermehl*, Einl. UWG, Rdn. 596; *Pastor*, UV, S. 180 ff.; *Teplitzky*, WRP 1984, 365, 367 mit Fn. 31 (worin es allerdings zweimal anstelle Fn. 12 richtig Fn. 13 heißen muß).

4 Vgl. *Jauernig*, ZwVR, § 27, IV, und *Teplitzky*, aaO.

5 So z. B. *v. Gamm*, UWG, § 1, Rdn. 302; außerhalb des Wettbewerbsrechts BGHZ 67, 252, 253 m. w. N.; ferner Nachweise bei *Baumbach/Hefermehl*, Einl. UWG, Rdn. 313.

6 So auch *Baumbach/Hefermehl*, aaO.; *Pastor*, in *Reimer*, S. 350; *Nordemann*, Rdn. 567; weitere Nachweise bei *Ahrens*, S. 65 in Fn. 43.

Warenzeichen) gilt dagegen § 894 ZPO[7]. Bei Titeln in Vergleichsform, die eine Verpflichtung zur Abgabe solcher Erklärungen oder Willenserklärungen enthalten, kann der Weg zur Vollstreckung nach § 894 ZPO auch durch eine – auf den Vergleich gestützte – Leistungsklage eröffnet werden (BGHZ 98, 127, 128 ff. = NJW 1986, 2704).

7   § 887 ZPO ermöglicht zur Durchsetzung vertretbarer Handlungen (z. B. die Entfernung eines anstößigen Reklameschilds, die zur Abwendung künftiger Schäden erforderliche Veröffentlichung eines Urteils oder richtigstellender Anzeigen) die Ersatzvornahme durch den Gläubiger auf Kosten (§ 788, 887 Abs. 2 ZPO) des Schuldners, § 888 ZPO dagegen die Durchsetzung unvertretbarer Handlungen des Schuldners (also z. B. einen Widerruf u. ä.) durch Festsetzung von Ordnungsgeld oder Zwangshaft. Dagegen fingiert § 894 ZPO eine vom Schuldner abzugebende Willenserklärung als mit Rechtskraft der Verurteilung zur Abgabe bewirkt.

8   Die Abgrenzung zwischen vertretbaren und unvertretbaren Handlungen bereitet bei wettbewerbsrechtlichen Beseitigungstiteln relativ selten Schwierigkeiten. Sie ist in Zweifelsfällen unter Berücksichtigung der Interessen des Gläubigers vorzunehmen[8].

9   2. Zuständig für die Vollstreckung nach § 887 f. ZPO ist auch hier ausschließlich (§ 802 ZPO) jeweils das Prozeßgericht des ersten Rechtszuges; es wird nur auf Antrag des Gläubigers tätig, der – ebenso wie Vortrag des Schuldners im Vollstreckungsverfahren – hier unter den gleichen Voraussetzungen wie bei § 890 ZPO (Kap. 57, Rdn. 30) dem Anwaltszwang unterliegt.

10   3. Die Entscheidungen des Gerichts ergehen in Beschlußform; vor Erlaß ist der Schuldner auch hier zu hören (§ 891 ZPO).

11   4. Inhalt des Beschlusses ist bei § 887 ZPO die Ermächtigung des Gläubigers zur Vornahme der Handlung, evtl. auch die Verurteilung zur Leistung eines Kostenvorschusses. Eine vorläufige Androhung (oder Aufforderung des Schuldners zur Vornahme der Handlung unter Fristsetzung) ist hier ausgeschlossen.

12   Bei § 888 ZPO ist der Schuldner zur Erfüllung »anzuhalten«, was zweckmäßigerweise durch sofortige Festsetzung von Zwangsmitteln in bestimmter, angemessener Höhe für den Fall der Nichtvornahme innerhalb einer zugleich zu bestimmenden Frist geschieht[9]. Setzt das Gericht keine Frist, so muß der Schuldner, wenn er die Verhängung des Zwangsgeldes oder der Zwangshaft vermeiden will, in angemessener Frist erfüllen.

13   5. Umstritten sind Zulässigkeit und Wirkungen des Erfüllungseinwands des Schuldners. Hierbei ist nach der m. E. zutreffenden Auffassung *Münzbergs*[10] zu unterscheiden, ob der Einwand vor oder nach Rechtskraft des Beschlusses gemäß § 887 oder § 888 ZPO erhoben wird. Im ersteren Falle ist er zu prüfen, und zwar gleichgültig, ob er un-

---

7 Vgl. *Baumbach/Hefermehl*, Einl. UWG, Rdn. 599; Großkomm/*Jestaedt*, Vor § 13 UWG, E, Rdn. 94.
8 *Baumbach/Hefermehl*, Einl. UWG, Rdn. 597; Großkomm/*Jestaedt*, Vor § 13 UWG, E, Rdn. 94; zu Einzelheiten vgl. die insoweit eingehende Prozeß-Kommentarliteratur.
9 *Stein/Jonas/Münzberg*, § 888 ZPO, Rdn. 24; *Baumbach/Lauterbach/Hartmann*, das OLG Hamm (MDR 1988, 505) hält die – in jedem Fall unzweckmäßige, weil verzögernde – Androhung für mangels Rechtsschutzinteresses unzulässig.
10 *Stein/Jonas/Münzberg*, § 887 ZPO, Rdn. 25 und 27, sowie § 888 ZPO, Rdn. 30–32.

bestritten ist oder dem – nach h. M.[11] beweisbelasteten – Schuldner präsente Beweismittel wie Urkunden verfügbar sind[12] oder ob der Schuldner ihn nur mit allgemeinen, im Verfahren nach § 891 ZPO anbietbaren Beweismitteln erfüllen kann[13]. Dies erklärt sich – ungeachtet des materiell-rechtlichen Charakters des Einwands, der von der Gegenmeinung für die Unbeachtlichkeit im Vollstreckungsverfahren außerhalb des Verfahrens gemäß § 767 ZPO angeführt wird – daraus, daß die Nichterfüllung der Verpflichtung durch den Schuldner in § 887 ZPO – mit Wirkung auch für § 888 ZPO – als eigene Vollstreckungsvoraussetzung benannt ist.

Dagegen kann ab Rechtskraft des Beschlusses eine Berufung auf Erfüllung nur noch im Wege der Vollstreckungsabwehrklage nach § 767 ZPO geltend gemacht werden[14].

6. Verschulden des Schuldners ist weder für die Ermächtigung nach § 887 ZPO noch für die Androhung und Verhängung von Zwangsmitteln Voraussetzung[15]; letztere sind nach ebenfalls einhelliger Meinung in Rechtsprechung und Literatur reine Beugemittel ohne Sanktionscharakter.

7. Erfordert die vorzunehmende Handlung Mitwirkung eines Dritten, so ist ein Ermächtigungsbeschluß zur Ersatzvornahme – etwa zur Beseitigung einer anstößigen Werbung von der Wand eines Hauses, das nicht dem Schuldner, sondern einem Dritten gehört – nur zulässig, wenn die Zustimmung des Dritten vorliegt[16]. Die bloße Verpflichtung des Dritten zur Zustimmung im Verhältnis zum Schuldner kann nicht genügen, da das Vollstreckungsgericht diese Verpflichtung eines Dritten weder sicher beurteilen noch durchsetzen und somit auch nicht zur Grundlage seiner Entscheidung machen kann[17]. Es ist allein Sache des Schuldners, eine solche Verpflichtung des Dritten, sofern dieser ihr nicht freiwillig durch Erteilung der Zustimmung nachkommt, durchzusetzen. Der dafür erforderliche Prozeß ist keine vertretbare Handlung[18] und somit die ganze Beseitigungsmaßnahme, da sie eine unvertretbare Handlung notwendigerweise einschließt, ebenfalls nicht. Die Vollstreckung kann in diesen Fällen nur nach § 888 ZPO erfolgen[19].

11 *Stein/Jonas/Münzberg*, § 887 ZPO, Rdn. 26; *Baumbach/Lauterbach/Hartmann*, § 887 ZPO, Anm. 2 A, jeweils m. w. N., auch zur abweichenden Mindermeinung.
12 Für diese Einschränkung aber z. B. OLG Frankfurt MDR 1973, 323; OLG Köln MDR 1975, 586 und tendenziell (in sich widersprüchlich) OLG Koblenz MDR 1991, 547; weitere Nachweise bei *Stein/Jonas/Münzberg*, § 887 ZPO, Rdn. 25 in Fn. 125.
13 So zutreffend – außer *Stein/Jonas/Münzberg*, aaO. – OLG München MDR 1978, 1029; KG NJW-RR 1987, 840, 841; *Zöller/Stöber*, § 887 ZPO, Rdn. 7 und *Baumbach/Lauterbach/Hartmann*, § 887 ZPO, Anm. 2 A, beide m. w. N.; zusätzliche Nachweise bei *Stein/Jonas/Münzberg*, § 887 ZPO, in Fn. 124.
14 *Stein/Jonas/Münzberg*, § 887 ZPO, Rdn. 27 m. N. in Fn. 138; *Zöller/Stöber*, § 888 ZPO, Rdn. 11.
15 Einhellige Meinung; statt aller *Thomas/Putzo*, § 888 ZPO, Anm. 2; Großkomm/*Jestaedt*, Vor § 13 UWG, E, Rdn. 98 u. 102.
16 OLG Frankfurt OLGZ 83, 97; *Stein/Jonas/Münzberg*, § 887 ZPO, Rdn. 10 und § 888 ZPO, Rdn. 13; *Zöller/Stöber*, § 887 ZPO, Rdn. 7; Großkomm/*Jestaedt*, aaO., Rdn. 96.
17 Dies vernachlässigen OLG Koblenz WRP 1982, 427 und *Baumbach/Hefermehl*, Einl. UWG, Rdn. 597; zutreffend dagegen *Stein/Jonas/Münzberg*, § 888 ZPO, Rdn. 14; Großkomm/*Jestaedt*, aaO.
18 *Baumbach/Lauterbach/Hartmann*, § 887 ZPO, Anm. 6, unter dem Stichwort »Prozeß«.
19 Vgl. *Stein/Jonas/Münzberg*, aaO.

16 In der Praxis werden sich diese Fälle jedoch oft leichter auf dem Wege des unmittelbaren Vorgehens des Gläubigers gegen den Dritten als Mitstörer lösen lassen.
17 7. Hinsichtlich der Grundlage der Kostentragungspflicht (§ 788 ZPO oder §§ 91 ff. ZPO) herrschen die gleichen Meinungsverschiedenheiten wie bei § 890 ZPO; auf die dortigen Ausführungen (Kap. 57, Rdn. 46–49) kann daher verwiesen werden.

IV. Der Angriff gegen einen rechtskräftigen Beseitigungstitel

18 Auch der Angriff gegen einen rechtskräftigen Beseitigungstitel ist im wesentlichen unter den gleichen Voraussetzungen möglich wie bei Unterlassungstiteln, so daß auch insoweit auf das dort (Kap. 57, Rdn. 50 ff.) Gesagte Bezug genommen werden kann. Allerdings scheidet die Möglichkeit einer Abänderung nach § 323 ZPO bei Beseitigungstiteln aus, da diese regelmäßig auf eine einmalige Leistung und nicht, wie der Unterlassungstitel, auf eine die Analogie zu künftig wiederkehrenden Leistungen des § 323 ZPO rechtfertigende Dauerverpflichtung gerichtet sind.

A. Verzeichnis der BGH-Entscheidungen mit Kennwort

Kennwort Datum Aktenzeichen	Fundstellen BGHZ, GRUR, WRP	Sonstige	Zitate im Buch (Kap., Rdn.)
A.			
Abgeordnetenbestechung 3. 5. 1977 – VI ZR 36/74	BGHZ 68, 331 GRUR 1977, 674	NJW 1977, 1288 LM BGB § 823 (Ah) Nr. 58	26, 3; 26, 10; 26, 16
Abgeordnetenprivileg Urt. v. 5. 5. 1981 – VI ZR 184/79	GRUR 1981, 616	NJW 1981, 2117	19, 16
Abitz II 27. 1. 1959 – I ZR 185/55	GRUR 1960, 200	WuW 1960, 127	5, 15; 30, 12; 30, 16
Abmahnkostenverjährung 26. 9. 1991 – I ZR 149/89	BGHZ 115, 210 GRUR 1992, 176 WRP 1992, 93	NJW 1992, 429 WM 1992, 38 ZIP 1992, 56	16, 1; 16, 22; 41, 97
Abruf-Coupon 7. 12. 1989 – I ZR 237/87	GRUR 1990, 534 WRP 1990, 622	NJW-RR 1990, 561 BB 1990, 506 DB 1990, 1326	7, 1; 8, 61; 8, 62; 8, 65; 41, 37
Abschleppunternehmen 4. 4. 1975 – KAR 1/75	BGHZ 64, 342 GRUR 1975, 610 WRP 1975, 664	NJW 1975, 1840 BB 1975, 1126 DB 1975, 1967	48, 25; 48, 29
Abschlußerklärung 5. 7. 1990 – I ZR 148/88	GRUR 1991, 76 WRP 1991, 97	NJW 1991, 1230 NJW-RR 1991, 297	43, 4; 43, 5; 43, 6; 43, 8; 43, 13; 46, 35; 51, 58
Abschlußschreiben 5. 12. 1980 – I ZR 179/78	GRUR 1981, 447 WRP 1981, 319	NJW 1981, 1955 WM 1981, 592	16, 43; 56, 11
Acrylglas 21. 6. 1967 – Ib ZR 159/64	GRUR 1968, 200 WRP 1967, 440	BB 1967, 1141 DB 1967, 1757	1, 9; 8, 16; 14, 7; 51, 21; 51, 24; 51, 28
Acrylstern 26. 3. 1980 – I ZR 1/80	GRUR 1980, 755 WRP 1980, 551	LM ZPO § 719 Nr. 34 WM 1980, 660	57, 42

A. Verzeichnis der BGH-Entscheidungen mit Kennwort in alphabetischer Reihenfolge

Kennwort	Fundstellen		Zitate im Buch
Datum Aktenzeichen	BGHZ, GRUR, WRP	Sonstige	(Kap., Rdn.)
adidas-Sportartikel 15. 3. 1984 – I ZR 74/82	GRUR 1984, 593 WRP 1984, 394	LM UWG § 3 Nr. 218 DB 1984, 1520	5, 3; 5, 7; 8, 49; 8, 50; 41, 65; 51, 4; 51, 6; 51, 8; 51, 11; 51, 15; 51, 16; 51, 18
Ärztlicher Arbeitskreis 9. 6. 1983 – I ZR 73/81	GRUR 1983, 775 WRP 1983, 667	NJW 1984, 668 DB 1983, 2351	13, 31
AGIAV 11. 2. 1988 – I ZR 201/86	GRUR 1988, 483 WRP 1988, 446	NJW 1988, 1466 DB 1988, 1696	45, 18; 45, 22
AjS-Schriftenreihe 30. 11. 1989 – I ZR 191/87	GRUR 1992, 329 WRP 1990, 613	NJW-RR 1990, 538 WM 1990, 898 DB 1990, 623	17, 13
AKI 27. 2. 1962 – I ZR 118/60	BGHZ 37, 1 GRUR 1962, 470	NJW 1962, 1295 MDR 1962, 636	48, 25
Aktionärsversammlung 20. 12. 1983 – VI ZR 94/82	BGHZ 89, 198 GRUR 1984, 301 WRP 1984, 377	NJW 1984, 1104 DB 1984, 606	19, 16; 26, 4; 26, 5
Alkoholtest 15. 11. 1977 – VI ZR 101/76	BGHZ 70, 39 GRUR 1978, 187 WRP 1978, 129	NJW 1978, 210 BB 1978, 59 DB 1978, 391	26, 20; 26, 39; 34, 9; 52, 18
Allgemeine Deutsche Steuerberatungsgesellschaft 13. 11. 1981 – I ZR 2/80	GRUR 1982, 239 WRP 1982, 319	WM 1982, 559 LM UWG § 1 Nr. 364 DB 1982, 691	45, 1
Allstar 14. 1. 1977 – I ZR 170/75	GRUR 1977, 491 WRP 1977, 264	LM WZG § 31 Nr. 84 BB 1977, 1257	34, 33; 38, 9; 38, 15; 39, 4
Alpha-Sterilisator 10. 5. 1955 – I ZR 177/53	GRUR 1955, 487 WRP 1955, 162	LM UWG § 16 Nr. 15 DB 1955, 869	1, 10; 22, 9; 25, 1
alpi/Alba Moda 8. 11. 1989 – I ZR 102/88	GRUR 1990, 367	NJW-RR 1990, 535 LM WZG § 24 Nr. 106	7, 4

A. *Verzeichnis der BGH-Entscheidungen mit Kennwort in alphabetischer Reihenfolge*

Kennwort Datum Aktenzeichen	Fundstellen		Zitate im Buch
	BGHZ, GRUR, WRP	Sonstige	(Kap., Rdn.)
Amazonas 19. 12. 1984 – I ZR 79/83	GRUR 1985, 445 WRP 1985, 336	LM UWG § 1 Nr. 421 MDR 1985, 909	47, 9
Anforderungsscheck für Barauszahlung 18. 12. 1981 – I ZR 198/79	GRUR 1982, 242 WRP 1982, 270	WM 1982, 268 BB 1982, 395	19, 4
Antwortpflicht des Abgemahnten 19. 10. 1989 – I ZR 63/88	GRUR 1990, 381 WRP 1990, 276	NJW 1990, 1905 DB 1990, 250	41, 7; 41, 49; 41, 54; 41, 59; 41, 84
Anwaltsabmahnung 12. 4. 1989 – I ZR 45/82	GRUR 1984, 691 WRP 1984, 405	NJW 1985, 2525 DB 1984, 1619 WM 1984, 909	13, 28; 13, 36; 13, 37; 34, 3; 34, 4; 41, 60; 41, 82; 41, 83; 41, 84; 41, 93; 43, 32
Anwaltsberatung I 21. 12. 1966 – Ib ZR 146/64	GRUR 1967, 428	NJW 1967, 873 BB 1967, 92 DB 1967, 199	18, 3
Anwaltseilbrief 30. 4. 1987 – I ZR 8/85	GRUR 1987, 648 WRP 1987, 555	NJW-RR 1987, 1442 LM BGB 339 Nr. 28	20, 15; 57, 26
Anwaltsverein (auch: Wirtschaftsprüfer)	BGHZ 48, 12	NJW 1967, 1558 BB 1967, 690 DB 1967, 1081	13, 12; 31, 7
Anwaltswahl durch Mieterverein 26. 10. 1989 – I ZR 242/87	BGHZ 109, 153 WRP 1990, 282	NJW 1990, 578 LM UWG § 1 Nr. 543 ZIP 1990, 126	13, 21
Anwaltswerbung 4. 7. 1991 – I ZR 2/90	GRUR 1991, 917 BB 1991, 1735 WRP 1991, 660	NJW 1991, 2641 AnwBl. 1991, 529,	51, 5
Anzeigenauftrag 31. 5. 1990 – I ZR 228/88	GRUR 1990, 1039 WRP 1991, 79	NJW 1990, 3204 NJW-RR 1991, 233	14, 4; 14, 18; 14, 24; 14, 25; 14, 26; 37, 9

A. *Verzeichnis der BGH-Entscheidungen mit Kennwort in alphabetischer Reihenfolge*

Kennwort Datum Aktenzeichen	Fundstellen		Zitate im Buch
	BGHZ, GRUR, WRP	Sonstige	(Kap., Rdn.)
Anzeigenpreis I 26. 4. 1990 – I ZR 71/88	BGHZ 111, 188 GRUR 1990, 685 WRP 1990, 830	NJW 1990, 2468 ZIP 1990, 1021	18, 8; 18, 11
Anzeigenpreis II 26. 4. 1990 – I ZR 99/88	GRUR 1990, 687 WRP 1991, 16	NJW 1990, 2469 ZIP 1990, 1024	9, 3; 9, 8; 10, 2; 10, 7; 10, 12; 51, 59
Anzeigenrubrik I 25. 4. 1991 – I ZR 134/90	GRUR 1991, 772	NJW 1991, 3029 AfP 1991, 617 LM ZPO § 521 Nr. 23	6, 3; 10, 16; 46, 2; 46, 20; 51, 16; 51, 36; 51, 37; 51, 39
Anzeigenrubrik II 25. 4. 1991 – I ZR 192/89	GRUR 1991, 774	NJW 1991, 303 BB 1991, 1957	51, 10
AOK-Mitgliederwerbung 10. 7. 1989 – GmS-OGB 1/88	BGHZ 108, 284	VersR 1988, 862	45, 2
Apfel-Madonna 13. 10. 1965 – Ib ZR 111/63	BGHZ 44, 288 GRUR 1966, 503 WRP 1966, 134	NJW 1966, 542 BB 1966, 51 MDR 1966, 214	9, 4; 36, 32; 36, 33; 36, 34
Apotheken-Steuerberatungsgesellschaft 16. 1. 1981 – I ZR 29/79	BGHZ 79, 390 GRUR 1981, 596 WRP 1981, 380	NJW 1981, 2519 WM 1981, 584	13, 20; 13, 21; 45, 1
Apropos Film II 3. 11. 1989 – I ZB 20/88	GRUR 1990, 360	NJW-RR 1990, 503 LM WZG § 4 Nr. 48	47, 27
Aquavit 29. 5. 1991 – I ZR 204/89	GRUR 1991, 852	NJW-RR 1991, 1512 LM UWG § 3 Nr. 324 MDR 1992, 146	37, 6; 46, 11; 46, 12; 46, 25; 46, 28; 47, 6; 47, 12; 47, 22
Arctos 24. 11. 1959 – I ZR 88/58	GRUR 1960, 186 WRP 1960, 79	BB 1960, 67 DB 1960, 84 LM WZG § 24 Nr. 41	30, 9; 30, 14; 30, 15
AROSTAR 27. 10. 1983 – I 146/81	GRUR 1984, 210 WRP 1984, 194	DB 1984, 980 LM UWG § 1 Nr. 404	19, 11; 19, 12

A. Verzeichnis der BGH-Entscheidungen mit Kennwort in alphabetischer Reihenfolge

Kennwort Datum Aktenzeichen	Fundstellen		Zitate im Buch (Kap., Rdn.)
	BGHZ, GRUR, WRP	Sonstige	
Arztschreiber 1. 12. 1965 – Ib ZR 155/63	GRUR 1966, 272 WRP 1966, 61	BB 1966, 53 LM BGB § 1004 Nr. 85	26, 13; 26, 14; 26, 15; 26, 22; 26, 30
Astra 2. 10. 1959 – I ZR 126/58	GRUR 1960, 137 WRP 1960, 23	NJW 1960, 39 BB 1959, 1185 LM UWG § 16 Nr. 40 a	17, 5; 17, 10; 30, 22
Astrawolle 21. 12. 1956 – I ZR 68/55	GRUR 1957, 228 WRP 1957, 275	DB 1957, 280 Bl. 1957, 65 LM WZG § 31 Nr. 17	17, 10
Aufklärungspflicht des Abgemahnten 19. 6. 1986 – I ZR 65/84	GRUR 1987, 54 WRP 1986, 672	NJW-RR 1987, 225 LM BGB § 242 (Be) Nr. 55	8, 53; 8, 57; 8, 58; 41, 49; 41, 50; 41, 53; 41, 59; 43, 38
Aufklärungspflicht des Unterwerfungsschuldners 7. 12. 1989 – I ZR 62/88	GRUR 1990, 542 WRP 1990, 670	NJW 1990, 1906 LM BGB § 242 (Be) Nr. 71	41, 37
Aufklärungspflicht gegenüber Verbänden 5. 5. 1988 – I ZR 151/86	GRUR 1988, 716 WRP 1989, 90	NJW-RR 1988, 1066 LM BGB § 242 (Be) Nr. 63	7, 4; 8, 53; 8, 57; 41, 49; 41, 53; 43, 38
Aufwendungsersatz 13. 6. 1980 – I ZR 96/78	GRUR 1980, 1074	NJW 1981, 224 LM ZPO § 91 Nr. 24	41, 84
Aus Altpapier 20. 10. 1988 – I ZR 238/87	GRUR 1991, 546 WRP 1989, 163	NJW 1989, 712 LM UWG § 3 Nr. 282	51, 25
Aus der Kurfürstquelle 16. 1. 1981 – I ZR 140/78	GRUR 1981, 362	LM WZG § 16 Nr. 19 MDR 1981, 556	51, 5; 51, 10
Außenleuchte 31. 5. 1957 – I ZR 163/55	GRUR 1958, 30 WRP 1957, 330	NJW 1957, 1676 BB 1957, 1016 DB 1957, 990	1, 10; 22, 4; 24, 7

A. Verzeichnis der BGH-Entscheidungen mit Kennwort in alphabetischer Reihenfolge

Kennwort Datum Aktenzeichen	Fundstellen		Zitate im Buch
	BGHZ, GRUR, WRP	Sonstige	(Kap., Rdn.)
Ausschreibungsunterlagen 4. 7. 1975 – I ZR 115/73	GRUR 1976, 367 WRP 1975, 727	NJW 1976, 193 BB 1976, 60 DB 1975, 2363	38, 4; 38, 6; 38, 25; 38, 34
Ausschlußfrist 11. 7. 1985 – I ZR 145/83	GRUR 1985, 1066	NJW 1986, 133 MDR 1986, 123	57, 29
Ausübung der Heilkunde 5. 12. 1991 – I ZR 11/90	GRUR 1992, 175 WRP 1992, 307	NJW-RR 1992, 430 VersR 1992, 510	13, 22
Autoanalyser 22. 3. 1976 – GSZ 1/75	BGHZ 67, 81 GRUR 1977, 51	WuW BGH 1469 MDR 1977, 117	45, 1
Auto F. GmbH 5. 11. 1987 – I ZR 212/85	GRUR 1988, 313 WRP 1988, 359	NJW-RR 1988, 554 DB 1988, 1215	8, 57; 10, 9; 10, 10; 10, 12; 10, 17; 16, 31
Autostadt 22. 6. 1954 – I ZR 225/53	BGHZ 14, 72 GRUR 1955, 83	NJW 1954, 1568 LM PatG § 51 Nr. 2	45, 6

B.

Backhilfsmittel 30. 11. 1966 – Ib ZR 111/64	GRUR 1967, 308 WRP 1967, 126	BB 1967, 306 DB 1967, 198 LM UWG § 1 Nr. 175	18, 3; 18, 12
Badische Rundschau 30. 6. 1972 – I ZR 1/71	GRUR 1973, 203 WRP 1973, 19	NJW 1972, 2303 DB 1972, 2202	5, 17; 10, 4; 10, 9; 10, 15; 14, 9
Bäckerhefe 11. 3. 1975 – X ZB4/74	BGHZ 64, 101 GRUR 1975, 430	NJW 1975, 1025 BB 1975, 672 DB 1975, 974	29, 3
Bärenfang 13. 7. 1962 – I ZR 43/61	GRUR 1963, 270 WRP 1962, 404	NJW 1962, 2149 BB 1962, 1175 DB 1962, 1433	47, 7; 47, 31; 47, 32; 57, 28
Bambi 9. 10. 1959 – I ZR 78/58	GRUR 1960, 144 WRP 1960, 17	NJW 1960, 37 BB 1959, 1187 DB 1959, 1340	13, 2; 13, 3

A. *Verzeichnis der BGH-Entscheidungen mit Kennwort in alphabetischer Reihenfolge*

Kennwort Datum Aktenzeichen	Fundstellen		Zitate im Buch
	BGHZ, GRUR, WRP	Sonstige	(Kap., Rdn.)
Basaltlava 6. 12. 1962 – KZR 1/62	GRUR 1963, 331	NJW 1963, 646 BB 1963, 206 DB 1963, 268	48, 24
Baumaschinen 23. 4. 1975 – I ZR 3/74	GRUR 1976, 306 WRP 1975, 436	DB 1975, 1264 LM UWG § 1 Nr. 280	33, 13
BBC/DDC 11. 3. 1982 – I ZR 58/80	GRUR 1982, 420	LM WZG § 31 Nr. 89 MDR 1982, 726	38, 15; 51, 19; 57, 17; 57, 19; 57, 21
Beitragsrechnung 13.2. 1992 – I ZR 79/90	WRP 1992, 380	EWiR 1992, 605	13, 31; 47, 7
Bekleidungswerk 6. 3. 1986 – I ZR 14/84	GRUR 1986, 676 WRP 1986, 467	NJW-RR 1986, 972 BB 1986, 1393	13, 28
Benzinwerbung 19. 5. 1988 – I ZR 170/86	GRUR 1988, 832 WRP 1988, 663	NJW-RR 1988, 1443 BB 1988, 1629	14, 8; 16, 9
Berliner Eisbein 7. 10. 1958 – I ZR 69/57	BGHZ 28, 203 GRUR 1959, 152 WRP 1959, 191	NJW 1959, 388 LM ZPO Verbem. § 253 Nr. 2 MDR 1959, 183	41, 79; 51, 56; 52, 20
Berühmung 9. 10. 1986 – I ZR 158/84	GRUR 1987, 125 WRP 1987, 169	NJW-RR 1987, 288 WM 1987, 298 DB 1987, 578	8, 68; 10, 9; 10, 12; 10, 17; 10, 21; 16, 28; 16, 31; 43, 6; 43, 7; 56, 32
Berufungssumme 24. 4. 1985 – I ZR 130/84	GRUR 1986, 93		49, 3; 49, 4; 49, 9; 49, 34; 49, 35
Beschädigte Verpackung 20. 2. 1992 – I ZR 32/90	GRUR 1992, 406 WRP 1992, 469	MDR 1992, 566 EWiR 1992, 607	47, 7; 47, 8; 47, 10
Bestattungswerbung 8. 7. 1955 – I ZR 52/54	GRUR 1955, 541 WRP 1955, 206	LM UWG § 1 Nr. 26 DB 1955, 869	19, 3

A. Verzeichnis der BGH-Entscheidungen mit Kennwort in alphabetischer Reihenfolge

Kennwort Datum Aktenzeichen	Fundstellen		Zitate im Buch
	BGHZ, GRUR, WRP	Sonstige	(Kap., Rdn.)
Bestellter Kfz-Sachverständiger 28. 6. 1984 – I ZR 93/82	BGHZ 92, 30 GRUR 1985, 56 WRP 1984, 684	NJW 1984, 2883 DB 1985, 1230 MDR 1985, 27	47, 7; 51, 1; 51, 10
Betonklinker 18. 2. 1982 – I ZR 23/80	GRUR 1982, 563 WRP 1982, 459	LM UWG § 3 Nr. 190 MDR 1982, 987	47, 7
Betonsteinelemente 21. 3. 1991 – I ZR 158/89	WRP 1991, 575	NJW 1991, 2211 MDR 1991, 1153	38, 7
Betonzusatzmittel 14. 7. 1961 – I ZR 40/60	GRUR 1962, 45 WRP 1961, 307	NJW 1961, 1916 BB 1961, 989 DB 1961, 1220	18, 3; 18, 10
Biene Maja 1. 10. 1980 – I ZR 174/78	GRUR 1981, 277	LM WZG § 16 Nr. 18 Bl. 1981, 222 MDR 1981, 378	51, 8; 51, 11; 51, 19
Bierbezugsvertrag 20. 10. 1959 – VIII ZR 136/58	GRUR 1960, 307 WRP 1960, 52	LM BGB § 241 Nr. 10 BB 1959, 1225	12, 10
Bierfahrer 3. 12. 1969 – I 151/67	GRUR 1970, 182 WRP 1970, 220	NJW 1970, 471 BB 1970, 189 DB 1970, 340	1, 14
Bierlieferungsverträge 13. 11. 1953 – I ZR 79/52	GRUR 1954, 163	BB 1954, 115 DB 1954, 126 LM UWG § 1 Nr. 16	13, 20; 22, 11; 23, 2
Bioäquivalenzwerbung 30. 3. 1989 – I ZR 85/87	BGHZ 107, 136 WRP 1989, 572	NJW 1989, 2327	7, 17; 18, 1; 21, 28; 43, 8; 57, 6; 57, 14; 46, 41; 55, 46
Blanko-Verordnungen 25. 4. 1958 – I ZR 97/57	GRUR 1958, 448 WRP 1958, 208	NJW 1958, 1043 DB 1958, 1098 LM UWG § 14 Nr. 6	22, 14; 26, 6; 26, 7

A. Verzeichnis der BGH-Entscheidungen mit Kennwort in alphabetischer Reihenfolge

Kennwort Datum Aktenzeichen	Fundstellen		Zitate im Buch
	BGHZ, GRUR, WRP	Sonstige	(Kap., Rdn.)
Bleiarbeiter 30. 1. 1963 – Ib ZR 118/61	GRUR 1963, 478 WRP 1963, 247	BB 1963, 489 DB 1963, 515 LM BGB § 242 (Cc) Nr. 19	17, 6; 17, 7; 17, 13; 17, 15; 17, 17; 17, 23
Bleicherde 29. 10. 1957 – I ZR 192/56	GRUR 1958, 149	BB 1958, 4 LM ZPO § 254 Nr. 3	38, 36; 52, 9
Bleistiftabsätze 6. 10. 1965 – Ib ZR 4/64	GRUR 1966, 92 WRP 1966, 24	NJW 1966, 48 BB 1965, 1328 DB 1965, 1772	7, 4; 33, 2
Blindenseife 14. 11. 1958 – I ZR 91/57	GRUR 1959, 143 WRP 1959, 23	BB 1958, 1275 MDR 1959, 98	26, 8
Blockeis I 26. 5. 1961 – I ZR 177/60	GRUR 1962, 159	MDR 1962, 108 JZ 1962, 217	30, 5
BOUCHET 6. 12. 1974 – I ZR 110/73	GRUR 1975, 434	Bl. 1975, 380 (Ls.)	17, 5; 17, 15; 34, 6; 47, 11; 52, 29
Briefentwürfe 19. 3. 1987 – I ZR 98/85	GRUR 1987, 647 WRP 1987, 554	NJW-RR 1987, 1521 MDR 1987, 993	26, 20; 26, 21; 38, 6; 38, 17; 38, 20; 38, 21
Brillant 4. 6. 1969 – I ZR 115/67	GRUR 1969, 694 WRP 1969, 408	NJW 1969, 1485 BB 1969, 932 DB 1969, 1507	17, 15; 17, 17; 17, 23
Brillenpreise 29. 9. 1988 – I ZR 218/86		NJW-RR 1989, 101 MDR 1989, 141	10, 18
Brillenselbstabgabestellen 18. 12. 1981 – I ZR 34/80	BGHZ 82, 375 GRUR 1982, 245	NJW 1982, 2117 BB 1982, 395 LM GVG § 13 Nr. 154	19, 20; 45, 1; 45, 2; 57, 17; 57, 20
Brombeerleuchte 19. 1. 1979 – I ZR 166/76	GRUR 1979, 332 WRP 1979, 361	NJW 1979, 916 DB 1979, 1497 LM BGB § 823 (Ag) Nr. 12	30, 14; 30, 20; 30, 26; 30, 32; 41, 78

A. Verzeichnis der BGH-Entscheidungen mit Kennwort in alphabetischer Reihenfolge

Kennwort Datum Aktenzeichen	Fundstellen		Zitate im Buch
	BGHZ, GRUR, WRP	Sonstige	(Kap., Rdn.)
Brombeermuster 27. 1. 1983 – I ZR 177/80	GRUR 1983, 377 WRP 1983, 484	DB 1983, 1197 LM UWG § 1 Nr. 390	38, 13
Brotkrieg 24. 6. 1965 – KZR 7/64	BGHZ 44, 279 GRUR 1966, 392 WRP 1966, 58	NJW 1965, 2249 BB 1965, 1199 DB 1965, 1587	33, 14
Brückenlegepanzer II 12. 7. 1983 – X ZR 62/81	GRUR 1983, 560	Bl. 1983, 282 (Ls)	46, 35
Brünova 28. 9. 1973 – I ZR 13/71	GRUR 1974, 99 WRP 1974, 30	NJW 1973, 2285 BB 1973, 1598 DB 1973, 2292	4, 13; 16, 12; 16, 14; 16, 17; 16, 18; 16, 21; 16, 38; 22, 2; 22, 6; 22, 7; 22, 8; 27, 5; 29, 6; 32, 3; 32, 4; 32, 6; 38, 37
Btx-Werbung II 27. 2. 1992 – I ZR 35/90		MDR 1992, 707	51, 35; 51, 49
Buchbeteiligungszertifikate 12. 11. 1974 – I ZR 111/73	GRUR 1975, 203 WRP 1975, 105	BB 1975, 246 LM RabattG Nr. 25 MDR 1975, 207	4, 10
Buchgemeinschaft II 6. 6. 1958 – I ZR 33/57	BGHZ 28, 1 GRUR 1959, 38 WRP 1958, 337	NJW 1958, 1820 BB 1958, 1003 LM UWG § 3 Nr. 37	14, 17; 14, 18; 14, 19; 14, 24; 14, 26
Bücherdienst 10. 7. 1956 – I ZR 106/54	GRUR 1957, 428		19, 13
Bünder Glas 5. 6. 1956 – I ZR 4/55	GRUR 1957, 23 WRP 1956, 244	NJW 1956, 1556 BB 1956, 703 DB 1956, 768	18, 7; 19, 7
Büromöbelprogramm 23. 10. 1981 – I ZR 62/79	GRUR 1982, 305	LM UrhG § 2 Nr. 11 MDR 1982, 551	39, 4

A. Verzeichnis der BGH-Entscheidungen mit Kennwort in alphabetischer Reihenfolge

Kennwort Datum Aktenzeichen	Fundstellen BGHZ, GRUR, WRP	Sonstige	Zitate im Buch (Kap., Rdn.)
Buntstreifensatin 18. 12. 1968 – I ZR 130/66	GRUR 1969, 292	BB 1969, 328 DB 1969, 479 LM UWG § 1 Nr. 203	30, 8; 38, 19; 39, 6

C.

Kennwort Datum Aktenzeichen	Fundstellen BGHZ, GRUR, WRP	Sonstige	Zitate im Buch (Kap., Rdn.)
Cantil-Flasche 26. 1. 1979 – I ZR 112/78	GRUR 1979, 415 WRP 1979, 448	NJW 1979, 1166 LM UWG § 3 Nr. 159 MDR 1979, 472	17, 21; 37, 6
Carrera (auch **Rennsportgemeinschaft**) 26. 6. 1981 – I ZR 73/79	BGHZ 81, 75 GRUR 1981, 846	NJW 1981, 2402 BB 1982, 267 DB 1981, 2167	40, 2; 40, 12
Catarina Valente 18. 3. 1959 – IV ZR 182/58	BGHZ 30, 7 GRUR 1959, 430 WRP 1959, 234	NJW 1959, 1269 BB 1959, 576 DB 1959, 649	33, 9
Champagner-Weizenbier 25. 6. 1969 – I ZR 15/67	GRUR 1969, 611 WRP 1970, 64	NJW 1969, 2083 DB 1969, 1595 LM BGB § 133 (D) Nr. 5	13, 24
Champi-Krone 25. 6. 1969 – I ZR 26/68	GRUR 1969, 615	NJW 1969, 2087 Bl. 1970, 29 MDR 1969, 829	13, 24; 17, 5
Championne du Monde 3. 4. 1981 – I ZR 72/79	GRUR 1981, 592	LM WZG § 16 Nr. 20 Bl. 1982, 22 MDR 1981, 821	34, 33; 38, 15; 38, 36; 39, 6; 52, 6
Chanel No. 5 I 18. 12. 1986 – I ZR 111/84	BGHZ 99, 244 GRUR 1987, 520	LM WZG § 15 Nr. 56	30, 14; 40, 2; 40, 3; 40, 9; 40, 10
Chanel No. 5 II 18. 12. 1986 – I ZR 67/85	GRUR 1987, 524		14, 16; 30, 14; 52, 18

A. Verzeichnis der BGH-Entscheidungen mit Kennwort in alphabetischer Reihenfolge

Kennwort Datum Aktenzeichen	Fundstellen BGHZ, GRUR, WRP	Sonstige	Zitate im Buch (Kap., Rdn.)
Cheri 19. 11. 1971 – I ZR 72/70	GRUR 1972, 180 WRP 1972, 309	BB 1972, 110 DB 1972, 284 Bl. 1972, 202	34, 6; 34, 25; 52, 17; 52, 29
Clarissa 3. 7. 1974 – I ZR 65/73	GRUR 1975, 85 WRP 1974, 620	LM GeschmMG § 14 Nr. 2 MDR 1975, 36	34, 19; 34, 22; 34, 28; 34, 31
Clix-Mann 28. 10. 1970 – I ZR 39/69	GRUR 1971, 223 WRP 1971, 261	BB 1971, 236 DB 1971, 328 LM UWG § 1 Nr. 226	30, 14; 30, 18; 57, 27
Cola-Test 22. 5. 1986 – I ZR 11/85	GRUR 1987, 49 WRP 1987, 166	NJW 1987, 437 DB 1987, 330	21, 28
Colle de Cologne 16. 4. 1969 – I 59–60/67	GRUR 1969, 479 WRP 1969, 280	NJW 1969, 2046 BB 1969, 733 DB 1969, 1011	13, 7; 13, 11; 41, 68; 41, 78; 52, 21
Colonia 31. 1. 1958 – I ZR 178/56	GRUR 1958, 544 WRP 1958, 221	DB 1958, 425 LM WZG § 1 Nr. 8	13, 11
Consilia 12. 7. 1984 – I ZR 49/82	GRUR 1985, 72 WRP 1985, 21	NJW 1985, 741 BB 1984, 2016 DB 1984, 2610	17, 5
Constanze I 26. 10. 1951 – I ZR 8/51	BGHZ 3, 270 GRUR 1952, 410	NJW 1952, 660 DB 1952, 225 LM UWG § 1 Nr. 5	10, 9; 14, 4
Constanze II 6. 7. 1954 – I ZR 38/53	BGHZ 14, 286 GRUR 1955, 97	NJW 1954, 1682 DB 1954, 801 LM BGB § 1004 Nr. 12	1, 10; 7, 11; 14, 4; 22, 1; 22, 4; 22, 6; 22, 7; 22, 11; 22, 14; 23, 4
Copy-Change 24. 11. 1983 – I ZR 192/81	GRUR 1984, 214 WRP 1984, 199	NJW 1985, 62 DB 1984, 551 LM UWG § 1 Nr. 410	8, 49

A. Verzeichnis der BGH-Entscheidungen mit Kennwort in alphabetischer Reihenfolge

Kennwort Datum Aktenzeichen	Fundstellen		Zitate im Buch
	BGHZ, GRUR, WRP	Sonstige	(Kap., Rdn.)
Corrida 10. 1. 1968 – I b ZR 149/65	GRUR 1968, 367 WRP 1968, 193	BB 1968, 228 DB 1968, 389 LM WZG § 31 Nr. 61	4, 12; 16, 15; 16, 19; 16, 20; 56, 29
Coswig 28. 6. 1956 – I ZR 129/54	GRUR 1956, 553 WRP 1957, 257	NJW 1956, 1715 BB 1956, 831 DB 1956, 916	31, 10
Cranpool 26. 9. 1991 – I ZR 177/89	GRUR 1992, 45 WRP 1992, 29	NJW-RR 1992, 172 MDR 1992, 246	17, 23
Cupresa (–Kunstseide) 11. 5. 1954 – I ZR 178/52	BGHZ 13, 244 GRUR 1955, 37	NJW 1954, 1567 BB 1954, 670 LM UWG § 3 Nr. 10	13, 11; 22, 16; 26, 14; 26, 29; 51, 21

D.

Dachsteinwerbung 27. 2. 1986 – I ZR 7/84	GRUR 1986, 548 WRP 1986, 854	NJW-RR 1986, 841 DB 1986, 1619 LM UWG § 1 Nr. 443	21, 28
Damenmäntel 13. 3. 1964 – I b ZR 120/62	GRUR 1964, 397 WRP 1964, 239	BB 1964, 617 DB 1964, 764	13, 30
Dampffrisierstab II 3. 7. 1984 – X ZR 34/83	BGHZ 92, 62 GRUR 1984, 728	BB 1984, 1513 DB 1984, 2134	38, 36
Das unmögliche Möbelhaus 11. 5. 1983 – I ZR 64/81	GRUR 1984, 467 WRP 1984, 62	LM UWG § 3 Nr. 210 MDR 1984, 290	51, 14
Datacolor 7. 6. 1990 – I ZR 298/88	GRUR 1990, 1042 WRP 1991, 83	NJW-RR 1990, 1318 LM UWG § 16 Nr. 119–121	17, 9; 17, 12; 17, 13
Data-Tax-Control 9. 7. 1987 – I ZR 161/85	GRUR 1987, 834	NJW 1988, 262 MDR 1988, 116	13, 21

A. Verzeichnis der BGH-Entscheidungen mit Kennwort in alphabetischer Reihenfolge

Kennwort Datum Aktenzeichen	Fundstellen		Zitate im Buch
	BGHZ, GRUR, WRP	Sonstige	(Kap., Rdn.)
Datenzentrale 3. 12. 1976 – I ZR 151/75	GRUR 1977, 503 WRP 1977, 180	DB 1977, 1046 LM UWG § 3 Nr. 141	17, 8
Der Fall Bittenbinder 6. 4. 1976 – VI ZR 246/74	BGHZ 66, 182 GRUR 1976, 651	NJW 1976, 1198 DB 1976, 1099	14, 4; 22, 16; 26, 14; 26, 17; 26, 20; 26, 21; 26, 38; 30, 31; 34, 9; 45, 1
Der kleine Tierfreund 11. 10. 1967 – I b ZR 144/65	GRUR 1968, 329	NJW 1968, 392 LM BGB § 413 Nr. 2	15, 6
Deutsche Heilpraktiker- schaft 26. 1. 1984 – I ZR 227/81	GRUR 1984, 457 WRP 1984, 382	LM UWG § 3 Nr. 222–224	19, 7; 19, 9; 19, 10; 47, 7
Deutsche Miederwoche 22. 12. 1961 – I ZR 110/60	GRUR 1962, 315 WRP 1962, 128	BB 1962, 199 DB 62, 267 LM UWG § 1 Nr. 110	1, 10; 22, 4; 22, 16; 23, 2; 26, 10; 26, 15; 26, 31
Deutscher Sekt 19. 6. 1970 – I ZR 72/68	GRUR 1971, 29 WRP 1970, 357	NJW 1970, 2105 BB 1970, 980 DB 1970, 1634	47, 7
Dia-Rähmchen II 29. 5. 1962 – I ZR 132/60	GRUR 1962, 509	NJW 1962, 507 BB 1962, 734 DB 1962, 901	34, 22; 34, 25; 34, 33; 52, 31
Dia-Rähmchen III 21. 10. 1965 – I a ZR 144/63	GRUR 1966, 218	NJW 1966, 50 BB 1966, 177 DB 1965, 1813	48, 11; 48, 13
DIMPLE 29. 11. 1984 – I ZR 158/82	BGHZ 93, 96 GRUR 1985, 550 WRP 1985, 399	NJW 1986, 379 DB 1985, 1936 LM UWG § 1 Nr. 423	10, 13; 13, 4; 13, 9
Diners Club 27. 1. 1983 – I ZR 141/80	GRUR 1983, 252 WRP 1983, 335	NJW 1983, 1328 DB 1983, 936	51, 1

A. *Verzeichnis der BGH-Entscheidungen mit Kennwort in alphabetischer Reihenfolge*

Kennwort Datum Aktenzeichen	Fundstellen		Zitate im Buch
	BGHZ, GRUR, WRP	Sonstige	(Kap., Rdn.)
Direkt ab LKW 20. 10. 1978 – I ZR 5/77	GRUR 1979, 402 WRP 1979, 357	NJW 1979, 2561 DB 1979, 931 MDR 1979, 431	19, 2
Dolex 24. 2. 1961 I 15/60	GRUR 1961, 413	NJW 1961, 1206 BB 1961, 616 DB 1961, 739	19, 12
Domgarten-Brand 11. 3. 1982 – I ZR 39/78	GRUR 1982, 495 WRP 1982, 463	MDR 1982, 822 Bl. 1983, 50 (Ls.)	45, 13
Dresdner Stollen I 1. 12. 1988 – I ZR 160/86	BGHZ 106, 101 GRUR 1989, 440 WRP 1989, 377	NJW 1989, 1804 LM § 3 UWG Nr. 285	4, 10; 47, 13; 47, 22; 47, 23; 47, 27
Dresdner Stollen II 1. 2. 1990 – I ZR 108/88	GRUR 1990, 461 WRP 1990, 411	NJW-RR 1990, 744 LM UWG § 3 Nr. 302	47, 13; 47, 22; 47, 23
Dr. S.-Arzneimittel 5. 4. 1990 – I ZR 19/88	GRUR 1990, 604 WRP 1990, 752	NJW 1991, 752 NJW-RR 1991, 431	17, 18; 17, 21
Druckaufträge 15. 5. 1959 – VI ZR 98/58	GRUR 1960, 135 WRP 1959, 304	DB 1959, 1000	26, 7; 26, 18
Düngekalkhandel 27. 11. 1963 – I b ZR 129/62	GRUR 1964, 218 WRP 1964, 128	NJW 1964, 493 BB 1964, 193 DB 1964, 104	4, 12; 16, 8; 16, 9; 16, 10; 16, 17; 16, 18; 29, 2; 29, 6
DUN-Europa 9. 6. 1953 – I ZR 97/51	BGHZ 10, 196 GRUR 1954, 271	NJW 1953, 1348 DB 1953, 669 LM UWG § 16 Nr. 7	19, 7
Duraflex 13. 2. 1970 – I ZR 51/68	GRUR 1970, 308	LM BGB § 242 (C) Nr. 29 MDR 1970, 486	17, 5; 17, 6; 17, 15

A. Verzeichnis der BGH-Entscheidungen mit Kennwort in alphabetischer Reihenfolge

Kennwort Datum Aktenzeichen	Fundstellen BGHZ, GRUR, WRP	Sonstige	Zitate im Buch (Kap., Rdn.)
E.			
Ecclesia-Versicherungsdienst 19. 6. 1981 – I ZR 100/79	GRUR 1981, 823 WRP 1982, 207	NJW 1981, 2811 MDR 1982; 203	45, 1
Echt Skai 3. 5. 1963 – I b ZR 93/61	GRUR 1963, 539 WRP 1963, 276	BB 1963, 745 DB 1963, 896 LM UWG § 3 Nr. 60	1, 9; 51, 27
Eheversprechen 5. 6. 1962 – VI ZR 236/61	BGHZ 37, 187 GRUR 1962, 652	NJW 1962, 1438 BB 1962, 776 DB 1962, 1337	26, 8; 26, 16; 26, 17, 26, 18
Ei-fein 12. 7. 1957 – I ZR 52/55	GRUR 1958, 86 WRP 1957, 361	NJW 1957, 1762 BB 1957, 1054 DB 1957, 1047	4, 3; 9, 7; 10, 5; 33, 11
Einbrandflaschen 10. 4. 1956 – I ZR 165/54	GRUR 1957, 84 WRP 1957, 156	DB 1956, 892 LM BGB § 1004 Nr. 27	6, 5; 10, 15; 14, 6; 23, 4
Ein Champagner unter den Mineralwässern 4. 6. 1987 – I ZR 109/85	GRUR 1988, 453 WRP 1988, 25	NJW 1988, 644 LM UWG § 1 Nr. 475	13, 9
Einpfennig-Süßwaren 13. 2. 1961 – I ZR 134/59	BGHZ 34, 264 GRUR 1961, 588 WRP 1961, 162	NJW 1961, 1207 BB 1961, 385 DB 1961, 433	4, 10; 19, 3
Einstellungsbegründung 8. 8. 1991 – I ZR 141/91	GRUR 1991, 943 WRP 1991, 721	BB 1991, 2114 MDR 1991, 1085	57, 42
Einzelkostenerstattung 12. 3. 1991 – KZR 26/89	BGHZ 114, 218 GRUR 1991, 868	NJW 1991, 2963	45, 2; 48, 24
Eiskonfekt I 31. 5. 1972 – KZR 43/71	GRUR 1973, 97 WRP 1972, 522	BB 1972, 1018 LM ZPO § 1041 Abs. 1 Ziff. 2, Nr. 10	17, 18

A. Verzeichnis der BGH-Entscheidungen mit Kennwort in alphabetischer Reihenfolge

Kennwort Datum Aktenzeichen	Fundstellen		Zitate im Buch
	BGHZ, GRUR, WRP	Sonstige	(Kap., Rdn.)
Eiskonfekt II 23. 9. 1975 – KZR 11/74	GRUR 1976, 204	WuWBGH 1428	48, 2
Eisrevue III 9. 3. 1966 – I b ZR 36/64	BGHZ 39, 198 GRUR 1966, 570	LM ZPO § 287 Nr. 35 UFiTA 48, 261	52, 38
Elbe-Markt 7. 7. 1978 – I ZR 169/76	GRUR 1978, 649 WRP 1978, 638	BB 1979, 855 DB 1978, 1729 LM UWG § 3 Nr. 155	51, 8; 51, 9; 51, 23
Elsässer Nudeln 29. 4. 1982 – I ZR 70/80	GRUR 1982, 564 WRP 1982, 570	DB 1982, 1663 MDR 1982, 987	47, 6
Erdener Treppchen 3. 4. 1963 – I b ZR 162/61	GRUR 1963, 430 WRP 1963, 244	BB 1963, 582 LM UWG § 16 Nr. 53	17, 5
Erfüllungsgehilfe 15. 5. 1985 – I ZR 25/83	GRUR 1985, 1065 WRP 1985, 141	NJW 1986, 127 BB 1985, 1942 WM 1985, 1320	20, 15
Erneute Vernehmung 6. 12. 1990 – I ZR 25/89	GRUR 1991, 401 WRP 1991, 381	NJW 1991, 1183 LM ZPO § 398 Nr. 26	17, 13
Erstes Kulmbacher 28. 1. 1957 – I ZR 88/55	GRUR 1957, 285 WRP 1957, 173	BB 1957, 691 DB 1957, 305 LM UWG § 3 Nr. 21	17, 19
Etirex 6. 7. 1973 – I ZR 129/71	GRUR 1974, 162		25, 1
Euro-Spirituosen 29. 10. 1969 – I ZR 63/68	BGHZ 53, 339 GRUR 1970, 461 WRP 1970, 254	NJW 1970, 1364 BB 1969, 1502 DB 1970, 1218	47, 7
Evidur 15. 1. 1957 – I ZR 190/55	GRUR 1957, 278 WRP 1957, 273	NJW 1957, 827 BB 1957, 307 DB 1957, 989	22, 7; 22, 16; 25, 9; 25, 10; 26, 12; 26, 14

A. Verzeichnis der BGH-Entscheidungen mit Kennwort in alphabetischer Reihenfolge

Kennwort Datum Aktenzeichen	Fundstellen BGHZ, GRUR, WRP	Sonstige	Zitate im Buch (Kap., Rdn.)
Exklusiv-Interview 8. 12. 1964 – VI ZR 201/83	GRUR 1965, 254	NJW 1965, 685 BB 1965, 185 DB 1965, 217	30, 24
Exdirektor 30. 1. 1979 – VI ZR 163/77	GRUR 1979, 421	NJW 1979, 1041 MDR 1979, 659	26, 20; 30, 31

F.

Kennwort Datum Aktenzeichen	Fundstellen BGHZ, GRUR, WRP	Sonstige	Zitate im Buch (Kap., Rdn.)
Faber 1. 12. 1967 – I b ZR 131/66	GRUR 1968, 333 WRP 1968, 183	NJW 1968, 228 BB 1968, 228 DB 1968, 440	57, 17
Facharzt 9. 12. 1964 – I b ZR 181/62	GRUR 1965, 690	NJW 1965, 2007 BB 1965, 884 LM BGB § 823 (Bf) Nr. 41	29, 6; 30, 5
Fachliche Empfehlung II 16. 5. 1991 – I ZR 218/89	GRUR 1991, 929	NJW 1992, 749 BB 1991, 1446 MDR 1992, 41	51, 10; 51, 33; 51, 41; 57, 25; 57, 33
Fälschung 20. 12. 1967 – I b ZR 141/65	GRUR 1968, 262 WRP 1968, 190	NJW 1968, 644 BB 1968, 142 LM BGB § 824 Nr. 12	26, 10
Fahrradgepäckträger II 14. 2. 1978 – X ZR 19/76	BGHZ 71, 86 GRUR 1978, 492	NJW 1978, 1377 DB 1978, 2161 LM BGB § 823 (Ag) Nr. 11	32, 5; 32, 6; 32, 13; 40, 3; 40, 16; 41, 78
Falschmeldung 6. 4. 1979 – I ZR 94/77	GRUR 1979, 804 WRP 1979, 636	NJW 1979, 2197 LM BGB § 824 Nr. 23	22, 16; 26, 13; 26, 20; 26, 39; 26, 42; 34, 9
Familienname 22. 11. 1984 – I ZR 101/82	GRUR 1985, 389 WRP 1985, 210	NJW 1986, 57 BB 1985, 748 LM UWG § 16 Nr. 91	17, 3; 17, 5

A. *Verzeichnis der BGH-Entscheidungen mit Kennwort in alphabetischer Reihenfolge*

Kennwort Datum Aktenzeichen	Fundstellen		Zitate im Buch (Kap., Rdn.)
	BGHZ, GRUR, WRP	Sonstige	
Farina Belgien 13. 7. 1954 – I ZR 14/53	BGHZ 14, 286 GRUR 1955, 15	NJW 1954, 1931 BB 1954, 882 DB 1954, 865	9, 2; 41, 78; 41, 79
Farina Urkölsch 30. 11. 1951 – I ZR 9/50	BGHZ 4, 96 GRUR 1952, 511	DB 1952, 205 LM UWG § 16 Nr. 3	5, 8; 51, 19
Favorit II 7. 6. 1967 – I b ZR 34/65	GRUR 1968, 382 WRP 1967, 363	BB 1967, 974 DB 1967, 1756 LM UWG § 1 Nr. 185	18, 3; 18, 11; 18, 12
Fehlender Vollstreckungs- schutzantrag 26. 9. 1991 – I ZR 189/91	GRUR 1992, 65 WRP 1992, 32	NJW-RR 1992, 189 MDR 1992, 300	57, 42
Feldstecher 14. 4. 1961 – I ZR 150/59	GRUR 1961, 538 WRP 1961, 214	NJW 1961, 1526 BB 1961, 699 DB 1961, 873	46, 23
Fernschreibverzeichnisse 13. 2. 1976 – I ZR 1/75	GRUR 1978, 52 WRP 1976, 306	BB 1976, 662 LM BGB § 242 (Be) Nr. 35 WM 1976, 480	38, 9; 38, 19; 38, 27; 38, 28; 38, 31; 39, 6
Fernsehansagerin 5. 3. 1963 – VI ZR 55/62	BGHZ 39, 124 GRUR 1963, 490	NJW 1963, 902 BB 1963, 410 DB 1963, 478	30, 24; 33, 9
Fernsehgeräte I 17. 1. 1979 – KZR 1/78	GRUR 1979, 560 WRP 1979, 445	NJW 1979, 2152 BB 1979, 797 DB 1979, 1351	26, 44; 33, 14
Fernsprechnummer 30. 1. 1953 – I ZR 88/52	BGHZ 8, 387 GRUR 1953, 290	NJW 1953, 900 BB 1953, 337 DB 1953, 354	5, 20; 30, 8
Fersenabstützvorrichtung 24. 11. 1981 – X ZR 36/80	BGHZ 82, 310 GRUR 1982, 286	NJW 1982, 1151 DB 1982, 1006 MDR 1982, 490	34, 29; 34, 30; 34, 34; 40, 10

A. Verzeichnis der BGH-Entscheidungen mit Kennwort in alphabetischer Reihenfolge

Kennwort Datum Aktenzeichen	Fundstellen		Zitate im Buch
	BGHZ, GRUR, WRP	Sonstige	(Kap., Rdn.)
Festgeldanlage 26. 3. 1962 – II ZR 151/60	GRUR 1962, 466 WRP 1862, 247	NJW 1962, 1099 BB 1962, 536 DB 1962, 634	52, 35
Feststellungsinteresse 13. 12. 1984 – I ZR 107/82	GRUR 1985, 571 WRP 1985, 212	NJW 1986, 1815 LM ZPO § 256 Nr. 135	52, 10; 52, 21; 52, 28; 57, 53
Festzeltbetrieb 14. 5. 1969 – I ZR 24/68	BGHZ 52, 108 GRUR 1969, 564	NJW 1969, 1532 DB 1969, 1602	45, 14
feuerfest II 25. 10. 1967 – I b ZR 159/65	GRUR 1968, 425 WRP 1968, 103	BB 1968, 102 DB 1968, 261 LM UWG § 1 Nr. 189	38, 19
Feuerlöschgerät 2. 3. 1979 – I ZR 29/77	GRUR 1979, 568	WM 1979, 786 VersR 1979, 764	51, 8; 51, 11
Feuerzeug als Werbegeschenk 29. 4. 1958 – I ZR 56/57	GRUR 1959, 31 WRP 1958, 302	BB 1958, 893 DB 1958, 980 LM UWG § 1 Nr. 65	16, 17
Finnischer Schmuck 18. 10. 1990 – I ZR 283/88	GRUR 1991, 223	NJW 1991, 1485	13, 12; 42, 9
Firmenrufnummer 21. 9. 1989 – I ZR 27/88	GRUR 1990, 463 WRP 1990, 254	NJW-RR 1990, 534	14, 4
Fischl 28. 10. 1958 – I ZR 114/57	GRUR 1959, 87 WRP 1959, 58	DB 1958, 1339 LM BGB § 12 Nr. 22	10, 10
Flacon 12. 7. 1990 – I ZR 236/88	GRUR 1991, 138	NJW 1991, 296 LM ZPO § 253 Nr. 92	51, 8; 51, 10
Flughafen 18. 4. 1974 – KZR 6/73		NJW 1974, 1903 DB 1974, 200 LM BGB Vorbem. § 145 Nr. 14	30, 15

A. Verzeichnis der BGH-Entscheidungen mit Kennwort in alphabetischer Reihenfolge

Kennwort Datum Aktenzeichen	Fundstellen		Zitate im Buch
	BGHZ, GRUR, WRP	Sonstige	(Kap., Rdn.)
Fluglotsenstreit 16. 6. 1977 – III ZR 179/75	BGHZ 69, 128	NJW 1977, 1875 JZ 1977, 718	4, 13
Forschungskosten 9. 3. 1989 – I ZR 189/86	BGHZ 107, 117 GRUR 1990, 221	NJW 1990, 52 BB 1989, 1143	16, 38; 32, 4; 40, 2; 40, 3; 40, 4; 40, 7
Fotoartikel I 28. 11. 1980 – I ZR 182/78	GRUR 1981, 295 WRP 1981, 269	NJW 1981, 2579 LM ZPO § 945 Nr. 17 MDR 1981, 560	36, 2; 36, 3; 36, 30; 36, 32; 36, 33; 36, 37; 52, 26; 56, 26
Fotokopie 24. 6. 1955 – I ZR 88/54	BGHZ 18, 44 GRUR 1955, 544	NJW 1955, 1433 BB 1955, 588 DB 1955, 845	30, 16
Fotorabatt 22. 3. 1963 – I b ZR 161/61	GRUR 1963, 438 WRP 1963, 242	BB 1963, 582 DB 1963, 761 LM RabattG § 12 Nr. 1	14, 18; 14, 19; 14, 24; 14, 25; 14, 27
Fotowettbewerb 15. 10. 1969 – I ZR 3/68	BGHZ 52, 393 GRUR 1970, 189 WRP 1970, 20	NJW 1970, 243 BB 1969, 1502 DB 1970, 47	1, 18; 13, 37; 31, 7; 34, 3; 41, 60; 41, 83; 41, 84
Frachtenrückvergütung 3. 11. 1959 – I ZR 120/58	GRUR 1960, 193 WRP 1960, 13	NJW 1960, 284 BB 1960, 21 LM UWG § 1 Nr. 90 a	10, 6; 18, 4; 18, 13; 52, 17; 52, 29
Französischer Brandy 8. 12. 1983 – I ZR 118/81	GRUR 1984, 455 WRP 1984, 316	LM UWG § 3 Nr. 216 MDR 1984, 644	47, 7
frei öl 31. 1. 1991 – I ZR 71/89	GRUR 1992, 48	NJW-RR 1991, 1321 LM WZG § 24 Nr. 115	47, 16
Friedrich-Karl-Sprudel 8. 12. 1976 – I ZR 18/75	GRUR 1977, 260 WRP 1977, 186	LM UWG § 3 Nr. 57 MDR 1977, 380	51, 6; 51, 11
Frisiersalon 21. 12. 1973 – I ZR 161/71	GRUR 1974, 351 WRP 1974, 152	BB 1974, 291 MDR 1974, 379 WuW BGH 1322	38, 4; 38, 34

A. *Verzeichnis der BGH-Entscheidungen mit Kennwort in alphabetischer Reihenfolge*

Kennwort Datum Aktenzeichen	Fundstellen		Zitate im Buch
	BGHZ, GRUR, WRP	Sonstige	(Kap., Rdn.)
Füllanlage 19. 12. 1984 – I ZR 133/82	GRUR 1985, 294 WRP 1985, 204	BB 1985, DB 1985, 1076 LM UWG § 17 Nr. 10	51, 4
Furniergitter 23. 2. 1962 – I ZR 114/60	GRUR 1962, 354	BB 1962, 428 DB 1962, 536	38, 29
Fußballtor 26. 6. 1979 – VI ZR 108/78	GRUR 1979, 732	NJW 1979, 2205	40, 18
Fußbekleidung 13. 12. 1963 – I b ZR 129/62	GRUR 1964, 389 WRP 1964, 125	BB 1964, 329 DB 1964, 365 LM UWG § 1 Nr. 138	13, 3

G.

Kennwort	Fundstellen		Zitate im Buch
Gaby 26. 11. 1987 – I ZR 123/85	GRUR 1988, 307	NJW-RR 1988, 676 LM WZG § 16 Nr. 22 DB 1988, 2297	38, 5; 38, 7
Gasparone 30. 1. 1959 – I ZR 82/57	GRUR 1959, 379	DB 1959, 621 UFiTA 30, 193	31, 13; 34, 19
Gasparone II 2. 7. 1971 – I ZR 58/70	BGHZ 56, 317 GRUR 1971, 522	NJW 1971, 2023 UFiTA 62, 229	40, 11; 40, 19
Gebäudefassade 28. 1. 1977 – I ZR 109/75	GRUR 1977, 614	BB 1977, 962 DM 1977, 863 LM UWG § 1 Nr. 302	1, 10; 1, 11; 5, 17; 22, 4; 25, 5; 22, 14; 25, 1; 25, 5
Gebrauchte Kassenrollstühle 29. 10. 1989 – GmS-OGB 1/86	BGHZ 102, 280	NJW 1988, 2295 LM GVG § 13 Nr. 178	45, 2
Gebührenausschreibung 4. 10. 1990 – I ZR 299/88	WRP 1991, 157	NJW-RR 1991, 363	14, 6

A. Verzeichnis der BGH-Entscheidungen mit Kennwort in alphabetischer Reihenfolge

Kennwort Datum Aktenzeichen	Fundstellen		Zitate im Buch (Kap., Rdn.)
	BGHZ, GRUR, WRP	Sonstige	
Gebührendifferenz IV 20. 2 1986 – I ZR 153/83	GRUR 1986, 668	NJW 1986, 3025	13, 11
Gegenangriff 9. 4. 1987 – I ZR 44/85	GRUR 1987, 568 WRP 1987, 627	NJW 1987, 3138 LM ZPO Vorbem. § 253 Nr. 10	4, 15; 5, 19; 8, 42; 13, 54; 19, 16; 19, 17; 26, 9; 46, 2; 51, 52; 51, 55
Geldmafiosi 17. 2. 1983 – I ZR 194/80	GRUR 1983, 379 WRP 1983, 395	NJW 1983, 1559 DB 1983, 1299 LM UWG § 13 Nr. 38	13, 12; 13, 42; 15, 1; 15, 2; 23, 3
GEMA-Indefa 30. 11. 1954 – ZR 143/52	BGHZ 15, 338 GRUR 1955, 351	NJW 1955, 382 DB 1955, 165 LM LUG § 11 Nr. 9	29, 2
GEMA-Vermutung I 5. 6. 1985 – I ZR 53/83	BGHZ 95, 274 GRUR 1986, 62	NJW 1986, 1244	38, 6; 38, 8; 38, 9; 38, 21
GEMA-Vermutung II 13. 6. 1985 – I ZR 35/83	BGHZ 95, 285 GRUR 1986, 66	NJW 1986, 133 WM 1986, 502	38, 6; 38, 7; 38, 9; 38, 21
Geschäftsaufgabe 20. 6. 1972 – VI ZR 26/71	BGHZ 59, 76 GRUR 1972, 722 WRP 1973, 327	NJW 1972, 1658 BB 1972, 1159 DB 1972, 1574	14, 9; 30, 24
Getarnte Werbung II 27. 5. 1987 – I ZR 153/85	GRUR 1987, 748 WRP 1987, 724	NJW 1987, 3196 MDR 1988, 26 LM UWG § 3 Nr. 261	8, 19; 8, 21; 8, 27; 8, 28
Getränke-Industrie 13. 3. 1956 – I ZR 49/54	GRUR 1957, 426	WuW 1956, 793	25, 1
Ginsengwurzel 19. 9. 1961 – VI ZR 259/60	BGHZ 35, 363 GRUR 1962, 105	NJW 1961, 2059 BB 1961, 1102 DB 1961, 1388	33, 9
Gliedermaßstäbe 17. 3. 1964 – Ia ZR 193/63	BGHZ 42, 340 GRUR 1965, 327	NJW 1965, 689 DB 1965, 288 LM ZPO § 322 Nr. 51	30, 2; 51, 50; 51, 59

A. Verzeichnis der BGH-Entscheidungen mit Kennwort in alphabetischer Reihenfolge

Kennwort Datum Aktenzeichen	Fundstellen BGHZ, GRUR, WRP	Sonstige	Zitate im Buch (Kap., Rdn.)
Globetrotter 12. 3. 1976 – I ZR 9/75		WM 1976, 620	17, 6
Glockenpackung II 3. 7. 1964 – Ib ZR 179/62	GRUR 1964, 686 WRP 1964, 349	BB 1964, 985 DM 1964, 1405 LM UWG § 3 Nr. 65	52, 29
Glühlampenkartell 27. 1. 1966 – KZR 8/64	GRUR 1966, 344	NJW 1966, 975 BB 1966, 302 LM GWB § 35 Nr. 5	16, 15
Glutamal 23. 3. 1966 – Ib ZR 28/64	GRUR 1966, 445 WRP 1966, 340	BB 1966, 470 DB 1966, 777 LM UWG § 3 Nr. 80	13, 2; 13, 3; 13, 9; 17, 20; 17, 21
Goldene Armbänder 2. 3. 1973 – I ZR 5/72	GRUR 1973, 384 WRP 1973, 263	NJW 1973, 901 BB 1973, 813 LM BRAGebO § 32 Nr. 6	34, 3; 41, 84; 43, 5; 43, 19; 43, 20; 43, 30; 43, 31
Goldene Karte I 14. 11. 1980 – I ZR 138/78	GRUR 1981, 286 WRP 1981, 265	BB 1981, 937 LM UWG § 1 Nr. 341 MDR 1981, 558	30, 12; 30, 14; 30, 16; 30, 18; 30, 20; 38, 17; 38, 18; 38, 19; 38, 21; 57, 27
Grabsteinaufträge I 1. 2. 1967 – Ib ZR 3/65	GRUR 1967, 43	BB 1967, 306 DB 1967, 766 LM UWG § 1 Nr. 179	13, 61; 19, 8
Greifbare Gesetzwidrigkeit 14. 11. 1991 – I ZB 15/91		NJW 1992, 983 MDR 1992, 181	42, 34
Gretna Green 26.1. 1965 – VI ZR 204/63	GRUR 1965, 256	BB 1965, 306 LM GG Art. 5 Nr. 16	30, 24
Grippewerbung III 14. 4. 1983 – I ZR 173/80	GRUR 1983, 595 WRP 1983, 551	NJW 1983, 2633 LM HWG Nr. 16	17, 20; 17, 21

A. *Verzeichnis der BGH-Entscheidungen mit Kennwort in alphabetischer Reihenfolge*

Kennwort Datum Aktenzeichen	Fundstellen		Zitate im Buch
	BGHZ, GRUR, WRP	Sonstige	(Kap., Rdn.)
Größtes Teppichhaus der Welt 17. 10. 1984 – I ZR 182/82	GRUR 1985, 140 WRP 1985, 72	DB 1985, 858 LM UWG § 3 Nr. 227	17, 11; 17, 18; 17, 19; 17, 21; 17, 22; 47, 7; 47, 8; 47, 30
Großhandelshaus 16. 11. 1973 – I ZR 98/72	GRUR 1974, 474 WRP 1974, 85	NJW 1974, 460 BB 1974, 150 DB 1974, 330	57, 17; 57, 19; 57, 20; 57, 21
Gründerbildnis 22. 12. 1961 – I ZR 152/59	BGHZ 36, 252 GRUR 1962, 310 WRP 1962, 331	NJW 1962, 1103 BB 1962, 316 DB 1962, 403	4, 11; 4, 13; 16, 16; 16, 17; 16, 18; 17, 11; 29, 6; 51, 8
Grundig-Reporter siehe Magnettonband			
Gruppenprofil 22. 6. 1989 – I ZR 120/87	GRUR 1989, 759	NJW-RR 1989, 1313 LM UWG § 1 Nr. 523 MDR 1990, 23	8, 51; 8, 56; 41, 53
Gummistrümpfe 26. 10. 1961 – KZR 1/61	BGHZ 36, 91 GRUR 1962, 263 WRP 1962, 60	NJW 1962, 196 BB 1961, 1339 DB 1961, 1691	33, 14

H.

halbseiden 24. 11. 1972 – VI ZR 102/71	GRUR 1973, 550	DB 1973, 818 LM BGB § 823 (Ah) Nr. 46	19, 6
Hamburger Brauch 14. 10. 1977 – I ZR 119/76	GRUR 1978, 192 WRP 1978, 38	BGB 1978, 12 DB 1978, 270 LM BGB § 339 Nr. 21	8, 14; 8, 22
Handstrickverfahren 17. 5. 1960 – I ZR 34/59	GRUR 1960, 554 WRP 1960, 277	NJW 1960, 2000 BB 1960, 919 DB 1960, 977	34, 19; 40, 4

A. Verzeichnis der BGH-Entscheidungen mit Kennwort in alphabetischer Reihenfolge

Kennwort Datum Aktenzeichen	Fundstellen		Zitate im Buch
	BGHZ, GRUR, WRP	Sonstige	(Kap., Rdn.)
Hausagentur 22. 2. 1974 – ZR 106/72	GRUR 1974, 477 WRP 1974, 271	DB 1974, 771 LM UWG § 1 Nr. 269 MDR 1974, 735	10, 13
Hausbücherei 15. 6. 1956 – I ZR 71/54	BGHZ 21, 66 GRUR 1957, 25 WRP 1956, 279	NJW 1956, 1557 BB 1956, 767 DB 1956, 794	17, 1; 17, 3; 17, 9; 17, 10; 17, 13; 17, 15; 17, 17; 19, 13
Haustürgeschäft 28. 6. 1990 – I ZR 287/88	GRUR 1990, 1038	NJW 1990, 3149 LM UWG § 13 Nr. 55	13, 29
Hausverbot II 13. 7. 1979 – I ZR 138/77	GRUR 1979, 859 WRP 1979, 784	NJW 1980, 700 DB 1979, 2486 LM UWG § 1 Nr. 323	5, 7; 12, 13; 47, 29; 51, 5; 51, 8
HBV-Familien- und Wohnungsrechtsschutz 25. 1. 1990 – I ZR 19/87	BGHZ 110, 156 GRUR 1990, 522 WRP 1990, 672	NJW 1991, 287	1, 11; 8, 10; 19, 20; 22, 5; 57, 17; 57, 19; 57, 21
Heilmittelvertrieb 12. 7. 1957 – I ZR 8/56	GRUR 1957, 606 WRP 1957, 291	BB 1957, 839 LM AMVO Nr. 3 WuW 1957, 666	5, 6
Heilpraktikerkolleg 5. 5. 1983 – I ZR 49/81	GRUR 1983, 512 WRP 1983, 489	LM UWG § 3 Nr. 204	1, 9; 5, 6; 51, 27
Heilpraktikerwerbung 17. 11. 1983 – I ZR 5/81	BGHZ 89, 78 GRUR 1984, 291 WRP 1984, 261	NJW 1984, 1406 LM UWG § 1 Nr. 408 MDR 1984, 289	5, 3; 51, 4
Heimstättengemeinschaft 14. 6. 1977 – VI ZR 111/75	BGHZ 69, 181 GRUR 1977, 745	NJW 1977, 1681 MDR 1977, 923	19, 16; 19, 17; 26, 9; 26, 10; 26, 16; 26, 17; 26, 19
Hellige 20. 9. 1967 – Ib ZR 159/65	GRUR 1968, 212 WRP 1968, 95	NJW 1968, 349 BB 1968, 143 DB 1968, 125	51, 19

A. *Verzeichnis der BGH-Entscheidungen mit Kennwort in alphabetischer Reihenfolge*

Kennwort Datum Aktenzeichen	Fundstellen		Zitate im Buch
	BGHZ, GRUR, WRP	Sonstige	(Kap., Rdn.)
Hemdblusenkleid 10. 11. 1983 – I ZR 158/81	GRUR 1984, 453 WRP 1984, 259	DB 1984, 1295 LM UWG § 1 Nr. 407	1, 14
Herrenreiter 14. 2. 1958 – I ZR 151/56	BGHZ 26, 349 GRUR 1958, 408	NJW 1958, 827 DB 1958, 423 LM BGB § 847 Nr. 12	33, 9
Herstellerbegriff II 29. 11. 1984 – I ZR 96/83	GRUR 1985, 280	DB 1985, 1637 LM UrhG § 53 Nr. 5	52, 5
Herstellerbegriff IV	GRUR 1985, 287	LM UrhG § 53 Nr. 7 MDR 1985, 466	52, 5
Herstellerkennzeichen auf Unfallwagen 26. 4. 1990 – I ZR 198/88	BGHZ 111, 182 GRUR 1990, 678	NJW-RR 1991, 38 LM WZG § 24 Nr. 109	10, 9; 10, 10; 10, 12; 51, 21
Herstellung und Vertrieb 24. 10. 1975 – I ZR 59/74	GRUR 1976, 197 WRP 1976, 44	BB 1976, 1530 DB 1976, 143 LM UWG § 3 Nr. 139	51, 8
Holländische Obstbäume 16. 11. 1954 – I ZR 12/53	GRUR 1955, 342	NJW 1955, 546 DB 1955, 357 LM UWG § 1 Nr. 24	6, 9
Honoraranfrage 2. 5. 1991 – I ZR 227/89	GRUR 1991, 769	NJW-RR 1991, 1258 LM UWG § 1 Nr. 577 MDR 1992, 366	7, 8; 14, 4; 14, 8
Hubertus 15. 3. 1957 – I ZR 7/56	GRUR 1957, 433 WRP 1957, 241	BB 1957, 450 DB 1957, 425 LM WZG § 31 Nr. 18	12, 2

A. *Verzeichnis der BGH-Entscheidungen mit Kennwort in alphabetischer Reihenfolge*

Kennwort Datum Aktenzeichen	Fundstellen		Zitate im Buch
	BGHZ, GRUR, WRP	Sonstige	(Kap., Rdn.)
Hühnergegacker 27. 6. 1961 – I ZR 135/59	GRUR 1961, 544		47, 7

I.

Idee-Kaffee I 23. 2. 1973 – I ZR 117/71	GRUR 1973, 429 WRP 1973, 803	NJW 1973, 803 DB 1973, 714 LM ZPO § 767 Nr. 40	57, 51
Industrieböden 21. 12. 1962 – I ZR 47/61	BGHZ 38, 391 GRUR 1963, 367 WRP 1963, 138	NJW 1963, 856 BB 1963, 248 DB 1963, 381	4, 10
Inkassoprogramm 9. 5. 1985 – I ZR 52/83	BGHZ 94, 276 GRUR 1985, 1041	NJW 1986, 192 BB 1985, 1747	57, 6
Innenarchitektur 27. 2. 1980 – I ZR 41/78	BGHZ 81, 230 GRUR 1980, 855	LM UWG § 1 Nr. 336 MDR 1980, 910	13, 21
Innungskrankenkassen- wesen 10. 7. 1986 – I ZR 59/84	GRUR 1986, 905	NJW 1987, 32 DB 1986, 2324 LM GVG § 13 Nr. 171	45, 1
Intermarkt II 26. 1. 1984 – I ZR 195/81	GRUR 1984, 820 WRP 1984, 678	NJW 1985, 1023 DB 1984, 2559 LM BGB § 198 Nr. 15	1, 11; 4, 11; 4, 12; 16, 1; 16, 3; 16, 13; 16, 16; 16, 20; 16, 28; 16, 38; 27, 5; 29, 6; 30, 2; 32, 5; 32, 6; 32, 10; 34, 27; 51, 50; 56, 29
Irus/Urus 25. 6. 1954 – I ZR 7/53	GRUR 1954, 457	BB 1954, 700 DB 1954, 695 LM UWG § 16 Nr. 10	33, 1; 34, 6; 47, 10; 52, 28

A. Verzeichnis der BGH-Entscheidungen mit Kennwort in alphabetischer Reihenfolge

Kennwort Datum Aktenzeichen	Fundstellen		Zitate im Buch (Kap., Rdn.)
	BGHZ, GRUR, WRP	Sonstige	
J.			
Jubiläumsverkauf 16. 1. 1992 – I ZR 84/90	GRUR 1992, 318 WRP 1992, 314	NJW-RR 1992, 618 MDR 1992, 359	6, 2; 6, 7; 6, 13; 7, 4; 10, 2
Jugendfilmverleih 12. 10. 1956 – I ZR 34/56	GRUR 1957, 93 WRP 1957, 19	LM UWG § 14 Nr. 4 UFiTA 23, 202	31, 12
JuS-Steuerberatungs- gesellschaft 14. 3. 1985 – I ZR 66/83	GRUR 1985, 930	WM 1985, 1153	17, 18; 17, 20; 17, 21; 17, 22; 57, 17; 57, 19; 57, 21
K.			
Kachelofenbauer I 23. 2. 1989 – I ZR 18/87	GRUR 1989, 432 WRP 1989, 496	NJW-RR 1989, 410 LM UWG § 1 Nr. 508 MDR 1989, 790	10, 21
Kaffee C 22. 1. 1965 – Ib ZR 109/63	GRUR 1965, 368 WRP 1965, 148	NJW 1965, 1077 BB 1965, 300 DB 1965, 433	8, 8
Kaffe-Verlosung II 20. 5. 1977 – I ZR 17/76	GRUR 1977, 748 WRP 1977, 568	BB 1977, 1061 DB 1977, 1598 MDR 1978, 28	49, 9; 49, 13; 49, 17; 49, 19; 49, 20; 49, 21
Kaffeewerbung 16. 6. 1972 – I ZR 154/70	BGHZ 59, 72 GRUR 1972, 721 WRP 1973, 326	NJW 1972, 1460 BB 1972, 1157 DB 1972, 1434	16, 7; 16, 15
Kamera 5. 5. 1983 – I ZR 46/81	GRUR 1983, 2351 WRP 1983, 613	DB 1983, 2351 LM UWG § 3 Nr. 205 MDR 1984, 115	51, 1

A. Verzeichnis der BGH-Entscheidungen mit Kennwort in alphabetischer Reihenfolge

Kennwort Datum Aktenzeichen	Fundstellen		Zitate im Buch
	BGHZ, GRUR, WRP	Sonstige	(Kap., Rdn.)
Karo As 25. 1. 1957 – I ZR 158/55	GRUR 1957, 281 WRP 1957, 180	BB 1957, 348 LM UWG § 16 Nr. 21	6, 3; 51, 15; 51, 36
Kastanienmuster 23. 5. 1991 – I ZR 286/89	GRUR 1991, 914	NJW-RR 1992, 232 MDR 1992, 147	5, 15; 5, 16; 34, 19; 40, 2; 40, 4; 40, 6; 41, 76
Katovit 29. 5. 1991 – I ZR 284/89	BGHZ 114, 354 GRUR 1991, 860	NJW 1992, 751 LM UWG § 1 Nr. 580 ZIP 1991, 1096	5, 6; 51, 25
Kauf im Ausland 15. 11. 1990 – I ZR 22/89	BGHZ 113, 11 GRUR 1991, 463 WRP 1991, 294	NJW 1991, 1054 JZ 1991, 1038	13, 24
Kaugummikugeln 8. 2. 1963 – Ib ZR 132/61	WRP 1965, 97		30, 6; 30, 12; 30, 19; 30, 26; 41, 76; 41, 79; 52, 21
Kfz-Händler **(auch BMW-Importe)** 23. 10. 1979 – KZR 21/78	GRUR 1980, 130	NJW 1980, 1224 DB 1980, 392 LM ZPO § 32 Nr. 10	45, 13; 45, 14; 45, 18
Kfz-Versteigerung 3. 3. 1988 – I ZR 69/86	BGHZ 103, 349 GRUR 1988, 838 WRP 1988, 598	NJW 1988, 2244 BB 1988, 1414 LM UWG § 7 Nr. 2a	19, 2
Kilopreise III 21. 5. 1992 – I ZR 9/91 –			57, 25
Kindergarten- **Malwettbewerb** 3. 11. 1978 – I ZR 90/77	GRUR 1979, 157 WRP 1979, 117	DB 1979, 492 LM UWG § 1 Nr. 311	18, 8; 18, 12
Kindernähmaschine 5. 11. 1962 – I ZR 39/61	BGHZ 38, 200 GRUR 1963, 255	NJW 1963, 531 BB 1963, 61 DB 1963, 95	4, 13; 5, 12; 30, 14; 30, 19; 30, 26; 41, 76; 41, 78

A. Verzeichnis der BGH-Entscheidungen mit Kennwort in alphabetischer Reihenfolge

Kennwort Datum Aktenzeichen	Fundstellen		Zitate im Buch
	BGHZ, GRUR, WRP	Sonstige	(Kap., Rdn.)
Kindersaugflasche 30. 6. 1961 – I ZR 39/60	BGHZ 35, 329 GRUR 1962, 243 WRP 1962, 13	NJW 1962, 37 BB 1961, 1349 DB 1961, 1578	45, 13
Kippdeckeldose 30. 10. 1981 – I ZR 156/79	BGHZ 82, 138 GRUR 1982, 118 WRP 1982, 88	NJW 1982, 236 BB 1982, 1258 DB 1982, 105	4, 10
Klasen-Möbel 4. 12. 1956 – I ZR 106/55	GRUR 1957, 348 WRP 1957, 73	BB 1957, 132 DB 1957, 425 LM UWG § 3 Nr. 20	6, 2
Klint 6. 11. 1986 – I ZR 196/84	GRUR 1987, 292	GRUR Int. 1987, 702 NJW-RR 1987, 1083 RIW 1987, 548	21, 9
Königl. Bayerische Weiße 21. 2. 1991 – I ZR 106/89	GRUR 1992, 66 WRP 1991, 473	NJW-RR 1991, 1061 LM UWG § 3 Nr. 318	47, 7; 47, 12; 47, 16; 47, 22; 47, 23; 47, 27
Kopplung im Kaffeehandel 2. 7. 1971 – I ZR 43/70	GRUR 1971, 582 WRP 1971, 369	NJW 1971, 1749 BB 1971, 1076 DB 1971, 1617	19, 6; 19, 7
Korrekturflüssigkeit 4. 3. 1982 – I ZR 19/80	GRUR 1982, 489 WRP 1982, 518	NJW 1982, 2774 DB 1982, 1610 LM UWG § 3 Nr. 188	26, 39; 26, 40; 33, 2; 34, 1; 34, 2; 34, 6; 34, 7; 34, 8; 34,9; 34, 11; 34, 22; 38, 18; 41, 82
Kosaken-Kaffee 27. 10. 1959 – I ZR 76/58	GRUR 1960, 183 WRP 1960, 163	BB 1960, 21 DB 1960, 58 LM WZG § 24 Nr. 40	17, 5; 17, 15
K-Rabatt-Sparmarken 29. 6. 1972 – II ZR 101/70		NJW 1972, 1893 LM BGB § 339 Nr. 16	8, 29; 11, 5; 20, 15; 20, 17; 35, 1

A. Verzeichnis der BGH-Entscheidungen mit Kennwort in alphabetischer Reihenfolge

Kennwort Datum Aktenzeichen	Fundstellen		Zitate im Buch
	BGHZ, GRUR, WRP	Sonstige	(Kap., Rdn.)
Krankenhaus- Zuschußversicherung 4. 4. 1975 – KZR 6/74	BGHZ 64, 232 GRUR 1976, 153 WRP 1975, 525	NJW 1975, 1223 BB 1975, 804 DB 1975, 1307	4, 4; 30, 5; 31, 5; 45, 1
Krankenwagen II 20. 9. 1960 – I ZR 77/59	BGHZ 33, 163 GRUR 1961, 307 WRP 1961, 26	NJW 1960, 2332 BB 1960, 1224 DB 1961, 64	8, 14; 8, 31; 20, 1; 20, 16; 57, 35
Kreditvermittlung 20. 12. 1977 – I ZR 1/76	GRUR 1978, 249 WRP 1978, 210	BB 1978, 276 DB 1978, 485 LM UWG § 3 Nr. 151	47, 31; 47, 32
Kreishandwerkerschaft II		BB 1990, 2068 WM 1990, 1839	10, 9; 10, 10
Kreuzbodenventilsäcke III 13. 3. 1962 – I ZR 18/61	GRUR 1962, 40	BB 1962, 467 DB 1962, 599 LM PatG § 47 Nr. 16	34, 19; 34, 21; 34, 22; 34, 32
Küchencenter 26. 6. 1986 – I ZR 103/84	GRUR 1986, 903 WRP 1986, 674	NJW 1987, 63 LM UWG § 3 Nr. 246	17, 21
Küchenmaschine 30. 9. 1964 – Ib ZR 65/63	GRUR 1965, 198	BB 1964, 1316 DB 1964, 1660 LM GeschmMG § 1 Nr. 6	7, 3; 7, 4; 7, 8; 7, 9; 7, 11; 30, 15
Kundenboykott 2. 2. 1984 – I ZR 4/82	GRUR 1984, 461 WRP 1984, 321	NJW 1985, 60 LM UWG § 1 Nr. 414 WM 1984, 705	18, 8
Kundenzeitschrift 5. 12. 1953 – I ZR 146/52	BGHZ 11, 286 GRUR 1954, 167	NJW 1954, 475 BB 1954, 10 DB 1954, 193	13, 20; 14, 2
Kunstglas 28. 6. 1960 – I ZR 13/59	GRUR 1960, 567 WRP 1960, 268	BB 1960, 885 DB 1960, 976 Bl. 1960, 344	51, 21; 51, 28

A. *Verzeichnis der BGH-Entscheidungen mit Kennwort in alphabetischer Reihenfolge*

Kennwort Datum Aktenzeichen	Fundstellen BGHZ, GRUR, WRP	Sonstige	Zitate im Buch (Kap., Rdn.)
Kunststoff-Figuren I 15. 12. 1953 – I 168/53	BGHZ 11, 260 GRUR 1954, 174	NJW 1954, 469 BB 1954, 9 DB 1954, 211	10, 6
Kunststoffhohlprofil I 30. 11. 1976 – X ZR 81/72	BGHZ 68, 90 GRUR 1977, 250	NJW 1977, 1194 DB 1977, 442 LM GebrMG § 15 Nr. 6	39, 5; 40, 16
Kunststoffhohlprofil II 24. 11. 1981 – X ZR 7/80	BGHZ 82, 299 GRUR 1982, 301	NJW 1982, 1154	34, 19; 34, 25; 34, 30; 40, 1; 40, 9
Kupferberg 10. 11. 1965 – Ib ZR 101/63	GRUR 1966, 623 WRP 1966, 30	NJW 1966, 343 BB 1966, 7 DB 1965, 1904	17, 2; 17, 5; 26, 29
Kuppelmuffenverbindung 15. 3. 1967 – I b ZR 25/65	GRUR 1967, 596 WRP 1967, 311	BB 1967, 645 DB 1967, 896 LM UWG § 1 Nr. 181	4, 10; 5, 16
Kuranstalt 13. 4. 1989 – I ZR 62/87	GRUR 1989, 624 WRP 1989, 579	NJW 1989, 2329 LM UWG § 1 Nr. 517	13, 21
Kurzzeitschrift 18. 5. 1962 – I ZR 91/60	GRUR 1962, 545 WRP 1962, 341	NJW 1962, 1340 BB 1962, 690 DB 1962, 834	20, 23

L.

Lager-Hinweiswerbung 28. 9. 1973 – I ZR 80/72	GRUR 1974, 225 WRP 1974, 24	BB 1974, 11 DB 1973, 2509 LM UWG § 3 Nr. 128	5, 8; 7, 11; 51, 6; 51, 11
Laufende Buchführung 12. 2. 1987 –I ZR 54/85	GRUR 1987, 744 WRP 1987, 463	NJW 1987, 2087 BB 1987, 1149 LM UWG § 3 Nr. 256	13, 1; 13, 21; 47, 7; 47, 8; 47, 9

A. Verzeichnis der BGH-Entscheidungen mit Kennwort in alphabetischer Reihenfolge

Kennwort Datum Aktenzeichen	Fundstellen		Zitate im Buch
	BGHZ, GRUR, WRP	Sonstige	(Kap., Rdn.)
Landesversicherungsanstalt 10. 3. 1972 – I ZR 30/70	BGHZ 58, 262 GRUR 1972, 614	NJW 1972, 1273 Bl. 1972, 376	30, 16
Lakritz-Konfekt 15. 5. 1986 – I ZR 32/85	BGHZ 98/65 GRUR 1986, 822 WRP 1986, 608	NJW 1986, 3084 BB 1986, 2364 MDR 1986, 909	47, 28
Laux-Kupplung I 19. 12. 1958 – I ZR 138/57	GRUR 1959, 478	LM PatG § 47 Nr. 10 Bl. 1960, 16 MDR 1959, 635	30,15
Laux-Kupplung II 13. 7. 1962 – I ZR 37/61	GRUR 1962, 580	BB 1962, 976 DB 1962, 1273 LM PatG § 47 Nr. 18	34, 21; 34, 22
Lavamat I 24. 4. 1964 – Ib ZR 73/63	BGHZ 41, 314 GRUR 1964, 567 WRP 1964, 250	NJW 1964, 1369 BB 1964, 696	13, 1; 13, 12; 29, 2; 31, 7
Leichenaufbewahrung 2. 7. 1987 – I ZR 167/85	GRUR 1988, 38 WRP 1988, 99	NJW-RR 1988, 99 LM UWG § 1 Nr. 476	7, 11
Lesering 12. 7. 1963 – Ib ZR 174/61	GRUR 1964, 82	BB 1963, 1032 DB 1963, 1497 LM UWG § 1 Nr. 128	6, 6; 8, 8; 24, 7
Levi's Jeans 16. 6. 1981 KZR 3/80		WuWBGH 1868	17, 18
Lizenzanalogie 22. 3. 1990 – I ZR 59/88	GRUR 1990, 1008	NJW-RR 1990, 1377	34, 27; 34, 32; 34, 35
Löscafé 30. 1. 1970 – I ZR 48/68	GRUR 1970, 305 WRP 1970, 178	DB 1970, 629 LM WZG § 16 Nr. 14	10, 6
Lohnsteuerhilfeverein I 23. 1. 1976 – I ZR 95/75	GRUR 1976, 370 WRP 1976, 235	BB 1976, 621 DB 1976, 864	13, 7

A. Verzeichnis der BGH-Entscheidungen mit Kennwort in alphabetischer Reihenfolge

Kennwort Datum Aktenzeichen	Fundstellen		Zitate im Buch (Kap., Rdn.)
	BGHZ, GRUR, WRP	Sonstige	
Lowitz 5. 10. 1956 – I ZR 94/54	GRUR 1957, 123 WRP 1957, 9	DB 1956, 1154 LM UWG § 1 Nr. 39	18, 3
Lübecker Marzipan 6. 6. 1980 – I ZR 97/78	GRUR 1981, 71 WRP 1981, 18	LM UWG § 3 Nr. 171 MDR 1981, 118	47, 6

M.

Maggi 10. 1. 1964 – Ib ZR 78/62	GRUR 1964, 320 WRP 1964, 161	NJW 1964, 917 BB 1964, 367 DB 1964, 472	38, 4; 38, 34
Magnetophon 21. 11. 1952 – I ZR 56/52	BGHZ 8, 88 GRUR 1953, 140	NJW 1953, 540 BB 1953, 129 DB 1953, 103	30, 17
Magnettonband 18. 5. 1955 – I ZR 8/54	BGHZ 17, 266 GRUR 1955, 492	NJW 1955, 1276 BB 1955, 460 DB 1955, 721	30, 16; 51, 21; 51, 27; 51, 28
Malzflocken 11. 11. 1959 – KZR 1/59	BGHZ 31, 162 GRUR 1960, 350 WRP 1960, 290	NJW 1960, 93 BB 1959, 1225 DB 1959, 1398	48, 28
Mampe Halb und Halb I 26. 2. 1960 – I ZR 166/58	GRUR 1960, 384		5, 6
Mampe Halb und Halb II 16. 10. 1962 – I ZR 162/60	GRUR 1963, 218 WRP 1963, 28	BB 1962, 1303 DB 1962, 1533 LM ZPO § 253 Nr. 34	5, 11; 10, 9; 10, 12; 51, 8; 51, 11
MAN/G-man 27. 6. 1980 – I ZR 70/78	GRUR 1981, 66	Bl. 1981, 221	17, 10; 17, 23
Marbon 4. 10. 1974 – I ZR 75/73	GRUR 1975, 69 WRP 1974, 675	NJW 1974, 2282 BB 1975, 758 DB 1974, 2147	17, 1; 17, 3; 17, 10; 17, 13

A. *Verzeichnis der BGH-Entscheidungen mit Kennwort in alphabetischer Reihenfolge*

Kennwort Datum Aktenzeichen	Fundstellen		Zitate im Buch
	BGHZ, GRUR, WRP	Sonstige	(Kap., Rdn.)
Maris 18. 12. 1962 – VI ZR 220/61	GRUR 1963, 277 WRP 1963, 183	NJW 1963, 484 BB 1963, 162 DB 1963, 237	30, 24
Maritim 2. 2. 1989 – I ZR 183/86	GRUR 1989, 449 WRP 1989, 717	NJW-RR 1989, 808 LM UWG § 16 Nr. 107	17, 5; 17, 6; 17, 9; 17, 10; 17, 12; 17, 13; 17, 15; 17, 17; 38, 7
Markenschokolade II 15. 6. 1959 – KAR 1/59	BGHZ 30, 186 GRUR 1959, 494 WRP 1959, 243	NJW 1959, 1435 BB 1959, 683 DB 1959, 732	48, 28
maschenfester Strumpf 11. 2. 1973 – X ZR 14/70	BGHZ 62, 29 GRUR 1974, 280 WRP 1974, 145	NJW 1974, 315 BB 1974, 389 DB 1974, 625	30, 14; 30, 19; 41, 78; 57, 27
Medizinische Badeleistungen 29. 10. 1987 – GmS-OGB 3/86		NJW 1988, 2297	45, 2
Medizinjournalist 29. 5. 1990 – VI ZR 298/89	GRUR 1990, 1055	NJW-RR 1990, 1276 LM ZPO § 546 Nr. 131	2, 13
Medizin-Syndikat II 8. 7. 1980 – VI ZR 158/78	GRUR 1980, 1099	NJW 1980, 2810 DB 1980, 2237 LM BGR § 823 (Ah) Nr. 70	30, 24
Medizin-Syndikat III 8. 7. 1980 – VI ZR 159/78	BGHZ 78, 9 GRUR 1980, 1105	NJW 1980, 2801 DB 1980, 2441	38, 3; 38, 7
Meister Kaffee 29. 3. 1990 – I ZR 74/88	GRUR 1990, 607 WRP 1990, 699	NJW-RR 1990, 1376 BB 1991, 1524	47, 10
Meßmer-Tee II 12. 1. 1966 – Ib ZR 5/64	BGHZ 44, 372 GRUR 1966, 375 WRP 1966, 262	NJW 1966, 823 BB 1966, 261 DB 1966, 375	33, 2; 34, 1; 34, 6; 34, 8; 34, 10; 34, 19; 34, 21; 34, 22; 34, 23; 34, 25; 34, 27; 34, 28; 34, 32; 38, 13; 40, 13

A. Verzeichnis der BGH-Entscheidungen mit Kennwort in alphabetischer Reihenfolge

Kennwort Datum Aktenzeichen	Fundstellen		Zitate im Buch
	BGHZ, GRUR, WRP	Sonstige	(Kap., Rdn.)
Metro III 30. 11. 1989 – I ZR 55/87	GRUR 1990, 617 WRP 1990, 488	NJW 1990, 1294 BB 1990, 1436 LM UWG § 6a Nr. 5	7, 4; 13, 22
MHZ 19. 2. 1957 – I ZR 13/55	GRUR 1957, 488	Bl. 1958, 63	57, 17; 57, 21
Mietwagen-Mitfahrt 9. 11. 1988 – I ZR 230/86	GRUR 1989, 115 WRP 1989, 480	NJW-RR 1989, 426 LM ZPO § 253 Nr. 86	5, 8; 7, 17; 43, 5; 43, 6; 44, 8
Mietwagen-Testfahrt 3. 11. 1988 – I ZR 231/86	GRUR 1989, 113 WRP 1989, 232	NJW-RR 1988, 297 LM UWG § 1 Nr. 505a	47, 29
Milchfahrer 6. 11. 1963 – Ib ZR 41/62	GRUR 1964, 215 WRP 1964, 49	NJW 1964, 351 BB 1964, 15 DB 1963, 1758	1, 14
mini-Preis 7. 7. 1978 – I ZR 38/37	GRUR 1978, 652 WRP 1978, 656	BB 1979, 854 DB 1978, 1730	51, 8; 51, 9; 51, 23
Mischverband I 14. 10. 1982 – I ZR 81/82	GRUR 1983, 129 WRP 1983, 207	NJW 1983, 1061 BB 1983, 274	13, 20; 13, 27; 13, 31; 13, 32; 13, 35
Mischverband II 12. 7. 1984 – I ZR 37/82	GRUR 1985, 58 WRP 1985, 19	NJW 1985, 1032 DB 1985, 334 LM UWG § 1 Nr. 416	13, 19; 13, 34; 13, 61
Miss Petite 16. 2. 1973 – I ZR 74/71	BGHZ 60, 206 GRUR 1973, 375 WRP 1973, 213	NJW 1973, 622 BB 1973, 536 DB 1973, 565	30, 14; 30, 22; 34, 6; 34, 7; 34, 19; 34, 22; 34, 23; 34, 33; 38, 15; 39, 4
Mit Verlogenheit zum Geld 22. 10. 1987 – I ZR 247/85	GRUR 1988, 402 WRP 1988, 358	NJW 1988, 1589 LM BGB 1004 Nr. 180	26, 8
Modellbauartikel I 8. 5. 1979 – KVR 13/78	GRUR 1979, 792 WRP 1979, 642	NJW 1979, 2515 LM GWB § 26 Nr. 35 MDR 1979, 997	26, 44; 33, 14

A. Verzeichnis der BGH-Entscheidungen mit Kennwort in alphabetischer Reihenfolge

Kennwort Datum Aktenzeichen	Fundstellen		Zitate im Buch
	BGHZ, GRUR, WRP	Sonstige	(Kap., Rdn.)
Modeneuheit 19. 1. 1973 – I ZR 39/71	BGHZ 60, 168 GRUR 1973, 478	NJW 1973, 800 BB 1973, 631 DB 1973, 816	1, 14; 1, 22; 8, 13; 34, 1; 34, 19; 34, 35; 38, 14; 39, 4; 46, 39
Möbel-Haus 10. 2. 1982 – I ZR 65/80	GRUR 1982, 491 WRP 1982, 409	DB 1982, 1768 LM UWG § 3 Nr. 185	47, 7
Möbel-Katalog 19. 5. 1983 – I ZR 77/81	GRUR 1983, 777 WRP 1983, 665	NJW 1984, 52 DB 1983, 2572 LM UWG § 3 Nr. 212	51, 1
Möbel-Rabatt 27. 11. 1963 – Ib ZR 60/62	GRUR 1964, 274 WRP 1964, 248	BB 1964, 195 DB 1964, 259	7, 3; 7, 4; 43, 5
Modess 23. 3. 1966 – Ib ZR 120/63	BGHZ 46, 130 GRUR 1967, 298 WRP 1967, 49	NJW 1967, 495 BB 1966, 1365 DB 1966, 1924	19, 12
Molkereizeitung 23. 2. 1954 – I ZR 265/52	GRUR 1954, 333	BB 1954, 422 LM UWG § 14 Nr. 3	26, 8
Mon Chéri I 19. 11. 1960 – I ZR 110/59	BGHZ 34, 1 GRUR 1961, 181	NJW 1961, 508 BB 1961, 152 DB 1961, 198	5, 6
Mon Chéri II 20. 1. 1961 – I ZR 110/59	GRUR 1961, 283 WRP 1961, 229	NJW 1961, 829 BB 1961, 349	19, 20; 57, 17
Monumenta Germaniae Historica 7. 12. 1979 – I ZR 157/77	GRUR 1980, 227	LM UrhG § 2 Nr. 4 DB 1980, 682 MDR 1980, 282	38, 3; 38, 9; 38, 13; 38, 14; 38, 15; 38, 27; 38, 28; 38, 29; 38, 31; 41, 52
Motorblock 16. 2. 1951 – I ZR 73/50	BGHZ 1, 194 GRUR 1951, 314	NJW 1951, 561 BB 1951, 318 DB 1951, 323	41, 78

A. Verzeichnis der BGH-Entscheidungen mit Kennwort in alphabetischer Reihenfolge

Kennwort Datum Aktenzeichen	Fundstellen		Zitate im Buch (Kap., Rdn.)
	BGHZ, GRUR, WRP	Sonstige	
Multoplane 30. 1. 1969 – X ZR 19/66	GRUR 1969, 373	LM ZPO § 256 Nr. 92 MDR 1969, 479	52, 18
Muschi-Blix 8. 10. 1969 – I ZR 149/67	BGHZ 52, 359 GRUR 1970, 87 WRP 1969, 483	NJW 1970, 35 BB 1969, 1452 DB 1969, 2332	34, 2

N.

Kennwort Datum Aktenzeichen	BGHZ, GRUR, WRP	Sonstige	Zitate im Buch (Kap., Rdn.)
Napoleon II 4. 12. 1966 – Ib ZR 161/64	GRUR 1967, 199	BB 1967, 93 DB 1967, 38	48, 21; 48, 23
Napoleon III 21. 11. 1969 – I ZR 135/67	GRUR 1970, 315	NJW 1970, 997 BB 1970, 225 DB 1970, 440	17, 6; 17, 9; 17, 23
naturrot 25. 11. 1982 – I ZR 145/80	GRUR 1983, 245 WRP 1983, 260	LM UWG § 3 Nr. 195 MDR 1983, 645	13, 22
Natursaft 2. 2. 1984 – I ZR 219/81	GRUR 1984, 465		47, 7; 51, 1; 51, 28
Nebelscheinwerfer 13. 7. 1973 – I ZR 101/72	GRUR 1974, 53 WRP 1973, 520	NJW 1973, 1837 BB 1973, 1503 DB 1973, 1940	34, 25; 34, 33; 38, 13; 38, 14; 38, 15; 38, 21; 38, 36; 39, 1; 39, 4
Neues aus der Medizin 22. 9. 1972 – I ZR 19/22	GRUR 1973, 208 WRP 1973, 23	DB 1972, 2250 LM UWG § 1 Nr. 250 MDR 1973, 30	1, 10; 6, 7; 6, 9; 6, 11; 8, 8; 8, 42; 10, 1; 14, 7; 14, 11; 14, 26; 22, 7; 51, 52
Nevada-Skibindung 7. 4. 1965 – Ib ZR 1/64	GRUR 1965, 676 WRP 1965, 331	NJW 1965, 2150 BB 1965, 801 DB 1965, 1210	1, 9; 8, 16; 51, 24

A. Verzeichnis der BGH-Entscheidungen mit Kennwort in alphabetischer Reihenfolge

Kennwort Datum Aktenzeichen	Fundstellen BGHZ, GRUR, WRP	Sonstige	Zitate im Buch (Kap., Rdn.)
Nichtigkeitsfolgen der Preisangabenverordnung 21. 4. 1988 – I ZR 129/88	GRUR 1988, 787 WRP 1989, 16	NJW 1989, 106 LM ZPO § 927 Nr. 4 MDR 1988, 936	36, 14; 36, 15; 36, 18; 56, 34; 56, 38; 56, 39
Nicola 25. 2. 1992 – X ZR 41/90			38, 7
Notarieller Festpreis 1. 2. 1990 – I ZR 161/87	GRUR 1990, 532 WRP 1990, 701	NJW-RR 1990, 1186	47, 7

O.

Oberarmschwimmringe	BGHZ 75, 116 GRUR 1979, 869	NJW 1979, 2565 BB 1979, 1529 DB 1979, 2419	36, 9; 36, 10; 36, 37; 52, 33; 52, 38
Örtliche Zuständigkeit 28. 4. 1988 – I ZR 27/87	GRUR 1988, 785 WRP 1989, 84	NJW 1988, 3267 LM ZPO § 549 Nr. 99	45, 13; 45, 22
Olivin 20. 3. 1956 – I ZR 162/55	GRUR 1956, 279 WRP 1956, 167	NJW 1956, 911 BB 1956, 382 DB 1956, 422	13, 15; 15, 2
Orthopädische Hilfsmittel	BGHZ 97, 312 GRUR 1986, 685	NJW 1986, 2359 JZ 1986, 1007	45, 2
Ortspreis 2. 4. 1992 – I ZR 131/90	WRP 1992, 469	NJW 1992, 1691 ZIP 1992, 800	51, 2; 51, 8
Ostflüchtlinge 3. 12. 1968 – VI ZR 140/67	GRUR 1969, 236	NJW 1969, 463 DB 1969, 260 LM BGB § 852 Nr. 38	6, 9; 19, 16; 19, 17
Ostfriesische Teegesellschaft 15. 10. 1976 – I ZR 23/75	GRUR 1977, 159	WM 1977, 24	17, 19; 17, 21; 37, 6

A. Verzeichnis der BGH-Entscheidungen mit Kennwort in alphabetischer Reihenfolge

Kennwort Datum Aktenzeichen	Fundstellen		Zitate im Buch (Kap., Rdn.)
	BGHZ, GRUR, WRP	Sonstige	
P.			
Pajero 19. 3. 1992 – I ZR 122/90			10, 10
Parallelverfahren 22. 1. 1987 – I ZR 230/85	BGHZ 99, 340 GRUR 1987, 402 WRP 1987, 459	NJW 1987, 2680 LM ZPO § 256 Nr. 148 MDR 1987, 558	41, 68; 41, 70; 41, 79; 51, 56; 52, 20
Parkstraße 13 12. 2. 1952 – I ZR 115/51	BGHZ 5, 116 GRUR 1952, 530	NJW 1952, 663 BB 1952, 708 DB 1952, 468	40, 1
Passion 20. 12. 1974 – I ZR 12/74	GRUR 1975, 441	Bl. 1975, 380	47, 23
PATENTED 5. 7. 1984 – I ZR 88/82	GRUR 1984, 741 WRP 1984, 601	LM UWG § 3 Nr. 221 MDR 1985, 205	47, 7; 52, 29
Paul Dahlke 8. 5. 1956 – I ZR 62/54	BGHZ 20, 345 GRUR 1956, 427	NJW 1956, 1554 BB 1956, 609 DB 1956, 644	40, 12
Pergluton 28. 10. 1955 – I ZR 188/54	GRUR 1956, 93 WRP 1956, 17	BB 1955, 1108 LM BGB § 123 Nr. 12	52, 14; 52, 16; 52, 17
Personalausweis 29. 5. 1964 – I b ZR 4/63	BGHZ 42, 118 GRUR 1965, 104	NJW 1964, 2157 BB 1964, 1232 DB 1964, 1551	51, 24; 51, 27; 51, 28
Pertussin I 15. 1. 1957 – I ZR 39/55	BGHZ 23, 100 GRUR 1957, 231	NJW 1957, 910 BB 1957, 380 LM WZG § 15 Nr. 14	26, 22
Pertussin II 15. 1. 1957 – I ZR 191/55	GRUR 1957, 352	DB 1957, 426 LM WZG § 24 Nr. 22	8, 8; 14, 8; 14, 11; 30, 3

A. Verzeichnis der BGH-Entscheidungen mit Kennwort in alphabetischer Reihenfolge

Kennwort Datum Aktenzeichen	Fundstellen		Zitate im Buch
	BGHZ, GRUR, WRP	Sonstige	(Kap., Rdn.)
Peters 3. 4. 1985 – I ZR 101/83	GRUR 1986, 325 WRP 1985, 548	WM 1985, 1507 LM ZPO § 33 Nr. 18	15, 2; 45, 17; 45, 18; 45, 22; 57, 5
Petromax I 7. 1. 1958 – I ZR 73/57	GRUR 1958, 297 WRP 1958, 213	NJW 1958, 671 BB 1958, 214	25, 11
Pharmamedan 10. 5. 1974 – I ZR 80/73	GRUR 1974, 735 WRP 1974, 403	BB 1974, 813 DB 1974, 1330 LM UWG § 16 Nr. 69	8, 10; 19, 20; 30, 14; 30, 22; 41, 66; 47, 11; 52, 29; 57, 17; 57, 18
Photokina 24. 2. 1983 – I ZR 207/80	GRUR 1983, 467 WRP 1983, 398	NJW 1983, 2195	4, 13
Photokopien 24. 6. 1955 – I ZR 88/54	BGHZ 18, 44	NJW 1955, 1433 BB 1955, 588 DB 1955, 845	52, 20
Piek-fein 6. 3. 1951 – I ZR 40/50	BGHZ 1, 241 GRUR 1951, 324	NJW 1951, 521 DB 1951, 344 LM WZG § 8 Nr. 1	8, 34
Pizza & Pasta 27. 9. 1990 – I ZR 87/89	GRUR 1991, 153 WRP 1991, 151	NJW 1991, 1350	30, 14; 30, 17; 38, 15
Pkw-Schleichbezug 14. 7. 1988 – I ZR 1984/86	GRUR 1988, 916 WRP 1988, 734	NJW-RR 1988, 1441 LM UWG § 1 Nr. 496	4, 16; 18, 9; 18, 11; 47, 29
Plagiatsvorwurf I 12. 1. 1960 – I ZR 30/58	GRUR 1960, 500	BB 1960, 265 DB 1960, 262 LM BGB § 1004 Nr. 49	6, 5; 10, 15; 14, 6; 19, 18; 22, 14; 23, 4; 26, 7; 26, 17; 26, 18
Plagiatsvorwurf II 12. 3. 1992 – I ZR 58/90	WRP 1992, 474		22, 16; 26, 8; 26, 10; 26, 11; 26, 13; 26, 30; 26, 34
Plastic-Folien 27. 6. 1961 – I ZR 13/60	GRUR 1961, 545 WRP 1961, 240	BB 1961, 804 DB 1961, 977 LM UWG § 3 Nr. 50	14, 7

A. Verzeichnis der BGH-Entscheidungen mit Kennwort in alphabetischer Reihenfolge

Kennwort Datum Aktenzeichen	Fundstellen		Zitate im Buch
	BGHZ, GRUR, WRP	Sonstige	(Kap., Rdn.)
Plastikkorb 27. 2. 1963 – Ib ZR 131/61	GRUR 1963, 640	DB 1963, 959	34, 19; 38, 9; 38, 27
Point 27. 1. 1982 – I ZR 61/80	BGHZ 83, 52 GRUR 1982, 431 WRP 1982, 407	NJW 1982, 2255 LM UWG § 16 Nr. 84 MDR 1982, 550	13, 4
Porzellanmanufaktur 28. 2. 1991 – I ZR 94/89	GRUR 1991, 680	NJW-RR 1991, 1136 LM ZPO § 561 Nr. 62	47, 12; 47, 22; 47, 23
PPC 26. 5. 1988 – I ZR 227/86	GRUR 1988, 776 WRP 1988, 665	NJW 1988, 2469 LM BGB § 242 (Cc) Nr. 45	17, 3; 17, 5; 17, 6; 17, 9; 17, 12; 17, 13; 17, 25; 32, 1; 34, 6
Praktischer Ratgeber siehe **Werbeidee**			
Preisauskunft 4. 3. 1977 – I ZR 117/75	GRUR 1978, 54 WRP 1977, 569	WM 1977, 1206 MDR 1977, 730	38, 6; 41, 62
Preisgegenüberstellung I 28. 6. 1974 – I ZR 62/72	GRUR 1975, 78 WRP 1974, 552	NJW 1974, 1822 DB 1974, 1762 LM UWG § 3 Nr. 131	47, 31
Preiskampf 27. 10. 1988 – I ZR 29/87	GRUR 1990, 371 WRP 1989, 468	NJW-RR 1989, 356 LM UWG § 1 Nr. 503	18, 8; 18, 11
Preisvergleichsliste 20. 6. 1991 – I ZR 277/89	GRUR 1992, 61 WRP 1991, 654	NJW-RR 1991, 1318 DB 1991, 2483	8, 14; 12, 6; 12, 13; 13, 24; 20, 8; 20, 21; 38, 7; 52, 5
Pressedienst 21. 1. 1961 – I ZR 79/59	GRUR 1961, 356 WRP 1961, 158	NJW 1961, 826 BB 1961, 350 LM UWG § 3 Nr. 44	7, 11; 47, 31; 47, 32
Pressehaftung I 26. 4. 1990 – I ZR 79/88	GRUR 1990, 1012 WRP 1991, 19	NJW-RR 1990, 1184 LM UWG § 1 Nr. 535	30, 11; 30, 24

A. Verzeichnis der BGH-Entscheidungen mit Kennwort in alphabetischer Reihenfolge

Kennwort Datum Aktenzeichen	Fundstellen		Zitate im Buch
	BGHZ, GRUR, WRP	Sonstige	(Kap., Rdn.)
Pressehaftung II 7. 5. 1992 – I ZR 119/90			10, 10; 10, 15; 14, 9
Prince Albert 28. 1. 1966 – Ib ZR 29/64	GRUR 1966, 427 WRP 1966, 270	BB 1966, 515 LM BGB § 242 (Cc) Nr. 25	17, 3; 17, 6
Probierpreis 13. 6. 1973 – I ZR 61/72	GRUR 1973, 658 WRP 1973, 470	NJW 1973, 1608 BB 1973, 1278 DB 1973, 1647	19, 2
Professorenbezeichnung in der Arztwerbung I 16. 2. 1989 – I ZR 76/87	GRUR 1989, 445 WRP 1989, 491	NJW 1989, 1545 LM UWG § 3 Nr. 286	1, 9; 5, 3; 5, 6; 5, 7; 6, 3; 10, 16; 51, 16; 51, 25; 57, 5
Professorenbezeichnung in der Arztwerbung II 9. 4. 1992 – I ZR 240/90		ZIP 1992, 859	1, 9; 46, 3; 46, 4; 51, 2; 51, 25; 57, 5
Professorentitel in der Arzneimittelwerbung 27. 5. 1987 – I ZR 121/85	GRUR 1987, 839 WRP 1988, 591	NJW 1987, 2930 LM UWG § 3 Nr. 264	51, 25
Profil 3. 5. 1977 – VI ZR 24/75	GRUR 1978, 194 WRP 1977, 487	NJW 1977, 1590 BB 1977, 922	45, 13; 45, 14
Programmhefte 22. 4. 1958 – I ZR 67/57	BGHZ 27, 264 GRUR 1958, 549 WRP 1958, 269	NJW 1958, 1486 UFITA 26, 224 MDR 1958, 657	30, 12; 30, 16
Progressive Kundenwerbung 3. 12. 1954 – I ZR 262/52	BGHZ 15, 356 GRUR 1955, 346 WRP 1955, 14	NJW 1955, 377 BB 1955, 141 DB 1955, 166	36, 24; 36, 30; 36, 37; 52, 26; 56, 16
Prozeßrechner 18. 2. 1977 – I ZR 112/75	GRUR 1977, 539 WRP 1977, 332	NJW 1977, 1062 DB 1977, 766 LM UWG § 17 Nr. 8	16, 18; 16, 29; 29, 6; 34, 19; 34, 21; 34, 23; 34, 25; 34, 26; 38, 13; 38, 14; 39, 4; 52, 5; 52, 30

A. Verzeichnis der BGH-Entscheidungen mit Kennwort in alphabetischer Reihenfolge

Kennwort Datum Aktenzeichen	Fundstellen		Zitate im Buch (Kap., Rdn.)
	BGHZ, GRUR, WRP	Sonstige	
Prüfzeichen 14. 5. 1974 – VI ZR 48/73	GRUR 1975, 150 WRP 1974, 489	NJW 1974, 1503 BB 1974, 998 DB 1974, 1427	29, 2
Pudelzeichen 8. 7. 1964 – Ib ZR 177/62	GRUR 1967, 490 WRP 1967, 444		17, 6; 17, 15; 30, 14
Pullovermuster 30. 1. 1992 – I ZR 113/90	WRP 1992, 466	ZIP 1992, 642 EWiR 1992, 603	5, 15; 5, 16; 34, 25; 41, 76

Q.

qm-Preisangaben II 30. 3. 1988 – I ZR 209/86	GRUR 1988, 699 WRP 1988, 652	NJW 1988, 2471 DB 1988, 2148	7, 4

R.

Radschutz 12. 3. 1954 – I ZR 201/52	GRUR 1954, 337	BB 1954, 361 DB 1954, 369 LM UWG § 1 Nr. 19	18, 7; 22, 11; 18, 9; 24, 7; 24, 8; 25, 10; 26, 15; 26, 30; 26, 31
Ratgeber 13. 12. 1955 – I ZR 20/54	GRUR 1957, 425	NJW 1956, 591 DB 1956, 181	13, 20
Ratio-Markt I 5. 7. 1967 – I b ZR 20/66	GRUR 1968, 106 WRP 1967, 405	NJW 1967, 2402 BB 1967, 1220 DB 1967, 1718	49, 13; 49, 20; 49, 21
Raubpressungen 5. 2. 1987 – I ZR 210/84	BGHZ 100, 31 GRUR 1987, 630	NJW 1987, 2876 LM ZPO § 286 (c) Nr. 85	52, 35
RBB/RBT 7. 3. 1979 – I ZR 45/77	BGHZ 74, 1 GRUR 1979, 470 WRP 1979, 534	NJW 1979, 2311 MDR 1979, 554	47, 27

A. Verzeichnis der BGH-Entscheidungen mit Kennwort in alphabetischer Reihenfolge

Kennwort Datum Aktenzeichen	Fundstellen		Zitate im Buch
	BGHZ, GRUR, WRP	Sonstige	(Kap., Rdn.)
Rechenscheibe 15. 12. 1975 – I ZR 122/74	GRUR 1976, 256 WRP 1976, 162	NJW 1976, 162 GB 1976, 570 LM ZPO § 365 Abs. 3 Nr. 12	6, 12; 14, 4; 14, 8; 14, 11; 14, 12; 14, 13
Rechnungslegung 2. 4. 1957 – I ZR 58/56	GRUR 1957, 336	BB 1957, 490 DB 1957, 480	38, 27; 38, 28; 38, 32
Rechtsberatungsanschein 13. 2. 1981 – I ZR 63/79	GRUR 1981, 529 WRP 1981, 385	NJW 1981, 1616 DB 1981, 2377	13, 10
Rechtsschutzbedürfnis 9. 11. 1979 – I ZR 24/78	GRUR 1980, 241 WRP 1980, 253	NJW 1980, 1843 BB 1980, 594 DB 1980, 535	1, 10; 6, 7; 7, 4; 8, 42; 8, 43; 8, 64; 12, 12; 20, 22; 41, 8; 51, 52
Regensburger Karmelitengeist 29. 6. 1956 – I ZR 176/54	GRUR 1956, 558 WRP 1957, 24	BB 1956, 904 DB 1956, 937 LM WZG § 25 Nr. 16	17, 5; 17, 9; 26, 22; 26, 25; 26, 30
Regulärer Preis 3. 4. 1970 – I ZR 117/68	GRUR 1970, 609 WRP 1970, 267	BB 1970, 725 DB 1970, 1216 LM UWG § 3 Nr. 101	1, 9; 51, 24; 51, 28
REHAB 20. 6. 1984 – I ZR 61/82	GRUR 1985, 41	DB 1985, 435 LM WZG § 1 Nr. 30 MDR 1985, 27	41, 70; 51, 1; 52, 20
Reibebrett 14. 7. 1982 – X ZR 10/82		NJW 1983, 456 LM ZPO § 719 Nr. 35	57, 42
REI-Chemie 31. 5. 1957 – I ZR 93/56	GRUR 1957, 561 WRP 1957, 269	BB 1957, 727 DB 1957, 796	26, 22; 26, 30
Reinigungsverfahren 7. 11. 1952 – I ZR 43, 52	BGHZ 8, 16 GRUR 1953, 114	NJW 1953, 262 DB 1952, 1051 LM PatG § 51 Nr. 1	45, 7

A. Verzeichnis der BGH-Entscheidungen mit Kennwort in alphabetischer Reihenfolge

Kennwort Datum Aktenzeichen	Fundstellen		Zitate im Buch (Kap., Rdn.)
	BGHZ, GRUR, WRP	Sonstige	
Reiseverkäufer 24. 4. 1963 – I ZR 109/61	GRUR 1963, 434 WRP 1963, 240	BB 1963, 623 DB 1963, 762 LM UWG § 13 Nr. 14	14, 17; 14, 19
Remington 10. 12. 1969 – I ZR 20/68	GRUR 1970, 254	NJW 1970, 557 BB 1970, 461 DB 1970, 533	22, 16; 26, 6; 26, 8; 26, 10; 26, 36; 30, 19; 38, 6; 38, 20
Rennsportgemeinschaft siehe **Carrera**			
Reparaturversicherung 3. 5. 1974 – I ZR 52/73	GRUR 1974, 666 WRP 1974, 400	NJW 1974, 1244 BB 1974, 756 DB 1974, 1329	14, 7; 22, 9; 22, 16; 23, 5; 25, 7
Revolverspritzmaschine siehe **Spritzgußmaschine**			
Ribana 15. 6. 1962 – I ZR 15/61	GRUR 1962, 522	DB 1962, 1043 Bl. 1962, 315	17, 13
Rinderbesamung I 20. 11. 1964 – KZR 3/64	BGHZ 42, 318 GRUR 1965, 267 WRP 1965, 117	NJW 1965, 500 BB 1965, 58 DB 1965, 65	33, 14
Rollhocker 23. 1. 1981 – ZR 48/79	GRUR 1981, 517	NJW 1981, 2252 LM UWG § 1 Nr. 351 MDR 1981, 821	32, 5; 34, 19; 38, 14; 39, 4; 51, 4
Rolls Royce 9. 12. 1982 – I ZR 133/80	BGHZ 86, 90 GRUR 1983, 247 WRP 1983, 268	NJW 1983, 1431 BB 1983, 854 DB 1983, 871	13, 4; 13, 9
Rossignol 20. 11. 1975 – KZR 1/75	GRUR 1976, 206 WRP 1976, 156	NJW 1976, 801 BB 1976, 198 DB 1976, 378	30, 14; 33, 14
Rote Liste I 11. 12. 1979 – KZR 25/79	GRUR 1980, 329		57, 42
Roter mit Genever 28. 11. 1991 – I ZR 297/89	GRUR 1992, 203		36, 12; 36, 30; 36, 33; 36, 37; 52, 26

A. *Verzeichnis der BGH-Entscheidungen mit Kennwort in alphabetischer Reihenfolge*

Kennwort Datum Aktenzeichen	Fundstellen		Zitate im Buch
	BGHZ, GRUR, WRP	Sonstige	(Kap., Rdn.)
Rudimente der Fäulnis 1. 12. 1981 – VI ZR 200/80	GRUR 1982, 183	NJW 1982, 635 LM BGB § 823 (Ah) Nr. 76	30, 15
Rum-Verschnitt 15. 6. 1966 – I b ZR 72/64	GRUR 1967, 13 WRP 1966, 375	BB 1966, 1120 DB 1966, 1683 LM UWG § 1 Nr. 169	1, 9; 51, 23

S.

Sahnesiphon 6. 6. 1991 – I ZR 234/89	GRUR 1991, 921 WRP 1991, 708	NJW-RR 1991, 1445 BB 1991, 1817 DB 1991, 2080	38, 9; 38, 10
Salomon 29. 11. 1990 – I ZR 13/89	BGHZ 113, 82 GRUR 1991, 464 WRP 1991, 228	NJW 1991, 3212 BB 1991, 646 DB 1991, 491	13, 9
Sanatorium 26. 6. 1970 – I ZR 14/69	GRUR 1970, 558 WRP 1970, 391	NJW 1970, 1967 BB 1970, 1069 DM 1970, 1680	7, 3; 7, 4; 8, 19; 8, 21
Sanifa 25. 2. 1959 – KZR 2/58	BGHZ 29, 344 GRUR 1959, 340 WRP 1959, 154	NJW 1959, 880 BB 1959, 357 DB 1959, 400	1, 10; 1, 11; 22, 4; 26, 45; 33, 14
Sauerteig 2. 2. 1983 – I ZR 199/80	GRUR 1983, 256 WRP 1983, 389	LM UWG § 3, 197 MDR 1983, 646	14, 7
Schaden durch Gegendarstellung 4. 12. 1973 – VI ZR 213/71	BGHZ 62, 7 GRUR 1975, 390	NJW 1974, 642 JZ 1974, 619 UFiTA 71, 169	36, 42
Schallplattenexport	BGHZ 81, 282 GRUR 1982, 100	NJW 1982, 1221 LM EWG-Vertrag Nr. 11 JZ 1982, 115	13, 11

A. Verzeichnis der BGH-Entscheidungen mit Kennwort in alphabetischer Reihenfolge

Kennwort Datum Aktenzeichen	Fundstellen		Zitate im Buch (Kap., Rdn.)
	BGHZ, GRUR, WRP	Sonstige	
Schaufensteraktion 3. 12. 1976 – I ZR 34/75	GRUR 1977, 257 WRP 1977, 177	NJW 1977, 631 BB 1977, 158 DB 1977, 535	4, 10
Schlachtergenossenschaft 20. 5. 1952 – I ZR 168/51	GRUR 1953, 37	BB 1952, 708 DB 1952, 626 LM UWG § 1 Nr. 11	8, 34
Schlumpf-Serie 6. 7. 1979 – I ZR 55/79	GRUR 1979, 807 WRP 1979, 715	MDR 1979, 996	57, 39; 57, 42
Schlußverkaufswerbung 1. 10. 1986 – I ZR 126/84	GRUR 1987, 171 WRP 1987, 242	LM ZPO § 286 (B) Nr. 65 MDR 1987, 292	47, 12; 47, 19; 47, 23; 47, 27
Schmalfilmrechte 30. 6. 1976 – I ZR 63/75	BGHZ 67, 56 GRUR 1977, 42	NJW 1976, 2164 BB 1976, 1535 LM UrhG § 31 Nr. 5	17. 1
Schönheits-Chirurgie 12. 10. 1989 – I ZR 29/88	GRUR 1990, 373 WRP 1990, 270	NJW 1990, 1529 LM UWG § 1 Nr. 538	13, 4; 14, 4; 14, 6; 14, 8; 14, 10; 14, 11
Schraubenmutterpresse 28. 1. 1955 – ZR 88/53	GRUR 1955, 390 WRP 1955, 196		6, 6; 6, 9
Schriftsachverständiger 18. 10. 1977 – VI ZR 117/76	GRUR 1978, 258	DB 1978, 487 LM BGB § 823 (Ah) Nr. 60	26, 8
Schuhmarkt 7. 7. 1983 – I ZR 119/81	GRUR 1983, 779 WRP 1983, 675	NJW 1984, 174 (Ls.) BB 1984, 689 LM UWG § 3 Nr. 213	47, 7
Schuldenregulierung 24. 6. 1987 – I ZR 74/85	GRUR 1987, 714 WRP 1987, 726	NJW 1987, 3003 LM UWG § 1 Nr. 472	51, 8; 51, 10

A. Verzeichnis der BGH-Entscheidungen mit Kennwort in alphabetischer Reihenfolge

Kennwort Datum Aktenzeichen	Fundstellen BGHZ, GRUR, WRP	Sonstige	Zitate im Buch (Kap., Rdn.)
Schwardmann 29. 10. 1957 – I ZR 116/56	GRUR 1958, 143 WRP 1958, 46	BB 1958, 60 LM BGB § 12 Nr. 19 JZ 1958, 312	52, 27
Schwarzer Krauser 8. 3. 1990 – I ZR 65/88	GRUR 1990, 681	NJW-RR 1990, 1194 LM WZG § 24 Nr. 108	47, 27
Sektwerbung 31. 5. 1960 – I ZR 16/59	GRUR 1960, 563 WRP 1960, 238	NJW 1960, 1856 BB 1960, 804 DB 1960, 842	8, 10; 17, 11; 17, 18; 17, 22; 19, 20; 57, 17; 57, 19; 57, 21
Selbstbedienungsgroßhandel 8. 3. 1962 – K ZR 8/61	BGHZ 37, 30 GRUR 1962, 426 WRP 1962, 306	NJW 1962, 1105 BB 1962, 498 DB 1962, 598	5, 15; 5, 17; 5, 20; 18, 11
Seniorenpaß 13. 5. 1982 – I ZR 205/80	GRUR 1982, 688 WRP 1982, 634	NJW 1983, 167 DB 1982, 2289 MDR 1983, 29	8, 29; 8, 49; 8, 59; 11, 5; 20, 15; 35, 3
Shamrock III 10. 10. 1985 – I ZR 135/83	GRUR 1986, 74 WRP 1986, 634	LM WZG § 15 Nr. 54 MDR 1986, 118	19, 11; 19, 12
Sherlock Holmes 15. 11. 1957 – I ZR 83/56	BGHZ 26, 52 GRUR 1958, 354 WRP 1958, 243	NJW 1958, 459 DB 1958, 193 LM UWG § 16 Nr. 27	17, 6; 17, 8; 17, 9; 32, 1
Shop in the shop 22. 9. 1983 – I ZR 166/81	GRUR 1984, 129 WRP 1984, 134	DB 1984, 237 LM UWG § 1 Nr. 1 403 WM 1984, 346	41, 60; 41, 84; 41, 85; 41, 89
Silenta 18. 10. 1990 – I ZR 292/88	BGHZ 112, 316 GRUR 1991, 459	NJW 1991, 1355 MDR 1991, 619	46, 44
Siroset 11. 11. 1966 – I b ZR 91/64	GRUR 1967, 304 WRP 1967, 90	NJW 1967, 413 BB 1966, 1410 DB 1966, 2022	19, 12

A. Verzeichnis der BGH-Entscheidungen mit Kennwort in alphabetischer Reihenfolge

Kennwort Datum Aktenzeichen	Fundstellen BGHZ, GRUR, WRP	Sonstige	Zitate im Buch (Kap., Rdn.)
Sitex 26. 9. 1980 – I ZR 60/78	GRUR 1981, 60	LM WZG § 16 Nr. 17 Bl. 1981, 222 MDR 1981, 117	17, 1; 17, 3; 17, 15; 25, 1; 51, 19
Skistiefel 27. 5. 1982 – I ZR 35/80	GRUR 1982, 681 WRP 1982, 642	DB 1982, 2129 LM UWG § 3 Nr. 192 MDR 1983, 196	51, 15
SL 6. 12. 1990 – I ZR 297/88	BGHZ 113, 115 GRUR 1991, 609 WRP 1991, 296	NJW 1991, 3214 BB 1991, 441 DB 1991, 487	30, 8; 47, 27
Sommerpreiswerbung 24. 4. 1986 – I ZR 56/84	GRUR 1987, 45 WRP 1987, 603	NJW-RR 1986, 1485 LM UWG § 3 Nr. 247	8, 42; 10, 8; 10, 10; 51, 52
Sonderveranstaltung 16. 6. 1971 – I ZR 11/70	GRUR 1972, 125 WRP 1971, 517	DB 1971, 2107 LM UWG § 9 a Nr. 6	19, 2
Spätheimkehrer 15. 5. 1957 – I ZR 234/55	BGHZ 24, 200 GRUR 1957, 494	NJW 1957, 1315 BB 1957, 726 DB 1957, 714	18, 12; 30, 24
Speiseeis 23. 5. 1975 – I ZR 39/74	GRUR 1975, 555 WRP 1975, 441	NJW 1975, 1361 BB 1975, 1408 DB 1975, 1595	5, 15
Spezialklinik 10. 3. 1971 – I ZR 109/69	GRUR 1971, 585 WRP 1971, 469	NJW 1971, 1889 BB 1971, 1297 LM HWG Nr. 3	13, 12; 13, 26
Spezialpresse 28. 1. 1955 – I ZR 88/53	GRUR 1955, 390 WRP 1955, 196	JZ 1955, 245 LM BGB § 823 (Ag) Nr. 1	8, 34
Spezialsalz I 14. 12. 1966 – I b ZR 125/64	BGHZ 46, 306 GRUR 1967, 362 WRP 1967, 216	NJW 1967, 675 BB 1967, 181 DB 1967, 461	6, 7; 8, 8; 8, 37; 26, 22; 26, 27; 26, 30; 26, 31

A. Verzeichnis der BGH-Entscheidungen mit Kennwort in alphabetischer Reihenfolge

Kennwort Datum Aktenzeichen	Fundstellen		Zitate im Buch
	BGHZ, GRUR, WRP	Sonstige	(Kap., Rdn.)
Spezialsalz II 10. 12. 1971 – I ZR 65/70	GRUR 1972, 550 WRP 1972, 252	BB 1972, 239 DB 1972, 332 LM UWG § 23 Nr. 7	7, 11; 26, 11; 26, 30
Spezialzucker 22. 10. 1971 – I ZR 36/70	GRUR 1972, 132 WRP 1971, 525	BB 1972, 812 DB 1972, 284 LM UWG § 3 Nr. 115	1, 9; 51, 21; 51, 27; 51, 28
Spezialautomat I 24. 5. 1963 – I b ZR 213/62	WRP 1968, 50		30, 19
Spitzenmuster 22. 11. 1957 – I ZR 144/56	GRUR 1958, 346 WRP 1958, 210	DB 1958, 135 LM BGB § 260 Nr. 6	38, 9; 38, 27; 38, 30; 38, 31; 51, 43
Sporthosen 26. 9. 1985 – I ZR 86/83	GRUR 1986, 248	NJW 1987, 127 DB 1986, 373 ZIP 1986, 183	6, 5; 10, 4; 10, 15; 14, 4; 14, 23; 23, 4
Sportschuhe 26. 9. 1985 – I ZR 85/83	GRUR 1986, 252	LM WZG § 25 Nr. 55 MDR 1986, 466	14, 4; 14, 23
Sprechstunden 8. 4. 1952 – I ZR 80/51	GRUR 1952, 582	DB 1952, 759 LM UWG § 1 Nr. 7	8, 34
Spritzgießmaschine 22. 6. 1976 – X ZR 44/74	GRUR 1976, 715 WRP 1976, 682	NJW 1976, 2162 DB 1977, 156 LM BGB § 823 (Ag) Nr. 10	30, 14; 30, 19; 36, 41; 41, 78
Spritzgußmaschine 17. 3. 1961 – X ZR 26/60	GRUR 1961, 482 WRP 1961, 212	NJW 1961, 1308 BB 1961, 639 DB 1961, 745	1, 14; 33, 13
Staatslotterie 7. 3. 1989 – K ZR 15/87	BGHZ 107, 273 GRUR 1989, 774	NJW 1989, 3010 BB 1989, 1579 DB 1989, 2063	33, 14
Stahlexport 20. 12. 1963 – I b ZR 104/62	BGHZ 40, 391 GRUR 1964, 316 WRP 1964, 122	NJW 1964, 969 BB 1964, 239 DB 1964, 328	45, 13; 45, 14

A. Verzeichnis der BGH-Entscheidungen mit Kennwort in alphabetischer Reihenfolge

Kennwort Datum Aktenzeichen	Fundstellen		Zitate im Buch
	BGHZ, GRUR, WRP	Sonstige	(Kap., Rdn.)
Standesbeamte 7. 3. 1969 – I ZR 116/67	GRUR 1969, 418	BB 1969, 457	30, 16
Stangenglas I 29. 9. 1962 – I ZR 25/80	GRUR 1983, 32 WRP 1983, 203	DB 1983, 221 LM UWG § 3 Nr. 194	17, 11; 17, 19; 17, 21
Stangenglas II 18. 12. 1985 – I ZR 216/83	GRUR 1986, 469 WRP 1986, 322	NJW 1986, 2575 DB 1986, 1066 LM UWG § 3 Nr. 241	47, 27
Stapelautomat 19. 11. 1982 – I ZR 99/80	GRUR 1983, 179 WRP 1983, 209	DB 1983, 1761 LM UWG § 1 Nr. 383	8, 13; 48, 13; 48, 14; 57, 51
Statt Blumen Onko-Kaffee 12. 1. 1972 – I ZR 60/70	GRUR 1972, 553 WRP 1972, 195	BB 1972, 375 DB 1972, 396 LM UWG § 1 Nr. 240	13, 4; 13, 9
Sternbild 13. 10. 1959 – I ZR 58/58	GRUR 1960, 126 WRP 1959, 351	DB 1960, 1272 LM WZG § 24 Nr. 38	9, 3; 9, 5
Steuerbevollmächtigter 26. 5. 1972 – I ZR 8/71	GRUR 1972, 607 WRP 1972, 431	NJW 1972, 1470 BB 1972, 857 LM SteuerBerG Nr. 3	13, 20
Steuerhinterziehung 24. 11. 1970 – VI ZR 70/69	GRUR 1971, 175	LM BGB § 1004 Nr. 112 MDR 1971, 205	19, 16; 19, 17
Steuersparmodell 7. 12. 1989 – I ZR 3/88	GRUR 1990, 375 WRP 1990, 624	NJW-RR 1990, 497 BB 1990, 372 LM UWG § 1 Nr. 540	13, 4
Stiftung Warentest 9. 12. 1975 – VI ZR 157/73	BGHZ 65, 325 GRUR 1976, 268 WRP 1976, 166	NJW 1976, 620 BB 1976, 242 DB 1976, 283	26, 8; 26, 17; 26, 18

A. Verzeichnis der BGH-Entscheidungen mit Kennwort in alphabetischer Reihenfolge

Kennwort Datum Aktenzeichen	Fundstellen BGHZ, GRUR, WRP	Sonstige	Zitate im Buch (Kap., Rdn.)
Störche (auch: Storchenzeichen) 19. 12. 1950 – I ZR 62/50	BGHZ 1, 31 GRUR 1951, 151	NJW 1951, 272 BB 1951, 206 LM WZG § 24 Nr. 2	17, 1; 17, 5; 17, 9
Strahlenkranz 30. 3. 1954 – I ZR 153/52	GRUR 1954, 346	DB 1954, 411 LM WZG § 24 Nr. 7 Bl. 1954, 275	41, 68
Streckenwerbung 19. 10. 1966 – I b ZR 156/64	GRUR 1967, 138 WRP 1967, 26	NJW 1967, 46 BB 1967, 6 DB 1966, 1925	13, 4; 18, 4; 18, 5; 18, 6
Streitwertbemessung 26. 4. 1990 – I ZR 58/89	GRUR 1990, 1052	NJW-RR 1990, 1322 LM ZPO § 3 Nr. 71	49, 11; 49, 12; 49, 14; 49, 20; 49, 55; 49, 70
Studentenversicherung 22. 3. 1976 – GSZ 1/75	BGHZ 66, 229 GRUR 1976, 658 WRP 1976, 463	NJW 1976, 1794 LM GVG § 13 Nr. 142 MDR 1976, 905	45, 1
Stundung ohne Aufpreis 2. 4. 1992 – I ZR 146/90			46, 2; 46, 5; 51, 2; 51, 3; 51, 8; 51, 30; 51, 46; 57, 10
Süßbier 17. 10. 1959 – I ZR 94/58	GRUR 1960, 240 WRP 1960, 127	NJW 1960, 339 (Ls.) BB 1960, 202	15, 2
Sultan 23. 11. 1956 – I ZR 104/55	GRUR 1957, 222 WRP 1957, 239	NJW 1957, 343 DB 1957, 65 LM WZG § 31 Nr. 16	30, 14
Süwa 22. 2. 1957 – I ZR 68/56	BGHZ 23, 265 GRUR 1957, 365 WRP 1957, 134	NJW 1957, 748 BB 1957, 347 DB 1957, 328	18, 8
Sweepstake 2. 11. 1973 – I ZR 111/72	GRUR 1974, 729 WRP 1974, 200	DB 1974, 914 JZ 1974, 419 LM UWG § 1 Nr. 268	13, 22

A. Verzeichnis der BGH-Entscheidungen mit Kennwort in alphabetischer Reihenfolge

Kennwort Datum Aktenzeichen	Fundstellen		Zitate im Buch
	BGHZ, GRUR, WRP	Sonstige	(Kap., Rdn.)
Synthesizer 29. 9. 1988 – I ZR 57P87	GRUR 1989, 110 WRP 1989, 155	NJW-RR 1989, 357 LM UWG § 1 Nr. 502	5, 6; 51, 25
Systemunterschiede 16. 1. 1992 – I ZR 20/90	GRUR 1992, 404 WRP 1992, 311	NJW-RR 1992, 618 MDR 1992, 464	10, 10

T.

Tabac 8. 11. 1972 – I ZR 25/71	GRUR 1973, 370 WRP 1973, 91	DB 1973, 324 LM UWG § 13 Nr. 26	14, 12
Taeschner siehe Pertussin I			
Tafelwasser 26. 9. 1961 – I ZR 55/60	GRUR 1962, 97 WRP 1962, 93	NJW 1962, 40 BB 1961, 1296 DB 1961, 1645	52, 24
Tag der offenen Tür I 26. 3. 1976 – I ZR 65/74	BGHZ 66, 159 GRUR 1976, 438 WRP 1976, 466	NJW 1976, 964 BB 1976, 1478 DB 1976, 1477	5, 6
Tampax 23. 10. 1970 – I ZR 89/69	GRUR 1971, 153 WRP 1971, 26	NJW 1971, 323 BB 1971, 59 DB 1971, 2402	45, 13
Tauchpumpe 5. 10. 1951 – I ZR 74/50	BGHZ 3, 193 GRUR 1952, 141	NJW 1952, 101 BB 19951, 936 DB 1951, 956	20, 8; 20, 22
Taxigenossenschaft 16. 12. 1986 – K ZR 36/85	GRUR 1987, 564	WuWBGH 2341	30, 13
Tchibo/Rolex II 17. 6. 1992 – I ZR 107/90			28, 2; 34, 10; 34, 25; 34, 26; 34, 27; 34, 28; 34, 31; 34, 32; 34, 33; 34, 35; 38, 13; 52, 31; 52, 33; 52, 34; 52, 35; 52, 37; 52, 38

A. Verzeichnis der BGH-Entscheidungen mit Kennwort in alphabetischer Reihenfolge

Kennwort Datum Aktenzeichen	Fundstellen BGHZ, GRUR, WRP	Sonstige	Zitate im Buch (Kap., Rdn.)
Teerspritzmaschinen 18. 2. 1972 – I ZR 82/70	GRUR 1972, 558 WRP 1972, 198	BB 1972, 376 DB 1972, 621 LM UWG § 1 Nr. 241	7, 3; 8, 34; 8, 37; 16, 13; 22, 9; 38, 6; 38, 37; 52, 4
Teilzahlungsankündigung 17. 12. 1987 – I ZR 190/85	GRUR 1988, 459 WRP 1988, 368	NJW-RR 1988, 810 LM UWG § 3 Nr. 268 MDR 1988, 645	8, 49; 41, 15; 41, 46
Telefonwerbung IV 24. 1. 1991 – I ZR 133/89	BGHZ 113, 282 GRUR 1991, 764 WRP 1991, 470	NJW 1991, 2087 BB 1991, 1140 DB 1991, 1979	10, 2
Teppichkehrmaschine 21. 6. 1966 – VI ZR 266/64	GRUR 1966, 633 WRP 1966, 380	NJW 1966, 2010 BB 1966, 843 DB 1966, 1128	4, 13
Testfotos 25. 4. 1991 – I ZR 283/89	GRUR 1991, 843	NJW-RR 1991, 1512 BB 1991, 1955 DB 1992, 86	47, 29
Textildrucke 5. 10. 1979 – I ZR 140/77	GRUR 1980, 116 WRP 1980, 857	NJW 1980, 941 WM 1980, 45 LM UWG § 14 Nr. 13	14, 14; 14, 16; 14, 17; 23, 4; 31, 10; 31, 12
Textilspitzen 19. 2. 1971 – I ZR 97/69	GRUR 1971, 358 WRP 1971, 224	DB 1971, 826 LM UWG § 1 Nr. 228	30, 2; 52, 17
Therapeutische Äquivalenz 11. 6. 1992 – I ZR 226/90			21, 8; 51, 61
Thermalquelle 22. 5. 1975 – K ZR 9/74	BGHZ 65, 147 GRUR 1976, 323 WRP 1976, 37	NJW 1976, 194 BB 1976, 100 DB 1976, 94	11, 2; 20, 11
TOK-Band 29. 3. 1960 – I ZR 145/58	GRUR 1961, 237	Bl. 1961, 17	18, 3

A. Verzeichnis der BGH-Entscheidungen mit Kennwort in alphabetischer Reihenfolge

Kennwort Datum Aktenzeichen	Fundstellen BGHZ, GRUR, WRP	Sonstige	Zitate im Buch (Kap., Rdn.)
Tolbutamid 6. 3. 1980 – X ZR 49/78	BGHZ 77, 16 GRUR 1980, 841	NJW 1980, 2522 MDR 1980, 752	34, 18; 34, 22; 34, 23; 34, 28; 34, 29; 34, 30; 34, 34; 52, 36
Tonbandgerät 21. 4. 1983 – I ZR 15/81	GRUR 1983, 582 WRP 1983, 553	NJW 1983, 2505 BB 1983, 1240 LM UWG § 3 Nr. 204	13, 4; 13, 9
Tonfilmwand 8. 10. 1957 – I ZR 164/56	GRUR 1958, 75	LM ZPO § 148 Nr. 5 Bl. 1958, 137 (Ls.)	48, 21; 48, 23
Tonmeister 27. 5. 1982 – I ZR 114/80	GRUR 1983, 22	LM UrhG § 73 Nr. 3 MDR 1983, 198	46, 2; 51, 1
Topfgucker-Scheck 11. 7. 1991 – I ZR 31/90	GRUR 1982, 116 WRP 1991, 719	NJW-RR 1992, 37 DB 1992, 87	10, 13
Topfit-Boonekamp 27. 2. 1980 – I ZR 8/78	GRUR 1980, 797 WRP 1980, 541	DB 1980, 1886 LM UWG § 1 Nr. 337 MDR 1980, 733	17, 18; 17, 21; 47, 7
Torch 28. 9. 1979 – I ZR 125/75	GRUR 1980, 110 WRP 1980, 74	BB 1980, 277 DB 1980, 391 LM UWG § 1 Nr. 325	19, 11; 19, 12
Torsana 16. 5. 1961 – I ZR 175/58	GRUR 1962, 34	BB 1961, 1142 DB 1961, 1451	6, 5; 10, 2; 10, 15; 14, 6; 19, 18; 26, 18
Trainingsgerät 27. 1. 1983 – I ZR 179/80	GRUR 1983, 335	DB 1983, 1593 LM UWG § 3 Nr. 196	18, 8
Trockenrasierer II 14. 6. 1963 – K ZR 5/62	BGHZ 40, 135 GRUR 1964, 154 WRP 1963, 402	NJW 1964, 152 BB 1963, 1393 DB 1963, 1671	46, 17; 46, 24; 46, 25; 46, 26; 46, 29
Trockenrasierer III 9. 11. 1967 – K ZR 9/65	GRUR 1968, 272	BB 1968, 143 DB 1968, 304	38, 4; 38, 34

A. Verzeichnis der BGH-Entscheidungen mit Kennwort in alphabetischer Reihenfolge

Kennwort Datum Aktenzeichen	Fundstellen		Zitate im Buch (Kap., Rdn.)
	BGHZ, GRUR, WRP	Sonstige	
Trollinger 21. 6. 1972 – I ZR 140/70	GRUR 1973, 201		51, 6; 51, 11
Trumpf 8. 6. 1973 – I ZR 6/72	GRUR 1974, 84 WRP 1973, 578	BB 1973, 1136 DB 1973, 1990 LM WZG § 24 Nr. 71	34, 6; 47, 11; 52, 29

U.

Umsatzauskunft 27. 11. 1964 – I b ZR 23/63	GRUR 1965, 313 WRP 1965, 104	BB 1965, 101 DB 1965, 175 LM UWG § 1 Nr. 144	34, 20; 38, 17; 38, 18; 38, 21
Unbestimmter Unterlassungsantrag I 11. 10. 1990 – I ZR 35/89	GRUR 1991, 254 WRP 1991, 216	NJW 1991, 1114 MDR 1991, 505	5, 7; 51, 1; 51, 2; 51, 5; 51, 8; 51, 11; 51, 14
Unbestimmter Unterlassungsantrag II 9. 4. 1992 – I ZR 171/90			51, 5; 51, 8; 51, 10
Underberg 30. 10. 1956 – I ZR 199/55	GRUR 1957, 342	BB 1957, 55 DB 1957, 136 LM BGB § 12 Nr. 15	7, 3; 8, 8; 10, 9; 10, 12; 13, 4; 14, 11; 30, 9
Unfallversorgung 11. 1. 1967 – I b ZR 63/65	GRUR 1968, 431	DB 1968, 314	23, 2
Union Verlag 27. 3. 1956 – I ZR 73/54			19, 13
Uniplast 15. 4. 1966 – I b ZR 85/64	GRUR 1966, 495 WRP 1966, 369	NJW 1966, 1560 BB 1966, 757 LM WZG § 4 Nr. 16	57, 17; 57, 19

A. Verzeichnis der BGH-Entscheidungen mit Kennwort in alphabetischer Reihenfolge

Kennwort Datum Aktenzeichen	Fundstellen		Zitate im Buch (Kap., Rdn.)
	BGHZ, GRUR, WRP	Sonstige	
Unterkunde 8. 11. 1963 – I ZR 25/62	GRUR 1964, 263 WRP 1964, 171	BB 1964, 55 DB 1964, 102 LM UWG § 13 Nr. 15	6, 11; 14, 18; 14, 19; 14, 24; 14, 25
Unterlassungsvollstreckung 25. 8. 1978 – X ZR 17/78	GRUR 1978, 726	LM ZPO § 712 Nr. 1 MDR 1979, 138	57, 42
Unternehmensberater 28. 1. 1969 – VI ZR 232/67	GRUR 1969, 368	DB 1969, 477 LM BGB § 823 (Ah) Nr. 36	26, 8
Unternehmensberatungsge- sellschaft I	BGHZ 98, 330 GRUR 1987, 172 WRP 1987, 446	NJW 1987, 1323 BB 1987, 119 DB 1987, 682	45, 18; 51, 8; 51, 10
Unterwerfung durch Fern- schreiben 8. 3. 1990 – I ZR 116/88	GRUR 1990, 530 WRP 1990, 685	NJW 1990, 3147 BB 1990, 1161 LM UWG § 1 Nr. 550	8, 3; 8, 14; 41, 12; 43, 8; 43, 14; 46, 35; 46, 36; 46, 41; 49, 42; 49, 43; 49,46
Urselters II 23. 5. 1990 – I ZR 176/88	GRUR 1990, 1035 WRP 1991, 76	NJW 1990, 1187 LM UWG § 3 Nr. 310	30, 18; 57, 27

V.

Verbandsausstattung 11. 4. 1991 – I ZR 82/89	GRUR 1991, 684	NJW-RR 1991, 1138 ZIP 1991, 1026	13, 16; 13, 26; 13, 28; 13, 34; 13, 36; 13, 38; 13, 45; 13, 53, 41, 94
Verbraucherverband 30. 6. 1972 – I ZR 16/71	GRUR 1973, 78 WRP 1972, 525	NJW 1972, 1988 BB 1972, 1291 DB 1972, 1961	13, 28; 13, 32

A. *Verzeichnis der BGH-Entscheidungen mit Kennwort in alphabetischer Reihenfolge*

Kennwort Datum Aktenzeichen	Fundstellen		Zitate im Buch
	BGHZ, GRUR, WRP	Sonstige	(Kap., Rdn.)
Vereinsschiedsklausel 25. 10. 1983 – K ZR 27/82	BGHZ 88, 314 GRUR 1984, 296 WRP 1984, 193	NJW 1984, 1355 DB 1984, 500 LM GWB § 91 Nr. 4	45, 3
Verjährungsunterbrechung 29. 9. 1978 – I ZR 107/77	GRUR 1979, 121 WRP 1979, 883	NJW 1979, 217 BB 1978, 1742 DB 1978, 2404	16, 1; 16, 4; 16, 40; 43, 2; 43, 5
Verkaufsfahrten I 10. 10. 1985 – I ZR 240/83	GRUR 1986, 318 WRP 1986, 146	NJW-RR 1986, 395 BB 1986, 2011 DB 1986, 794	46, 3; 46, 4
Verkaufsfahrten II 7. 7. 1988 – I ZR 36/87	GRUR 1988, 829 WRP 1988, 668	NJW-RR 1988, 1309 BB 1988, 1767 LM UWG § 1 Nr. 495	14, 4; 14, 6; 14, 8
Verkauf unter Einstandspreis II 6. 10. 1983 – I ZR 39/83	GRUR 1984, 204 WRP 1984, 136	NJW 1984, 1618 BB 1984, 85 DB 1984, 284	51, 46
Verlagsverschulden 30. 3. 1988 – I ZR 40/86	GRUR 1988, 561 WRP 1988, 608	NJW 1988, 1907 DB 1988, 1076 LM BGB § 278 Nr. 106	20, 15
Verleger von Tonträgern 29. 11. 1974 – I ZR 117/73	GRUR 1975, 377 WRP 1975, 215	LM UWG § 3 Nr. 135 MDR 1975, 294 FUR 1975, 206	13, 20; 13, 27; 23, 2; 47, 7
Vermögensberater 16. 2. 1989 – I ZR 72/87	GRUR 1989, 516 WRP 1989, 488	NJW-RR 1989, 937 DB 1989, 1325 LM UWG § 1 Nr. 506	18, 3; 18, 11; 18, 12
Veröffentlichungsbefugnis beim Ehrenschutz 25. 11. 1986 – VI ZR 57/86	GRUR 1987, 189	NJW 1987, 1400 MDR 1987, 395	26, 22

A. Verzeichnis der BGH-Entscheidungen mit Kennwort in alphabetischer Reihenfolge

Kennwort Datum Aktenzeichen	Fundstellen		Zitate im Buch (Kap., Rdn.)
	BGHZ, GRUR, WRP	Sonstige	
Verona-Gerät 19. 6. 1963 – I b ZR 15/62	GRUR 1964, 88 WRP 1963, 306	BB 1963, 954 DB 1963, 1083 LM RabattG § 12 Nr. 2	14, 2; 14, 4; 14, 5; 14, 23; 14, 26
Versäumte Meinungsumfrage 5. 7. 1990 – I ZR 164/88	GRUR 1990, 1053 WRP 1991, 100	NJW 1991, 493 MDR 1991, 223	47, 4; 47, 12; 47, 16; 47, 17
Versandbuchhandlung 21. 11. 1958 – I ZR 115/57	GRUR 1959, 244 WRP 1959, 83	BB 1959, 283 DB 1959, 374 LM UWG § 1 Nr. 75	18, 12
Verschenktexte 15. 6. 1988 – I ZR 211/86	GRUR 1990, 218 WRP 1989, 91	NJW 1989, 391 LM UWG § 16 Nr. 106	51, 77
Versehrtenbetrieb 19. 2. 1965 – I b ZR 45/63	GRUR 1965, 485 WRP 1965, 140	BB 1965, 431 DB 1965, 589 LM UWG § 1 Nr. 150	13, 22; 13, 26
Vespa-Roller 14. 4. 1988 – I ZR 35/86	GRUR 1988, 620 WRP 1988, 654	NJW-RR 1988, 1122 LM UWG § 1 Nr. 492	13, 2; 13, 12
Vertragsstrafe 13. 3. 1953 – I ZR 136/52	GRUR 1953, 262	BB 1953, 302 DB 1953, 313	20, 1; 20, 4; 20, 23
Vertragsstrafe bis zu ... I 12. 7. 1984 – I ZR 123/82	GRUR 1985, 155 WRP 1985, 22	NJW 1985, 191 DB 1985, 327 LM BGB § 315 Nr. 32	8, 22; 8, 29; 8, 35; 8, 49; 8, 50; 41, 8
Vertragsstrafe bis zu ... II 14. 2. 1985 – I ZR 20/83	GRUR 1985, 937 WRP 1985, 404	NJW 1985, 2021 DB 1985, 2039 LM BGB § 315 Nr. 35	8, 22; 8, 49; 8, 50
Vertragsstrafe für versuchte Vertreterabwerbung 1. 6. 1983 – I ZR 78/81	GRUR 1984, 72 WRP 1984, 14	NJW 1984, 919 BB 1983, 2136 WM 1983, 1264	20, 8; 20, 9; 20, 13; 20, 16; 57, 35

A. Verzeichnis der BGH-Entscheidungen mit Kennwort in alphabetischer Reihenfolge

Kennwort Datum Aktenzeichen	Fundstellen BGHZ, GRUR, WRP	Sonstige	Zitate im Buch (Kap., Rdn.)
Vertragsstrafe ohne Obergrenze 31. 5. 1990 – I ZR 285/88	GRUR 1990, 1051 WRP 1991, 27	NJW-RR 1990, 1390 LM BGB § 315 Nr. 42	8, 22; 8, 49
Vertragsstraferückzahlung 21. 4. 1983 – I ZR 201/80	GRUR 1983, 602 WRP 1983, 609	NJW 1983, 2143 DB 1983, 1866	1, 19; 11, 2; 20, 8; 20, 11; 20, 25; 20, 27; 20, 28
Vertragsstrafeversprechen 7. 10. 1983 – I ZR 120/80	GRUR 1983, 127 WRP 1983, 91	NJW 1983, 941 DB 1983, 101 MDR 1983, 289	6, 7; 7, 4; 8, 8; 8, 18; 8, 19; 8, 20; 8, 21; 41, 15; 41, 46
Vertragswidriger Testkauf 26. 6. 1981 – I ZR 71/79	GRUR 1981, 827 WRP 1981, 636	NJW 1981, 2752 DB 1981, 2269 LM UWG § 1 Nr. 355	47, 29; 51, 1
Vertriebsbindung 9. 5. 1985 – I ZR 99/83	GRUR 1985, 1059 WRP 1985, 555	NJW 1985, 2895 RIW 1985, 809	21, 22; 47, 14
Vier-Streifen-Schuh 12. 2. 1987 – I ZR 70/85	GRUR 1987, 364 WRP 1987, 466	LM BGB § 242 (Be) Nr. 56 MDR 1987, 730	33, 2; 34, 6; 34, 19; 38, 15; 38, 19
40 % weniger Fett 2. 5. 1991 – I ZR 258/89	GRUR 1992, 69 WRP 1991, 642	NJW-RR 1991, 1392 LM UWG § 3 Nr. 323	47, 12; 47, 22; 47, 23; 47, 27
Vitalsulfat 24. 2. 1961 – I ZR 83/59	BGHZ 34, 320 GRUR 1961, 354 WRP 1961, 228	NJW 1961, 1017 BB 1961, 431 DB 1961, 534	34, 19
Vorentwurf II 10. 12. 1987 – I ZR 198/85	GRUR 1988, 533	NJW-RR 1988, 1204 LM UrhG § 2 Nr. 25	38, 5; 38, 37
Vorsatz-Fensterflügel 20. 2. 1986 – I ZR 202/83	GRUR 1986, 618 WRP 1986, 465	NJW-RR 1986, 973 BB 1986, 2226 LM UWG § 1 Nr. 441	21, 28

A. *Verzeichnis der BGH-Entscheidungen mit Kennwort in alphabetischer Reihenfolge*

Kennwort Datum Aktenzeichen	Fundstellen		Zitate im Buch (Kap., Rdn.)
	BGHZ, GRUR, WRP	Sonstige	
Vorspannangebot 4. 7. 1975 – I ZR 27/74	BGHZ 65, 68 GRUR 1976, 248 WRP 1975, 672	NJW 1976, 51 BB 1975, 1498 DB 1975, 2176	4, 10; 8, 8
VUS 3. 2. 1976 – VI ZR 23/72	GRUR 1977, 114 WRP 1976, 240	NJW 1976, 799 DB 1976, 623 JZ 1976, 595	14, 8; 14, 11; 14, 12; 14, 13; 51, 8

W.

Kennwort Datum Aktenzeichen	Fundstellen		Zitate im Buch (Kap., Rdn.)
	BGHZ, GRUR, WRP	Sonstige	
Wandsteckdose II 8. 10. 1971 – I ZR 12/70	BGHZ 57, 116 GRUR 1972, 189 WRP 1971, 520	NJW 1972, 102 DB 1971, 2354 LM UWG § 1 Nr. 235	29, 6; 34, 1; 34, 19; 34, 20; 34, 25; 34, 28; 34, 31; 52, 33
Warentest III 3. 12. 1985 – VI ZR 160/84	GRUR 1986, 330	NJW 1986, 981 DB 1986, 689	34, 9
Warnschild 14. 4. 1965 – I b ZR 72/63	BGHZ 43, 359 GRUR 1965, 612 WRP 1965, 253	NJW 1965, 1527 BB 1965, 642 DB 1965, 848	4, 13; 13, 9
WAZ 22. 1. 1971 – I ZR 76/69	GRUR 1971, 259 WRP 1971, 222	NJW 1971, 804 BB 1971, 410 DB 1971, 568	4, 16; 18, 3; 18, 4; 18, 9; 18, 10; 18, 11; 18, 12; 41, 58
Weinbrand 14. 1. 1965 – K ZR 9/63	GRUR 1965, 381	BB 1965, 433 DB 1965, 509 WuW 1966, 75	19, 16; 19, 17
Weinetikettierung 25. 5. 1962 – I ZR 181/60	GRUR 1962, 650 WRP 1962, 330	NJW 1962, 1390 BB 1962, 691 DB 1962, 1338	8, 34
Weizenkeimöl 21. 2. 1964 – I b ZR 108/62	GRUR 1964, 392	NJW 1964, 1181 BB 1964, 490 DB 1964, 620	34, 8; 34, 12

A. Verzeichnis der BGH-Entscheidungen mit Kennwort in alphabetischer Reihenfolge

Kennwort Datum Aktenzeichen	Fundstellen		Zitate im Buch
	BGHZ, GRUR, WRP	Sonstige	(Kap., Rdn.)
Werbefahrer 4. 11. 1964 – I b ZR 3/63	GRUR 1965, 155 WRP 1965, 110	NJW 1965, 251 BB 1965, 11 LM UWG § 13 Nr. 18	6, 11
Werbeidee 20. 9. 1955 – I ZR 194/53	BGHZ 18, 175 GRUR 1955, 598 WRP 1955, 280	NJW 1955, 1753 DB 1955, 1083 LM UWG § 1 Nr. 28	13, 4; 13, 9
Werbewagen 4. 12. 1964 – I b ZR 38/63	GRUR 1965, 315 WRP 1965, 95	NJW 1965, 678 BB 1965, 178 DB 1965, 252	47, 6
Werbung im Programm 22. 2. 1990 – I ZR 78/88	BGHZ 110, 278 GRUR 1990, 611 WRP 1990, 626	NJW 1990, 3199 DB 1990, 1458 LM UWG § 1 Nr. 547–549	46, 2
Werbung in Schulen 4. 4. 1984 – I ZR 9/82	GRUR 1984, 665 WRP 1984, 399	NJW 1985, 1623 LM UWG § 1 Nr. 416 WM 1984, 1262	51, 1
Westfalenblatt III 15. 11. 1967 – I b ZR 39/66	GRUR 1968, 437 WRP 1968, 180	BB 1968, 395 DB 1968, 703 LM UWG § 23 Nr. 6	26, 22; 26, 24
Westfalenzeitung 10. 1. 1956 – I ZR 14/55	GRUR 1956, 238 WRP 1956, 229	BB 1956, 223	1, 16; 12, 10; 51, 59
Wettbewerbsverein I 7. 11. 1985 – I ZR 105/83	GRUR 1986, 320 WRP 1986, 201	NJW 1986, 1347 ZIP 1986, 394 MDR 1986, 467	13, 26; 13, 27; 13, 28
Wettbewerbsverein III 19. 5. 1988 – I ZR 52/86	GRUR 1988, 918 WRP 1988, 662	NJW-RR 1988, 1444 LM UWG § 13 Nr. 45	13, 26; 13, 34; 13, 45
Wettbewerbsverein IV 5. 10. 1989 – I ZR 56/89	GRUR 1990, 282 WRP 1990, 255	NJW-RR 1990, 102 LM UWG § 13 Nr. 48	13, 26; 13, 28; 13, 29; 13, 30; 13, 37; 13, 45; 41, 8; 41, 94; 43, 16; 43, 37

A. Verzeichnis der BGH-Entscheidungen mit Kennwort in alphabetischer Reihenfolge

Kennwort Datum Aktenzeichen	Fundstellen		Zitate im Buch (Kap., Rdn.)
	BGHZ, GRUR, WRP	Sonstige	
Whipp 22. 10. 1957 – I ZR 96/56	BGHZ 25, 369 GRUR 1958, 233 WRP 1958, 60	NJW 1958, 300 DB 1958, 75 LM WZG § 1 Nr. 7	29, 4;
Whisky-Mischgetränk 24. 4. 1986 – I ZR 127/84	GRUR 1986, 814		8, 49
Wickelsterne 21. 12. 1954 – I ZR 36/53	BGHZ 16, 82 GRUR 1955, 406	NJW 1955, 380 DB 1955, 141 LM WZG § 25 Nr. 6	17, 24
Widia-Ardia 19. 6. 1951 – I ZR 77/50	BGHZ 2, 394 GRUR 1952, 35	NJW 1951, 843 BB 1951, 684 DB 1951, 740	2, 9; 9, 7; 10, 2; 10, 13
Wiederholte Unterwerfung I 2. 12. 1982 – I ZR 121/80	GRUR 1983, 186 WRP 1983, 264	NJW 1983, 1060 DB 1983, 1420 LM UWG § 9 a Nr. 12	6, 7; 7, 3; 7, 10; 8, 49; 8, 51; 41, 27; 41, 50; 41, 53; 43, 33; 43, 38; 52, 32
Wiederholte Unterwerfung II 13. 5. 1987 – I ZR 79/85	GRUR 1987, 640 WRP 1987, 552	NJW 1987, 3251 LM BGB, § 242 (Be) Nr. 58	6, 9; 7, 1; 8, 51; 8, 52; 8, 53; 8, 54; 8, 56; 8, 57; 8, 61; 41, 50; 41, 53
Wie uns die anderen sehen 15. 1. 1965 – I b ZR 44/63	GRUR 1965, 495	NJW 1965, 1374 BB 1965, 522 DB 1965, 1514	30, 24; 33, 21
Wipp 10. 5. 1957 – I ZR 33/56	GRUR 1957, 499	BB 1957, 727 DB 1957, 714 LM WZG § 1 Nr. 5	19, 10; 57, 17
Wirtschaftsanzeigen – public relations 29. 3. 1974 – I ZR 15/73	GRUR 1975, 75 WRP 1974, 394	NJW 1974, 1141 BB 1974, 620 DB 1974, 1011	5, 6; 13, 30; 51, 5; 51, 9; 51, 23
Wirtschaftsprüfer 9. 5. 1967 – I b ZR 59/65	BGHZ 48, 12	NJW 1967, 1558 BB 1967, 690 DB 1967, 1081	13, 12

A. Verzeichnis der BGH-Entscheidungen mit Kennwort in alphabetischer Reihenfolge

Kennwort Datum Aktenzeichen	Fundstellen		Zitate im Buch
	BGHZ, GRUR, WRP	Sonstige	(Kap., Rdn.)
Wirtschaftsprüfervorbehalt 13. 2. 1981 – I ZR 111/78	GRUR 1981, 535	LM BGB § 242 (D) Nr. 75 MDR 1981, 733	38, 9; 38, 28; 38, 31
Wodka Woronoff 9. 4. 1937 – I ZR 201/84	GRUR 1987, 535 WRP 1987, 625	NJW-RR 1987, 1059 LM UWG § 3 Nr. 258	47, 12; 47, 19
Wörterbuch 2. 4. 1971 – I b ZR 22/70	GRUR 1971, 365 WRP 1971, 274	BB 1971, 670 LM UWG § 3 Nr. 111	47, 7
Wo ist mein Kind? 25. 5. 1965 – VI ZR 19/64	GRUR 1966, 157	LM GG Art. 5 Nr. 19 UFiTA 44, 362 MDR 1965, 735	6, 6
Wurstmühle 20. 6. 1984 – I ZR 60/82	GRUR 1984, 872		51, 4

Y.

Yves Rocher 11. 4. 1991 – I ZR 131/89	GRUR 1991, 556 WRP 1991, 486	NJW 1991, 556 ZIP 1991, 607	21, 19

Z.

Zahl 55 11. 1. 1955 – I ZR 16/53	GRUR 1955, 411 WRP 1955, 43	BB 1955, 178 LM UWG § 1 Nr. 22 MDR 1955, 286	5, 16; 10, 9; 10, 12; 30, 8; 31, 11
Zahnbürsten 19. 12. 1960 – I ZR 14/59	GRUR 1961, 288 WRP 1961, 113	BB 1961, 268 DB 1961, 433 LM UWG § 13 Nr. 11	12, 13; 18, 12; 38, 5; 38, 9; 38, 17; 38, 21; 51, 14

A. Verzeichnis der BGH-Entscheidungen mit Kennwort in alphabetischer Reihenfolge

Kennwort Datum Aktenzeichen	Fundstellen		Zitate im Buch
	BGHZ, GRUR, WRP	Sonstige	(Kap., Rdn.)
Zahnpasta 16. 3. 1987 – I ZR 56/87	GRUR 1989, 673 WRP 1989, 568	NJW-RR 1989, 1060 LM UWG § 1 Nr. 514	7, 11
Zahnprothesenpflegemittel 30. 10. 1962 – I ZR 128/61	GRUR 1963, 197 WRP 1963, 50	NJW 1963, 107 BB 1962, 1395 LM UWG § 1 Nr. 117	30, 15
Zahnrad 27. 6. 1958 – I ZR 76/57	GRUR 1958, 610 WRP 1958, 314	BB 1958, 853 LM WZG § 24 Nr. 30	17, 23
Zaunlasur 4. 10. 1990 – I ZR 39/89	GRUR 1991, 550 WRP 1991, 159	NJW 1991, 1229 BB 1991, 717 LM UWG § 3 Nr. 312	5, 6; 34, 3; 51, 18; 51, 25
Zentrale 5. 1. 1960 – I ZR 100/58	GRUR 1960, 379	BB 1960, 308 DB 1960, 260 LM UWG § 13 Nr. 10	7, 15; 8, 51; 13, 1
Zentralschloßanlagen 31. 5. 1967 – I b ZR 119/65	GRUR 1968, 49 WRP 1968, 54	BB 1967, 902 LM UWG § 1 Nr. 183 MDR 1967, 817	10, 10
Zirka-Preisangabe 11. 4. 1991 – I ZR 166/89	GRUR 1991, 685 WRP 1991, 578	NJW-RR 1991, 1192 BB 1991, 1287	41, 84; 41, 90
Zollabfertigung 15. 1. 1987 – I ZR 215/84	GRUR 1987, 532 WRP 1987, 606	NJW-RR 1987, 932 LM UWG § 1 Nr. 465	5, 15
Zwangsvollstreckungseinstellung 7. 9. 1990 – I ZR 220/90	GRUR 1991, 159	NJW-RR 1991, 186 LM ZPO § 719 Nr. 37 MDR 1991, 321	57, 42

A. Verzeichnis der BGH-Entscheidungen mit Kennwort in alphabetischer Reihenfolge

Kennwort Datum Aktenzeichen	Fundstellen		Zitate im Buch
	BGHZ, GRUR, WRP	Sonstige	(Kap., Rdn.)
Zwilling 22. 2. 1952 – I ZR 117/51	BGHZ 5, 189 GRUR 1952, 577	NJW 1952, 665 (Ls.) DB 1952, 448 LM WZG § 24 Nr. 4	5, 6; 12, 13; 17, 8; 17, 18; 17, 22; 57, 12

B. Verzeichnis der BGH-Entscheidungen ohne Kennwort

Nr.	Datum	Aktz.	Fundstellen	Zitate (Kap., Rdn.)
		1951		
1	17. 1.	II ZR 16/50	BGHZ 1, 65 NJW 1951, 311 JZ 1951, 311	46, 24; 46, 26
2	1. 3.	III ZR 9/50	LM ZPO § 287 Nr. 3 NJW 1951, 405	52, 35; 52, 37
3	23. 10.	I ZR 31/51	BGHZ 3, 261 VersR 1952, 128 LM BGB § 823 (C) Nr. 1	30, 4
4	9. 11.	IV ZB 73/51	BGHZ 3, 352 NJW 1952, 99 BB 1952, 126	33, 14
5	13. 12.	III ZR 83/51	BGHZ 4, 170 NJW 1952, 299 DB 1952, 269	30, 30
		1952		
6	31. 1.	III ZR 131/51	LM ZPO § 256 Nr. 5 NJW 1952, 546 (Ls.) BB 1952, 302	52, 18
7	24. 1.	III ZR 196/50	BGHZ 4, 328 JZ 1952, 234	51, 10
8	13. 2.	II ZR 91/51	BGHZ 5, 133 NJW 1952, 623	20, 8
9	4. 4.	III ZR 20/52	BGHZ 5, 314 NJW 1952, 740 VersR 1952, 209	44, 3
10	9. 6.	III ZR 128/51	BGHZ 6, 195 NJW 1952, 1090 DAR 1952, 150	32, 3
11	24. 9.	II ZR 136/51	BGHZ 7, 174 NJW 1952, 1412 MDR 1953, 34	57, 5
12	25. 9.	III ZR 322/51	BGHZ 7, 198 NJW 1953, 700 MDR 1953, 28	52, 37
13	27. 11.	VI ZR 25/52	BGHZ 8, 138 NJW 1953, 257 VersR 1953, 67	30, 9

B. Verzeichnis der BGH-Entscheidungen ohne Kennwort

Nr.	Datum	Aktz.	Fundstellen	Zitate (Kap., Rdn.)
		1953		
14	17. 6.	VI ZR 51/52	BGHZ 10, 104 NJW 1953, 1386 (Ls.) DB 1953, 733	26, 4
15	8. 10.	III ZR 310/51	BGHZ 10, 350 NJW 1953, 1826 JZ 1953, 766	55, 46
16	28. 10.	II ZR 149/52	BGHZ 10, 385 NJW 1954, 70 DB 1953, 1013	38, 3; 38, 9; 38, 21; 39, 1; 39, 7; 41, 52
17	21. 11.	VI ZR 203/52	LM KO § 146 Nr. 4 DB 1954, 61 (Ls.)	48, 10
18	23. 12.	VI ZR 1/52	LM KO § 146 Nr. 5 BB 1954, 173	46, 29
		1954		
19	24. 2.	II ZR 3/53	BGHZ 12, 308 NJW 1954, 1159 VersR 1954, 112	13, 55; 52, 13
20	26. 4.	III ZR 6/53	BGHZ 13, 142 NJW 1954, 1283 JZ 1954, 447	46, 47
21	17. 9.	V ZR 35/54	LM BGB § 1004 Nr. 14 JZ 1954, 708 BB 54, 913	14, 6
		1955		
22	27. 5.	II ZR 306/53	LM BGB § 407 Nr. 3 DB 1955, 190 (Ls.)	11, 5
23	21. 6.	I ZR 74/54	BGHZ 18, 22 NJW 1955, 1437 VersR 1955, 614	52, 20
		1956		
24	10. 1.	I ZR 14/55	LM BGB § 241 Nr. 2 GRUR 1956, 238 BB 1956, 223	51, 59

B. Verzeichnis der BGH-Entscheidungen ohne Kennwort

Nr.	Datum	Aktz.	Fundstellen	Zitate (Kap., Rdn.)
25	14. 7.	III ZR 29/55	BGHZ 21, 298 NJW 1956, 1517 JZ 1956, 603	46, 40; 46, 47

1957

Nr.	Datum	Aktz.	Fundstellen	Zitate (Kap., Rdn.)
26	4. 3.	GSZ 1/56	BGHZ 24, 21 NJW 1957, 785 MDR 1957, 666 JZ 1957, 543 VersR 1957, 288 DB 1957, 403 BB 1957, 417	30, 9
27	21. 3.	II ZR 172/55	BGHZ 24, 48 NJW 1957, 832 BB 1957, 380	45, 12
28	26. 4.	I ZR 35/57	LM ZPO § 719 Nr. 14 NJW 1957, 1193 GRUR 1957, 506 (Anm. Heydt) WM 1959, 784	57, 41
29	2. 7.	VI ZR 205/56	BGHZ 25, 86 NJW 1957, 1475 BB 1957, 980	30, 4
30	8. 10.	VI ZR 212/56	NJW 1957, 1926 JZ 1958, 248 WM 1957, 1516	36, 4
31	7. 11.	II ZR 280/55	BGHZ 26, 31 NJW 1958, 98 JZ 1958, 369	46, 29
32	27. 11.	IV ZR 121/57	LM ZPO § 256 Nr. 46 NJW 1958, 384 WM 1958, 168	13, 55; 52, 13

1958

Nr.	Datum	Aktz.	Fundstellen	Zitate (Kap., Rdn.)
33	19. 3.	V ZR 62/57	NJW 1958, 1725 MDR 1958, 590 JR 1958, 379	40, 15
34	22. 4.	VI ZR 65/57	BGHZ 27, 137 NJW 1958, 1041 MDR 1958, 596	30, 5
35	18. 9.	II ZR 332/56	BGHZ 28, 131 NJW 1958, 1867 MDR 1958, 905	46, 29

B. Verzeichnis der BGH-Entscheidungen ohne Kennwort

Nr.	Datum	Aktz.	Fundstellen	Zitate (Kap., Rdn.)
36	26. 11.	IV ZB 296/58	BGHZ 28, 398 LM ZPO § 187 Nr. 6 (Ls.) MDR 1959, 115 VersR 1959, 54	55, 46
	1959			
37	18. 2.	V ZR 11/57	BGHZ 29, 314 NJW 1959, 936 MDR 1959, 478	24, 2
38	16. 3.	III ZR 20/58	BGHZ 29, 393 NJW 1959, 1079 MDR 1959, 557 VersR 1959, 473	52, 35; 52, 37
39	25. 5.	III ZR 39/58	BGHZ 30, 123 NJW 1959, 1272 MDR 1959, 643	36, 4
40	20. 10.	VI ZR 166/58	NJW 1960, 380 MDR 1960, 128 BB 1959, 1227	32, 3
41	22. 12.	VI ZR 175/58	BGHZ 31, 308 NJW 1960, 476 MDR 1960, 300	24, 7
	1960			
42	25. 2.	III ZR 51/59	VersR 1960, 369	52, 35
43	22. 4.	V ZR 42/59	MDR 1960, 915 NJW 1960, 1950 ZZP 1961, 101	46, 23
44	2. 11.	V ZR 124/59	BGHZ 33, 373 NJW 1961, 602 MDR 1961, 217	38, 37
45	16. 12.	VI ZR 51/60	VersR 1961, 183	52, 35
	1961			
46	21. 4.	V ZR 155/60	LM ZPO § 91 a Nr. 13 MDR 1961, 587 NJW 1961, 1210	49, 42
47	8. 5.	II ZR 205/59	MDR 1961, 751 BB 1961, 730 DB 1961, 943	52, 9; 52, 16

B. Verzeichnis der BGH-Entscheidungen ohne Kennwort

Nr.	Datum	Aktz.	Fundstellen	Zitate (Kap., Rdn.)
48	24. 10.	VI ZR 89/59	NJW 1962, 243 MDR 1962, 124 JZ 1962, 486	19, 16; 19, 17
49	3. 11.	VI ZR 254/60	VersR 1962, 86 (518, Anm. Böhmer)	16, 10

1962

Nr.	Datum	Aktz.	Fundstellen	Zitate (Kap., Rdn.)
50	6. 2.	VI ZR 193/61	NJW 1962, 731 MDR 1962, 393 BB 1962, 315	38, 7; 38, 23
51	23. 5.	V ZR 123/60	BGHZ 37, 147 NJW 1962, 1344 BB 1962, 731	1, 16; 1, 17
52	30. 5.	VIII ZR 39/61	NJW 1962, 1511 MDR 1962, 898 WM 1962, 1536	48, 2
53	28. 6.	III ZR 166/60	VersR 1962, 1099	52, 35

1963

Nr.	Datum	Aktz.	Fundstellen	Zitate (Kap., Rdn.)
54	17. 10.	II ZR 77/61	BGHZ 40, 185 NJW 1964, 44 MDR 1964, 32	45, 17
55	16. 12.	III ZR 47/63	NJW 1964, 589 MDR 1964, 302 DB 1964, 654 BB 1964, 535	52, 35; 52, 37
56	19. 12.	V ZR 186/61	NJW 1964, 661 MDR 1964, 308 JR 1964, 261	52, 32; 52, 35; 52, 37

1964

Nr.	Datum	Aktz.	Fundstellen	Zitate (Kap., Rdn.)
57	22. 1.	Ib ZR 199/62	LM BGB § 242 (Be) Nr. 19 MDR 1964, 570 BB 1964, 410	38, 7
58	4. 2.	VI ZR 25/63	BGHZ 41, 123 NJW 1964, 720 MDR 1964, 407	30, 3
59	30. 4.	VII ZR 156/62	BGHZ 41, 318 NJW 1964, 1469 MDR 1964, 742	38, 23

B. *Verzeichnis der BGH-Entscheidungen ohne Kennwort*

Nr.	Datum	Aktz.	Fundstellen	Zitate (Kap., Rdn.)
60	9. 10.	Ib ZR 183/62	NJW 1965, 296 MDR 1965, 191 WM 1965, 49	46, 39

1965

Nr.	Datum	Aktz.	Fundstellen	Zitate (Kap., Rdn.)
61	26. 1.	VI ZR 207/63	BGHZ 43, 337 MDR 1965, 288 NJW 1965, 754 BB 1965, 305	33, 20
62	6. 5.	II ZR 19/63	NJW 1965, 1597 MDR 1965, 641 LM ZPO § 91 a Nr. 22	46, 41
63	14. 6.	GSZ 1/65	BGHZ 44, 46 NJW 1965, 1665 MDR 1965, 723 WM 1965, 714	45, 12; 45, 15; 45, 18; 45, 22
64	8. 11.	III ZR 114/64	VersR 1966, 162	52, 35

1966

Nr.	Datum	Aktz.	Fundstellen	Zitate (Kap., Rdn.)
65	29. 4.	V ZR 147/63	BGHZ 46, 17 NJW 1966, 2014 MDR 1966, 921	30, 5
66	18. 5.	Ib ZR 73/64	BGHZ 45, 251 NJW 1966, 1513 MDR 1966, 739	36, 46
67	21. 11.	VII ZR 174/65	WM 1967, 56 BB 1967, 97	48, 3

1967

Nr.	Datum	Aktz.	Fundstellen	Zitate (Kap., Rdn.)
68	24. 2.	V ZR 110/65	NJW 1967, 1131 MDR 1967, 576 JZ 1967, 367 LM ZPO § 567 Nr. 9	46, 44
69	17. 4.	II ZR 228/64	BGHZ 47, 352 NJW 1967, 1800 MDR 1967, 655	41, 4
70	18. 10.	VIII ZR 9/66	NJW 1968, 50 MDR 1968, 145 JZ 1968, 23	52, 20

B. Verzeichnis der BGH-Entscheidungen ohne Kennwort

Nr.	Datum	Aktz.	Fundstellen	Zitate (Kap., Rdn.)
71	13. 12.	VIII ZR 203/65	BGHZ 49, 124 NJW 1968, 356 MDR 1968, 319	45, 18
	1968			
72	2. 4.	VI ZR 156/66	VersR 1968, 648	52, 17
	1969			
73	2. 6.	II ZB 5/68	BGHZ 52, 169 NJW 1969, 1486 MDR 1969, 911 WM 1969, 1024	46, 23
	1970			
74	5. 5.	VI 212/68	BGHZ 54, 45 NJW 1970, 1411 MDR 1970, 752	52, 32
75	26. 5.	VI ZR 199/68	BGHZ 54, 76 NJW 1970, 1459 MDR 1970, 753	36, 8; 36, 10
76	7. 7.	VI ZR 233/69	NJW 1970, 1970 MDR 1970, 1002	52, 35; 52, 37
	1971			
77	28. 10.	III ZR 227/68	BGHZ 57, 170 NJW 1972, 204 MDR 1972, 127 WM 1972, 45	36, 52
	1972			
78	2. 5.	VI ZR 47/71	BGHZ 58, 355 NJW 1972, 1577 VersR 1972, 828 LM RVO § 1542 Nr. 76	20, 25
79	17. 5.	VIII ZR 76/71	BGHZ 59, 23 NJW 1972, 1622 MDR 1972, 863	45, 22

B. Verzeichnis der BGH-Entscheidungen ohne Kennwort

Nr.	Datum	Aktz.	Fundstellen	Zitate (Kap., Rdn.)
	1973			
80	23. 2.	V ZR 109/71	BGHZ 60, 235 NJW 1973, 703 MDR 1973, 395	15, 3
81	27. 2.	VI ZR 27/72	NJW 1973, 1413 MDR 1973, 661 JZ 1973, 427 LM ZPO § 287 Nr. 43	52, 37
82	8. 5.	IV ZR 158/71	BGHZ 60, 377 NJW 1973, 1194 MDR 1973, 658	20, 8
83	28. 5.	II ZR 135/71	NJW 1973, 1329 WM 1973, 1219 LM ZPO § 926 Nr. 3	52, 26; 52, 27
84	29. 5.	VI ZR 68/72	VersR 1973, 841 NJW 1973, 1496 LM BGB § 852 Nr. 47	16, 10
85	28. 6.	VII 200/72	LM ZPO § 256, 102 NJW 1973, 1500 MDR 1973, 925	52, 20
86	16. 10.	VI ZR 142/71	MDR 1974, 130 BB 1974, 64 LM ZPO § 945 Nr. 8 JR 1974, 158	36, 49
87	8. 11.	III ZR 161/71	WM 1974, 128 DB 1974, 529 VersR 1974, 291	33, 20
88	27. 11.	VI ZR 171/72	NJW 1974, 503 LM ZPO § 926 Nr. 4	56, 7; 56, 8; 56, 16
89	4. 12.	VI ZR 213/71	BGHZ 62, 7 NJW 1974, 642 JZ 1975, 507 GRUR 1975, 390 (Anm. Katzenberger)	36, 22; 36, 24
	1974			
90	28. 5.	VI ZR 65/73	VersR 1974, 1021	54, 49
91	30. 5.	VI ZR 199/72	NJW 1974, 1470 VersR 1975, 1024 LM ZPO § 546 Nr. 85 GRUR 1975, 94 (63, Anm. Schramm)	2, 13

B. Verzeichnis der BGH-Entscheidungen ohne Kennwort

Nr.	Datum	Aktz.	Fundstellen	Zitate (Kap., Rdn.)
92	1. 7.	VIII ZR 68/73	WM 1974, 905 BB 1974, 1184	44, 3
93	7. 11.	III ZR 115/72	NJW 1975, 539 MDR 1975, 388 JZ 1975, 181 LM ZPO § 91 a Nr. 33	46, 42
94	27. 11.	VIII ZR 9/73	BGHZ 63, 256 NJW 1975, 163 MDR 1975, 223	20, 1; 33, 19

1975

Nr.	Datum	Aktz.	Fundstellen	Zitate (Kap., Rdn.)
95	21. 2.	V ZR 148/73	NJW 1975, 1228 MDR 1975, 566 DB 1975, 976	46, 25
96	14. 5.	IV ZR 19/74	NJW 1975, 1409 MDR 1975, 829 WM 1975, 799	32, 9
97	23. 9.	VI ZR 62/73	VersR 1976, 166	16, 10
98	3. 12.	VIII ZR 237/74	NJW 1976, 625 MDR 1976, 309 BB 1975, 105 LM HGB § 377 Nr. 16	19, 4
99	12. 12.	IV ARZ 9/75	WM 1976, 134 Rpfleger 1976, 178	56, 32
100	19. 12.	V ZR 38/74	BGHZ 66, 37 NJW 1976, 416 MDR 1976, 389	22, 14

1976

Nr.	Datum	Aktz.	Fundstellen	Zitate (Kap., Rdn.)
101	8. 1.	III ZR 146/73	MDR 1976, 475 WM 1976, 475 LM ZPO § 91 Nr. 22	48, 5
102	12. 1.	VIII ZR 273/74	WM 1976, 292 DB 1976, 1103 BB 1976, 480	54, 49
103	9. 3.	VI ZR 98/75	BGHZ 66, 112 VersR 1976, 857 NJW 1976, 1256	34, 3; 41, 22
104	5. 4.	III ZR 69/74	VersR 1976, 859 WM 1976, 643 DB 1976, 1717	16, 10

B. Verzeichnis der BGH-Entscheidungen ohne Kennwort

Nr.	Datum	Aktz.	Fundstellen	Zitate (Kap., Rdn.)
105	22. 10.	V ZR 36/75	BGHZ 67, 252 NJW 1977, 146 MDR 1977, 299	24, 2; 58, 5
106	8. 11.	NotZ 1/76	BGHZ 67, 343 MDR 1977, 399 NJW 1977, 436	46, 46

1977

Nr.	Datum	Aktz.	Fundstellen	Zitate (Kap., Rdn.)
107	30. 3.	VIII ZR 300/75	WM 1977, 641 LM BGB § 138 (Bc) Nr. 16	20, 8
108	17. 5.	VI ZR 174/74	BGHZ 69, 37 NJW 1977, 1637 JR 1978, 110 LM ZPO § 280 Nr. 19	45, 17; 45, 18
109	19. 10.	IV ZR 149/76	BGHZ 69, 361 NJW 1978, 215 MDR 1978, 212	16, 37
110	21. 12.	IV ZR 4/77	BGHZ 70, 151 NJW 1978, 753 FamRZ 1978, 753	57, 55

1978

Nr.	Datum	Aktz.	Fundstellen	Zitate (Kap., Rdn.)
111	18. 1.	VIII ZR 262/76	NJW 1978, 1002 BB 1978, 751 MDR 1978, 751	38, 3; 38, 7
112	19. 1.	II ZR 124/76	BGHZ 70, 235 NJW 1978, 938 VersR 1978, 425 MDR 1978, 472	16, 37; 16, 50; 16, 51
113	24. 2.	V ZR 95/75	NJW 1978, 1584 MDR 1978, 914 DB 1978, 1689	51, 8
114	9. 5.	VI ZR 212/76	NJW 1978, 2024 VersR 1978, 923 LM BGB § 254 (Da) Nr. 38	36, 49
115	8. 6.	VII ZR 54/76	BGHZ 72, 23 NJW 1978, 1975 MDR 1978, 830	16, 39
116	16. 6.	V ZR 73/77	NJW 1978, 2157 MDR 1978, 1011 JZ 1978, 613	52, 28

B. Verzeichnis der BGH-Entscheidungen ohne Kennwort

Nr.	Datum	Aktz.	Fundstellen	Zitate (Kap., Rdn.)
117	20. 6.	VI ZR 15/77	NJW 1978, 2032 BB 1978, 1233 VersR 1978, 945 LM ZPO § 286 (C) Nr. 70	54, 15
118	3. 10.	VI ZR 191/76	NJW 1979, 266 VersR 1979, 53 LM GG Art. 44 Nr. 1	47, 14
119	4. 10.	IV ZB 84/77	BGHZ 72, 182 NJW 1979, 43 MDR 1979, 214	45, 22
120	8. 11.	VIII ZR 199/77	NJW 1979, 925 WM 1979, 170 MDR 1979, 309	46, 23

1979

Nr.	Datum	Aktz.	Fundstellen	Zitate (Kap., Rdn.)
121	14. 3.	IV ZR 80/78	MDR 1979, 829 FamRZ 1979, 573 LM ZPO § 263 Nr. 2	57, 57
122	20. 3.	VI ZR 30/77	BGHZ 75, 1 NJW 1980, 189 VersR 1979, 1026	36, 24; 36, 52
123	20. 6.	VIII ZR 228/76	NJW 1979, 2477 MDR 1979, 1018 WM 1979, 978	48, 2
124	6. 11.	VI ZR 254/77	NJW 1980, 119 VersR 1980, 70 BGHZ 75, 230 MDR 1980, 217 JR 1980, 107 JZ 1980, 99	41, 92

1980

Nr.	Datum	Aktz.	Fundstellen	Zitate (Kap., Rdn.)
125	26. 2.	VI ZR 53/79	BGHZ 76, 216 NJW 1980, 1518 VersR 1980, 675	41, 92
126	13. 3.	VII ZR 147/79	BGHZ 76, 236 NJW 1980, 1167 MDR 1980, 572	57, 29
127	7. 5.	VIII ZR 120/79	MDR 1980, 928 NJW 1980, 2463 WM 1980, 771	38, 6; 38, 8
128	10. 12.	VIII ZR 295/79	BGHZ 79, 117 NJW 1981, 867 MDR 1981, 491	6, 8

B. Verzeichnis der BGH-Entscheidungen ohne Kennwort

Nr.	Datum	Aktz.	Fundstellen	Zitate (Kap., Rdn.)
	1981			
129	10. 2.	VI ZR 182/79	NJW 1981, 1454 MDR 1981, 662 BB 1981, 758 LM ZPO § 287 Nr. 57	52, 36
130	9. 4.	IVa ZR 144/80	NJW 1981, 1732 WM 1981, 777 MDR 1981, 917	33, 20
131	9. 7.	VII ZR 123/80	BGHZ 81, 222 MDR 1981, 1006 NJW 1981, 2412	6, 8; 44, 8
132	7. 10.	VIII ZR 214/80	NJW 1982, 178 WM 1981, 1354 MDR 1982, 315	6, 8
133	15. 10.	X ZR 2/81	BGHZ 81, 397 NJW 1982, 830 MDR 1982, 227	48, 21
134	8. 12.	VI ZR 161/80	NJW 1982, 768 VersR 1982, 295 MDR 1982, 571	49, 42; 49, 45; 49, 46
	1982			
135	15. 1.	V ZR 50/81	BGHZ 83, 12 NJW 1982, 1598 MDR 1982, 657	46, 36; 46, 40
136	25. 2.	I ARZ 495/81	NJW 1982, 2070 MDR 1982, 728 Rpfleger 1982, 235	57, 46
137	17. 3.	IVa ZR 234/80	VersR 1982, 591 MDR 1982, 737 VRS 63, 107	49, 8
138	28. 4.	IVa ZR 8/81	NJW 1983, 998 ZIP 1982, 742 WM 1982, 718 MDR 1982, 918	52, 37
139	29. 9.	VIII ZR 167/82	WM 1982, 1260	46, 41
140	5. 10.	VI ZR 31/81	BGHZ 85, 110 NJW 1983, 232 VersR 1983, 79 JR 1983, 246	36, 4

B. Verzeichnis der BGH-Entscheidungen ohne Kennwort

Nr.	Datum	Aktz.	Fundstellen	Zitate (Kap., Rdn.)
141	7. 10.	III ZR 148/81	NJW 1983, 284 MDR 1983, 204 ZIP 1982, 1483 DB 1983, 225	48, 5
142	10. 11.	VIII ZR 156/81	NJW 1983, 392 WM 1983, 17 MDR 1983, 306	16, 39

1983

Nr.	Datum	Aktz.	Fundstellen	Zitate (Kap., Rdn.)
143	12. 1.	IVa ZR 135/81	BGHZ 86, 218 NJW 1983, 822 MDR 1983, 383 WM 1983, 349	57, 29
144	26. 1.	IVb ZR 351/81	NJW 1983, 2318 MDR 1983, 651 FamRZ 1983, 352	38, 7
145	11. 11.	V ZR 231/82	NJW 1983, 1242 VersR 1984, 280 MDR 1984, 476	24, 2
146	1. 12.	IX ZR 41/83	BGHZ 89, 137 NJW 1984, 484 MDR 1984, 311	38, 36

1984

Nr.	Datum	Aktz.	Fundstellen	Zitate (Kap., Rdn.)
147	23. 2.	IX ZR 26/83	BGHZ 90, 207 NJW 1984, 1968 MDR 1984, 485	57, 46
148	6. 12.	III ZR 141/83	VersR 1985, 358 MDR 1985, 1000 LM BGB § 254 (Dc) Nr. 32	36, 42; 55, 38; 55, 47
149	6. 12.	VII ZR 64/84	NJW 1986, 588 ZIP 1985, 833 MDR 1985, 570	46, 36; 46, 38

1985

Nr.	Datum	Aktz.	Fundstellen	Zitate (Kap., Rdn.)
150	8. 1.	VI ZR 145/83	VersR 1985, 335	36, 24; 36, 29
151	10. 1.	III ZR 93/83	NJW 1985, 1841 MDR 1985, 741 LM ZPO § 138 Nr. 21	46, 26; 46, 28; 51, 35

B. Verzeichnis der BGH-Entscheidungen ohne Kennwort

Nr.	Datum	Aktz.	Fundstellen	Zitate (Kap., Rdn.)
152	5. 2.	VI ZR 61/83	NJW 1985, 2022 MDR 1985, 483 JZ 1985, 589	16, 10
153	11. 7.	IX ZR 178/84	BGHZ 95, 256 NJW 1985, 2897	48, 2
154	4. 10.	V ZR 136/84	NJW-RR 1986, 356 MDR 1986, 304 JZ 1986, 107	46, 29
155	25. 11.	II ZR 236/84	NJW 1986, 1347 WM 1986, 273	16, 37

1986

Nr.	Datum	Aktz.	Fundstellen	Zitate (Kap., Rdn.)
156	23. 1.	IX ZB 38/85	NJW 1986, 2196 WM 1986, 402 MDR 1986, 752	45, 21
157	21. 3.	V ZR 23/85	BGHZ 97, 264 NJW 1986, 2245 MDR 1986, 835	37, 15
158	26. 5.	II ZR 237/85	NJW-RR 1987, 58 WM 1986, 1200	46, 28
159	27. 5.	III ZR 239/84	BGHZ 98, 77 NJW 1986, 2827 MDR 1986, 827 ZIP 1986, 1183	16, 14; 32, 6; 32, 7; 32, 13
160	19. 6.	IX ZR 141/85	BGHZ 98, 127 NJW 1986, 2704 MDR 1986, 931	58, 6
161	8. 7.	VI ZR 47/86	BGHZ 98, 148 NJW 1986, 2941 ZIP 1986, 1179 WM 1986, 1104 (1335) VersR 1987, 45 MDR 1986, 1012	30, 26
162	6. 11.	IX ZR 8/86	MDR 1987, 318 WM 1987, 249 VersR 1987, 411	46, 23
163	26. 11.	VIII ZR 260/85	NJW 1987, 909 WM 1987, 319	52, 37
164	11. 12.	III ZR 268/85	WM 1987, 247	41, 90
165	11. 12.	IX ZR 165/85	NJW-RR 1987, 683 WM 1987, 367	56, 5; 56, 15

B. Verzeichnis der BGH-Entscheidungen ohne Kennwort

Nr.	Datum	Aktz.	Fundstellen	Zitate (Kap., Rdn.)
	1987			
166	26. 2.	VII ZR 58/86	NJW 1987, 1946 WM 1987, 739 MDR 1987, 752	46, 26
167	24. 3.	VI ZR 217/86	NJW 1987, 3120 VersR 1987, 820 JZ 1987, 887 MDR 1987, 924	16, 10
168	12. 5.	VI ZR 195/86	NJW 1987, 2225 VersR 1987, 1016 MDR 1987, 1015 DB 1987, 2639	26, 8
169	13. 5.	VIII ZR 137/86	BGHZ 101, 49 NJW 1987, 2235 MDR 1987, 930	41, 4
170	13. 7.	II ZB 48/87	WM 1987, 1228 ZIP 1987, 1195 NJW 1987, 1276 EWiR 1987, 1227 (Heymanns)	48, 1
171	14. 7.	IX ZR 57/86	WM 1987, 1127 MDR 1988, 47 DB 1987, 2405	38, 7
172	1. 10.	IX ZR 17/86	NJW 1988, 200 WM 1987, 1520 MDR 1988, 226	52, 37
173	15. 12.	VI ZR 285/86	NJW-RR 1988, 411 VersR 1988, 465 JZ 1988, 419 BB 1988, 437 MDR 1988, 487	16, 10
	1988			
174	14. 1.	IX ZR 265/86	NJW 1988, 1268 WM 1988, 553 MDR 1988, 575	36, 4
175	3. 5.	VI ZR 276/87	NJW 1989, 774 VersR 1988, 827 MDR 1988, 952	26, 4
176	7. 6.	IX ZR 278/87	NJW 1988, 3268 MDR 1989, 59 WM 1988, 1352	36, 12; 36, 14; 36, 18; 36, 35; 36, 39; 36, 41

B. Verzeichnis der BGH-Entscheidungen ohne Kennwort

Nr.	Datum	Aktz.	Fundstellen	Zitate (Kap., Rdn.)
177	8. 6.	I ZR 148/86	NJW-RR 1988, 1151	46, 40
178	30. 6.	IX ZR 141/87	NJW 1989, 107 MDR 1989, 60 BB 1988, 1629	56; 38
179	7. 7.	I ZB 7/88	ZIP 1988, 1200 WM 1988, 1458 EWiR 1988, 1031 (Marotzke) NJW 1988, 3096	48, 2
180	29. 9.	I ARZ 589/88	NJW-RR 1989, 125 WM 1989, 119 BB 1989, 314 MDR 1989, 142	57, 49
181	22. 11.	VI ZR 226/87	WM 1989, 238 NJW 1989, 1154 VersR 1989, 168 MDR 1989, 345	55, 47
182	7. 12.	IVa ZR 290/87	NJW-RR 1989, 450 WM 1989, 548 MDR 1989, 431	38, 7
183	14. 12.	VIII ZR 31/88	NJW-RR 1989, 263 MDR 1989, 444 WM 1989, 263	51, 8; 51, 10; 51, 59
184	15. 12.	IX ZR 33/88	NJW 1990, 326 MDR 1989, 445 WM 1989, 581	16, 30

1989

185	8. 2.	IVa ZR 98/87	BGHZ 106, 359 NJW 1989, 2885 WM 1989, 960 MDR 1989, 523	46, 42; 46, 43
186	13. 4.	IX ZR 148/88	NJW 1990, 122 WM 1989, 927 WRP 1989, 514	36, 30; 36, 37; 36, 39; 36, 41; 36, 42; 36, 43; 36, 44; 55, 35; 55, 41; 55, 42; 55, 43; 55, 47
187	28. 9.	IX ZR 180/88	NJW-RR 1990, 122 LM ZPO § 253 Nr. 90	24, 8
188	24. 11.	V ZR 16/88	NJW 1990, 832 BB 1990, 1183 MDR 1990, 326	20, 21
189	21. 12.	IX ZR 234/88	NJW-RR 1990, 1532 WM 1990, 695 LM ZPO § 256 Nr. 161	41, 70; 41, 79; 52, 20; 51, 56

B. Verzeichnis der BGH-Entscheidungen ohne Kennwort

Nr.	Datum	Aktz.	Fundstellen	Zitate (Kap., Rdn.)
		1990		
190	1. 2.	I ZR 45/88	unveröffentlicht	49, 76; 49, 66
191	7. 2.	VIII ZR 98/89	NJW-RR 1990, 1213 WM 1990, 742	51, 35
192	22. 3.	IX ZR 23/89	NJW 1990, 2689 JZ 1990, 604	36, 49; 36, 50
193	24. 4.	VI ZR 110/89	BGHZ 111, 168 NJW 1990, 2060 VersR 1990, 749	41, 90
194	11. 6.	II ZR 159/89	NJW 1990, 3151 WM 1990, 1844 VersR 1990, 1254 MDR 1991, 226	38, 7
195	26. 9.	VIII ZR 5/90	NJW-RR 1991, 127 MDR 1991, 240 LM ZPO § 546 Nr. 132	49, 3
196	25. 10.	IX ZR 211/89	BGHZ 112, 356 NJW 1991, 496 JZ 1991, 404	36, 42; 36, 43
197	6. 11.	VI ZR 117/90	NJW 1991, 847 WM 1991, 381 MDR 1991, 427 LM ZPO § 546 Nr. 133	2, 13
198	28. 11.	VIII ZR 27/90	NJW-RR 1991, 509 WM 1991, 657 MDR 1991, 526	49, 32
199	29. 11.	I ZR 45/89	NJW 1991, 1683 WM 1991, 599 BB 1991, 626	51, 46
		1991		
200	9. 1.	XII ZR 85/90	NJW-RR 1991, 573 WM 1991, 911 MDR 1991, 1000	13, 22
201	21. 2.	I ZR 92/90	BGHZ 113, 362 NJW 1991, 2020 VersR 1991, 1034 MDR 1991, 793 BB 1991, 1821	46, 44
202	19. 11.	X ARZ 26/91	NJW 1992, 982 MDR 1992, 710	45, 17

B. Verzeichnis der BGH-Entscheidungen ohne Kennwort

Nr.	Datum	Aktz.	Fundstellen	Zitate (Kap., Rdn.)
203	10. 12.	X ARZ 85/91		57, 43
	1992			
204	26. 3.	IX ZR 108/91		36,11; 36, 21; 36, 23 f.; 36, 52
205	25. 6.	I ZR 136/90		51, 61

Sachregister

Die Zahlen bedeuten jeweils in ihrer Reihenfolge Kapitel und – durch Komma getrennt – Randnummer. Kursiv gedruckte Zahlen bezeichnen Häufungen oder Schwerpunkte des Vorkommens des Stichworts im Buchtext.

A
Abänderungsklage 57, 55; 57, 56 f.; 58, 18
Ablauf siehe Befristung
Ablehnung
– des Einigungsverfahrens 42, 14 f.
– wegen Befangenheit 51, 2
Abmahnkosten 1, 18; 8, 34; 13, 21; 13, 45; 41, 19; 41, 60; *41, 81 ff.*; 45, 5
Abmahnpauschale 13, 28; 13, 37; *41, 94–96*
Abmahnung 5, 17; 8, 35; 8, 52; 8, 54; 10, 12; 12, 1; 13, 51; 13, 54; 16, 36; 17, 7; 26, 4; 30, 16; 30, 19; 30, 22 f.; 34, 3 f.; *41, 1 ff.*; 43, 19; 43, 22; 43, 29; 44, 5; 51, 56; 52, 10; 52, 19; 52, 21; 55, 9; 55, 10; 55, 52 (Fn. 118).
– als rechtswidrige Behinderung des Verwarnten 30, 19; 41, 76 f.
– als Willenserklärung 8, 3; 8, 14; *41, 4–6*
– bei vorsätzlichem oder hartnäckigem Verhalten (Serientäterschaft) 41, 22; 41, 26; 41, 35
– Entbehrlichkeit wegen Unzumutbarkeit für den Gläubiger 41, 22; 41, 25; 41, 28 ff.
– Entbehrlichkeit wegen vorauszusehender Erfolglosigkeit 41, 23 ff.; 41, 29; 41, 35 f.
– erneute 41, 11
– Form 41, 9–13
– und Antwortpflicht 41, 50 ff.
– und Kosten siehe Abmahnkosten
– vor Klageerweiterung 46, 13
Abmahnverein 13, 37 f.; 13, 51; 41, 27 (Fn. 76); 41, 78; 41, 81
Abnehmer (i. S. des § 13 a UWG) 37, 8
Abnehmerkreis 17, 13
Abnehmerverwarnung 30, 19 (Fn. 38); 30, 20

Absatzbehinderung 13, 9–11
Abschlußerklärung 7, 17; 41, 45; 43, 2 ff., bes. *43, 5–15* und 43, 38 (Drittwirkung); 46, 35; 49, 27; 55, 11; 56, 29
Abschlußschreiben 43, 2 ff., bes. *43, 16–34;* 44, 5; 44, 8
Abschlußverfahren *43, 1 ff.;* 44, 5; 44, 8 (Fn. 12); 56, 29
Abtretung *15, 1–5;* 20, 21
Abwehr 4, 16; 5, 18; 10, 15; *18, 1 ff.;* 30, 25
Abwehranspruch 14, 10; 14, 16; 22, 2; 22, 9; 22, 13; 23, 4; 31, 10; 31, 12; 41, 75–80
Abwehrzweck 18, 10; 18, 12
Abzahlungsgesetz 37, 20
actio negatoria 2, 1; 2, 4; 2, 5
actio quasinegatoria 2, 5
Adäquate Verursachung
– des Schadens 30, 3 f.; 41, 82
– des Störungszustands 14, 4
Akzessorietät
– der Vertragsstrafe 16, 22; 20, 4; 20, 18; 20, 21; 20, 23
– des Auskunftsanspruchs 38, 4; 38, 7
Allgemeine Geschäftsbedingungen 20, 8
Allgemeinheit siehe Öffentlichkeit
Amtshaftung, Amtspflichtverletzung 42, 51
Androhung (gerichtlicher Schritte)
– in der Abmahnung 41, 14
– im Abschlußschreiben 43, 19; 43, 24
Androhung von Ordnungsmitteln siehe Ordnungsmittelandrohung
Anerkenntnis 16, 35; 41, 7; 41, 72; 43, 13; 52, 26; 53, 3; 55, 11; 55, 33; 56, 31
Anfechtung
– der Unterwerfung 8, 67
– der Vertragsstrafevereinbarung 20, 23

Sachregister

Angestellter (Haftung für) 5, 20; 6, 11; 14, 13; *14, 15 ff.;* 14, 22; 20, 15; 23, 4; 26, 12; 30, 21; 30, 24; 31, 11 f.; 37, 5
Angriff 18, 5–7
Angriffsfaktor (beim Streitwert) 49, 12
Anhängigkeit (der Klage oder einstweiligen Verfügung) 46, 40
Annahme (von Erklärungen) 8, 2 f.; 8, 37 ff.; 8, 50; 12, 1; 20, 8; 43, 10
Anordnung
– der Klageerhebung nach § 926 ZPO 56, *1 ff.*
– des persönlichen Erscheinens der Parteien durch die Einigungsstelle 42, 16 ff.
Anschein (einer Verletzungshandlung) 41, 58 ff.
Anscheinsbeweis 47, 14; 52, 34; 54, 48; 57, 28 (Fn. 74)
Anspruch
– negatorischer 2, 11; 2, 12
– quasinegatorischer 2, 11; 2, 12
Anspruchsgrundlage
– der Auskunftsansprüche 38, 3 f.
– der Beseitigungsansprüche 2, 11; 23, 3
– der direkten Unterlassungsansprüche 4, 1; 11, 6; 12, 11; 21, 2
– der indirekten Unterlassungsansprüche 4, 3; 11, 6; 12, 11; 21, 2
– der Schadensersatzansprüche 29, 1 ff.; 30, 19 36, 3; 37, 27; 41, 76 ff.
– der vorbeugenden Unterlassungsansprüche 9, 6; 10, 5 f.
– des Vorgehens gegen Abmahnungen 30, 19; 41, 75–80
Anspruchshäufung siehe Klagehäufung
Anspruchshindernis siehe Hindernis für die Anspruchsentstehung
Anspruchskonkurrenz 4, 10; 4, 12; 4, 14; 16, 16 ff.; 20, 22; 29, 6; 32, 2; 35, 4; 42, 9
Anspruchsverzicht 8, 2
Anspruchsvoraussetzung 5, 1; 5, 2; 5, 12; 5, 21; 7, 2; 8, 13; 8, 50; 10, 19; 16, 6; 22, 12; 22, 14–16; 26, 6–15; 27, 3; 30, 1 ff.
Anstifter 14, 3
Antrag
– auf Einleitung eines Verfahrens vor der Einigungsstelle 42, 12
– auf Fristsetzung gemäß § 926 ZPO 56, 4
– auf Streitwertbegünstigung 50, 15–17
– bei der Klage: siehe Klageantrag

– bei der einstweiligen Verfügung (siehe auch einstweilige Verfügung) 53, 4; *54, 38–41;* 56, 21
Antragsänderung *46, 19 ff.*
Antragserörterung (mit den Parteien) 51, 3
Antragsteller (als terminus technicus bei der einstweiligen Verfügung) 37, 2
Antwortpflicht (des Abgemahnten) 41, 49; *41, 50 ff.*
Anwaltsgebührenverein 13, 36
Anwaltszwang siehe Postulationsfähigkeit
Anwartschaft 7, 2
Anzeigen, Haftung für 14, 9; 20, 15
Arbeiter, Haftung für 14, 13
Aufbrauchfrist (allgemein) 2, 10; 2, 14; 8, 10–12; 57, 9; *57, 17 ff.;*
– und Bösgläubigkeit 57, 21
– und einstweilige Verfügung 57, 22 f.
– und endgültige Entscheidung 57, 22 f.
– und Verbotsirrtum 57, 27
– und Verschulden 57, 21
Auffangtatbestand 4, 13
Aufhebung
– der einstweiligen Verfügung siehe einstweilige Verfügung, Aufhebung der
– des Vertrags 20, 23
Aufklärungspflicht (des Abgemahnten) 8, 53; 8, 57 f.; *41, 51 ff.;* 41, 61
Aufopferungsanspruch 29, 4
Aufrechnung (gegen den Anspruch aus § 945 ZPO) 36, 51
Aufwendungen
– des Abgemahnten 41, 80
– des Beseitigungsgläubigers 26, 22; 26, 24
– des Verletzten 34, 2–4; 34, 32
Augenschein 54, 49
Ausbeutung 40, 7
Ausforschungsbeweis 38, 7
Auskunft (als Beweismittel) 47, 13–15
Auskunftsanspruch 16, 38; 17, 9; 17, 25; 27, 5; 34, 14; *38, 1 ff.;* 39, 1; 41, 52; 44, 4; 46, 6; 49, 37–39; 52, 5; 54, 11
– als Gegenstand einer Klage siehe Auskunftsklage
– als Gegenstand einer einstweiligen Verfügung 54, 11
– und Erledigung der Hauptsache während des Auskunftsprozesses 52, 7

Auskunftsklage 32, 9; 34, 25; 38, 36; 44, 3 f.; 46, 23; 46, 35; 49, 1; 49, 3; 49, 37–39; 51, 40; 51, 50; *52, 4 ff.*
– und Erledigung des Verfahrens 52, 7
Ausländischer Verband 13, 24
Ausländischer Wettbewerb 45, 13
Ausländisches Gericht 56, 5; 56, 20
Auslegung
– der Unterwerfungserklärung 8, 14; 12, 2; 12, 13
– der Vertragsstrafeverpflichtung 20, 21
– des Klageantrags 51, 8; 51, 10
Ausschluß von Parteivorbringen siehe Präklusion
Ausschlußfrist 37, 17
Aussetzung
– des Verfahrens 42, 34; 42, 44; 48, 16 ff.
– gemäß § 148 ZPO 48, 17 ff.; 55, 21; 56, 32
– in Schutzrechtsprozessen 48, 20 ff.
– und einstweilige Verfügung 48, 32; 54, 6; 55, 21
– und Vorlage an den EuGH 48, 30 ff.; 55, 21
– wegen kartellrechtlicher Vorfragen 46, 46; 48, 24 ff.; 54, 6; 55, 21
Ausübungssperre (= Anspruchssperre durch Verwirkung) 17, 1; 17, 22
Auswahl, Sorgfalt bei der – 14, 17

B
Beauftragten, Haftung für den – 5, 20; 6, 11; *14, 15 ff.*, dort insbes. *14, 24 ff.;* 20, 15; 23, 4; 26, 12; 30, 21; 31, 11 f.; 37, 5
Bedingung
– bei der Abschlußerklärung 43, 13
– bei der Unterlassungsverpflichtung 8, 2; 8, 8 f.; 8, 13; 12, 14; 20, 28; 57, 11
– beim Vertragsstrafeversprechen 20, 8
Befristung
– der Unterlassungsverpflichtung 8, 13
– des Unterlassungsanspruchs 1, 14
– eines Rechts 1, 12; 1, 22
Begehungsgefahr siehe Erstbegehungsgefahr und/oder Wiederholungsgefahr
BGB, Anwendbarkeit 1, 15; 1, 23
Begehungsort 45, 13
Behinderung (durch Abmahnung) 41, 76 f.
Beratungshilfe 50, 1

Bereicherungsanspruch 17, 9; 39, 5; *40, 1 ff.*
Bereicherungshaftung 34, 23; 37, 40; *40, 1 ff.*
Bereicherungsvorschriften 32, 12
Berührung 5, 11; 9, 1; *10, 9 ff.;* 10, 20; 16, 5; 16, 31; 52, 27
Berufsgericht 13, 21; 45, 1
Berufsverband *13, 20–22;* 26, 46; 42, 21; 47, 13
Beschlußverfügung siehe einstweilige Verfügung in Beschlußform
Beschwerde
– gegen rechtsschutzgefährdende Terminierungen 55, 17
– im Verfahren vor den Einigungsstellen 42, 29–34
– im Verfügungsverfahren 55, 6 f.; 55, 13
– im Vollstreckungsverfahren 57, 37
Beseitigung
– der Wiederholungsgefahr siehe Wiederholungsgefahr, Fortfall der
– einer Marktverwirrung 26, 40 ff.
– eines Störungszustands 1, 10; 1, 11; 14, 6; 20, 15; *22, 1 ff.; 23, 1 ff.; 24, 1 ff.; 25, 1 ff.; 26, 1 ff.*
– und Klage siehe Beseitigungsklage
Beseitigungsanspruch
– allgemein 1, 10; 1, 11; 16, 38; *22, 1 ff.; 23, 1 ff.; 24, 1 ff.; 25, 1 ff.; 26, 1 ff.;* 33, 12; 46, 6; 52, 1; 52, 1; 52, 4
– Erfolg des 1, 11; 22, 5
– Inhalt des 24, 1–8; 25, 2–6; 25, 9 f.; 38, 35
– Systematik des 24, 9–11
– Umfang des 1, 10
– und Unterlassungsanspruch *22, 4 ff.;* 24, 5 (Fn. 17); 27, 5; 58, 4
– Vorbereitung des 38, 6; 38, 19; 38, 20
– vorbeugender 22, 14
– Wesen des 1, 11; *22, 1 ff.*
– Zielsetzung des 1, 10; 1, 11; 22, 2; 25, 2; 38, 32
Beseitigungsklage 44, 1; 49, 30 f.; 51, 40
Beseitigungstitel 57, 1; *58, 1 ff.*
Besitzstand 17, 3; *17, 9–24;* 19, 11 f.; 27, 2; 32, 1
Besonderheiten (der OLG- Rechtsprechung zur einstweiligen Verfügung) 53, 8
Bestandserhaltung (der einstweiligen Verfügung) 55, 37; 55, 38 ff.

Sachregister

Betriebsgeheimnis 25, 11; 38, 14; 39, 4
Betriebsinhaber als Schuldner 6, 11; 14, 4; *14, 15 ff.;* 14, 21; 30, 24; 31, 10–12
Betriebsinterna 38, 21
Betriebsorganisation 14, 17; 14, 24 f.; 30, 24
Beweis 47, *1 ff.;* 52, 11
– des ersten Anscheins siehe Anscheinsbeweis
Beweisanforderungen 8, 68; 10, 8; 16, 40; 26, 17; 36, 11 f.; 41, 13
Beweisantrag 47, 10; 47, 17
Beweisaufnahme 42, 21; 46, 18; 46, 47; 47, 4; 47, 11; 49, 5; 49, 62 f.
Beweisbeschluß 47, 15
Beweiserleichterungen 2, 15; *47, 30–32;* 52, 35 f.; 52, 37; 57, 28 (Fn. 74)
Beweisführung 43, 14; 47, 1; 54, 11; 54, 14; 57, 28
Beweisgründe 41, 10
Beweislast
– allgemein 11, 6; 26, 18; 35, 3; 36, 12; 37, 14; 38, 7; 40, 15; 41, 13; 43, 9; *47, 1 ff.,* bes. *47, 17 ff.;* 57, 28
– bei der Abmahnung 41, 11
– bei der Begehungsgefahr 6, 9; 6, 10; 10, 8
– bei der einstweiligen Verfügung 54, 45; 57, 28
– bei der Schadensersatzfeststellung 52, 29
– bei der Unterwerfung gegenüber Dritten 8, 56 f.
– beim eingeschränkten Widerruf 26, 18
Beweislastumkehr 8, 29; 8, 24; 41, 11; *47, 17–19;* 57, 28
Beweismittel 41, 13; 41, 14; 41, 19; 46, 47; 47, 7; 47, 12; 47, 13 ff.; 54, 49
Beweisnot 52, 33
Beweisverfahren 47, 3; 47, 12
Bezichtigung (durch Auskunft) 38, 22–26; 38, 34
Bindung des Schadensersatzrichters (im Verfahren nach § 945 ZPO) *36, 13 ff.;* 52, 28
Bösartigkeit des Wettbewerbsverstoßes 41, 35 f.; 41, 41
bona fides superveniens 17, 15
Branchen 17, 5
Branchenüblichkeit 19, 1–4

Bundesverfassungsgericht 10, 18; 21, 5 f.; 37, 8; 38, 23; 38, 24; 46, 39; 50, 5; 55, 22; 56, 38; 57, 28 (Fn. 74); 57, 54

C
Cassis de Dijon-Rechtsprechung des EuGH 21, 1
Charakteristisches der konkreten Verletzungsform siehe Kern der Verletzungshandlung und Verallgemeinerung der konkreten Verletzungsform
culpa in contrahendo 30, 19 (Fn. 38); 41, 61; 42, 46

D
Darlegungslast 47, 17 ff.
– bei der einstweiligen Verfügung 54, 42–48
Dauerhandlung 1, 11; 16, 3; 16, 13; 32, 5
Dauerpflicht 1, 16; 1, 18; 1, 19; 1, 22
DIHT 47, 13
Diskriminierung
– ausländischer Waren 21, 15; 21, 20
– der Inländer 21, 19
Doppelfunktion
– der Abmahnung 41, 6
– der Vertragsstrafe 20, 1; 33, 19; 35, 1
– des § 13 UWG 13, 17; 13, 27; 13, 54
Dringlichkeit der einstweiligen Verfügung 36, 28; 42, 42; 54, 9 (Fn. 18); *54, 15 ff.*
– besondere 54, 9; 55, 2; 55, 16
– und Antragsänderung 54, 40
– und bedingte Unterwerfung 56, 30
– und Beschwerdeeinlegung 55, 6 f.
– und Hauptsacheerledigung 55, 25 f.
– und Kenntnis von der Verletzungshandlung 54, 28
– und Marktbeobachtung 54, 28 f.
– und Ordnungsmittelantrag 54, 41
– und Rechtsmittelfristen 54, 27
– und Verbände 54, 30 ff.
– und Vertagungen bzw. Ruhen des Verfahrens 54, 27
– und Widerlegung der Vermutungswirkung 54, 22 ff.
– Verlust der (und Verbandseinschaltung) 13, 42; 13, 62
Dritter (i. S. des § 13 a UWG) 37, 9; 37, 11 ff.; 37, 23 ff.
Duldungsanspruch 26, 23 f.; 26, 36 ff.
Duldungsanschein

– als Anspruchshindernis beim Beseitigungsanspruch 22, 17
– bei der Verwirkung *17, 4–8;* 17, 15
Duldungspflicht bei der Urteilsveröffentlichung 26, 23 f.
Durchführungsbestimmungen der Landesbehörden (zu Verfahren der Einigungsstellen) 42, 2; 42, 11 f.; 42, 51

E
EG siehe Europäische Gemeinschaften
Eidesstattliche Versicherung siehe Versicherung an Eides Statt
Eingeschränkter Widerruf 26, 17 ff.
Eingriff in das Unternehmen (bzw. den eingerichteten und ausgeübten Gewerbebetrieb) 4, 3; 4, 13; 5, 13; 16, 17; 29, 2; 31, 1; 36, 36
Einigungsstelle 16, 36; 16, 41; 16, 48; 32, 11; *42, 1 ff.;* 57, 3
Einigungsverfahren 42, 11 ff.
Einlassungsfrist (bei der einstweiligen Verfügung) 55, 19
Einrede 16, 24; 16, 30; 16, 32; 27, 1 ff.; 32, 2 ff.; 43, 7 f.; 55, 29; 56, 6; 56, 10; 56, 31
Einschränkungen (der Verbotsform) 1, 9; *51, 21–28*
Einschreiben, Einschreibsendung 41, 11
Einstellung der Zwangsvollstreckung bzw. einstweilige Einstellung siehe Zwangsvollstreckung
Einstweilige Verfügung (= eV)
– allgemein 2, 15; 7, 14; 8, 65; 13, 55; 20, 33; 36, 1 ff.; 41, 2; 41, 40; 41, 45; 42, 8; 42, 34; 42, 37; 43, 1–5; 43, 20; 43, 31; 43, 37; 44, 2; 45, 3; 46, 41; 49, 53; 49, 60; 52, 10; 52, 21; *53, 1 ff.; 54, 1 ff.; 55, 1 ff.; 56, 1 ff.*
– Aufhebung der eV 52, 24; 52, 26; 56, 22 f.; 56, 24 ff.
– Aufhebung und Schadensersatzpflicht des Gläubigers 36, 3 ff.; 36, 33
– eV gegen Sicherheitsleistung 55, 4
– in Beschlußform 26, 26; 36, 23; 36, 39; 43, 5; 43, 28; 54, 13; *55, 2 ff.;* 55, 38 ff.; 55, 45 ff.; 55, 48; 57, 3
– und Anordnung der Klageerhebung 56, 2 ff.
– und Antrag *54, 38–41;* 56, 21
– und Aufbrauchfrist 57, 23

– und Aussetzung des Verfahrens 55, 21 ff.
– und Beseitigung 53, 1; 54, 11; 54, 20
– und besondere Dringlichkeit 54, 9; 55, 2; 55, 16
– und Erledigung der Hauptsache 46, 34; 46, 47 (Fn. 81); *55, 23–32*
– und Einigungsverfahren 42, 8; 42, 37; 42, 42
– und Einstellung der Zwangsvollstreckung 57, 41; 57, 44 f.
– und Feststellungsklage 52, 22 ff.
– und Glaubhaftmachung 54, 42 ff.; 56, 32; 56, 34
– und Klageänderung 36, 33; 46, 13 ff.; 46, 31 f.; 54, 40
– und Kosten der Aufhebung 56, 36 ff.
– und Kostenregelung im Vergleich 55, 34
– und Kostenwiderspruch 55, 9 ff.
– und Ladungs- bzw. Einlassungsfristen 55, 19
– und Ordnungsmittelandrohung 51, 43 (Fn. 94)
– und Prozeßrechtsverhältnis bzw. Rechtshängigkeit 55, 1; 55, 57
– und rechtliches Gehör 55, 6 f.; 55, 8 (Fn. 21); 55, 15 (Fn. 36); 55, 52, 55, 56; 56, 17
– und Rechtskraft 56, 24; 56, 34; 56, 39
– und Rechtsmißbrauch 54, 45 (Fn. 102); 55, 19
– und Rechtspflegerkompetenz 56, 4; 56, 8; 56, *13–17*
– und Schiedsvertrag 45, 3
– und Schutzschrift 55, 52 ff.
– und Streitgegenstand 36, 23; 36, 32 f.; 53, 3; 54, 8; 55, 11 f.; 55, 33; 56, 21
– und Streitwert 49, 25 ff.
– und Terminbestimmung 55, 15 f.; 55, 35
– und Urteilsveröffentlichung 26, 26; 26, 27
– und »Veränderte Umstände« im Sinne des § 927 ZPO 56, 26 ff.
– und Vergleich 55, 33 f.
– und Verjährung 16, 15; 16, 40 ff.; 43, 2 (Fn. 1); 43, 5; 43, 8; 55, 25; *55, 29–32;* 56, 10 f.
– und Verjährung bei der Anordnung der Klageerhebung 56, 10 ff.

Sachregister

- und Verweisung des Rechtsstreits 55, 20
- und Vollstreckungsabwehrklage 57, 52 f.
- und Vollziehung 16, 43 f.; 55, 25 (Fn. 56); *55, 37 ff.*; 56, 28; 56, 38 (Siehe Näheres auch unter Vollziehung)
- und Widerspruch 55, 8 ff.; 55, 48; 55, 50
- und Wiederholungsgefahr 7, 14; 7, 17
- und Zuständigkeit 45, 21; 54, 10; 56, 25
- ungerechtfertigte eV und Schadensersatz *36, 1 ff.*
- Zurückweisung durch Beschluß 55, 5

Einwand, Einwendung, Einwendungstatbestände 7, 2; 8, 61; 13, 48; 13, 53; *17, 1 ff.; 18, 1 ff.; 19, 1 ff.*; 22, 7; *27, 1 ff.*; 32, 1; 40, 13 f.; 41, 88; 47, 1; 57, 51
Einwilligung 19, 19
Einzelkaufmann 14, 23
Entlastung (oder Exkulpation) 14, 19; 20, 15; 30, 24
Erfahrungssätze 47, 6; 47, 11; 54, 48
Erfolgshaftung 30, 19
Erforderlichkeit siehe Notwendigkeit
Erfüllung 1, 11; 1, 16; 1, 21; 14, 29; 16, 35; 20, 1; 20, 19; 22, 5; 22, 8; 29, 5; 34, 25; 36, 42; 46, 35; 58, 12 f.
Erfüllungsgehilfe, Haftung für ihn 12, 9; 20, 15; 23, 4; 26, 12; 30, 32; 41, 45; 43, 37 (Fn. 73); 52, 11; 57, 26
Erinnerung 56, 15; 56, 17
Erlangtes siehe Herausgabe
Erledigung der Hauptsache 10, 4; 26, 27; 36, 33; 43, 13; *46, 33 ff.*; 52, 7; 52, 20; 52, 27; 57, 38
- im einstweiligen Verfügungsverfahren 53, 3; 55, 10; *55, 23 ff.*; 55, 35; 55, 50 (Fn. 113); 56, 8
- und Streitwert 49, 41 ff.
Ermessen
- bei der Aufhebung der einstweiligen Verfügung 56, 32
- bei der Aussetzung 48, 23; 55, 21
- bei der Klageänderungszulassung 46, 28
- bei der Ordnungsmittelfestsetzung bzw. -wahl 57, 32
- bei der Streitwertfestsetzung 49, 5; 49, 51; 49, 55; 49, 87; 50, 20

- bei der Schadensersatzschätzung 52, 35; 52, 37 f.
Ernstlichkeit der Unterwerfung 7, 12; 7, 16; 8, 18; 8, 23; 8, 27; 8, 34; 8, 36; 8, 49; 8, 53 f.; 8, 65
Ersatzordnungshaft 57, 25; 57, 33; 57, 37
Erstbegehungsgefahr 2, 5; 5, 9–11; 6, 4; 6, 5; 6, 10; 6, 14; 7, 2; 8, 68; *10, 1 ff.*; 15, 12; 16, 4 f.; 16, 31 f.; 20, 5; 22, 16; 41, 52; 41, 59 (Fn. 132); 41, 86; 45, 13; 48, 8
- Fortfall der 8, 68; *10, 20 f.*
Erweiterung (der konkreten Verletzungsform) siehe Verallgemeinerung der konkreten Verletzungsform
Europäische Gemeinschaften *21, 1 ff.*; 27, 1; 27, 4; 45, 19
- Recht der *21, 1 ff.*; 46, 16; 48, 30; 55, 21
Europäischer Gerichtshof *21, 1 ff.*; 45, 21; 46, 16; 48, 30 f.; 54, 6; 45, 21
Eventualantrag siehe Hilfsantrag
Eventualklage 46, 7; 51, 29; 51, 47
EWG-Vertrag 17, 18; *21, 3 ff.*; 48, 16; 55, 21
exceptio doli 16, 54; 43, 5
Exkulpation siehe Entlastung

F
Fachverbände 41, 82; 41, 93; 49, 20
Fahrlässigkeit 30, 7; 30, 9 f.; 30, 12 f.; 30, 22; 30, 26; 37, 12; 41, 29
Feststellungsinteresse 13, 55; *41, 68–70*; 43, 11; 44, 4; 46, 35; 49, 35; 52, 11; *52, 12 ff.*; 52, 28
- und einstweilige Verfügung 52, 21 ff.
Feststellungsklage 16, 39; 34, 15; 34, 25; 36, 8; 41, 64; *41, 66–73*; 42, 35 f.; 43, 5; 43, 11; 44, 2; 44, 4; 46, 23; 46, 25; 46, 35; 49, 1; 49, 30; *49, 32–35*; 49, 54; *42, 8 ff.*
- bei Titelfortfall 57, 58
- und einstweilige Verfügung *52, 21 ff.*; 55, 11; 56, 1
- und Schadensersatz 52, 12 ff.
Firma (Firmenrecht) 1, 11; 34, 7; 34, 33; 40, 3; 41, 78; 47, 5
Fixkosten (eines Vereins) 41, 94
Fortsetzungszusammenhang *8, 30–33*; 16, 14; 20, 13; 20, 17; 32, 6; *57, 35*
Frachtführer, Haftung des 14, 8
Fragestellungen (bei Meinungsforschungsgutachten) 47, 22

Sachregister

Freiberufler 13, 7
Freistellung, Freistellungsverfahren 21, 22
Frist
- bei der Abmahnung *41, 13–17;* 41, 47 ff.
- bei der Dringlichkeit 54, 25 ff.
- bei der Verjährung 16, 15
- bei der Vollziehung siehe Vollziehung
- im Abschlußverfahren 43, 14; 43, 17 f.; 43, 22 f.; 43, 31
Fristsetzung (zur Hauptsacheklage) 36, 3; 36, 33 f.; 54, 39; *56, 2 ff.;* 56, 17
Fusion 15, 7

G
Garantie, Garantiehaftung 20, 15; 20, 20
Gebrauchsmustergesetz 13, 2; 48, 22
Gefährdungshaftung (für unberechtigte einstweilige Verfügung) 36, 4; 36, 33; 36, 35
Gegenabmahnung 41, 69; *41, 72–74*
Gegendarstellung 26, 20 f.; 26, 31; 26, 41; 55, 22
Gehilfen, Haftung des 14, 3; 14, 11
Gehör, rechtliches 47, 19; 49, 81; 53, 4; 55, 6 f.; 55, 8 (Fn. 21); 55, 15 (Fn. 36); 55, 52; 55, 56; 56, 17; 57, 29
Geldersatz 33, 10; *33, 18–22*
Gemeinschaftsrecht siehe Europäische Gemeinschaften, Recht der
Gerichtliche Hilfe (und Abwehr) 18, 11
Gerichtsstand 41, 71; *45, 13 ff.;* 54, 4; 54, 10
Gerichtsverfassungsgesetz 45, 1; 45, 10 f.
Gerichtsvollzieher 57, 1; 57, 5
Gesamtrechtsnachfolge 15, 7; 15, 12
Gesamtschuld, Gesamtschuldner, gesamtschuldnerische Haftung
- beim Auskunftsanspruch 38, 36
- beim Bereicherungsanspruch 40, 18
- beim Schadensersatzanspruch 31, 13
- beim Unterlassungsanspruch 14, 28–32; 15, 10
- beim Vertragsstrafeanspruch 20, 18–20
Geschäftsaufgabe (und Wegfall der Wiederholungsgefahr) 7, 11
Geschäftsbetrieb 13, 11
Geschäftsbeziehungen 17, 6
Geschäftsführer
- Haftung 14, 4; 14, 17; 14, 23; 14, 32; 57, 26
- Ordnungsmittelandrohung 57, 33
Geschäftsführung ohne Auftrag 13, 38; 26, 41; 36, 48; 41, 40; 41, 52; 41, 60; 41, 84 ff.; 43, 20; 43, 30; 43, 33 f.
Geschäftsgrundlage
- fehlerhafte 1, 20
- Wegfall der 1, 20; 8, 8; 8, 67; 12, 14; 20, 8; 20, 25–28; 43, 15; 57, 53
Geschäftsherr 6, 11; 30, 24; 31, 10–12; 32, 4
Gesetz gegen Wettbewerbsbeschränkungen (GWB) 11, 2; 13, 15; 13, 18 f.; 15, 1; 16, 15; 17, 18; 18, 2; 20, 11; 29, 1; 30, 5; 31, 5; 45, 8; 48, 16; 48, 24; 48, 28
Gesetzlicher Richter und Zuständigkeit 45, 12; 45, 15
Gesetzwidrigkeit, greifbare 42, 33
Gesinnungswandel 8, 34
Gewerbetreibender 13, 7; 13, 23; 13, 40; 54, 34
Gewinn
- entgangener 34, 5; 34, 11; 34, 12 ff.; 36, 37
- und Besitzstand 17, 13
Gewohnheitsrecht 13, 2; 19, 20; 34, 19; 37, 31; 38, 5; 41, 1; 54, 37
Gläubiger
- beim Beseitigungsanspruch 23, 1 ff.
- beim Schadensersatzanspruch 31, 1 ff.
- beim Unterlassungsanspruch 13, 1 ff.
Glaubhaftmachung (bei der einstweiligen Verfügung) 36, 1; 53, 4; 54, 18; *54, 42–48;* 55, 52; 56, 21
Goodwill 17, 11
Grauzone bei Verbandsklagen *13, 39–45;* 13, 52
Gutgläubigkeit
- bei der Verwirkung 17, 14–17
- beim Widerruf 26, 12

H
Haftung auf Unterlassung
- für eigenes Verhalten 14, 2–11
- für das Verhalten Dritter 14, 1; *14, 14–27*
- mehrerer Schuldner 14, 26–28
Hamburger Brauch 8, 22
Handel, innergemeinschaftlicher 21, 8–20
Handeln zu Wettbewerbszwecken 5, 2
Handelsbrauch 19, 1–4
Handelsgeschäft 13, 11

707

Handelsgesellschaft 13, 8; 14, 4; 14, 23; 34, 12
Handelsgesetzbuch (HGB) 17, 9
Handelsüblichkeit 19, 1 f.
Handlung siehe Verletzungshandlung
Handlungseinheit 20, 16; 57, 35
Handlungserfolg (und Gerichtsstand) 45, 13 f.
Handwerkskammern 13, 9; 13, 21; 47, 13
Hauptsacheentscheidung, Wirkungen 36, 13 ff.
Hauptsacheerledigung siehe Erledigung der Hauptsache
Hauptsacheklage zur einstweiligen Verfügung
– und Bestand des materiellen Anspruchs 56, 6 ff.
– und Verfügungsantrag 56, 21
– und Verfügungszuständigkeit 54, 2–6
Hauptverursacher 14, 9
Haustürwiderrufsgesetz 37, 19 f.
Hausverbot 47, 29
Heilung von Zustellungsmängeln
– bei Klageerhebung 16, 37
– bei Vollziehung der einstweiligen Verfügung 55, 44–47
Hemmung
– des Anspruchs 7, 2
– der Verjährung 16, 47; *16, 48 ff.*; 27, 4 f.; 32, 2; 42, 49
– Herabsetzung der Vertragsstrafe 20, 8; 35, 2
Herausgabe
– der Bereicherung 40, 8 f.; 40, 16
– des Erlangten 36, 12; 40, 8 f.
– zur Vernichtung 25, 7; 25, 9; 54, 11
Hersteller, Haftung des 14, 7
Hilfsanspruch 38, 4 f.; 38, 34; 49, 37
Hilfsantrag
– bei der Hauptsacheerledigung *46, 41 ff.*
– bei der Unterlassungsklage 51, 29 ff.
– und Klageänderung 46, 20; 51, 35
Hindernis für die Anspruchsentstehung 18, 4; *21, 3–30*; 27, 3; 27, 4

I
Immaterialgüterrechte 34, 18–20; 34, 31; 40, 6
Importeur (Haftung als Störer) 14, 8

Individualinteressen 13, 12; 17, 18–21; 30, 5; 42, 9
Industrie- und Handelskammer 13, 19; 13, 22; 13, 33; 17, 13; 42, 28; 42, 31; 42, 50 f.; 47, 13
Inhaber
– als Anspruchsberechtigter 13, 8
– als Anspruchsverpflichteter siehe Betriebsinhaber als Schuldner
Inländerdiskriminierung 21, 19
Insbesondere-Antrag 51, 36 ff.
Interesse
– berechtigtes 10, 11; 10, 15; 17, 9; 19, 17; 26, 7
– der Allgemeinheit (oder öffentliches) 13, 30; 13, 32; 17, 18 ff.; 18, 8; 19, 6; 19, 19; 26, 11; 26, 30; 42, 9; 49, 10; 49, 18–23; 54, 18 (Fn. 47); 54, 32; 57, 17; 57, 19; 57, 21
– des Schuldners 24, 8; 26, 30; 38, 9; 38, 21; 41, 52
– Dritter bei Abwehr, Einwendungen und Verwirkung 17, 8 ff.; 18, 8; 19, 6 f.; 19, 11; 19, 19
– Dritter beim Streitwert 49, 6; *49, 18–22*
Interessenabwägung
– bei Art. 30 EWGV 21, 12 ff.
– bei der Aufbrauchfrist 57, 19
– bei der Urteilsveröffentlichung 26, 22; 26, 27; 26, 30
– bei der Verwirkung 17, 3; 17, 20 ff.; 27, 3
– beim Auskunftsanspruch 38, 9
– beim Duldungsanspruch 26, 39
– beim eingeschränkten Widerruf 26, 17
– beim Einwand des Rechtsmißbrauchs 19, 9; 51, 55
– beim Irreführungstatbestand des § 13 UWG 37, 6
– beim Rechnungslegungsanspruch 39, 4
– beim Widerruf 26, 10–15; 26, 20
Interessenverband als Gläubiger 13, 18–31
Internationales Privatrecht 13, 24
Irreführung 21, 20; 21, 27 f.; 37, 4; 37, 6; 37, 12; 37, 24; 37, 31 f.; *47, 6–10*; 47, 17 ff.
Irrtum über Tatumstände bzw. Rechtswidrigkeit 30, 12; 30, 13; 57, 27

J

Juristische Person 14, 23; 14, 32; 16, 8; 57, 33

K

Kammern freier Berufe 13, 16
Kammern für Handelssachen 45, 9; 45, 11
Kartellgericht 46, 16; *48, 24 ff.*
Kausalität 30, 3–6; 34, 18; 41, 23; 52, 37
Kenntnis
– bei der Dringlichkeit 54, 28
– bei der Verjährung *16, 8–11;* 32, 3; 32, 7
– der Tatumstände *5, 15–17;* 10, 6; 16, 7 ff.; 17, 5; 30, 8; 37, 15 ff.; 41, 17
Kern der Verletzungshandlung 5, 7; 6, 3; 51, 11; 51, 14 f.; 51, 16; 51, 20; 57, 12 ff.
Kirche, Kirchliches Handeln und Rechtsweg 45, 1
Klageänderung *46, 11–31;* 51, 35; 55, 34 (Fn. 70); 55, 49
Klageantrag
– allgemein 46, 1; 46, 19 ff.
– bei der Auskunfts- und Rechnungslegungsklage 52, 5 f
– bei der Beseitigungsklage 24, 2–8; 52, 3
– bei der Unterlassungsklage *51, 1 ff.*,; 57, 9 f.
– und Zusätze *51, 21–28*
Klagebefugnis, -berechtigung 13, 1 ff.; 46, 37
– der Konkurrenten 2, 14; 13, 6 ff.
– der Verbände 2, 14; 13, 14 ff.; 46, 37
Klageerhebung
– allgemein 16, 37; 17, 7; 56, 18 ff.
– Anordnung der (nach § 926 ZPO) *56, 2 ff.*
Klageerweiterung *46, 22 f.;* 46, 30
Klagegrund 5, 7; 5, 9; 5, 11; 10, 12; 46, 17; 46, 19
Klagehäufung
– allgemein 46, 6 ff.
– objektive 46, 3 f.; 51, 35; 51, 40
– subjektive 46, 5 ff.
Klagerücknahme 46, 31; 46, 32; 52, 20
– und einstweilige Verfügung 46, 33
Klagerecht aus § 37 Abs. 2 HGB und Verwirkung 17, 9

Konkludentes Verhalten als Berühmung 10, 12
Körperschaft, öffentl.-rechtl. 7, 8
Kommission (der EG) 21, 5; 21, 22; 21, 30
Konkurrent siehe Mitbewerber
Konkurs
– als Verjährungsunterbrechungsgrund 16, 42–45
– des Unterlassungsgläubigers 48, 5 f.
– des Unterlassungsschuldners 48, 7 f.
– und Verfahrensunterbrechung 48, 1 ff.
Konkursmasse 48, 3 ff.
Konkurrenzverbot 1, 18
Kontrahierungszwang 26, 43; 33, 14
– als Beseitigungsmaßnahme 26, 36 ff.
Konzentration der Zuständigkeit 45, 6 ff.
Kosten
– bei der Aufhebung einer einstweiligen Verfügung 56, 36 ff.
– der Abmahnung 41, 14; 41, 19; *41, 81 ff.*
– der Beseitigungsaufwendungen 26, 24 f.; 26, 41
– der Urteilsveröffentlichung 26, 22; 26, 24 f.
– des Abschlußschreibens 43, 12; 43, 17; 43, 23; 43, 25; *43, 30–34*
Kostendeckung bei der Verbandsklage *13, 40–43;* 50, 10 f.
Kostenentscheidung nach § 91 a ZPO 46, 38; 46, 44; 55, 26
Kostennachteile 41, 2; 41, 7 f.; 41, 49; 41, 52; 41, 54; *41, 72–74;* 41, 80; 43, 20 f.; 43, 23; 43, 27 ff.; 46, 30; 51, 39
Kostenregelung im Vergleich des Verfügungsverfahrens 55, 34
Kostenwiderspruch 52, 28 (Fn. 51); *55, 9 ff.*
– und Rechtsmittel 55, 13
Kündigung des Unterlassungsvertrags 8, 67; 8, 23

L

Ladungsfrist 42, 16; 55, 19
Landesverordnungen (über Einigungsstellen) 42, 2; 42, 11 f.; 42, 51
Lebenssachverhalt 43, 3; 46, 5; 46, 17 f.
Leistung, Leistungsschuldverhältnis 1, 4; 12, 6 f.
Leistungsanspruch 1, 6; 1, 15

Sachregister

Leistungsklage 1, 5; 32, 8; 34, 25; 41, 64; 41, 69; 41, 70 f.; 44, 1; 44, 4; 49, 1; 51, 52; 52, 4; 52, 11; 52, 16; *52, 18–22*
Leistungspflicht 1, 5; 20, 23 f.
Leistungsschutz, ergänzender 13, 12; 17, 9; 42, 9
Leistungsstörung 1, 15; 12, 14
Leistungsverweigerungsrecht 16, 49
Lieferdaten, Lieferpreise als Gegenstand der Auskunft und Rechnungslegung 38, 15; 39, 9
Liefersperre 18, 11; 26, 44 f.; 36, 45
Lizenz *34, 26 ff.;* 38, 14; 39, 4; 40, 12; 48, 5
Lizenzanalogie 34, 22–24; *34, 27 ff.;* 52, 31; 52, 33
Lizenzgebühr 34, 26 ff.; 38, 13; 40, 9 f.
Löschung, Löschungsanspruch 17, 6; 17, 9; 17, 18; 17, 22; 17, 25; 25, 4; 25, 6; 54, 11
Löschungsklage, Löschungsurteil 26, 25; 48, 21; 58, 6

M

Markenpiraterie 49, 34
Marktbeobachtung
– und Auskunftsanspruch 38, 7
– und Dringlichkeit der einstweiligen Verfügung 54, 28 f.
– und Verwirkung 17, 5; 37, 7
Marktentwirrungskosten 34, 8–11
Marktverwirrung
– als Beseitigungszustand 26, 39 f.
– als Schaden 30, 31; 33, 2; 33, 15; 34, 2; 34, 5 ff.; 34, 23; 34, 25
Marktverwirrungsschaden 34, 5 ff.; 49, 34
Meinungsforschungsgutachten 47, 13; *47, 16 ff.;* 49, 63; 55, 11
Meinungsumfrage (siehe auch Meinungsforschungsgutachten) 47, 13
Merkantiler Minderwert 34, 10
Mischverband 13, 19
Mißbrauch
– allgemein 18, 4
– der Drittwirkung der Unterwerfung 8, 52–58
– der Klagebefugnis siehe Rechtsmißbrauch
– der Streitwertbegünstigung 50, 6; 50, 11 f.

– der Verbandsklage nach Verlust der eigenen Dringlichkeit oder nach Verwirkung 13, 42; 13, 62
– der Unkenntnis für die Verlängerung der Verjährungsfrist 16, 10
– durch Vorschieben eines Prozeßkostenhilfeberechtigten als Kläger 13, 62
– formaler Priorität 19, 11 f.
Mitbewerber 13, 1; *13, 6–15;* 13, 17; 13, 41; 13, 51; 13, 53; 13, 61 ff.; 19, 12; 23, 2; 43, 16; 49, 18; 54, 30 f.; 54, 34 f.; 57, 19
Mittäter, Mittäterschaft 14, 2; 14, 26; 14, 29; 17, 18
Mittelbare Täterschaft 14, 2
Mittelbare Verursachung 14, 5
Mithaftungsgemeinschaft 14, 32
Mitverursachung 14, 4; 26, 20; 30, 26
Mitwirkendes Verschulden
– beim Bereicherungsanspruch 40, 17
– beim Schadensersatzanspruch 30, 25 ff.; 37, 25; 41, 52
– beim Schadensersatzanspruch gemäß § 945 ZPO 36, 12; 36, 49 f.
Mußvorschrift (§ 23 a UWG) 49, 51; 49, 55; 49, 76; 49, 88

N

Nachgeben (des Gläubigers im Vergleich) 8, 5; 20, 27
Namensrecht 40, 3
Naturalrestitution als Schadensersatz 33, 11 ff.
Nebenpflicht 1, 5; 1, 8
Neutralität (des Wirtschaftsprüfers beim Wirtschaftsprüfervorbehalt) 38, 29
Nicht tragbar (i. S. des § 23 a UWG n. F.) *49, 65 ff.*
Normenkontrolle 42, 27; 57, 54
Notwehr 18, 6
Notwendigkeit
– der Abmahnung *41, 21–43;* 41, 72–74
– der Abwehr 18, 6; *18, 11 ff.*
– der Beseitigung für den Beseitigungsanspruch 22, 16; 25, 5 f.; *26, 10–15;* 26, 17; 26, 30; 26, 36; 27, 3; 38, 35
– der Unterlassung 22, 16
– des Abschlußschreibens 43, 16; 43, 19; 43, 27 f.
– des Widerrufs für den Widerrufsanspruch 26, 10 ff.

– einer eigenen Widerrufserklärung des Verletzten 26, 10
Novelle siehe UWG-Novelle

O

Oberbegriff 5, 7
Öffentlichkeit, Belange der – siehe Interesse der Allgemeinheit
Ordnungsmittel 14, 22; 16, 42; *57, 24 ff.*
– als Schaden i. S. des § 945 ZPO 36, 47 f.
Ordnungsmittelandrohung 1, 24; 12, 5; 16, 44–46; 36, 41 f.; 42, 17; *51, 41 ff.;* 54, 41; 57, 2; *57, 25;* 58, 11
Ordnungsmittelfestsetzung 20, 22; 35, 4; 36, 43; 42, 24; 57, 25; *57, 29 ff.*
– durch die Einigungsstelle 42, 16; 42, 18; 42, 29
– neben der Vertragsstrafe 57, 36
– und Wahlrecht des Vollstreckungsgerichts 57, 32
Organ (Haftung) siehe Geschäftsführer
Organisationsverschulden 20, 15; 30, 24; 31, 10; 57, 26
Ortsüblichkeit eines Wettbewerbshandelns als Einwand 19, 1

P

Pactum de non petendo 16, 49; 42, 43
Parteifähigkeit (siehe auch Rechtsfähigkeit) 36, 15; 36, 26; 54, 1
Patentrecht 30, 15; 30, 19
Pfändung des Unterlassungsanspruchs 15, 6
Persönlichkeitsrecht 5, 13; 29, 2; 33, 15; 40, 2 f.
Personenbeförderungsgeetz (PBefG) 5, 8
Positive Forderungsverletzung 1, 17; 1, 19
Postulationsfähigkeit
– bei der einstweiligen Verfügung 54, 13; 55, 7
– im Einigungsverfahren 42, 16
– im Zwangsvollstreckungsverfahren 57, 30 f.; 57, 37; 58, 9
Präklusion
– bei der Klageänderung 46, 29
– im einstweiligen Verfügungsverfahren 55, 19
– im Ordnungsmittelverfahren 57, 29; 57, 37
– nach Hauptsacheerledigung 46, 48

Presse 26, 20; 30, 11; 30, 24; 38, 21
prima facie-Beweis siehe Anscheinsbeweis
Produktionseinstellung 7, 11; 36, 45; 41, 66
Produktpirateriegesetz 38, 7; 54, 11
Prozeßbevollmächtigter siehe Rechtsanwalt
Prozeßführungsbefugnis 13, 1; 13, 5; 13, 13; 13, 16; 13, 24; 13, 28; 13, 30; 13, 53; 48, 6 (Fn. 20); 54, 1
Prozeßkostenhilfe 16, 37; 16, 50 f.; 50, 1; 56, 19
Prozeßökonomie siehe Prozeßwirtschaftlichkeit
Prozeßstandschaft 13, 14; 13, 41 f.
Prozeßvergleich siehe Vergleich
Prozeßvoraussetzung 6, 6; 13, 25 f.; 13, 54 ff.; 36, 15; 36, 20; 36, 25 f.; 41, 2; 41, 4; 45, 22; 52, 13; 54, 1; 54, 15; 54, 42; 54, 44; 54, 49; 55, 25 (Fn. 55); 56, 20
Prozeßwirtschaftlichkeit 36, 23; 36, 28
– bei der Klageänderung 46, 24 ff.
Pseudowettbewerb 13, 10
Putativabwehr 18, 13

Q

Quasi-Hilfsantrag 46, 20 (Fn. 19); 51, 30; 51, 36
Quote (der beachtlichen Verkehrskreise) 47, 26 ff.

R

Rabattgesetz 2, 9; 4, 1; 5, 8; 13, 1; 13, 6; 13, 14; 13, 17 f.; 14, 27; 15, 1; 16, 15; 19, 2; 31, 7; 42, 8; 50, 13; 51, 8; 54, 19
Rechnungslegung 38, 13; *39, 1 ff.*
– und Auftrag 39, 3
– und Geschäftsbesorgung 39, 3
– und Geschäftsführung ohne Auftrag 39, 3
– und unerlaubte Eigengeschäftsführung 39, 3
Rechnungslegungsanspruch 16, 38; 27, 5; *39, 1 ff.;* 46, 6; 54, 11
Rechnungslegungsklage 32, 9; 51, 40; 51, 50; *52, 4 ff.*
Recht
– absolutes 2, 5; 3, 5; 4, 5; 4, 12; 5, 3; 9, 6; 10, 1; 31, 1; 33, 6
– am Unternehmen (oder eingerichteten und ausgeübten Gewerbebetrieb) 4, 13; 5, 13; 16, 17; 29, 2; 31, 1; 36, 36; 36, 45; 40, 3; 41, 78; 41, 79; 54, 20 (Fn. 57)

Sachregister

Rechtfertigungsgrund 4, 16; 5, 18; 5, 19; 18, 4; 19, 17 f.; 26, 18
Rechtfertigungsverfahren bei der einstweiligen Verfügung 36, 33; 54, 9; 55, 8
Rechtliches Gehör siehe Gehör, rechtliches
Rechtsabteilung 14, 9; 34, 4; 41, 42; 43, 19 f.; 43, 32
Rechtsanwalt (oder Anwalt oder Prozeßbevollmächtigter) 12, 8; 13, 28; 13, 36; 13, 38; 13, 58; 13, 60; 19, 18; 26, 14; 30, 13; 30, 15; 30, 19; 30, 24; 34, 4; 41, 8; 41, 17; 41, 19; 41, 42; 41, 80; 41, 82; 41, 93; 42, 3; 42, 7; 42, 16; 43, 5; 43, 19 f.; 43, 32; 45, 8; 47, 1; 47, 12; 49, 4 f.; 49, 50; 49, 59 f.; 49, 68; 50, 22; 51, 3; 51, 44; 53, 4; 54, 13; 55, 34 (Fn. 70); 55, 43; 55, 52 (Fn. 119); 57, 27; 57, 30; 57, 37; 57, 38
Rechtshängigkeit 16, 37 f.; 22, 7; 46, 40; 46, 43; 53, 3
– der einstweiligen Verfügung 53, 3; 54, 3 f.; 54, 8; 55, 1
– der Unterlassungsklage 51, 49; 54, 8
Rechtshandlung, geschäftsähnliche 41, 4; 41, 6
Rechtsirrtum siehe Irrtum
Rechtsfähigkeit 13, 26
Rechtskraft
– allgemein 26, 25; 36, 15; 53, 3; 54, 6; 55, 14; 56, 32 f.; 56, 38–40; 57, 29; 57, 38; 58, 7; 58, 13
– der einstweiligen Verfügung 55, 14; 56, 24; 56, 29
– des Unterlassungsurteils 51, 8; 51, 50; 51, 51; 56, 18 (Fn. 30)
Rechtskraftwirkung im Verfahren gemäß § 945 ZPO 36, 14 f.; 36, 31 f.
Rechtslage, Änderung der 8, 8; 20, 25–28; 36, 6–10; 36, 14; 56, 34
Rechtslage, zweifelhafte 41, 49; 41, 63–66
Rechtsmißbrauch
– bei der Anspruchsgeltendmachung 13, 23 ff.; 46, 10
– bei der einstweiligen Verfügung 54, 4; 54, 45 (Fn. 102); 55, 19
– beim Unterlassungsanspruch 19, 5 ff.
– von Verbänden 13, 33
Rechtsmittel
– bei der einstweiligen Verfügung 43, 5; 55, 6 f.; 55, 35 f.; 56, 22; 56, 24; 56, 42
– gegen den Kostenwiderspruch 55, 13
– gegen die Terminsbestimmung 55, 17

– im Einigungsverfahren 42, 14; 42, 17; 42, 29; 42, 33
Rechtsmittelfrist
– beim Kostenwiderspruch 55, 13
– und Dringlichkeit der einstweiligen Verfügung 54, 27
Rechtsnachfolge, Rechtsnachfolger 15, 1 ff.; 17, 18
Rechtspfleger 56, 4; 56, 8; *56, 13–17;* 57, 46 (Fn. 118)
Rechtsschutzbedürfnis (oder Rechtsschutzinteresse)
– allgemein 13, 53; 13, 55; 14, 13; 36, 15; 41, 91; 43, 6; 46, 36; *51, 52–59;* 52, 12
– bei einseitiger Unterwerfungserklärung 8, 38; *8, 42–44;* 51, 57
– beim vorbeugenden Unterlassungsanspruch 9, 8
– beim Vorgehen gegen Maßnahmen der Rechtsverfolgung oder Rechtsverteidigung 4, 15; 5, 19; *19, 17;* 51, 55
– bei Vorliegen eines Titels 22, 7
– bei Vorliegen einer Vertragsstrafeverpflichtung 8, 64 f.; 12, 12; 20, 22; 51, 57
– für das Aufhebungsverfahren nach § 927 ZPO 36, 33; 56, 24; 56, 31; 56, 42
– für das Ordnungsmittelverfahren 20, 22; 57, 36
– für die Anordnung der Hauptsacheklage (§ 926 ZPO) *56, 7 ff.*
– für die Beseitigungsklage 52, 2
– für die einstweilige Verfügung 54, 15
– für die Feststellungsklage 52, 11
– für die Vollstreckungsabwehrklage 57, 52
– nach Abgabe einer Abschlußerklärung 7, 17; 43, 8; *43, 10–12;* 43, 14; 43, 36; 43, 38; 46, 35; 51, 58
Rechtsschutzgefährdung
– durch Abmahnung 41, 30 f.
– durch Anhörung oder mündliche Verhandlung über eine einstweilige Verfügung 54, 2 f.; 55, 17
Rechtsschutzinteresse siehe Rechtsschutzbedürfnis
Rechtssicherheit 53, 8
Rechtsübertragung 15, 2; 15, 5
Rechtsverfolgung, -verteidigung 4, 15; 5, 19; 10, 10; 13, 46; 13, 58; *19, 16–18;* 26, 9; 43, 36; 50, 12

Rechtsverfolgungskosten als Schaden 34, 2–5
Rechtsvorgänger 17, 18
Rechtsweg 45, 1–4
Rechtswidrigkeit *5, 12–18;* 6, 4; 6, 5; 10, 1; 18, 1; 19, 19; 22, 14; 26, 7 f.; 26, 18; 30, 1; 30, 8; 41, 42; 41, 58; 57, 18
Redakteur (Haftung) 14, 4; 30, 11
Redlichkeit siehe Gutgläubigkeit
Regelstreitwert 49, 17; 49, 40
Revisionsinstanz 45, 22; 46, 29; 46, 43; 47, 18; 48, 25; 49, 83; 49, 88; 51, 1 f.; 51, 10; 51, 35; 51, 60; 52, 14; 52, 20; 52, 38; 54, 6; 56, 25; 57, 19; 57, 21; 57, 42 f.
Richtigkeit (der Auskunft) 38, 27; 38, 56
Richtigstellung siehe eingeschränkter Widerruf
Richtlinie (des Rates der EG) 21, 3; 21, 5; *21, 25–29*
Rückruf 23, 5
Rücktritt, Rücktrittsrecht *37, 1 ff.*
Ruhen (des Verfahrens) 42, 34; 48, 18; 54, 27
Rundfunkanstalt (= Sendeunternehmen, Medien) 14, 4; 26, 20; 30, 24

S
Sachdienlichkeit der Klageänderung 46, 12; 46, 18; 46, 24; 46, 28
Sachverständigengutachten 47, 16 ff.
Sachverständiger 30, 15; 34, 3; 42, 16; 42, 21; 47, 14; 47, 19 ff.; 49, 62; 54, 49; 57, 6
Sanktionsfunktion
– der Ordnungsmittel 55, 46; 57, 13; 57, 24; 57, 29; 57, 32; 57, 34; 57, 38
– der Vertragsstrafe 8, 19; 20, 1; *20, 3 ff.*
Satzungszweck 13, 26–31; 13, 44
Schaden
– allgemein 5, 21; 9, 7; 10, 5; 14, 30; 18, 5; 19, 4; 19, 14; 22, 1; 26, 41; 26, 44; *28, 1 ff.;* 30, 1; 30, 25; 30, 28 f.; 32, 1; *33, 1 ff.; 34, 1 ff.;* 36, 37 ff.; 44, 2
– konkreter 34, 1 ff.
– nach § 945 ZPO 36, 37 ff.
– vermögensrechtlicher 33, 9
Schadensabwendungspflicht 30, 27 ff.
Schadensberechnung
– allgemein *33, 1 ff.; 34, 1 ff.;* 52, 9; 52, 17
– abstrakte 34, 27; 38, 15 f.; 52, 31
– konkrete 34, 1–17; 38, 11; 52, 31

– objektive 34, 18 ff.; 38, 12; 40, 10; 52, 31
Schadensersatz 26, 7; 26, 39; 27, 5; *28, 1 ff.; 29, 1 ff.; 30, 1 ff.; 31, 1 ff.; 32, 1 ff.; 33, 1 ff.; 34, 1 ff.; 35, 1 ff.;* 36, 2; 36, 30; 36, 36; 37, 21; 37, 29 ff.; 44, 2; 46, 24; 47, 11
– nach § 945 ZPO 26, 28; 36, 3 ff.; 43, 5; 43, 11; 46, 31; 52, 26; 52, 28; 56, 16
– pauschalierter 8, 19; 8, 21; 28, 1; 33, 19; 35, 3; 52, 32
Schadensersatzanspruch, Schadensersatzpflicht 2, 15; 8, 34; 8, 57; 10, 5; 12, 8; 12, 10; 14, 16; 16, 38; 16, 53; 17, 9; 17, 25; 20, 1; *28, 1 ff.; 29, 1 ff.; 30, 1 ff.; 31, 1 ff.; 32, 1 ff.; 36, 3 ff.;* 37, 1; 37, 21; 37, 27; 38, 6; 38, 35; 41, 11; 41, 20; 41, 52 f.; 41, 75; 41, 78 f.; 41, 82 f.; 41, 84; 46, 6; 51, 40; 52, 17
Schadensminderungspflicht 26, 21; 30, 27 ff.; 36, 50
Schadensnachweis 20, 1; 35, 3; 52, 31; 52, 35
Schadensschätzung siehe Schätzung des Schadens
Schadensverteilung 37, 25 f.
Schädigungsabsicht 13, 46; 13, 58
Schätzung
– des Schadens 28, 1 f.; 34, 11 f.; 34, 16; 34, 32; 38, 10 f.; 38, 15 f.; 38, 18; *52, 31 ff.*
– des Streitwerts 49, 1; *49, 5 ff.;* 49, 56
Schiedsgericht 21, 1 (Fn. 11); 56, 20; 56, 25
Schiedsvertrag 45, 3; 56, 20
Schriftform
– der Abschlußerklärung 43, 14
– der Unterwerfung 8, 5–7
– des Abschlußschreibens 43, 26
Schuldbeitritt bei der Unterlassungspflicht 15, 10 f.
Schuldner
– allgemein 15, 4
– des Beseitigungsanspruchs 23, 4
– des Schadensersatzanspruchs 31, 9–12
– des Unterlassungsanspruchs 13, 7; 14, 1 ff.; 16, 10; 17, 6; 17, 13
– Willensrichtung des (Schuldners und Wiederholungsgefahr) 6, 2; 7, 5; 7, 9; *7, 15–17; 8, 46–48;* 8, 50; 8, 54; 8, 60; 8, 67

713

Sachregister

Schuldübernahme (befreiende bei der Unterlassungspflicht) 15, 8 f.
Schuldverhältnis 1, 4 f.; 8, 57; 41, 52 f.; 41, 59
Schutzgesetz 4, 9; 5, 14; 16, 17; 29, 2; 30, 5; 30, 7 (Fn. 31); 31, 6
Schutzrechte 5, 18; 15, 1; 19, 19; 21, 8; 21, 10; 21, 23 f.; 26, 8; 34, 18–20; 34, 33; 36, 9; 39, 4; 40, 1; 40, 3; 40, 9; 41, 1; 41, 31; 41, 78; 48, 5; 48, 18; 48, 20; 52, 21
– und europäisches Recht 21, 8; 21, 14
Schutzrechtspiraterie 41, 31
Schutzrechtsverwarnung 30, 19 f.; 41, 66; 41, 79; 51, 56
Schutzschrift 26, 27; 41, 57; 44, 8 (Fn. 12); 54, 46; 55, 43; *55, 52 ff.;* 56, 1; 56, 4
– und Kosten 55, 54 ff.
Schutzumfang
– der vertraglichen Unterlassungspflicht 12, 13
– des Unterlassungstitels 6, 3; 51, 37; *57, 11 ff.*
Selbstbelastung (durch Auskunft) 38, 21 ff.
Sendeunternehmen siehe Rundfunkanstalt
Sequestrierung 41, 30 f.; 55, 40
Sicherheitsleistung 55, 4; 55, 21 (Fn. 49); 56, 41
Sittenwidrigkeit (bzw. sittenwidrig) 2, 14; 5, 15 f.; 5, 18; 30, 8; 30, 10; 41, 76 f.
Sonderveranstaltung 19, 2
Sorgfaltsmaßstäbe 30, 9; *30, 14 ff.*
Spediteur (Haftung) 14, 8
Spezifischer Gegenstand (der Schutzrechte i. S. der EuGH-Rechtsprechung) 21, 10 f.
Spitzenverband 13, 22; 13, 60
Splitbefragung 47, 25
Störer *14, 4 ff.;* 23, 4; 26, 18; 46, 8
Störung, Störungszustand 14, 1; 16, 13; 22, 2; 22, 14; 23, 4 f.; 24, 1; *25, 1 ff.;* 26, *1 ff.;* 30, 21; 34, 8; 34, 10; 37, 6; 38, 35
Straffunktion, Strafzweck
– der Ordnungsmittel 55, 46; 57, 13; 57, 24; 57, 29
– des Vorgehens im Klagewege 46, 10
– des (zivilen) Wettbewerbsrechts 41, 8 (Fn. 18)
Strafgedinge, Strafversprechen 7, 12; 8, 2; 8, 64 f.; 11, 5; 13, 6; 41, 37; 41, 53
Strafrecht 4, 8; 5, 12; 57, 35
Streitgegenstand

– allgemein 10, 12; 46, 1 f.; 46, 4 f.; 46, 16; 49, 7; 49, 43; 51, 1 f.; 51, 8; 51, 30; 51, 32; 51, 34; 51, 50; 52, 20
– bei der Auskunfts- und Schadensersatzklage 38, 37
– der Beseitigung und Unterlassung 22, 7
– bei einstweiliger Verfügung und Hauptsacheverfahren 36, 32; 36, 34; 53, 3; 54, 8; 55, 11 f.; 55, 33; 56, 21
– im Einigungsverfahren 42, 8; 42, 12
Streitverkündung 13, 41
Streitwert
– allgemein 25, 5; 41, 65; 45, 5; *49, 1 ff.;* 50, 3; 50, 7; 51, 60
– der Auskunfts- und Rechnungslegungsklage 49, 30; *49, 37–39*
– der Beseitigungsklage 49, 30 f.
– der einstweiligen Verfügung *49, 24 ff.;* 55, 9
– der Schadensersatzfeststellungsklage *49, 32–35*
– der Unterlassungsklage *49, 10 ff.*
– des Vollstreckungsverfahrens 49, 40
– nach Erledigung der Hauptsache 46, 44 (Fn. 75); *49, 41–46*
– und Allgemeininteressen 49, 18 ff.
– und Verbandsinteressen 49, 18 ff.
– und Verschulden 49, 16; 49, 41
Streitwertbegünstigung
– allgemein 2, 10; *50, 2 ff.;* 56, 19 (Fn. 34)
– für Verbände 50, 8 ff.
– und Anwaltszwang 50, 17
– und einstweilige Verfügung 50, 14; 50, 16
– und Prozeßaussicht 50, 12
Streitwertermäßigung 16, 51; 41, 45; *49, 51 ff.*
Stufenklage 51, 40; 52, 4; 52, 9; 52, 16 f.; 52, 30
Substitutionswettbewerb 13, 9
Subsumtionselement siehe Tatbestandsmerkmal
Subunternehmen, Haftung des 14, 24
Suggestiveffekt (der Meinungsumfrage) 47, 22 f.

T

Täter, Täterschaft 14, 2; 14, 11; 14, 20
Tatbeitrag 6, 12; 14, 11 ff.; 14, 20

Tatbestandsmäßigkeit 4, 16; 5, 18; 10, 1; 18, 4
Tatbestandsmerkmal 6, 8 f.; 7, 1; 8, 60 f.; 10, 1; 10, 6; 14, 19; 21, 24; 37, 7; 46, 3; 46, 5; 46, 17
Tatsachenbehauptung (beim Widerruf) 26, 1; 26, 8
Tatsachenfeststellung *47, 1 ff.*
Täuschung (als Abwehr) 18, 9
Testpersonen 47, 29
Teilleistung 1, 22
Teilnahme, Teilnehmer 14, 3; 14, 11
Terminsbestimmung 55, 16; 55, 36
Titel siehe Beseitigungstitel, Unterlassungstitel und Vollstreckungstitel
Titelschutzanzeige als (Begehungs-)Vorbereitungshandlung 10, 13
Tod
– des Gläubigers 1, 14
– des Schuldners 1, 14; 15, 11
Treu und Glauben (§ 242 BGB) 8, 57; 16, 54; 17, 1; 17, 20; 19, 7; 19, 9 ff.; 19, 20; 20, 20; 20, 27; 27, 1; 27, 3; 28, 5; 30, 30; 38, 3; 38, 5; 38, 7; 38, 9; 38, 21; 38, 31; 38, 34; 39, 7; 40, 17; 41, 11; 41, 22; 41, 49; 41, 51; 41, 54; 42, 37; 42, 39; 46, 10; 47, 19; 52, 5; 57, 17

U

Übereinkommen der EG über die gerichtliche Zuständigkeit und die Vollstreckung gerichtlicher Entscheidungen 45, 19; 51, 43
Übermaßverbot siehe Verhältnismäßigkeit
Üblichkeit eines Wettbewerbsverhaltens als Einwand 19, 1–4
Umfrage siehe Meinungsumfrage
Umsatz
– bei der Schadensberechnung 33, 18; 34, 28; 38, 18
– des Verletzers als Gegenstand der Auskunft 38, 15; 38, 18
– des Verletzten beim Streitwert 49, 12
– und Besitzstand 17, 13
Umstellungsfrist siehe Aufbrauchfrist
Unclean hands als Einwand 4, 17; 13, 48; 19, 5–7
Universalsukzession siehe Gesamtrechtsnachfolge
Unmöglichkeit, Unvermögen 1, 16 f.; 29, 5

Untätigkeit (bei der Verwirkung) 17, 4 ff.
Unterbrechung
– der Verjährung *16, 33 ff.; 27, 4 f.;* 32, 2; 32, 8 ff.; 34, 15; 38, 37; 42, 47 f.; 46, 37; 49, 28; 49, 32; 52, 4 (Fn. 5); 57, 59
– des Auskunfts- und Rechnungslegungsverfahrens 42, 44; 48, 10
– des Schadensersatzverfahrens 42, 44; 48, 9
– des Unterlassungsverfahrens 17, 8; 42, 44; *48, 1 ff.*
– durch Konkurs 48, 1 ff.
Unterlassen, Unterlassung
– als Anspruchsgegenstand 1, 4; 12, 6
– als Gegenstand eines Rechtsschutzbegehrens 1, 3
– als Leistung 1, 4; 2, 4; 12, 6 f.; 14, 1; 14, 29; 16, 25
– Begriffsverwendung im Gesetz 1, 1
– schlechthin 5, 10
– Sprachsinn 1, 2
– und positives Tun 1, 2; 12, 7; 57, 1
– und Zusätze 1, 9
Unterlassungsanspruch
– deliktischer 1, 10 f.; 2, 11 f.; 13, 5
– direkter 2, 11; 4, 1; 4, 6
– Entstehung 1, 12; 12, 1
– Erlöschen 1, 13 f.; 7, 1 f.; 8, 5; 12, 14; 15, 4; 15, 12; 16, 4; 16, 22; 20, 5
– Form 2, 3
– gesetzlicher 1, 22; 2, 11; 2, 13; 6, 1; 11, 2 ff.; 12, 11; 15, 4; 16, 7; 20, 11
– indirekter 1, 11; 4, 2
– Inhalt des 1, 7; 1, 15; 5, 5; 12, 6 f.
– negatorischer 2, 11 f.
– objektiver 2, 9; 2, 12; 2, 15; 3, 2; 3, 4; 5, 20 f.
– quasi-negatorischer 2, 11 f.
– rechtskräftig festgesteller (und Verjährung) 16, 5
– Umfang des 1, 10; 5, 5
– und Beseitigung 22, 2 ff.
– vertraglicher 1, 15; 1, 22; 2, 10; 3, 4; 6, 1; *11, 1 ff.; 12, 1 ff.;* 15, 5; 15, 11; 16, 7; 16, 22; 20, 5; 21, 50 (Fn. 101); 51, 59
– Voraussetzungen des 5, 1
– vorbeugender 2, 8; 2, 11; 2, 12; 3, 3; 5, 4; 5, 9–11; *9, 1 ff.;* 10, 14; 16, 4; 16, 28; 16, 31; 18, 5; 22, 14; 26, 21; 41, 52; 51, 59
Unterlassungsantrag

715

Sachregister

- im Klageverfahren 51, 1 ff.; 57, 16
- im Verfügungsverfahren 54, 38-41
- und andere Anträge 51, 33-37

Unterlassungserklärung siehe Unterwerfung

Unterlassungsklage 1, 6; 2, 1; 2, 3; 4, 8; 6, 10; 16, 37; 18, 13; 20, 22; 32, 10; 44, 1 f.; 44, 5; 46, 7; 46, 23; 46, 35; 49, 10; *51, 1 ff.*

Unterlassungspflicht (auch Unterlassungsverpflichtung)
- als Dauerpflicht 1, 16; 1, 18 f.; 1, 22
- als einmalige Pflicht 1, 16; 1, 22
- als Haupt- oder Nebenleistungspflicht 1, 5
- aus dem Leistungsschuldverhältnis 1, 4; 12, 1 f.
- vertragliche 7, 10; 8, 62; 11, 5; *12, 1 ff.;* 15, 8 f.; 16, 35; 30, 2

Unterlassungstitel
- allgemein 16, 43; 17, 8; *57, 1 ff.;* 58, 1 f.
- Arten 57, 3
- durch Unterwerfung im Prozeßvergleich 12, 4 f.
- Form 57, 4
- Grundlagen 57, 1; *57, 50-58*
- Inhalt 57, 5 ff.
- Regelungsgrundlage 57, 4
- Schutzumfang 6, 3; 51, 37; *57, 11 ff.*
- und Anlagen zum bzw. Bezugnahme im Tenor *57, 6-8*
- und Wiederholungsgefahr *7, 13-17*
- Voraussetzungen 57, 1

Unterlassungsverpflichtungserklärung siehe Unterwerfung

Unterlassungsvertrag 1, 16; 7, 10; 8, 2; 8, 3; 12, 2; 16, 22

Unterlassungswille siehe Schuldner, Willensrichtung des

Unternehmen 13, 8; 13, 11; 14, 8; 14, 23; 14, 25 ff.; 15, 2; 15, 7; 15, 9; 16, 8; 26, 1; 26, 4; 30, 24; 31, 1; 34, 10; 34, 12; 41, 82

- Recht am siehe Recht am Unternehmen

Unternehmer (Haftung) siehe Betriebsinhaber als Schuldner

Unterwerfung, Unterwerfungserklärung (Unterlassungsvereinbarung)
- allgemein und umfassend *7, 4-6 und 8, 1 ff.*
- als abstraktes Schuldversprechen 8, 5 f.

- als Erledigung der Hauptsache 46, 35; 46, 45
- als »gesamtschuldnerische« Verpflichtung 14, 31
- als Grund für den Wegfall der Dringlichkeit einer einstweiligen Verfügung 55, 25 f.; 56, 30
- als Grundlage eines vertraglichen Unterlassungsanspruchs 8, 2; 11, 5; 12, 2; 12, 12; 16, 22
- als Reaktion auf eine Abmahnung 5, 17; *41, 44 ff.*
- als Unterlassungsvertrag 8, 3 f.; *12, 1 f.;* 38, 7
- als Vergleich 8, 5
- als Willenserklärung 8, 3; 8, 14
- als Ziel der Abmahnung 8, 3; *41, 6 ff.*
- Bedeutung der 7, 4; 7, 5; 8, 1
- eingeschränkte *8, 8-13;* 41, 65; 52, 11; 56, 30
- und Abschlußverfahren 43, 19 (Fn. 47); 43, 29; 43, 33; *43, 35-37*
- und Aufbrauchfrist *8, 10-12*
- und Erstbegehungsgefahr 10, 20
- und Geschäftsgrundlage *20, 25 ff.*
- und Verfügungsanspruch 56, 30 f.
- und Verzicht auf Schadensersatz 41, 20
- und Wirkung gegenüber Dritten 8, 6; *8, 51-56*
- und Zuwiderhandlung 12, 11
- unter Vorbehalt *8, 8-13;* 14, 11
- Verweigerung und ihre Bedeutung 7, 5; *41, 49 ff.*
- Zumutbarkeit 7, 5; 17, 5

Unzumutbarkeit (der Abmahnung) 41, 22; 41, 25; *41, 28 ff.*

Unzulässige Rechtsausübung 17, 1; 17, 3

Urteilsformel siehe Urteilstenor

Urteilstenor 51, 8; 51, 17; 51, 57

Urteilsveröffentlichung, -bekanntmachung 26, 15; *26, 22-42;* 51, 40

UWG-Novelle 37, 1 f.

V

venire contra factum proprium 17, 1; 19, 10

Veräußerung des Anspruchs 15, 6; 15, 12

Verallgemeinerung der konkreten Verletzungsform *5, 7-9;* 6, 3; 6, 14; 8, 16; 51,

11; 51, 13; 51, 15; 51, 17; 51, 19 f.; 51, 25; 51, 30; 51, 38; *57, 12 ff.*
Verband, Verbände 2, 14; 7, 4; 8, 21; 13, 1; *13, 14 ff.;* 15, 1; 19, 8; 20, 7; 23, 2 f.; 31, 7 f.; 34, 3; 35, 1; 41, 8; 41, 19; 41, 45; 41, 49; 41, 53; 41, 78 f.; 41, 93; 42, 7; 43, 16; 43, 32; 43, 37; 48, 6; 49, 18; 49, 20 ff.; 54, 20; 54, 30 ff.; 55, 52 (Fn. 119)
Verbandsklage 13, 14 ff.
Verbotsirrtum 30, 12 f.; 57, 27
Verbraucherschutz und Art. 30 EWG 21, 10
Verbraucherverband siehe Verband
Vererbung
– des Unterlassungsanspruchs 15, 17
– des Vertragsstrafeanspruchs 20, 21
Verfassungsrechtliche Unbedenklichkeit
– der §§ 23 a und 23 b UWG 49, 51
– von Beweiserleichterungen in Ordnungsmittelfestsetzungsverfahren 57, 28 (auch Fn. 74)
Verfahrensaussetzung siehe Aussetzung
Verfügung, einstweilige siehe einstweilige Verfügung
Verfügungsanspruch 36, 19; 36, 22; 36, 28; 36, 33; 52, 24; 52, 26; *54, 42 f.;* 56, 6; 56, 8; 56, 37 f.
Verfügungsantrag *54, 38 ff.;* 56, 21
Verfügungsgrund 36, 1; 36, 15; 36, 18; 36, 20; 36, 24 (Fn. 32); 36, 27 ff.; *54, 14 ff.;* 54, 43; 55, 25; 56, 29
Vergleich, Vergleichsabschluß, Vergleichsverhandlung, Prozeßvergleich 8, 5; 12, 4 f.; 16, 54; 20, 11; 20, 26 f.; 32, 12; 34, 15; 41, 63; 42, 4 f.; 42, 9; 42, 20; 42, 22 ff.; 42, 49; 53, 3; 55, 27; 55, 33 f.
Verhältnismäßigkeit 18, 9; 18, 12; 21, 12; 22, 16; 26, 13 f.; 38, 24
Verjährung
– als Hauptsacheerledigung 46, 37; 55, 25; *55, 29–32*
– der Ordnungsmittelvollstreckung 57, 59
– des Abmahnkostenerstattungsanspruchs 13, 21; 41, 97
– des Auskunftsanspruchs 38, 37 f.
– des Bereicherungsanspruchs 40, 16; 40, 19
– des Beseitigungsanspruchs 22, 8; 27, 1 ff.
– des Schadensersatzanspruchs 32, 2 ff.; 34, 15

– des Schadensersatzanspruchs aus § 945 ZPO 36, 52
– des Unterlassungsanspruchs 4, 12 f.; 10, 12; 10, 17; *16, 1 ff.;* 41, 88; 56, 10 f.; 56, 29; 56, 31
– und Abschlußverfahren 43, 2; *43, 6 ff.;* 43, 23
– und Einigungsverfahren 16, 36; 16, 56; 32, 11; *42, 47–50*
Verkehrsanschauung, -auffassung 13, 9; 46, 27; 47, 4 ff.
Verkehrsbefragung siehe Meinungsforschungsgutachten, Meinungsumfrage
Verkehrsgeltung, -bekanntheit 17, 9; 17, 11; 17, 13; 19, 13
Verkehrssitte (als Einwand) 19, 1; 19, 4
Verkehrsverwirrung siehe Marktverwirrung
Verleger, Haftung des 14, 4; 14, 9 f.; 14, 25; 30, 11
Verletzer siehe Schuldner
Verletzergewinn 33, 8; 33, 10; 34, 23; *34, 32 ff.;* 38, 13 f.; 38, 19; 39, 4 f.; 40, 9; 52, 31; 52, 33
Verletzerumsatz 38, 15; 49, 13; 49, 15
Verletzervorteil 34, 30
Verletzerzuschlag 34, 30
Verletzter (siehe auch Gläubiger) *13, 1 ff.;* 31, 1 f.
Verletzungsform, konkrete
– allgemein 5, 3; 5, 6; 5, 9; 5, 11; 6, 2 f.; 8, 16; 8, 56; 10, 16; 12, 6; 12, 13; 16, 38; 20, 8; 37, 34; 41, 19; 41, 53; 46, 6; 46, 11; 46, 21; 49, 63; 57, 10; *57, 12 ff.*
– als Gegenstand des Unterlassungstitels 57, 10
– Erweiterung siehe Verallgemeinerung der konkreten Verletzungsform
– und Unterlassungsklage 51, 4; 51, 11 f.; 51, 18; 51, 25; 51, 29; 51, 33; 51, 36
Verletzungshandlung
– allgemein 2, 12; 2, 14; 5, 14; 6, 9 f.; 7, 2; 8, 61 ff.; 14, 19; 37, 6; 46, 3; 49, 13 ff.; 49, 63; 51, 33
– als Dauerhandlung 1, 11
– fortgesetzte *8, 31–33*
– konkrete 1, 7; 3, 4; *5, 1–10;* 5, 12; 6, 1; 7, 1; 9, 4 f.; 10, 6; 12, 11; 12, 13; 13, 1; 20, 5; 22, 10; 22, 14; 30, 1; 31, 7; 32, 1; 36, 1; 51, 4; 51, 11 f.
– neue 8, 59 ff.
– verjährte 10, 17; 16, 31

717

– wiederholte 20, 16; 36, 6
Vermutung
– der Dringlichkeit einer einstweiligen Verfügung 36, 1; 44, 5; 54, 18; 54, 22; 54, 47
– der Verbandszweckverfolgung (bzw. Klagebefugnis) 13, 27; 13, 56
– der Wiederholungsgefahr 6, 3; 6, 9; 6, 14; 10, 8; 10, 16; 10, 20; 16, 31; 18, 13; 19, 18; 36, 1; 44, 8 (Fn. 12); 51, 16 f.; 54, 22; 54, 47
Vernichtung
– von herauszugebendem Material 25, 3; 25, 7; 25, 9; 33, 12; 54, 11
– eines durch eine Verletzungshandlung hergestellten Gegenstands 25, 11; 33, 12
Veröffentlichung eines Urteils siehe Urteilsveröffentlichung
Veröffentlichungsanspruch 26, 15; 26, 22–42; 33, 12
Veröffentlichungskosten siehe Kosten der Urteilsveröffentlichung
Verpflichtung
– einmalige 1, 16
– in der Unterwerfungserklärung 8, 15 f.
Verquickung der drei Schadensberechnungsarten 34, 21 ff.
Verquickungsverbot 34, 23 f.
Verrichtungsgehilfe 30, 24
Verschulden
– allgemein 2, 14; 5, 20; 8, 29; 18, 5; 30, 24; 40, 1; 41, 78–80; 41, 82; 57, 34
– als Voraussetzung beim Schadensersatzanspruch 30, 7 ff.; 32, 1 ff.; 34, 30 (Fn. 87); 34, 31 (Fn. 92); 36, 4
– als Voraussetzung beim Vertragsstrafeanspruch 11, 5; 20, 13; 20, 15; 20, 20; 35, 3; 36, 46
– als Voraussetzung der Vollstreckung eines Unterlassungs- oder Beseitigungstitels 14, 22; 41, 45; 57, 2; 57, 26 ff.; 58, 14
– beim Unterlassungs- oder Beseitigungsanspruch 2, 6; 2, 12; 5, 20; 12, 9 f.; 14, 10; 14, 20; 20, 15; 22, 2; 22, 15; 28, 1
– mitwirkendes 30, 25 ff.; 36, 12; 36, 49 f.
– nachträgliches 30, 21–24
– und Rechtsrat 57, 27
– und Verbotsirrtum in der Zwangsvollstreckung 57, 27
Versicherung

– an Eides Statt 38, 36; 54, 49
– anwaltlich 54, 49
Versteigerung 1, 16
Vertagung 54, 27; 55, 19
Vertragsabschluß 37, 7
Vertragsbruch 18, 11
Vertragspartner (i. S. des § 13 a UWG) 37, 9; 37, 11; 37, 23 ff.
Vertragsstrafe
– als Sanktionsmittel bei der Unterwerfung 8, 15; 8, 19; 8, 21; 8, 38; 8, 56; 12, 3; 12, 12; *20, 1 ff.*; 35, 1; 41, 8; 41, 19; 41, 45
– als Vertragsgegenstand 11, 5 f.; 12, 10
– als Schadensersatz 8, 19; 8, 21; 8, 27; *35, 1 ff.*; 52, 32
– Verjährung der 16, 22; 20, 21; 35, 4
– Zahlung an Dritte 8, 26–28; 20, 8; 20, 14
Vertragsstrafeangebot, -versprechen 8, 15; 8, 17–29; 8, 64 f.; 11, 5; 20, 5; 20, 25; 35, 4; 41, 45; 52, 32
Vertriebsbindung, Vertriebsbindungssystem 15, 1; 21, 21 ff.; 33, 2; 38, 33; 49, 39
Verwaltungswissen 47, 14 f.
Verwarner siehe Abmahnender
Verwarnung siehe Abmahnung
Verwarnungskosten siehe Kosten bei der Abmahnung
Verweisung (aus Zuständigkeitsgründen im Verfügungsverfahren) 55, 20
Verwirkung
– des Aufhebungsrechts (einstweilige Verfügung) 56, 35
– des Beseitigungsanspruchs 27, 1 ff.
– des Klagerechts aus § 37 Abs. 2 HGB 17, 9
– des Schadensersatzanspruchs 36, 1
– des Unterlassungsanspruchs 7, 2; 13, 42; 13, 48; *17, 1 ff.*; 19, 9 f.
– des Widerspruchsrechts 55, 8
Verzicht
– auf Rechte aus einer einstweiligen Verfügung 56, 8
– auf Rechte gegen eine einstweilige Verfügung 43, 5–8; 55, 11 f.
– auf Schadensersatz 41, 20
– auf Unterlassung 1, 14; 7, 10; 8, 3; 11, 5; 15, 8
Verzug 1, 18
Vorbereitungshandlung 10, 13; 14, 7; 20, 13

Vollstreckung siehe Zwangsvollstreckung
Vollstreckungsabwehrklage, Vollstreckungsgegenklage *57, 51–55;* 58, 13
Vollstreckungsgericht 42, 24; 51, 1; 57, 5; 57, 15; 58, 15
Vollstreckungshandlungen und Verjährungsunterbrechung 16, 42 ff.
Vollstreckungstitel
- allgemein 12, 5; 16, 43; 17, 8; 41, 38; 41, 45; 42, 5; 42, 19; 42, 22 ff.; 43, 1 ff.; 51, 8; 51, 43; 51, 58; 52, 2; 52, 20 (Fn. 33); 52, 26; 55, 37; 55, 41; 56, 2; 56, 31 f.; *57, 1 ff.; 58, 1 ff.*
- Änderung des *57, 50 ff.;* 58, 17
- Beseitigung des *57, 50 ff.;* 58, 17
- Schutzumfang des siehe Unterlassungstitel

Vollziehung der einstweiligen Verfügung
- allgemein 36, 23; 36, 38 ff.; 54, 41; 55, 35 (Fn. 72); *55, 57–51*
- bei Zustellungsmängeln *55, 43–47*
- durch Zustellung 36, 39; 36, 42 f.; *55, 39 ff.*
- und Fristversäumnis 55, 25 (Fn. 56); 55, 35 (Fn. 72); 56, 28; 56, 38
- und Schadensersatz nach § 945 ZPO 36, 38 ff.

Vorbeugender Unterlassungsanspruch siehe Unterlassungsanspruch, vorbeugender
Vorgesellschaft als Störer 14, 4
Vorlage, Vorlageverfahren
- zum Bundesverfassungsgericht 55, 21
- zum Europäischen Gerichtshof *21, 4–7;* 21, 25 f.; 45, 21; *48, 30–32;* 54, 6; 55, 20
Vorsatz 30, 7 f.; 30, 10; 30, 12; 30, 22; 30, 26; 41, 22; 41, 25 f.; 41, 35; 41, 42; 49, 16; 49, 40

W

Wahlrecht des Gläubigers (beim Schadensersatz) 34, 21; *34, 25 f.;* 34, 32
Wahrnehmung berechtigter Interessen siehe Interessen, berechtigte
Warenzeichen 17, 6; 17, 23; 18, 7; 19, 12; 19, 14; 34, 7; 34, 31; 34, 33; 36, 9; 40, 3; 47, 5; 48, 21; 54, 11; 54, 21 (Fn. 64)
Warenzeicheneintragung 10, 13; 17, 6; 25, 1
Warenzeichengesetz 2, 9; 13, 2; 13, 12; 15, 1; 16, 15; 16, 19; 29, 1; 45, 7; 45, 13; 45, 16; 47, 5 (Fn. 6); 50, 13; 54, 11
Werbeagentur (Haftung) 14, 7; 14, 26
Werbemaßnahme
- als (Begehungs-)Vorbereitungshandlung 10, 13
- massive (und Verwirkung) 17, 6
- zur Marktentwirrung *26, 38–40;* 34, 9
Wert des Besitzstands 17, 10 ff.
Werturteil (Widerruf) 26, 8
Wettbewerbsabsicht, -zweck 5, 2; 6, 9; 13, 4; 14, 10
Wettbewerbsverhältnis 13, 4; 13, 11
Wettbewerbszentrale siehe Zentrale zur Bekämpfung unlauteren Wettbewerbs
Widerklage und Gerichtsstand 45, 17 f.; 45, 21
Widerlegung
- der Dringlichkeitsvermutung 54, 18; *54, 22 ff.*
- der Vermutungswiderlegung 54, 36
der Wiederholungsgefahrvermutung siehe Wiederholungsgefahr, Fortfall der
Widerruf (einer Erklärung) 8, 9; 8, 67
Widerrufsanspruch
- allgemein *26, 3–14;* 33, 12; 41, 79
- als Gegenstand einer einstweiligen Verfügung 54, 11 f.
- eingeschränkter *26, 17–19*
- und Gegendarstellung 26, 20 f.
- und Veröffentlichungsanspruch 26, 15
Widerspruch gegen die einstweilige Verfügung *55, 8 ff.;* 55, 48; 55, 50; 56, 1; 56, 22; 56, 24; 56, 42
Wiederaufleben
- der Dringlichkeit einer einstweiligen Verfügung 54, 37
- der Wiederholungsgefahr 8, 61; 8, 68
Wiederholungsgefahr
- allgemein 2, 14; 3, 5; 5, 1; 5, 4; *6, 1 ff.;* 7, 1; 10, 1 f.; 10, 8; 10, 15 f.; 15, 4; 15, 12; 16, 6; 16, 22; 16, 31; 20, 2; 20, 8 f.; 22, 16; 41, 7; 41, 86 f.; 56, 27
- Fortfall der *7, 1 ff.; 8, 1 ff.;* 10, 19 f.; 12, 3; 20, 2 f.; 41, 46; 41, 50; 41, 64; 42, 42; 42, 45; 43, 33; 43, 38; 46, 35 f. (mit Fn. 53); 52, 11; 52, 26; 55, 10; 55, 26 (Fn. 57); 56, 6 (Fn. 7); 56, 13 (Fn. 22); 56, 30 f.; 57, 51
- und Verjährung 16, 6
- Wiederaufleben der 8, 61; 8, 68
Willenserklärung
- allgemein 12, 1; 16, 35; 37, 15; 42, 12; 58, 6 f.
- als Abmahnung 8, 3; 8, 14; *41, 4–6*

- als Gegenstand einer einstweiligen Verfügung 54, 11 f.
Wirtschaftsprüfervorbehalt 38, 21; *38, 28 ff.*
Wirtschaftsverband 1, 11; 13, 20; 26, 46; 33, 2; 33, 14; 42, 7; 43, 32
Wissenserklärung 38, 36
Wissensvertreter 16, 8; 31, 11

Z

Zahlungsanspruch, Vorbereitung des (durch Auskunft) 38, 10; 38, 19
Zahlungsklage 46, 24; *52, 30 ff.*
Zahlungsunfähigkeit (des Unterwerfungsschuldners) 8, 23 f.
Zeichenmäßiger Gebrauch 17, 23
Zeichenrecht siehe Warenzeichen
Zeitablauf (bei der Verwirkung) 17, 4 ff.
Zeitungsverleger siehe Verleger
Zentrale zur Bekämpfung unlauteren Wettbewerbs 8, 54; 13, 23
Zeuge 42, 16; 42, 21; 47, 14; 47, 29; 49, 62; 54, 49
Zinsen 33, 20 f.; 34, 30; 40, 10
Zugabeverordnung 2, 9; 13, 1; 13, 6; 13, 14; 13, 17 f.; 14, 27; 16, 15; 19, 2; 31, 2; 31, 7; 49, 53; 50, 13; 54, 19
Zugangsbedürftigkeit
- der Abmahnung 41, 5; 41, 11; 41, 18
- der Abschlußerklärung 43, 9
- der Unterwerfungserklärung 8, 3
- des Abschlußschreibens 43, 29
Zumutbarkeit
- beim Widerruf *26, 10–13;* 26, 19
- der Abmahnung 41, 13; 41, 22; 41, 25; *41, 28 ff.*
Zurechenbarkeit des Schadens 30, 5 f.
Zuständigkeit
- der Einigungsstellen 42, 8; 42, 10; 42, 24
Zuständigkeit der Gerichte
- ausschließliche 45, 7; 45, 13; 45, 16; 45, 18; 45, 24; 54, 10; 56, 25; 57, 30; 58, 9
- funktionelle 45, 6; *45, 9–12*
- internationale 45, 18 ff.
- örtliche 36, 29; 41, 71; 45, 4; *45, 13 ff.;* 45, 22
- sachliche 36, 29; *45, 4–8;* 45, 10 (Fn. 23); 45, 22
- kraft Konzentration *45, 6–8*
- für den Erlaß und die Bekämpfung einstweiliger Verfügungen *54, 2–10;* 55, 8; 55, 51; 56, 4; 56, 20; 56, 25
- für die Zwangsvollstreckung aus einem Vergleich vor den Einigungsstellen 42, 24
- für die Zwangsvollstreckung im übrigen 57, 30; 58, 9
Zustellung
- als Vollziehung der einstweiligen Verfügung 36, 39; 36, 42 f.; 55, 35; *55, 41–49*
- der Ordnungsmittelandrohung 57, 2
- der Unterlassungsklage 56, 18
- des Unterlassungstitels 55, 35 (Fn. 72); 57, 2
Zustellungsmängel, Heilung von 16, 37; *55, 43 ff.*
Zustimmung
- zur Erledigung der Hauptsache 46, 43
- zur Klageänderung 46, 12; 46, 15 (Fn. 12); 46, 24
Zuweisungsgehalt (beim Bereicherungsanspruch) 40, 3; 40, 7
Zuwiderhandlung
- allgemein 12, 11; 16, 7; 16, 25; 16, 35; 20, 1; 20, 15 f.; 22, 15; 30, 1; 31, 5; 41, 22; 41, 26; 41, 37; 42, 24
- einmalige 1, 22; 16, 2
- nach Unterwerfung *8, 59–68*
- und Verjährung 16, 2; 16, 15; 16, 46
- gegen den Unterlassungstitel 16, 15; 57, 26; 57, 28 (mit Fn. 74)
Zwangsmittel 58, 12; 58, 14
Zwangsvollstreckung (Vollstreckung)
- allgemein 1, 10 f.; 14, 22; 22, 5 f.; 22, 8; 24, 2; 24, 8; 25, 4; 26, 24; 36, 35 f.; 42, 24; 45, 3; 48, 3; 50, 13 (mit Fn. 32); 51, 51; 56, 33; 56, 41
- bei Mitwirkung Dritter 58, 14
- des Beseitigungstitels 24, 8; 25, 4; 26, 16; 49, 31; 57, 1
- einstweilige Einstellung 55, 20 (Fn. 43); 57, 22; *57, 39 ff.*
- einstweilige Einstellung in der Revisionsinstanz 57, 42
- nach Titelfortfall 57, 38
- und Kosten 57, 46; 58, 16
- und Streitwert 49, 40; 57, 34
Zweckvereitelung siehe Rechtsschutzgefährdung